MEYERS GROSSES TASCHEN-LEXIKON

Band 21

MEYERS GROSSES TASCHEN-LEXIKON

in 24 Bänden

Herausgegeben und bearbeitet von
Meyers Lexikonredaktion
2., neu bearbeitete Auflage

Band 21:
Spin – Teb

B.I.-TASCHENBUCHVERLAG
Mannheim/Wien/Zürich

Chefredaktion:
Werner Digel und Gerhard Kwiatkowski

Redaktionelle Leitung der 2. Auflage:
Klaus Thome

Redaktion:
Eberhard Anger M. A., Dipl.-Geogr. Ellen Astor, Dipl.-Math. Hermann Engesser, Reinhard Fresow, Ines Groh, Bernd Hartmann, Jutta Hassemer-Jersch, Waltrud Heinemann, Heinrich Kordecki M. A., Ellen Kromphardt, Wolf Kugler, Klaus M. Lange, Dipl.-Biol. Franziska Liebisch, Mathias Münter, Dr. Rudolf Ohlig, Ingo Platz, Joachim Pöhls, Dr. Erika Retzlaff, Hans-Peter Scherer, Ulrike Schollmeier, Elmar Schreck, Kurt Dieter Solf, Jutta Wedemeyer, Dr. Hans Wißmann, Dr. Hans-Werner Wittenberg

CIP-Kurztitelaufnahme der Deutschen Bibliothek

Meyers Großes Taschenlexikon: in 24 Bd./hrsg. u. bearb. von Meyers Lexikonred. [Chefred.: Werner Digel u. Gerhard Kwiatkowski]. - Mannheim; Wien; Zürich: BI-Taschenbuchverlag
ISBN 3-411-02900-5
NE: Digel, Werner [Red.]
Bd. 21. Spin–Teb. - 2., neubearb. Aufl. - 1987
ISBN 3-411-02921-8

Lizenzausgabe mit Genehmigung von Meyers Lexikonverlag, Mannheim

Druck: Druckhaus Kaufmann, Lahr
Einband: Wilhelm Röck GmbH, Weinsberg
Printed in Germany
Gesamtwerk: ISBN 3-411-02900-5
Band 21: ISBN 3-411-02921-8

Spin

Spinnen, Bez. für die Herstellung von Fäden (Garnen, Gespinsten) aus natürl. oder synthet. Textilfasern auf mechan. Wege sowie für die Herstellung von Chemiefasern bzw. -fäden auf chem.-physikal. Wege aus Spinnflüssigkeiten bzw. Spinnschmelzen. Das *mechan. S.* beruht darauf, daß die im Faserrohstoff ungeordnet vorliegenden Textilfasern parallelisiert und auseinandergezogen (verstreckt), dann miteinander verdrillt und so verfestigt werden. Bei der *Faservorbereitung* wird das Fasermaterial aufgelockert (geöffnet), zerrupft und gereinigt. Die entstehenden Faserflocken werden durch Krempeln (Kardieren), Kämmen oder Hecheln in Einzelfasern aufgelöst und geordnet (parallelisiert). Das entstehende Faserband *(Flor)* wird mehrfach übereinandergelegt oder zusammengefaßt (gedoppelt, doubliert) und durch Verziehen verfeinert. Beim *Vor-S.* wird aus dem gleichmäßigen Flor ein garnähnl. Gebilde *(Vorgarn)* geformt, das noch ohne Festigkeit ist. Hierzu wird der Flor entweder in mehrere Streifen aufgeteilt, die dann durch Nitscheln gerundet werden *(Florteilerverfahren)*, oder der Flor wird zu einem dicken Strang *(Lunte)* zusammengefaßt, der mehrmals gedoppelt und wieder verstreckt wird, bis das Vorgarn die erforderl. Gleichmäßigkeit und Feinheit hat *(Streckspinnverfahren)*. Wird das Material durch eine Kämmaschine geführt, so erhält man als Endprodukt das Kammgarn. Beim *Fein-S.* erhält das Garn durch weiteres Verziehen und Drehen auf den Feinspinnmaschinen (Ringspinnmaschine, Selfaktor) seine Endfeinheit.

Geschichte: Das älteste **Spinnverfahren** ist die *Handspinnerei*, bei der das um einen Stab (den *[Spinn]rocken*) gewickelte Spinnmaterial mit Hilfe eines in Drehung versetzten Stabes (der *Spindel*), an dem unten ein Schwunggewicht *(Spinnwirtel)* befestigt war, gedreht wurde und bei dem man den Faden, sobald er die gewünschte Festigkeit erlangt hatte, auf die Spindel aufwickelte. Im 13. Jh. wurde das handbetriebene Spinnrad bekannt, bei dem das Garn noch abwechselnd gesponnen und aufgewickelt wurde. Das gleichzeitige S. und Aufwickeln des Fadens war erst mit dem Flügelspinnrad mögl., das seit etwa 1480 nachgewiesen ist. Die ersten brauchbaren Spinnmaschinen kamen im 18. Jh. auf, als die Weberei mechanisiert wurde. Als erste Spinnmaschinen sind die von J. Hargreaves um 1764 erfundene Jenny-Spinnmaschine („Spinning Jenny") und die 1769 von R. Arkwright

Spinnen. 1 Handspinnen, 2 Ringspinnmaschine, 3 Flügelspinnmaschine

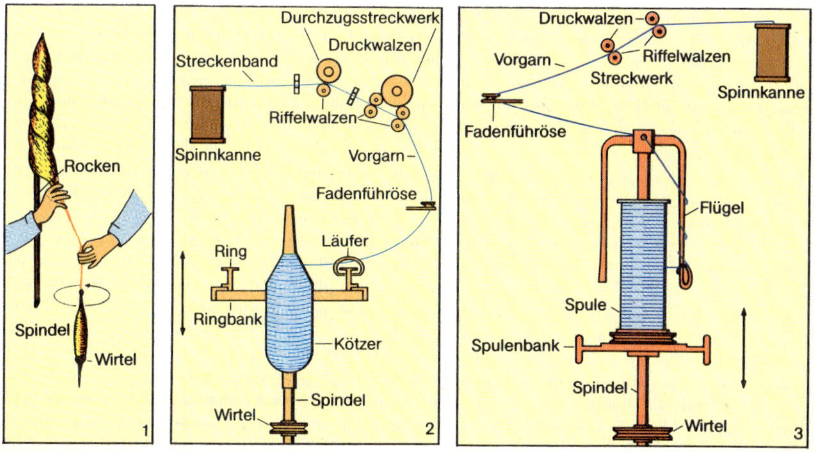

erfundene Maschine mit automat. Garnzuführung zu nennen. 1779 folgte die von S. Crompton entwickelte Mule-Maschine („Mule Jenny"). Die Weiterentwicklung der Mule-Maschine führte dann zu der 1825 durch den brit. Ingenieur R. Roberts (* 1789, † 1864) erfundenen automat. „Spinning Mule", die als Selfaktor („self-actor") bekannt wurde. 1830 folgte die von dem amerikan. Ingenieur J. Thorp (* 1784, † 1848) entwickelte Ringspinnmaschine.

🕮 *Srinicki, E.: S. u. Färben. Eine vollständige Einf. Dt. Übers. Ravensburg [4]1984. - Diekmann, C./Diekmann, H.: Garne spinnen. Zum Stricken, Häkeln, Weben. Stg. 1983. - Simmons, P.: S. u. Weben mit Wolle. Dt. Übers. Ravensburg 1982. - Meertens, M.: Das große Spinnbuch. Dt. Übers. Bern 1981.*

Spinnenasseln (Spinnenläufer, Scutigeromorpha), mit rd. 130 Arten in den Tropen und Subtropen verbreitete Ordnung der Hundertfüßer, davon eine Art (die bis 2,6 cm lange *Scutigera coleoptrata*) aus S-Europa in warme Gegenden Deutschlands vordringend, in Weinbergen oder auch Gebäuden; mit 15 Paar sehr langen Beinen; sehr flinke Läufer; verwenden zum Fang von Insekten die bewegl. Endglieder der Beine.

Spinnenfische, (Leierfische, Callionymidae), Fam. bis 40 cm langer Knochenfische (Ordnung Barschartige) mit rd. 50 Arten im gemäßigten und warmen N-Atlantik, im Ind. und im östl. Pazif. Ozean; meist langgestreckte Bodenbewohner mit großem, abgeflachtem Kopf, großen Augen und kleiner, am oberen Rand des Kiemendeckels ausmündender Kiemenspalte; Rückenflosse lang, beim ♂ zur Fortpflanzungszeit die vorderen Stachelstrahlen lang ausgezogen.

◆ (Bathypteroidae) Fam. langgestreckter, kleinäugiger, etwa 10–30 cm langer Lachsfische mit mehr als zehn tiefseebewohnenden Arten; erste Strahlen der Brust- und Bauchflossen meist stark verlängert, dienen dem Aufsetzen am Untergrund, möglicherweise auch als Tastorgane.

Spinnenfresser (Mimetidae), Fam. der Spinnen mit fast 100 weltweit verbreiteten, keine Netze, sondern höchstens einzelne Fäden spinnenden Arten, davon drei Arten in Deutschland; mit stark bestachelten Endgliedern der beiden vorderen Beinpaare zum Ergreifen anderer Spinnen.

Spinnenkrabben, svw. ↑Gespensterkrabben.

Spinnennetz, aus feinsten (bei der Seidenspinne z. B. nur 0,007 bis 0,008 mm starken) Spinnenfäden gefertigte Fanggewebe der Spinnen, die zum Festhalten der Beutetiere entweder mit feinen Leimtröpfchen (Klebfäden) oder mit feiner Fadenwatte ausgerüstet sind. Die verschiedenen Netzformen sind erbl. festgelegt. Das Bauen der S. ist eine erbbedingte Verhaltensweise.

Spinnenpflanze (Cleome spinosa), im trop. und subtrop. Amerika beheimatetes Kaperngewächs der Gatt. Senfklapper; Halbstrauch oder einjähriges, bis 1,2 m hohes Kraut mit weicher, klebriger Behaarung, z. T. bestacheltem Stengel; mit aus fünf bis sieben Blättchen handförmig zusammengesetzten Blättern und zahlr. langgestielten, purpur-, rosafarbenen oder weißen Blüten; beliebte, in vielen Sorten kultivierte Gartenzierpflanze.

Spinnenspringer (Dicyrtomidae), Fam. der Urinsekten mit rd. zehn europ. Arten von 1,5–3 mm Länge; leben in der Bodenvegetation, bes. von Wäldern.

Spinnentiere (Arachnida), weltweit verbreitete Klasse der Gliederfüßer mit rd. 45 000 bisher beschriebenen, knapp 1 mm bis 18 cm langen Arten; Körper in Kopf-Brust-Stück und Hinterleib gegliedert (nur bei den Milben sind beide Abschnitte verschmolzen); Kopf mit ↑Kieferfühler und Kiefertaster (↑Pedipalpen), z. T. scherenförmig; meist mit vier Beinpaaren; atmen durch Röhrentracheen oder Tracheenlungen; hauptsächl. landbewohnend, vorwiegend räuber., auch als Parasiten an Tieren und Pflanzen (Milben). - Die S. umfassen u. a. Walzenspinnen, Afterskorpione, Skorpione, Skorpionsspinnen, Weberknechte, Spinnen und Milben.

Spinner (Bombyces), veraltete, doch noch sehr verbreitete Sammelbez. für verschiedene Schmetterlingsfam., deren Fühler als Träger des hochentwickelten Geruchssinnes sowie des Tast- und Erschütterungssinnes oft stark gekämmt oder gefiedert sind. Weiter sind die S. dadurch gekennzeichnet, daß ihre Raupen Puppenkokons spinnen (z. B. die Seidenspinner).

Spinner (Spinnköder) ↑Angelfischerei.

Spinnfüßer, svw. ↑Embien.

Spinngewebshaut, svw. ↑Arachnoidea.

Spinnhanf ↑Faserhanf.

Spinnmilben (Blattspinnmilben, Tetranychidae), Fam. 0,25 bis knapp 1 mm großer, je nach Entwicklungsstadium, Ernährungszustand oder Geschlecht wechselnd gelbl., grünl. oder bräunl. bis rot gefärbter, weichhäutiger Milben von rundl. bis birnenförmiger Gestalt; fast ausschließlich schädl. Pflanzenparasiten; sitzen v. a. auf den Blattunterseiten, saugen die Pflanzenzellen aus und überziehen die Blätter mit einem Gespinst. Eine bekannte Art ist die ↑Obstbaumspinnmilbe.

Spinnrad, einfaches Gerät zum Spinnen von Fäden, bei dem die zu verspinnenden, auf einem senkrechten Stab, dem sog. *[Spinn]rocken*, befestigten Textilfasern einer rotierenden waagerechten *Spindel* zugeführt und bei deren Drehung verdrillt werden.

Spinnverfahren ↑Spinnen.

Spinnwebenhauswurz (Sempervivum arachnoideum), 5–10 cm hohe, dichte Polster bildende Art der Gatt. Hauswurz, verbreitet von den Pyrenäen über die Alpen bis zum Apennin und zu den Karpaten; Rosetten 5–25 mm breit, mit lanzettförmigen, an der Spitze mit spinnwebartigen Haaren besetzten Blättern; Blüten mit 12–18 ausgebreiteten, karminroten Kronblättern.

Spinnwebhaut, svw. ↑Arachnoidea.

Spinnwebtheorem, Bez. für den über den Preismechanismus (↑Marktmechanismus) zustande kommenden, durch verzögerte Reaktionen der Anbieter auf Marktpreisänderungen (↑Lag) ausgelösten Anpassungsprozeß, für den als Musterbeispiel die landw. Produktion gilt. Je nach Steigung der Angebots- und Nachfragefunktionen können in diesem Anpassungsprozeß die Preis- und Mengenschwankungen zunehmen, konstant bleiben oder sich dem Gleichgewicht annähern. Die graph. Darstellung dieser Schwankungen um den Gleichgewichtspunkt erinnert an ein Spinnengewebe. - Abb. S. 8.

Spínola, António Sebastião Ribeiro de [portugies. ɪʃ'pinulɐ], * Estremoz 11. April 1910, portugies. General und Politiker. - 1968–73 Oberkommandierender der Streitkräfte und Gouverneur in Portugies.-Guinea; 1973 bis März 1974 stellv. Generalstabschef. Sein Buch „Portugal und seine Zukunft" (Febr. 1974), das die portugies. Kolonialpolitik angriff, wirkte als Mitauslöser der Revolution vom 25. April 1974. Zunächst Vors. der Junta, Mai–Sept. 1974 Staatspräs.; lebt nach einem mißglückten Putschversuch gegen die linke Militärreg. (März 1975) im Exil; kehrte im Aug. 1976 nach Portugal zurück, wurde verhaftet, aber wieder freigelassen.

Spinortheorie der Elementarteilchen [spi:nɔr; engl.] (einheitl. Feldtheorie der Elementarteilchen), die von W. Heisenberg und seinen Mitarbeitern seit etwa 1953 entwickelte nichtlineare Quantenfeldtheorie der Elementarteilchen, deren Ziel eine einheitl. Beschreibung sämtl. Elementarteilchen (einschl. der Resonanzen) sowie der zw. ihnen bestehenden Wechselwirkungen ist. Die zugrunde liegende Vorstellung ist, daß sämtl. Elementarteilchen Zustände desselben, durch eine sog. Spinorfeldgröße beschriebenen Materiefeldes *(Urfeld)* sind, für das eine nichtlineare Feldgleichung gilt und das bestimmten Symmetrieprinzipien bzw. Invarianzen genügen soll.

Spinoza, Baruch (Benedict[us]) de [...'no:tsa; niederl. spi:'no:za:], * Amsterdam 24. Nov. 1632, † Den Haag 21. Febr. 1677, niederl. Philosoph. - Aus span.-portugies. Familie; wegen seiner Abweichung von der jüd. Lehre aus der jüd. Gemeinde von Amsterdam (1656) ausgeschlossen und aus der Stadt verbannt; in Den Haag Anschluß an den Kreis um J. de Witt; sicherte seinen Lebensunterhalt zeitweise durch Linsenschleifen. Zu seinen Lebzeiten veröffentlichte S. nur einen Traktat (1663) über Descartes' „Principia philosophiae" und anonym den „Tractatus theologico-politicus" (1670). - Der Kartesianismus, die jüd. Mystik und Kabbalistik, die Renaissancephilosophie sowie die polit. Philosophie von Hobbes sind für S. Anstöße, die er zu einem neuen Denkansatz umformt. Seine Philosophie kennzeichnen folgende Charakteristika: sein *Monismus*, d.h. seine Lehre von der Identität Gottes und der Natur, sein *Naturalismus*, d.h. die method. Forderung, den Menschen als einen Teil der Natur darzustellen und das menschl. Handeln nach den Gesetzen der Natur zu erklären, und sein *Liberalismus*, d.h. seine Auffassung, daß das aufgeklärte Selbstinteresse der einzelnen Grundmotiv für die Bildung einer Gesellschaft mit einer souveränen Herrschaftsstruktur darstelle. S. gelangte zu diesen themat. Positionen durch eine method. Entscheidung für einen *Rationalismus*, nach dem die Ordnung der Ideen dasselbe ist wie die Ordnung der Dinge selbst. Nach jüd. und christl. Vorstellung führt sein Monismus zu einer atheist. Position. Da es näml. nur eine Substanz geben kann, die damit notwendigerweise Ursache ihrer selbst und Gott ist, kann von selbständigen Dingen neben und außer Gott nicht geredet werden. Gott ist daher die Natur, sofern diese als das System der log. und kausal notwendigen Zusammenhänge der Dinge verstanden wird. Nach S. besteht die „geistige Liebe zu Gott" in der Erkenntnis von der Notwendigkeit aller Geschehnisse und deren Anerkennung. Darin besteht die Glückseligkeit, die bewirkt, daß der Mensch allein nach der Notwendigkeit seiner Natur (d.h. der Vernunft) existiert. - Großen Einfluß gewann die Philosophie Spinozas erst im dt. Idealismus und in der dt. Romantik.

S. in der Frühzeit seiner religiösen Wirkung. Hg. v. K. Gründer u.a. Hdbg. 1984. - Wenzel, A.: Die Weltanschauung Spinozas. Aalen 1983. - Negri, A.: Die wilde Anomalie. Spinozas Entwurf einer freien Gesellschaft. Dt. Übers. Bln. 1982.

Spinquantenzahl [engl. spɪn] ↑Spin.

Spion [italien., zu spiare „ausspähen"], Person, die ↑Spionage betreibt. Im Kriegsvölkerrecht gilt als S., wer heiml. oder unter falschem Vorwand im Operationsgebiet eines Kriegführenden Nachrichten einzieht oder einzuziehen versucht in der Absicht, sie dem Gegner mitzuteilen.

◆ svw. ↑Fühlerlehre.

◆ Beobachtungsglas in der Haus- oder Wohnungstür; Spiegel außen am Fenster.

Spionage [...'na:ʒə; italien.-frz.], das Auskundschaften von (v.a. militär.) Einrichtungen und Vorgängen, die von Bed. für die Sicherheit eines Staates sind, im Auftrag oder im Interesse einer fremden Macht; zum *innerstaatl. Recht* ↑Landesverrat und Gefährdung der äußeren Sicherheit. Das *Völkerrecht* befaßt sich nur mit der S. im Krieg. In der

Haager Landkriegsordnung wird der Spion u. a. abgegrenzt vom Kundschafter. S. ist nach Völkerrecht eine rechtmäßige Handlung; der betroffene Staat darf sich gegen die S. zur Wehr setzen. - I. w. S. versteht man unter S. die rechtswidrige Erkundung von Geheimnissen jeder Art (v. a. auch Wirtschaftsspionage).

Spira [griech.] ↑Trochilus.

Spiraea [griech.], svw. ↑Spierstrauch.

Spiräengewächse [griech./dt.] ↑Rosengewächse.

Spiralbindung, Buchbindung, bei der die Papierblätter durch eine Metall- oder Kunststoffwendel zusammengehalten werden.

Spiralbohrer ↑Bohren.

Spirale [griech.-lat.], eine Kurve, die in unendl. vielen, immer weiter werdenden Windungen einen festen Punkt (Pol) umläuft; mathemat. eine Kurve, für die die Länge r des Radiusvektors eine Funktion des Winkels φ ist, wobei φ von 0 bzw. $-\infty$ bis $+\infty$ läuft. Die *archimed. S.* wird in Polarkoordinaten durch die Gleichung $r = a\varphi$ dargestellt; sie wird von einem Punkt beschrieben, der mit konstanter Geschwindigkeit c auf einer Geraden fortschreitet, die wiederum mit konstanter Winkelgeschwindigkeit ω um einen festen Punkt gedreht wird ($a = c/\omega$). Die *logarithm.* oder *Exponential-S.* (Gleichung in Polarkoordinaten: $r = ae^{k\varphi}$, $k > 0$) schlingt sich für negative Werte von φ mit abnehmendem r immer enger um den Pol, er ist ein asymptot. Punkt. Als *Sinus-S.* wird jede Kurve mit der Polargleichung $r^n = a^n \sin(n\varphi)$ bezeichnet (a und n konstant).

◆ umgangssprachl. Bez. für ein spiralig gewundenes Intrauterinpessar (↑Empfängnisverhütung).

Spiralnebel ↑Nebel (Astronomie).

Spiralseil ↑Drahtseil.

Spiralwuchs, svw. ↑Drehwuchs.

Spirane [griech.], svw. ↑Spiroverbindungen.

Spirans [lat.], svw. ↑Reibelaut.

Spirant [lat.], svw. ↑Reibelaut.

Spirdingsee, mit 109,7 km² größter Binnensee in Ostpreußen, Polen▾.

Archimedische (1) und logarithmische (2) Spirale

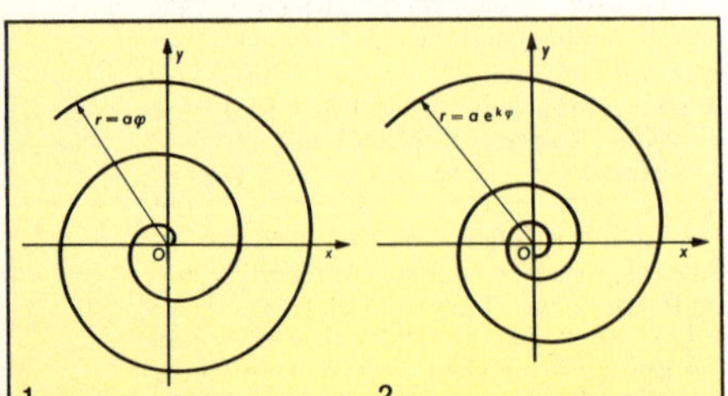

Spirifer [griech.-lat.], ausgestorbene, vom Silur bis zum Jura bekannte Gatt. der ↑Armfüßer, die ihre stärkste Artenentfaltung im Devon und Karbon erlebten; gekennzeichnet durch einen langen, gerade verlaufenden Schloßrand, radial gefaltete Schalen und durch ein spiralig aufgerolltes Kalkgerüst für die fleischigen Arme der Tiere; stellen als ehem. Bewohner der küstennahen Flachmeere viele Leitfossilien.

Spirillen [griech.], allg. Bez. für schraubig gewundene Bakterien.

◆ (Spirillum) Bakteriengatt. aus der Fam. *Spirillaceae:* gramnegative, starre, schraubig gewundene Bakterien mit Geißelbüscheln an beiden Enden.

Spirillose [griech.], durch Spirillenarten hervorgerufene Krankheit (z. B. Rattenbißkrankheit).

Spiritaner (Kongregation vom Hl. Geist, lat. Congregatio Sancti Spiritus sub tutela Immaculati Cordis Beatissimae Virginis Mariae, Abk. CSSp), 1703 in Paris gegr. kath. Ordensgenossenschaft für Schulerziehung und Mission; nahm 1848 die Kongregation vom Hl. Herzen Mariens in sich auf; heute nur noch Missionsarbeit; 1979: 3 927 Mgl.

Spiritismus [zu lat. spiritus „Geist"], Bez. für Lehre und Praxis der Beschwörung von Geistern, die sich in Materialisationen zeigen und sich in schriftl. Form oder in Tranceäußerungen von Medien mitteilen sollen. Die häufigste Form des weltweit verbreiteten und zu allen Zeiten geübten S. ist die Nekromantie, die die Begegnung mit Geistern Verstorbener erstrebt. Das Ziel spiritist. Praktiken besteht in der Orakelerteilung über zukünftige ird. Ereignisse sowie in der Kenntnisnahme jenseitiger Geheimnisse. - ↑auch Okkultismus, ↑Parapsychologie. - Die *christl. Kirchen* lehnen den S. als Eingriff in die Souveränität Gottes ab.

Spiritist [lat.], Anhänger des Spiritismus.

Spinnwebtheorem. Graphisches Beispiel

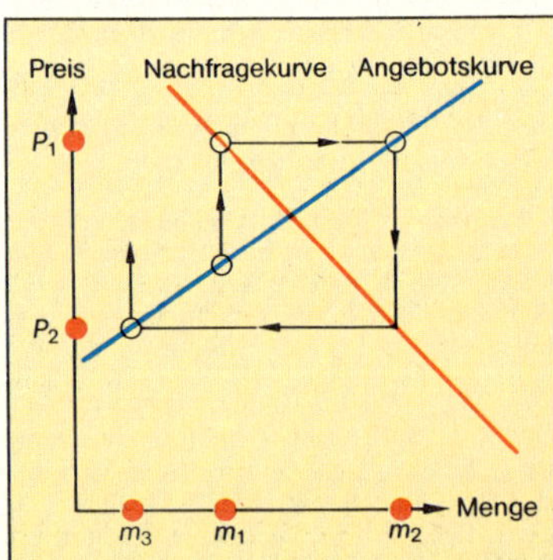

Spiritual [lat.], in Priesterseminaren und manchen Klöstern der ausschließl. mit der religiös-asket. Seelenführung („forum internum") betraute Priester.

Spiritualen, bes. Richtung im Franziskanerorden, die im Armutsstreit gegen die Konventualen die Intention des Franz von Assisi ohne Abstriche verwirklichen wollte und den Alleinanspruch auf das geistige Erbe des Gründers erhob.

Spiritualien [lat.], Bez. für das geistl. Amt, die bischöfl. Amtsgewalt. Die Unterscheidung von geistl. und weltl. Bereich (**Temporalien**) schuf die Voraussetzung für die Lösung des Investiturstreits: Die königl. Investitur galt den Temporalien, daher verzichtete der König auf die geistl. Investitursymbole (Ring und Stab) bei der Einsetzung eines Bischofs.

Spiritualismus [lat.], in der Philosophie Bez. 1. für eine Lehre, in der alles Wirkliche Geist bzw. Erscheinungsform des Geistes ist *(metaphys. S.)*; 2. für die Lehre von der geistigen Beschaffenheit der Seele *(psycholog. S.)*. - Als *religiöser S.* Bez. für verschiedene Bewegungen in der Geschichte des Christentums (z. B. Pietismus, Erweckungsbewegung, Schwenckfelder), die die ird. Wirklichkeit des Christen und sein innerweltl. Handeln zugunsten des Heilswirkens Gottes durch dessen Geist zurückdrängen; er wendet sich gegen die verfaßte Kirche und das kirchl. Amt und lehnt eine Heilsbed. der Erlösung für die materielle Schöpfung ab.

Spiritual Song [engl. 'spɪrɪtjʊəl 'sɔŋ], geistl. Lied. Im Unterschied zu ↑ Negro Spiritual wird der Begriff meist für die Hymnen und Gesänge weißer Amerikaner verwendet.

spirituell [lat.], geistig, geistlich.

Spirituosen [lat.-frz.], Getränke mit einem Gehalt an Alkohol (Äthanol) von mindestens 20%, z. B. Branntweine, Liköre.

spirituoso [italien.], musikal. Vortragsbez.: feurig.

Spiritus [lat.], svw. Weingeist, Äthylalkohol (↑ Äthanol, ↑ Branntwein).

Spiritus rector [lat.], belebender Geist; treibende Kraft.

Spiritus sanctus [lat.] ↑ Heiliger Geist.

Spirochaeta [...'çɛːta; griech.] ↑ Spirochäten.

Spirochäten [griech.], Bakterien der Ordnung *Spirochaetales* mit rd. 40 Arten. Wichtige Gatt. sind Spirochaeta, Cristispira, Treponema, Borrelia und Leptospira. Die schraubig gewundenen, flexiblen und sehr bewegl. Zellen werden z. T. bis 500 µm lang und bestehen aus einem Protoplasmazylinder, einem aus Fibrillen aufgebauten Axialfilament und einer Außenhülle. Viele S. sind krankheitserregend (Syphilis, Frambösie, Rückfallfieber u. a.). Die Arten der Gatt. *Spirochaeta* sind saprophytisch, meist anaerobe Bewohner von Gewässern.

Spiroergometer ↑ Ergometer.

Spirometer [lat./griech.] (Atemmesser), Apparat zur Messung von Atemfrequenz, Atemvolumen, Reserveluft, Komplementärluft, Vitalkapazität u. a. Atemgrößen.

Spiroverbindungen [lat./dt.] (Spirane), gesättigte oder ungesättigte cycl. Kohlenwasserstoffe oder deren Substitutionsprodukte, bei denen ein oder mehrere Atome (meist Kohlenstoffatome) zwei Ringsystemen gleichzeitig angehören. Sie werden von geradkettigen Verbindungen gleicher Kohlenstoffzahl durch die Vorsilbe *Spiro-* unterschieden.

Spirre [niederdt.] ↑ Blütenstand.

Spital, Hermann Josef, * Münster 31. Dez. 1925, dt. kath. Theologe, seit 1981 Bischof von Trier.

Spitta, Friedrich, * Wittingen 11. Jan. 1852, † Göttingen 8. Juni 1924, dt. ev. Theologe. - Sohn von Philipp S.; Prof. für N. T. und prakt. Theologie in Straßburg und Göttingen; begründete zus. mit J. Smend die „ältere liturg. Bewegung".

S., Heinrich, * Straßburg 19. März 1902, † Lüneburg 23. Juni 1972, dt. Komponist. - Sohn von Friedrich S.; komponierte v. a. Chorwerke (u. a. „Heilig Vaterland", „Die beste Zeit", „Passionskantate").

S., Philipp, * Hannover 1. Aug. 1801, † Burgdorf 28. Sept. 1859, dt. ev. Theologe und Kirchenliederdichter. - Schuf v. a. ein durch sprachl. Klarheit und Schlichtheit ausgezeichnetes Liedwerk („Psalter und Harfe", 1833 bis 1844).

S., Philipp, * Wechold (= Hilgermissen, Landkr. Nienburg [Weser]) 27. Dez. 1841, † Berlin 13. April 1894, dt. Musikforscher. - Sohn von Philipp S.; ab 1875 Prof. in Berlin. Gab die Werke von D. Buxtehude, H. Schütz und Friedrich II. heraus und schrieb die grundlegende Biographie „Johann Sebastian Bach" (1873–80).

Spittal an der Drau, östr. Bez.hauptstadt in Kärnten, an der Drau, 554 m ü. d. M., 14 500 E. Sommertheater; Schuhfabrik, Sägewerke, chem. Ind., Molkerei, Zentralheizungs- und Maschinenbau; Feldspatwerk. - 1242 erstmals als Markt gen.; wurde 1930 Stadt. - Got. Stadtpfarrkirche (1584 erweitert), Renaissanceschloß Porcia (Salamancaschloß; 1527–97) mit Laubeninnenhof.

Spitteler, Carl, Pseud. Carl Felix Tandem, * Liestal 24. April 1845, † Luzern 29. Dez. 1924, schweizer. Dichter. - Beamtensohn; 1890–92 Feuilletonredakteur der „Neuen Zürcher Zeitung". Versuchte die Verwirklichung myth.-kosm. Ideen in der „Modernisierung" antiker Bildungswerte. Der Ggs. von Geist und Macht, Künstlertum und Bürgertum bewirkte unter dem Einfluß Schopenhauers, Nietzsches und J. Burckardts ein ästhetisiertes Elitebewußtsein, das in dem nach Schönheit strebenden, adligen, trag.-skept. Menschen kulminiert. Literar. Ausformung erhielt dieser Mythos einer heroischen Daseinsbehauptung durch die Versepen „Prometheus und Epimetheus“ (1881, Neufassung 1924 u. d. T. „Prometheus der Dulder“) und „Olymp. Frühling“ (1900–05, Neufassung 1910). Verfaßte auch Novellen, Romane („Imago“, 1906), Lustspiele, Balladen, Kritiken und Essays. 1919 Nobelpreis für Literatur.

Spittler ↑Deutscher Orden.

Spitz, Mark [engl. spɪts], * Modesto (Calif.) 10. Febr. 1950, amerikan. Schwimmer. - Gilt mit 7 Goldmedaillen (1972) als erfolgreichster Teilnehmer einer Olympiade. Stellte in den Kraul- und Delphindistanzen 35 Weltrekorde auf.

Spitzahorn (Acer platanoides), bis 30 m hoher, im gemäßigten Europa bis zum Kaukasus und Ural heim. Baum der Gatt. Ahorn mit dichter Krone; Rinde frühzeitig mit schwärzl., längsrissiger, nicht abblätternder Borke; Blätter milchsaftführend, handförmig; Blüten mit gelbgrünen Kronblättern, in fast aufrechten, reichblütigen, kurzen Doldentrauben; verbreitet auf nährstoffreichen Böden in Laubmischwäldern; häufig als Park- und Alleebaum.

Spitzbergen (früher Westspitzbergen), Hauptinsel des Archipels Spitzbergen, 39 043 km², bis 1 717 m ü. d. M.; Kohlevorkommen.
S., Inselgruppe im Nordpolarmeer, bildet zus. mit der Bäreninsel das norweg. Verw.-Geb. Svalbard, 3 500 E, davon 2 228 Sowjetbürger; Sitz des Gouverneurs Longyearbyen. S. besteht aus den 4 großen Inseln *Spitzbergen*, *Nordostland* (14 530 km²), *Edgeinsel* (5 030 km²) und *Barentsinsel* (1 330 km²) sowie zahlr. kleineren Inseln, Gesamtfläche 62 700 km². Das gebirgige Land ist zu etwa 60% von Eis bedeckt. Die Küsten sind durch Fjorde stark gegliedert. Sie haben ein etwas milderes Klima als das Binnenland. Die Jahresmitteltemperatur der Station Isfjord Radio an der Mündung des Eisfjords beträgt −4,4 °C (März −12,1 °C; Aug. +4,2 °C); Mitternachtssonne 20. April–24. Aug., Polarnacht 27. Okt.–16. Febr. Der Boden taut im Sommer bis in 1 m Tiefe auf. Die wirtsch. Bed. beruht, abgesehen vom heute untergeordneten Pelztierfang, auf dem Abbau von Kohle. Die Norweger fördern bei Longyearbyen; sowjet. Gruben liegen bei Barentsburg und Pyramiden. Meteorolog. und Radiostationen, ✈ bei Longyearbyen.
Geschichte: Schon 1194 von Wikingern entdeckt, die ihm den Namen „Svalbard“ („kalte Küste“) gaben; 1596 von dem Niederländer W. Barentsz wiederentdeckt; ab 1758 begann die wiss. Erforschung. 1912 Begründung der meteorolog. Station Barentsburg; 1920 wurden die zw. Norwegen und Sowjetrußland strittigen Inseln Norwegen zugesprochen, vorbehaltl. des Rechts aller Signatarmächte zu Kohleabbau, Jagd und Fischfang; 1925 Norwegen eingegliedert; 1941–45 brit. besetzt.

Spitzbogen ↑Bogen.

Spitzbohrer (Vorstecher), Werkzeug zum Anreißen oder Vorstechen kleiner Löcher; vierkantige oder runde, nadelförmige Klinge mit Griff (Heft).

Spitzbuckel, svw. ↑Gibbus.

Spitze, Sammelbez. für Hunderassen mit spitzen Stehohren und Ringelrute. Man unterscheidet: *Europ. S.* (Großspitze, Kleinspitze, Wolfsspitze, Lappenspitz, Isländer Spitz), *Chin. S.* (Chow-Chow) und *Jap. S.*, unter denen der massige, bis knapp 70 cm schulterhohe *Akita-Inu* (kurzhaarig, in vielen Farben) der größte Spitz überhaupt ist.

Spitze, durchbrochenes Gewebe (urspr. nur ein schmaler Streifen mit gezacktem Rand); echte S. sind nur die, bei denen das Muster mit Füllungen und Aussparungen selbst das Gewebe bildet (im Ggs. etwa zu spitzenähnl. Stickereien). Handgearbeitete S. (Hand-S.) sind ↑Klöppelspitze und **Nadelspitze** *(Nähspitze)*, bei der mit Hilfe von 2 Nähnadeln Fäden auf eine Unterlage gelegt und diese dann mit weiteren Fäden festgeheftet werden. Dann folgt die eigtl. S.näherei um die ersten Fäden herum; am Schluß werden die Heftfäden aufgetrennt. Beide kamen im 16. Jh. in Oberitalien auf und verbreiteten sich rasch in ganz Europa. Neben Oberitalien entstanden im 17. Jh. wichtige Zentren in Frankr. (Alençon, Valenciennes), im 18. und 19. Jh. war Flandern (Brüssel, später Brügge) führend. Verarbeitet wurde zunächst nur Leinen, später auch Seide, seit dem 19. Jh. Baumwolle. S. des 16. Jh. hat ein großflächiges Muster mit großen Aussparungen und wenigen Stegen, im 17. Jh. wurde kleinteiliges Rankenwerk mit vielen Stegen beliebt, in Frankr. erhalten diese Stege einen eigenen ornamentalen Wert, was zur Ausbildung des sog. *Grundnetzes* führt, das die Muster miteinander verbindet. Die Entwicklung mündete in der Erfindung der Tüllmaschine (1809), sie stellt eine Art Grundnetz her, auf das die Ornamente aufgenäht wurden (**Applikationsspitze**); später kamen Maschinen hinzu, die Muster und Grundnetz herstellen (**Maschinenspitze**). Damit wurde die S. weiten Kreisen erschwinglich, allerdings ging die handwerkl. Tradition für die Nadel-S. ganz verloren, die Klöppel-S. blieb in einigen Gegenden als Volkskunst erhalten; daneben erscheint die sog. **Häkelspitze** oder Häkelarbeit (ir. S.). - Von der S. sind Knüpfarbeiten zu unterscheiden, bei denen die Fäden geknotet werden (z. B. der Grund von Filetarbeiten oder Makramee).

Spitzenentladung, eine elektr. Entladung an den Spitzen von elektr. Leitern. Ist die Spitze positiv gepolt, so zeigen sich schwach leuchtende Büschel (z. B. das sog. ↑Elmsfeuer).

Spitzenlastkraftwerk ↑Kraftwerke.

Spitzensport ↑Sport.

Spitzentanz, Tanz auf der Fußspitze im Spitzenschuh (ein Spezialschuh mit geleimter oder geblockter Spitze). Der S. wurde durch M. Taglioni in „La Sylphide" (1832) als Ausdrucksmittel des klass.-romant. Balletts kreiert.

Spitzer, Leo, * Wien 7. Febr. 1887, † Forte dei Marmi (Prov. Lucca) 16. Sept. 1960, östr. Romanist. - Prof. in Bonn, Marburg, Köln, 1933 in Istanbul, ab 1936 in Baltimore. Bed. Arbeiten zur roman. Sprach- und Literaturwiss.; versuchte, in der stilist. Interpretation von Sprachen und Wortkunstwerken die Einheit von Sprach- und Literaturwiss. zu erhalten. Schrieb u. a. „Stilstudien" (2 Bde., 1928), „Linguistics and literary history" (1948).

S., Rudolf, östr. Schriftsteller, ↑Lothar, Rudolf.

spitzer Winkel, ein Winkel, der kleiner als ein rechter Winkel (90°) ist.

Spitzfuß (Pes equinus) ↑Fußdeformitäten.

Spitzhacke ↑Hacken.

Spitzhörnchen (Tupajas, Tupaiidae), (von manchen Systematikern zu den Halbaffen gestellte) relativ hochentwickelte Fam. der Insektenfresser mit 18 Arten in S- und SO-Asien, v. a. im Malaiischen Archipel; äußerl. hörnchenähnl.; Körperlänge etwa 15–20 cm; Schwanz ebensolang, meist buschig behaart; Fell dicht, meist bräunl.; Schnauze lang und spitz; Schädel teilweise mit Halbaffenmerkmalen; Gebiß insektenfresserartig; tagaktive Allesfresser.

Spitzkiel (Fahnenwicke, Oxytropis), Gatt. der Schmetterlingsblütler mit mehr als 300 Arten in der nördl. gemäßigten Zone, v. a. in Vorder- und Zentralasien; Kräuter oder niedrige Sträucher mit unpaarig gefiederten Blättern; Blütenstände in den Blattachseln, traubig, ährig oder köpfchenförmig; Blüten mit stachelspitzigem Schiffchen. In Deutschland kommen drei Arten vor, u. a. der in den Alpen verbreitete, niederliegend wachsende, violett blühende *Berg-S.* (Oxytropis montana).

Spitzklette (Xanthium), in Amerika beheimatete, nach Europa, W-Asien und Afrika eingeschleppte Korbblütlergatt.; Pflanzen mit mehrblütigen ♂ und ein- oder mehrblütigen ♀ Blütenköpfchen, die zu mehreren in endständigen Ähren stehen; Früchte wie die ♀ Blüten mit z. T. widerhakig bedornten Hüllblättern umgeben; einjährige, windblütige Unkräuter. Auf Schuttplätzen und an Wegrändern wächst die **Dornige Spitzklette** (Choleradistel, Xanthium spinosum) mit dreilappigen, unterseits weißfilzig behaarten Blättern und gelben Dornen an den Blattstielen.

Spitzkrokodil ↑Krokodile.

Spitzmaulnashorn ↑Nashörner.

Spitzmausartige (Soricoidea), Überfamilie der Insektenfresser mit langgestrecktem, schlankem bis walzenförmigem, etwa 3,5–22 cm langem Körper mit dichtem, weichem, kurzhaarigem Fell; insekten- bis allesfressend; zwei weit verbreitete Fam.: Spitzmäuse und Maulwürfe.

Spitzmausbeutelratten, svw. ↑Beutelspitzmäuse.

Spitzmäuse (Soricidae), mit Ausnahme von Australien nahezu weltweit verbreitete Fam. vorwiegend nachtaktiver Insektenfresser mit über 250, etwa 3–18 cm langen Arten; mäuseähnl., jedoch mit stark verlängerter, zugespitzter Schnauze und kurzem, sehr dichtem Fell; oberseits meist einfarbig braun bis schwarz, unterseits hell; fressen überwiegend Insekten. Einige Arten erzeugen Ultraschalltöne zur Peilorientierung. Einheim. Arten sind u. a. Waldspitzmaus, Zwergspitzmaus, Wasserspitzmaus, Feldspitzmaus und die geschützte Hausspitzmaus (↑Rotzahnspitzmäuse, ↑Weißzahnspitzmäuse).

Spitzmorchel (Morchella conica), bis 10 cm hohe Art der ↑Morcheln (Schlauchpilz) mit kegelförmigem, braungrauem Hut, der durch erhabene Längsrippen unregelmäßig gefeldert ist; Stiel kleiig, schmutziggelbl., hohl; wohlschmeckender Speisepilz.

Spitzname ↑Übername.

Spitzrüßler (Spitzmäuschen, Apioninae), Unterfam. 1,2–5 mm großer Rüsselkäfer mit der über 100 einheim. Arten umfassenden Gatt. *Apion;* meist schwarz, oft mit Metallglanz; Imagines erzeugen Lochfraß an Blättern; Larven oft in Samen von Hülsenfrüchten.

Spitzschwanz-Doppelschleichen (Trogonophidae), nur wenige Arten umfas-

Carl Spitzweg, Der arme Poet (Ausschnitt; 1839). München, Neue Pinakothek

sende, von NW-Afrika bis zum Iran verbreitete Fam. der Doppelschleichen von maximal 25 cm Körperlänge; mit zugespitztem, nach unten gekrümmtem Schwanz.

Spitzsegel ↑Segel.

Spitzweg, Carl, * München 5. Febr. 1808, † ebd. 23. Sept. 1885, dt. Maler und Illustrator. - Urspr. Apotheker, schulte sich an der niederl. Malerei; zeichnete für humorist. Zeitschriften und malte kleinformatige, vom Anekdot. bestimmte Gemälde („Der arme Poet", 1839, München, Neue Pinakothek; „Der Liebesbrief", um 1845/46, Berlin, neue Nationalgalerie). Um 1850 zahlr. Reisen; der Farbauftrag wird pastos, differenzierte Wiedergabe des Atmosphärischen. Im Spätwerk ab 1870 aufgelockerte Malweise. Als Maler der liebenswert dargestellten Welt des dt. Kleinbürgers ist S. ein typ. Vertreter des Biedermeier; malte auch reizvolle Landschaften, meist mit Staffage. - Abb. S. 11.

Spitzwegerich ↑Wegerich.

Splanchna [griech.], svw. ↑Eingeweide.

Splanchnektomie [griech.], operative Entfernung eines oder mehrerer Eingeweideorgane.

Splanchnocranium [griech.] (Splanchnokranium, Viszeralskelett, Viscerocranium, Viszerokranium), ventraler Abschnitt des knorpeligen oder knöchernen Kopfskeletts (Schädel) der Wirbeltiere, der funktionell dem Mundraum und damit dem Nahrungserwerb zugeordnet ist (Kieferbildung, Bezahnung) und sich bei wasserbewohnenden Formen aus dem Lippenbogen (Prämandibulare), dem Kieferbogen (Mandibulare) und dem Zungenbeinbogen (Hyomandibulare) in wechselnder Ausformung zusammensetzt.

Spleen [ʃpli:n, spli:n; engl., eigtl. „Milz" (zu griech. splḗn „Milz")], phantast. Einfall; verrückte Angewohnheit, Verschrobenheit; **spleenig,** svw. schrullig, überspannt.

spleißen (splissen), Ineinanderflechten einzelner Stränge zweier Tau- oder Drahtenden zur Erstellung einer festen Verbindung (Spleiß). - ↑auch Augenspleiß.

Splen [griech.], svw. ↑Milz.

splendid [lat.], freigebig, großzügig; prächtig.

Splendid isolation [engl. 'splɛndɪd aɪsə'leɪʃən „glanzvolles Alleinsein"], Schlagwort für die brit. Außenpolitik im 19. Jh. (bis 1902/04), die Bündnisse vermied, um polit. Handlungsfreiheit zu wahren.

Splint [niederdt.], gespaltener Metallstift zur Sicherung von Bolzen oder Schrauben gegen Lösen; der S. wird durch eine Öffnung gesteckt und durch Auseinanderbiegen seiner Enden gesichert.

◆ (Splintholz) ↑Holz.

Splintholzbäume (Splintbäume) ↑Holz.

Splintholzkäfer (Holzmehlkäfer, Schattenkäfer, Lyctidae), Fam. kleiner (weniger als 1 cm großer), längl. abgeflachter Käfer mit rd. 60 Arten, davon sechs einheimisch; Larven engerlingähnl., in Drogen und gefälltem, entrindetem Holz. Die Larven des gelbbraunen, 2,5–5 mm langen europ. **Parkettkäfers** (Lyctus linearis) fressen Gänge in den Splint von trockenem, bereits verarbeitetem Holz und werden v. a. in Eichenfurnierholz und Parkettholz schädlich.

Splintkäfer (Scolytus), Gatt. der Borkenkäfer mit 14 1,5–7 mm großen Arten in Europa; legen ihre Brutgänge im Splintholz, oft auch von Obstbäumen, an.

Split, Hafenstadt an der jugoslaw. Adriaküste, 169 000 E. Kultur- und Wirtschaftszentrum Dalmatiens; Sitz eines kath. Erzbischofs; Univ. (gegr. 1974), Inst. für Seehandel der Jugoslaw. Akad. der Wiss., Inst. für Ozeanographie und Fischerei, Inst. zur Erhaltung histor. Denkmäler in Dalmatien; Museen, Kunstgalerien, Theater. Werft, Zementfabriken, Automontage, Betriebe der chem., Elektro- und Nahrungsmittelind.; Badestrände. - Entstand um den von Kaiser Diokletian in der Nähe von Salona (= Solin) errichteten Palast; wurde im 6. Jh. Erzbischofssitz (bis 1828, dann Bischofs-, 1969 erneut Erzbischofssitz); war bereits im 8. Jh. eine bed. Hafen- und Handelsstadt; 12.–15. Jh. zeitweilig ungar., 1420–1797 im Besitz Venedigs; kam 1797/1815 an Österreich, 1918 an das spätere Jugoslawien. - Die Altstadt liegt innerhalb des ehem. Diokletianpalastes; die Palastmauer bildet die Stadtmauer. In der Altstadt ehem. Mausoleum Diokletians, ein im frühen MA zum Dom umgebautes, überkuppeltes Oktogon mit roman.-got. Glockenturm und der ehem. Jupitertempel, im MA in ein Baptisterium umgewandelt; Altes Rathaus in venezian. Gotik (1432).

Splitt [niederdt.], aus zerkleinertem Felsgestein oder Abfallziegeln bestehender Zuschlagstoff für im Straßenbau verwendeten Beton; als sog. *Roll-S.* mit Teer gemischt zur Befestigung oder Ausbesserung von Straßendecken verwendet.

splitterfreies Glas ↑Sicherheitsglas.

Splitting [engl.] ↑Veranlagungsarten.

◆ (Wahlstimmen-S.) ↑Wahlen.

Splügen ↑Alpenpässe (Übersicht).

SPÖ, Abk. für: ↑Sozialistische **P**artei **Ö**sterreichs.

Spodumen [griech.] (Triphan), zur Gruppe der monoklinen Augite gehörendes Mineral, chem. $LiAl[Si_2O_6]$; bildet durchsichtige Kristalle. Mohshärte 6,5–7; Dichte 3,1–3,2 g/cm^3; wichtiger Rohstoff für die Lithiumgewinnung. Seine Varietäten Kunzit und Hiddenit sind wertvolle Schmucksteine.

Spoerl [ʃpœrl], Alexander, * Düsseldorf 3. Jan. 1917, † Rottach-Egern 16. Okt. 1978, dt. Schriftsteller. - Schrieb [zus. mit seinem Vater Heinrich] „Der eiserne Besen" (R., 1949). Verfaßte in der Folge weitere humorist.-satir. Romane, u. a. „Memoiren eines mittelmäßigen Schülers" (1950), sowie populäre Sachbücher.

S., Heinrich, * Düsseldorf 8. Febr. 1887, † Rottach-Egern 25. Aug. 1955, dt. Schriftsteller. - Urspr. Rechtsanwalt. Schrieb humorvolle, z. T. zeit- und gesellschaftskrit. Romane („Die Feuerzangenbowle", 1933; „Wenn wir alle Engel wären", 1936) und Erzählungen („Man kann ruhig darüber sprechen", 1937).

Spoerri, Daniel ['ʃpœri], eigtl. Spörri, urspr. D. Feinstein, * Galatz 27. März 1930, schweizer. Objektkünstler rumän. Herkunft. - Bekannt durch Objektmontagen (aufgehängte Tischplatten mit nach Gebrauch fixierten Gedecken).

Spohr, Louis, eigtl. Ludewig S., * Braunschweig 5. April 1784, † Kassel 22. Okt. 1859, dt. Komponist, Violinist und Dirigent. - 1812–15 Kapellmeister am Theater an der Wien, ab 1817 am Frankfurter Stadttheater; ab 1822 Hofkapellmeister in Kassel. S. war einer der großen Violinisten seiner Zeit. Sein umfangreiches Werk zeigt ihn als Romantiker mit einer starken Bindung an die Klassik; er schrieb u. a. 10 Opern (u. a. „Faust", 1816; „Jessonda", 1823), 4 Oratorien, 10 Sinfonien, 4 Klarinetten- und 15 Violinkonzerte, 40 Streich- und Doppelquartette, 10 Quintette.

Spoiler [engl. 'spɔɪlə; eigtl. „Räuber"], Störklappe auf der Oberseite eines Tragflügels; durch Ausschlagen des S. wird die Umströmung des Flügels örtl. so verändert, daß ein Auftriebsverlust eintritt.

◆ Luftleitblech (*Bug-* oder *Heck-S.)* an Autos, das durch Beeinflussung der Luftströmung die Bodenhaftung des Fahrzeugs verbessert oder als *Dach-S.* den Luftwiderstand bes. bei Lkw oder Pkw mit Wohnwagen verringert.

Spoils system [engl. 'spɔɪlz 'sɪstɪm „Beutesystem"], Bez. für das in den USA seit dem 19. Jh. bestehende Gewohnheitsrecht von Politikern, nach ihrem Amtsantritt die ihnen unterstellten Behörden in großem Umfang mit eigenen Anhängern neu zu besetzen.

Spokane [engl. spoʊ'kæn], Stadt im Bundesstaat Washington, USA, im Columbia Basin, 171 000 E. Sitz eines anglikan. und eines kath. Bischofs; Univ. (gegr. 1887), Colleges; ethnolog.-naturhistor. Museum. Handelszentrum eines Ackerbau-, Holzwirtschafts- und Bergbaugebiets. - Gegr. 1872.

Spöke [niederdt.] (Seeratte, Heringskönig, Chimaera monstrosa), bis knapp 1,5 m langer Knorpelfisch (Unterklasse Seedrachen) im nö. Atlantik sowie im westl. und mittleren Mittelmeer; Leber sehr groß, liefert ein hochwertiges Öl.

Spökenkieker [niederdt.], Bez. für Personen, die mit dem Zweiten Gesicht begabt sind.

Spoleto, italien. Stadt im südl. Umbrien, 396 m ü. d. M., 37 600 E. Kath. Erzbischofssitz; Inst. für Landesgeschichte, archäolog. Museum; jährl. Kunsthandwerksmesse. - Das antike S. wurde 241 v. Chr. Kolonie latinischen Rechts (**Spoletium**); seit der Mitte des 4. Jh. n. Chr. Bischofssitz (seit 1820 Erzbischofssitz); wurde um 570/580 Sitz eines langobard. Hzgt., das einen großen Teil M-Italiens umfaßte; obwohl in der Pippinschen Schenkung von 754 Teil des Kirchenstaates, blieb es auch unter fränk. Herrschaft bestehen; wurde unter den Widonen (fränk. Herzöge seit 842) in der 2. Hälfte des 9. Jh. ein Machtfaktor in Italien, von Ottonen und Saliern aber wieder fester ins Reich eingegliedert; nachdem Kaiser Friedrich II. es zeitweise trotz seines Verzichts (1213) noch einmal seiner Herrschaft unterstellt hatte, wurde S. Teil des Kirchenstaates (bis 1861). - Reste der antiken Stadtmauer, ma. Turmbrücke über den Tessino; roman. Dom (1194 geweiht), mit Renaissancevorhalle (1491), über der Stadt die Festung (14. Jh.; jetzt Gefängnis); Aquädukt (14. Jh.).

Spolien [...i-ɛn; zu lat. spolium „Beute"] ↑ Spolienrecht.

◆ aus anderen Bauten wiederverwendete Bauteile (v. a. Säulen, Kapitelle, Friese).

Spolienrecht [...i-ɛn; lat. ius spolii], auf dem Gewohnheitsrecht beruhender Anspruch des Eigenkirchenherrn auf den bewegl. Nachlaß (**Spolien**) eines Geistlichen.

Spondeus [griech.-lat.], aus 2 langen Silben (– –) bestehender antiker Versfuß, auch als Daktylus bzw. Anapäst mit Kontraktion der 2 kurzen Silben definiert (´ ◡◡ bzw. ◡◡ ´).

Spondylitis [griech.], Wirbelkörperentzündung mit anfängl. unklaren Symptomen wie Bauch-, Brust- und/oder Rückenschmerzen, Schonhaltung, Muskelverspannungen, Beweglichkeitseinschränkung; später mit lokalem Schmerz, Wirbeldeformierung, reaktiver Osteosklerose, unter Umständen Lähmungen.

Spondylose [griech.] (Spondylosis deformans, Spondylopathia deformans), degenerative Erkrankung der Wirbelsäule, die von den Bandscheiben ausgeht und zu Randwucherungen der Wirbelkörper führt. Zu den Symptomen der S. gehören eingeschränkte Beweglichkeit, ausstrahlende Schmerzen und Bewegungsschmerzen.

Spondylus [griech.] ↑ Wirbel.

Spongia [griech.] (Euspongia), Gatt. der Schwämme mit mehreren Arten, darunter der ↑ Badeschwamm.

Spongiae (Spongien) [griech.], svw. ↑ Schwämme.

Spongilla [griech.], Gatt. der Süßwasserschwämme mit zwei einheim. Arten: krustenförmig bis strauchig verzweigt, Kolonien bis 1 m ausgebreitet; Färbung variabel, meist gelbl., grau oder bräunl.; häufig auf Steinen, Wurzeln und dergleichen, in Flüssen und Seen.

Spongillidae [griech.], svw. ↑ Süßwasserschwämme.

Spongin [griech.], hornartiges, elast. Gerüsteiweiß der Schwämme, das bis zu 1,5% Jod (gebunden v.a. an Tyrosin) enthält. Bei Hornschwämmen ist S. die einzige Stützsubstanz, bei Kalk- und Kieselschwämmen verbindet es die Skelettnadeln miteinander.

spongios [griech.], in der Medizin Bez. für: schwammig, schwammartig; bezogen auf die Beschaffenheit von Geweben (auch der Knochen).

Spongiosa [griech.] ↑Knochen.

Spongozöl (Spongiozöl) [griech.], zentraler, mit Kragengeißelzellen ausgekleideter Hohlraum im Innern einfach organisierter Schwämme.

Sponheim, ehem. Gft. zw. Nahe und Mosel, urspr. Namensform der um 1044 erstmals erwähnten Grafen von S. war Spanheim; um 1233 in die Vordere Gft. um Bad Kreuznach und die Hintere Gft. (S.-Starkenburg) geteilt; fielen nach Aussterben beider Linien 1414/37 an Kurpfalz, Baden und Veldenz (dessen Anteil 1444 an Pfalz-Zweibrücken).

Sponsor [lat.-engl.], Gönner, Geldgeber, Förderer (z.B. im Sport).

spontan [lat.], von selbst; freiwillig; unmittelbar.

spontane Emission ↑Emission. - ↑auch Quantensprung, ↑Laser.

spontane Fehlgeburt ↑Fehlgeburt.

Spontaneität [...e-itɛ:t] (Spontanität) [lat.], Art und Weise, wie jemand handelt, sich bewegt und Gedanken äußert: aus eigenem Antrieb ohne [erkennbare] äußere Verursachung; auch von Bewegungen und Handlungen gesagt, die ohne (bewußte) Absicht, Überlegung oder Reflexion zustande kommen.

spontane Mutationsrate ↑Mutationsrate.

spontaner Lautwandel, von einem Nachbarlaut unabhängiger Lautwandel, der durchgehend eingetreten ist, für den aber bes. Bedingungen nicht festzustellen sind, z.B. die Erscheinungen der german. Lautverschiebung von indogerman. [erschlossen] p, t, k zu f, b [θ], χ [x]. - ↑auch kombinatorischer Lautwandel.

Sporangien. Schematische Darstellung der Entwicklung von Sporangien des Tüpfelfarns

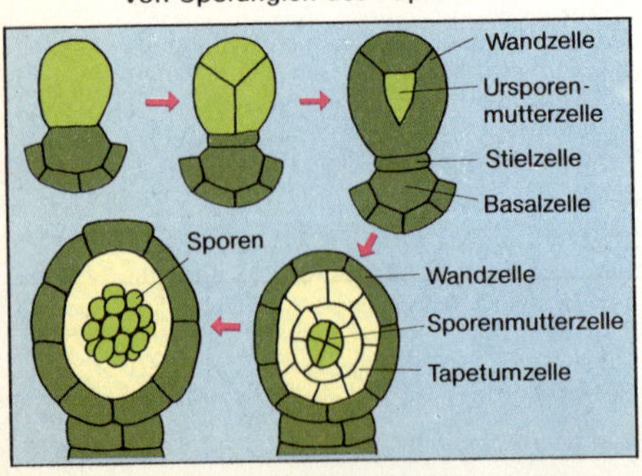

Spontini, Gaspare, * Maiolati (= Maiolati Spontini, Prov. Ancona) 14. Nov. 1774, † ebd. 24. Jan. 1851, italien. Komponist. - Begann als Opernkomponist in Italien, ging 1803 nach Paris, wo er mit histor.-heroischen Opern, v.a. „La vestale" (1807), „Fernand Cortez" (1809) und „Olimpie" (1819) triumphale Erfolge erlebte. 1820 berief ihn Friedrich Wilhelm III. von Preußen als Generalmusikdirektor nach Berlin, für den er 1819 das Chorwerk „Preuß. Volksgesang" (mit Refrain „Heil Dir im Siegerkranz") komponiert hatte, 1841 wurde er aus seiner Stellung entlassen.

Sponton [spɔn'to:n, spõ'tõ:; lat.-italien.], von den Infanterieoffizieren im 17./18. Jh. getragene kurze, der Hellebarde verwandte Pike.

Sporaden, zusammenfassende Bez. für die Inselgruppen der *Südl. S.* (↑Dodekanes) und der *Nördl. S.* vor der O-Küste Griechenlands (Skopelos, Skiathos, Alonisos, Skiros und zahlr. kleinere, z.T. unbewohnte Inseln).

sporadisch [griech.-frz.], vereinzelt vorkommend, verstreut; selten, gelegentlich.

Sporangien (Einzahl Sporangium) [griech.], vielgestaltige, einzellige (bei vielen Algen und Pilzen) oder mehrzellige (bei Moosen und Farnen) Behälter, in denen die Sporen (**Sporangiosporen**) gebildet und aus denen sie bei der Reife durch deren Öffnung freigesetzt werden. S. treten häufig gruppenweise (z.B. im Fruchtkörper der Pilze und im Sorus der Farne) auf und können auf bestimmte Organe der Pflanze beschränkt sein.

Sporen [zu griech. spóros „das Säen, Saat, Samen"], ein- oder (seltener) mehrkernige, meist dickwandige, auch bewegl. kleine Vermehrungs- und Verbreitungszellen, die keine Geschlechtszellen (Gameten) darstellen; bei Kryptogamen, Schleimpilzen und manchen Protozoen. Ebenfalls als S. bezeichnet werden die Dauerformen von Bakterien.
◆ Mrz. von ↑Sporn (Reitsport).

Sporenblätter, svw. ↑Sporophylle.

Sporenpflanzen, svw. ↑Kryptogamen.

Sporenschlacht ↑Kortrijk.

Sporentierchen (Sporozoen, Sporozoa), Stamm der ↑Protozoen (Urtierchen) mit sehr geringer Zelldifferenzierung, was vermutl. mit der ausschließl. entoparasit. Lebensweise der S. in Zusammenhang steht; fast immer mit Generationswechsel (Metagenese), nicht selten auch mit Wirtswechsel; oft Ausbildung von Infektionskeimen mit widerstandsfähiger Hülle (Sporen), z.T. gefährl. Krankheitserreger bei Tier und Mensch.

Spörgel [lat.] ↑Spark.

Sporn (Calcar), in der *zoolog. Anatomie* und *Morphologie* allg. Bez. für spitze knöcherne oder knorpelige Bildungen an verschiedenen Organen bei manchen Wirbeltieren. Sporne stehen häufig mittelbar oder unmittelbar im Dienst des Sexualverhaltens, können jedoch auch allgemein der Verteidigung dienen (z. B. bei ♂ Hühnervögeln). In Analogie zum S. bei den Wirbeltieren werden bei Insekten dicke, starre, bewegl. eingelenkte Chitinborsten an den Schienen (Tibien) der Beine ebenfalls als S. bezeichnet.

◆ in der *Botanik* hohle, spitzkegelförmige Aussackung der Blumen- und Kelchblätter bei verschiedenen Pflanzenarten (z. B. Akelei, Ritter-S., Veilchen, einige Orchideen).

◆ (Mrz. Sporen) im Reitsport stumpfer Metallstift am Absatz des Reitstiefels; dient dem Reiter zur Verstärkung der Schenkelhilfe und damit zur besseren Beherrschung des Pferdes. Befindet sich in der Spitze des S. ein bewegl., gezacktes Metallrädchen, so spricht man von einem *scharfen Sporn.*

Spornblume (Kentranthus, Centranthus), Gatt. der Baldriangewächse mit rd. 10 Arten im Mittelmeergebiet; Stauden, Halbsträucher oder einjährige, stark verzweigte Kräuter; Blüten rot oder weiß, mit dünner, gespornter Kronröhre, fünfspaltigem Kronsaum und nur einem Staubblatt, in endständigen Trugdolden, Doldentrauben oder Rispen.

Spornveilchen ↑Veilchen.

Spornzikaden (Delphacidae, Araeopidae), weltweit verbreitete Fam. der Zikaden; in M-Europa mit rd. 90 meist zw. 4 und 6 mm großen Arten von gelbbräunl. bis schwarzer Färbung vertreten; Flügel oft verkürzt, mit großem, unbewegl. Sporn an den Schienen der Hinterbeine.

Sporoblasten [griech.], Entwicklungsstadium bei Sporentierchen im Verlauf der Sporogonie: Zellen, aus denen Sporen bzw. Sporozoiten hervorgehen.

Sporocytophaga [griech.], Gatt. gleitender Bakterien mit einer Art. Die schlanken, gramnegativen Stäbchen können trockenresistente, kugelige Mikrozysten bilden; im Boden und in Gewässern weit verbreitet und als aerober Zellulosezersetzer ökolog. bedeutend.

sporogen [griech.], in der Botanik svw. sporenerzeugend.

Sporogonie [griech.] (Sporogenese, Sporie), in der Biologie eine spezielle Form der ↑Fission, bei der im Anschluß an eine mehrfach hintereinander erfolgende Kernteilung in einer Zelle bzw. Zygote zahlr. Sporen bzw. Sporozoiten gebildet werden.

Sporophylle [griech.] (Sporenblätter), Blattorgane der höheren Pflanzen, die die in Sporangien gebildeten Sporen tragen. Die S. dienen neben der Sporangienausbildung zugleich auch der Photosynthese (*Tropho-S.* der meisten Farne) oder sind gegenüber den assimilierenden Laubblättern *(Trophophylle)* bes. durch Reduktion der Blattspreite deutl. abgewandelt (z. B. Straußfarn, Rippenfarn) und dann meist am Sproß zu end- oder seitenständigen Sporophyllständen („Blüten") vereinigt (bei Bärlapp- und Schachtelhalmgewächsen sowie bei den Samenpflanzen).

Sporophyt [griech.] (Sporobiont), die die Sporen hervorbringende diploide, ungeschlechtlich aus der befruchteten Eizelle hervorgehende Generation im Fortpflanzungszyklus der Moose und Farne und Samenpflanzen; im Ggs. zur geschlechtl. Generation (↑Gametophyt).

Sporopollenin [griech./lat.], verwitterungsbeständiger, vermutl. aus hochpolymeren Fettsäuren und Hydroxyfettsäureestern aufgebauter Hauptbestandteil der Zellwand pflanzl. Sporen und Pollenkörner; ermöglicht die ↑Pollenanalyse.

Sporozoa [griech.], svw. ↑Sporentierchen.

Sporozyste [griech.], Entwicklungsstadium vieler Saugwürmer; geht durch Verlust des Wimperkleids und der inneren Organe aus dem vom Zwischenwirt aufgenommenen ↑Miracidium hervor.

Sport [Kurzform von engl. disport „Vergnügen"; zu altfrz. desport (von vulgärlat. deportare „sich vergnügen")], Sammelbez. für alle als Bewegungs-, Spiel- oder Wettkampfformen geprägten körperl. Aktivitäten des Menschen. Im S. einer Epoche zeigt sich ein spezif. menschl., gesellschaftl. vermitteltes Einlassen und Auseinandersetzen mit den eigenen phys. Kräften, das sich zw. selbsttätiger Präsentation und zuschauender Teilnahme bewegt. S. beinhaltet immer eine äußerl. beobachtbare Anstrengung (Leistung) oder [Kunst]bewegung, die einem persönl. Können zurechenbar ist und (durch Training) gezielt gesteigert werden kann. Auf Grund der leichten Überprüfbarkeit, teilweise zur Meßbarkeit objektiviert (Registrierung der Bestleistung als Rekord), fungiert S. sowohl als Möglichkeit zur persönl. Bestätigung wie auch als Mittel zur sozialen Konkurrenz (S.wettkampf). Einem allg. S.begriff, wonach sportl. Leistung in unlösbarer Verknüpfung mit der Spontaneität des Sporttreibenden auf der selbstgeschaffenen Realitätsebene des Spiels als einer fiktiven Welt vollzogen wird, steht ein absoluter S.begriff gegenüber, der die sportl. Leistung als Werk und objektivquantifizierte Rekordmarke von der Person abgelöst sieht.

Die Deutung des S. als einer sich selbst genügenden menschl. Tätigkeit *(Amateur-S.)* wird durch gesundheitl. und sozialpädagog. Rechtfertigung für S.treiben und -pflege ergänzt. Solche Begründungen gelten insbes. für den *Schul-S.* oder sonstige staatl. S.förderung. Daneben gibt es Erklärungsversuche im Rückgriff auf kult. Ursprünge, Bewegungstrieb, Aggressionstrieb, Schaubedürfnis, Nationalismus. Sozialwiss. Deutung sieht den modernen S. als ein mit der Industriegesellschaft synchron anwachsendes Phänomen, das deren Grundzüge wie Leistungs-, Konkurrenz- und Gleichheitsprinzip bes. deutl. zeige; zugleich aber bewirke das Prinzip der Ausklammerung der alltägl. Welt der Zukunftssorge ein Eintauchen in die spielhafte Welt glückvoller Gegenwärtigkeit. Andererseits markiert man in der Ausgestaltung insbes. des Spitzensportbetriebs jene Mittel, die den allg. neuzeitl. Rationalisierungsprozeß kennzeichnen: Verwissenschaftlichung, Quantifizierung, Zerlegung, Spezialisierung, Systematisierung, Regulierung, auch Bürokratisierung und Zentralisierung.

Im **Breitensport** wird auf Motive wie Fitneß und Geselligkeit abgestellt, wobei das ansteigende Masseninteresse durch Angebote (z. B. Ausrichtung von Volksläufen) und Anregungen (Trimm-Aktion) von S.organisationen *(Vereins-* und *Verbands-S.)* sowie von Institutionen wie Gemeinden, Kirchen, Betrieben *(Betriebs-S.)*, Schulen, Univ. *(Hochschul-S.)*, aber auch zunehmend im Sinne eines Marktes durch die Freizeitindustrie befriedigt wird. Der **Leistungssport** (Hochleistungs-S., Spitzen-S.) hat seinen Kern in der meist durch die Medien vermittelten Präsentation (S.veranstaltung) von Spitzenleistungen, die als Kampf um Sieg oder Niederlage das Masseninteresse erregen. Bei bedingungsloser Leistungssteigerung sind jedoch oft gesundheitl. Gefährdungen (Doping, Überbelastung) sowie personale, soziale und berufl. Konflikte die Folge. Der **Behindertensport** (Versehrten-S., Invaliden-S.) ist heute Teil einer umfassenden Therapie zur Rehabilitation einer zunehmenden Zahl von Behinderten. Im Vereins-S. gewinnt der **Mädchen- und Frauensport** sowohl statist. als auch in urspr. nur als männl. angesehenen S.arten und -disziplinen (z. B. Fußball, Marathonlauf) zunehmend Raum. Organisationsprinzip des S. an der Basis ist die *sportl. Selbstverwaltung* der Vereine; regionale Verbände und Vereine schließen sich zu nat. Fachverbänden zusammen. Zur Entscheidung verbandsinterner Rechtsstreitigkeiten und Verhängung von Verbandsstrafen bestehen **Sportgerichte,** deren Zusammensetzung und Zuständigkeiten in Satzungen der S.verbände geregelt ist. Die Darstellung und Kommentierung der Entwicklung des S. im allg. sowie insbes. der aktuellen Ereignisse in den Massenmedien (Presse, Hörfunk, Fernsehen, Film) ist Aufgabe der **Sportpublizistik.** Die **Sportwissenschaft** (früher Theorie der Leibeserziehung bzw. Leibesübungen gen.) ist ein System wiss. Forschung, Lehre und Praxis, in das Erkenntnisse aus anderen Disziplinen integriert werden; v. a. an *Sporthochschulen* betrieben, erhofft man sich Auswirkungen im Bereich des Spitzen- und Breiten-S. sowie im Schulsport. Wiss. Teilgebiete sind: die **Sportpädagogik,** die sich insbes. mit den pädagog. Aspekten der Leibeserziehung sowie mit den Problemen des Schulsports befaßt; die **Sportsoziologie,** deren Gegenstand nicht nur der aktiv betriebene S., sondern u. a. seine gesellschaftl. Bed. ist; die **Sportinformatik,** deren sportspezif. Informationen und Dokumentationen die zentralen Bestandteile der S.wissenschaft sind; in den Grundwiss. vertreten sind ↑Sportmedizin und ↑Sportpsychologie.

🕮 *S. u. Höchstleistung. Hg. v. P. Becker. Rbk. 1986. - Beckers, E.: S. u. Erziehung. Köln 1985. - S. u. Gesundheit. Hg. v. E. Franke. Rbk. 1985. - Der S.-Brockhaus. [4]1984. - Der S. in der BR Deutschland. Hg. v. K. Gieseler u. a. Wsb. 1983. - Quell, M.: S., Soziologie u. Erziehung. Bln. 1980. - Rigauer, B.: S. u. Arbeit. Münster (Westf.) 1980 - Eichberg, H.: Der Weg des S. in die industrielle Zivilisation. Baden-Baden [2]1979. - Hortleder, G.: S. in der nachindustriellen Gesellschaft. Ffm. 1978. - Frau u. S. Bearb. v. I. Bausenwein u. H. Fleischer. Schorndorf 1978. - Barisch, H.: S.gesch. aus erster Hand. Würzburg [2]1977.*

Sportabzeichen ↑Deutsches Sportabzeichen.

Sportanlagen, zu den Übungs- und Wettkampfstätten gehört der *Ballspielplatz* (70 × 105 m; Längsachse möglichst in N-S-Richtung), der von der *400-m-Bahn* mit halbkreisförmigen Kurven eingeschlossen wird; in den Sektoren befinden sich *Wurf-, Stoß-* und *Hochsprunganlagen* (andere Sprunganlagen parallel zur 100-m-Bahn). Hinzu kommen *Nebenanlagen* wie Trainingsplätze, Sporthalle, Umkleidegebäude, Zuschauerplätze, Gaststätte, Kegelbahn. **Kleinsportanlagen** sind auf begrenzten Freiflächen [in Wohn- oder Naherholungsgebieten] mit Spielfeldern und Geräten für Ballspiele, Leichtathletik und Gymnastik ausgestattet.

Sporteln [zu lat. sportula, eigtl. „Körbchen; Geschenk; Spende"], seit dem 15. Jh. Bez. für Gebühren, die ein Amtsträger persönl. für die Vornahme einer Amtshandlung erhielt; seit dem 18. Jh. durch eine feste staatl. Besoldung ersetzt, da dieses System zu großen Mißständen geführt hatte.

Sportflugzeug, meist einmotoriges Flugzeug zur sportl. Betätigung (als Freizeitgestaltung oder bei Wettbewerben); als ausgesprochenes Wettbewerbsflugzeug („kunstflugtaugl.") ein- oder zweisitzig, sonst häufig drei- oder viersitzig (Sport- und Reiseflugzeug).

Sportgerichte ↑Sport.

Sporthilfe ↑Stiftung Deutsche Sporthilfe.

Sportlerherz (Sportherz), trainingsbedingte Vergrößerung des Herzens (Hypertrophie und Dilatation) mit Zunahme der Herzmuskelfaserdicke (und dadurch auch der Kontraktionskraft) sowie der Wandstärke und des Volumens der Herzhöhlen (Vergrößerung der Restblutmenge), ebenso der Kapillarisierung und des Myoglobingehalts des Herzmuskels. Diese Änderungen sind als physiolog. Anpassungsvorgänge und nicht als patholog. Reaktionen aufzufassen.

GEWICHTSKLASSEN

GEWICHTHEBEN

	Jugend	Junioren, Senioren (aktive Klasse)
Halbfliegengewicht B-Klasse	bis 48 kg	–
Fliegengewicht	bis 52 kg	bis 52 kg
Bantamgewicht	bis 56 kg	bis 56 kg
Federgewicht	bis 60 kg	bis 60 kg
Leichtgewicht	bis 67,5 kg	bis 67,5 kg
Mittelgewicht	bis 75 kg	bis 75 kg
Leichtschwergewicht	bis 82,5 kg	bis 82,5 kg
Mittelschwergewicht	bis 90 kg	bis 90 kg
1. Schwergewicht	–	bis 100 kg
2. Schwergewicht	–	bis 110 kg
Überschwergewicht	–	üb. 110 kg

RINGEN

	Jugend	Junioren, Senioren (aktive Klasse)
Papiergewicht	bis 40 kg	bis 48 kg
Fliegengewicht	bis 44 kg	bis 52 kg
Bantamgewicht	bis 48 kg	bis 57 kg
Federgewicht	bis 52 kg	bis 62 kg
Leichtgewicht	bis 56 kg	bis 68 kg
Weltergewicht	bis 65 kg	bis 74 kg
Mittelgewicht	bis 70 kg	bis 82 kg
Halbschwergewicht	bis 75 kg	bis 90 kg
Schwergewicht	bis 81 kg	bis 100 kg
Superschwergewicht	üb. 81 kg	üb. 100 kg

BOXEN

	Schüler, Jugend	Junioren, Senioren	Berufsboxer
Papiergewicht A	bis 42 kg	–	–
Papiergewicht B	bis 45 kg	–	–
Juniorfliegengewicht*	–	–	bis 47,049 kg
Halbfliegengewicht	bis 48 kg	bis 48 kg	–
Fliegengewicht	bis 51 kg	bis 51 kg	bis 50,802 kg
Bantamgewicht	bis 54 kg	bis 54 kg	bis 53,524 kg
Juniorfedergewicht*	–	–	bis 55,338 kg
Federgewicht*	bis 57 kg	bis 57 kg	bis 57,152 kg
Juniorleichtgewicht*	–	–	bis 59,020 kg
Leichtgewicht	bis 60 kg	bis 60 kg	bis 61,237 kg
Juniorweltergewicht*	–	–	bis 63,560 kg
Halbweltergewicht	bis 63 kg	bis 63,5 kg	–
Weltergewicht	bis 66 kg	bis 67 kg	bis 66,678 kg
Halbmittelgewicht	bis 69 kg	bis 71 kg	–
Juniormittelgewicht	–	–	bis 69,816 kg
Mittelgewicht	bis 72 kg	bis 75 kg	bis 72,574 kg
Halbschwergewicht	bis 75 kg	bis 81 kg	bis 79,378 kg
Leichtschwergewicht	–	–	86,128 kg
Schwergewicht	über 75 kg	über 81 kg	über 86,128 kg

* nur bei Weltmeisterschaften

JUDO

Jugend A – weiblich:

bis 44 kg
bis 48 kg
bis 52 kg
bis 56 kg
bis 60 kg
bis 65 kg
über 65 kg

Jugend A – männlich:

bis 45 kg
bis 49 kg
bis 53 kg
bis 57 kg
bis 62 kg
bis 68 kg
bis 75 kg
bis 83 kg
über 83 kg

Damen:

bis 48 kg
bis 52 kg
bis 56 kg
bis 61 kg
bis 66 kg
bis 72 kg
über 72 kg

Junioren/Senioren:

Super-Leichtgewicht	bis 60 kg
Halbleichtgewicht	bis 65 kg
Leichtgewicht	bis 71 kg
Halbmittelgewicht	bis 78 kg
Mittelgewicht	bis 86 kg
Halbschwergewicht	bis 95 kg
Schwergewicht	über 95 kg
Allkategorie (nur bei Europa- und Weltmeisterschaften)	60 kg bis über 95 kg

Sportmedizin, Spezialgebiet der Medizin, in dem mit klin. und physiolog. Methoden die Auswirkungen sportl. Betätigungen auf den menschl. Organismus geprüft werden. Die S. befaßt sich außer mit der Trainingsüberwachung und Versorgung von Sportverletzungen mit der Erforschung und Durchführung präventiver wie rehabilitativer Maßnahmen sowie mit Anwendung und Wirkung leistungssteigernder Mittel.

Sportpsychologie, die wiss. Erforschung der seel. Voraussetzungen und Begleiterscheinungen sportl. Betätigung und Leistung. Dabei wurden zunächst Konzeptionen (z. B. Persönlichkeit, Motivation, Streß, Angst) und Methoden (z. B. Übungstechniken, psychomotor. Tests, Gruppendynamik, autogenes Training) aus anderen Gebieten der Psychologie übernommen.

Sportwaffen, Sammelbez. für die beim Fechten (Säbel, Degen, Florett) und Schießen (Gewehre, Pistolen) verwendeten Waffen.

Sportwagen, im Automobilsport (↑Motorsport) Wettbewerbsfahrzeuge, die im Ggs. zu Rennwagen den Bestimmungen der Straßenverkehrszulassungsordnung unterliegen.

Sportwissenschaft ↑Sport.

Spot [engl. „Fleck, Stückchen"] (Werbespot), Werbekurzfilm im Fernsehen und in Lichtspieltheatern oder werbl. Toneinblendung bei Werbe- oder Unterhaltungssendungen im Hörfunk von durchschnittl. 10–30 Sek. Dauer.

Spotlight [engl. 'spɔtlaɪt], Scheinwerfer mit engem Lichtbündel für Effektbeleuchtung (z. B. in der Bühnentechnik).

Spotmarkt, Handelsplatz, an dem ölfördernde Länder Rohöl, das außerhalb der laufenden Abnahmeverträge mit den Mineralölgesellschaften angeliefert wird, meistbietend an Händler, die an keinen Mineralölkonzern gebunden sind oder deren Bedarf durch die Vertragsmengen nicht gedeckt werden kann, verkaufen (v. a. in New York, Mexiko, Rotterdam).

Spottdrosseln (Mimidae), Fam. bis 30 cm langer, gut singender, häufig „spottender" (↑Spotten), langschwänziger, meist unauffällig brauner oder grauer Singvögel mit rd. 30 Arten in Amerika (S-Kanada bis Feuerland).

Spotten, ornitholog. Bez. für die völlige oder teilweise Übernahme artfremder Gesangsmotive oder von Lauten aus der Umwelt durch Vögel (bei vielen Vögeln, u. a. Spötter, Spottdrosseln, Eichelhäher, Stare, Papagei).

Spötter ↑Grasmücken.

spp., in der Biologie im Anschluß an den Gattungsbegriff verwendete Abkürzung, die besagt, daß es sich hier um mehrere, nicht im einzelnen zu nennende Arten (Species) der betreffenden Gatt. handelt.

S.P.Q.R., Abk. für lat.: ↑**S**enatus **P**opulus**q**ue **R**omanus.

Sprachakademien, Institutionen, die sich mit der Pflege oder Normierung der Sprache befassen; bed. sind v. a. die Accademia della Crusca und die Académie française; in der BR Deutschland besteht seit 1949 die ↑Deutsche Akademie für Sprache und Dichtung.

Sprachanalyse, die in der ↑analytischen Philosophie bevorzugte Methode, durch log. Analyse sprachl. Ausdrücke die Leistungen der Sprache bei der Gewinnung von Erkenntnis genau anzugeben.

Sprachatlas, Kartenwerk, das die geograph. Verbreitung von Wörtern, Lauten oder anderen sprachl. Erscheinungen verzeichnet, z. T. unter Einbeziehung volkskundl. Angaben. - Zu den Atlanten des dt. Sprachraums ↑Deutscher Sprachatlas.

Sprachbarriere ↑Soziolinguistik.

Sprache, i. e. S. die menschl. S., die eine so zentrale, komplexe und vielseitige Erscheinung ist, daß sie sich einer einfachen Definition entzieht. Man hat, indem man jeweils einen Aspekt hervorhob, S. definiert als angeborene artspezif. Fähigkeit des Menschen, als strukturiertes System von Zeichen, als internalisiertes System von Regeln, das Laut und Bedeutung in Beziehung setzt, als Ausdruck von Gedanken durch Laute, als Werkzeug und prägendes Element des Denkens, als Form menschl. Erfahrung und Welterfassung, als Kommunikations- und Verständigungsmittel, als System von Mustern oder Regeln sozialen Handelns. - Im übertragenen Sinne bezeichnet man auch tier. Kommunikationssysteme (z. B. die Bienen-S.), log. und mathemat. Kalküle, techn. Kommunikationssysteme (z. B. Programmier-S.) als S., obwohl ihnen grundlegende Eigenschaften menschl. S. fehlen.

Sprachursprung: Bereits sehr früh haben die Menschen nach Wesen und Ursprung der S. gefragt. Für die Bibel beruht die S. auf göttl. und menschl. Namengebung (1. Mos. 1 und 2); die Vielfalt der S. ist Folge des Eingreifens Gottes beim Turmbau zu Babel (1. Mos. 11). Das Problem des Ursprungs der S., der bei oder nach der Hominisation anzusetzen ist, ist mit den übl., bislang ausgebildeten Methoden der Sprachwiss. nicht lösbar, da aus den bekannten S. der Erde durch Rekonstruktion der vorauszusetzenden Grundsprachen (z. B. der indogerman. oder semit. Grundsprache) bei optimist. Einschätzung allenfalls bis etwa 3000 oder 4000 v. Chr. zurückgeschlossen werden kann.

Heute stehen bei der Beschäftigung mit S. folgende Aspekte im Vordergrund des Interesses: die menschl. Sprachfähigkeit, die Sprachstruktur, die sprachl. Kommunikation, die sprachl. Vielfalt und der Sprachwandel.

Sprachfähigkeit: Die Sprachfähigkeit des Menschen (die Kompetenz) beruht auf organ.

und kognitiven (geistigen) Grundlagen. Die Sprechorgane sind zwar bei höheren Säugetieren ähnl. ausgebildet; nur beim Menschen hat sich jedoch im Laufe der stammesgeschichtl. Entwicklung eine kognitive Funktion ausgebildet, die die Sprechorgane bei der Produktion strukturierter Lautketten steuert und die Analyse (Dekodierung) der durch das Gehör wahrgenommenen Lautketten ermöglicht. Es lassen sich mehrere Schichten der Sprachfähigkeit unterscheiden: 1. Der Mensch besitzt ein angeborenes artspezif. Potential, eine S. zu erlernen. Diese „latente Sprachstruktur" wird in einer bestimmten Phase der Reifung (etwa 1.–4. Lebensjahr) durch die S., die in der Umgebung gesprochen wird, aktualisiert und realisiert; die Leichtigkeit und Geschwindigkeit, mit der alle normalen Kinder ihre Mutter-S. erwerben, weist darauf hin, daß alle menschl. S. einem vorgeprägten Typus angehören. 2. Der Mensch besitzt Kompetenz in einer bestimmten Einzel-S., d. h., er hat ein System von Einheiten und Regeln internalisiert, das auf spezif. Weise Laut und Bedeutung in Beziehung setzt. Die Kompetenz befähigt zu kreativem Sprachgebrauch, d. h. zur Bildung und zum Verstehen neuer, vorher nie gehörter Sätze, zur Beurteilung der sprachl. Korrektheit von Äußerungen und zum Erkennen von Mehrdeutigkeiten und Bedeutungsgleichheiten. 3. Der Mensch besitzt kommunikative Kompetenz, d. h. die Fähigkeit, die S. in sozialer Interaktion zur Verwirklichung seiner Absichten im Hinblick auf die Situation angemessen zu verwenden.

Sprachstruktur: S. haben eine immanente Struktur (innere Form), die auf lautl. und grammat. Gliederung beruht und durch Auswahl und Aneinanderreihung ihrer Einheiten konstituiert wird.

Lautstruktur: Jede S. gliedert das lautl. Kontinuum in eine begrenzte Zahl von Phonemen, indem sie bestimmte lautl. Unterscheidungen als relevant auswählt. Das Deutsche unterscheidet knapp 40 Phoneme, die auf etwa 12 lautl. Gegensätzen (z. B. vokal. – konsonant., stimmhaft – stimmlos) beruhen. Auch die Kombinierbarkeit von Phonemen ist sprachstrukturell eingeschränkt. Die Beschreibung der Lautstruktur ist Aufgabe der ↑Phonologie.

Grammat. Struktur: Grundeinheiten der Grammatik sind Wort und Satz. Wörter sind Einheiten, die als Ganzheiten dem Sprachsystem angehören und spezif. Eigenschaften der Form, der Bedeutung und der Kombinierbarkeit aufweisen. Neben ihrer speziellen lexikal. Bedeutung besitzen Wörter eine allg. grammat. Bedeutung, die durch die Wortarten und Wortformen zum Ausdruck kommt und ihre Verwendung im Satz regelt. Die Beschreibung der Wortstruktur ist Aufgabe von Wortbildungslehre und Morphemik. - Sätze sind die größten grammat. strukturierten Einheiten der S.; der Satz gliedert sich zunächst in größere Wortgruppen (Satzglieder), die bestimmte Funktionen besitzen (Subjekt, Prädikat, Objekte u. a.). Die Wortgruppen selbst sind zusammengesetzt aus Wörtern, die bestimmte Wortarten und -formen aufweisen. Die Satzstruktur wird in der ↑Syntax beschrieben.

Lexikal. Struktur: Der Wortschatz einer S. ist vielfach gegliedert. Seine Einheiten können klassifiziert werden nach der Form (Wortbildungstypen, Deklinations- und Konjugationsklassen), nach ihrer grammat. Bedeutung und Position im Satz (Wortarten), nach ihrer Bedeutungsverwandtschaft, nach ihrem Verwendungsbereich, nach ihrer Herkunft u. a. Die Erforschung des Wortschatzes ist Aufgabe von Lexikologie und Semantik.

Sprachl. Kommunikation: S. dienen der menschl. Kommunikation, d. h. der Mitteilung von Gedanken, dem Ausdruck von Gefühlen und der Durchsetzung von Absichten. Sie sind dazu imstande auf Grund ihres Zeichencharakters. Nach K. Bühlers ↑Organonmodell haben sprachl. Zeichen drei kommunikative Funktionen: Darstellung (wenn Aussagen über die Wirklichkeit gemacht werden), Ausdruck (wenn Gefühle, Einstellungen und Meinungen offenbart werden), Appell (wenn sie das Handeln anderer Menschen steuern sollen). Unter dem Einfluß der Sprechakttheorie und der Pragmatik setzt sich die Auffassung durch, daß das Sprechen einer S. eine Form regelgeleiteten sozialen Handelns ist.

Sprachl. Vielfalt: Die menschl. Sprachfähigkeit prägt sich aus in zahllosen verschiedenen Einzel-S. und Dialekten. Die sprachl. Vielfalt kann unter genet., typolog., geograph., sozialem und funktionalem Aspekt untersucht werden. S. sind genet. miteinander verwandt, wenn sie histor. aus derselben S. hervorgegangen sind, z. B. die roman. S., die auf das Lat. zurückgehen. S. gehören dem gleichen Typus an, wenn sie übereinstimmende Struktureigenschaften aufweisen (↑Sprachtypologie). Die geograph. Verteilung von S., Dialekten oder einzelnen sprachl. Erscheinungen erlaubt Rückschlüsse auf den Zusammenhang von natürl., polit. und sprachl. Verhältnissen und deren histor. Entwicklung. Soziale Gruppen und Schichten bilden innerhalb einer S. eigene Varianten aus (Fach-S., Sonder-S., Jargons u. a.), die der gruppeninternen Kommunikation und der Abgrenzung nach außen dienen. Die Schrift-S., die auf situationsunabhängige Kommunikation und Reproduzierbarkeit hin angelegt ist, ist stärker genormt als die gesprochene S.; Literatur, Verwaltung, Wiss. und Medien haben jeweils eigene Stilzüge ausgebildet und weichen z. T. erheblich von der Alltags-S. ab.

Sprachwandel: Es ist zu unterscheiden zw. der Sprachgeschichte, die die äußeren Einflüs-

SINOTIBETISCHE SPRACHEN

Chinesisch
Altchinesisch
- - - - - - - -
Chinesisch
Mandarin
Wu
Kantonesisch

Tibeto-Birmanisch
Tibetisch
Newari
Dzongkha
Birmanisch
Bodo
Naga
Kachin
Karen

Thaisprachen
Thai (Siamesisch)
Laotisch
Dioi

MIAO-YAO

Miao
Yao
Khamti

VIETNAMESISCH

Vietnamesisch
Muong

AUSTROASIATISCHE SPRACHEN

Mon-Khmer
Malakkasprachen
Semang
Senoi
Berisi-Djakum
Khasi
Nikobaresisch
Palaung
Mon
Khmer (Kambodschanisch)
Moi

Munda
Santali
Mundari
Koda
Ho
Kurku
Kharia
Juang
Sawara
Gabada

AUSTRONESISCHE SPRACHEN

Indonesisch-Malaiisch
Malagassi (Madagassisch)
Tagalog (Pilipino)
Bikol
Bisaya
Iloca (Iloko)
Batak
Malaiisch
Bahasa Indonésia
Javanisch
Sundanesisch
Maduresisch
Dajaksprachen
Balinesisch
Buginesisch
Makassarisch
Gorontalo

Polynesisch
Samoanisch
Tonganisch
Maori
Tahitisch
Markesanisch
Hawaiisch

Melanesisch
Neukaledonisch
Fidschi
Rotuma
Torres
Mikronesisch
Nauruanisch

AUSTRALISCHE SPRACHEN

Nordgruppe
Wulamba
Mudbura
Chingali
Aranda
Waka-Kabi

Südgruppe
Garadjeri
Kanyara
Luridya
Yungar
Narrinyeri
Wiradyuri
Victoriadialekte
Yuin-Kuri

AFRIKANISCHE SPRACHEN

Nigerkordofanisch
Niger-Kongo
Westatlantische Sprachen
(Dyola, Ful, Konyagi, Wolof, Gola, Temne)
Mandesprachen
(Susu, Soninke, Vai, Malinke, Mano, Dan, Samo)
Gursprachen
(Senufo, Mossi, Gurma)
Kwasprachen
(Akan, Ewe, Igbo, Twi, Yoruba)
(Niger-Kongo)
Benue-Kongo
Plateausprachen
Jukunoidsprachen
Cross-River-Sprachen
Bantoidsprachen
(otyi-Herero, ci-Nyanja, ki-Rundi, kinya-Rwanda, se-Sotho, ki-Swahili, se-Tswana, ci-Tumbuka, isi-Xhosa, isi-Zulu)
Adamaua-Ost (Ngbandi, Sango)
Kordofanisch
Koalib
Tegali
Talodi
Tumtum
Katla

Nilosaharanisch
Songhai
Saharanisch
(Kanuri, Teda, Zaghawa, Berti)
Maba
Fur
Schari-Nil
Östliche Sudansprachen
(Nubisch, Nilotische Sprachen)
Zentrale Sudansprachen
Berta
Kunama
Koman

Khoi-San
Südafrikanisches Khoi-San
Hottentottensprachen
(Nama, Korana, Nhauru)
Buschmannsprachen
(Kung, Auen)
Sandawe
Hadza (Hatsa)

NORD- UND MITTELAMERIKANISCHE INDIANERSPRACHEN

Algonkin-Wakash
Algonkin
Menomini
Fox
Blackfoot
Beothuk
Ritwan
Yurok
Wiyot
Wakash
Kutenai
Salish
Bellacoola
Kalispel

Hoka-Sioux
Hoka
Yuki
Keres
Tunica
Caddo
Irokesisch
Cherokee
Yuchi
Muskogee
Sioux
Dakota

Nadene
Athapaskisch
Navajo
Eyak
Tlingit
Haida

Penuti
Kalifornisches Penuti
Chinook
Kalapuya
Sahaptin
Tsimshian

Uto-Aztekisch-Tano
Uto-Aztekisch
Shoshone
Ute
Hopi
Nahua
Aztekisch
(Nahuatl)
Pipil
Toltekisch
Nicarao
Tano
Kiowa
Zuni

Maya-Zoque
Maya-Quiché
Huaxtekisch
Maya
Quiché
Mixe-Zoque
Sinca
Totonak

Miskito-Matagalpa
Miskito
Sumu
Matagalpa

Otomang
Otomi-Pame
Mistek-Trique
Mixtekisch
Popoluca-Mazateco
Chinanteco
Sapotek
Chorotega
(Mangue)

weitere mittelamerikanische Sprachen:
Kwitlatek
Lenka
Paya
Tarasco
Jicaque
Huave

SÜDAMERIKANISCHE INDIANERSPRACHEN

Alakaluf
Araukanisch
Arawak
Aymará
Chibcha
Ciboney
Ge-Gruppe
(Akroa, Bororó, Kayapo, Timbira)
Karibisch
Pano-Tacana-Gruppe
(Pano, Tacana, Tehuelche)
Puelche
Quechua
Tupi-Guarani

ISOLIERTE SPRACHEN

Alter Orient und Mittelmeerraum
Baskisch
Churritisch
Elamisch
Eteokretisch
Eteokyprisch
Etruskisch
Iberisch
Kassitisch
Ligurisch
Protohattisch
Rätisch
Sumerisch
Urartäisch
Vorgriechisch

Asien – Australien – Ozeanien
Andamanisch
Buruschaski
Japanisch
Koreanisch
Nahali
Papuasprachen
Tasmanisch

Anmerkung: Die Tabelle enthält nur eine Auswahl der wichtigsten Sprachen. Gelegentlich werden durch gestrichelte Linien verschiedene Sprachstufen abgesetzt.

Indoarisch
Altindisch

Prakrit
Pali

Sindhi
Lahnda
Pandschabi
Gudscharati
Radschasthani
Pahari
Nepali
West-Hindi
Hindustani
Urdu
Ost-Hindi
Bihari
Orija
Bengali
Assami
Marathi
Dardische Sprachen
Kaschmiri
Zigeunerisch
Singhalesisch
Divehi
Afghon

Iranisch
Awestisch
Altpersisch

Mitteliranisch
Mittelpersisch
Parthisch

Neupersisch
Kabulisch
Tadschikisch
Afghanisch (Paschtu)
Kurdisch
Belutschisch
Farsdialekte
Kasp.-iran. Dialekte
Lurische Dialekte
Zentraliran. Dialekte
Talyschisch
Tatisch
Jaghnobisch
Pamirdialekte
Paratschi
Ormuri
Ossetisch

Kafirsprachen
Kati
Prasun
Waigali
Aschkun

Armenisch
Altarmenisch

Mittelarmenisch

Neuostarmenisch
Neuwestarmenisch

Tocharisch
Osttocharisch (A)
Westtocharisch (B) (Kutschisch)

Hethitisch-Luwisch (Anatolisch)
Hethitisch
Luwisch
Palaisch
Hieroglyphen-hethitisch
Lykisch
Lydisch
Karisch
Pisidisch
Sidetisch

Phrygisch
Phrygisch
Mysisch (?)

Thrakisch
Thrakisch
Dakisch

Makedonisch

Griechisch
Ionisch-Attisch
Äolisch
Arkadisch-Kyprisch
Westgriechisch
Dorisch

Mykenisch

Neugriechisch

Albanisch
Toskisch
Gegisch

Illyrisch

Messapisch

Venetisch

Italisch
Oskisch
Umbrisch
Faliskisch
Lateinisch

(Romanisch)
Rumänisch
Dalmatisch
Italienisch
Sardisch
Rätoromanisch
Französisch
Provenzalisch
Katalanisch
Spanisch
Portugiesisch

Keltisch
Festlandkeltisch
Gallisch
Galatisch
Lepontisch
Keltiberisch
Inselkeltisch
Irisch
Schottisch-Gälisch
Manx
Walisisch (Kymrisch)
Kornisch
Bretonisch

Germanisch
Nordgermanisch
Schwedisch
Dänisch
Norwegisch
Isländisch
Färöisch
Westgermanisch
Englisch
Friesisch
Niederländisch
Deutsch
Ostgermanisch
Gotisch

Baltisch
Litauisch
Lettisch
Altpreußisch

Slawisch
Alt[kirchen]-slawisch

Südslawisch
Bulgarisch
Makedonisch
Serbokroatisch
Slowenisch
Ostslawisch
Russisch
Ukrainisch
Weißrussisch
Westslawisch
Tschechisch
Slowakisch
Polnisch
Polabisch
Kaschubisch
Slowinzisch
Sorbisch

HAMITOSEMITISCHE SPRACHEN

Semitisch
Akkadisch
Babylonisch
Assyrisch
Ugaritisch
Phönikisch-Punisch
Moabitisch
Hebräisch
Aramäisch
Nabatäisch
Palmyrenisch
Samaritanisch
Neuwestaramäisch
Syrisch
Mandäisch
Arabisch
Südarabisch
Sabäisch
Minäisch
Arabien-Arabisch
Irakisch-Arabisch
Syrisch-Libanesisch-Palästinensisch-Arab.
Ägyptisch-Arabisch
Maghrebinisch-Arabisch
Maltesisch
Äthiopische Sprachen
Äthiopisch
Gees
Tigre
Tigrinja
Amharisch
Guragedialekte

Ägyptisch
Altägyptisch
Demotisch
Koptisch

Libyco-Berberisch
Libysch

Berbersprachen
Schilchisch
Rifisch
Kabylisch
Chaouia
Tuareg
Senet

Kuschitisch
Meroitisch

Afar
Agau
Bedauye
Galla
Saho
Sidamo
Somali

Tschadisch
Angas
Hausa
Mandara
Mubi

KAUKASISCHE SPRACHEN

Südkaukasisch
Georgisch
Mingrelisch
Lasisch
Swanisch

Westkaukasisch
Abchasisch
Abasinisch
Ubychisch
Kabardinisch
Adygisch

Ostkaukasisch
Tschetschenisch
Inguschisch
Batsisch
Andisch
Awarisch
Lakkisch
Darginisch
Lesgisch
Rutulisch
Tsachurisch
Tabassaranisch
Agulisch
Chinalugisch
Udisch

URALISCHE SPRACHEN

FINNISCH-UGRISCHE SPRACHEN

Ostseefinnisch
Finnisch
Wotisch
Wepsisch
Karelisch
Ingrisch
Estnisch
Livisch

Lappisch

Wolgafinnisch
Tscheremissisch
Mordwinisch

Ugrisch
Ungarisch (Magyarisch)
Obugrisch
Ostjakisch
Wogulisch

Permisch
Wotjakisch (Udmurt)
Syrjänisch (Komi)

SAMOJEDISCH
Juraksamojedisch (Nenzisch)
Jenisseisamojedisch (Enzisch)
Ostjaksamojedisch (Selkupisch)
Tawgi (Nganassanisch)

ALTAISCHE SPRACHEN

Turksprachen
Alttürkisch

Tschuwaschisch
Türkisch (Osmanli)
Gagausisch
Aserbaidschanisch
Turkmenisch
Kiptschakisch
Chwaresmtürkisch
Karatschaiisch-Balkarisch
Kumykisch
Tatarisch
Baschkirisch
Kasachisch
Karakalpakisch
Nogaiisch
Kirgisisch
Usbekisch
Uigurisch
Altaisch
Chakassisch
Tuwinisch
Tofalarisch
Jakutisch

Mongolisch
Kalmückisch
Oiratisch
Ordos-Mongolisch
Khalkha
Burjätisch
Mogholi
Monguor
Daghurisch

Mandschu-Tungusisch
Mandschu
Nanaisch (Goldisch)
Udiheisch
Orotschisch
Ewenkisch (Tungusisch)
Ewenisch (Lamutisch)
Armanisch

PALÄOSIBIRISCHE SPRACHEN
Kottisch
Arinisch
Asanisch
Ketisch (Jenissei-Ostjakisch)
Jukagirisch (Odulisch)
Tschuwanisch
Tschuktschisch
Korjakisch
Kamtschadalisch (Itelmenisch)
Niwchisch (Giljakisch)
Ainu (?)
Eskimoisch (?)
Aleutisch (?)

DRAWIDISCHE SPRACHEN
Tamil
Malajalam
Kanaresisch (Kannada)
Tulu
Telugu
Gondi
Kui
Oraon (Kurukh)
Brahui

se auf die S. herausarbeitet, und der histor. Grammatik, die den Wandel des Sprachsystems untersucht. Zu den äußeren Einflüssen, die auf die S. einwirken können, gehören z. B. die polit. und geograph. Neugliederung von Sprachgemeinschaften infolge von Kriegen, Völkerwanderung, polit. Teilung; religiöse, kulturelle, wirtsch. und soziale Veränderungen wie Christianisierung, allg. Schulpflicht, Industrialisierung. Diese Einflüsse betreffen am ehesten den Wortschatz einer S.; Lautstruktur und grammat. Struktur sind gegenüber äußeren Einflüssen relativ stabil und verändern sich nur langsam. Am besten erforscht sind die Gesetzmäßigkeiten des Lautwandels. Morpholog. und syntakt. Veränderungen treten auf als Folgen des Lautwandels, als Analogiebildungen, auf Grund von Normierungen oder neuer Ausdrucksbedürfnisse. Eine der Triebkräfte des Sprachwandels stellt die Sprachökonomie dar, die Tendenz, mit einem Minimum an sprachl. Aufwand die Kommunikationsbedürfnisse optimal zu verwirklichen.

Sprachen der Erde: Die insgesamt auf der Erde gegenwärtig oder früher einmal gesprochenen (bzw. schriftl. überlieferten) Sprachen, deren Zahl auf 2 500 bis 3 500 geschätzt wird, unterscheiden sich voneinander sehr stark, auch die genet. näher miteinander verwandten Sprachen der verschiedenen Sprachfamilien der Erde; diese Unterschiede sind Gegenstand der genet. und der typolog. Sprachbetrachtung. Die Übersicht S. 20/21 fußt, soweit mögl., auf genet. Klassifikation, ordnet aber andere Sprachen und Sprachgruppen je nach der gegenwärtigen Forschungslage nach typolog. oder geograph. Gesichtspunkten; bes. problemat. ist die Klassifikation der afrikan. und amerikan. Sprachen, nicht unbestritten auch die der paläosibir., südostasiat. und austrones. Sprachen. Eine Reihe von Sprachen ist isoliert, d. h., eine Verwandtschaft mit anderen Sprachen ist bisher nicht nachgewiesen.

📖 *Anderegg, J.: S. u. Verwandlung. Gött. 1985. - Ezawa, K.: S.system u. Sprechnorm. Tüb. 1985. - Seiler, H.: S. u. Gegenstand. Wsb. 1985. - Gabelentz, G. v. d.: Die S.wiss. Tüb. ³1984. - Wandruszka, M.: Das Leben der S. Stg. 1984. - S. u. Herrschaft. Freib. ³1983. - Vennemann, T./Jakobs, J.: S. u. Grammatik. Darmst. 1982. - Chomsky, N.: S. u. Geist. Dt. Übers. Ffm. 1981. - Sager, S. F.: S. u. Beziehung. Tüb. 1981. - Sarter, H.: Mythos S. Ffm. 1980. - Hüllen, W./Jung, L.: Sprachstruktur u. Spracherwerb. Düss. 1980. - Kommunikationstheoret. Grundll. des Sprachwandels. Hg. v. H. Lüdke. Bln. 1980. - Mertian, I.: Allg. Sprachkunde. Stg. 1979. - Thomas, J. L.: Glossologie oder Philosophie der S. Stg. 1979. - Künstl. Intelligenz u. natürl. S. Hg. v. M. Kolvenbach u. a. Tüb. 1979. - Geier, M., u. a.: Sprachbewußtsein. Elf Untersuchungen. Stg. 1979. - Langenmayr, M.: Sprachl. Kommunikation. Mchn. 1979. - Gipper, H.: Denken ohne S.? Düss. Neuaufl. 1978. - Weymann-Weye, W.: S. - Gesellschaft - Institution. Düss. 1978. - Collinder, B.: S. u. Sprachen Hamb. 1978. - Lenneberg, E. H.: Biolog. Grundll. Der S. Dt. Übers. Ffm. 1977. - S. - Persönlichkeit - Sozialstruktur. Hg. v. U. Wenzel u. M. Hartig. Hamb. 1977.*

Sprachenfrage, kultureller, sozialer, wirtsch. und polit. Problemkomplex, der sich aus dem Gebrauch unterschiedl. Sprachen innerhalb einer Großgruppe (meist Staat) ergibt und als solcher ein Teilbereich der Nationalitätenfrage sowie eine der Ursachen von Autonomiebewegungen ist. Entsteht in ethn. Mischzonen eines Staates (mit sprachl. Minderheiten) bzw. in Staaten mit mehreren, z. T. auch räuml. getrennten Sprachgruppen (z. B. in Österreich, in Belgien, in Spanien). Im 20. Jh. wurden teilweise im Rahmen einer Nationalitätenpolitik Konfliktmöglichkeiten durch Minderheitenrechte entschärft.

Spracherwerb, Aneignung der Fähigkeit, grammatikal. richtige Sätze zu bilden, sprachl. Äußerungen zu verstehen und situationsgerecht anzuwenden. S. und kognitive Entwicklung stehen in enger Wechselbeziehung; beide werden durch (soziale) Umweltbeziehungen stark beeinflußt. Folgende Stadien der *Sprachentwicklung* lassen sich unterscheiden: Zw. dem 4. und 5. Lebensmonat eines Kindes beginnt die *Lallperiode.* Im 10. Monat etwa wird das erste (einfache) Wort (↑Lallwort) genannt. Danach werden zunächst Einwortsätze, später Zwei- und Mehrwortsätze gebildet. Zur sprachl. Flexion kommt es im Alter von etwa zweieinhalb Jahren. Dreijährige können bereits über ein Vokabular von annähernd 1 000 Wörtern (und mehr) verfügen. Außerdem sind im Alter von 3–4 Jahren die wichtigsten syntakt. Regeln geläufig.

Sprachfamilie, Bez. für eine Gruppe von heute gesprochenen und/oder nur aus älterer Zeit schriftl. überlieferten Sprachen, die auf Grund ihrer genet. Verwandtschaft (↑Sprachverwandtschaft) zusammengehören, also auf eine gemeinsame Grundsprache zurückzuführen sind.

Sprachfehler ↑Sprachstörungen.

sprachfreie Tests ↑psychologische Tests.

Sprachgeographie, sprachwiss. Forschungsrichtung, die die Unterschiede oder Übereinstimmungen zw. räuml. getrennten Sprachsystemen untersucht, in Karten darstellt und interpretiert.

Sprachgeschädigtenpädagogik, Teil der ↑Sonderpädagogik, der die Erziehung und heilpädagog. Betreuung Sprachbehinderter zum Ziel hat. Je nach der Art der ↑Sprachstörung werden die sprachl. Behinderten in Hals-Nasen-Ohren-Kliniken, in Sprachheilschulen o. ä. Institutionen behandelt.

Sprachgesellschaften, gelehrte Vereinigungen des 17. Jh. zur Pflege der dt. Sprache, insbes. zu ihrer Reinigung von Fremdwörtern, fremdsprachl. syntakt. Elementen, zur Förderung einer einheitl. Orthographie, zur Klärung sprachwiss., poetolog. (insbes. vers- und reimtechn.) und ästhet. Fragen sowie zur prakt. Anwendung und Verbreitung einer solcherart erarbeiteten Literatursprache. - Nach dem Vorbild der berühmten Accademia della Crusca in Florenz wurde 1617 in Weimar die erste und bedeutendste der dt. S. gegründet, die „Fruchtbringende Gesellschaft", die während ihrer Blütezeit 1640–80 über 500 Mgl. hatte. Die „Teutschgesinnete Genossenschaft" wurde von P. von Zesen 1643 gegründet; sie war in Zünfte eingeteilt und hatte insgesamt etwa 200 Mgl., die sich jedoch durch übersteigerten Purismus den Spott der Zeitgenossen zuzogen. Der „Pegnes. Blumenorden" (↑Nürnberger Dichterkreis), gegr. 1644, hatte in seiner Blütezeit, 1660–80, 58 Mitglieder. Gegen Ende des 17. Jh. verloren die S. ihre Bedeutung; die im frühen 18. Jh. entstandenen ↑Deutschen Gesellschaften knüpften z. T. an die Tradition der S. an.

Sprachinhaltsforschung, svw. ↑inhaltsbezogene Sprachbetrachtung.

Sprachinsel, geschlossene, kleinere Sprach- und Siedlungsgemeinschaft innerhalb eines größeren anderssprachigen Gebiets.

Sprachkode ↑Code (Sprachwiss.).

Sprachkompetenz ↑Kompetenz.

Sprachkritik, die innerhalb der analyt. Philosophie L. Wittgensteins durchgesetzte Transformation der Vernunftkritik Kants zu den Antinomien, die in eine krit. Beurteilung der benutzten Sprache umgedeutet wird. Ihre Methode ist die ↑Sprachanalyse.

Sprachlabor, Bez. für einen Unterrichtsraum für den Fremdsprachenunterricht mit ↑audiovisuellen Medien. Man unterscheidet 3 Typen: 1. Das Hör(H)-Labor (dem Schüler wird über Kopfhörer ein gemeinsames Programm zugespielt); 2. das Hör-Sprech(HS)-Labor (die Schüler hören ein gemeinsames Programm und ihre eigenen Antworten; der Lehrer kann mit jedem einzelnen Schüler sprechen); 3. das Hör-Sprech-Aufnahme-(HSA)-Labor (jeder Schüler kann das gemeinsame Programm mit seinen eigenen Antworten aufnehmen u. es beliebig oft abspielen). Heute wird v. a. mit dem HSA-Labor gearbeitet, da es ermöglicht, daß die Schüler unterschiedl. Programme bearbeiten. Ziel des Sprachlaborunterrichts ist die sprachl. Aktivierung des Schülers. Die Übungsschritte erfolgen - entsprechend den Prinzipien des ↑programmierten Unterrichts - in 4 Phasen: 1. Aufgabe (stimulus); 2. Schülerantwort (response); 3. Lösung (reinforcement); 4. Wiederholung der Lösung durch den Schüler.

Sprachlaut, svw. ↑Laut.

Sprachlehre, svw. ↑Grammatik.

Sprachnorm, Teil der sozialen Normen, der durch Werturteile, Aufforderung und geäußerte Erwartung den Umfang der zulässigen sprachl. Mittel vorschreibt oder empfiehlt. S. ist nicht etwa sprachl. fixierte Norm überhaupt, sondern eine Form sozialer Normen, die, gleichgültig, ob formuliert oder nicht formuliert, den Umfang, die Auswahl, den spezif. Gebrauch von Sprachmitteln in irgendeiner Hinsicht als verbindl. festlegt. S. sind fixiert in Lexika, Grammatiken, Aussprache- und Rechtschreibwörterbüchern, Stilistiken oder verankert im Normempfinden, unterliegen wertenden und deskriptiven Urteilen und führen evtl. zu Sanktionen im Bildungs- und Gesellschaftsbereich.

Sprachperformanz ↑Kompetenz.

Sprachphilosophie, Teildisziplin der Philosophie, die Ursprung und Wesen, soziolog., kulturelle und geistige Funktion, Logik und Psychologie der Sprache sowie die Bedingungen der Möglichkeit von Philosophie und

Sprachlabor. Kassettenlehranlage des Goethe-Instituts München mit zentralem Schaltpult (Lehrereinheit) im Vordergrund

Wiss. und anderer sprachl. verfaßter Kulturleistungen zum Gegenstand hat. Ein wichtiges Problem bezügl. des Wesens der Sprache liegt in der Interpretation des traditionellen, heute sog. semant. Dreiecks, bei dem die Gegenstände und Sprachzeichen nicht unmittelbar, sondern über Universalien miteinander verknüpft sind (↑ Universalienstreit). Daneben ist eine genet., auf die grundsätzl. Vielfalt der Sprachen gerichtete Sprachbetrachtung heute nur im Rahmen biolog., psycholog. und soziolog. Untersuchungen Bestandteil der Sprachphilosophie. In der ↑ analytischen Philosophie wird die Vernunftkritik Kants zur Sprachkritik. Der damit verbundene Neuansatz in der S. versucht, Sprache ausdrückl. in den Lebensformen menschl. Gemeinschaften zu verankern.

🕮 *Hennigfeld, J.: Die S. des 20. Jh. Berlin 1982. - Simon, J.: S. Freib. 1981.*

Sprachpsychologie, Forschungsgebiet, das sich mit den psycholog. Aspekten des Sprechens und der Sprache befaßt (↑ auch Psycholinguistik).

Sprachregelung, Weisung oder Empfehlung für die Darstellung bestimmter Sachverhalte, die meist mit Sanktionsandrohungen und der Einschränkung bzw. Aufhebung der Meinungsfreiheit verbunden ist; gehört v. a. zum Instrumentarium der Außendarstellung von Reg., Parteien, Wirtschaftsunternehmen und Verbänden.

Sprachreinigung ↑ Purismus.

Sprachrohr, sich trichterförmig erweiterndes Rohr, das, vor den Mund gehalten, den Schall bevorzugt in eine bestimmte Richtung leitet.

Sprachsoziologie, Teildisziplin der Soziologie, die v. a. im Rahmen einer allg. Handlungstheorie das Sprachverhalten in sozialen Situationen als eine Form sozialen Verhaltens ansieht und die Zusammenhänge von sozialer Situation und Sprachverhalten sowie von Sprach- und Gesellschaftsstruktur und deren Veränderungen innerhalb eines sozialen Wandels untersucht.

Sprachspiel, von L. Wittgenstein in seinen philosoph. Untersuchungen eingeführter Begriff für das Geflecht der Verwendung sprachl. Ausdrücke im Kontext beliebiger, auch sprachfreier Handlungen.

Sprachstörungen, Abweichungen von den (alterstyp.) Normen der Sprache bzw. des Sprechens. Gelegentl. werden *Sprachfehler* als Normvarianten ohne wesentl. Einschränkung der Mitteilungsfähigkeit der gravierenderen, langfristig behandlungsbedürftigen *Sprachbehinderung* gegenübergestellt. Die häufigsten S. sind ↑ Stammeln bzw. Paralalie (↑ Paraphasie), ↑ Agrammatismus, Näseln, ↑ Stottern, ↑ Poltern. Auf Grund der unterschiedl. Lokalisation im Gehirn können Sprachverständnis und Sprechmotorik gesondert gestört sein (↑ Aphasie). S. lassen sich einteilen in: *Stimmstörungen* (z. B. Heiserkeit bei Kehlkopferkrankungen oder ↑ Dysphonie), *Sprechrhythmusstörungen* (die Atmung ist unkoordiniert, z. B. beim Poltern oder Stottern), *Artikulationsstörungen* (z. B. beim Stammeln), S. auf Grund neurolog. Schädigungen (↑ Dysarthrie) oder auf Grund von Mißbildungen der Sprechwerkzeuge (Stammeln), auf Grund von Hörstörungen (z. B. Taubstummheit), auf Grund frühkindl. Gehirnschädigung, schweren Schwachsinns oder schwerer sozialer Deprivation. Zu den S. zählen außerdem die *verzögerte Sprachentwicklung* (oft aufholbar), bedingt etwa durch frühkindl. ↑ Autismus oder ↑ Mutismus, und *S. bei seel. Krankheiten* (z. B. Sprechangst). - Eine Reihe von Sprachbesonderheiten (z. B. Stammeln, Echolalie oder Schwierigkeiten beim Bilden grammatikal. richtiger Sätze) treten auch beim normalen ↑ Spracherwerb auf und sind nur dann als abnorm zu werten, wenn sie über die übl. Altersstufen hinaus fortbestehen. Frühe Erkennung und sprachpädagog., logopäd., medizin. bzw. psychotherapeut. Behandlung können häufig Spätschäden vermeiden bzw. mindern.

🕮 *Wulff, H.: Diagnose v. S. u. Stimmstörungen. Stg. 1983. - Friederici, A./Schönle, P. W.: S. u. ihre Therapie. Stg. 1979.*

Sprachsystem, der komplexe Zusammenhang, der zw. sprachl. Einheiten und ihren Beziehungen auf den verschiedenen Ebenen (phonolog., morpholog., syntakt., semant. Ebene) angenommen und in der Grammatik darzustellen versucht wird.

Sprachtypologie, Bez. für eine Methode der Sprachwiss., die die markanten Charakteristika von Sprachen bzw. Sprachgruppen feststellt und die dabei erkennbaren Ähnlichkeiten bzw. Übereinstimmungen zu einer Klassifikation der Sprachen heranzieht. Insbes. werden isolierende, inkorporierende, flektierende und agglutinierende Sprachen sowie Sprachen mit synthet. und mit analyt. Sprachbau unterschieden.

Sprachursprung ↑ Sprache.

Sprachverwandtschaft, Bez. für die Beziehung zw. Sprachen, die durch gemeinsamen Ursprung aus einer Vorstufe (Grundsprache) verbunden sind und in ihrem Laut- und Formensystem, Wortschatz usw. weitgehende Übereinstimmungen zeigen; die einzelnen „verwandten" Sprachen bilden zusammen eine ↑ Sprachfamilie.

Sprachwerke, Begriff des Urheberrechts für Werke der Literatur, Wissenschaft und Kunst, die aus geschriebener oder gesprochener Sprache bestehen (Schriftwerke, Reden).

Sprachwissenschaft, umfassende Bez. für die wiss. Beschäftigung mit der Sprache in allen ihren Bezügen, mit den Einzelsprachen und ihren Gliederungen. Gleichbedeutend mit S. wird häufig die Bez. ↑ Linguistik verwendet, die aber auch programmat. ge-

meint sein kann und dann bestimmten Ansätzen der S. entgegengesetzt wird.
Die Beschreibung der *Sprachstruktur* ist Aufgabe der Grammatik, die sich in Phonologie, Morphologie, Syntax und Semantik gliedert (wobei Phonologie und Semantik häufig als eigene Gebiete betrachtet werden). *Soziale und räuml. Gliederung* der Sprache werden von der Soziolinguistik und von der Dialektologie (Mundartforschung) untersucht. Die Entwicklung der *Sprechfähigkeit* beim Kind ist Gegenstand der Spracherwerbsforschung (↑Spracherwerb) als Teil der ↑Psycholinguistik. Die *geschichtl. Veränderungen* von Sprachen, Dialekten, Soziolekten werden in der histor. S. behandelt. Beim Vergleich von *Einzelsprachen* fragt man histor. einerseits nach mögl. gemeinsamen Vorstufen, andererseits wird die Aufspaltung einer Sprache in sich auseinanderentwickelnde Einzelsprachen verfolgt. Die Sprachtheorie geht von den Einzelsprachen aus und über sie hinaus, indem sie als *allgemein-theoret. Komponente* der S. nach den anthropolog., soziolog., psycholog. Bedingungen und Eigenschaften der Sprache, ihrer Organisation, ihrer Verwendung und Funktion fragt. - Die Ergebnisse und Erkenntnisse der sprachwiss. Disziplinen spielen bes. im pädagog.-didakt. Bereich, im muttersprachl. und im fremdsprachl. Unterricht eine wichtige Rolle, ebenso bei der Sprachmittlung (Übersetzen, Dolmetschen) und der Sprachtherapie. Daneben sind sie für die Entwicklung von Verfahren zur elektron. Informationsspeicherung und -verarbeitung sowie bei den Bemühungen um eine maschinelle Übersetzung wichtig geworden.
Geschichte: Während in Indien schon früh eine grammat. Tradition bestand, auf die Panini (6./5. Jh.) zurückgreifen konnte, hat sich die antike griech. S. im Kontext philosoph. Fragen nach dem Sprachursprung und dem Verhältnis zw. Form und Bedeutung von Wörtern entwickelt. Erste grammat. Kategorisierungen wurden von Aristoteles im Rahmen von Poetik und Logik vorgenommen. In Alexandria entstanden die ersten griech. Grammatiken von Dionysios Thrax (2. Jh. v. Chr.) und Apollonios Dyskolos (2. Jh. n. Chr.), nach deren Vorbild die lat. Grammatiken von Aelius Donatus (4. Jh.) und Priscianus (5./6. Jh.) gestaltet sind. Eine Leistung der ma. Sprachforschung bildet die scholast. Darstellung des Zusammenhangs von Sprache, Logik, Metaphysik in sog. spekulativen Grammatiken. - Die Entwicklung der S. im 17. und 18. Jh. ist gekennzeichnet durch die seit der Reformation wachsende Bed. der Volkssprachen und durch die Entdeckung amerikan., afrikan. und asiat. Sprachen.
Die vermehrte Kenntnis von Einzelsprachen führte im 19. Jh. zur vergleichenden und histor. S., die bes. durch die Entdeckung der Verwandtschaft des Sanskrit mit den europ. Sprachen ausgelöst wurde. Von R. Rask, F. Bopp und J. Grimm wurden Methoden ausgearbeitet, mit denen die genet. Verwandtschaft der indogerman. Sprachen nachgewiesen wurde. Neben der materialbezogenen histor.-vergleichenden S. war und ist die allg. S., die W. von Humboldt begründete, von größter Wirkung. Humboldts Unterscheidung von äußerer und innerer Sprachform und seine These von der Verknüpfung der Sprache mit Mentalität, Kultur und Weltansicht eines Volkes wirkten sich in unterschiedl. Weise auf spätere Sprachtheorien aus. Die Epoche der primär histor.-vergleichend ausgerichteten S. wurde zu Beginn des 20. Jh. von der strukturell orientierten ↑Linguistik abgelöst; als ihr Begründer gilt F. de Saussure.
🕮 *Brekle, H. E.: Einf. in die Gesch. der S. Darmst. 1985. - Coseriu, E.: Einf. in die Allg. S. Tüb. 1985. - Bußmann, H.: Lex. der S. Stg. 1983. - Kreuder, H. D.: Studienbibliothek Linguistik. Wsb. ^{2}1982. - Porzig, W.: Das Wunder der Sprache. Mchn. ^{2}1982. - Helbig, G.: Gesch. der neueren S. Mchn. ^{5}1981.*

Sprachzentrum, Bez. für verschiedene zusammenwirkende Assoziationsfelder v. a. in der Großhirnrinde, die den Prozessen der Sprachbildung und des Sprachverständnisses zugeordnet sind. Bei Rechtshändern liegen diese Felder in der linken, bei Linkshändern in der rechten Gehirnhemisphäre und können in ein *motor. S. (Broca-Windung, Broca-Zentrum)* für die Steuerung und Kontrolle der beim Sprechen notwendigen Muskelbewegungen, in ein *sensor. S.* zur Aufnahme und zum Erkennen (akust. Sprachverständnis) gehörter Worte und Wortklänge sowie in ein *opt. S.* unterteilt werden. Letzteres ist für das Lesenkönnen, außerdem für opt. fundierte Gedankengänge (opt. Denken, Ortsgedächtnis u. a.) zuständig. - Eine Schädigung im Bereich des S. führt zu ↑Aphasie.

Spranger, Bartholomäus, *Antwerpen 21. März 1546, † Prag im Aug. 1611, niederl. Maler. - 1575/76 Hofmaler Kaiser Maximilians II. in Wien, ab 1581 Kaiser Rudolfs II. in Prag. Bed. Vertreter des Manierismus, v. a. allegor.-mytholog. Szenen und Einzelfiguren. Sein spannungsreiches Werk fand in Nachstichen von H. Goltzius weite Verbreitung.

S., Eduard, *Groß-Lichterfelde (= Berlin) 27. Juni 1882, † Tübingen 17. Sept. 1963, dt. Kulturphilosoph und Pädagoge. - Prof. in Leipzig, Berlin, ab 1946 in Tübingen. Schüler F. Paulsens und W. Diltheys. Einer der führenden Theoretiker einer kulturphilosoph. orientierten, geisteswiss. normativen Pädagogik sowie einer „Psychologie des sinnbezogenen Erlebens". Zentraler Gegenstand ist das Problem des Verstehens der Erscheinungen des Geistes. Grundlegend für seine Pädagogik, Psychologie und Kulturphilosophie ist die Lehre von der Wechselbeziehung zw. *sub-*

jektivem Geist (Seele, Ich, Individualität) und *objektiviertem* bzw. *objektivem Geist* (Kultur in ihren Gebilden und Sachbereichen bzw. in ihrer überindividuellen gesellschaftl. und geschichtl. Dimension). Beidem ist der *normative Geist* vor- bzw. übergeordnet, d.h. die überindividuellen Ordnungs- und Wertsysteme (z. B. Recht, Moral), die - durch das Individuum, dem sie immanent sind, vermittelt - die Kultur bestimmen. Ausgehend vom Begriff der Bildung als der „persönl. Aneignung von objektiven Werten" und des „Bildungsprozesses" bestimmt S. als Ziel der Pädagogik die Aktualisierung der Werterlebnisfähigkeit durch die Kulturgüter und die ganzheitl. Ausrichtung auf die vielfältigen Wertstrukturen der Kultur „in harmon. Ausbildung aller menschl. Kräfte". - Schul- und kulturpolit. wirkte S. richtungweisend auf die Ausbildung der Lehrer, insbes. durch seine Forderung einer akadem. Ausbildung für Volksschullehrer.

Werke: Lebensformen (1914), Zur Psychologie des Verstehens (1918), Psychologie des Jugendalters (1924), Die Magie der Seele (1947), Pädagog. Perspektiven (1951), Menschenleben und Menschheitsfragen (1963).

Klussmann, R.: Die Idee des Erziehers bei E. S. vor dem Hintergrund seiner Bildungs- und Kulturauffassung. Ffm. 1984. - Der Bildungsprozess. Hg. v. A. Pfniss. Graz u. Wien 1981. - Paffrath, F. H.: E. S. u. die Volksschule. Bad Heilbrunn 1971.

Spratlyinseln [engl. 'sprætlı], im Südchin. Meer gelegene Inselgruppe von 7 z.T. unbewohnten Koralleninseln und zahlr. Riffen, auf die China, Taiwan, Vietnam und die Philippinen Anspruch erheben. Die S. liegen in strateg. günstiger Lage in einem Gebiet mit vermuteten Erdölvorkommen.

Spratzen, das beim Erstarren geschmolzener Metalle auftretende rasche Entweichen gelöster Gase, durch das sich poröse Metallstücke mit aufgeplatzter Oberfläche bilden. S. tritt auch beim Erstarren von Lava auf.

Spray [engl. spreı; niederl.-engl.], Flüssigkeit (z. B. Farben, Deodorants, Haarfestiger [beim Haar-S.]), die sich zus. mit einem unter Druck stehenden, unbrennbaren, physiolog. unbedenkl. Treibgas (meist Halogenkohlenwasserstoffe) in einem bruch- und druckfesten Gefäß *(Spraydose)* befindet; das Treibgas treibt die Flüssigkeit in feinsten Tröpfchen aus einer Düse. Die chem. nicht abbaubaren, in die Atmosphäre gelangenden Treibgase bewirken eine Schwächung der Ozonschicht der Erdatmosphäre durch Reaktion der durch UV-Strahlung freiwerdenden Halogenradikale mit dem Ozon. Die Produktion von S. mit Fluorkohlenwasserstoffen als Treibmittel wurde daher in den USA und Schweden bereits verboten. Als Ersatz dienen insbes. Butan, Isobutan und Propan, die jedoch andere Lösungseigenschaften als die Fluorkohlenwasserstoffe zeigen, und zudem leicht entflammbar sind. Zur Verbesserung der Lösungseigenschaften werden die Kohlenwasserstoffe meist mit Wasser (in Emulsionen) oder Alkoholen, z. B. Äthanol oder Isopropanol, zur Herabsetzung der Entflammbarkeit mit Methylenchlorid oder 1,1,1-Trichloräthan gemischt; daneben wird häufig auch etwas Kohlendioxid zugesetzt.

Sprechakt, Begriff der linguist. Pragmatik zur Bez. der grundlegenden oder kleinsten Einheiten der sprachl. Kommunikation. Mit einem S. vollzieht ein Sprecher gleichzeitig drei Teilakte (nach J. L. Austin): 1. den *lokutiven* Akt, der a) den phonet. (Äußerung von Lauten), b) den phatischen (Äußerung von Wörtern in grammat. Konstruktionen) und c) den rhetischen Akt (Verwendung von Wörtern und Konstruktionen in einer bestimmten Bedeutung) umfaßt; 2. den *illokutiven* Akt, der die Intention einer Äußerung in einer bestimmten Kommunikationssituation festlegt (z. B. Frage, Befehl, Versprechung); 3. den *perlokutiven* Akt, der die Wirkung der Äußerung [auf den Hörer] bestimmt (z. B. Ausführung einer geforderten Handlung). - ↑auch Organonmodell.

Sprechchor, Gestaltungsmittel im Sprechtheater und Hörspiel, bei dem mehrere Personen Texte nach bestimmten rhythm. und melod. Vorschriften gemeinsam (unisono oder in verschiedenen Stimmlagen) oder nach Gruppen getrennt (in Dialog- bzw. Kanonform) sprechen.

Sprecherziehung, Gesamtheit der pädagog. Maßnahmen, die Personen nach den Erkenntnissen der *Sprechkunde* - nach H. Geißner die Wiss. vom „Miteinandersprechen der Menschen und den von ihnen in Sprechhandlungen abhängig von der Sprechsituation hervorgebrachten gesprochenen Sprachwerke" - zum richtigen, d. h. den phys. Gegebenheiten angemessenen Sprechen anleiten sollen. Die S. umfaßt neben Übungen zur Atem-, Stimm- und Lautbildung auch die Gestaltungslehre des gesprochenen Wortes.

Sprechfunk, Funkverkehr, bei dem die Sprache ohne Codierung übertragen wird.

Sprechfunkgerät, speziell für die Sprachübertragung konzipiertes Funkgerät (kombinierte Sende- und Empfangsanlage), mit bis zu über hundert Frequenzkanälen. S. werden v. a. zur Nachrichtenübermittlung im Rahmen der bewegl. Funkdienste eingesetzt; S. für den Nahbereich (bis etwa 50 km) arbeiten überwiegend im UKW-Bereich, zur Überwindung mittlerer und größerer Entfernungen im Grenz- und Kurzwellenbereich. Handl., tragbare, batteriebetriebene S. werden meist als *Funksprechgeräte (Walkie-talkies)* bezeichnet. - ↑auch CB-Funk.

Sprechgesang, Art vokaler Deklamation, die sich zw. Sprechen und Singen bewegt und bes. im gebundenen ↑Melodram verwendet wird; zuerst von A. Schönberg in seinem „Pierrot lunaire" (1911) gefordert.

Sprechkunst (Vortragskunst), i. e. S. Bez. für die Kunst des (geschulten) Vortrags von literar. Texten (Reden, Dramenrollen, Lyrik). I. w. S. Bez. für das über den Alltagsbedarf hinausgehende Sprechenkönnen, das eine bes. Beherrschung der Atem-, Stimm- und Sprechtechnik voraussetzt.

Sprechmelodie, svw. ↑Intonation.

Sprechorgane (Sprechwerkzeuge) ↑Artikulation.

Sprechsprache, gesprochene Sprache im Unterschied zur geschriebenen Sprache. Für die gesprochene Gegenwartssprache wird im allg. eine Dreistufung angesetzt: die Standardsprache, die den größten Verbreitungsgrad hat; die lokalen Umgangssprachen, die v. a. in den Ballungszentren gesprochen werden; die Dialekte, die in den ländl., wenig industrialisierten Gebieten gesprochen werden.

Sprechstelle, ein an das Fernsprechnetz angeschlossener Fernsprechapparat.

Spree, linker Nebenfluß der Havel, entspringt (2 Quellbäche) im Lausitzer Bergland, mündet bei Berlin-Spandau, 382 km lang.

Spreewald, bis 16 km breite und 45 km lange Niederung in der Niederlausitz, DDR, von der in mehrere Arme aufgeteilten Spree durchflossen. Die Bruchwaldgebiete des S. werden heute zunehmend entwässert und sind z. T. schon mit Hochwald bestockt. Neben dem Sonderkulturanbau spielt der Fremdenverkehr eine bes. Rolle. - Urspr. Siedlungsgebiete der Sorben, bis im 10. Jh. die dt. Besiedlung einsetzte.

Spreite, svw. Blattspreite (↑Laubblatt).

Spreizfuß ↑Fußdeformitäten.

Spreizklimmer ↑Lianen.

Spremberg, Krst. an der Spree, Bez. Cottbus, DDR, 99–126 m ü. d. M., 24 700 E. Textilkombinat, Plastikverarbeitung; Braunkohlenbergbau im Umland. - In der 2. Hälfte des 13. Jh. gegr.; 1379 Stadtrecht bestätigt. - Spätgot. Pfarrkirche (16. Jh.); Barockschloß (nach 1731).

S., Landkr. im Bez. Cottbus, DDR.

Spremberg-Talsperre ↑Stauseen (Übersicht).

Sprendlingen ↑Dreieich.

Sprengel, Carl (Karl), * Schillerslage (= Burgdorf, Landkr. Hannover) 1787, † Regenwalde 19. April 1859, dt. Agronom. - Prof. in Braunschweig; wandte die Chemie auf Bodenkunde und Düngelehre an. Er lehrte den Ersatz der verbrauchten Bodennährstoffe durch Mineraldüngung.

Sprengel, kirchl. (Pfarrei, Diözese) oder weltl. (z. B. Gerichts-S.) Amtsbezirk.

Sprengen, eine Sprengung vornehmen. Bei Sprengungen mit Bohrlöchern, die die Sprengwirkung des Sprengstoffs erhöhen, erfolgt nach dem Einbringen der Sprengladung *(Laden)*, das Verdämmen (der *Besatz*) der Löcher. Dann werden die einzelnen mit Sprengzünder oder Sprengkapsel und mit Zündschnur versehenen Sprengstoffpatronen untereinander zu einem Zündkreis verbunden *(Kuppeln)*. Durch Betätigung der Zündmaschine erfolgt die Auslösung der Detonation (**Sprengung**). Bei Sprengungen, bei denen der Sprengstoff aufgelegt wird, d. h. bei denen ohne Bohrlöcher gearbeitet wird, spricht man von **Auflegesprengung.** - ↑auch Sprengstoffe.

Sprengfeder (Sprengring), formschlüssige, ringförmige Befestigungsfeder in einer Nut auf einer Welle oder in einer Bohrung zur Sicherung der axialen Lage eines Bauelements (z. B. Kolbenbolzen, Kugellager).

Sprenggelatine ↑Sprengstoffe.

Sprenggranaten ↑Munition.

Sprenglaut, svw. ↑Verschlußlaut.

Sprengmittel ↑Sprengstoffe.

Sprengöl ↑Sprengstoffe.

Sprengstoffe (Explosivstoffe), feste, flüssige (auch pastenartige oder gelatinöse) Substanzen oder Substanzgemische, die nach Zündung (Funken, Flammen, Reibung, Schlag oder indirekt durch eine Sprengkapsel) rasch große Mengen heißer, komprimierter Gase freisetzen. Schon bei geringster Erwärmung bzw. geringstem Stoß reagierende S. werden als **Primärsprengstoffe (Initialsprengstoffe)** den weniger empfindl., durch sie gezündeten **Sekundärsprengstoffen** gegenübergestellt. Die **Sprengkapsel** [Zündhütchen] enthält die zylindr. Metallkapsel mit Initial-S. [z. B. Bleiazid, Bleipikrat] und ist in den eigtl., durch sie gezündeten [Sekundär-S.] eingebettet. Wichtige Kenndaten eines S. sind die *Detonationsgeschwindigkeit* (zw. 300 und 8 500 m/s), die *Explosions-* oder *Umsetzungswärme* (zw. 2 500 und 5 900 kJ/kg) und die *Explosionstemperatur* (zw. 2 000 und 5 000 °C).
Als **Schießmittel** (Schießstoffe, Treibmittel, z. B. für Gewehre, Feuerwerkskörper) bezeichnet man S. mit geringen Detonationsgeschwindigkeiten von 300–500 m/s. Hierzu zählt das **Schießpulver** (Pulver), explosive Substanzgemische, die sich im Ggs. zu den Sprengstoffen bei Zündung mit regelmäßiger Geschwindigkeit zu Gasen umsetzen und einem Geschoß die erforderl. Anfangsgeschwindigkeit erteilen. Man unterscheidet *einbasige Schießpulver*, die nur aus (gelatinierter) Nitrozellulose bestehen, *zweibasige Schießpulver* aus Nitrozellulose und Nitroglycerin oder Diglykoldinitrat und *dreibasige Schießpulver*, die sich alle gegenüber dem früher gebräuchl. **Schwarzpulver** (Gemisch aus 75% Kalisalpeter, 10% Schwefel, 15% Holzkohle) durch fehlende Rückstandsbildung im Lauf und geringere Rauchbildung auszeichnen.
Sprengmittel *(S. im engeren Sinn)* sind dagegen einheitl. oder gemischte S., die wesentl. heftiger reagieren und dabei zertrümmernd auf die Umgebung wirken; sie werden für

militär. und zivile (gewerbl.) Zwecke mit unterschiedl. Eigenschaften hergestellt.
Wichtige S. (für militär. Zwecke sowie für den Berg- und Straßenbau) sind die Salpetersäureester, aromat. Nitroverbindungen, Nitramine, Ammonsalpeter-S. und Chlorat-S. Zu den Salpetersäureestern gehört das Pentaerythritnitrat, das Nitroglycerin (als **Sprengöl** bezeichnet) und die Nitrozellulose (mit 12,6–13,5% Stickstoffgehalt als weiße, watteartige Substanz: sog. Schießbaumwolle [Schießwolle, Pyroxylin]); eine gelatinöse Masse aus 7–8% Nitrozellulose und 92–93% Nitroglycerin wird als *Sprenggelatine (Nitrogelatine)* bezeichnet (Detonationsgeschwindigkeit 7 700 m/s). **Dynamit** besteht aus Sprenggelatine, der zur Abstufung der Sprengkraft Natronsalpeter und Holzmehl zugegeben wird. S. aus der Reihe der aromat. Nitroverbindungen sind die Pikrinsäure und das 2,4,6-Trinitrotoluol (↑Nitrotoluole). Nitramin-S. sind u. a. das ↑Hexogen und Tetryl. Zu den S.mischungen gehören die Ammonsalpeter-S., die v. a. aus Ammoniumnitrat, NH_4NO_3, bestehen und u. a. mit Trinitrotoluol versetzt werden *(Ammonit)* sowie die sehr schlag- und reibungsempfindl., daher nur noch selten verwendeten Chlorat-S., zu denen das aus 88,5% Kaliumchlorat, 8,5% Petroleum und 3% Holzmehl zusammengesetzte *Chloratit* gehört. Pulverige S. können durch Zusatz von Plastiziermitteln (Vaseline, Wachse, Kunststoffe) leichter handhabbar gemacht werden (**Plastiksprengstoffe** z. B. in sog. Plastikbomben). Den für Sprengungen im Kohlebergbau entwickelten *Sicherheits-S. (Wetter-S.)* werden zur Erniedrigung von Explosionstemperatur und -druck, d. h. um Schlagwetterexplosionen zu vermeiden, reaktionsträge (inerte) Salze (z. B. Kochsalz) zugesetzt.
Geschichte: Bereits im Altertum waren einzelne Explosivstoffgemische (meist auf Basis von Salpeter) bekannt. Der erste wirksame S., der sich sowohl als Schießmittel als auch als Sprengmittel eignete, war das Schwarzpulver, das in China schon im 8./9. Jh. in Feuerwerkskörpern verwendet wurde und im 13. Jh. in Europa bekannt wurde (seine Erfindung wurde Berthold dem Schwarzen zugeschrieben). Die hochnitrierte Nitrozellulose (Schießbaumwolle) wurde erstmals 1845 durch C. F. Schönbein hergestellt, 1846/47 das Nitroglycerin durch A. Sobrero. 1867 gelang es A. Nobel, das äußerst stoß- und schlagempfindl. Nitroglycerin in eine zur Handhabung sichere Form zu bringen, indem er es durch Kieselgur aufsaugen ließ; ab 1875 entwickelte er außerdem die Sprenggelatine und die von ihr abgeleiteten Dynamitarten. Das Trinitrotoluol wurde 1863 durch J. Wilbrand dargestellt.

🕮 *Meyer, Rudolf: Explosivstoffe. Weinheim [5]1980. - Cook, M. A.: Lehrb. der brisanten S. Dt. Übers. Langelsheim 1965.*

Sprengstoffverbrechen, gemeingefährl. Straftaten, die als Herbeiführen einer Explosion geahndet werden. Mit Freiheitsstrafe nicht unter 5 Jahren wird das vorsätzl. Herbeiführen (auch der Versuch) einer Explosion durch Kernenergie bestraft, wenn dadurch eine konkrete Gefahr für Leib oder Leben eines anderen oder für fremde Sachen von bed. Wert verursacht wird. In bes. schweren Fällen ist die Strafe lebenslange Freiheitsstrafe oder Freiheitsstrafe nicht unter zehn Jahren. Mit Freiheitsstrafe nicht unter einem Jahr wird die vorsätzl. Herbeiführung einer Explosion anders als durch Freisetzen von Kernenergie bestraft. Als Explosion gelten auch explosionsähnl. Erscheinungen wie Implosionen.
In *Österreich* werden die vorsätzl. Herbeiführung einer Gefahr durch Anwendung von Sprengstoffen, die Vorbereitung von S. und die vorsätzl. Unterlassung der Anzeige von vorgesehenen S. durch ein eigenes Sprengstoffgesetz unter Strafe gestellt. - In der *Schweiz* wird die Gefährdung durch Sprengstoff und giftige Gase beim Vorliegen einer verbrecher. Absicht mit Zuchthaus, sonst mit Gefängnis bedroht.

Sprengwerk, Baukonstruktion (Tragwerk) aus Holz, Stahl oder Stahlbeton, bei der ein horizontaler Träger durch geneigte Streben abgestützt wird.

Spreu (Kaff), der beim Dreschen von Getreide und Hülsenfrüchten anfallende Abfall (Samenschalen, Spelzen, Grannen, Stengelteilchen u. a.).

Spreublätter, schuppenförmige, trokkenhäutige Tragblätter der Einzelblüten in den Blütenköpfchen vieler Kardengewächse und Korbblütler.

Sprichwort (Proverb), volkstüml. einfache Form der bildl. Rede, die sich durch Konstanz des Wortlauts, Anspruch auf Allgemeingültigkeit, geschlossene syntakt. Form, vielfach durch sprachl. Charakteristika (Bildlichkeit, rhythm. Prägnanz, Reim oder Assonanz, Parallelismus der Satzglieder u. a.) auszeichnet. Das S. gewinnt seine Allgemeingültigkeit aus der Formulierung einer Erfahrung, die trotz des vielfach agrar. Bildbereichs und trotz bestimmter zeit- oder epochentyp. Merkmale den Anspruch erhebt, weder schichtspezif. noch histor. gebunden zu sein. Das S. unterscheidet sich durch die Formulierung einer kollektiven Erfahrung vom individuellen Aphorismus, durch die syntakt. abgeschlossene, oft eine Kausalbeziehung enthaltende Form von der Redensart, durch die Anonymität und den nicht mehr rekonstruierbaren Situationskontext seiner ersten Verwendung von der dichter. Sentenz (Zitat).

Sprieße, im Bauwesen 1. horizontal liegende Rundhölzer *(Spreizen)* zur Abstützung der Wände von Baugruben; 2. vertikale Stützen von Deckenschalungen u. a.

Sprietsegel [niederdt.], ein durch eine diagonale Spiere, die sog. Spriet, gespreiztes Gaffelsegel (↑Segel), urspr. ein unter dem Bugspriet gefahrenes Rahsegel.

Spring, Howard [engl. sprɪŋ], * Cardiff 10. Febr. 1889, † Falmouth 3. Mai 1965, engl. Schriftsteller und Journalist. - Verf. von realist., sozialkrit. Zeit- und Familienromanen aus der Welt des walis. und nordengl. Industriegebiets, u. a. „Liebe und Ehre" (1940), „Das Haus in Cornwall" (1948), „Tumult des Herzens" (1953). „Geliebte Söhne" (1938) schildert den Aufstieg zweier Väter und den Untergang ihrer Söhne im ir. Befreiungskrieg.

Spring, Leine zum Festmachen eines Schiffes, die vom Bug nach achtern oder vom Heck nach vorn verläuft; außerdem Festmacherleine vom Heck zur Ankerkette des geworfenen Ankers („Ankern vor der Spring").

Springantilopen (Antilopinae), Unterfam. der Antilopen mit rd. 20 Arten, v. a. in trockenen, offenen Landschaften Afrikas und Asiens. In den Steppen Indiens lebt die etwa damhirschgroße **Hirschziegenantilope** (Sasin, Antilope cervicapra); oberseits schwarzbraun (♂) oder gelblichbraun (♀, Jungtiere), unterseits weiß; mit breitem, weißem Augenring; ♂♂ mit bis 0,5 m langen, korkenzieherartig gewundenen, geringelten Hörnern. Wichtigste Gatt. ↑Gazellen.

Springbeutler, svw. ↑Känguruhs.

Springbock (Antidorcas), Gatt. der Gazellenartigen mit der einzigen Art *Antidorcas marsupialis* in Südafrika; vielerorts ausgerottet; Länge 1,2–1,5 m, Schulterhöhe etwa 70–90 cm; Rücken braun, durch schwarzbraunes Längsband von der weißen Unterseite abgesetzt; längs der hinteren Rückenmitte mit weiß behaarter, ausfaltbarer Hauttasche (dient als Signal bei der Flucht); ♂♂ und ♀♀ mit etwa 30 cm langen, leierförmigen Hörnern; kann weit und hoch springen.

Springbogen (italien. saltato), bei Streichinstrumenten eine Strichart in schnellem Tempo, bei der der Bogen auf Grund seiner Eigenelastizität springt und die Saite kurz anreißt (↑auch spiccato).

Springe, Stadt zw. Deister und Osterwald, Nds., 113 m ü. d. M., 29 300 E. Möbelfabriken, Baustoffind., Leuchtenwerk. Südl. von S. das Naturschutzgebiet und Wildgehege Saupark. - Ersterwähnung im 10. Jh.; 1324 Stadt. - Spätgot. Kirche (vollendet 1445), zahlr. Fachwerkhäuser.

Springer, Axel Caesar, * Altona (= Hamburg) 2. Mai 1912, † Berlin 22. Sept. 1985, dt. Verleger. - Journalist; nach 1945 zunächst Buchverleger, baute ab 1946 mit der Herausgabe von Zeitschriften und Zeitungen seinen Pressekonzern (↑Springer Verlag) auf.

Springer, Figur im ↑Schach.

Springerle, süddt. Weihnachtsgebäck aus Mehl, Zucker, Ei, mit Anis gewürzt, mit einem Model geformt.

Springerspaniel, etwa 50 cm schulterhoher Stöberhund; etwas größer und hochbeiniger als der Cockerspaniel; Haar schlicht und glatt anliegend, bevorzugt weißbraun und weiß-schwarz gescheckt.

Springer Verlag (seit 1970 Axel Springer Verlag AG), dt. Pressekonzern, Sitz Berlin (West); gibt die überregionalen Tageszeitungen „Bild-Zeitung" und „Die Welt", die auch als Sonntagszeitungen erscheinen, mehrere regional verbreitete Tageszeitungen (u. a. „Berliner Morgenpost", „B. Z.", „Hamburger Abendblatt"), Programmzeitschriften sowie zahlr. Unterhaltungs-, Spezial- und Fachzeitschriften heraus; besitzt mehrere Großdruckereien und einen Buchverlag (Ullstein GmbH). Wegen des Einsatzes seiner Erzeugnisse zur ausschließlichen Propagierung konservativer Politik und wegen unseriöser Berichterstattung insbes. der „Bild-Zeitung" war der S. V. häufig Gegenstand heftiger Kritik, v. a. seitens der außerparlamentar. Opposition; sein hoher Anteil am Markt der Tageszeitungen gilt vielfach als Gefahr für die Pressefreiheit.

Springer-Verlag KG ↑Verlage (Übersicht).

Springfield [engl. 'sprɪŋfi:ld], Hauptstadt des Bundesstaates Illinois, USA, am Sangamon River, 182 m ü. d. M., 99 600 E. Sitz eines anglikan. und eines kath. Bischofs; Staatsarchiv, Kunst-, histor. Museum; u. a. Nahrungsmittel-, chem. Ind., Druckereien, Fremdenverkehr. - Gegr. 1821; Hauptstadt von Illinois seit 1837; seit 1840 City. - Lincoln-Gedenkstätten (u. a. Wohnhaus, Grabdenkmal).

Springflut ↑Gezeiten.

Springfrosch ↑Frösche.

Springkraut (Balsamine, Impatiens), Gatt. der Balsaminengewächse mit über 400 Arten; meist im trop. Afrika, im trop. und subtrop. Asien; nur acht Arten in den gemäßigten Bereichen der Nordhalbkugel; Kräuter oder Halbsträucher; Frucht eine bei Berührung elast. mit fünf Klappen aufspringende, die Samen wegschleudernde Kapsel. In Deutschland kommen drei Arten vor, u. a.

Springböcke

Rührmichnichtan (Großes S., Wald-S., Impatiens noli-tangere), einjährig, bis 1 m hoch, mit durchscheinenden Stengeln und Blättern; Blüten zitronengelb, innen rot punktiert. Bes. bekannt sind die aus Indien stammende **Gartenbalsamine** (Impatiens balsamina), eine einjährige, bereits im 16. Jh. eingeführte und in mehreren Sorten verbreitete, 20–60 cm hohe Sommerblume mit meist gefüllten, verschiedenfarbigen Blüten, sowie als Garten- und Topfpflanze das aus den Gebirgen des trop. Afrikas stammende **Fleißige Lieschen** (Impatiens walleriana) mit 30–60 cm hohen dickfleischigen Stengeln und bis 4 cm breiten, meist roten, langgespornten Blüten.

Springlade, in der Orgel Form der Windlade, bei der statt der Schleifen Ventile unter den Pfeifenfüßen sitzen.

Springläuse, svw. ↑Blattflöhe.

Springmäuse (Springnager, Dipodidae), Fam. der Mäuseartigen mit rd. 25 Arten in Trockengebieten und Wüsten Asiens und N-Afrikas; Länge 4–15 cm; Schwanz weit über körperlang, mit Endquaste, wird beim Sitzen oft henkelförmig auf den Boden gestützt; Hinterbeine stark verlängert, Vorderbeine kurz. - Die S. bewegen sich in großen Sprüngen (auf zwei Beinen) sehr rasch fort. Sie graben im Boden und sind nachtaktiv. Die oberseits bräunl. bis grauen Arten der Gatt. **Pferdespringer** (Allactage) sind etwa 9–15 cm lang; Schwanz rd. 16–22 cm lang, mit weißer Endquaste; Kopf rundl., mit sehr langen Ohren und großen Augen. Rd. 10–15 cm lang sind die Arten der Gatt. **Wüstenspringmäuse** (Jaculus). Am bekanntesten ist die Art *Dscherboa* (Jaculus jaculus), mit hellbrauner Ober- und weißl. Unterseite.

Springprozession, bes. Form der Prozession, v. a. in ↑Echternach.

Springquelle ↑Geysir.

Springratten, Bez. für die beiden Gatt. *Mesembriomys* und *Conilurus* der Echtmäuse mit sechs Arten in Australien; bis etwa wanderrattengroß; Hinterbeine verlängert; gute Springer und Kletterer, größtenteils baumbewohnend.

Springreiten ↑Reitsport.

Springschrecken, svw. ↑Heuschrecken.

Springschwänze (Kollembolen, Collembola), mit rd. 3 500 (einheim. rd. 300) Arten weltweit verbreitete Unterordnung primär flügelloser Insekten (Ordnung Urinsekten) von 0,3–10 mm Länge; Körper langgestreckt, entweder deutl. gegliedert (Überfam. *Arthropleona*) oder kugelig und undeutlich gegliedert (Überfam. *Symphypleona*); behaart oder glänzend beschuppt; durch Körperpigmente blau, violett, rotbraun, gelb, grün oder schwarz gefärbt; Kopf mit meist viergliedrigen Fühlern; schabende oder stechende Mundwerkzeuge in die Kopfkapsel eingesenkt; Augen einfach gebaut oder völlig rückgebildet; Hinterleib aus sechs Segmenten zusammengesetzt, von denen drei umgewandelte Gliedmaßenreste tragen; viertes oder fünftes Abdominalsegment mit in Ruhestellung unter dem Hinterleib eingeschlagener Sprunggabel, mit der sich die Tiere bei Beunruhigung vom Boden abschnellen. - S. leben in oft riesigen Mengen an feuchten Orten in und auf der Erde, in Blumentöpfen, auf der Wasseroberfläche oder auch auf Schneefeldern (z. B. ↑Gletscherfloh). Sie ernähren sich v. a. von zerfallenden organ. Substanzen und spielen eine wichtige Rolle bei der Humusbildung.

Springspinnen (Hüpfspinnen, Salticidae), weltweit verbreitete, mit rd. 3 000 Arten größte Fam. 2–12 mm langer ↑Spinnen (davon 70 Arten einheim.); Körper gedrungen, oft sehr bunt gefärbt (z. B. Harlekinspinne). S. weben keine Fangnetze. Sie beschleichen ihre Beute (Insekten) und packen sie dann im Sprung.

Springtamarin (Goeldi-Tamarin, Callimico goeldii), Art der Kapuzineraffenartigen im Gebiet des oberen Amazonasbeckens; Körperlänge um 25 cm, Schwanz etwas länger; Fell sehr dicht und seidig, schwarz mit Goldschimmer; mit Kopf- und Nackenmähne; Großzehe mit flachem Nagel, alle anderen Zehen und Finger mit Krallen; Baumbewohner, guter Springer; Bestand gefährdet.

Springtide ↑Gezeiten.

Springwanzen (Uferwanzen, Saldidae), Fam. 2–7 mm langer Wanzen mit rd. 150 großäugigen Arten, bes. an Teichufern, moorigen Stellen und Meeresküsten (davon fast 30 Arten einheim.); äußerst lebhafte, schnell auffliegende Tiere, die gut springen können; ernähren sich räuberisch von anderen Gliederfüßern.

Springwurzel (Springwurz), Bez. für den weißen Erdsproß (Rhizom) des Salomonsiegels; im Volksmärchen gilt sie als Zaubermittel.

Sprinkleranlage [engl./dt.], selbsttätige Feuerlöschanlage, bei der an der Decke des zu schützenden Raumes zahlr. Löschwassersprühvorrichtungen *(Sprinkler)* installiert sind. Im Brandfall öffnen sich die über dem Brandherd befindl. Sprinkler beim Erreichen einer bestimmten Temperatur.

Sprint [engl.], in verschiedenen sportl. Disziplinen Bez. für Wettkämpfe über eine kurze Strecke, z. B. in der *Leichtathletik* (alle Läufe über Distanzen bis zu 400 m), im *Eisschnellauf* und im *Radsport* (Fliegerrennen). Auch Bez. für eine Temposteigerung über eine kurze Strecke in Läufen über längere Strekken. **Sprinter:** Kurzstreckenläufer, Radrennfahrer über kurze Strecken.

Sprit [volkstüml. Umbildung von ↑Spiritus], gereinigter, hochprozentiger Alkohol.
◆ umgangssprachl. Bez. für Treibstoff.

Spritze (Injektionsspritze) ↑Injektion.

Spritzgurke (Eselsgurke, Ecballium),

Gatt. der Kürbisgewächse mit der einzigen Art *Ecballium elaterium:* in S-Europa auf Ödland verbreitetes, mehrjähriges, rankenloses Kraut von etwa 60 cm Höhe; mit dicken, grobgezähnten, unterseits weiß behaarten Blättern und glockenförmigen, gelben, eingeschlechtigen Blüten; Frucht enthält den Bitterstoff Elaterin.

Spritzguß, svw. Spritzgießen, ein Verfahren v. a. bei der ↑Kunststoffverarbeitung; früher übl. Bez. für den Druckguß (↑Gießverfahren).

spritzig, kennzeichnend für einen frischen, kohlensäurereichen Wein (häufig bei Moselweinen) verwendet.

Spritzlackieren ↑Spritzpistole.

Spritzloch (Spiraculum), kleine verkümmerte vorderste Kiemenspalte hinter jedem Auge und vor den eigtl. Kiemenspalten v. a. bei Knorpelfischen und einem Teil der Knochenfische. Bei den bodenbewohnenden Rochen ist das S. wichtig als Wasserdurchtrittsöffnung. Die zum S. umgebildete Kiemenspalte wurde bei den vierfüßigen Wirbeltieren zum Mittelohr und zur Eustachi-Röhre.

◆ bei Walen paarige oder unpaare Nasenöffnung, die (mit Ausnahme des Pottwals) weit nach hinten auf die Körperoberseite verschoben ist und beim Ausatmen der verbrauchten Luft eine (durch Kondensation) mehrere Meter hohe Dampffontäne hochsteigen läßt.

Spritzpistole (Farbspritzpistole, Lakkierpistole), meist mit Druckluft betriebenes Gerät in pistolenähnl. Form zum *Spritzlackieren*, d. h. zum Aufspritzen von Anstrichstoffen in feinverteilter Form. Kleinere [Heimwerker]geräte arbeiten ohne Druckluft („airless") mit einer elektromagnet. betriebenen Pumpvorrichtung, die die Farbe direkt aus dem Vorratsbehälter ansaugt und aus der Düse drückt. - Abb. S. 32.

Spritzputz ↑Putz.

Spritzwürmer (Sipunculida), fast ausschließl. mariner Stamm der Wirbellosen mit rd. 250, etwa 1–50 cm langen, wurmförmigen Arten; unsegmentiert; Vorderende einstülpbar, rüsselartig, mit Tentakelkranz.

Sprödbruch ↑Bruch.

spröde, im techn. Sprachgebrauch svw. nicht plastisch; bei s. Werkstoffen tritt nach Überschreitung der Elastizitätsgrenze Sprödbruch auf.

Sproß (Trieb), der aus den Grundorganen ↑Sproßachse und ↑Blatt gebildete, aus der zw. den Keimblättern liegenden Sproßknospe hervorgehende Teil des Vegetationskörpers der Sproßpflanzen. Er entwickelt sich meist oberird. (Luft-S.), bei Wasserpflanzen untergetaucht (Wasser-S.) oder ganz bzw. teilweise unterird. (Rhizom, S.knolle, Zwiebel). Je nach Art des Wachstums und der Funktion der Blätter werden Laubsprosse und Blüten unterschieden. In Anpassung an verschiedenartige Standortbedingungen zeigt der S. zahlr. morpholog. Abwandlungen, die als *Sproßmetamorphosen* bezeichnet werden (u. a. ↑Zwiebel, ↑Dornen, ↑Ranken, ↑Rosette).

Sproßachse (Achsenkörper), neben Blatt und Wurzel eines der Grundorgane der Sproßpflanzen (↑Kormophyten); Trägersystem für die assimilierenden Blätter bzw. Fortpflanzungsorgane. Die S. entwickelt sich von einem an ihrer Spitze gelegenen Vegetationskegel. In diesem Urmeristem werden durch Teilung laufend Zellen nach unten und seitl. abgegliedert. Kurz hinter dieser Zone entstehen die Anlagen für Seitensprosse und

Sproßachse. Schematischer Längsschnitt durch die Sproßspitze einer Zweikeimblättrigen mit den Entwicklungsphasen der einzelnen Gewebekomplexe; rechts die entsprechenden schematischen Sproßquerschnitte

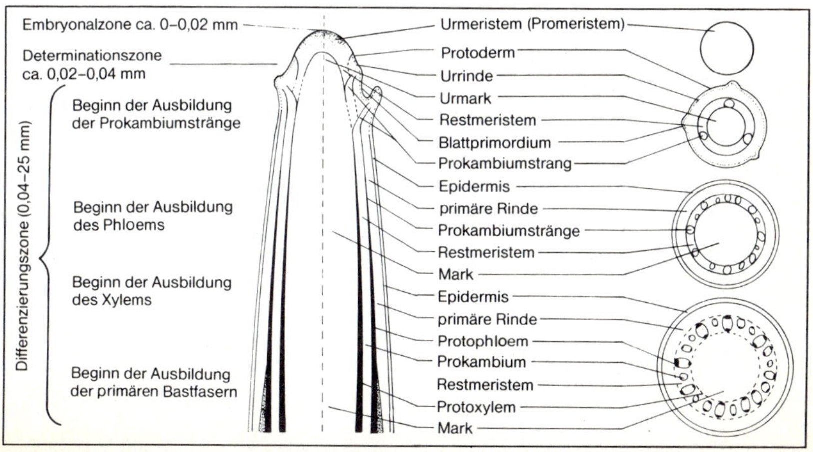

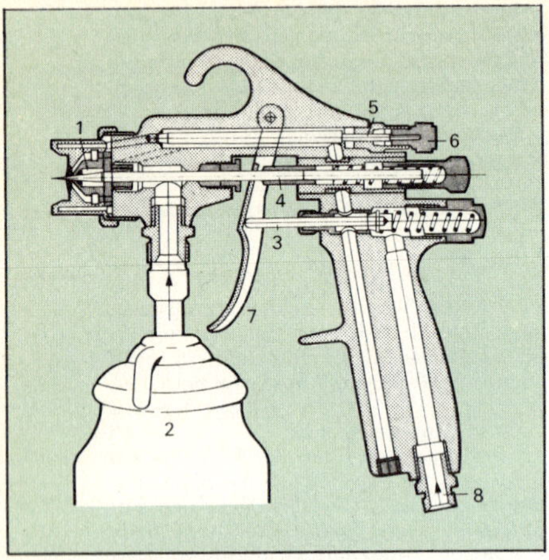

Spritzpistole. 1 Düse
2 Farbzufuhr, 3 Luftventil,
4 Farbnadel, 5 Breitstrahlnadel,
6 Feineinstellschraube,
7 Abzugshebel, 8 Luftzufuhr

Blätter. Es folgt die Zone des größten Längenwachstums, das auf Streckungswachstum der Zellen sowie auf der Bildung neuer Zellen in interkalaren Vegetationszonen (eingeschobene Wachstumszonen) von kurzer Lebensdauer beruht. Gleichzeitig erfolgt die Differenzierung der Zellen in Epidermis, Rinde und Zentralzylinder. Im Bereich des Zentralzylinders bilden sich durch Längsteilung von Zellen Initialbündel, aus denen die Leitbündel hervorgehen. Innerhalb des Zentralzylinders bleibt bei ausdauernden S. der Nacktsamer und Zweikeimblättrigen ein teilungsfähiger Gewebszylinder, das Kambium, erhalten, von dem im Zuge des sekundären Dickenwachstums die Bildung verholzter S. ausgeht (Stamm; Ggs.: Stengel der krautigen Pflanzen). - Die Verzweigung der S. kann sowohl gabelig (↑ Dichotomie) als auch seitl. erfolgen. Die Beblätterung entlang der S. umfaßt im vollständigen Fall Keim-, Nieder-, Folge- bzw. Laub- und Hochblätter. Die Anordnung der Blätter am Knoten erfolgt entweder einzeln, wobei sie längs der S. alternierend in zwei Reihen übereinander (distich; v. a. bei Einkeimblättrigen) oder wechselständig (zerstreut, spiralig) stehen, oder unter Bildung von Wirteln in Zweizahl bzw. Mehrzahl.

Sproßdornen ↑ Dornen.

Sprossenwand, Turngerät, eine maximal 2,60 m hohe Gitterwand aus Holz, v. a. für Streck- und Dehnübungen.

Sprosser (Poln. Nachtigall, Luscinia luscinia), mit der Nachtigall nah verwandte Drossel (Gatt. Erdsänger); etwa 17 cm lang; Oberseite olivbraun, Unterseite hellbräunl. mit dunklerer Brust; verbreitet von N- und O-Europa bis nach W-Sibirien.

Sproßknolle ↑ Knolle.

Sproßmetamorphosen ↑ Sproß.

Sproßmutationen (Knospenmutationen, Sports), in der Botanik Bez. für Gen- oder Genommutationen in einer Zelle des Vegetationskegels. S. haben eine bes. Bed. in der Pflanzenzucht, da durch sie neue Kultursorten gewonnen werden können, deren Eigenschaften bei vegetativer Vermehrung erhalten bleiben (z. B. Obst, Kartoffeln). Bei geschlechtl. Vermehrung können die neuen Eigenschaften nur dann auf die Nachkommen übertragen werden, wenn durch die Mutation mindestens zwei Zellschichten erfaßt worden sind.

Sproßpflanzen, svw. ↑ Kormophyten.

Sprossung, bei mehrzelligen Organismen svw. ↑ Knospung.

◆ bes. Zellteilungsvorgang v. a. bei Hefepilzen und bei der Exosporenbildung vieler Pilze. Bei der S. bildet sich vor der Kernteilung von der Mutterzelle aus ein Auswuchs, dann erfolgt die Einwanderung des Tochterkerns und die Abschnürung der Tochterzelle.

Sprotten [niederdt.] (Sprattus), Gatt. bis 20 cm langer, schwarmbildender Heringsfische mit sechs Arten, v. a. im S-Pazifik. Die einzige Art an den Küsten Europas und N-Afrikas ist der *Sprott* (*Sprotte*, Sprattus sprattus): wichtiger Speisefisch, v. a. als Fischkonserve; z. B. mariniert als Anschovis und geräuchert als *Kieler Sprotten*.

Spruchband, Motiv der Malerei des MA, z. B. bei der Verkündigung. Das z. T. ornamental verschlungene Schriftband ist urspr. der Anfang einer Buchrolle (in Miniaturen antiker Kodizes Gelehrten beigegeben, in frühchristl. Miniaturen den Propheten).

Spruchdichtung, 1. von K. Simrock in seiner Ausgabe der Werke Walthers von der Vogelweide (1833) eingeführte Bez. für mittelhochdt. [meist einstrophige] Lieder und Gedichte; behandelt werden v. a. religiöse und moral. Fragen, ebenso finden sich polit. Stellungnahmen, Kritik an kirchl. und weltl. Zuständen. S. wurde wie der Minnesang urspr. gesungen vorgetragen (**Sangspruch**). Bed. Spruchdichter: Walther von der Vogelweide, Reinmar von Zweter, Bruder Wernher, der Marner, Frauenlob. Der **Sprechspruch** mit seiner didakt., vielfach unmittelbar moralisierenden Tendenz wurde v. a. von Heinrich dem Teichner, H. Folz, H. Rosenplüt ausgeformt. - 2. Bez. für german. gnom. Dichtung, die in formelhafter Sprache und einfachen stab-, aber auch silbenreimenden Versen und Strophen Lebensweisheiten, Rätsel- und Zaubersprüche bietet.

Sprüche Jesu ↑ Logia Jesu.

Sprüche Salomos (in der Vulgata: Proverbia), Name des bibl. Buchs der Sprüche,

König Salomo zugeschrieben; wohl in nachexil. Zeit gesammelt; gehört zur literar. Gattung der Spruchweisheit.

Spruchkammern, laiengerichtartige Institutionen, die seit 1946 die Prüfungsverfahren im Rahmen der ↑Entnazifizierung durchführten.

Spruchkollegium, in den ev. Kirchen das Entscheidungsgremium in ↑Lehrzuchtverfahren.

Sprudel, an freiem Kohlendioxid reiches Mineralwasser.

Sprue [engl. spru:; niederl.-engl.] (Psilosis linguae, idiopathische Steatorrhö), Vitamin-B_2-Mangelkrankheit, fieberhafte Erkrankung mit Gewebsveränderungen im Bereich der Zunge und der Dünndarmschleimhaut, mit Durchfällen und Fettstühlen sowie mangelhafter Resorption von Lipiden, Glucose, Eiweiß, wasser- und fettlösl. Vitaminen. Als Folge der gestörten Absorption (Malabsorption) sind unterschiedl. Symptome wie Nachtblindheit, übermäßige Verhornung der Haut, anormale Körperempfindungen, Tetanie und Schleimhautblutungen sowie Megaloblastenanämie möglich.

Sprungbein (Talus, Astragalus), Fußwurzelknochen des Menschen und der Säugetiere.

Sprungfunktion (Stufenfunktion, Treppenfunktion), eine Funktion $s(x)$, die in jedem abgeschlossenen und beschränkten Intervall endlich viele Sprungstellen x_i besitzt und im Intervall $x_i < x < x_{i+1}$ konstant ist.

Sprunggelenk ↑Fuß.

Sprunggeräte, Sammelbez. für alle Turngeräte, die zu Auf-, Nieder- und Übersprüngen dienen: Bock, Pferd, Kasten. Absprunghilfen sind Sprung- oder Federbrett („Reutherbrett") sowie Minitramp[olin].

Sprunglatte, dreikantige Latte aus Holz oder Metall, die beim Hoch- und Stabhochsprung zu überqueren ist (Höchstgewicht 2 kg, Länge 3,64–4,00 m, Kantenhöhe 3 cm).

Sprunglauf (Skispringen) ↑Skisport.

Sprungschanze ↑Schanze.

Sprungschicht, Wasserschicht im Meer mit plötzl., sprunghafter Änderung der Temperatur oder/und des Salzgehalts und damit der Dichte; wirkt als Sperrschicht für vertikale Austauschvorgänge, daher u. a. wichtig für den Nährstoffhaushalt des Meeres.

◆ (Metalimnion) eine in den meisten tiefen Süßwasserseen der gemäßigten und subtrop. Zone während des Sommers auftretende, v. a. durch starkes Temperaturgefälle charakterisierte Wasserschicht zw. dem erwärmten Epilimnion und dem unteren, kühlen Hypolimnion.

◆ in der *Meteorologie* Bez. für eine Schicht der Atmosphäre, in der sich bestimmte Wetterelemente (z. B. Temperatur) sprunghaft ändern.

Sprungtemperatur (kritische Temperatur), eine für jeden Supraleiter charakterist. Temperatur, bei der der Übergang von normaler Elektrizitätsleitung (elektr. Widerstand von Null verschieden) zur Supraleitung (Widerstand Null) oder umgekehrt mehr oder weniger abrupt erfolgt. Die niedrigste S. unter den supraleitenden Elementen hat Wolfram (0,01 K), die höchste Technetium (11,2 K). Die höchsten vorkommenden, bei 15 bis 20 K liegenden S. haben bestimmte intermetallische Verbindungen.

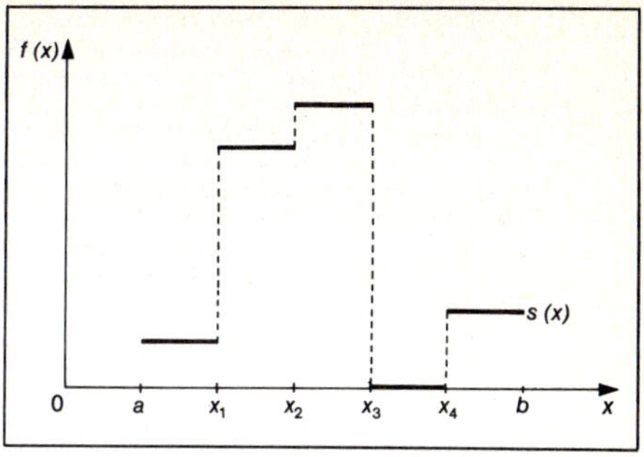

Sprungfunktion $s(x)$ mit Sprungstellen $x_1, \ldots, x_4$ im Intervall $[a, b]$

Sprungtuch, bei der Rettung von Personen benutztes, mit Gurtstreifen verstärktes Leinwandtuch, das, an Halteseilen von mehreren Helfern gehalten, zum Auffangen gefährdeter Personen dient, die aus oberen Stockwerken eines [z. B. brennenden] Hauses abspringen.

SPS, Abk. für: ↑**S**ozialdemokratische **P**artei der **S**chweiz.

Spühler, Willy, * Zürich 31. Jan. 1902, schweizer. sozialdemokrat. Politiker. - 1938 bis 55 Nationalrat, 1955–59 Ständerat; 1959–70 Bundesrat (bis 1965: Dep. für Post und Eisenbahnen bzw. für Verkehr und Energiewirtsch.; ab 1966 Polit. Dep.); 1963 und 1968 Bundespräsident.

Spuk [niederdt.], Sammelbez. für rational unerklärl. und darum unheiml. Erscheinungen (Gespenster, Klopfgeister, Bewegung von Gegenständen), die, soweit sie nicht auf Täuschung beruhen, Untersuchungsgegenstand der Parapsychologie sind.

Spule, röhrenförmiger Körper zum Aufwickeln von Garn, Draht u. a.

◆ elektr. Schaltungselement, das man durch Wicklung eines isolierten metall. Leiters kleinen Querschnitts, aber großer Länge auf einen meist zylindr. Körper *(S.körper)* erhält. Im Innern des S.körpers wird bei Stromdurchgang ein Magnetfeld erzeugt. Die S. kann zur Speicherung von magnet. Feldenergie dienen. In der Elektrotechnik werden S. zur Erzeugung magnet. Felder (Elektromagnet) und als Teil von Schwingkreisen verwendet. Jede S. besitzt neben dem ohmschen Widerstand (Wirk- oder Verlustwiderstand) des Leiters noch einen frequenzabhängigen Blindwiderstand.

Spuler, Bertold, * Karlsruhe 5. Dez. 1911, dt. Orientalist und Ostkirchenforscher. - 1942 Prof. in München, 1945 in Göttingen, seit 1948 in Hamburg; wichtige Werke über die Geschichte Irans und Z-Asiens („Die Goldene Horde", 1943); Hg. des „Handbuches der Orientalistik" (1952ff.).

Spülklosett ↑ Abort.

Spülmaschine ↑ Geschirrspülmaschine.

Spültrübe, beim Tiefbohren verwendete Flüssigkeit aus einer Suspension von Tonmineralen (z. B. Bentonit), Dichte etwa 1,2 g/cm³; dient zum Herausspülen des Bohrkleins, zur Kühlung des Bohrwerkzeugs und zur Abdichtung der Bohrlochwandung (durch Bildung einer Tonschicht an der Wandung).

Spulwürmer (Askariden, Ascarididae), Fam. der Fadenwürmer mit zahlr., bis maximal 40 cm langen, im Darm von Wirbeltieren (insbes. Säugetieren, einschl. Mensch) parasitierenden Arten; ♂♂ kleiner als ♀♀, am Hinterende ventral eingerollt; erwachsen im Dünndarm; Entwicklung ohne Zwischenwirt. Die sehr widerstandsfähigen Eier gelangen mit dem Kot ins Freie und werden mit verschmutzter Nahrung aufgenommen. Die Larven schlüpfen im Darm, sie benötigen jedoch für ihre weitere Entwicklung Sauerstoff. Die Larven durchbohren deshalb die Darmwand und gelangen mit dem Blutstrom in die Lungen, von dort in die Mundhöhle und werden verschluckt. Erst danach verbleiben die S. im Dünndarm und werden geschlechtsreif. - Bekannte Gatt. ist *Ascaris* mit dem etwa 25 (♂)–40 cm (♀) langen *Menschenspulwurm* (Ascaris lumbricoides); parasitiert im Dünndarm des Menschen. Im Dünndarm des Haushundes (gelegentl. auch beim Menschen) parasitiert der 5 (♂)–18 cm (♀) lange *Hundespulwurm* (Toxacara canis). Der *Pferdespulwurm* (Parascaris equorum) ist etwa 15 (♂) bis 35 cm (♀) lang.

Spumante [lat.-italien.], italien. Bez. für Schaumwein.

Spund [zu lat. expungere „ausstechen"], Holzpflock, Pfropfen, Stöpsel, der zum Verschließen eines Fasses in das *Spundloch* geschlagen wird.

Spundwand, wasserdichte Wand aus Profileisen oder Bohlen (Spundbohlen); u. a. zur Umschließung von Baugruben, zur Befestigung von Ufern, zur Einfassung von Brükkenpfeilern.

Spur ↑ Fährte.

◆ in der *Fahrzeugtechnik* svw. ↑ Spurweite.

◆ (Magnetspur) ↑ Tonbandgerät.

Spurenanalyse, Teilgebiet der chem. Analyse, bei dem geringste Mengen einer Substanz (unter 0,01 % bzw. 100 ppm) in größeren Mengen anderer Substanzen nachgewiesen und quantitativ bestimmt werden, wobei prakt. nur physikal. Nachweismethoden (z. B. Dünnschicht- und Gaschromatographie, Photometrie, Spektralanalyse) angewandt werden. Heute gelingt der Nachweis von Substanzmengen bis zu 10^{-12} ppm. Die S. spielt v. a. in der Biochemie, Lebensmittelüberwachung, forens. Chemie und im Umweltschutz eine große Rolle.

Spurenelemente (Mikronährstoffe), Bez. für eine Reihe von chem. Elementen, die für die menschl., tier. und pflanzl. Ernährung und den Stoffwechsel unentbehrl. sind, jedoch nur in sehr geringen Mengen benötigt werden. S. für Mensch und Tier sind: Eisen, Mangan, Kupfer, Kobalt, Zink, Fluor, Jod. Bei Pflanzen sind es Eisen, Mangan, Kupfer, Zink, Molybdän, Bor und Chlor. Die S. sind meist Bestandteile von Enzymen, Vitaminen und Hormonen. Ihr Fehlen (durch einseitige Ernährung bzw. Bodenmüdigkeit) ruft Mangelkrankheiten hervor.

Spurensicherung, Kunstrichtung der 70er Jahre, die verborgene Bezüge zur Vergangenheit aufdecken will. Ihre Vertreter (C. Boltanski, D. Bay, N. Lang u. a.) sammeln z. T. fiktive Zeichen und Spuren einer Vergangenheit und legen Dokumentationen mit Photographien, Zeichnungen, Inventaren, „Fundstükken", Schaukästen, Nachbildungen an.

Spurkranz, ringförmiger Wulst an der Innenkante der Lauffläche eines Rades bei Schienenfahrzeugen zur Führung des Fahrzeuges im Gleis.

Spurt [engl.], bei Rennen oder Läufen über eine längere Strecke eine plötzl. Steigerung der Geschwindigkeit innerhalb *(Zwischen-S.)* oder zum Ende des Rennens *(End-S.; Finish)*.

Spurweite (Spur), 1. bei Kfz.-Fahrwerken der Abstand der Reifenmitten zweier Räder derselben Achse; 2. bei Gleisanlagen der Abstand zw. den Innenkanten der Schienenköpfe (Nenn-S.). Etwa 70 % des Welteisenbahnnetzes haben die *Normal-* oder *Regelspur* (1 435 mm); bei kleineren S. spricht man von *Schmalspur* (z. B. 1 000 mm als sog. *Meterspur*, 1 067 mm als sog. *Kapspur*), bei größeren von *Breitspur* (z. B. 1 524 mm in der Sowjetunion, 1 668 mm in Spanien). - ↑ auch Eisenbahn (Gleisanlagen), ↑ auch Modelleisenbahn.

Sputnik [russ., eigtl. „Weggenosse"], Name des ersten künstl. Erdsatelliten; Start am 4. Okt. 1957 in der Sowjetunion. *S. 1* bestand aus einer kugelförmigen Gerätezelle (Durchmesser 0,58 m, Masse 83,6 kg) mit 4 Stabantennen für Ortungssignale von 1 W Leistung; Perigäumshöhe 228 km, Apogäumshöhe 947 km, Umlaufszeit 96,2 min, Lebensdauer 92 Tage. - Abb. Bd. 18, S. 96.

Sputum [lat.], svw. ↑ Auswurf.

Spychalski, Marian [poln. spɪ'xalski], * Łódź 6. Dez. 1906, † Warschau 7. Juni 1980, poln. Politiker. - Während der dt. Besetzung

Polens im 2. Weltkrieg zeitweilig Stabschef der „Volksarmee"; seit 1945 Mgl. des ZK und des Politbüros der Poln. Arbeiterpartei; 1949 mit W. Gomułka als „Rechtsabweichler" aus der Partei ausgeschlossen, 1950–56 ohne Verfahren inhaftiert, im Juni 1956 rehabilitiert, 1959 wieder in ZK und Politbüro (Mgl. bis 1970) berufen; 1956–68 Verteidigungsmin.; 1968–70 Vors. im Staatsrat (Staatspräs.).

Spyri, Johanna [ˈʃpiːri], geb. Heußer, * Hirzel bei Zürich 12. Juni 1827, † Zürich 7. Juli 1901, schweizer. Schriftstellerin. - Weltweit bekannt wurden ihre Erzählungen um „Heidi"; sie verbinden die gemütvolle Schilderung des einfachen Lebens in der „heilen Welt" der schweizer. Berge mit pädagog. Leitwerten, die sich an Frömmigkeit, Naturverbundenheit und Zivilationsfeindlichkeit orientieren.

sq, Abk. für: ↑Square ...

Squalen [lat.] (Spinacen), aliphat., sechsfach ungesättigtes, aus sechs Isoprenresten bestehendes Triterpen (↑Terpene); farblose, ölige, in vielen tier. und pflanzl. Ölen enthaltene Flüssigkeit. S. ist ein Zwischenprodukt bei der Biosynthese der cycl. Triterpene.

Squamae [lat.] ↑Schuppen.

Square ... [engl. skwɛə; lat.-engl.], Abk. sq, Vorsatz vor angelsächs. Längeneinheiten zur Bez. von Flächeneinheiten, z. B. beim *Square foot* (1 sq ft = 9,288 dm^2).

Square dance [engl. ˈskwɛə ˈdɑːns], eine der Hauptarten des nordamerikan. Volkstanzes, wahrscheinl. aus Country-dance und Quadrille entwickelt. Vier Paare stehen sich im Quadrat („square") gegenüber und führen nach Anweisungen eines Ansagers („caller") gemeinsam verschiedene Figuren aus. Begleitinstrumente sind meist Geige, Akkordeon, Gitarre und Banjo.

Squash [engl. skwɔʃ; zu lat. ex „heraus" und quassare „heftig schütteln"] (Squash Racket), Rückschlagspiel gegen eine Wand. Gespielt wird mit einer Art Tennisschläger, geschlagen wird ein hohler Weichgummiball (28,345 g schwer, 4 cm Durchmesser). Die Größe des von 4 Wänden umgebenen Spielfeldes beträgt 9,75 × 6,40 m. An der *Vorderwand* ist in 1,85 m Höhe die *Aufschlaglinie* markiert und bis zu einer Höhe von 48 cm über dem Boden ein Blechstreifen, der *Dämpfer*, angebracht, der vom Ball nicht berührt werden darf. Die Spielfeldmarkierungen an den *Seitenwänden* verlaufen von 4,55 m Höhe (Vorderwand) absteigend bis zu 2,15 m *(Rückwand)*. Beim Aufschlag muß der Ball aus dem *Aufschlagraum* an die Vorderwand über die Aufschlaglinie geschlagen werden; beim Rückprall darf er beliebig oft Seiten- und Rückwand berühren, jedoch nur einmal den Boden, bevor ihn der Gegner wieder gegen die Vorderwand schlägt. S. wird wie Tennis als Einzel, Doppel und gemischtes Doppel gespielt.

Squaw [engl. skwɔː; indian.], nordamerikan. Indianerfrau.

Squaw Valley [engl. ˈskwɔː ˈvælɪ], Tal in der Sierra Nevada, Kalifornien; 1960 fanden hier die Olymp. Winterspiele statt.

Squire [engl. ˈskwaɪə], in Großbrit. Kurzform von ↑Esquire.

sr, Einheitenzeichen für ↑Steradiant.

Sr, chem. Symbol für ↑Strontium.

Šrámek [tschech. ˈʃraːmɛk], Fráňa (František), * Sobotka 19. Jan. 1877, † Prag 1. Juli 1952, tschech. Schriftsteller. - Wegen antimilitarist. Einstellung mehrmals in östr. Gefängnissen. Schrieb impressionist. Gedichte, Erzählungen, Romane und Dramen, die durch anarch. Auflehnung gegen Konventionen und Obrigkeit, ungestümen Vitalismus, Sehnsucht nach Abenteuern gekennzeichnet sind; u. a. „Der silberne Wind" (R., 1910), „Der Mond über dem Fluß" (Schsp., 1922).

Š., Jan, * Grygov bei Olmütz 11. Aug. 1870, † Prag 22. April 1956, tschechoslowak. Politiker. - Mgl. des Präsidiums der Tschech. Volkspartei (seit 1919); deren Repräsentant in fast allen Kabinetten der ČSR; 1940–45 Premiermin. der Exilreg. in London; danach bis zum Februarumsturz 1948 stellv. Min.präsident.

Srbik, Heinrich Ritter von [ˈzɪrbɪk], * Wien 10. Nov. 1878, † Ehrwald (Tirol) 16. Febr. 1951, östr. Historiker. - Prof. in Graz und Wien; 1929/30 Unterrichtsmin., 1938–45 MdR; ohne Nationalsozialist zu sein, sah er sein nationalpolit. Ideal eines universalist. dt. Reiches nach 1938 verwirklicht. - *Werke:* Wallensteins Ende (1920), Metternich (1925–54), Dt. Einheit (1935–42), Geist und Geschichte vom dt. Humanismus bis zur Gegenwart (1950/51).

Sredna gora [bulgar. ˈsrɛdna gɔˈra] (Antibalkan), dem Balkan südl. vorgelagertes Mittelgebirge in Bulgarien, zw. dem Isker im W und der mittleren Tundscha im O, etwa 280 km lang, bis 1 604 m hoch (Bogdan).

Sremska Mitrovica [serbokroat. ˈmitrovitsa], jugoslaw. Stadt 90 km wnw. von Belgrad, Hauptort von Sirmien, 81 m ü. d. M., 32 000 E. Stadtmuseum (röm. Funde), Museum kirchl. Kunst (in der Stephanskirche [17. Jh.]), Lapidarium; Zellstoff- und Papierfabrik, Möbel-, Textil- und Nahrungsmittelind. - Liegt an der Stelle des antiken (urspr. kelt., ab 35 v. Chr. röm.) **Sirmium;** röm. Colonia seit dem 1. Jh. n. Chr.; Hauptstadt der Prov. Pannonia secunda und Kaiserresidenz in der späten Kaiserzeit; im 4. Jh. Bischofssitz und Münzstätte; verfiel nach der Eroberung durch die Awaren (582). - Reste der röm. Stadtanlage, 4 Nekropolen.

Sremski Karlovci [serbokroat. ˈkaːrlɔvtsi], jugoslaw. Ort an der Donau, 7 000 E. Sitz des serb.-orth. Bischofs für Sirmien, orth. Priesterseminar; Mittelpunkt eines Weinbaugebiets. - Wurde nach Befreiung von osman. Herrschaft Ende des 17. Jh. durch den Zuzug des Patriarchen von Peć Sitz eines Patriarchats (1713). - ↑auch Karlowitz, Friede von.

SRG, Abk. für: ↑Schweizerische **R**adio- und Fernsehgesellschaft.

Sri Aurobindo Ghosh ↑Aurobindo.

Sri Lanka

Republik im Ind. Ozean, zw. 5° 55′ und 9° 50′ n. Br. sowie 79° 42′ und 81° 52′ ö. L. **Staatsgebiet:** Umfaßt die Insel Ceylon (einschl. 22 vorgelagerter Inseln und Eilande) sowie die in der Palkstraße gelegene Insel Kachchativu. **Fläche:** 65 610 km². **Bevölkerung:** 15,6 Mill. E (1984), 237,9 E/km². **Hauptstadt:** Colombo. **Verwaltungsgliederung:** 24 Distrikte. **Amtssprache:** Singhalesisch, Tamil ist 2. Nationalsprache. **Nationalfeiertag:** 22. Mai. **Währung:** Sri-Lanka-Rupie (S.L.Re.) = 100 Sri-Lanka-Cents (S.L.Cts.). **Internationale Mitgliedschaften:** UN, Commonwealth, Colombo-Plan, GATT. **Zeitzone:** MEZ + 4½ Std.

Landesnatur: Dem ind. Subkontinent vorgelagert und von diesem durch die Palkstraße getrennt, erstreckt sich S. L. 435 km in N-S- und 225 km in W-O-Richtung. Die südl. Hälfte der Insel beherrscht das zentrale Hochland (im Pidurutalagala 2 524 m hoch), das allseits von Tiefländern und Küstenebenen umgeben wird. Die Ebenen, einschl. der Küstenebenen, sind zw. 20 und 170 km (im N) breit. Lagunenreiche Küsten charakterisieren den N, Strandseen die östl. und Nehrungen sowie Sanddünen die westl. Küstenbereiche.

Klima: S. L. hat innertrop. Äquatorialklima, gekennzeichnet durch monsunale Luftströmungen. Der SW der Insel ist immerfeucht mit zwei Niederschlagsmaxima im Mai und Okt. (durchschnittl. 2 500 mm Niederschlag). Im O fallen etwa 1 000–1 500 mm Niederschlag/Jahr. Am trockensten sind die Gebiete im äußersten NW und SO. Die Jahresmitteltemperatur liegt um 27 °C (nur geringe Schwankungen).

Vegetation: Immergrüner trop. Regenwald ist kennzeichnend für den SW. Bis in 2 100 m ü. d. M. kommen Baumfarne, über 2 500 m Rhododendronbüsche vor. In den übrigen Gebieten der Insel herrschen laubabwerfende Monsunwälder vor, im NW und SO sind auch Trockenwald und Dornsavannen verbreitet.

Bevölkerung: 1981 waren 74% der Bev. Singhalesen (Tiefland-Singhalesen: rd. 44%, Kandy-Singhalesen: 30%), 18,2 Tamilen (Ceylon-Tamilen: 12,6%, Ind. Tamilen: 5,6%), 7,1% Moors (die muslim. Nachfahren arab. Seeleute und Händler) u. a. Verbreitetste Religion ist der Buddhismus (69,3%), gefolgt vom Hinduismus (15,5%); daneben gibt es 7,6% Muslime, 7,5% Christen und 0,1% Anhänger von sonstigen Religionsgemeinschaften. Der größte Teil der überwiegend agrar. Bev. lebt im SW der Insel. 1981 lebten 21,5% der Gesamtbev. in Städten. Grundschulpflicht besteht vom 6. bis 14. Lebensjahr. Neben verschiedenen Hochschulen gibt es 10 Universitäten.

Wirtschaft: Grundlage der Wirtschaft bilden die heute verstaatlichten Plantagen, deren Hauptprodukte Tee, Naturkautschuk und Kokosnüsse 1983 48% der Exporteinnahmen erbrachten. S. L. ist nach Indien und China der drittgrößte Teeproduzent der Welt, in der Kautschukerzeugung steht es an 4. Stelle der Weltproduktion. Die landw. Produktion stagniert seit Jahren; auch das 1972 verabschiedete Landreformgesetz brachte nicht die erwartete Neuverteilung des Bodens. Zu den größten Ind.unternehmen des Landes zählen eine Erdölraffinerie, ein Stahlwerk und eine Reifenfabrik. Große Bed. besitzen noch das traditionelle Handwerk sowie der Fremdenverkehr.

Außenhandel: S. L. wichtigste Handelspartner sind die USA, Japan, Saudi-Arabien, Großbritannien, die BR Deutschland und Indien. Exportiert werden: Tee, Rohkautschuk, Kokosnußöl, Kokosnüsse, Gewürze (v. a. Zimt), Bekleidung und Schmucksteine. Importiert werden: Zucker, Weizenmehl, Reis, Textilwaren, Maschinen, Erdöl, Eisen, Stahl, Kunstdünger.

Verkehr: Nur das sw. S. L. ist durch Straßen gut erschlossen. Die Länge des Straßennetzes beträgt 25 466 km, die Streckenlänge der Eisenbahn 1 453 km (überwiegend Breitspur). Sie besitzt über die Adamsbrücke Fährverbindung mit dem südind. Schienennetz. Größte Häfen sind Colombo, Trincomalee und Galle. Internat. ✈ bei Colombo.

Geschichte: Die älteste Bev.schicht wird durch die Weddas repräsentiert; in vorgeschichtl. Zeit wanderten Angehörige einer vordrawid. Bev. aus S-Indien ein, um die Mitte des 1. Jt. v. Chr. eine Volksgruppe, deren Sprache zum indoar. Zweig der indogerman. Sprachfamilie gehört. Die belegbare Geschichte beginnt um 250 v. Chr. Nachdem König und Volk der Insel zum Buddhismus bekehrt worden waren, fiel etwa 200 v. Chr. die Insel in die Hände südind. Eroberer, wurde aber Mitte des 2. Jh. v. Chr. wieder befreit. Der Kampf der beiden Königshäuser der Morijas und der Lambakannas um die Herrschaft, die damit verbundene Anwerbung tamil. Söldner aus S-Indien und wiederholte südind. Eroberungsversuche zogen die singhales. Könige in die Auseinandersetzungen zw. den südind. Reichen der Pandjas, Tscholas und Tscheras hinein. Nachdem 993 Tschola Ceylon erobert hatte, wurde das singhales. Reich zwar im 11. Jh. wiederhergestellt, doch spaltete es sich bald wieder in mehrere Staaten auf. Das in der 2. Hälfte des 12. Jh. polit. geeinigte Ceylon zerfiel Mitte des 13. Jh. erneut in Teilreiche. An der W-Küste erlangten muslim. Gruppen polit. Einfluß, und im N bildete sich im 14. Jh. ein von den singhales. Königen unabhängiges tamil. Königreich. 1410 nahm eine chin. Expedition den singhales. König Wira Alakeschwara gefangen und brachte ihn nach China. Nachdem im 15. Jh. noch einmal die ganze Insel in einem Reich geeint worden war, zerfiel es in Teilstaaten. 1505 landete eine portugies. Expedition; die Portugiesen nahmen im Laufe des 16. Jh. die westl. Küstengebiete und den N in Besitz. 1656 wurde Portugal von den Niederlanden, 1796 von Großbrit. abgelöst. Das Innere der Insel blieb unabhängig. 1815 setzten die singhales. Adligen den König ab und unterstellten sein Reich in der „Konvention von Kandy" der brit. Krone. Unpopuläre Verwaltungsmaßnahmen führten 1817/18 zu einem Aufstand, nach dessen Niederschlagung die Kolonialverwaltung einen großen Teil der Bestimmungen der Konvention für ungültig erklärte. Seit 1870 verband sich das National- und Geschichtsbewußtsein der Singhalesen mit der Wiederbesinnung auf die Werte der buddhist. Religion in der buddhist. Erneuerungsbewegung. Eine polit. Unabhängigkeitsbewegung entfaltete sich erst nach den Unruhen von 1915. Obwohl Ggs. zw. der singhales. Bev.mehrheit und der tamil. Minderheit dem Unabhängigkeitsstreben im Wege standen, mußte Großbrit. nach und nach Zugeständnisse machen.

Am 4. Febr. 1948 wurde Ceylon die volle Unabhängigkeit zugestanden. Die konservative United National Party (UNP) stellte den Min.präs. bis 1956 (1947–52 D. S. Senanajake, 1952/53 D. Denanajake, 1953–56 Sir J. Kotelawela). 1956 wurde sie von der Sri Lanka Freedom Party (SLFP) unter S. Bandaranaike abgelöst, die im Zusammenwirken des singhales.-buddhist. Nationalismus mit sozialist. Ideen einen tiefgreifenden kulturellen und wirtsch. Wandel in Gang setzte.

Im Sept. 1959 wurde Premiermin. Solomon Bandaranaike ermordet. Ihm folgte seine Witwe Sirimawo Bandaranaike im Amt (1960–65); sie verärgerte mit ihrer rigorosen Sprachenpolitik die Tamilen, mit ihrer Erziehungspolitik die Christen. 1965–70 stellte die konservative United National Party (UNP) unter D. S. Senanajake die Reg. 1970 errang Frau Bandaranaike mit einer Linkskoalition 90 von 151 Sitzen. Der Umsturzversuch der mit dem Sozialisierungstempo unzufriedenen Volksbefreiungsfront im April 1971 wurde mit ausländ. Waffenhilfe niedergeschlagen und der Ausnahmezustand verhängt, doch gab der Aufstand Anstoß zu einem teils buddhistisch, teils marxistisch inspirierten Sozialisierungsprogramm, das zur Staatskontrolle über ökonom. Schlüsselbereiche und 1975 zur Verstaatlichung der letzten 396 Plantagen führte. Im Mai 1972 gab sich das Land, das zuvor *Ceylon* hieß, eine neue Verfassung und als Republik (zuvor parlamentar. Monarchie) den Namen S. L. Verschärfte Notstandsmaßnahmen (Pressezensur, Versammlungsverbot) der Reg. verhalfen der UNP unter J. R. Jayawardene im Juli 1977 zum überwältigenden Wahlsieg (140 von 168 Sitzen). Repressive Gesetze wurden aufgehoben, die Rückkehr zur freien Marktwirtschaft beschleunigt. Lange bestehende Spannungen zw. Singhalesen und der Tamilen-Minderheit entluden sich kurz nach den Wahlen 1977; der Versuch, die Tamilen durch konstitutionelle Zugeständnisse zu beruhigen, hatte zunächst eine entspannende Wirkung. Doch blieb das Problem der sezessionist. tamil. Minderheit weiterhin ungelöst. Die verfassungsändernde Einführung des Präsidialsystems 1977 (Jayawardene wurde am 4. Febr. 1978 Präs.) und die in der neuen liberalen Verfassung verankerte Einführung des Verhältniswahlsystems festigten Jayawardenes Position. Als Mitte Juli 1980 trotz Verbots der Reg. ein Generalstreik ausgerufen wurde, kam es auf Grund einer im Okt. 1979 verabschiedeten gewerkschaftsfeindl. Arbeitsgesetzgebung zu Massenentlassungen durch Reg. und private Arbeitgeber und daraufhin zu Gewaltaktionen durch die Streikenden. Blutige Unruhen zw. Singhalesen und Tamilen veranlaßten den Präs. wiederholt zur Verhängung des Ausnahmezustandes. Nach seiner Wiederwahl (Okt. 1982) ließ Präs. Jayawardene im Dez. eine Volksabstimmung abhalten, in der sich die Bev. mehrheitlich für eine Verlängerung der Legislaturperiode des Parlaments bis 1989 ohne allgemeine Wahlen aussprach. Die von der indischen Regierung in die Wege geleiteten Friedensgespräche zw. Regierung und Tamilen scheiterten im Mai 1986. Fortdauernde blutige Unruhen führten zu massiven militär. Aktionen der Regierungstruppen.

Politisches System: Nach der Verfassung vom 7. Sept. 1978 ist S. L. eine Republik mit präsidialem Reg.system. *Staatsoberhaupt* und oberster Inhaber der *Exekutive* ist der Präsident. Er wird vom Volk für 6 Jahre direkt gewählt (Wiederwahl ist mögl.). Er hat u. a. das Recht, jedes Ressort im Kabinett zu übernehmen, er ernennt und entläßt den Premiermin. und die übrigen Min., er kann das Parlament entlassen und jedes Gesetz oder jegl. Angelegenheit von nat. Interesse, die vom Parlament abgelehnt worden ist, einer Volksabstimmung unterbreiten. Die *Legislative* liegt beim Einkammerparlament, der Nationalversammlung (z. Z. 168 vom Volk für 6 Jahre gewählte Mgl.). Zu den wichtigsten *Parteien* in S. L. gehören (Mandatszahlen nach der Wahl von 1982) die jetzige Reg.partei, die 1946 gegr. liberalkonservative United National Party (UNP; 142 Mandate); die Tamil United Liberation Front (TULF; 16), ein Zusammenschluß zweier Tamilenparteien, die einen unabhängigen Tamilenstaat anstreben; die langjährige frühere Reg.partei, die

1951 gegr. sozialist. Sri Lanka Freedom Party (SLFP; 8), der 1940 gegr. Ceylon Workers' Congress (CWC; 1); die 1977 gegr. United Left Front (ULF), ein Zusammenschluß zweier Linksparteien, und die 1943 gegr. Communist Party. Die *Gewerkschaften* mit insgesamt rd. 2 Mill. Mgl. sind in 11 Verbänden organisiert, die den polit. Parteien nahestehen oder Parteiorganisationen sind. Der *Verwaltungs*aufbau ist zentralist.; S. L. ist in 22 Distrikte gegliedert, an deren Spitze ein von der Reg. ernannter Gouverneur steht. Die *Recht*sprechung ist durch das Nebeneinander verschiedener, histor. bzw. religiös-ethn. bedingter Rechtssysteme gekennzeichnet. Das Straf-, Handels-, Vertrags- und Eigentumsrecht ist jedoch für ganz S. L. einheitl. am engl. Recht

Sri Lanka. Wirtschaftskarte

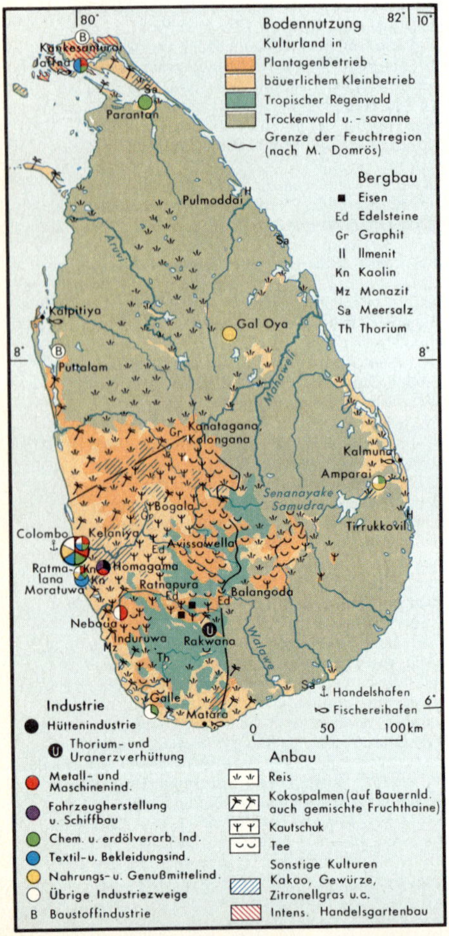

orientiert. Die *Streitkräfte* sind 21 560 Mann stark (Heer 16 000, Marine 2 960, Luftwaffe 2 600). Daneben gibt es paramilitär. Kräfte von 19 000 Mann Stärke.

Fernando, T.: S. L. An island republic. Epping (N. H.). 1985. - De Silva, K. M.: A history of S. L. Berkeley (Calif.) 1981. - Domrös, M.: S. L. Darmst. 1976.

Srinagar, Hauptstadt des ind. Bundesstaates Jammu and Kashmir, am Jhelum, 1 893 m ü. d. M., 588 300 E. Univ. (gegr. 1969), biolog. und pharmazeut. Forschung; Museum. Wirtschafts- und Handelszentrum mit berühmtem Handwerk: Seiden-, Silber-, Kupfer-, Papier-, Leder-, Woll- und Holzarbeiten sowie Teppichknüpferei. - S. wurde im 6. Jh. als Hauptstadt von Kaschmir gegründet. - Maler. Stadtbild mit Moscheen, buddhist. und hinduist. Tempeln und Klöstern; Basare. Holzhäuser mit reich geschnitzten Lauben und Terrassen, Hausboote auf dem vielfältig verzweigten Jhelum.

Sriwijaya [indones. sriwi'dʒaja], indones. Reich, ↑Indonesien (Geschichte).

SRP, Abk. für: ↑Sozialistische **R**eichs**p**artei.

SS, Abk. für: ↑Schutzstaffel.

SSD, Abk. für: ↑**S**taats**s**icherheits**d**ienst (DDR).

ssp., Abk. für lat.: **Subsp**ecies (svw. ↑Unterart).

SSR, Abk. für: **S**ozialistische **S**owjet**r**epublik.

SSSR, Abk. für russ.: **S**ojus **S**owetskich **S**ozialistitscheskich **R**espublik (↑Sowjetunion).

Ssu-ma Ch'ien (Sima Qian) [chin. simatɕjæn] (Se-ma Tsien), * 145, † um 86, chin. Hofastrologe und Geschichtsschreiber. – Setzte mit seinem Werk „shih-chi" („Geschichtl. Aufzeichnungen") den Maßstab in der fast 2000 Jahre in Staatsregie betriebenen Geschichtsschreibung Chinas; ähnl. diesem Werk wurden fast alle offiziellen Dyn.geschichten kompiliert.

SSW, Abk. für: ↑**S**üd**s**chleswigscher **W**ählerverband.

Staat [zu lat. status „das Stehen, Stellung, Zustand; Stand"], zusammenfassende Bez. für die Institutionen, deren Zusammenwirken das dauerhafte und geordnete Zusammenleben eines S.volks auf einem abgegrenzten S.gebiet gewährleisten soll und durch die ihnen zur Verfügung stehenden Mittel hoheitlicher Gewalt auch bewirken kann. - Dabei wird unter **Staatsvolk** meist die Gesamtheit der durch die Herrschaftsordnung vereinigten Menschen verstanden, deren Rechtsstellung innerhalb des S. entweder auf Ungleichheit *(Feudal-, Stände-, Klassen-S.)* oder auf Gleichheit *(Volks-S.)* beruht; angesichts der großen Anzahl ausländ. Arbeitnehmer, die rechtl. den Einheimischen fast gleichgestellt sind, sprachl. und kulturell jedoch mit der

Mehrheit der Bev. nicht übereinstimmen und in bestimmten Fällen auch aus dem Lande ausgewiesen werden können, wird jedoch die Definition des Begriff S.volk immer schwieriger; die allgemeinsprachl. Gleichsetzung von S.volk und Nation trifft höchstens auf *Nationalstaaten*, nicht jedoch auf *Nationalitätenstaaten* sowie auf die Fälle zu, in denen ein ehem. in einem einzigen Staat lebendes Volk auf getrennte S.gebiete aufgeteilt wurde (z. B. Deutschland, Korea). - Als **Staatsgebiet** gilt der Raum, auf den sich die Gebietshoheit erstreckt (Erdoberfläche innerhalb der S.grenze einschließl. sich darunter befindl. Bodenschätze, der Gewässer und angrenzender Meeresgebiete [↑ Küstenmeer] und dem Luftraum über diesen Bereichen). - Die *S.gewalt* geht nach den Verfassungen der meisten modernen S. vom Volk aus, wird jedoch fakt. von den S.organen wahrgenommen. **Staatsorgane** sind alle Personen, Körperschaften und Behörden, die an der Ausübung der S.gewalt teilhaben und dabei im Namen und in Vollmacht des S. kraft eigener Zuständigkeit handeln. Ihre Entschließungen, Entscheidungen und Handlungen gelten als **Staatsakte.** Man unterscheidet **oberste Staatsorgane** (ihre Tätigkeit ist weder einer Weisungs- noch einer Aufsichtsgewalt unterworfen: Staatsoberhaupt, Regierung, Parlament, oberste Gerichte, häufig auch der Rechnungshof) und **nachgeordnete Staatsorgane** (den Zentralbehörden angegliederte Oberbehörden sowie mittlere und untere Dienststellen). Eine andere Einteilung unterscheidet **Kreationsorgane,** die andere Organe schaffen (z. B. das Volk, das das Parlament oder das S.oberhaupt wählt), **Willensorgane,** durch deren Beschlüsse der S.wille geformt wird (z. B. das Parlament) und **Vollzugsorgane,** die den S.willen ausführen (Regierung, Verwaltung, Gerichte). - Die äußere Souveränität der S., die auf Grund von Militärbündnissen oder anderen Formen übernat. Zusammenschlüsse eingeschränkt oder an internat. Organe abgetreten ist, wird nicht mehr als konstitutiv für einen S. angesehen.

Staatsformen: Herrschaftsordnungen werden etwa seit Beginn der Neuzeit als S. bezeichnet; frühere Bez. waren griech. politeía, lat. Civitas oder Res publica. Im MA waren die öffentl. Aufgaben auf verschiedenste, mit je eigenen Rechten ausgestattete Amtsträger verteilt. Da Person und von ihr ausgeübte öffentl. Herrschaft sowie privates und öffentl. Recht noch nicht getrennt waren, wurden die Stellung in der Hierarchie und die Ämter einer Person als rechtl. garantiertes und ihr zustehendes Eigentum angesehen. Diese ma. Form wird **Personenverbandsstaat** im Ggs. zum modernen **Flächenstaat** genannt. - Im Ggs. zu der auf Platon und Aristoteles zurückgehenden griech. Diskussion um die beste S.form, die die Formen Monarchie, Aristokratie und Demokratie kannte, unterscheidet die allg. S.lehre heute die Idealtypen **Monarchie** (staatl. Willensbildung erfolgt durch eine Person) und **Republik** (staatl. Willensbildung erfolgt durch rechtl. normierte Willensaktionen mehrerer Personen). - Nach der Ausübung staatl. Hoheitsgewalt oder nach der Führungsgruppe unterscheidet man folgende **Regierungsformen** eines S.: **Absolutismus** (völlige Konzentration der S.gewalt in der Hand des S.oberhaupts), **Feudalismus** (Einschränkung dieser Macht durch Einfluß oder Mitwirkungsrechte des Grundadels), **Ständestaat** (Einschränkung dieser Macht durch Mitentscheidungsrechte der Stände), **Parlamentarismus** (durch Wahlen hervorgegangene repräsentative Vertretung des S.volks oder bestimmter Klassen oder Schichten hat Anteil an der S.gewalt), **Präsidialsystem** (ein vom S.volk gewählter *S.präsident* übt die Reg.gewalt aus). Die modernen westl. Demokratien kennen parlamentar. und präsidiale Verfassungen sowie verschiedene Mischformen; ihnen gemeinsam ist die Einbeziehung von Parteien bei der Repräsentation (sog. **Parteienstaat**). Parteien-S. können danach unterschieden werden, ob mehrere Parteien mit wechselnden Koalitionen um die Macht eifern (**Mehrparteienstaat**) oder ob es zwei Parteien sind, von denen jeweils eine Reg.- und die andere Oppositionspartei ist (**Zweiparteienstaat**). In Diktaturen wird häufig nur eine einzige Partei zugelassen (**Einparteienstaat**), bzw. andere Parteien stehen unter der Hegemonie der führenden Partei. In kapitalist. S. bilden die Inhaber des Finanz- und Ind.kapitals bzw. deren Manager oder Verbände, die teilweise direkt in den Parlamenten und Reg. vertreten sind, teilweise über die Lobby ihren Einfluß geltend machen, denen auf der Arbeitnehmerseite die Gewerkschaften mit gleichen Einflußmöglichkeiten gegenüberstehen, neue Einflußgruppen (**Verbändestaat**). Weiterhin werden **zentral verwaltete Staaten** (alle Entscheidungen werden von den obersten S.organen in der Hauptstadt getroffen, wie z. B. in Frankr.) und **föderative Staaten** unterschieden: Nur bestimmte Aufgaben (z. B. Außen- und Sicherheitspolitik) werden von der Reg. des **Gesamtstaates** wahrgenommen, während andere Aufgaben von der Reg. der **Gliedstaaten** (Länder) selbständig oder zugewiesen erfüllt und von Landesparlamenten kontrolliert werden. - Die Forderung des Liberalismus nach Ausbau einer kommunalen Selbstverwaltung und, als Reaktion auf den Polizeistaat der Ära Metternich, nach einer geschriebenen *S.verfassung* hat in der 1. Hälfte des 19. Jh. den Begriff des **Rechtsstaats** geprägt, der mit dem der Gewaltentrennung zw. gesetzgebender, vollziehender und rechtsprechender Gewalt eng verbunden ist. Nimmt das Gewicht der rechtsprechenden Gewalt (durch Revidierung von Gesetzen oder durch Setzung von

Rechtsnormen durch die Rechtsprechung auf Gebieten, auf denen der Gesetzgeber nicht tätig war) zu, spricht man vom **Justizstaat.** Dem liberalen **Nachtwächterstaat** (der S. hat ledigl. Person und Eigentum zu schützen) stehen der **Interventionsstaat** (alle Bereiche gesellschaftl. Lebens und Handelns stehen staatl. Eingriffen offen), der **Sozialstaat** (staatl. Eingriffe sind mit dem Ziel der Herstellung sozialer Gerechtigkeit erlaubt) und der **Wohlfahrtsstaat** (der S. hat für Vorsorge und Schutz des Bürgers in allen Lebensbereichen zu sorgen) gegenüber.

Als **Staatswissenschaften,** also wiss. Disziplinen, die sich mit dem Wesen, der Entstehung, Veränderung und dem Untergang von Staats- und Reg.formen befassen, gelten: 1. die **allg. Staatslehre,** die als typologisierende und erklärende Wiss. von den Erscheinungsformen staatl. Gebilde Methoden und Erkenntnisse aus den Gebieten der Philosophie, Soziologie, Nationalökonomie, Rechtswiss. und Geschichte vereinigt; 2. die **Staatsphilosophie,** die sich mit Problemen der in Herrschaftsverbänden mit öffentl. Gewalt verfaßten Gesellschaften entweder zur Rechtfertigung oder zur Erarbeitung alternativer S.formen (**Utopien**) beschäftigt; 3. die Politologie (↑Politik); 4. die **rechtswiss. Staatslehre,** die v.a. verfassungsrechtl. Normen analysiert; 5. die **Staatssoziologie,** die v.a. Verfassungsnormen und -wirklichkeit vergleicht, indem sie Funktionen des Staates als Ordnungsmacht, Herrschaftsorganisation und gesellschaftl.-polit. Integrationsform überprüft.

Staatstheorien: Über Wesen, Wert, Zweck, Funktion von S. und ihren Organisationsformen sind die verschiedensten Theorien aufgestellt worden. Bekannt sind u.a. Platons Entwurf eines „Idealstaates", die *Staatsformenlehre* von Aristoteles, der die Formen Monarchie, Aristokratie und Demokratie miteinander verglich und bewertete und die polit. Philosophie des MA beeinflußte, in der das Gemeinwesen als ein in den Kosmos der göttl. Schöpfung eingebettetes, hierarch. geordnetes Gebilde dargestellt wird, das vom Haushalt über die Stände in Stufen bis zur Civitas, der höchsten Form menschl. Zusammenlebens, hinaufreiche. In der neuzeitl. Naturrechtslehre erscheint der S. als eine von den Menschen durch Abschluß eines Gesellschaftsvertrages selbst geschaffene künstl. Organisation, deren Hauptzweck die Regelung des Zusammenlebens und Überlebens ist, wobei der Herrscher den Bürgern Sicherheit, Ordnung und bestimmte Rechte garantiere, während die Bürger ihm dafür Gehorsam schuldeten. Gegen den Mißbrauch der S.gewalt durch den Herrscher forderte J. Locke den Widerstand der Bürger; um eine Machtkonzentration zu verhindern, sollten die Gewalten auf Exekutive und Legislative aufgeteilt werden. Dem Einfluß Lockes auf die Demokratisierung Englands vergleichbar ist der Einfluß, den J.-J. Rousseaus Hauptwerk „Du contrat social ..." auf die Frz. Revolution hatte. Grundlegend für das dt. S.denken im 19. und 20. Jh. waren v.a. die Gedanken von Hegel, der den S. als die „Wirklichkeit der sittl. Idee" begriff, von Kant, der ihn als eine „Vereinigung einer Menge von Menschen unter Rechtsgesetzen" definierte, und G. Jellineks dualist. S.lehre, in der ein jurist. und ein soziolog. Aspekt des S. herausgearbeitet wurde, wobei der jurist. das eigentl. Wesen des S. ausmachen sollte. - Solchen „Rechtfertigungslehren" wurde von Marx entgegengehalten, S. und Recht seien ledigl. Ausdrucksformen der Herrschaft der bürgerl. Gesellschaft, sie dienten der Regelung der widersprüchl. Einzelinteressen ihrer Mgl. wie ihrem gemeinsamen Interesse an der Funktion des S., die bestehenden Eigentumsverhältnisse zu schützen. Mit der Abschaffung der kapitalist. Produktionsweise werde der S. nach Marx seine Funktionen nach und nach verlieren und absterben. Lenin hielt jedoch dieses Absterben für einen lang andauernden Prozeß; diese Auffassung wird durch die Tatsache bestärkt, daß sich die Sowjetunion auch heute als S. versteht, dessen Stärke zunimmt, obwohl das Privateigentum an Produktionsmitteln längst aufgehoben ist. - Ebenfalls gegen den neukantian. Rechtspositivismus, wenn auch aus einer ganz anderen Position, argumentierten die *nat.soz.* S.auffassungen, die teils die „rass.-völk." Einheit des S.volks, teils die oberste Entscheidungsbefugnis des „Führers" betonten.

Die *gegenwärtige Diskussion* über den S. und seine Funktionen wird zum einen von der „wirklichkeitswiss." Methode H. Hellers, der im S. einen „gesellschaftl. Leistungszusammenhang" und in der S.gewalt eine „organisierte Wirkungseinheit" sieht, geprägt; zum anderen hat auf die moderne Politikwiss. die angelsächs. *Government-Lehre* (C. J. Friedrich u.a.) einen starken Einfluß genommen, die den immer noch obrigkeitsstaatl. gefärbten Begriff des S. durch den des „government" ersetzt, der besser geeignet sein soll, den demokrat. Inhalt moderner westl. Gemeinwesen zum Ausdruck zu bringen. Die Tendenz dieser Lehre ist die Identifizierung von S. und pluralist. strukturierter Gesellschaft (S. als Gesamtheit seiner Bürger). Vor diesem Hintergrund wird u.a. in der Politikwiss. der BR Deutschland über Möglichkeit und Grenzen der Legitimation des bürgerl. S. diskutiert, deren der S. auch angesichts der Sachzwänge der modernen Ind.gesellschaft (z.B. Energieversorgung) zunehmend bedarf.

🕮 *Zippelius, R.: Allg. Staatslehre. Mchn. [9]1985. - Lenk, K.: Staatsgewalt u. Gesellschaftstheorie. Mchn. 1980. - Cassirer, E.: Der Mythus des Staates. Mchn. 1978. - Scheuner, M.: Staatstheorie u. Staatsrecht. Bln. 1978. - Sim-*

son, W. v.: Der S. u. die Staatengemeinschaft. Baden-Baden 1978. - Bürgerl. S. u. polit. Legitimation. Mit Beiträgen v. R. Ebbighausen u. a. Ffm. 1977. - Böckenförde, E.-W.: S., Gesellschaft, Freiheit. Ffm. 1976. - Skalweit, S.: Der „moderne S.". Opladen 1975. - Rechtsstaatlichkeit u. Sozialstaatlichkeit. Hg. v. E. Forsthoff. Darmst. 1968. - Die Entstehung des modernen souveränen Staates. Hg. v. H. H. Hofmann. Köln u. Bln. 1967. - Jellinek, G.: Allg. Staatslehre. Bad Homburg v. d. H. Neuaufl. 1966. - Eschenburg, T.: S. u. Gesellschaft in Deutschland. Mchn. [9]1965.

staatenbildende Insekten, svw. ↑soziale Insekten.

Staatenbund, svw. ↑Konföderation.

Staatenflandern (niederl. Staatsvlaanderen) ↑Seeland (Geschichte).

Staatenlose ↑Staatsangehörigkeit.

Staatensukzession, die Nachfolge eines Staates in die Rechte und Pflichten eines anderen Staates, als Folge des Wechsels der Identität und der Druchbrechung der ↑Kontinuität eines Staates (z. B. Aufteilung eines Staates in mehrere Staaten, Annexion). Die BR Deutschland steht nach amtl. Auffassung in Kontinuität und Identität zum Dt. Reich; fakt. hat sie dessen S. angetreten (z. B. dadurch, daß sie Staatsschulden des Dt. Reiches als für sich verbindlich anerkannt hat).

Staatsakt, 1. rechtswirksame Handlung eines Staatsorgans (↑Staat); 2. feierl. Veranstaltung, die aus bes. Anlässen vom Staat vorgenommen wird.

Staatsangehörigkeit, Rechtsverhältnis einer natürl. Person zu einem Staat, aus dem Rechte (Anspruch auf Schutz im Ausland, Wahlrecht) und Pflichten (Wehrpflicht, Steuerpflicht) folgen. Für den Erwerb der S. gilt grundsätzl. entweder das Abstammungsprinzip (jus sanguinis „Recht des Blutes") - so im dt. Recht - oder das Territorialitätsprinzip (jus soli „Recht des Bodens"). Durch wi-

Staatsformen (schematisch).
1 absolute Monarchie, 2 Ständestaat,
3 Präsidialsystem,
4 parlamentarisches System,
5 föderativer Staat

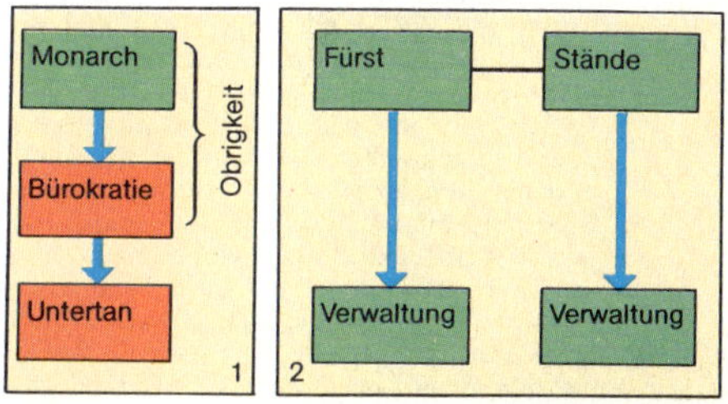

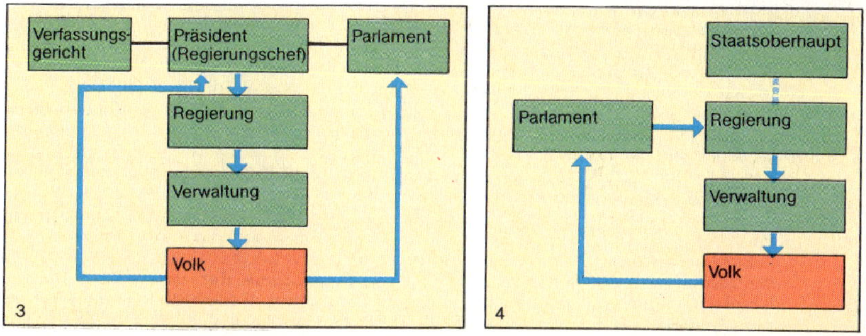

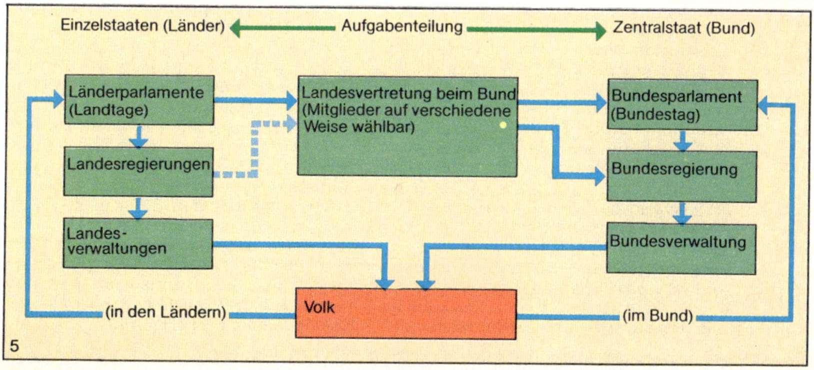

dersprechende Regelungen in den jeweiligen nationalen Gesetzen kann es zu einer Doppel-S. kommen, wenn jemand die Voraussetzungen für die Staatsangehörigkeit in mehreren Staaten erfüllt. Personen, die die Voraussetzungen für die S. in keinem Staat erfüllen, sind **Staatenlose,** die dem Ausländerrecht des Staates unterliegen, in dem sie sich aufhalten. In der BR Deutschland ist das Recht der S. im Reichs- und StaatsangehörigkeitsG geregelt. Danach wird die dt. S. erworben durch Geburt, Legitimation, Annahme als Kind oder durch Einbürgerung. Der Verlust der dt. S. tritt ein durch Entlassung auf Antrag, Verzicht, Erwerb einer ausländ. S. oder Annahme als Kind durch einen Ausländer. Nach Art. 16 Abs. 1 GG darf die dt. S. und damit das Recht auf Heimat nicht entzogen werden, d. h. darf eine Ausbürgerung nicht erfolgen; gegen den Willen des Betroffenen darf der Verlust der deutschen S. nur eintreten, wenn dieser dadurch nicht staatenlos wird. Seit 1934 gibt es eine unabgeleitete dt. S. (vorher leitete sich die Reichs-S. aus der Landes-S. ab), die nach der in der BR Deutschland vertretenen Auffassung trotz des ↑Grundvertrages von 1972 und des Staatsbürgerschaftsgesetzes der DDR von 1967 auch heute noch einheitl. für die BR Deutschland und die DDR gilt.
In *Österreich* besteht nach § 1 Staatsbürgerschaftsgesetz, der Verfassungsrang hat, eine einheitl. Staatsbürgerschaft. Erwerb (Abstammungsprinzip) und Verlust der S. sind ähnl. dem dt. Recht geregelt. Die Gemeinden führen ein Verzeichnis der Staatsbürger *(Staatsbürgerschaftsevidenz).* - In der *Schweiz* gilt gleichfalls das Abstammungsprinzip; die S. setzt sich aus dem ↑Schweizer Bürgerrecht, dem ↑Kantonsbürgerrecht und dem ↑Gemeindebürgerrecht zusammen.
📖 *Hecker, H.: Die S.regelungen in Europa. Ffm. 1974.*

Staatsanleihen, Anleihen des Bundes, der Länder und der Sondervermögen des Bundes (Dt. Bundesbahn und Dt. Bundespost). S. sind ohne Prospekt bei jeder Börse zum amtl. Handel zugelassen.

Staatsanwalt ↑Staatsanwaltschaft.

Staatsanwaltschaft, den Gerichten gleichgeordnetes Rechtspflegeorgan bei den ordentl. Gerichten. Als Strafverfolgungsbehörde obliegt der S. die Leitung des ↑Ermittlungsverfahrens, Erhebung und Vertretung der Anklage sowie die Strafvollstreckung. In Ordnungswidrigkeiten sowie in bestimmten Zivilsachen (z. B. Todeserklärungen) hat sie ein Mitwirkungsrecht. Die S. hat das Gericht bei der Wahrheit und Rechtsfindung zu unterstützen. Sie ist eine hierarch. aufgebaute Justizbehörde (Verwaltungsbehörde) und als solche weisungsgebunden. Das Amt der S. wird durch **Staatsanwälte** wahrgenommen; beim BGH durch den Generalbundesanwalt und Bundesanwälte, bei den Oberlandesgerichten durch den Generalstaatsanwalt und Staatsanwälte, bei den Landgerichten durch den Leitenden Oberstaatsanwalt und Staatsanwälte und bei den Amtsgerichten durch Staatsanwälte oder ↑Amtsanwälte. Der einzelne Staatsanwalt handelt stets in Vertretung oder im Auftrag des Behördenleiters (Vorgesetzten) und ist an dessen Weisungen gebunden. Das Weisungsrecht findet jedoch insbes. seine Grenze im ↑Legalitätsprinzip; es kann i. d. R. nur in Ermessensfragen und zweifelhaften Rechtsfragen ausgeübt werden.
In *Österreich* gilt eine entsprechende organisator. und funktionelle Regelung. Den Gerichtshöfen erster Instanz ist ein Staatsanwalt, den Gerichtshöfen zweiter Instanz ein Oberstaatsanwalt und dem Obersten Gerichtshof ein **Generalprokurator** (unmittelbar dem B.-Min. der Justiz unterstellt) mit der erforderl. Anzahl von stellvertretungsbefugten Beamten (Generalanwälte) zugeordnet. In der *Schweiz* sind Aufgaben und Befugnisse der S. kantonal verschieden geregelt. Die Bundesanwaltschaft führt die Ermittlung bei Delikten, die von Bundes wegen verfolgt werden und vertritt die Anklage vor den Bundesstrafgerichten.

Staatsaufsicht, die Aufsicht von Bund oder Ländern über nichtstaatl., aber rechtsfähige öffentl. Verwaltungseinheiten, wie insbes. Körperschaften, Anstalten und Stiftungen des öffentl. Rechts, sowie über gesetzl. bestimmte Unternehmen von öffentl. Bedeutung (z. B. Banken-, Versicherungsaufsicht). Die S. beschränkt sich gegenüber Verwaltungseinheiten mit dem Recht der Selbstverwaltung (insbes. Gemeinden und Gemeindeverbände) im allg. auf die Rechtsaufsicht. Nur soweit staatl. Auftragsangelegenheiten wahrgenommmen werden, schließt die S. die Fachaufsicht ein.

Staatsausgaben, svw. öffentl. Ausgaben (↑Haushalt).

Staatsbank der Deutschen Demokratischen Republik, Zentralbank der DDR mit Münz- und Notenmonopol, Sitz Berlin (Ost); gegr. am 1. Dez. 1967 als Nachfolgerin der 1948 geschaffenen *Dt. Notenbank*, die ab 1951 die gleiche Funktion ausgeübt hatte.

Staatsbanken, öffentl.-rechtl. Kreditinstitute mit eigener Rechtspersönlichkeit und eigenem Vermögen; sie sind im allg. mit Sonderrechten ausgestattet. Heute sind S. i. d. R. als Universalbanken tätig und werden nach kaufmänn. Grundsätzen geleitet.

Staatsbankrott, Zahlungseinstellung des Staates bei Zahlungsunfähigkeit entweder als offene Weigerung des Staates, seine Zahlungsverpflichtungen zu erfüllen *(offener S.)*, oder (als *verschleierter S.)* verbunden mit dem Versuch, durch Veränderung der Kreditbedingungen oder Inflationsförderung die Zahlungsverpflichtungen zu reduzieren und zumindest vorübergehend nicht erfüllen zu müssen.

Staatsbibliothek Preußischer Kulturbesitz, Staatsbibliothek in Berlin (West), die aus den in Westdeutschland im 2. Weltkrieg ausgelagerten Beständen der Preuß. Staatsbibliothek entstanden ist. - ↑auch Bibliotheken (Übersicht).

Staatsbürger, die einen Staat konstituierenden Personen; im Ggs. zum rechtl. Ausdruck „Staatsangehöriger" polit. Begriff, der die aktive Anteilnahme der Menschen an ihrem staatl. Gemeinwesen beinhaltet; so verstanden wurde der **Staatsbürger in Uniform** Leitbild der ↑inneren Führung der Bundeswehr.

Staatsbürgerkunde, seit 1871 Teilbereich des Geschichtsunterrichts, während der Weimarer Republik eigenständiges Unterrichtsfach, in dem die Schüler zu staatspolit. Verständnis und Handeln erzogen werden sollten; heute integriert in die Unterrichtsfächer, die Teil der polit. Bildung an allen Schulen sind (z. B. ↑Gemeinschaftskunde, ↑Gesellschaftslehre, ↑Sozialkunde).

Staatsexamen (Staatsprüfung), i. w. S. Bez. für jede nach einem staatl. geregelten Verfahren mit staatl. bestellten Prüfern durchgeführte Abschlußprüfung; i. e. S. Bez. für eine Prüfung, die die Voraussetzung für die Zulassung zu bestimmten akadem. Berufen (z. B. Jurist, Arzt, Apotheker, Lehrer) ist, wobei i. d. R. das *Erste S.* (theoret. Prüfung) das Hochschulstudium und das *Zweite S.* (prakt. Prüfung) den Vorbereitungsdienst (für Ärzte und Apotheker ↑Approbation) abschließt.

staatsfeindliche Hetze, im Strafrecht der DDR Sammelbez. für die mit Freiheitsstrafe bis zu 5 (bzw. von 2 bis zu 10) Jahren bedrohten Verbrechen, die sich gegen die polit., ökonom. oder gesellschaftl. Verhältnisse der DDR richten (z. B. Herstellung, Einführung und Verbreitung von Schriften, die die DDR diskriminieren, Aufforderung zum Widerstand gegen die sozialist. Staats- und Gesellschaftsordnung, Diskriminierung von Repräsentanten der DDR sowie die Verherrlichung von Faschismus und Militarismus). Als *Boykotthetze* gegen demokrat. Einrichtungen und Organisationen war die s. H. auf Grund der alten Verfassung der DDR (Art. 6 Abs. 2) schon seit 1949 ein Verbrechen im Sinne des StGB der DDR.

Staatsflagge, 1. im Unterschied zur Nationalflagge eine nur bes. Behörden zustehende Flagge; 2. in der DDR Bez. für die Nationalflagge.

Staatsforst (Staatswald), der in Staatseigentum befindl. und von Forstbehörden beaufsichtigte, verwaltete und bewirtschaftete Wald. In der BR Deutschland werden *Bundesforsten* und *Landesforsten* unterschieden.

Staatsgebiet ↑Staat.

Staatsgefährdung, svw. ↑Rechtsstaatsgefährdung.

Staatsgeheimnis, Tatsachen, Gegenstände oder Erkenntnisse, die nur einem begrenzten Personenkreis zugängl. sind und vor einer fremden Macht geheimgehalten werden müssen, um die Gefahr eines schweren Nachteils für die äußere Sicherheit der BR Deutschland abzuwenden (§ 93 StGB). Der Verrat von S. wird als ↑Landesverrat geahndet.

Staatsgerichtshof, Bez. für die Verfassungsgerichte der Länder Bad.-Württ., Bremen, Hessen und Niedersachsen.

Staatsgewalt, Herrschaftsmacht des Staates über sein Gebiet und die auf ihm befindl. Personen *(Gebietshoheit)* sowie über die eigenen Staatsangehörigen *(Personalhoheit)*. Die S. ist wesentl. Merkmal des Staates (↑auch Souveränität). Mit Hilfe der S. verteidigt sich der Staat gegen Übergriffe und setzt die geltende Rechtsordnung durch. Hierfür steht ihm das Monopol der Anwendung phys. Gewalt *(Gewaltmonopol)* zu. Nach außen ist die S. durch das Völkerrecht oder internat. Verträge, nach innen durch die Grundrechte der Staatsbürger begrenzt.

Staatsgrenze, völkerrechtl. verbindl. und anerkannte Grenze eines Staatsgebietes, die zw. Nachbarstaaten vertragl. oder im Falle einer Seegrenze durch nat. Gesetzgebung festgelegt wird.

Staatshandelsländer, Bez. für Länder mit staatl. Außenhandelsmonopol, insbes. für die Mitglieder des COMECON.

Staatskanzlei, in der *Schweiz* der Bundeskanzlei entsprechende Kantonsbehörde; in den meisten Ländern der *BR Deutschland* das Büro des Min.präs. (Ausnahme Baden-Württemberg: Staatsministerium).

Staatskanzler, ehem. Amtsbez.; 1. in *Preußen* 1810–22 Titel Hardenbergs als Reg.-chef; die Nachfolger führten den Titel Kabinettsmin. bzw. (ab 1848 Min.präs.); 2. in *Österreich* Amtsbez. für den Leiter der Geheimen Haus-, Hof- und Staatskanzlei, 1918/19–20 und von April–Dez. 1945 für den Reg.chef.

Staatskapitalismus, Wirtschaftsform, in der der Staat sich direkt wirtschaftl. Unternehmen bedient, um bestimmte Zwecke zu erreichen. Ziel des S. ist es, ökonom. Gemeinschaftsaufgaben zu erfüllen, die privatwirtschaftl. nicht mit Gewinn möglich wären (z. B. Post), oder die Sicherung neuer Finanzierungsquellen zu erreichen, um den Staat von steuerbewilligenden Körperschaften unabhängiger zu machen. - In die *marxist. Terminologie* wurde der Begriff von Lenin eingeführt und bezeichnet hier die letzte Stufe in der Entwicklung des Kapitalismus. Im Unterschied zum *staatsmonopolist. Kapitalismus*, in dem die einzelnen Monopolkapitale noch miteinander konkurrieren, sind die Produktionsmittel im S. direktes Eigentum des (bürgerl.) Staates.

Staatskirche, die innerhalb der Grenzen eines Staates einzige oder vorherrschend als Kirche anerkannte Religionsgemeinschaft. Die Wurzeln der S. liegen in der antiken polit. Religiosität, die auf der Einheit von Religion und Reich beruht (Cäsaropapismus). - Gegen ein vollständiges Aufgehen der röm.-kath. Kirche in den Nationalstaaten wehrt sich der Zentralismus des Papsttums. Die Reformation suchte eine klare Trennung von geistl. und weltl. Gewalt zu erreichen. Die Benennung der Landesherren als Bischöfe (Summepiskopat) schuf jedoch in den reformator. Ländern ein ausgesprochenes ↑Staatskirchentum. Von S. kann noch in Großbrit., Italien, Spanien und den skand. sowie in einigen lateinamerikan. Ländern gesprochen werden (Vorrang eines Bekenntnisses unter Duldung anderer).

Staatskirchenrecht, ein spezielles Rechtsgebiet, dessen Einzelnormen als Teil der staatl. Rechtsordnung die bes. Beziehungen zw. dem Staat und den Religionsgesellschaften auf der Basis des öffentl. Rechts regeln (in der kath. Kirche im Konkordat, in den ev. Kirchen in Kirchenverträgen). Innere Angelegenheiten der Religionsgesellschaften werden von diesen staatl. Normen nicht berührt.

Staatskirchentum, Bez. für ein kirchenpolit. System, wie es sich nach antiken und [spät]ma. Vorformen in Europa vom 16. bis 18. Jh. im Zusammenhang mit Reformation, Gegenreformation und Absolutismus herausbildete. Im S. bilden die einzige bzw. vorrangig zugelassene Kirche und der Staat eine Gesamtkörperschaft. Die Staatskirche ist Staatsanstalt mit dem Staatsoberhaupt i. d. R. als höchstem kirchl. Würdenträger; der Staat übt - über das Gremium des *Geistlichen Rats* - die Gesetzgebung für die Kirche aus. Die Säkularisierung des Staates, die Durchsetzung der Neutralität des Staates u. a. haben bes. seit der Frz. Revolution das S. überwunden. Die Weimarer Reichsverfassung von 1919 (Art. 137 Abs. 1) und entsprechend Art. 140 GG stellen fest, daß eine Staatskirche in Deutschland nicht bestehe, ohne damit jedoch jede institutionelle Verbindung zw. Staat und Kirche auszuschließen.

Staatslehre ↑Staat.

Staatsminister, in früheren Monarchien die in der Staatsverwaltung tätigen Min. (im Ggs. zum Haus-Min. oder diplomat. Vertreter); Min., der kein bestimmtes Ressort verwaltet (Min.präs., Premiermin., Min. ohne Portefeuille); in Bayern der Leiter eines Ministeriums; in der BR Deutschland seit 1973 auch Amtsbez. einzelner parlamentar. Staatssekretäre.

Staatsmonopol (staatl. Monopol), mit Wettbewerbsausschluß privater Unternehmer verbundene Form des ↑Monopols, bei der eine Tätigkeit, die an sich auch Privatunternehmen ausüben könnten, ausschließl. staatl. Verwaltung vorbehalten ist. - In der BR Deutschland bestehen S. u. a. für einen Teil der Tätigkeiten der Post *(Postmonopol)*, für die Ausgabe von Banknoten *(Banknotenmonopol* seit 1935), für die ↑Arbeitsvermittlung der Bundesanstalt für Arbeit.

staatsmonopolistischer Kapitalismus, Abk. Stamokap, nach marxist.-leninist. Auffassung das Entwicklungsstadium des ↑Kapitalismus, in dem sich die entwickelten westl. Staaten heute befinden und das durch die Verbindung (bzw. Verschmelzung) der Macht der Monopole mit der Macht des Staates zu einem [einheitl.] Machtmechanismus gekennzeichnet ist. Der Begriff wurde von W. I. Lenin entwickelt; 1957 wurde er von sowjet. Ökonomen aufgegriffen. Die monopolist. Wirtschaft sei nun so stark vom Staat abhängig, daß der Staat zur Sicherung ihres Fortbestehens objektiv die Durchsetzung der Monopolinteressen übernommen habe und dazu v. a. die Wirtschafts- und Steuerpolitik einsetze. - Die Rezeption der Theorie des s. K. durch Teile der Jungsozialisten in den 1970er Jahren führte zu heftigen innerparteil. Auseinandersetzungen innerhalb der SPD.

Staatsnation ↑Nation.

Staatsnotstand, ein Zustand drohender Gefahr für den Bestand oder die öffentliche Sicherheit und Ordnung des Staates, der nicht mehr mit den von der Verfassung für den Normalfall vorgesehenen Mitteln bewältigt werden kann.

Staatsoberhaupt, der oberste Repräsentant des Staates, der den jeweiligen Staat auch völkerrechtl. vertritt, insbes. bei völkerrechtl. Verträgen und der Akkreditierung von Diplomaten.

Staatsphilosophie ↑Staat.

Staatspräsident, allg. übl. Bez. (in verschiedenen Ländern auch offizielle Amtsbez.) für das Staatsoberhaupt einer Republik, das i. d. R. direkt vom Volk oder vom Parlament gewählt wird. - In Deutschland trugen die Chefs der Landesreg. von Baden, Hessen und Württemberg 1919–33, von Baden und Württemberg-Hohenzollern 1945–52 sowie das erste Staatsoberhaupt der DDR 1949–60 die Amtsbez. Staatspräsident.

Staatsprüfung, svw. ↑Staatsexamen.

Staatsquallen (Röhrenquallen, Siphonophora), Ordnung mariner Nesseltiere (Klasse Hydrozoen) mit rd. 150 Arten; bilden wenige Zentimeter bis über 3 m lange, freischwimmende Kolonien, glasartig durchscheinend, oft schimmernd bunt gefärbt; am oberen Teil mit Schwimmglocken, die übrigen meist sehr zahlr. Individuen sind sehr unterschiedl. ausgebildet und haben jeweils spezif. Funktion, z. B. Nährpolypen, Deckstücke (Schutzfunktion), Geschlechtstiere und *Palponen* (mundlos, v. a. der intrazellulären Verdauung dienend); das Nesselgift mancher Arten ist außerordentl. wirksam und auch für den Menschen gefährlich.

Staatsräson [rɛ,sõ:], der Grundsatz, daß die Verwirklichung des Staatswohls, der Machterhaltung und -erweiterung Maßstab und Maxime staatl. Handelns seien. V. a. im Absolutismus von bes. Bed.; geht auf die von Machiavelli aufgestellte Lehre zurück, daß der Staat beim Gebrauch der für die Selbsterhaltung notwendigen Macht keine Rücksicht auf das geltende Recht oder die herrschende Moral zu nehmen brauche. Das Prinzip der S. wurde schon früh (z. B. von G. Botero, dann von den neuzeitl. Naturrechtslehrern) kritisiert, Kant stellte ihm das Prinzip der Gerechtigkeit gegenüber. Nat.-soz. und stalinist. Terror haben eine Orientierung an der S. in Mißkredit gebracht; die sicherheitspolit. Aktivitäten H. A. Kissingers haben den Begriff in den 1970er Jahren wieder aufleben lassen.

Staatsrat, Kollegialorgan auf der obersten Ebene eines Staates mit unterschiedl. Aufgaben und Kompetenzen; entstand aus der im MA in verschiedenen europ. Ländern ausgebildeten Institution des Consilium status („Staatsrat"); bestand seit dem 19. Jh. nur noch in einzelnen Ländern mit vorwiegend beratenden Funktionen fort (Österreich bis 1848, Großbrit. bis heute [Privy Council]). - Der in Preußen 1817 eingerichtete S. war ein aus hohen Amtsträgern zusammengesetztes beratendes Gremium, das bis 1848 großen Einfluß auf die Gesetzgebung ausübte; 1920–33 war der preuß. S. die Vertretung der Prov. bei Gesetzgebung und Staatsverwaltung.
In der *Schweiz* führen die Reg. mehrerer Kantone die Bez. S.; in den skand. Ländern und in China heißt das Min.kollegium Staatsrat. - In der *DDR* ist der S. seit 1960 ebenso wie in einer Reihe anderer kommunist. Staaten das kollektive Staatsoberhaupt.

Staatsrecht, der Teil des ↑öffentlichen Rechts, der die rechtl. Grundordnung eines Staates darstellt. Das S. regelt insbes. Organisation, Aufbau und Befugnisse der Staatsgewalt und das Grundverhältnis zw. Staat und Bürgern. Dabei kann allg. (natürl.) S., das seine Grundsätze aus Begriff und Wesen des Staates überhaupt entwickelt, und besonderes (positives) S. unterschieden werden, das sich weitgehend mit dem **Verfassungsrecht** als der (schriftlich) festgelegten rechtl. Grundlage eines bestimmten Staates deckt.

Staatsreligion, die von einem Staat (z. B. Griechenland, Spanien, arab. Staaten) in seinem Territorium ausschließl. anerkannte oder bevorzugte Religion. Im Unterschied zu einer förml. Staatskirche ist die S. jedoch vom Staat nicht direkt beeinflußt oder gar mit diesem identisch. Die Etablierung einer S. gilt für Deutschland nach dem vom GG übernommenen Art. 137 Abs. 1 Weimarer Reichsverfassung als verboten.

Staatsschutzdelikte, Delikte gegen den Bestand und die verfassungsmäßigen Einrichtungen des Staates, z. B. Friedens-, Hoch- und Landesverrat, Rechtsstaatsgefährdung, Gefährdung der Landesverteidigung, Verschleppung und polit. Verdächtigung sowie Völkermord. Bei der Verfolgung von S. gilt in der BR Deutschland das ↑Opportunitätsprinzip. Der Generalbundesanwalt kann von der Strafverfolgung absehen, wenn die Durchführung des Verfahrens die Gefahr eines schweren Nachteils für den Staat herbeiführen würde oder wenn der Verfolgung sonstige überwiegende öffentl. Interessen entgegenstehen. Für die Aburteilung von S. ist bei den Landgerichten, in deren Bezirk ein Oberlandesgericht seinen Sitz hat, eine Sonderstrafkammer, die **Staatsschutzkammer,** eingerichtet.

Staatssekretär, seit 1919 in Deutschland Bez. für den nach bzw. unter dem Min. ranghöchsten Beamten eines Ministeriums. Neben beamteten S. (bis zu 3 je Ministerium), die den Min. außer in Reg.geschäften in allen Ressortfragen vertreten, gibt es in der BR Deutschland seit 1967 auch das Amt des parlamentar. Staatsekretärs.

Staatssekretariat (Päpstl. Sekretariat, Secretaria Status seu Papalis), Behörde der röm. ↑Kurie.

Staatssicherheitsdienst, Abk. SSD, polit. Geheimpolizei der DDR; 1950 als Ministerium für Staatssicherheit (MfS) gegr., prakt. aber bereits durch Bildung der Kommissariate 5 (K 5) der Volkspolizei seit 1945 tätig; 1953–55 als Staatssekretariat dem Innenministerium unterstellt; seit 1955 wieder als MfS selbständig und nur der SED-Führung verantwortl.; Aufgaben: Bekämpfung von Spionage, Sabotage und „jeder staatsfeindl. Tätigkeit", Nachrichtenbeschaffung im Ausland.

Staatssozialismus ↑Sozialismus.

Staatssoziologie ↑Staat.

Staatssprache, die offizielle Sprache eines Staates; von der ↑Amtssprache nicht eindeutig abgrenzbar; die Festlegung einer S. stellt eher eine polit. Entscheidung gegenüber der v. a. verwaltungstechn. Bestimmung der Amtssprache dar. In neuerer Zeit wurde in selbständig gewordenen ehemaligen Kolonien häufig die Sprache des früheren Mutterlandes als Amtssprache beibehalten, die Sprache [eines Teils] der Bevölkerung als S. festgelegt.

Staatsstreich (frz. coup d'état), verfassungswidriger, planmäßig und meist gewaltsam durchgeführter Umsturz bzw. Umsturzversuch durch einen (im Ggs. zum Putsch) bereits etablierten Träger eines Teils der Staatsgewalt (z. B. Präs., Militärbefehlshaber), um die gesamte staatl. Macht an sich zu reißen oder Teilvollmachten anderer Gewalten zusätzl. zu übernehmen.

Staatssymbole, urspr. Zeichen des

Herrschers, die ihn von anderen Menschen abheben sollten und deren Besitz oder Anwendung häufig Voraussetzung legitimer Herrschaft war. Neben bestimmten Gesten, Bräuchen (z. B. Ritus der Thronsetzung, Hofzeremoniell), Zeichen der Verehrung (Proskynese) und Sitzen (Thron) hatten im Hl. Röm. Reich die Reichsinsignien bes. Bed. als Herrschaftszeichen. Die modernen Staaten haben an ihre Stelle bestimmte Hoheitszeichen (Staatswappen, Nationalflaggen) gesetzt.

Staatstheorie, theoret. Annahmen über Wesen, Wert, Zweck und Funktion staatl. Macht; bed. v. a. die Lehre vom Gesellschaftsvertrag. - ↑auch Staat.

Staatsverträge, Vereinbarungen mit rechtl. Bindungswirkung zw. zwei oder mehreren Staaten. - In der *BR Deutschland* werden S. gemäß dem GG vom Bundespräsidenten im Namen des Bundes durch Unterzeichnung der S. *(Ratifikation)* geschlossen, nachdem bevollmächtigte Unterhändler der jeweiligen Regierungen den Inhalt der S. ausgehandelt und in einer Vertragsurkunde festgelegt haben *(Paraphierung)*. Soweit S. die polit. Beziehungen des Bundes regeln oder sich auf Gegenstände der Bundesgesetzgebung beziehen, bedürfen sie der *Transformation*, d. h., daß das Parlament S. durch Gesetz billigen muß. Auch Vereinbarungen zw. Bundesländern, die über bloße Verwaltungsabkommen hinausgehen, stellen S. dar. Sie bedürfen nach Landesverfassungsrecht generell der Zustimmung durch den Gesetzgeber.
In *Österreich* ist der Abschluß aller S. dem Bund bzw. dem Bundespräsidenten vorbehalten. Politische S. bedürfen der Genehmigung des Nationalrates.
Auch in der *Schweiz* steht das Recht zum Abschluß von S. allein dem Bund zu. Soweit der Bund von seiner Kompetenz keinen Gebrauch macht, können die Kantone über Gegenstände des kantonalen Gesetzgebungsbereichs S. abschließen, die zu ihrer Wirksamkeit jedoch der Genehmigung des Bundesrats bedürfen.

Staatswissenschaften ↑Staat.

Staat und Kirche, Kurzformel zur Bez. des histor. immer wieder neu umschriebenen Verhältnisses der zwei in sich unabhängigen und doch in vielem aufeinander bezogenen „Mächte" Staat und Kirche, bei dessen Untersuchung und Beschreibung v. a. theolog., jurist. und polit. Fragestellungen im Vordergrund stehen. Nach kirchl. Auffassung beschreibt S. u. K. einen zentralen Ausschnitt aus dem Beziehungskomplex „Kirche und Welt".
Die Grundlage für die gegenwärtige Regelung des Verhältnisses von S. u. K. in der BR Deutschland bildet Art. 140 GG in Verbindung mit den Art. 136–138 und 141 der Weimarer Reichsverfassung. Hier wird zw. Religionsgemeinschaften, die Körperschaften des öffentl. Rechts sind, und solchen, die es nicht sind, unterschieden. Zu den öffentl.-rechtl. anerkannten Religionsgemeinschaften in der BR Deutschland zählen die EKD und ihre Gliedkirchen, die kath. Kirche und ihre Ortskirchen, einige Freikirchen (u. a. Altlutheraner, Altkatholiken, die Vereinigung der dt. Mennonitengemeinden, die Methodistenkirche, der Bund Ev.-Freikirchl. Gemeinden in Deutschland) und die jüd. Kultusgemeinschaften. Alle anderen Religions- und Weltanschauungsgemeinschaften gelten als nicht rechtsfähige Vereine des bürgerl. Rechts. Für alle Religions- und Weltanschauungsgemeinschaften (auch anti- bzw. areligiöse) gelten das Grundrecht der Glaubens- und Gewissensfreiheit (Art. 4 GG) und der Grundsatz der weltanschaul. Neutralität des Staates.
Im einzelnen wird das Verhältnis zw. S. u. K. durch Verträge (Konkordat, Kirchenverträge) geregelt, in denen der Bestand histor. bedingter Privilegien nicht nur gewährleistet, sondern z. T. auch erweitert und verstärkt wird, z. B. durch die Staatsleistungen an die Kirchen, die Kirchensteuer, die Grundsteuerfreiheit von Kirchengütern, Mitwirkungsrechte der Kirchen im staatl. Hochschulwesen, im Schulwesen, durch starke Präsenz der Kirchen in den Kommunikationsmedien und im sozialen Bereich (Kindergärten, Krankenhauswesen u. a.).

🕮 *Meyer-Teschendorf, K. G.: S. u. K. im pluralist. Gemeinwesen. Tüb. 1979. - Kirche u. Staat in der Bundesrepublik 1949–1963. Hg. v. A. Rauscher. Paderborn 1979. - Weber, Werner: S. u. K. in der Gegenwart. Tüb. 1978. - Leisching, P.: Kirche u. Staat in den Rechtsordnungen Europas. Freib. 1973.*

Stab, in der *Statik* Bez. für eine der Grundformen des starren Körpers; Querschnittsabmessungen klein im Verhältnis zur Länge.
◆ (schwingender S.) in der *Akustik* Bez. für einen langen, dünnen Schallgeber aus Metall, Holz u. a., der im Ggs. zur Saite Eigenelastizität besitzt, die ihn auch ohne feste Einspannung zu Schwingungen befähigt. Schwingende Stäbe werden musikal. u. a. beim Glockenspiel, beim Xylophon, bei der Mundharmonika und als Stimmgabeln verwendet.
◆ Zeichen bes. aus der german. und ma. *Rechtssymbolik*, urspr. einem Boten zu dessen Legitimation mitgegeben *(Boten-S.)*; dann Symbol für jede Auftrags- und Vollmachtserteilung, bes. für die richterl. Gewalt *(Richterstab)*.
◆ beim *Militär* die Gesamtheit der Hilfsorgane, die den Kommandeur eines Verbandes oder Großverbandes bei der Erfüllung seiner Führungsaufgaben unterstützen.
◆ allg. Bez. für bes. Gremien von Fachleuten zur Beratung von Fachinstanzen oder polit. Entscheidungsinstanzen.

Stabat mater (S. m. dolorosa) [lat. „es stand die (schmerzensreiche) Mutter"], nach den Anfangsworten ben. Sequenz über das Mitleiden Marias am Kreuz Jesu; vermutl. zw. dem 12. und 14. Jh. entstanden; als Kirchenlied vielfach umgeformt und von vielen Komponisten vertont.

Stäbchen, (Sehstäbchen) ↑Auge.

◆ (Eßstäbchen) im Fernen Osten übl. Eßwerkzeug: zwei S. aus Bambus, [Eben]holz u. a., die in einer Hand gehalten werden.

Stabdiagramm ↑Diagramm.

Staberl (eigtl. Chrysostomus S.), von A. Bäuerle 1813 geschaffene Figur des Wiener Volkstheaters: ein tolpatschig-pfiffiger kleinbürgerl. Wiener Schirmmacher.

Stabheuschrecken, heute nicht mehr übl. Bez. für die Stabschrecken (↑Gespenstschrecken).

Stabhochsprung, leichtathlet. Disziplin für Männer; nach dem Anlauf schwingt sich der Springer mit Hilfe der [aus Glasfiber bestehenden] biegsamen *Sprungstange* über die Latte. Der Aufsprung erfolgt auf einen aus Kunststoffmatten oder Schaumgummischnitzeln gebildeten *Aufsprunghügel.* Weltrekord: 5,78 m (1980).

Stabiae ↑Castellammare di Stabia.

stabil [lat.], 1. beständig, sich im Gleichgewicht haltend; 2. widerstandsfähig, psych. ausgeglichen; 3. körperl. kräftig; 4. dauerhaft.

Stabilisator [lat.], in der *Chemie* Bez. für eine Substanz, die leicht zersetzbaren Stoffen zur Erhöhung der Beständigkeit oder zur Verhinderung einer vorzeitigen bzw. unerwünschten Reaktion zugegeben wird (↑auch Inhibitoren). S. werden v. a. Kunststoffen bei der thermoplast. Verarbeitung oder zur Verminderung der Licht- (UV-Absorber) bzw. Sauerstoffeinwirkung (↑Antioxidanzien) zugesetzt.

◆ in der *Technik* allg. eine Vorrichtung, die Schwankungen unterschiedl. Art verhindert oder vermindert, z. B. Glimmlampen zur Spannungsstabilisierung, Drehstab-Stabilisatoren zur Verringerung der Kurvenneigung eines Kraftfahrzeugs (↑Fahrwerk).

Stabilität [lat.], allg. svw. Beständigkeit, Festigkeit, Dauerhaftigkeit.

◆ in *Physik*, *Chemie* und *Technik* Bez. für: 1. die Beständigkeit eines beliebig zusammengesetzten und durch innere Kräfte zusammengehaltenen Systems auch bei äußeren Einwirkungen, sofern diese eine bestimmte Stärke nicht überschreiten; 2. die Eigenschaft eines physikal. oder techn. Systems, eines physikal. Zustands oder Vorgangs, bei einer aus einem stabilen Gleichgewicht herausführenden äußeren Störung dieser entgegenzuwirken und nach Aufhören der äußeren Einwirkung bzw. infolge auftretender Rückstellkräfte in den stabilen Gleichgewichtszustand zurückzukehren. Beispiele einer S. im 1. Sinne sind die S. von Bauten u. ä., die S. der Materie und ihrer Atome, Moleküle und Atomkerne. Beispiele für die S. im 2. Sinne sind die Stand-

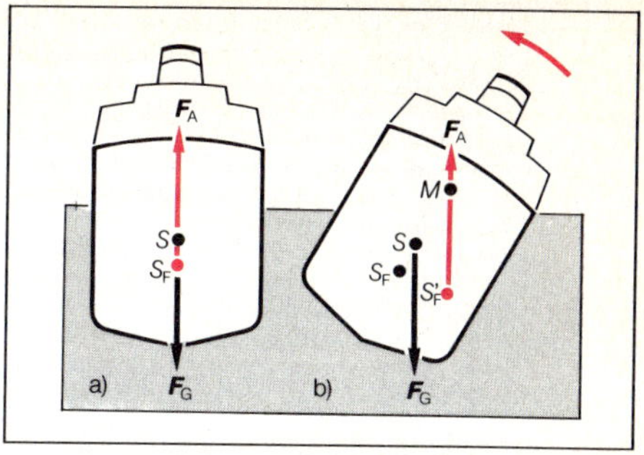

Stabilitätsverhältnisse bei starker Krängung eines Schiffes (S Schwerpunkt, S_F Formschwerpunkt, S'_F verlagerter Formschwerpunkt, F_G Gewichtskraft, F_A Auftriebskraft, M Metazentrum)

sicherheit sowie die Schwimm-S. von Schiffen. Die *Schwimm-S.* eines Schiffes besteht in seiner Eigenschaft, sich aus einer Seitwärtsneigung (Krängung) infolge Drehung um die Längsachse *(Quer-S.)* oder aus einer Neigung um die Querachse *(Längs-S.)* wieder aufzurichten, d. h. in seiner Fähigkeit, einem krängenden oder trimmenden Moment zu widerstehen. Der Formschwerpunkt eines gekrängten Schiffes wandert entsprechend der geänderten Unterwasserform aus, das entstehende Kräftepaar aus Auftrieb und Schiffsgewicht bildet das aufrichtende *S.moment.* Der Schnittpunkt der Auftriebsrichtung mit der Mittschiffsebene wird als *[Breiten]metazentrum* bezeichnet. Den Abstand des Metazentrums vom Gewichtsschwerpunkt nennt man die *metazentr. Höhe.* Nur solange das Metazentrum über dem Gewichtsschwerpunkt liegt, herrscht ein stabiles Gleichgewicht; das Schiff kentert, wenn das Metazentrum unter den Schwerpunkt rutscht.

◆ in der *Meteorologie* Bez. für einen Zustand der Atmosphäre, bei dem die vertikale Temperaturabnahme in nicht feuchtigkeitsgesättigter Luft kleiner ist, als es der Trockenadiabate entspricht, also geringer als 1 °C pro 100 m Höhendifferenz.

Stabilitätsgesetz, Kurzbez. für das Gesetz zur Förderung der Stabilität und des Wachstums der Wirtschaft vom 8. 6. 1967. Das S. kam unter dem Eindruck der Rezession von 1966/67 zustande und stellt die rechtl. Grundlage für eine antizykl. Konjunkturpolitik dar. Als grundsätzl. Aufgabe für die Wirtschafts-, Geld- und Finanzpolitik von Bund und Ländern schreibt das S. fest, daß sie zur Erreichung der Ziele des ↑magischen Vierecks beitragen sollen. Dafür ist im S. eine **Konjunkturausgleichsrücklage** vorgesehen, in die bei einem Nachfrageüberhang Mittel eingestellt werden sollen, die im Falle einer Abschwächung der allg. Wirtschaftstätigkeit für zusätzliche Ausgaben zu verwenden sind. Außerdem verpflichtet das S. die Bundesreg., jährl. im Januar Bundestag und Bundesrat einen **Jahreswirtschaftsbericht** vorzulegen, der auch eine Stellungnahme zum Gutachten des Sachverständigenrats enthält. Weiterhin hat nach dem S. die Bundesreg. im Falle der Gefährdung eines der Ziele des sog. mag. Vierecks Orientierungsdaten für ein gleichzeitiges aufeinander abgestimmtes Verhalten (**konzertierte Aktion**) der Gebietskörperschaften, Gewerkschaften und Unternehmensverbände zur Verfügung zu stellen. Das S. schreibt die Bildung eines **Konjunkturrats** für die öffentl. Hand bei der Bundesreg. vor, dem die Min. für Wirtschaft und für Finanzen, je ein Vertreter jedes Bundeslandes sowie vier Vertreter der Gemeinden und Gemeindeverbände angehören.

Stabkarten, die von den Mikronesiern früher verwendeten Seekarten bestehen aus Blattrippen, die durch Kokosfasern verbunden sind; Muscheln, Schnecken u.a. markieren die Lage der Inseln, die Blattrippen die Meeresströmungen, Dünungen und Kabbelungen.

Stabkirche (Mastenkirche), in Skandinavien (v.a. Norwegen) seit dem 11. Jh. übl. Form der Holzkirche, deren tragende Elemente bis an den Dachstuhl des Hauptraumes reichende Pfosten (Stäbe, Masten) sind, die meist eine Unterteilung des Innenraumes in Hauptraum und Seitenschiffe ergeben. Typ. sind weiter die Außenwände aus senkrechten Planken, steile, stufenförmig angeordnete Dächer, bisweilen reiche Schnitzereien an Giebeln und Türen. Bed. die S. von Borgund bei Lærdal (12. Jh.) in W-Norwegen und in ↑Heddal. - Abb. S. 50.

Stablo, dt. Name der Benediktinerabtei ↑Stavelot.

Stabpuppe, Figur des Puppenspiels; Kopf und Körper der Puppe sitzen an einem Stockgriff, an dem der Spieler die Figur in die Höhe hält und so die gesamte Körperbewegung lenkt. Während die S. mittels mehrerer Stäbe oder im Innern der Figur enthaltener gebogener Stäbe, Hebel oder Fadenzug beweglich ist, ist die **Stockpuppe** nur an einem Arm dirigierbar (↑Hänneschen-Theater).

Stabreim, älteste Form des Reims; Lautreim, der auf dem Gleichklang im Anlaut von betonten, bedeutungstragenden Wörtern beruht. Alle Vokale können dabei miteinander staben, Konsonanten jedoch nur bei gleichem Laut. Außerdem reimen i. d. R. die Konsonantengruppen sk, sp, und st nur untereinander. Bes. verbreitet in der altengl. („Beowulf"), altnord. („Edda"), und altsächs. („Heliand") Dichtung, mit der Einführung des Endreims im 9. Jh. wird der S. aber weitgehend verdrängt.

Stabsbootsmann ↑Dienstgradbezeichnungen (Übersicht).

Stabschrecken ↑Gespenstschrecken.

Stabsfeldwebel ↑Dienstgradbezeichnungen (Übersicht).

Stabsichtigkeit ↑Astigmatismus.

Stabsoffiziere, Dienstgradgruppe der Offiziere; in der Bundeswehr: Major/Korvettenkapitän, Oberstleutnant/Fregattenkapitän, Oberst/Kapitän zur See. - ↑auch Dienstgradbezeichnungen (Übersicht).

Stabsstellen, in der Betriebsorganisation Leitungsinstanzen, die ohne eigene Entscheidungskompetenz Stellen, denen sie zugeordnet sind, beraten und unterstützen.

Stabsunteroffizier ↑Dienstgradbezeichnungen (Übersicht).

Stabwanze ↑Skorpionswanzen.

Stabwerk, in der *Baukunst* die steinerne Unterteilung der got. Fenster, kann auch der Fassade oder Triforien vorgeblendet sein.

staccato [italien.], Abk. stacc., musikal. Vortragsbez.: abgestoßen, d.h., die Töne sollen deutl. voneinander getrennt werden; angezeigt durch einen Punkt (oder Keil) über bzw. unter der Note. - Ggs. ↑legato.

Stachanow (bis 1978 Kadijewka), sowjet. Ind.stadt im Donbass, 50 km westl. von Woroschilowgrad, Ukrain. SSR, 110000 E. Steinkohlenbergbau, Kohlechemie-, chem., Hütten- und Maschinenbauwerk.

Stachanow-Bewegung, nach dem sowjet. Grubenarbeiter A. G. Stachanow (* 1906, † 1977), der 1935 seine Arbeitsnorm mit 1300% übertraf, benannter, von der Reg. der Sowjetunion propagierter Arbeitswettbewerb mit Akkordleistungen und Normenerhöhungen; wurde fester Bestandteil im Arbeitsleben der Sowjetunion, später auch der anderen kommunist. Länder (in der DDR Hennecke-Bewegung [↑Hennecke, Adolf]).

Stachelaale, svw. ↑Pfeilschnäbel.

Stachelalge (Stacheltang, Desmarestia aculeata), meist unterhalb des niedrigsten Wasserstandes in der Gezeitenzone von Küsten kälterer Meere vorkommende Braunalge; Thallus bis über 1 m lang, wechselständig verzweigt und im Frühjahr bis Frühsommer mit goldbraunen, haarbüschelähnl. Ausgliederungen bedeckt, die während des Sommers abfallen; die Alge erhält danach ein stachelartig gezacktes Aussehen.

Stachelameisen (Stechameisen, Poneridae), weltweit verbreitete, jedoch vorwiegend in warmen Regionen vorkommende Fam. kleiner Ameisen mit deutl. Einschnürung zw. dem zweiten und dritten Hinterleibssegment und mit Giftstachel am Hinterleibsende.

Stachelannone (Sauersack, Annona muricata), im trop. Amerika heim. Baum der Gatt. ↑Annone mit bis 2 kg schweren, zapfenförmigen Sammelfrüchten mit Reihen von Stachelspitzen (Griffelreste) auf sonst glatter Oberfläche.

Stachelbärenklau (Acanthus mollis), Art der Gatt. Bärenklau im Mittelmeergebiet; bis 1 m hohe Staude mit bis 50 cm langen, stark gebuchteten bis fiederspaltigen, unbedornten Blättern; Blüten mit bedornten Tragblättern, in lockerer, langer Ähre, weißl., lilafarben geädert.

Stachelbeere, (Ribes) Gatt. der Stachelbeergewächse mit rd. 150 Arten in der nördl. gemäßigten Zone und den Gebirgen S-Amerikas; Sträucher mit wechselständigen Blättern, meist kleinen, fünf- oder vierzähligen Blüten und ganz oder fast ganz unterständigen Fruchtknoten; Früchte als Beeren ausgebildet. Die wichtigsten Arten sind neben den eigtl. Stachelbeeren die ↑Johannisbeeren.
◆ (Heckenbeere, Ribes uva-crispa) in Eurasien bis zur Mandschurei heim., niedriger Strauch in Gebüschen und Bergwäldern oder an Felsen; Langtriebe mit wechselständigen, meist behaarten Blättern und unter den Blättern stehenden, einfachen Stacheln; grünl. Blüten in beblätterten Kurztrieben; Beerenfrüchte derbschalig, behaart oder glatt, mit zahlr. Samen. S. enthalten neben Kohlenhydraten v. a. Vitamin C (35 mg/100 g) und Vitamine der B-Gruppe. Sie werden (unreif) zum Einmachen oder für Gelee, ferner (reif) zum Rohessen oder für Saft und Marmelade verwendet.
◆ (Chin. S.) ↑Kiwifrucht.

Stachelbeergewächse (Johannisbeergewächse, Ribesiaceae), meist als Unterfam. *Ribesioideae* zur Fam. Steinbrechgewächse gezählte Gruppe von Sträuchern, die in der Gatt. Stachelbeere (Ribes) zusammengefaßt sind; zahlr. Nutzpflanzen, z. B. ↑Johannisbeere und ↑Stachelbeere.

Stachelbeerspanner (Harlekin, Abraxas grossulariata), bis 4 cm spannender einheim. Schmetterling (Fam. Spanner); Flügel auf weißem Grund schwarz gefleckt (Vorderflügel mit schmalem, dottergelbem Querstreifen).

Stachelechsen (Stachelskinke, Dornschwanzskinke, Egernia), Gatt. der Skinke mit rd. 20 Arten in Australien; bis 50 cm Gesamtlänge; Schwanz stark stachelschuppig oder mit glatten Schuppen.

Stachelflosser (Acanthopterygii), svw. ↑Strahlenflosser.

Stachelgurke (Sechium), Gatt. der Kürbisgewächse mit der einzigen, in Brasilien beheimateten, heute auch in Westindien, Kalifornien und Westafrika kultivierten Art *Sechium edule* (Stachelgurke i. e. S.; Chayote, Schuschu); mit Blattranken kletternde, über 10 m lange Sprosse bildende Pflanze; Früchte 10–15 cm lang, bis 1 kg schwer, birnenförmig, etwas stachelig, die wegen ihres Stärke- und Vitamingehalts gegessen oder als Viehfutter verwendet werden. Die bis 10 kg schweren, bis 20% Stärke enthaltenden Wurzelknollen werden wie Kartoffeln gekocht.

Stachelhaie (Dornhaie, Akanthoden, Acanthodes, Acanthodii), ausgestorbene Ordnung der Panzerfische vom Unterdevon bis Perm; haiähnl., aber mit Knochenschuppen und verknöchertem Skelett; mit großem Stachel vor jeder Flosse; an der Bauchseite mehrere Flossenpaare.

Stachelhäuter (Echinodermata), Stamm ausschließl. mariner wirbelloser ↑Deuterostomier mit rd. 6 000, wenige mm bis über 1 m großen Arten; meist freilebende Bodenbewohner mit im Erwachsenenstadium mehr oder minder ausgeprägter fünfstrahliger Radiärsymmetrie; Mundseite (Oralseite) meist dem Boden zugekehrt; After auf der gegenüberliegenden Seite (Aboralseite); meist getrenntgeschlechtlich; Fortbewegung durch *Ambulakralfüßchen*, die durch Ein- und Auspressen von Flüssigkeit aus dem die S. kennzeichnenden Wassergefäßsystem (Ambulakralsystem) bewegt werden. - Das Kalkskelett der S. besteht aus einzelnen Plättchen oder (meist) einem festen Panzer. Es ist häufig mit Stacheln besetzt. Die Larven sind bilateralsymmetr., sie leben planktontisch. - S. sind seit dem Kambrium bekannt und waren in früheren Erdperioden weitaus formenreicher als heute. - Die fünf rezenten Klassen sind: Haarsterne, Seegurken, Seeigel, Seesterne und Schlangensterne.

Stachelhummer ↑Langusten.

Stachelige Aralie ↑Aralie.

Stacheligel ↑Igel.

Stachelige Rose, svw. ↑Dünenrose.

Stachelkäfer, (Mordellidae) weltweit verbreitete, jedoch bes. in den Tropen und Subtropen vorkommende Käferfam. mit rd. 1 500 Arten, davon etwa 50 einheimisch; 2–9 mm lang, meist schwarz, feinbehaart, bei größeren Arten Hinterleibsspitze stachelförmig verlängert.
◆ ↑Igelkäfer.

Stachelleguane (Sceloporus), Gatt. (einschl. Schwanz) etwa 10–20 cm langer Leguane mit über 30 Arten, v. a. in Wüsten, Steppen und Wäldern N- und Z-Amerikas; wärmebedürftige Reptilien, die sich gern auf Felsen, Baumstrünken oder Zaunpfählen (**Zaunleguane:** Sceloporus undultus und Sceloporus occidentalis) sonnen; Körper mit kurzem Kopf und stark gekielten, stacheligen Schuppen.

Stachellose Bienen (Meliponini), rd. 350 Arten umfassende, in den Tropen der Alten und Neuen Welt verbreitete Gattungsgruppe der Bienen; Körperlänge von 1,5 mm bis etwa Honigbienengröße; rotbraun oder schwarz, Hinterleib nur schwach behaart, oft gelb gezeichnet; Stachel der Königin und der Arbeiterin stark rückgebildet; Nester unregelmäßig, oft in Baumhöhlen, aus Wachs. Im Ggs. zu den Honigbienen kann ein Volk mehrere friedl. nebeneinanderlebende Königinnen haben. S. B. haben keine ausgeprägte

Stabkirche (12. Jh.)
auf Bygdøy (Oslo, Norwegen)

„Tanzsprache" wie die Honigbiene, um Informationen über Trachtquellen den Nestgenossinnen weiterzugeben.

Stachelmakrelen (Carangidae), Fam. der Barschfische mit über 100 Arten in allen trop. und gemäßigten Meeren; Körper meist langgestreckt, spindelförmig oder seitl. abgeflacht; Schwanzflosse tief eingeschnitten; schnelle, z. T. weit wandernde Raubfische; sehr geschätzte Speisefische, u. a. **Lotsenfisch** (Pilotfisch, Naucrates ductor; 70–160 cm lang, mit spindelförmigem, blausilbernem Körper und 5–6 breiten, schwarzblauen Querbinden) und **Stöcker** (Bastardmakrele, Caranx trachurus; bis 50 cm lang, mit blaugrauem bis grünl. Rücken, silberglänzenden Seiten und ebensolchem Bauch).

Stachelmohn (Argemone), Gatt. der Mohngewächse mit zehn Arten in N- und S-Amerika und auf den Hawaii-Inseln; meist einjährige, aber auch ausdauernde, bis 1 m hohe Kräuter mit gelbem Milchsaft und graugrünen, fiederteiligen, stachelig gezähnten Blättern; Blüten weiß oder gelb; Kapselfrüchte längl., borstig behaart.

Stacheln, bei *Tieren* spitze Gebilde unterschiedl. Herkunft und Bedeutung, häufig mit Schutzfunktion. Bei Gliederfüßern können S. als durch Kalk oder Gerbstoffe verhärtete, spitze Chitinvorsprünge des Außenpanzers mit allg. Abwehrfunktion gegen Freßfeinde oder auch (bei zahlr. Krebsen) als Ansatzstelle für einen die Tiere tarnenden Schwamm- und Algenbewuchs vorhanden sein. Umgebildete Hinterleibsextremitäten können bei ♀ Insekten als Lege-S. (↑ Legeröhre) oder Gift-S. fungieren. Bei Stachelhäutern, v. a. den Seeigeln, können den Kalkplatten des Außenskeletts häufig durch Muskeln bewegte S. zur Feindabwehr, aber auch zur stelzenartigen Fortbewegung aufsitzen. - Sehr unterschiedliche ektodermale stachelartige Hautbildungen kommen bei Wirbeltieren vor, so z. B. bei Fischen entsprechend umgebildete Schuppen, Hautzähne, Flossenstrahlen, die bei Giftfischen auch als Giftwaffen ausgebildet sein können. In eine Spitze ausgezogene Hornschuppen kommen bei vielen Echsen vor. Bei Säugetieren bilden Borsten in Form von dikken, steifen Haaren aus Hornsubstanzen den Übergang zu den noch festeren, spitzen S., so z. B. bei Ameisenigeln, Borstenigeln, Stacheligeln, Baumstachlern und Stachelschweinen.

◆ bei *Pflanzen* harte, spitze Anhangsgebilde der pflanzl. Oberhaut und z. T. darunterliegender Gewebe, die im Ggs. zu den ↑ Dornen bauplanmäßig keine Sproß- oder Blattmetamorphosen sind. S. hat z. B. die Rose.

Stachelpilze (Stachelschwämme, Hydnaceae), Fam. der Ständerpilze mit mehreren einheim. Gatt. Die S. tragen die Fruchtschicht auf der Oberfläche von freistehenden Stacheln, Warzen oder Zähnen, meist auf der Unterseite eines mehr oder weniger regelmäßig geformten, gestielten Huts. Die Fruchtkörper sind häutig dünn, leder- oder korkartig, filzig oder fleischig dick. Eßbare Arten sind: **Habichtspilz** (Hirschling, Sarcodon imbricatum), mit graubraunem, grobschuppigem, 5–20 cm breitem, gestieltem Hut und dichtstehenden, zerbrechl., graubraunen Stacheln; **Semmelstoppelpilz** (Hydnum repandum), mit blaßgelbem, buckligem Hut, auf der Unterseite mit zahlr. Stacheln besetzt.

Stachelrochen, svw. ↑ Stechrochen.

Stachelsalat, svw. Kompaßlattich (↑ Lattich).

Stachelschnecken, svw. ↑ Purpurschnecken.

Stachelschwanzsegler (Chaeturinae), Unterfam. der Segler mit rd. 50 Arten in S- und O-Asien, Afrika und Amerika; die Schäfte der Schwanzfedern sind über die Federfahnen hinaus stachelartig verlängert und dienen als Stütze beim Sichanklammern an senkrechten Wänden; u. a. **Kaminsegler** (Chaetura pelagica; oberseits braun, unterseits weißl., brütet in nicht benutzten Schornsteinen).

Stachelschwein (Gewöhnl. S., Hystrix cristata), Stachelschweinart in N-Afrika und (möglicherweise von den Römern eingeführt) in Italien sowie in SO-Europa; Körperlänge etwa 60–70 cm; Grundfärbung schwarzbraun; Vorderrücken mit langen, weißen Haaren; Mittel- und Hinterrücken mit bis

40 cm langen, schwärzl. und weiß geringelten, z.T. sehr spitzen Stacheln; kauert sich bei Gefahr zusammen; dämmerungs- und nachtaktiv.

Stachelschweinartige (Hystricomorpha), sehr formenreiche, als systemat. Einheit nicht unumstrittene Unterordnung der Nagetiere; mit rd. 180 Arten (außer in Australien) nahezu weltweit verbreitet.

Stachelschweine (Altweltstachelschweine, Erdstachelschweine, Hystricidae), Fam. der Nagetiere mit fünf Gatt. und 15 Arten in Afrika, S-Asien und S-Europa; Körperlänge rd. 35–80 cm; Körperform gedrungen, kurzbeinig; bes. am Rücken mit oft sehr langen Stacheln, die in Abwehrstellung aufgerichtet werden; u.a. ↑Stachelschwein, ↑Quastenstachler.

Stachelseestern (Oreaster nodosus), sehr großer, bis 90 cm spannender Seestern im Pazif. und Ind. Ozean; Außenskelett sehr fest; Arme breit ansetzend, mit stachelartigen Erhebungen; auffallend bunt, meist rot auf weißl. Grund.

Stachelweichtiere (Aculifera), Unterstamm der Weichtiere, der durch mehrere ursprüngl. Merkmale (Mantelbedeckung mit chitinöser Kutikula und einzelnen Kalkkörpern, Fehlen von Kopftentakeln und Schweresinnesorganen) von den ↑Schalenweichtieren unterschieden wird. Zu den S. zählen Schildfüßer, Furchenfüßer, Käferschnecken.

Stachelwelse (Bagridae), Fam. der Welse in Afrika, S- und O-Asien; Körperlänge 8–60 cm; mit vier Paar Barteln und oft sehr großer Fettflosse; erster Rückenflossenstrahl hart und spitz; z.T. Aquarienfische.

Stackelberg, Heinrich Freiherr von, * bei Moskau 31. Okt. 1905, † Madrid 12. Okt. 1946, dt. Nationalökonom. - Prof. in Berlin (ab 1935), Bonn (ab 1941) und Madrid (ab 1943); gehörte zu den Begründern der modernen Marktformenlehre.

Stade, Krst. am N-Rand des Alten Landes, Nds., 7 m ü.d.M., 43 000 E. Niedersächs. Staatsarchiv, Urgeschichts-, Freilicht- und Heimatmuseum. An der Elbe Vorhafen **Stadersand** mit 3 Kraftwerken und Ansiedlung von Großunternehmen der Chemie und Aluminiumgewinnung. - Ersterwähnung 994 (sicher älter), wuchs aus 5 Teilen zusammen; um 1017 Errichtung einer Burg der Grafen von Harsefeld (später von Stade). 1038 Erwerb des Zoll-, Markt- und Münzrechts durch den Erzbischof von Bremen; erhielt zw. 1168 und 1181 Stadtrecht; fiel 1236 mit der seit dem 10. Jh. nachweisbaren Gft. endgültig an das Bremer Erzstift; 1259 Stapelrecht; schwed. Residenz 1652–1712; 1659 zu $^2/_3$ durch Brand zerstört. - Got. Pfarrkirche Sankt Wilhadi (14. Jh.), Stadtkirche Sankt Cosmae und Damiani (13., 15. und 17. Jh.); Bürgerhäuser (16. und 17. Jh.), barockes Rathaus (1667).

S., Landkr. in Niedersachsen.

Städelsches Kunstinstitut (Städel), Gemäldesammlung in Frankfurt am Main, gestiftet von dem Kaufmann und Bankier Johann Friedrich Städel (* 1728, † 1816). - ↑auch Museen (Übersicht).

Staden, Johann, ≈ Nürnberg 2. Juli 1581, ▭ ebd. 15. Nov. 1634, dt. Organist und Komponist. - Hoforganist in Bayreuth und Kulmbach, ab 1616 Organist an Sankt Lorenz, 1618 an Sankt Sebaldus in Nürnberg. Komponierte Motetten, chor. und solist. Konzerte, weltl. und geistl. [mehrstimmige] Lieder.

S., Sigmund Theophil, ≈ Kulmbach 6. Nov. 1607, ▭ Nürnberg 30. Juli 1655, dt. Organist und Komponist. - Sohn von Johann S.; ab 1627 Stadtpfeifer und ab 1634 Organist an Sankt Lorenz in Nürnberg. Komponierte die erste erhaltene dt. Oper, „Seelewig" (Text von G. P. Harsdörffer, gedruckt 1644), ferner u.a. geistl. und weltl. Lieder.

Stadersand ↑Stade.

Stadial, in der *Geologie* svw. ↑Stadium.

Stadion [griech.], altgriech. Längeneinheit unterschiedl. Größe; meist zwischen 179 m und 213 m, in hellenist. Zeit z.T. auch kürzer (z.B. das sog. Bematisten-S., 149 m).

◆ mit Zuschauerrängen versehene Sportstätte; in der Antike zunächst Schauplatz des Laufes über zwei Stadien (Diaulos) und 7–24 Stadien (Dolichos), später auch Kampfstätte für andere Sportarten. In moderner Zeit große Freianlage für verschiedene Sportarten mit hohem Zuschauerfassungsvermögen, bestehend aus *Kernplatz* (Mannschaftsballspiele), *Rundbahn* (Lauf), *Segmenten* (Wurf, Sprung), *Tribüne* (häufig überdacht); auch separate Großanlage für eine Sportart (Fußball-, Reit-, Schwimm-, Leichtathletikstadion).

Stadium (Mrz. Stadien) [griech.-lat.], allg. svw. Zustand, Entwicklungsstufe; Abschnitt.

◆ in der *Geologie* (hier auch als **Stadial** bezeichnet) Bez. für eine innerhalb einer Eiszeit stationäre Eisrandlage und ihren zugehörigen glazialen Formenschatz.

Stadler, Ernst, * Colmar 11. Aug. 1883, ⚔ bei Ypern 30. Okt. 1914, elsäss. Lyriker. - 1902 Hg. (zus. mit R. Schickele und O. Flake) der elsäss.-regionalist., neuromant. Literaturzeitschrift „Der Stürmer"; 1910–14 Prof. in Brüssel. Einer der Wegbereiter expressionist. Lyrik („Der Aufbruch", 1914).

S., Maximilian, * Melk 4. Aug. 1748, † Wien 8. Nov. 1833, östr. Komponist. - Benediktiner; befreundet mit J. Haydn und W. A. Mozart, von dessen Kompositionen er einige ergänzte bzw. vollendete.

Stadt [zu althochdt. stat „Ort, Stelle"], Siedlung mit meist nichtlandw. Funktionen (Ausnahme *Ackerbürger-S.*), gekennzeichnet u.a. durch eine gewisse Größe, Geschlossenheit der Ortsform, hohe Bebauungsdichte, zentrale Funktionen in Handel, Kultur und

Verwaltung; in größeren Städten führt die Differenzierung des Ortsbildes zur Bildung von *S.vierteln*. - Die statist. Definition der S. geht nur von einer bestimmten Einwohnerzahl aus, unabhängig von der Vergabe des ↑Stadtrechts; in der BR Deutschland jede Siedlung mit über 2000 E, wobei man *Land-* (2000–5000 E), *Klein-* (5000–20000 E), *Mittel-* (20000–100000 E) und *Groß-S.* (über 100000 E) unterscheidet.

Geschichte: Der Übergang zu städt. Hochkulturen erfolgte seit dem 9./8. Jt. in Palästina (Jericho), seit dem 5. Jt. im Nil-, Indus-, Euphrat- und Jangtsekiangtal. Die alten S.kulturen waren (häufig befestigte) Zentren großer Gebietsherrschaften mit straffer Verwaltungs- und Militärorganisation, Hof-, Tempel-, Handels- und Gewerbezentralen mit Schriftsystemen, Geld- und Planwirtschaft. In *Europa* begann die S.entwicklung im 2. Jt. v. Chr. im östl. Mittelmeerraum; sie erreichte bis zum frühen 1. Jh. n. Chr. den Rhein. In den klass. *griech. S.staaten* (Polis) entwickelte sich ein Stadtorganismus, der durch Akropolis (Fluchtburg), Kultstätten (Tempel), öffentl. Plätze (Agora) und Stadtmauern bestimmt war. Hippodamus von Milet vertrat die regelmäßige S.anlage mit rechtwinkligem Straßennetz mit Haupt- und Nebenstraßen; an den öffentl. Plätzen wurden Verwaltungsgebäude, Theater, Gymnasium, Stadion, Bäder errichtet. Dieses für viele griech. S. (z. B. Piräus, Priene, Selinus) vorbildl. System beeinflußte auch den röm. S.bau, wobei das *röm. Schema* (zusätzl. unter etrusk. Einfluß) von einem Achsenkreuz von Hauptstraßen (O-W-Achse: „decumanus maximus“; N-S-Achse: „cardo maximus“) ausging, zu denen weitere „decumani“ und „cardines“ parallel angelegt wurden; dieses Schema wurde auch bei den S.gründungen in den röm. Kolonien (z. B. Köln) angewendet.

Die urbane Tradition der Antike beeinflußte die Entwicklung der *ma.* europ. S. relativ stark in den südeurop. Ländern, v. a. in Oberitalien, wo die Entstehung autonomer S.staaten mögl. wurde, während nördl. der Alpen das Land sein polit. und kulturelles Eigengewicht behielt und der Adel i. d. R. nicht stadtsässig wurde. Wichtige europ. Städtelandschaften des MA waren neben Oberitalien der Raum zw. Seine und Rhein, mit Sonderentwicklung auf vielen Gebieten, England, später der Hanseraum und S-Deutschland. - Die Bildung der S.gemeinde erfolgte auf der Grundlage von Nachbarschaft, Pfarrgemeinde, Gerichtsgemeinde, Schwureinung der Bürger o. ä. Ein gewisses Maß an Selbstverwaltung und eigener städt. Gerichtsbarkeit wurde teils durch Privilegierung, teils in Auseinandersetzung mit dem S.herrn erworben (↑Bürgertum). Neben die gewachsenen S. M-Europas traten seit dem 11./12. Jh. Gründungsstädte (Hauptphase 13./14. Jh.). Einheitl. Grundstrukturen fehlen, je nach topograph. Lage sind Langzeilenpläne (Bern), Radialpläne (Brügge), Quadratpläne (Worms) anzutreffen. Stadtpfarrkirche, Rathaus, Zunfthäuser, Kaufhallen bilden das Zentrum der ma. S., die durchweg befestigt war. Alle S. waren wegen hoher Sterblichkeitsrate auf Zuwanderung angewiesen. Die persönl. Freiheit („Stadtluft macht frei“), die Rechtsgleichheit und die besseren wirtsch. Möglichkeiten in der S. übten eine außerordentl. Anziehungskraft auf die Landbev. aus. Die bes. Leistung der ma. S. bestand im Aufbau einer umfassenden Markt- und Verkehrswirtschaft, in der Konzentration von Handel und Gewerbe, in einer planmäßigen Wirtschaftspolitik, in der wirtsch. Beherrschung des Umlandes, der Erschließung neuer Absatzräume und der Entwicklung einer blühenden bürgerl. Kultur. Ihre polit. Bed. lag bes. in ihrem Festungscharakter und ihrer überlegenen Finanzkraft. Polit. und wirtsch. Zusammenschlüsse (Lombardenbund, Rhein. und Schwäb. Städtebund, Hanse u. a.) sicherten polit. Einfluß. Die freien Reichsstädte nahmen ab 1489 als geschlossene Kurie an den Reichstagen teil.

Neuzeit: In der *Renaissance* werden neue Vorstellungen für den Städtebau entwickelt. Die S. wird nun als „Ganzheit“ nach formalen und rationalen Gesichtspunkten entworfen. Formale Leitbilder sind Regelmäßigkeit, Symmetrie und Harmonie. Die Aufwendungen der S. für Verteidigungsmaßnahmen (Aufkommen der Feuerwaffe) erzwangen ökonom., konzentrierte (runde) Grundrisse. Diesen Erfordernissen entsprachen Filaretes Idealstadt (Plan Bd. 3, S. 46), bei der die Straßen strahlenförmig von einem zentralen Platz oder einem Zentralbau ausgehen. - Der entstehende moderne Staat, auf die Steuerleistung der S. immer stärker angewiesen, beschnitt seit dem 15./16. Jh. die städt. Autonomie. Die Beamten, die gelehrten Räte drangen in die alten Führungsschichten ein. Die S., deren militär. Bed. mit der modernen Kriegstechnik schwand, wurde Amts- und Verwaltungs-S. im institutionellen Flächenstaat. Nun erfolgende S.neugründungen bzw. -erweiterungen durch die absolutist. Herrscher hielten sich an die Theorien der Renaissance: Es entstanden radiale Straßensysteme mit dem Schloß als Bezugspunkt (Versailles, Karlsruhe); Bauvorschriften (Fassadengestaltungen, Firsthöhe usw.) sorgten für Einheitlichkeit und Gliederung. Neben diesen Haupt- und Residenzstädten entwickelten sich weitere neue S.typen: die Bergbaustädte mit oft nur kurzer Blütezeit, die Exulantenstädte (z. B. Krefeld, Frankenthal [Pfalz], Freudenstadt), Wallfahrtsstädte, Badestädte, Festungs- und Garnisonstädte sowie Überseehandelsplätze.

Die *Revolutionen* in Europa und Übersee verhalfen den Stadtbürgern zu neuem Selbstbe-

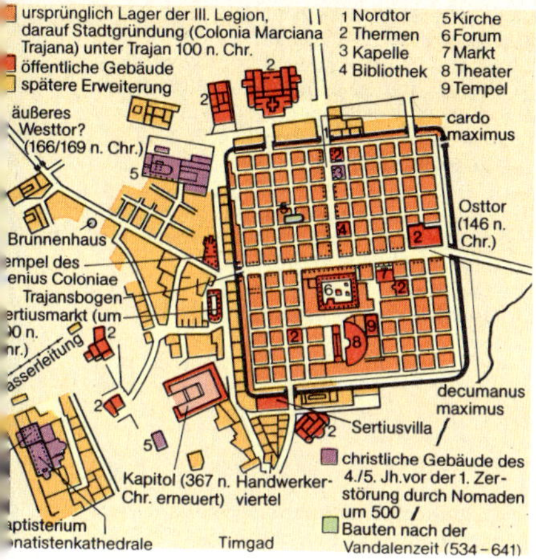

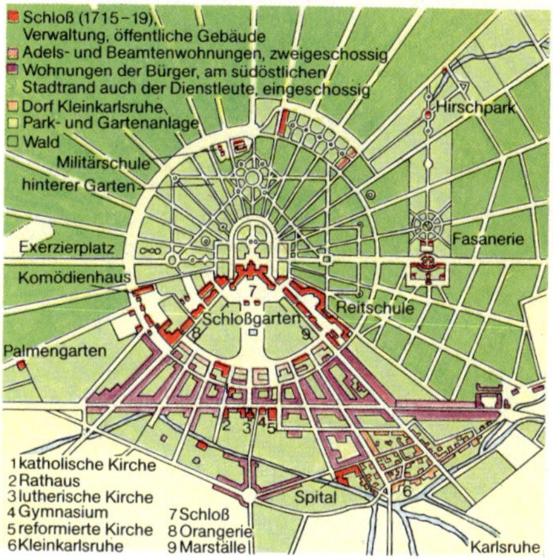

Stadt. Links: Beispiel einer römischen Stadtanlage (Timgad); rechts (von oben): Beispiel einer mittelalterlichen Stadt mit Radialplan (Brügge); Beispiel einer planmäßig angelegten Residenzstadt mit kombinierter Keil- und Radialanlage (Karlsruhe; ab 1715)

wußtsein; die Idee der kommunalen Selbstverwaltung behauptete sich, wurde jedoch erst im 19. Jh. verfassungsmäßig verankert (z. B. preuß. Städteordnung 1808/31). Die industrielle Revolution führte im 19. Jh. zu enormem Zuwachs in und bei den neuen Ind.-zentren und zur Proletarisierung der Bev.; die S. dehnten sich fast explosionsartig aus; ganze S.teile aus Mietskasernen wurden von Boden- und Häuserspekulanten errichtet. - ↑auch Agglomeration.

Probleme der Großstadt: Wirtschaftl. Interessen (Konzentration von Handel und Verwaltung in den S.zentren) und steigende Mieten haben die Bewohner aus den S.zentren verdrängt; dadurch entstand eine räuml. *Trennung* zw. Arbeits- und Wohnstätten, die eine Verödung der S.zentren nach Arbeitsschluß mit sich brachte; die alte Bausubstanz wurde (soweit nicht bereits in den beiden Weltkriegen zerstört) durch die v. a. nach dem 2. Weltkrieg sich durchsetzende *Betonbautechnik* durch Hochhäuser aus Glas und Beton ersetzt, zw. denen kein städt. Leben möglich ist („Unwirtlichkeit der S."; A. Mitscherlich). Die S. selbst wuchsen planlos entlang den Ausfallstraßen; die besser Verdienenden siedelten sich in *S.erweiterungsgebieten* im Grünen an; im 19. Jh. geschah dies in geplanten Reihenvillengebieten (Bremen, Hamburg, Rheinland), im 20. Jh. weitgehend regellos in Gebieten mit Einfamilienhäusern an den Stadträndern. Um die Ausbreitung der S. unter Kontrolle zu bekommen, wurden an den S.peripherien *Trabantenstädte* errichtet, oft mit riesigen Hochhauskomplexen, die auf die Wohnfunktion reduziert waren. In diesen sog. *Schlafstädten* leben v. a. Hausfrauen, alte Leute, Kinder wegen fehlender kultureller und sozialer Einrichtungen isoliert; später wurden auf Grund dieser Mängel zur Entlastung der Groß-S. neue S. mit Versorgungsfunktionen des tägl. und teilweise des gehobenen Bedarfs, die gleichzeitig auch Gewerbestandorte bildeten, errichtet *(Satellitenstädte)*. Diese Lösung strebte bereits um die Jh.wende das Konzept der ↑Gartenstadt an, das sich jedoch nicht durchsetzte. Die räuml. Trennung der Wohn- und Arbeitsstätten wird meist durch getrennte Standorte des Freizeitbereichs mit Einkaufs-

zentren und kulturellen Einrichtungen (Kinos, Theater, Konzerthallen) verstärkt. Dadurch entstehen zusätzl. Verkehrsprobleme, die nur durch aufwendigen Straßen- und Brückenbau *(S.autobahnen)* sowie durch U- und S-Bahnen gelöst werden können. Die in den 1920er Jahren als bes. human empfundene *strikte Trennung* von *städt. Funktionen* versucht man neuerdings verstärkt durch ein System *mehrerer* gleichrangiger S.schwerpunkte im Sinne einer Traubendolde (**Polyzentrismus**) zu ersetzen.
Durch ungezügeltes Wachstum der Ballungsgebiete mit ihren Industrieansiedlungen und Betonhochhäusern werden die natürl. *Ökosysteme* zerstört. S. besitzen ein eigenes *Mikroklima*, das sich durch verringerte Windgeschwindigkeit (Oberflächenrauhigkeit durch Gebäude), durch in der Luft sich entwickelnde Dunstglocken (mit hohem Gehalt an Schwebstoffen und Staub), die beträchtl. Teile des Sonnenlichts absorbieren, hohe Nebelhäufigkeit und Überwärmung (Wärmespeicherung durch Steine und Asphalt) auszeichnet und nur durch ausreichende Grünanlagen reguliert werden kann. Die Ballung von Menschen, Ind. und Verkehr in den Groß-S., einhergehend mit Lärm, Luftverschmutzung und verschlechterten klimat. Bedingungen, bringt zusätzl. körperl. und psych. Belastungen mit sich. Darüber hinaus hat die **Stadtsoziologie,** die sich mit den Problemen des modernen [Groß]stadtlebens und deren Ursachen beschäftigt, auf den Zusammenhang zw. S.größe und sozialem Verhalten hingewiesen, der sich v.a. durch Verkümmerung sozialer Lebensformen manifestiert und in *sozialpatholog. Auswüchsen* (z.B. Slums, Kriminalität und Prostitution) gipfelt. Alle diese Erkenntnisse haben Einfluß auf die **Stadtplanung,** die nicht mehr allein Aufgabe von Bauingenieuren, sondern auch von Ökologen, Soziologen und Sozialpsychologen ist. In der BR Deutschland sollen Planungsinstrumentarien des Bundes (Raumordnungsgesetz [↑Raumordnung], ↑Städtebauförderungsgesetz, ↑Bundesbaugesetz), der Länder (Landesbauordnungen) und der Gemeinden gemeinsam städtebaul. Probleme lösen. Kommunale Planungsinstrumentarien sind 1. *Bauleitpläne* (der ↑Flächennutzungsplan als vorläufiger und der ↑Bebauungsplan als verbindl. Bauleitplan); 2. nicht in der Bauleitung erfaßte *Einzelplanungen* wie die Verkehrs-, Grünflächen-, Spielplatz-, Sportstätten- und Kanalnetzplanung und Schwerpunktvorhaben (z.B. Sanierungen von älteren Wohnvierteln durch Abriß, Neuaufbau oder Restaurierung mit dem Ziel der Verbesserung der Wohn- und Lebensbedingungen der dort ansässigen Bev.); 3. *Gestaltungssatzungen* (z.B. Anzahl der Stockwerke).
🕮 Boockmann, H.: Die S. im späten MA. Mchn. 1986. - Kolb, F.: Die S. im Altertum. Mchn. 1984. - Benevolo, L.: Die Gesch. der S. Dt. Übers. Ffm. 1983. - Ennen, E.: Die europ. S. des MA. Gött. [3]1979. - Mumford, L.: Die S. Dt. Übers. Mchn. 1979. 2 Bde. - Weber, Max: Die S. In: Weber: Wirtschaft u. Gesellschaft. Bd. 2. Tüb. [5]1976. - Bibliogr. zur Städtegesch. Deutschlands. Hg. v. E. Keyser. Köln 1969.

Stadtallendorf, hess. Stadt 22 km östl. von Marburg, 250 m ü. d. M., 20 100 E. Als Ind.siedlung in Anlehnung an einen dörfl. Kern *(Allendorf)* nach 1945 entstanden. Garnison. - Seit 1960 Stadt.

Stadtbahn, svw. ↑S-Bahn.

Stadtbücher (Gerichtsbücher), seit Beginn des 12. Jh. geführte Bücher zur Aufzeichnung aller rechtl. erhebl. Vorgänge in einer Stadt, seit dem 14. Jh. inhaltl. u.a. getrennt in Gerichts-, Verwaltungs- und „Privatrechtsgeschäftsbücher".

Stadtdirektor ↑Gemeindeverfassungsrecht.

Städtebauförderungsgesetz, Gesetz über städtebaul. Sanierungs- und Entwicklungsmaßnahmen von 1971. Das S. gibt den Gemeinden bau- und bodenrechtl. Instrumente an die Hand, um Entwicklungs- und Sanierungsmaßnahmen durchzuführen; um Spekulationsgewinne zu verhindern steht ihnen ein Vorkaufsrecht zu. Der Bund fördert städtebaul. Sanierungs- und Entwicklungsmaßnahmen durch die Gewährung von Finanzhilfen an die Länder für Investitionen der Gemeinden.

Städtebünde, im MA Zusammenschlüsse von Städten zum Schutz ihrer Rechte; in Deutschland ab dem 13. Jh. zur Sicherung des Landfriedens gebildet, v.a. aber gegen fürstl. Territorialpolitik und Beeinträchtigung städt. Rechte durch den König gerichtet. Bed. S.: Schwäb. S., Rhein. S., Hanse.

Stadtgas (Leuchtgas), v.a. für Heizzwekke, früher auch zur Straßenbeleuchtung verwendetes Brenngas, das durch Rohrleitungen zum Verbraucher geleitet wird. Früher wurde S. ausschließl. durch Hochtemperaturentgasung (Verkokung) von Steinkohle in Kokereianlagen (Gaswerken) hergestellt; heute wird es auch durch Vergasung bzw. kombinierte Ent- und Vergasung von Steinkohle, Braunkohle und Koks sowie durch therm. und katalyt. Vergasung von Flüssiggas, Leichtbenzin, Heizöl und Rohöl gewonnen. Den verschiedenen Herstellungsverfahren entsprechend hat S. eine unterschiedl. Zusammensetzung; durch Verkokung von Steinkohle gewonnenes S. enthält 50–55% Wasserstoff, 20–30% Methan, 2–4% höhere Kohlenwasserstoffe, 5–10% Stickstoff, 2% Kohlendioxid und 6% Kohlenmonoxid, der Heizwert beträgt 16 800 bis 21 000 kJ/m^3. Der typ. Geruch wird durch Mercaptane und Senföle bewirkt. Das giftige S. ist heute weitgehend von ↑Erdgas (aus den Niederlanden, der Sowjetunion, Iran, Algerien und Libyen) als Brenngas verdrängt.

Stadtgericht, im MA städt. Gericht für Bürger; als Marktgericht auch für Fremde; Gerichtsherr war anfängl. der Stadtherr, ab dem 13. Jh. der Stadtrat.

Stadtguerilla [ge'rıl(j)a] ↑Tupamaros, ↑auch Guerilla.

Stadthagen, Krst. 37 km westl. von Hannover, Nds., 68 m ü. d. M., 22300 E. Verwaltungssitz des Landkr. Schaumburg; u. a. holz- und metallverarbeitende Ind., Lederfabrik. - Zw. 1220 und 1225 Gründung und planmäßige Anlage; nach Graf Adolf III. von Holstein lange **Grevenalveshagen** gen.; Residenz bis 1608. - Stadtkirche Sankt Martini (14./15. Jh.), frühbarockes Mausoleum (1608-25) mit Bronzefiguren von Adriaen de Vries. Bauten der Weserrenaissance: Schloß (1534 ff.), Rathaus (16. Jh.); Fachwerkhäuser (16.-18. Jh.).

städtische Agglomeration ↑Agglomeration.

Stadtkämmerer, in einigen Städten noch heute übl. Bez. für den Leiter der städt. Finanzverwaltung.

Stadtkreise, svw. ↑kreisfreie Städte.

Stadtlohn, Stadt im Kreis Borken, NRW, im westl. Münsterland, 17000 E. Landmaschinenbau, Metallwaren-, Möbel-, Textilind.; Töpfereigewerbe. - Der um 1085 erstmals (als Laon) genannte Ort erhielt wohl im 14. Jh. Stadtrecht. Wirtsch. Grundlagen bildeten bis ins 19. Jh. Heimspinnerei und -weberei, Tonpfeifen- und Ziegelherstellung.

Stadtmission, in den *ev. Kirchen* ein Fachverband des Diakon. Werkes zur geistl. und diakon. Betreuung (Telefonseelsorge, Drogenberatung u. a.) jener Menschen in Großstädten, die durch die Pfarrämter nicht oder nur schwer zu erreichen sind.

Stadtpfeifer, seit dem 14. Jh. nachweisbare Bez. für Instrumentalmusiker im städt. Dienst (in größeren Städten *Ratsmusiker* gen.). Nach dem Vorbild der ma. Musikerzünfte organisiert, breiteten sich Stadtpfeifereien v. a. seit dem 16. Jh. aus und genossen Privilegien als Mitwirkende bei öffentl. wie auch privaten Anlässen (z. B. Hochzeiten). Die Ausbildung ihres musikal. Nachwuchses war in einer dem Handwerk angeglichenen Ordnung (Lehrling, Geselle, Meister) geregelt. Jeder S. mußte mehrere Instrumente beherrschen. Mit dem Aufkommen des bürgerl. Konzertbetriebs im 18./19. Jh. verloren die S. ihre Existenzgrundlage; als Ausbildungsstätten v. a. für Militär- und Orchestermusiker bestanden Stadtpfeifereien noch bis in das 20. Jahrhundert.

Stadtplan, großmaßstäbige Orientierungskarte einer Stadt mit Suchgitter und Register.

Stadtrat ↑Gemeindeverfassungsrecht.

Stadtrechte, die innerhalb einer Stadt (innerhalb der Mauern oder einer Bannmeile) geltenden Rechtsnormen; die vom MA z. T. bis ins 19. Jh. geltenden S. umfaßten Gewohnheits-, Kaufmanns- und Marktrecht sowie die vom Stadtherrn verliehenen Privilegien. Durch die Bewidmung von Gründungsstädten mit dem Recht älterer Städte v. a. im Rahmen der dt. Ostsiedlung entstanden sog. **Stadtrechtsfamilien.** Die bedeutendsten S. waren das *lübische Recht* für die Städte des Ostseeraumes und das *Magdeburger Recht* mit mehreren hundert Städten bis nach Rußland. Beseitigt wurden die S. in Deutschland zu Beginn des 19. Jahrhunderts. - Zum geltenden Recht ↑Gemeindeverfassungsrecht.

Stadtroda, Krst. sö. von Weimar, Bez. Gera, DDR, 245 m ü. d. M., 5400 E. Agraringenieurschule; Möbelbau. - Im Anschluß an das Dorf **Roda** um 1250 als Marktflecken angelegt, 1333 als Stadt bezeugt; seit 1925 Stadtroda. - Heilig-Kreuz-Kirche (12. Jh.) mit barockem Langhaus; Ruine der frühgot. Zisterzienserinnenklosterkirche; Renaissancepfarrkirche Sankt Salvator (16. Jh.), Barockschloß (17. und 18. Jh.).

S., Landkr. im Bez. Gera, DDR.

Stadtschnellbahn, svw. ↑S-Bahn.

Stadtschreiber, in den dt. Städten ab dem ausgehenden 12. Jh. der Beamte, der den gesamten Schriftverkehr besorgte; Organisation und Führung der Verwaltung, Protokollführung bei Rats- und Gerichtssitzungen, diplomat. Vertretung der Stadt, Archivtätigkeit.

Stadtsenat, seit 1919 das leitende Gemeindeorgan in Wien, zugleich die Landesreg. des Bundeslandes Wien.

Stadtsoziologie ↑Stadt.

Stadtstaat, eine Stadt, die ein selbständiges Staatswesen mit demokrat. oder aristokrat. Verfassung bildet; in der antiken Welt v. a. die griech. Polis, im MA die oberitalien. Städte. Heute in der BR Deutschland v. a. Hamburg und Bremen; in Italien z. B. San Marino.

Stadtverwaltung, Gesamtheit der personellen und sächl. Mittel, mit denen die Aufgaben einer Stadt erfüllt werden. - ↑auch Gemeindeverfassungsrecht.

Staeck, Klaus [ʃtɛːk], * Pulsnitz 28. Febr. 1938, dt. Graphiker. - Von Beruf Rechtsanwalt; betätigt sich autodidakt. als Künstler und Galerist, seit 1960 v. a. als Graphiker. Wurde v. a. durch seine polit. Plakate (Photomontagen) bekannt. - Abb. S. 56.

Staël [frz. stal], Germaine Baronin von S.-Holstein, geb. Necker, gen. Madame de S., * Paris 22. April 1766, † ebd. 14. Juli 1817, frz. Schriftstellerin schweizer. Herkunft. - Tochter von J. Necker. Trotz anfängl. Begeisterung für die Frz. Revolution floh sie 1792 nach Coppet am Genfer See (ab 1794 befreundet mit B. H. Constant de Rebecque), 1795 Rückkehr nach Paris; Gegnerin Napoleons I.; wurde 1802 aus Paris verbannt; bereiste u. a. 1803/04 und 1807 Deutschland, wo sie mit Goethe, Schiller, Wieland und den Schlegels bekannt wurde (A. W. Schlegel war ab 1804 bis zu ihrem Tod ihr literar. und kultureller

Berater). Ihr Hauptwerk, die Abhandlung „De l'Allemagne" (1810, dt. 1814 u. d. T. „Deutschland"), dessen 1. Ausgabe Napoleon vernichten ließ, erschloß den Franzosen die dt. Denk- und Empfindungswelt und bereitete damit die Aufnahme der Romantik in Frankr. vor. Für lange Zeit bestimmte ihre stark idealisierende Schilderung das Deutschlandbild der Franzosen: Deutschland als das Land polit. passiver Menschen, der Denker und Träumer. In ihren [autobiograph.] Romanen trat sie v. a. für die Emanzipation der Frau ein. So forderte sie in „Corinna, oder Italien" (entstanden 1807; dt. Neuausgabe 1980) das Recht der Frauen auf soziale Anerkennung, individuelle Entwicklung, außerehel. Liebe und geistige Gleichstellung.

🕮 *Herold, C.: Madame de S. Dt. Übers. Mchn. 1985. - Diesbach, G. de: Madame de S. Paris 1983. - Pulver, C.: Madame de S. Die Biographie. Mchn. 1982.*

S., Nicolas de, * Petersburg 5. Jan. 1914, † Antibes 16. März 1955 (Selbstmord), frz. Maler russ. Herkunft. - Seine abstrakten Kompositionen sind auf differenzierten farbl. Beziehungen aufgebaut.

Stafette [italien., zu staffa „Steigbügel"], reitender Eilbote; bis ins 19. Jh. v. a. zum Verkehr der Reg. mit Behörden und Gesandtschaften eingesetzt.

Klaus Staeck,
Der Sympathisantensumpf
muß trockengelegt werden (1977).
Collage

Staffage [...ˈfa:ʒə; frz.-niederl.], Menschen und Tiere in einem Landschafts- oder Architekturbild v. a. des Barock, nicht selten von anderer Hand.

Staffel, (militär.) 1. der Kompanie vergleichbare Einheit eines Luftwaffengeschwaders (fliegende S., Flugbetriebs-, Instandsetzungs-, Nachschub-, Bodendienst-S.); 2. in der Kriegsmarine Bez. für eine Schiffsformation beim Fahren im Verband, bei der die Schiffe nebeneinander den gleichen Kurs [schräg zur S.linie] steuern.

◆ im *Sport* Bez. für eine Gruppe nacheinander startender Wettkämpfer, deren Ergebnisse gemeinsam gewertet werden (Leichtathletik [↑ Staffellauf], Schwimmen, Ski-, Rad- und Kanusport).

Staffelei, Bildergestell, auf dem der Maler beim Arbeiten das Bild in Höhe und Neigung verstellen kann.

Staffelgebet, svw. ↑ Stufengebet.

Staffelgiebel (Treppengiebel), Giebel mit staffelartigem (abgetrepptem) Umriß.

Staffellauf, Mannschaftswettbewerb in mehreren Sportarten; z. B. in der Leichtathletik: ein Läufer übergibt dem nachfolgenden innerhalb einer 20 m-Zone den **Staffelstab** (28–30 cm langer Holz- oder Metallstab). Staffelwettbewerbe bei Olymp. Spielen: 4 × 100 m und 4 × 400 m für Männer und Frauen.

Staffelmiete ↑ Mietpreisrecht.

Staffelsee, See im Alpenvorland bei Murnau, Bay., 7,7 km², 648 m ü. d. M., bis 38 m tief.

Staffelstein, Stadt im Obermaintal, Bay., 274 m ü. d. M., 10 200 E. U. a. Porzellanfabrik, Pinselherstellung. - Seit dem 9. Jh. belegt, erhielt 1130 Marktrecht, 1418 erstmals als Stadt bezeichnet. - Spätgot. Pfarrkirche Sankt Kilian und Georg (15. Jh.); Fachwerkrathaus (17. Jh.).

Staffeltest ↑ Binet, Alfred.

Stafford [engl. ˈstæfəd], engl. Stadt in den West Midlands, 55 500 E. Verwaltungssitz der Gft. Staffordshire; Museum, Kunstgalerie, Schuhind. und Maschinenbau. - 871/899 gegr.; erhielt 1206 Stadtrecht. - Ehem. Kollegiatkirche Saint Mary (12. Jh.).

Staffordshire [engl. ˈstæfədʃɪə], engl. Gft. in den West Midlands.

Stag [niederdt.], Stahldraht, Tau oder Stahlstange zur Abstützung eines Schiffsmastes nach vorn (Backstag); Teil des stehenden ↑ Gutes, dient auch zur Anbringung der Stagsegel (Klüver, Flieger, Jager, Fock).

Stagflation [Kw. aus **Stag**nation und **Inflation**], im Konjunkturzyklus (↑ Konjunktur) die Phase des Tiefs bei gleichzeitigem Preisauftrieb. Die Ursachen für das im Modell einer Wirtschaft mit vollständiger Konkurrenz nicht zu erklärende gleichzeitige Auftreten von Stagnation und Inflation werden (mit unterschiedl. Gewichtung) meist in der staatl.

Konjunkturpolitik, die inflationsfördernd wirken kann, in der Existenz von Monopolen und Oligopolen, die einem Nachfragerückgang mit Preiserhöhungen begegnen, und in der Durchsetzung von Lohnerhöhungen durch die Gewerkschaften auch bei verminderter Nachfrage nach Arbeitskräften gesehen.

Stagione [...ˈdʒoːnə; lat.-italien.], die Spielzeit italien. [Opern]theater; auch Bez. für das Schauspieler- oder Sängerensemble.

Stagnation [lat.-engl.], allg. svw. Stokkung, Stauung, Stillstand. Im Konjunkturzyklus die Phase des Tiefs (↑Konjunktur) mit gleichbleibendem (oder rückläufigem) Sozialprodukt.

Stagnelius, Erik Johan [schwed. staŋˈneːliʊs], *Gärdslösa (Verw.-Geb. Kalmar) 14. Okt. 1793, †Stockholm 3. April 1823, schwed. Dichter. - Einer der originellsten Vertreter der schwed. Romantik. Begann mit Liebeslyrik, wandte sich später religiösen Themen zu; rhetor., z.T. prunkvoll überladene Sprache mit ekstat.-myst. Bildern.

Stagsegel ↑Stag.

Stahl, Friedrich Julius, urspr. F. J. Jolson-Uhlfelder, *Würzburg 16. Jan. 1802, †Bad Brückenau 10. Aug. 1861, dt. Rechtsphilosoph und Politiker. - Aus jüd. Familie, trat 1819 zum Luthertum über. Prof. in Würzburg (1823), Erlangen (1834) und Berlin (1840), wo er als Staatsrechtler und Theoretiker des preuß. Konservatismus großen Einfluß auf die Politik Friedrich Wilhelms IV. gewann. 1849 Mgl. der 1. Kammer (Führer der äußersten Rechten), 1850 des Erfurter Unionsparlaments. Verfaßte die als Grundlage der preuß. konservativen Partei geltende Schrift „Das monarch. Prinzip" (1845); Mitgründer der „Kreuzzeitung". S. lehnte Volkssouveränität und Widerstandsrecht ab und stellte dem liberalen Vernunftstaat und dem organ. Staat der Romantik den auf göttl. Recht gegr. christl. Staat entgegen.

S., Hermann, *Dillenburg 14. April 1908, dt. Schriftsteller. - Urspr. Maler (1933 als „entartet" angeprangert) und Bühnenbildner. Schrieb formal strenge, sprachl. präzise und klangvolle Lyrik („Gedichte aus vier Jahrzehnten", 1978), Romane um Verstrickung und Bewährung junger Menschen sowie Zeitromane mit Darstellung von Gefährdung und Angst der Nachkriegsgeneration, u. a. „Wildtaubenruf" (1958), „Tage der Schlehen" (1960).

Stahl, große Gruppe von Eisenlegierungen, deren Eigenschaften (Festigkeit, Zähigkeit, chem. Beständigkeit) sich durch Änderung der Legierungszusammensetzung und durch Wärmebehandlung in weitem Maß variieren lassen. Das wichtigste Legierungselement des Eisens ist der Kohlenstoff; Eisen mit einem Kohlenstoffgehalt über 2% ist spröde und nicht verformbar, weshalb das im Hochofen gewonnene, bis 4% Kohlenstoff enthaltende Roheisen durch Frischen auf einen Kohlenstoffgehalt unter 2% gebracht werden muß (↑Stahlerzeugung). Durch Wärmebehandlung wandelt sich die im Roh-S. vorliegende Mischung von Eisen und Eisencarbid, Fe_3C *(Zementit)*, in die Einlagerungsmischkristalle des γ-Eisens *(Austenit)* um, die durch rasches Abkühlen (Abschrecken) in Wasser oder Öl in das Gefüge des sehr harten *Martensits* übergehen (Härten des S., ↑auch Wärmebehandlung). Die zahlr. anderen metall. und nichtmetall. Elemente, mit denen Eisen zu härtbarem und nichthärtbarem S. legiert werden kann, lassen sich einteilen in solche, durch die das Gebiet des γ-Eisens im Zustandsdiagramm erweitert wird, d.h. durch die der S. beim Abkühlen vom Schmelzpunkt zur Raumtemperatur das kub.-flächenzentrierte Gitter des Austenits bekommt (neben Kohlenstoff, Nickel, Mangan, Stickstoff und Kobalt), und solche, durch die das Gebiet des γ-Eisens im Zustandsdiagramm verengt wird, d.h. durch die das kub.-raumzentrierte Gitter des α-Eisens erhalten bleibt (Silicium, Phosphor, Vanadium, Chrom, Molybdän und Wolfram). Außer nach den von den Legierungsbestandteilen abhängigen Gefügeformen lassen sich die Stähle nach den Herstellungsverfahren (z. B. Thomas-, Siemens-Martin-, Elektro-S.), nach dem Reinheitsgrad in Massen-, Qualitäts- und Edel-S., nach der chem. Beständigkeit in nichtrostenden S. (mit einem Chromgehalt über 12,5%), säurebeständigen S. (mit 12–19% Chrom, bis 8% Nickel u.a. Legierungselemente) usw. und nach den techn. Eigenschaften unterteilen (z. B. selbsthärtender S. mit bis zu 20% Wolfram). - ↑auch Stahlerzeugung.

🕮 *Minning, H. C.: S. im Handwerk. Düss. 1986. - Wegst, C. W.: S.schlüssel-Tb. Wissenswertes über Stähle. Marbach [14]1986. - Jb. S. 1986. Hg. v. Verein Dt. Eisenhüttenleute. Düss. 1985. - S.-Eisen-Liste. Hg. v. Verein Dt. Eisenhüttenleute. Düss. [7]1981. - Scheer, L./Berns, H.: Was ist S. Eine S.kunde für jedermann. Bln. u.a. [15]1980.*

Stahlbad, medizin. Bad unter Verwendung von ↑Eisenquellen, bes. Eisensäuerlingen; v.a. bei Blutarmut.

Stahlbau, Bautechnik, bei der im wesentl. Bauteile aus Stahl verwendet werden. Man unterscheidet den Stahlhochbau (Stahlskelettbau, Industrie- und Hallenbau), den Brükkenbau, den Freileitungsbau, den Kran- und Förderanlagenbau und den Stahlleichtbau (Hallen- und Dachbauten).

Stahlbeton [betõː] (bewehrter Beton, früher: Eisenbeton), mit Stahleinlagen (in der Regel Rundstahl) versehener Beton. Beton ist druckfest, aber nur wenig zugfest, so daß er schon bei geringer Dehnung reißt. Erst im Verbund mit Stahleinlagen (Bewehrung), die die Zugkräfte aufnehmen, wird er für Bauteile aller Art anwendbar. Je größer die Festigkeit von Beton und Stahl und je größer die Bewehrungsmenge im Beton ist, desto kleiner können die Dickenabmessungen der Bauteile und damit deren Eigengewicht werden; auch lassen sich größere Spannweiten überwinden. - Als Erfinder des S. gilt J. Monier, auf den auch die früher übl. Bez. Moniereisen für die Stahleinlagen zurückgeht.

Stahlbetonbau [betõ:], Verfahren der Bautechnik, bei dem v. a. Stahlbeton verwendet wird. Erste vielbeachtete Anwendungen dieser Bauweise erfolgten gegen Ende des 19. Jh. Charakterist. Bauteile sind Plattenbalken, schmale Balkenrippen mit breiten Plattenstreifen am Kopf. Bei engem Rippenabstand entsteht die Rippendecke. Deckenplatten mit inneren Hohlräumen zur Verminderung des Eigengewichts sind die Vorläufer der sog. Hohlkastenträger im Brückenbau. Eine weitere, für den S. typ. Konstruktion ist die sog. Pilzdecke, bei der eine Stahlbetonplatte (ohne Unterzüge) biegefest mit einer nach oben verbreiterten Stahlbetonstütze verbunden ist. Faltwerke aus an den Kanten verbundenen Scheiben eröffneten neue architekton. Möglichkeiten im Hallenbau. - Ein neuer Abschnitt des S. wurde 1922/23 durch die von W. Bauersfeld und F. Dischinger entwickelten Stahlbetonschalen eingeleitet, dünne, gekrümmte flächige Bauteile, die dank ihrer Form und ihrer geringen Dicke Lasten in ganz anderer Weise abtragen als Gewölbe, denen sie äußerl. ähneln.

Stahleck, Burg über ↑ Bacharach.

Stahleisen (Stahlroheisen), zur Weiterverarbeitung zu Stahl nach dem Siemens-Martin- oder LD-Verfahren verwendetes Roheisen mit 3,8–4,5% Kohlenstoff, 0,6–1,2% Silicium, 2,0–5,0% Mangan, 0,08–0,20% Phosphor und 0,03–0,05% Schwefel.

Stahlerzeugung, die Herstellung von ↑ Stahl aus dem im Hochofen gewonnenen Roheisen, z. T. unter Zusatz von Schrott; sie beruht im wesentl. darauf, daß die im Roheisen gelösten unerwünschten Begleitelemente des Eisens, insbes. der Kohlenstoff, daneben auch Mangan, Silicium, Phosphor und Schwefel durch **Frischen** (d. h. durch Oxidieren mit Luft bzw. reinem Sauerstoff oder sauerstoffabgebenden Substanzen) in Form von Schlacke oder gasförmigen Verbindungen ganz oder teilweise entfernt werden. Für das Frischen wurden mehrere Verfahren entwickelt: Bei den *Blasverfahren* sind als ältere Verfahren v. a. das Bessemer-Verfahren und das Thomas-Verfahren zu nennen, bei denen das Roheisen in Konvertern durch Einblasen von Luft vom Konverterboden aus gefrischt wurde (Windfrischen). Große techn. Bed. haben heute die sog. *Sauerstoffblasverfahren*, unter denen v. a. das für phosphorarmes Roheisen geeignete **LD-Verfahren** sowie das für phosphorreiches Roheisen entwickelte **LD-AC-Verfahren** zu nennen sind, bei denen das Roheisen in Konvertern durch Aufblasen von reinem Sauerstoff (unter Zusatz von schlakkenbildenden Substanzen) gefrischt wird. *Herdfrischverfahren* sind das **Siemens-Martin-Verfahren,** bei dem die unerwünschten Begleitstoffe durch Einwirkung heißer, oxidierender Flammengase und durch die Frischwirkung des von Schrott oder oxid. Eisenerz abgegebenen Sauerstoff entfernt werden, und das **Elektrostahlverfahren,** d. h. die Herstellung von Elektrostahl in Elektroschmelzöfen wie Lichtbogen- oder Induktionsöfen. Das Siemens-Martin-Verfahren wurde in W-Europa und Japan durch die Sauerstoffblasverfahren weitgehend verdrängt, stellt aber v. a. in den USA und der UdSSR noch eines der wichtigsten S.verfahren dar. Neben der Aufarbeitung von Roheisen zu Stahl („Eisenveredelung") gewinnt in den letzten Jahren die S. durch Direktreduktion von Eisenerzen zunehmend Bedeutung.

Die Weltproduktion an Rohstahl betrug 1984 653 Mill. t. Hauptproduktionsländer waren (Mill. t): Sowjetunion 153,9; Japan 105,6; USA 82,7; China 43,3; BR Deutschland 39,4.

Geschichte: Schmiedbares Eisen (mit einem Gehalt von etwa 0,5% Kohlenstoff) wurde in den frühen histor. Zeiten durch Reduktion eisenreicher Erze mit Holzkohle erzeugt (↑ Eisen, Geschichte). Als frühestes Verfahren zur Herstellung von Schmiedeeisen aus flüssigem Roheisen ist das Herdfrischen anzusehen, bei dem das Roheisen im sog. Frischfeuer auf einem Herd mit Holzkohlen unter Zufuhr von Gebläseluft eingeschmolzen wurde; hierbei fiel das gefrischte Eisen in Form von Luppen an, die durch Zusammenschweißen in sog. Schweißeisen (Schweißstahl) überführt wurden. 1742 gelang es B. Huntsman, durch Schmelzen der Luppen in einem Tiegel den Stahl in seiner Zusammensetzung zu vergleichmäßigen (Gußstahl, Tiegelstahl). Dieses Verfahren wurde in der 1. Hälfte des 19. Jh. durch F. Krupp in großtechn. Maßstab übertragen. 1784 wurde das von H. Cort entwikkelte Puddelverfahren bekannt, bei dem das Roheisen in Flammöfen gefrischt wurde. 1856 erhielt H. Bessemer ein Patent auf sein Verfahren zum Frischen von siliciumreichem und phosphorarmem Roheisen, 1864 entwickelte P. Martin das erste techn. Herdfrischverfahren, das dann unter Verwendung des von F. und W. Siemens gebauten Regenerativflammofens schnell von der Stahlindustrie übernommen wurde (Siemens-Martin-Verfahren). Das von S. G. Thomas und P. J. Gilchrist verbesserte Windfrischverfahren (1879) ermöglichte auch die Verarbeitung von phosphorreichem Roheisen.

📖 *Grundll. u. Technologie der S.erzeugung. Lpz. 1975.*

Stahlhelm (eigtl. Stahlhelm, Bund der Frontsoldaten), 1918 von F. Seldte gegründeter Zusammenschluß von Soldaten des 1.

Weltkrieges (seit 1924 auch von Nichtkriegsteilnehmern); nominell überparteil., tatsächl. nat.konservativ ausgerichtet; neigte zunehmend den antidemokrat. Rechtsparteien zu, mit denen er ab 1929 die Republik offen bekämpfte († Harzburger Front). Ab Juni 1933 wurden die Mgl. bis zum Alter von 35 Jahren in die SA eingegliedert, der Rest des S. wurde im April 1934 in „Nat.-soz. Dt. Frontkämpferbund" umbenannt; im Nov. 1935 wurde der S. aufgelöst. 1951 Neugründung in der BR Deutschland.

Stahlhelm ↑Helm.

Stahlhof ↑Stalhof.

Stählin, Wilhelm [...li:n], * Gunzenhausen 24. Sept. 1883, † Prien a. Chiemsee 16. Dez. 1975, dt. ev. Theologe. - 1926–58 Prof. für prakt. Theologie in Münster; 1944–52 Bischof der Ev.-luth. Kirche in Oldenburg. Als eine der führenden Persönlichkeiten der dt. Jugendbewegung und Mitbegr. des Berneuchener Kreises (1931) suchte S. das kirchl. Leben bes. auf liturg. Gebiet zu erneuern und die ev.-kath. Ökumene zu fördern (1946 Mitbegr. des ev.-kath. ökumen. Arbeitskreises).

Stahlmantelgeschoß ↑Munition.

Stahlpakt, Bez. für den Bündnisvertrag zw. Deutschland und Italien vom 22. Mai 1939; formalisierte die ↑Achse Berlin–Rom und erweiterte sie zur uneingeschränkten Offensivallianz; bildete neben dem Dt.-Sowjet. Nichtangriffspakt das wichtigste diplomat. Instrument zur Vorbereitung des dt. Angriffs auf Polen.

Stahlrohrmöbel (Stahlmöbel), Möbel, deren tragende Teile aus verchromten oder auch aus lackierten Stahlrohren bestehen: Tische, Betten, Regale, Schränke und insbes. Sitzmöbel. 1925 entwarf der damals am Bauhaus tätige M. L. Breuer den ersten Sessel mit einem Gerüst aus Stahlrohr (Bespannung mit Eisengarn). Mies van der Rohe entwarf

Stahlerzeugung.
Rechts: LD-Konverter mit eingeblasenem Sauerstoffstrahl (schematisch); unten: Elektro-Lichtbogenofen (schematisch)

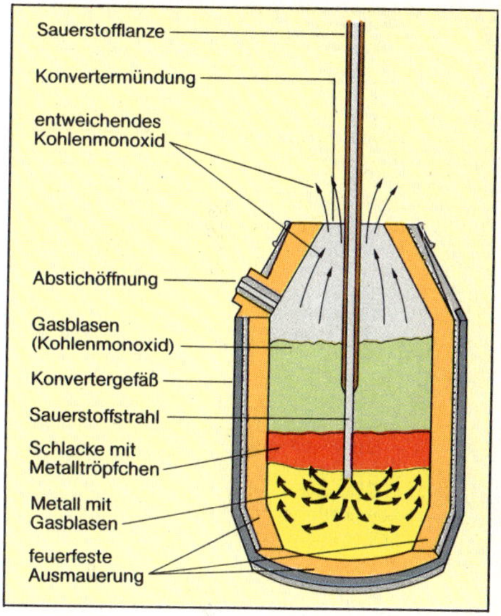

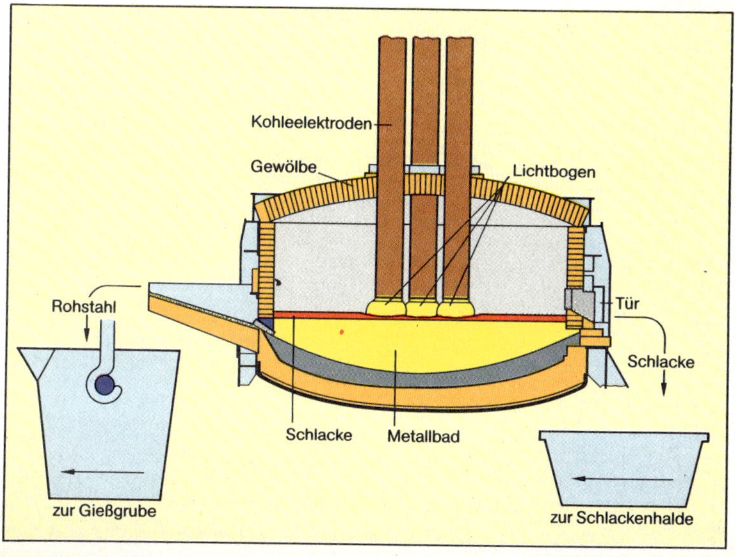

einen elast. federnden Stahlrohrsessel auf Kufen, eine bahnbrechende Entwicklung (1927).

Stahlskelettbauweise, Skelettbauweise für Hochbauten, bei der Stahltragwerke verwendet werden, die zu räuml. Rahmen verbunden sind.

Stahlstich (Siderographie), graph. Verfahren, bei dem eine Stahlplatte durch Entzug von Kohlenstoff weich gemacht wird und die Linien dann eingearbeitet werden können. Danach wird sie wieder gehärtet. Der S. ergibt konturenscharfe Drucke.

Stahlwolle, gekräuselte Stahlfasern verschiedener Stärke, die u. a. zum Abschleifen und Reinigen von Metall- oder Holzflächen verwendet werden.

Staiger, Emil, * Kreuzlingen 8. Febr. 1908, schweizer. Literaturwissenschaftler. - Seit 1943 Prof. in Zürich. Begründete die Methode der stilkrit. [immanenten] Interpretation, die das Wortkunstwerk aus sich heraus beschreiben und deuten will. Schrieb u. a. „Die Grundbegriffe der Poetik" (1946), „Die Kunst der Interpretation" (1955).

Stainer, Jakob, * Absam vor 1617, † ebd. 1683, Tiroler Geigenbauer. - Ab etwa 1638 in Absam tätig, baute v. a. Violinen, Violen, Gamben, Kontrabässe; charakterist. sind die hohe Boden- und Deckenwölbung und der weiche silbrige Ton.

Staked Plain [engl. 'stɛɪkt 'plɛɪn] ↑ Llano Estacado.

Staketen [italien.], 1,5–2 m lange Stangenhölzer mit Rinde (Durchmesser 4–7 cm), v. a. aus Nadelholz; v. a. für Zäune verwendet.

stakkato, svw. ↑ staccato.

Stalag, Abk. für Kriegsgefangenen-Mannschafts-**Stammlag**er, v. a. an der Ostgrenze des Dt. Reiches (Ostpreußen) und in Polen eingerichtete Lager für sowjet. Kriegsgefangene mit Belegungsziffern zw. 30 000 und 50 000 Menschen; entgegen völkerrechtl. Bestimmungen bestanden die S. z. T. aus mit Stacheldraht umzäunten Plätzen, auf denen die Kriegsgefangenen unter freiem Himmel hausen mußten. Neben den S. existierten sog. Kriegsgefangenen-**Of**fiziers**lag**er (**Oflag**) und Kriegsgefangenen-**Du**rchgangs**lag**er (**Dulag**); insgesamt waren 19 Lager mit einer Kapazität von rd. 790 000 sowjet. Gefangenen vorgesehen.

Stalagmiten [griech.] ↑ Höhle.

Stalagnaten [griech.] ↑ Höhle.

Stalaktiten [griech.] ↑ Höhle.

◆ (Mukarnas) Schmuckelemente der islam. Architektur; sog. Zellenwerk aus bemaltem Stuck oder Holz u. a., zusammengesetzt aus Reihen kleiner nischen- oder konchenförmiger oder prismat. Formen. Verwendet als Überleitung vom Viereckplan zur Kuppel, auch als *S.gewölbe.* Techn. gesehen sind S. aufgehängt, in der von Lichtreflexen und Schatten bestimmten Wirkung aufsteigend bzw. schwerelos.

Stalhof [zu niederdt. stal „(zum Verkauf ausgelegtes) Muster, Probe"] (fälschl. Stahlhof), Bez. für das Hansekontor in London; nach Aufhebung der hans. Privilegien (1598) geschlossen.

Stalin, Iossif (Josef) Wissarionowitsch; eigtl. I. W. Dschugaschwili, * Gori 21. Dez. 1879, † Kunzewo (= Moskau) 5. März 1953, sowjet. Politiker. - Aus ärml. Verhältnissen stammend; vom Priesterseminar in Tiflis 1899 wegen Verbindungen zu marxist. Untergrundzirkeln ausgeschlossen. 1901 wurde S. Mgl. des ersten Parteikomitees der SDAPR. Unter dem Decknamen Koba organisierte S. Streiks und Demonstrationen; 1902 verhaftet, 1903 nach Sibirien verbannt; im Jan. 1904 erfolgreiche Flucht. Seit Jan. 1912 im ZK, gründete S. die „Prawda". Im Febr. 1913 erneut verhaftet und verbannt, kehrte S. erst im März 1917 nach Petrograd zurück; nach Lenins Rückkehr aus dem Exil im April

Iossif Wissarionowitsch Stalin (um 1941)

schwenkte S. auf dessen Kurs der bewaffneten Machtergreifung ein. Ab Okt. 1917 Mgl. des Politbüros, war S. an Vorbereitung und Durchführung der Oktoberrevolution beteiligt. Er übernahm dann die Ämter des Volkskommissars für Nationalitätenfragen (1917–23) und für staatl. Kontrolle bzw. der Arbeiter- und Bauerninspektion (1919–22). Als Generalsekretär des ZK (ab 1922) begann S. seine Machtposition auszubauen. Nach Lenins Tod (Jan. 1924) gelang es ihm, seine Konkurrenten nach und nach auszuschalten. Ab 1927 unumschränkter Diktator, sicherte er in der Folgezeit seine Macht durch rücksichtslose Vernichtung mögl. Gegner. Höhepunkte waren die „Säuberungen" und Schauprozesse der 1930er Jahre, v. a. nach dem (bis heute ungeklärten) Mord an S. M. ↑ Kirow. Innenpolit. forcierte S. entsprechend seiner These vom „Aufbau des Sozialismus in einem Land" die Industrialisierung und Zwangskollektivierung in der Landw. mit dem Ziel, weitgehende Autarkie der Sowjetunion zu errei-

chen. Außenpolit. war S. v.a. bestrebt, die Sowjetunion aus dem drohenden Krieg herauszuhalten. Vom dt. Angriff wurden S. und damit die durch die von S. veranlaßten „Säuberungen" im Offizierskorps geschwächte Rote Armee überrascht. Die letztl. erfolgreiche Abwehr nutzte S. als Marschall (1943) und schließl. Generalissimus (1945) zur weiteren Steigerung des Personenkults. In den Verhandlungen mit den westl. Alliierten und durch den erzwungenen Machtantritt kommunist. Parteien in vielen Ländern konnte S. die Einflußsphäre der UdSSR wesentlich erweitern. Eine bereits vorbereitete neue Welle von „Säuberungen" kam durch seinen Tod nicht mehr zustande. Zunächst neben Lenin aufgebahrt, wurde sein Leichnam nach der Kritik Chruschtschows auf dem XX. Parteitag 1956 und dem XXI. Parteitag 1961 an die Kremlmauer umgebettet.
S., der sich selbst unter die „Klassiker" des Marxismus-Leninismus einreihte, verfaßte zahlr., den Marxismus vulgarisierende Schriften, die erhebl. Einfluß ausübten. S.-Zitate waren für nahezu alle während seiner Herrschaft erscheinenden Werke, über welches Thema auch immer, geradezu obligatorisch. Über seinen Tod hinaus von Einfluß war v.a. sein Werk „Ökonom. Probleme des Sozialismus in der UdSSR" (1952).
📖 *Souvarine, B.: S. Anmerkungen zur Gesch. des Bolschewismus. Dt. Übers. Mchn. 1980. - Morozow, M.: Der Georgier. S.s Weg u. Herrschaft. Mchn. u. Wien ²1980. - Deutscher, I.: S. Eine polit. Biogr. Dt. Übers. Bln. 1979. 2 Bde. - Ulam, A. B.: S. Dt. Übers. Esslingen 1977.*

Stalingrad, 1925–61 Name der sowjet. Stadt ↑Wolgograd.

Stalingrad, Schlacht von (1942/43), eine der kriegsentscheidenden Schlachten des 2. Weltkrieges. Die Ende Aug. 1942 bis zur Wolga nördl. von Stalingrad vorgestoßene dt. 6. Armee unter F. Paulus wurde mit rd. 280000 Mann nach Eroberung eines Großteils der Stadt Ende Nov. 1942 durch eine sowjet. Gegenoffensive eingekesselt. Als Entsatzversuche ab Mitte Dez. 1942 erfolglos blieben, Hitler Ausbruch und Kapitulation verbot, die Luftversorgung völlig unzureichend war, kapitulierte Paulus unter wachsendem Druck der Roten Armee für das Gros seiner Truppen am 31. Jan., der Rest der Armee am 2. Febr. 1943; rd. 146000 Gefallene, rd. 90000 Kriegsgefangene.

Stalinismus, Bez. für eine bestimmte, von I. W. Stalin geprägte theoret. Interpretation des Marxismus sowie für autoritär-bürokrat. Methoden und Herrschaftsformen innerhalb kommunist. Parteien bzw. kommunist. Länder, die von Stalin erstmals praktiziert wurden. - In der *Theorie* kennzeichnet den S. die Dogmatisierung des Marxismus, die Reduzierung der Dialektik auf bloße Gegensätzlichkeit, die Überbetonung einer Determiniertheit der gesellschaftl. Entwicklung gegenüber den Einflußmöglichkeiten subjektiver Faktoren sowie eine starre Schematisierung. - In der polit. *Praxis* werden sowohl einzelne bürokrat. Erscheinungen als „stalinist." bezeichnet als auch (in umfassenderer Bed.) die innerhalb kommunist. Parteien von der Mitgliedschaft unkontrollierbar ausgeübte Führung der Partei durch einen bürokrat. Apparat, der seine polit. Linie autonom festlegt und administrativ durchsetzt. - Als *Herrschaftsform* wird unter S. die Diktatur einer Parteiführung oder - wie im Falle Stalins - eines Parteiführers verstanden, wobei die administrative Durchsetzung der willkürl. festgelegten polit. Linie mit Repression und Terror bis hin zur phys. Liquidierung wirkl. oder vermeintl. polit. Gegner erfolgt. Häufig wird auch der Personenkult als ein konstitutives Merkmal des S. verstanden.
Das *Verhältnis des S. zum Marxismus* ist umstritten. Während er von Kritikern des Marxismus als konsequente Folge des Marxismus[-Leninismus] in der Theorie bzw. jeder sozialist. Revolution in der polit. Praxis verstanden wird, verweisen Marxisten v.a. auf die während des XX. Parteitages der KPdSU geübte Kritik an Stalin (↑Entstalinisierung) und erklären den S. hinsichtl. einzelner Ausprägungen, insbes. des Personenkults und der Liquidierung von Partei-Mgl. als dem Wesen des Sozialismus widersprechende, nur durch die bes. Situation der Sowjetunion mögl., vorübergehende Erscheinung. Innerhalb des Kommunismus entstand in Opposition zum S. die Richtung des Reformkommunismus.
📖 *S. Probleme der Sowjetgesellschaft zw. Kollektivierung u. Weltkrieg. Hg. v. G. Erler u. W. Süß. Ffm. 1982. - Elleinstein, J.: Gesch. des S. Dt. Übers. Bln. 1977. - Medwedew, R. A.: Die Wahrheit ist unsere Stärke: Gesch. u. Folgen des S. Dt. Übers. Ffm. 1973.*

Stalino, früherer Name von ↑Donezk.

Stalinorgel, dt. Bez. für den im 2. Weltkrieg (erstmals im Sept. 1941 bei Leningrad) von den sowjet. Streitkräften eingesetzten Raketenwerfer (russ. „Katjuschka"), mit dem je nach Typ bis zu 48 Raketengeschosse in kurzer Folge abgefeuert werden konnten.

Stalinstadt ↑Eisenhüttenstadt.

Stall, Gebäude zur Unterbringung und Haltung von Nutztieren. Der S. soll sowohl die Gesundheit und Leistungsfähigkeit der Tiere gewährleisten als auch rationelles Füttern (bei Milchvieh auch Melken) und Entmisten (heute vielfach durch mechan. Vorrichtungen erreicht) erlauben. - Milchvieh ist meist im sog. **Anbinde-S.** untergebracht, bei dem die Tiere in Längsrichtung des S. nebeneinanderstehend vor dem Futtertrog angebunden sind. Zunehmend findet der **Laufstall** Verbreitung, in dem sich die Tiere frei bewegen können. Beim **Liegeboxen-Laufstall** sind Futterplatz und Melkstand getrennt von dem in einzelne Boxen unterteilten Liegeplatz angelegt. - Pferdeställe für Zuchtpferde sind in einzelne Boxen unterteilt; für Arbeitspferde sind die einzelnen Anbindestände meist nur durch sog. Flankierbäume abgegrenzt. Für Mastschweine findet in Kleinbetrieben die **dän. Aufstallung** mit Liege- und Kotfläche in den einzelnen Buchten, bei größeren Beständen der **Teil-** bzw. **Vollspaltenboden** (Betonbalken) Anwendung. Für Zuchtsauen kommt auch die Einzelaufstallung und die Anbindehaltung in Gebrauch. - Zur Haltung von Legehennen (sofern nicht Käfighaltung in „Legebatterien") werden größere Räume verwendet. Sie sind mit Sitzstangen und an bes. Stellen angelegten Fallennestern ausgestattet. - Bes. Vorkehrungen sind zur Aufzucht von Jungtieren erforderlich (z. B. Heizung).

Stallbuch, das für den Viehbestand eines Tierhalters (v. a. in der Landw.) angelegte Buch oder Register, in das alle wichtigen Daten (u. a. Abstammung, Geburt, Herdbuchnummer, Deckdaten, Leistungen) für jedes Tier eingetragen werden; damit sind für den Tierhalter jederzeit alle Daten greifbar, die auch im Herdbuch vermerkt sind.

Stall. Oben: Liegeboxenstall mit Spaltbodenlaufgang; unten: Legebatterie

Stallhase, volkstüml. Bez. für † Hauskaninchen.

Stambolić, Petar [serbokroat. ˌstambolitɕ], * Brezova (Serbien) 12. Juli 1912, jugoslaw. Politiker. - In Serbien 1945–48 Finanzmin., 1948–53 Min.präs., 1953–57 Parlamentspräs.; 1957–63 Präs. des Bundesparlaments, 1963–67 Min.präs.; 1966–81 im Präsidium des ZK des Bundes der Kommunisten; seit 1974 Mgl., 1982/83 Vors. des Staatspräsidiums.

Stamboliski, Alexandar [bulgar. stambo'lijski], * Slawowiza bei Pasardschik 1. März 1879, † ebd. 14. Juni 1923 (ermordet), bulgar. Politiker. - Ab 1908 Vors. der Agrarpartei und Abg. der Nat.versammlung; 1915–18 inhaftiert; 1918 Umsturzversuch; ab 1919 Min.präs. (diktator. Regime mit radikalen Reformen zugunsten der Bauern); 1923 durch Militärputsch gestürzt.

Stamen (Mrz. Stamina) [lat.], svw. † Staubblatt.

Stamitz, Johann (tschech. Jan Stamic [tschech. 'stamits]), * Deutsch-Brod (= Havlíčkův Brod) 19. Juni 1717, † Mannheim 27. März 1757, böhm. Violinist und Komponist. - Kam 1741 als Violinist an den Mannheimer Hof, wo er ab 1750 als Musikdirektor bis zu seinem Tode wirkte; hervorragender Violinvirtuose und Orchestererzieher; gilt als Begründer der † Mannheimer Schule. Mit seinen Kompositionen (74 Sinfonien, Orchestertrios, Konzerte, Kammermusik, geistl. Vokalwerke) schuf er formal und inhaltl. die Voraussetzungen für die Ausbildung des Wiener klass. Stils. - Seine Söhne *Carl S.* (* 1745, † 1801) und *Anton S.* (* 1750, † 1796) wirkten ebenfalls als Violinisten am Mannheimer Hoforchester sowie als Komponisten.

Stamm, in der *Botanik* Bez. für die verdickte und verholzte † Sproßachse von Bäumen und Sträuchern.

◆ (Phylum) in der biolog., hauptsächl. der zoolog. Systematik Bez. für die zweithöchste (nach dem Reich) oder dritthöchste Kategorie (nach der S.gruppe bzw. dem Unterreich); S. des Tierreichs sind z. B. Ringelwürmer und Gliederfüßer.

◆ ethn. Einheit (Bez. heute noch v. a. für Naturvölker gebraucht), die Menschen gleicher Sprache und Kultur sowie mit gemeinsamem Siedlungsgebiet umfaßt.

◆ Grundbestandteil von Wörtern, an den andere Wortbestandteile angehängt werden können.

Stammaktie, die übl. Form einer † Aktie (ohne Vorrechte).

Stammbaum, in der *Biologie* die bildl. Darstellung der natürl. Verwandtschaftsver-

hältnisse zw. systemat. Einheiten des Tier- bzw. Pflanzenreichs in Gestalt eines sich verzweigenden Baums; davon abgeleitet allg. die graph. Darstellung solcher Verhältnisse.
◆ in der *Genealogie* ↑Stammtafel.
◆ in der *Bibel* ↑Geschlechtsregister.
◆ in der *Linguistik* svw. ↑Stemma.

Stammbaum Jesu, Bez. für die Matth. 1, 2–17 und Luk. 3, 23–38 [unterschiedl.] aufgeführte Genealogie Josephs, des gesetzl. Vaters Jesu. Der S. J. gehört literar. zu den Geschlechtsregistern, die bes. in Priesterfamilien damals oft bezeugt und in einer bestimmten Zahlensymbolik verfaßt sind; er kann also nicht als histor. Nachweis angesehen werden.

Stammbaumtheorie, in der Sprachwiss. Bez. für die Theorie der Entwicklung von Sprachen durch fortwährende Trennung und Aufspaltung in immer kleinere Einheiten. - Ggs. ↑Wellentheorie.

Stammblütigkeit, svw. ↑Kauliflorie.

Stammbuch, in der *Tierzucht* svw. ↑Herdbuch.
◆ urspr. Verzeichnis aller Familienangehörigen; vom 16. Jh. bis ins 19. Jh. ein Album für handschriftl. Eintragungen von Verwandten und Freunden des Besitzers (heute als *Poesiealbum* [der Schulkinder] und *Gästebuch*). Die alte Bed. wurde auf das Familienbuch (↑Personenstandsbücher) übertragen.

Stammeinlage ↑Gesellschaft mit beschränkter Haftung.

Stämme Israels, die das [Gesamt]volk des (alten) Israel bildenden Volksgruppen bzw. Familienzusammenschlüsse. Sie treten von der ältesten Zeit an in der Zwölfzahl auf und werden auf Jakob (Israel) als ihren Ahnherrn zurückgeführt. Nach 1. Mos. 35, 23–26 lauten die Namen der Söhne Jakobs (also der **Stammväter** Israels): Ruben, Sim[e]on, Levi, J[eh]uda, Issachar, Zabulon, Josef, Benjamin, Dan, Naftali, Gad und As[ch]er.

Stammel, Joseph Thaddäus, ≈ Graz 9. Sept. 1695, † Admont 21. Dez. 1765, östr. Bildhauer. - In seinen volkstüml. Darstellungen lebt die Tradition alpenländ. Schnitzkunst fort. - *Werke:* Hochaltar in Sankt Martin in Graz-Straßgang (1738–40), Figuren in der Stiftsbibliothek in Admont (1760).

Stammelement, am Anfang einer radioaktiven Zerfallsreihe stehendes chem. Element.

Stammeln (Psellismus), die Unfähigkeit, bestimmte Laute (am häufigsten S und R) oder Lautverbindungen auszusprechen. Im Alter von 2–4 Jahren ist S. normal, da Gehirn und Geschicklichkeit der Sprechwerkzeuge noch im Reifen begriffen sind *(physiolog. S.)*. Nach dem 4. Lebensjahr bedarf S. der Sprachtherapie. S. kommt u. a. bei Hörstörungen, Anomalien der Sprechwerkzeuge und geistiger Behinderung vor.

Stammesentwicklung ↑Entwicklung (in der Biologie).

Stammesherzogtum ↑Herzog.

Stammesrechte ↑germanische Volksrechte.

Stammformen, Bez. für das ↑Averbo, also für die Konjugationsformen des Verbs, von denen mit Hilfe von Endungen und Umschreibungen sämtl. andere Formen abgeleitet werden können. Im Neuhochdt. sind 3 S. zu unterscheiden: Präsens (bzw. Infinitiv), (1. Person Singular) Präteritum und 2. Partizip, z. B. *rinne(n), rann, geronnen* bzw. *liebe(n), liebte, geliebt.*

Stammfunktion ↑Integralrechnung.

Stammgut, etwa seit dem 14. Jh. Bez. für den Besitz adliger Fam., der unveräußerl. war und im Wege der Primogenitur im Mannesstamm ungeteilt vererbt wurde. Anfängl. wurde als Eigentümer die Fam. angesehen, später der jeweilige Chef des Hauses.

Stammhirn, svw. Hirnstamm (↑Gehirn).

Stammkapital ↑Gesellschaft mit beschränkter Haftung.

Stammkohl ↑Gemüsekohl.

Stammler, Wolfgang, * Halle/Saale 5. Okt. 1886, † Hösbach (Landkr. Aschaffenburg) 3. Aug. 1965, dt. Germanist. - 1918 Prof. in Dorpat, 1924–36 in Greifswald, ab 1951 in Freiburg (Schweiz). Hg. der wichtigsten Standardwerke der Germanistik: „Reallexikon der dt. Literaturgeschichte" (1925–31; mit P. Merker), „Die dt. Literatur des MA. Verfasserlexikon" (5 Bde., 1933–55; Bd. 3–5 hg. von K. Langosch), „Dt. Philologie im Aufriß" (1952–56).

Stammtafel (Deszendenztafel), genealog. Tafel, die alle Söhne und Töchter der Ehen eines Geschlechtes erfaßt, nicht aber die Nachkommen der verheirateten Töchter; wird oft in Form eines **Stammbaumes** bildl. dargestellt.

Stammväter, Bez. für die Häupter der zwölf Stämme Israels im A. T., nach denen die ↑Stämme Israels benannt sind.

Stammwürzegehalt ↑Bier.

Stamnos [griech.], altgriech. dickbäuchiges, zweihenkeliges Vorratsgefäß mit abgesetztem Hals.

Stamokap, Abk. für: ↑**Sta**ats**mo**nopolistischer **Kap**italismus.

Stampa, La, [italien. „Die Presse"], italien. Tageszeitung, ↑Zeitungen (Übersicht).

Stampfen, die Bewegung eines Schiffes um seine Querachse (abwechselndes Auf- und Abschwingen von Vor- und Achterschiff).

Stams, östr. Gem. im Oberinntal, Tirol, 1 000 E. Zisterzienserstift mit roman. Klosterkirche (geweiht 1284, im 17. und 18. Jh. umgebaut), Grablege der Grafen von Görz-Tirol; Stiftsgebäude (17. und 18. Jh.); got. Pfarrkirche (1318 geweiht, innen barockisiert).

STAN, Abk. für: **St**ärke- und **A**usrüstungs**n**achweisung, in der Bundeswehr Verzeichnis, das das Soll an Personal und Material für Einheiten und militär. Dienststellen festlegt.

Stancu, Zaharia [rumän. 'staŋku], * Salcia (Verw.-Geb. Teleorman), 7. Okt. 1902, † Bukarest 5. Dez. 1974, rumän. Schriftsteller. - Bäuerl. Herkunft; seine realist. [autobiograph.] Romane schildern die Entwicklung des rumän. Dorflebens von der Jh.wende bis zur Gegenwart („Barfuß", 1948; „Die Tochter des Tataren", 1963).

Stand, in Abgrenzung zu den Begriffen Klasse, Schicht, Kaste Bez. für die Gesamtheit der Mgl. einer abgeschlossenen gesellschaftl. Großgruppe in einem hierarch. gegliederten Gesellschaftssystem (v. a. im Feudalismus), die sich durch ihre Abstammung (Geburt), ihre durch bes. Rechte, Pflichten, Privilegien und gesellschaftl. Funktion (Beruf) gekennzeichnete und gefestigte soziale Position (Rang), ihre Lebensführung und sittl.-moral. Anschauungen (Standesethik) von anderen Ständen abgrenzen. Die Ständegesellschaft als ein Herrschaftssystem der Über- und Unterordnung ist rechtl. und ideolog. durch religiöse und staatstheoret. Ordnungsvorstellungen legitimiert und damit relativ stabil. - Die *ma. Ständeordnung* beruhte auf der grundlegenden Unterscheidung von Freien und Unfreien, Herrschenden und Dienenden. Auf dieser Basis wurden verschiedene hierarch., häufig dreigliedrige Ständemodelle entwickelt, z. B. 1. S. Klerus, 2. S. Adel, 3. S. „Volk". Die im 19. Jh. aufgekommene Bez. der Arbeiterschaft als **vierter Stand** übergeht die Tatsache, daß die Forderungen der unterprivilegierten Arbeiterklasse nach Änderung der sozialen Verhältnisse den Rahmen ständ. Auseinandersetzungen sprengten.

Standard [engl., eigtl. ↑„Standarte, Fahne"], allg. Maßstab, Norm, Richtschnur; Leistungs-, Qualitäts-, Lebensführungsniveau.
◆ in der *Physik* svw. Normal (↑Normale).
◆ bei Tieren ↑Rassenstandard.
◆ Musikstück, das zum festen Bestand des Repertoires einer Band oder bestimmter Bands [desselben Jazzstils] gehört, jedoch nicht wie der ↑Evergreen vom Publikumsgeschmack abhängig ist.

Standardabweichung (Streuung, mittlere Abweichung, mittlerer quadrat. Fehler, Präzisionsmaß), Formelzeichen σ, in der *Statistik* und *Wahrscheinlichkeitsrechnung* Bez. für die Quadratwurzel aus der mittleren quadrat. Abweichung einer zufälligen Veränderlichen X von ihrem Mittelwert $\bar{X} = E(X)$:

$$\sigma = \sqrt{E[(X-\bar{X})^2]}.$$

Standardbicarbonat (Alkalireserve), die im Blutplasma gelösten Alkalihydrogencarbonate (Natrium- und Kaliumhydrogencarbonat) sowie das primäre und sekundäre Natriumphosphat, die als Puffer das Blut gegen Übersäuerung schützen, d. h. den pH-Wert des Blutes konstant halten.

Standard Elektrik Lorenz AG, Abk. SEL, dt. Unternehmen der Nachrichtentechnik, entstanden 1958 durch Zusammenschluß; im Besitz der ↑International Telephone and Telegraph Corporation.

Standardisierung, das Aufstellen von allgemein gültigen und akzeptierten festen Normen (Standards) zur Vereinheitlichung der Bez., Kennzeichnung, Handhabung, Ausführung u. a. von Produkten und Leistungen; in der Technik svw. ↑Normung.

Standard Oil Company [engl. 'stændəd 'ɔɪl 'kʌmpənɪ] ↑Exxon Corp.

Standard Oil Trust [engl. 'stændəd 'ɔɪl 'trʌst] ↑Rockefeller, John Davison.

Standardsprache (Hochsprache, Gemeinsprache), die über Mundarten, Umgangssprache und Gruppensprachen stehende, allgemeinverbindl. (genormte) Sprachform. Sie wird v. a. in der Literatur, im wiss. Schrifttum, in Presse, Hörfunk und Fernsehen und in anderen öffentl. Bereichen verwendet.

Standardtänze, die neben den ↑lateinamerikanischen Tänzen vom „Internat. Rat für Tanzsport" 1963 für den Turniertanz festgelegten Tänze: langsamer Walzer, Tango, Slowfox, Wiener Walzer und Quickstep.

Standardzeit (Normalzeit), die für ein bestimmtes Gebiet gültige, nicht unbedingt mit der zugehörigen ↑Zonenzeit übereinstimmende Zeit mit einer festgelegten Differenz zur mittleren Greenwicher Zeit (Weltzeit); z. B. die mitteleurop. Zeit (MEZ).

Standarte [zu altfrz. estandart „Feldzeichen"], im MA wimpel- oder fahnenartiges, auf einer Stange befestigtes Feldzeichen, um das sich das Heer sammelte; bis ins 20. Jh. [kleine viereckige] Fahne berittener Truppen; auch Hoheitszeichen von Staatsoberhäuptern, z. B. an Kraftfahrzeugen.
◆ etwa einem Regiment entsprechender Verband in der (nat.-soz.) SA und der SS.
◆ (Lunte) wm. Bez. für den buschigen Schwanz beim Haarraubwild.

Standbein ↑Kontrapost.

Standbild, svw. ↑Statue.

Ständchen, Musikstück, das zu Ehren einer Person (urspr. der Geliebten) z. B. vor deren Haus aufgeführt wird. Besetzung, Form und Zeit der Aufführung sind nicht festgelegt. Seit Anfang des 17. Jh. bekannt, seit dem 19. Jh. auch Überschrift von Liedern, mehrstimmigen Gesängen und Instrumentalstükken. - ↑auch Serenade.

Ständeklausel ↑Drama.

Ständemehr, im schweizer. Verfassungsrecht Bez. für die Mehrheit der Kantone. Verfassungsänderung und Bestätigung dringl. Bundesbeschlüsse bedürfen des S. und des *Volksmehrs.* Das Ergebnis der Volksabstimmung in einem Kanton gilt als dessen Standesstimme.

Stander [zu ↑Standarte], 1. kleine viereckige Flagge an der Mastspitze von Segelbooten zur Anzeige der scheinbaren Windrichtung (auch Verklicker gen.); 2. dreieckige Si-

Standarte des Brandenburgischen Dragonerregiments II

gnal- oder Kommandoflagge auf Schiffen oder an Kfz. zur Anzeige des Ranges einer mitfahrenden Person. Flaggen mit 3eckigem Einschnitt heißen Doppelstander.

Stander [niederdt.], kurzes [Draht]seil, dessen beide Enden durch Spleiß oder Muffung zu Augen gestaltet sind.

Ständer (Stator), in elektr. Maschinen der feststehende elektromagnet. wirksame Teil (im Ggs. zum Läufer).

Ständerat, Bez. für föderative Kammer der schweizer. Bundesversammlung sowie für deren Mgl. - ↑auch Schweiz (politisches System).

Stander C, Bez. der dt. Ersatzhandelsflagge (bis 1950) nach dem Verbot der Hakenkreuzflagge durch die Alliierten 1945: die Signalflagge für den Buchstaben C (des internat. Signalflaggenalphabets; Farbenfolge: blau-weiß-rot-weiß-blau, waagerecht gestreift) in Doppelstanderform.

Ständerflechten (Basidiolichenes), artenarme, vorwiegend in den Tropen vorkommende Klasse der Flechten mit unscheinbarem Thallus aus Ständerpilzen und Blaualgen. Die auffälligste Ständerflechte ist die in den Gipfeln trop. Bäume lebende *Pfauenflechte* (Cora pavonia).

Ständerpilze (Basidiomyzeten, Basidiomycetes), Klasse der höheren Pilze mit rd. 30000 Arten. Die S. haben ein umfangreiches Myzel, dessen Zellwände vorwiegend aus Chitin bestehen. Sie sind Fäulnisbewohner (Saprophyten) oder Parasiten vorwiegend an Pflanzen. Ihre Sporen (Basidiosporen) werden i. d. R. nach außen in charakterist. Fruchtkörpern auf Ständern (Basidien) gebildet. Neben anderen Merkmalen spielen für ihre systemat. Gruppierung die Basidientypen und Fruchtkörperformen die wichtigste Rolle. In die Unterklasse *Holobasidiomycetes* (ungeteilte Basidie) gehören u. a. ↑Bauchpilze und ↑Lamellenpilze, von denen zahlr. Hutpilze eßbar sind (z. B. Champignon, Pfifferling, Reizker, Steinpilz), andere dagegen sind hochgiftig (z. B. Fliegenpilz, Grüner Knollenblätterpilz). Zur Unterklasse *Phragmobasidiomycetes* (Basidien sind durch Längs- oder Querwände gegliedert) rechnet man neben ↑Gallertpilzen und ↑Ohrlappenpilzen die oft massenhaft auftretenden parasit. ↑Brandpilze und ↑Rostpilze. - Die S. sind weltweit verbreitet und zus. mit den Schlauchpilzen, niederen Pilzen (z. B. Algenpilze) u. Bakterien maßgebl. an der Mineralisation beteiligt, die den Stoffkreislauf in der Biosphäre in Gang hält.

Standesamt, Amt zur Erledigung der im Personenstandsgesetz vorgesehenen Aufgaben, insbes. zur Führung der Personenstandsbücher.

Standesherren, 1815–1918 Bez. für die 1803/06 mediatisierten reichsfürstl. und reichsgräfl. Häuser; ihre Besitzungen bildeten *Standesherrschaften.* Ihnen waren zahlr. Privilegien (u. a. Zugehörigkeit zum Hochadel, eigener Gerichtsstand) zuerkannt.

Ständestaat, 1. Bez. für den europ. Staat des Spät-MA und der frühen Neuzeit, in dem die Stände Inhaber vom Staat unabhängiger Herrschaftsgewalt sind und selbst polit. Rechte haben; 2. im Rückgriff auf den histor. S. gegen Mitte des 19. Jh. entstandenes Konzept einer staatl. Ordnung, in der die Berufsstände als Vertreter der realen gesellschaftl. Interessen Träger des Staates sein sollten *(berufsständ. Ordnung).* Damit verfolgte das Konzept des S. die Auflösung der Parteiendemokratie. Österreich hatte 1934–38 eine diesem Konzept nahekommende Staatsform. Ständestaatl. Elemente hatten Portugal (Korporativkammer), Spanien (Cortes) und Italien (Korporationensystem).

Ständewesen, Bez. für die europ. Staats- und Sozialordnung des Spät-MA und der frühen Neuzeit, die bestimmt war durch den sich in ständ. Repräsentativorganen (Landtag, Reichstag) manifestierenden Dualismus von Obrigkeit und Ständen, d. h. durch die Polarität von herrschaftl. und genossenschaftl. Ordnung. Die Stände waren Zwischengewalten, damit stand der größte Teil der Bev. zur staatl. Gewalt in einem bloß mittelbaren Verhältnis. **Standschaft** war Herrschaft, die sich aus Rechten unterschiedl. Herkunft zusammensetzte. Herrschaftsverträge garantierten ständ. Freiheitsrechte sowie ständ. Teilhabe an staatl. Herrschaft. Der Hausherrschaft kam in gewissem Sinne Modellcharakter zu (der Fürst als Hausvater). In der Begründung der Standschaft auf Eigentum an Grund und Boden erwies sich der Zusammenhang von Staats- und Sozialordnung. - Der entstehende moderne Staat beanspruchte das Monopol der Rechts- und Friedenswahrung für sich und unterschied sich vom Ständestaat durch die Souveränität, von Jean Bodin 1576 als höchste und von den Gesetzen gelöste Gewalt gegenüber Bürgern und Untertanen definiert. Der Souverän war an das göttl., das natürl. und das allen Völkern gemeinsame Recht gebunden. Er hatte die Besitzrechte der Untertanen zu achten; damit aber war diesen ein Mitspracherecht bei allen außerordentl., für das Gemeinwohl notwendigen Hilfsleistungen zugestanden (Steuerbewilligungsrecht). Als Reaktion auf die Etablierung des modernen souveränen Staates erfolgte die Verfestigung des S. mit dem Ziel, die eigenen Rechte und die der Standesgenossen zu wahren.

📖 *Herrschaft u. Stand. Hg. v. J. Fleckenstein. Gött. [2]1979. - Schwer, W./Monzel, N.: Stand u. Ständeordnung im Weltbild des MA. Paderborn [3]1970.*

Standfigur, im Puppenspiel verwendete, aus dünnem Holz ausgesägte, bemalte und auf einem Standbrett befestigte Figur, die von der seitl. Kulisse her bewegt werden kann.

Standgeld, svw. ↑Marktabgabe.

Standgetriebe ↑Getriebe.

Ständige Konferenz der Kultusminister der Länder, svw. ↑Kultusministerkonferenz.

ständiger Diakon, das 1968 von den dt. kath. Bischöfen wieder eingeführte kirchl. Amt des ↑Diakons.

Ständiger Internationaler Gerichtshof, selbständiges, von Mitgliedern des Völkerbundes geschaffenes Rechtsprechungsorgan, das am 15. Febr. 1920 mit Sitz in Den Haag eröffnet wurde. Er war zuständig nur in solchen völkerrechtl. Streitfragen, die ihm von den streitenden Parteien zur Entscheidung oder vom Völkerbund zur Abgabe eines Gutachtens vorgelegt wurden. 1946 aufgelöst und durch den ↑Internationalen Gerichtshof ersetzt.

Ständiger Schiedshof, von den Unterzeichnerstaaten der ↑Haager Friedenskonferenzen ins Leben gerufene schiedsgerichtl. Einrichtung zur friedl. Erledigung internat. Streitfälle; Sitz Den Haag. Zur Erledigung eines Streitfalls zw. Vertragsstaaten wird ein Schiedsgericht gebildet, dessen Besetzung im Kompromiß festgelegt wird. Der nach den Völkerrechtssätzen und nach Billigkeit gefällte Schiedsspruch bindet nur die streitenden Parteien.

ständige Vertretung, in Art. 8 des ↑Grundvertrages vereinbarte Vertretung der BR Deutschland in der DDR und der DDR in der BR Deutschland am jeweiligen Regierungssitz; die Errichtung wurde in einem bes. Protokoll geregelt. Die Aufgabe der s. V. entspricht im wesentl. der von Botschaften.

Standlicht, von den Begrenzungsleuchten der ↑Kraftfahrzeugbeleuchtung gelieferte schwächste Beleuchtungsstufe. Mit S. allein darf in der BR Deutschland nicht gefahren werden.

Standlinie, in der *Navigation* eine [durch Peilung ermittelte] Linie, auf der sich das [peilende] Fahrzeug befindet; der Schnittpunkt zweier oder mehrerer S. ist der Standort.

Standort, der durch unmittelbare Abstands- und/oder Winkelbestimmung zu bekannten Orten, Richtungen oder Koordinatensystemen, durch Astronavigation, Funkpeilung u. a. ermittelte Aufenthaltsort eines Fahrzeugs oder Beobachters.

◆ ↑Lebensraum.

◆ nach dem 1. Weltkrieg an die Stelle von Garnison getretene Bez. für einen Ort, in dem Truppenteile, militär. Dienststellen, Einrichtungen oder Anlagen ständig untergebracht sind. Im *S.bereich* hat der *S.kommandant* bzw. der *S.älteste* Befehlsbefugnis u.a. zur Aufrechterhaltung von Ordnung und Disziplin und in Fragen der militär. Sicherheit.

Standortverwaltung ↑Wehrersatzwesen.

Standphoto, bei Filmaufnahmen eine Photographie, die Einrichtung, Kostümierung und Arrangement jeder Kameraeinstellung für weitere Dreharbeiten und für Werbezwecke festhält.

Standrecht, Vorschriften, die der Exekutive (insbes. militär. Befehlshabern) gestatten, in Krisenzeiten für bestimmte Delikte in Schnellverfahren Strafgerichtsbarkeit auszuüben, v. a. die Todesstrafe zu verhängen und zu vollstrecken. S. widerspricht den Rechtsstaatsgrundsätzen des GG und darf deshalb auch im Verteidigungsfalle in der BR Deutschland nicht eingeführt werden.

Standspur (Standstreifen) ↑Autobahn.

Standvögel, Vögel, die im Ggs. zu den ↑Strichvögeln und ↑Zugvögeln während des ganzen Jahres in der Nähe ihrer Nistplätze bleiben; z. B. Dompfaff, Haussperling, Amsel, Buchfink.

Standwaage, Halteübung beim Bodenturnen; der Turner steht auf einem Bein, das andere Bein, Oberkörper und Arme werden waagrecht gehalten.

Standzeit, die Zeitdauer, während der ein Werkzeug (bzw. eine Maschine) ohne Überschreiten des zulässigen Verschleißes oder ohne Nachschliff arbeiten kann.

Stanew, Emilijan [bulgar. 'stanɛf], * Tarnowo 14. Febr. 1907, † Sofia 15. März 1979, bulgar. Schriftsteller. - Mit seinen Jagd- und Tiergeschichten („Wolfsnächte", 1943), Erzählungen aus dem Kleinstadtmilieu und Romanen einer der bedeutendsten modernen bulgar. Autoren.

Stanford, Sir (seit 1901) Charles Villiers [engl. 'stænfəd], * Dublin 30. Sept. 1852, † London 29. März 1924, ir. Komponist. - Seine Kompositionen (Orchesterwerke, Opern, Lieder) lassen neben ir.-nat. Elementen deutl. Bezüge zur kontinentalen Spätromantik erkennen.

Stanford University [engl. 'stænfəd ju:nɪ'və:sɪtɪ], bed. naturwiss. und geisteswiss.

Universität in Palo Alto (Calif.), gegr. 1885; bed. Institute u. a.: Hoover Institution on War Revolution and Peace, National Academy of Education. Etwa 12000 Studenten.

Stange, Erich, * Schwepnitz (Landkr. Kamenz) 23. März 1888, † Kassel 12. März 1972, dt. ev. Theologe. - 1921–27 Sekretär von „Life and Work"; 1957 Initiator der Telefonseelsorge in der BR Deutschland; zahlr. Veröffentlichungen zum N. T., zur prakt. Theologie und zur Jugendarbeit.

Stange ↑Geweih.

Stangenbohne ↑Gartenbohne.

Stanimaka ↑Assenowgrad.

Stanislaus, männl. Vorname, lat. Form von poln. Stanisław (Bed. des ersten Bestandteils unklar, der zweite Bestandteil zu poln. sława „Ruhm").

Stanislaus, Name poln. Könige:

S. I. Leszczyński [poln. lɛʃˈtʃiɲski], * Lemberg 20. Okt. 1677, † Lunéville 23. Febr. 1766, König (1704/06–09, 1733–36). - Wurde unter schwed. Druck anstelle des Wettiners August II., des Starken, 1704 von einer Minderheit des poln. Adels zum König gewählt, konnte sich aber nur bis zur Niederlage seines Protektors Karl XII. bei Poltawa (1709) auf dem Thron halten; 1733 mit frz. und schwed. Unterstützung erneut zum König von Polen gewählt. Im Poln. Thronfolgekrieg mußte er 1736 August III. von Polen-Sachsen weichen; 1738 mit den Hzgt. Lothringen und Bar abgefunden.

S. II. August (S. A. Poniatowski), * Wolczyn 17. Jan. 1732, † Petersburg 12. Febr. 1798, König (1764–95). - Günstling Katharinas II., d. Gr., und auf deren Betreiben 1764 mit russ. Finanz- und Militärhilfe zum König von Polen gewählt. Bemühte sich erfolgreich um eine polit. und wirtsch. Stabilisierung, konnte v. a. auf kulturellem und erzieher. Gebiet bed. Reformen durchführen; konnte die Schwächung seiner Position durch preuß. und russ. Interventionen sowie die Poln. Teilungen nicht verhindern und wurde noch vor der 3. Teilung 1795 zur Abdankung gezwungen.

Stanislaus Kostka (Stanisław K.), hl., * Rostow (Masowien) 28. Okt. 1550, † Rom 15. Aug. 1568, poln. Adliger. - 1564–67 Schüler am Wiener Jesuitenkolleg; floh, da sein Vater sich seinem Plan, in den Jesuitenorden einzutreten, widersetzte, zu Petrus Canisius nach Dillingen, der seine Ordenseignung prüfte und ihn nach Rom schickte; starb dort als Novize der Jesuiten an den Folgen seiner strapaziösen Flucht. Patron Polens und der studierenden Jugend. - Fest: 13. November.

Stanislawski, Konstantin Sergejewitsch, eigtl. K. S. Alexejew, * Moskau 17. Jan. 1863, † ebd. 7. Aug. 1938, russ.-sowjet. Schauspieler, Regisseur, Pädagoge und Theaterwissenschaftler. - Einer der hervorragendsten Schauspieler seiner Zeit; als Regisseur ab 1891 tätig; gründete 1898 mit W. I. Nemirowitsch-Dantschenko das Moskauer Künstlertheater und leitete es bis zu seinem Tod. Mit seinen Inszenierungen, v. a. von Werken Tschechows, Gorkis und Ibsens, übte er großen Einfluß auf das internat. Theater aus; auch Operninszenierungen (ab 1918). Als Pädagoge und Theoretiker war S. mit seiner Methode *(S.-System)* richtungweisend; danach muß der exakte Vollzug äußerer („phys.") Handlungen mit dem intensiven Durchleben der Rolle und dem Eindruck von Natürlichkeit und Glaubhaftigkeit einhergehen; bed. Schriften zur Schauspielkunst.

Stanković, Borisav [serbokroat. ˌstaːŋkɔvitɕ], * Vranje 22. März 1876, † Belgrad 22. Okt. 1927, serb. Schriftsteller. - Bedeutendster Stilist des serb. Realismus. Seine Romane, Novellen und Dramen schildern in leidenschaftl. impulsiver, oft mit lyr. Elementen vermischter und psychologisierender Prosa die Lebensverhältnisse seiner südserb. Heimat zur Zeit der Befreiung von der osman. Herrschaft.

Stanley [engl. stænlı], Sir (seit 1899) Henry Morton, eigtl. John Rowlands, * Denbigh (Clwyd) 28. Jan. 1841, † London 10. Mai 1904, brit. Forschungsreisender. - Seit 1867 Korrespondent für den „New York Herald", in dessen Auftrag er 1869–71 nach D. Livingstone suchte; er fand ihn am 28. Okt. 1871 in Ujiji. 1874–77 bereiste er die Seen Z-Afrikas, gelangte zum Lualaba und zu Fuß den Kongo entlang von den Livingstonefällen bis zur Atlantikküste. Im Auftrag des belg. Königs Leopold II. erforschte S. das Kongobecken (Aug. 1879–Juni 1884). Schrieb u. a. „Der Kongo und die Gründung des Kongostaates" (1885).

S., Wendell Meredith, * Ridgeville (Ind.) 16. Aug. 1904, † Salamanca 15. Juni 1971, amerikan. Biochemiker. - Prof. in Berkeley; Arbeiten v. a. zur Virusforschung; 1935 gelang ihm die erste Isolierung eines Virus (Tabakmosaikvirus, TMV). S. vertrat die Ansicht, daß Krebs durch onkogene Viren ausgelöst wird. Für seine Virusuntersuchungen erhielt er 1946 (mit J. H. Northrop und J. B. Sumner) den Nobelpreis für Chemie.

Stanley [engl. ˈstænlı], Hauptort der Falklandinseln, an der O-Küste von Ostfalkland, 1000 E. Hafen, ✈. Nahebei Satellitenwarte. - Gegr. 1844.

Stanleyfälle [engl. ˈstænlı] ↑Kongo (Fluß).

Stanley Pool [engl. ˈstænlı ˈpuːl] ↑Kongo (Fluß).

Stanleyville [frz. stanlɛˈvil] ↑Kisangani.

Stannate [lat.], die Salze der (hypothet.) Hexahydroxozinnsäure, $H_2[Sn(OH)_6]$, der Metazinnsäure, $H_2[SnO_3]$, sowie die sich vom Zinn(II)-hydroxid, $Sn(OH)_2$ ableitenden Salze; techn. wichtig sind das Kupferstannat, $Cu[Sn(OH)_6]$, zum Galvanisieren und das

Natriumstannat, $Na_2[Sn(OH)_6]$, zur Vorbereitung von Geweben zur Aufnahme von Beizenfarbstoffen.

Stanniol [zu lat. stagnum (stannum) „Mischung aus Blei und Silber, Zinn"], dünne Zinnfolie (Stärke 0,007 bis 0,13 mm), die als Verpackungsmaterial und zur Herstellung von Lametta und Kondensatoren dient; heute meist durch Aluminiumfolie ersetzt.

Stannum, lat. Name für ↑ Zinn.

Stanowoigebirge [russ. stɐna'vɔj], Gebirge in O-Sibirien, erstreckt sich südl. des Aldanberglandes zw. dem Stanowoibergland im W und dem südl. Dschugdschurgebirge im O, etwa 700 km lang, 100–180 km breit, bis 2412 m hoch; bildet die Wasserscheide zw. Nordpolarmeer und Pazifik.

Stans, Hauptort des schweizer. Halbkantons Unterwalden nid dem Wald, am N-Fuß des Stanserhorns, 452 m ü. d. M., 5700 E. Bau von Flugzeugen, landw. Maschinen und Traktoren, Skifabrik. - Entwickelte sich im 14. Jh. als Gerichts- und Behördensitz zum Hauptort des Halbkantons; nach der Zerstörung durch Brand (1713) planmäßig wiederaufgebaut. - Frühbarocke Pfarrkirche (1642–47) mit roman. Turm, spätgot. Beinhaus (1559/60); ehem. Frauenkloster Sankt Clara (durch H. Pestalozzi seit 1798/99 Waisenhaus); Rathaus (1714/15) mit spätgot. Rundturm des Vorgängerbaus.

stante pede [lat. „stehenden Fußes"], sofort, unverzüglich.

Stanton, Elizabeth Cady [engl. 'stɑːntən, 'stæntən], * Johnstown (N. Y.) 12. Nov. 1815, † New York 26. Okt. 1902, amerikan. Frauenrechtlerin. - Juristin und Publizistin; kämpfte zus. mit S. B. Anthony für die Gleichberechtigung der Frau in der Gesellschaft, v. a. für das Frauenwahlrecht; organisierte 1848 den ersten Frauenrechtskongreß; 1869–90 Präs. der „National American Woman Suffrage Association".

Stanwyck, Barbara [engl. 'stænwɪk], eigtl. B. Ruby Stevens, * New York 16. Juli 1907, amerikan. Filmschauspielerin. - Seit 1929 vielseitige Darstellerin in Melodramen („Stella Dallas", 1937; „Die Dornenvögel", 1983), Western („Union Pacific"/„Die Frau gehört mir", 1939), Filmkomödien („Die Falschspielerin", 1941) und Kriminalfilmen („Die Frau ohne Gewissen", 1943).

Stanze [zu mittellat.-italien. stanza „Wohnraum" (der poet. Gedanken)], urspr. (seit Ende des 13. Jh.) italien. Strophenform aus 8 weibl. Elfsilblern (Reimschema: ab ab ab cc): die auch als *Oktave* oder *Ottaverime* bezeichnete vorherrschende Form in der klass. Epik Italiens (M. M. Boiardo, L. Ariosto, T. Tasso), im 14. und 15. Jh. für Drama und Lyrik übernommen. In Deutschland wurde die S. seit dem 17. Jh. in Übersetzungen und in der Lyrik verwendet (J. J. W. Heinse, Goethe, Schiller, die Romantiker, später R. M. Rilke und D. von Liliencron) und zu einer beliebten Strophenform.

Gemeiner Star

Stanzen, Bez. für unterschiedl. Umformverfahren (v. a. von Blechen), die ohne wesentl. Änderung der Dicke des Materials zw. einem Oberwerkzeug (Stempel) und einem Unterwerkzeug (z. B. Schnittplatte beim S. von Löchern) erfolgen. - ↑ auch Blechverarbeitung.

Stapel [niederdt.], (S.länge) die durchschnittl. Länge der Fasern eines Textilrohstoffs.

◆ ↑ Stapellauf.

Stapelfasern, Bez. für Chemiefasern, die in Stücke bestimmter Länge (meist einige cm) zerschnitten sind und damit verspinnbar vorliegen (Ggs. Endlosfäden).

Stapelia [nach dem niederl. Botaniker J. B. van Stapel, † 1636] (Stapelie, Aasblume, Ordenskaktus, Ordensstern), Gatt. der Schwalbenwurzgewächse mit rd. 100 Arten v. a. in S- und SW-Afrika; stammsukkulente Pflanzen mit zahlr. einfachen, vierkantigen, kakteenartigen Sprossen; Blättchen schuppenförmig; Blüten meist am Grund der Sprosse einzeln oder zu mehreren, 3–30 cm im Durchmesser, einem fünfarmigen Seestern ähnl., meist trübrot oder bräunl. gefärbt; die unangenehm riechenden Blüten locken Aasfliegen an.

Stapellauf, Zuwasserlassen des fertigen Schiffsrumpfes auf geneigten Ablaufbahnen. Der **Querablauf** wird für Schiffe mit geringer Längsfestigkeit und von Werften mit wenig Auslauf vor der Helling angewendet (v. a. Binnenschiffswerften). Der **Längsablauf** erfolgt auf zwei Ablaufbahnen, neuerdings auch auf einer Ablaufbahn mit zwei seitl. Stützbahnen. Zw. dem am Schiff befestigten Schlitten und der Ablaufbahn wird eine Schmierschicht aufgetragen. Stopper halten das ablauffertige Schiff, nachdem die Baustapel (aufeinandergestapelte Holz- oder Eisenklötze) unter dem Boden entfernt worden sind. Nach dem Lösen der Stopper wird am Vorsteven ein Druck ausgeübt, um die Standreibung zu überwinden. Der Ablauf erfolgt dann selbsttätig; die Bahnneigung liegt meist bei etwa 1 : 10, maximal bei 1 : 8. Die krit. Phase des S. ist der Zeitpunkt des Aufschwimmens; zu diesem Zeitpunkt treten die größten Biegespannungen im Boden und im Deck des Schiffes auf. - Vor dem S. wird die **Schiffstaufe,** der traditionelle Brauch der Namensgebung eines Schiffes, vollzogen, wobei eine Flasche Sekt gegen den Bug des Schiffes geschleudert wird.

Stapelrecht, im MA das Recht verschiedener Städte, auf bestimmten Straßen (Straßenzwang) heran- oder in gewissem Umkreis (Meilenrecht) vorbeireisende fremde Kaufleute im Rahmen des Gastrechts zu zwingen, ihre Waren eine Zeitlang (Stapeltage) in der Stadt zum Verkauf anzubieten.

Stapes [lat.] ↑Steigbügel.

Staphylea [griech.], svw. ↑Pimpernuß.

Staphylokokken [griech.], Bakterien der Gatt. *Staphylococcus* mit drei Arten. Die unbewegl., kugeligen Zellen (Kokken) bilden traubige Aggregate. Die S. sind die am häufigsten vorkommenden Eitererreger und leben auf der Oberhaut von Warmblütlern. *Staphylococcus aureus* verursacht beim Menschen eitrige Abszesse (Staphylodermie) und Allgemeininfektionen (Blutvergiftung, Lungenentzündung) und ist die Ursache von infektiösem ↑Hospitalismus. Enterotoxinbildende Stämme verursachen Lebensmittelvergiftungen.

Staphylom [griech.] (Beerengeschwulst), umschriebene Vorwölbung des meist schwärzl. aussehenden Augeninhaltes nach teilweisem Verlust der festen Augapfelhüllen durch Entzündung, Verletzung oder Degeneration.

Star, Bez. für die einzelnen Vogelarten der Fam. ↑Stare, v. a. für den einheim. Gemeinen Star.

Star [zu althochdt. staraplint „starrend blind"], Name verschiedener Augenkrankheiten, ↑Starerkrankungen.

Star [engl., eigtl. „Stern"], glanzvolle, sehr fähige und bewunderte Gestalt im öffentl. Leben; als **Starlet** bezeichnet man eine junge, auf S.ruhm hoffende Schauspielerin.

Stara Sagora, bulgar. Stadt am S-Fuß der östl. Sredna gora, 235 m ü. d. M., 141 700 E. Verwaltungssitz des Verw.-Geb. S. S.; veterinärmedizin. Hochschule; histor. Museum; Zoo; Observatorium. Nahrungs- und Genußmittel-, Textilind., Düngemittelfabrik, Maschinenbau. - In vorröm. Zeit **Beroia,** seit Kaiser Trajan **Augusta Traiana** gen., unter osman. Herrschaft **Eski Zagra;** 1878 von den Osmanen fast völlig zerstört; danach planmäßig wiederaufgebaut. - Reste eines Stadttors und eines Hauses (4. Jh. n. Chr.) mit Fußbodenmosaik (10 m × 10 m) aus röm. Zeit.

Starboot (Star), Rennsegeljacht (Kielboot in Knickspantbauweise) mit zwei Mann Besatzung. Länge 6,92 m, Breite 1,73 m, Tiefgang 1,05 m; Gewicht 750 kg; Segelfläche 26,13 m^2; Kennzeichen: ein Stern im Segel. Das S. ist die älteste internat. Einheitsklasse und zählte 1932–72 zu den olymp. Klassen.

Starčevokultur [serbokroat. 'sta:rtʃɛvɔ], eine der ältesten neolith. Kulturgruppen SO-Europas, ben. nach dem Fundort Starčevo (= Pančevo bei Belgrad); gekennzeichnet u. a. durch feste Holzbauten mit Lehmverputz, grobe Keramik mit Fingernagelverzierung und bemalte Keramik, stark stilisierte Statuetten dickleibiger Frauen.

Stare (Sturnidae), Fam. sperlings- bis dohlengroßer Singvögel mit über 100 Arten, v. a. in den Tropen und Subtropen der Alten Welt; meist gesellig lebende, häufig in Kolonien brütende Vögel, die sich v. a. von Insekten, Würmern, Schnecken und Früchten ernähren; Gefieder meist schwarz bis braun, oft metall. glänzend; Flügel spitz auslaufend; vorwiegend Höhlenbrüter. Einige Arten (z. B. der Gemeine Star) können außerhalb der Brutzeit durch massenweisen Einfall in Obstbaugebiete zu Ernteschädlingen werden. - Zu den S. gehören u. a. ↑Glanzstare, ↑Madenhakker, **Beo** (Gracula religiosa; etwa 30 cm lang, mit gelbem Schnabel und leuchtendgelbem Fleischlappen am Hinterkopf; in den Wäldern Ceylons bis Hainan), ferner der **Gemeine Star** (Star i. e. S., Sturnus vulgaris) in Eurasien bis Sibirien; Gefieder auf schwarzem Grund grünl. und blau schillernd. In den Steppen SO-Europas und SW-Asiens kommt der etwa 22 cm lange **Rosenstar** (Pastor roseus) vor; mit Ausnahme des schwarzen Kopfes, schwarzen Schwanzes und der schwarzen Flügel rosarot.

Starerkrankungen, mit Beeinträchtigung des Sehvermögens einhergehende Augenkrankheiten. Eine Vermehrung des Kammerwassers (meist infolge einer Abflußbehinderung unterschiedl. Ursache) führt zum Druckanstieg im Auge, den man als **grünen Star** (*Glaukom*, Glaucoma) bezeichnet. Die Abflußgeschwindigkeit wird wesentl. durch die Weite des vorderen Kammerwinkels bestimmt. Augen mit flachen Kammerwinkeln sind daher glaukomgefährdet (Engwinkelglaukom). Auch die Pupillenerweiterung (durch Dunkelanpassung und bes. durch pupillenerweiternde Mittel) führt infolge Fältelung der Regenbogenhaut zu einer Einengung der Abflußwege. Der grüne Star ist eine relativ häufige Erkrankung und eine der wichtigsten Ursachen für Frühinvalidität und Erblindung. Rd. 2% aller Personen über 40 Jahre sind, oft ohne es zu wissen, an chron. Glaukom erkrankt oder glaukomgefährdet. Man unterscheidet das primäre Glaukom ohne vorhergehende auslösende Augenerkrankung und das sekundäre Glaukom im Anschluß an verschiedene andere, abgelaufene oder noch bestehende Augenleiden. Das *primäre Glaukom* kann als Winkelblock-Glaukom (Engwinkel-Glaukom) und als Weitwinkel-Glaukom (Glaucoma simplex) ablaufen. Das *Winkelblock-Glaukom* kommt in einer mehr chron. Verlaufsform mit anfallsartigen akuten Drucksteigerungen und in einer akuten Verlaufsform vor (akuter Glaukomanfall). Der Glaukomanfall kann sich durch Gesichtsfeldtrübungen, Farbensehen oder halbseitigen Kopfschmerz ankündigen. Im Anfall wird ein unerträgl. Druckgefühl in den Augenhöhlen verspürt; plötzl. treten quälende Schmerzen mit Übelkeit und Erbrechen auf. Schließl. wird das Sehvermögen durch die akute Drucksteigerung vermindert; bei langer Anfallsdauer kann es zu andauernder Erblindung kommen. Die Bindehaut sieht hochrot-entzündet aus, die Hornhaut ist matt, die Lederhaut gestaut, die Lider sind geschwollen. In der erweiterten Pupille erscheint der graugrüne Trübungsreflex aus dem Augeninneren, der zur Bez. „grüner Star" geführt hat. - Die am meisten verbreitete Form des grünen Stars ist das chron. verlaufende *Weitwinkel-Glaukom*, bei dem der Kammerwinkel zwar weit, der Kammerwasserabfluß durch altersbedingte organ. Veränderungen im Bereich des Schlemmkanals aber behindert ist. Die Erkrankung macht zunächst kaum Beschwerden. Die Sehkraft kann ohne auffallende subjektive Beschwerden schon wesentl. vermindert und das Gesichtsfeld eingeengt sein.

Beim *sekundären Glaukom* ist der Augeninnendruck infolge anderer Augenleiden meist einseitig erhöht, z.B. bei Linsenluxation. Auch Entzündungen, Traumen und Gefäßveränderungen (z.B. eine Thrombose der Zentralnerven) können zum sekundären Glaukom führen. - Als *Glaucoma absolutum* bezeichnet man die völlige Erblindung als Endzustand eines Glaukoms jeder Ursache und Verlaufsform. - Beim kindl. Auge ist die Lederhaut noch nachgiebig. Daher kann der Augapfel sich hier bei einer Erhöhung des Innendrucks wesentl. vergrößern (kindl. Glaukom, ↑ Hydrophthalmus). - Zur *Behandlung* des Glaukoms stehen verschiedene Medikamente und augeninnendrucksenkende Operationsverfahren zur Verfügung. Das älteste Operationsverfahren ist die Iridektomie, bei der durch Entfernung eines Teils der Regenbogenhaut eine zusätzl. offene Verbindung zw. der hinteren und vorderen Augenkammer hergestellt wird.

Der **graue Star** (*Katarakt*, Cataracta) ist eine Trübung der Augenlinse mit je nach Sitz und Ausprägung unterschiedl. Beeinträchtigung des Sehvermögens. Am häufigsten ist der doppelseitige **Altersstar** (Cataracta senilis), der nach dem 50. Lebensjahr in verschiedenen Reifegraden auftritt: *Cataracta incipiens*, beginnender Star mit peripheren, zunächst noch nicht oder nur wenig störenden Linsentrübungen; *Cataracta immatura* (unreifer Star) bzw. *Cataracta provecta* (fortgeschrittener Star): Auftreten von das Sehen behindernden, grauweißen, speichenförmigen, bis ins Zentrum der Linse ziehenden Trübungen. Bei der *Cataracta matura* (reifer Star) ist die Linse vollständig getrübt; zuletzt kommt es zur Verflüssigung der von der Linsenkapsel umschlossenen Linsenfasern (*Cataracta hypermatura*, überreifer Star) mit der Gefahr des Austrittes von Linsensubstanz ins Kammerwasser und Behinderung des Kammerwasserabflusses. Nach dem Sitz der Trübung unterscheidet man den häufigen *Rindenstar* mit radialen, zum Zentrum ziehenden Trübungen, die hintere *Schalentrübung* und den *Kernstar*. - Die Beschwerden des Altersstars sind anfangs eine Blendwirkung des hellen Tageslichtes als Folge der Lichtstreuung. Im Endzustand kann gewöhnl. nur noch Hell und Dunkel wahrgenommen werden. - Der angeborene Star, eine nicht fortschreitende, gleichbleibende Trübung, kann jeweils charakterist. Anteile oder die gesamte Augenlinse betreffen (*Cataracta totalis*, meist Folge einer mütterl. Virusinfektion in der Frühschwangerschaft).

Die **Operationsverfahren** lassen sich in 3 Gruppen einteilen: 1. *Diszission:* Bei dieser bis zu einem Alter von etwa 25 Jahren übl. Operation wird die vordere Linsenkapsel eröffnet, worauf Kammerwasser eindringt und das Linsenmaterial so verändert, daß es resorbiert wird oder dann entfernt werden kann; 2. *extrakapsuläre Operationen:* Ein Stück der Linsenkapsel wird entfernt und das getrübte Linsenmaterial herausmassiert; 3. *intrakapsuläre* Operationen: Dabei wird die gesamte Linse nach einem großen Einschnitt an der Grenze zw. Horn- und Lederhaut mit Hilfe eines Saughütchens oder durch Festfrieren der Linse an einer Kältesonde entfernt. - Nach der Operation werden meist Starbrillen oder Kontaktlinsen verschrieben, die die frühere Brechkraft der Linse ersetzen. Eine ideale Korrektur des Strahlengangs ist mit intraokularen künstl. Linsen möglich.

📖 *Leydhecker, W.: Die Glaukome in der Praxis. Ein Leitf. Bln. u.a. [4]1985. - Leydhecker, W.: Alles über grünen Star. Stg. [2]1984. - Glaucoma. Hg. v. K. Heilmann u. K. T. Richardson. Stg. 1978.*

Starez [russ. 'starɪts „der Alte"] (Mrz. Starzen), geistl. Führergestalt im ostkirchl. Mönchtum. Älterer, in Askese und Kontemplation bewährter Mönch, der die Unterweisung junger Männer im Mönchsleben übernimmt; seit dem Ende des 18. Jh. und im 19. Jh. wird der S. in Rußland als eine charismat. geistl. Autorität Anziehungspunkt für Rat und Hilfe suchende Menschen.

Starfighter [engl. 'sta:faitə, eigtl. „Sternkämpfer"], Bez. für ein mit einem Strahltriebwerk ausgerüstetes Kampfflugzeug, in unterschiedl. Versionen ab 1955 in Serienfertigung gebaut und in den Luftstreitkräften vieler Staaten eingeführt. Die von der Luftwaffe und den Marinefliegern der BR Deutschland geflogene Version F-104G hatte v.a. in den ersten Einsatzjahren eine hohe Flugunfallrate zu verzeichnen, so daß es immer wieder zu heftiger Kritik an der Beschaffung dieses Kampfflugzeuges kam. - In den vergangenen Jahren wurde der S. bei den dt. Streitkräften sukzessive durch die moderneren F-4F bzw. RF-4E („Phantom") und Panavia „Tornado" (MRCA) ersetzt.

Stargard i. Pom., Stadt in Pommern, Polen▾, 35 km osö. von Stettin, 30 m ü. d. M., 59 000 E. Elektroind., Landmaschinenbau. Seifenfabrikation, Nahrungsmittelind. - 1124 erstmals gen., Marktsiedlung und Kastellanssitz; Mgl. der Hanse ab 1363. - Wehr- und Tortürme der ma. Stadtbefestigung, spätgot. Rathaus (16. Jh.), Marienkirche (13., 14./15. Jh.), Johanniskirche (15. Jh.).

Starhemberg ['ʃta:rəm...], oberöstr. Uradelsgeschlecht; benannte sich ab 1236 nach Burg S. bei Haag am Hausruck; 1643 Reichsgrafen, 1765 Reichsfürsten. Bed. Vertreter:

S., Ernst Rüdiger Graf von, * Graz 12. Jan. 1638, † Wesendorf (= Wien) 4. Jan. oder 4. Juni 1701, kaiserl. Feldmarschall. - Stadtkommandant von Wien während der osman. Belagerung (1683), konnte die Stadt trotz der geringen Zahl der Besatzung mehr als 2 Monate halten.

S., Ernst Rüdiger [Fürst], * Eferding 10. Mai 1899, † Schruns 15. März 1956, Politiker. - Tätigkeit in Selbstschutz- und Freikorpsverbänden seit 1918, Teilnahme am Hitlerputsch 1923; 1927 Beitritt zu den östr. Heimwehren, deren Bundesführer ab 1930; 1930 auch kurze Zeit Innenmin., 1934–36 Vizekanzler, wurde 1934 Führer der Vaterländ. Front; trat für eine enge außenpolit. Anlehnung an Mussolini, gegen das nat.-soz. Deutschland ein, propagierte ein austrofaschist. System; im Mai 1936 entmachtet; lebte 1937–55 im Exil.

Staribacher, Josef, * Wien 25. März 1921, östr. Politiker (SPÖ). - 1939/40 im KZ Buchenwald; ab 1961 Vors. der Gewerkschaft der Lebens- und Genußmittelarbeiter; seit 1961 Mgl. des Nationalrats; 1970–83 Bundesmin. für Handel, Gewerbe und Industrie.

Starinen [russ.], volkstüml. Bez. für die russ. ↑ Bylinen, die von den „alten" (russ. star „alt") Zeiten berichten; verbreitet insbes. im nördl. Rußland; dort auch Bez. für die weitverbreiteten historischen Lieder.

Stark, Johannes, * Schickenhof (Gem. Thansüß, Landkr. Amberg) 15. April 1874, † Traunstein 21. Juni 1957, dt. Physiker. - Prof. in Hannover, Aachen, Greifswald und Würzburg; 1933–39 Präs. der Physikal.-Techn. Reichsanstalt, 1934–36 auch der Dt. Forschungsgemeinschaft. Bed. Arbeiten zur elektr. Leitung in Gasen. Entdeckte 1905 den opt. Doppler-Effekt an Kanalstrahlen und 1913 den nach ihm benannten ↑ Stark-Effekt; Nobelpreis für Physik 1919.

Starkbier, biersteuerrechtl. Bez. für Bier mit mehr als 16% Stammwürze, insbes. Bock- und Doppelbockbiere.

Stärke (Amylum), von Pflanzen bei der Photosynthese gebildetes Polysaccharid, allg. Formel $(C_6H_{10}O_5)_n$, das aus zwei Komponenten besteht: zu 80–85% aus wasserunlösl. Amylopektin (mit verzweigten Kettenmolekülen aus Glucoseresten) und zu 15–20% aus wasserlösl. Amylose (mit schraubig gewundenen, unverzweigten Kettenmolekülen aus Glucoseresten). Die S. wird zu einem geringen Teil sofort in den pflanzl. Stoffwechsel eingeführt, zum größten Teil jedoch als Reservestoff in den Leukoplasten verschiedener Organe (Speichergewebe in Mark, Früchten, Samen, Knollen) in Form artspezif. geformter S.körner abgelagert. S.gehalt einiger Pflanzenteile: Kartoffeln 17–24%, Weizen 60–70%, Roggen, Gerste, Hafer 50–60%, Mais 65–75%, Reis 70–80%.
Die mit der Nahrung aufgenommene S. wird bei Mensch und Tier zunächst bis zu Glucose gespalten, in der Leber wird daraus wieder als Vorratsstoff ↑ Glykogen (tier. Stärke) aufgebaut. S. ist das wichtigste Nahrungsmittel-Kohlenhydrat; der menschl. Bedarf liegt bei 500 g pro Tag. Daneben wird S. zur Gewinnung von Alkohol und in der Nahrungsmittelindustrie zur Herstellung von Nährmitteln und Lebensmittelzubereitungen sowie in der Technik wegen ihres Quell- und Klebevermögens zur Herstellung von Leimen, Klebstoffen und Textilappreturen verwendet. - Durch Erhitzen mit Wasser und anschließendes Trocknen vorbehandelte S. *(Quell-S.)* quillt im Ggs. zur unbehandelten S. schon in kaltem Wasser.

Startautomatik mit Stufenscheibe zur Einstellregelung der Drosselklappe nach dem jeweiligen Stand der Starterklappe

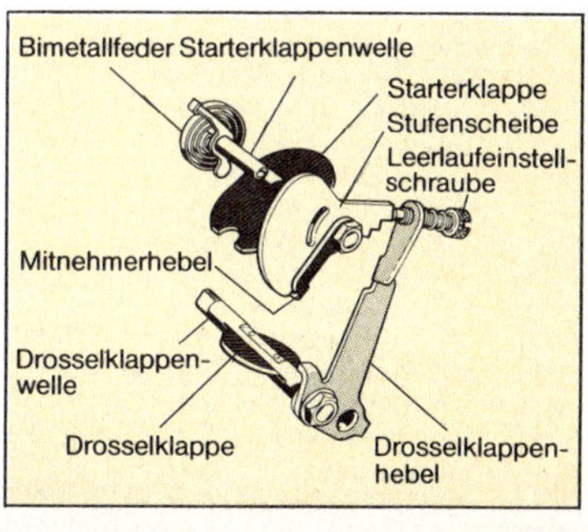

Stärkeeinheit, Abk. St. E., in der landw. Fütterungslehre eine Futterwerteinheit (1 S. entspricht der Energie 9 900 J). Ihr Zahlenwert gibt an, wieviel g reine Stärke beim ausgewachsenen Rind den gleichen Fettansatz bewirken wie 100 g des betreffenden Futtermittels.

Stark-Effekt [nach J. Stark], die Aufspaltung der Spektrallinien eines Linienspektrums in eine Anzahl von Komponenten, wenn sich die emittierenden oder absorbierenden Atome in einem elektr. Feld befinden.

Stärkegranulose [dt./lat.], svw. ↑Amylopektin.

Stärkegummi ↑Dextrine.

starkes Verb ↑schwaches Verb.

starke Wechselwirkung ↑Wechselwirkung.

Stärkezellulose, svw. ↑Amylose.

Starkgase ↑Brenngase.

Starkstrom, elektr. Strom, der in Leitungsnetzen und Stromkreisen bei Spannungen von mehr als 24 Volt fließt.

Starkstromtechnik ↑Elektrotechnik.

Stärkungsmittel (Kräftigungsmittel, Roborans), Mittel (Präparat) bestimmter Zusammensetzung, das neben Vitaminen und Arzneimitteln noch Glucose, Glycerophosphate, Lezithine und anabole Steroide bes. für den Aufbau und die Funktion der Organe enthält; wird bei chron. Erkrankungen, in der Genesung und bei allg. schlechtem Gesundheitszustand angewendet.

Stärlinge (Icteridae), Fam. finken- bis krähengroßer Singvögel mit fast 100 Arten, bes. in S-Amerika; Körper vorwiegend schwarz befiedert, mit großen, gelb- bis rotgefärbten Flächen und länglichspitzem Schnabel, bei dem die Oberschnabelbasis häufig plattenförmig bis zur Stirn verlängert ist; brüten entweder in muldenförmigen Bodennestern oder in an Zweigenden hängenden Beutelnestern. - Neben dem **Reisstärling** (Dolichonyx oryzivorus; ♂ mit schwarzem Kopf und weißen Schultern; in S-Kanada und den nördl. USA) und der Gatt. **Trupiale** (Icterus; ♂♂ häufig gelb, orange und schwarz gefärbt) gehören zu den S. u. a. auch die **Kuhstärlinge** (Molothrus; starengroß; ♂ meist schwarz, ♀ braun; picken Ungeziefer von weidendem Vieh auf).

Starnberg, Krst. am N-Ende des Starnberger Sees, Bay., 618 m ü. d. M., 17 700 E. Verwaltungssitz des Landkr. S.; Bayer. Landesanstalt für Fischzucht; Würmgaumuseum; Pendlerwohngemeinde von München. - 1244 erste Erwähnung der Burg S., Siedlung in Anlehnung daran bereits im 13. Jh. nachweisbar; seit 1912 Stadt. - Ehem. Schloß (16., 17. und 19. Jh.).

S., Landkr. in Bayern.

Starnberger See (Würmsee), See im bayr. Alpenvorland, 584 m ü. d. M., 57 km², 20 km lang, bis 4,7 km breit, bis 127 m tief.

Starogard Gdański [poln. sta'rɔgard 'gdai̯ski] (dt. Preuß. Stargard), poln. Stadt am W-Rand der Weichsel-Nogat-Niederung, 200 m ü. d. M., 44 000 E. Elektro- und pharmazeut. Ind. - Im 8. Jh. slaw. Siedlung; gehörte 1309–1466 zum Gebiet des Dt. Ordens, erhielt 1348 Culmer Recht; 1772–1920 bei Preußen, seitdem polnisch. - Got. Pfarrkirche (14. Jh.); z. T. erhaltene ma. Stadtbefestigung.

Starost [russ., eigtl. „Ältester"], im Moskauer Reich ein Gemeinde- bzw. Dorfvorsteher; in Polen Adliger, dem der König ein Lehnsgut verliehen hatte; 1919–39 in Polen Vorsteher einer Gemeinde.

Starr, Ringo [engl. stɑ:] ↑Beatles.

Starrachse ↑Fahrwerk.

Starre, in der *Biologie* bzw. *Medizin* ein gewöhnl. reversibler (↑dagegen Totenstarre) reflexbedingter oder durch ungünstige Umweltbedingungen (Hitze, Gifte, Hunger) hervorgerufener Zustand eines Organismus, in dem verschiedene Lebensäußerungen, bes. die Beweglichkeit des Körpers, die Stoffwechseltätigkeit und die Erregbarkeit, stark eingeschränkt sind bzw. fehlen, z. B. ↑Kältestarre.
◆ (Starrheit) in der *Psychologie* ↑Rigidität.

starrer Körper, idealisierter Körper, der aus ↑Massenpunkten besteht, deren Abstände untereinander stets gleichbleiben. Der s. K. wird in der Physik als Modell für einen realen Körper verwendet, wenn man von der deformierenden Wirkung irgendwelcher Kräfte auf diesen Körper absehen kann. Da der s. K. seine Form unter dem Einfluß angreifender Kräfte nicht ändert, kann man bei ihm den Angriffspunkt einer auf ihn wirkenden Kraft entlang ihrer Wirkungslinie verschieben, ohne daß sich dabei die Wirkung dieser Kraft auf den Körper selbst ändert.

Starrflügelflugzeug (Starrflügler) ↑Flugzeug.

Starrkrampf, svw. ↑Wundstarrkrampf.

Starrluftschiff ↑Luftschiff.

Starrsucht, svw. ↑Kalksucht.

Stars and Stripes [engl. 'stɑ:z ənd 'straɪps „Sterne und Streifen"] ↑Sternenbanner.

star-spangled banner, The [engl. ðə 'stɑ:ˌspæŋgld 'bænə], von F. S. Key verfaßte Hymne, der eine Melodie von J. S. Smith (* 1750, † 1836) unterlegt wurde; 1916 von Präs. Wilson und 1931 vom Kongreß zur Nationalhymne der USA erklärt.

Start [zu engl. to start „losgehen"], allg. der Beginn, Anfang eines Unternehmens.
◆ im *Sport* Beginn eines Wettbewerbs, der meist durch ein visuelles (Flagge) oder akust. Zeichen (Schuß, Pfeifsignal) ausgelöst wird. Je nach Art des Wettbewerbs unterscheidet man den stehenden oder den *fliegenden S.*, bei dem die Teilnehmer schon vor dem Überqueren der S.linie in Bewegung sind. Ein zu frühes Lösen aus der S.position vor dem S.zeichen gilt als *Fehlstart*. Die Meldegebühr für

die Teilnahme an sportl. Wettkämpfen wird als *Startgeld* bezeichnet.

◆ in der *Technik* das Anlaufenlassen eines Motors, das Inbewegungsetzen eines Fahrzeugs, insbes. die Einleitung der Flugphase eines Flugzeugs *(Startvorgang)* oder einer Rakete.

START [engl. stɑːt], Abk. für: ↑**S**trategic **A**rms **R**eduction **T**alks.

Startautomatik, am Vergaser eines Kfz. befindl. Einrichtung, die beim Kaltstart selbsttätig die auf einer Welle drehbar am Eingang des Mischkanals befindl. *Starterklappe* mit Hilfe einer auf Temperaturunterschiede ansprechenden Bimetallfeder betätigt. Im kalten Zustand ist die Starterklappe durch eine Vorspannung der Bimetallfeder geschlossen und ermöglicht die Bildung eines fetten Kraftstoff-Luft-Gemisches für den Startvorgang. Wird die Bimetallfeder erwärmt, öffnet sich die Starterklappe allmählich. - Abb. S. 71.

Startbahn ↑Flughafen.

Starter [engl.], Unparteiischer, der einen Lauf oder ein Rennen beginnen läßt und den Ablauf des Starts überwacht.

◆ svw. ↑Anlasser.

◆ ↑Leuchtstofflampen.

Starterklappe ↑Choke, ↑Startautomatik.

Startfenster, Bez. für den Zeitraum, der für den Start eines Raumflugkörpers zu einem Mond- oder Planetenflug unter Berücksichtigung der antriebsenerget. Bedingungen bes. günstig ist bzw. prakt. ausschließl. gewählt werden kann.

Startgeld ↑Start.

Startreaktion ↑Kettenreaktion.

Startsprung (Hechtsprung), im *Schwimmsport* Kopfsprung ins Wasser (meist vom sog. Startblock) mit beim Absprung im Hüftgelenk gebeugtem Körper, der nach dem Absprung völlig gestreckt wird.

Startvergaser, bei manchen Vergasertypen ein im Nebenschluß zum ↑Vergaser liegender Hilfsvergaser, der das zum Starten des Motors notwendige fette Gemisch liefert.

Starzen, Mrz. von ↑Starez.

Stase (Stasis) [griech.], Stauung, Aufhören der Blutströmung in den Gefäßen eines Gewebes oder Organs als Primärstadium einer Entzündung.

Stasimon [griech. „Standlied"], das i.d.R. stroph., metr. sehr variationsfähige Chorlied der griech. Tragödie.

Staßfurt, Krst. an der Bode, Bez. Magdeburg, DDR, 64 m ü. d. M., 27 300 E. Sodawerk, Bau von Chemieanlagen, Herstellung von Fernsehgeräten u. a. - Gegenüber der 805 erstmals bezeugten späteren Altstadt (1869 eingemeindet) entstand auf dem S-Ufer der Bode ein Marktflecken (1180 erstmals Stadt gen.).

S., Landkr. im Bez. Magdeburg, DDR.

Staszic, Stanisław [poln. 'staʃits],

Stater aus Knossos (480–450) mit Minotaurus und Labyrinth (Durchmesser 2,5 cm). Paris, Bibliothèque Nationale

* Schneidemühl 6. Nov. 1755, † Warschau 20. Jan. 1826, poln. Schriftsteller. - Einer der hervorragendsten Vertreter der poln. Aufklärung; organisierte das wissenschaftliche Leben in Polen.

State Department [engl. 'stɛɪt dɪ'pɑːtmənt], das Außenministerium der USA, 1789 aus dem „department of foreign affairs" hervorgegangen, geleitet vom Secretary of State.

Statement [engl. 'stɛɪtmənt; lat.-engl.], öffentl. [polit.] Erklärung bzw. Verlautbarung.

Staten Island [engl. 'stætn 'aɪlənd], Insel an der W-Seite der Mündung des Hudson River, Teil der Stadt New York, durch Brükken und Fähren mit Long Island und dem Festland verbunden.

Stater [griech.], 1. antike Gewichtseinheit, allg. das Doppelte, z. B. einer Drachme; 2. die Einheitsmünze der meisten griech. Währungssysteme, in Elektron (Doppelschekel), Gold (Didrachmon, ¼-, ½-, 4- oder 5facher S.), Silber (Didrachmon, Nummus, Tetradrachmon) ausgeprägt.

Statik [zu griech. statikḗ (téchnē) „die Kunst des Wägens"], Teilgebiet der *Mechanik;* die Lehre vom Gleichgewicht der an einem ruhenden Körper angreifenden Kräfte und den dabei zu erfüllenden Gleichgewichtsbedingungen (im Ggs. zur ↑Kinetik). Die S. der starren Körper spielt insbes. in der Bautechnik eine bed. Rolle *(Bau-S.)*, um aus den Belastungen eines Bauwerks die Spannungen und Formänderungen von Bauteilen zu deren Bemessung zu ermitteln. Hierbei können zahlr. Aufgaben zeichner. mit Hilfe der von C. Culmann begründeten *graph. S. (Grapho-S.)* gelöst werden; auch rein analyt. Methoden oder Kombinationen von graph. und analyt. Verfahren werden angewendet. Daneben hat in jüngerer Zeit die *experimentelle S.* (Modellversuche, z. B. unter Zuhilfenahme der Spannungsoptik) an Umfang zugenommen.

Geschichte: Die Untersuchungen antiker Gelehrter zur S. fanden ihren Höhepunkt in den Lehren des Archimedes vom Schwerpunkt, vom Hebel und vom Verhalten schwimmender Körper. Die prakt. Anwendung (Bau-S.) setzte erst im 18. Jh. ein.

Statio (Station) [lat.], in der altkirchl. Liturgie der Ort einer gottesdienstl. Versammlung, dann diese Versammlung selbst (**Stationsgottesdienst**). In der liturg. Entwicklung wurde S. zur Bez. des bischöfl. Gottesdienstes, der die ganze Stadtgemeinde an einem Ort (**Stationskirche**) versammelt.

Station [lat.], allg. ein Ort, an dem sich etwas befindet (z. B. eine techn. oder wiss. Anlage: Sende-S., Umspann-S.) oder aufhält (z. B. Haltepunkt öffentl. Verkehrsmittel: Bahnhof); in der *Medizin:* räuml. und funktionelle Einheit in einem Krankenhaus, im allg. Untereinheit einer Abteilung. Der verantwortl. ärztl. Leiter ist der *Stationsarzt.*

stationär [lat.], allg. svw. bleibend, ortsfest, stillstehend (als Folge eines dynam. oder stat. Gleichgewichts).

◆ eine Krankenhausstation betreffend; z. B.: *s. Behandlung:* Behandlung mit ständigem Aufenthalt auf einer Krankenstation (im Ggs. zur ambulanten Behandlung).

stationärer Zustand, Zustand eines physikal. Systems, der gekennzeichnet ist durch zeitl. Konstanz gewisser Beobachtungsgrößen; z. B. die *stationäre Strömung*, bei der sämtl. betrachteten Strömungsgrößen wohl vom Ort, nicht aber von der Zeit abhängen.

◆ in der *Biologie* und *Biophysik* der bei Bestehen eines ↑Fließgleichgewichts vorliegende Zustand eines offenen ↑Systems.

Stationendrama, Bez. für eine offene Form des Dramas, das im Ggs. zum linear und final gebauten, meist in Akte gegliederten aristotel. Drama aus einer lockeren Reihung von Einzelszenen (Stationen) besteht.

Stationierungsschäden [lat./dt.], Schäden, die durch einvernehml. stationierte fremde Truppen oder deren ziviles Gefolge verursacht werden. Nach dem NATO-Truppenstatut wird für S. von dem Aufnahmestaat Schadenersatz nach den Vorschriften gewährt, die für Schäden seiner eigenen Streitkräfte gelten.

Stationsarzt ↑Station.

Stationsgottesdienst ↑Statio.

Stationskirche ↑Statio.

Stationstasten, Druck- oder Sensortasten an Rundfunkempfängern, die es ermöglichen, einen einmal eingestellten Sender (v. a. UKW-Sender) ohne erneutes Suchen auf der Skala wieder einzustellen.

statisch, allg. svw. stillstehend, ruhend, unbewegt; die Statik betreffend. - Ggs. dynamisch.

statische Organe, svw. ↑Gleichgewichtsorgane.

statischer Druck, der Druck in einem strömenden Medium, der auf eine sich mit der Strömung mitbewegende Fläche ausgeübt wird; ergibt zus. mit dem Staudruck den Gesamtdruck im strömenden Medium.

statischer Sinn, svw. ↑Gleichgewichtssinn.

Statist [zu lat. stare „stehen"] ↑Komparse.

Statisterie [lat.] ↑Komparse.

Statistik [zu lat. status „Stand, Zustand"], 1. (meist in Tabellenform zusammengestellte) Ergebnisse von zahlenmäßigen Erfassungen bestimmter Sachverhalte (z. B. Bevölkerungs-, Ind.-, Landwirtsch.-, Verkehrs- und Preisstatistik); 2. Teilgebiet der angewandten Mathematik, das sich mit der Erfassung und Auswertung von Massenerscheinungen befaßt. Statist. Methoden beruhen auf der Erfahrung, daß bei gewissen Massenerscheinungen Gesetzmäßigkeiten nachweisbar sind, die für Einzelereignisse nicht formuliert werden können. Massenerscheinungen dieser Art werden *zufallsartig* genannt, da sie aus *zufälligen Ereignissen* (Ergebnisse von Versuchen, Beobachtungen, Experimenten, Proben) bestehen, die unter bestimmten Bedingungen stets eintreten können, aber nicht notwendigerweise eintreten müssen. Es gelten folgende *Fundamentalregeln der Statistik:* Statist. Aussagen beziehen sich nie auf ein Einzelereignis, sondern immer auf Gesamtheiten vieler Ereignisse oder Beobachtungen; die Anwendung statist. Resultate auf einen Einzelfall ist unzulässig. Jede statist. Aussage ist mit einer zwar abschätzbaren, aber prinzipiell unvermeidl. Unsicherheit behaftet, die nicht zu beseitigen ist.

Die **deskriptive (beschreibende) Statistik** entwickelt Verfahren zur Beschreibung eines empir. gegebenen Zahlenmaterials, das aus einer Anzahl von Ereignissen gewonnen wurde, für die geordnete Wiedergabe, ohne Rücksicht auf die Erklärung mögl. Ursachen. Ihre Aufgabe ist es, eine Gesamtheit von Ereignissen nach bestimmten, ihr wesenseigenen Merkmalen *(Variablen)* aufzugliedern und ihre Verteilung nach einem oder mehreren Merkmalen zu beschreiben. Dazu werden die vorgegebenen Beobachtungsdaten in Tabellen und Kurven dargestellt, das in ihnen enthaltene Verteilungsgesetz herausgearbeitet und möglichst knapp und eindeutig durch geeignete Zahlenwerte (statist. Parameter) gekennzeichnet. Diese **statist. Parameter** sind stets Funktionen von Beobachtungswerten. Man unterscheidet: *Positionsparameter* (kennzeichnen die Lage des Kollektivs; auch Mittelwerte genannt), *Dispersionsparameter* (kennzeichnen die Ausbreitung eines Kollektivs; auch Streuungsmaße genannt) sowie *Zusammenhangs-* oder *Korrelationsparameter* (kennzeichnen das Maß der Abhängigkeit oder des Zusammenhangs von verschiedenen zufallsartig variierenden Merkmalen).

Die **analytische Statistik** will auf Grund von Beobachtungen zukünftige Ereignisse voraussagen, wobei sie sich auf bestimmte Vermutungen über den Charakter der zugrundeliegenden Grundgesamtheit stützen muß; solche Vermutungen werden **statist. Hypothesen,** die auf diesen Hypothesen basierenden, mit Hilfe der Wahrscheinlichkeitsrechnung hergeleiteten Folgerungen werden **statist. Schlüsse** genannt. Man unterscheidet den *direkten Schluß* von einer bekannten Gesamtheit auf eine unbekannte Stichprobe und den *Rückschluß* von einer bekannten Stichprobe auf die dazugehörige unbekannte Gesamtheit. – Methoden, die sich auf Beobachtungen stützen und statist. Hypothesen zu prüfen gestatten, nennt man **statistische Tests.** Sie beruhen stets auf einem Vergleich; z. B. werden die entsprechenden Werte und Funktionen zweier Stichproben oder die aus einer Stichprobe ermittelten Größen mit denen der Grundgesamtheit verglichen. Man geht dabei von der Annahme aus, daß beide Stichproben derselben Grundgesamtheit angehören und eventuelle Unterschiede zufällig sind. Diese Hypothese bezeichnet man als *Nullhypothese*, die andere Möglichkeit des Entscheids als *Alternativhypothese.* Mit Hilfe der statist. Tests wird über Annahme und Ablehnung der Nullhypothese entschieden.

Die S. findet weitgehende Anwendung in den Naturwiss., in der Technik sowie in den Wirtschafts-, Sozial- und Verhaltenswissenschaften. Insbes. werden die Methoden der S. heute auch in der Psychologie und Soziologie eingesetzt, die sich zunehmend als Erfahrungswiss. verstehen, deren Hypothesen empir. (z. B. durch systemat. Beobachtung und Experiment) nachprüfbar und prinzipiell widerlegbar sein müssen.

🕮 *Bosch, K.: Angewandte S. Einf., Problemlösungen mit dem Mikrocomputer. Wsb. 1986. - Bamberg, G./Baur, F.: S. Mchn. [4]1985. - Lehn, J./Wegmann, H.: Einf. in die S. Stg. 1985. - Rüger, B.: Induktive S. Einf. f. Wirtschafts- u. Sozialwissenschaftler. Mchn. 1985. - Leiner, B.: Einf. in die S. Mchn. [2]1984. - Sachs, L.: Angewandte S. Bln. u.a. [6]1984. - Hartung, J., u. a.: S. Mchn. 1982. - Kreyszig, E.: Statist. Methoden ... Gött. [7]1982.*

statistische Mechanik ↑Mechanik.

Statistisches Bundesamt, selbständige Bundesoberbehörde im Geschäftsbereich des Bundesministeriums des Innern, Sitz Wiesbaden; Aufgabe des S. B. ist es v. a., Bundesstatistiken vorzubereiten, zu erheben und aufzubereiten, Statistiken des Auslands zu sammeln und darzustellen und volkswirtschaftl. Gesamtrechnungen aufzustellen.

Statius, Publius Papinius, * Neapolis (= Neapel) um 40, † ebd. um 96, röm. Dichter. - Neben Martial Hauptrepräsentant der röm. Poesie der Nachklassik. Sein lyr. Werk (Gelegenheitsgedichte, Beschreibungen und Trostgedichte) ist manierist., stark deskriptiv und elegant. Das düstere mytholog. Epos „Thebais" wendet die herkömml. ep. Kunstmittel ins Phantastische und Grausige. Gehörte zu den großen Vorbildern der lat. Lyrik und Epik in MA und Renaissance.

Stativ [zu lat. stativus „(fest)stehend"], verstellbare Halterungsvorrichtung für Laborgeräte, opt. Instrumente u. ä. Das zum Aufstellen photograph. Kameras verwendete S. ist meist ein ausziehbares Dreibein aus Leichtmetall, oft mit höhenverstellbarer Mittelsäule, das ein Kugelgelenk oder einen Panoramakopf für die Befestigung der Kamera trägt (in Ateliers oft fahrbar: *Kamerawagen*).

Stato della Chiesa [italien. 'kjɛːza], svw. ↑Kirchenstaat.

Statolithen [griech.], beim *Menschen* und bei *Tieren* in den ↑Gleichgewichtsorganen einem Sinneszellenbezirk aufliegendes Schwerekörperchen.

◆ bei *Pflanzen* in der Wurzelhaube und bestimmten Zellschichten der Stengel vorkommende Stärkekörner, die mit dem Geotropismus (durch Schwerkraft bestimmter Tropismus) in Zusammenhang gebracht werden.

Stator [lat.], svw. ↑Ständer.

Statozyste [griech.] ↑Gleichgewichtsorgane.

Statthalter, ständiger Vertreter eines Staatsoberhaupts bzw. einer Reg. in einem bestimmten Teil des Staatsgebiets. Im *Dt. Reich* gab es 1879–1918 einen kaiserl. S. in Elsaß-Lothringen, nach 1933 ↑Reichsstatthalter. In *Österreich* bis 1918 Bez. für den Leiter der obersten Verwaltungsbehörde (**Statthalterei**) der einzelnen Kronländer.

Stattler, Benedikt, * Kötzting 30. Jan. 1728, † München 21. Aug. 1797, dt. kath. Theologe und Philosoph. - Jesuit; 1770 Prof. für Dogmatik in Ingolstadt (Lehrer von J. M. Sailer); nach Aufhebung des Jesuitenordens 1790 Geistl. Rat in München; versuchte in seinen Werken, in Anlehnung an rationalist. Gedankengut die Wahrheit der christl. Religion wiss. zu beweisen; seine wichtigsten Werke wurden 1796 indiziert.

Statue [lat.], Standbild, Bildsäule (einer Einzelfigur); meist freistehendes, freiplast. Bildwerk eines Menschen oder auch eines Tieres.

Statuette [lat.-frz.], kleinere Statue, Einzelfigur oder Figurengruppe der Kleinplastik.

statuieren [lat.], festsetzen, bestimmen; *ein Exempel s.*, ein warnendes Beispiel geben.

Status [lat.], allg. svw. Zustand, Bestand; Stand.

◆ (sozialer S.) in der *Soziologie* Bez. für den Grad der sozialen Wertschätzung *(hoher* oder *niedriger S.)* von sozialen Positionen bzw. Positionsmerkmalen, soweit diese eine soziale Bewertung des einzelnen im Sinne einer Einstufung nach Rang oder Prestige ermöglichen. Man unterscheidet *zugeschriebenen* (durch Geburt erhaltenen), *übertragenen* (Ehefrau erhält S. des Ehemanns) und *erworbenen* (durch Anstrengung und Leistung erreichten) *Status*. Individuen, die einen bes. S. anstreben, umgeben sich mit bes. Besitzgegenständen, Titeln usw. (sog. *Statussymbole*), die als Indikatoren für den angestrebten S. bedeutsam sind.

Status nascendi [lat.], allg. svw. Entstehungszustand; in der Chemie Bez. für den bes. reaktionsfähigen Zustand chem. Elemente im Augenblick ihrer Freisetzung aus Verbindungen, wobei sie kurzzeitig atomar statt molekular vorliegen (ausgenommen Edelgase).

Status quo [lat.], der gegenwärtige Zustand; im *Völkerrecht* die gegebenen fakt. und rechtl. Verhältnisse. Dementsprechend wird unter einer Politik der Erhaltung des S. qu. eine auf Festschreibung territorialer Aufteilungen gerichtete Politik verstanden.

Status Quo [engl. 'steɪtəs 'kwoʊ], 1966 gegr. brit. Rockmusikgruppe (Name seit 1967), die mit einer Mischung aus Rhythm and Blues, Skiffle-Anklängen und Kneipensingsang erfolgreich wurde und schließl. trotz vernichtender Kritik an ihrer veralteten Rockspielweise und ihren belanglosen Songs den Durchbruch zu großem und anhaltendem Publikumserfolg schaffte.

Statut [lat.], svw. Satzung, [Grund]gesetz.

Statute mile [engl. 'stætju:t 'maɪl] ↑Mile.

Stau, allg. svw. Anhäufung eines normalerweise strömenden Mediums, einer Kolonne u. a. durch ein Hemmnis (z. B. Verkehrsstau).

◆ in der *Strömungslehre* Bez. für die Verzögerung einer Strömung in der Nähe eines ↑Staupunktes; stets mit einer Erhöhung des statischen Drucks verbunden.

◆ in der *Meteorologie* die Ansammlung von Luftmassen an einem Hindernis (Berg, Gebirge), an dem die Luft zum Aufsteigen gezwungen wird, wobei es zur Wolkenbildung und zu Niederschlägen kommt. Bei geeigneter Wetterlage fallen auf der Anströmseite der Gebirge, der *S.seite*, ergiebige *S.niederschläge (S.regen, Steigungsregen)*.

Stauanlagen, svw. ↑Stauwerke.

Staub, feinste Schwebstoffe (Aerosol), deren Bestandteile vom Boden aufgewirbelt werden, insbes. aber bei Verbrennungsprozessen und in speziellen Industriebetrieben (z. B. Zementfabriken) entstehen und in die Luft gelangen (Luftverunreinigung). Die ↑Entstaubung industrieller Abgase spielt daher im Rahmen des Umweltschutzes eine bed. Rolle.

◆ Bez. für feinverteilte feste Einschlüsse in [durchsichtigen] Schmucksteinen.

◆ (kosm. S., interstellarer S.) ↑interstellare Materie.

Staubbeutel ↑Staubblatt.

Staubblatt (Stamen), zu einem ♂ Geschlechtsorgan umgebildetes Blattorgan (Mikrosporophyll) in der Blüte der Samenpflanzen; die Gesamtheit der Staubblätter bildet das Andrözeum der Blüte. Die Staubblätter der Nacktsamer sind meist schuppenförmig, die der Bedecktsamer gegliedert in den *Staubfaden* (Filament) und den an seiner Spitze stehenden *Staubbeutel* (Anthere), der meist aus zwei durch ein Konnektiv verbundenen Hälften (Theken) mit je zwei Pollensäcken (Mikrosporangien) besteht, in deren innerem Gewebe (Archespor) der Blütenstaub (Mikrosporen, Pollenkörner) gebildet wird. Gelegentl. treten unfruchtbare S. *(Staminodien)* ohne Pollensäcke auf.

Staubblüten (männliche Blüten), wenig gebräuchl. Bez. für Blüten, die nur Staubblätter haben.

Staubbrand, svw. ↑Flugbrand.

Stäubegeräte, landw. Geräte (z. B. Trage- oder Anbaugeräte), mit denen durch einen Luftstrom staubförmige Pflanzenschutzmittel *(Stäubemittel)* ausgebracht werden; werden auch als Spritzgeräte eingesetzt. S. werden v. a. bei Wassermangel eingesetzt.

Staubexplosion, durch Funken oder Reibungswärme ausgelöste rasche Verbrennungsreaktion fester, feinverteilter, brennbarer Substanzen (z. B. Mehl-, Kohlenstaub) im Gemisch mit Luft.

Staubfaden (Filament) ↑Staubblatt.

Staubfließverfahren, svw. ↑Wirbelschichtverfahren.

Staubgefäß, umgangssprachl. Bez. für das ↑Staubblatt.

Staubhafte (Coniopterygidae), mit rd. 100 Arten weltweit verbreitete Fam. sehr kleiner Insekten (Ordnung Netzflügler), davon rd. zehn Arten einheim.; 2–4 mm lang, 5–8 mm Flügelspannweite; Körper und Flügel von weißen oder braunen, staubartigen Wachsausscheidungen bedeckt; fliegen nur selten.

Staubinhalationskrankheit, svw. ↑Staublunge.

Staubkorn, in der graph. Technik Bez. für eine feine Körnung, die durch leichtes Aufschmelzen von Asphaltpuder auf Druckplatten entsteht; gibt den glatten Flächen unregelmäßige Strukturen.

Staublawine ↑Lawine.

Stäublinge (Staubpilze, Lycoperdon), zur Ordnung der Bauchpilze gehörende, weltweit verbreitete Gatt. mit rd. 50 Arten; Fruchtkörper kugelig-birnenförmig; Außenwand mehlig oder warzig bestäubt oder rissig. Die dünne Innenwand öffnet sich nur, um die reifen staubartigen Sporen zu entlassen. Bekannte Arten sind Hasenbofist, Flaschenbofist und Riesenbofist; jung sind alle drei Arten eßbar.

Staublunge (Staublungenerkrankung, Staubinhalationskrankheit, Pneumokoniose), Sammelbez. für alle krankhaften Veränderungen des Lungengewebes, die durch das Einatmen von Staubteilchen hervorgerufen werden. Das Einatmen zahlr. Metall-, Kalk- und Kohlenstäube führt meist zu einer unspezif. Ablagerung der Staubteilchen (Koniose) im lymphat. Gewebe, ohne im allg. Krankheitssymptome zu verursachen. Durch Einatmen von Quarz-, Asbest- und Talkumstäuben, die eine starke fibroplast. Reizwirkung auf das Lungengewebe ausüben, entsteht dagegen eine fortschreitende Lungenfibrose mit Emphysem, Rechtsvergrößerung des Herzens und Bronchitis. Die Lungenerkrankungen werden jeweils nach den auslösenden Stäuben bezeichnet: Silikose, Asbestose, Talkose. Es handelt sich i. d. R. um entschädigungspflichtige ↑Berufskrankheiten.

Staubsauger, in Haushalt und Gewerbe verwendetes Elektrogerät zum Entstauben von Fußböden, Teppichen, Polstermöbeln u. a. Durch den mit Hilfe eines Gebläses in einem Staubbehälter (Filterbeutel) erzeugten Unterdruck werden Staub- und Schmutzteilchen über ein Rohr oder einen Schlauch von der Staubdüse angesaugt und im Staubbehälter abgeschieden. Übl. Bauarten sind der *Hand-S.* sowie der *Boden-S.*, bei dem Staubbehälter, Gebläse und Antrieb in einem mit Rädern oder Kufen versehenen Gehäuse untergebracht sind.

Stauchen ↑Kaltformung.

Stauchmoräne ↑Gletscher.

Stauchung, in der *Technik* die durch Druckbeanspruchung in einer Richtung bewirkte Verformung eines festen Körpers (im Ggs. zur ↑Kompression). - ↑auch Dehnung. ◆ in der *Medizin* das mehr oder weniger plötzl. Zusammendrücken des Körpers oder einzelner Körperteile in Längsrichtung.

Staudamm ↑Talsperre.

Stauden, ausdauernde Pflanzen mit meist stark entwickelten unterird. Sproßorganen (als Speicherorgane), deren meist krautige oberird. Sproßsysteme (Laub- und Blütensprosse) jährl. am Ende der Vegetationsperiode teilweise (bis auf überlebende bodennahe Teile; z. B. Rosetten bei Hemikryptophyten) oder vollständig (Geophyten) absterben. Der Neuaustrieb der Luftsprosse erfolgt aus den jeweils dicht über oder unter der Erdoberfläche liegenden Erneuerungsknospen.

Staudenmaier, Franz Anton, *Donzdorf (Landkr. Göppingen) 11. Sept. 1800, † Freiburg im Breisgau 19. Jan. 1856, dt. kath. Theologe. - Prof. für Dogmatik in Gießen und Freiburg; setzte unter dem Einfluß der Tübinger Schule in seinen Werken v. a. dem Idealismus Hegels eine systemat. Sicht der Welt und der Heilsgeschichte entgegen; seine Unterscheidung negativer und positiver Wahrheiten legte die christl. Glaubenslehre der Patristik und des MA neu dar.

Staudenphlox ↑Phlox.

Staudenrittersporn ↑Rittersporn.

Staudinger, Hermann, *Worms 23. März 1881, † Freiburg im Breisgau 8. Sept. 1965, dt. Chemiker. - Prof. in Karlsruhe, Zürich (ETH) und Freiburg; erforschte v. a. die makromolekularen Stoffe, wobei er zeigte, daß ihre Moleküle aus zahlr. kleinen Moleküleinheiten (Monomeren) zusammengesetzt sind. Er ermittelte die Beziehung zw. Viskosität und Molekulargewicht gelöster Polymere *(Staudinger-Index).* Für seine Arbeiten über Makromoleküle, die v. a. für die Entwicklung der Kunststoffe bed. sind, erhielt S. 1953 den Nobelpreis für Chemie.

Staudruckmesser ↑Prandtl-Rohr.

Staudt, Karl Georg Christian von, *Rothenburg ob der Tauber 24. Jan. 1798, † Erlangen 1. Juni 1867, dt. Mathematiker. - Prof. in Erlangen; lieferte eine Begründung der projektiven Geometrie, die frei von metr. Betrachtungen ist.

Staudte, Wolfgang, *Saarbrücken 9. Okt. 1906, † Žigrski vrh (Slowenien), dt. Filmregisseur. - Ingenieur, dann Schauspieler u. a. bei M. Reinhardt und E. Piscator; drehte nach 1933 Werbefilme, seit 1943 Spielfilme („Akrobat schö-ö-ön"). Drehte den ersten dt. Nachkriegsfilm, „Die Mörder sind unter uns" (1946), eine Abrechnung mit dem NS und eine [unpolit.] Ergründung seiner Quellen. - *Weitere Filme:* Der Untertan (1951; nach H. Mann), Rosen für den Staatsanwalt (1959), Zwischengleis (1978), „Der eiserne Gustav" (1978/79, Fernsehserie).

stauen (verstauen), eine Ladung rutschfest und raumsparend in einem Fahrzeug (ins-

Staubsauger. Luftführung in einem Staubsauger mit Schlauch

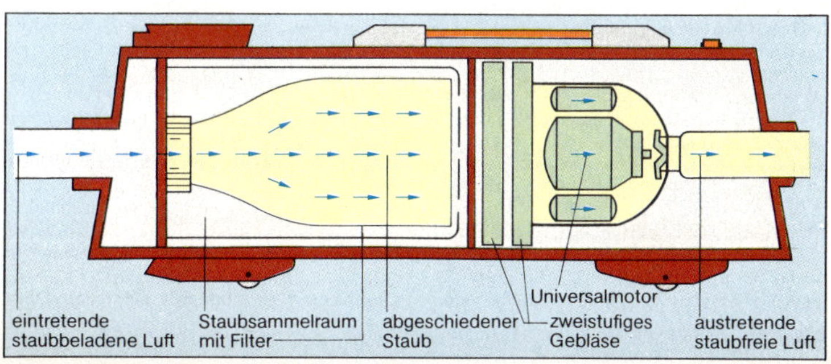

bes. im Laderaum eines Schiffes) unterbringen.

Staufen im Breisgau, Stadt am W-Rand des Südschwarzwalds, 290 m ü. d. M., 7 300 E. Festspiele (u. a. Musikwochen); Weinbau; Kunststoffwerk, Pelzverarbeitung, Herstellung physikal. und chem. Instrumente, Schnapsbrennerei. - 770 erstmals gen., um 1280 Stadtgründung am Fuße des Berges *Stouven.* Die 1248 erstmals erwähnte Burg Staufen (im Kern 12. Jh.; seit 1606 Ruine) auf dem Stouven war Mittelpunkt der gleichnamigen Herrschaft. - Spätgot. Martinskirche (15. Jh.); Renaissancerathaus (1546, später umgebaut).

Staufer (Hohenstaufen), schwäb. Adelsgeschlecht, dessen Anfänge in die 1. Hälfte des 11. Jh. zurückreichen. Als Stammsitz erscheint zunächst Büren (= Wäschenbeuren, Landkr. Göppingen); der Sohn Friedrichs von Büren († um 1055), Friedrich I., wurde 1079 von Heinrich IV. zum Hzg. von Schwaben ernannt und gelangte durch seine Vermählung mit Agnes, der Tochter des Königs, in unmittelbare Königsnähe. Er erbaute auf dem Hohenstaufen der Fam. einen (neuen?) Stammsitz (Burg Stoph bzw. Stauf). Im Dienste des sal. Königtums vollzog sich der Aufstieg der Staufer. Nach dem Aussterben der Salier traten sie deren Erbe an; Wahl und verwandtschaftl. Verbindung ↑Lothars III. mit den Welfen begründeten den stauf.-welf. Ggs.; 1138 konnte Konrad III. seine Wahl zum König durchsetzen. Unter Friedrich I. Barbarossa und Heinrich VI. gelangte die Dyn. auf den Höhepunkt ihrer Geltung. Der Erbanfall Siziliens und der Machtverfall des Königtums im stauf.-welf. Thronstreit (1198–1214/15) verlagerten das Schwergewicht ihrer Herrschaft in den Normannenstaat; die glanzvolle Reg. Friedrichs II. konnte den Niedergang der Dyn. nicht verhindern. Mit der Enthauptung des letzten S., Konradin (1268), in Neapel starb das Geschlecht aus.

🕮 *Lehmann, J.: Die S. Glanz u. Elend eines dt. Kaisergeschlechts. Mchn. ²1981. - Die Zeit der S. Ausstellungskat. Stg. 1977. 4 Bde.*

Stauffacher, Rudolf, * um 1250, † um 1310, schweizer. Landamman. - 1275–86 und 1302–05 Landamman von Schwyz; wesentl. an der schweizer. Freiheitsbewegung beteiligt.

Stauffenberg, Schenken von, 1251 als Schenken der Grafen von Zollern erstmals gen. schwäb. Adelsgeschlecht; 1698 Reichsfreiherren, 1791 Reichsgrafen, 1874 bayr. Grafen; bis heute besteht die Linie S.-Amerdingen. Bed. Vertreter:

S., Berthold Graf Schenk von, * Stuttgart 15. März 1905, † Berlin 10. Aug. 1944 (hingerichtet), Widerstandskämpfer. - Jurist; ab 1939 Völkerrechtsberater bei der Seekriegsleitung; hatte schon vorher Kontakt zu Mgl. des späteren Kreisauer Kreises; als enger Vertrauter seines Bruders Claus an den Vorbereitungen des 20. Juli 1944 unmittelbar beteiligt; am 10. Aug. 1944 vom Volksgerichtshof zum Tode verurteilt.

S., Claus Graf Schenk von, * Schloß Jettingen (= Jettingen-Scheppach bei Günzburg) 15. Nov. 1907, † Berlin 20. Juli 1944 (erschossen), Offizier und Widerstandskämpfer. - Kriegsdienst in Polen und Frankr.; arbeitete 1940–43 in der Organisationsabteilung des Generalstabs des Heeres. Elitär und konservativ eingestellt, aber auch sozialem Wandel aufgeschlossen, war S. von Hitlers Erfolgen zunächst beeindruckt. Wachsende Skepsis gegenüber der nat.-soz. Eroberungspolitik, Kritik an militär. Fehlern Hitlers und Empörung über den Terror in den besetzten Gebieten verdichteten sich 1942 in der Bereitschaft zum Umsturz. Schwere Verwundung in N-Afrika (April 1943); seit Okt. 1943 Stabschef beim Allg. Heeresamt, wurde S. zur treibenden Kraft der divergierenden Widerstandsgruppen. Als Oberst seit 1. Juli 1944 Stabschef beim Befehlshaber des Ersatzheeres, hatte er unmittelbar Zugang zu Hitlers Hauptquartier. Das von ihm als unabdingbare Voraussetzung für den Umsturz betrachtete Attentat auf Hitler führte er am 20. Juli 1944 selbst durch und flog dann nach Berlin, weil er für die techn. Leitung des Staatsstreichs unentbehrl. war. Nach dem Scheitern der Aktion wurde er standrechtl. erschossen.

Stauffer-Fett [nach der Herstellerfirma Stauffer Chemical Comp., Westport (Conn.)], mineral. Schmieröl mit Zusätzen an verseiften tier. und pflanzl. Fetten (Kalkseifen); geeignet bei Betriebstemperaturen bis 60 °C.

staufische Kunst, die dt. Kunst während der Regierungszeit der Staufer (12./13. Jh.). In der **kirchl. Baukunst** sind für Köln und das Rheinland Lisenen, Blendnischen und Zwerggalerie im Außenbau, Nischen und Laufgänge im Innenraum charakteristisch (u. a. Sankt Aposteln in Köln), am Oberrhein und im Elsaß Doppelturmfassaden und sorgfältig behandeltes Quaderwerk, schwere, gedrungene Formen und Kreuzgewölbe (Murbach, Maursmünster, Schlettstatt, Worms), für Westfalen der Gewölbebau in breiter Proportionierung und der weitgehende Verzicht auf Schmuckformen (Soest, Sankt Patroklus) sowie die Entwicklung der Hallenkirche (Dome in Paderborn und Münster). Durch den Einfluß der frz. Gotik ist der Bruch mit örtl. Traditionen spürbar (Dome in Straßburg, Magdeburg, Halberstadt, Minden und Naumburg, Elisabethkirche in Marburg, Zisterzienserklöster Maulbronn, Eberbach im Rheingau). Die Staufer errichteten Pfalzen und Burgen (Trifels, Gelnhausen, Wimpfen), unter Friedrich II. v. a. in Apulien und Sizilien (Kastelle von Catania, Enna, Bari, Lucera, Castel del Monte). - **Skulptur:** Von den Kirchenausstattungen sind einige bed. Triumphkreuze des 13. Jh. erhalten (Halberstadt, Dom, um 1220?) sowie zahlr. Bronzekruzifixe. Die Formensprache der bed. Figuralplastik des Straßburger Südquerhauses, des Bamberger Doms, des Naumburger Doms zeigt die Auseinandersetzung mit der frz. Kathedralplastik. Außerdem ist v. a. die Goldschmiedekunst des Rhein-Maas-Gebiets zu nennen, wo auch Nikolaus von Verdun tätig war. - **Malerei:** Bed. ist der Bestand an Glasgemälden (u. a. Straßburger Münster; Erfurt, Barfüßerkirche), umfangreich die Anzahl der Werke der Buchmalerei (u. a. Köln, Mainz, Bamberg, Regensburg, Salzburg sowie Sizilien, u. a. Messina). - Einen bes. Charakter trägt die stauf. Kunst aus dem Umkreis Friedrichs II. in Süditalien und Sizilien mit der Wiederbelebung von Elementen antiker Kunst; u. a. Kalksteinbüste von Barletta, Kopffragment vom Castel del Monte, Skulpturen für das Brückenkastell von Capua. - Abb. S. 80.

🕮 *Stauferzeit. Gesch., Lit., Kunst. Hg. v. R. Krohn u. a. Stg. 1978.*

Staumauer ↑Talsperre.

Staunässeböden ↑Bodenkunde.

Staupe [niederl. „Krampf"] (Distemper), gefährl. ansteckende Viruserkrankung der Hunde (↑Hundestaupe), Katzen (↑Katzenstaupe), Pferde (↑Pferdestaupe) u. a. Tiere.

Stäupen [niederdt.] ↑Prügelstrafe.

Staupitz, Johann von, * Motterwitz (= Dürrweitzschen b. Leisnig [Bez. Leipzig]) 1468/69, † Salzburg 28. Dez. 1524, dt. kath. Theologe. - Augustiner-Eremit, 1497 Prior in Tübingen, 1500 in München; 1503 vom sächs. Kurfürsten Friedrich dem Weisen zum Aufbau der Univ. nach Wittenberg berufen, dort erster Dekan der theolog. Fakultät; setzte 1512 Luther als seinen Nachfolger auf dem

STAUSEEN (Mitteleuropa; Auswahl)

	Wasserlauf bzw. Flußsystem	Inhalt (Mill. m³)	Zweck*	Lage
Aggerstausee	Agger – Sieg	19,3	E, R	Berg. Land
Baldeneysee	Ruhr	9,0	W, E	Stadt Essen
Bevertalsperre	Bever – Wipper	23,7	E, R	Berg. Land
Biggestausee	Bigge – Lenne	150,0	E, R	Sauerland
Bleilochtalsperre	Saale	215,0	E, R	Vogtland
Dhünntalsperre	Dhünn – Wupper	81,0	W	Berg. Land
Diemeltalsperre	Diemel	20,5	E, R	Sauerland
Edersee	Eder – Fulda	202,4	E, R	Kellerwald
Ennepetalsperre	Ennepe – Volme	12,6	E, W	Berg. Land
Forggensee	Lech	165,0	E, R	Lechvorberge
Genkelbachtalsperre	Genkel – Agger	8,2	R, W	Berg. Land
Hennetalsperre	Henne – Ruhr	38,4	E, R	Sauerland
Hohenwartetalsperre	Saale	182,0	E, R	Vogtland
Kerspestausee	Kerspe – Wipper	15,5	E, R, W	Berg. Land
Lehnmühletalsperre	Wilde Weißeritz	21,8	R, W	Erzgebirge
Listertalsperre	Lister – Bigge	22,0	E, R	Sauerland
Lünersee	Alvier – Ill	78,0	E	Vorarlberg
Möhnestausee	Möhne – Ruhr	134,5	E, R	Sauerland
Moserboden	Kapruner Ache – Salzach	88,0	E	Hohe Tauern
Odertalsperre	Oder – Rhume	30,0	E, R	Oberharz
Okertalsperre	Oker – Aller	47,4	W	Oberharz
Ottensteiner Stausee	Kamp – Donau	73,0	E, R	Waldviertel
Rappbodetalsperre	Bode – Saale	108,5	E, R, W	Unterharz
Rurtalsperre Schwammenauel	Rur	205,5	E, R	Eifel
Saidenbachtalsperre	Flöha – Mulde	22,4	W	Erzgebirge
Schwarzenbachtalsperre	Schwarzenbach – Murg	14,3	E	Schwarzwald
Silvrettastausee	Ill	38,6	E	Vorarlberg
Sorpetalsperre	Sorpe – Ruhr	70,0	E, R, W	Sauerland
Sösetalsperre	Söse – Rhume	25,5	E, R, W	Oberharz
Spremberg-Talsperre	Spree	42,6	R, W	Niederlausitz
Sylvensteinsee	Isar	104,0	E, R	Nördl. Kalkalpen
Urfttalsperre	Urft – Rur	45,5	E, R	Eifel
Vermuntstausee	Ill	5,3	E	Vorarlberg
Vogorno, Lago di	Verzasca – Lago Maggiore	84,4	E	Tessin
Wägitaler See	Wägitaler Aa – Zürichsee	76,1	E	Innerschweiz
Wasserfallboden	Kapruner Ache – Salzach	85,5	E	Hohe Tauern
Zervreilasee	Valserrhein – Vorderrhein	100,0	E	Adula-Alpen

* E = Energiegewinnung, R = Wasserstandsregulierung, W = Wasserversorgung

Staufische Kunst. Links (von oben): Sankt Aposteln in Köln (um 1020–1230); Kruzifix mit sechs Fingern und Zehen (Rheinland; 12. Jh.). Aachen, Domschatz; rechts: Psychomanie. Miniatur aus dem Speculum virginum (Mittelrhein [?]; 11. Jh.). Bonn, Rheinisches Landesmuseum

Lehrstuhl für Bibelwiss. ein; entließ auf dem Augsburger Reichstag Luther aus dem Ordensgehorsam; seit 1522 zunehmende Ablehnung Luthers und der Reformation. S. hat Luthers theolog. Neuansatz durch seine Prägung durch Mystik, thomist. Ordensdoktrin und Biblizistik maßgebl. gefördert.

Staupunkt, derjenige Punkt an der Oberfläche eines umströmten Körpers, in dem das vor ihm gestaute Medium vollkommen zur Ruhe kommt.

Staurohr, rohrartiges Gerät mit einem angeschlossenen Druckmesser (Manometer) zur Bestimmung des Gesamtdrucks in einer Strömung; i. e. S. svw. ↑Prandtl-Rohr.

Staurolith [griech.], Mineral von rötl. bis schwärzl.-brauner Farbe, glasglänzend oder auch oberflächl. rauh, Bruch fettglänzend. Rhomb., vielfach Durchkreuzungszwillinge. Chem. ungefähr $FeAl_4[O|OH|SiO_4]_2$; Mohshärte 7–7,5; Dichte 3,7–3,8 g/cm^3. Vorkommen in metamorphen Gesteinen und lose in Seifen.

Stauropegialklöster, ostkirchl. Bez. für Klöster, die dem Patriarchen direkt unterstehen (Patriarchalklöster), weil bei ihrer Gründung der Patriarch das hl. Kreuz (griech. staurós) zur Einfügung in die Fundamente (griech. pēgnýnnai „errichten") sendet.

Staurothek [griech.], Behälter für eine Kreuzesreliquie; u. a. im Domschatz in Limburg a. d. Lahn (948–59).

Stausee, künstl. angelegter, seltener auch durch natürl. Vorgänge, z. B. durch Bergsturz oder Lavastrom, aufgestauter See. - Übersicht S. 79.

Staustrahltriebwerk, die einfachste Form eines ↑Luftstrahltriebwerks. Ein S. wird gewöhnl. von einem rohrförmigen Strömungskanal gebildet, der innen profiliert ist (enthält keine rotierenden Teile). Die dem Triebwerkseinlauf mit Fluggeschwindigkeit zuströmende Luft wird in einem Diffusor abgebremst, wodurch sie eine Druckerhöhung erfährt; in der Brennkammer wird dann durch Verbrennung eines in den Luftstrom eingespritzten Kraftstoffs (Kerosin) Energie zugeführt und die Temperatur des Luftstroms stark erhöht; in der Schubdüse wird dieser Luftstrom entspannt, wodurch die erhöhte Austrittsgeschwindigkeit erzeugt wird; diesem Impulsgewinn der durchströmenden Luft entspricht als Reaktionskraft der Triebwerksschub. Ein S. ist auf Grund seines Verdichtungsprinzips nur oberhalb einer gewissen Mindestgeschwindigkeit (vorteilhafter Einsatzbereich ab Mach 3) betriebsfähig, auf die es durch ein Hilfstriebwerk beschleunigt werden muß.

Stauungsleber, die Veränderungen der Leber bei Stauung durch Behinderung des venösen Abflusses (infolge lokaler Einengung der venösen Strombahn oder bei Herzinsuffizienz). Langanhaltende Stauung führt über die *chron. S.* (Zelluntergang, periphere Verfettung) durch Bindegewebsvermehrung zur *chron. Stauungsinduration* (Leberstauung) und zur ↑Leberzirrhose.

Stauungslunge (Lungenstauung), die Veränderungen der Lunge bei Druckerhöhung im kleinen Kreislauf infolge Insuffizienz des linken Herzens mit Kapillarerweiterung, Blutfülle und (bei längerem Bestehen) Bindegewebsvermehrung und Lungenstarre.

Stauungsniere, (Blut-S.) venöse Blutstauung in den Nieren infolge nachlassender Herzleistung; mit Schädigung des Nierenparenchyms bei gleichzeitiger Vermehrung des Bindegewebes verbunden.
◆ svw. ↑Hydronephrose.

Stauungspapille, Anschwellung der Sehnervenpapille bei krankhaft erhöhtem Druck im Schädelinnern infolge Vermehrung oder Verdrängung der Gehirn-Rückenmarks-Flüssigkeit.

Stauwerke (Stauanlagen), Bauwerke, die den natürl. Wasserspiegel eines Gewässers durch Verringerung des Abflusses (Stau) anheben und meist eine Speicherung des Wassers für verschiedene wasserwirtsch. Bedürfnisse (Wasserkraftnutzung, Bewässerung, Schiffahrt, Wasserversorgung für Siedlungen und Industrien u. a.) bewirken. Man unterscheidet ↑Wehre und ↑Talsperren.

Stavanger, Hafenstadt in SW-Norwegen. 94 200 E. Hauptstadt des Verw.-Geb. Rogaland; luth. Bischofssitz; Fachhochschule, Theater, Bibliothek, Museen, Garnison; Konservenind., Werft, graph. Betriebe, petrochem. Ind.; Verwaltungs- und Versorgungszentrum der norweg. Off-Shore-Industrie. - Im 11. Jh. erstmals erwähnt, wurde um 1125 Bischofssitz (1537–1684, erneut seit 1925 luth.). - Roman.-got. Domkirche (12./13. Jh.).

Stavelot [frz. sta'vlo] (Stablo), um 650 vom hl. Remaclus gegr. Benediktinerabtei im heutigen Belgien; eines der frühesten Zentren christl. Kultur in den Niederlanden mit bed. Klosterschule; unter Abt ↑Poppo Mittelpunkt der lothring. Klosterreform in Deutschland; 1796 Aufhebung des Klosters; Teile des Klosterbaus sind erhalten.

Stavenhagen, Fritz, * Hamburg 18. Sept. 1876, † ebd. 9. Mai 1906, dt. Schriftsteller und Journalist. - Gilt mit seinen [naturalist.] Dramen als Begründer des modernen niederdt. Dramas; schrieb auch heitere Märchen, Volkskomödien und Erzählungen.

Stavenhagen (amtl. Reuterstadt S.), Stadt auf der Mecklenburg. Seenplatte, Bez. Neubrandenburg, DDR, 30 m ü. d. M., 10 000 E. Nahrungsmittelind., Lederverarbeitung. - Entstand im Schutz einer Burg wohl in der 1. Hälfte des 13. Jh.; 1260 erstmals als Stadt erwähnt. - Geburtshaus F. Reuters (heute Fritz-Reuter-Literaturmuseum).

Stawropol [russ. 'stavrɐpɐlj], Hauptstadt der sowjet. Region S. in der RSFSR, 575 m ü. d. M., 293 000 E. 4 Hochschulen, mehrere Forschungsinst. Museen; Theater; Maschinenbau, chem., elektrotechn., Nahrungsmittel-, Leder-, u. a. Ind. - Gegr. 1777.

St. Cyr, Johnny [engl. snt'sɪə], eigtl. John Alexander St. C., * New Orleans 17. April 1890, † Los Angeles 17. Juni 1966, amerikan. Jazzmusiker (Banjospieler, Gitarrist). - Wirkte in verschiedenen Jazzgruppen in New Orleans sowie auf Flußdampfern ab 1923 in Chicago; gilt als einer der bedeutendsten Banjospieler des New-Orleans-Jazz.

Steady state [engl. 'stɛdɪ 'stɛɪt], in der *Molekularbiologie* und *Biophysik* svw. ↑Fließgleichgewicht.

Steady-state-Theorie [engl. 'stɛdɪ, 'stɛɪt] (Theorie des stationären Kosmos), in der Kosmologie Bez. für die Theorie eines sich ausdehnenden Weltalls ohne zeitl. Anfang und ohne zeitl. Ende, bei dem durch fortwährende Materieerzeugung eine gleichbleibende Massendichte vorliegt *(Steady state)*.

Steak [ʃte:k; isländ.-engl.], gebratene oder gegrillte Rindfleischscheibe (Rumpsteak, Entrecôte, Chateaubriand), auch Kalbsteak, Schinkensteak.

Steamkracken ['sti:mkrækən; engl.], Aufspalten höhermolekularer Kohlenwasserstoffe in niedermolekulare durch hocherhitzten Wasserdampf bei der Erdölverarbeitung.

Stearin [zu griech. stéar „Fett, Talg"], aus den Fettsäuren Palmitinsäure und Stearinsäure bestehendes, wachsartiges Gemisch, das zur Kerzenherstellung und in der Seifen-, Gummi- und Textilindustrie verwendet wird.

Stearinsäure (Octadecansäure), CH_3-$(CH_2)_{16}$-COOH, farb- und geruchlose gesättigte Fettsäure, die als Glycerinester in zahlr. tier. und pflanzl. Fetten vorkommt; techn. Bed. als ↑Stearin und in der kosmet. und pharmazeut. Ind. zur Herstellung von Salbengrundlagen.

Steatit [griech.] (Speckstein, Seifenstein), Mineral von meist weißer Farbe, dicht, Varietät des Talks; wird als Schneiderkreide, Isolierzuschlagsstoff in der Elektroindustrie sowie für Bildschnitzereien (Mohshärte 1) verwendet.

Steatom [griech.] (falsches Atherom), durch Verstopfung eines Talgdrüsenausführungsganges mit Stauung von Talgdrüsensekret entstehendes Atherom; meist im Bereich von Gesicht, Brust, Rücken.

Steatopygie [griech.], svw. ↑Fettsteiß.

Steatose (Steatosis) [griech.], svw. ↑Fettsucht.

Stechapfel (Dornapfel, Stachelapfel, Datura), Gatt. der Nachtschattengewächse mit rd. 20 Arten in den trop. bis gemäßigten Gebieten; giftige Kräuter, Sträucher oder kleine Bäume mit großen Blättern, großen, trichterförmigen, oft stark duftenden Blüten und meist stacheligen oder dornigen, vielsamigen Kapselfrüchten. Urspr. in N-Amerika heim., heute weltweit verbreitet ist der einjährige **Gemeine Stechapfel** (Datura stramonium; mit aufrechten weißen, bis 10 cm langen Blüten und derbstacheligen Kapseln). Seine Blätter und Samen enthalten Alkaloide (Hyoscyamin, Atropin, Scopolamin) und sind hochgiftig. Eine beliebte Kübelpflanze ist die ↑Engelstrompete.

Stechbeitel ↑Beitel.

Stechborsten, die zu langen, nadelscharfen, borstenartigen Chitinbildungen umgewandelten Mundwerkzeuge der stechend-saugenden Insekten.

Stechdorn (Paliurus), Gatt. der Kreuzdorngewächse mit 7 Arten in W- und O-Asien und einer Art, dem ↑Christdorn, im Mittelmeergebiet; sommergrüne Bäume oder Sträucher mit wechselständigen, ganzrandigen oder gesägten, eiförmigen Blättern und je zwei zu Dornen umgewandelten Nebenblättern; Blüten unscheinbar, achselständig.

Stechen, beim *Kartenspiel* ↑Stich.
◆ (Stichkampf) im *Sport* zusätzl. Wettbewerb, um einen unentschieden ausgegangenen Wettkampf zur Entscheidung zu bringen. Beim Jagdspringen wird zw. gleichplazierten Reitern ein S. geritten (verkürzter Parcours mit weniger, aber höheren und breiteren Hindernissen).

Stecher (Stechschloß), Vorrichtung an Jagdgewehren zur Auslösung des Schusses bei leichtester Berührung des Abzugs.

Stechfichte (Picea pungens), etwa 30–50 m hohe Fichtenart in den südl. Rocky Mountains; Äste waagrecht abstehend; Nadeln spitz, 1,5–3 cm lang; Zapfen 8–10 cm lang, hellbraun. Als Park- und Gartenbäume sind v. a. die blaugrün benadelten Formen (**Blaufichte**) beliebt.

Stechfliegen (Stomoxydinae), rd. 50 Arten umfassende, fast ausschließl. in trop. Gebieten verbreitete Unterfam. etwa 3–9 mm langer Echter Fliegen von stubenfliegenähnl. Aussehen, jedoch mit langem, waagrecht gehaltenem Stechrüssel und in Ruhe stärker gespreizten Flügeln; blutsaugende, oft für Menschen und Haustiere sehr lästige Insekten, z. T. auch Krankheitsüberträger. Bekannteste Art ist der weltweit verbreitete **Wadenstecher** (Stallfliege, Stomoxys calcitrans), bis 8 mm lang.

Stechginster (Stachelginster, Gaspeldorn, Ulex), Gatt. der Schmetterlingsblütler mit 15 Arten in W-Europa; Sträucher mit in scharfen Dornspitzen endenden Zweigen und bis auf den zu einem Dorn gewordenen Blattstiel oder eine kleine Schuppe reduzierten Blättern; Blüten gelb; Hülsenfrucht zweiklappig. Die einzige Art in Deutschland (nur in Zwergstrauchheiden des NW) ist der **Europ. Stechginster** (Ulex europaeus): mit 1–1,5 m hohen Zweigen, 6–12 cm langen Dornen, goldgelben Blüten und 1 cm langen, zottig behaarten Hülsen; auch als Zierstrauch.

Stechimmen (Stechwespen, Aculeata), Gruppe der ↑Taillenwespen; Legeröhre der ♀♀ in Verbindung mit Giftdrüsen zu einem Wehrstachel umgewandelt. Hierher gehören u. a. Bienen, Ameisen, Bienenameisen, Faltenwespen, Grabwespen, Wegwespen und Goldwespen.

Stechmücken (Gelsen, Moskitos, Culicidae), weltweit, v. a. in den Tropen, verbreitete Fam. mittelgroßer, schlanker, langbeiniger Mücken mit rd. 2 500 Arten; Flügel beschuppt, Fühler (bei ♂♂ sehr lang) behaart, zweites Fühlerglied weist ein Hörorgan auf, das auf Schallwellen fliegender ♀♀ anspricht; ♀♀ mit langem Saugrüssel, z. T. Blutsauger und gefährl. Krankheitsüberträger (z. B. von Malaria, Gelbfieber); ♂♂ nehmen nur Wasser und Pflanzensäfte auf. Bei dem Einstich des ♀ wird Speicheldrüsensekret in die Wunde abgegeben (zur Verhinderung der Blutgerinnung); nach Anstechen eines Blutgefäßes pumpt eine bes. gestaltete Einrichtung des vorderen Verdauungstrakts das Blut in den Mitteldarm der Stechmücke, so daß der Hinterleib anschwillt und sich rötl. verfärbt. - Wichtige einheim. Gatt. sind die ↑Aedesmükken sowie die Gatt. *Culex* mit der etwa 1 cm langen, braunen, weiß geringelten **Gemeinen Stechmücke** (Hausmücke, Culex pipiens).

Stechpalme (Ilex), Gatt. der zweikeimblättrigen Pflanzenfam. *Stechpalmengewächse* (Aquifoliaceae) mit über 400 Arten, v. a. in den Tropen und Subtropen Asiens und Amerikas, wenige Arten in der gemäßigten Zone; immer- oder sommergrüne Bäume oder Sträucher mit wechselständigen, einfachen, ganzrandigen oder gesägten, oft dornig gezähnten Blättern; Blüten meist zweihäusig, einzeln oder in kleinen Büscheln; Frucht eine beerenartige Steinfrucht. Die bekannteste, in W-, im westl. M- und in S-Europa bis N-Afrika und Iran verbreitete Art ist die **Stecheiche** (S. im engeren Sinne, Hülse, Hülsdorn, Ilex aquifolium), ein immergrüner Strauch oder kleiner Baum von 3–10 m Höhe mit derb ledrigen, oben dunkelgrünen und glänzenden, meist wellig gerandeten, dornig gezähnten Blättern; Blüten zweihäusig, weiß oder rötl.;

Früchte korallenrot, 7–10 mm groß, giftig; zahlr. Gartenformen. - Als Nutzpflanze ist die †Matepflanze von Bedeutung.

Stechrochen (Stachelrochen, Dasyatidae), Fam. vorwiegend nachtaktiver (sich tagsüber in den Boden eingrabender) Rochen mit rd. 90 überwiegend marinen, bis etwa 3 m langen Arten im Flachwasser; Körper scheibenförmig, mit sehr langem, peitschenförmigem Schwanz, auf dessen Oberseite ein Giftstachel sitzt, dessen Giftwirkung auch dem Menschen gefährl. werden kann; u. a. **Gewöhnl. Stechrochen** (Feuerflunder, Dasyatis pastinaca): im Atlantik und Mittelmeer; bis 2,5 m lang; oberseits gelbl. bis graugrün; Giftstachel auf der Schwanzmitte.

Stechschloß, svw. †Stecher.

Stechuhr †Arbeitszeitregistriergerät.

Stechwespen, svw. †Stechimmen.

Stechwinde (Smilax), Gattung der Liliengewächse mit rd. 300 Arten, v. a. in den Tropen, aber auch in O-Asien, N-Amerika und im Mittelmeergebiet; meist windende Pflanzen mit in Ranken übergehenden Blattscheiden; Ranken und Zweige mehr oder weniger stachelig; Blüten zweihäusig, klein, in Rispen, Dolden oder Trauben. Mehrere Arten liefern die Sarsaparillwurzeln. Einige winterharte Arten sind als Gartenkletterpflanzen beliebt. - Die Wurzeln der amerikan. S.art Smilax utilis (Sarsaparillwurzel) war bei den Eingeborenen als Arnzei gebräuchl. und wurde in Europa seit der Mitte des 16. Jh. zu einem der wichtigsten Arzneimittel überhaupt.

Steckbrief, auf Grund eines Haft- oder Unterbringungsbefehls erlassene kurze Beschreibung einer verdächtigen Person sowie der Tat, des Tatortes und der Tatzeit.

Steckdose, meist an oder in der Wand (**Aufputz-** bzw. **Unterputzsteckdose**) angebrachte Vorrichtung zum Anschließen (durch Einstecken eines †Steckers) von Geräten bzw. deren Zuleitungen an ein Verteilernetz, z. B. das Leitungsnetz der elektr. Hausinstallation, die Antennenleitung einer Gemeinschaftsantenne (**Antennensteckdose**). **Tischsteckdosen,** die über Kabel und Stecker an eine normale Wand-S. angeschlossen werden, besitzen meist 2–6 Anschlußmöglichkeiten. - I. w. S. werden auch andere leicht handhabbare Anschlußvorrichtungen als S. bezeichnet, z. B. **Gas-S.** (zum Anschließen von Gasherden).

Steckel, Leon[h]ard, * Kuihinin (Ungarn) 18. Jan. 1901, † Aitrang (Landkr. Ostallgäu) 9. Febr. 1971 (Eisenbahnunglück), dt. Schauspieler und Regisseur. - Schauspieler u. a. der Piscator-Bühne, am Dt. Theater und am Theater am Schiffbauerdamm. Nach seiner Emigration (1933–53) am Schauspielhaus in Zürich (u. a. Uraufführungsinzenierungen von Brechts „Der gute Mensch von Sezuan“ und „Galileo Galilei“); 1957–59 Intendant der Freien Volksbühne in Berlin.

Steckenkraut (Ferula), Gatt. der Doldengewächse mit rd. 50 Arten in den Trockengebieten S-Europas, N-Afrikas sowie Vorder- und Z-Asiens; kahle, meist graugrüne, oft sehr hohe Stauden mit mehrfach gefiederten Blättern; Blüten gelb, in rispig oder traubig verzweigten Dolden. Bekannt ist u. a. die **Moschuswurzel** (Ferula sumbul), deren Wurzeln in der Medizin als Tonikum und Stimulanz verwendet werden. Bis 5 m hoch wird der **Riesenfenchel** (Ferula communis) aus dem Mittelmeergebiet; nicht winterharte Freilandzierpflanze.

Jan Steen, Bohnenkönigsfest (1668). Kassel, Landesmuseum

Steckenpferd, aus einem Stecken mit Pferdekopf bestehendes Kinderspielzeug; in Nürnberger Spieltexten seit Ende des 16. Jh. belegt. In übertragener Bed. svw. Liebhaberei (↑Hobby), [kindische] Neigung, aufgekommen in der 2. Hälfte des 18. Jh. als Lehnprägung zu (gleichbedeutend) engl. *hobby horse.*

Stecker, Vorrichtung an elektr. Leitungen, die eine leicht wieder lösbare Verbindung zweier Leitungsteile gestattet. S. für den Anschluß elektr. Geräte (über eine Steckdose) an das Leitungsnetz (**Netzstecker**) sind mit zwei Kontaktstiften, bei S.kupplungen mit Kontakthülsen, und federnden Schutzkontakten (zur Herstellung einer leitenden Verbindung mit der Schutzerdung; **Schutzkontaktstecker, Schukostecker**) versehen; auf die Schutzerdung darf nur in bestimmten Fällen verzichtet werden. Die unterschiedl. Form der Netz-S. in den einzelnen Ländern und die damit verbundenen Schwierigkeiten für den Benutzer elektr. Geräte führten zu Bemühungen zur einheitl. Gestaltung bzw. Normung (**Euro-S.**). - S. für die verschiedenen Zwecke werden in unterschiedlichsten Formen und Größen hergestellt (Bananen-S., Klinken-S., Koaxial-S., Stereo[norm]-S. usw.).

Stecklinge, (Schnittlinge) zur vegetativen Vermehrung von Pflanzen abgetrennte Teile, die durch Bildung von Adventivsprossen und -wurzeln zu neuen selbständigen Pflanzen heranwachsen.

◆ in der *Landw.* Bez. für die zur Samengewinnung vorgesehenen überwinternden Sämlinge zweijähriger Pflanzen, z. B. von Gemüsekohl und Zuckerrübe.

Steckmuscheln (Pinna), Gatt. längsgerippter, grauer bis brauner Muscheln mit meist großen, keilförmigen, am einen Ende stark konisch zugespitzten Schalenklappen, mit denen die Tiere mittels eines stark entwikkelten ↑Byssus im Meeressediment festgeheftet sind. Von den drei europ. Arten ist am bekanntesten die ausschließl. mediterrane **Große Steckmuschel** (Pinna nobilis): mit bis zu 80 cm langen Schalen; bildet Perlen; ihr Fleisch wird als delikates Nahrungsmittel geschätzt.

Steckrübe, svw. ↑Kohlrübe.

Steckschloß, kleines Sicherheitsschloß, das als zusätzl. Sicherung in ein Kastenschloß (↑Schloß) eingesetzt werden kann.

Steckschlüssel (Einsteckschlüssel) ↑Schraubenschlüssel.

Steckschuß, Schußverletzung, bei der das Geschoß im Körpergewebe steckenbleibt.

Stedingen, Marschengebiet nw. von Bremen. Die dort im 12./13. Jh. lebenden **Stedinger** waren freie Bauern fries.-niedersächs. Herkunft, die außer Grundzins und Zehnt keine Abgaben zahlten. In der Schlacht bei Altenesch (1234) unterlagen sie dem Erzbischof von Bremen und dem Grafen von Oldenburg und verloren ihre Freiheit.

Steele, Sir (seit 1715) Richard [engl. sti:l], ≈ Dublin 12. März 1672, † Carmarthen (Wales) 1. Sept. 1729, engl. Schriftsteller. - Ab 1709 (zus. mit J. Addison) Hg. der moral. Wochenschrift „The Tatler" sowie (ab 1711) der Wochenschrift „The Spectator", die 1713 von „The Guardian" abgelöst wurde; hatte großen Erfolg mit aufklärer. Schriften; Mitbegr. des literar. Essays; auch Bühnenwerke.

Steen, Jan, * Leiden 1625 oder 1626, ▭ ebd. 3. Febr. 1679, niederl. Maler. - Schüler von A. van Ostade und von J. van Goyen, lebte u. a. in Den Haag, Haarlem und Leiden. Malte v. a. Genrebilder des kleinbürgerl. niederl. Volkslebens (Familienfeste, Wirtshausszenen). Humorvoll distanziert, bisweilen karikierend, enthalten seine Bilder verschiedene sinnbildl. und allegor. Bedeutungsstufen. - Abb. S. 83.

Steenbeck, Max, * Kiel 21. März 1904, † Berlin (Ost) 15. Dez. 1981, dt. Physiker. - Prof. in Jena und Leiter des Inst. für Magnetohydrodynamik der Akad. der Wiss. der DDR; Arbeiten u. a. über das Betatron sowie zur Plasmaphysik.

Steensen, Niels ↑Stensen, Niels.

Steenwijk [niederl. 'ste:nwɛi̯k], niederl. Stadt 11 km nnw. von Meppel, 20 900 E. Textil-, Möbel-, elektrotechn. u. a. Ind. - 1327 Stadtrecht, im 16. Jh. befestigt. - Grote Kerk (12. Jh.) mit 90 m hohem Turm; Onze-Lieve-Vrouwe-Kerk (15. Jh.); Giebelhäuser des 17. Jh.; Reste der Befestigungsanlagen.

Stefan, männl. Vorname, ↑Stephan.

Stefan von Perm, hl., * um 1345, † 26. April 1396, russ. Bischof. - Missionierte die Komi, die dadurch den Anschluß an Moskau fanden; 1382 deren erster Bischof; übersetzte kirchl. Werke in die Sprache der Komi, für die er ein Alphabet geschaffen hatte.

Stefan, Josef, * Sankt Peter (= Klagenfurt) 24. März 1835, † Wien 7. Jan. 1893, östr. Physiker. - Prof. in Wien; Arbeiten zur kinet. Gastheorie und zur Theorie der Wärme führten S. 1879 zur Entdeckung des nach ihm und L. Boltzmann ben. Strahlungsgesetzes (↑Stefan-Boltzmannsches Gesetz), mit dessen Hilfe ihm u. a. die Berechnung der Oberflächentemperatur der Sonne gelang.

Stefan, Verena, * Bern 3. Okt. 1947, schweizer. Schriftstellerin. - Lebt in der BR Deutschland. Ihre autobiographischen Aufzeichnungen „Häutungen" (1975) wurden ein wichtiges Werk der Frauenbewegung; sie schrieb außerdem „Mit Füßen mit Flügeln" (Ged., 1980).

Stefan-Boltzmannsches Gesetz, von J. Stefan 1879 aufgefundene, von L. Boltzmann theoret. begr. Gesetzmäßigkeit für die reine Temperaturstrahlung eines Schwarzen Strahlers: Das gesamte Emissionsvermögen bzw. die Energiedichte u der Strahlung ist der 4. Potenz der absoluten Temperatur T proportional: $u = \sigma T^4$. Der Proportionalitätsfaktor σ wird als **Stefan-Boltzmannsche Konstante** (deren Präzisionsbestimmungen W. Gerlach ausführte) bezeichnet; sie hat den Wert $5{,}6697 \cdot 10^{-8}$ W/(m^2K^4).

Stefanie (Stefania), weibl. Vorname, ↑Stephanie.

Stefano da Verona (S. da Zevio), * Verona um 1374 oder 1375, † nach 1438, italien. Maler. - Mit zarten, poet. Werken Vertreter des Weichen Stils.

Stefano, Giuseppe Di, italien. Sänger, ↑Di Stefano, Giuseppe.

Stefánsson, Davíð [isländ. 'stɛːfaunsɔn], * Fagriskógur 21. Jan. 1895, † Akureyri 1. März 1964, isländ. Schriftsteller. - 1925–52 Bibliothekar in Akureyri; mit formal einfacher, dem Volkslied verpflichteter Lyrik bed. Vertreter einer neuen isländ. Romantik; später auch sozialkrit. und religiöse Themen; Dramen mit Stoffen aus der Geschichte Islands.

Steffani, Agostino, * Castelfranco Veneto 25. Juli 1654, † Frankfurt am Main 12. Febr. 1728, italien. Komponist, Geistlicher und Diplomat. - Hofmusiker in München, 1680 zum Priester geweiht, ab 1688 Opernkapellmeister in Hannover, ab 1703 Regierungspräsident am Düsseldorfer Hof, ab 1709 wieder in Hannover. Komponierte rd. 15 italien. Opern, die in ihrer Verbindung von italien. und frz. Stil für die norddt. Oper einflußreich waren; daneben etwa 90 Kammerduette sowie Kirchenmusik, u. a. „Stabat mater" für 6 Singstimmen und Orchester.

Steffen, männl. Vorname, niederdt. Form von Stephan.

Steffen, Albert, * Wynau (Kt. Bern) 10. Dez. 1884, † Dornach 13. Juli 1963, schweizer. Schriftsteller. - Ab 1925 Präs. der Allg. Anthroposoph. Gesellschaft; Hg. der Zeitschrift „Das Goetheanum" (1921 ff.). Seine Romane, wie „Suchen nach sich selbst" (1931), „Oase der Menschlichkeit" (1954), sind bes. Dostojewski verpflichtet. Sein Hauptinteresse galt der Darstellung des Aufstiegs des Menschen zum Guten. In der Anthroposophie sah er eine wiss. Begründung seiner Bestrebungen. - *Weitere Werke:* Steig auf den Parnaß und schaue (Ged., 1960), Reisetagebuch (hg. 1979).

Steffens, Henrik (Heinrich), * Stavanger 2. Mai 1773, † Berlin 13. Febr. 1845, dt. Naturphilosoph und Schriftsteller. - Seine Bekanntschaft mit Schelling, Goethe und A. W. von Schlegel machte ihn zum Vermittler des dt. Idealismus und der Romantik nach Dänemark. Schrieb auch Novellen mit meisterhaften Naturschilderungen.

S., Walter, * Aachen 31. Okt. 1934, dt. Komponist. - Neben Orchester-, Kammer- und Vokalmusik schrieb er u. a. die Opern „Eli" (nach N. Sachs, 1967) und „Unter dem Milchwald" (nach D. Thomas, 1972).

Steg, schmaler Fußweg, insbes. schmale Brücke für Fußgänger; allg.: schmales Verbindungs- oder Zwischenstück (z. B. zw. den Fassungsrändern einer Brille).

◆ (italien. ponticello) bei Saiteninstrumenten eine Leiste oder kleine Platte aus Holz, auf der die Saite aufliegt. Der S. begrenzt an einem Ende (↑aber Sattel) den schwingenden Teil der Saite und überträgt deren Schwingungen auf den Resonanzkörper oder -boden. Bei den Instrumenten der Violinfamilie ist der S. ein lose auf die Decke gesetztes Plättchen, bei Tasteninstrumenten eine auf den Resonanzboden geleimte, gekrümmte Leiste.

Steger, Hugo, * Stein b. Nürnberg 18. April 1929, dt. Germanist. - 1964 Prof. in Kiel, seit 1968 in Freiburg; Arbeiten zur dt. Sprache und Literatur; Dudenpreis 1982. - *Werke:* Sprachraumbildung und Landesgeschichte im östl. Franken (1968), Philologia musica (1971), Anwendungsbereiche der Soziolinguistik (1982; Hg.).

Stegleitung ↑Leitung (elektr. Leitung).

Stegosaurier (Stegosauria) [griech.], ausgestorbene, vom unteren Jura bis zur unteren Kreide bekannte Unterordnung etwa 5–10 m langer Dinosaurier; pflanzenfressende, auf vier Beinen sich fortbewegende Kriechtiere mit sehr kleinem Schädel, relativ kurzen Vorderbeinen und hochgewölbtem Rücken, der in der Mitte zwei Längsreihen aufrichtbarer Knochenplatten aufwies; Schwanz mit langen Endstacheln.

Stegreif, frühere Bez. für Steigbügel; *aus dem S.* bedeutete urspr. „ohne vom Pferd zu steigen, unvorbereitet"; heute Bez. bes. für die Improvisation von Reden, Trink- und Tischsprüchen.

Stegreifspiel, Darstellung einzelner Szenen ohne ausgeformte Textvorlage. Das S. gehört zu den Wurzeln des europ. Dramas. S. waren der vorliterar. Mimus, die kom. Einlagen des ma. geistl. Spiels, die Aufführungen der engl. Komödianten; das S. bestimmte v. a. den Aufführungsstil der Commedia dell'arte und des Wiener Volkstheaters.

stehendes Gewerbe, jeder ↑Gewerbebetrieb, der weder dem Reisegewerbe noch dem Marktverkehr zugehört. Die Aufnahme eines s. G., das nur von selbständigen Gewerbetreibenden ausgeübt werden kann, ist ebenso wie der Wechsel des Gewerbegegenstands anzeigepflichtig.

stehendes Heer ↑Heer.

Steherrennen ↑Radsport.

Stehr, Hermann, * Habelschwerdt 16. Febr. 1864, † Oberschreiberhau (Niederschlesien) 11. Sept. 1940, dt. Schriftsteller. - 1887–1915 Volksschullehrer; anknüpfend an die schles. Mystik stellte S. in Romanen („Der begrabene Gott", 1905) und Erzählungen seel. Regungen und Konflikte gottsuchender, gequälter und gläubiger Menschen dar; wurde von den Nationalsozialisten, zu denen er sich bekannte, als Künder der dt. Seele und völk. Erdverbundenheit gefeiert.

Steichen, Edward John (Eduard Jean) ['staɪkən], * Luxemburg 27. März 1879, † West Redding (Conn.) 25. März 1973, amerikan. Photograph und Maler luxemburg. Herkunft. - Ab 1880 in den USA; gründete 1902 eine Gruppe nonkonformist. Photographen, die „Photo-Session" und eröffnete 1905 die „Little Galleries" (beide mit A. Stieglitz); führte die Porträt- und Modephotographie zu künstler. Höhe. 1947–62 Direktor der photograph. Abteilung im Museum of Modern Art (New York).

Steiermark, sö. Bundesland von Österreich, 16387 km², 1,183 Mill. E (1985), Hauptstadt Graz.

Landesnatur: Die S. liegt weitgehend in den Ostalpen. Sie gliedert sich in Ober- und Mittel-S.; die Unter- oder Süd-S. fiel 1918 an Jugoslawien. In der Ober-S. liegt in den Nördl. Kalkalpen die höchste Erhebung des Landes (Dachstein, 2995 m). Südl. des Ennstales liegen die Niederen Tauern und die Eisenerzer Alpen, südl. der oberen Mur die Gurktaler Alpen, südl. der Mur-Mürz-Furche das Steir. Randgebirge. Die Mittel-S. besteht aus der Abdachung des Steir. Randgebirges, d. h. dem stark zertalten Grazer Bergland sowie dem nach O anschließenden Joglland und den Randgebieten des Pannon. Tieflandes. Verbunden sind die beiden Längstalfurchen der Enns und Mur-Mürz über die Talwasserscheide des Schoberpasses (849 m). - Klimat. liegt die S. im Übergangsbereich von Gebirgsklima zur pannon. Variante des kontinentalen Klimas. - In den Nördl. Kalkalpen finden sich, abgesehen von Karstflächen, Mischwälder, in den Niederen Tauern Fichten, Lärchen, Grasheiden, im Steir. Randgebirge Weinrebe, Edelkastanie und wärmeliebende Steppenpflanzen der illyr. Vegetationsprovinzen.

Bevölkerung: Der SO ist mit einem dichten Siedlungsnetz überzogen, im Ggs. zum Alpenraum, in dem nur Täler, Terrassen, Becken und flache Hänge besiedelt sind. Höhere Bev.-dichte gibt es hier v. a. im Obersteir. Ind.gebiet zw. Judenburg und Mürzzuschlag. In einigen steir. Grenzorten leben Slowenen.

Wirtschaft: 35% der Fläche werden landw. genutzt. Vorherrschend ist die Viehzucht. Wichtigste Wirtschaftszweige sind Bergbau und Ind.; Eisenerze werden bei Eisenerz abgebaut, Magnesit im Raum Leoben, bei Trieben und Breitenau, Braunkohle u. a. im Raum Leoben-Judendorf, Salz im steir. Salzkammergut. Bed. Eisen- und Stahlind., Elektro- und Glasind., auch bed. Holzind.; Fremdenverkehr.

Verkehr: Hauptverkehrsader ist die Mur-Mürz-Furche. Sie steht über den Semmering mit dem Wiener Becken in Verbindung, über den Schoberpaß mit dem Ennstal. Das Murquertal nach Graz wird durch die westl. von ihm verlaufende neue Autobahn entlastet. Wichtigste Eisenbahnlinie ist der steir. Abschnitt der Südbahn (Wien–Tarvis, Italien) mit Abzweig in Bruck an der Mur über Graz nach Maribor (Jugoslawien); ✈ in Graz.

Geschichte: Spuren menschl. Besiedlung reichen bis in das Paläolithikum zurück. Um 1000 v. Chr. wanderten die Noriker ein, mit denen seit 225 v. Chr. die Taurisker verschmolzen. Wurde etwa 45 n. Chr. röm. Prov. Noricum. Seit 169 n. Chr. bestürmten und besetzten es Germanen und Hunnen (375); ab 500 Einwanderung von Bayern in Noricum ripense, um 590 der Slowenen in Noricum mediterraneum (im 7./8. Jh. Errichtung des Hzgt. Karantanien [Kärnten, die Obersteiermark und Teile der Untersteiermark]); 772 von Herzog Tassilo III. von Bayern besetzt und von Karl d. Gr. nach Zurückschlagung der Awaren dem Fränk. Reich angeschlossen. 894/907 wurden große Teile der S. von den Ungarn besetzt, die erst 955 wieder zurückgedrängt werden konnten; 976 wurde das Hzgt. Kärnten gebildet; die Kärntnermark (lat. marchia Carantana), Ausgangsgebiet der heutigen S., unterstand seit etwa 1050 den Markgrafen aus dem Geschlecht der Traungauer (Stammsitz Steyr); 1180 wurden Ober- und die Mittelsteiermark, mit dem Traungau vereinigt, zum Hzgt. S. (lat. marchia Styriae) erhoben. 1479–90 in weiten Teilen von den Ungarn besetzt; ab 1471 und erneut 1529–1699 wiederholt von den Osmanen verwüstet. 1867–1918 Kronland der östr.-ungar. Monarchie; 1919/20 wurde der slowen. Teil an Jugoslawien abgetreten, während das dt. Siedlungsgebiet Bundesland der Republik Österreich wurde.

🕮 *Woisetschläger, K.: S. (ohne Graz). Wien 1982. - Paschinger, H.: S. Bln 1974. - Tremel, F.: Land an der Grenze. Eine Gesch. der S. Graz 1966.*

steif, allg. svw. nicht oder nur in geringem Maße bewegl., biegsam, elast. oder plastisch; *seemänn.* 1. svw. straff gespannt; 2. svw. große Stabilität besitzend (Ggs. von rank); 3. svw. kräftig (bezügl. des Windes), z. B. s. Brise.

Steifgras (Scleropoa), in W-Europa und im Mittelmeergebiet heim. Gatt. der Süßgräser; einjährige Pflanzen mit starren, niederliegenden oder aufsteigenden Halmen und einfachen oder verzweigten Ähren; Ährchen klein, vielblütig; in Deutschland zwei eingeschleppte Arten, zerstreut auf sandigen Böden.

Steifigkeit, svw. ↑ Biegesteifigkeit.

Steigbügel, (Stapes) bei Säugetieren (einschließl. Mensch) eines der drei Gehörknöchelchen (↑ Gehörorgan); nimmt die Schwingungen des Trommelfells auf und leitet sie weiter.

◆ Bügel aus Metall, der den Fuß des im Sattel sitzenden Reiters stützt. Die S. sind an beiden Seiten des Sattels an verstellbaren Bügelriemen befestigt (seit dem 2. Jt. v. Chr. bekannt).

Steigeisen, zwölfzackiges, unter den Schuhsohlen befestigtes Hilfsmittel des Bergsteigers v. a. für Eistouren.
◆ als Steig- und Greifhilfe an der Wand von Schächten, Kaminen u. ä. angebrachte Stahlbügel.
◆ an die Füße anschnallbare, mit Spitzen versehene Stahlbügel zum Erklettern hölzerner Leitungsmasten.

steigender Guß ↑Gießverfahren.

Steiger, Otto ['--], * Uetendorf (Kt. Bern) 4. Aug. 1909, schweizer. Schriftsteller. - Seine Romane, u. a. „Sie tun, als ob sie lebten" (1942), „Porträt eines angesehenen Mannes" (1952), „Das Jahr mit elf Monaten" (1962), „Die Unreifeprüfung" (1984), schildern [zeitkrit.] private Lebensbilder; auch Dramen, z. B. „Die Belagerung von X" (Kom., 1967) und Erzählungen („Geschichten vom Tag", 1973).
S., Rod [engl. 'staɪgə], * Westkampten (N. Y.) 14. April 1925, amerikan. Schauspieler. - Zunächst am Broadway; seit 1951 beim Film („Teresa"). Wandlungsfähiger Darsteller von Menschen unterschiedl. sozialer Herkunft, u. a. in „Hölle der 1 000 Martern" (1957), „Hände über der Stadt" (1963), „Doktor Schiwago" (1965), „In der Hitze der Nacht" (1967), „Waterloo" (1970), „Zauberberg" (1982).

Steiger, frühere, bereits im MA übl. Berufsbez. für Bergleute, die auch unter Tage Aufsichtsaufgaben durchführten (↑auch Bergbau, Geschichte).

Steigerung, svw. ↑Komparation.

Steigerungssatz ↑Rentenberechnung.

Steigerwald, Teil des fränk. Schichtstufenlandes zw. oberer Aisch im S und dem Main bei Haßfurt, überragt nach W in einer bis 200 m hohen Stufe die fränk. Gäuplatten, fällt nach O hin flach zur Rednitzfurche ab; im Hohenlandsberg 498 m hoch.

Steigung, (Anstieg) allg. das Verhältnis der Höhendifferenz zweier auf einer ansteigenden Geraden liegender Punkte zu ihrem in der Horizontalen gemessenen Abstand; *mathemat.* der Tangens des Winkels, den die Tangente an eine ebene Kurve mit der positiven Richtung der x-Achse bildet. Ist $y = f(x)$ die Gleichung der Kurve, so ergibt sich die S. m in einem Punkt P (x_0, y_0) als der Differentialquotient $m = (\mathrm{d}f/\mathrm{d}x)_{x_0} = f'(x_0)$ (↑Differentialrechnung). Speziell bei einer Geraden mit der Gleichung $y = ax + b$ ist die S. durch den Koeffizienten von x gegeben ($m = a$).
◆ ↑Gewinde.

Steigung

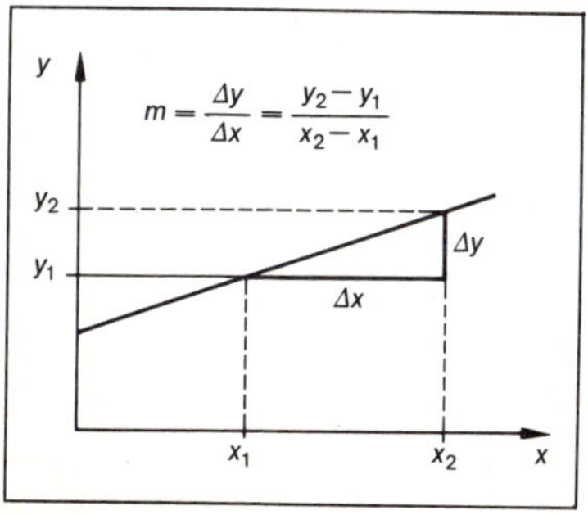

Steilfeuergeschütz ↑Geschütze.

Steilrohrkessel ↑Dampfkessel.

Charlotte von Stein (um 1775)

Stein, Charlotte von, geb. von Schardt, * Eisenach 25. Dez. 1742, † Weimar 6. Jan. 1827, Freundin Goethes. - Ab 1764 ∞ mit dem herzogl. Stallmeister Friedrich Freiherr von S.; enges Freundschaftsverhältnis zu Goethe (1775–86), dessen dichter. Schaffen sie entscheidend beeinflußte.
S., Edith (Ordensname Teresia Benedicta a Cruce), * Breslau 12. Okt. 1891, † KZ Auschwitz 9. Aug. 1942, dt. Philosophin. - Aus orth. jüd. Familie; 1922 Übertritt zum Katholizismus; 1932 Dozentin am Inst. für wiss. Pädagogik in Münster, 1933 Karmelitin in Köln, seit 1938 in Echt (Niederlande). Versuchte eine Synthese der Husserlschen Phänomenologie mit der Seinslehre des Thomismus und der augustin. Metaphysik. - *Werke:* Eine Untersuchung über den Staat (1924), Das Ethos der Frauenberufe (1931), Welt und Person (hg. 1962), Beiträge zur philosoph. Begründung der Psychologie und der Geisteswissenschaften (hg. 1970).
S., Gertrude [engl. staɪn], * Allegheny (Pa.) 3. Febr. 1874, † Paris 27. Juli 1946, amerikan. Schriftstellerin. - Aus wohlhabender dt.-jüd. Familie; verließ 1902 die USA; lebte meist in Paris, wo ihr Salon zum Treffpunkt avantgardist. Künstler (Picasso, Matisse, Bracque) wurde. Ihr Prosastil („Drei Leben", En., 1909) hatte starken Einfluß auf E. Hemingway, J. Dos Passos, S. Anderson, F. S. Fitzgerald, für die sie die Bez. „Lost generation" prägte. In der „Autobiographie von Alice B. Toklas" (1933) stellte sie ihr eigenes Leben aus der

Perspektive ihrer Sekretärin dar. Bed. auch ihre Poetik „Was ist engl. Literatur und andere Vorlesungen in Amerika" (1935).

S., Heinrich Friedrich Karl Reichsfrhr. vom und zum, * Nassau 25. Okt. 1757, † Cappenberg 29. Juni 1831, dt. Staatsmann und Reformer Preußens. - Aus reichsritterl. Geschlecht; trat 1780 in den preuß. Staatsdienst: 1784 Direktor der westfäl. Bergämter, 1787 2. Direktor der cleveschen und märk. Kriegs- und Domänenkammern, 1796 Oberpräs. der westfäl. Kammern, 1803 Oberkammerpräs. von Münster und Hamm. Als preuß. Finanz- und Wirtschaftsmin. (1804–Jan. 1807) suchte S. den Staat für die Auseinandersetzung mit Napoleon I. vorzubereiten, wobei er wirtsch. und finanzpolit. Erfolge erzielte, in der Hauptsache jedoch, der Ersetzung der königl. Kabinettsreg. durch ein verantwortl. Ministerium, u. a. am altpreuß. Traditionalismus scheiterte. Nach dem Frieden von Tilsit wurde S. am 30. Sept. 1807 (bis Nov. 1808) als leitender Min. in die preuß. Reg. berufen. Unter ihm wurden grundlegende Reformen durchgesetzt († preußische Reformen): 1807 Beginn der Bauernbefreiung, 1808 Städteordnung (Beginn der städt. Selbstverwaltung). Weitergehende Reformpläne (wie ländl. Selbstverwaltung und ständ. Volksvertretung) konnte S. nicht durchführen. Nach seiner Flucht vor Napoleon I. wurde er polit. Berater Zar Alexanders I.; er vermittelte das preuß.-russ. Bündnis (1813) und wurde Präs. der Zentralverwaltung für die durch die verbündeten Truppen besetzten Gebiete. Auf dem Wiener Kongreß Mgl. der russ. Delegation; zog sich 1815 ins Privatleben zurück und gründete 1819 die „Gesellschaft für ältere dt. Geschichtskunde", die die † „Monumenta Germaniae historica" herauszugeben begann.

📖 *Hubatsch, W.: S.-Studien. Die preuß. Reformen des Reichsfreiherrn v. S. zw. Revolution u. Restauration. Stg. 1975. - Herre, F.: Frhr. v. S.; sein Leben, seine Zeit. Köln 1973.*

S., Horst, * Elberfeld (= Wuppertal) 2. Mai 1928, dt. Dirigent. - 1955–61 Dirigent an der Staatsoper in Berlin (Ost), 1963–70 Generalmusikdirektor und Operndirektor des Nationaltheaters in Mannheim, 1972–77 Generalmusikdirektor der Hamburgischen Staatsoper, 1980–85 Leiter des Orchestre de la Suisse Romande in Genf, seitdem der Bamberger Symphoniker.

S., Johann Andreas, * Heidelsheim (= Bruchsal) 6. Mai 1728, † Augsburg 29. Febr. 1792, dt. Klavier- und Orgelbauer. - Ließ sich 1751 in Augsburg nieder, erbaute dort 1755–57 die Orgel der Barfüßerkirche, war danach fast ausschließl. als Klavierbauer tätig. Entwickelte vermutl. um 1755 die lange Zeit gebräuchl. „dt." oder „Wiener Mechanik" und baute auch mehrere Klaviersonderformen. Seine Werkstatt wurde von seinen Kindern in Augsburg, ab 1794 in Wien weitergeführt.

S., Karl Frhr. von S. zum Altenstein † Altenstein, Karl Frhr. von Stein zum.

S., Lorenz von (seit 1868), * Borby (= Eckernförde) 15. Nov. 1815, † Weidlingau (= Wien) 23. Sept. 1890, dt. Staatsrechtler. - Ab 1846 Prof. in Kiel, 1852 im Zusammenhang mit der schleswig-holstein. Erhebung entlassen, ab 1855 Prof. in Wien. Sein Werk „Der Socialismus und Communismus des heutigen Frankreichs" (1842) machte die sozialist. und kommunist. Lehren einem breiteren Publikum in Deutschland bekannt. Theoret. Hauptwerk: „Die Verwaltungslehre" (8 Bde., 1865–84).

S., Peter, * Berlin 1. Okt. 1937, dt. Regisseur. - 1964/65 Regie- und Dramaturgieassistent an den Kammerspielen in München; S. setzte sich Ende der 60er Jahre für eine „demokrat. Praxis" am Theater (kollektive und wählbare Führung, Beteiligung aller Ensemblemitglieder an der Spielgestaltung, Reduzierung der Theaterbürokratie) ein. Seit 1970 Regisseur und [mit Unterbrechungen] künstler. Leiter der Schaubühne am Halleschen Ufer in Berlin (u. a. Kleists „Prinz Friedrich von Homburg", 1972); auch Film- und Fernsehinszenierungen (u. a. „Sommergäste" nach M. Gorki, 1974; „Groß und klein" nach B. Strauß, 1980).

S., William Howard [engl. staın], * New York 25. Juni 1911, † ebd. 2. Febr. 1980, amerikan. Biochemiker. - Erhielt mit C. B. Anfinsen und S. Moore für gemeinsame Forschungsarbeiten zur Aufklärung der molekularen Struktur und der Funktion des Enzyms Ribonuklease († RNasen) 1972 den Nobelpreis für Chemie.

Stein, Gesteinsstück, Mineralstück; auch svw. Gestein, z. B. Kalkstein.

◆ in der *Metallurgie* Bez. für das sich bei der Gewinnung von Schwermetallen (v. a. Kupfer und Nickel) aus sulfid. Erzen bildende Zwischenprodukt (Gemisch) aus Metallsulfiden.

Steinadler (Aquila chrysaëtos), bis 80 cm (♂) bzw. 90 cm (♀) langer, etwa 2 m spannender, ausgezeichnet segelnder Adler, v. a. in unzugängl. Hochgebirgslagen, in Steinwüsten und an Waldrändern NW-Afrikas, großer, nichttrop. Teile Eurasiens (in Deutschland nur noch in den Alpen rd. 15 Paare, in S-Europa hauptsächl. in Spanien und den Balkanstaaten) und N-Amerikas; vorwiegend dunkelbrauner Greifvogel mit (im erwachsenen Zustand) goldgelbem Hinterkopf und Nakken, gelber Wachshaut und gelben Zehen; bei Jungvögeln Flügelunterseite in der Region der basalen Handschwingen weiß gefleckt; Schwanzunterseite weiß mit breiter, schwarzer Endbinde. - Der S. jagt meist in niedrigen Überraschungsflügen, wobei er bes. Wildhühner und mittelgroße Säugetiere (z. B. Murmeltiere, Hasen, Füchse) mit seinen sehr kräftigen, spitzkralligen Fängen ergreift und tötet. Jedes S.paar baut mehrere Horste, die abwechselnd benutzt werden; sie stehen unter Naturschutz.

Steinamanger, Stadt in Ungarn, ↑ Szombathely.

Stein am Rhein, Bez.hauptort im schweizer. Kt. Schaffhausen, am rechten Ufer des Hochrheins, 402 m ü. d. M., 2 600 E. Lederind., Herstellung von Kleinmöbeln, Textilien und Metallwaren; Fremdenverkehr. - Im Ortsteil Burg spätröm. Kastell **Tasgetium** aus der Zeit Diokletians. Der als Marktflecken und Brückenkopf um die Abtei entstandene Ort (die Abtei erhielt zw. 1007 und 1024 Markt- und Münzrecht) wurde 1457 reichsfrei und kam nach dem Anschluß an Zürich (1484) zum Kt. Schaffhausen (1803). - Ehem. Benediktinerabtei Sankt Georgen mit frühroman. Kirche (um 1060) und spätgot. Klosterbauten. Rathaus (1539 und 1745/46) mit Fassadenmalerei von 1900. Fassadenmalerei kennzeichnet auch die übrigen Häuser im Stadtkern; oberhalb der Stadt Burg Hohenklingen (12. Jh.).

Steinarr, Steinn [isländ. 'stɛjnar], eigtl. Aðalsteinn Kristmundsson, * Nauteyrarhreppur (Laugaland) 13. Aug. 1908, † Reykjavík 25. Mai 1958, isländ. Dichter. - Begründer der neuesten isländ. Lyrik; S., der zu den „atómskáld" („Atomdichter") zählt, kritisiert in formvollendeten Gedichten mit wachsender resignativer Haltung die bürgerl.-kapitalist. Gesellschaft.

Steinau an der Straße, hess. Stadt an der oberen Kinzig, 175 m ü. d. M., 10 400 E. Marionettentheater, Museum; Seifen- und Waschmittelfabrikation, Textil-, Möbel-, chem., holzverarbeitende u. a. Ind. - Gehörte seit etwa 900 zur Abtei Fulda; erhielt 1290 Stadt- und Marktrecht. Vom 13. Jh. an von den Grafen von Hanau zum Verwaltungsmittelpunkt ausgebaut. - Ev. spätgot. Stadtpfarrkirche (1481–1511), ev. barocke Reinhardskirche (1724–31), Welsbergkapelle auf dem Friedhof (1616 und 1958); Schloß (1528–56), Brüder-Grimm-Gedenkstätte.

Steinbach, Erwin von ↑ Erwin von Steinbach.

Steinbau, wie der Holzbau eine der ältesten Bauweisen. In frühen Kulturen (ägypt., kret.-myken., altamerikan., ind.) überwiegen Mauern aus großen Quadern, die meist ohne Mörtel aufeinandergefügt wurden. Der in Griechenland und Rom weiterentwickelte S. wurde seit dem MA auch nördl. der Alpen verwendet, zuerst vorwiegend für kirchl., seltener für profane Bauten. Durch den S. wurde die Ausbildung der Wölbetechnik möglich.

Steinbeck, John [Ernst] [engl. 'staınbɛk], * Salinas (Calif.) 27. Febr. 1902, † New York 20. Dez. 1968, amerikan. Schriftsteller. - Gelegenheitsarbeiter und Reporter; Kriegsberichterstatter im 2. Weltkrieg und in Vietnam. Haupttyp seiner sozialkrit. Romane und Erzählungen ist der entwurzelte und besitzlose Amerikaner, dessen Glaubens- und Lei-

Steinadler

densbereitschaft an die Pioniere der Kolonialzeit erinnert, der angesichts der Industrialisierung des Landes aber zum trag. Anachronismus wird. S. verband in seinen Werken einen determinist. Naturalismus mit Romantik und myst. Religiosität; ihr oft kritisierter Mangel an intellektueller Tiefe gibt jedoch vielen seiner Werke den Reiz ungekünstelter Einfachheit: „Eine Handvoll Gold" (R., 1929), „Stürm. Ernte" (R., 1936), „Früchte des Zorns" (R., 1939), „Jenseits von Eden" (1952). S., der 1962 den Nobelpreis für Literatur erhielt, entwickelte sich gegen Ende seines Lebens zum intoleranten Patrioten. - *Weitere Werke:* Die wunderl. Schelme von Tortilla Flat (R., 1935), Von Mäusen und Menschen (R., 1937; Dr., 1937), Die Straße der Ölsardinen (R., 1945), Geld bringt Geld (R., 1961).
📖 *Petersen, C.: J. S. Bln. 1975. - Gray, J.: J. S. Minneapolis (Minn.) 1971. - Pratt, J. C.: J. S.; a critical essay. Grand Rapids (Mich.) 1970.*

Steinbeere (Felsenbeere, Rubus saxatilis), 10–30 cm hohe Art der Gatt. Rubus in den Gebirgen Europas und Asiens; Stauden mit ausläuferartigen, niederliegenden, stachellosen, nichtblühenden Schößlingen; Blütenstengel aufrecht, bestachelt, einjährig, mit dreizähligen Blättern und gesägten Blättchen; Blüten zu drei bis zehn in einer Rispe, klein, weiß; Früchte aus wenigen glänzend roten, fade schmeckenden Steinfrüchtchen zusammengesetzt. Die S. kommt in Deutschland u. a. in Wäldern und Gebüschen der Mittelgebirge und der Alpen vor.

Steinbeißer (Cobitinae), Unterfam. überwiegend kleiner Schmerlen mit rd. 50 Arten in raschfließenden bis stehenden Süßgewässern Eurasiens (einschließl. der Sundainseln) und N-Afrikas; Körper langgestreckt, mit drei Paar Bartfäden. - Zu dieser Gruppe gehören u. a. Schlammpeitzger, Dornaugen und der **Euras. Steinbeißer** (S. im engeren Sinne, Steinpeitzger, Dorngrundel, Cobitis taenia): letzterer bis 12 cm lang; bevorzugt klare Gewässer mit Sandboden in Marokko, Europa und weiten Teilen Asiens; Körper grünlichbraun mit dunkler Fleckung am Rücken und je zwei Fleckenreihen längs der Körperseiten; bohrt sich bei Gefahr in den Sand ein; Kaltwasseraquarienfisch.

Steinberg, William [engl. 'stainbə:g], eigtl. Hans Wilhelm S., * Köln 1. Aug. 1899, † New York 16. Mai 1978, amerikan. Dirigent dt. Herkunft. - War 1929–33 Generalmusikdirektor der Oper in Frankfurt am Main, leitete 1952–76 das Pittsburgh Symphony Orchestra und 1969–72 das Boston Symphony Orchestra.

Steinberger, Emil, schweizer. Kabarettist, ↑Emil.

Steinbock, dt. Name für das Sternbild Capricornus, ↑Sternbilder (Übersicht).

Steinbock (Capra ibex), geselliges, in Hochgebirgen Eurasiens und NO-Afrikas lebendes, gewandt kletterndes und springendes Säugetier (Gatt. Ziegen); Länge etwa 1,1–1,7 m; Schulterhöhe rd. 0,6–1,0 m; Gewicht 35–150 kg; ♂ mit sehr großen, bis über 1 m langen, zurückgebogenen Hörnern, meist mit ausgeprägten Querwülsten, ♀ mit kleinen Hörnern; Färbung grau- bis gelb- oder dunkelbraun; kommt oft in großer Höhe oberhalb der Baumgrenze vor; zieht sich im Winter in tiefere Lagen zurück. - Man unterscheidet mehrere Unterarten, z. B. ↑Alpensteinbock, **Nubischer Steinbock** (Capra ibex nubiana; knapp 80 cm schulterhoch, auf der Arab. Halbinsel, in Israel und im nö. Afrika; mit auffallend schwarz-weiß gezeichneten Läufen, im ♂ Geschlecht mit langem Kinnbart). In Bergwäldern und oberhalb der Baumgrenze gelegenen Regionen des Kaukasus lebt der **Tur** (Capra ibex cylindricornis; Färbung rotbraun, Beine schwärzlich). Der **Sibir. Steinbock** (Capra ibex sibirica) kommt im Hochgebirge von Afghanistan bis O-Sibirien vor; größer als der Alpen-S.; mit schwärzl. Rückenstreif und längeren, weiter ausladenden, mit starken Querwülsten versehenen Hörnern.

Steinbohrer (Felsenbohrer, Saxicava), in allen Meeren verbreitete Gatt. etwa 1–5 cm langer Muscheln; Schalen kräftig, langgestreckt, an den Enden klaffend, oft sehr unregelmäßig geformt; Außenschicht dunkel- bis rotbraun, oft abgeblättert, mit konzentr. Leisten; Bohrmuscheln, die sich mechan. in weiches Gestein einbohren können.

Steinbrech (Saxifraga), Gatt. der S.gewächse mit rd. 350 Arten, überwiegend in den Hochgebirgen der arkt. und der nördl. gemäßigten Zone und in den Anden; meist ausdauernde, häufig rasen- oder rosettenbildende Kräuter mit oft ledrigen oder fleischigen Blättern; Blüten weiß, gelb oder rötlich. Neben einer Reihe alpiner Arten kommt in Deutschland auf sandigen Wiesen der bis 40 cm hohe **Körnige Steinbrech** (Saxifraga granulata) vor; mit weißen, sternförmigen Blüten, nierenförmigen Grundblättern und kleinen, unterird. Brutzwiebeln. Als Topfpflanze kultiviert wird der **Judenbart** (Rankender S., Saxifraga sarmentosa) aus O-Asien; mit nierenförmigen Blättern und fadenförmigen Ausläufern; Blüten weiß, in aufrechten Rispen.

Steinbrechgewächse (Saxifragaceae), Fam. der Zweikeimblättrigen mit rd. 1 200 Arten in etwa 80 Gatt., meist in den gemäßigten Gebieten; überwiegend ausdauernde Kräuter oder Sträucher mit meist wechselständigen Blättern; Blüten überwiegend radiär, in verschiedenartigen Blütenständen; Früchte meist Kapseln. Die wichtigsten strauchigen Gatt. sind Hortensie und Pfeifenstrauch sowie Stachelbeere und Johannisbeere, die wichtigsten krautigen Gatt. sind Herzblatt, Steinbrech sowie als Zierpflanze u. a. Purpurglöckchen.

Steinbruch, im Tagebau betriebene Anlage zur Gewinnung nutzbaren Gesteins.

Steinbuch, Karl, * Stuttgart 15. Juni 1917, dt. Nachrichtentechniker und Informatiker. - Prof. in Karlsruhe und Leiter des dortigen Inst. für Nachrichtenverarbeitung und Nachrichtenübertragung. Bekannt wurde S. als gesellschaftskrit. Schriftsteller, der die teils irrationalen Organisations- und Institutionsformen der modernen Gesellschaft, durch die der techn. und soziale Fortschritt behindert wird, durchleuchtet und Vorschläge zur Lösung kultur- und gesellschaftspolit. Probleme unterbreitet („Falsch programmiert“, 1968; „Programm 2000“, 1970; „Kurskorrektur“, 1973; „Maßlos informiert“, 1978).

Steinbüchel, Theodor, * Köln 15. Juni 1888, † Tübingen 19. Febr. 1949, dt. kath. Theologe und Philosoph. - Prof. in Gießen, München und Tübingen; begründete in seinen moraltheolog. Werken unter dem Einfluß der Wertethik M. Schelers und der Dialektik G. W. F. Hegels eine Zusammenschau von Personalismus und christl. Moral mit Betonung von Freiheit und Verantwortung in der jeweiligen Situation. - *Werke:* Das Grundproblem der Hegelschen Philosophie (1933), Der Umbruch des Denkens (1936), Die philosoph. Grundlegung der kath. Sittenlehre (1938–51).

Steinburg, Landkr. in Schleswig-Holstein.

Steinbutte (Scophthalmidae), Fam. etwa 0,1–2 m langer Knochenfische (Ordnung Plattfische) an den Küsten des N-Atlantiks (einschließl. Nebenmeere); im Unterschied zu den meisten Schollen Augen auf der linken Körperseite; geschätzte Speisefische, z. B. der bis 70 cm lange, schwarzbraun und hell marmorierte **Glattbutt** (Scophthalmus rhombus);

Haut im Ggs. zum Steinbutt mit kleinen, glatten Schuppen, aber ohne Knochenhöcker, und der **Steinbutt** (Scophthalmus maximus), bis 1 m lang; an den Küsten Europas und N-Afrikas; Körperumriß fast kreisrund; Haut schuppenlos, oberseits gelblichgrau mit dunkler Fleckung.

Steindattel (Seedattel, Meerdattel, Lithophaga mytiloides), bis 8 cm lange, braune, dattelförmige Muschel im Mittelmeer und an der span. Atlantikküste; bohrt sich mit Hilfe von Säuredrüsen, die auf dem Mantelrand und den Siphonen liegen, in Kalkgesteine ein.

Stein der Weisen (Lapis philosophorum), in der Spätantike aufgekommene Bez. für die wichtigste (flüssige oder feste) Substanz der Alchimie, mit deren Hilfe unedle Stoffe in edle (Gold, Silber) verwandelt werden sollten. Bei den Arabern wurde der S. d. W. auch als Allheilmittel und Lebenselixier aufgefaßt.

Steindruck ↑Lithographie.

Steineibe (Stielfruchteibe, Podocarpus), Gatt. der Steineibengewächse (Podocarpaceae; Fam. der Nadelhölzer) mit rd. 80 Arten in den Tropen und Subtropen (überwiegend der Südhalbkugel); immergrüne Bäume, seltener Sträucher, mit breit-nadelförmigen oder auch lanzenförmigen, geraden oder sichelförmig gebogenen Blättern; Blüten ein- oder zweihäusig; Samenhülle den Samen bei der Reife einschließend, daher einer „Frucht" ähnlich. Viele Arten liefern Nutzholz, einige Arten sind Zierpflanzen.

Steineiche (Quercus ilex), immergrüner, bis 20 m hoher Baum des Mittelmeergebiets; Blätter ledrig, meist ellipt. bis schmal-eiförmig, 3–7 cm lang, ganzrandig oder gezähnt bis stachelig gesägt, oberseits dunkelgrün, glänzend, unterseits weißfilzig; Eicheln 2–3 cm lang, vom Becher halb umgeben; Holz sehr hart.

Steinen, Karl von den, * Mülheim a. d. Ruhr 7. März 1855, † Kronberg im Taunus 4. Nov. 1929, dt. Forschungsreisender. - Nach seiner Teilnahme als Arzt an der dt. Südpolarexpedition nach Südgeorgien (1882/83) unternahm S. geograph.-ethnolog. Forschungen im Amazonasgebiet und auf den Marquesasinseln; seit 1900 Prof. für Völkerkunde in Berlin, bis 1928 Direktor am dortigen Völkerkundemuseum.

Steiner, Franz Baermann, * Prag 12. Okt. 1909, † Oxford 27. Nov. 1952, östr. Lyriker. - Emigrierte während des NS nach Großbrit.; beschäftigte sich intensiv mit der Dichtung des Orients und der Naturvölker.

S., Jakob, * Utzenstorf (Kt. Bern) 18. März 1796, † Bern 1. April 1863, schweizer. Mathematiker. - Autodidakt; ab 1834 Prof. in Berlin; einer der Begründer der synthet. Geometrie. S. entdeckte Flächen vierter Ordnung, deren Tangentialebenen Kegelschnitte bilden *(Römerflächen)*. Er formulierte erstmals den nach ihm ben. Lehrsatz der Mechanik (↑Steinerscher Satz).

S., Jörg, * Biel (BE) 26. Okt. 1930, schweizer. Schriftsteller. - Lehrer, Verf. von Romanen, u. a. „Strafarbeit" (1962), „Ein Messer für den ehrl. Finder" (1966) und Erzählungen („Schnee bis in die Niederungen", 1973) in präziser, sensibler Sprache, in denen er, Reales und Phantast. vermischend, v. a. jugendl. Außenseiter darstellt; auch Lyrik („Als es noch Grenzen gab", 1976), Essays, Hörspiele, Filmdrehbücher und Bilderbücher.

S., Rudolf, * Kraljevica (Kroatien) 27. Febr. 1861, † Dornach 30. März 1925, östr. Anthroposoph. - Studium der Mathematik und Naturwiss.; schloß sich 1902 der Theosoph. Gesellschaft an; 1913 trennte er sich von ihr und gründete gleichzeitig die Anthroposoph. Gesellschaft und das Goetheanum (↑Anthroposophie). S. übte einen weitreichenden Einfluß auf das allg. Kulturleben aus. Bis heute wirken neben der Anthroposoph. Gesellschaft und den Waldorfschulen Inst. für heilpädagog. Therapieformen (u. a. ↑Eurythmie) auf anthroposoph. Grundlage. - *Werke:* Die Philosophie der Freiheit (1894), Goethes Weltanschauung (1897), Das Christentum als myst. Tatsache (1902), Theosophie (1904), Die Geheimwiss. im Umriß (1910).

Steiner Alpen, Gruppe der Südl. Kalkalpen südl. der Karawanken, Jugoslawien, im Grintavec 2 558 m hoch.

Steinernes Meer, verkarsteter Hochgebirgsstock in den Nördl. Kalkalpen, über den die Grenze zw. der BR Deutschland und Österreich verläuft; in der Schönfeldspitze 2 653 m hoch.

Steinerscher Satz [nach Jakob Steiner], Lehrsatz der Mechanik: Das Trägheitsmoment Θ eines starren Körpers (Masse m) bezügl. einer beliebigen Drehachse ergibt sich aus dem Trägheitsmoment Θ_S bezügl. einer zu ihr parallelen Drehachse durch den Schwerpunkt S gemäß $\Theta = \Theta_S + m a^2$, wobei a der Abstand der beiden Achsen ist.

Steinert, Otto, * Saarbrücken 12. Juli 1915, † Essen 3. März 1978, dt. Photograph. - Bis 1948 Arzt; ab 1959 Prof. für Photographie an der Folkwang Hochschule Essen; Begründer der „subjektiven Photographie". Gründer und Kurator der „Fotograf. Sammlung im Museum Folkwang"; Hg. der Bildbände „subjektive fotografie" I und II (1952; 1955), „Selbstportraits" (1961). - Abb. Bd. 17, S. 88.

Steine und Erden, Sammelbez. für natürl. vorkommende, techn. wichtige Minerale und Gesteine, die von der *Industrie der S. u. E.* zu Keramik, Glas, Baustoffen, Bindemitteln usw. verarbeitet werden.

Steinfeld, Teil der Gemeinde Kall, Kr. Euskirchen, NRW. Ehem. Prämonstratenserabtei (seit 1923 Salvatorianerkolleg) mit roman. Kirche (1142ff.; spätgot. Gewölbemalerei, Barockausstattung, u. a. Orgel).

S., sw. Teil des Wiener Beckens.

Steinfliegen (Uferfliegen, Uferbolde, Plecoptera), mit rd. 2000 Arten v.a. in den gemäßigten Zonen verbreitete Ordnung sehr urspr., bereits aus dem Perm bekannter Insekten von 3,5–30 mm Länge (darunter rd. 100 einheim. Arten); düster gefärbte, meist graubraune Tiere mit zwei Paar großen, häutigen, in Ruhe flach auf dem Rücken gelegten Flügeln, fadenförmigen Fühlern und zwei langen Schwanzborsten; Mundwerkzeuge der Imagines meist schwach entwickelt, die vermutl. bei vielen Arten keine Nahrung mehr aufnehmen. Die Larven sind abgeflacht und haben zwei lange Schwanzborsten. Sie leben zumeist in Fließgewässern und ernähren sich von Algen oder räuber. von Kleintieren. Die Entwicklung verläuft über eine vollkommene Metamorphose.

Steinfrucht, Schließfrucht, deren reife Fruchtwand in einen inneren, den Samen enthaltenden *Steinkern* und einen äußeren, entweder fleischig-saftigen (Kirsche, Pflaume) oder ledrig-faserigen (Mandel, Wal- und Kokosnuß) Anteil differenziert ist. - ↑auch Fruchtformen.

◆ (Lithopädion) in der *Medizin* Verkalkung der abgestorbenen Leibesfrucht.

Steinfurt, Krst. im Münsterland, NRW, 31 300 E. Abt. der Fachhochschule Münster; Textil-, metallverarbeitende und Tabakind. - 1975 aus den Gem. **Burgsteinfurt** und **Borghorst** entstanden. Burgsteinfurt entstand bei der 1129 erstmals erwähnten Burg Stenrode; 1222 Ersterwähnung, 1347 Stadtrechtsverleihung. Borghorst entwickelte sich um ein 968 gegr. Damenstift, 1512 als Wigbold bezeichnet, 1550 Stadterhebung. - In Burgsteinfurt Wasserburg (12./13. und 16.–18. Jh.), Pfarrkirche (15. Jh.), Rathaus (1561), Häuser des 17. und 18. Jahrhunderts.

S., Kreis in Nordrhein-Westfalen.

Steingaden, Gem. 20 km nö. von Füssen, Bay., 763 m ü. d. M., 2 500 E. Roman. Kirche (1176 geweiht) der ehem. Prämonstratenserabtei, im Innern barockisiert (17. und 18. Jh.); nahebei die ↑Wies.

Steingarnele ↑Garnelen.

Steingarten, Gartenanlage für Fels- bzw. Alpenpflanzen; mit Steinen, oft mit Trockenmauern oder Felsgruppen, auf Humus über Geröll und Steinschutt. - ↑auch Alpinum.

Steingut ↑Keramik.

Steinhäger ® [nach der Gem. Steinhagen, NRW], zweifach destillierter Wacholderbranntwein mit mindestens 38 Vol.-% Alkoholgehalt.

Steinhauerlunge, speziell bei Steinbrechern und Steinbearbeitern auftretende ↑Staublunge.

Steinhausen ↑Bad Schussenried.

Steinheil, Carl (Karl) August Ritter von (seit 1868), * Rappoltsweiler (Oberelsaß) 12. Okt. 1801, † München 12. Sept. 1870, dt. Physiker und Astronom. - Ab 1832 Prof. in München, wo er 1854 eine eigene opt.-astronom. Werkstätte zur Herstellung von Objektiven gründete. S. war ein hervorragender Konstrukteur opt. und elektr. Instrumente.

S., Hugo Adolph, * München 12. April 1832, † ebd. 4. Nov. 1893, dt. Optiker. - Sohn von C. A. Ritter von S.; übernahm die von seinem Vater gegr. Werkstätte; berechnete und konstruierte Objektive, u. a. das erste Weitwinkelobjektiv und den ersten ↑Aplanaten.

Steinheim, Salomon Ludwig, * Bruchhausen (= Höxter) 6. Aug. 1789, † Oberstrass (= Zürich) 18. Mai 1866, dt. Arzt und jüd. Religionsphilosoph. - In seinem Hauptwerk „Die Offenbarung nach dem Lehrbegriffe der Synagoge" (1835–65) bemüht er sich, die jüd. Glaubenslehre als exakte Wiss. zu definieren. Sowohl von der jüd. Reformbewegung als auch von der Orthodoxie wurde S. wegen seiner Offenbarungslehre abgelehnt.

Steinheim an der Murr, Stadt 4 km nö. von Marbach, Bad.-Württ., 200 m ü. d. M., 8 900 E. Museum; Möbelind. - Entwickelte sich bei einem fränk. Königshof des 6. Jh.; 832 erstmals erwähnt; seit 1955 Stadtrecht. - In pleistozänen Schottern wurde 1933 der Schädel des zur ↑Präsapiensgruppe gehörenden *Steinheimmenschen* gefunden. - Roman.-got. Pfarrkirche; Fachwerkrathaus (1686).

Steinheimer Becken, um 100–120 m eingetieftes rundl. Becken von 3,5 km Durchmesser im O-Teil der Schwäb. Alb, im Albuch, mit einer bis über 50 m hohen zentralen Erhebung (v. a. Doggertone und -mergel); von bis 40 m mächtigen, fossilreichen obermiozänen Seeablagerungen erfüllt, die eine Trümmerbreccie überlagern; durch Meteoriteneinschlag entstanden.

Steinhoff, Hans, * Pfaffenhofen 10. März 1882, † 1945 (Flugzeugabsturz), dt. Regisseur. - Seit 1922 beim Film („Der falsche Dimitri"); drehte als überzeugter Nationalsozialist seit 1933 [histor.] Filme, in denen er in kaum verhüllter Form die nat.-soz. Ideologie propagierte: in „Hitlerjunge Quex" (1933) den Antikommunismus, in „Der alte und der junge König" (1935) die Allmacht des „Führers", in „Tanz auf dem Vulkan" (1938) Rassismus und Chauvinismus. - *Weitere Filme:* Die Geierwally (1940), Ohm Krüger (1941).

S., Johannes, * Bottendorf bei Artern/Unstrut 15. Sept. 1913, dt. General. - Im 2. Weltkrieg einer der erfolgreichsten Jagdflieger; 1960–63 Vertreter der BR Deutschland im NATO-Militärausschuß; Inspekteur der Bundesluftwaffe 1966–70; 1971–74 Vors. des NATO-Militärausschusses.

Steinholz (Xylolith), aus ↑Magnesitbinder und Füllstoffen (z. B. Sägemehl, Korkschrot) hergestellter Werkstoff, der als gut wärmedämmender Fußboden- und Wandbelag verwendet wird.

Steinhuder Meer, See nw. von Hannover, rd. 30 km², bis 2,8 m tief, jedoch schwankender Wasserstand. Auf einer Untiefe im See wurde während des Siebenjährigen Krieges die Festung Wilhelmstein erbaut.

Steinhuhn ↑Feldhühner.

Steinhummel ↑Hummeln.

Steinige Tunguska, rechter Nebenfluß des Jenissei, im Mittelsibir. Bergland, 1 865 km lang.

Steinigung, im Altertum und MA die Hinrichtung eines Verurteilten durch Steinwürfe z. B. bei Ehebruch.

Steinitz, Wilhelm, * Prag 17. Mai 1836, † New York 12. Aug. 1900, östr. Schachspieler. - Wird als erster offizieller Schachweltmeister (1866–94) geführt.

Steinkauz ↑Eulenvögel.

Steinkistengrab (Steinkiste) ↑Megalithgrab.

Steinkjer [norweg. ˌstɛjnçər], Hauptstadt des norweg. Verw.-Geb. Nord-Trøndelag am inneren Ende des Drontheimfjords, 20 600 E. Garnison; holzverarbeitende Ind., Transformatorenbau. - Gegr. 1857; im 2. Weltkrieg zu 80% zerstört, modern wieder aufgebaut.

Steinklee (Melilotus), Gatt. der Schmetterlingsblütler mit rd. 25 Arten im gemäßigten und subtrop. Eurasien und in N-Afrika bis Äthiopien; meist ein- oder zweijährige Kräuter mit dreizählig gefiederten Blättern; Blüten gelb oder weiß, in achselständigen, oft langen, vielblütigen Trauben; in Deutschland u. a. der gelbblühende, nach Honig duftende, 30–100 cm hohe **Echte Steinklee** (Melilotus officinalis), auf Schuttgelände, Äckern und an Wegen. Bis 1,5 m hoch wird der ebenfalls gelbblühende **Hohe Steinklee** (Melilotus altissimus), in Unkrautgesellschaften und auf salzhaltigen, feuchten Böden. Weiße Blüten hat der bis 1,25 m hohe **Weiße Steinklee** (Bucharaklee, Melilotus albus), Ruderalpflanze.

Steinkohle, durch weitgehende ↑Inkohlung aus Pflanzen entstandene, harte, schwarze Kohle. Man unterscheidet nach steigendem Gesamtkohlenstoffgehalt folgende S.arten: *Flammkohle* (mit dem niedrigsten Gesamtkohlenstoffgehalt von 75%; flüchtige Bestandteile bis 45%), *Gasflammkohle*, *Gaskohle*, *Fettkohle*, *Eßkohle*, *Magerkohle* und *Anthrazit* (mit dem höchsten Gesamtkohlenstoffgehalt von über 90%; flüchtige Bestandteile unter 10%). Der vom Wasser- und Aschegehalt abhängige Heizwert liegt zw. 25 000 und 33 000 kJ/kg (gerechnet auf wasser- und aschefreie S. zw. 33 000 und 36 000 kJ/kg). - S. ist ein wichtiger Brennstoff und chem. Rohstoff. - ↑auch Bergbau, ↑Kohle.

Die *S.förderung* in der BR Deutschland erreichte 1985 88,8 Mill. t, dadurch stieg der Haldenbestand auf rd. 18 Mill. t.; die Subventionen für den dt. S.bergbau beliefen sich 1985 auf 1,23 Mrd. DM.

Steinkohleneinheit, Einheitenzeichen SKE, als Wärmeinhalt von 1 kg Steinkohle mit dem mittleren Heizwert von 29 400 kJ (= 7 000 kcal) definierte techn. Energieeinheit; 10^3 SKE werden auch mit t SKE (Tonnen S.) bezeichnet. - Die Verwendung der S. ist in der BR Deutschland im amtl. und geschäftl. Verkehr gesetzl. nicht mehr zulässig.

Steinkokos, svw. ↑Coquilla.

Steinkorallen (Madreporaria), Ordnung der Korallen (Unterklasse Hexakorallen) mit rd. 2 500 Arten in allen Meeren trop. bis gemäßigter Regionen; vorwiegend stockbildende, in den Tropen meist prächtig gefärbte Hohltiere mit kleinen, sich von Meeresplankton ernährenden Polypen von etwa 1–30 mm Durchmesser; scheiden mit der Fußscheibe stets ein Kalkskelett ab (Riffbildung).

Steinkrabben (Lithodidae), Fam. krabbenähnl. Krebse (v. a. in kalten Meeren) mit Merkmalen von Einsiedlerkrebsen; Panzerlänge bis über 20 cm; Hinterleib häufig unter den Cephalothorax geschlagen. Am bekanntesten ist der im N-Pazifik vorkommende **Kamtschatkakrebs** (Königskrabbe, Paralithoides camtschatica): Carapax (♂) bis 23 cm lang; maximale Spannweite der Beine 1,2 m; ♀ sehr viel kleiner; wird auf seinen Wanderungen zur Fortpflanzungszeit gefangen (bes. die bis 8 kg schweren ♂♂); das konservierte Fleisch kommt als *Crabmeat* in den Handel.

Steinkrankheit, svw. ↑Steinleiden.

Steinkraut (Steinkresse, Schildkraut, Alyssum), mit rd. 100 Arten in M-Europa und vom Mittelmeergebiet bis Z-Asien verbreitete Gatt. der Kreuzblütler; Kräuter oder Halbsträucher mit meist ganzrandigen, lineal- oder spatelförmigen Blättern; Stengel und Blätter oft mit sternförmigen Haaren besetzt und dadurch graufilzig; meist gelbe, in Trauben stehende Blüten; Schötchenfrüchte.

Steinkrebs (Astacus torrentium), mit rd. 8 cm Körperlänge kleinste Art der ↑Flußkrebse in klaren Gebirgsbächen in Europa.

Steinkresse, svw. ↑Steinkraut.

Steinkühler, Franz, * Würzburg 20. Mai 1937, dt. Gewerkschafter. - Werkzeugmacher; seit 1951 Mgl. der SPD; seit 1962 hauptamtl. bei der IG Metall, seit 1983 Zweiter, seit 1986 Erster Vors. der IG Metall.

Steinl, Matthias, * Landsberg a. Lech oder Weilheim i. OB um 1644, † Wien 18. April 1727, östr. Baumeister und Bildhauer. - Schuf Teile der Stiftskirche in Zwettl-Niederösterreich (1722–27, zus. mit J. Munggenast), Altäre (Hochaltar der Stiftskirche in Klosterneuburg, 1714 bzw. 1724–28), Kanzeln, Reliefs und Statuen; Reiterstatuetten Leopolds I., Josephs I. und Karls VI. (Elfenbein, alle Wien, Kunsthistor. Museum).

Steinläufer (Lithobiomorpha), mit über 1 000 Arten weltweit verbreitete Ordnung der ↑Hundertfüßer von 3 bis rd. 50 mm Körperlänge; ähneln den ↑Skolopendern, Rumpf jedoch kürzer, gedrungener und Beine (15 Paare) relativ länger; erstes Beinpaar zu Kieferfüßen umgestaltet, mit starken Giftklauen; letztes Beinpaar stark verlängert und kräftig bestachelt. Einheim. ist der bis 32 mm lange **Braune Steinläufer** (Gemeiner Steinkriecher, Lithobius forficatus): unter Steinen, Brettern, morschem Holz; nachtaktiv, erbeutet Insekten, Spinnen, Asseln u. a. wirbellose Tiere.

Steinleiden (Steinkrankheit, Lithiasis), Erkrankung durch lithogene Veränderungen (Konkrementbildungen) in inneren Organen (bes. in der Niere und in den ableitenden Harnwegen, in Gallengängen und Gallenblase).

Steinlen, Théophile Alexandre [frz. stɛn'lɛn], * Lausanne 10. Nov. 1859, † Paris 14. Dez. 1923, frz. Graphiker schweizer. Herkunft. - Sozialkrit. Schilderungen des Paris seiner Zeit; Mitarbeiter zahlr. Zeitschriften, Buchillustrationen zu Maupassant u. a., Druckgraphiken und Plakate, z. T. im Jugendstil; auch Maler.

Steinlinde (Phillyrea), Gatt. der Ölbaumgewächse mit vier Arten, verbreitet vom Mittelmeergebiet bis nach Kleinasien und zum Kaukasus; immergrüne Sträucher mit gegenständigen, ganzrandigen oder gezähnten Blättern; Blüten klein, weiß, wohlriechend, in achselständigen Büscheln. Die S. gehören zu den typ. Sträuchern der Macchie.

Steinmarder (Hausmarder, Martes foina), über fast ganz Europa (mit Ausnahme des N) und weite Teile Asiens verbreiteter Marder; Länge etwa 40–50 cm; Schwanz rd. 25 cm lang; dunkelbraun mit weißem, hinten gegabeltem Kehlfleck (im Ggs. zum Edelmarder); dämmerungs- und nachtaktives Raubtier; frißt hauptsächl. Mäuse und Ratten.

Steinmetzzeichen aus dem Speyerer Dom (12. Jh.; 1), dem Straßburger Münster (13. Jh.; 2), dem Ulmer Münster (15. Jh.; 3), aus Groß-Sankt-Martin in Köln (12. Jh.; 4), aus dem Wormser Dom (12. Jh.; 5) und der Gelnhausener Pfalz (12. Jh.; 6)

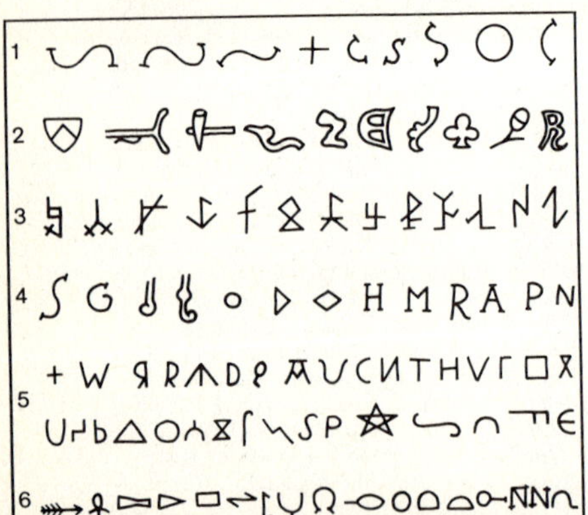

Steinmeteorite † Meteorite.

Steinmetz, Charles Proteus, urspr. Karl August Rudolf S., * Breslau 9. April 1865, † Schenectady (N. Y.) 26. Okt. 1923, dt.-amerikan. Elektrotechniker. - Emigrierte 1889 in die USA, wo er Prof. in Schenectady wurde. Gab eine Theorie der magnet. Hysterese, vereinfachte die Behandlung von Wechselstromvorgängen durch Verwendung von komplexen Zahlen und erfand das Dreileitersystem für Wechselstrom (Drehstrom).

S., Sebald Rudolph, * Breda 6. Dez. 1862, † Amsterdam 5. Dez. 1940, niederl. Ethnologe und Soziologe. - 1908–33 Prof. in Amsterdam; stark sozialdarwinist. geprägte vergleichende ethnolog. Studien; als wissenschaftshistor. bed. erwies sich sein Versuch, ethnograph. Betrachtungsweisen bei der Untersuchung europ. Gesellschaften anzuwenden († Soziographie).

Steinmetzzeichen, vereinzelt schon im Altertum, in Europa vom 12.–17. Jh. allg. vom jeweiligen **Steinmetz,** der die [Natur]steine für anspruchsvolle Bauten bearbeitete (schnitt, polierte), z. T. zugleich auch als Bildhauer und Baumeister tätig war, angebrachtes Zeichen, das ihm von seiner Bauhütte bei der Gesellenprüfung verliehen wurde (Meisterzeichen sind umrandet); diente v. a. für Lohnabrechnungen und war auch Gütezeichen.

Steinmispel (Zwergmispel, Steinquitte, Quittenmispel, Cotoneaster), Gatt. der Rosengewächse mit knapp 100 Arten im gemäßigten Asien, vereinzelt auch in Europa und N-Afrika; immer- oder sommergrüne Sträucher mit ganzrandigen Blättern und schmalen Nebenblättern; Blüten klein, meist rötl. oder weiß. In Deutschland kommen drei Arten vor, u. a. die bis 1,5 m hohe **Gemeine Steinmispel** (Cotoneaster integerrima) mit unterseits stark filzigen Blättern, kleinen, blaßroten Blüten und purpurroten Früchten.

Steinnelke (Waldnelke, Dianthus sylvestris), in den Alpen und in S-Europa heim., dicht rasig wachsende, mehrjährige Nelkenart mit nur 1–2 mm breiten, hell- oder bläulichgrünen Blättern und rosafarbenen Blüten, die einzeln oder bis zu vieren auf 5–40 cm hohen Stengeln stehen; in Deutschland nur in den Allgäuer Alpen von 1 600–1 800 m Höhe.

Steinnußpalme, svw. † Elfenbeinpalme.

Steinobst, Bez. für Obstsorten aus der Gatt. Prunus (v. a. Kirsche, Pflaume, Mirabelle, Reneklode, Pfirsisch, Aprikose), deren Früchte einen Steinkern enthalten.

Steinoperation (Lithotomie), die operative Entfernung von Konkrementen der Hohlorgane des menschl. Körpers, i. e. S. der ableitenden Harnwege. Es werden unterschieden: 1. *Pyelolithotomie* (operative Entfernung von Nierenbeckensteinen), 2. *Ureterolithoto-*

mie (operative Entfernung von Harnleitersteinen), 3. *Zystolithotomie* (Blasensteinschnitt, operative Eröffnung der Blase mit Steinentfernung).

Steinpeitzger ↑Steinbeißer.

Steinpicker ↑Panzergroppen.

Steinpilz (Eichpilz, Edelpilz, Herrenpilz, Boletus edulis), bekannter Röhrling der Laub- und Nadelwälder mit mehreren schwer unterscheidbaren Unterarten; Hut bis 35 cm breit, anfangs weißl., später leber-, nuß- oder schwarzbraun, gelegentl. auch grau oder rot getönt; Oberhaut glatt oder feinrunzelig, bei feuchtem Wetter etwas schmierig; Röhrchen unter dem Hut sehr fein, zuerst weiß, im Alter gelblich- bis olivgrün, leicht abtrennbar; Stiel anfangs rundl., weiß, sehr derb, später langgestreckt, bis 30 cm lang, mit weißen, erhabenen Adern auf hellbraunem bis weißem Untergrund; Fleisch rein weiß, auch beim Anschneiden nie blau werdend, roh von angenehm nußartigem Geschmack; geschätzter Speisepilz.

Steinquitte, svw. ↑Steinmispel.

Steinrötel (Monticola), Gatt. häufig farbenprächtiger Drosseln (Unterfam. Schmätzer) mit rd. 10 Arten in Eurasien und Afrika, darunter der fast 20 cm lange *S. im engeren Sinne:* v. a. in warmen, sonnigen Gebirgslagen und in Steppen der subtrop. Regionen Eurasiens; ♂ mit blauem Kopf und Vorderrücken, ebensolcher Kehle, orangeroter Unterseite und rostrotem Schwanz.

Steinsalz (Halit), meist farbloses, sonst durch Verunreinigungen gefärbtes Mineral (Mohshärte 2, Dichte 2,1–2,2 g/cm^3) mit der chem. Zusammensetzung NaCl (Natriumchlorid), das als Meeres- und Salzseesediment meist im Wechsel mit Anhydrit und Gips in fast allen geolog. Formationen in großen Lagerstätten vorkommt und bergmänn. abgebaut wird; gereinigt kommt es als Kochsalz zu Speise- und Konservierungszwecken sowie als Rohstoff für die chem. Industrie in den Handel.

Steinsame (Lithospermum), mit rd. 50 Arten in Eurasien, N- und S-Amerika verbreitete Gatt. der Rauhblattgewächse; Kräuter, z. T. auch Halbsträucher und Sträucher, mit glocken- oder trichterförmigen Blüten in verschiedenen Farben und mit Nüßchenfrüchten. Einheim. sind u. a. ↑Ackersteinsame und **Echter Steinsame** (Lithospermum officinale), eine 30–100 cm hohe Staude mit grünlichgelben Blüten.

Steinsburg, auf dem *Kleinen Gleichberg* bei Römhild (Landkr. Meiningen, DDR) gelegene vorgeschichtl. Befestigungsanlage mit mehrfachen Umwallungen (die älteste wohl aus der Urnenfelderzeit); Besiedlung bis ins 1. Jh. v. Chr., bes. dicht während der älteren und mittleren La-Tène-Zeit; wurde zu einem Freilichtmuseum mit histor. und geolog. Lehrpfaden ausgebaut.

Steinschlag, das Herabstürzen von Gesteinsstücken im Gebirge; Hänge und Felswände mit häufigem S. werden durch sog. **Steinschlagrinnen** zerfrucht.

Steinschloßgewehr ↑Gewehr.

Steinschmätzer (Oenanthe), Gatt. vorwiegend weiß, schwarz, hellbräunl. und ockerfarben gefärbter Drosseln (Unterfam. Schmätzer) mit 17 Arten in Eurasien (eine Art in N-Amerika), darunter der **Euras. Steinschmätzer** (Oenanthe oenanthe); in felsigen und steppenartigen Landschaften NW-Afrikas, Eurasiens, Alaskas und Grönlands; bis 15 cm lang; mit (beim ♂) grauer Oberseite, schwarzem Wangenfleck und Schwanz, schwarzen Flügeln sowie gelblichweißer Unterseite; ♀ unscheinbarer gefärbt.

Steinschneidekunst (Glyptik, Lithoglyptik), die Herstellung von **Gemmen,** d. h. mit Relief verzierter Steine; solche mit Hochrelief heißen **Kameen,** die mit vertieftem Relief **Intaglien.** Von Hand geschnitten wird jedoch nur der weichere Speckstein, während die häufigeren härteren Materialien - Halbedelsteine, Edelsteine, Glas - mit speziellen Bohrern bearbeitet und geschliffen werden. Die techn. Entwicklung erreichte ebenso wie die künstler. schon in der Antike ihren Höhepunkt. - Die ältesten glypt. Werke sind Intaglien, die als Siegel dienten; die Babylonier des 4. Jt. v. Chr. benutzten zylindr. Rollsiegel, die Ägypter Skarabäoide. Im antiken Griechenland war der Kunstwert der als Schmuck getragenen Gemmen so hoch geschätzt, daß Künstler ihre Werke signierten; bei einer durchschnittl. Gesamtgröße von 1–3 cm weisen die Darstellungen eine so feine Zeichnung auf, daß man sich eine Bearbeitung ohne Lupe kaum vorstellen kann, genaueres ist jedoch darüber nicht bekannt. Kameen kamen im hellenist. Griechenland auf und waren auch in der röm. Kaiserzeit sehr beliebt. Meist aus

Steinschneidekunst. Gemme mit vier Porträtbüsten auf Füllhörnern (um 49 n. Chr.). Wien, Kunsthistorisches Museum

mehrschichtigem Sardonyx geschnitten, zeigen sie eine mehrfarbige Darstellung, i. d. R. helle Figuren vor dunklem Grund; sie dienten ausschließl. als Schmuck, waren oft wesentl. größer als Intaglien, aus bes. großen Steinen stellte man in gleicher Technik auch Prunkgefäße her. Im MA wurden antike Gemmen zu eigenen Goldschmiedearbeiten verwendet. Eine eigene ma. S. gab es in karoling. Zeit (Bergkristallschnitte), angeregt von erneuter Beschäftigung mit der Antike in der Stauferzeit bzw. im Umkreis des italien. Hofes Friedrichs II. (Sardonyx-Kameen, bei denen dunkle Figuren vor hellem Grund stehen) sowie in Frankr. im 13./14. Jh. (Intaglien). Im 15. und 16. Jh. waren der Hof Lorenzos (I) de' Medici und der Hof Rudolphs II. Zentren der S.; im 18. Jh. stellte man wieder bevorzugt Intaglien, und zwar Bildnisse her.

📖 *Kris, E.: Die Meisterwerke u. Meister der S. in der italien. Renaissance. Wien; Mchn. 1979. - Vollenweider, M. L.: Die S. u. ihre Künstler in spätrepublikan. u. augusteischer Zeit. Baden-Baden 1966. - Smith, G. F. H.: Gemstones. London* [13]*1958.*

Steinschneider, Moritz, * Proßnitz (= Prostějov) 30. März 1816, † Berlin 24. Jan. 1907, dt. Orientalist. - Zählt mit L. Zunz zu den Begründern der Wiss. vom Judentum. Sein Hauptbemühen war, die vielfältigen Verbindungen zw. jüd., islam. und ma.-christl. Kultur aufzuzeigen.

Steinseeigel (Paracentrotus lividus), etwa 4–5 cm großer, häufigster Seeigel im Atlantik und Mittelmeer; Färbung goldbraun bis violett oder schwarz; Stacheln dichtstehend, mäßig lang; nagt in Kalk- oder Sandsteinfelsen halbkugelförmige Höhlungen, in denen er sich festsetzen kann.

Steinsperling (Petronia petronia), fast 15 cm langer, oberseits graubrauner, dunkel gestreifter, unterseits hellerer Sperling, v. a. an felsigen Berghängen, an Ruinen und in Städten der Mittelmeerländer und Asiens; ♂ und ♀ mit undeutl. gelbl. Kehlfleck.

Steintäschel (Aethionema), Gatt. der Kreuzblütler mit rd. 40 Arten, überwiegend im östl. Mittelmeergebiet; Kräuter, Stauden oder Halbsträucher; in Deutschland (Alpen und Voralpen) nur das 30–60 cm hohe **Felsen-Steintäschel** (Aethionema saxatile) mit schmalen, blaugrünen Blättern, rötl. oder weißen Blüten und ringsum mit breiten Flügeln versehenen Schötchen. Mehrere Arten sind als Zierpflanzen für Steingärten und Trockenmauern in Kultur.

Steinthal, Hajim (Heymann), * Gröbzig 16. Mai 1823, † Berlin 14. März 1899, dt. Sprachforscher und Philosoph. - Ab 1863 Prof. in Berlin; Wegbereiter der Betrachtung von Sprache als psycholog. Objekt; sah seine Aufgabe darin, innerhalb der Sprachwiss. den Herrschaftsanspruch der Logik zu beseitigen und diesen an die Psychologie zu übertragen. - *Werke:* Die Sprachwiss. Wilh. v. Humboldt's und die Hegel'sche Philosophie (1848), Der Ursprung der Sprache ... (1851), Charakteristik der hauptsächlichsten Typen des Sprachbaues (1860).

Steinwälzer (Arenariinae), Unterfam. der Strandvögel (Fam. Regenpfeifer) mit drei Arten, v. a. an steinigen Meeresküsten der Nordhalbkugel; drehen bei der Nahrungssuche bes. Muscheln und kleine Steinchen um, um Insekten oder Krebstiere aufzustöbern; in Deutschland nur der **Gewöhnl. Steinwälzer** (Arenaria interpres): fast 25 cm lang, im Brutkleid (♂ und ♀) rostbraune Oberseite, gelbe Beine, weiße Unterseite und weißer Kopf mit schwarzer Zeichnung, die auf Brust und Oberseite übergeht; im Winter oberseits graubraun, unterseits weiß.

Steinway & Sons [engl. 'staɪnweɪ ənd 'sʌnz], amerikan. Klavierfabrik in New York mit Filialen in London (seit 1875) und Hamburg (seit 1880); gegründet 1853 in New York von Heinrich Engelhard Steinweg (* 1797, † 1871, ab 1854 anglisiert zu Henry E. Steinway; ↑ auch Grotrian-Steinweg), dessen Sohn Henry Steinway (* 1831, † 1865) durch die Erfindung des kreuzsaitigen Flügels (1859) das Geschäft wesentl. förderte. Seit 1955 unter der Gesamtleitung von Henry Z. Steinway (* 1915), wurde die Familien-Aktiengesellschaft 1972 der CBS (Columbia Broadcasting System, Inc., New York) eingegliedert.

Steinweichsel, svw. ↑ Felsenkirsche.

Steinwert, Johann, dt. Schriftsteller, ↑ Johann von Soest.

Steinwild (Fahlwild), wm. Bez. für den ♂ und ♀ Steinbock.

Steinwolle (Gesteinsfasern, Gesteinswolle), aus einem Glasfluß, der durch Schmelzen von flußmittelreichen Gesteinen (evtl. unter zusätzl. Zugabe von Flußmittel) erzeugt wird, mittels Verblasens durch Platindüsen hergestellte Mineralfasern.

Steinzeit, nach dem Dreiperiodensystem älteste und längste (mindestens 2 Mill. Jahre) Periode der Menschheitsgeschichte, in der die wichtigsten Werkzeuge aus Stein hergestellt wurden; vielfach gegliedert in Paläolithikum, Mesolithikum und Neolithikum mit jeweils weiteren Untergliederungen.

Steinzellen (Sklereiden), bes. in Nußschalen, in den Steinkernen der Steinfrüchte und in verschiedenen Früchten (v. a. in der Quitte) vorkommende tote, sehr druckfeste Sklerenchymzellen mit stark verdickten, meist verholzten Zellwänden.

Steinzeug, Sammelbez. für *Grob-S.* (bräunl. oder grauer Scherben) und *Fein-S.* (Keramik). - Rhein. Feinsteinzeugprodukte spielten in Europa vom Ende des 15. bis Anfang des 17. Jh. eine führende Rolle (Krüge und Flaschen, insbes. sog. Schnellen und Bartmannskrüge), im 17. Jh. herrschte Ware aus dem fränk. Creußen (bis 1732), im 18. Jh.

aus Bunzlau und Freiburg in Schlesien vor, bis um 1760 das cremefarbige *Wedgwood-S.* aus England alles übrige verdrängte.

steirische Phase [nach der Steiermark] ↑Faltungsphasen (Übersicht).

Steirisches Randgebirge, Teil der Zentralalpen, umfaßt im S, W und N das mittelsteir. Hügelland mit dem Grazer Bekken im Zentrum. Sowohl das Murquertal zw. Gleinalpe im W und Fischbacher Alpen im O als auch eine Reihe von Einsattelungen zw. den einzelnen Gebirgsteilen (Koralpe, Packalpe u.a.) ermöglichen eine relativ gute Verbindung von Graz in die jenseits des Gebirgsbogens gelegenen Tal- und Beckenlandschaften.

Steirisch-Niederösterreichische Kalkalpen, zusammenfassende Bez. für den östlichsten Teil der Nördl. Kalkalpen, erstrecken sich östl. vom Pyhrnpaß bis Wien.

Steiß, hinteres (kaudales) Rumpfende der Vierfüßer, das sich meist in einen Schwanz fortsetzt; beim Menschen und den anderen Primaten bildet das ↑Steißbein den Skelettanteil.

Steißbein (Os coccygis), bei Menschenaffen und beim Menschen ausgebildeter, auf das Kreuzbein folgender letzter Abschnitt der Wirbelsäule aus mehr oder weniger miteinander verschmolzenen, rückgebildeten Wirbeln *(Steiß[bein]wirbeln);* ein Rest des Schwanzskeletts. Beim Menschen besteht das S. aus drei bis fünf Wirbelkörperrudimenten, von denen die letzten knorpelig bleiben können.

Steißfüße, svw. ↑Lappentaucher.

Steißhühner (Tinamiformes), über 40 Arten umfassende Ordnung bis rebhuhngroßer Bodenvögel in Z- und S-Amerika; äußerl. hühnerartige Vögel mit schwach entwickelten Flügeln. - Zu den S. gehört u.a. das etwa 40 cm lange, oberseits braune, schwarz und weiß gescheckte, unterseits gelbl. **Pampashuhn** (Rhynchotus rufescens).

Stek (Steek) [niederdt.], seemänn. svw. ↑Knoten.

Stele [griech.], freistehende aufrechte Platte aus Stein, seltener aus Metall oder Holz, mit Inschriften und Reliefs, diente als Grabmal, Weihestein, Urkundenstein, Grenzstein, Siegesdenkmal, Kultobjekt u.ä. Seit dem 3. Jt. v. Chr. kamen S. in Ägypten (im Zusammenhang mit dem Totenkult) und in Mesopotamien vor, z.B. die ↑Geierstele oder die Gesetzes-S. des babylon. Königs ↑Hammurapi. Griech. S. sind seit archaischer Zeit, zuerst aus Mykene, bekannt, seit dem 6. Jh. v. Chr. zeigen sie menschl. Figuren als Flachrelief. Die Kunst der Grab-S. erreichte im Athen des 5. und 4. Jh. mit als Nische gebildeten breiten Steinen mit fast vollplast. Reliefs (Figur des Verstorbenen u.a.) ihren Höhepunkt. Die Entwicklung endete mit dem Gesetz gegen Gräberluxus (317 v. Chr.). Zahlr. sind S. im etrusk. Italien und später in den röm. Provinzen. Die altamerikan. Kulturen kannten ebenfalls die S., z.T. als datierte Monumente.

Stele von Lemnos, die 1885 bei dem Dorf Kaminia auf der griech. Insel Lemnos (↑Limnos) gefundene Stele mit der Reliefdarstellung eines Kriegers auf der Vorderseite; sie zeigt zwei [Grab]inschriften in archaischer griech. Schrift (um 600 bzw. 550 v. Chr.), beide in nichtgriech. Sprache, die meist *Tyrsenisch* genannt wird. Zwar ist die Deutung der Texte noch nicht endgültig gesichert, aber einzelne Passagen und Formen zeigen Übereinstimmungen mit dem Etruskischen.

Stell, seemänn. svw. vollständiger Satz [gleichartiger Gegenstände], z.B. ein S. Seekarten, Werkzeuge; ein S. Segel ist die gesamte Besegelung.

Stella, weibl. Vorname (zu lat. stella „Stern").

Stella, Frank [engl. 'stɛlə], * Malden (Mass.) 12. Mai 1936, amerikan. Maler. - Mit streng geometr. Bildern (oft bilden Streifen das Grundmuster) bed. Vertreter der Farbfeldmalerei.

Stellage [...'la:ʒə; niederl.], Gestell, Ständer.

Stella polaris [lat.], svw. ↑Polarstern.

stellar [lat.], die Sterne betreffend.

Stellardynamik ↑Astronomie.

Stellaria [lat.], svw. ↑Sternmiere.

Stellarstatistik ↑Astronomie.

Stelleinrichtung ↑Regelung.

Stellenausschreibung ↑Ausschreibung.

Stellenwertsystem (Positionssystem), ein durch die arab. Ziffern ermöglichtes Zahlensystem, bei dem der Wert einer Ziffer außer von ihrem Eigenwert (Ziffernwert) auch von ihrer Stellung innerhalb der Zahl abhängt, z.B. steht in der Dezimalzahl 54 die erste Ziffer für $5 \cdot 10 = 50$, die zweite für $4 \cdot 1 = 4$.

Steller, Georg Wilhelm, eigtl. G. W. Stoeller, * Windsheim (= Bad Windsheim) 10. März 1709, † Tjumen 12. Nov. 1746, dt. Naturforscher. - Ab 1737 Teilnahme an der Großen Nord. Expedition V. J. Berings („Beschreibung von dem Lande Kamtschatka", hg. 1774); 1741/42 reiste er nach Alaska; 1742–44 erneut in Kamtschatka. In dem Werk „Ausführl. Beschreibung von besondern Meerthieren" (hg. 1753) nennt er u.a. auch die von ihm 1741 entdeckte Stellersche Seekuh.

Stellersche Seekuh [1741 von G. W. Steller entdeckt] ↑Gabelschwanzseekühe.

Stellglied ↑Regelung.

Stellgröße ↑Regelung.

Stelling [niederdt.], seemänn. für: 1. an Tauen hängendes Brett oder Holzgerüst für Arbeiten an der Außenhaut eines Schiffes; 2. einfache Gangway.

Stellprobe, vorbereitende Theaterprobe, bei der die wichtigsten Stellungen (Verteilung der Figuren auf den Bühnenraum) sowie Auf- und Abgänge festgelegt werden.

Stellung, ausgebauter und befestigter Standort militär. Einheiten im Gelände.

Stellungsempfindung, svw. ↑Lagesinn.

Stellungsisomerie ↑Isomerie.

Stellungskrieg, Bez. für eine Kriegführung, bei der sich während eines längeren Stillstandes der Operationen 2 Heere in Dauerstellungen gegenüberliegen; meist nach unentschiedenem ↑Bewegungskrieg; gewann Bed. im 1. Weltkrieg.

Stellvertretung, rechtsgeschäftl. Handeln einer geschäftsfähigen Person *(Vertreter)* im Namen einer anderen *(Vertretener)* für diese, d.h. für fremde Rechnung, mit dem Ziel, daß die rechtl. Wirkungen letztere treffen sollen (*direkte, offene, unmittelbare S.*, nach §§164ff. BGB). Das Handeln im eigenen Namen für fremde Rechnung (*indirekte, mittelbare S.*, z.B. der Kommissionär) ist keine S. in diesem Sinne. Voraussetzungen für eine wirksame S. sind *Vertretungswille* des Vertreters, *Vertretungsmacht* (beruht entweder auf Gesetz [*gesetzl. S.*] oder wird durch Vollmacht erteilt [*gewillkürte S.*]) sowie Zulässigkeit der S. (unzulässig z.B. bei Testamentserrichtung). Handelt der Vertreter ohne die erforderl. Vertretungsmacht, so ist das abgeschlossene Rechtsgeschäft solange schwebend unwirksam, bis der Vertretene es genehmigt. Wird die Genehmigung verweigert, so ist der Vertreter grundsätzl. zur Erfüllung eines von ihm abgeschlossenen Vertrages oder zum Schadenersatz verpflichtet, es sei denn, daß der Dritte den Mangel der Vertretungsmacht kannte oder hätte kennen können.

Stellwerk ↑Eisenbahn.

Stelzen (Motacillidae), mit rd. 50 Arten fast weltweit in Gras- und Sumpflandschaften sowie an Flußufern und in Felsgebieten verbreitete Fam. 12–23 cm langer Singvögel; schlanke, relativ langschwänzige Tiere, die in napfförmigen Nestern am Boden und in Felsspalten brüten. - Man unterscheidet die beiden Gruppen ↑Pieper und *Motacilla* (eigentl. S.; gegenüber den Piepern bunteres Gefieder und längerer Schwanz). Zu den letzteren gehören u.a. ↑Bachstelze und die bis über 15 cm lange **Schafstelze** (Wiesen-S., Motacilla flava; ♂ mit Ausnahme des blaugrauen Kopfes oberseits olivgrün, unterseits gelb, mit weißem Überaugenstreif und schwarzbraunem Schwanz; ♀ oberseits olivgrün, unterseits gelb; auf Wiesen und Äckern N-Afrikas, Eurasiens und Alaskas.

Stelzenläufer ↑Säbelschnäbler.

Stelzer-Motor [nach dem dt. Erfinder F. Stelzer, * 1934], ein neuartiger, in doppelter Weise nach dem Zweitaktverfahren arbeitender Freikolbenmotor mit zwei Brennräumen und einem doppelt wirkenden Mehrstufenkolben, dessen aus dem Motorblock herausragende Endstufen als eigtl. Arbeitskolben in den Brennräumen gleiten, während eine mittlere Kolbenstufe sich in einer zw. diesen liegenden Vorverdichtungskammer bewegt und sie unterteilt. Dadurch wird erreicht, daß bei der etwa 5000- bis 100000mal in der Minute erfolgenden Hin- und Herbewegung des Kolbens in jedem Arbeistakt gleichzeitig Frischgasgemisch für den einen Brennraum angesaugt und bereits angesaugtes Frischgasgemisch für den anderen Brennraum vorkomprimiert und dann in diesen hineingedrückt wird. Bei der abwechselnd in den Brennräumen nach dem Zünden und Verbrennen des von den Endstufen komprimierten Luft-Kraftstoff-Gemisches stattfindenden Expansion der Verbrennungsgase wird der Stufenkolben jeweils so weit aus dem Zylinder getrieben, daß sie durch Aus-

Stelzer-Motor (Schemazeichnung)

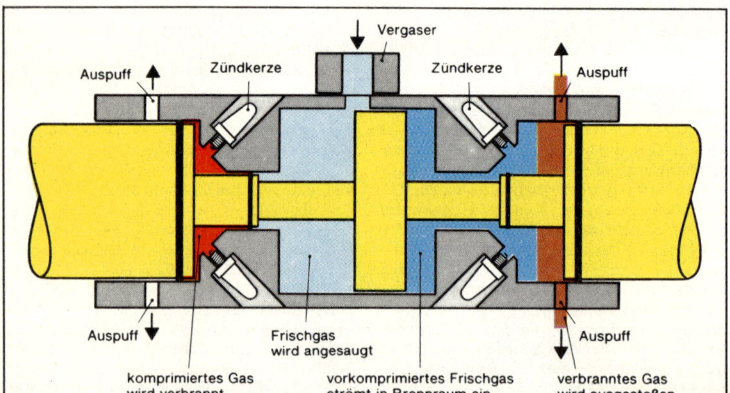

pufföffnungen austreten können und gleichzeitig Frischgasgemisch für den anderen Brennraum in die Vorverdichtungskammer angesaugt wird. Die aus dem S.-M. herausgleitenden Kolbenenden ermöglichen die direkte Abnahme der Leistung ohne jeden Zwischenmechanismus (Pleuel, Kurbeltrieb).

Stelzfuß, Kontrakturstellung der Zehengelenke (bes. des Fesselgelenks) beim Pferd, meist als Folge einer Sehnen- oder Gelenkentzündung, die die Streckung hemmt oder einschränkt.

Stelzmücken (Sumpfmücken, Limoniidae), Fam. der Mücken mit zahlr. schlanken, langbeinigen Arten bes. in Gewässernähe; ernähren sich ausschließl. von Pflanzensäften; tanzen oft in Schwärmen, manche Arten schon an milden Wintertagen *(Wintermükken).*

Stelzvögel (Schreitvögel, Ciconiiformes), seit dem Eozän bekannte, heute mit über 100 Arten weltweit v. a. an Ufern und in Sümpfen verbreitete Ordnung meist langbeiniger und langhalsiger Vögel. - Zu den S. gehören Reiher, Schuhschnäbel, Störche und Ibisse.

Stelzwurzeln (Stützwurzeln), starke, den Stamm seitl. abstützende, sproßbürtige Luftwurzeln an der Stammbasis von Mangrove- und Schraubenbaumarten.

Stemma [griech.-lat.] (Stammbaum), (Baumgraph) Mittel der Sprachwiss. zur Beschreibung der Satzstruktur; besteht aus Knoten, die sprachl. Einheiten oder Klassen von Einheiten (Kategorien) symbolisieren, und aus Kanten (Ästen), die syntakt. Beziehungen ausdrücken. Von einem Ausgangsknoten werden über Verzweigungen alle tieferen Knoten erreicht. Die Kategoriensymbole im S. können auf die Satzkette projiziert werden (gestrichelte Kanten). Wird das S. in der ↑Konstituentenanalyse verwendet, charakterisieren die Kanten hierarch. gestufte Teil-Ganzes-Beziehungen, z. B.:

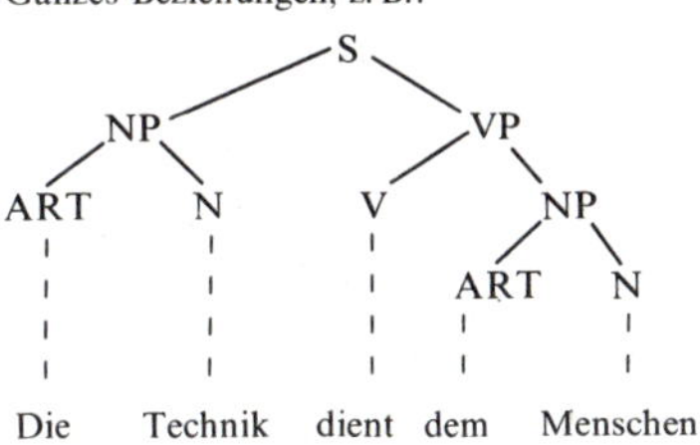

(S = Satz, NP = Nominalphrase, VP = Verbalphrase, ART = Artikel oder Pronomen, N = Substantiv, V = Verb).

◆ textkrit. Hilfmittel, das die Abhängigkeiten von unterschiedl. Überlieferungsträgern eines Werkes (gelegentl. auch eines Stoffes oder Themas) in zumeist graph. Form darstellt.

Stemmeisen, svw. ↑Beitel.

Stemmle, R[obert] A[dolf], *Magdeburg 10. Juni 1903, † Baden-Baden 24. Febr. 1974, dt. Schriftsteller, Filmregisseur und -produzent. - Drehbuchautor, u. a. „Reifende Jugend" (1933), „Glückskinder" (1936), „Quax, der Bruchpilot" (1941), „Affäre Blum" (1948); führte Regie u. a. in „Jungens" (1941), „Berliner Ballade" (1948); schrieb Theaterstücke, Romane; in den 1960er Jahren v. a. Drehbücher für Fernsehfilme.

Stemmschwung, im Skisport Grundschwung [zur Richtungsänderung]; bei der Schrägfahrt wird der unbelastete Bergski ausgewinkelt (ausgestemmt); dann Hochgehen des Körpers und Abstoßen vom Talski, Beiziehen des bogeninneren Skis und anschließend Tiefgehen des Körpers und Fersenschub über die Fallinie hinaus wieder in die Schrägfahrt.

Stempel, Vorrichtung zum Abdrucken oder Einprägen *(Präge-S.)* kurzer Hinweise, spezieller [stets in gleicher Form benötigter] Angaben, Daten u. ä. (in Form von Schriftzeichen) und/oder bestimmter graph. Darstellungen (z. B. in Form von Behörden-S. mit dem Charakter eines Siegels). Die reliefartig auf einer meist ebenen Fläche angeordneten Zeichen aus Gummi, Kunststoff oder Metall werden mit Hilfe eines mit **Stempelfarbe** (Lösung von stark färbenden Farbstoffen) getränkten Kissens *(S.kissen)* eingefärbt und geben beim Stempeln das Druckbild auf die Unterlage ab. Spezial-S. besitzen verstellbare Drucktypen und können so für unterschiedl. Angaben verwendet werden (z. B. Datums-S., Paginier-S. mit automat. beim Stempeln weiterrückendem Zählwerk).

Geschichte: Bereits im Alten Orient wurden Siegelstempel sowie aus Holz oder Ton gefertigte S. zum Einprägen des Herstellerzeichens auf Tonziegel verwendet. In Ägypten stempelte man zur Zeit der 26. Dynastie Silberbarren und garantierte damit Qualität und Gewicht. Im Röm. Reich waren Staats- und Legionseigentum durch Stempel gekennzeichnet. Vom 16. Jh. an begannen Notare Urkunden, die nicht gesiegelt zu werden brauchten, mit einem S.abdruck des Notariatszeichens zu versehen. Maximilian I. ließ sich einen Vollziehungs-S. für Urkunden anfertigen; darauf geht die gestempelte Wiedergabe von Unterschriften zurück.

◆ der Oberteil eines ↑Gesenks.

◆ im *Bergbau* ↑Grubenausbau.

◆ (Pistillum) das aus einem oder mehreren Fruchtblättern gebildete, in Fruchtknoten, Griffel und Narbe gegliederte ♀ Geschlechtsorgan in der Blüte der Samenpflanzen.

Stempelakte (engl. Stamp Act), 1765 unter G. Grenville erlassenes brit. Steuergesetz, durch das erstmals eine direkte Besteuerung (kostenpflichtiger Stempel) von Dokumenten und Druckschriften aller Art in den nordamerikan. Kolonien eingeführt wurde; 1766 nach heftigen Protesten (v.a. auf dem Stempelsteuerkongreß) seitens der Vertreter aus 9 Kolonien aufgehoben.

Stempelfarbe ↑Stempel.

Stempelschneider, Graveur, der v.a. auf Münzen und Medaillen spezialisiert ist; graviert die Prägestempel (Eisen- bzw. Stahlstempel, im Altertum auch Kupfer- und Bronzestempel).

Stempelsteuer, Steuer, die durch Kauf von *Steuermarken* entrichtet wird.
◆ Sondersteuer für die Presse (die einzelnen Zeitungsexemplare wurden bei der Entrichtung der Steuer im Titelkopf gestempelt); im 18./19. Jh. neben Zensur und Kautionszwang effektivstes Mittel staatl. Restriktion auf dem Pressesektor.

Stempeluhr, svw. Stechuhr (↑Arbeitszeitregistriergerät).

Stendal [...da:l, ...dal], Krst. in der Altmark, Bez. Magdeburg, DDR, 33 m ü. d. M., 46700 E. Winckelmann-Museum; Theater; Tiergarten. Dauermilchwerke, Konservenfabrik, Erdöl- und Erdgaserkundung; nahebei Kernkraftwerk. - Im Anschluß an die bei einer Siedlung im 12. Jh. erbaute Burg entstand 1160 und 1170 eine Marktsiedlung mit Magdeburger Recht, 1258–1309 Sitz der brandenburg. Askanier; Mgl. der Hanse 1359–1518; war Hauptort der Altmark, reichste Stadt der Mark Brandenburg und bis 1488 führend bei den märk. Städtebünden. - Zahlr. got. Backsteinbauten aus dem 14. und 15., u. a. der Dom Sankt Nikolaus mit bed. Glasmalerien, die Pfarrkirchen Sankt Marien, Sankt Jakobi, Sankt Petri, Sankt Katharinen und Sankt Annen, das Rathaus mit Roland (Kopie) vor der Gerichtslaube, Tangermünder und Uenglinger Tor.
S., Landkr. im Bez. Magdeburg, DDR.

Stendelwurz, (Breitkölbchen, Kuckucksblume, Waldhyazinthe, Platanthera) Gatt. der Orchideen mit mehr als 50 Arten auf der Nordhalbkugel, v. a. in N-Amerika; Stauden mit ungeteilten Knollen und oft nur zwei Laubblättern; Blüten mit ungeteilter Lippe und langem Sporn; in Deutschland zwei Arten, darunter die recht häufige **Zweiblättrige Stendelwurz** (Platanthera bifolia) mit 2 Stengelblättern und weißen, in lockerer Traube stehenden, nach Hyazinthen duftenden Blüten mit langer, schmaler zugespitzter Lippe; auf moorigen Wiesen, Heiden und in lichten Laubwäldern.
◆ (Serapias) Orchideengatt. mit zehn Arten im Mittelmeergebiet; Blüten meist groß, mit zu einem Helm verwachsenen äußeren Blütenhüllblättern; Lippe lang und zungenförmig.

Stendhal [frz. stɛ̃'dal], eigtl. Marie Henri Beyle, * Grenoble 23. Jan. 1783, † Paris 23. März 1842, frz. Schriftsteller. - Nahm als Beamter am Rußlandfeldzug Napoleons I. teil; lebte 1814–21 in Mailand; 1821–30 Kunst- und Theaterkritiker in Paris; nach der Julirevolution Staatsstellung als Konsul. Durch die Thematik seiner Romane war er Wegbereiter der Romantik, z. B. mit seinem Heldenideal des schrankenlosen Individualisten in „Rot und Schwarz" (1830), dem jugendl. Herrenmenschen in „Die Kartause von Parma" (1839), der kühnen, moralfreien Gestalten der „Renaissance-Novellen" (hg. 1855). Fern von den bekenntnishaften weltschmerzl. Ich-Romanen der Romantik, zeichnete er doch in dem Willensmenschen, der an der Gesellschaft scheitert, sich selbst („Lucien Leuwen", hg. 1855); entwickelte eine Philosophie des Ichkults („Bekenntnisse eines Egoisten", hg. 1892); durch seine objektive, exakte Schilderung Vorläufer des Realismus.

Stenge, dem [Unter]mast eines Schiffes aufgesetzte Verlängerung.

Stengel, die gestreckte ↑Sproßachse krautiger Samenpflanzen. - Ggs. ↑Stamm.

Stennes, Walther, * Fürstenberg (= Wünnenberg bei Paderborn) 12. April 1895, deutscher SA-Führer. - 1920–30 bei Sicherheitspolizei, Schwarzer Reichswehr und militär. Abwehr tätig; baute daneben ab 1928 den SA-Bereich Ostdeutschland auf. Konflikte zw. SA und Parteiorganisation 1930/31 führten zum offenen Bruch mit Hitler (sog. *Stennesputsch*, 1. April 1931); 1933–49 Militärberater bei Chiang Kai-shek.

Steno, Nicolaus [dän. 'sde:no] ↑Stensen, Niels.

Stenodictya [griech.], ausgestorbene, nur aus dem Oberkarbon in Frankr. bekannte Gatt. bis fast 6 cm langer Urflügelinsekten.

Stenoglossa [griech.], svw. ↑Schmalzüngler.

Stenogramm [griech.], Bez. für die Niederschrift eines Diktats, einer Rede usw. in ↑Stenographie.

Stenographie [griech., zu stenós „eng"] (Stenografie, Kurzschrift), eine aus einfachen Zeichen gebildete Schrift, die schneller als die traditionelle „Langschrift" geschrieben werden kann. Eine moderne S. ist ihrem Wesen nach eine Buchstabenschrift, enthält aber auch Elemente der Silbenschrift und Wortschrift (festgelegte „Kürzel"). Zusätzl. Kürze wird dadurch gewonnen, daß bestimmte Laute oder Lautgruppen symbolisiert oder völlig weggelassen werden. - Für die S. gibt es drei wesentl. Anwendungsbereiche: 1. „Notizschrift" für private Aufzeichnungen, z. B. bei Vorträgen, Vorlesungen usw. („Konzeptschrift"); 2. „Berufsschrift" zum Notieren von Anweisungen, zum Mitschreiben bei Verhandlungen, zur Niederschrift von Diktaten; 3. „Verhandlungs-S." („Redeschrift", „Debattenschrift") zur wörtl. Aufnahme von Reden in Parlamenten, bei Kongressen, Versammlungen. Man unterscheidet geometr. und kursive S.systeme. Geometr. Systeme reihen Striche, Bögen und Kreise in verschiedener

Größe und Stellung aneinander; bei kursiven Systemen haben die Abstriche im allg. eine einheitl. Schreibrichtung.

Geschichte: Eine S. gab es schon im Altertum, z. B. die Tachygraphie bei den Griechen, die Tironischen Noten bei den Römern. Im MA ging die Kenntnis dieser Schriften verloren. Der Engländer T. Bright (* 1551, † 1615) schuf 1588 in England das erste neuzeitl. S.system, J. Willis veröffentlichte 1602 die erste Buchstabenkurzschrift, er erfand auch das Wort „Stenographie". Als F. X. Gabelsberger 1834 sein kursives System veröffentlichte, begann sich auch in Deutschland die S. durchzusetzen. Es wurden weitere kursive Systeme erdacht, z. B. die von W. Stolze, 1841, F. Schrey, 1887, die sog. Stenotachygraphie und die Nationalstenographie. 1897 entstand das Einigungssystem Stolze-Schrey. Nach 18jährigen Verhandlungen wurde 1924 die **„Dt. Einheitskurzschrift"** (DEK) geschaffen; sie stellt ein Kompromißsystem mit überwiegend Gabelsbergerschen Zeichen und überwiegend Stolze-Schreyscher Systemstruktur dar, sie wurde 1936 und 1968 durch Systemrevisionen den jeweils neuen sprachwiss. Erkenntnissen angepaßt. Die Einteilung in drei Stufen (Verkehrsschrift, Eilschrift, Redeschrift) entspricht den drei Anwendungsbereichen. In Österreich wird ebenfalls die DEK geschrieben, in der DDR seit 1970 eine veränderte Form dieses Systems, in der Schweiz Stolze-Schrey.

🕮 *Mentz, A./Haeger, F.: Gesch. der Kurzschrift. Wolfenbüttel ²1974. - Haeger, F.: Gesch. der Einheitskurzschrift. Wolfenbüttel ²1972.*

stenohalin [griech.], empfindl. gegen Änderungen des Salzgehalts; von vielen Wassertieren und -pflanzen gesagt, die einen nur engen Toleranzbereich gegenüber dem Salzgehalt des Wassers aufweisen.

stenök (stenözisch) [griech.], nur unter ganz bestimmten, eng begrenzten, gleichbleibenden Umweltbedingungen lebensfähig; von Tier- und Pflanzenarten mit geringer ökolog. Potenz gesagt; z. B. Ren, Lama, Grottenolm. - Ggs. ↑euryök.

Stenokardie [griech.], svw. ↑Angina pectoris.

Stenokorie [griech.], svw. ↑Miose.

stenophag [griech.], in bezug auf die Nahrung entweder einseitig spezialisiert (monophag) oder ledigl. innerhalb einer Gruppe chem. sehr ähnl. Substanzen bzw. einander verwandtschaftl. sehr nahestehender Wirte auswählend (oligophag); von Tieren, v. a. vielen Insekten, gesagt. - Ggs. ↑euryphag bzw. ↑polyphag.

Stenose [griech.], angeborene oder erworbene Verengung eines Körperkanals oder einer Kanalöffnung.

Stenothorax [griech.], enger, schmaler Brustkorb.

Stensen, Niels [dän. 'sdɛnsən] (Steensen, Stenson), latinisiert Nicolaus Steno, * Kopenhagen 11. Jan. 1638, † Schwerin 5. Dez. 1686, dän. Arzt, Theologe und Naturforscher. - Zunächst Leibarzt Großherzog Ferdinands II. in Florenz; 1672–74 Anatomieprof. in Kopenhagen; trat 1667 vom ev. zum kath. Bekenntnis über, wurde 1677 Apostol. Vikar der Nord. Missionen. - In seinen anatom. Arbeiten beschrieb S. den Ausführungsgang der Ohrspeicheldrüse (1664) und wies die Zirbeldrüse bei Tieren nach. - S. ist einer der Begründer der Geologie und der Paläontologie. Er beschrieb bereits 1669 die Entstehung der Schichtgesteine durch Sedimentation (in Wasser) und ihre urspr. horizontale Lagerung, die erst nachträgl. durch Faltung oder Verwerfung verändert sein kann, und formulierte als erster das Grundgesetz der Stratigraphie, daß Hangendes jünger als Liegendes ist (↑auch Geochronologie).

stentando (stentato) [italien.], musikal. Vortragsbez.: zögernd, schleppend.

Stentor, griech. Held aus der „Ilias", dessen Stimme so laut war wie die von 50 Männern; daher die sprichwörtl. Bez. *Stentorstimme.*

Stenzler, Adolf Friedrich, * Wolgast 9. Juli 1807, † Breslau 27. Febr. 1887, dt. Indologe. - Ab 1833 Prof. in Breslau; einer der Begründer des Sanskritstudiums in Deutschland; mit seinen Textausgaben von ind. Dramen schuf S. auch die ersten festen Grundlagen für das Prakritstudium.

Stephan (Stefan), männl. Vorname (zu griech. stéphanos „Kranz, Krone").

Stephan, Name von Päpsten:

S., I., † Rom 2. Aug. 257, Papst (seit 12. Mai 254). - Römer; seine Amtszeit brachte im Ketzertaufstreit heftige innerkirchl. Kämpfe, die zum Bruch zw. S. und den Kirchen Afrikas und Kleinasiens führten.

S. II. (III.), † Rom 26. April 757, Papst (seit 26. März 752). - Realisierte den Bund des Papsttums mit den Franken; 754 erneute Königssalbung Pippins III., d. J., und Verleihung des Titels Patricius Romanorum; nach zwei siegreichen Feldzügen gegen die Langobarden begründete Pippin durch Schenkung an den hl. Petrus 756 den Kirchenstaat.

S. IX. (X.), † Florenz 29. März 1058, vorher Friedrich von Lothringen, Papst (seit 3. Aug. 1057). - Bruder Herzog Gottfrieds II. von Lothringen; seit 1050 als Diakon, Bibliothekar und Kanzler der röm. Kirche in Rom; 1054 mit Humbert von Silva Candida und Petrus von Amalfi als päpstl. Gesandter in Konstantinopel zur Abwendung des ↑Morgenländischen Schismas; Vertreter der (polit. maßvollen) frühen Phase der gregorian. Reform.

Stephan, Name von Herrschern:

Moldau:

S. der Große, * Borzeşti (= Gheorghe Gheorghiu-Dej) 1433, † Suceava 2. Juli 1504, Fürst (seit 1457). - Versuchte die Unabhängig-

keit seines Landes nach allen Seiten zu sichern; 1473–89 Krieg gegen das Osman. Reich, das ihn, obwohl er mehrere Siege erringen konnte, schließl. zur Tributzahlung zwang; förderte die kulturelle und wirtsch. Entwicklung seines Landes.
Polen:
S. IV. Báthory [ungar. 'ba:tori], * Szilágysomlyó (= Şimleu Silvaniei) 27. Sept. 1533, † Grodno 12. Dez. 1586, König (seit 1575). - Aus ungar. Magnatengeschlecht; 1571 von den siebenbürg. Ständen zum Fürsten erhoben. 1575 zum poln. König gewählt, 1576 gekrönt; kämpfte 1578–82 im Bunde mit Schweden gegen Rußland und gewann einen Teil Livlands zurück; konsolidierte die königl. Macht in Polen, versuchte erfolglos, die poln. Krone in seinem Hause erbl. zu machen.
Serbien:
S. Dušan [serbokroat. ˌduʃan] (S. D. Uroš IV.), * um 1308, † 20. Dez. 1355, König (seit 1331), Kaiser (Zar) der Serben und Griechen (seit Ende 1345). - Schuf ein serb.-griech. Großreich (bis 1343 Eroberung Albaniens, bis Ende 1345 Makedoniens, um 1347/48 endgültige Eroberung von Epirus, 1348 Thessaliens); ließ sich 1346 zum Kaiser krönen; 1349/54 Schaffung eines Gesetzbuches (Zakonika).
Siebenbürgen:
S. Báthory ↑ Stephan IV. Báthory von Polen.
Ungarn:
S. I., der Heilige (ungar. I. István), * um 975, † Esztergom 15. Aug. 1038, König (seit 1001). - Schwager Kaiser Heinrichs II.; zog zahlreiche Deutsche in sein Land, das er, z. T. mit Gewalt, christianisierte. 1001 ließ er sich mit einer ihm vom Papst übersandten Königskrone (Stephanskrone) krönen. S. richtete eine geregelte Verwaltung nach fränk. Vorbild ein und gründete das Erzbistum Esztergom; 1087 heiliggesprochen.

Stephan ↑ Stephanus, hl.

Stephan, Heinrich von (seit 1885), * Stolp 7. Jan. 1831, † Berlin 8. April 1897, Organisator des dt. Postwesens. - 1870 Generalpostmeister des Norddt. Bundes, 1876 des Dt. Reiches, 1880 Staatssekretär des Reichspostamtes und 1895 Staatsminister. Seine Leistungen bestehen in der vorbildl. Entwicklung des dt. Postwesens: u. a. Vereinigung von Post- und Telegrafenwesen, Einführung des Fernsprechers; 1874 gründete er den ↑ Weltpostverein.
S., Rudi, * Worms 29. Juli 1887, ⚔ bei Tarnopol 29. Sept. 1915, dt. Komponist. - Schüler u. a. von B. Sekles; erregte mit klangl. und formal eigenwilligen Kompositionen, u. a. der Oper „Die ersten Menschen" (1914) und „Musik für Orchester" (1912), Aufsehen.

Stephan Harding ↑ Harding, Stephan, hl.

Stephanie (Stefanie), weibl. Vorname, weibl. Form von ↑ Stephan.

Stephanie, urspr. Stéphanie de Beauharnais, * Paris 28. Aug. 1789, † Nizza 29. Jan. 1860, Großhzgn. von Baden. - Nichte der Kaiserin Joséphine, 1806 von Napoleon I. adoptiert; ∞ mit dem späteren Großhzg. Karl Ludwig Friedrich von Baden.

Stephansdom, Metropolitankirche Wiens (seit 1722, Bischofskirche seit 1469); im 2. Weltkrieg fast vollständig zerstört; bis 1951 restauriert. Von einem spätroman. Bau, der 1258 abbrannte, wurde das Westwerk mit den Heidentürmen und dem Riesentor beibehalten; 1304–1440 wurde der dreischiffige gotische Hallenchor erbaut, 1350 ff. das dreischiffige got. Langhaus aus 4 Jochen in Form einer Staffelhalle (Steildach), mit Netzgewölben (1446 ff.). Querhaus mit 2 Türmen, von denen nur der südl. vollendet wurde (1433; „Hoher Turm"). In der architekton. Gestaltung wie in der Bauplastik sind Zusammenhänge mit der Prager Dombauhütte zu erkennen; erhalten u. a. die Kanzel von A. Pilgram (1514/15). - Abb. S. 104.

Stephanskrone, urspr. wohl von Papst Silvester II. um 1000 dem ersten christl. Ungarnkönig Stephan I., dem Heiligen, verliehene Krone, die 1270 entführt und von Stephan V. (♔ 1270–72) durch die heute erhaltene S. (1945–78 in den USA) ersetzt wurde. Sie besteht aus 2 ungar. Frauenkronen (12./13. Jh.) und einzelnen byzantin. Bestandteilen (1074/77). - Die S. galt als Träger der königl. Gewalt (Ansatzpunkt einer von der Person des Herrschers losgelösten Staatsvorstellung).

Stephansson, Stephan Guðmundsson [engl. stɛfnsn], eigtl. Stefán Guðmundur Guðmundarsson, * Kirkjuból (Skagafjörður) 3. Okt. 1853, † Markerville (Alberta) 10. Aug. 1927, isländ.-kanad. Dichter. - Wanderte 1873 nach Kanada aus; bezieht sich in seinen lyr. Landschaftsschilderungen des westl. Kanadas auf das Heroische der isländ. Sagas und der „Edda"; kritisiert die kapitalist. Ausbeutung und den brit. Imperialismus; im 1. Weltkrieg entschiedener Pazifist.

Stephanus (Stephan), hl., einer der sieben „Diakone" der Apostelgeschichte (Apg. 6, 1–8, 2). - Gehörte wohl zu den „Hellenisten" in der Urgemeinde, die mit den „Hebräern" über die Frage der Fortgeltung des jüd. Gesetzes in Streit lagen, in dessen Folge S. als erster Christ das Martyrium erlitt (Erzmärtyrer). - Fest: 26. Dezember.

Stephen Langton [engl. 'sti:vn 'læŋtən] ↑ Langton, Stephen.

Stephens, James [engl. sti:vnz], * Dublin 2. Febr. 1882, † London 26. Dez. 1950, ir. Schriftsteller. - Autodidakt; 1911 Mitbegründer der „Irish Review"; nach 1924 in London und Paris. Seine lyr. und erzählenden Dichtungen, u. a. „Götter, Menschen, Kobolde" (R., 1912), „Die Halbgötter" (1914) sind durch eine Mischung aus Realistik, grotesker Phantastik und märchenhaften, oft myst. Motiven gekennzeichnet.

Stephenson, George [engl. sti:vnsn], * Wylam (Northumberland) 9. Juni 1781, † Chesterfield 12. Aug. 1848, brit. Ingenieur. - Sohn eines Bergmanns; Autodidakt; konstruierte als Maschinist einer Kohlengrube bei Newcastle upon Tyne ab 1813 Dampflokomotiven, deren erste 1814 zum Kohlentransport eingesetzt wurde. Erreichte 1821, daß die geplante Pferdebahn zw. Stockton und Darlington als Dampfeisenbahn ausgeführt wurde, und baute die Lokomotive für diese am 27. Sept. 1825 eröffnete und erstmals zur Personenbeförderung dienende Eisenbahn (Streckenlänge 39 km; Geschwindigkeit bis zu 24 km/h). Gründete 1823 eine Lokomotivfabrik in Newcastle upon Tyne. In der Folgezeit war S. als Berater an zahlr. Eisenbahnprojekten im In- und Ausland tätig. Zu seinen Mitarbeitern zählte sein Sohn *Robert S.* (* 1803, † 1859) sowie sein Neffe *Georg Robert S.* (* 1819, † 1905).

Robbins, M.: G. and Robert S. London 1966.

Steppe, in außertrop. kontinentalen Trockengebieten vorherrschende, baumlose Vegetationsformation, die v. a. aus dürreharten Gräsern gebildet wird, denen Halbsträucher, Stauden, Kräuter, bei ausreichender Niederschlagsmenge auch Sträucher beigemischt sind. Die sog. **Waldsteppe** ist das Übergangsgebiet von der S. zum geschlossenen Wald, in dem Grasland und Waldinseln mosaikartig, jedoch scharf voneinander getrennt, ineinandergreifen.

steppen, Stoff- oder Lederlagen [mit Steppstich oder Doppelsteppstich] zusammennähen.

steppen [engl.] ↑Steptanz.

Steppenadler (Aquila nipalensis), bis 75 cm langer, dunkelbrauner Adler, v. a. in Steppen und Halbwüsten SO-Europas bis Z-Asiens sowie Indiens und großer Teile Afrikas; brütet in einem Horst am Boden. Die bekannteste Unterart ist der *Raubadler* (Aquila nipalensis rapax) in Afrika und Indien.

Steppenducker, svw. Kronenducker (↑Ducker).

Steppenelch (Breitstirnelch, Alces latifrons), ausgestorbener, ledigl. aus dem älteren und mittleren Pleistozän Europas bekannter Vorfahre des Elchs; großes Säugetier mit schaufelartigem Geweih, dessen Stangen jedoch relativ kurz waren (nach Funden bis zu 2 m Spannweite).

Steppenfuchs, svw. Korsak (↑Füchse).

Steppenheide, strauch- und baumarme Fels- und Trockenrasengesellschaft meist flachgründiger, kalkreicher Standorte in warmtrockenen Binnenlandschaften M-Europas.

Steppenhuhn ↑Flughühner.

Steppenigel (Langohrigel, Hemiechinus), Gatt. nachtaktiver ↑Igel (Unterfam. Stacheligel) mit nur zwei kleinen, etwa 20 cm langen Arten, verbreitet v. a. in Steppen und wüstenartigen Landschaften N-Afrikas und SW-Asiens bis SO-Europas; Körper zierl. und hochbeinig; Ohren groß und beweglich.

Steppeniltis ↑Iltisse.

Steppenkatze, svw. ↑Manul.

◆ Sammelbez. für eine Gruppe etwa 50–70 cm langer (einschließl. Schwanz 1 m erreichender) Unterarten der ↑Wildkatze in Steppen, Buschdickichten und wüstenartigen Landschaften SW- bis Z-Asiens; Fell dicht und weichhaarig, auf hell sandfarbenem bis gelblichgrauem Grund dunkel gefleckt (im Unterschied zur einheim. Wildkatze [↑Waldkatze]); stets ohne schwarzen Aalstrich.

Steppenkerze (Lilienschweif, Steppenlilie, Eremurus), Gatt. der Liliengewächse mit rd. 30 Arten in den Steppen W- und M-Asiens; Stauden mit kurzem Rhizom und zahlr. grundständigen, schmalen Blättern; Blüten weiß, gelb oder rosafarben, glockig oder sternförmig, in langer, reichblühender Traube an einem bis 3 m hohen Schaft. Mehrere Arten sind Zierpflanzen.

Steppenkunst ↑skythische Kunst.

Steppenmurmeltier (Bobak), in O-Europa und M-Asien heim. ↑Murmeltier.

Steppenpaviane, svw. ↑Babuine.

Steppenraute (Peganum), Gatt. der Jochblattgewächse mit 6 Arten, verbreitet von den Steppen des westl. und östl. Mittelmeergebiets bis in die Wüstengebiete Z-Asiens. Die bekannteste, in S-Frankr. eingebürgerte Art ist **Peganum harmala** (S. im engeren Sinne, Harmalraute, Syr. Raute), ein 30–40 cm hohes Kraut mit unregelmäßig fiederspaltigen Blättern und großen, langgestielten Blüten. Die Samen enthalten ↑Alizarin. Die Samenschale enthält außerdem das Alkaloid ↑Harmin.

Steppenrind (Podol. Steppenrind), v. a. zur Arbeitsleistung und Fleischerzeugung gehaltene Rasse des Hausrinds in O- und SO-Europa bis Z-Asien, bes. in der östl. Ukraine, in Ungarn und Rumänien; langbeinige, 138 cm widerristhohe, etwa 500 kg schwere, spätreife Tiere mit nach vorn geschwungenen Hörnern; meist silber- bis dunkelgrau.

Steppenwolf [engl. 'stɛpənwʊlf], amerikan. Rockmusikgruppe, die aus der 1965 begr. kanad. Gruppe „Sparrows" entstand; benannte sich 1967 nach dem gleichnamigen Roman von H. Hesse; erfolgreich mit Hardrock bei sozial- und kulturkrit. Texten; löste sich 1972 auf; 1974 wiederbegründet.

Steptanz [zu engl. step, eigtl. „Schritt"] (engl. Tap dance), Tanz, bei dem der Rhythmus durch schnellen Bewegungswechsel zwischen Hacken und Spitzen (steppen) der mit *Stepeisen* versehenen Schuhe akzentuiert wird; u. a. von F. Astaire und als *Soft shoe dance* ohne Stepeisen von G. Kelly bravourös getanzt.

Stephansdom (1304 ff.)

Stepun, Fedor [russ. stɪ'pun], * Moskau 19. Febr. 1884, † München 23. Febr. 1965, russ.-dt. Kulturphilosoph und Schriftsteller. - An der Februarrevolution 1917 beteiligt; emigrierte 1922; ab 1926 Prof. für Soziologie in Dresden; 1937 Berufsverbot; 1947 Prof. für russ. Geistesgeschichte in München. Verfaßte Romane wie „Die Liebe des Nikolai Pereslegin" (1928), Lebenserinnerungen („Vergangenes und Unvergängliches", 1947–50). Strebte religionsphilosoph. die prakt. Verwirklichung der „positiven All-Einheit" von Gott und Welt an.

Ster [griech.-frz.], svw. ↑ Raummeter.

Steradiant [griech./lat.], Einheitenzeichen sr, SI-Einheit des räuml. Winkels. Festlegung: 1 sr ist gleich dem räuml. Winkel, der als gerader Kreiskegel mit der Spitze im Mittelpunkt einer Kugel vom Halbmesser 1 m aus der Kugeloberfläche eine Kalotte der Fläche 1 m^2 ausschneidet.

Sterbebuch ↑ Personenstandsbücher.

Sterbebüchlein ↑ Ars moriendi.

Sterbegeld, Geldleistung, die die durch die Bestattung eines Verstorbenen entstandenen Aufwendungen ersetzen soll; das S. ist eine Leistung der Sozialversicherung, kann aber auch aus privater Versicherung, von Gewerkschaften und Berufsorganisationen gezahlt werden oder tariflich vereinbart sein.

Sterbehilfe, 1. Hilfe im Sterben ohne lebensverkürzendes Risiko; 2. Hilfe zum Sterben durch lebensverkürzende, aktive Handlungen bzw. durch Unterlassen lebensfördernder Handlungen (Sterbenlassen). Der Bereich zulässiger S. ist rechtl. umstritten und durch bestimmte Falldifferenzierungen umgrenzt. Zur Ethik der S. ↑ Euthanasie.

Sterben, die phys. und psych. Vorgänge unmittelbar vor dem ↑ Tod bzw. bis zum Eintritt des Todes. Neuere Möglichkeiten der Medizin (insbes. auf dem Gebiet der künstl. Aufrechterhaltung von Atmung und Kreislauf) haben nicht nur rechtl. Fragen aufgeworfen, z. B. im Bereich der Organentnahme, sie haben gewissermaßen auch das S. verändert. Der neue Wissenschaftszweig, der sich mit dem S. befaßt, wird als Sterbensforschung (Thanatologie) bezeichnet. - Aus Berichten von Menschen, die bereits klin. tot waren und wiederbelebt wurden, läßt sich nach R. Moody folgende Erlebnisreihe für die Minuten zw. Herzstillstand und Reanimation festhalten: Der Sterbende, der oft noch hört, wie er für tot erklärt wird, empfindet in der Regel einen sog. Ich-Austritt. Er nimmt sich sozusagen außerhalb seines eigenen Körpers als - zunächst aufgeregter, dann ruhiger - Beobachter wahr. Er spürt keinen Schmerz, vielmehr ein angenehmes, wohliges Gefühl. In vielen Fällen empfindet der Betroffene es als störend, daß an seinem Körper Wiederbelebungsversuche gemacht werden. Angst vor dem S. (sog. Todesangst) scheint in dieser Phase nicht aufzutreten.

📖 *Kübler-Ross, E.: Interviews mit Sterbenden. Dt. Übers. Gütersloh [12]1984.*

Sterbensforschung (Thanatologie), interdisziplinäres Forschungsgebiet, das sich mit den Fragen des ↑ Sterbens und des ↑ Todes befaßt. Diese das Menschsein grundlegend berührenden Fragen werden von medizin. und psycholog. wie auch von jurist., philosoph. und theolog. Seite aufgeworfen (z. B. klin. Tod, Todeserklärung, Reanimation, Sterbehilfe, Sterbeerlebnisse, Glaube an ein Leben nach dem Tod).

Sterbesakramente, in der kath. Liturgie die Sakramente der Buße, Eucharistie und v. a. der Krankensalbung, mit denen Kranke und Sterbende versehen werden sollen.

Sterbesegen, bes. Form des Apostol. Segens, der „in der Sterbestunde" gespendet wird.

Sterbetafel ↑ Lebenserwartung.

Sterbeurkunde ↑ Personenstandsurkunden.

Sterbewahrscheinlichkeit ↑ Lebenserwartung.

Sterbhaupt, svw. ↑ Besthaupt.

Stereo [griech.] (Stereotypplatte) ↑ Drukken (Buchdruck).

stereo..., Stereo... [zu griech. stereós „starr"], Bestimmungswort von Zusammensetzungen mit der Bed. „fest, massiv; räuml., körperlich".

Stereoagnosie, svw. ↑ Tastblindheit.

Stereoakustik, die Lehre vom räuml. (binauralen) Hören.

Stereochemie (Raumchemie), Teilgebiet der Chemie, das sich mit der räuml. Anordnung (Konfiguration und Konformation) der Atome bzw. Atomgruppen in einem Molekül, ihren Abständen und Bindungswinkeln sowie den daraus folgenden chem. und physikal. Eigenschaften der Verbindungen befaßt. Die Erscheinung, daß sich Moleküle nur durch die räuml. Anordnung ihrer Atome bzw. Atomgruppen unterscheiden, wird als *Stereoisomerie*, die betreffenden Moleküle als *Stereoisomere* bezeichnet (↑ Isomerie). Bei aliphat. und cycl. Verbindungen mit drehbaren Einfachbindungen tritt *Rotationsisomerie (Dreh-, Torsions-, Konformationsisomerie)* auf, wobei diejenige Anordnung (Konformation) bestimmter Atome bzw. Atomgruppen im Molekül energet. bevorzugt ist, bei der sich die Atome oder Atomgruppen nicht direkt, sondern gestaffelt gegenüberliegen; z. B. ist bei cycl. Verbindungen (auch bei Monosacchariden) die Sesselform des Moleküls gegenüber der Wannenform energet. begünstigt.
Geschichte: Die S. organ. Verbindungen wurde 1874 von J. H. van 't Hoff und J. A. Le Bel mit dem Modell der Tetraederanordnung der Valenzen des Kohlenstoffs begründet; die S. anorgan. Verbindungen geht auf die Koordinationslehre von A. Werner (1893) zurück.
🕮 *Köppel, B.: S. Ffm. u. a.; Aarau u. a. 1984. - Testa, B.: Grundlagen der organ. S. Whm. 1983. - Kagan, H. B.: Organ. S. Dt. Übers. Stg. 1977.*

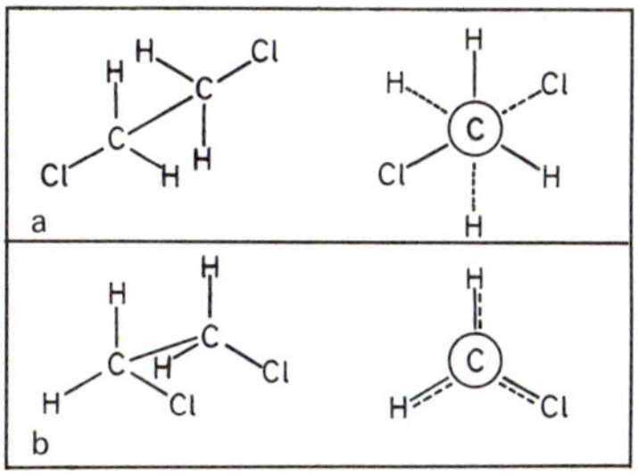

Stereochemie. Gestaffelte (a) und verdeckte (b) Konformation des 1,2-Dichloräthans

Stereognosie, die Fähigkeit, Gegenstände durch Betasten, ohne Zuhilfenahme der Augen, zu erkennen. - Ggs. ↑ Tastblindheit.

Stereoisomerie, auf unterschiedl. räuml. Anordnung von Atomen in Molekülen oder der Liganden in Komplexverbindungen beruhende Form der ↑ Isomerie. - ↑ auch Stereochemie.

Stereokamera ↑ photographische Apparate.

Stereoluftaufnahme ↑ Photogrammetrie.

Stereometrie [griech.], die elementare Geometrie des dreidimensionalen Raumes; Lehre von der Berechnung der [räuml.] geometr. Körper.

Stereomikroskop ↑ Mikroskop.

Stereophonie [griech.], elektroakust. Schallübertragungsverfahren, durch das bei der Wiedergabe mit Hilfe von Lautsprechern bzw. Kopfhörern ein räuml. Höreindruck hervorgerufen wird, der dem unmittelbaren Eindruck am Aufnahmeort weitgehend entspricht. Dabei wird die Tatsache ausgenutzt, daß für ein „räuml. Hören" im wesentl. die an beiden Ohren auftretenden Intensitäts- und Laufzeitunterschiede der eintreffenden Schallwellen maßgebend sind. Die stereophon. Übertragung kann so erfolgen, daß die Beziehung zw. dem Ort der Schallquelle und dem Schallaufnahmeorgan (an der Stelle des Zuhörers im Aufnahmeraum) möglichst erhalten bleibt (kopfbezogene Übertragung). Dabei wird als Aufnahmeorgan die Nachbildung eines [Zuhörer]kopfes verwendet, die an der Stelle der Ohren Mikrophone mit einer dem menschl. Hörorgan entsprechenden Richtcharakteristik enthält *(Kunstkopf-S.)*. Ein solches Verfahren erfordert die Wiedergabe mit Hilfe von Kopfhörern.
Eine ideale raumbezogene Übertragung wäre gegeben, wenn vor der Schallquelle eine sehr große Anzahl unterschiedl. gerichteter Mikrophone aufgestellt wäre, denen bei der Wiedergabe eine entsprechende Anzahl gerichteter Lautsprecher entsprechen müßte. Dies würde jedoch eine große Anzahl von Übertragungskanälen erfordern und ist prakt. nicht zu verwirklichen. In der Praxis beschränkt man sich meist auf die zweikanalige Übertragung *(Zweikanal-S.)*, wobei zusätzl. die Verträglichkeit (Kompatibilität) mit einer einkanaligen Wiedergabe (Monophonie; mit „normalen", einkanaligen Hörfunkgeräten [Monoempfängern] bzw. Plattenspielern) gewährleistet sein muß. Diese Forderung ist erfüllbar, wenn man bei der Aufnahme möglichst nur die Intensitätsunterschiede zur Erzeugung des stereophon. Eindrucks ausnutzt *(Intensitäts-S.)*. Man ordnet dazu bei der Aufnahme zwei Mikrophone dicht neben- oder übereinander an und wählt deren Richtcharakteristiken so, daß sich der gewünschte Intensitätsunterschied einstellt. Durch Bildung der Summen- und Differenzspannung beider Mikrophone ergeben sich die Tonfrequenzpegel für die beiden stereophon. Wiedergabekanäle.
Bei der *Hörfunk-S. (Hochfrequenz-S.)* werden Summen- und Differenzsignal in Form des sog. **Multiplexsignals** einer UKW-Trägerfrequenz (als Frequenzmodulation) aufmoduliert. Dabei stellt das Summensignal den Hauptkanal dar; es kann von jedem Monoempfänger empfangen werden. Die Stereoinformation wird in Form des Differenzsignals einem Hilfsträger aufmoduliert. Der

Stereoempfänger unterscheidet sich von gewöhnl. Empfängern durch ein zusätzl. Multiplexteil, den [Stereo]decoder, der das Multiplexsignal decodiert und die beiden Seiteninformationen zwei getrennten Verstärkern zuführt, die ihrerseits die beiden Lautsprecher[gruppen] speisen. Um eine möglichst günstige stereophon. Wiedergabe zu erreichen, sollten die Lautsprecher etwa in Kopfhöhe des Hörers angebracht werden und zus. mit dem Kopf des Hörers etwa ein gleichseitiges Dreieck bilden. - Ein dem unmittelbaren Höreindruck weitgehend entsprechender Eindruck läßt sich nur erreichen, wenn zusätzl. die Anforderungen der ↑High-Fidelity erfüllt sind. Dies gilt auch für Speicher- und Wiedergabeverfahren bzw. Abspielgeräte von Stereoschallplatten (↑Schallplatte) und Stereotonbandaufnahmen (sie enthalten die Informationen des rechten und linken Kanals auf zwei getrennten Spuren). - Wesentl. aufwendiger ist die vierkanalige Übertragung, die ↑Quadrophonie.

📖 *Tillmann, P.: So machen Sie mehr aus Ihrer Stereoanlage. Ravensburg 1985. - Schöler, F.: High-Fidelity-Technik f. Aufsteiger. Rbk. Neuaufl. 1981. - Schöler, F.: High-Fidelity-Technik f. Einsteiger. Rbk. Neuaufl. 1981. - Knobloch, W.: Kleine HiFi-Stereo-Praxis. Mchn. 1980.*

Stereophotographie [griech.], photograph. Verfahren zur Aufnahme und Wiedergabe von Bildern, die bei der Betrachtung einen dreidimensionalen Raumeindruck vermitteln (↑Stereoskopie). Als Aufnahmebasis wird gewöhnl. der normale Augenabstand von 62–65 mm gewählt; größere Basislängen werden gelegentlich bei Fernaufnahmen angewandt, um eine plast. Differenzierung in der Bildtiefe zu erreichen. Als Aufnahmegeräte dienen meist **Stereokameras** mit zwei Objektiven. Unbewegte Objekte können auch mit konventionellen Kameras aufgenommen werden, die mittels eines Stereoschiebers entsprechend der Basislänge horizontal verschoben werden. **Stereovorsätze** (Prismenvorsätze), die vor das Objektiv gesetzt werden, werfen die beiden von den Endpunkten der Prismenbasis aus aufgenommenen Halbbilder nebeneinander auf den Film. Infolge der opt. Bildumkehr müssen Stereopositive seiten- und bildvertauscht montiert werden.

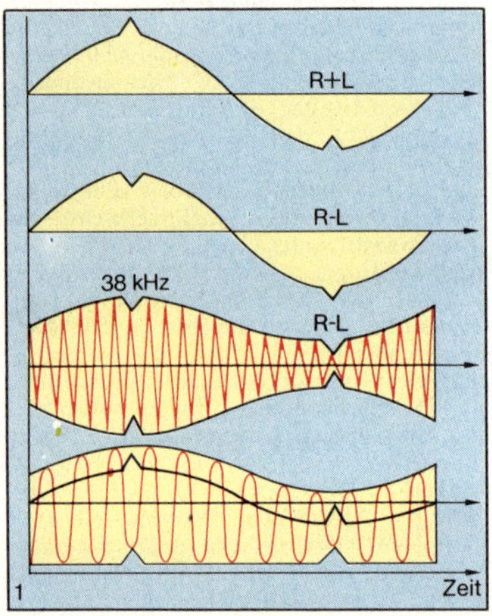

Stereophonie. 1 Aufbau des Multiplexsignals aus (R + L) und einer mit (R – L) amplitudenmodulierten 38-kHz-Schwingung (vereinfacht; 38-kHz-Träger nicht unterdrückt); 2 Blockschaltbild eines Stereodecoders mit nachgeschalteten Niederfrequenzverstärkern. R = rechts; L = links

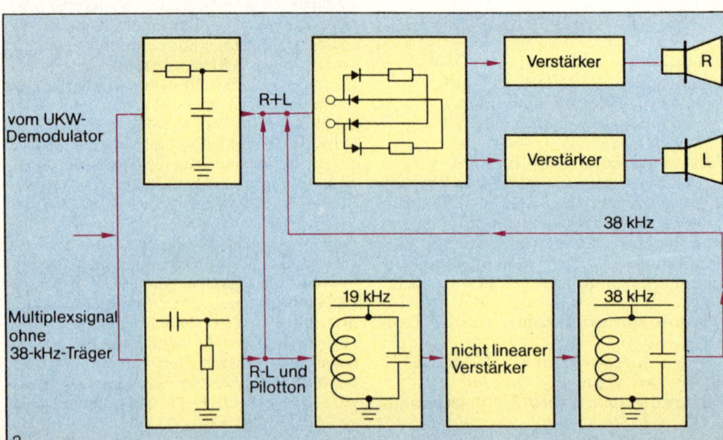

Stereoselektivität, die Erscheinung, daß bei chem. Reaktionen von zwei mögl. Stereoisomeren bevorzugt eines gebildet wird, z. B. bei Polymerisationen, bei denen isotakt. oder syndiotakt. Polymerisate entstehen; wird ausschließl. ein Stereoisomer gebildet, spricht man von **Stereospezifität** (z. B. die meisten enzymat. Reaktionen).

Stereoskop [griech.], opt. Gerät, mit dem sich gezeichnete oder photographierte Stereobildpaare betrachten lassen, wobei jedem Auge nur eines der Einzelbilder (Halbbilder) dargeboten wird.

Stereoskopie [griech.], Verfahren zur raumgetreuen Bildwiedergabe nach dem Prinzip des stereoskop. Sehens, d. h. die Herstellung stereoskop. Bilder auf zeichner. oder photograph. Wege und ihre Darbietung. Je zwei stereoskop. Bilder, sog. Halbbilder, müssen von zwei um eine bestimmte Strecke, die stereoskop. Basis, verschobenen Punkten aus aufgenommen und den Augen einzeln dargeboten werden. Ein Raumeindruck ergibt sich durch die *Querdisparation* (Breitenverschiebung auf den Netzhäuten) und ist störungsfrei nur mögl., wenn die Siebzig-Bogenminuten-Bedingung eingehalten ist: Bei der Betrachtung zweier Punkte in verschiedener Entfernung vom Beobachter darf die Winkeldifferenz zw. ihren Sehstrahlen *(stereoskop. Parallaxenwinkel)* bei konstanter Akkommodation 70 Bogenminuten nicht übersteigen. Eine einfache Stereobetrachtung ermöglicht das ↑Anaglyphenverfahren; einen bes. guten räuml. Eindruck bietet das ↑Stereoskop (nur für Einzelbetrachter); auch die Stereoprojektion mit polarisiertem Licht ist möglich, erfordert jedoch Spezialbrillen mit gekreuzten Analysatoren.

stereoskopisch, räuml., körperl. erscheinend, dreidimensional wiedergegeben.

stereoskopisches Sehen, svw. plastisches ↑Sehen.

Stereospezifität [griech./lat.] ↑Stereoselektivität.

stereotaktische Operation, Gehirnoperation, bei der mit Hilfe eines am Kopf des Patienten befestigten Zielgerätes eine Sonde oder Elektrode durch eine kleine in den knöchernen Schädel gebohrte Öffnung unter Schonung benachbarter empfindlicher Strukturen (Gehirngewebe, Gefäße) millimetergenau zu einer tiefliegenden Hirnbahn oder einem Nervenkern vorgeschoben wird, die aus therapeut. Gründen unterbrochen oder ausgeschaltet werden sollen. Der Operationsvorgang wird am Röntgenfernsehschirm kontrolliert. Das Verfahren stellt gegenüber der manuellen Punktion des Gehirns einen entscheidenden Fortschritt dar, denn im Ggs. dazu können Punktionswinkel und Kanülentiefe exakt berechnet werden. Operationstrauma und schwere funktionelle Ausfälle kommen nicht mehr vor. Mit dem stereotakt. Zielgerät kann mit größter Genauigkeit jeder Punkt im Gehirn angezielt werden. Mit Hochfrequenzstrom oder durch Instillation (Einträufelung) bzw. Implantation radioaktiver Isotope wird dann eine genau lokalisierte Läsion gesetzt. Mit der s. O. werden v. a. Tumoren der Hypophyse, Akromegalie und das Cushing-Syndrom behandelt. Auch bei medikamentös nicht zu lindernden Schmerzzuständen und bei auf übl. Therapien nicht ansprechende Epilepsie wird die s. O. angewandt.

stereotyp [griech.], 1. mit feststehender Schrift gedruckt; 2. feststehend, unveränderlich; 3. ständig [wiederkehrend]; leer, abgedroschen.

Stereotypie [griech.], Verfahren zur Anfertigung von Druckplattennachformungen für den Hochdruck; ermöglicht den Druck großer Auflagen (z. B. für Zeitungen) sowie den Nachdruck ohne Neusatz.

◆ bestimmte, sich nahezu ident. wiederholende, meist ohne Situationsbezug auftretende Bewegungsfolge oder sprachl. Äußerung; beim Menschen bes. in der Kindheit. - Krankhaft tritt S. zuweilen bei bestimmten psychot. Erkrankungsformen oder nach Gehirntraumen auf.

Stereovorsatz ↑Stereophotographie.

steril [lat.], keimfrei (z. B. von Verbandszeug).

◆ unfruchtbar (im biolog. Sinne; Ggs. fertil).

◆ im übertragenen Sinn: geistig unfruchtbar; nicht schöpferisch; keine Kreativität zulassend.

Sterilanzien [lat.], v. a. in der Schädlingsbekämpfung benutzte Substanzen zur Unfruchtbarmachung durch Energieemission oder chem. Wirkung (↑Chemosterilanzien).

Sterilisation [lat.], Keimfreimachung von Operationsinstrumenten, Wäsche u. a. durch Erhitzen auf Temperaturen über 100 °C im Sterilisator.

◆ das Unfruchtbarmachen beim Menschen und bei Tieren durch Unterbinden der Samenstränge bzw. Eileiter, wobei (im Ggs. zur ↑Kastration) der Sexualtrieb erhalten bleibt; sicherste Methode der Empfängnisverhütung.

Recht: Gesetzl. geregelt (durch das Gesetz über die freiwillige Kastration und andere Behandlungsmethoden vom 15. 8. 1969) ist lediglich die Kastration des Mannes und die Durchführung anderer ärztl. Behandlungen (bei Mann oder Frau), die möglicherweise zur Unfruchtbarkeit führen, wenn es sich um eine „gegen die Auswirkungen eines abnormen Geschlechtstriebes gerichtete Behandlung" handelt. In diesen Fällen ist die Unfruchtbarmachung bei Einwilligung des Betroffenen, der mindestens 25 Jahre alt sein muß, erlaubt, wenn sie nach den Erkenntnissen der medizin. Wissenschaft durchgeführt wird, um beim Betroffenen schwerwiegende Krankheiten oder seel. Leiden zu verhüten, zu heilen oder zu lindern. In allen anderen (gesetzlich nicht geregelten) Fällen hängt es von den Umständen des Einzelfalles ab, ob eine S. rechtmäßig ist. Erforderlich ist auf jeden Fall das Einverständnis der/des Betroffenen nach umfassender Aufklärung über die Folgen.

Sterilisator [lat.], Apparatur, in der eine Sterilisation vorgenommen wird; häufig ein ↑Autoklav.

Sterilisieren [lat.] ↑Konservierung.
◆ unfruchtbar machen (↑Sterilisation).

Sterilität [lat.], in der *Mikrobiologie, Medizin* und *Lebensmitteltechnik* die Keimfreiheit, d.h. das Freisein von lebenden Mikroorganismen (einschl. Sporen) in oder auf einem Material, Gegenstand, Substrat u.a.; der entsprechende medizin. Fachbegriff ist die ↑Asepsis.
◆ (Unfruchtbarkeit) in der *Biologie* und *Medizin* die Unfähigkeit, Nachkommen über eine Befruchtung zu erzeugen (Ggs. ↑Fertilität). Als natürliche Ursache gelten Krankheiten und Mißbildungen der Geschlechtsorgane, Hormonstörungen, Mutationen, chem. und chromosomale Unterschiede und Unverträglichkeiten zw. den Gameten sowie beim Menschen auch psych. Störungen (↑Impotenz). Außerdem ist es mögl., S. künstl. herbeizuführen (↑Sterilisation).

Sterine [griech.] (Sterole), zu den ↑Steroiden gehörende einwertige Alkohole mit 27 bis 29 Kohlenstoffatomen. S. kommen in allen tier. (*Zoosterine*, z.B. das ↑Cholesterin) und pflanzl. (*Phytosterine;* bei Pilzen *Mykosterine*, z.B. das ↑Ergosterin, ein Provitamin der D-Gruppe) Zellen vor.

sterische Hinderung [griech./dt.], die Verminderung der chem. Reaktionsfähigkeit einer funktionellen Gruppe eines Moleküls durch benachbarte Molekülteile, die die funktionelle Gruppe räuml. abschirmen.

Sterke [niederdt.], svw. ↑Färse.

Sterkfontein [afrikaans 'stɛrkfɔntəjn], Ort in S-Transvaal, Republik Südafrika; Fundort von Urmenschenresten.

Sterkobilin [lat.] ↑Gallenfarbstoffe.

Sterkuliengewächse [lat./dt.] (Stinkbaumgewächse, Sterculiaceae), Pflanzenfam. der Zweikeimblättrigen mit rd. 1 000 Arten, überwiegend in den Tropen; Bäume, Sträucher oder Kräuter mit Schleimzellen oder Schleimgängen; Blätter einfach, gelappt oder gefiedert; Blüten meist in komplizierten Blütenständen; Kronblätter oft fehlend; Früchte verschieden, häufig in Teilfrüchte zerfallend. Die wichtigsten Gatt. sind Stinkbaum, Kakaobaum und Kolabaum.

Sterlet [russ.] (Sterlett, Acipenser ruthenus), rd. 1 m langer, schlanker Stör in Gewässern O-Europas, oberseits grünlichgrauer bis -brauner, unterseits gelblich- bis rötlichweißer Süßwasserfisch; Schnauze lang und spitz, mit vier Bartfäden; Speisefisch.

Sterling ['ʃtɛrlɪŋ, engl. 'stə:lɪŋ] (ältere Bez. Esterling; frz. auch esterlin), engl. Silbermünze, Sonderform des Penny, geprägt 1180 bis ins 16. Jh. - ↑auch Pfund.

Sterling-Silber [engl. 'stə:lɪŋ], Silberlegierung mit einem Feingehalt von mindestens 925.

Stern, Carola, eigtl. Erika Zöger, geb. Asmush, * Ahlbeck 14. Nov. 1925, dt. Schriftstellerin. - Verfaßte grundlegende Arbeiten über die SED und den Staatsapparat der DDR. Mithg. des „Lexikons zur Geschichte und Politik im 20. Jh." (1971) sowie der polit.-literar. Zeitschrift „L 76 – Für Demokratie und Sozialismus" (seit 1976; seit 1980 u.d.T. „L 80"). 1961 Mitbegr. der Dt. Sektion von Amnesty International („Strategien für Menschenrechte", 1980). Schrieb auch „In den Netzen der Erinnerung - Lebensgesch. zweier Menschen" (1986).

S., Daniel, Pseud. der frz. Schriftstellerin Marie Gräfin d'↑Agoult.

S., Horst, * Stettin 24. Okt. 1922, dt. Journalist und Schriftsteller. - Wurde populär durch die Fernsehserie „*Sterns Stunde*" (ab 1969) v.a. über die tierquäler. Praktiken der Nutztierhaltung, falsche Hegemethoden, Experimente mit Tieren (bes. in der Pharmaindustrie); seit etwa 1970 zunehmend für den Natur- und Umweltschutz engagiert.

S., Isaac [engl. stə:n], * Kremenez (Geb. Tarnopol) 21. Juli 1920, amerikan. Violinist russ. Herkunft. - Tritt als einer der besten zeitgenöss. Geiger seit 1937 in den Musikmetropolen der Welt auf; 1961 begründete er mit dem Cellisten L. Rose (* 1918) und dem Pianisten E. Istomin (* 1925) ein Trio.

S., Otto, * Sohrau (= Żory, Woiwodschaft Katowice) 17. Febr. 1888, † Berkeley (Calif.) 17. Aug. 1969, dt.-amerikan. Physiker. - Prof. in Rostock, Hamburg und in Pittsburgh (Pa.); entdeckte 1920/21 (zus. mit W. Gerlach) die Richtungsquantelung von Silberatomen im Magnetfeld (↑Stern-Gerlach-Versuch) und wies 1929 die Materiewellenbeugung von Wasserstoff- und Heliummolekülstrahlen an Natriumchloridkristallen nach; 1943 Nobelpreis für Physik.

S., William, * Berlin 29. April 1871, † Durham (N. C.) 27. März 1938, dt. Psychologe und Philosoph. - Prof. in Breslau und Hamburg; emigrierte 1933 in die USA und lehrte dort an der Harvard und der Duke University. In bewußter Abhebung vom Behaviorismus unternahm er den Versuch einer Synthese von experimenteller und verstehender Psychologie. Er stellte die Konvergenztheorie (↑Konvergenz) auf, prägte die Bez. Intelligenzquotient und begründete die ↑differentielle Psychologie. Zahlr. Beiträge zur Wirtschafts-, Arbeits- und Berufspsychologie, zur pädagog. und Kinderpsychologie. - *Werke:* Person und Sache. System der philosoph. Weltanschauung (1906), Die differentielle Psychologie in ihren method. Grundlagen (1911), Die psycholog. Methode der Intelligenzprüfung (1912), Psychologie der frühen Kindheit (1914), Allg. Psychologie auf personalist. Grundlage (1935).

Stern Magazin, 1948 von H. Nannen (als „Stern") gegr. dt. Illustrierte.

Stern, allg. Bez. für jedes leuchtende Objekt an der Himmelssphäre (mit Ausnahme des Mondes). Man unterscheidet *Wandel-S.* (↑Planeten) und *Fix-S.* (die Sterne i.e.S.), meist sehr große, aus sich selbst leuchtende Gaskugeln hoher Temperatur. Auch in den größten Spiegelteleskopen sind sie nur als punktförmige Lichtquellen auszumachen; Erscheinungen auf der Oberfläche sind deshalb im allg. nicht direkt beobachtbar. Der physikal. Zustand eines S. wird durch die sog. *Zustandsgrößen* beschrieben: Radius, Masse, mittlere Dichte, Leuchtkraft, Flächenhelligkeit, Temperatur und Rotationsperiode. Es zeigt sich, daß in den für die Zustandsgrößen jeweils gegebenen Grenzen nicht alle mögl. Kombinationen vorkommen können, sondern bestimmte Wertegruppen miteinander in einem Zusammenhang stehen (↑Hertzsprung-Russell-Diagramm). Die Mehrzahl der S. ist der Sonne in Aufbau, Masse und Dichte sowie in der Energieerzeugung ähnl. (sog. Hauptreihen-S.). Es gibt aber - wenn auch seltener - einige extreme S.typen, z.B. Riesen und Überriesen, Unterzwerge und weiße Zwerge, die in ihren Zustandsgrößen stark von denen der Sonne abweichen. Die Radien können zw. den Extremwerten von 2000 Sonnenradien und wenigen Kilometern liegen, die Massen zw. fünfzigfacher Sonnenmasse und ihrem 100. Teil. Die weißen Zwerge zeigen eine mittlere Dichte von der Größenordnung 10^5 bis 10^7 g/cm^3; noch extremere Dichtewerte haben die Neutronen-S. und die hypothet. schwarzen Löcher. Neben den S. mit [quasi] konstanten Zustandsgrößen gibt es auch solche mit starken - teils period., teils einmaligen - Änderungen einzelner oder mehrerer Zustandsgrößen. Diese *Veränderlichen* (Variablen) sind für die Forschung bes. interessante Objekte. - S. kommen nicht nur einzeln, sondern auch als [um einen gemeinsamen Schwerpunkt rotierende] Doppelsterne und Mehrfachsysteme vor; diese Systeme bieten die Möglichkeit einer Massenbestimmung.

Über die Entstehung von S. aus interstellaren Materiewolken liegen bisher nur wenige fundierte Erkenntnisse vor. Es ist anzunehmen, daß es zu Kondensationen innerhalb von Materiewolken kommt, die dann durch Kontraktion (auf Grund der Gravitation) zur Bildung sog. *Proto-S.* führen. Die entstehende Wärme kann nur noch bedingt nach außen abgeführt werden, die Temperatur steigt an, bis es im Inneren der Gaswolke zur Zündung einer Kernfusion kommt, die bei Temperaturen von 10 bis 100 Mill. K abläuft. Der „geborene" S. beginnt dunkelrot zu strahlen. Man glaubt, in den **Infrarotsternen** (Maximum der Energieabstrahlung im infraroten Wellenlängenbereich) in der Nähe großer interstellarer Wolkenkomplexe S. vor sich zu haben, die sich im Entstehungszustand befinden. - Wie die S.entstehung ist auch der „S.tod" noch weitgehend ungeklärt. Nach Verbrauch aller Energiereserven wird ein S. wahrscheinl. infolge der nicht mehr durch den Gasdruck kompensierten Gravitationskräfte sich immer stärker verdichten *(Gravitationskollaps)* und in extreme Zustände seiner Materie übergehen, etwa in den Zustand eines weißen Zwergs oder Neutronensterns (↑Supernova). Möglicherweise wird er, wenn auf Grund seiner immer stärker zunehmenden Dichte die Schwere an seiner Oberfläche so groß geworden ist, daß kein Licht den S. mehr verlassen kann, als ↑schwarzes Loch aus diesem Kosmos „verschwinden". - ↑auch Astronomie, ↑Kosmologie.

🕮 *Werner, H./Schmeidler, F.: Synopsis der Nomenklatur der Fixsterne. Dt. u. engl. Stg. 1986. - Widmann, W./Schütte, K.: Welcher S. ist das? 60 S.karten ... Stg. [23]1986. - Baker, D./Hardy, D. A.: Der Kosmos-S.führer. Dt. Übers. Stg. [4]1985. - Kippenhahn, R.: Hundert Milliarden Sonnen. Geburt, Leben u. Tod der Sterne. Mchn. [2]1985. - Roth, G. D.: Sterne u. S.bilder. Mchn. [2]1985. - Payne-Gaposchkin, C.: Sterne u. S.haufen. Dt. Übers. Wsb. 1984.*

◆ polit. Symbol (meist fünfzackig), u.a. der Freiheitsstern als Freiheitssymbol (u.a. Sternenbanner der USA, der Schwarze S. der afrikan. Emanzipationsbewegungen), der Rote S. (Sowjetstern) als kommunist. Symbol, der ↑Davidstern.

Stern [engl.], *seemänn.* svw. Heck.

sternal [griech.], in der Medizin für: zum Brustbein gehörend, auf das Brustbein bezogen.

Sternalpunktion, Punktion des Brustbeins zur Entnahme von Knochenmark für hämatolog. Untersuchungen.

Sternanis (Illicium), einzige Gatt. der Illiziumgewächse mit mehr als 40 Arten in SO-Asien, Japan, im sö. N-Amerika, in W-Indien und Mexiko; Sträucher oder kleine Bäume mit immergrünen, durch Öldrüsen durchsichtig punktiert erscheinenden Blättern. Bekannt ist der **Echte Sternanis** (Illicium verum), ein in S-China und Hinterindien heim. und kultivierter kleiner Baum mit lanzenförmigen Blättern; Blüten außen rosafarben, innen rot; Blätter und Zweige duften durch Anethol nach Anis. In Japan und Korea heim. ist der **Japan. Sternanis** (Illicium anisatum) mit einzelnen, grünlichgelben Blüten. Die Rinde dient zur Herstellung von Weihrauch.

Sternapfel, svw. ↑Goldblatt.

Sternassoziation, eine Ansammlung von Sternen; S. können nur dann beobachtet werden, wenn sie eine genügend große Anzahl extrem heller Sterne enthalten.

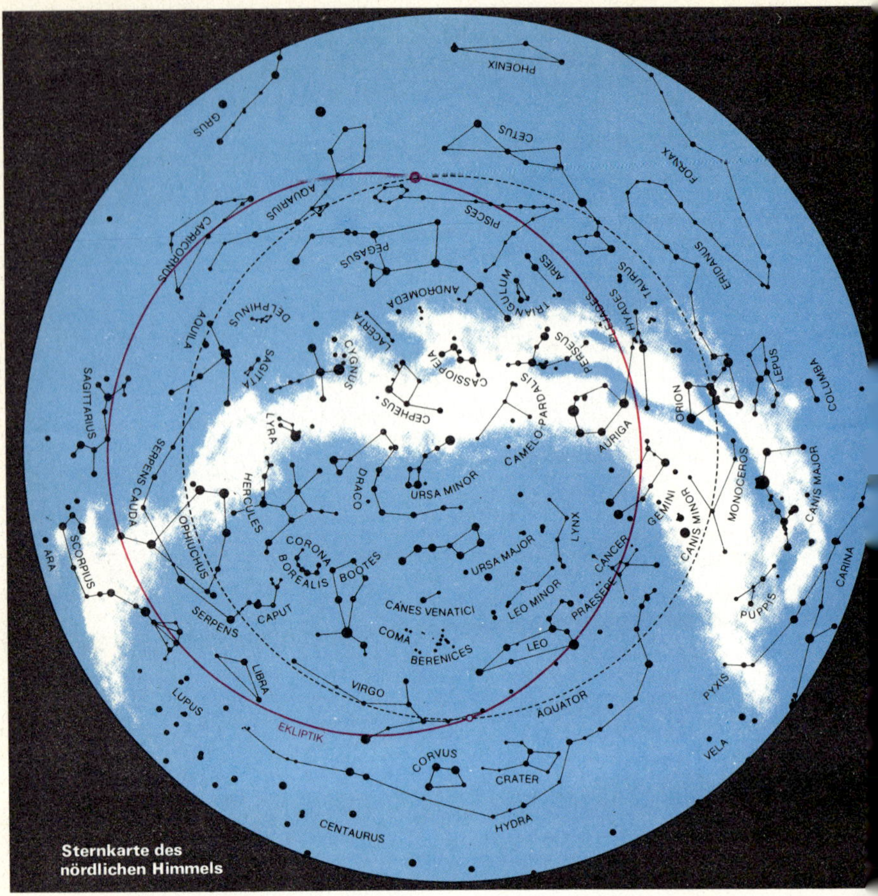

Sternkarte des nördlichen Himmels

STERNBILDER

Name	Abk.	dt.
Andromeda	And	Andromeda
Antlia	Ant	Luftpumpe
Apus	Aps	Paradiesvogel
Aquarius	Aqr	Wassermann
Aquila	Aql	Adler
Ara	Ara	Altar
Aries	Ari	Widder
Auriga	Aur	Fuhrmann
Bootes	Boo	Bärenhüter
Caelum	Cae	Grabstichel
Camelopardalis	Cam	Giraffe
Cancer	Cnc	Krebs
Canes Venatici	CVn	Jagdhunde
Canis Maior	CMa	Großer Hund
Canis Minor	CMi	Kleiner Hund
Capricornus	Cap	Steinbock
Carina	Car	Kiel des Schiffes
Cassiopeia	Cas	Kassiopeia
Centaurus	Cen	Kentaur
Cepheus	Cep	Kepheus
Cetus	Cet	Walfisch
Chamaeleon	Cha	Chamäleon
Circinus	Cir	Zirkel
Columba	Col	Taube
Coma Berenices	Com	Haupthaar der Berenike
Corona Australis	CrA	Südliche Krone
Corona Borealis	CrB	Nördliche Krone
Corvus	Crv	Rabe
Crater	Crt	Becher
Crux	Cru	Kreuz [des Südens]

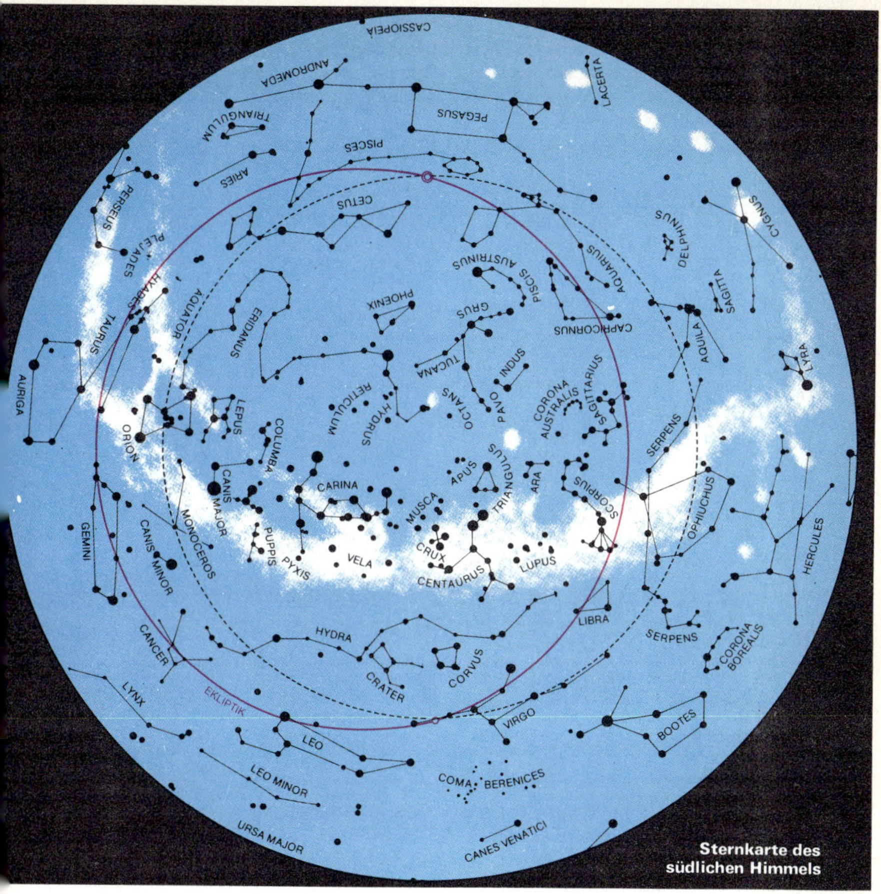

Sternkarte des südlichen Himmels

STERNBILDER (Forts.)

Name	Abk.	dt.
Cygnus	Cyg	Schwan
Delphinus	Del	Delphin
Dorado	Dor	Schwertfisch
Draco	Dra	Drache
Equuleus	Equ	Füllen
Eridanus	Eri	Fluß Eridanus
Fornax	For	Chemischer Ofen
Gemini	Gem	Zwillinge
Grus	Gru	Kranich
Hercules	Her	Herkules
Horologium	Hor	Pendeluhr
Hydra	Hya	Weibl. oder Nördl. Wasserschlange
Hydrus	Hyi	Männl. od. Südl. Wasserschlange
Indus	Ind	Inder
Lacerta	Lac	Eidechse
Leo	Leo	Löwe
Leo Minor	LMi	Kleiner Löwe
Lepus	Lep	Hase
Libra	Lib	Waage
Lupus	Lup	Wolf
Lynx	Lyn	Luchs
Lyra	Lyr	Leier
Mensa	Men	Tafelberg
Microscopium	Mic	Mikroskop
Monoceros	Mon	Einhorn
Musca	Mus	Fliege
Norma	Nor	Winkelmaß
Octans	Oct	Oktant

STERNBILDER (Forts.)

Name	Abk.	dt.	Name	Abk.	dt.
Ophiuchus	Oph	Schlangenträger	Sculptor	Scl	Bildhauerwerkstatt
Orion	Ori	Orion	Scutum	Sct	Sobieskischer Schild
Pavo	Pav	Pfau	Serpens (Caput)	Ser	(Kopf der) Schlange
Pegasus	Peg	Pegasus	Serpens (Cauda)	Ser	(Schwanz der) Schlange
Perseus	Per	Perseus	Sextans	Sex	Sextant
Phoenix	Phe	Phönix	Taurus	Tau	Stier
Pictor	Pic	Malerstaffelei	Telescopium	Tel	Fernrohr
Pisces	Psc	Fische	Triangulum	Tri	Dreieck
Piscis Austrinus	PsA	Südl. Fisch	Triangulum Australe	TrA	Südl. Dreieck
Puppis	Pup	Hinterteil des Schiffes	Tucana	Tuc	Tukan
			Ursa Maior	UMa	Großer Bär
Pyxis	Pyx	Schiffskompaß	Ursa Minor	UMi	Kleiner Bär
Reticulum	Ret	Netz	Vela	Vel	Segel des Schiffes
Sagitta	Sge	Pfeil	Virgo	Vir	Jungfrau
Sagittarius	Sgr	Schütze	Volans	Vol	Fliegender Fisch
Scorpius	Sco	Skorpion	Vulpecula	Vul	Fuchs

Sternberg, Alexander von ['--], Pseud. des dt. Schriftstellers Alexander Freiherr von ↑Ungern-Sternberg.

S., Josef von ['--, engl. 'stə:nbə:g], eigtl. J. S., * Wien 29. Mai 1894, † Los Angeles-Hollywood 22. Dez. 1969, amerikan. Filmregisseur östr. Herkunft. - Ab 1901 in den USA; 1904 Rückkehr nach Wien; 1908 endgültige Auswanderung. Nach vielfältigen Tätigkeiten beim Film drehte S. 1925 „Die Heilsjäger“. Entdecker und Regisseur von M. ↑Dietrich. - *Weitere Filme:* Unterwelt (1927), Die Docks von New York (1928), Eine amerikan. Tragödie (1931), Die Saga von Anatahan (1953).

Sternberg, Krst. am Sternberger See, Bez. Schwerin, DDR, 37 m ü. d. M., 5 300 E. Holzind., Ziegelei. - Im 13. Jh. gegründet. - Frühgot. Stadtkirche (13. Jh.).

S., Landkr. im Bez. Schwerin, DDR.

Sternberger, Dolf, * Wiesbaden 28. Juli 1907, dt. Publizist und Politikwissenschaftler. - 1934–43 Redakteur der „Frankfurter Zeitung“, Mithg. der Zeitschriften „Die Wandlung“ (1945–49) und „Die Gegenwart“ (1950–58); Mitbegr. der „Polit. Vierteljahresschrift“; wurde 1955 Prof. in Heidelberg; 1964–70 Präs. des P.E.N.-Zentrums der BR Deutschland; Veröffentlichungen v. a. zu literar. und polit. Aspekten des 19. Jh. und Grundproblemen parlamentar. Regierungssysteme. „Die Politik u. der Friede“ (1986).

Sternberg-Paltauf-Krankheit [nach den östr. Pathologen K. Sternberg, * 1872, † 1935, und A. Paltauf, * 1860, † 1893], svw. ↑Lymphogranulomatose.

Sternbilder, auffällige Konfigurationen hellerer Sterne, die sich zu einprägsamen Figuren verbinden lassen und seit frühester Zeit phantasievoll zu Bildern ergänzt wurden. Für die *Astronomie* sind die S. seit 1928 festgelegte Himmelsareale, deren Grenzen durch Stunden- und Deklinationskreise festgelegt sind, wobei im wesentl. die alten Konstellationen beibehalten wurden. 30 S. befinden sich nördl. des Himmelsäquators, 11 beiderseits von ihm und 47 auf der südl. Himmelshalbkugel. - Übers. und Karten S. 110 ff.

Sternblume, svw. ↑Sterndolde.

Stern der Weisen (Stern von Bethlehem, Dreikönigsstern), nach Matth. 2,2 und 9 eine Himmelserscheinung, die die Heiligen ↑Drei Könige zur Verehrung Jesu nach Bethlehem führte; heute als kerygmat. Ergänzung zur Kindheitsgeschichte Jesu gedeutet; ob die von J. Kepler vertretene Identifizierung des S. d. W. mit dem dreimaligen Eintritt der Konjunktion von Jupiter und Saturn im Tierkreissternbild der Fische im Jahre 7 v. Chr. zutrifft oder eine im Jahre 4 v. Chr. aufleuchtende Nova oder Supernova im Sternbild Adler der S. d. W. war, ist ungeklärt.

Sterndolde (Sternblume, Strenze, Astrantia), Gatt. der Doldengewächse mit 9 Arten in Europa und W-Asien; Stauden mit meist handförmig gelappten oder eingeschnittenen Blättern; Blüten in Dolden. Von den zwei einheim. Arten kommt die **Große Sterndolde** (Astrantia major) in Schluchtwäldern und auf Bergwiesen in S-Deutschland vor.

Stern-Dreieck-Anlauf, Anlaßverfahren von Drehstrom-Kurzschlußläufermotoren zur Verminderung des Anlaufstroms. Mit Hilfe des **Stern-Dreieck-Schalters** werden die 3 Ständerwicklungen beim Anlaufen in Sternschaltung ans Netz geschaltet (Einschaltstromstärke dadurch nur etwa $^1/_3$ des Nennwerts bei direkter Einschaltung).

Sterne, Laurence [engl. stə:n], * Clonmel (Tipperary) 24. Nov. 1713, † London 18. März 1768, engl. Schriftsteller. - 1738–58 Pfarrer; bedeutendster engl. Erzähler zw. Aufklärung und Empfindsamkeit; Wiedergabe feinster psycholog. Nuancen, v. a. in den Romanen „Das Leben und die Ansichten Tristram Shandys“ (1760–67) und „Yoricks empfindsame Reise durch Frankr. und Italien" (1768). In seinen in der Ichform in persönl. geprägtem Stil und voller Humor seltsame Menschen nachzeichnenden Werken machte S. das Abschweifen von der Handlung zum System: Das Handlungsgerüst wird von Erinnerungsfetzen, „Meinungen", scheinbar bedeutungslosem Gerede nahezu überwuchert; gilt mit dieser Darstellungstechnik als Vorläufer des modernen Romans.

Sternenbanner (engl. Stars and Stripes), seit 1777 die Flagge der USA; besteht aus 50 weißen Sternen (seit 1960; ein Stern für jeden Staat) auf blauem Grund und einem Feld von 13 (roten und weißen) Streifen (ein Streifen für jeden Gründungsstaat); auch „Old Glory" und „Star-Spangled Banner" genannt.

Sternfahrt, Auto- oder Motorradwanderfahrt mit verschiedenen Ausgangspunkten, aber gemeinsamem Ziel.

Sternflug, Flugwettbewerb mit verschiedenen Startpunkten und einem gemeinsamen Landepunkt.

Stern-Gerlach-Versuch, ein erstmals 1921 von O. Stern und W. Gerlach ausgeführter Versuch: In einem inhomogenen Magnetfeld erfolgt eine Ablenkung und Aufspaltung eines Atom- bzw. Molekularstrahls, wenn dessen Atome (bzw. Moleküle) ein magnet. Moment besitzen; Beweis für die Richtungsquantelung des Gesamtdrehimpulses eines Atoms (Moleküls) in einem Magnetfeld: Der Strahl wird in so viele Teilstrahlen gleicher Intensität aufgespalten, wie das magnet. Moment der betreffenden Atome (Moleküle) Einstellmöglichkeiten zum Magnetfeld besitzt.

Sterngewölbe ↑Gewölbe.

Sterngiraffe ↑Giraffen.

Sterngladiole (Abessinische Gladiole, Acidanthera bicolor), in Äthiopien heim. Schwertliliengewächs der Gatt. Acidanthera; mit schmalen, schwertförmigen Blättern und 30–50 cm hohen Stengeln; Blüten in sehr lokkerer, wenigblütiger Ähre, weiß, innen purpurfarben gefleckt. Beliebte Garten- und Schnittblume ist v. a. *Acidanthera bicolor var. murielae* mit größeren, kastanienrot gefleckten Blüten.

Sternhaufen, Ansammlung von kosmogon. zusammengehörenden Sternen. Man unterscheidet ↑offene Sternhaufen, ↑Sternassoziationen und ↑Kugelhaufen.

Sternheim, Carl, * Leipzig 1. April 1878, † Brüssel 3. Nov. 1942, dt. Dramatiker und Erzähler. - Sohn eines Bankiers; gründete 1908 in München [mit F. Blei] die Zeitschrift „Hyperion"; ab 1912 in der Schweiz, in Belgien, den Niederlanden, in Dresden, am Bodensee, in Berlin, danach in Brüssel; karikiert in seinen grotesk-expressionist. satir. Werken (einige seiner für die Entwicklung der modernen Komödie bed. Stücke waren bis 1918 und während des NS verboten) die philisterhafte bürgerl. Gesellschaft der Wilhelmin. Ära, v. a. in der „Aufsteiger"-Komödien-Trilogie „Die Hose", „Der Snob" (beide 1914), „1913" (1915); er preist andererseits den Willen zur selbstherrl. Verwirklichung des Individuums („Tabula rasa", Schsp., 1916); schrieb auch expressionist. Erzählungen („Chronik von des 20. Jh. Beginn", 1918), Romane („Europa", 1920) sowie Essays („Die dt. Revolution", 1919). - *Weitere Werke:* Die Kassette (Kom., 1912), Bürger Schippel (Kom., 1914), Manon Lescaut (Schsp., 1921), Der Nebbich (Kom., 1922).

Sternhelligkeiten ↑Helligkeit.

Sternjasmin (Schnabelsame, Trachelospermum), mit rd. 20 Arten von O-Indien bis Japan verbreitete Gatt. der Hundsgiftgewächse; Lianen mit gegenständigen Blättern und weißen, gelbl. oder dunkelroten Blüten in Scheindolden.

Sternkaktus (Astrophytum), Gatt. der Kakteen mit vier Arten in Mexiko; flachkugelige bis zylindr. Kakteen mit oft ausgeprägten Rippen; Blüten trichterförmig, gelb beschuppt und meist wollig behaart. Beliebt sind die als ↑Bischofsmütze bezeichneten Arten.

Sternkarten (Himmelskarten), kartographische Darstellung von Teilen des Himmelsgewölbes, in der die Sterne [und Sternsysteme] nach Position und Helligkeit in Form kleiner Kreisscheiben wiedergegeben und Sternhaufen, extragalakt. Sternsysteme u. a. durch bes. Symbole gekennzeichnet sind. Heute ist v. a. der vom Mount-Palomar-Observatorium auf photograph. Wege hergestellte Palomar-Sky-Atlas (1 758 Karten, die rd. $^3/_4$ der gesamten Sphäre erfassen) ein wichtiges Hilfsmittel der astronom. Arbeit. - Bei drehbaren S. läßt sich mit Hilfe einer kreisförmigen oder ellipt. Vignette der zu einem bestimmten Zeitpunkt sichtbare Himmelsausschnitt einstellen.

Geschichte: Vorläufer der S. sind die meist kreisförmigen bildl. Darstellungen des Himmels, die für astrolog. Zwecke etwa seit hellenist. Zeit in den Hochkulturen der Alten Welt übl. waren. Die ersten neuzeitl. S. stammen von C. Heinfogel und A. Dürer (1515). Neue Sternkataloge verwertete erstmals J. Bayer in seinem Atlas „Uranometria" (1603). Bed. Sternatlanten für den wiss. Gebrauch stammen von J. Hevelius (1690), J. Flamsteed (1720), J. G. Doppelmayr (1742), J. E. Bode (1801) und K. L. Harding (1822). Solche Einzelunternehmen wurden seit dem 19. Jh. nach und nach durch Gemeinschafts-S. mehrerer Sternwarten ersetzt, meist in Anlehnung an die Fundamentalkataloge bzw. an die ↑Durchmusterungen. Seit etwa 1900 setzten sich zunehmend die (erstmals von M. Wolf) mit Hilfe der Himmelsphotographie erstellten S. durch.

Sternkataloge, systemat. geordnete

Verzeichnisse von Sternen oder bes. Himmelskörpern mit spezif. Angaben, insbes. mit der nur für einen bestimmten Zeitpunkt (Epoche) gültigen Angabe des Sternortes, auch mit Daten über den Spektraltyp, die Helligkeit, die Eigenbewegung und die Radialgeschwindigkeit oder mit Angabe der Entfernung bzw. Parallaxe. Man unterscheidet neben einfachen **Sternverzeichnissen,** bei denen die Positionen nur so genau angegeben sind, daß jeder Stern eindeutig bestimmt ist, die Durchmusterungen, die alle Sterne bis zu einer bestimmten Grenzhelligkeit erfassen, die **Positionskataloge** mit größtmöglicher Genauigkeit der Angabe der astronom. Koordinaten der aufgeführten Sterne, die daraus gewonnenen Fundamentalkataloge, die Helligkeitskataloge, die **Spektralkataloge** mit Angaben über Sternspektren und Spektralklassen, außerdem spezielle S. nur mit Angaben über Parallaxen oder Radialgeschwindigkeiten, über Doppelsterne, Veränderliche oder Sternhaufen, über Nebel und Galaxien oder über Radioquellen.

Sternkult, svw. ↑Astralmythologie.

Sternkunde, svw. ↑Astronomie.

Sternkurve, svw. ↑Astroide.

Sternleeren, auf Grund der Absorption durch die ↑interstellare Materie als dunkle Löcher oder Leeren erscheinende Gebiete im Band der Milchstraße.

Sternmiere (Sternkraut, Stellaria), Gatt. der Nelkengewächse mit rd. 100 weltweit verbreiteten Arten; meist ausdauernde Pflanzen mit niederliegenden, aufsteigenden oder dichtrasigen, zuweilen kletternden Stengeln, meist schmalen Blättern und kleinen Blüten. In Deutschland kommen acht Arten vor, u. a.: **Vogelmiere** (Mäusedarm, Stellaria media) mit niederliegendem oder aufsteigendem Stengel, gestielten, eiförmigen Blättern und kleinen, weißen Blüten; verbreitetes Unkraut. **Große Sternmiere** (Stellaria holostea), mit vierkantigen Stengeln, sitzenden, gegenständigen, lanzenförmigen Blättern und weißen Blüten, in Laubwäldern und Hecken.

Sternmotor, ein Mehrzylinderverbrennungsmotor, dessen Zylinder in einer senkrecht zur Kurbelwellenachse liegenden Ebene sternförmig angeordnet sind (v. a. als Flugmotoren verwendet).

Sternmulle (Sternnasenmaulwürfe, Condylurinae), Unterfam. der Maulwürfe mit der einzigen Art **Condylura cristata,** v. a. in Süßgewässernähe des östl. N-Amerika; Länge (ohne Schwanz) etwa 10–13 cm; Fell dicht, schwarzbraun bis schwarz; an der Rüsselspitze ein Kranz nackter, fingerförmiger Fortsätze als Tastorgan.

Sternopagus [griech.], Doppelmißbildung, bei der die Paarlinge am Brustbein zusammengewachsen sind.

Sternphotometrie, svw. Astrophotometrie (↑Photometrie).

Sternpopulation ↑Population.

Sternrochen ↑Rochen.

Sternschaltung, elektr. Schaltung zur Verkettung dreier [um 120° gegeneinander phasenverschobener] Wechselspannungen (↑Drehstrom).

Sternschnecken (Anthobranchia), Ordnung schalenloser, meist abgeflachter Meeresschnecken; mit (in der Afterregion) rückenständiger, rosettenförmiger Kieme und vielfach (durch unterlagerte Kalkkörperchen) warziger Rückenhaut; u. a. **Warzige Sternschnecke** (Archidoris tuberculata; bis 10 cm lang, mit braunen bis violetten Flecken auf gelbl. bis ockerfarbenem Grund; in der Nordsee, im Nordatlantik und Mittelmeer).

Sternschnuppe ↑Meteorite.

Sternseher ↑Himmelsgucker.

Sternsinger, als Heilige Drei Könige mit Alben, Kronen und anderen königl. Zeichen verkleidete Gruppe von Jugendlichen oder Kindern, die zum Abschluß der Weihnachtszeit am Abend oder Vorabend des Dreikönigstages oder am darauffolgenden Sonntag von Haus zu Haus zieht, Lieder über die Geschichte der 3 Weisen singt (**Sternsingen**) und um Geschenke, v. a. Geldspenden, bittet.

Sternspannung, svw. Phasen- oder Strangspannung (↑Drehstrom).

Sternspektren ↑Spektralklassen.

Sternsystem (Galaxie), Ansammlung von etwa 100 Mill. bis 200 Mrd. Sternen und [großen Mengen] interstellarer Materie, die kosmogon. und dynam. eine Einheit bilden. Das S., dem die Sonne und alle mit bloßem Auge sichtbaren Sterne angehören, ist das Milchstraßensystem. Die dem Milchstraßensystem am nächsten gelegenen S. sind mit bloßem Auge als neblige Wölkchen am Himmel sichtbar: der Andromedanebel und die Magellanschen Wolken.
Nach ihrem Aussehen werden die S. in verschiedene Typen und Unterklassen eingeteilt. *Ellipt. Nebel* weisen einen sehr steilen Anstieg der Dichte zum Zentrum hin auf und einen gleichmäßigen Abfall nach außen. Sie zeigen keine inneren Strukturen und enthalten kein oder nur wenig interstellares Gas; ihre Sterne sind sehr alt (junge Sterne sind in ellipt. Nebeln nicht zu beobachten); ihr Durchmesser beträgt etwa 10^4 pc im Mittel, Gesamtmasse etwa 10^9 Sonnenmassen. - Etwa 80 % aller S. sind *Spiralnebel* (Durchmesser $3 \cdot 10^4$ bis $5 \cdot 10^4$ pc), bei denen zwei oder mehrere „Spiralarme" etwa in Form einer logarithm. Spirale um einen zentralen Kern gewunden sind. Sie werden unterteilt in gewöhnl. Spiralnebel (Typen Sa – Sc, je nach Größe des Kerns) und Balkenspiralen (Typen SBa – SBc, je nach Form des Balkens). - Bei den *unregelmäßigen (irregulären) S.* (Durchmesser im Mittel etwa $5 \cdot 10^3$ pc) fehlt eine deutl. ausgeprägte Symmetrieebene und das typ. Aussehen einer Rotationsfigur. Zwei bekannte Beispiele sind

die beiden Magellanschen Wolken. Die irregulären Nebel haben wolkenartige Strukturen und enthalten oft viel interstellaren Staub, interstellares Gas sowie junge Sterne. - Eine weitere Gruppe stellen die *S. vom Typ S0* und *SB0* dar. Sie haben die gleiche Form von Kern und Scheibe wie die Systeme vom Typ S oder SB, doch besitzen sie keine Spiralarme, keine dunklen Streifen aus absorbierender interstellarer Materie und keine leuchtenden Gasnebel. Ihr Licht verteilt sich gleichmäßig über die Scheibe und nimmt nur von der Mitte zum Rand hin ab.
Die Entfernungen der S. sind noch immer unsicher. Bei näheren Systemen kann eine Entfernungsbestimmung mit Hilfe von identifizierten Einzelobjekten (wie Kugelhaufen oder hellen Sternen) und von Veränderlichen erfolgen. Bei den entfernteren Objekten läßt sie sich jedoch nur aus den Eigenschaften der S. abschätzen oder aus ihren Radialgeschwindigkeiten gewinnen (unter Voraussetzung der Expansion des Weltalls).

🕮 *Taylor, R. J.: Galaxien. Struktur u. Entwicklung. Dt. Übers. Wsb. 1986. - Ferris, T.: Galaxien. Dt. Übers. Basel u. a. [3]1984. - Mitton, S.: Die Erforschung der Galaxien. Dt. Übers. Bln. u. a. 1978. - Dynamics of stellar systems. Hg. v. A. Hayli. Dordrecht 1975. - The formation and dynamics of galaxies. Hg. v. J. R. Shakeshaft. Dordrecht 1974.*

Sterntag, die Zeit zw. zwei aufeinanderfolgenden oberen Durchgängen (Kulminationen) des Frühlingspunktes durch den Meridian. Der als Einheit der **Sternzeit** verwendete S. hat eine Länge von 0,99727 mittleren Sonnentagen; er ist also 3 min 56,6 s kürzer als ein mittlerer Sonnentag.

Sterntaucher ↑Seetaucher.

Sternum [griech.], svw. ↑Brustbein.

Stern von Bethlehem, svw. ↑Stern der Weisen.

Stern von Bethlehem ↑Milchstern.

Sternwarte (astronom. Observatorium), astronom. Forschungsstätte mit Geräten und Anlagen zur Beobachtung des Sternhimmels bzw. einzelner Gestirne. Der Beobachtung im opt. Bereich dienen v. a. in großen Kuppelbauten installierte Spiegelteleskope, im Radiofrequenzbereich Radioteleskope. Sie werden heute vorwiegend in größerer Entfernung von Städten und Ballungsgebieten auf Bergen oder Hochflächen errichtet, um (im opt. Bereich) Streulicht zu vermeiden und meteorolog. günstigere Bedingungen zu gewährleisten. - Neben den rein wiss. Forschungsstätten gibt es die sog. **Volkssternwarten,** die v. a. der Vermittlung astronom. Kenntnisse an einen größeren Kreis von Interessenten dienen.
Geschichte: Bereits die Babylonier hatten zur Beobachtung der Sterne eingerichtete Plätze. Die ersten größeren S. wurden im arab. Kulturraum gebaut, u. a. 829 n. Chr. in Bagdad, 1000 n. Chr. in Kairo. Die letzten großen S. ohne opt. Fernrohre waren die von T. Brahe auf der Insel Ven errichteten S. Uranienborg (1576) und Sternenburg (1586) sowie die noch im 18. Jh. in Indien errichteten steinernen Sternwarten. Wesentl. Aufschwung nahm der Bau von S. nach Erfindung des Fernrohrs: Zw. 1642 und 1700 entstanden die S. von Kopenhagen, Paris, Greenwich und Berlin. 1918 wurde das 100-Zoll-Spiegelteleskop auf dem Mount Wilson aufgestellt und 1940–50 das 200-Zoll-Spiegelteleskop für die S. auf dem Mount Palomar gebaut; 1975/76 wurde bei Selentschuk im Großen Kaukasus das 6-Meter-Spiegelteleskop in Betrieb genommen. - Abb. S. 116.

🕮 *Marx, S./Pfau, W.: Sternwarten der Welt. Freib. 1980. - Müller, Peter: Sternwarten. Architektur u. Gesch. der Astronom. Observatorien. Ffm. 1978.*

Sternweite, svw. ↑Parsec.

Sternwinde (Quamoclit), Gatt. der Windengewächse mit wenigen Arten in Indien und im trop. Amerika; windende Kräuter mit einfachen, herzförmigen oder fiederteiligen Blättern und roten oder gelben Blüten in wenigblütigen Dolden oder Trauben; z. T. Zierpflanzen für Wände und Spaliere.

Sternwolken, bes. hell leuchtende Gebiete im Band der Milchstraße, die aus einer großen Anhäufung schwacher Sterne bestehen.

Sternwürmer, svw. ↑Igelwürmer.

Steroide [griech.], große Gruppe natürl. vorkommender (heute auch synthet. hergestellter) Verbindungen, deren Molekülen das Cyclopentanoperhydrophenanthren *(Gonan, Steran)* als Grundgerüst zugrunde liegt. Zu den S. gehören die S.hormone (Geschlechtshormone und Nebennierenrindenhormone), einige Glykoside (z. B. die Digitalisglykoside), die Sterole, die Gallensäuren, die Vitamine der D-Gruppe sowie einige Alkaloide.

Sterzing (italien. Vipiteno), Stadt in Südtirol, Italien, im oberen Eisacktal, 948 m ü. d. M., 5 300 E. Museen; Holz-, Textilind., Landmaschinenbau, Kunststoffverarbeitung, Fremdenverkehr. - Maler. Stadtbild mit spätgot. Bürgerhäusern und Laubengängen. - 1181 erstmals erwähnt; 1296 Stadt gen. - Spätgot. Spitalkirche zum Hl. Geist (Ausmalung um 1420), spätgot. Rathaus (1524), spätgot. Stadtturm (unteres Geschoß 1468); südl. von S. spätgot. Pfarrkirche mit Madonna des Sterzinger Altars von H. Multscher (1456–59; übrige Figuren und Bilder im Multscher-Museum).

Stethaimer, Hans, † nach 1459, dt. Baumeister und Steinmetz. - Führte den von Hans von Burghausen um 1380 begonnenen Bau der Stadtpfarrkirche Sankt Martin in Landshut nach dessen Tod (1432) weiter (das hohe helle Langhaus und den mächtigen W-Turm). Schuf den bed. Hochaltar (um 1424) sowie die Steinkanzel (1422).

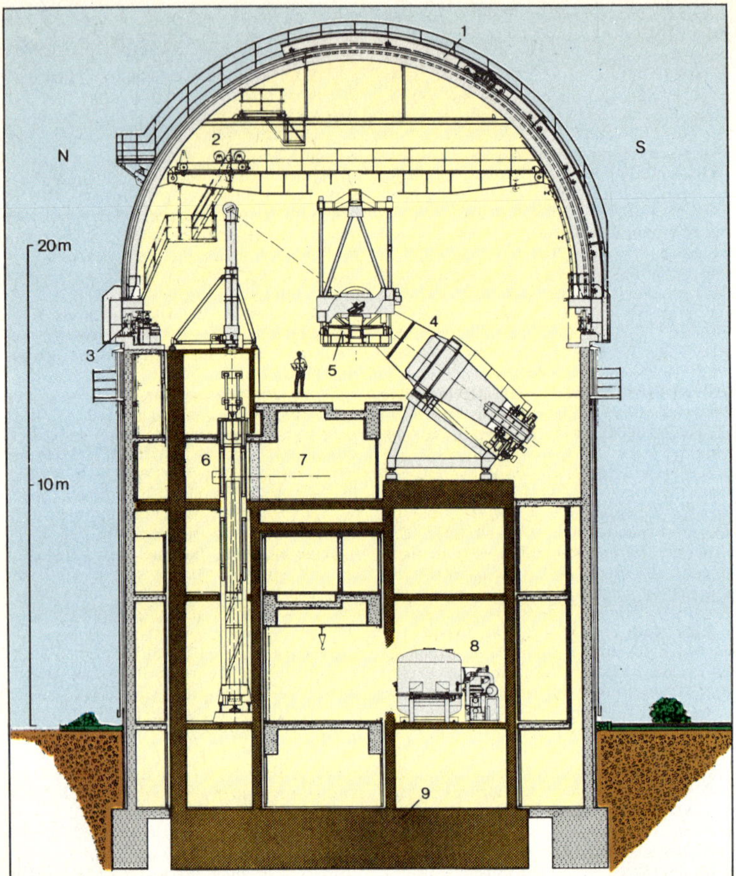

Sternwarte. Längsschnitt durch das Kuppelgebäude des 2,2-Meter-Spiegels des Max-Planck-Instituts für Astronomie, Heidelberg, auf dem Calar Alto. 1 Kuppel mit Kuppelspalt, 2 Kuppelkran, 3 Kuppelrad, 4 Spiegelteleskop, 5 2,2-m-Spiegel 6 Coudé-Spektrograph, 7 Coudé-Labor, 8 Verspiegelungsanlage mit Einrichtung zur Hochvakuumerzeugung, 9 erdbebensichere Betonkonstruktion (zur Vermeidung von Erschütterungen an den optischen Geräten völlig vom eigentlichen Kuppelgebäude getrennt)

Stethoskop [zu griech. stēthos „Brust" und skopeīn „betrachten"] (Höhrrohr), Instrument zur ↑Auskultation; in früheren Zeiten ein Holzrohr mit zwei trichterartig geformten Enden: einem kleineren Ende für das Ohr, einem größeren für das abzuhörende Körpergebiet. Heute ist das S. als ypsilonförmiger Schlauch gestaltet; zwei Enden sind mit Ohrstücken besetzt, das Einzelende läuft in ein glockenförmiges oder mit einer Membran bestücktes Rundteil aus.

stetige Teilung ↑Goldener Schnitt.

Stetigkeit, eine Funktion $f: x \to f(x)$ ist an der Stelle x_0 stetig, wenn 1. der Funktionswert $f(x)$ vorhanden ist; 2. die Funktion für $x \to x_0$ einen eindeutigen Grenzwert hat; 3. Grenzwert und Funktionswert an der Stelle x_0 gleich sind:

$$\lim_{n \to \infty} f(x_n) = f(x_0).$$

Ist f an jeder Stelle eines Intervalls I stetig, so heißt f stetig auf I.

Stettenheim, Julius, * Hamburg 2. Nov. 1831, † Berlin 30. Okt. 1916, dt. Schriftsteller. - Journalist; zuerst in Berlin, zeitweise in Hamburg tätig, wo er 1862 das humorist. Blatt „Die Wespen" gründete. Schrieb zeitkrit. Humoresken, Satiren und Parodien. Seine Gestalt des Kriegsberichterstatters „Wippchen" wurde volkstümlich.

Stettin (poln. Szczecin), Stadt in Polen▾, am westl. Mündungsarm der Oder, 5–151 m ü. d. M., 390 800 E. Hauptstadt des Verw.-Geb. S.; kath. Bischofssitz; TH, medizin. Akad., landw. Hochschule, Kunsthochschule, staatl. Seeschule; Museen, mehrere Theater, Philharmonie; größter poln. Ostseehafen; Werften, Elektroind., ferner Maschinen-, Kfz.- und Motorradbau; Hüttenwerk, Zement-, chem., Papier-, Leder-, Textil- sowie Nahrungs- und Genußmittelind.; ✈.
Geschichte: Seit der 2. Hälfte des 8. Jh. besiedelt; entwickelte sich im 11. Jh. zur Hauptstadt und größten Siedlung Pommerns; mit der alten Wendensiedlung, der späteren Altstadt (Unterstadt) wuchsen 2 daneben angelegte dt. Marktsiedlungen rasch zusammen; erhielt 1237/43 Magdeburger Stadtrecht; Mgl. der Hanse etwa seit 1278; 1630–32 von den Schweden befestigt, kam 1713/20 an Preußen, 1724–40 zu einer der stärksten preuß. Festungen ausgebaut; 1806–13 von frz. Truppen besetzt; im 2. Weltkrieg stark zerstört.
Bauten: Schloß der Hzg. von Pommern (v. a. 16. Jh.; wieder aufgebaut; jetzt Kulturhaus), got. Jakobikirche und Johanniskirche (beide 14. Jh.); Hafentor (18. Jh.).

Stettiner Haff, Haff an der Odermündung, Polen▾ und DDR, 50 km O–W- und 25 km N–S-Erstreckung, bis 9 m tief, durch die Inseln Usedom und Wollin von der Ostsee getrennt.

Stettinius, Edward Reilly [engl. stəˈtɪnɪəs], * Chicago 22. Okt. 1900, † Greenwich (Conn.) 31. Okt. 1949, amerikan. Industrieller und Politiker. - 1943/44 (Unter)staatssekretär im Außenministerium; zählte als Außenmin. 1944/45 zu den maßgebl. Beratern Roosevelts (u. a. bei der Jalta-Konferenz), wesentl. beteiligt an der Gründung der UN; 1945/46 amerikan. Chefdelegierter bei den UN, ab 1946 Vertreter der USA im Sicherheitsrat.

Steuart (Stewart), Sir James [engl. stjʊət], ab 1733 Sir J. S. Denham, * Edinburgh 21. Okt. 1712, † ebd. 26. Nov. 1780, brit. Nationalökonom. - Nahm 1745/46 an der jakobit. Rebellion teil, lebte nach der Niederlage bis 1763 im Exil. Auf dem Kontinent machte er sich mit der merkantilist. Politik und Theorie vertraut. Seine Theorie der mit dem Bevölkerungswachstum abnehmenden Erträge in der Landw. ist ein wichtiger Beitrag zur Bevölkerungstheorie (↑ Malthusianismus).

Steuben, Friedrich Wilhelm von, * Magdeburg 17. Sept. 1730, † Oneida County (N. Y.) 28. Nov. 1794, amerikan. General dt. Herkunft. - Sohn eines preuß. Majors; trat 1747 in die preuß. Armee ein, 1764–75 Hofmarschall des Fürsten von Hohenzollern-Hechingen. 1777 ging S. nach Amerika, trat dort in die Armee G. Washingtons ein, sorgte als Generalmajor und Generalinspekteur erfolgreich für Organisation, Ausbildung und Disziplin der amerikan. Truppen und trug im Verlauf des Nordamerikan. Unabhängigkeitskrieges erhebl. zum Sieg der amerikan. Truppen über das brit. Heer bei. - Zur Erinnerung an S. finden in New York und Philadelphia an einem Samstag in der 2. Septemberhälfte die sog. **Steubenparaden** statt.
S., Fritz, eigtl. Erhard Wittek, * Wongrowitz (= Wągrowiec, Woiwodschaft Piła) 3. Dez. 1898, † Pinneberg 4. Juni 1981, dt. Schriftsteller. - Schrieb zahlr. populäre Kinder- und Jugendbücher, v. a. um den Shawneehäuptling Tecumseh (u. a. „Der Fliegende Pfeil", 1930; „Der rote Sturm", 1931; „Der Strahlende Stern", 1934; „Schneller Fuß und Pfeilmädchen", 1935; „Tecumsehs Tod", 1939).

Steuer ↑ Steuern.

Steuerbemessungsgrundlage, die der Ermittlung der Steuerschuld im Steuerfestsetzungsverfahren (↑ Steuern) zugrundeliegende phys. oder monetäre Größe; oft ident. mit dem Steuerobjekt.

Steuerberatung, geschäftsmäßige Hilfeleistung in Steuersachen, d. h. Beratung, Vertretung sowie Beistand bei der Bearbeitung der Steuerangelegenheiten und bei Erfüllung der steuerl. Pflichten; wird durchgeführt von zugelassenen Steuerberatern, Steuerbevollmächtigten und S.gesellschaften.

Steuerbevollmächtigter ↑ Steuerberatung.

Steuerbilanz, aus der Handelsbilanz abzuleitende Bilanz für die Ermittlung des steuerpflichtigen Gewinns einer Periode, wobei für die Aufstellung der S. im Unterschied zur Handelsbilanz auch Mindestwertvorschriften bestehen, um einen zu niedrigen Gewinnausweis zu verhindern.

Steuerbord, rechte Schiffsseite (vom Heck aus gesehen) mit grüner Schiffsseitenlaterne. - ↑ auch Backbord.

Steuerdestinatar [dt./lat.] ↑ Steuern (Begriffe).

Steuererklärung, von den in den Steuergesetzen näher bestimmten oder von der Finanzbehörde dazu aufgeforderten Personen abzugebende Darstellung der Vermögens- und Einkommensverhältnisse zur Festsetzung der Steuerschuld. Bei der Steueranmeldung (↑ Steuern) muß die S. auch den vom Steuerpflichtigen selbst zu berechnenden Betrag enthalten.

Steuerfestsetzungsverfahren ↑ Steuern.

Steuergefährdung ↑ Steuern (Steuerrecht).

Steuerhinterziehung ↑ Steuern (Steuerrecht).

Steuerinzidenz ↑ Steuerüberwälzung.

Steuermann, Eduard, * Sambor bei Lemberg 18. Juni 1892, † New York 11. Nov. 1964, amerikan. Pianist poln. Herkunft. - Schüler von F. Busoni und A. Schönberg; unterrichtete u.a. an der Juilliard School of Music in New York. S. war ein meisterhafter Interpret moderner Klaviermusik, v.a. von A. Schönberg.

Steuern, Abgaben, die öffentl.-rechtl. Gemeinwesen natürl. und jurist. Personen zwangsweise (im Unterschied zu öffentl. Erwerbseinkünften und Krediten) und ohne Anspruch auf eine spezielle Gegenleistung (im Unterschied zu öffentl. Gebühren und Beiträgen) zur Deckung des Finanzbedarfs der öffentl. Körperschaften auferlegen. Das Recht, S. zu erheben, die Regelung der Kompetenzen zw. verschiedenen öffentl. Körperschaften und die Verteilung des S.aufkommens zw. ihnen (↑ Finanzausgleich) sind Gegenstand der ↑ Finanzverfassung. - Ein bes. Fall ist dabei das den Kirchen vom Staat verliehene Steuererhebungsrecht (↑ Kirchensteuer).

Zur Erklärung und Begründung des Rechtes auf Erhebung von S. sind von der Finanzwiss. verschiedene **Steuerrechtfertigungslehren** entwickelt worden. Die wichtigsten sind: 1. die *Äquivalenztheorie* (Interessentheorie), nach der die private S.leistung als Äquivalent staatl. Leistungen anzusehen ist; 2. die *Assekuranztheorie* (Versicherungstheorie), nach der die private S.leistung als Beitrag für den öffentl. Schutz der Person und des Eigentums gilt; 3. die *Opfertheorie*, nach der jeder Bürger sich durch persönl. Opfer entsprechend seiner Leistungsfähigkeit an der Erfüllung der Gemeinschaftsaufgaben beteiligt und die Existenz und Entwicklung des Staates sichert.

Begriffe: Die (natürl. oder jurist.) Person, der nach dem Willen des Gesetzgebers die aus der Besteuerung resultierende Belastung *(S.last)* zugedacht ist, bezeichnet man als *S.destinatar*. Derjenige, der letzten Endes tatsächl. die aus der Besteuerung resultierende ökonom. Einbuße erleidet, der *S.träger*, muß jedoch, v.a. wegen der ↑ Steuerüberwälzung, keineswegs mit diesem S.destinatar oder mit dem durch Gesetz zur S.leistung Verpflichteten *(S.subjekt)* ident. sein. Mit Ausnahme der Lohn-S. ist derjenige, der die S. entrichtet *(S.zahler)*, ident. mit dem S.subjekt.

Einteilung der S.: Die zahlr. bestehenden S.arten lassen sich unter verschiedenen Gesichtspunkten einteilen, wobei häufig das Unterscheidungskriterium und die Zuordnung im einzelnen umstritten sind. Häufigste Unterscheidung ist die in direkte und indirekte S.; unter dem Gesichtspunkt der S.überwälzung lassen sich *direkte S.* so definieren, daß bei ihnen eine Identität von S.zahler und S.destinatar gegeben ist (z.B. bei der ↑ Einkommensteuer), andernfalls handelt es sich um *indirekte S.* (z.B. die Mehrwertsteuer [↑ Umsatzsteuer]). Weiter lassen sich S. nach dem Zweck einteilen in solche, die fiskal. Zwecken dienen *(Finanz-S.)* und solche, die mit dem Ziel erhoben werden, ein bestimmtes Verhalten der Besteuerten hervorzurufen, das aus ordnungspolit. Erwägungen heraus erwünscht ist *(Ordnungssteuern)*. Aus den unterschiedl. Erhebungsberechtigten gemäß der Finanzverfassung ergibt sich eine Unterteilung in Bundes-, Landes- und Gemeindesteuern. Nach dem S.gegenstand läßt sich v.a. eine Einteilung in Besitz-, Verkehrs- und Verbrauchs-S. vornehmen. Schließl. wird nach der Ermittlung der S.schuld unterschieden in S., bei denen die persönl. Verhältnisse des S.pflichtigen (z.B. Familienstand bei der Lohnsteuer) berücksichtigt werden (*Personen-S.* bzw. *Personal-S.*) und in S., bei denen die Ermittlung der S.schuld nur nach objektiven Gesichtspunkten an einen Gegenstand oder Sachverhalt (z.B. Halten eines Hundes bei der Hunde-S.) geknüpft ist *(Objektsteuer)*. Eine Vielzahl von S. mit geringem Aufkommen werden zusammenfassend als *Bagatell-S.* bezeichnet.

Steuerrecht: Das allg. S.recht ist v.a. in der ↑ Abgabenordnung als dem Mantelgesetz des S.rechts geregelt. Das bes. S.recht besteht aus den die einzelnen S. betreffenden Regeln, wobei für fast jede einzelne S. ein bes. Gesetz besteht. Die Entscheidung von Streitigkeiten im Bereich des S.rechts obliegt der ↑ Finanzgerichtsbarkeit. Das sich auf Verstöße gegen die S.- und Zollgesetze beziehende *S.strafrecht* ist ebenfalls v.a. in der Abgabenordnung geregelt, wobei das StGB, die StPO, das GerichtsverfassungsG und andere allg. Gesetze auch für das S.strafrecht gelten, sofern nichts anderes bestimmt ist. Zentraldelikt der S.straftaten ist die **Steuerhinterziehung,** d.h. die vorsätzl. Vereitelung der rechtzeitigen Festsetzung der S. in voller Höhe (**Steuerverkürzung**) durch unvollständige oder unrichtige Angaben, pflichtwidriges Verschweigen steuerl. erhebl. Tatsachen oder pflichtwidriges Unterlassen der Verwendung von S.zeichen. Weiter zählen zu den S.straftaten die Wertzeichenfälschung bei S.zeichen (z.B. Wechselsteuermarken) und die S.hehlerei. **Steuerordnungswidrigkeiten,** für die auch das Gesetz über Ordnungswidrigkeiten gilt, sind v.a. die leichtfertige S.verkürzung und das Ermöglichen von S.verkürzung durch vorsätzl. oder fahrlässiges Ausstellen falscher Belege oder unrichtiges Verbuchen (**Steuergefährdung**).

Steuerfestsetzungsverfahren: Die Feststellung, ob und in welcher Höhe eine S.schuld besteht, erfolgt durch *S.veranlagung*. Die Feststellung der Besteuerungsgrundlagen, die, wenn sie durch die Finanzbehörde nicht zu ermitteln oder zu berechnen sind, geschätzt werden, ist entweder im *S.bescheid* mit enthalten oder ergeht in einem Feststellungsbescheid, der für alle Folgebescheide als Grundlagenbescheid maßgebend ist. Nach Abschluß des *S.ermittlungsverfahrens* als Feststellung des S.anspruchs wird die S.schuld durch einen Verwaltungsakt im *S.bescheid* festgestellt. Ausnahmen bestehen bei der S.anmeldung und der Verwendung von S.zeichen; hier ist eine S.festsetzung durch das Finanzamt nur erforderlich, wenn es von dem vom S.pflichtigen selbst berechneten Betrag abweichen will. Während und nach dem S.festsetzungsverfahren besteht die Möglichkeit, S., deren Erhebung nach Lage des einzelnen Falles unbillig wäre, niedriger festzusetzen und Besteuerungsgrundlagen unberücksichtigt zu lassen *(Steuererlaß)*. Nach Ablauf einer Festsetzungsfrist von einem Jahr für Zölle und Verbrauchssteuern, von vier Jahren bei allen anderen S. kann kein Akt des S.festsetzungsverfahrens mehr durchgeführt werden. Längere Festsetzungsfristen gelten jedoch bei S.verkürzung und S.hinterziehung.

Geschichte: Im Altertum praktizierte Formen der Deckung des Finanzbedarfs des Staates unterscheiden sich von den S. im heutigen Sinne dadurch, daß sie entweder nicht allen Personen, sondern meist nur mit minderen polit. Rechten ausgestatteten sozialen Gruppen auferlegt wurden, oder nicht regelmäßig erhoben wurden, sondern als außerordentl. Leistungen in Notzeiten zu bestimmten Zwecken eher den persönl. Dienstleistungen für das Gemeinwesen, wie insbes. dem Kriegsdienst, vergleichbar waren; z. T. entwickelten sie sich auch als Ersatz für solche Dienstleistungen. Im antiken Rom wurde die Deckung des Finanzbedarfs durch Kriegsbeute und Tributzahlungen unterworfener Völker erst in der Kaiserzeit in nennenswertem Umfang durch steuerähnl. Abgaben ergänzt. Im MA standen Einnahmen aus Grundbesitz, Regalien und Zöllen im Vordergrund. Erste Versuche, eine Reichs-S. einzuführen, wie z. B. den Gemeinen Pfennig im 15. Jh., scheiterten in Deutschland an der Schwäche der Zentralgewalt. Dagegen entwickelte sich in England und Frankr. zu dieser Zeit bereits ein S.system. In England überwogen dabei die indirekten S. (Verbrauchsbesteuerung), doch wurden auch direkte S. in Form einer Fenster-S. (1696) bzw. Haus-S. (1747) erhoben. Wichtigste S. im Absolutismus war neben diesen Arten von Kopfsteuer die Salzsteuer. Da wesentl. Voraussetzungen für die Entwicklung des S.wesens die Herausbildung der Geldwirtschaft war, entwickelte sich in Deutschland zuerst in den Städten ein S.system, an dessen Anfang v. a. die Umlegung der an den jeweiligen Landesherren abzuführenden Pauschal-S. stand. Im 19. Jh. setzte sich schließl. die weit überwiegende Deckung des staatl. Finanzbedarfs durch in Geld zu entrichtende S. endgültig durch. Mit der seither stark gestiegenen Zahl der Aufgaben des Staates hat sich nicht nur das S.aufkommen relativ zum Volkseinkommen wesentl. erhöht, Umfang und Art der Besteuerung sind auch zu den Wirtschaftsprozeß stark beeinflussenden Faktoren geworden, die von der Finanzpolitik eingesetzt werden.

📖 *Tipke, K.: Steuerrecht. Köln [10]1985. - Siegel, T.: Arbeitsb. Steuerrecht. Mchn. 1979. - Weber-Fas, R.: Grundzüge des allg. Steuerrechts der BR Deutschland. Tüb. 1979. - Seckel, C.: Die Steuerhinterziehung. Lübeck [2]1979. - Haubrichs, W.: Der ausgebeutete Steuerzahler. Stg. 1978. - Endriss, W.: Grundr. des Steuerrechts. Ludwigshafen am Rhein 1978–79. 2 Tle. - Mönch, K. H.: Steuerkriminalität u. Sanktionswahrscheinlichkeit. Ffm. 1978. - Hahn, G.: Inflation u. Steueraufkommen. Baden-Baden 1977. - Knies, W.: Steuerzweck u. Steuerbegriff.*

STEUEREINNAHMEN DES BUNDES, DER LÄNDER UND DER GEMEINDEN
(in Mill. DM)

Kassenmäßige Steuereinnahmen	1970	1982	1983	1984	1985
Insgesamt	152 555	378 573	396 573	414 736	437 199
davon Gemeinschaftssteuern	99 949	277 887	291 419	305 104	324 067
Bundessteuern	27 396	49 566	52 115	54 059	55 036
Landessteuern	9 591	17 002	18 377	18 581	18 475
Gemeindesteuern	15 679	34 245	34 661	36 992	39 621
ausgewählte Steuerarten:					
Lohn- u. Einkommensteuer	51 087	154 009	157 164	162 718	176 198
Umsatz-(Mehrwert-)steuer	26 791	53 732	59 190	55 500	51 428
Körperschaftssteuer	8 716	21 458	23 675	26 312	31 836
Mineralölsteuer	11 512	22 835	23 338	24 033	24 521
Kraftfahrzeugsteuer	3 830	6 589	6 984	7 284	7 350
Gewerbesteuer	10 728	26 103	26 184	28 320	30 759

Quelle: Zahlenkompaß 1986. Hg. Statistisches Bundesamt.

Mchn. 1976. - Kubista, B./Scheer, C.: S. u. Makropolitik. Neuwied 1976.

Steuerordnungswidrigkeiten ↑Steuern (Steuerrecht).

Steuerrecht ↑Steuern.

Steuerrechtfertigungslehren ↑Steuern.

Steuerreform, umfassende Änderung der Struktur der Abgaben durch eine Änderung des Steuerrechts zur Vereinfachung des Steuersystems, zur anderen Verteilung der Steuerlast oder Neuregelung der Verteilung des Steueraufkommens. Die S. ist zu unterscheiden von der Änderung der Finanzverfassung (↑Finanzreform), in der Praxis jedoch häufig mit einer solchen verbunden. Durch Änderungen der wirtsch. Verhältnisse werden immer wieder S. erforderlich. Gegenstand von entsprechenden Reformvorhaben war in der BR Deutschland in der 2. Hälfte der 1970er Jahre v. a. die Einkommensteuer und hier bes. die Lohnsteuer, deren Anteil am gesamten Steueraufkommen auf Grund der Steuerprogression bzw. der gestiegenen Nominallöhne stark gewachsen war, weshalb durch eine neue S. ab der 2. Hälfte der 1980er Jahre umfangreiche Entlastungen notwendig sind.

Steuersäule ↑Lenkung.

Steuersäumnis, nicht fristgerechte Entrichtung einer fälligen Steuer oder einer zurückzuzahlenden Steuervergütung. Für jeden angefangenen Monat der S, nach Ablauf des Fälligkeitstages, frühestens jedoch nach sechs Tagen, ist ein **Säumniszuschlag** zu entrichten.

Steuerstrafrecht ↑Steuern.

Steuerträger ↑Steuern (Begriffe).

Steuerüberwälzung, Umverteilung der Steuerlast im Marktprozeß, in deren Ergebnis die belastende Wirkung der Steuer *(Steuerinzidenz)* ganz oder teilweise auf anderen Personen als den Steuerträgern liegt als auf den nach Gesetz zur Steuerzahlung Verpflichteten. So wird z. B. die Mehrwertsteuer (↑Umsatzsteuer) von Stufe zu Stufe weiter „überwälzt" bis zum Endverbraucher. Die Möglichkeit zur S. hängt von Steuerart, Einkommensentstehung und wirtsch. Stellung des Steuerzahlers ab. Die S. gehört als wesentl. Bestandteil der Steuerwirkungen zum Untersuchungsgebiet der ↑Finanzwissenschaft.

Steuerung, allg. die Einstellung, Erhaltung oder Veränderung der Zustände eines Systems durch externe Festlegung einer oder mehrerer das Verhalten des Systems bestimmender Größen ohne Rückkopplung. In techn. Systemen beeinflussen eine oder mehrere [physikal.] Größen (z. B. Druck, Temperatur, Lichtstrom) als Eingangsgrößen eine oder mehrere andere Größen (Ausgangsgrößen, gewöhnlich Massen- oder Energieströme) in bestimmter Weise. Im Ggs. zur ↑Regelung wirken die Ausgangsgrößen nicht auf die Eingangsgrößen zurück (offener Wirkungskreis).

◆ Vorrichtung zur Führung eines Fahrzeugs, eines Flugkörpers u. a. auf einem bestimmten Kurs bzw. zur gezielten Änderung der jeweiligen Fahrt- bzw. Flugrichtung; auch Bez. für die Führung bzw. Kursänderung selbst. - ↑auch Lenkung.

Steuerverkürzung ↑Steuern (Steuerrecht).

Steuerzahler ↑Steuern (Begriffe).

Steven [niederdt.], Bauteil, das den Schiffskörper vorn (Vor-S., Vorder-S.) und hinten (Achter-S., Ruder-S., Schrauben-S.) abschließt. Früher ein starker Holzbalken, heute aus Platten geschweißt oder (bes. der Achter-S.) ein Guß- oder Schmiedeeisenstück zur Aufnahme des Ruderlagers bzw. des S.rohres mit der Schwanzwelle.

Stevenage [engl. 'sti:vnɪdʒ], engl. New Town 47 km nördl. von London, Gft. Hertfordshire, 74 400 E. - Gegr. 1946 unter Einbezug der Landstadt S. zur Aufnahme des Londoner Bevölkerungsüberhangs; u. a. Flugzeugindustrie; zahlreiche Forschungseinrichtungen.

Stevens [engl. sti:vnz], Cat, eigtl. Steven Demetri Georgiou, * London 1. Juli 1948, brit. Rockmusiker (Gesang, Gitarre, Klavier). - Wurde in einer ersten Karriere von seiner Schallplattenfirma 1966–68 zum Teenager-Pop-Idol gemacht; nach Sanatoriumsaufenthalt wegen Lungentuberkulose ab 1970 neue Karriere als poet. Liedermacher, erst mit einfachen Songs, später mit komplexerer, teils mit fernöstl. Mystik durchsetzter Thematik und Musik.

S., George, * Oakland (Calif.) 8. Dez. 1904, † Lancaster (Calif.) 8. März 1975, amerikan. Kameramann und Filmregisseur. - Themat. vielseitige Produktionen, z. B. Filmkomödien („Die Frau, von der man spricht", 1942), Melodramen („Ein Platz an der Sonne", 1951), Western („Mein großer Freund Shane", 1953) sowie zeitkrit. Filme („Das Tagebuch der Anne Frank", 1959).

S., Siaka Probyn, * Moyamba (Südprovinz) 24. Aug. 1905, sierraleon. Politiker. - 1943–58 Generalsekretär der Bergarbeitergewerkschaft; 1951–57 Mgl. des Legislativrates; Führer des All People's Congress (gegr. 1960); 1967 Premiermin. (durch Militärputsch gestürzt), erneut 1968–71; 1971–85 Präs. der Republik.

S., Wallace, * Reading (Pa.) 2. Okt. 1879, † Hartford (Conn.) 2. Aug. 1955, amerikan. Lyriker. - Jurist; Vertreter der Poésie pure; sein Frühwerk zeigt Neigung zu Wortartistik, Nähe zur Kunstauffassung der Impressionisten und Pointillisten; schrieb später philosoph. Gedankenlyrik; auch Essays über Probleme zeitgenöss. Dichtung.

Stevenson [engl. sti:vnsn], Adlai Ewing, * Los Angeles 5. Febr. 1900, † London 14. Juli 1965, amerikan. Politiker (Demokrat. Partei). - Vertrat 1946/47 die USA bei den

UN-Vollversammlungen. Gouverneur von Illinois 1949–53; scheiterte 1952 und 1956 als demokrat. Präsidentschaftskandidat an der Popularität Eisenhowers; 1961–65 Botschafter bei den UN.

S., Robert Louis, * Edinburgh 13. Nov. 1850, † Haus Vailima bei Apia (Westsamoa) 3. Dez. 1894, schott. Schriftsteller. - Urspr. Journalist; lebte ab 1890 auf Samoa; neuromant.-exot. Erzähler, der in der Abenteuererzählung „Die Schatzinsel" (1883) den pikaresken Roman durch eindringl. psycholog. Skizzierung künstler. verfeinerte. Von E. A. Poe beeinflußt ist die unheiml. Erzählung „Der seltsame Fall des Doctor Jekyll und des Herrn Hyde" (1886), die das Problem der Persönlichkeitsspaltung behandelt. Schrieb auch Romane mit Stoffen aus der schott. Geschichte wie „Weir von Hermiston" (unvollendet, hg. 1896); zum Spätwerk gehören die Südsee-Erzählungen, darunter „Das Flaschenteufelchen" (1892).

Stevin, Simon [niederl. stəˈviːn], gen. Simon von Brügge, * Brügge 1548, † Leiden oder Den Haag zw. dem 20. Febr. und dem 18. April 1620, niederl. Mathematiker und Ingenieur. - Ab 1581 in Leiden Lehrer, später Berater (ab 1593) des Prinzen Moritz von Oranien in mathemat. und physikal. Angelegenheiten. Durch seine Schrift „De thiende" (1585) beeinflußte S. wesentl. die Einführung des Dezimalsystems.

Steward [ˈstjuːərt, engl. stjʊəd; zu altengl. stigweard „Hauswart"] (weibl.: **Stewardeß** [ˈstjuːərdɛs]), Bedienungspersonal in Verkehrsmitteln (v. a. Schiff, Flugzeug, Bus).

Stewart [engl. stjʊət], Douglas, * Eltham (Neuseeland) 6. Mai 1913, austral. Schriftsteller und Literaturkritiker neuseeländ. Herkunft. - Lebt seit 1938 in Australien; schrieb v. a. bühnenwirksame Versdramen, Naturlyrik und Kurzgeschichten.

S., James, * Indiana (Pa.) 20. Mai 1908, amerikan. Schauspieler. - Seit 1935 beim Film; gab durch sympath. Ungelenkheit und schleppende Sprechweise seinen Rollendarstellungen eine einnehmende Individualität, z. B. in den Filmkomödien „Mr. Smith geht nach Washington" (1939) und „Die Nacht vor der Hochzeit" (1940), Western wie „Der gebrochene Pfeil" (1950), „Der Mann, der Liberty Valance erschoß" (1961) und Thrillern („Das Fenster zum Hof", 1954; „Aus dem Reich der Toten", 1958).

S., Sir James Denham ↑Steuart, Sir James Denham.

S., Mary, geb. Rainbow, * Sunderland 17. Sept. 1916, engl. Schriftstellerin. - Verf. populärer, abenteuerl.-spannender Unterhaltungsromane, u. a. „Reise in die Gefahr" (1954), „Das Jahr auf Valmy" (1958), „Delphin über schwarzem Grund" (1964), „Die Geisterhunde" (1967), „Flammender Kristall" (1970), „The wicked day" (1983).

S., Michael Maitland, * London 6. Nov. 1906, brit. Politiker. - Dozent, Schriftsteller; seit 1945 Mgl. des Unterhauses (Labour Party); 1964/65 Unterrichts-, 1965/66 und 1968–70 Außen-, 1966/67 Wirtschaftsmin.; 1968–70 stellv. Premiermin.; 1979 in den nichterbl. Adelsstand erhoben als Baron of Fulham in Greater London.

S., Rex, * Philadelphia 22. Febr. 1907, † Los Angeles 7. Sept. 1967, amerikan. Jazzmusiker (Trompeter, Kornettist). - Wirkte v. a. im Orchester von Duke Ellington. S., der stilist. dem Swing zuzurechnen ist, ist bes. wegen seiner durch die sog. „half-valve"-Technik (Technik halb gedrückter Ventile) geprägten Artikulation bekannt geworden.

S., Roderick David („Rod"), * London 10. Jan. 1945, brit. Rockmusiker (Gesang). - Seit den 1960er Jahren als Folk- und Bluessänger in verschiedenen Gruppen tätig, zuletzt bei den „Faces"; daneben Solokarriere mit seiner „Sandpapierstimme" und mit Bühnenshows; hervorragender Songautor und Interpret eigener wie fremder Kompositionen.

S., Thomas, * San Saba (Tex.) 29. Aug. 1928, amerikan. Sänger (Bariton). - Gehörte 1957–64 der Städt. Oper (später Dt. Oper) Berlin an; Gastauftritte machten ihn internat. bekannt. Zu seinem Repertoire gehören Rollen des italien. Fachs und Wagner-Opern.

Stewart Island [engl. ˈstjʊət ˈaɪlənd], südlichste der drei Hauptinseln Neuseelands, vor der S-Küste der Südinsel und von dieser durch die Foveauxstraße getrennt, 1 746 km², bis 980 m hoch, Hauptort Oban.

Steyler Missionare (eigtl. Gesellschaft des Göttl. Wortes, lat. Societas **V**erbi **D**ivini, Abk. SVD), 1875 von A. Janssen in Steyl (Prov. Limburg, Niederlande) gegründete Kongregation von Priestern und Ordensbrüdern für Mission und Seelsorge, v. a. in nichtchristl. Ländern *(Steyler Missionswerk);* 1985: 5 413 Mgl. in 280 Niederlassungen.

Steyler Missionsschwestern (eigtl. Missionsgenossenschaft der Dienerinnen des Hl. Geistes, lat. Congregatio Missionalis **S**ervarum **Sp**iritus **S**ancti, Abk. SSpS), 1889 von A. Janssen gegr.; 1983: 4 000 Mgl. in 297 Niederlassungen.

Steyr [ˈʃtaɪər], oberöstr. Stadt an der Enns, 310 m ü. d. M., 38 900 E. Stadttheater; Kfz.ind., Herstellung von Wälz- und Kugellagern, Musikinstrumenten, Schmuckwaren u. a. - Entstand um die 980 erstmals erwähnte Burg **Stirapurch;** 1252 erstmals Civitas gen. - Barockschloß Lamberg (nach 1727 ff.) mit Rokokobibliothek und Schloßpark, Rokokorathaus (1765–78); spätgot. Stadtpfarrkirche (1443 ff.), barocke ehem. Dominikanerkirche, barocke Michaelskirche (beide 17. Jh.), Wallfahrtskirche zum göttl. Christkindl (1702–25); Innerberger Stadel (1612; heute Städt. Museum). Stadttore (15., 16. und 17. Jh.).

Steyr-Daimler-Puch AG ['ʃtaɪər], östr. Unternehmen der Kfz.ind., Sitz Steyr; entstanden 1939 durch Fusion.

StGB, Abk. für: ↑Strafgesetzbuch.

STH, svw. ↑Somatotropin.

Stibium [griech.-lat.], lat. Name des ↑Antimons.

Stich, graph. Blatt in Grabsticheltechnik, z. B. Kupferstich, Stahlstich, Kaltnadelarbeit.
◆ beim Nähen und Sticken die Art der Fadenführung; zu den verschiedenen Zier-S. ↑Stickerei.
◆ (S.höhe, Pfeil[höhe]) im *Bauwesen* Bez. für die Höhe des Scheitelpunktes eines Bogens oder Gewölbes über der Verbindungslinie bzw. -ebene der Kämpfer.
◆ in der *Hüttentechnik* der [einmalige] Durchgang des Walzgutes durch die Walzen.
◆ beim *Kartenspiel* Bez. für die bei einer Runde ausgespielten Karten, die demjenigen Spieler zufallen, der den höchsten Wert ausgelegt hat.

Sticharion (Stoicharion) [griech.], liturg. Gewand in den oriental. Riten, das der ↑Albe im röm. Ritus entspricht.

Stichbahn, von einer durchgehenden Strecke abzweigende, in einem Kopfbahnhof endende Eisenbahnstrecke.

Stichbandkeramik ↑bandkeramische Kultur.

Stichel, svw. ↑Grabstichel.
◆ im Laufe des Altpaläolithikums entwickeltes prähistor. Steinwerkzeug (v.a. zur Herauslösung von Splittern und Spänen aus Knochen und Holz) mit meißelartiger Schneide.

Stichelhaare, svw. ↑Grannenhaare.

Stichflamme, gebündelte spitze Flamme; entsteht bei Verbrennung von unter hohem Druck ausströmenden brennbaren Gasen oder durch kräftige Sauerstoffzufuhr in eine Flamme.

Stichhöhe ↑Stich (Bauwesen).

stichisch [griech.], in der Metrik Bez. für die fortlaufende Aneinanderreihung formal gleicher Verse *(monostichisch)*, im Ggs. zur paarweisen Zusammenfassung verschieden gebauter Verse *(distichisch)*.

Stichkampf, im Fechtsport für Entscheidungsgefecht.

Stichkappe, gewölbte Fläche, die in ein Gewölbe (meist Tonnengewölbe) einschneidet (v.a. am Fenster).

Stichlinge (Gasterosteidae), Fam. etwa 4–20 cm langer Knochenfische mit wenigen Arten in Meeres-, Brack- und Süßgewässern der Nordhalbkugel; Körper schlank, schuppenlos, mit Knochenplatten, 2–17 freistehenden Stacheln vor der Rückenflosse und sehr dünnem Schwanzstiel; ♂♂ treiben Brutpflege. Hierher gehört u.a. der 10–20 cm lange **Seestichling** (Meerstichling, Spinachia spinachia; an den Küsten W- bis N-Europas, auch in der Ostsee; schlank, mit sehr dünnem Schwanzstiel; vor der häutigen Rückenflosse 14–17 kurze Stacheln; bräunl. bis grünl., Vorderkörper des ♂ messingfarben).

Stichloch, verschließbare Öffnung in metallurg. Öfen, durch die das flüssige Metall abgezogen wird.

Stichomantie [griech.], Wahrsagung aus einer [mit Messer oder Nadel] zufällig aufgeschlagenen Buchstelle; vom MA bis zur Neuzeit meist aus der Bibel.

Stichometrie [griech.], in der Antike Verszählung und damit Feststellung des Umfangs eines literar. Werkes (die Summe der Verse wurde am Schluß der Papyrusrollen vermerkt); diente zum Schutz gegen unerlaubte Interpolationen und zur Festlegung des Lohnes für den Schreiber.
◆ in der *Rhetorik* Bez. für antithet. Dialoge im Drama.

Stichomythie [griech.], im [barocken] Versdrama verwendete Form des längeren Dialogs, bei dem die zum Ausdruck innerer Erregung auf je einen Vers komprimierten Reden und Gegenreden miteinander wechseln.

Stichprobe (Sample), durch ein Auswahlverfahren gewonnene Teilmenge einer statist. Grundgesamtheit. Der Vorteil der Erhebung einer S. (Teilerhebung) liegt in der durch den geringeren Umfang der Erhebung bedingten Kosten- und Zeitersparnis, der Nachteil im Auftreten von zufälligen Fehlern, die aber z.T. quantifizierbar sind. Bei der **Repräsentativerhebung** wird die Teilmasse derart ausgewählt, daß sie als „Repräsentant" der Gesamtmasse gelten kann (**„Repräsentativität"**). An Auswahlverfahren kommen v.a. in Betracht: Quotaverfahren, Zufallsauswahl und die geschichtete Auswahl. Das **Quotaverfahren** ist die gezielte Auswahl des zu befragenden Personenkreises nach bestimmten Merkmalen (z.B. Alter, Beruf), die in der ausgewählten Gruppe ebenso häufig auftreten sollen wie in der Grundgesamtheit, wobei die Kenntnis der Verteilung der Merkmale in der Grundgesamtheit Voraussetzung für die Anwendung ist. Bei der **Zufallsauswahl** (Randomverfahren) erhält jeder in die S. einzubeziehende Fall die gleiche Chance, erfaßt zu werden. Ihr Vorteil besteht v.a. darin, daß bei der Anwendung die Sicherheitsgrenzen, in denen das Ergebnis liegt, berechnet werden können. Bei sehr heterogener Grundgesamtheit wird die einfache Zufalls-S. durch eine **geschichtete Stichprobe** ersetzt, d.h. die Grundgesamtheit wird in sinnvolle „Schichten" eingeteilt, aus denen jeweils eine S. gezogen wird. Die **Klumpenstichprobe** ist eine Form der S., bei der die Untersuchungseinheiten einer Grundgesamtheit, in Gruppen („Klumpen") aufgeteilt, vorliegen. Grundgesamtheit kann z.B. ein bestimmter Betrieb sein, in dem der Durchschnittslohn festgestellt werden soll. Die in den nach dem Zufallsprinzip ausgewählten Teilbetrieben (Klumpen) beschäftigten Arbeiter (Untersuchungseinheiten) werden ohne Ausnahme nach ihren Löhnen befragt.

Stich-Randall, Teresa [engl. rændl], * West Harford (Conn.) 24. Dez. 1927, amerikan. Sängerin (Sopran). - Sang nach ihrem Debüt an der Wiener Staatsoper (1952) an den großen Opernhäusern Europas und der USA (v. a. in Mozart-Opern); auch Konzertsängerin.

Stichtag, als maßgebl. für Berechnungen, Erhebungen, Rechtsverhältnisse u. ä. festgelegter Termin.

Stichwahl ↑ Wahlen.

Stickelberger, Emanuel, * Basel 13. März 1884, † Sankt Gallen 16. Jan. 1962, schweizer. Schriftsteller. - Verf. quellengetreuer geschichtl. Romane von wiss. Exaktheit, v. a. aus der Zeit der Reformation und des Humanismus, u. a. „Konrad Widerhold" (1917), „Holbein-Trilogie" (1942–46), „Das Wunder von Leyden" (1956).

Stickerei, mit der Hand oder in der Neuzeit oft mit Maschinen auf Geweben (seltener auf Leder u. a.) ausgeführte Verzierungen in abstrakten oder figürl. Mustern. Zahlr. Arten werden nach der Art des Stichs unterschieden, z. B. Kreuzstich-S., Plattstich-S. (nebeneinanderliegende Stiche, z. B. beim ↑ Bayeux-Teppich; bei ineinandergreifenden Fadenlagen als *Nadelmalerei* bezeichnet), Strichstich-S., Steppstich-S., Kettenstich-S., Schlingstich-S. u. a. Bes. Gruppen bilden u. a. die Loch-S. (Richelieu-S., Hedebo-S.) und die Durchbruch-S. in verschiedenen Variationen und Bez. (z. B. Hardanger-S., Toledo-S., hess. Weiß-S.) oder die Spitzen-S. (deren unbestickten Teile ausgeschnitten werden). Oft wird S. auch nach dem Stoff oder dem Fadenmaterial benannt (Leinen-S.; Gold-, Seiden-S.). S.arbeiten dienten lange Zeit bevorzugt kirchl. Zwecken, auch kostbar bestickte Krönungsmäntel sind überliefert. Um 1500 verbreitete sich die Leinen-S. in den bürgerl. Häusern; S. waren v. a. in Volkstrachten im 19. Jh. verbreitet.

Stickhusten, svw. ↑ Keuchhusten.

Stickmaschinen, unterschiedl. arbeitende Maschinen zur halb- oder vollmechan. Anfertigung von Stickereien. **Handstickmaschinen** arbeiten mit einem Faden und zweispitzigen Nadeln, die Musterbildung auf dem Stickboden erfolgt über einen von Hand geführten Pantographen. **Schiffchenstickmaschinen** arbeiten nach dem Zweifadensystem mit Nadel und Schiffchen (Prinzip der Nähmaschine); zur Musterbildung wird die automat. Lochkarten- oder Lochbandsteuerung verwendet. Bei **Kettenstich-** oder **Kurbelmaschinen** wird der zu bestickende Stoff mit Hilfe einer Kurbel der Vorlage entsprechend hin- und herbewegt. **Mehrkopf-Stickautomaten** besitzen nach dem Prinzip der Nähmaschine arbeitende, gekoppelte Stickköpfe, die mit Hilfe von Lochkarten oder -bändern gesteuert werden.

Stickoxide, svw. ↑ Stickstoffoxide.

Stickoxydul, veraltete Bez. für Distickstoff[mon]oxid (Lachgas).

Stickstoff, chem. Symbol N (von lat. Nitrogenium); gasförmiges Element aus der V. Hauptgruppe des Periodensystems der chem. Elemente, Ordnungszahl 7, mittlere Atommasse 14,0067, Schmelzpunkt −209,86 °C, Siedepunkt −195,8 °C. S. ist ein farb-, geruch- und geschmackloses, reaktionsträges, ungiftiges, in Form zweiatomiger Moleküle, N_2, vorliegendes Gas. Mit 78,09 Vol.-% ist S. das häufigste Element der Erdatmosphäre; in der Häufigkeit der chem. Elemente in der Erdkruste liegt er mit 0,03 Gew.-% an 16. Stelle. In Organismen ist S. v. a. in Proteinen und Nukleinsäuren enthalten; er kann von Pflanzen und Tieren nur in Form von S.verbindungen aufgenommen werden; ledigl. einige Mikroorganismen (↑ stickstoffoxidierende Bakterien) können elementaren S. in S.verbindungen überführen. S. wird durch fraktionierte Destillation von Luft gewonnen und kommt in grünen Stahlflaschen in den Handel. Er wird in großen Mengen zur Herstellung wichtiger S.verbindungen (wie Ammoniak, Salpetersäure, Kalk-S. und Nitriden) für die Düngemittel-Ind. verwendet; daneben dient er wegen seiner Reaktionsträgheit als inertes Schutzgas; flüssiger S. wird als Kühlmittel verwendet.

Geschichte: S. wurde von mehreren Chemikern unabhängig voneinander entdeckt: von M. W. Lomonossow (1756), C. W. Scheele (1770), J. Priestley (1770), H. Cavendish (1772) und D. Rutherford (1772). S. erhielt [1787 von A. L. de Lavoisier] seinen Namen durch die Eigenschaft, die Verbrennung nicht zu unterhalten (zu „ersticken").

📖 *Mundo, K./Weber, Wolfgang: Anorgan. S.-Verbindungen. Mchn. 1982. - Jones, K.: The chemistry of nitrogen. Oxford 1976. - S. Bln. [8]1934–36. 4 Bde. Nachdr. Whm. 1968.*

Stickstoffassimilation ↑ Assimilation.

stickstoffixierende Bakterien (Stickstoffbakterien), Bakterien, die mittels eines Multienzymsystems Luftstickstoff zu Ammonium (NH^+_4) reduzieren. S. B. leben teils frei in Böden und Gewässern (z. B. Azotobacter), teils in Symbiose mit Pflanzen (↑ Knöllchenbakterien der Hülsenfrüchtler, ↑ Strahlenpilze bei Erlen und Sanddorn). Der Stickstoffgewinn pro ha und Jahr beträgt bei Hülsenfrüchtlern mit Wurzelknöllchen 100–200 kg.

Stickstoffkreislauf, die zykl. Umsetzung des Stickstoffs und seiner Verbindungen (v. a. Aminosäuren und Proteine) in der Natur. Der elementare Luftstickstoff kann nur von einigen frei im Boden oder symbiont. lebenden Mikroorganismen (↑ Knöllchenbak-

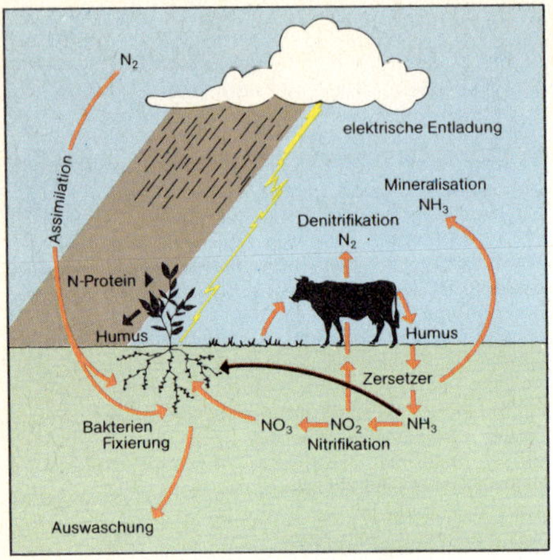

Stickstoffkreislauf (schematisch)

terien) gebunden und nach deren Absterben dem Boden in Form organ. Stickstoffverbindungen zugeführt werden. Die höheren Pflanzen nehmen über die Wurzeln die im Bodenwasser gelösten Nitrate (bzw. Ammoniumverbindungen) auf und legen den Stickstoff im Verlauf der assimilator. Nitratreduktion und der anschließenden reduktiven Aminierung in den Aminogruppen der Proteine und in anderen Verbindungen fest. Tiere decken ihren Bedarf an Stickstoffverbindungen durch Aufnahme pflanzl. Proteins. Im Ggs. zu den Pflanzen, für die der im Boden gebundene Stickstoff einen Minimumfaktor darstellt, scheiden Tiere reichl. Stickstoff in Form von Harnsäure und Harnstoff aus. Durch tier. Exkremente, abgestorbene Organismen und in sehr geringem Umfang auch durch elektr. Entladungen in der Atmosphäre gelangen Stickstoffverbindungen auf natürl. Wege in den Boden, wo sie von Nitrobakterien stufenweise zu Nitraten oxidiert werden († Nitrifikation).

Stickstoffoxide (Stickoxide), die Verbindungen des Stickstoffs mit Sauerstoff; man unterscheidet: **Distickstoff[mon]oxid,** N_2O, (Lachgas), ein farbloses, süßl. riechendes Gas, das als Narkosemittel verwendet wird. **Stickstoffmonoxid,** NO, ist ein farbloses, giftiges Gas, das bei der Herstellung von Salpetersäure als Zwischenprodukt auftritt. **Distickstofftrioxid,** N_2O_3, ist eine nur bei tiefen Temperaturen beständige Flüssigkeit, die sich oberhalb 0 °C zu Stickstoffmonoxid und Stickstoffdioxid zersetzt. **Stickstoffdioxid,** NO_2, das bei Normaltemperatur als Distickstofftetroxid, N_2O_4, vorliegt, ist ein braunrotes, giftiges, oxidierend wirkendes Gas, das der Hauptbestandteil der aus rauchender Salpetersäure entweichenden, sog. nitrosen Gase ist. **Distickstoffpentoxid,** N_2O_5, eine farblose, kristalline Substanz, bildet mit Wasser Salpetersäure und ist als deren Anhydrid anzusehen. *Toxikolog. Bed.* haben v. a. das Stickstoffmonoxid und das Stickstoffdioxid, die in geringen Mengen überall dort entstehen, wo Verbrennungen bei hoher Temperatur durchgeführt werden. - Der MAK-Wert für Stickstoffdioxid wurde auf 9 mg/m³ festgelegt.

Stickstoffwasserstoffsäure (Azoimid), HN_3, farblose, stechend riechende, sehr unbeständige, explosive Flüssigkeit; ihre Salze heißen Azide.

Stictomys [griech.] † Pakas.

Stiefel, Michael † Stifel, Michael.

Stiefel, Schuhwerk, das mindestens den Knöchel oder auch die Wade bedeckt, mitunter auch bis über die Knie hinaufreicht (*Kanonenstiefel*). - † auch Schuhe.

Stieff, Hellmuth, * Deutsch Eylau 6. Juni 1901, † Berlin-Plötzensee 8. Aug. 1944 (hingerichtet), dt. General und Widerstandskämpfer. - Ab Okt. 1942 Chef der Organisationsabteilung im Generalstab des Heeres; hielt den Sprengstoff für das Attentat vom 20. Juli 1944 zur Verfügung.

Stiefgeschwister † Geschwister.

Stiefkinder, die Kinder des anderen Ehegatten.

Stiefmütterchen (Wildes S., Feld-S., Acker-S., Viola tricolor), formenreiche Sammelart der Gatt. Veilchen im gemäßigten Europa und in Asien, meist auf Äckern und Wiesen; einjähriges oder ausdauerndes, 5–30 cm hohes Kraut mit aufsteigenden oder aufrechten Stengeln, ei- bis lanzenförmigen, gekerbten Blättern und tief fiederspaltigen Nebenblättern; Blüten gestielt, meist bunt, blauviolett, gelb und weiß, selten einfarbig gelb mit bläul. Sporn; Frucht eine dreiklappige Kapsel. Zur Züchtung der **Gartenstiefmütterchen** (Pensée; mit samtartigen, ein- oder mehrfarbigen, auch gefleckten, gestreiften, geflammten oder geränderten Blüten) wurde neben dieser Art auch das **Gelbe Veilchen** (Viola lutea; mit gelben, violetten oder mehrfarbigen Blüten; auf Gebirgswiesen im M- und W-Europa) verwendet.

Stiege, östr. svw. Treppe (*Stiegenhaus*, Treppenhaus), ansonsten svw. einfache, schmale Treppe; Leiter.

◆ † Puppe.

Stieglitz, Alfred, * Hoboken (N. J.) 1. Jan. 1864, † New York 13. Juli 1946, amerikan. Photograph. - Sohn dt. Einwanderer; gründete 1902 aus Protest gegen die zeitgenöss. konventionelle Photographie mit E. J. Steichen die Gruppe „Photo-Secession"; 1902–16 Hg. der Zeitschrift „Camera Work". Zu seinen besten Bildern zählen die 400 Aufnahmen von seiner Frau, der Malerin Georgia O'Keefe (* 1887, † 1986).

Stieglitz [slaw.] (Distelfink, Carduelis

carduelis), bis 12 cm langer Finkenvogel, v. a. auf Wiesen, in lichten Auenwäldern, Parkanlagen und Gärten NW-Afrikas, Europas, SW- und Z-Asiens; eingebürgert in Australien, Neuseeland und in den USA; vorwiegend Sämereien und Knospen fressender Singvogel mit roter Gesichtsmaske, schwarzem Oberkopf und Nacken, weißen Kopfseiten, weißl. Bauch sowie braunem Rücken und Brustband; Schwanz und Flügel schwarz, letztere mit gelber Bandzeichnung; beide Geschlechter fast gleich gefärbt; nistet auf Bäumen; Teilzieher.

Stiehl, Ferdinand, * Arnoldshain (= Schmitten, Hochtaunuskreis) 12. April 1812, † Freiburg im Breisgau 16. Sept. 1878, dt. ev. Theologe und Pädagoge. - 1844–72 Referent für Volksschul- und Lehrerbildungsfragen im preuß. Kultusministerium; heftig angegriffen wegen seiner reaktionären Schulordnung, der Regulative von 1854, die u. a. gegen eine Anhebung des Bildungsstandes von Lehrer- und Schülerschaft gerichtet waren.

Stielaugenfliegen (Diopsidae), Fam. der Fliegen mit rd. 150, etwa 1 cm langen Arten, v. a. in den Tropen Asiens und Afrikas; stielförmige Kopfseiten, an deren Ende Augen und Fühler sitzen.

Stieleiche ↑Eiche.

Stieler, Adolf, * Gotha 26. Febr. 1775, † ebd. 13. März 1836, dt. Kartograph. - Hg. von Atlanten; berühmt v. a. sein „Handatlas über alle Theile der Erde ...“ (50 Blätter, 1817–23) sowie seine Schulatlanten.

S., Caspar (Kaspar) von (seit 1705), * Erfurt 2. Aug. (25. März?) 1632, † ebd. 24. Juni 1707, dt. Dichter und Sprachforscher. - Mgl. der „Fruchtbringenden Gesellschaft“; in seinem lexikal. Werk, „Der Teutschen Sprache Stammbaum und Fortwachs ...“ (1691), verzeichnete er den Wortschatz seiner Zeit; Verfasser der Gedichtsammlung „Die Geharnschte Venus ...“ (1660), die unter dem Pseud. Filidor der Dorfferer erschienen war; schrieb auch geistl. Lieder, mehrere stilist., grammatikal. und lexikal. Handbücher. Seine „Dichtkunst“ wurde erst 1887 entdeckt.

S., Joseph Karl, * Mainz 1. Nov. 1781, † München 9. April 1858, dt. Maler. - Seit 1820 Hofmaler Ludwigs I. in München; malte konventionell idealisierende Porträts (Goethe, 1828, München, Bayer. Staatsgemäldesammlungen; 36 Frauenporträts, sog. Schönheitsgalerie, Schloß Nymphenburg).

S., Karl, * München 15. Dez. 1842, † ebd. 12. April 1885, bayr. Mundartdichter. - Mitarbeiter des Wochenblatts „Fliegende Blätter“ in München; schrieb humorvolle Dichtungen in oberbayr. Dialekt, Reisebeschreibungen und Gedichte in hochdt. Sprache.

Stieltjes, Thomas Joannes [niederl. 'sti:ltjəs], * Zwolle 29. Dez. 1856, † Toulouse 31. Dez. 1894, niederl. Mathematiker. - 1877–83 an der Leidener Sternwarte tätig, ab 1886 Prof. in Toulouse. Arbeiten zur Analysis, zur Funktionen- und Zahlentheorie.

Stieglitz

Stier, Christoph, * Magdeburg 7. Jan. 1941, dt. ev. Theologe. - Seit 1984 Landesbischof der Ev.-Luth. Landeskirche Mecklenburgs.

Stier ↑Sternbilder (Übersicht).

Stier ↑Bulle.

Stierkäfer (Dreihornkäfer, Typhoeus typhoeus), 12–24 mm langer, glänzend schwarzer Mistkäfer v. a. in sandigen Heidegebieten und lichten Kiefernwäldern W- und M-Europas; Halsschild des ♂ mit drei hornförmigen Auswüchsen.

Stierkampf (span. Corrida de toros), ein im antiken Ägypten, in Mesopotamien und später bei den Mauren S-Spaniens bekannter [unblutiger] Kampf von Menschen mit Stieren. Der S. wird heute in Spanien, dort auch zu Pferde, sowie [in unblutigen Formen] in Portugal, S-Frankr. und Lateinamerika nach festen Regeln unter Aufsicht eines Kampfgerichts ausgetragen. Die span. Stierkämpfe finden von Ostern bis Oktober an allen Sonn- und Feiertagen statt. Nach dem feierl. Einzug der Stierkämpfertruppe wird der Stier zu Beginn des Kampfes von Helfern *(Peones)* mit der *Capa*, dem farbigen Mantel, gereizt. Im darauffolgenden Lanzenkampf wird der angreifende Stier vom berittenen *Picador* durch Stiche in den Nacken geschwächt, dann setzen die *Banderilleros* die *Banderillas* in den Nakken des Tieres; dem somit aufs äußerste gereizten Stier tritt der *Torero* (in der Endphase *Matador* gen.) mit einem 90 cm langen Stoßdegen und der *Muleta* (einem an einem Stock befestigten roten Tuch) entgegen, mit der er ihn zu einer bestimmten Reihe von Passagen

(Pases) veranlaßt. Im letzten Kampfabschnitt hat der Matador das Tier von vorn durch einen Degenstoß *(Estocada)* zw. die Schulterblätter zu töten. Falls dies nicht gelingt, tötet er den Stier durch den Gnadenstoß *(Descabello)*. Ein S. dauert etwa eine halbe Stunde; bei einer Veranstaltung werden im allg. 6 Stierkämpfe ausgetragen.

▢ *Hensel, G./Lander, H.: S. in Wort u. Bild. Darmst. ²1979.*

Stierkopfhaie (Hornhaie, Doggenhaie, Schweinshaie, Heterodontidae), Fam. der Haifische mit meist nicht über rd. 2 m messenden Arten im Pazif. und Ind. Ozean; Fische mit plumpem Körper, breitem Kopf, abgerundeter Schnauze und Pflasterzähnen; vor den beiden Rückenflossen je ein großer Stachel. Bes. in den Gewässern um Australien kommt der bis 1,5 m lange **Doggenhai** (Heterodontus philippi) vor; am Kopf und Vorderkörper braungestreift.

Stierkult, kult. Verehrung des Stiers als Symbol von Gottheiten auf Grund seiner Stärke, Wildheit und Zeugungskraft. Charakterist. hierfür war die altägypt. Verehrung des Apis- und Mnevisstiers. Im alten Iran stand die rituelle Tötung des Stiers im Mittelpunkt nächtl. Opferfeiern, die in der Spätantike dann vom Mithraskult tradiert wurde. Stierblut wurde in den Mysterien der ↑Kybele beim Vollzug eines Taufritus verwendet. Als bevorzugtes Opfertier v. a. für den Wettergott galt der Stier in Mesopotamien, Syrien und Kleinasien sowie in der kanaanäischen Umwelt des A. T. (↑Goldenes Kalb).

Stiernstedt, Marika [schwed. ˈʃæːrnstɛt], * Stockholm 12. Jan. 1875, † Tyringe 25. Okt. 1954, schwed. Schriftstellerin. - In 2. Ehe ∞ mit L. Nordström; 1931–43 Vorsitzende des schwed. Autorenvereins; ihre Unterhaltungsromane behandeln vorwiegend Schicksale von Frauen aus der Aristokratie und dem Großbürgertum, u. a. „Fräulein Liwin“ (1925), „Attentat in Paris“ (1942).

Stifel (Stiefel, Styfel), Michael, * Esslingen am Neckar um 1487, † Jena 19. April 1567, dt. Mathematiker und ev. Theologe. - Zunächst Mönch, schloß sich 1522 Luther an; ab 1559 ev. Prediger und Prof. für Mathematik in Jena. In seinem Hauptwerk „Arithmetica integra“ (1544) erkannte er negative Zahlen als Gleichungskoeffizienten an und behandelte komplizierte Wurzelausdrücke.

Stift, im kath. Kirchenrecht ein mit einer ↑Stiftung dotiertes (ausgestattetes) Kollegium von kanonisch lebenden Klerikern (**Stiftsherren** oder ↑Kanoniker) mit der Aufgabe des Chordienstes an der Stiftskirche, d. h. an der Domkirche eines Bistums (**Domstift, Hochstift**) oder an einer anderen Kirche (**Niederstift, Kollegiatstift**); der Klerus des S. ist wie das S. mit bes. Vorrechten ausgestattet (↑Domfreiheit); die klösterl. Bez. ↑Münster wurde auf das S. übertragen (S.kirche = Münsterkirche); innerhalb des S. bildet das **Stiftskapitel** die rechtl. Gemeinschaft seiner vollberechtigten Mgl. (Kapitularkanoniker oder Kapitulare im Unterschied zu den einfachen Kanonikern). Zu den S. gehören auch zahlr. klösterl. Gründungen, auch Frauenklöster, die in der Reformation vielfach in **Damenstifte** umgewandelt wurden; die Bez. S. ging auch auf die geistl. Fürstentümer über (↑Hochstift; das Territorium eines Erzbistums hieß **Erzstift,** das eines geistl. Kurfürstentums **Kurstift**).

Stift, Maschinenelement zur Verbindung, Sicherung und Zentrierung von Maschinenteilen. **Zylinderstifte** dienen als Verbindungs- und Befestigungs-S., als Niet-S. und Scher-S. oder paarweise als **Paßstifte** zur Lagefixierung zweier Maschinenteile gegeneinander; **Kegelstifte** können zur Zentrierung und Befestigung von Maschinenteilen verwendet werden. **Kerbstifte** besitzen längs ihres zylindr. Schafts 3 um 120° versetzte Kerben, deren elast. aufgewölbte Ränder sich an die Wandung des zylindr. Lochs anpressen und eine rüttelfeste Verbindung herstellen.

Stifter, Adalbert, * Oberplan (= Horní Planá, Südböhm. Gebiet) 23. Okt. 1805, † Linz 28. Jan. 1868 (wahrscheinl. Selbstmord) östr. Schriftsteller. - Gilt als größter östr. Erzähler. Aus kleinbürgerl. Verhältnissen; neben seiner literar. Tätigkeit auch als Kunstmaler tätig; lebte von Privatstunden und dem Verkauf seiner Bilder, bis er 1850 Schulinspektor in Linz wurde. Einflüsse der Romantik, Jean Pauls und J. F. Coopers spiegeln bes. die Landschaftsbeschreibungen in den ersten der 6 Novellenbände „Studien“ (1844–50) wider; v. a. „Das Heidedorf“, „Der Hochwald“, „Die Narrenburg“ und „Abdias“ sind klass. Beispiele deutschsprachiger Novellendichtung. Mit den Erzählungen in „Die Mappe meines Urgroßvaters“ (sog. „Studienmappe“) wandelte sich S. zum Dichter der Ruhe, der Ordnung und des Maßes. Sein eth. und ästhet. Programm, formuliert als „sanftes Gesetz“, ist die Verwirklichung der „Vernunftwürde des Menschen, seiner Vervollkommnungsfähigkeit sowie der erzieher. Wirkung der Kunst“, dargestellt im Stillen, Kleinen, Gewöhnlichen, nach S. der Ursprung alles wahrhaft Edlen und Großen; z. B. „Bunte Steine“ (1853; darin u. a. „Bergkristall“), „Erzählungen“ (hg. 1869; darin u. a. „Der Waldbrunnen“, „Der fromme Spruch“, „Der Kuß von Sentze“). Seine Romane („Der Nachsommer“, 1857; „Witiko“, 1865–67) wurden erst nach 1918 rezipiert. „Die Mappe meines Urgroßvaters“ (sog. „letzte Mappe“, die letzte von 4 Fassungen dieser Erzählung, als Roman angelegt), blieb unvollendet (gedruckt 1939).

▢ *Naumann, U.: A. S. Stg. 1979. - Selge, M.: A. S. Stg. u. a. 1976. - Wildbolz, R.: A. S. Stg. u. a. 1976. - Kaiser, M.: A. S. Eine literaturpsycholog. Unters. seiner Erzählungen. Bonn 1971.*

Stifterfigur, die Darstellung des Auftraggebers eines kirchl. Bauwerks oder Ausstattungsstückes. Er wird entweder bei der Übergabe der Stiftung (z. B. eines Architekturmodells) an Christus oder Heilige oder kniend in betender Haltung wiedergegeben (oft mit Familie).

Stifterreligion, Bez. für eine Religion, die auf einen histor. greifbaren Religionsstifter zurückgeführt werden kann (z. B. Judentum, Buddhismus, Christentum, Islam).

Stifterverband für die Deutsche Wissenschaft e. V., 1920 gegründete und 1949 wiedererrichtete Gemeinschaftsaktion der dt. Wirtschaft zur Förderung der Wiss. in Forschung und Lehre aus Förderbeiträgen. 1985 gehörten dem Verband (Sitz in Essen) rd. 5 000 Mgl. (Firmen, Verbände, Einzelpersonen) an. Die dem Stifterverband zur Verfügung stehenden Geldmittel (freie und gebundene Spenden sowie Ausschüttungen aus dem Treuhandvermögen) betrugen 1985 insgesamt 65,5 Mill. DM. Unterstützt die Selbstverwaltungsorganisationen der Wiss. sowie Forschungsprojekte zur Lösung von Strukturproblemen im Wiss.- und Bildungsbereich. - Er verwaltet darüber hinaus treuhänder. 108 (1985) unselbständige Stiftungen.

Stiftsherr ↑Stift.

Stiftshütte (Bundeszelt), seit Luther gebräuchl. Bez. für das altisraelit. Heiligtum, eigtl. „Zelt der Begegnung"; zunächst Wanderheiligtum der Stämme, dann das zentrale Wohnheiligtum, das durch Gottes ständige Gegenwart ausgezeichnet ist (Allerheiligstes).

Stiftskapitel (Kollegiatkapitel) ↑Stift.

Stiftung, Sondervermögen, das gemäß dem Willen eines Stifters selbständig verwaltet und zur Förderung eines bestimmten Zweckes verwendet wird; auch Bez. für den Vorgang der Widmung des Vermögens zu diesem Zweck. Man unterscheidet selbständige, näml. als jurist. Personen rechtsfähige, und unselbständige S., und unter den ersteren wiederum privat-rechtl. *(S. des bürgerl. Rechts)* und öffentl.-rechtl. *(S. des öffentl. Rechts).* Die rechtsfähige private S. entsteht durch einen rechtsgeschäftl. Akt des Stifters und die nach freiem Ermessen zu erteilende staatl. Genehmigung. Sie untersteht zudem einer weitgehenden Rechtsaufsicht des Staates. Infolge der geringeren Einflußmöglichkeiten des Staates hat die unselbständige S. in der Praxis größere Bed. erlangt. Sie beruht auf einem Vertrag des Stifters mit einem bereits vorhandenen Rechtsträger, der das ihm übertragene Vermögen treuhänder. verwaltet und entsprechend dem Willen des Stifters verwendet. - Die älteste noch existierende S. in der BR Deutschland ist die Hospital-S. im Wemding (Bayern), berühmt ist auch die Fugger-S. in Augsburg (karitativer Zweck, Wohnsiedlung „Fuggerei"). - Die S. im *kath. Kirchenrecht* (Fundation) hat weitgehend die gleiche Rechtsstruktur wie die S. des bürgerl. Rechts. Sie ist die histor. Grundlage für die Entstehung der verschiedenen Arten von Stiften sowie deren ökonom. Absicherung. Daneben gibt es zahlr. S., deren Erträge ausschließl. religiösen bzw. karitativen Zwecken dienen *(fromme S.).* - Im *ev. Kirchenrecht* ist die Regelung des S.rechts je nach Landeskirche verschieden; sie erfolgt z. T. noch nach Rechtssatzungen aus der Zeit des landesherrl. Kirchenregiments.

Stiftung Deutsche Sporthilfe, am 26. Mai 1967 gegr. Einrichtung zur materiellen Unterstützung von Spitzensportlern in der BR Deutschland, Sitz Frankfurt am Main.

Stiftung F.V.S. zu Hamburg, 1931 von dem Kaufmann Alfred Toepfer (* 1894) gegr. Stiftung mit Sitz in Hamburg. Das Vermögen der Stiftung beträgt rd. 200 Mill. DM. Stiftungszweck ist die Förderung kultureller, wiss. und humanitärer Leistungen in Europa durch Verleihung von Preisen (u. a. Gottfried-von-Herder-Preis, Hansischer Goethe-Preis, Robert-Schuman-Preis, Shakespeare-Preis) sowie durch Vergabe von Stipendien an den jugendl. Nachwuchs. Bes. gefördert wurden der Natur- und Denkmalschutz sowie die Bewahrung und Einrichtung von National- und Naturparks. Die Abkürzung F.V.S. ist nicht auflösbar.

Stiftung Mitbestimmung, 1954 gegr. Studienförderungswerk des DGB, am 1. Juli 1977 in **Hans-Böckler-Stiftung** umbenannt. Stiftungszweck sind v. a. die Studienförderung von Arbeitnehmern und deren Kindern, die Förderung polit. Bildungsarbeit an Hochschulen, die Unterstützung von Bildungsmaßnahmen für Arbeitnehmer, sowie wiss. Arbeiten und Untersuchungen im Interesse der Arbeitnehmer und allg. die ideelle und finanzielle Förderung des Gedankens der Mitbestimmung. Die Mittel der S. M. stammen neben den Zuschüssen aus Bundesmitteln, aus Zuwendungen u. a. der Arbeitnehmervertretungen in Aufsichtsräten und der Arbeits- bzw. Personaldirektoren.

Stiftung Preußischer Kulturbesitz, 1957 durch Bundesgesetz errichtete Stiftung des öffentl. Rechts mit Sitz in Berlin (West), Stiftungszweck ist die Verwaltung und Fortentwicklung des ehem. preuß. Kulturbesitzes in Berlin. Träger sind der Bund und die Länder. Zur Stiftung gehören die 14 staatl. Museen (u. a. Museen in Berlin-Dahlem, Museum für Völkerkunde, neue Nationalgalerie), die Staatsbibliothek Preußischer Kulturbesitz mit rd. 3,5 Mill. Bänden, das Geheime Staatsarchiv, das Iberoamerikan. Inst. und das Staatl. Inst. für Musikforschung.

Stiftung Volkswagenwerk, 1961 von der BR Deutschland und dem Land Niedersachsen gegr. privatrechtl. S. zur Förderung von Wiss. und Technik in Forschung und Lehre, Sitz Hannover. Das Stiftungsvermö-

Stijl-Gruppe. Theo van Doesburg und Cornelis van Eesteren, Architekturmodell (1922/23)

gen beträgt rd. 1,4 Mrd. DM (1986). Die Förderungsmittel (1986 rd. 156 Mill. DM) stammen aus den Zinsen des Stiftungskapitals, aus dem Anspruch auf Dividende am Aktienbesitz des Bundes und des Landes Niedersachsen am Volkswagenwerk sowie aus sonstigen Erträgen. 1962–86 wurden über 2,88 Mrd. DM für über 15 000 Vorhaben vergeben, u. a. für Forschungsprojekte, wiss. Veranstaltungen, Nachwuchsförderung, Gastlehrstühle an ausländ. Universitäten, Startfinanzierung wiss. Institutionen.

Stiftung Warentest, staatl. unterstütztes, auf Beschluß des Bundestages von 1964 mit Mitteln des Bundes gegründetes Warentestinstitut, Sitz Berlin. Die S. W. hat die Aufgabe, die Verbraucher über Qualität von Waren und Dienstleistungen an Hand objektiver Merkmale zu informieren.

Stiftzahn, Zahnersatz, bei dem der künstl. Zahn mit Hilfe eines Stiftes im Zahnwurzelkanal verankert ist.

Stigler, George [engl. 'staɪglə], * Renton (Washington) 17. Jan. 1911, amerikan. Wirtschaftswissenschaftler. - Grundlegende Studien zur Funktionsweise der Märkte und zur Analyse der Struktur und Entwicklung der Industrie- und Erwerbszweige, inbes. zu der Frage, wie die Märkte von der Gesetzgebung beeinflußt werden; erhielt 1982 den Nobelpreis für Wirtschaftswissenschaften.

Stigma [griech. „Stich, Punkt, Brandmal"] (Mehrzahl Stigmen), (Spiraculum) bei Stummelfüßern, Spinnentieren, Tausendfüßern und Insekten in den membranösen Körperseiten vorhandene Atemöffnung, die in die Atemröhren (Tracheen) einmündet.

◆ ↑Augenfleck.

◆ in der *kath. Kirche* Bez. für ein bei Stigmatisierten auftretendes Wundmal (↑Stigmatisation).

Stigmatisation [griech.], das Auftreten äußerl. sichtbarer, psychogen bedingter Körpermerkmale (z. B. Hautblutungen) bei hyster. Personen. S. erscheinen oft als Identifikationsprodukte. - Im *theolog.* Sinn das plötzl. Auftreten der Leidensmale Jesu am Leib eines lebenden Menschen, bes. an Händen, Füßen und an der Seite, aber auch an Kopf, Schultern oder Rücken, meist bei Menschen mit außergewöhnl. Passionsmystik und erhöhter Beeinflußbarkeit, oft begleitet von ekstat. oder visionärem Verhalten (nicht selten klischeehaft), von parapsycholog. Phänomenen sowie Nahrungs- und Schlaflosigkeit. Der erste geschichtl. belegte Fall von S. ist Franz von Assisi.

Stigmatisierung [griech.], Bez. der Soziologie für die Zuordnung bestimmter von der Gesellschaft bzw. einer sozialen Gruppe negativ bewerteter Merkmale (z. B. nicht ehelich, vorbestraft) auf ein Individuum, das damit sozial diskreditiert wird.

Stigmen, Mrz. von ↑Stigma.

Stijl-Gruppe [niederl. stɛjl], niederl. Künstlergruppe, gegr. 1917 von den Malern P. Mondrian und T. van Doesburg, den Architekten J. J. P. Oud und G. Rietveld, dem Bildhauer G. Vantongerloo u. a., benannt nach ihrer von T. van Doesburg herausgegebenen Monatsschrift „De Stijl". Fundamentalbegriff des neuen Stils war „elementare Gestaltung". Zuerst in der Malerei erfolgte unter Ablehnung jeder Naturwiedergabe eine Reduktion auf eine geometr. Formsprache, d. h. die Grundelemente der Senkrechten und Waagrechten, die Grundfarben Rot, Blau und Gelb und die Nichtfarben Schwarz, Weiß, Grau. Van Doesburg und C. van Eesteren (* 1897) übertrugen diese Prinzipien in einem berühmten Modell (1922/23) auf die Architektur. Die „plast. Architektur" wird bestimmt durch Raumbeziehungen, ausgedrückt durch das Verhältnis rechteckiger Flächen zueinander und zum unendl. Raum, unterstützt bzw. beeinflußt von den Grundfarben. Die Entwicklung kub. Baukörper bewirkte in wenigen Jahren eine grundlegende formale Umgestaltung der europ. Architektur; ihre vorbildl. Siedlungen erwuchsen aus ihrer Überzeugung, daß der Funktionalismus Ausdruck der modernen Gesellschaft ist. „De Stijl" bestimmte die Entwicklung der bildenden Künste auf allen Gebieten für rd. 10 Jahre.

Stikker, Dirk Uipko, * Winschoten 5. Febr. 1897, † Wassenaar (bei Den Haag) 24. Dez. 1979, niederl. Politiker. - 1948 Mitbegr. der Volkspartij voor Vrijheid en Democratie, deren erster Vors.; 1948–52 Außenmin.; 1952–58 Botschafter in London, Generalsekretär der NATO 1961–64; 1964–67 Direktor der Royal Dutch/Shell-Gruppe.

Stil [zu lat. stilus „Stiel, Griffel, Schreibart"], allg. Begriff zur unterscheidenden Kennzeichnung spezif. Haltungen und Äußerungen von einzelnen Personen oder Gruppen (Völker, Stände, Generationen, soziale Schichten) in einem bestimmten Bezugsrahmen histor. oder gattungsbezogener Normen. Man spricht zwar verallgemeinernd von „Lebens-S." und „persönl. S." und bezeichnet im Sport mit S. den individuellen Bewegungsablauf (z. B. Lauf-S.), doch sind die spezif. Anwendungsgebiete des S.begriffs Literatur, bildende Kunst, darstellende Künste und Musik. Dort versteht man unter S. besondere, unverwechselbare Grundmuster, die das Kunstschaffen von Völkern bzw. kulturellen Regionen *(National-* oder *Regional-S.)*, histor. Zeitabschnitten *(Epochen-S., Zeit-S.)*, einzelnen Künstlern *(Personal-* oder *Individual-S.)* und die Ausprägungsformen bestimmter Werktypen *(Gattungs-S.)* oder einzelner Kunstprodukte *(Werk-S.)* kennzeichnen. Zwar versucht die Stilforschung der verschiedenen Kunstgattungen seit dem 19. Jh. anhand anschaul. formaler Merkmale Stile historisch-deskriptiv und vergleichend zu erfassen, doch bleibt der S.begriff problemat., zumal wenn in bestimmten Bereichen erarbeitete S.begriffe (z. B. sind Barock, Klassik, Romantik u. a. S.bezeichnungen der bildenden Kunst und der Literatur) auf andere Gebiete (etwa die Musik) angewendet werden und wenn der histor.-ideolog. Standort dessen, der den S.begriff verwendet, nicht offengelegt ist. Für den S.begriff grundlegend wurden die Annahme ästhet. sinnvoller Entwicklungsprozesse eines S. (Entstehung, Blüte, Verfall) und die Hypothese der gesetzmäßigen Abfolge stilist. Grundtendenzen („klass." und „manierist.").

Stilanalyse ↑Stilistik.

Stilb [griech.], Einheitenzeichen sb, gesetzl. nicht mehr zugelassene photometr. Einheit der Leuchtdichte: $1\,sb = 1\,cd/cm^2$.

Stilben [griech.] (1,2-Diphenyläthylen), $C_6H_5{-}CH{=}CH{-}C_6H_5$, ungesättigter, in zwei stereoisomeren Formen (als cis- und trans-S.) vorkommender Kohlenwasserstoff, der dem Stilböstrol und einigen als opt. Aufheller in Waschmitteln verwendeten Substanzen zugrunde liegt.

Stilblüte, durch einen Denkfehler oder durch Unachtsamkeit entstandene doppelsinnige sprachl. Äußerung, die durch das Weglassen eines Wortes, eines Relativsatzes, falsche oder ungewöhnl. Wortstellung und Wortwahl usw. eine unbeabsichtigte kom. Wirkung auslöst.

Stilbruch, Durchbrechung einer Stilebene, z. B. durch Einmischung von Wörtern aus einer anderen, höheren oder tieferen Stilschicht oder durch unpassende Bildlichkeit.

Stilbühne ↑Theater.

Stilett [lat.-italien.], kleiner Dolch mit dreikantiger Klinge.

Stilettfliegen (Luchsfliegen, Therevidae), weltweit verbreitete Fam. der Fliegen mit rd. 500 etwa 5–15 mm langen Arten (davon etwa 60 einheim.); Körper schlank, dunkel gefärbt, meist dicht gold- oder silberglänzend behaart, mit kegelförmig zugespitztem Hinterleib.

Stilfser Joch ↑Alpenpässe (Übersicht).

Stilicho, Flavius, * um 365, † Ravenna 22. Aug. 408, röm. Magister militum und Patricius vandal. Abstammung. - Nach Theodosius' I. Tod (395) im Weström. Reich Regent für Honorius; mußte nach Kämpfen gegen die Westgoten in Thessalien dem Oström. Reich die Diözesen Makedonien und Dakien überlassen; in M-Italien wehrte er 406 die Germanen unter Radagais ab; siegte 402 und 403 über Alarich; das Bündnis mit diesem führte zu seiner Absetzung und Hinrichtung.

Stilisierung [lat.], allg. svw. 1. abstrahierende, auf wesentl. Grundzüge reduzierte Darstellung, 2. Nachahmung eines Stilideals oder -musters.

◆ in der *Kunst* die Umformung des naturgegebenen Vorbilds nach formalen Prinzipien im Sinne einer Schematisierung, Rhythmisierung oder geometr. Vereinfachung, insbes. typ. für das Ornament.

Stilistik [lat.], als Wiss. vom [literar.] Stil 1. Theorie des literar. Stils; 2. Analyse und Beschreibung gleichzeitig oder nacheinander auftretender Stile (deskriptive bzw. histor.-deskriptive S. bzw. *Stilanalyse*); 3. Anleitung zu einem vorbildl. [Schreib]stil *(normative S.)*. Die S. ist Nachfolgerin der Rhetorik, deren literar. Theorie bis ins 18. Jh. Bestand hatte. Die neu sich bildende S. hat als zentrale Kategorie den „Ausdruck"; sie bezieht sich genet. auf die Natur des Autors und überindividueller Faktoren, wie Nation, Gruppe, Gesellschaft und Zeit. Die *histor.-deskriptive genet. S.* strebt über die Individualstile zu Synthesen als National- und Epochenstile. Den genet. Aspekt verdrängte später der Nachweis der Einheit von Form und Gehalt; der Stil ist gleichrangiger, wenn nicht privilegierter Ausgangspunkt der *werkimmanenten Interpretation.* Ähnl. Ziele, aber unter Verzicht auf den Intuitionismus dieser Richtung verfolgt die auf dem Schichtenmodell des Kunstwerks basierende funktionale Stilistik. Die *soziolog. Methode* sucht Stil und Inhalt, Stil und äußere Wirklichkeit dialekt. zu vermitteln; die vom Strukturalismus ausgehende *linguist. orientierte S.* bestimmt stilist. Momente als Konstanten innerhalb der Architektur des Sprachsystems.

Stille, Hans, * Hannover 8. Okt. 1876, † ebd. 26. Dez. 1966, dt. Geologe. - Prof. in Hannover, Leipzig, Göttingen und Berlin;

grundlegende Arbeiten über die geotekton. Gliederung der Erdgeschichte.

Stilleben, in der Malerei die Darstellung unbewegter („stiller") Gegenstände wie Blumen, Früchte, Wildbret, Gefäße und Musikinstrumente, die außerhalb ihres gewöhnl. Zusammenhanges nach dekorativen, symbol. oder formal-kompositor. Gesichtspunkten angeordnet werden. - Stillebenartige Kompositionen finden sich in der altröm. (pompejan.) Wandmalerei, auch in der frühchristl. und byzantin. Kunst. Mit der fortschreitenden Neubewertung der empir. erfahrenen Welt gewannen S., zunächst als Bestandteil größerer Darstellungen, in der abendländ. Malerei des 15. Jh. zunehmend an Gewicht (Jan van Eyck, Meister von Flémalle). Das älteste datierbare S. als selbständiges Tafelbild ist ein Jagdstilleben von I. de' Barbari (1504). Meister des S. waren in Italien Caravaggio, an dem sich auch zahlr. Stillebenmaler schulten (u. a. E. Baschenis, in Frankr. L. Baugin), in Spanien F. de Zurbarán; ihre größte Bed. gewann die Gattung jedoch in den Niederlanden während des 17. und bis ins 18. Jh. Sie bildete den bevorzugten Prüfstein virtuoser Naturtreue und eignete sich ebenso zum Ausdruck diesseitiger Sinnlichkeit wie zu emblemat. verschlüsselten Hinweisen, etwa durch Vanitasmotive (Totenschädel, Stundenglas, Insekten). Die große Beliebtheit des S. führte zur Ausbildung von Spezialfächern wie Blumen- und Küchen-S.; Hauptmeister waren W. Kalf, W. C. Heda, J. van Huysum, W. van Aelst, P. Claesz. In Deutschland schloß sich G. Flegel an. Einen späten, isolierten Höhepunkt der S.malerei in niederländ. Tradition bedeutet das Werk des Franzosen J.-B. Chardin. Im 18. und 19. Jh. als niedere Gattung abgewertet, wurde das S. bei P. Cézanne und danach bei den Kubisten wieder ein Thema von höchster Bed., da es die Konzentration auf rein bildner. Probleme erleichterte. Surrealist. Malern kommt das S. als eine Gelegenheit zu alogischen Ding-Kombinationen entgegen.

🕮 *Bergström, I., u. a.: S. Stg. 1979. - Pavière, S. H.: A dictionary of flower, fruit, and still-life painters ... Amsterdam 1962–63. 2 Bde.*

stille Feiung ↑Feiung.

stille Gesellschaft, Gesellschaft, bei der sich eine natürl. oder jurist. Person an dem Handelsgewerbe eines anderen in der Weise beteiligt, daß seine Vermögenseinlage in das Vermögen des Inhabers des Handelsgeschäftes übergeht und er am Gewinn des Handelsgewerbes beteiligt ist. Bei der s. G. trifft den stillen Gesellschafter keine Haftung; er riskiert nur seine Einlage.

Stillegung, die vorläufige oder endgültige Einstellung der Nutzung von techn. Anlagen, die an sich noch gebrauchsfähig sind. Bei der S. von Gruben wird auch von **Auflassung** gesprochen.

Stillen (Laktation, Brusternährung), Ernährung des Säuglings mit ↑Muttermilch. In der Norm gilt eine *Stilldauer* von 4–6 (höchstens 8) Monaten als zweckmäßig. Der erste Stillversuch wird etwa 24 Stunden nach der Geburt unternommen. Der Säugling soll nicht länger als 12–15 Minuten angelegt werden, und zwar bei jedem S. nur auf einer Seite (vollständige Entleerung zur Vorbeugung gegen Milchstauung, Knotenbildung und Brustdrüsenentzündung; wird dies nicht erreicht, kann durch Abpumpen mit einer Milchpumpe entleert werden). - Manchmal ist das S. durch flache oder hohle Brustwarzen behindert. Abhilfe kann ein Saughütchen schaffen, oder die Milch wird abgepumpt und dann mit einer Saugflasche gefüttert.

Stiller, Klaus, * Augsburg 15. April 1941, dt. Schriftsteller. - Einer der konsequentesten dt. Vertreter der experimentellen Dokumentarliteratur; u. a. „H. Protokoll" (1970; Montage von Hitler-Texten), „Tagebuch eines Weihbischofs" (1972), „Die Faschisten - Italien. Novellen" (1976). - *Weitere Werke:* Traumberufe (1977), Weihnachten (R., 1980), Das heilige Jahr (R., 1986).

S., Mauritz, eigtl. Moses S., * Helsinki 17. Juli 1883, † Stockholm 18. Nov. 1928, schwed. Filmregisseur. - Ab 1912 Filmschauspieler und -regisseur in Stockholm; zus. mit V. Sjöström wesentl. Vertreter des schwed. Stummfilms (Komödien und Melodramen; u. a. „Herrn Arnes Schatz", 1919; „Erotikon", 1920; „Gösta Berling", 1923). Entdecker von Greta Garbo, mit der er 1925 nach Hollywood ging, wo er wenig Erfolg hatte.

stille Reserven, aus der Zurückbehaltung von Gewinnen entstehende ↑Rücklagen, die in der Bilanz nicht ausgewiesen sind.

Stiller Freitag, svw. ↑Karfreitag.

Stiller Ozean ↑Pazifischer Ozean.

stille Wahl, in der Schweiz die Erlangung von Mandaten ohne Urnengang, v. a. wenn die Zahl der Kandidaten der Zahl der Mandate entspricht.

Stillhalteabkommen, allg. eine Übereinkunft zw. Gläubiger und Schuldner über die Stundung von Krediten. - I. e. S. Bez. für das *Basler Abkommen* vom 19. Aug. 1931, mit dem sich die ausländ. Gläubigerbanken zur Stundung der dt. Banken und Firmen gewährten kurzfristigen Kredite (insgesamt 6,28 Mrd. RM) bereit erklärten; endgültige Regelung im ↑Londoner Schuldenabkommen von 1953.

Stilling, Heinrich, dt. Schriftsteller, ↑Jung-Stilling, Johann Heinrich.

Stillingfleet, Edward [engl. 'stɪlɪŋfli:t], * Cranborne (Dorset) 17. April 1635, † Westminster (= London) 27. März 1699, engl. anglikan. Theologe. - Ab 1689 Bischof von Worcester; bed. Kanzelredner; versuchte in seinem Werk „Irenicum" (1659), v. a. die Presbyterianer durch Verzicht der anglikan. Kirche auf die göttl. und apostol. Rechte ihrer Kirchenverfassung zu gewinnen.

Still-Krankheit [engl. stɪl; nach dem brit. Kinderarzt Sir G. F. Still, * 1868, † 1941], im Kindesalter auftretende chron. Polyarthritis mit Lymphknoten- und Milzschwellung sowie Herzbeutelentzündung; Erreger sind Streptokokken.

Stilmöbel, Bez. für in neuerer Zeit hergestellte Möbel, die alte Möbel imitieren.

Stilo, Lucius Aelius S. Praeconinus ↑Aelius Stilo Praeconinus.

Stilus [lat. „Stiel, Griffel"], im antiken Schriftwesen der aus Metall oder Knochen bestehende, etwa 15–20 cm lange, unten spitze Griffel zum Schreiben auf der Wachstafel. Mit dem platten oberen Ende konnte der Eintrag wieder getilgt werden.

Stimmapparat (Stimmorgan), die Stimme (z. B. in Form des Gesangs, des Sprechens) als charakterist. Lautäußerung vieler Tiere und des Menschen hervorbringendes Organ bzw. Organsystem. Der S. ist entweder als Blasorgan ausgebildet, und zwar meist in Verbindung mit Resonanzhöhlen (z. B. Mund-, Nasen- und Rachenhöhle, Schallblasen, Kehlsäcke), wobei Membranen oder Lippen durch strömende Luft in Schwingungen gebracht werden (bei dem mit einer Glottis ausgestatteten Kehlkopf), oder er fungiert als ein durch Muskelbewegungen in Aktion gesetztes Trommelorgan oder auch Zirporgan.

Stimmbandentzündung (Chorditis), Infektion der Stimmbänder; entweder in der Folge eines Nasen-Rachen-Katarrhs und mit Heiserkeit, Trockenheitsgefühl, Hustenreiz und Schmerzen verbunden *(akute S.)* oder durch chron. Entzündung der oberen Luftwege, bes. bei behinderter Nasenatmung *(chron. S.)*.

Stimmbänder ↑Kehlkopf.

Stimmbandlähmung, die Lähmung einzelner stimmbandbewegender bzw. -spannender Kehlkopfmuskeln *(myopath. S.)* oder die Lähmung der die Kehlkopfmuskulatur versorgenden Kehlkopfnerven *(nervöse Stimmbandlähmung)*.

Stimmbögen (Krummbügel, Bügel), U-förmig oder kreisrund gebogene Rohrstücke zur Verländerung der Schallröhre von Naturhörnern oder -trompeten, mit denen die Stimmung des Instruments verändert werden kann.

Stimmbruch (Mutation, Mutierung, Stimmwechsel), das Tieferwerden (um etwa eine Oktave) der Stimmlage in der Pubertät beim männl. Geschlecht; wird hervorgerufen durch das Wachstum des Kehlkopfs und die dadurch bedingte Verlängerung der Stimmbänder. Die beiden Stimmbänder können während der Phase des S. nicht ganz gleichmäßig gespannt werden; dadurch wechselt die Stimmlage häufig.

Stimme, im *physiolog.* Sinn die durch einen ↑Stimmapparat hervorgebrachte Lautäußerung mit einem bestimmten Klangcharakter (und Signalwert im Dienste der Kommunikation mit Artgenossen oder mit anderen Lebewesen). Bei vielen Tieren und beim Menschen wird die den Stimmapparat durchströmende Luft beim Ausatmen durch die schwingungsfähigen Gebilde, v. a. die Stimmbänder im Kehlkopf und die Resonanzhöhlen des Stimmapparats unter- und oberhalb der Stimmritze, zu Schallschwingungen angeregt. Die Tonhöhe kann

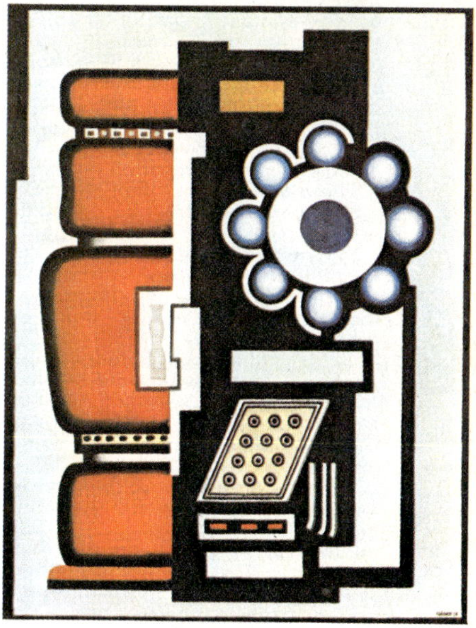

Stilleben. Floris Claesz. van Dyck, Stilleben (1613). Haarlem, Frans-Hals-Museum (oben); Fernand Léger, Stilleben mit Kugellager (1926). Basel, Öffentliche Kunstsammlung

durch mehr oder weniger starkes Anspannen der Stimmbänder kontinuierl. verändert werden; die Klangfarbe der Laute ist durch Änderung von Form und Größe der Resonanzhöhlen regulierbar. Bei der Bildung der Vokale sind die Stimmbänder die eigentl. Schallquelle, während bei der Bildung der stimmlosen Konsonanten und beim Flüstern die Stimmbänder unbeteiligt sind. Die Tonhöhenbereiche der menschl. Sing-S. werden als ↑Stimmlagen, die Veränderung der S. in der Pubertät beim männl. Geschlecht wird als ↑Stimmbruch, die v.a. durch unterschiedl. Resonanzeffekte bewirkte Klangfarbe als ↑Register bezeichnet.

◆ in der *Musik* Bez. zunächst für den von einem Musiker auszuführenden Vokal- oder Instrumentalpart, später auch für diesen gesondert notierten Part, d.h. Stimmheft oder -buch; auch satztechn. Bez. (Ober-, Mittel-, Unter-, Füllstimme). - Bei Streichinstrumenten Bez. für den ↑Stimmstock (auch „Seele"); bei der Orgel svw. ↑Register.

Stimme Amerikas ↑Voice of America.

Stimme der DDR, seit 1971 Name des ↑Deutschlandsenders.

Stimmenkauf und -verkauf, die aktive bzw. passive Bestechung Stimmberechtigter; bei polit. Wahlen als Wählerbestechung strafbar.

Stimmer, Tobias, * Schaffhausen 17. April 1539, † Straßburg 4. Jan. 1584, schweizer. Maler, Zeichner u. Holzschnittmeister. - Vielseitiger Renaissancekünstler; neben monumentalen Wand- und Fassadenmalereien (Scheinarchitektur nach Art Holbeins, u.a. Haus zum Ritter in Schaffhausen) und Glasmalerei schuf er die Malereien der Astronom. Uhr im Straßburger Münster (1571–74). Bes. umfangreiche graph. Produktion, v.a. Zeichnungen für den Holzschnitt, u.a. „Bibl. Historien" (1576) und Bildnisse berühmter Gelehrter für Reußners „Contrafacturbuch" (1587); Wegbereiter barocker Kunst.

Stimmfächer, in der Opernpraxis Bez. für die nach Eignung der Singstimme für ein bestimmtes Rollenfach eingeteilten Stimmgattungen, z.B. Koloratursopran (↑Sopran), Soubrette, Heldentenor (↑Tenor).

Stimmführung, in der musikal. Satzlehre das Fortschreiten der Einzelstimmen in einer mehrstimmigen Komposition, unter Berücksichtigung eines log. Verlaufs und der harmon. Verhältnisse.

Stimmgabel, Gerät zur Bestimmung einer Tonhöhe, speziell des ↑Kammertons. Die S. hat die Form einer Gabel mit zwei Zinken in längl. U-Form. Beim Anschlag schwingen die Zinken gegensinnig und ergeben einen klaren, obertonarmen Ton. Die Tonhöhe hängt von der schwingenden Länge und Masse der Zinken ab (geforderte Genauigkeit $\pm$ 0,5 Hz).

Stimmgattung ↑Stimmlage.

Stimmhaftigkeit (Sonorität), Eigenschaft von Sprachlauten, bei deren Erzeugung die Stimmlippen des Kehlkopfes schwingen. Dem entspricht akust. ein period. Verlauf des Schallsignals. In der Phonologie kann S. als distinktives (unterscheidendes) Merkmal von Phonemen betrachtet werden. **Stimmlosigkeit** wird im allg. negativ als Abwesenheit von S. bestimmt.

Stimmkreuzung, in der musikal. Satzlehre Bez. für eine Art der ↑Stimmführung, bei der zwei oder mehrere Stimmen ihre natürl. Lage verlassen, so daß die tiefere Stimme über der höheren verläuft und umgekehrt.

Stimmlage, die nach ihrem Tonhöhenumfang unterschiedenen Bereiche der menschl. Singstimme, eingeteilt in Sopran (Umfang [a] $c^1 - a^2$ [c^3, f^3]), Mezzosopran ($g - g^2$ [b^2]), Alt ($a - e^2$ [f^2, c^3]), Tenor ($c - a^1$ [c^2]), Bariton ($A - e^1$ [g^1]) und Baß ($E - d^1$ [f^1]). Für die **Stimmgattung** sind außer der S. bzw. deren Umfang auch Klangfarbe und Stimmstärke maßgeblich.

Stimmlosigkeit ↑Stimmhaftigkeit.

Stimmorgan, svw. ↑Stimmapparat.

Stimmrecht, allg. das Recht, an einer Abstimmung oder an Wahlen teilzunehmen. – Für die BR Deutschland ↑auch Wahlrecht; zum *schweizer. Verfassungsrecht* ↑Abstimmung.

Nach dem *Zivilrecht* steht jedem Mgl. einer Gesellschaft das Recht zu, in der Mgl.versammlung bei den zu fassenden Beschlüssen mitzustimmen. Im *Aktienrecht* wird das S. nicht nach Köpfen, sondern nach Aktiennennbeträgen ausgeübt. Das S. kann durch Festsetzung eines Höchstbetrages beschränkt werden (S.beschränkung).

Stimmritze ↑Glottis, ↑Kehlkopf.

Stimmritzenkrampf (Kehlkopfkrampf, Glottiskrampf, Laryngospasmus), eine Kehlkopferkrankung, bei der es durch (ton.) Krampf der Kehlkopfmuskulatur zur Einengung bzw. zum Verschluß der Stimmritze mit Sprach- und Atemstörungen kommt, in schweren Fällen mit Atemnot und Erstikkungsgefahr.

Stimmritzen-Verschlußlaut (Glottalstop, Knacklaut, Glottisverschluß), Laut, bei dessen Artikulation die Stimmritze (Glottis) zunächst völlig geschlossen ist; bei der plötzl. Öffnung der Stimmritze entweicht die angestaute Luft mit einem leichten „Knack" [ʔ]; im Dt. kommt der S. bes. am Wort- oder Silbenanfang vor Vokal vor, z.B. Acker [ˈʔakər], Antarktis [ʔantˈʔarktɪs].

Stimmschlüssel, Werkzeug zum Stimmen von Saiteninstrumenten, deren Wirbel keinen Griff haben, z.B. von Klavierinstrumenten, Harfe und Zither.

Stimmstock, 1. Stäbchen im Innern des Resonanzkörpers von Streichinstrumenten, das die Schwingungen von der Decke zum Boden und umgekehrt überträgt (auch *Stim-*

me oder *Seele* genannt); 2. bei besaiteten Tasteninstrumenten dasjenige Bauteil, in das die Wirbel eingeschraubt sind.

Stimmtausch, seit dem MA verwendete Kompositionstechnik, bei der die gleichzeitig erklingenden melod. Abschnitte von zwei oder mehr Stimmen gleicher Lage untereinander ausgetauscht werden.

Stimmton (Normalton), Bez. für den durch eine bestimmte Frequenz (Schwingungszahl) definierten Ton, nach dem Instrumente eingestimmt werden. Der örtl., zeitl. und nach Gattungen (Opern-, Kammer-, Chor- oder Kapell-, Kornetton) stark differierende S. konnte erst durch die Erfindung der Stimmgabel vereinheitlicht werden. Nach der Festlegung des ↑ Kammertons a^1 auf die Frequenz 440 Hz wurde dieser als S. international verbindlich.

Stimmung, in der *Musik* die theoret. und prakt. Festlegung der absoluten und der relativen Tonhöhe. Die S. von Instrumenten und der auf ihnen gespielten Musik hängt zunächst von der absoluten Tonhöhe ab, die heute im allg. durch die Frequenz des ↑ Kammertons a^1 festgelegt ist. Darüber hinaus hängt die S. vom System der von einem Instrument spielbaren und durch ein Musikstück geforderten Tonhöhenverhältnisse, den relativen Tonhöhen, ab. Dieses System der relativen Tonhöhen ist von der absoluten Tonhöhe unabhängig und legt ledigl. die Menge aller mögl. musikal. Intervalle fest. Die S. der meisten Blasinstrumente (Ausnahme u. a. Posaune) und der gestimmten Schlaginstrumente wird überwiegend durch den Instrumentenbau bestimmt und kann nur geringfügig vom Spieler beeinflußt werden. Saiteninstrumente können vor jedem Spiel (z. B. Gitarre, Violine) oder in größeren Zeitabständen (z. B. Klavier, Harfe) gestimmt werden. Die abendländ. Musikkultur ist durch den nicht auflösbaren Widerspruch zwischen mathemat. möglichst einfachen S./Tonsystemen, die musikprakt. Beschränkungen mit sich bringen, und mathemat. komplizierten S./Tonsystemen, die musikal. praktikabel sind, gekennzeichnet.

Die beiden Extreme sind die reine S. und die temperierte S. In der **reinen Stimmung** sollen die Dreiklänge auf dem Grundton, der Unter- und der Oberquinte „rein" sein: Die Frequenzen der Dreiklangstöne (etwa c – e – g, f – a – c und g – h – d) verhalten sich wie 4:5:6.

Durch diese Forderung sind alle diaton. Töne einer Tonart festgelegt; auf einem „rein" gestimmten Tasteninstrument erklingt jede andere Tonart unrein, und zwar um so mehr, je weiter diese von der „reinen" Tonart entfernt ist. Das Spielen in allen Tonarten ermöglichte seit dem 18. Jh. die **temperierte Stimmung** (Temperatur), die auf einer physikal. gleichmäßigen Zwölfteilung der reinen Okta-

ve beruht. Die Pythagoras zugeschriebene **pythagoreische Stimmung** gewinnt die 12 Intervalle der Oktave durch Aneinanderreihung von 12 reinen Quinten und Reduzierung auf eine Oktave. Dabei ergibt sich infolge des pythagoreischen ↑ Kommas eine geringfügige Abweichung gegenüber dem Ausgangston.

Während im Bereich der tonalen Musik des Abendlands die temperierte S. als der bestmögl. Kompromiß angesehen werden muß, ist sie die notwendige Voraussetzung der atonalen Musik. Die Zwölftontechnik kann beispielsweise nur in temperierter S. realisiert werden. In der elektron. Musik werden neue temperierte S. ausprobiert, z. B. feinere Unterteilungen der Oktave oder gleichmäßige Unterteilungen beliebiger Intervalle (z. B. die Unterteilung von zwei Oktaven plus Terz [gemäß dem Frequenzverhältnis 1:5] in 25 gleiche Intervalle in K. Stockhausens „Studie II", 1954). Das heute bekannteste Beispiel für den Umstand, daß das Problem der musikal. S. für verschiedene Musikkulturen unterschiedl. Bed. hat, ist die *Blue note* der afroamerikan. Musik. Sie ist unverzichtbarer Bestandteil der Musikpraxis, obgleich sie nicht als Tonhöhe aus einer festen S. ableitbar ist. - Darüber hinaus ist sie ein Beispiel für den Zusammenhang von musikal. S. und der durch Musik beim Menschen ausgelösten „Stimmung", der immer wieder von der Musiktheorie behandelt wurde.

🕮 *Husmann, H.: Einf. in die Musikwiss. Hdbg. 1958. - Barbour, J. M.: Tuning and temperament. East Lansing (Mich.) ²1953.*

◆ Gefühlslage, die als länger andauernder Gemütszustand (im Ggs. zum Affekt) dem Erleben eine bes. Gefühlsfärbung oder -tönung vermittelt. S. wechselt in Abhängigkeit v. a. von der körperl. und seel. Gesamtverfassung eines Individuums und von dessen äußeren Lebensumständen. Als „Lebensgrundstimmung" ist sie Teil des Persönlichkeitsgefüges.

Stimmwechsel, svw. ↑ Stimmbruch.

Stimmzug, ausziehbarer Röhrenteil an Blasinstrumenten zur Veränderung (Korrektur) der Stimmung.

Stimson, Henry Lewis [engl. stɪmsn], * New York 21. Sept. 1867, † Huntington (N. Y.) 20. Okt. 1950, amerikan. Politiker (Republikan. Partei). - 1911–13 Kriegsmin.; 1927–29 Generalgouverneur der Philippinen; als Außenmin. (1929–33) an der Lösung des Problems der dt. Reparationen beteiligt; suchte mit der **Stimson-Doktrin** (1932 gegebene Absichtserklärung der USA, Situationen,

Verträge und Abkommen, die unter Verletzung des Briand-Kellogg-Paktes zustande gekommen seien, nicht mehr anzuerkennen) die jap. Expansion einzudämmen; setzte sich als Kriegsmin. (1940–45) für den Atombombenabwurf auf Japan ein, um den Krieg zu verkürzen.

Stimulanzien [lat.] (Stimulantia, Energetika, Energizer), anregende, vorwiegend antriebsteigernde Mittel (Reizmittel, Drogen, Pharmaka). Die belebend auf das Nervensystem wirkenden, d. h. Müdigkeit und körperl.-geistiger Abspannung entgegenwirkenden S. (*Psychostimulantia*, Psychotonika) werden zu den ↑Psychopharmaka gerechnet. S. mit spezif. Wirkung auf Atmung und Kreislauf sind die ↑Analeptika. – ↑auch Weckamine.

Stimulation (Stimulierung) [lat.], Reizung, Anregung, und zwar entweder durch ↑Stimulanzien oder durch bes. Erlebnisse bzw. Vorstellungen (psych. Stimulation).

stimulieren [lat.], anregen, [an]reizen, ermuntern.

Stimulierung, svw. ↑Stimulation.

Stimulus [lat.], Reiz, Anreiz, Antrieb.

Stinde, Julius, Pseudonym Alfred de Valmy u. a., * Kirchnüchel (Landkr. Plön) 28. Aug. 1841, † Olsberg (Hochsauerlandkreis) 5. Aug. 1905, dt. Schriftsteller. - Verf. humorvoll-iron. Romane aus dem Kleinbürgermilieu Berlins („Die Familie Buchholz“, 1884–86); auch Volksstücke, Humoresken und Novellen.

Stingl, Josef [...ŋəl], * Maria Kulm (= Chlum nad Ohři bei Eger) 19. März 1919, dt. Politiker. - 1953–68 MdB (CDU); 1968 bis 1984 Präs. der Bundesanstalt für Arbeit.

Stinkandorn (Ballota), mit 25 Arten in Europa und Kleinasien bis zum Iran verbreitete Gatt. der Lippenblütler; behaarte Kräuter oder Stauden mit herzförmigen, gesägten Blättern und rötl. Blüten. Die einzige einheim. Art ist die bis 1 m hohe **Schwarznessel** (Ballota nigra); mehrjährige, stinkende Pflanze mit oft rot überlaufenen Stengeln und dunkellilafarbenen Blüten; in Hecken und auf Schuttplätzen.

Stinkasant (Teufelsdreck, Asant, Asa foetida), nach Knoblauch riechender eingetrockneter (in Form von Körnern oder Klumpen vorliegender) Milchsaft aus der Wurzel einiger in den Salzsteppen Irans und Afghanistans heim. Steckenkrautarten. - S. war schon den alten Indern und Ägyptern bekannt und galt im Altertum als vielseitig wirksames Arzneimittel; im Orient war er auch Gewürz. Die Araber führten die Droge in den mitteleurop. Arzneischatz ein. Bis ins 19. Jh. war S. Bestandteil mehrerer Arzneimittel.

Stinkbaum (Sterculia), Gatt. der Sterkuliengewächse mit rd. 200 Arten in den Tropen; oft mächtige Bäume mit gefingerten, gelappten oder auch ganzrandigen Blättern und holzigen Balgfrüchten; Blätter und Blüten häufig unangenehm riechend. Einige Arten liefern Nutzholz.

Stinkdrüsen, der Haut eingelagerte Drüsen (oft ↑Afterdrüsen) bei manchen Tieren (z. B. bei Wanzen, Schaben u. a. Insekten sowie z. B. beim Stinktier); sie sondern bei Bedrohung des Tiers zur Abwehr ein stark und unangenehm riechendes Sekret ab.

Stinkholz (Kaplorbeer, Kapwalnuß), Holz des Lorbeergewächses Ocotea bullata in Südafrika; zieml. fein strukturiert, hart und zäh, oft drehwüchsig; in frischem Zustand unangenehm riechend; Farben: Grau, Gelb, Braun bis Schwarz, oft goldglänzend; Verwendung für Drechslerarbeiten und Luxusmöbel.

Stinkmorchel (Aasfliegenpilz, Gichtmorchel, Leichenfinger, Phallus impudicus), von Juni an in Gärten und Wäldern vorkommender Rutenpilz; Fruchtkörper in jungem Zustand als weißl., kugel- bis eiförmiges Gebilde *(Hexenei, Teufelsei)*, an derbem Myzelstrang sitzend. Bei der Reife platzt die äußere Hülle an der Spitze auf, und innerhalb weniger Stunden entsteht ein poröser, hohler, kegelförmiger Stiel von 10–20 cm Länge, auf dessen Spitze fingerhutförmig der rd. 3 cm hohe Hut sitzt; dieser ist außen mit der dunkelolivfarbenen, klebrigen Sporenmasse bedeckt, die bald herabtropft und einen widerl., aasartigen Geruch ausströmt.

Stinknase (Ozäna), mit Absonderung eines übelriechenden Sekrets einhergehende chron. Erkrankung der Nasenschleimhaut.

Stinkspat, blauschwarze bis schwarze Varietät des Flußspats, in der durch Einwirkung radioaktiver Minerale Calcium und Fluor freigesetzt wurden, so daß beim Anschlagen ein beißender Geruch auftritt.

Stinktiere (Skunks, Mephitinae), Unterfam. der Marder mit neun Arten in N-, M- und S-Amerika; Körperlänge etwa 25–50 cm; Schwanz halb- bis knapp körperlang, buschig; Körper relativ plump, Kopf klein und spitzschnauzig; Fell dicht und langhaarig, meist schwarz mit weißen Streifen oder mit Fleckenreihen; Stinkdrüsen am After sehr stark entwickelt, sondern ein stark und anhaltend riechendes Sekret ab.

Stinkwanze (Grüne S., Faule Grete, Palomena prasina), 11–14 mm lange, grüne, während der Überwinterung braune oder rotbraune Schildwanze in Europa und Vorderasien; Larven saugen bes. an Himbeeren und hinterlassen oft einen widerl. Geruch.

Stinnes, Hugo, * Mülheim a. d. Ruhr 12. Febr. 1870, † Berlin 10. April 1924, dt. Industrieller. - Enkel von Mathias S.; einer der bedeutendsten Vertreter der dt. Montanindustrie; MdR (Dt. Volkspartei) 1920–23; während der Inflationsjahre baute er den S.-Konzern zum größten Unternehmen Deutschlands aus.

S., Mathias, * Mülheim a. d. Ruhr 4. März

1790, † ebd. 16. April 1845, dt. Industrieller. - Ab 1808 Ruhrschiffer in Mülheim; begann als erster die Schleppschiffahrt auf dem Rhein. S. ist Gründer der Unternehmungen, aus denen später der S.-Konzern hervorging.

Stinnes-Konzern, dt. Unternehmensgruppe der Montanindustrie und der Schiffahrt; unter H. Stinnes eine der größten dt. Unternehmensgruppen. 1924/25 in Liquiditätsschwierigkeiten geraten, mußte die Hälfte der Anteile an ausländ. Gläubiger verkauft werden. Nach dem 2. Weltkrieg unternommene Versuche zum Wiederaufbau des Konzerns scheiterten. In Nachfolge der in den 1920er Jahren an ausländ. Gläubiger verkauften Teile des S.-K. besteht noch die Hugo Stinnes AG als Großhandelsunternehmen; sie ist fast vollständig Eigentum der VEBA AG.

Stinte [niederdt.] (Osmeridae), Fam. kleiner, silberglänzender, heringförmiger Lachsfische mit rd. zehn Arten im N-Pazifik und N-Atlantik; steigen auch in Süßgewässer auf, z. B. der **Europäische Stint** (Stint, Seestint, Spierling, Osmerus eperlanus), der von der W- und N-Küste Europas in Flußunterläufe und Binnenseen wandert; wird bis 30 cm lang; Körper silberglänzend mit graugrünem Rükken, durchscheinend; Jungtiere werden als „Heil-S." bezeichnet. S. haben wirtsch. Bed. (v. a. zur Futtermittel- und Trangewinnung).

Stipa [griech.], svw. ↑ Federgras.

Stipeln [zu lat. stipula „Halm"], svw. ↑ Nebenblätter.

Stipendium [lat.], Studenten, Doktoranden und jungen Wissenschaftlern gewährte Geldleistung, mit der Studium, Promotion, Habilitation, Auslandsaufenthalte oder bestimmte Forschungsvorhaben z. T. finanziert werden. Früher wurden Stipendien von Univ., Kirchen, Städten und privaten Stiftern finanziert; heute wird neben Stipendien verschiedener Stiftungen die ↑ Studienförderung v. a. vom Staat getragen. - ↑ auch Ausbildungsförderung.

◆ Kurzbez. für ↑ Meßstipendium.

Stipes [lat.], Bez. für den Unterbau des Altars, meist mit einem Antependium.

Stirling [engl. 'stə:lɪŋ], James, * Garden (Central Region, Schottland) 1692, † Edingburgh 5. Dez. 1770, schott. Mathematiker. - Führte Newtons Untersuchungen über Reihenentwicklungen und Interpolationen in seinem Werk „Methodus differentialis" (1730) weiter. Dort gab er auch die nach ihm ben. ↑ Stirlingsche Formel an.

S., James, * Glasgow 22. April 1926, brit. Architekt. - Zählt zu den „Rationalisten"; seine zahlr. Ind.-, Verwaltungs- (Olivetti-Hauptverwaltung in Milton Keynes, 1971 ff.) und Institutsgebäude (Histor. Institut der Univ. in Cambridge, 1964–67) zeigen funktionsgerechte Planung und neoklassizist. Form. Neue Staatsgalerie und Kammertheater (1978–84) in Stuttgart.

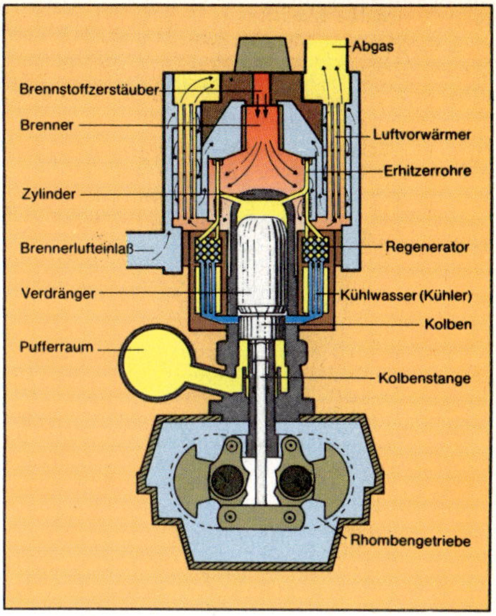

Stirling-Motor. Längsschnitt durch einen Einzylinder-Stirling-Motor mit Rhombengetriebe

Stirling [engl. 'stə:lɪŋ], schott. Stadt am Forth, 38 600 E. Verwaltungssitz des Verw.-Geb. Central Region; Univ. (gegr. 1967); Kunstgalerie, Museum; u. a. Landmaschinenbau, Düngemittelind.; Flußhafen. - Erhielt 1119 Stadtrecht. Im MA im Wechsel mit Edinburgh die Hauptstadt Schottlands. - Schloß (v. a. Renaissance), Kirche Holy Rude (roman. bis spätgot. Bauteile).

Stirling-Motor [engl. 'stə:lɪŋ; nach dem schott. Geistlichen R. Stirling, * 1790, † 1878], period. arbeitende Wärmekraftmaschine (Kolbenkraftmaschine), die als Antriebsmittel eine abwechselnd stark erhitzte und abgekühlte, von zwei Kolben hin- und hergeschobene Gasmenge benutzt und die zugeführte Wärmeenergie in mechan. Energie umwandelt. Die benötigte Wärme wird in einer Brennkammer außerhalb des Zylinders erzeugt (ergibt bed. weniger giftige Abgase als andere Verbrennungsmotoren). Die stark erhitzte und komprimierte Gasmenge bewegt den Arbeitskolben und den sog. Verdrängerkolben, wobei sie sich entspannt, und wird anschließend vom Verdrängerkolben wieder zurückgedrückt und komprimiert. - Der S.-M. wurde wegen seines geringen therm. Wirkungsgrades (etwa 3%) von den Otto- und Dieselmotoren verdrängt. Die heute entwikkelten S.-M. (Wirkungsgrade um 30%) werden bereits als Fahrzeugantrieb erprobt.

Stirlingsche Formel [engl. 'stəlɪŋ; nach

dem Mathematiker J. Stirling], Näherungsformel zur Berechnung der ↑ Gammafunktion $\Gamma(z)$ für großes Argument z bzw. der Fakultät $n! = n\Gamma(n)$ für große positive Zahlen:

$$n! \approx n^n e^{-n} \sqrt{2\pi n}.$$

Stirn (Frons), über den Augen gelegene, von zwei Schädelknochen (Frontalia) bzw. dem Stirnbein geformte Gesichtspartie beim Menschen und bei anderen Wirbeltieren.

Stirnauge ↑ Scheitelauge.

Stirnbein (Frontale, Os frontale), der bei vielen Reptilien, manchen Affen und beim Menschen als einheitl. Deckknochen in Erscheinung tretende vordere Teil des Schädeldachs im Anschluß an das paarige Scheitelbein; Verwachsungsprodukt aus zwei (bei den übrigen Wirbeltieren, manchmal auch beim Menschen noch vorhandenen) Schädelknochen (Frontalia); bildet die knöcherne Grundlage der Stirn und wird urspr. nach vorn bzw. unten durch die Nasenbeine (Nasalia), nach hinten durch die Scheitelbeine (Parietalia) und nach hinten seitl. durch die Hinter-S. (Postfrontalia) begrenzt. Zwei Erhebungen auf dem S. bilden beim Menschen die Stirnhöcker.

Stirner, Max, eigtl. Johann Kaspar Schmidt, * Bayreuth 25. Okt. 1806, † Berlin 26. Juni 1856, dt. philosoph. Schriftsteller. – Lehrer und Journalist in Berlin. In seinem einzigen bed. Werk „Der Einzige und sein Eigentum" (1845), denkt S. einen extremen Egoismus (eth. Solipsismus) zu Ende, der jegl. Autorität negiert. Vom theoret. Anarchismus, dem S. nahesteht, unterscheidet er sich durch Ablehnung einer allg. Humanität und Verwerfung jedes Ideals. Wert erkennt er nur dem zu, das dem „Mir", dem „Einzigen", nutzt. Nach anfängl. Beachtung in Vergessenheit geraten, fand S. wieder Aufmerksamkeit, als gegen Ende des 19. Jh. Parallelen zw. dem „Einzigen" und Nietzsches „Übermenschen" und später zum [frz.] Existentialismus festgestellt wurden.

Stirnhöhle ↑ Nasennebenhöhlen.

Stirnhöhlenentzündung (Sinusitis frontalis), die akute, chron.-eitrige oder chron.-serös-polypöse Entzündung der Stirnhöhle.

Stirnlappenbasilisk (Federbuschbasilisk, Basiliscus plumifrons), bis 70 cm langer, sehr langschwänziger und langbeiniger Leguan (Gatt. Basilisken) auf Bäumen an Flußufern M-Amerikas (Costa Rica); Körper grün mit hellgrünen und bläulichweißen Flecken und (bei den ♂♂) kleinem Hautlappen vor dem großen „Kopfhelm" sowie mit hohem Kamm auf dem Rücken und der Vorderhälfte des Schwanzes.

Stirnmauer, svw. ↑ Schildmauer.

Stirnnaht ↑ Schädelnähte.

Stirnradgetriebe ↑ Getriebe (Rädergetriebe).

Stirnwaffenträger (Pecora), Teilordnung der Wiederkäuer, umfaßt mit rd. 140 Arten den überwiegenden Teil der Paarhufer; fast stets (zumindest die ♂♂) mit Geweih oder Hörnern; obere Schneidezähne fehlen, untere Eckzähne schneidezahnförmig. Man unterscheidet vier Fam.: Hirsche, Giraffen, Gabelhorntiere und Rinder.

St. John, J. Hector [engl. snt'dʒɔn], Pseud. des Schriftstellers Michel Guillaume Jean de ↑ Crèvecœur.

Stoa [griech.], von Zenon von Kition um 300 v. Chr. gegründete, nach ihrem Versammlungsort, der *Stoa Poikile* (Säulenhalle an der Agora Athens), benannte griech. Philosophenschule, die bis zur Mitte des 3. Jh. n. Chr. bestand. Der sog. *älteren S.* (Zenon, Kleanthes, Chrysippos u. a.) stehen die *frühe* bzw. *mittlere S.* (Panaitios, Poseidonios) und die *kaiserzeitl. S.* (Seneca d. J., Epiktet, Kaiser Mark Aurel u. a.) gegenüber, die sich jedoch nur geringfügig unterscheiden. - Die S. verstand sich als Erneuerung und legitime Fortsetzung der Sokratik und setzt sich krit. und polem. mit der Akademie und dem Peripatos auseinander. Im 1. Jh. n. Chr. wurde die Philosophie der S. zur Modephilosophie der Römer und Griechen und ging schließl. im Neuplatonismus auf. - Strikter Rationalismus, kosmolog. Monismus, eth. Rigorismus und erkenntnistheoret. Materialismus sind für die S. kennzeichnend. Oberste Maxime der Ethik, die im Mittelpunkt steht, ist die Forderung, in Übereinstimmung mit sich selbst und mit der Natur zu leben und Neigungen und Affekte als der Vernunft zuwiderlaufend und die Einsicht behindernd zu bekämpfen (Apathie). Die Welt wird als teleolog. bestimmter Körper verstanden. Aus der Vorstellung eines ewigen, absolut gültigen Weltgesetzes des Logos entwickelt die S. eine umfassende [kosmopolit.] Staats- und Rechtslehre; das darin enthaltene Staats- und Naturrecht hat die Rechtstheorie und Theologie nachhaltig beeinflußt. - Die Bed. der nur fragmentar. überlieferten Logik der S., die auch Grammatik und Rhetorik umfaßt, trat erst wieder ins Bewußtsein, als C. S. Peirce entdeckte, daß es sich dabei im Ggs. zur Termlogik des Aristoteles um eine Aussagenlogik (Junktorenlogik) handelt. Auch die Modallogik und das semant. Problem von „Wahrheit" und „Bedeutung" wurden behandelt. Die bis in die neueste Zeit gültige stoische Grammatik fand ihre linguist.-sprachphilosoph. Ergänzung in den Unterscheidungen von Wortbed., Wortgestalt und gemeinter außersprachl. Realität.

🕮 *Pohlenz, M.: Die S. Gesch. einer geistigen Bewegung. Gött. [5-6] 1980–84. 2 Bde. - Forschner, M.: Die stoische Ethik. Stg. 1981. - Schmidt, Rudolf T.: Die Grammatik der Stoiker. Dt. Übers. Braunschweig u. Wsb. 1979.*

Stobbe, Dietrich, * Weepers (= Wieprz bei Allenstein) 25. März 1938, dt. Politiker. -

In Berlin (West) seit 1967 Mgl. des Abg.hauses (SPD), 1973–77 Senator für Bundesangelegenheiten, seit Mai 1977 Regierender Bürgermeister; seit Nov. 1977 Mgl. des SPD-Vorstandes, 1979–Febr. 1981 auch Landesvors. der SPD in Berlin (West); Rücktritt am 15. Jan. 1981, als der Versuch, die durch einen Finanzskandal ausgelöste Senatskrise durch eine Senatsumbildung zu lösen, an einer Abstimmungsniederlage scheiterte.

Stöberhunde, fährtenlaute (folgen laut bellend einer frischen Wildfährte) Jagdhunde, die bei der Jagd im Schußbereich der Flinte suchen und das Wild aus Dickungen und Deckungen heraustreiben. Zu den S. zählen v. a. die Spaniels und der Deutsche Wachtelhund.

Stochastik [griech.], in der Statistik und Wahrscheinlichkeitsrechnung 1. svw. Zufallsgröße; 2. die mit wahrscheinlichkeitstheoret. Methoden vorgenommene Untersuchung zufallsabhängiger Ereignisse (z. B. von Stichproben); **stochastisch,** zufallsabhängig.

stochastische Ereignisse (statist. Ereignisse), die zufallsabhängigen Ergebnisse von statist. Erhebungen (Versuchen), Werte von Zufallsgrößen u. a., denen sich bei einer hinreichend großen Anzahl von Versuchen bzw. Beobachtungen bestimmte Wahrscheinlichkeiten zuordnen lassen.

stochastische Musik, von I. Xenakis seit 1957 so benannte Kompositionstechnik, die auf der Grundlage der statist. Wahrscheinlichkeitstheorie und auf den Gesetzen der Kettenreaktion basiert.

stochastischer Prozeß (Zufallsprozeß), ein beliebiger, nicht völlig determinierter Vorgang, dessen Verlauf sich durch eine von der Zeit t [oder einem anderen Parameter] abhängige Zufallsgröße $X(t)$ beschreiben läßt, z. B. der Verlauf der Lufttemperatur an einem bestimmten Ort bzw. allgemeiner der Verlauf einer statist. Schwankungen unterliegenden [physikal.] Größe.

stochastische Systeme, in der Kybernetik Bez. für Systeme, bei denen die Beziehung zw. einer beeinflussenden [Eingangs]-größe und der Systemantwort (Ausgangsgröße) Zufallscharakter besitzt und der Übergang in einen neuen Zustand jeweils nur mit einer gewissen Wahrscheinlichkeit erfolgt.

Stöchiometrie [zu griech. stoicheĩon „Grundstoff, Element"], die Lehre von der mengenmäßigen Zusammensetzung chem. Verbindungen und der mathemat. Berechnung chem. Umsetzungen. Die drei Grundgesetze der S. sind: 1. das *Gesetz der konstanten Proportionen*, d. h. jede Verbindung enthält ihre Elemente in einem bestimmten, konstanten Massenverhältnis; 2. das *Gesetz der multiplen Proportionen* (**Daltonsches Gesetz**), d. h. die Massenverhältnisse zweier sich zu verschiedenen chem. Verbindungen vereinigender Elemente stehen im Verhältnis einfacher ganzer Zahlen zueinander; 3. das *Gesetz der äquivalenten Proportionen*, d. h. Elemente vereinigen sich im Verhältnis bestimmter Verbindungsgewichte (Äquivalentgewichte) oder ganzzahliger Vielfacher.

stöchiometrische Formel (Verhältnisformel) ↑chemische Formeln.

Stock, (Stubben) der nach dem Fällen zurückbleibende Teil des Baums.

◆ ↑Tierstock.

◆ (Bienen-S.) ↑Imkerei.

◆ vom Nebengestein steilwandig abgesetzte, unregelmäßig gestaltete Gesteinsmasse, z. B. Salzstock.

◆ im *älteren dt. Recht* 1. Instrument zur Vollstreckung einer Körper- oder Ehrenstrafe (Prügelstrafe, Pranger), 2. [unterirdisches] Gefängnisloch.

Stockach, Stadt in Oberschwaben, Bad.-Württ., 470 m ü. d. M., 12 900 E. Fasnachtmuseum im Schloß Langenstein; Textil-, Elektro-, Metallwaren-, Maschinenbauind., Aluminium-Umschmelzwerk. - 1150 erstmals erwähnt; 1283 als Stadt bezeichnet; im 16. Jh. Gerichts- und Verwaltungsmittelpunkt.

Stockanker ↑Ankereinrichtung.

Stockausschlag, an der Rinde von Baumstümpfen aus schlafenden Knospen oder aus Adventivknospen am Übergang zw. Rinde und Holzkörper gebildete Sprosse. Starken S. bilden z. B. Birke, Eiche, Hainbuche, Linde und Ulme, Nadelhölzer zeigen diese Eigenschaft dagegen nur selten.

Stock Car [engl. 'stɔk 'kɑ:], im Automobilsport Fahrzeug für Wettbewerbe auf geschlossenen Rennstrecken; unterscheidet sich äußerl. oft nicht von Serienfahrzeugen, besitzt aber einen starken Motor (über 550 PS) und erreicht bis zu 300 km/h.

Stockente ↑Enten.

Stöcker, Helene, * Elberfeld (= Wuppertal) 13. Nov. 1869, † New York 24. Febr. 1943, dt. Frauenrechtlerin und Pazifistin. - 1905 Mitbegr. des Bundes für Mutterschutz und Sexualreform; aktiv in der Dt. Friedensgesellschaft und in der Internationale der Kriegsdienstgegner publizist. tätig; emigrierte 1933.

Stöcker ↑Stachelmakrelen.

Stockerau, niederöstr. Stadt 20 km nw. von Wien, 175 m ü. d. M., 12 700 E. Sitz und Archiv der Internat. Lenau-Gesellschaft; Metallind., Herstellung von Isolierwolle, Posamenten und Sportbekleidung. - 1012 erstmals genannt, 1465 Markt- und 1893 Stadtrecht. - Frühklassizist. Pfarrkirche (1777) mit barokkem Turm, barockes Rathaus (ehem. Puchheimsches Schloß, 17. Jh.).

Stock Exchange [engl. 'stɔk ɪks'tʃɛɪndʒ], urspr. Name der Londoner Börse, heute generell engl. Bez. für eine Effektenbörse.

Stockfisch, im Freien auf Holzgestellen getrockneter, ausgenommener und geköpfter Fisch. Als S. geeignet sind v. a. Dorschfische (wegen ihres fettarmen Fleisches), daneben auch Plattfische. S. enthalten am Ende der Trocknung nur 12–15% Wasser und müssen vor dem Verbrauch gewässert werden. Haupterzeuger ist Norwegen, daneben Island, Japan und Korea. - ↑auch Klippfisch.

Stockflecke, durch Einwirkung von Schimmelpilzen, z. T. auch von Bakterien auf feuchte Textilien, ferner auf Papier, Pergament oder Holz entstehende helle bis bräunl. oder grauschwarze Flecke mit muffigem Geruch. S. auf Textilien lassen sich häufig durch (mehrfaches) Waschen und starkes Bleichen entfernen.

Stockhaar, aus mittellangen Grannenhaaren mit dichter Unterwolle gebildetes Haarkleid bei Hunden.

Stockhammer, Hammer mit auswechselbaren pyramidenförmigen Aufsätzen auf den Schlagflächen zum Bearbeiten (**Stocken**) von harten Natur- und Kunststeinen, von Beton und Edelputz.

Stockhausen, Julius, * Paris 22. Juli 1826, † Frankfurt am Main 22. Sept. 1906, dt. Sänger (Bariton) und Gesangspädagoge. - Berühmter Konzertsänger; gründete 1879 eine Gesangsschule in Frankfurt am Main.

S., Karlheinz, * Mödrath (= Kerpen) 22. Aug. 1928, dt. Komponist. - Studierte u. a. bei H. Schroeder, F. Martin, O. Messiaen, D. Milhaud; seit 1963 künstler. Leiter des Studios für elektron. Musik beim WDR in Köln; 1971–77 Prof. für Komposition an der Kölner Musikhochschule. - S. war maßgebend an vielen Entwicklungen der Neuen Musik beteiligt - als Komponist, Lehrer, Interpret und Ideologe (Ges. Schriften u. d. T. „Texte“, bisher 4 Bde., 1963–78). Sein Ausgangspunkt war die Idee einer strikten Durchorganisation des musikal. Materials in punktueller (u. a. „Kontra-Punkte“ für 10 Instrumente, 1952/53; „Klavierstücke I–IV“, 1952/53) oder statist. serieller Technik (u. a. „Zeitmaße“ für 5 Holzbläser, 1955/56; „Gruppen“ für 3 Orchester, 1955–57) oder elektron. Musik („Gesang der Jünglinge“, 1955/56). Immer stärker bezog S. dann den Zufall (↑Aleatorik) und die eigenschöpfer. Tätigkeit des Interpreten in seine Werke ein (u. a. „Klavierstück XI“, 1956; „Momente“ für Sopran, 4 Chorgruppen und 13 Instrumentalisten, 1962–64); so v. a. auch in vielen live-elektron. Stücken („Kontakte“ für elektron. Klänge, Klavier und Schlagzeug, 1959/60; „Mikrophonie I“ für Tamtam, 2 Mikrophone, 2 Filter und Regler, 1964; „Mikrophonie II“ für Chor, Hammondorgel und 4 Ringmodulatoren 1965). Seit den späten 1960er Jahren zerfallen Material und Musiksprache zugunsten mystizist. Konzeptionen, oft unter Einschluß von Räuml. und Szen., elektron. und konkreter Musik, u. a.: „Hymnen“ (1966/67), „Aus den sieben Tagen“, 15 Kompositionen für Ensemble (1968); „Mantra“ für 2 Pianisten“ (1970); „Trans“ für Orchester und Tonband (1971); „Sirius“ für elektron. Klänge, Trompete, Sopran, Baßklarinette, Baß (1975/76); „Jubiläum“ für Orchester (1977); „Michaels Reise um die Erde“ für Trompete und Orchester (1978); „Samstag“ (Oper, 1981–84).

Stockholm, Hauptstadt Schwedens und des Verw.-Geb. S., an beiden Ufern des Ausflusses des Mälarsees in einen Arm der Ostsee sowie auf einigen Inseln, 653 500 E, Groß-S. 1,56 Mill. E. Residenz des schwed. Königs, Sitz der Reg., des Parlaments, eines luth. und eines röm.-kath. Bischofs; Reichsarchiv, mehrere Theater, über 50 Museen, u. a. Nationalmuseum, Freilichtmuseum Skansen; Univ. (gegr. 1877), TH und weitere Fachhochschulen, internat. Inst. für Energie und Humanökologie. Observatorium; botan. Garten; Sitz von Großbanken, Reedereien und Handelsunternehmen; Messestadt; größte schwed. Ind.stadt mit Schiffbau, Papier- und graph., Textil- und Bekleidungs-, chem. und Nahrungsmittelindustrie. Der Hafen wird im Winter durch Eisbrecher offengehalten; Fährverbindungen mit Finnland, Danzig und Leningrad; Ausgangspunkt zahlr. Eisenbahnlinien ins Hinterland; U-Bahn, internat. ✈ Arlanda.

Geschichte: Das 1252 erstmals belegte S. geht der Sage nach auf Birger Jarl (1250–66 Regent) zurück, es wurde als Handelsplatz gegründet. Der Sieg des Dänenkönigs Christian II. über den schwed. Reichsverweser Sten Sture d. J. führte zum „Stockholmer Blutbad“ (1520). Nach Eroberung durch Gustav I. (1523) häufig Residenz der schwed. Könige; wurde im 17. Jh. ständige Hauptstadt Schwedens. Anfang des 17. Jh. dehnte sich S. nach Norrmalm aus, Kungsholm kam 1644 dazu. In Skeppsholm entstand ab 1630 ein Kriegshafen. Södermalm wurde Ende des 17. Jh. auf rechtwinkligem Grundriß ausgebaut. Unter König Gustav III. (♔ 1771–92) wurde S. auch zum bed. kulturellen Mittelpunkt. Östermalm wurde ab 1866 planmäßig bebaut. In Djurgården entstand ab 1930 ein neuer Stadtteil.

Der **Friede von S.** (1. Febr. 1720) beendete im 2. Nord. Krieg die Kampfhandlungen zw. Schweden und Preußen, das Vorpommern zwischen Oder und Peene mit Stettin, Usedom und Wollin erhielt.

Bauten: Bed. Kirchen sind die Storkyrka (13., 14./15. und 18. Jh.), die Riddarholmskirche (13. Jh.; mehrfach erneuert), die Tyska kyrka (Dt. Kirche, 1638–42). Das Königl. Schloß (nach 1697) ist ein Renaissance- und Barockbau mit prunkvoller Innenausstattung; Riddarhus (Ritterhaus, 1641–74). Im 19. Jh. entstanden das Nationalmuseum und andere öffentl. Gebäude, im 20. Jh. das Rathaus, die königl. Bibliothek, das Waldkrematorium im Südfriedhof sowie Satellitenstädte. - Abb. S. 140.

S., Verw.-Geb. im östl. Mittelschweden, umfaßt die östl. Bereiche der histor. Prov. Uppland und Södermanland, 6 488 km^2, 1,519 Mill. E (1979), Hauptstadt Stockholm.

Stockholm International Peace Research Institute [engl. 'stɔkhoʊm ɪntə'næʃənəl 'pi:s rɪ'sə:tʃ 'ɪnstɪtju:t „Internat. Friedensforschungsinstitut Stockholm"], Abk. SIPRI, 1966 als Stiftung vom schwed. Parlament gegr. Institution; veröffentlicht u. a. das SIPRI-Jahrbuch, das die internat. Rüstungsentwicklung laufend dokumentiert.

Stocklack ↑Schellack.

Stockmalve (Eibisch, Althaea), Gatt. der Malvengewächse mit 25 Arten im gemäßigten Eurasien; stark behaarte Kräuter oder Stauden mit handförmig geteilten Blättern und einzeln oder in Trauben stehenden, großen radiären Blüten. Bekannte Arten sind die bis 3 m hohe **Stockrose** (Roter Eibisch, Althaea rosea) aus dem östl. Mittelmeergebiet, mit verschiedenfarbigen Blüten in bis 1 m langer Ähre, und der **Echte Eibisch** (Althaea officinalis), eine bis 1,5 m hohe, v. a. auf salzhaltigen Böden vorkommende Staude mit weißen oder rosafarbenen Blüten.

Stockmaß, Abk. Stm., bei Haussäugetieren die mit dem Meßstock gemessene größte Rumpfhöhe (Widerristhöhe).

Stockpunkt, Temperatur, bei der eine flüssige Substanz so viskos wird, daß sie gerade aufhört zu fließen.

Stockpuppe ↑Stabpuppe.

Stockrose ↑Stockmalve.

Stockschilling ↑Prügelstrafe.

Stockschwämmchen (Laubholzschüppling, Pholiota mutabilis), sehr häufiger, v. a. im Herbst auf Laubholzstubben büschelig wachsender Lamellenpilz; Hut 3–7 cm breit, bräunlichgelb mit heller Mitte und dunklerer Randzone, in feuchtem Zustand zimtfarben; Lamellen zimtbraun, Stiel schuppig, mit hautartigem, kleinem Ring; Speisepilz.

Stockton [engl. 'stɔktən], kaliforn. Stadt am San Joaquin River, 149 800 E. Sitz eines kath. und eines anglikan. Bischofs; Univ. (seit 1852); u. a. Nahrungsmittel- und metallverarbeitende Ind.; Hafen. - Gegr. 1847 als **Tuleborg** (auch als **New Albany** bekannt); seit 1849 heutiger Name; Versorgungszentrum für Goldsucher 1848–50.

Stockton-on-Tees [engl. 'stɔktən ɔn 'ti:z] ↑Teesside.

Stoecker, Adolf ['ʃtœkər], * Halberstadt 11. Nov. 1835, † Bozen 7. Febr. 1909, dt. Sozialpolitiker. - Ab 1863 ev. Pfarrer, 1874–90 Hof- und Domprediger in Berlin; übernahm 1877 die Leitung der Berliner Stadtmission mit dem Ziel, das Proletariat für die Kirche zu gewinnen; gründete 1878 die Christl.-soziale Arbeiterpartei, deren christl.-konservative, monarch.-nationalist. Ausrichtung kaum Widerhall in der Arbeiterschaft fand. 1879–98 Mgl. des preuß. Abg.hauses, 1881–93 und 1898–1908 MdR; vertrat auf dem äußersten rechten Flügel der Deutschkonservativen Partei einen wirtsch.-sozialen Antisemitismus. S. gründete 1890 den Ev.-sozialen Kongreß, den er 1896 wegen des Ggs. zu F. Naumann verließ, womit er seinen polit. Einfluß verlor.

Stoff, jede in Form von Elementen, Verbindungen oder Gemischen vorliegende Materie unabhängig vom Aggregatzustand.
◆ in der *Philosophie* svw. ↑Materie.
◆ aus Garnen durch Weben (auch Wirken oder Stricken) hergestelltes flächiges Erzeugnis, das meist in Form aufgerollter Bahnen in den Handel kommt. S. werden nach Zusammensetzung der Garne, Art der Herstellung und Verwendungszweck unterschieden.

Stoffdruck (Textildruck, Zeugdruck), Aufbringen von ein- und mehrfarbigen Mustern auf die Oberfläche von Textilien. Das älteste Verfahren ist der ↑Handdruck. Später folgte der *Reliefdruck*, bei dem die Farben mit Hilfe von Druckwalzen mit erhabenen Druckformen auf die Textilien aufgebracht werden. Vertiefte Druckformen wurden erstmals bei dem *Plattendruck* verwendet. Aus diesem Verfahren entwickelte sich der *Rouleauxdruck (Walzendruck)*, bei dem die Farben mit Hilfe gravierter Walzen (die Druckfarben haften nur an den gravierten Stellen) auf den Stoff übertragen werden. Aus dem *Spritzdruck*, bei dem die Druckfarben auf die mit Schablonen teilweise abgedeckten Gewebe gesprüht wurden, entwickelte sich der heute für den S. bes. bedeutungsvolle ↑Siebdruck. Daneben gibt es zahlr. spezielle S.verfahren sowie besondere kunstgewerbl. Druck- bzw. Färbeverfahren (z. B. ↑Batik).

Stoffmenge (Teilchenmenge), Formelzeichen n, eine der 7 Basisgrößen des SI-Systems; festgelegt als die durch die ↑Avogadro-Konstante N_A dividierte Anzahl N gleichartiger Teilchen (Atome, Ionen, Moleküle), die eine bestimmte Masse eines reinen Stoffes unabhängig vom Aggregatzustand, vom eingenommenen Volumen und von der äußeren Form besitzt: $n = N/N_A$. - Die SI-Einheit der S. ist das ↑Mol.

Stoffname, Bez. für ein Appellativ, das im Singular sowohl eine gleichartige Stoffmasse als auch deren Teile bezeichnet *(Regen, Wasser, Wein, Zucker, Gold)*; bei plural. Gebrauch bezeichnen S. als Gattungsname einzelne Arten oder Sorten des Stoffes *(Weine)*.

Stoffnormen ↑Normung.

Stoffwechsel (Metabolismus), die Gesamtheit der biochem. Vorgänge, die im pflanzl., tier. und menschl. Organismus oder in Teilen davon ablaufen und dem Aufbau, Umbau und der Erhaltung der Körpersubstanz sowie der Aufrechterhaltung der Körperfunktionen dienen. Die S.prozesse verbrauchen Energie, die durch Abbau zelleigener Substanzen exergon (energiefreisetzend, katabolisch) im Vorgang der ↑Dissimilation gewonnen wird. Die durch die Dissimilation verbrauchten Substanzen und die für Aufbau und Wachstum erforderl. Zellsubstanzen werden durch endergone (energieverbrauchende, anabolische) Reaktionen im Vorgang der ↑Assimilation ersetzt. - Sämtl. Körpersubstanzen werden im S. aus den Elementen Kohlenstoff (C), Sauerstoff (O), Wasserstoff (H), Stickstoff (N), Schwefel (S), Natrium (Na), Kalium (K), Calcium (Ca), Magnesium (Mg), Chlor (Cl), Eisen (Fe), Kupfer (Cu), Mangan (Mn), Zink (Zn), Kobalt (Co), Jod (J) und Phosphor (P) synthetisiert. Je nach der Herkunft der Elemente C, N und S in der organ. Substanz werden Organismen mit zwei S.typen unterschieden: die autotrophen (sich ausschließl. von anorgan. Substanzen ernährenden) und die heterotrophen (auf organ. Nahrung angewiesene) Organismen. - Die S.vorgänge laufen als extra- oder intrazelluläre, biochem. durch Enzyme gesteuerte Reaktionen ab. Prakt. lassen sich alle S.vorgänge nach Funktionskreisen in Assimilation, Ernährung, Atmung, Verdauung, Resorption und Exkretion unterteilen. Generell unterschieden werden der **Baustoffwechsel** (Aufbau-S., Anabolismus bzw. heute meist Assimilation genannt) vom *Energie-* oder **Betriebsstoffwechsel,** der auch als Katabolismus, abbauender S. bzw. Dissimilation bezeichnet wird und die beiden Vorgänge der inneren Atmung und der Gärung umfaßt. Die einzelnen abbauenden und aufbauenden S.wege sind durch reversible Reaktionen miteinander verknüpft. Oftmals wird daher für die zw. Stoffaufnahme und -abgabe liegenden S.prozesse der Begriff des **Intermediärstoffwechsels (innerer Stoffwechsel)** benutzt. Sonderfälle des S.geschehens sind der Hunger- und der Luxusstoffwechsel. Ein **Hungerstoffwechsel** tritt bei teilweisem oder vollständigem Nahrungsmangel auf. Er basiert auf dem Abbau von Energiereserven (Kohlenhydrate, Fette) und Körpersubstanz (Eiweiß). Am schnellsten wird zu Anfang des Hungerns der nur sehr geringe Kohlenhydratvorrat verbraucht. Im Blut und im Harn erscheinen vom 4. bis 5. Tag an die sog. Ketonkörper als Anzeichen des intrazellulären Glucosemangels. Im zweiten Stadium wird auch das Depotfett in Anspruch genommen. Sind die Fettreserven aufgebraucht, so wird schließl. auch Körpereiweiß zur Verbrennung herangezogen. Der Eiweißabbau beträgt in dieser Phase 50–70 g täglich. Das Struktureiweiß der Zelle wird erst kurz vor dem Tod in stärkerem Ausmaß angegriffen. - Beim **Luxusstoffwechsel** baut der Körper infolge überhöhter Nahrungszufuhr mehr Nahrung ab als er verwerten bzw. anlagern kann. Der Überschuß wird ungenutzt ausgeschieden.

Nach den im S. umgesetzten Substanzen unterscheidet man: den „aufbauenden" Kohlenhydrat-S. und den „abbauenden" Kohlenhydrat-S., den Fett-S., den Eiweiß-S., den Nukleinsäure-S. und den Mineralstoffwechsel. Eine zentrale Stelle im S.geschehen nehmen die an der Phosphorylierung der Substrate beteiligten ↑Adenosinphosphate (als sog. Phosphatpumpe bezeichnet) ein.

Unter **Fettstoffwechsel** *(Lipid-S.)* versteht man die Vorgänge zum Auf- und Abbau der Fette oder fettartige Substanzen im Organismus. Diese Substanzen gelangen in der Form von Chylomikronen, als ungebundene Moleküle oder an Plasmaeiweiße als Trägerstoffe gekoppelt (d.h. als Lipoproteide) auf dem Blut- oder Lymphweg zu den Orten des Fett-S. (Leber, Körperfettgewebe). - *Der Fettstoffwechsel i.e.S.* umfaßt den S. der Neutralfette und der Fettsäuren. Etwa 60% der v.a. mit der Nahrung aufgenommenen Neutralfette werden als ↑Depotfett (Energiereserve, Wärmeschutz) abgelagert. Der Rest wird zu Synthesen von komplexeren Lipiden verwendet bzw. in der Leber durch Lipasen in Glycerin

Stockholm. Insel Riddarholm mit der Riddarholmskirche (rechts)

und Fettsäuren gespalten. Der Abbau der Fettsäuren erfolgt durch Betaoxidation und mehrere Zwischenreaktionen bis zu Acetyl-CoA bzw. bei Fettsäuren mit einer ungeraden Anzahl von Kohlenstoffatomen bis zu Propionyl-CoA. Über Acetyl-CoA können aus den Fettsäuren Kohlenhydrate oder Aminosäuren aufgebaut werden, umgekehrt aber auch Fettsäuren aus Kohlenhydraten und Eiweiß entstehen; ebenso erfolgen der Abbau der Fette zu Kohlendioxid und Wasser sowie die Ketogenese (Bildung von Ketonkörpern) über Acetyl-CoA. - Der *Fettstoffwechsel i. w. S.* umfaßt den S. der komplexen Lipide, d. h. der Phospholipide, Glykolipide, Karotinoide und des Cholesterins, in dem die Fettsäuren als Ausgangsmaterial dienen. Dieser eigentl. *Lipid-S.* wird wesentl. durch Hormone wie Thyroxin, Insulin, Adrenalin, die Glukokortikoide, das adrenokortikotrope Hormon, Somatotropin und die Geschlechtshormone beeinflußt. Thyroxin erhöht den Fettumsatz und führt so zu einer Erniedrigung der Gesamtlipide, bes. des Cholesterins und der Karotinoide im Blut. Insulin bewirkt die vermehrte Umwandlung von Kohlenhydraten in Fettsäuren und hemmt deren Abbau; außerdem beschleunigt es die Aufnahme und Verwertung der im Blut zirkulierenden freien Fettsäuren durch das Fettgewebe. Das Somatotropin beschleunigt den Abbau der Fette; Adrenalin führt zu einer Mobilisierung des Depotfetts, verstärkt die Spaltung der Neutralfette und bewirkt somit einen erhöhten Blutplasmaspiegel an Neutralfetten, freien Fettsäuren und Glycerin. Die Glukokortikoide beeinflussen die Verlagerung der Lipide aus dem Depot des Fettgewebes in die Leber und steigern den Fettabbau. Die Geschlechtshormone haben bes. Bed. für die Lokalisierung der Fettdepots. - Bei Pflanzen (außer Mikroorganismen) sind die Fette ausschließl. Reservestoffe, die bei Bedarf im ↑Glyoxylsäurezyklus abgebaut werden.

Unter **Eiweißstoffwechsel** versteht man die Gesamtheit aller biolog. Vorgänge und biochem. Umsetzungen, die den Auf- und Abbau von Proteinen bei Pflanzen und Tieren sowie beim Menschen betreffen. Die Proteine sind lebenswichtige Bestandteile sämtl. Zellbestandteile; Pflanzen können Proteine als Reservestoffe speichern. Die biolog. Proteinbiosynthese erfolgt in den Zellen des Organismus aus Aminosäuren. Der Abbau der (mit der Nahrung aufgenommenen) Proteine erfolgt bei Tieren und beim Menschen im Magen-Darm-Trakt durch eiweißspaltende Enzyme (Proteasen) bis hin zu den resorptionsfähigen Aminosäuren. Die zu Aminosäuren abgebauten Proteine werden in den S. eingeschleust, weiter abgebaut oder für Synthesen verwendet. Die Abbauprozesse verlaufen bei Pflanzen ähnlich.

Der **Nukleinsäurestoffwechsel** *(Nukleotid-S.)* umfaßt die ↑DNS-Replikation und die Biosynthese von RNS. Der Abbau der Nukleinsäuren erfolgt bei pflanzl. und tier. Organismen über die DNasen und RNasen. Das Endprodukt ist bei allen Tieren und beim Menschen Harnsäure.

Der **Mineralstoffwechsel** umfaßt die chem. Umsetzungen der Mineralstoffe und Spurenelemente in den Geweben und Gewebsflüssigkeiten bei Pflanzen, Tieren und beim Menschen. Bei allen Organismen sind die Mineralstoffe Bestandteile von Zellstrukturen und Enzymen. Bei Tieren und beim Menschen wird der Mineral-S. hormonell durch Mineralokortikoide geregelt. Bei Pflanzen fehlt eine derartige Regelung; sie können die Mineralstoffe nur relativ selektiv aufnehmen und/oder ausscheiden. - Für die Lebensfunktionen sind v. a. der Natrium-, Kalium- und Calcium-S. (Kalzium-S., Kalk-S.) bedeutend; insbes. ist die Erregbarkeit des tier. und menschl. Organismus ursächl. mit einem Natrium-Kalium-Ungleichgewicht verbunden. Das Kalium ist verantwortl. für die Erregbarkeit der Nerven und Muskeln. Die Calciumionen sind ein wichtiger Faktor bei enzymat. Reaktionen und mitverantwortl. für die Permeabilität der Zellmembranen. Bei Pflanzen sind Calciumionen die Träger des Aktionsstroms bei Erregungsvorgängen. Bei Wirbeltieren und beim Menschen steuern die Calciumionen über die Beeinflussung des Erregungsablaufs die Nervenfunktion und die Muskelkontraktilität, ferner ist das Calcium ein wichtiger Faktor bei der Blutgerinnung und bei der Knochen- und Zahnbildung. - Abb. S. 142.

🕮 *Richter, G.: S.physiologie der Pflanzen. Stg. [4]1982. - Collatz, K. G.: S.physiologie der Tiere. Freib. u. Stg. 1979. - Berg, G.: Ernährung u. S. Paderborn 1978. - Dagley, S.: Energy and metabolism. Oxford 1975. - Cohen, G.: Der Zellstoffwechsel u. seine Regulation. Dt. Übers. Braunschweig 1972. - Tepperman, J.: Physiologie des S. u. des Endokrinums. Dt. Übers. Stg. u. New York 1972. - Luckner, M.: Der Sekundärstoffwechsel in Pflanze u. Tier. Stg. 1970.*

Stoffwechselkrankheiten, Krankheiten, die durch Stoffwechselstörungen bedingt sind und/oder mit Stoffwechselstörungen einhergehen, z. B. Fettsucht, Gicht, Diabetes mellitus.

Stoiber, Edmund, * Oberaudorf (bei Kufstein) 28. Sept. 1941, dt. Politiker (CSU). - Seit 1974 MdL in Bayern; 1978–83 Generalsekretär der CSU; seit 1982 Staatssekretär in der bayr. Staatskanzlei.

Stoica, Chivu [rumän. 'stoi̯ka], * Smeeni (Verw.-Geb. Buzău) 8. Aug. 1908, † Bukarest 17. oder 18. Febr. 1975, rumän. Politiker. - Seit 1931 Mgl. der rumän. KP; 1933–44 in Haft; 1948–52 Industriemin., 1950–55 stellv. Min.präs., 1955–61 Min.präs.; 1965–67 Vors. des Staatsrates (Staatsoberhaupt).

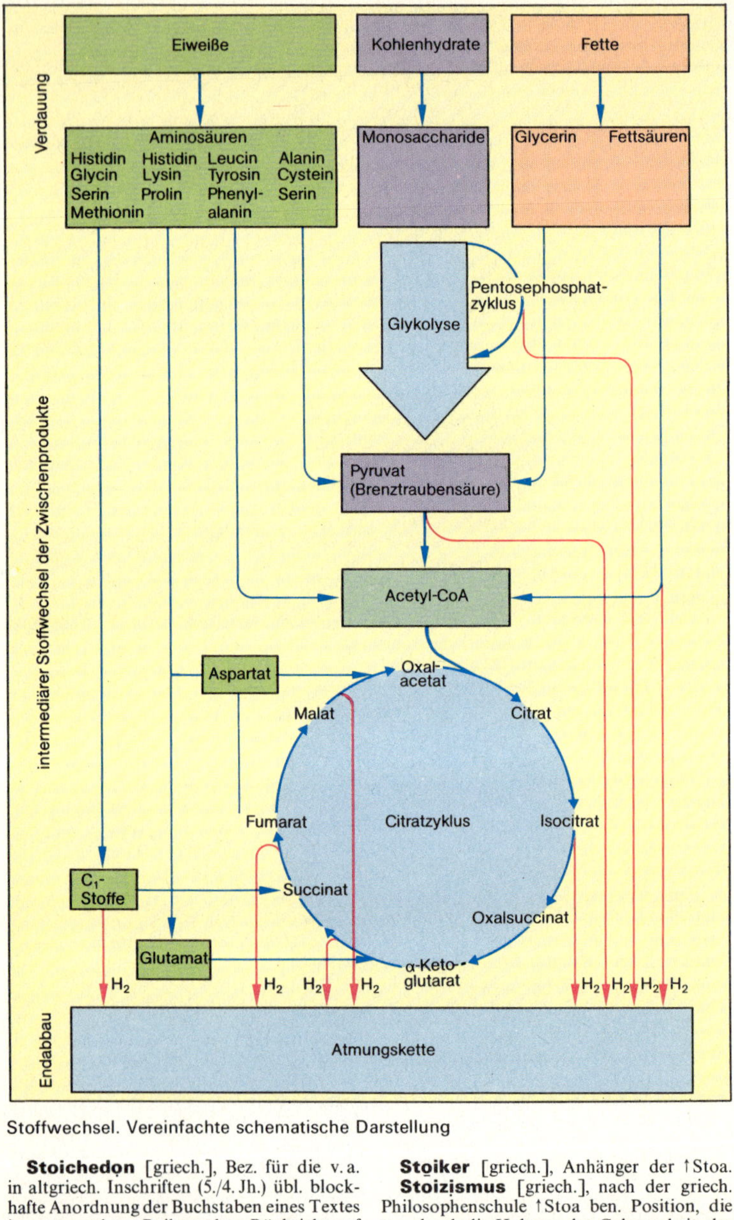

Stoffwechsel. Vereinfachte schematische Darstellung

Stoichedon [griech.], Bez. für die v.a. in altgriech. Inschriften (5./4. Jh.) übl. blockhafte Anordnung der Buchstaben eines Textes in waagerechten Reihen ohne Rücksicht auf die Wortgrenzen, so daß die Buchstaben auch senkrechte Reihen bilden.

Stoiker [griech.], Anhänger der ↑Stoa.

Stoizismus [griech.], nach der griech. Philosophenschule ↑Stoa ben. Position, die v.a. durch die Haltung der Gelassenheit, der Freiheit von Neigungen und Affekten sowie durch eth. Rigorismus gekennzeichnet ist.

Stoke Mandeville-Spiele [engl. 'stoʊk 'mændəvɪl], alljährl. stattfindende internat. Wettkämpfe für Querschnittsgelähmte; benannt nach dem brit. Rehabilitationszentrum in Stoke Mandeville (Buckinghamshire).

Stoke-on-Trent [engl. 'stoʊk ɔn 'trɛnt], engl. Stadt in den West Midlands, 252 400 E. Polytechn. Hochschule, Museen; Mittelpunkt der Potteries, Herstellung von Kacheln, Porzellanwaren, Steingut u. a. - 1910 durch Zusammenschluß der Gemeinden S.-on-T., Tunstall, Burslem, Hanley, Fenton und Longton gegr.; seit 1910 Stadtgrafschaft.

Stoker, Bram [engl. 'stoʊkə], eigtl. Abraham S., * Dublin 1847, † London 20. April 1912, ir. Schriftsteller. - Welterfolg hatte sein Vampirroman „Dracula" (1897) (↑Dracula).

Stokes, Sir (seit 1889) George Gabriel [engl. stoʊks], * Skreen (Sligo) 13. Aug. 1819, † Cambridge 1. Febr. 1903, brit. Mathematiker und Physiker. - Prof. in Cambridge, 1854 bis 85 Sekretär und 1885–90 Präs. der Royal Society. Lieferte wichtige Beiträge zur Analysis (↑Stokesscher Integralsatz) und zur mathemat. Physik. Seine physikal. Forschungen betrafen v. a. die Hydrodynamik (↑Stokessche Formel) und die Optik (↑Stokessches Fluoreszenzgesetz).

Stokesscher Integralsatz [engl. stoʊks; nach Sir G. G. Stokes], mathemat. Lehrsatz, der die Darstellung eines Oberflächenintegrals über ein Flächenstück *F* durch ein über die Randkurve *C* erstrecktes Kurvenintegral (und umgekehrt) gestattet.

Stokessches Fluoreszenzgesetz (Stokessche Regel) [engl. stoʊks; nach Sir G. G. Stokes], ein bei fast allen Fluoreszenz- und Phosphoreszenzvorgängen gültiges Gesetz, nach dem kein Licht emittiert wird, das kurzwelliger als die erregende Strahlung ist.

Stokowski, Leopold [engl. stoʊ'kɔfskɪ], * London 18. April 1882, † Nether Wallop (Hampshire) 13. Sept. 1977, amerikan. Dirigent. - Leitete ab 1909 das Cincinnati Symphony Orchestra, 1912–36 das Philadelphia Orchestra, das unter seiner Führung Weltgeltung erlangte, 1962–73 das von ihm gegründete American Symphony Orchestra.

STOL ↑Flugzeug (Flugzeugkunde).

Stola [griech.-lat.], schalartiger Umhang aus Pelz oder anderem Material; urspr. gegürtetes Übergewand der Römerin aus einem Tuch.

◆ Teil der liturg. Bekleidung; etwa 2,5 m langer, 5–8 cm breiter Stoffstreifen; in der kath. Kirche vom Diakon und Priester getragen; in der anglikan. und teilweise in der luth. Liturgie ist der Gebrauch ähnlich.

Stolberg/Harz (amtl. Kurort S./H.), Stadt im S-Harz, Bez. Halle, DDR, 300–450 m ü. d. M., 2 100 E. Fremdenverkehr. - Vermutl. im 12. Jh. als Bergbausiedlung entstanden, vor 1300 Stadtrecht. - Rathaus (1492; 1600 erneuert), ehem. Stolberg. Münze (1535; jetzt Thomas-Müntzer-Gedenkstätte und Museum); zahlr. Fachwerkhäuser.

Stolberg (Rhld.) (Rheinland), Stadt am N-Rand der Eifel, NRW, 185 m ü. d. M., 56 400 E. Blei-, Messing-, Zink- und Glaserzeugung, chem., pharmazeut. Elektro-, Textil-, Maschinenbau-, Kleineisen-, Möbel- und Nahrungsmittelind. - Entstand bei der 1118 erstmals erwähnten Burg der Herren von Stolberg, besaß schon im 14. Jh. Werkstätten zur Eisenbearbeitung und Hüttenwerke; im 17./18. Jh. führend in der Messingverarbeitung in Europa; seit 1856 Stadt. - Die Burgruine wurde 1888 ff. schloßartig ausgebaut, 1951–53 nach Kriegsschäden wieder hergestellt (z. T. spät-ma. Zustand).

Stolberg-Stolberg, Christian Reichsgraf zu, * Hamburg 15. Okt. 1748, † Schloß Windebye bei Eckernförde 18. Jan. 1821, dt. Dichter. - Bruder von Friedrich Leopold S.-S.; Mgl. des „Göttinger Hains"; Bekanntschaft mit Goethe und Lavater. Schrieb Singspiele, patriot. Lieder und Liebeslyrik; bed. sind seine Übersetzungen aus dem Griech. und Lateinischen.

S.-S., Friedrich Leopold Reichsgraf zu, * Bramstedt (= Bad Bramstedt) 7. Nov. 1750, † Schloß Sondermühlen bei Osnabrück 5. Dez. 1819, dt. Schriftsteller. - Mgl. des „Göttinger Hains"; Beziehungen zu Goethe und J. K. Lavater, später zu J. G. Hamann, F. H. Jacobi und J. G. Herder; 1789–91 dän. Gesandter in Berlin. S.-S., der früher freiheitl.-demokrat. Ideale leidenschaftl. vertreten hatte, wurde immer mehr in die Kreise der polit. und kirchl. Reaktion hineingezogen (1800 Übertritt zum Katholizismus). Schrieb anfangs pathet.-patriot. Lyrik, wurde schließl. romant. Schwärmer; zeitweise enge dichter. Zusammenarbeit mit seinem Bruder; schrieb auch Romane, Dramen, Reiseberichte, kirchenhistor. Schriften; Übersetzungen v. a. antiker Literatur.

Stolczer, Thomas ↑Stoltzer, Thomas.

Stolgebühren, Abgaben, v. a. in der kath. Kirche, die bei Amtshandlungen, bei denen die Stola getragen wird, zu zahlen sind.

Stoll, Karlheinz, * Dörfel (Nordböhm. Gebiet) 12. Juni 1927, dt. ev. Theologe. - Seit 1979 Bischof des Sprengels Schleswig und gleichzeitig Vors. der Kirchenleitung der Nordelb. ev.-luth. Kirche; seit 1982 auch Leitender Bischof der VELKD.

Stollberg, Landkr. im Bez. Karl-Marx-Stadt, DDR.

Stollberg/Erzgeb., Krst. am N-Rand des Erzgebirges, Bez. Karl-Marx-Stadt, DDR, 414 m ü. d. M., 12 500 E. Verwaltungssitz des Landkr. Stollberg; Metallwaren- und elektrotechn. Ind., Strumpf- und Polstermöbelfabrik. - Unterhalb einer Burg nach 1300 entstanden, 1343 Stadt. - Spätgot. Marienkirche (14./15. Jh.), Jakobikirche (1653–59).

Stollbeule (Stollschwamm, Ellbogenbeule), durch Druck oder Quetschung des Schleimbeutels am Ellbogenhöcker hervorgerufene Entzündung bei Pferd und Hund mit bis faustgroßer Schwellung.

Stollen ↑ Lederherstellung.

Stollen [eigtl. „Pfosten, Stütze"] ↑ Stollenstrophe.

◆ unterird. Gang; entweder Hilfsbauwerk (z. B. beim Tunnelbau) oder dauerndes Bauwerk (z. B. Druck-S. eines Wasserkraftwerks). Im *Bergwesen* ein leicht ansteigender Grubenbau, der von einem Hang aus in den Berg vorgetrieben wird.

◆ runde Leichtmetall-, Nylon- oder Lederteile an der Sohle von [Sport-, insbes. Fußball]-schuhen, um diese rutschfest zu machen.

◆ svw. ↑ Stollenholz.

◆ (Stolle) als Laib gebackener Kuchen; beim *Christstollen* mit Korinthen, Zitronat, Mandeln u. a.

Stollenholz (Stollen), Kantholz, das als Vollholz für tragende Teile von Möbeln und bei Rahmenkonstruktionen (z. B. für Türrahmen) verwendet wird.

Stollenschrank, halbhohes Möbelstück des 15. und 16. Jh. (Niederrhein, Westfalen) mit offenem Untergestell; diente zur Aufnahme von Geschirr und ist der Vorläufer der Kredenz.

Stollenstrophe, Bez. für die im dt. Minnesang übernommene Kanzonenstrophe, bestehend aus dem in 2 musikal. und metr. gleichgebauten **Stollen** gegliederten Aufgesang und dem metr. und musikal. abweichenden Abgesang; gängigste Strophenform des MA und der frühen Neuzeit.

Stolo (Stolon, Mrz. Stolonen) [lat.], in der *Botanik* svw. ↑ Ausläufer.

◆ in der *Zoologie* die bei Moostierchen und einigen Nesseltierpolypen (Hydrozoen und Scyphozoa) auftretenden, der ungeschlechtl. Fortpflanzung dienenden, wurzelartig im oder auf dem Substrat wachsenden Ausläufer, an denen neue Tiere ausknospen.

Stolp (poln. Słupsk) Stadt in Pommern, Polen▼, 22 m ü. d. M., 91 800 E. Hauptstadt des Verw.-Geb. Słupsk; Museen; Metallverarbeitung, Zement-, Glas-, Textil-, Holz- und Nahrungsmittelind., 18 km nnw. von S. das Seebad **Stolpmünde** mit Fischereihafen. - 1236 Ersterwähnung von Burg und Siedlung, erhielt 1310 lüb. Recht, 1368 Münzrecht; wurde 1382 Mgl. der Hanse und konnte im 15. Jh. seinen Handel bis nach Flandern ausdehnen. - Im 2. Weltkrieg stark zerstört. Von der ma. Stadtbefestigung sind 2 Tore erhalten; wiederaufgebaut wurde die Marienkirche (14./15. Jh.); Renaissanceschloß (16. Jh.; Museum).

Stolpe, Sven, * Stockholm 24. Aug. 1905, schwed. Schriftsteller und Literaturkritiker. - Verf. religiöser Romane, in denen der von sich selbst entfremdete Mensch nach überird. Erlösung strebt, u. a. „Im Wartezimmer des Todes" (1930), „Frau Brigitta lächelt" (1955); auch Essayist. - *Weitere Werke:* Königin Christine von Schweden (Biogr., 1960), Ich blicke zurück - ich blicke voraus (Autobiogr., 1962).

Stolper, Armin, * Breslau 23. März 1934, dt. Dramatiker. - Seit 1972 Chefdramaturg am Dt. Theater in Berlin (Ost); Verf. realist.-zeitkrit. Stücke über Lebens- und Arbeitsprobleme im Sozialismus; „Zeitgenossen" (1969), „Himmelfahrt zur Erde" (1971), „Klara und der Gänserich" (1973), „Das Naturkind" (Uraufführung 1978). Schrieb auch: „Nach Reykjavik & Flachsenfingen" (Erlebnisse auf Reisen, 1985).

Stolte, Dieter, * Köln 18. Sept. 1934, dt. Publizist. - Seit 1976 Programmdirektor beim ZDF, seit 1982 dessen Intendant.

Stoltenberg, Gerhard, * Kiel 29. Sept. 1928, dt. Historiker und Politiker (CDU). - 1957–71 MdB; 1965 Direktor im Krupp-Konzern; 1965–69 Bundesmin. für wiss. Forschung; seit 1969 stellv. Bundesvors. der CDU, 1954–57 und 1971–82 in Schleswig-Holstein MdL, Min.präs. und Landesvors. der CDU; seit 1982 Bundesmin. der Finanzen.

Stoltzer (Stolczer, Scholczer), Thomas, * Schweidnitz zw. 1480 und 1485, † Ofen ([?] = Budapest) 1526, dt. Komponist. - Komponierte überwiegend geistl. Werke, u. a. Messen (ohne Credo), Motetten zum Proprium missae, 15 lat. und 4 dt. Psalm-Motetten (seine bedeutendsten Werke), Hymnen, geistl. und weltl. dt. Lieder.

Stolypin, Pjotr Arkadjewitsch [russ. staˈlɨpin], * Dresden 14. April 1862, † Kiew 18. Sept. 1911 (ermordet), russ. Politiker. - Ab 1906 Innenmin. und Min.präs.; suchte durch rücksichtslose Polizeiherrschaft die Wirren der Revolution von 1905 zu überwinden; führte eine grundlegende, auf Stabilisierung der sozialen Verhältnisse zielende Agrarreform durch, die unter Zerschlagung der alten russ. Dorfgemeinde (Mir) die sozioökonom. Lage der Bauern verbesserte und die Voraussetzung für das Entstehen eines Standes wirtsch. gesunder Einzelbauern schuf.

Stolz, Robert, * Graz 25. Aug. 1880, † Berlin 27. Juni 1975, östr. Operettenkomponist. - Komponierte über 60 Operetten, darunter „Venus in Seide" (1932), sowie über 100 Filmmusiken, u. a. „Zwei Herzen im Dreivierteltakt" (1930), „Ich liebe alle Frauen" (1935) und mehr als 2 000 Lieder.

Stolze, Wilhelm, * Berlin 20. Mai 1798, † ebd. 8. Jan. 1867, dt. Stenograph. - Veröffentlichte 1841 ein Stenographiesystem; 1897 entstand aus den Systemen von S. und F. Schrey das „Einigungssystem S.-Schrey", das neben dem System Gabelsberger Grundlage der dt. Einheitskurzschrift wurde (↑ Stenographie).

Stölzel (Stöltzel, Stölzl), Gottfried Heinrich, * Grünstädtel bei Schwarzenberg (Erzgebirge) 13. Jan. 1690, † Gotha 27. Nov. 1749, dt. Komponist. - Ab 1719 Hofkapellmeister in Gotha; verbindet in seinen Werken italien. galanten Stil mit dt. polyphoner Satztechnik; schrieb u. a. Opern, Kantaten, Oratorien, Passionen, Messen sowie Instrumentalwerke.

Stoma (Mrz. Stomata) [griech.], in der *Zoologie* und *Medizin* svw. ↑Mund.

◆ in der *Botanik* ↑Spaltöffnungen.

stomachal [griech.], durch den Magen gehend; aus dem Magen kommend; den Magen betreffend.

Stomachika [griech.] (Magenmittel), Mittel, die den Appetit und die Verdauung anregen und fördern; hauptsächl. Bittermittel.

Stomachus [griech.], svw. ↑Magen.

Stomata, Mrz. von Stoma.

Stomatitis [griech.], Entzündung der Mundschleimhaut.

Stomochordata [griech.], svw. ↑Kragentiere.

Stomp [engl. stɔmp; engl.-amerikan., eigtl. „das Stampfen"], im 19. Jh. Bez. für einen afroamerikan. Tanz; später ein spezif. Gestaltungsmittel des traditionellen Jazz, bei dem dem melod. Ablauf ein konstantes rhythm. Muster zugrunde gelegt wird.

Stone [engl. stoʊn], Irving, eigtl. I. Tannenbaum, * San Francisco 14. Juli 1903, amerikan. Schriftsteller. - Verf. von auf histor. Materialien aufbauenden, romanhaften Biographien; schrieb u. a. „Vincent van Gogh" (1934), „Zur See und im Sattel. Das Leben Jack Londons" (1938), „Michelangelo" (1961), „Der Seele dunkle Pfade" (1971; über S. Freud), „Der griech. Schatz. Das Leben von Sophia und Heinrich Schliemann" (1975), „Depths of glory" (1985; über C. Pissarro).

S., Nicholas, d. Ä., * Woodbury bei Exeter 1586, † London 24. Aug. 1647, engl. Bildhauer und Baumeister. - Schüler von H. de Keyser; arbeitete 1619–22 bei I. Jones; errichtete das Südportal von Saint Mary's in Oxford, schuf Statuen (Elisabeth I., London, Guildhall) und Grabdenkmäler (für F. Holles, London, Westminster Abbey, 1622).

Stonehenge [engl. 'stoʊn'hɛndʒ], vorgeschichtl. Steinkreisanlage (Kromlech) in der Salisbury Plain, S-England, 12 km nördl. von Salisbury. - Am besten erhaltene Megalithanlage aus dem 3./2. Jt.; das größte prähistor. Steindenkmal Europas; S. I bestand aus einem äußeren Ringgraben mit innerem Wall (Durchmesser etwa 110 m); S. II wurde aus bis zu 20 m hohen, aufrechtstehenden, Steinblöcken errichtet: 2 konzentr. Steinkreise und die „avenue" (Länge etwa 2 km) von S. zum Avon; S. III ist die heute noch sichtbare Anlage; die aufrechtstehenden Steine wurden oben durch Querblöcke verbunden (Trilithen); besitzt im Zentrum einen „Altarstein", umgeben von einer hufeisenartigen Anlage aus Blausteinen, die von 2 Steinkreisen eingeschlossen ist; einige Steine weisen eingravierte Darstellungen auf. Die Konzeption der Anlage und die bes. Stellung einzelner Steine zum jeweiligen Sonnenstand legen nahe, daß hier während des Jahreslaufs, z. B. zur Sonnenwende, kult. Handlungen stattfanden. - Abb. S. 146.

Stoney, George Johnstone [engl. 'stoʊnɪ], * Oakly Park (= Dun Laoghaire) 15. Febr. 1826, † London 5. Juli 1911, brit. Physiker. - Auf Grund seiner Arbeiten über die Atomspektren stellte S. 1868 die Hypothese auf, daß die Spektrallinien mit period. Bewegungen in den Atomen zusammenhängen. Um 1892 prägte er die Bez. ↑Elektron.

Stony Brook ['stoʊnɪ 'bru:k] ↑Princeton.

Stooß, Carl, * Bern 13. Okt. 1849, † Graz 24. Febr. 1934, schweizer. Jurist. - Prof. in Bern (ab 1889) und Wien (ab 1896); bedeutendste Arbeiten sind der „Vorentwurf zu einem schweizer. Strafgesetzbuch" (1893/94), der als Grundlage für die Strafrechtsreform in der Schweiz diente, sowie „Die Grundzüge des schweizer. Strafrechts" (1892/93).

Stopfbuchsdichtung ↑Dichtung.

Stopfbuchsenschott, hinterstes, wasserdichtes Querschott eines Schiffes, von dem aus das Stevenrohr die Schraubenwelle bis zum Hintersteven führt, wo sie durch die Stopfbuchse, gegen eindringendes Wasser abgedichtet, aus dem Rumpf austritt.

stopfende Mittel, svw. ↑Stopfmittel.

Stopfenwalzverfahren ↑Walzen.

Stopfhacken ↑Hacken.

Stopfmittel (stopfende Mittel), adsorbierende und/oder adstringierende Mittel gegen Durchfall, z. B. Kohle, Tannin, Opiate.

Stoph, Willi, * Berlin 9. Juli 1914, dt. Politiker. - Erst Maurer, dann Bautechniker; schloß sich 1931 der KPD an; 1935–37 und im 2. Weltkrieg Soldat; 1945 wieder Mgl. der KPD, bis 1947 Leiter der Abteilung Baustoffindustrie, 1948–50 der Abteilung Wirtschaftspolitik beim Parteivorstand bzw. ZK der SED; seit 1950 Mgl. des ZK der SED, seit 1953 des Politbüros; seit 1950 Abg. der Volkskammer; 1952–55 Innen-, 1956–60 Verteidigungsmin. (1959 Armeegeneral), 1964–73 Vors. des Min.rates (1962–64 1. Stellvertreter); 1973–76 Vors. des Staatsrates, seitdem erneut Vors. des Ministerrates.

Stoppard, Tom [engl. 'stɔpəd], urspr. Thomas Straussler, * Zlín (= Gottwaldov) 3. Juli 1937, engl. Dramatiker tschech. Herkunft. - Verf. zeit- und gesellschaftskrit. Stükke, deren parabol. und absurde Elemente die aufgezeigte Undurchschaubarkeit der polit. und zwischenmenschl. Geschehnisse bes. augenfällig werden lassen; z. B. sich willenlos einem Geschehen ausgesetzt sehen, das weder erkannt noch beeinflußt werden kann („Rosenkranz und Güldenstern sind tot", 1967), die Tatsache, daß Ideologien und Verhaltensweisen der Intellektuellen nur zur Selbstbespiegelung taugen („Akrobaten", 1972); Ent-

Stonehenge. Gesamtanlage

mystifizierung revolutionären Gebarens leistet „Travesties“ (1974).

Stoppel, der nach dem Schnitt von Getreide, Ölfrüchten u. a. über dem Boden verbleibende kurze Rest des Pflanzenstengels; seit dem 17. Jh. in übertragener Bed. für: kurzes Barthaar.

Stoppellähme (Drecklähme, Moderhinke), Lahmen von Schafen durch schmerzhafte, meist infektiöse Entzündung des Klauenspalts und der Hornschuhkrone mit anschließender Vereiterung; gefördert u. a. durch Beweiden von Stoppelfeldern mit kurzen, harten Stoppeln.

Stoppelrübe, svw. Wasserrübe (↑Rübsen).

Stopper, seemänn. Bez. für eine Haltevorrichtung für belastete Trossen oder Ketten.

Stoppuhr, ein v. a. zur Zeitmessung im Sport und zur Arbeitszeitkontrolle verwendetes mechan. oder elektr. [Kurz]zeitmeßgerät, mit dem sich der Zeitunterschied zweier aufeinanderfolgender Ereignisse (Signale) im allg. auf Zehntel- oder Hundertstelsekunden genau messen und festhalten läßt. S. zur Arbeitszeitkontrolle besitzen eine Einteilung in $^1/_{100}$ min.

Stop time [engl. 'stɔp 'taım], rhythm. Gestaltungsmittel des traditionellen Jazz, bei dem einzelne Taktwerte (i. d. R. die Eins) von der gesamten Gruppe synchron akzentuiert und die Pausen durch den improvisierenden Solisten überbrückt werden.

Stör ↑Störe.

Stora Sjöfallet [schwed. ˌstu:ra 'ʃø:falət], 1 500 km² großer nordschwed. Nationalpark, in dem die gleichnamigen Wasserfälle liegen.

Storax [lat.] (S.balsam, Styrax), Sammelbez. für mehrere aromat. riechende, v. a. aus Zimtsäure, Zimtsäureestern, Alkoholen und Vanillin bestehende Balsame, die aus Arten des Amberbaums gewonnen und in der Parfümindustrie verwendet werden.

Storaxbaum, svw. ↑Styraxbaum.

Storch, Anton, * Fulda 1. April 1892, † ebd. 26. Nov. 1975, dt. Gewerkschafter und Politiker. - In der Bizone 1947–49 für die CDU Mgl. des Wirtschaftsrates, 1948/49 Direktor der Verwaltung für Arbeit; 1949–65 MdB (CDU); 1949–57 Bundeswirtschaftsmin.; 1958–65 Mgl. des Europ. Parlaments.

S., Nikolaus, gen. Pelargus, † München (?) 1525 (nach 1536?), dt. täufer. Laienprediger. - Tuchmacher; predigte apokalypt. nach angebl. Visionen in Zwickau (zus. mit Thomas Müntzer); von Luther ab 1522 bekämpft (Zwickauer Propheten); 1523/24 Initiator des Bauernkriegs in Thüringen.

Störche (Ciconiidae), Fam. bis etwa 1,4 m hoher, häufig schwarz und weiß gefiederter Stelzvögel mit annähernd 20 Arten, v. a. in ebenen, feuchten Gegenden der gemäßigten und warmen Regionen; gut segelnde, hochbeinige und langhalsige Vögel, die sich v. a. von Fröschen, Kleinsäugern, Eidechsen und Insekten ernähren; Schnabel sehr lang. S. können ledigl. klappern und zischen. Sie fliegen (im Unterschied zu den Reihern) mit ausgestrecktem Hals (Ausnahme: Marabus). S. errichten umfangreiche Reisighorste auf Bäumen oder am Boden, einige Arten auch auf Hausdächern und Felsen. - Zu den S. gehören u. a. ↑Nimmersatte, ↑Marabus und der bis 1,1 m lange, über 2 m spannende **Weiße Storch** (Hausstorch, Ciconia ciconia); weiß mit schwarzen Schwungfedern; v. a. in feuchten Landschaften Europas, NW-Afrikas, Kleinasiens sowie M- und O-Asiens; baut seinen Horst auf Bäumen und Dächern, brütet 3–6 Eier aus. In Wäldern, Auen und Sümpfen großer Teile Eurasiens und S-Afrikas kommt der etwa 1 m lange **Waldstorch** (Schwarzstorch, Ciconia nigra) vor; oberseits bräunlichschwarz, unterseits weiß; mit rotem Schnabel und roten Beinen; in der BR Deutschland noch einige Kolonien in Schleswig-Holstein und Niedersachsen; baut sein Nest meist auf hohen Bäumen. Der schwarz und weiß gefärbte **Sattelstorch** (Ephippiorhynchus senegalensis) ist rd. 1,3 m hoch; in Sümpfen und an Seen des trop. Afrika; am Schnabel ein sattelförmiger Aufsatz. Die Arten der Gatt. **Klaffschnäbel** kommen in sumpfigen und wasserreichen Landschaften des trop. Afrika, Indiens und SO-Asiens vor; bei geschlossenem Schnabel klaffen die beiden Schnabelhälften in der Mitte auseinander. An Flußufern und Sümpfen S-Mexikos bis Argentiniens lebt der etwa hausstorchgroße, vorwiegend weiße **Jabiru** (Jabiru mycteria); mit schwarzem Kopf und Oberhals und rosafarbenem Halsring.

Geschichte: In der Antike waren S. Sinnbild kindl. Dankbarkeit. Man glaubte, daß die flügge gewordenen Jung-S. ihre Eltern ernährten. Der Hausstorch gilt seit alters als Glücksbringer, dessen alljährl. Ankunft im Frühjahr freudig begrüßt wird. Im jüngeren (insbes. dt.) Volksglauben gelten S. auch als Kinderbringer. Man spricht davon, daß sie die Kinder aus Brunnen holen und daß sie die Mütter ins Bein beißen (**Klapperstorch**). Ursache dieser Vorstellung ist wohl der Storchenschnabel, der als sexuelles Symbol aufgefaßt wird.

Storchschnabel (Schnabelkraut, Geranium), Gatt. der S.gewächse mit rd. 300 Arten, überwiegend in den gemäßigten Gebieten; Kräuter oder Stauden mit gezähnten, gelappten oder geschlitzten Blättern, meist mit Nebenblättern; Blüten zu 1–2, gestielt, mit fünfblättriger Krone, radiär-symmetr.; Teilfrüchte mit verlängertem Fortsatz („Granne"), der sich bei der Reife spiralig zusammenrollt und dabei den Samen ausschleudert. Die häufigsten der 15 einheim. Arten sind das 20–50 cm hohe **Ruprechtskraut** (Stinkender S., Geranium robertianum); mit drüsig behaarten, meist blutroten Stengeln, drei- bis fünfzählig gefiederten Blättern und kleinen, rosafarbenen Blüten von widerl. Geruch; in Wäldern, an Mauern und in Felsspalten. In Hochstaudengesellschaften Eurasiens wächst der 30–60 cm hohe **Waldstorchschnabel** (Geranium silvaticum); mit im oberen Teil drüsig behaartem Stengel und siebenlappigen Blättern; Blüten rotviolett.

Storchschnabel, svw. ↑Pantograph.

Storchschnabelgewächse (Geraniaceae), Pflanzenfam. mit knapp 800 Arten in 11 Gatt. v. a. in den gemäßigten Gebieten der Erde; meist Kräuter oder Halbsträucher; Blüten überwiegend in achselbürtigen Blütenständen, meist radiär und fünfzählig. Die wichtigsten Gatt. sind Reiherschnabel und Storchschnabel. Als Zierpflanzen bekannt sind Arten der Gatt. Pelargonie.

Stord [norweg. stu:r, sturd], Insel in W-Norwegen, 241 km², bis 703 m ü. d. M. Zentrum ist **Leirvik** mit Freilichtmuseum und der größten norweg. Werft.

Store [ʃto:r, sto:r, engl. stɔ:; zu lat. instaurare „aufstellen"], engl. (in der Schiffahrt allg. übl.) Bez. für Vorrat[sraum], Lager[raum].

Store [ʃto:r, sto:r; lat.-frz.], die Fensterfläche in ganzer Breite bedeckender, durchscheinender Vorhang, meist mit einer Übergardine kombiniert.

Störe (Knorpelganoiden, Knorpelschmelzschupper, Chondrostei), seit der Oberkreide bekannte Überordnung bis fast 9 m langer, spindelförmiger Knochenfische in den Meeren (z. T. auch in Süßgewässern) der Nordhalbkugel; Schwanzflosse asymmetr.; Haut nahezu schuppenlos (↑Löffelstöre) oder mit fünf Reihen großer Knochenschilde (Echte S.); Schädel setzt sich in einem mehr oder minder verlängerten Fortsatz (Rostrum) fort; um die unterständige Mundöffnung stehen vier Barteln, mit denen die S. ihre Nahrung (Weichtiere, Krebse, Insektenlarven) aufspüren; Maul meist zahnlos; Nahrung wird, zumindest bei den Echten S., durch kräftiges Einsaugen der Beutetiere aufgenommen; Skelett überwiegend knorpelig. Die meisten Arten (rd. 25) gehören zu den **Echten Stören** (Rüssel-S., Acipenseridae): etwa 1,5–8,5 m lang; wandern häufig zum Laichen bis in die Oberläufe der Flüsse, u. a. der bis über 3 m lange **Gemeine Stör** (Balt. S., Acipenser sturio); an der sibir. und europ. Küste des Atlantiks und seiner Nebenmeere; Rücken blaugrau bis grünl., Seite silbergrau, Unterseite weißl.; Schnauze relativ breit und kurz; Speisefisch (↑auch Kaviar).

Storey, David Malcolm [engl. 'stɔ:rɪ], * Wakefield (Yorkshire) 13. Juli 1933, engl. Schriftsteller. - Schildert in seinen Romanen und Dramen den Verfall der menschl. und sozialen Einheit, die Einsamkeit des Menschen und die Brüchigkeit der Familie unter dem Druck der modernen Leistungsgesellschaft. - *Werke:* Leonard Radcliffe (R., 1963), Zur Feier des Tages (Dr., 1969), Heim (Dr., 1970), Die Umkleidekabine (Dr., 1972), Der Gutshof (Dr., 1973), Saville (R., 1976).

Störfall, in der Reaktortechnik übl. Bez. für einen Ereignisablauf, bei dessen Eintreten der Betrieb der Anlage oder auch die Tätigkeit von Personen an ihr aus sicherheitstechn. Gründen nicht fortgeführt werden kann, für dessen sicherheitstechn. Beherrschung die Anlage jedoch ausgelegt ist bzw. vorsorgl. Schutzvorkehrungen getroffen sind. Der bei sicherheitstechn. Überlegungen vielfach zugrundegelegte „größte anzunehmende Unfall" *(GAU)* in einem Kernkraftwerk wurde als plötzl., doppelendiger Bruch einer Hauptkühlmittelleitung definiert, d. h. als Bruch, bei dem die Rohrleitung vollständig gebrochen ist, so daß aus 2 offenen Rohrenden Kühlmittel ausströmen kann. Die Sicherheitseinrichtungen eines Kernreaktors müssen so ausgelegt sein, daß dieser S. ohne unzulässige Gefährdung der Umgebung beherrscht werden kann. - Ein nicht mehr beherrschbarer S. ereignete sich im April 1986 in ↑Tschernobyl.

Storm, Theodor, * Husum 14. Sept. 1817, † Hademarschen (= Hanerau-Hademarschen, Landkr. Rendsburg-Eckernförde) 4. Juli 1888, dt. Dichter. - 1843–52 Rechtsanwalt (von den Dänen amtsenthoben) in Husum; dort ab 1874 Oberamtsrichter. Als Lyriker und Erzähler Vertreter eines poet. Realismus von ausgeprägt stimmungshaft-lyr. Grundhaltung. Unmittelbarkeit des Gefühls und Musikalität der Sprache kennzeichnen die einem humanist. Gesellschaftsbild verpflichteten Gedichte sowie das Erzählwerk, das von der schwermütigen Erinnerungsnovelle („Im Saale", 1848) über die lyr.-zarte Stimmungsnovelle („Immensee", 1851), herbrealist. Schicksalsnovelle („Der Schimmelreiter", 1888) bis zur oft archaisierenden Chroniknovelle („Aquis submersus", 1877) reicht. S. gilt als hervorragender Vertreter realist. Novellistik, die nicht ohne Auswirkungen z. B. auf T. Mann und R. M. Rilke blieb. - *Weitere Werke:* Der kleine Häwelmann (Märchen, 1851), Pole Poppenspäler (Nov., 1875).

Stormarn, Landkr. in Schleswig-Holstein.

stornieren [italien.], einen Auftrag (eine Bestellung, einen Vertrag) rückgängig machen. Stornierung ist rechtl. die (einvernehml.) Aufhebung eines Vertrages. Das Recht der Bank, irrtümliche Gutschriften zu s., wird als **Stornorecht** bezeichnet.

Stornoway [engl. 'stɔːnəweɪ], schott. Stadt auf der Hebrideninsel Lewis with Harris, 5 400 E. Hauptstadt des Verw.-Geb. Western Isles; Tweedind.; Hafen, Werft für Offshore-Anlagen.

Störpegel, statist. Mittelwert eines [Rausch]untergrundes, über den sich ein Signal herausheben muß, um verstärkt oder nachgewiesen werden zu können.

Störsender, Funksendeeinrichtungen, die gezielt den Empfang anderer Sender (v. a. Hörfunk im Lang-, Mittel- und Kurzwellenbereich) beeinträchtigen; von verschiedenen Staaten betrieben, um die eigene Bev. gegen Information und Propaganda aus dem Ausland abzuschirmen.

Störstelle, Stelle in einem [Halbleiter]-realkristall, in der eine Abweichung vom regelmäßigen Kristallgitterbau vorliegt; dazu gehören Leerstellen (Gitterlücken), mit Fremdatomen besetzte Gitterplätze *(Substitutions-S.)* sowie Fremdatome auf Zwischengitterplätzen (↑auch Fehlordnung, ↑Gitterbaufehler). Kristallphosphore erhalten erst durch den Einbau von S. ihre Leuchtfähigkeit.

Storstrøm [dän. 'sdoːrsdrœm'], Meerenge zw. den dän. Inseln Seeland und Falster, 3–7 km breit, überbrückt (3 211 m lange Eisenbahn- und Straßenbrücke).

Störtebeker, Klaus, Seeräuber, ↑Vitalienbrüder.

Storting [norweg. ˌstuːrtiŋ; eigtl. „große Zusammenkunft"], Name des norweg. Parlaments (seit 1814).

Störung, in *Physik* und *Technik* Bez. für eine kurzzeitige oder ständige Beeinflussung [des Zustandes] eines physikal. oder techn. Systems infolge Einwirkung äußerer Kräfte, durch Wärmeeinwirkung u. a. oder durch Wechselwirkung mit anderen Systemen; auch Bez. für die dadurch hervorgerufene [Bewegungs]änderung des Systems, insbes. in Astronomie bzw. Himmelsmechanik für die Abweichung eines Planeten von der Ellipsenbahn infolge der anziehenden Wirkung eines anderen Planeten. - ↑auch Funkstörung.

◆ in der *Meteorologie* Bez. für ein Tiefdruckgebiet oder für die Fronten eines Tiefs *(S.linien)*, deren Durchzug das „schöne Wetter" stört.

◆ in der *Geologie* svw. ↑Verwerfung.

Störung der Totenruhe, die unbefugte Wegnahme von Leichen, Leichenteilen oder Asche Verstorbener, ↑Leichenschändung sowie die ↑Grabschändung; wird mit Freiheitsstrafe bis zu drei Jahren oder mit Geldstrafe bestraft.

In *Österreich* werden u. a. die Beschädigung von Grabstätten, die widerrechtl. Öffnung von Gräbern und die Wegnahme oder Mißbildung von Leichen mit Freiheitsstrafe bis zu 6 Monaten oder mit Geldstrafe bedroht. - In der *Schweiz* kann mit Gefängnis bis zu drei Jahren bestraft werden, wer die Ruhestätte eines Toten oder den Leichnam in roher Weise verunehrt oder öffentl. beschimpft oder einen Leichnam oder Teile davon wider den Willen des Berechtigten wegnimmt.

Story [engl. 'stɔːrɪ; zu griech.-lat. historia „Erzählung"], Geschichte, Erzählung.

Storz, Gerhard, * Rottenacker (Alb-Donau-Kreis) 19. Aug. 1898, † Leonberg 30. Aug. 1983, dt. Literaturhistoriker, Schriftsteller und Politiker. - 1958–64 Kultusmin. von Baden-Württemberg; seit 1964 Prof. in Tübingen; bed. Untersuchungen zur dt. Klassik und Romantik, v. a. zu Schiller; auch Erzähler und Essayist. Erhielt 1966 den Dudenpreis, 1971 den Schiller-Gedächtnispreis des Landes Baden-Württemberg.

S., Oliver, * Mannheim 30. April 1939, dt. Schriftsteller. - Sohn von Gerhard S.; 1960–64 Fernsehdramaturg. Verf. iron.-zeitkrit. Fernsehspiele, u. a. „Der doppelte Nikolaus" (1964), „Prüfung eines Lehrers" (1969), „Lisa" (1974), „Der Tod des Camillo Torres" (1977); auch Prosa, u. a. „Lokaltermin" (En., 1962), „Nachbeben" (R., 1977), „Die Nebelkinder" (R., 1986).

Stoß, Veit, * Horb am Neckar (?) um

Veit Stoß, Der Englische Gruß (1517/18). Nürnberg, Sankt Lorenz

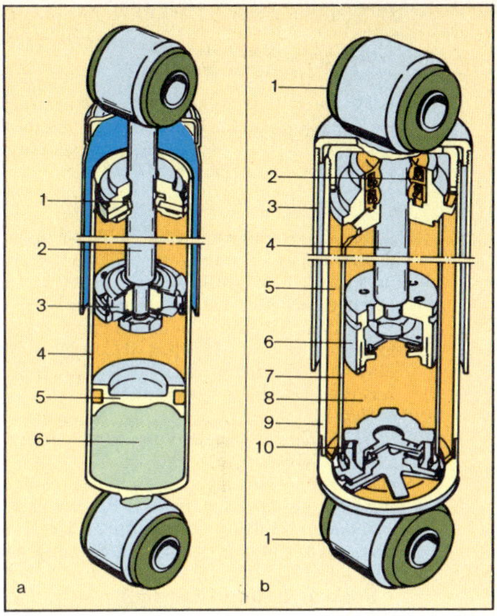

Stoßdämpfer. a Einrohrdämpfer (1 Dichtung, 2 Kolbenstange, 3 Kolben mit Ventilen, 4 Arbeitszylinder, 5 Trennkolben, 6 Gas); b Zweirohrdämpfer (1 Ringgelenk, 2 Kolbenstangendichtung, 3 Schutzrohr, 4 Kolbenstange, 5 Ölvorratsraum, 6 Kolbenventil, 7 Arbeitszylinder, 8 Arbeitsraum, 9 Behälterrohr, 10 Bodenventil)

1448, † Nürnberg 1533, dt. Bildhauer, Kupferstecher und Maler. - Ausgangspunkt für seinen Stil ist bes. das Werk von N. ↑Gerhaert von Leiden. Nach den Wanderjahren ließ er sich zunächst in Nürnberg nieder, lebte ab 1477 in Krakau und kehrte 1496 nach Nürnberg zurück. Im selben Jahr wurde er betrügerisch um sein Vermögen gebracht; 1503 wurde er wegen einer Schuldscheinfälschung öffentl. gebrandmarkt. - Sein erstes gesichertes Werk, der Hochaltar der Marienkirche in Krakau (1477–89), weist S. bereits als einen der bedeutendsten Künstler der Spätgotik aus. Die monumentale geschnitzte Figurengruppe des Marientodes drückt durch bewegte Umrisse und aufgewühlte Faltengebung, durch leidenschaftl. Gebärden und beseelte Physiognomien dramat. Erregtheit aus. Im Ggs. zu seinem persönl. Schicksal wird in seinen Spätwerken eine Beruhigung seines heftigen Temperaments spürbar. 1517/18 entstand für Sankt Lorenz in Nürnberg der Englische Gruß (eine freiplast. Darstellung der Verkündigung, umrahmt von einem fast 4 m hohen Rosenkranz). Sein letztes Werk, der Bamberger Altar (1520–23, Dom, unvollendet) strahlt heitere Ruhe und Harmonie aus. - *Weitere Werke:* Marmorgrabplatte für König Kasimir IV. (1492, Krakau, Dom); 3 Sandsteinreliefs mit Passionsszenen (1499, Nürnberg, Sankt Sebald); hl. Andreas (1505–07, ebd.), Kruzifix (1520, ebd.), vier Tafelgemälde mit Szenen der Kilianslegende (1502–04, Münnerstadt, Pfarrkirche).

📖 *V. S. in Nürnberg. Hg. v. German. Nationalmuseum, Nürnberg. Mchn. 1983. - Kępiński, Z.: V. S. Dt. Übers. Düss. Neuaufl. 1982.*

Stoß, der im allg. nur kurz dauernde Zusammenprall zweier sich relativ zueinander bewegender Körper, die dabei ihre Geschwindigkeit nach Größe und Richtung ändern. Beim [vollkommen] *elast. S.* (angenähert beim S. zweier Stahl- oder Elfenbeinkugeln) gilt neben dem stets gültigen ↑Impulssatz der Erhaltungssatz für die Summe der kinet. Energien (m_1, m_2 Massen der beiden Körper, $\boldsymbol{v}_1$, $\boldsymbol{v}_2$ Geschwindigkeiten vor dem S., $\boldsymbol{v}_1'$, $\boldsymbol{v}_2'$ Geschwindigkeiten nach dem S.):

$$\tfrac{1}{2} m_1 \boldsymbol{v}_1^2 + \tfrac{1}{2} m_2 \boldsymbol{v}_2^2 = \tfrac{1}{2} m_1 \boldsymbol{v}_1'^2 + \tfrac{1}{2} m_2 \boldsymbol{v}_2'^2.$$

Beim [vollkommen] *unelast. (inelast.) S.* (angenähert beim S. zweier Blei- oder Tonkugeln) ($\boldsymbol{v}_1' = \boldsymbol{v}_2' = \boldsymbol{v}$) wird ein Teil der kinet. Energien der S.partner, der sog. *Carnotsche Energieverlust*

$$\Delta E = \frac{1}{2}\frac{m_1 \cdot m_2}{m_1 + m_2}(v_1 - v_2)^2$$

in Wärme (seltener in Licht, Schall, Anregung usw.) umgewandelt. Beide Körper bleiben nach dem S. zusammen und bewegen sich mit der gemeinsamen Geschwindigkeit

$$v = (m_1 v_1 + m_2 v_2)/(m_1 + m_2)$$

weiter. Der S. mikrophysikal. Teilchen spielt als Streuung in der Kern- und Elementarteilchenphysik eine große Rolle. Die S.gesetze gelten dabei (in relativist. Form) auch für den S. zw. Photonen oder einem Photon und einem materiellen Teilchen (↑Compton-Effekt). Auf den Stößen von Gasmolekülen basiert die ↑kinetische Gastheorie.

◆ Bez. für die ebenen Flächen, an denen 2 zu verbindende Bauteile aneindanderstoßen, z. B. der Schienenstoß.

◆ im *Bergbau* Bez. für 1. eine schmale, abbauwürdige Lagerstätte; 2. die seitl. Begrenzungsfläche eines Grubenbaus bzw. dessen Kopfbegrenzungsfläche, an der die Gewinnung erfolgt.

Stoßanregung ↑Anregung.

Stoßband, die Hosenbeinkante vor Abnutzung schützendes, linksseitig angenähtes, einseitig verdicktes oder mit Hohlkante versehenes Band.

Stoßdämpfer (Schwingungsdämpfer), allg. Vorrichtung zur Dämpfung mechan. Schwingungen an Maschinen (z. B. an der Trommel einer Waschmaschine), v. a. aber die zw. Fahrgestell oder Fahrzeugaufbau und Radaufhängung parallel zur Federung eines Fahrzeugs angeordnete Vorrichtung zur Dämpfung der durch Bodenunebenheiten eingeleiteten Schwingungen des Federsystems. Beim (heute allg. übl.) *hydraul. S.*, bei dem die Schwingungsenergie durch Reibung einer Flüssigkeit in Wärme überführt wird, ist die vorwiegend verwendete Form der *Teleskop-S.*, der am häufigsten als *Zweirohrdämpfer* gebaut wird. Dieser besteht im wesentl. aus einem Arbeitszylinder, in dem ein Arbeitskolben, der über eine Kolbenstange mit der Karosserie verbunden ist, auf- und abgleiten kann. Den Arbeitszylinder umgibt ein 2. Zylinder, der als Vorratsbehälter für das Hydrauliköl dient und mit der Radaufhängung über Metall-Gummi-Gelenklager verbunden ist. Bei Bewegung des von Flüssigkeit umgebenen und mit engen Bohrungen sowie Ventilen versehenen Arbeitskolbens wird die Flüssigkeit durch die Bohrungen und Ventile gedrückt und erwärmt sich (auf 60–90 °C); die Wärme wird nach außen abgegeben; die Volumenzunahme der Flüssigkeit infolge Ausdehnung und ihre Verdrängung durch den Arbeitskolben werden dadurch ausgeglichen, daß die Bodenventile des Arbeitszylinders Flüssigkeit in den Raum zw. beiden Zylindern durchlassen. Bis zu 50% größere Kolben lassen sich beim *Einrohrdämpfer* unterbringen, wodurch die Innendrücke geringer werden. Außerdem ist die Wärmeabfuhr besser als beim Zweirohrdämpfer. Bei einem funktionell einfachen, doch wirkungsvollen Einrohrdämpfer ist im unteren Teil des Arbeitsraumes ein Gas unter einem Druck von rd. 25 bar eingesperrt und über einen abgedichteten Trennkolben vom ölgefüllten Arbeitsraum getrennt. Dieser Gasraum gleicht die durch das Ein- oder Austauchen der Kolbenstange und durch die Änderung der Öltemperatur bedingte Volumenänderung des Arbeitsraumes aus *(Gasdruckstoßdämpfer)*. - Abb. S. 149.

🕮 *Reimpell, J. C.: Fahrwerktechnik. Würzburg* [1-5] *1982–85. 3 Bde.*

Stößel, svw. Pistill, ↑Mörser.

◆ meist zylinderförmiges Bauteil zur Übertragung von stoßartigen Bewegungen von einem Maschinenelement auf ein anderes. Der S. überträgt bei Verbrennungsmotoren die ihm von einem Nocken der Nockenwelle erteilten Impulse zur Ventilsteuerung über die sog. S.- oder Stoßstange auf den Ventilschaft.

Stoßen, Verfahren der spanenden Bearbeitung.

◆ Disziplin im ↑Gewichtheben.

Stoßgebet, kurzes Gebet zur inneren Sammlung, u. a. in plötzl. auftretender Gefahr.

Stoßheber ↑Pumpen.

Stoßionisation, die Ionisation von Atomen oder Molekülen eines Gases durch Stöße mit Elektronen oder Ionen, wobei die Ionisierungsenergie durch die kinet. Energie der stoßenden Teilchen aufgebracht wird.

Stoßstange, quer am Rahmen eines Kraftfahrzeugs vorn und hinten angebrachtes, gewölbtes Blechteil zum Schutz der Karosserie vor [leichten] Stößen.

◆ (Stößelstange) ↑Stößel.

Stoßtaucher, Bez. für Vögel, die sich mehr oder weniger senkrecht ins Wasser stürzen, um ihre Beute (meist Fische) mit dem Schnabel zu packen. S. sind v. a. viele Wassereisvögel, die meisten Seeschwalben und der Meerespelikan.

Stoßtherapie, Behandlungsverfahren, bei dem einmalig oder mehrmals in kurzen Abständen sehr hohe Arzneimitteldosen verabreicht werden; angewandt v. a. bei der Vitamin- oder Hormontherapie („Vitaminstoß", „Hormonstoß").

Stoßtrupp, Gruppe von Soldaten (bis Kompaniestärke), die bestimmte Sonderaufträge (z. B. Einbringen von Gefangenen) ausführt.

Stoßverbreiterung (Druckverbreiterung), durch Stöße zw. den eine Strahlung emittierenden Teilchen (Atome, Moleküle) verursachte Verbreiterung von Spektrallinien; nimmt mit wachsendem Druck stark zu.

Stoßwelle (Schockwelle), eine sich räuml. ausbreitende abrupte, aber stetige Veränderung der thermodynam. Zustandsgrößen (Dichte, Druck und Temperatur) insbes. in gasförmiger Materie. Eine S. entsteht u. a., wenn ein Kolben plötzl. in einen gasgefüllten Zylinder hineinbewegt oder wenn an einer Stelle plötzl. ein großer Energiebetrag freigesetzt wird (z. B. durch eine Explosion). Die dabei auf das umgebende Medium übertragene Energie breitet sich in diesem aus; die Vorderfront der Energieausbreitung stellt eine S. dar. Die Geschwindigkeit der Energieausbreitung bzw. der mit der S. verbundenen abrupten Zustandsänderung kann ein Vielfaches der Schallgeschwindigkeit des Mediums sein, die die Fortpflanzung verhältnismäßig schwacher Störungen des Ausgangszustandes charakterisiert; der Quotient beider Größen wird als *Mach-Zahl der S.* bezeichnet. Bei höheren Mach-Zahlen ergibt sich hinter der S.front eine so große Temperaturerhöhung, daß das gasförmige Ausbreitungsmedium dadurch ionisiert wird (↑Plasma). Ist das ungestörte Medium bereits im Plasmazustand, so kann die S. zu einer beträchtl. Aufheizung des Plasmas führen.

Stoßwellenrohr ↑Windkanal.

Stoßzähne, die mehr oder weniger mächtigen, beständig weiterwachsenden, nach oben, unten oder vorn gerichteten Schneidezähne im Ober- und/oder Unterkiefer v. a. bei den Rüsseltieren, bei den ♂♂ der Gabelschwanzseekühe und beim Narwal. S. sind bei den ♀ Tieren schwächer entwickelt oder fehlen ganz. Sie dienen als Angriffs- und Verteidigungswaffen sowie auch als Werkzeug.

Stottern, mehrfache Unterbrechung des Redeflusses durch unkoordinierte Bewegungen der Atmungs-, Stimm- und Artikulationsmuskulatur. S. ist die häufigste Sprachstörung im Kindesalter (etwa 1% der Kinder stottern). Gehäuft tritt S. im 3. und 4. Lebensjahr auf, wenn die Denkgeschwindigkeit schneller ist als die Entwicklung der Sprechfähigkeit. In diesem Alter sollten Eltern S. weitgehend unbeachtet lassen; übertriebene Abgewöhnungsversuche tragen eher zur Angsterzeugung und damit zum Beibehalten des S. bei. - Nicht selten tritt S. verstärkt bei Anwesenheit bestimmter Personen oder unter Streß auf. Bei länger anhaltendem S. ist eine psycholog. und logopäd. Beratung bzw. Behandlung angezeigt.

Stout, Rex [engl. staʊt], *Noblesville (Ind.) 1. Dez. 1886, †Danbury (Conn.) 27. Okt. 1975, amerikan. Schriftsteller. - Schrieb seit 1934 Kriminalromane, dessen Hauptfigur, Detektiv Nero Wolfe, weltbekannt wurde.

Stowe, Harriet Beecher [engl. stoʊ], geb. Beecher, *Litchfield (Conn.) 14. Juni 1811, †Hartford (Conn.) 1. Juli 1896, amerikan. Schriftstellerin. - Lehrerin; setzte sich für die Aufhebung des Sklavenstatus der Schwarzen in den Südstaaten ein, u. a. in dem Roman „Onkel Toms Hütte" (1852), der, teils erbaul.-humorvoll, teils anklagend die Lebensbedingungen der Negersklaven schildernd, zu einem der polit. wirksamsten Bücher der nordamerikan. Literatur wurde; schrieb auch religiös und frauenrechtler. engagierte Romane, die die Welt Neuenglands schildern.

StPO, Abk. für: ↑Strafprozeßordnung.

Straaten, Werenfried van [niederl. 'stra:tə], gen. „Speckpater", *Mijdrecht (Niederlande) 17. Jan. 1913, belg. kath. Theologe. - Prämonstratenser; organisierte ab 1948 Hilfsaktionen für dt. Flüchtlinge und Hungernde in aller Welt und gründete 1953 den ↑Internationalen Bauorden.

Strabismus [griech.], svw. ↑Schielen.

Strabo, Walahfrid, dt. Theologe und Schriftsteller, ↑Walahfrid Strabo.

Strabon (lat. Strabo), *Amaseia (= Amasya) um 63 v. Chr., †28 (?, nach 23/26) n. Chr., griech. Geograph und Geschichtsschreiber. - 44 v. Chr. erster Aufenthalt in Rom; von seinem Geschichtswerk, einer Fortsetzung des Polybius bis zum Ende der röm. Bürgerkriege, sind nur Fragmente erhalten. Das geograph. Werk (17 Bücher [Europa, Asien, Afrika]) ist im wesentl. erhalten; u. a. erstmals ausführl. Darstellung Britanniens und Germaniens.

Strabotomie [griech.], Schieloperation, operative Korrektur einer Fehlstellung der Augen (dabei wird i. d. R. der zu kurze Augenmuskel durchtrennt und verlagert oder der zu lange Augenmuskel verkürzt).

Strachey, Lytton [engl. 'streɪtʃɪ], *London 1. März 1880, †Inkpen (Berkshire) 21. Jan. 1932, engl. Schriftsteller. - Führendes Mgl. der Bloomsbury group; schrieb Romane und romanhafte Biographien („Queen Victoria", 1921), in denen er histor. Charaktere ironisierend und unheroisch darstellte.

Strack, Hermann Lebrecht, *Berlin 6. Mai 1848, †ebd. 5. Okt. 1922, dt. ev. Theologe und Orientalist. - Prof. in Berlin; begr. dort 1883 das ↑Institutum Judaicum; zahlr. Werke zum A. T. und zur semit. Philologie, u. a. „Einleitung in Talmud und Midrasch" (1887), „Kommentar zum N. T. aus Talmud und Midrasch" (4 Bde., 1922; mit P. Billerbeck).

Straddle [engl. strædl; eigtl. „das Spreizen der Beine"] (Tauchwälzer), Hochsprungstil: der Absprung erfolgt mit dem der Latte zugewandten Bein, der Körper wälzt sich zuerst mit Schwungbein, Kopf, Schulter und Arm über die Latte. Brust und Sprungbeinseite folgen mit einer Drehung um die Längsachse bei fast völlig gestrecktem Körper nach; Landung auf dem Schwungbein und der Hand der Schwungbeinseite.

Stradella, Alessandro, *Montefestino bei Neapel 1. Okt. 1644, †Genua 25. Febr. 1682 (ermordet), italien. Komponist. - Kom-

Antonio Stradivari, Violine (1694). New York, Metropolitan Museum

ponierte Opern, Oratorien (u. a. „San Giovanni Battista", 1675), Kantaten, Triosonaten und Concerti grossi, die zu den frühesten der Gattung gehören. Berichte über sein abenteuerl. Leben waren Anlaß zahlr. literar. und musikdramat. Darstellungen.

Stradivari, Antonio, latinisiert Antonius Stradivarius, * Cremona 1644 (1648 oder 1649?), † ebd. 18. Dez. 1737, italien. Geigenbauer. - Schüler von N. Amati; machte sich wohl 1667 selbständig; entwickelte eine eigene Geigenform, deren bedeutendste Instrumente (breit, vollendete Proportionen, goldgelber Lack, großer, voller Ton) in die Zeit von 1700 bis 1720 datiert werden und ihm den Ruf eines der größten Meister der Geigenbaukunst eintrugen. Von seinen Instrumenten sind etwa 540 Violinen sowie 50 Violoncelli und 12 Violen erhalten, vielfach mit Veränderungen v. a. aus der Zeit um 1800.

Straelen ['ʃtra:lən], Stadt im Niederrhein. Tiefland, NRW, 35 m ü. d. M., 12000 E. Erwerbsgartenbau (Unterglaskulturen) mit bed. Auktionen. - 1064 erstmals erwähnt; seit 1387 Festung; seit 1428 als Stadt bezeichnet. - Got. Pfarrkirche Sankt Peter und Paul (14. Jh.); Haus Caen, eine im Kern ma. Wasserburg, Herrenhaus (17. Jh.).

Strafanstalten, veraltete Bez. für Justizvollzugsanstalten (↑ Strafvollzug).

Strafantrag, Erklärung des in seinen Rechten Verletzten, daß er die Strafverfolgung wegen einer Straftat wünsche. Der S. ist bei ↑ Antragsdelikten Prozeßvoraussetzung. Antragsberechtigt sind: der Verletzte (bei Geschäftsunfähigkeit der gesetzl. Vertreter bzw. der Personensorgeberechtigte), die nächsten Angehörigen, wenn der Verletzte vor Ablauf der Antragsfrist (3 Monate ab Kenntnis von Tat und Täter) stirbt und die Strafverfolgung nicht dem erklärten Willen des Verletzten widerspricht, sowie der Dienstvorgesetzte für bestimmte Delikte innerhalb des öffentl. Dienstes. Der S. ist bei einem Gericht oder der Staatsanwaltschaft schriftl. oder zu Protokoll, bei einer anderen Behörde (Polizei) schriftl. zu stellen; er kann - allerdings unwiderrufl. - bis zum Verfahrensende zurückgenommen werden, was i. d. R. die Verfahrenseinstellung und u. U. Kostenpflichten für den Antragsteller zur Folge hat. Der S. ist zu unterscheiden von der ↑ Strafanzeige.

Strafanzeige, Mitteilung des Verdachts einer Straftat, die von jedermann bei der Polizei, der Staatsanwaltschaft oder beim Amtsgericht schriftl. oder mündl. erstattet werden kann. Eine Pflicht zur Erstattung einer S. besteht nur ausnahmsweise bei Kenntnis davon, daß bestimmte schwere Straftaten (z. B. Friedensverrat, Hochverrat, Staatsgefährdung) drohen (↑ auch Strafantrag).

Strafarrest, im Wehrstrafgesetz für militär. Straftaten angedrohte kurze Freiheitsstrafe von zwei Wochen bis zu sechs Monaten Dauer.

Strafaufhebungsgründe, nach der Begehung einer Straftat auftretende Umstände, die eine bereits begründete Strafbarkeit rückwirkend aufheben, z. B. ↑ Rücktritt (Rücktritt vom Versuch), Begnadigung, ↑ Amnestie.

Strafaufschub, vorläufiger Aufschub der Vollstreckung einer Geld- oder Freiheitsstrafe, z. B. wenn dem Verurteilten oder seiner Familie durch den sofortigen Vollzug der Strafe erhebl., außerhalb des Strafzwecks liegende Nachteile drohen sowie bezügl. einer Freiheitsstrafe - zeitl. unbefristet - bei Geisteskrankheit, Vollzugsuntauglichkeit, drohender Lebensgefahr; auch aus vollzugsorganisator. Gründen.

Strafausschließungsgründe, in der Person des Täters liegende, zur Tatzeit gegebene Umstände (z. B. Alter unter 14 Jahren, Angehörigeneigenschaft bei der ↑ Strafvereitelung), die eine Bestrafung ausschließen, obwohl an sich eine strafbare Handlung vorliegt. S. sind Ausdruck geminderter Schuld, ohne daß auf den Schuldvorwurf ganz verzichtet wird und beruhen auf rechts- und kriminalpolit. Erwägungen.

Strafaussetzung (S. zur Bewährung), die Aussetzung der Vollstreckung einer Freiheitsstrafe gegen den Verurteilten. Bei einer Verurteilung zur Freiheitsstrafe von einem Jahr, ausnahmsweise von bis zu zwei Jahren, kann das Gericht die S. im Urteil aussprechen, wenn zu erwarten ist, daß der Verurteilte sich schon die Verurteilung zur Warnung dienen lassen und künftig auch ohne die Einwirkung des Strafvollzugs keine Straftaten mehr begehen wird. Die **Bewährungszeit** beträgt 2–5 Jahre. Die S. ist i. d. R. mit Auflagen und Weisungen verbunden. Ferner kann das Gericht den Verurteilten für die Dauer der Bewährungszeit der Aufsicht und Leitung eines Bewährungshelfers unterstellen (im Jugendstrafrecht stets vorgesehen). Nach Ablauf der Bewährungszeit wird die Strafe erlassen, wenn sich kein Anlaß zum Widerruf der S. ergeben hat (z. B. erneute Straffälligkeit). Eine gerichtl. S. ist auch bei einem *Strafrest* zulässig. Die S. hat zu erfolgen, wenn zwei Drittel einer zeitigen Freiheitsstrafe (gleich welcher Höhe), mindestens jedoch 2 Monate, verbüßt sind und es verantwortet werden kann, zu erproben, ob der Verurteilte außerhalb des Strafvollzugs keine Straftaten mehr begehen wird. Eine S. des Strafrestes schon nach Verbüßung der Hälfte einer zeitigen Freiheitsstrafe kann das Gericht anordnen, wenn bereits mindestens 6 Monate einer erstmaligen, 2 Jahre nicht übersteigenden Freiheitsstrafe verbüßt sind und bes. Umstände in der Tat sowie in der Persönlichkeit des Verurteilten vorliegen. An keinerlei gesetzl. Voraussetzungen ist die sog. *bedingte S.* (Strafentlassung) gebunden, die im Gnadenweg erfolgt (↑Gnadenrecht).

strafbare Handlung ↑Straftat, ↑Handlung (im Strafrecht).

Strafbefehlsverfahren, ein nur bei Vergehen zulässiges summarisches Strafverfahren, bei dem der Richter (Amtsgericht) die Strafe (keine Freiheitsstrafe) auf Grund des durch die Staatsanwaltschaft und die Polizei ermittelten Beweismaterials auf Antrag der Staatsanwaltschaft ohne gerichtl. Hauptverhandlung in einem **Strafbefehl** festsetzt. Das S. steht unter dem Vorbehalt, daß der Beschuldigte nicht innerhalb von 2 Wochen nach der Zustellung Einspruch einlegt, wodurch das normale Urteilsverfahren mit den gewährleisteten Verteidigungsmöglichkeiten eingeleitet wird. Gegen Jugendliche darf ein Strafbefehl nicht erlassen werden. Ein ↑Strafklageverbrauch tritt bei einem rechtskräftigen Strafbefehl nur beschränkt ein.

Strafe, im strafrechtl. Sinne Rechtsnachteile, die bei Straftaten angedroht werden (Kriminalstrafen). Hauptstrafen des StGB sind heute nur noch die **Freiheitsstrafe** und die **Geldstrafe.** Ferner gibt es im Wehrstrafrecht den Strafarrest (2 Wochen bis 6 Monate) und im Jugendstrafrecht die Jugendstrafe (6 Monate bis 10 Jahre). Die früher bestehenden unterschiedl. Arten der Freiheitsstrafe (Zuchthaus, Gefängnis, Einschließung und Haft) sind 1970 zugunsten der *Einheitsstrafe* abgeschafft worden; man unterscheidet jetzt nur noch die zeitige (1 Monat bis 15 Jahre) und die lebenslange Freiheitsstrafe. Die Geldstrafe wird nach dem ↑Tagessatzsystem in Tagessätzen bemessen. Geld- und Freiheitsstrafe können, v. a. bei auf persönl. Bereicherung gerichtete Taten, auch nebeneinander verhängt werden. Das StGB kennt außer diesen Haupt-S. als einzige Neben-S. noch das Fahrverbot und als Nebenfolgen einer Straftat den Verlust der Amtsfähigkeit, der Wählbarkeit und des Stimmrechts. Nicht zu den S. werden die ↑Maßregeln der Besserung und Sicherung gerechnet.

Mit der Frage nach dem Sinn und der Rechtfertigung der staatlicherseits verhängten Kriminal-S. befassen sich die *Strafrechtstheorien (Straftheorien).* Die *absoluten Straftheorien* (Kant, Hegel) sehen den Sinn der S. in der Vergeltung, durch die dem Täter entsprechend dem Maß seiner Schuld Gerechtigkeit für seine Tat widerfahren soll. Demgegenüber stellen die relativen Straftheorien (Paul J. A. von Feuerbach, Franz von Liszt) Gedanken der *Generalprävention* (allg. Abschreckung möglicher Täter durch Strafdrohungen, die durch Verurteilung u. Vollzug in ihrer Ernsthaftigkeit bekräftigt werden) und der *Spezialprävention* (Abschreckung eines bestimmten Täters vor künftiger Kriminalität, v. a. Rückfallkriminalität) in den Vordergrund. Die moderne Strafrechtswiss. und die Rechtsprechung folgen überwiegend der *Vereinigungstheorie*, die auch im StGB zumindest einen Anklang gefunden hat. Danach soll die S. sowohl dem Schuldausgleich und der Sühne für begangenes Unrecht als auch general- und spezialpräventiven Zielen dienen und die elementaren Werte schützen.

Neben den Kriminalstrafen gibt es in zahlr. Rechtsgebieten strafähnl. Sanktionen, so z. B. die Geldbuße im Ordnungswidrigkeitenrecht, die Disziplinarstrafen im Beamtenrecht bzw. (im Recht der Zwangsvollstreckung) Ordnungsgeld und Ordnungshaft zur Erzwingung von Unterlassungen und Duldungen. Bes. umstritten ist die rechtl. Zulässigkeit von Privatstrafen, beispielsweise im Rahmen einer Betriebsjustiz. - Abb. S. 154.

🕮 *Neumann, U./Schroth, U.: Neuere Theorien v. Kriminalität u. S. Darmst. 1980. - Müller-Dietz, H.: Grundfrage des strafrechtl. Sanktionssystems. Hamb. 1979. - Guss, K.: Lohn u. S. Bad Heilbrunn 1979. - Engelhardt, K.: Psychoanalyse der strafenden Gesellschaft. Ffm. 1977.*

Strafgefangener ↑Strafvollzug.

Strafgerichtsbarkeit ↑Strafverfahren.

Strafgesetzbuch (Abk. StGB) ↑Strafrecht.

Strafhaftentschädigung, Geldersatz für unbegründet erlittene Starfverfolgungsmaßnahmen (z. B. Freiheitsentzug, Entziehung der Fahrerlaubnis) gemäß dem Gesetz über die Entschädigung für Strafverfolgungsmaßnahmen vom 8. 3. 1971.

Strafkammer, Spruchkörper für Straf-

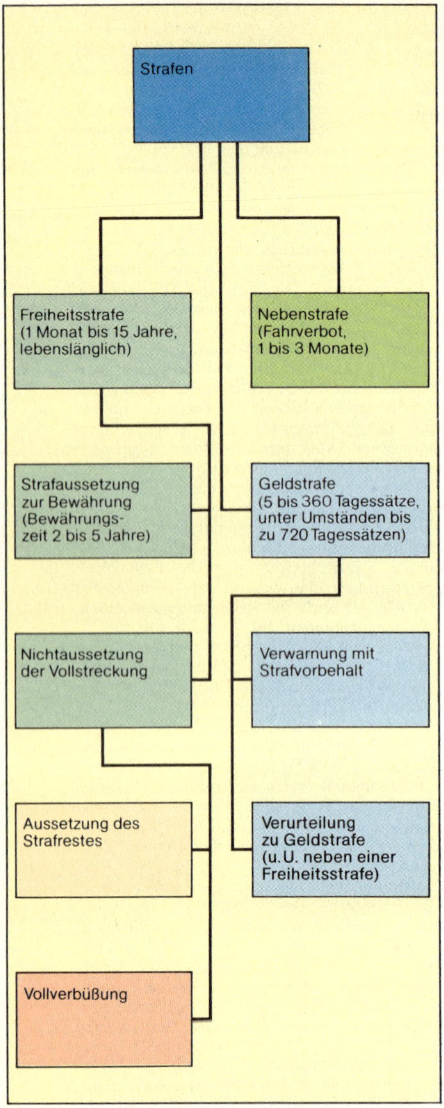

Strafe (schematisch)

sachen beim Landgericht. Die **Kleine Strafkammer** entscheidet in der Besetzung von einem Berufsrichter und zwei ↑Schöffen über die Berufung gegen ein Urteil des Einzelrichters beim Amtsgericht. Die **Große Strafkammer** (drei Berufsrichter und zwei Schöffen) entscheidet in all den Fällen, die nicht in die Zuständigkeit des Amtsgerichts oder des Oberlandesgerichts bzw. des ↑Schwurgerichts fallen. - ↑auch ordentliche Gerichtsbarkeit (Graphik).

Strafklageverbrauch, Bez. für die negative Sperrwirkung eines materiell rechtskräftigen (↑Rechtskraft) Sachurteils (nicht des Prozeßurteils, ↑Prozeßvoraussetzungen), wonach eine erneute Strafverfolgung gegen denselben Täter wegen derselben Straftat unzulässig ist. Dieser Grundsatz der Einmaligkeit der Strafverfolgung, lateinisch: ne bis in idem („nicht zweimal gegen dasselbe"), ist durch Art. 103 Abs. 2 GG verfassungsrechtl. abgesichert. Die Sperrwirkung des S. erfaßt den gesamten Sachverhalt, den das Gericht in seine Entscheidung hätte einbeziehen können. Nur eine beschränkte Rechtskraftwirkung hat der im ↑Strafbefehlsverfahren erlassene Strafbefehl. Ergeben sich hinsichtl. des dem Strafbefehl zugrundeliegenden Sachverhalts neue Tatsachen oder Beweismittel, welche die Anwendung eines strengeren Strafgesetzes begründen bzw. begründet hätten, so ist eine erneute Strafverfolgung möglich.

Strafmakel ↑Straftilgung.

Strafmandat, umgangssprachl. Bez. für den Bußgeldbescheid (↑Bußgeld). - Im *östr. Recht* entspricht das S. etwa dem Strafbefehl (↑Strafbefehlsverfahren) des dt. Rechts.

Strafmilderungsgründe ↑Strafzumessung.

Strafmündigkeit ↑Deliktsfähigkeit.

Strafprozeß ↑Strafverfahren.

Strafprozeßordnung (Abk. StPO) ↑Strafverfahren.

Strafrahmen ↑Strafzumessung.

Strafraum ↑Fußball.

Strafrecht, die Gesamtheit der Rechtsnormen, die regeln, welches Verhalten der Gesetzgeber zum Schutz wichtiger Gemeinschaftsgüter und zur Sicherung eines gedeihl. Zusammenlebens in der staatl. Gemeinschaft verbietet und welche Sanktionen für verbotswidriges Verhalten drohen *(materielles Strafrecht)*. Zum Strafrecht i. w. S. gehört auch das Strafverfahrensrecht (*formelles Strafrecht*, ↑Strafverfahren). Sinnlose und überflüssige Straftatbestände sind durch das verfassungsrechtl. Gebot des sinn- und maßvollen Strafens verboten. Gesetzl. Grundlage des (zum öffentl. Recht gehörenden) materiellen Strafrechts (**Hauptstrafrecht**) ist das *Strafgesetzbuch* (StGB) vom 15. 5. 1871 i. d. F. der Neubekanntmachung vom 2. 1. 1975. Sein „Allgemeiner Teil" regelt die allg. Voraussetzungen und Folgen der Straftat, sein „Besonderer Teil" normiert die einzelnen, mit Strafe bedrohten Handlungen und die jeweils vorgesehenen Strafrahmen. Wichtige Grundsätze des S. sind das Schuldprinzip (schuldangemessene Bestrafung, lat.: nulla poena sine culpa [„keine Strafe ohne Schuld"]) sowie das Analogie- und das Rückwirkungsverbot (lat.: nullum crimen sine lege [„kein Verbrechen ohne Gesetz“]). Vom Haupt-S. ist das Neben-S., für das der Allg. Teil des StGB gilt, zu unterscheiden. Das **Nebenstrafrecht** setzt sich aus zahlr. Strafnormen in Spezialgesetzen zusammen: z.B. Betäubungsmittel-, Straßenverkehrs-, Wehrstraf- und Wirtschaftsstrafgesetz. Dem Ziel der verfassungsrechtl. gebotenen Resozialisierung des Täters dienen das durch die *S.reform* modernisierte System der Strafen und Maßregeln der Besserung und Sicherung sowie die Vollzugsziele des Strafvollzugs. Im ↑Jugendstrafrecht sind bes. Strafen und Maßnahmen vorgesehen, die eine erzieher. Beeinflussung des jugendl. Straftäters ermöglichen sollen.

Der **Geltungsbereich** des S. erstreckt sich auf Taten, die im Inland bzw. auf einem Schiff oder in einem Luftfahrzeug, das berechtigt ist, die Bundesflagge oder das Staatszugehörigkeitszeichen der BR Deutschland zu führen, begangen werden. Für im Ausland begangene Taten gilt das dt. S. nur in gesetzl. bes. geregelten Fällen, insbes. wenn die Tat gegen wichtige inländ. (z.B. bei Hochverrat) oder internat. geschützte (z.B. bei Geldfälschung) Rechtsgüter verstößt.

Das S. ist seit Beginn des 20. Jh. Gegenstand zahlr. Reformversuche gewesen, um die jeweils geltenden Straftatbestände und Strafdrohungen den Erfordernissen der Kriminalpolitik, den Erkenntnissen der Strafrechtswiss. und den sich wandelnden gesellschaftl. Anschauungen von Recht und Unrecht anzupassen, z.B.: Einführung der Einheitsstrafe (↑Strafe), Tagessatzsystem bei der Geldstrafe, Beschränkung kurzer Freiheitsstrafen, Änderung hinsichtl. der Strafbarkeit eines Schwangerschaftsabbruchs, die (unter dem Eindruck der Terrorismuskriminalität geschaffene) Strafbarkeit der Bildung einer terrorist. Vereinigung, neue Strafvorschriften über den Subventions- und Kreditbetrug.

In *Österreich* ist das S. im StGB vom 23. 1. 1974 geregelt, welches Ergebnis langjähriger Kommissionsarbeiten ist. In der *Schweiz* gilt das StGB vom 21. 12. 1937, das 1942 in Kraft trat und bisher zwei Teilrevisionen (1950 und 1971) unterzogen wurde. In beiden Ländern gibt es zahlr. strafrechtl. Nebengesetze. In der Grundkonzeption und in zahlr. Einzelheiten entsprechen diese Vorschriften dem dt. Strafrecht.

Geschichte: Im german. Recht war das S. v.a. Privatstrafrecht. Die Strafgewalt lag in der Hand des Verletzten oder seiner Sippe; Rache und Fehde waren erlaubt. Strafen durch das Gemeinwesen erfolgten nur dort, wo die Tat über das Sippeninteresse hinausging und die Allgemeinheit betraf; sie bestanden in der Friedloslegung des Täters. Die in fränk. Zeit erstarkende Staatsgewalt war bemüht, Rache und Fehde zurückzudrängen und den öffentl. Charakter des S. mehr zu betonen. Straftaten wurden nun häufig durch Zahlung einer festgelegten Buße an den Verletzten und Entrichtung eines Friedensgeldes an die Obrigkeit gesühnt. Die erneute Schwächung der Zentralgewalt durch Konflikte mit Kirche und Landesherrn verursachte jedoch eine Vernachlässigung der staatl. S.pflege, deren Höhepunkt etwa im 11. Jh. erreicht war. Das Wiederaufkommen von Fehdewesen und Selbstjustiz hatte zur Rechtsunsicherheit und -zersplitterung geführt. Durch die Gottes- und Landfriedensgesetzgebung trat erneut die öffentl. S.pflege in den Vordergrund und setzte sich mit dem Erstarken der Städte und Territorialherren etwa ab dem 13. Jh. vollends durch. Die öffentl. peinl. Strafe ersetzte endgültig die Selbsthilfe oder Wiedergutmachung. Gleichzeitig kam es zu einer Verschärfung der Strafen und zur Ausdehnung schwerer Strafen auf minder schwere Delikte. Starke Anstöße zu einer größeren dogmat. Durchbildung des S. gingen erst im 15./16. Jh. von der italien. Rechtswiss. aus, deren Verdienste v.a. in der wiss. Ausarbeitung der allg. Lehren des S. lagen. Allerdings erfolgte im S. die Rezeption des röm.-kanon.-italien. Rechts nicht im Wege der gewohnheitsrechtl. Übernahme, sondern durch Gesetzgebungsakte: für das Heilige Röm. Reich durch das erste reichseinheitl. Strafgesetz, die ↑„Carolina“ (1532). Das Zeitalter der Aufklärung bewirkte sowohl eine Rationalisierung des S. als auch eine Humanisierung der Strafe. Zudem wurde die „Carolina“ im 18. Jh. weitgehend von Partikularstrafgesetzbüchern abgelöst. Das moderne dt. S. begründete P. J. A. von Feuerbach, der 1813 das - vom frz. „Code pénal“ von 1810 beeinflußte - bayer. Strafgesetzbuch schuf, das wiederum für die spätere Landesgesetzgebung maßgebl. war. Die Entwicklung führte schließl. zum Reichsstrafgesetzbuch von 1871, das, wenn auch mit wesentl. Änderungen, noch heute gilt.

📖 *Wessels, J.: S. Hdbg. [7–14]1984. 2 Bde. - Maurach, R./Zipf, H.: S. Hdbg. u. Karlsruhe [6]1983–84. 2 Tle. - Strafgesetzb. (StGB) Textausg. Mchn. [49]1983. - Blei, H.: S. Allg. Teil. Mchn. [9]1983. - Blei, H.: S. Bes. Teil. Mchn. [5–8]1983. 2 Tle. - Naucke, W.: S. Eine Einf. Ffm. [4]1982. - Baumann, J.: Grundbegriffe u. System des S. Stg. [5]1979. - Schmidt, Eberhard: Einf. in die Gesch. der deutschen S.pflege. Gött. [3]1965. (Nachdr. 1983).*

Strafrechtstheorien (Straftheorien) ↑Strafe.

Strafregister ↑Bundeszentralregister.

Strafregisterbescheinigung ↑Führungszeugnis.

Strafsachen, Bez. für die Verfahren gegen einen einer Straftat Beschuldigten.

Strafsenat, für Strafsachen zuständiger Spruchkörper beim Bundesgerichtshof und bei den Oberlandesgerichten. Der S. ist v.a.

für Revisionen zuständig und je nach dem Gegenstand des Verfahrens mit 3 oder 5 Berufsrichtern besetzt. - ↑auch ordentliche Gerichtsbarkeit (Graphik).

Strafstoß, beim Fußball als **Elfmeter** bekanntes Ahnden einer Regelwidrigkeit (Foul, Handspiel) der verteidigenden Mannschaft im Strafraum. Dabei stößt ein Spieler den Ball von der S.marke *(Elfmeterpunkt)* gegen das Tor.

Straftat, tatbestandsmäßige, rechtswidrige und schuldhafte (und damit strafbare) Handlung. Tatbestandsmäßig ist eine ↑Handlung im Strafrecht dann, wenn sie sämtl. subjektiven und objektiven Tatbestandsmerkmale (↑Tatbestand) einer Strafnorm erfüllt, dieser also „subsumiert" werden kann. Rechtswidrigkeit ist immer dann gegeben, wenn dem Handelnden nicht im Einzelfall ausnahmsweise ein Rechtfertigungsgrund (Notwehr, Einwilligung des Verletzten) zur Seite steht. Ferner muß der Täter schuldhaft, also vorsätzlich oder zumindest fahrlässig, gehandelt haben, d. h. Schuld- oder Strafausschließungsgründe dürfen nicht gegeben sein. Eine S. kann sowohl durch aktives Tun als auch durch ein pflichtwidriges Unterlassen begangen werden (↑Unterlassungsdelikt). Seit der Abschaffung der Übertretungstatbestände im Jahre 1973 kennt das dt. Strafrecht nur noch zwei Arten von Straftaten, nämlich *Verbrechen* (Strafdrohung: mindestens 1 Jahr Freiheitsstrafe) und *Vergehen* (alle übrigen Straftaten). Nach der Art der Tatbeteiligung unterscheidet man ↑Täterschaft und Teilnahme.

Straftilgung, die Löschung einer Eintragung im ↑Bundeszentralregister über Verurteilungen, die nach bestimmten, gesetzl. geregelten Tilgungsfristen (5, 10 und 15 Jahre) zu geschehen hat. Die S. hat zur Folge, daß die Tat und die Verurteilung dem Betroffenen nicht mehr vorgehalten und zu seinem Nachteil verwertet werden darf (Ausnahmefälle sind gesetzl. geregelt), der Betroffene sich also als „unbestraft" bezeichnen darf und nicht mehr als vorbestraft gilt. Im Jugendstrafrecht kann der **Strafmakel** (Belastung einer Person durch eine Vorstrafe) auf Antrag des Verurteilten bzw. seines gesetzl. Vertreters oder des Staatsanwalts durch Richterspruch beseitigt werden, wenn sich ein zu Jugendstrafe verurteilter Jugendlicher durch einwandfreie Führung als „rechtschaffener Mensch" erwiesen hat.

Strafunterbrechung, die während des Vollzugs einer Freiheitsstrafe von der Strafvollstreckungsbehörde (i. d. R. die Staatsanwaltschaft) angeordnete Unterbrechung der Vollstreckung einer Freiheitsstrafe wegen einer den Strafvollzug unmöglich machender Krankheit des Verurteilten. Die Zeit der S. zählt nicht als Strafzeit. - ↑auch Gnadenrecht.

Strafvereitelung, Straftat, die begeht, wer absichtl. oder wissentl. verhindert, daß ein anderer der gesetzl. Strafe oder ↑Maßregel der Besserung und Sicherung unterworfen oder der Vollstreckung eines Strafurteils zugeführt wird. Die S. des Täters selbst sowie die S. zugunsten eines Angehörigen ist straffrei, wohingegen die S. durch Amtsträger (Richter, Staatsanwalt, Polizei) mit höherer Strafe bedroht ist (§§ 258, 258 a StGB).

Strafverfahren, förml. Verfahren zur Ermittlung von Straftaten und zur Durchsetzung des staatl. Strafanspuchs. Gesetzl. Grundlage für das Strafverfahren sind v. a. die *Strafprozeßordnung* (Abk. StPO) vom 1. 2. 1877 i. d. F. der Neubekanntmachung vom 7. 1. 1975 und das ↑Gerichtsverfassungsgesetz. Letzteres regelt insbes. die Organisation der *Strafgerichtsbarkeit*, also der im erst-, berufungs- und revisionsinstanzlichen Bereich zur Aburteilung von Straftaten zuständigen Gerichte. Demgegenüber finden sich in der StPO die maßgebl. Vorschriften über den Ablauf des eigentl. S. sowie über die Rechte und Pflichten der Beteiligten. Das erstinstanzl. Verfahren verläuft in 3 Abschnitten: Vor- oder Ermittlungsverfahren, §§ 151–177 StPO, Zwischenverfahren, §§ 199–212 b StPO, Hauptverfahren, §§ 213–195 StPO. Herr des *Ermittlungsverfahrens* ist der Staatsanwalt. Sobald er von einer Straftat erfährt - zumeist durch Anzeige der Polizei -, hat er den Sachverhalt zu erforschen und die nötigen Ermittlungen zu veranlassen oder vorzunehmen. Bes. schwerwiegende Ermittlungsmaßnahmen (u. a. Haftbefehl, Beschlagnahme, Durchsuchung) bedürfen grundsätzl. einer richterl. Anordnung. Der Staatsanwalt wird bei seinen Ermittlungen von den Hilfsbeamten der Staatsanwaltschaft (v. a. der Kriminalpolizei) unterstützt. Läßt das Ermittlungsergebnis eine Verurteilung erwarten, muß der Staatsanwalt je nach Schwere und Bedeutung des Falles Anklage beim zuständigen Amts- oder Landgericht (Große Strafkammer, Schwurgericht) oder - vornehmlich bei Staatsschutzdelikten - beim Oberlandesgericht erheben. Nur in Ausnahmefällen kann er hiervon absehen. Ist keine Verurteilung zu erwarten, wird das Verfahren eingestellt. Dem Verletzten steht dann das Klageerzwingungsverfahren offen (§ 172 StPO). Im *Zwischenverfahren* entscheidet das Gericht über die Eröffnung des Hauptverfahrens. Nach Erlaß des Eröffnungsbeschlusses kann die Anklage nicht mehr zurückgenommen werden. Kern des *Hauptverfahrens* ist die öffentl. Hauptverhandlung (**Strafprozeß i. e. S.**). Sie beginnt mit der Vernehmung des Angeklagten zu seinen persönl. Verhältnissen. Danach verliest der Staatsanwalt den Anklagesatz, und der Angeklagte erhält Gelegenheit, sich zur Sache zu äußern. In der nachfolgenden Beweisaufnahme werden die Zeugen und Sachverständigen gehört, Urkunden verlesen und der

↑Augenschein eingenommen. Nach Abschluß der Beweisaufnahme plädieren der Staatsanwalt und der Verteidiger oder, falls kein Fall der notwendigen Verteidigung vorliegt, der Angeklagte selbst. Der Angeklagte hat in jedem Falle das letze Wort. In der geheimen Urteilsberatung wird auf Grund des Ergebnisses der Hauptverhandlung über Schuld oder Unschuld und über die zu verhängenden Sanktionen beraten und abgestimmt. Danach wird das Urteil öffentl. verkündet und mündl. begründet. Schriftl. Urteilsbegründung folgt später. Rechtsmittel sind ↑Berufung und ↑Revision (↑ordentliche Gerichtsbarkeit [Graphik]). Sie können vom Angeklagten oder von der Staatsanwaltschaft eingelegt werden. Die durch eine Straftat Verletzten können sich mit einer ↑Nebenklage am Strafverfahren beteiligen oder ↑Privatklage erheben. Im *Sicherungsverfahren* werden Maßregeln der Besserung und Sicherung gegen schuldunfähige Täter angeordnet. Leichtere Straftaten können ohne mündl. Verhandlung im ↑Strafbefehlsverfahren geahndet werden.
Die **Strafprozeßordnung** ist in letzter Zeit auch unter dem Eindruck der Terrorismuskriminalität mehrfach geändert worden (Verteidigerausschluß, Erleichterung der Verhängung von Untersuchungshaft, Erweiterung von Durchsuchungsbefugnissen usw.); eine zum Teil für nötig empfundene Reform der StPO, insbes. der Hauptverhandlung und der Rechtsmittel, steht jedoch noch aus.
In *Österreich* ist das S. in der StPO vom 23. 5. 1873 (wieder verlautbart 1960), in der Fassung des am 1. 1. 1975 in Kraft getretenen Strafprozeßanpassungsgesetzes von 1974 geregelt. Sie entspricht in ihren wesentl. Grundsätzen der dt. StPO. Eine Besonderheit ist jedoch das Verfahren des Geschwornengerichts (↑Schwurgericht). - In der *Schweiz* fällt das Strafverfahrensrecht in die Gesetzgebungszuständigkeit der einzelnen Kantone. Einheitl. geregelt ist ledigl. der Bundesstrafprozeß.
Geschichte: Das alte dt. Recht kannte keine Trennung von Zivil- und Strafprozeß (↑Thing). In den Städten erfuhr der Strafprozeß seit dem 13. Jh. erste Reformen. Tiefgreifende Änderungen folgten im 16. Jh. mit der Rezeption des ma. italien. Strafprozeßrechts, dessen Grundsätze von der ↑„Carolina" 1532 reichseinheitl. verankert wurden. Das den Regeln der „Carolina" folgende, als *gemeines dt. S.* bezeichnete Verfahren war noch Grundlage der Kodifikationen im 18. Jh.; grundsätzl. Neuerungen folgten dann im 19. Jh. mit der Übernahme der Grundsätze des frz.-engl. Strafprozeßrechts. Nach 1848 haben viele dt. Staaten neue Strafprozeßordnungen nach diesen Grundsätzen erlassen. Diesem als *reformierter dt. Strafprozeß* bezeichneten Verfahren folgt auch die Strafprozeßordnung von 1877, die im wesentlichen noch heute gilt.

🕮 *Kleinknecht, T.: Strafprozeßordnung (StPO) Mchn. [37]1985. - Kühne, H. H.: S.recht als Kommunikationsproblem. Hdbg. 1978. - Gössel, K. H.: S.recht. Stg. 1977–79. 2 Bde.*

Strafverfolgung, die Verfolgung einer Straftat bei Vorliegen des Verdachts einer strafbaren Handlung durch die Staatsanwaltschaft, u. U. auf Grund eines ↑Strafantrags. Die S. wird gem. §§78 ff. StGB durch Verjährung ausgeschlossen (**Strafverfolgungsverjährung**). Die Verjährungsfristen betragen zw. 3 und 30 Jahren. Nach dem 16. StrafrechtsänderungsG vom 16. 7. 1979, das im Zusammenhang mit der Frage der Verjährung für die während und im Auftrag des NS-Regimes begangenen Mordtaten erging, verjähren Völkermord und Mord nicht mehr. Die S.verjährung beginnt mit dem Tage, an dem die Handlung begangen worden ist bzw. bei Erfolgsdelikten mit dem Erfolgseintritt (wenn dieser maßgebend ist), bei Dauerdelikten mit der Beseitigung des rechtswidrigen Zustands und bei fortgesetzter Handlung mit dem Ende des letzten Handlungsteils. Die S.verjährung kann durch zahlr. staatsanwaltschaftl. und richterl. Maßnahmen unterbrochen werden. Die S.verjährung ist von der *Strafvollstreckungsverjährung* zu unterscheiden, die die Vollstreckung einer rechtskräftig verhängten Strafe oder Maßnahme nach Ablauf bestimmter Verjährungsfristen (25–30 Jahre) ausschließt.
Nach dem *östr.* StGB verjähren mit lebenslanger Freiheitsstrafe bedrohte strafbare Handlungen nicht, im übrigen betragen die Verjährungsfristen 1 bis 20 Jahre. Das *schweizer.* StGB kennt Verjährungsfristen zw. 5 und 20 Jahren.

Strafversetzung, im Disziplinarrecht die Versetzung in ein Amt derselben Laufbahn, das ein geringeres Endgrundgehalt aufweist.

Strafverteidiger ↑Verteidiger.

Strafvollzug, nach heutigem Sprachgebrauch die Art und Weise der Durchführung von freiheitsentziehenden Kriminalsanktionen (Freiheitsstrafen, Maßregeln der Besserung und Sicherung), soweit diese in *Justizvollzugsanstalten* (frühere Bez. Strafanstalten, Gefängnisse) stattfindet. Zu unterscheiden ist der Begriff des Strafvollzugs von dem der **Strafvollstreckung:** hierunter versteht man ledigl. das Verfahren von der Rechtskraft des Urteils bis zum Strafantritt sowie die anschließende generelle Überwachung der Durchführung angeordneter Straffolgen (hierfür ist grundsätzl. die Staatsanwaltschaft zuständig). Mit dem **Strafvollzugsgesetz** (StVollzG) vom 26. 3. 1976 hat der S. entsprechend einer Forderung des B.-Verfassungsgerichts aus dem Jahr 1972 erstmals eine einheitl. gesetzl. Regelung erfahren. Nach diesem Gesetz, das in seinen wesentl. Teilen am 1. 1. 1977 in Kraft getreten ist, soll der Strafgefangene im Vollzug der Freiheitsstrafe fähig werden, künftig in

sozialer Verantwortung ein Leben ohne Straftaten zu führen. Die hierzu erforderl. Fähigkeiten durch Bildung, Ausbildung und Erfahrung zu entwickeln ist somit die wesentl. Aufgabe des S.; der Erfüllung dieser Aufgabe steht nicht nur die Tatsache entgegen, daß bislang wichtige Voraussetzungen zur Erreichung dieses Vollzugszieles, etwa wiss. hinreichend abgesicherte Behandlungsmethoden oder gesicherte Einsichten in die Entstehungszusammenhänge abweichenden Verhaltens noch nicht gegeben sind. Sie wird vielmehr auch dadurch erschwert, daß die im StVollzG ebenfalls vorgeschriebene Aufgabe des S., nämlich den Schutz der Allgemeinheit vor weiteren Straftaten zu gewähren, traditionell insbes. als Auftrag zu ausbruchsicherer Unterbringung der Strafgefangenen in geschlossenen Anstalten verstanden wird. Die hierdurch bewirkten massiven Unterschiede in den Lebensbedingungen innerhalb und außerhalb des S. (etwa im Bereich der persönl. Beziehungen, der Arbeits- und Versorgesituation) erschweren die Erreichung des Vollzugszieles erheblich und sind auch durch die im StVollzG vorgesehene Möglichkeit des offenen Vollzugs sowie weitere Lockerungen (Außenbeschäftigung, Freigang, Urlaub) nur unzureichend kompensierbar. Die *halboffenen Justizvollzugsanstalten* unterscheiden sich von den geschlossenen Anstalten dadurch, daß der einzelne Häftling mehr Bewegungsfreiheit innerhalb und außerhalb der Vollzugsanstalt hat (z. B. kein Zelleneinschluß, weniger ausgeprägte Sicherheitsvorkehrungen).
Der *östr.* und der *schweizer.* S. entspricht in seinen Grundsätzen dem dt. Recht.
📖 *S. u. Öffentlichkeit. Hg. v. H. Kury. Freib. 1980. - Eisenhardt, T.: S. Stg. 1979. - Müller-Dietz, H.: S.recht. Bln. ²1978. - Ohler, W.: Die S.anstalt als soziales System. Hdbg. 1977. - S. in der Praxis. Eine Einf. in die Probleme u. Realitäten des S. u. der Entlassenenhilfe. Hg. v. H.-D. Schwind u. G. Blau. Bln. 1976.*

Strafvollzugsgesetz ↑Strafvollzug.

Strafzumessung, richterl. Entscheidung zur Bestimmung der im Einzelfall angemessenen Strafe für den Verstoß gegen eine Norm des Strafrechts. Innerhalb des durch die verletzte Strafvorschrift eröffneten gesetzl. *Strafrahmens* (z. B. bei einfachem Diebstahl: Freiheitsstrafe zwischen 1 Monat und 5 Jahren oder Geldstrafe) setzt das Gericht eine Strafe fest, deren Höhe sich im Sinne des Schuldgrundsatzes insbes. nach dem Ausmaß der Schuld des Täters zu richten hat (§ 46 StGB). Bei der S. müssen alle Umstände, die für oder gegen den Täter sprechen (**Strafzumessungstatsachen**) berücksichtigt werden, also v. a. die Beweggründe und Ziele des Täters, die aus der Tat sprechende Gesinnung und der zu ihrer Begehung aufgewendete Wille, das Maß der Pflichtwidrigkeit, die Art der Tatausführung und die verschuldeten Auswirkungen der Tat, das Vorleben des Täters, seine persönl. und wirtsch. Verhältnisse, sein Verhalten nach der Tat und nicht zuletzt sein Bemühen, den durch die Tat entstandenen Schaden wiedergutzumachen. Eine Unterschreitung des gesetzl. Strafrahmens ist dem Richter bei bes., in der Tat oder in der Person des Täters liegenden Umständen *(mildernde Umstände, Strafmilderungsgründe)* gestattet (z. B. bei einem im Versuchsstadium steckengebliebenen Delikt), teilweise auch gesetzl. vorgeschrieben (z. B. bei Beihilfe und Anstiftung).
In *Österreich* und der *Schweiz* gilt im wesentl. dem dt. Recht Entsprechendes.

Stragula Ⓦ [lat. „Decke, Teppich“], Fußbodenbelag, der aus einer Grundschicht aus bitumengetränkter Wollfilzpappe und einer mit Öllacken bedruckten Deckschicht aus Kunststoffen (z. B. Polyvinylchlorid) besteht.

Strahl, Rudi, * Stettin 14. Sept. 1931, dt. Schriftsteller. - Verf. satir. humorist.-unterhaltsamer Gedichte, Romane, Erzählungen, Kinderbücher und Theaterstücke, die v. a. Bürokratismus, Prinzipienreiterei, psych. und geistige Verkrampfungen der Menschen im Alltag der DDR treffsicher aufs Korn nehmen; u. a. „In Sachen Adam und Eva“ (Kom., 1969), „Ein irrer Duft von frischem Heu“ (Lsp. 1975), „Er ist wieder da“ (Kom., 1980), „Der Stein des Anstoßes“ (Stück, 1985).

Strahl, in der *Mathematik* die Menge aller derjenigen Punkte einer Geraden, die auf ein und derselben Seite eines Punktes P dieser Geraden (dem Anfangspunkt des S.) liegen. ◆ in *Physik* und *Technik* Bez. für jeden gerichteten (gewöhnl. sich geradlinig ausbreitenden), räuml. begrenzten, kontinuierl. Materie- oder Energiestrom, z. B. ein Flüssigkeits-, Elektronen- oder Lichtstrahl.

Strahlantrieb, die Erzeugung von Vortriebskräften (Schub) bei [Luft]fahrzeugen mit Hilfe von Strahltriebwerken; auch svw. Strahltriebwerk.

Strahlenbehandlung, svw. ↑Strahlentherapie.

Strahlenbiologie (Radiobiologie) ↑Biophysik.

Strahlenbündel, eine Gesamtheit von [Licht]strahlen, die eine beliebig geformte Blende durchsetzen. Gehen sie alle von einem Punkt *(Bündelzentrum)* aus oder zielen alle in einen Punkt, so liegt ein *homozentr. S.* vor, auch als **Strahlenbüschel** bezeichnet. Befindet sich das Zentrum im Unendlichen, so liegt ein *Parallel-S.* vor.

Strahlenchemie, Teilgebiet der Chemie, das sich mit den chem. Wirkungen radioaktiver Strahlen und Röntgenstrahlen in Materie beschäftigt.

Strahlendetektor (Strahlungsdetektor), der strahlungsempfindl. Teil eines Strahlenmeß- bzw. -überwachungsgerätes (z. B. Ionisationskammer oder Zählrohr), in dem die einfallende Strahlung infolge von Ionisation oder innerem Photoeffekt elektr. Strom- oder Spannungsimpulse erzeugt, die dann vom Gerät registriert und analysiert werden (↑Impulshöhenanalysator) oder ein Alarmsignal auslösen.

Strahlendosis ↑Dosis, ↑Strahlenschutz.

Strahlenflosser (Aktinopterygier, Actinoptèrygii), Unterklasse der Knochenfische, bei denen das basale Skelett der paarigen Flossen im Ggs. zu den Fleischflossern so weit verkürzt ist, daß keine Flossenstiele auftreten und die Flossen nur noch von Flossenstrahlen getragene Hautfalten darstellen. Mit Ausnahme der Quastenflosser und Lungenfische sind alle rezenten Arten der Knochenfische Strahlenflosser.

Strahlengang, der Verlauf der Lichtstrahlen in einer opt. Anordnung; speziell bei opt. Abbildungen der Verlauf bestimmter Strahlen, die zur Konstruktion des Bildes dienen.

Strahlengeschwindigkeit, eine v. a. in der Kristalloptik verwendete Bez. für die Ausbreitungsgeschwindigkeit der Lichtenergie in einem Lichtstrahl (entspricht der Gruppengeschwindigkeit bei allgemeinen Wellenvorgängen).

Strahlengürtel, svw. ↑Van-Allen-Gürtel.

Strahlenkater, durch elektromagnet. Strahlen verursachter Zustand körperl. und psych. Mißstimmung, u. a. mit Appetitlosigkeit, Müdigkeit, Erbrechen und Kopfschmerzen.

Strahlenkonservierung, Bez. für die Bestrahlung von Lebensmitteln mit Röntgen-, Elektronen- und Gammastrahlen zum Zwekke des Haltbarmachens. - ↑auch Konservierung.

Strahlenkrankheit (Strahlensyndrom), zusammenfassende Bez. für die krankhaften Reaktionen und Veränderungen des Organismus nach Einwirkung von energiereichen Strahlen, z. B. als Folge einer Strahlentherapie oder einer Atombombenexplosion.

Strahlenkunde, svw. ↑Radiologie.

Strahlenmeßgerät, i. e. S. svw. ↑Dosimeter; i. w. S. jedes einen ↑Strahlendetektor enthaltende Gerät zur Messung sehr energiereicher Strahlung.

Strahlenoptik ↑Optik.

Strahlenparadiesvögel ↑Paradiesvögel.

Strahlenpilze (Aktinomyzeten, Actinomycetales), Ordnung von v. a. im Boden lebenden Bakterien: grampositive, teilweise säurefeste Zellen, die zu Hyphen und Myzelien auswachsen können; haben charakterist. Oberflächen- und Substratmyzelien mit typ. erdig-muffigem Geruch; zahlr. Arten liefern Antibiotika, einige rufen Strahlenpilzkrankheiten hervor.

Strahlenpilzkrankheit (Aktinomykose), durch Infektion mit Strahlenpilzen verursachte Erkrankung bei Mensch und Tier. Beim Menschen sind meist die Mundhöhle, der Atmungs- und Verdauungstrakt befallen. Zunächst bilden sich an den Schleimhäuten abgegrenzte, verhärtete Infiltrate mit zahlr. Fistelöffnungen; später vergrößern sie sich und erweichen.

Strahlenraum, bei opt. Abbildungen der gesamte Raum zw. Objekt und Bild, der von den abbildenden [Licht]strahlen durchlaufen wird.

Strahlensame (Heliosperma), Gatt. der Nelkengewächse mit 7 Arten in den Alpen und auf dem Balkan, in Deutschland nur eine Art; lockere Rasen bildende Stauden mit schmalen, linealförmigen Blättern; Blüten in lockeren Trugdolden, weiß oder rötl., mit gezähnten Kronblättern. Der in den sö. Kalkalpen und in Bosnien heim. **Alpen-Strahlensame** (Heliosperma alpestre) ist eine beliebte Zierpflanze für Steingärten und Trockenmauern.

Strahlensätze, Lehrsätze der Elementargeometrie: 1. **Strahlensatz:** Werden 2 von einem Punkt ausgehende Strahlen von parallelen Geraden geschnitten, so sind die Verhältnisse entsprechender Strecken auf den Strahlen gleich: $\overline{SA}:\overline{SA'} = \overline{SB}:\overline{SB'}$. 2. **Strahlensatz:** Werden 2 von einem Punkt ausgehen-

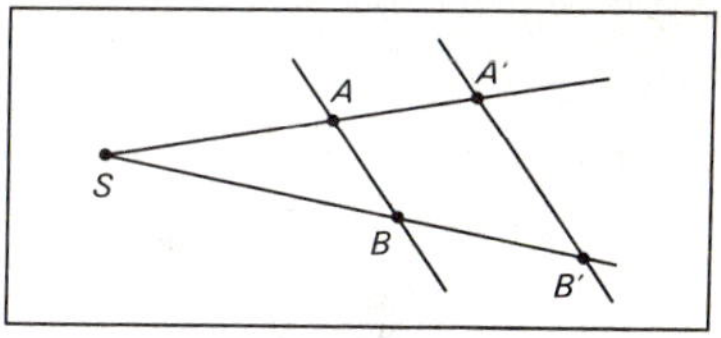

de Strahlen von parallelen Geraden geschnitten, so verhalten sich die Abschnitte auf den Parallelen wie die entsprechenden Scheitelabschnitte: $\overline{AB}:\overline{A'B'} = \overline{SA}:\overline{SA'}$.

Strahlenschäden ↑Strahlenschutz.

Strahlenschutz (Strahlungsschutz), Gesamtheit der Maßnahmen gegen Strahlenschäden, die im menschl. Körper durch Absorption der biolog. hochwirksamen Alpha-, Beta- und Gammastrahlen radioaktiver Substanzen, durch [Kernreaktor]neutronen (schnelle und langsame [therm.] Neutronenstrahlen) sowie durch Röntgenstrahlen u. a., bei der Raumfahrt auch durch die Höhenstrahlung verursacht werden können. Der S. erstreckt sich von der Überwachung der in Kernkraftwerken und Beschleunigeranlagen beschäftigten Personen und solchen, die mit radioaktiven Stoffen und Abfällen umgehen, bis hin zur Strahlenüberwachung der Umwelt (Atmosphäre, Gewässer u. a.). - Veranlaßt durch die umfangreichen Kernwaffentests und die wachsende Verbreitung kerntechn. und radiolog. Verfahren, gibt es in der BR Deutschland die **Strahlenschutzverordnung** vom 13. 10. 1976, die den S. betreffende Fragen regelt. Nach ihren Bestimmungen darf die auf den Menschen wirkende Strahlendosis (Strahlungsdosis) bestimmte Toleranzwerte nicht überschreiten. Maßgebend für die Strahlenbelastung von Personen ist die in Sievert (Sv; früher in Rem) gemessene Äquivalentdosis, die gegenüber der adsorbierten Dosis oder Energiedosis (Bestrahlungsdosis bei Röntgen- oder Gammastrahlen) die unterschiedl. biolog. Wirkung der verschiedenen Strahlenarten durch Einbeziehung der relativen biolog. Wirksamkeit (RBW) als Faktor berücksichtigt.

Eine über nur kurze Zeitdauer abgegebene Dosis von 5–10 Sv (500–1 000 rem) ruft z. B. starke Hautrötungen hervor, während Dosen von 30 bis 50 Sv (3 000–5 000 rem) tödl. wirken können. Da bereits wesentl. geringere Dosen, über lange Zeiträume empfangen, zu Schädigungen der strahlungsempfindl. Keimdrüsen führen können, wurden in der S.VO folgende S.grenzwerte für die Ganzkörperdosis (Personendosis) als höchstzulässige Werte festgelegt:

für berufl. strahlenexponierte Personen (im Kontrollbereich beschäftigt) 50 mSv (5 000 mrem) pro Kalenderjahr bzw. 4 mSv (400 mrem) pro Monat;
für Personen, die gelegentl. im Kontrollbereich beschäftigt sind, 15 mSv (1 500 mrem) pro jahr bzw. 1,25 mSv (125 mrem) pro Monat;
für Personen, die dauernd im Überwachungsbereich beschäftigt sind, 5 mSv (500 mrem) pro Jahr bzw. 0,4 mSv (40 mrem) pro Monat;
für Personen im außerbetriebl. Überwachungsbereich 1,5 mSv (150 mrem) pro Jahr.

Dabei unterscheidet man den (mit „radioaktiv“ zu kennzeichnenden) Kontrollbereich, in dem bei einer Aufenthaltsdauer von 40 Stunden pro Woche eine Strahlungsbelastung von mehr als 15 mSv pro Jahr bzw. 0,3 mSv pro Woche auftreten kann, und den angrenzenden Überwachungsbereich mit Strahlenbelastungen von mehr als 1,5 mSv pro Jahr. Demgegenüber steht die von der Höhenstrahlung und der natürl. Umgebungsstrahlung verursachte natürl. Strahlenbelastung, die 1 bis 4 mSv (100 bis 400 mrem) pro Jahr ausmacht. Im Vergleich zu diesen für die Ganzkörperbestrahlung gültigen Toleranzdosen liegen die Toleranzwerte für Teilkörperbestrahlung (Extremitäten, Haut, Knochen oder einzelne Organe) wesentl. höher; grundsätzl. ist die Strahlenbelastung jedoch so gering wie mögl. zu halten. - Da die Intensität der Strahlung stark mit der Entfernung von der Strahlenquelle abnimmt, schützt man sich am besten durch möglichst großen Abstand. Wo das nicht mögl. ist, schwächt man die Strahlung durch Blei- oder Betonwände ab. Für mit normalen Röntgenröhren erzeugte Röntgenstrahlen genügen bereits einige mm Blei, zum Schutz gegen die Strahlung von Kernreaktoren bedarf es meterdicker Wände aus Schwerspatbeton.

Übl. Strahlungsüberwachungsgeräte sind die ↑Dosimeter, aber auch chem. Präparate und Gläser, die sich bei Bestrahlung verfärben. Für genauere Messungen werden normale Strahlungsmeßgeräte (Zählrohre, Szintillationszähler u. a.) verwendet, die im Bereich starker Strahlungsquellen als sog. Monitoren fest installiert sind und bei Gefahr automat. eine Alarmvorrichtung auslösen.

Strahlenschäden sind 1. unerwünschte, jedoch noch zu tolerierende Nebenwirkungen einer ↑Strahlentherapie. Die Bestrahlungsschäden umfassen je nach verabfolgter Strahlendosis Hautreizungen, Strahlenkater, Röntgendermatitis, Schädigungen von empfindl. Organen, die im Bestrahlungsfeld liegen (z. B. Blase, Schleimhaut des Magen-Darm-Traktes, Harnleiter, Lunge). Sie sind in Ausmaß und Schwere abhängig von der Intensität, der Dauer und der Qualität der Strahlentherapie; 2. akzidentielle (zufällige) Einwirkung von ionisierenden Strahlen auf den gesamten Körper und ihre Folgeerscheinungen, z. B. durch freiwerdende Kernenergie bei Kernreaktorunfällen.

Je nach Gesamtdosis und Entfernung zum Strahlungsherd lassen sich folgende Strahlenschäden berechnen:

Grenzdosis (250 mSv), bei der klin. Schäden erkennbar werden; vollständige Heilung ist zu erwarten.
Kritische Dosis (1 Sv), bei der die Strahlenkrankheit nach einem symptomfreien Intervall von einigen Tagen auftritt: Blutarmut, Infektanfälligkeit, Blutungen, Schädigungen der Magen-Darm-Schleimhaut (Erbrechen, Durchfälle, Geschwüre); eine vollständige Heilung ist möglich.
Mittelletale Dosis (4 Sv), schwere Strahlenkrankheit mit Todesfällen in 50% (durch totales Knochenmarksversagen, Gehirn- und Herz-Kreislauf-Schäden).
Letale Dosis (5–30 Sv), mit sicherer Todesfolge innerhalb von 1 bis 2 Wochen. Strahlendosen über 30 Sv; Tod innerhalb von 3 Tagen.

Bei Heilungen sind bleibende Defekte mögl. (z. B. Schädigung der Erbanlagen mit Chromosomenanomalien, erhöhtes Risiko einer Leukämie u. a.), insbes. bei Strahlungsdosis zw. 1 und 4 Sv.

Die Strahlenschäden in Festkörpern sind meist mit dauerhaften Eigenschaftsveränderungen verbunden, z. B. mit Erhöhung der Festigkeit und Härte; sie beruhen v. a. auf einer durch die Bestrahlung erzeugten strukturellen Fehlordnung sowie auf starken örtl. Temperaturerhöhungen.

📖 *Kiefer, H./Koelzer, W.: Strahlen u. S. Bln. u. a. 1986. - Rausch, L.: Mensch u. Strahlenwirkung. Mchn. ²1986. - Farrenkopf, H./Farrenkopf, D.: S. in der Feuerwehr. Stg. ⁵1984. - Petzold, W.: Strahlenphysik, Dosimetrie u. S. Eine Einf. Stg. 1983.*

Strahlenschutzplakette, svw. Filmdosimeter (↑ Dosimeter).

Strahlenstürme (Gammastrahlenbursts), erst 1973 entdeckte, offenbar in monatl. Abständen auftretende kosm. Gammastrahlenpulse (Bursts), die von noch nicht näher bekannten, statist. verteilten Punkten des Milchstraßensystems oder sogar aus anderen Galaxien kommen; dauern bis zu einigen Sekunden und haben eine so hohe Strahlungsintensität, daß die Energie der Sonnenstrahlung um den Faktor 10^6 übertroffen wird.

Strahlentherapie (Radiotherapie, Strahlenbehandlung), i. w. S. die therapeut. Anwendung von Strahlen in der Medizin (z. B. Mikrowellen, Kurzwellen, Infrarot-, Ultraviolettbestrahlung; ↑ auch Elektrotherapie); i. e. S. als Teilgebiet der Radiologie die Anwendung von ionisierender Strahlung, insbes. von konventionellen (bis 300 kV) und ultraharten Röntgenstrahlen (bei der Röntgentherapie) und den Strahlen radioaktiver Stoffe, unter Ausnutzung der biolog. und physikal. Wirkung dieser Strahlen. Man unterscheidet *interne S.* (Einbringen von strahlenden Substanzen in Körperhöhlen oder -gewebe) und *externe S.* (Bestrahlung von außen mit Röntgenstrahlen). - Die **Hochvolttherapie** (Supervolttherapie, Megavolttherapie, ultraharte Röntgentherapie) verwendet ultraharte Röntgenstrahlen, vorwiegend jedoch Gammastrahlen der radioaktiven Isotope Kobalt 60 und Cäsium 137 sowie Gammastrahlung aus Betatrons. Die techn. Entwicklung der S. hat heute mit der Hochvolttherapie eine wirksame Form der Tumorbehandlung ermöglicht. Eine tiefliegende Geschwulst kann zielsicher, konzentriert und damit hocheffektiv erreicht werden. Im Ggs. zur konventionellen Röntgentherapie liegt hier das Dosismaximum in der Tiefe, so daß die darüberliegende Haut weitgehend geschont wird. - **Hochvolttherapiegeräte** (Megavolttherapiegeräte): 1. Geräte, die Gammastrahlung geeigneter radioaktiver Isotope anstelle von Röntgenstrahlen ausnutzen; Tele-Cäsium- und Tele-Kobaltgeräte, die Gammaquantenenergien bis 2,5 MeV liefern. Zur klin. Anwendung der radioaktiven Strahlung muß die Strahlenquelle in einem strahlenabsorbierenden Schutzgehäuse untergebracht sein. Zur Einstellung der Strahlrichtung auf den Patienten ist der Strahlerkopf bewegl. an einem Stativ befestigt. Je nach Ausführung des Stativs unterscheidet man Stehfeldgeräte sowie Pendelgeräte, die auch für eine Bewegungsstrahlung geeignet sind. 2. Geräte, die die Strahlung dadurch erzeugen, daß aus einer Kathode austretende Elektronen in einem elektr. Feld auf die gewünschte Energie beschleunigt werden (z. B. Betatron). - Seit Anfang der 1970er Jahre werden schnelle Neutronen in der S. des Krebses eingesetzt. Mit Neutronenstrahlen lassen sich auch jene bösartigen Geschwülste behandeln, die bisher mit den gebräuchl. Elektronen-, Röntgen- oder Kobaltstrahlen nur wenig beeinflußbar waren. Bis jetzt sind jedoch nicht alle physikal. und biolog. Grundlagen und therapeut. Möglichkeiten der Neutronen-S. erforscht. In der BR Deutschland ist seit 1974 in Hamburg die erste klin. Anlage in Betrieb.

Die **Fernbestrahlung** ist eine externe Bestrahlung (meist Großfeld- oder Ganzkörperbehandlung) mit einem Fokus-Haut-Abstand von mehr als 1 Meter. Bei der **Kontaktbestrahlung** liegt der Strahler (Radioisotop) unmittelbar dem durchstrahlenden Gewebe an; es wird nur ein kleiner Raum bestrahlt.

Eine S. wird im allg. fraktioniert durchgeführt, d. h., die erforderl. Gesamtdosis wird auf einen Zeitraum von 5–6 Wochen verteilt. Die Festlegung der erforderl. Gesamtdosis beruht bei den einzelnen Tumorformen auf Erfahrungswerten, insbes. müssen mögl. Nebenwirkungen auf benachbarte, bes. strahlenempfindl. Gewebe berücksichtigt werden. Stets ist jedoch eine hohe Strahlendosis (Herddosis) am Tumor selbst erforderl. (gewöhnl. zw. 30 und 60 J/kg; 3 000–6 000 rad). - Die Indikation zu einer S. richtet sich nach dem Tumorleiden (Stadium der Erkrankung, Lokalisation des Tumors, seine feingewebl. und klin. Eigenart). Eine *präoperative S.* hat sich nur bei bestimmten Knochentumoren sowie beim Melanom bewährt, während die *postoperative S.*, d. h. die Bestrahlung des Operationsgebiets bzw. der abführenden Lymphbahnen, zur Standardbehandlung bei Tumoren im Hals-, Nasen- und Ohrenbereich, im Bereich der Brustdrüse und beim Seminom (großzellige, epitheliale Geschwulst des Hodens) zählt. Einer alleinigen S. werden v. a. strahlensensible Tumoren zugeführt, bei denen auf Grund ihrer Lokalisation und Ausdehnung eine radikale Operation nicht mögl. ist. Bei bestimmten Tumorarten (z. B. Lymphogranulomatose) und -stadien findet die S. in Kombination mit einer zytostat. Chemotherapie statt.

📖 *Eder, H., u. a.: Grundzüge der Strahlenkunde für Naturwissenschaftler u. Veterinärmediziner. Hamb. u. Bln. 1987. - Hdb. der medizin. Radiologie. Hg. v. L. Diethelm u. a. Bln. u. a. 1963 ff. 20 Bde.*

Strahlentierchen (Radiolarien, Radiolaria), mit rd. 5 000 Arten in allen Meeren verbreitete Klasse sehr formenreicher, meist mikroskop. kleiner Einzeller (Stamm Wurzelfüßer); Zellkörper meist kugelig, bildet aus Kieselsäure oder Strontiumsulfat häufig kugel- oder helmförmige Gehäuse, die mit zahlr. Öffnungen durchsetzt sind. Die S. ernähren sich entweder von Mikroorganismen, die an ihren fadenförmigen, durch die Gehäuseöffnungen gestreckten Scheinfüßchen haften bleiben, oder durch Symbiose mit Algen (Zooxanthellen). Die Fortpflanzung erfolgt ungeschlechtl. durch Zweiteilung (wobei eine Tochterzelle einen Teil des Gehäuses oder das gesamte Gehäuse neu bilden muß) oder vielfach auch geschlechtl. durch Bildung von Schwärmern. Die großen Arten vermögen Kolonien zu bilden. Die Anhäufung der Gehäuse abgestorbener S. führt zu ↑Radiolarienschlamm.

Strahlenwaffen, konzipierte bzw. in Entwicklung befindl. Waffensysteme, die hochenerget. Strahlung zur Bekämpfung feindl. Ziele, insbes. anfliegender Raketen, Lenkflugkörper, Satelliten und Raumflugkörper, einsetzen (hochenerget. Laserstrahlen; Partikelstrahlen, die aus geladenen Teilchen [Elektronen, Protonen, Ionen] bestehen).

Strahler (Strahlungsquelle), allg. jeder Körper, der eine (insbes. elektromagnet.) Strahlung aussendet, z. B. eine Lichtquelle, eine radioaktive Substanz als Alpha-, Beta- oder Gamma-S., eine Glühkathode als Elektronen-S.; auch jede techn. Vorrichtung bzw. Anlage, die Strahlung aussendet (z. B. Lampe, Antenne, Sender).

◆ schweizer. Bez. für Mineraliensucher.

Strähler, svw. ↑Strehler.

Strahlflugzeug, durch Luftstrahltriebwerk[e] angetriebenes Flugzeug.

Strahlkies ↑Markasit.

Strahlkrebs, svw. Hufkrebs (↑Huf).

Strahlläppen, Oberflächenbearbeitung eines Werkstücks mit Hilfe eines scharfen Flüssigkeitsstrahls (meist Wasser), dem feinkörnige Strahlmittel (Siliciumcarbid, Korund, Quarz u. a.) beigegeben sind.

Strahlpumpe ↑Pumpen.

Strahlrohr, das rohrförmige Endstück von Schlauchleitungen, Beregnungsanlagen, Spritz- und Sprühgeräten u. a.

Strahlruder, Steuervorrichtungen von Flugkörpern (insbes. von Raketen), deren Wirkungsweise auf der gerichteten Impulserteilung durch aus Steuerdüsen ausströmende Gase oder durch in den Antriebsstrahl gestellte drehbare Ruder aus hochwarmfesten Werkstoffen (Strahlruder i. e. S.) beruht.

Strahlstein (Aktinolith), durch größere Mengen an Fe^{2+}-Ionen dunkelgrün gefärbtes Mineral der (in metamorphen Gesteinen, aber auch als gesteinsbildende Minerale auftretenden) Strahlsteingruppe: chem. Zusammensetzung $Ca_2Fe_5[OH|Si_4O_{11}]_2$. S. bildet durchscheinende, säulig, glas- oder seidenglänzende Kristalle, die in strahligen oder faserigen Aggregaten auftreten. Mohshärte 5,5–6; Dichte 2,9–3,1 g/cm³.

Strahlstrom (Jetstream), sehr starker, relativ schmaler Luftstrom, der entlang einer horizontalen Achse in der oberen Troposphäre oder unteren Stratosphäre konzentriert ist. Ein S. ist normalerweise Tausende von Kilometern lang, Hunderte von Kilometern breit und einige Kilometer tief. Vielfach werden Windgeschwindigkeiten von mehr als 200 km/h beobachtet, die Höchstwerte liegen bei über 600 km/h. Zwei markante S.systeme treten auf jeder Halbkugel der Erde auf: 1 der **Subtropenjet** über dem subtrop. Hochdruckgürtel, also auf der N-Halbkugel etwa längs der Linie Bermudainseln–Kanar. Inseln–N-Afrika–Pers. Golf–Indien–S-China und über den Pazifik nach Kalifornien; 2. der **Polarfrontjet,** der S. der gemäßigten Breiten, dessen Lage eng mit derjenigen der Polarfront (↑Polarfronttheorie) gekoppelt ist. Beide S.systeme werden durch den Austausch von unterschiedl. temperierten Luftmassen aus den verschiedenen Breitenzonen der Erde hervorgerufen und sind wegen ihrer sehr hohen Windgeschwindigkeiten und wegen der häufig in ihrer Nähe beobachteten, gefährl. Clear-Air-Turbulenz von großer Bed. für die Luftfahrt in Höhen von rd. 9000–12000 m.

Strahltriebwerke, Bez. für alle Triebwerke, bei denen die für den Antrieb benötigte Kraft (Schub) durch gerichtetes Ausstoßen von Masseteilchen (in Form eines Abgasstrahls) erfolgt; Hauptformen: Luftstrahltriebwerk (↑Triebwerke) und Raketentriebwerk (↑Raketen).

Strahlung, die mit einem gerichteten Transport von Energie oder Materie (bzw. von beiden) verbundene räuml. Ausbreitung eines physikal. Vorgangs; auch Bez. für die hierbei transportierte Energie oder Materie selbst. Man unterscheidet zw. Wellen-S. und Korpuskular-S. (↑Welle-Teilchen-Dualismus). Bei einer *Wellen-S.*, wie z. B. bei der elektromagnet. S., erfolgt die Ausbreitung in Form von ↑Wellen. Eine *Korpuskular-S. (Partikel-* oder *Teilchen-S.)*, wie z. B. die radioaktive S. oder die Höhenstrahlung, besteht aus meist schnell bewegten Teilchen (Moleküle, Atome, Ionen u. a.).

Strahlungsausbruch, svw. ↑Burst.

Strahlungscharakteristik (Richtcharakteristik, Strahlungsdiagramm), bei Abstrahlung elektromagnet. oder akust. Energie der räuml. Verlauf der Feldstärke bzw. Strahlungsenergie in Abhängigkeit von der Ausstrahlungsrichtung und der Entfernung von der Strahlenquelle (z. B. einer Antenne).

Strahlungsdetektor, svw. ↑Strahlendetektor.

Strahlungsdruck, der von einer Strahlung beim Auftreffen auf einen Körper auf diesen ausgeübte, in Ausbreitungsrichtung der Strahlung wirkende Druck, insbes. der Lichtdruck.

Strahlungsfrost, bei klarem und heiterem Wetter auftretender, durch den Wärmeverlust der Erdoberfläche infolge großer Ausstrahlung verursachter Frost; tritt v. a. bei trockener, ruhiger Luft auf.

Strahlungsgasdynamik, Theorie der Strömung von Gasen, in denen infolge hoher Temperatur der Energietransport durch Wärmestrahlung und andere elektromagnet. Strahlung eine wesentl. Rolle spielt.

Strahlungsgesetze, physikal. Gesetze, die einen Zusammenhang zw. der Temperatur eines im therm. Gleichgewicht befindl. strahlenden Körpers (Temperaturstrahler) und der Energie bzw. der Frequenz oder Wellenlänge der ausgesandten elektromagnet. Strahlung beschreiben. Zu den S. gehört u. a. das ↑Kirchhoffsche Gesetz, das ↑Stefan-Boltzmannsche Gesetz und das ↑Plancksche Strahlungsgesetz.

Strahlungsgürtel ↑Van-Allen-Gürtel.

Strahlungsheizkörper ↑Heizung.

strahlungsloser Übergang, Übergang eines mikrophysikal. Systems aus einem angeregten Zustand in einen energet. tiefer gelegenen Zustand, bei dem der dabei freiwerdende Energieüberschuß nicht als Photon emittiert wird, sondern z. B. zur Erhöhung der kinet. Energie des stoßenden Teilchens verwendet wird.

Strahlungsnebel ↑Strahlungswetter.

Strahlungsquanten, svw. ↑Photonen.

Strahlungsrückstoß, der Rückstoß, den ein atomares System, insbes. ein Atomkern, bei der Emission eines Photons erfährt. Der S. hat denselben Betrag wie der Impuls des Photons, ist aber entgegengesetzt gerichtet. - ↑auch Mößbauer-Effekt.

Strahlungsschutz, svw. ↑Strahlenschutz.

Strahlungstheorie (Quantentheorie der Strahlung), die auf P. A. M. Dirac und E. Fermi zurückgehende quantenfeldtheoret. Behandlung des elektromagnet. Strahlungsfeldes, das an eine quantenmechan. beschriebene Materie (Atome, Moleküle u. a.) angekoppelt ist.

Strahlungsthermometer, svw. ↑Pyrometer.

Strahlungswetter, eine Wetterlage, die im wesentl. durch Strahlungsvorgänge geprägt ist. S. herrscht in einem Hochdruckgebiet: Am Tag erwärmt sich die Luft bei ungehinderter Sonneneinstrahlung sehr stark, bei Nacht kühlt sie durch Wärmeausstrahlung des Bodens gegen den wolkenlosen Himmel kräftig ab. Im Winter sinkt dann die Temperatur der bodennahen Luftschichten häufig so weit ab, daß sich Nebel *(Strahlungsnebel)* bildet; oft liegt dann tage- bis wochenlang eine Nebel- oder Wolkendecke über der Ebene, die von der schwachen Wintersonne nicht aufgelöst werden kann, während gleichzeitig auf den Bergen bei strahlendem Sonnenschein relativ hohe Lufttemperaturen herrschen.

Strahlverfahren ↑Oberflächenbehandlung.

Straight-run-Benzin [engl. 'strɛɪtrʌn] ↑Benzin, ↑Erdöl.

Straits Settlements [engl. 'strɛɪts 'sɛtlmənts], die ehem. brit. Niederlassungen (seit 1826) an der Malakkastraße: Singapur, Malakka und Penang. - ↑auch Malaysia (Geschichte).

Stralsund ['--, -'-], Krst. am Strelasund, Bez. Rostock, DDR, 75 500 E. Seeoffiziershochschule; Museen. Seehafen mit Binnenwasserstraßenanschluß; Werft, Maschinenbau. Über den Rügendamm mit der Insel Rügen verbunden.

Geschichte: Entstand aus der Vereinigung von 3 Niederlassungen, deren 2. (um die Nikolaikirche) 1234 lüb. Recht erhielt; trat 1283 dem Bündnis Lübecks mit Rostock und Wismar von 1259 bei (das als Keimzelle der Hanse angesehen werden kann); entwickelte sich zum wirtsch. Mittelpunkt des westl. Pommern; fiel 1648 an Schweden, 1815 an Preußen. - 1370 wurde der **Friede von Stralsund** von der Hanse und Dänemark geschlossen, durch den sich die Hanse die Handelsvormacht im N sicherte.

Bauten: Nach dem 2. Weltkrieg wurden zahlr. Bauten wieder aufgebaut bzw. restauriert, u. a. die got. Nikolaikirche (um 1270 ff.), die got. Marienkirche (nach 1382–1473), die Jakobikirche (14./15. Jh.); das ehem. Dominikanerkloster Sankt Katharinen (15. Jh.) beherbergt die Museen; got. Rathaus (13. Jh.) mit prachtvoller Fassade (15. Jh.); zahlr. Bürgerhäuser (15.–18. Jh.).

Stramin [niederl., zu lat. stamineus „voll Fäden, faserig"], Gitterstoff aus Baumwolle, Leinen oder Halbleinen, v. a. als Stickereigrundlage verwendet.

Stramm, August, * Münster 29. Juli 1874, ⚔ in der Polesje 1. Sept. 1915, dt. Lyriker und Dramatiker. - Mitarbeiter an H. Waldens Zeitschrift „Der Sturm"; gilt als Vertreter eines „verkürzten Sprachstils" und Schöpfer neuer semant. und syntakt. Dimensionen für die Lyrik („Die Menschheit", hg. 1917; „Tropfblut", hg. 1919). Der Verzicht auf Kausalität und Psychologie im Drama eröffnete neue Möglichkeiten der Entindividualisierung, v. a. in „Rudimentär" (1914).

Strand, Paul [engl. strænd], * New York 16. Okt. 1890, † Orgeral (Frankr.) 31. März 1976, amerikan. Photograph und Dokumentarfilmer. - Engagierter Vertreter des Neuen Realismus sowohl in der Photographie (v. a. Pflanzen) als auch im Film (drehte 1934 im Auftrag der mex. Regierung den sozialkrit. Film „Netze" [mit F. Zinnemann u. a.] über das Leben armer mex. Fischer); gründete 1937 die Dokumentarfilmgesellschaft „Frontier films".

Strand, flacher, überwiegend aus Sand oder Geröll aufgebauter Küstenbereich, der wenigstens zeitweise über dem Wasserspiegel liegt.

Strandauster, svw. Sandklaffmuschel (↑Klaffmuscheln).

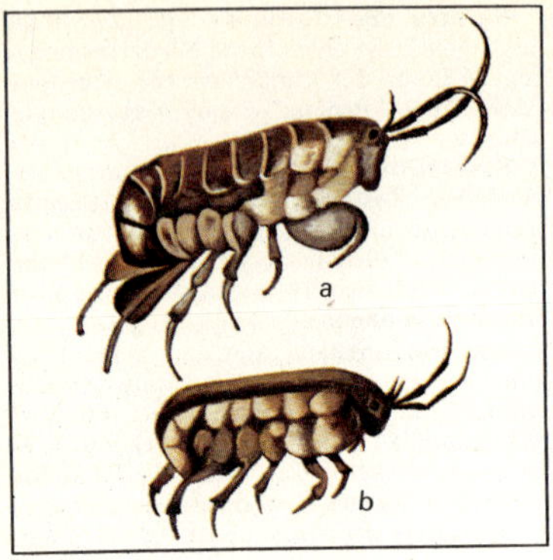

Strandflöhe. Küstenhüpfer
(a Männchen, b Weibchen)

Strandberg, Karl Vilhelm August [schwed. ˌstrandbærj], Pseud. Talis Qualis, * Stigtomta (Södermanland) 16. Jan. 1818, † Stockholm 5. Febr. 1877, schwed. Dichter. - Vertreter der polit. akzentuierten nachromant. Lyrik, der einem schwärmer. Skandinavismus und den Freiheitsidealen der Studenten Ausdruck verlieh.

Stranddistel ↑ Mannstreu.

stranden, an einer Untiefe, Klippe oder an der Küste auf Grund laufen und festliegen (gesagt von Schiffen); übertragen svw. scheitern, ohne Erfolg bleiben.

Strandflieder ↑ Widerstoß.

Strandflöhe (Talitridae), Fam. bis 3 cm langer Krebse (Ordnung Flohkrebse) mit zahlr. Arten in trop. und gemäßigt warmen Meeres-, Brack- und Süßgewässern sowie auf bzw. in feuchten Sandstränden; meist nachtaktive Tiere, die sich von angespülten Pflanzen und verendeten Kleintieren ernähren. Am bekanntesten sind der etwa 2 cm große **Küstenhüpfer** (Orchestia gammarellus) und der bis 1,5 cm lange **Strandhüpfer** (Gemeiner Strandfloh, Sandhüpfer, Talitrus saltator); Körper seitl. stark zusammengedrückt mit braunen oder blauen Flecken auf grauem Grund; springt bis 30 cm weit.

Strandgerste ↑ Gerste.

Strandgrundel (Strandküling, Pomatoschistus microps), bis 5 cm langer Knochenfisch (Fam. Meergrundeln) in der Ostsee, bes. im Brackwasser, auch im Süßwasser; sandfarben; Körperseiten mit einer Längsreihe schwarzer Flecken, häufig auch mit Querbinden; Schwarmfisch.

Strandgut ↑ Strandrecht.

Strandhafer (Helmgras, Sandrohr, Ammophila), Gatt. der Süßgräser mit drei Arten an den Küsten Europas, N-Afrikas und N-Amerikas; in Deutschland einheim. ist der **Gemeine Strandhafer** (Ammophila arenaria), eine 0,6–1 m hohe, weißlichgrüne, lange Ausläufer bildende Pflanze mit steif aufrechten Stengeln, von den Seiten her eingerollten Blättern und dichter gelber Ährenrispe; häufig zur Dünenbefestigung gepflanzt.

Strandhüpfer ↑ Strandflöhe.

Strandigel, svw. ↑ Strandseeigel.

Strandkasuarine ↑ Keulenbaum.

Strandkiefer ↑ Kiefer.

Strandkrabbe (Carcinus maenas), in gemäßigten und warmen Meeren beider Hemisphären weit verbreitete Krabbe, häufigste Krabbe in der Nordsee; Rückenpanzer 5,5 (♀) bis 6 cm (♂) breit; olivgrün bis bräunl., Unterseite oft rötl.; schlecht schwimmendes, an Land sehr flinkes, stets seitwärts laufendes Tier, das sich v. a. von Weichtieren, Flohkrebsen, Würmern und kleinen Fischen ernährt.

Strandkresse (Lobularia), Gatt. der Kreuzblütler mit nur wenigen Arten im Mittelmeergebiet. Die Art **Duftsteinrich** (Lobularia maritima), ein behaarter rasenbildender Halbstrauch mit lineal- bis lanzenförmigen Blättern und duftenden weißen Blüten, wird in Deutschland als einjährige Gartenzierpflanze kultiviert.

Strandküling, svw. ↑ Strandgrundel.

Strandläufer (Calidris), Gatt. meisen- bis amselgroßer, relativ kurzbeiniger Schnepfenvögel mit rd. 20 Arten, v. a. an Meeres- und Süßwasserstränden N-Eurasiens und N-Kanadas (nichtbrütende Tiere auch an der dt. Nordseeküste); trippelnd laufende Watvögel mit oberseits vorwiegend grauem oder braunem bis rostrotem, unterseits weißl. Gefieder; Zugvögel, die weit wandern und sich oft in großen Scharen an südl. Küsten sammeln. Zu den S. gehört u. a. der häufig an der Nord- und Ostsee überwinternde, etwa 20 cm lange **Meerstrandläufer** (Calidris maritima), oberseits überwiegend grau, unterseits weiß; Beine und Schnabelwurzel gelb.

Strandlinie, die Linie, bis zu der normalerweise die Wirkung von Wellen und Brandung reicht.

Strandnelke, svw. ↑ Grasnelke.

Strandnelkengewächse, svw. ↑ Bleiwurzgewächse.

Strandrecht, anfängl. das Recht der Meeresanwohner auf Leib und Gut Schiffbrüchiger. Ab dem 13. Jh. war das S. landesherrl. Regal, umfaßte aber bei angespültem Gut (**Strandgut**) nur noch das Bergerecht.

Strandroggen ↑ Haargerste.

Strandsalzmiere ↑ Salzmiere.

Strandschnecken (Littorinidae), Fam. der Schnecken, v. a. in den Gezeitenzonen der nördl. Meere; Gehäuse dickwandig, kugel- bis kegelförmig, mit hornigem Deckel; wichtigste Gatt. **Littorina,** zu der 6 Arten in europ. Meeren gehören; Gehäuse bis 4 cm lang, Algenfresser.

Strandsee ↑ Küste.

Strandseeigel (Strandigel, Psammechinus miliaris), bis etwa 4 cm großer, abgeflachter, grünl. Seeigel im nördl. Atlantik sowie in der Nord- und westl. Ostsee; Stacheln kurz, dunkelgrün, meist mit violetter Spitze.

Strandsegeln, dem Eissegeln ähnl. Wettbewerb mit drei- oder vierrädrigen Segelwagen auf Sandpisten oder Sandstränden. Die unterschiedl. konstruierten Fahrzeuge haben genormte Segelflächen; Weltmeisterschaften seit 1970.

Strandversetzung ↑Küstenversatz.

Strangeness [engl. 'streɪndʒnɪs, zu lat. extraneus „fremd"] (Seltsamkeit, Fremdheitsquantenzahl), Quantenzahl zur Klassifizierung von Elementarteilchen. Die S. ist eine Erhaltungsgröße (wie z. B. Ladung, Parität, Isospin, Baryonenzahl); sie hat den Wert $S = 0$ bei Nukleonen, Leptonen und Pionen, $S = 1$ bei K^+- und K^0-Mesonen, $S = -1$ bei den Λ- und Σ-Hyperonen. $S = -2$ beim Ξ-Hyperon, $S = -3$ beim Ω^--Hyperon und ist entgegengesetzt gleich groß bei den zugehörigen Antiteilchen. Elementarteilchen, deren S. ungleich Null ist, werden als **Strange particles** bezeichnet.

Strangguß ↑Gießverfahren.

Strängnäs [schwed. 'strɛŋnɛ:s], schwed. Stadt am S-Ufer des Mälarsees, 12 000 E. Luth. Bischofssitz; Schul- und Garnisonstadt. - Der alte Handelsplatz S. wurde um 1080 Bischofssitz. Die Siedlung entwickelte sich um die Domkirche und wurde 1336 Stadt. - Domkirche (1291 geweiht); Roggeborg (Bischofsburg des 15. Jh.; jetzt Museum); Grassegård (typ. Stadthof des 17. Jh.).

Strangpressen, in der *Metallverarbeitung* ein Warmformungsverfahren, bei dem ein auf Preßtemperatur erwärmter Metallblock in den zylinderförmigen Aufnehmer einer Presse gegeben und mittels Stempeldrucks durch eine mit dem gewünschten Profil versehene Matrize zu Voll- oder Hohlstangen gepreßt wird. Zu unterscheiden sind das *direkte S. (Vollstempelverfahren)*, bei dem der Werkstoff in Richtung des Stempeldrucks abfließt, und das *indirekte S. (Hohlstempelverfahren, Rückwärtspressen)*, bei dem das Metall entgegen der Druckrichtung durch eine Matrizenöffnung im Stempel herausgepreßt wird. Zur Erzeugung von Hohlprofilen, z. B. beim **Rohrstrangpressen,** wird der Block vorher gelocht und das Metall mittels eines am Preßstempel angebrachten Dorns durch den verbliebenen Raum zw. Matrizenöffnung und Dorn hindurchgepreßt.
◆ ↑Kunststoffverarbeitung.

Strangspannung ↑Drehstrom.

Strangulation [lat.], Abschnürung bzw. Abklemmung von Darmabschnitten (z. B. bei Brucheinklemmung).
◆ Abdrosselung der Luftröhre bzw. Kompression der Halsschlagader durch Zupressen des Halses (z. B. bei Erdrosselung, Erwürgen oder Erhängen).

Strangurie [griech.], schmerzhaftes Wasserlassen (bei Entzündungen von Harnröhre und Harnblase).

Stranitzky, Josef Anton [...ki], * Knittelfeld (?) um 1676, † Wien 19. Mai 1726, östr. Volkskomödiant. - 1699 Wanderkomödiant in Süddeutschland, 1705 in Wien; ab 1706 leitete S. eine eigene Truppe, mit der er die Altwiener Volkskomödie mit der von ihm neu geschaffenen Gestalt des „Hans Wurst" (↑Hanswurst) begründete. Der Stoff seiner Haupt- und Staatsaktionen, von denen 14 erhalten sind, ist v. a. zeitgenöss. italien. Opern entlehnt.

Strapaze [zu italien. strapazzare „überanstrengen"], Anstrengung, Mühe; **strapaziös,** ermüdend, beschwerlich.

Strasberg, Lee [engl. 'stræsbə:g], * Budzanów (= Budanow, Geb. Tarnopol) 17. Nov. 1901, † New York 17. Febr. 1982, amerikan. Regisseur östr. Herkunft. - Gründete 1930 das avantgardist. Group Theatre in New York, das er bis 1937 leitete; schloß sich 1950 dem „Actors' Studio" an.

Strasburg, Krst. am N-Rand der Uckermark, Bez. Neubrandenburg, DDR, 66 m ü. d. M., 8 900 E. Zuckerfabrik, Maschinenbau. - 1277 erstmals bezeugt; Stadtgründung wohl vor 1250. - Got. Stadtkirche (13.–15. Jh.).
S., Landkr. im Bez. Neubrandenburg, DDR.

Strasburger, Eduard, * Warschau 1. Febr. 1844, † Bonn 19. Mai 1912, dt. Botaniker. - Prof. in Jena und Bonn; bed. Arbeiten zur Zytologie, bes. über „Zellbildung und Zellteilung" (1875); auch wichtige Beiträge zur Gewebelehre der Pflanzen. 1894 begründete er (mit F. Noll u. a.) das „Lehrbuch der Botanik für Hochschulen".

strascinando [straʃi'nando; italien.], musikal. Vortragsbez.: schleppend, langsamer werdend.

Straß [nach dem frz. Juwelier G. F. Stras, * 1700, † 1773], Bez. für aus bleihaltigem Glas hergestellte Schmucksteine; weist hohen Glanz und starke Farbstreuung auf, jedoch ohne Härte und Feuer der Diamanten.

Straßburg, Gottfried von ↑Gottfried von Straßburg.

Straßburg, östr. Stadt in Kärnten, im Gurktal, 158 m ü. d. M., 2 600 E. Fremdenverkehr. - In Anlehnung an eine 1147 errichtete Burg entstanden. 1200 erstmals als Markt gen.; durch eine um 1210 erbaute Neuanlage ergänzt, die 1402 Stadtrecht erhielt. - Große Wehranlage der ehem. Bischofsburg (v. a. 16. und 17. Jh.) mit roman. Doppelkapelle (12. Jh.; 1685/86 barockisiert).
S. (amtl. Strasbourg [frz. stras'bu:r]), frz. Stadt im Unterelsaß, an der Mündung der Ill in den Rhein, 248 700 E. Hauptstadt der Region Elsaß, Verwaltungssitz des Dep. Bas-Rhin; kath. Bischofssitz; Sitz des Europarats; Gesamtuniv.; zahlr. Forschungsinst., u. a.

Kernforschungszentrum mit Versuchsreaktor, Rechenzentrum; Observatorium; Internat. Inst. für Menschenrechte; mehrere bed. Museen; Theater, Oper; Musikfestspiele. Der autonome Rheinhafen ist Ausgangspunkt von Rhein-Rhone- und Rhein-Marne-Kanal; Erdölraffinerien, petrochem. Ind., Walzwerke, Metallverarbeitung. Nahrungsmittel- und Brauereiind., Holzverarbeitung, chem., Elektronik-, Gerberei- und Bekleidungsind.; Europ. Messe; Fremdenverkehr; ✈ Entzheim.
Geschichte: Das röm. **Argentorate** entstand um 16 n. Chr. als Legionslager, aus dem sich eine bed. Handelsstadt entwickelte; seit etwa 370 eine der stärksten Befestigungen Obergermaniens; ein Hauptort der sweb. Triboker; 498 dem Fränk. Reich einverleibt, trug seit dem Ende des 6. Jh. den Namen **Strateburgum** (auch: **Stratisburgo**); fiel 843 an Lotharingien (Lothringen), mit diesem 870 an das Ostfränk. Reich (später Hl. Röm. Reich); erstes Stadtrecht um 1150. 1262 konnte sich die Stadt von der Herrschaft der Bischöfe befreien und wurde Reichsstadt. 1332 gewannen die Zünfte ein Mitspracherecht in der Verwaltung der Stadt; ab 1381 Mgl. des Rhein. Städtebundes; seit dem 14. Jh. Mittelpunkt der Mystik (Meister Eckhart, J. Tauler) und eines Humanismus mit nat. Gepräge (u. a. J. Wimpfeling). Seit 1523 setzte sich unter dem Einfluß von M. Bucer und W. Capito die Reformation in S. durch. 1531 Beitritt zum Schmalkald. Bund; 1681 im Zuge der Reunionen Ludwigs XIV. von frz. Truppen besetzt, wurde 1682 Hauptstadt der Prov. Elsaß bzw. des neugeschaffenen Dep. Bas-Rhin (1790); 1871–1918 Hauptstadt des dt. Reichslandes Elsaß-Lothringen; 1940–44 dt. besetzt; seit 1949 Sitz des Europarats, seit 1958 im Wechsel mit Luxemburg Tagungsort des Europ. Parlaments.
Bauten: Trotz Zerstörungen im 2. Weltkrieg hat S. zahlr. Bauten bewahrt; berühmt ist v. a. das ↑Straßburger Münster. Got. Thomaskirche (um 1200–14. Jh.) mit Grabmal des Marschalls Moritz von Sachsen und Sarkophag des Bischofs Adeloch (um 1130), got. Simultankirche Alt-Sankt-Peter (1328 ff.), ev. spätgot. Wilhelmer-Kirche (1485 ff.), Frauenhaus, ein Baukomplex aus Gotik und Renaissance (1347 und 1579–85), ehem. bischöfl. Palais Château des Rohan (1730–42; Museum), barockes Rathaus (1730), zahlr. stattl. Bürgerhäuser, u. a. Kammerzellsches Haus (Fachwerkbau von 1589 über Steingeschoß von 1467), z. T. maler. Straßenbilder (Gerberviertel); Europahaus (1977).

📖 *Lienhard, M./Willer, J.: S. u. die Reformation. Kehl ²1983. - S. Mchn. ³1983. - Nonn, H.: Strasbourg et sa communauté. Paris 1982. - Forstmann, W., u. a.: Der Fall der Reichsstadt S. u. seine Folgen. Bad Neustadt 1981. - Müller, Germain: S. Karlsruhe 1978.*

S., Bistum, seit dem 4. Jh. bezeugt; bis 1801 Suffraganbistum von Mainz, dann von Besançon, seit 1871 exemt; im MA reichstes Domkapitel Deutschlands; 1358/59 erhielt der Bischof von S. erstmals den Titel „Landgraf des Elsaß“; 1981 bei rd. 1,5 Mill. E etwa 1,2 Mill. Katholiken, die in 773 Pfarreien von 993 Welt- und 434 Ordenspriestern betreut werden. Bischof ist seit 1967 A. Elchinger.

Straßburger Eide (14. Febr. 842), von Nithard überlieferter Bündnisschwur Karls des Kahlen und Ludwigs (II.) des Deutschen gegen Lothar I. in althochdt. und altfrz. Sprache. Beide Herrscher bedienten sich der Sprache des Vertragspartners, um von dessen Gefolgschaft verstanden zu werden.

Straßburger Meister (Meister der Straßburger Ecclesia und Synagoge), dt. Bildhauer des 13. Jh. - Meister einer Bildhauerwerkstatt, die aus Chartres kam, in Burgund gearbeitet hatte und ab etwa 1225 am Straßburger Münster tätig war. Die Tympana am Portal des südl. Querhauses mit Marientod und -krönung, der Weltgerichtspfeiler im südl. Querhaus sowie die Figuren der Ecclesia und der Synagoge am Portal gehören zu den bedeutendsten bildhauer. Werken der Gotik (Frühgotik).

Straßburger Münster, Bischofskirche

Straßburger Meister, Ecclesia und Synagoge (nach 1230). Straßburg, ehemals am Querhausportal des Münsters, heute im Frauenhausmuseum

in Straßburg. An der Stelle einiger Vorgängerbauten begann Bischof Werinher 1015 den Bau einer dreischiffigen Basilika mit Querhaus, Chor und Westbau, die bei einem Brand 1176 vernichtet wurde, deren Grundriß jedoch bei dem folgenden spätroman.-got. Neubau beibehalten wurde. Der Chor über der erhaltenen otton. Krypta (Anfang 11. Jh., erweitert um 1080) und Teile des Querhauses sind spätroman., beim südl. Querhaus wird ab 1220 frz. got. Einfluß spürbar; das 1275 vollendete Langhaus zeigt das frz. got. Kathedralsystem mit Arkadengeschoß, verglastem Triforium und riesigen Obergadenfenstern. Der Entwurf (Riß B) der W-Fassade Erwins von Steinbach (1276; Autorenschaft umstritten) wurde von ihm bis zur Balustrade oberhalb der beiden Untergeschosse ausgeführt (mit Portalen, der großen Rose, dem vorgelegten Stab- und Maßwerk); 1399–1419 durch U. von Ensingen weitergeführt. Nur der nördl. der beiden Türme wurde vollendet (1419–39). Bed. Werke stauf. Bildhauerkunst (↑Straßburger Meister) und Glasgemälde des 12.–15. Jh. (u. a. Kaiserfenster im nördl. Seitenschiff).

Straßburger Relation, bei ihrer Entdeckung 1876 so benannte Zeitung; 1609 von J. Carolus in Straßburg gedruckt; gilt als eine der ältesten gedruckten dt. Zeitungen.

Straße [zu lat. strata (via) „gepflasterter Weg, Heerstraße"], befestigter Verkehrsweg für nicht schienengebundene Fahrzeuge. - Je nach Lage werden unterschieden Stadt-S. (innerhalb bebauter Gebiete [weitere Unterteilung in Stadtautobahn, Schnellverkehrs-S., Hauptverkehrs-S., Verkehrs-S., Sammel-S. und Anlieger-S.]) und Land-S. (außerhalb bebauter Gebiete). Nach dem Träger der Baulast werden die Land-S. eingeteilt in: Bundes-S. (Bundesautobahn [↑Autobahnen], ↑Bundesfernstraßen), Staats-S., Kreis-S., Gemeinde-S. und Privatstraßen. Der *Ausbaustandard* der S. richtet sich nach Art und Stärke des Verkehrs und wird durch Querschnitt, Linienführung, Art und Abstand der Knotenpunkte, Zufahrtsmöglichkeiten, Qualität der Fahrbahnkonstruktion und Ausstattung des S.raumes bestimmt. Bei der Straßenplanung wird darauf geachtet, daß sich die Fahrbahn in die örtl. geograph. und siedlungsstrukturellen Gegebenheiten einpaßt. Aus den vorgegebenen Daten, dem vorgesehenen Ausbaustandard und der in der Straßenverkehrszulassungs-Ordnung (StVZO) festgelegten Höchstbreite der Fahrzeuge von 2,50 m ergibt sich durch Addition von Bewegungs- und Sicherheitsraum eine Fahrspurbreite zw. 3,25 m und 3,75 m. Durch Addition der vorgesehenen Anzahl der Fahrspuren (bei Autobahnen bis zu 4 je Richtung), der Randstreifenbreiten, befestigten Seitenstreifen (Standspur), unbefestigten Seitenstreifen (Bankett), Mittelstreifen ergibt sich die *Querschnittsbreite* der Straße. Die *Kronenbreite* wird durch die Außenkante der Bankette bestimmt, außerhalb der Kronenbreite liegen die Entwässerungsmulden. Die Entwässerung der Fahrbahn wird durch ein Quergefälle von mindestens 2% erreicht. Der **Straßenbau** ist die Fertigung der S. auf dem anstehenden Boden (Untergrund), mit geschütteten Dämmen als *Unterbau* (Gründung), der eigtl. Fahrbahnkonstruktion (Tragschichten der Fahrbahndecke und befestigte Randstreifen) als *Oberbau* sowie den Nebenanlagen (Böschungen, Entwässerungsgräben). Auf dem Untergrund wird nach Abtragen des Mutterbodens das Gründungsplanum mit geringem Quergefälle hergestellt. Durch maschinelles Verdichten sucht man Setzungen des Bodens bei ungleichmäßiger Belastung zu vermindern bzw. zu vermeiden. Reicht die maschinelle Verdichtung nicht aus, wird der nichttragende Untergrund mit Bindemitteln oder Grobkorn (Schotter) stabilisiert. Auf das Gründungsplanum wird die elast. untere Tragschicht (zum Ausgleich von

Straße. Aufbau der Straßenbefestigung über dem Untergrund

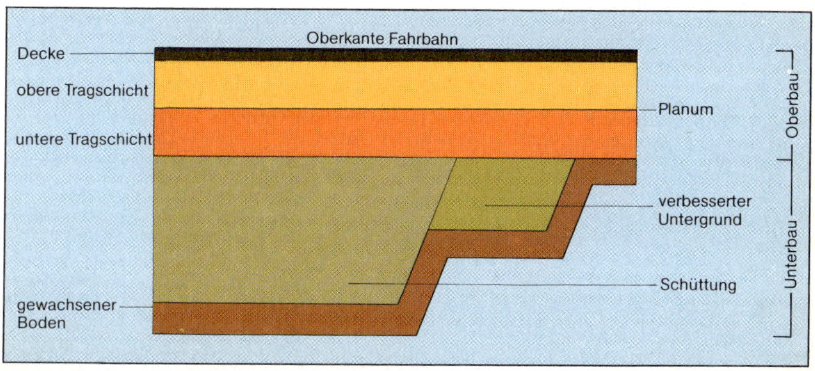

Untergrundverformungen, zur Gewährleistung der Frostsicherheit) aufgebracht. Die obere Tragschicht ist härter und soll zus. mit der harten Fahrbahndecke eine hinreichende Lastverteilung bewirken. *Baustoffe* für den Oberbau sind gebrochenes Felsgestein (Gesteinsmehl, Brechsand, Split, Schotter), ungebrochenes Gesteinsmaterial oder Rundkorn (Sand, Kies), Straßenteer, Bitumen, Zement und Kunststoffe. Wegen seiner hohen Klebkraft und seines relativ niedrigen Erweichungspunktes wird S.teer vorwiegend zur Bodenstabilisierung und als Bindemittel für die Tragschichten verwendet. Bei Deckschichten dient Bitumen als Bindemittel; es zeichnet sich durch große Plastizitätsspannen und hohen Erweichungspunkt aus. Kunststoffe, v. a. Epoxidharze, dienen als Bindemittel von Mineralstoffen für Ausbesserungen von Betonfahrbahndecken und als schnellhärtende Einpreßmasse unter Betonfahrbahnplatten. - *Fahrbahndecken* (obere Deckschicht) werden heute als bituminöse Decken (Schwarzdecken) aus Gußasphalt (Bitumen bzw. Naturasphalt mit Splitt, Kies u. a. Füllzusätzen) oder Asphaltmakadam (Gemisch aus grobkörnigem Gestein [z. B. Schotter, Splitt] und bituminösen Bindemitteln) ausgeführt. Asphaltmakadamdecken eignen sich bes. dort, wo noch mit Nachverdichtung im Unterbau und Untergrund unter dem Verkehr gerechnet werden muß. Gußasphalt bildet eine weitgehend hohlraumfreie Straßendecke, der hohe Splitt-, Füller- und Bindemittelanteil verleiht ihm eine hohe Widerstandsfähigkeit gegen Abrieb und hohe Lebensdauer, durch seine Fließfähigkeit beim Einbau wird eine weitgehend ebene Fahrbahnoberfläche erreicht. Zementbetondecken haben als Vorteile hohe Lebensdauer, gleichbleibend hohe Ebenheit infolge geringer und gleichmäßiger Abnutzung, hohe Festigkeit bei jeder Witterung und Temperatur sowie große Tragfähigkeit. Nachteile sind die lange Herstellungszeit wegen der aufwendigen Fugenkonstruktion und der Erhärtungszeit (etwa 21 Tage). Die Gesamtdicke einer ausreichend frostsicheren modernen Fahrbahnkonstruktion beträgt 60 cm bis 70 cm.

Für die Planung und den Bau von Bundes-S. und Landes-S. sind die S.bauämter zuständig; sie betreuen i. d. R. 2–3 Landkreise. Ihnen angegliedert sind die Straßenmeistereien; sie haben die Aufgabe, ständig für den ordnungsgemäßen Zustand der S. zu sorgen, Verkehrszeichen aufzustellen und Ausbesserungsarbeiten durchzuführen. Die Kreis-S. werden i. d. R. von den Kreisbauämtern gebaut und unterhalten, z. T. haben jedoch die Landkreise diese Aufgabe auch an die S.bauämter der Länder abgegeben. Das Kreisbauamt ist gewöhnl. auch zuständig für den S.bau in den kleineren Gemeinden. Ab einer Größe von etwa 20 000 E haben die Gemeinden eigene Tiefbauämter, die für den Gemeindestraßenbau zuständig sind.

Geschichte: Planmäßig und systemat. wurden S. erstmals in den Hochkulturen des alten Orients (v. a. als Heerstraßen) und in China angelegt. In Griechenland hatten die hl. Straßen, eine Art Spurstraßen mit in die Fahrbahn eingehauenen Radspuren, bes. Bedeutung. Die Römer, deren S. vorbildl. angelegt waren, übernahmen diese Spur-S. z. T. in den Stadtstraßen. Der Oberbau der Römer-S. setzte sich aus mehreren Schichten zusammen, die z. T. unter Verwendung von Mörtel hergestellt waren. Nach dem Zerfall des Röm. Reiches dienten die S. dem allg. Verkehr, bis sie durch mangelnde Pflege unbrauchbar wurden. Die folgenden S. waren meist befestigte Wege, deren Richtung durch Spurrillen oder Brücken festgelegt war. Erst mit der wachsenden Bed. der Postbeförderung im 16./17. Jh. besserten sich die Verhältnisse. Im 18. Jh. wurden in Frankr. Fachschulen für den Wege- und Brückenbau gegründet, als deren Folge sich ein deutl. Umschwung im S.bau bemerkbar machte. Nun lagen Bau und Unterhaltung der S. in der Hand von Ingenieuren. Den nach wiss. Grundsätzen ausgeführten S.bau gibt es seit Ende des 18. Jh.; Napoleon I. ließ zahlr. National-S. über längere Strecken schnurgerade bauen. In der Folgezeit wurden dann auch zahlr. neue Bauverfahren entwikkelt. Die Makadam-S. wurde um 1810, die Beton-S. um 1828, die Asphalt-S. um 1848 entwickelt. Die bereits im Altertum bekannte Pflasterung wurde weitgehend verbessert. - 1924 begann die Studiengesellschaft für Automobilstraßenbau (Stufa) mit Vorarbeiten, 1926 begannen die Planungen für die Autobahn Hamburg–Frankfurt–Basel (↑ auch Autobahn). Die Maschinisierung im S.bau führte zu selbstfahrenden S.deckenfertigern, die nicht nur die Oberfläche eben herstellen, sondern auch selbsttätig Bodenunebenheiten ausgleichen, Regenwasserablaufrinnen herstellen und den Raum für die Fahrbahnmarkierung aussparen können.

Die erste Straßenbeleuchtung scheint Antiochia in Syrien besessen zu haben, wo um 450 n. Chr. Fackeln in den S. angebracht wurden. Die S. röm. Städte wurden durch die in Geschäften und über Hauseingängen angebrachten Öllampen verhältnismäßig gut ausgeleuchtet. Erstmals in London (1814) wurde Gas für die Beleuchtung verwendet, 1825 erhielten Hannover, 1826 Berlin (Straße „Unter den Linden“) ihre erste Gasbeleuchtung; ab 1877 wurden die S. in Paris, ab 1882 in Berlin mit elektr. Bogenlampen ausgestattet.

📖 *Straßenbau heute. Hg. v. Bundesverband der Dt. Zementindustrie. Heft 1: Vollpracht, A., u. a.: Betondecken. Düss. [3]1986. - Baufachkunde. Tl. 3: Richter, D.: Straßen- u. Tiefbau. Stg. [4]1985. - Betonfahrbahnen. Bearb. v. F. Breckner. Stg. 1985. - Kreiss, B.: Straßenbau u. Straßen-*

unterhaltung. Bielefeld 1982. - Schneider, Hans C.: Altstraßenforschung. Darmst. 1982. - Hdb. des Straßenbaus. Hg. v. B. Wehner. Bln. u. a. 1977–78. 3 Bde.

Straßenbahn (Tram[bahn]), elektr. betriebenes, schienengebundenes Personenbeförderungsmittel im Stadt- und Vorortverkehr, dessen Gleise (Regelspur 1 435 mm, Meterspur 1 000 mm) in die Straßenflächen verlegt sind bzw. auf einem eigenen Bahnkörper oder auch unterirdisch (bei Unterpflasterbahnen) verlaufen. Die Entwicklung im S.fahrzeugbau führte vom zweiachsigen Trieb- und Beiwagen über den Vierachser zum vier- bis zwölfachsigen *Gelenkstraßenbahnwagen* mit getrennten Ein- und Ausstiegen. Zum *Antrieb* dienen Gleichstromreihenschlußmotoren mit einer Leistung von 60 bis 75 kW. Die elektr. Energie (Spannung 500–750 V) wird mittels Scherenstromabnehmer der Oberleitung entnommen und über die geerdeten Schienen abgeführt. Die Regelung der Elektromoren erfolgt mittels eines hebelbetätigten [magnetbeeinflußten] Nockenfahrschalters, mit dem zum Anfahren Anfahrwiderstände eingeschaltet und zur Geschwindigkeitsregelung Regelwiderstände zu- und abgeschaltet werden. Zum Bremsen werden die Motoren als Generatoren geschaltet; die erzeugte elektr. Energie wird in Bremswiderständen in Wärme umgewandelt *(Kurzschlußbremse)*. Die Bremsausrüstung moderner Fahrzeuge besteht aus einer druckluftbetätigten Klotz- oder Scheibenbremse und aus einer unmittelbar auf die Schienen wirkenden Magnetschienenbremse. **Geschichte:** Die ersten S. waren Pferdebahnen (1832 New York, 1854 Paris; in Deutschland: u. a. 1865 Berlin, 1872 Leipzig, Frankfurt am Main, Hannover und Dresden). Dampf-S. wurden in Deutschland ab 1877 (Kassel) auf einzelnen Vorort- und Überlandlinien eingerichtet. 1879 wurde zur Berliner Gewerbeausstellung die erste elektr. Bahn nach Plänen von W. von Siemens vorgeführt, doch soll bereits 1874 C. Field in New York eine elektr. S. erprobt haben. Die erste für längere Zeit eingesetzte elektr. S. (mit Stromzuführung über die Schienen) wurde 1881 in Lichterfelde bei Berlin als Entwicklung von W. von Siemens in Betrieb genommen. Allg. durchsetzen konnte sich der elektr. S.betrieb erst, nachdem 1885 der Stangenstromabnehmer und 1889 der Bügelstromabnehmer erfunden worden waren. 1890 wurde in Bremen (erstmals in Deutschland) eine S.linie mit Oberleitung und Stangenstromabnehmer in Betrieb genommen; im selben Jahr wurde in Lichterfelde zum ersten Mal der Bügelstromabnehmer erprobt. - Wegen hoher Anlagekosten und der Behinderung des übrigen Straßenverkehrs stellten viele Städte nach dem 2. Weltkrieg den S.verkehr ein und gingen zu anderen Nahverkehrssystemen über (z. B. Autobus). - Abb. S. 170, auch Bd. 8, S. 69.

📖 *Boehm, P.: Stadtschnellbahnen u. Stadtbahnen. Bln. 1980. - Klein, N.: S.systeme u. ihre Einsatzgrenzen. Aachen 1978. - Gragt, F. van der: Moderne Straßenbahnen. Dt. Übers. Düss. 1972. - Hendlmeier, W.: Von der Pferde-Eisenbahn zur Schnell-S. Mchn. 1968.*

Straßenbaumaschinen, Sammelbez. für die speziell beim Straßenbau eingesetzten Baumaschinen. Dazu gehören: 1. die **Erdbaumaschinen** für größere Erdbewegungen und die Planumsfertiger; 2. die **Verdichtungsgeräte** und **-maschinen** zur Verdichtung und Glättung des Untergrundes (v. a. Gummirad-, Gitter- und Vibrationswalzen) bzw. der verschiedenen Schichten des Unterbaus und der Fahrbahnkonstruktion; 3. **Straßenbaumaschinen zur Schwarzdeckenherstellung:** Splitt- und Schotterverteiler, Aufbereitungsanlagen für das bituminöse Mischgut (mit Asphaltkocher und Mischtrommel), der eigtl. Schwarzdekkenfertiger zum Verteilen und anschließendem Verdichten [mit beheizten Schwing-, Rüttel- oder Stampfbohlen] der Asphaltmasse; 4. **Straßenbaumaschinen zur Betondeckenherstellung:** Betonmischanlagen und -verteiler, die eigtl. Betondeckenfertiger *(Betondekken-Einbaumaschinen)* zum Verteilen, Verdichten, Einebnen und Glätten des Betons sowie die Fugenschneider.

Straßendorf ↑Dorf.

Straßenkarten, spezielle Verkehrskarten mit Angaben u. a. über Entfernungen, Steigungen, Gefälle und Autofähren.

Straßenlage, zusammenfassende Bez. für die einzelnen Faktoren, die das Fahrverhalten eines Kfz. gegenüber den während der Fahrt auf das Kfz. einwirkenden Kräften und Momenten bestimmen.

Straßenmarkt, breite, als Markt benutzte Straße in west- und mitteleurop. Städten, Ausgangsbasis für den übrigen Stadtgrundriß.

Straßen-OZ ↑Oktanzahl.

Straßenrennsport ↑Radsport.

Straßentheater, auf Plätzen oder Straßen von [Laien]gruppen aufgeführtes Theaterspiel, das häufig polit. engagiert ist und agitator. Charakter hat. In der Theatergeschichte gibt es zahlreiche Vorläufer des S. (↑Theater).

Straßen- und Wegerecht, Gesamtheit der Vorschriften, die die Rechtsverhältnisse an den dem öffentl. Verkehr gewidmeten Straßen, Wegen und Plätzen (öffentl. Straßen) regeln; zu unterscheiden vom ↑Straßenverkehrsrecht.

Straßenverkehr, i. w. S. jede Benutzung öffentl. Straßen, wobei jedoch unter S. fast immer die Benutzung durch Kraftfahrzeuge verstanden wird. Zu unterscheiden ist nach dem Zweck der Nutzung zw. Güter- und Personenverkehr, nach der Entfernung in Fern- und Nahverkehr, nach dem Träger zw. Individual- und öffentl. Verkehr. Das S.aufkommen hat sich durch den mit dem industriellen

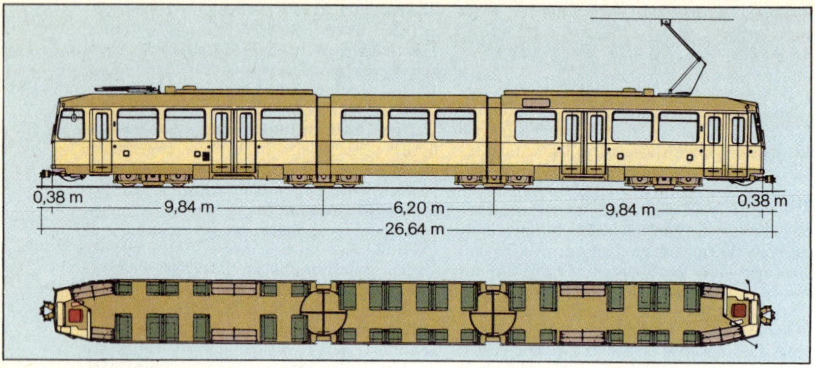

Straßenbahn. Form und Maße eines modernen achtachsigen Straßenbahnzuges mit 54 Sitz- und 86 Stehplätzen

Wachstum angestiegenen Güterverkehr und durch den enorm angewachsenen Individualverkehr, der sich in einer entsprechenden Erhöhung des Bestands an Pkw ausdrückt, bes. stark erhöht. Eine auf Einschränkung des S. gerichtete Verkehrspolitik wird zwar wegen des hohen Energieverbrauchs beim S. und der mit dem S. selbst wie mit dem Ausbau des Straßennetzes verbundenen Umweltbelastung vielfach für notwendig gehalten, stößt jedoch beim Personenverkehr auf das Problem mangelnder Attraktivität der Alternativen, d. h. v. a. des öffentl. Nahverkehrs, beim Güterverkehr auf die entgegengerichteten Interessen der privaten Transportunternehmen. Hinzu kommt, daß die Automobilind. in der BR Deutschland einen bed. Wirtschaftsfaktor darstellt.

Straßenverkehrsgefährdung, Beeinträchtigung der Sicherheit des Straßenverkehrs, z. B. durch Führen eines Fahrzeuges trotz (z. B. durch Alkoholgenuß verursachter) Unfähigkeit, das Fahrzeug sicher zu führen. Die S. ist als konkretes ↑Gefährdungsdelikt nur strafbar bei konkret nachgewiesener Gefährdung von Leib oder Leben eines anderen oder fremder Sachen von bed. Wert. Sie wird mit Freiheitsstrafe bis zu 5 Jahren oder Geldstrafe geahndet.

Straßenverkehrsgesetz, Abk. StVG, ↑Straßenverkehrsrecht.

Straßenverkehrshaftung, Ersatzpflicht des Kraftfahrzeughalters bzw. des Fahrers für Schäden, die bei dem Betrieb eines Kraftfahrzeugs entstanden sind. Die S. ist gegenüber dem allg. Haftungsrecht verschärft. So haftet der Halter für Personen- und Sachschäden, auch ohne daß ihn ein Verschulden trifft, sofern der Unfall nicht durch ein sogenanntes unabwendbares Ereignis verursacht worden ist. Der Fahrer haftet nur im Falle seines Verschuldens. Der Halter ist zum Abschluß einer Kraftfahrzeughaftpflichtversicherung (↑Haftpflichtversicherung) verpflichtet.

Straßenverkehrs-Ordnung, Abk. StVO, ↑Straßenverkehrsrecht.

Straßenverkehrsrecht, die Gesamtheit der Vorschriften, die die Benutzung der öffentl. Straßen, Wege und Plätze zu Zwecken des Verkehrs regeln. Rechtsquellen sind im wesentl. das *Straßenverkehrsgesetz* (StVG) vom 19. 12. 1952, die *Straßenverkehrs-Ordnung* (StVO) vom 16. 11. 1970 und die *Straßenverkehrs-Zulassungsordnung* (StVZO) vom 15. 11. 1974. Das StVG legt fest, daß Kfz. für den Betrieb auf öffentl. Straßen zugelassen sein müssen und der Führer einer Fahrerlaubnis bedarf, die ihm unter bestimmten Voraussetzungen entzogen werden kann; es regelt weiterhin die Haftung von Halter und Fahrer und enthält Straf- und Bußgeldvorschriften sowie Bestimmungen über das ↑Verkehrszentralregister. Im Anschluß daran regelt die StVZO die Zulassung von Personen und Fahrzeugen zum Verkehr auf öffentl. Straßen. Die StVO stellt eingehende Verkehrsregeln auf und enthält - neben detaillierten Einzelregelungen - in § 1 als Grundsatz für die Teilnahme am Straßenverkehr, daß jeder Verkehrsteilnehmer sich so zu verhalten hat, daß kein anderer geschädigt, gefährdet oder mehr, als nach den Umständen unvermeidbar, behindert oder belästigt wird.

Straßenverkehrs-Zulassungs-Ordnung, Abk. StVZO, ↑Straßenverkehrsrecht.

Strasser, Gregor, * Geisenfeld bei Manching 31. Mai 1892, † Berlin 30. Juni 1934 (ermordet), dt. Politiker. - Ab 1921 Mgl. der NSDAP, nahm 1923 am Hitlerputsch teil; als Redner, Organisator und MdR (1924–33) einer der für die Entwicklung der NSDAP wichtigsten Funktionäre (1921 Gauleiter in Niederbayern, 1925 in Norddeutschland, Reichspropagandaleiter 1926/27, Reichsorganisationsleiter 1928–32); führend an der versuchten Abspaltung der norddt. Parteiorganisation 1925 beteiligt, die ihn als Exponenten des „sozialist." Flügels unterstützte; stürzte, als er Ende 1932 im Ggs. zu Hitler und im Einklang mit K. von Schleichers Intentionen eine Beteiligung der NSDAP an einer Rechtskoalition vertrat; trat am 8. Dez. 1932 von allen Parteiämtern zurück; beim sog. Röhm-Putsch ermordet.

S., Otto, * Windsheim (= Bad Windsheim) 10. Sept. 1897, † München 27. Aug. 1974, dt. Politiker und Publizist. - Kam, urspr. SPD-Mgl., 1924/25 durch seinen Bruder Gregor S. zur NSDAP (Mgl. 1925–30); vertrat als Mitbegr. und Leiter des Berliner Kampfverlages (ab 1926) publizist. eine eigene antikapitalist. Konzeption des NS im Ggs. zur Partei und später auch zu seinem Bruder; nach dem offenen Bruch mit Hitler 1930 gründete er die „Kampfgemeinschaft revolutionärer Nationalsozialisten" (↑Schwarze Front) und setzte die Agitation gegen Hitler nach 1933 vom Ausland aus fort; bis 1955 im Exil; gründete 1956 die Dt.-Soziale Union.

Straßmann, Friedrich (Fritz) Wilhelm, * Boppard 22. Febr. 1902, † Mainz 22. April 1980, dt. Chemiker. - Ab 1935 Mitarbeiter des Kaiser Wilhelm-Inst. für Chemie in Berlin, ab 1953 Direktor des Max-Planck-Inst. für Chemie in Mainz; war als Mitarbeiter O. Hahns 1938 an der Entdeckung der Kernspaltung beteiligt, wofür er 1966 zus. mit O. Hahn und Lise Meitner den Enrico-Fermi-Preis erhielt.

Stratas, Teresa [engl. 'strætəs], eigtl. Anastasia Strataki, * Toronto 26. Mai 1938, kanad. Sängerin (Sopran) griech. Abkunft. - Bed. Opernsängerin, v. a. des italien. Fachs und Mozarts; auch Konzertsängerin.

Stratege [griech.], Feldherr, Heerführer; auch Bez. für jemanden, der nach einem genauen Plan handelt, um ein Ziel zu erreichen.

Strategen [griech.], 1. in Athen seit Kleisthenes ein Kollegium von 10 Feldherren, das zunächst unter dem (nur nominellen) Oberkommando des ↑Polemarchen stand, dann den Oberbefehl wechselweise innehatte; durch ihre unbeschränkte Wiederwählbarkeit konnten sie großen Einfluß auf die Politik gewinnen (z. B. Perikles); 2. in den hellenist. Staaten Statthalter mit auch zivilen Funktionen.

Strategic Arms Limitation Talks [engl. strə'ti:dʒɪk 'ɑ:mz lɪmɪ'teɪʃən 'tɔ:ks „Gespräche über die Begrenzung strateg. Rüstungen"], Abk. SALT, seit Nov. 1969 zw. den USA und der Sowjetunion geführte Abrüstungsverhandlungen. Am 26. Mai 1972 unterzeichneten beide Reg. einen auf unbegrenzte Zeit geschlossenen Vertrag über die Begrenzung von Systemen zur Abwehr ballist. Raketen (↑ABM, Abk. für engl.: **A**nti **B**allistic **M**issile) sowie ein auf 5 Jahre begrenztes Interimsabkommen über bestimmte Maßnahmen hinsichtl. der Begrenzung von strateg. Offensivwaffen (mit Protokoll). Das SALT-I-Abkommen, das im Okt. 1977 auslief, sollte nach Erklärungen der USA und der Sowjetunion so lange eingehalten werden, bis die SALT-II-Verhandlungen zu einem Ergebnis geführt haben.

Vom März 1973 bis Mai 1979 dauerten die SALT-I-Abkommen, das im Okt. 1977 aus-1979 in Wien zur Unterzeichnung eines 2. Vertrages zw. den USA und der Sowjetunion führten. Das SALT-II-Abkommen, das nur eine geringfügige Korrektur der Rüstung nach unten erreichte und noch der Ratifizierung durch die jeweiligen gesetzgebenden Körperschaften bedarf, beinhaltet eine Verminderung des gesamten strateg. Potentials von 2400 auf 2250 Trägerwaffen bis 1981, sowohl einfache als auch Raketen mit Mehrfachsprengköpfen (MIRV, Abk. für engl.: **M**ultiple **I**ndependently Targetable **R**eentry **V**ehicles), sowie U-Boote mit Raketenbestückung und Fernbomber, die keine Marschflugkörper (↑Cruise Missile) an Bord haben: Begrenzung der Anzahl der Abschußrampen für Raketen mit Mehrfachsprengköpfen auf 1 200 (davon nur 820 für interkontinentale Raketen), der Fernbomber mit Marschflugkörpern großer Reichweite auf 120; die Zahl der Atomsprengköpfe auf bereits existierenden MIRV-Raketen darf nicht erhöht werden; im Vertragszeitraum darf nur ein neuer Interkontinentalraketentyp von jeder Seite erprobt werden. Es wurde vereinbart, die Verhandlungen in einer SALT-III-Runde fortzusetzen. Infolge des Einmarsches der Sowjetunion nach Afghanistan im Dez. 1979 ratifizierte der Senat der USA das SALT-II-Abkommen nicht.

Strategic Arms Reduction Talks [engl. strə'ti:dʒɪk 'ɑ:mz rɪdʌkʃən 'tɔ:ks „Gespräche über den Abbau strateg. Rüstungen"], Abk. START, am 29. Juni 1982 in Genf begonnene Abrüstungsverhandlungen zw. den USA und der Sowjetunion. Im Unterschied zu SALT wird bei START nicht nur eine Begrenzung, sondern eine Reduzierung der strateg. Waffenpotentiale angestrebt.

Strategic Defense Initiative [engl. strə'ti:dʒɪk di'fɛns i'nɪʃɪətɪv, „Strategische Verteidigungsinitiative"], Abk. SDI, von US-Präs. Reagan erstmals 1983 unter der Bez. „star wars" („Krieg der Sterne") vorgestelltes Projekt eines durch Weltraumsatelliten gestützten Raketenabwehrsystems. Zentraler Bestandteil der SDI sind Satelliten, in denen mittels Kernenergie Laserstrahlen erzeugt werden, die angreifende Raketen und deren Atomsprengköpfe nach dem Start vom gegner. Territorium oberhalb der Erdatmosphäre zerstören. Die von den USA mit der SDI angestrebte Unverwundbarkeit würde das Ende der bisherigen Strategie der Abschreckung bedeuten. 1985 kündigten die USA ein SDI-Forschungsprogramm an und luden die NATO-Partner zur Beteiligung ein. Die Kritiker der SDI weisen v. a. auf die ungeheuren Kosten (mehrere hundert Mrd. $), auf die Gefahr eines unvorstellbaren Wettrüstens und auf die mit der Störung des militär. Gleichgewichts zwischen Ost und West verbundene Kriegsgefahr hin.

Strategie [griech.], allg. der Entwurf und die Durchführung eines Gesamtkonzepts, nach dem der Handelnde [in der Auseinandersetzung mit anderen] ein bestimmtes Ziel zu erreichen sucht, im Unterschied zur Taktik, die sich mit den Einzelschritten des Gesamtkonzepts befaßt; i. e. S. und urspr. die Kunst der Kriegführung. Der Begriff S. wurde im 18. Jh. geläufig, als militär. S. im modernen Sinn entstand. Als erster Vertreter moderner S. gilt König Friedrich II. von Preußen (Grundsätze: ständiges Bestreben, die Initiative zu behalten; Angriff erst auf den einen, dann auf den anderen Gegner; Sammeln der eigenen Übermacht an den entscheidenden Punkten; Vermeiden lange hingezogener Kriege). In der Folgezeit war die S. von Mathematik und Topographie geprägt. Frz. Revolution und Napoleon I. suchten mit dem Einsatz der Massenheere den Sieg wieder in der Schlacht. An der Napoleon. Kriegführung entwickelte C. P. G. von Clausewitz seine bis heute fortwirkenden strateg. Theorien. Er betonte den engen Zusammenhang von Kriegführung und Politik, der dann in A. Graf von Schlieffens S. der Vernichtung und im Schlieffenplan verlorenging. Nach dem 1. Weltkrieg hob G. Douhet die kriegentscheidende Rolle der offensiv (auch gegen die Zivilbev.) eingesetzten Luftwaffe hervor. Im 2. Weltkrieg, der ein totaler und globaler Krieg war, erfaßte S. alle Lebensbereiche und fand auf der Ebene internat. Beziehungen statt. Nach dem 2. Weltkrieg erweiterte sich der Begriff der S.: Neben die Kunst der Kriegführung (↑nukleare Strategie) trat angesichts des atomaren Risikos die Kunst der Kriegsvermeidung. - Strateg. Theorie und S.forschung, die in Wissenschaftszentren wie der Rand Corporation betrieben wird, spielen v. a. in der amerikan. Politikwiss. eine große Rolle; wichtige Vertreter sind u. a. H. Kahn und H. A. Kissinger. - ↑auch Militärgeschichte.

strategische Waffen, in Abhängigkeit vom jeweiligen Stand der Technik und Strategie definierte Kategorie von Waffen (die Abgrenzung zu den takt. Waffen ist problemat.); derzeit 1. nukleare Sprengköpfe ab einer bestimmten Größe (meist 1 MT); 2. Trägerwaffen zum Transport nuklearer Sprengköpfe über größere Distanz (Interkontinentalraketen, strateg. Bomber); 3. Abwehrsysteme, die der eigenen Atomstreitmacht eine vom Gegner nicht beantwortbare Erstschlagkapazität verschaffen. Über die Begrenzung der jeweiligen Rüstung mit s. W. werden seit 1969 zw. den USA und der Sowjetunion SALT-Verhandlungen (↑Strategic Arms Limitation Talks) geführt.

Stratford-upon-Avon [engl. 'strætfəd ə'pɒn 'ɛɪvən] engl. Stadt am Avon, Gft. Warwick, 20 900 E. Shakespeare-Haus, Shakespeare-Gedächtnistheater (jährl. Festspiele), Shakespeare-Inst. (der Univ. Birmingham angeschlossen); Gemäldegalerie, Museum. Brauereien, Glasind. - 691 erstmals erwähnt; kam 1553 an den engl. König, der das Stadtrecht bestätigte. - Holy Trinity Church (12.–15. Jh.) mit dem Grab Shakespeares; zahlr. Fachwerkhäuser, u. a. Shakespeares Geburtshaus, Harvardhaus.

Strathclyde [engl. stræθ'klaɪd], Region in Schottland, 13 849 km², rd. 2,5 Mill. E. Verw.-Sitz Glasgow; umfaßt den sw. Teil der Grampian Mountains, die mittelschott. W-Küste und als Kernraum den stark verstädterten W-Teil der mittleren Lowlands.

Stratifikation (Stratifizierung) [lat.], schichtenweises Einlagern von Samen oder Früchten in feuchtem Sand oder Torf bei niedrigen Temperaturen zur Verkürzung der Zeit der Samenruhe.

Stratifikationsgrammatik, Form der grammat. Analyse, die von einer Gliederung der Sprache in unterschiedl. Schichten (Strata) ausgeht. Man unterscheidet sememische, lexemische, morphemische und phonemische Schichten. Ziel ist die Darstellung der Überführung der semem. [Inhalts]schicht in die phonem. [Ausdrucks]schicht.

Stratigraphie [lat./griech.], Teilgebiet der *Geologie*, untersucht die räuml. und zeitl. Aufeinanderfolge von Gesteinsschichten und geolog. Formationen sowie ihren Gesteins- und Fossilinhalt.

◆ in der *Archäologie* Untersuchung der Abfolge der Kulturschichten bei der Ausgrabung; bei ungestörten Bodenverhältnissen ist die untere Kulturschicht älter als die darüberliegende (vertikale S.); bei Gräberfeldern mit deutl. Belegungsrichtung spricht man von *horizontaler* Stratigraphie.

Stratokumulus [lat.] (Stratocumulus, Haufenschichtwolke) ↑Wolken.

Straton von Lampsakos, * Lampsakos um 340, † Athen 270 oder 269, griech. Philosoph. - Seit 288/287 Leiter des ↑Peripatos. In seinen Schriften setzt S. den von Aristoteles eingeleiteten Prozeß der philosoph. und wiss. Detailforschung fort. In seiner konsequenten Hinwendung zur Beobachtung, zum Experiment und zur Einfachheit oder Naturerklärung, die sich nur auf das „Wie" des Geschehens bezieht, nimmt er wesentl. Kriterien des neuzeitl. Wissenschaftsverständnisses vorweg.

Stratosphäre [lat./griech.] ↑Atmosphäre.

Stratum [lat.], in der Anatomie: flache, ausgebreitete Schicht von Zellen.

Stratus [lat.] (Schichtwolke) ↑Wolken.

Straub, Agnes, * München 2. April 1890, † Berlin 8. Juli 1941, dt. Schauspielerin. - Spielte ab 1909 zunächst in Wien, dann u. a. in Heidelberg, Bonn, Königsberg (Pr) und ab 1916 in Berlin; leitete ab 1936 das Agnes-S.-Theater; Darstellerin herber Frauengestalten in zahlr. klass. und zeitgenöss. Dramen.

S., Jean-Marie [frz. stro:b], * Metz 8. Jan. 1933, frz. Filmregisseur. - Seit 1958 in der BR Deutschland, seit 1969 in Rom. Ausgehend von Fragmenten, versucht S. (zus. mit seiner Frau D. Huillet [* 1936]) in der Gegenwart die Vergangenheit zu erschließen und wichtige Aussagen erkennbar zu machen; z. B. „Geschichtsunterricht" (1972) nach einem R.-Fragment von B. Brecht sowie „Moses und Aron" (1974; über Lösungsmöglichkeiten der „Judenfrage"), „Fortini/Cani" (1976; über den ägypt.-israel. Sechstagekrieg). Bes. Bed. kommt dabei der Musik zu (v. a. J. S. Bach, B. Bartók, A. Schönberg u. a.). - *Weitere Filme:* Chronik der Anna Magdalena Bach (1967), Othon ... (1969), Der Tod des Empedokles (1987).

S., Johann Baptist, * Wiesensteig (Landkr. Göppingen) 1704, † München 15. Juli 1784, dt. Bildhauer. - In Wien ausgebildet, seit 1735 in München. Seine Altäre, Kanzeln und Tabernakel im Rokokostil fügen sich nuancenreich dem Kirchenraum ein. Altäre in der Pfarrkirche Sankt Michael in München-Berg am Laim (1743–67), in der Abteikirche in Schäftlarn (1755–64) und in der Benediktinerklosterkirche in Ettal (1757–62).

Straube, Karl, * Berlin 6. Jan. 1873, † Leipzig 27. April 1950, dt. Organist, Orgellehrer und Chorleiter. - Ab 1902 Organist an der Leipziger Thomaskirche; 1918–39 auch Thomaskantor, 1919–48 Leiter des Kirchenmusikal. Inst. der Ev.-Luth. Landeskriche. Erwarb sich große Verdienste um Pflege und Erneuerung des Orgelspiels und um den Chorgesang.

Straubing, Stadt im Gäuboden, Bay., 331 m ü. d. M., 41 700 E. Verwaltungssitz des Landkr. S.-Bogen; bischöfl. Studienseminar; Stadt- und Gäuboden-Museum; Markt- und Verarbeitungsort für die Agrarprodukte des Umlandes; Maschinenbau, Elektro-, Textilind. - Reiche Funde bes. aus der frühen Bronzezeit (Straubinger Kultur), der Urnenfelderzeit, der späten La-Tène-Zeit und der röm. Zeit; wohl zur Zeit Domitians Bau des Kohortenkastells **Sorviodurum,** neben dem eine größere Zivilsiedlung entstand; 233 zerstört; seit 1110 Markt, 1218 zur Stadt erhoben; 1353–1425 Residenz des bayr. Teil-Hzgt. S.-Holland, auch später häufig Residenz. - Roman. Pfarrkirche Sankt Peter (12. Jh.) mit bed. Portalskulptur, 3 spätgot. Friedhofskapellen, spätgot. Jakobskirche (1415 ff.; barockisiert), spätgot. Karmelitenkirche (1371–1466; barockisiert), barocke Ursulinenkirche der Brüder Asam (1736 ff.); got. Schloß (1356 ff.); Stadtturm (1316 ff.); zahlr. Bürgerhäuser mit Laubengängen und Barockfassaden; barocke Dreifaltigkeitssäule (1708); Reste der ma. Stadtbefestigung.

Straubing-Bogen, Landkr. in Bayern.

Straubinger Kultur, nach mehreren Gräberfeldern mit Flachhockern bei Straubing ben. frühbronzezeitl. Kulturgruppe S-Bayerns, gekennzeichnet durch reichen Kupferschmuck, Kupferwaffen sowie Keramik.

Strauch, Benedikt, * Frankenstein in Schlesien 12. März 1724, † Sagan 19. Okt. 1803, dt. kath. Theologe. - Augustiner-Chorherr; Begründer des schul. Bibelunterrichts und Hg. der ersten vollständigen dt. Schulbibel (1776).

Strauch (Busch, Frutex), Holzgewächs, das sich vom Boden an in mehrere, etwa gleich starke Äste aufteilt, so daß es nicht zur Ausbildung eines Hauptstammes kommt.

Strauchbirke (Niedrige Birke, Nord. Birke, Betula humilis), von N-Deutschland bis Z-Asien und im nördl. Alpengebiet in Torfmooren vorkommende, 0,5–1,5 m hohe, strauchig wachsende Birkenart mit rutenförmigen Ästen und rundl. bis eiförmigen, hellgrünen, unregelmäßig gesägten Blättern.

Strauchbohne (Straucherbse, Taubenerbse, Cajanus), Gatt. der Schmetterlingsblütler mit der einzigen Art **Cajanus cajan;** bis 4 m hoher Halbstrauch mit gelben oder rotgelben Blüten in lockeren Trauben; Hülsen dicht behaart, mit drei bis acht erbsengroßen Samen. - Die S. wird heute fast ausschließl. in Indien angebaut. Die Samen werden als Gemüse gegessen oder getrocknet zu Mehl vermahlen.

Strauchflechten ↑Flechten.

Strauchpappel (Lavatere, Lavatera), Gatt. der Malvengewächse mit rd. 25 Arten, v. a. im Mittelmeergebiet; Kräuter, Sträucher oder Bäume mit meist behaarten, mehr oder weniger gelappten Blättern; Blüten einzeln, achselständig oder in endständigen Trauben, purpurrot bis blaß rosafarben. Neben der einjährigen **Sommer-Strauchpappel** (Sommerlavatere, Lavatera trimestris) mit großen rosafarbenen Blüten wird auch die bei uns selten wild vorkommende, staudige **Thüringer Strauchpappel** (Lavatera thuringiaca) mit blaßroten Blüten als Zierpflanze kultiviert.

Straus, Oscar, * Wien 6. März 1870, † Bad Ischl 11. Jan. 1954, östr. Komponist. - Wurde v. a. mit den Operetten „Ein Walzertraum" (1907), „Liebeszauber" (1916), „Der letzte Walzer" (1920), „Die Musik kommt" (1948), sowie mit Filmmusiken, u. a. zu M. Ophüls' „Reigen" (1950) bekannt.

Strausberg, Krst. am Straussee, Bez. Frankfurt, DDR, 60 m ü. d. M., 27 100 E. Herstellung von Bauelementen, Knopfind. - Als Marktsiedlung gegr., erhielt 1232 Stadtrecht. - Got. Pfarrkirche Sankt Marien (13. und

15. Jh.), Reste der Stadtmauer (13. Jh.).
S., Landkr. im Bez. Frankfurt, DDR.
Strauß, östr. Musikerfamilie im 19. und beginnenden 20. Jh.; bed. Vertreter:
S., Eduard, * Wien 15. März 1835, † ebd. 28. Dez. 1916, Komponist. - Bruder von Johann S. (Sohn); Nachfolger seines Bruders als Hofballdirektor in Wien; über 300 Kompositionen.
S., Johann (Vater), * Wien 14. März 1804, † ebd. 25. Sept. 1849, Komponist. - War 1824/25 in der Kapelle seines Freundes J. Lanner tätig, errang danach mit einem eigenen Orchester große Erfolge und wurde 1835 Wiener Hofballdirektor; machte den Walzer gesellschaftsfähig, komponierte mehr als 150 Walzer sowie Quadrillen, Galopps, Polkas und Märsche („Radetzkymarsch", 1848).
S., Johann (Sohn), * Wien 25. Okt. 1825, † ebd. 3. Juni 1899, Komponist. - Wurde mit seiner eigenen Kapelle in kurzer Zeit zum internat. berühmten „Walzerkönig", 1863–70 war er Hofballdirektor. Von seinen 16 Operetten sind „Die Fledermaus" (1874), „Eine Nacht in Venedig" (1883) und „Der Zigeunerbaron" (1885) seine größten Erfolge. Neben Quadrillen, Polkas, Märschen und anderen Kompositionen standen die Walzer im Vordergrund, am bekanntesten: „Liebeslieder" (1852), „Hofballtänze" (1865), „An der schönen blauen Donau" (1867), „Geschichten aus dem Wienerwald" (1868), „Wiener Blut" (um 1871), „Frühlingsstimmen" (um 1882) und „Kaiserwalzer" (1888).
S., Josef, * Wien 22. Aug. 1827, † ebd. 21. Juli 1870, Komponist. - Bruder von Johann S. (Sohn); komponierte nahezu 300 Walzer, Polkas (u. a. „Pizzicato-Polka" mit seinem Bruder Johann), Mazurkas und Quadrillen, am bekanntesten sind die „Dorfschwalben aus Österreich".
Strauß, Botho, * Naumburg 2. Dez. 1944, dt. Schriftsteller. - 1971–75 Dramaturg an der Schaubühne am Halleschen Ufer in Berlin (West); formaler Ansatzpunkt seiner Stücke und ihre auf schockhafte Durchbrechung etablierter Wahrnehmungsformen zielende Methode ist die Auflösung der linearen Fabel in Bruchstücke von Handlungszusammenhängen („Die Hypochonder", Uraufführung 1972). - *Weitere Werke:* Marlenes Schwester. Zwei Erzählungen (1975), Bekannte Gesichter, gemischte Gefühle (1977), Trilogie des Wiedersehens (1978), Die Widmung. Eine Erzählung (1977), Rumor (R., 1980), Niemand anderes (Prosa, 1987).
S., David Friedrich, * Ludwigsburg 27. Jan. 1808, † ebd. 8. Febr. 1874, dt. ev. Theologe. - 1832–35 Philosophierepetent am Tübinger Stift; nach Erscheinen seines Erstlingswerkes „Das Leben Jesu, krit. betrachtet" (1835) der Repetentenstelle enthoben; dann freier Schriftsteller und Gymnasialprofessor in Ludwigsburg. Mit dem „Leben Jesu" wurde S. als Mitbegr. der ↑Leben-Jesu-Forschung bekannt. In den bibl. Berichten sind für S. Leben und Gestalt Jesu histor. nicht greifbar. Dieser Ansatz ermöglicht S. eine die christl. Wahrheit nicht aufhebende radikale Bibelkritik, durch die er zum Wegbereiter der histor.-philolog. Bibelkritik wurde. Mit der krit. Analyse des christl. Dogmas („Christl. Glaubenslehre ...", 1840/41) versuchte S. dann den Nachweis, Glaubensvorstellungen seien ohne inhaltl. Veränderungen nicht in philosoph. Begrifflichkeit umzusetzen; an ihre Stelle setzte er deshalb das philosoph. Wissen, das er („Der alte und der neue Glaube", 1872) zu einer neuen, nun endgültig dem Christentum widersprechenden Glaubenslehre erweiterte.
S., Emil, * Pforzheim 31. Jan. 1866, † Freiburg im Breisgau 10. Aug. 1960, dt. Schriftsteller. - Freundschaft mit M. Halbe, R. Dehmel, G. Hauptmann; unterstützte später den nat.-soz. „Kampfbund für dt. Kultur" (während des NS zahlr. Ehrungen). Der psycholog. Roman „Freund Hein" (1902) gestaltet den Widerspruch zw. Künstler und Bürger anhand eines Generationskonflikts. Neuromant. Harmonisierung des Volkslebens und Traditions-

Botho Strauß (1979)

Franz Josef Strauß (1979)

Richard Strauss (1939)

bewußtsein gegen den „Wertezerfall" bestimmen die Themen zwischen „Kampf" und „Bewährung" v. a. in dem Bildungsroman „Das Riesenspielzeug" (1935); auch Novellen und Dramen.

S., Franz Josef, * München 6. Sept. 1915, dt. Politiker. - Mitbegr. der CSU, deren Landesvorstandsmitglied seit 1946; 1949–52 Generalsekretär, 1952–61 stellv. Vors., seit 1961 Vors. der CSU; 1948/49 Mgl. des Frankfurter Wirtschaftsrats; seit 1949 MdB; 1953–55 Bundesmin. für bes. Aufgaben, 1955/56 für Atomfragen. Leitete als Verteidigungsmin. ab 1956 den Aufbau der Bundeswehr. Der Vorwurf, in der Spiegelaffäre den Bundestag belogen zu haben, führte 1962 zu seinem Rücktritt als Min.; 1963–66 Vors. der CSU-Landesgruppe im Bundestag; 1966–69 Bundesfinanzmin.; innerhalb der Opposition (seit 1971 finanzpolit. Sprecher) auf dem rechten Flügel einzuordnen und einer der schärfsten Gegner der neuen Ostpolitik. Konnte sich immer auf die Geschlossenheit der CSU stützen; seit Nov. 1978 Min.präs. von Bayern; erreichte nach wiederholter Drohung mit einer bundesweiten Konkurrenz zw. CDU und CSU im Juli 1979 seine Aufstellung als Kanzlerkandidat von CDU/CSU für die Bundestagswahl von 1980, in der er jedoch gegen H. Schmidt unterlag.

Strauß [griech.-lat.] (Afrikan. S., Struthio camelus), bis fast 3 m hoher, langhalsiger und langbeiniger, flugunfähiger Vogel, v. a. in Halbwüsten, Steppen und Savannen Afrikas südl. der Sahara; an schnelles Laufen angepaßter Laufvogel (Höchstgeschwindigkeit 50 km/h), der gesellig lebt und sich vorwiegend von Blättern, Früchten und Kleintieren ernährt; Kopf klein, Beine stark bemuskelt, an den Füßen nur die dritte und vierte Zehe entwickelt; Gefieder des ♂ schwarz mit weißen Schmuckfedern an Flügeln und Schwanz *(„S.federn")*, die bei der Balz durch Abspreizen der Flügel dem einfarbig graubraunen ♀ gezeigt werden. - In eine Bodenmulde werden häufig von mehreren ♀♀ bis 20 Eier abgelegt, die vorwiegend vom ♂ bebrütet werden. Nach einer sechswöchigen Brutzeit führt und bewacht das ♂ die Jungen, die erst nach 3–4 Jahren geschlechtsreif werden.

Geschichte: Im alten Ägypten waren die Federn des S. Attribut der Göttin Maat. Nur der Pharao und die Mitglieder seiner Familie durften sich mit ihnen schmücken. In der christl. Symbolik dagegen wurde der S. zum Sinnbild der Heuchler und Simulanten, weil das Schlagen seiner Flügel ihn nicht zum Flug zu erheben vermag. Nicht der Realität entspricht, daß der S. bei Gefahr seinen Kopf in den Sand steckt (sog. *Vogel-S.-Politik*). - Im 19. Jh. spielten *S.federn* in der Mode eine große Rolle. Deshalb wurden S. in S.farmen gezüchtet, von denen die erste 1838 in S-Afrika angelegt wurde. Vom 15. bis zum 18. Jh. wurden *S.eier* in edle Metalle gefaßt, zu Prunkpokalen verarbeitet oder mit Reliefschnitzereien versehen.

Strauss, Richard, * München 11. Juni 1864, † Garmisch-Partenkirchen 8. Sept. 1949, dt. Komponist und Dirigent. - Kapellmeister in Meinigen, München und Weimar, ab 1898 an der Berliner Oper (1908 Generalmusikdirektor); 1919–24 neben F. Schalk Leiter der Wiener Staatsoper. Ab 1925 lebte er als freischaffender Komponist und Konzertdirigent. - Sein vielseitiges Schaffen ist ein Abschluß der klass.-romant. Tradition. Im Mittelpunkt steht bis 1905 die brillant instrumentierte und charakterisierende sinfon. Programmusik in der Nachfolge von H. Berlioz und F. Liszt, u. a.: „Aus Italien" (1886), „Don Juan" (1888), „Macbeth" (1888, 1890), „Tod und Verklärung" (1889), „Till Eulenspiegels lustige Streiche" (1895), „Also sprach Zarathustra" (1896), „Sinfonia domestica" (1903), „Eine Alpensinfonie" (1915). Die 15 Opern zeigen sehr verschiedenartige Gattungsmerkmale, Typen, Formen und Konzeptionen. Nach „Guntram" (1894, 1940) und „Feuersnot" (1901) gelang S. in Zusammenarbeit mit H. von Hofmannsthal mit den epochemachenden Einaktern „Salome" (1905) und „Elektra" (1909) der Durchbruch zu einem neuen, über R. Wagner hinausweisenden Typus. Eine Zurücknahme der hier erreichten musiksprachl. Errungenschaften ist dann „Der Rosenkavalier" (1911); dramaturg. originell „Ariadne auf Naxos" (1912, 1916; 3. Fassung u. d. T. „Der Bürger als Edelmann", 1918); weitere Opern: „Die Frau ohne Schatten" (1919), „Arabella" (1933). Von hier an baute S. das Erreichte in verschiedenen Richtungen aus: in der kom. Oper „Die schweigsame Frau" (1935), der Oper „Friedenstag" (1938), der bukol. Tragödie „Daphne" (1938), der heiteren Mythologie „Die Liebe der Danae" (1940) und dem Konversationsstück für Musik „Capriccio" (1942). S. komponierte ferner Ballette, Fest- und Militärmusik, Konzerte, Chöre, Kammer- und Klaviermusik, Lieder.

📖 *Trenner, F.: R. S. Werkverzeichnis. Mchn. 1985. - Hartmann, R.: R. S. Die Bühnenwerke v. der Uraufführung bis heute. Mchn. 1980. - Krause, E.: R. S. Mchn. 1979. - Mann, W.: Die Opern v. R. S. Dt. Übers. Mchn. 1969.*

Straußfarn (Trichterfarn, Matteuccia), Gatt. der Tüpfelfarngewächse mit nur wenigen Arten in der nördl. gemäßigten Zone; Blätter gefiedert (Wedel), verschiedengestaltig; Fiedern der sterilen Blätter gelappt, die der sporangientragenden Blätter ganzrandig und an der Spitze eingerollt. Die einzige einheim. Art ist der **Deutsche Straußfarn** (Matteuccia struthiopteris) mit bis 1,5 m hohen, trichterförmig um die sporangientragenden Blätter angeordneten, sterilen Blättern; häufig als dekorative Zierpflanze kultiviert.

Straußgras (Agrostis), Gatt. der Süßgräser mit rd. 200 Arten, v.a. im gemäßigten Bereich der N-Halbkugel und in den Gebirgen der Tropen; einjährige oder ausdauernde Gräser mit flachen oder borstenförmigen Blättern; Ährchen einblütig, meist in zierl., stark verzweigten, pyramiden- oder eiförmigen Rispen. Von den in Deutschland vorkommenden sechs Arten sind häufig das 10–60 cm hohe **Rote Straußgras** (Agrostis tenuis; Blütenrispe violett, auf Magerrasen, Heiden und in lichten Wäldern) und das als gutes Futtergras geschätzte, lange oberird. Ausläufer bildende **Weiße Straußgras** (Agrostis stolonifera). In den Hochgebirgen Europas ist das 20–30 cm hohe **Alpen-Straußgras** (Agrostis alpina) verbreitet: mit unterird. kriechenden, knieartig aufsteigenden Stengeln und oft schwarzvioletten Ährchen. Das ebenfalls heim., bis 1,5 m hohe **Fioringras** (Großes S., Agrostis gigantea) wird in Europa und N-Amerika häufig als Rasengras verwendet.

Strauß und Torney, Lulu von, verh. Luise Diederichs, * Bückeburg 20. Sept. 1873, † Jena 19. Juni 1956, dt. Schriftstellerin. - Seit 1916 ∞ mit dem Verleger E. Diederichs; anknüpfend an die Balladentradition von M. Graf von Strachwitz und T. Fontane, behandelte sie [auch in Romanen und Novellen] vorwiegend histor. Stoffe, Sagenmotive und Anekdoten, in die sie gelegentl. sozialkrit. Aspekte integrierte (Glaubenskämpfe, Frz. Revolution, Bauernkrieg).

Straußwirtschaft, durch Zweige (Strauß, Busch, Besen) gekennzeichneter, nicht ganzjährig geöffneter Ausschank eines Winzers; in Österreich entspricht der S. der *Buschenschank.*

Strawberry ['strɔːbərɪ] ↑ Portsmouth.

Strawinski, Igor, * Oranienbaum (= Lomonossow) 17. Juni 1882, † New York 6. April 1971, amerikan. Komponist russ. Herkunft. - Ab 1903 Schüler von Rimski-Korsakow. Die von dessen Einfluß geprägte Orchesterfantasie „Feu d'artifice" (1908) veranlaßte S. Diaghilew, S. für seine „Ballets Russes" komponieren zu lassen, u. a. „Der Feuervogel" (1910), „Petruschka" (1911), „Le sacre du printemps" (1913). Ab 1910 lebte S. v.a. in der Schweiz, ab 1920 in Frankr., ab 1939 in Kalifornien. Auf vielen internat. Konzerttourneen interpretierte er seine Werke als Dirigent und Pianist. - S. umfangreiches, stilist. vielfältiges Werk umfaßt prakt. alle Gattungen; einen Schwerpunkt bilden Bühnenwerke, v. a. Ballette. In seiner „russ. Periode" entwikkelte er einen folklorist. getönten Stil mit motor. Rhythmik und kurzgliedriger, oft diaton. Motivik. Epochemachend mit ihrer Trennung der musiktheatral. Elemente und parodist. Verwendung traditioneller Musiktypen wirkten dann u. a. die Ballett-Burleske „Renard" (1922) und „Die Geschichte vom Soldaten" (1918). Hier wie in späteren Werken, u. a. „Rag-Time" (1918), „Piano-Rag-Music" (1919), „Ebony Concerto" für Klarinette und Jazzband (1945) bezog S. Elemente des Jazz ein. Unter frz. Einfluß ging S. um 1920 zu einem neoklassizist. Stil über mit musikal. weitreichenden Auswirkungen; hierher gehören u. a. die Ballette „Pulcinella" (Musik nach Pergolesi, 1920), „Les noces" (1923), „Apollon musagète" (1928), „Le baiser de la fée" (1928), „Jeu de cartes" (1937); die Opera buffa „Mavra" (1922), das Opern-Oratorium „Oedipus rex" (konzertant 1927, szen. 1928); die „Symphonies d' instruments à vent" (1920), das „Concerto en ré für Violine und Orchester" (1931), das Concerto in Es „Dumbarton Oaks" (1937/38), die „Symphony in C" (1938–40); die „Psalmensinfonie" (1930); „Messe" (1944–48); „Canticum sacrum" (1945). Hier verwendet S. ausgiebig Modelle aus verschiedenen musikhistor. Epochen und Stilen in antiromant., auf Objektivität und Ordnung zielender Gesinnung. Eine Art Abschluß dieser Periode ist die Oper „The rake's progress" (1951). In seinem häufig von religiösen Stoffen bestimmten Spätwerk benutzte S. dann die bislang abgelehnten reihentechn. Verfahren seines Antipoden Schönberg und dessen Schule, ohne aber die Tonalität preiszugeben, u.a. in der „Cantata" (1952), den „Threni" (1957/58), der Kantate „A sermon, a narrative, and a prayer" (1960/61), den „Requiem canticles" (1965/66), dem musikal. Spiel „The flood" (1962), dem Ballett „Agon" (1957), den Sologesängen „In memoriam Dylan Thomas" (1954) und „Abraham and Isaac" (1962/63), „Elegy for J. F. K." (1964).

📖 *I. S. Hg. v. H.-K. Metzger u. R. Riehn. Mchn. 1984. - Burde, W.: S. Mchn. u. Mainz 1983. - Dömling, W.: I. S. Rbk. 1982. - Hirsbrunner, T.: I. S. in Paris. Laaber 1982. - Lindlar, H.: Lübbes Strawinsky-Lex. Bergisch Gladbach 1982.*

Strawson, Peter Frederick [engl. strɔːsn], * London 23. Nov. 1919, brit. Philosoph. - Seit 1968 Prof. in Oxford; führender Vertreter der analyt. Philosophie; gab in der Weiterentwicklung des linguist. Phänomenalismus wichtige Anregungen zur empir. Begründung der modernen Linguistik. - *Werke:* Einzelding und log. Subjekt (1959), The bounds of sense (1966).

Stream of consciousness [engl. 'striːm əv 'kɔnʃəsnɪs „Bewußtseinsstrom"] ↑ innerer Monolog.

Strebe, schräg verlaufendes Konstruktionselement zur Aussteifung oder zur Ableitung von Kräften.

Strebepfeiler ↑ Strebewerk.

Streber (Aspro streber), etwa 12–18 cm langer, nachtaktiver Barsch im Stromgebiet der Donau; Körper spindelförmig langgestreckt, gelbbraun, mit vier bis fünf dunklen Querbinden und dünnem, langem Schwanzstiel.

Strebewerk, Gesamtheit des konstruktiven Verspannungssystems zur Ableitung der Gewölbeschübe, insbes. in der kirchl. Baukunst der Gotik. Die Gewölbeschübe werden mittels *Strebebögen* zu den *Strebepfeilern* am Außenbau geleitet, die sie auf die Fundamente übertragen. Strebepfeiler können auch eingezogen sein (im Innenbau).

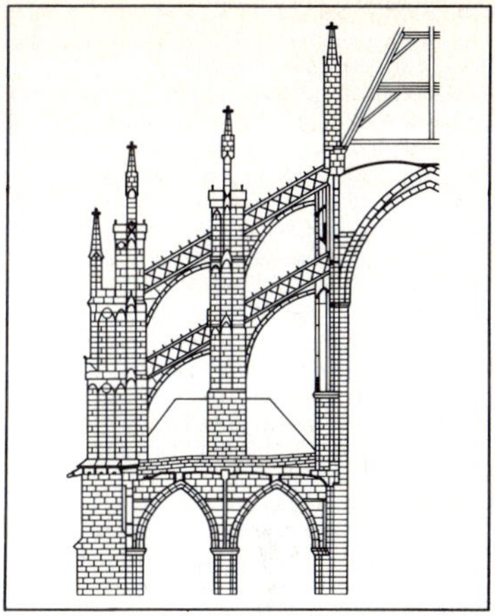

Strebewerk des Kölner Doms

Strecke, in der *Geometrie* die Gesamtheit der Punkte des kürzesten Verbindungsweges zw. zwei festen Punkten *A* und *B* einer Ebene bzw. des Raumes; mathemat. symbolisiert durch $\overline{AB}$.
◆ im *Bergwerk* ein der Zu- bzw. Abfuhr von Rohstoffen, Material und Wettern sowie der Fahrung dienender horizontaler Grubenbau; enden sie mit einer Öffnung an der Tagesoberfläche, so werden sie als *Stollen*, enden Ein- und Ausgang an der Tagesoberfläche, so werden sie als *Tunnel* bezeichnet.
◆ *wm.* Bez. für die Stückzahl des bei einer Jagd oder in einem Distrikt während eines Jahres erlegten Wildes; 2. das nach Beendigung einer Jagd auf der Erde niedergelegte Wild.

Strecken, in der *Metallbearbeitung* und Kunststoffverarbeitung svw. ↑Recken.

Streckenflug ↑Segelflugsport.

Streckenmessung, ↑Längenmessung.

Streckenvortrieb, der vorwärtsschreitende Ausbau einer Strecke im Bergwerk.

Streckerspinnen (Kieferspinnen, Tetragnathidae), mit über 450 Arten fast weltweit verbreitete Fam. meist radförmige, zarte Netze webender Spinnen, darunter zehn einheim., bis 11 mm lange Arten; Körperform auffallend langgestreckt. S. nehmen bei Gefahr eine sog. *Streckstellung* ein (zwei Beinpaare nach vorn, zwei nach hinten), wodurch sie einem Stengel ähneln.

Streckmetall, aus Stahlblech durch Stanzen und anschließendes Auseinanderziehen hergestelltes Metallgitter, das zur Bewehrung von Beton, als Putzträger u. a. verwendet wird.

Streckmittel, zusammenfassende Bez. für feste oder flüssige Zusatzstoffe, die einem Erzeugnis v. a. aus wirtsch. Gründen (Volumenvergrößerung) zugesetzt werden, jedoch seine speziellen Eigenschaften möglichst wenig beeinträchtigen.

Streckmuskeln (Extensoren), Muskeln, die durch Kontraktion die gelenkig miteinander verbundenen Skeletteile, v. a. von Extremitäten, zum Strecken bringen und daher v. a. als Antagonisten zu den ↑Beugemuskeln fungieren.

Streckung, (Höhenverhältnis) das Verhältnis von Höhe zu mittlerer Breite eines Segels.
◆ in der *Mathematik* Bez. für eine Koordinatentransformation, bei der die Koordinaten bzw. die Ortsvektoren mit einer positiven reellen Zahl $r > 1$ multipliziert werden.
◆ ↑Flugzeug (Tragflügel).

Streckungswachstum, bei Pflanzen im Ggs. zum embryonalen Wachstum (Wachstum durch Zellvermehrung, v. a. in den Vegetationspunkten von Sproß und Wurzel) das nur auf Volumenvergrößerung durch Wasseraufnahme und Vakuolenbildung sowie plast. Zellwanddehnung beruhende Wachstum im Bereich der wenige Millimeter langen Streckungszonen, wodurch die pflanzl. Organe ihre definitive Länge erreichen. Das S. wird durch Pflanzenhormone gesteuert.

Streckverband ↑Extensionsverband.

Streckwalzwerk ↑Walzen.

Streckwerk (Strecke), in der Spinnereitechnik verwendete Maschine, in der offene oder vorgedrehte Faserbänder verzogen („verstreckt") werden; sie besteht aus mehreren hintereinanderliegenden Walzenpaaren, von denen jedes nachfolgende Paar sich schneller dreht als das vorhergehende, so daß dem Fasermaterial jeweils zw. zwei Walzenpaaren ein Zug in die Länge erteilt wird.

Streep, Maryl [engl. stri:p], eigtl. Mary Louise S., *Bernardsville (N.J.) 22. April 1949, amerikan. Schauspielerin. - *Filme:* Holocaust (Fernsehserie, 1978), Kramer gegen Kramer (1979), Plenty (1985), Der Liebe verfallen (1985), Die emanzipierte Frau (1986), Jenseits von Afrika (1986), Sodbrennen (1986).

Street Band [engl. 'stri:t 'bænd; engl.-amerikan.] (Marching Band), im frühen Jazz Bez. für die bei Straßenumzügen, Hochzeiten und Beerdigungen spielenden Kapellen.

Strehla, Stadt auf einer Hochterrasse über der Elbe, Bez. Dresden, DDR, 120 m ü. d. M., 4800 E. Chem. Fabrik, Zahnräderproduktion. - Neben einer Burg des späten 10. Jh. in planmäßiger Anlage um 1200 entstanden, 1210 erstmals als Stadt gen. - Spätgot. Stadtkirche (15. und 16. Jh.) mit Kanzel aus farbiger Keramik (1565); Schloß (15. und 16. Jh.; heute Kinderheim).

Strehlenau, Franz Nikolaus Niembsch, Edler von, östr. Dichter, ↑Lenau, Nikolaus.

Strehler, Giorgio, * Barcola (= Triest) 14. Aug. 1921, italien. Regisseur und Kritiker. - Gründete 1947 mit P. Grassi das ↑Piccolo Teatro della Città di Milano; inszenierte v. a. Stücke von Goldoni, Shakespeare, Tschechow und Brecht, dessen Stücke er in das italien. Theater einführte. Nach seiner Trennung vom Piccolo Teatro (1968) gründete S. eine eigene Schauspielgruppe. Seit 1972 leitet er wieder das Piccolo Teatro, seit 1983 auch das Pariser Europatheater; auch Operninszenierungen an der Mailänder Scala und bei den Salzburger Festspielen.

Strehler (Strähler), Werkzeug zur Gewindeherstellung, dessen einzelne Schneidzähne am rotierenden Werkstück hintereinander mit zunehmender Schnittiefe angreifen.

Streich, Rita, verh. Berger, * Barnaul (Sibirien) 18. Dez. 1920, † Wien 20. März 1987, dt. Sängerin (Koloratursopran). - Sang u. a. an der Berliner, später an der Wiener Oper, seit 1974 Prof. in Essen; bed. Mozart- und Strauss-Interpretin.

Streichbaum ↑Weben.

Streichen, die als Abweichung von der Nordrichtung in Grad angegebene Richtung der Schnittfläche einer geneigten geolog. Schichtfläche mit der Horizontalen.

◆ ↑Lederherstellung.

◆ seemänn. svw. Herunterlassen, z. B. S. der Segel, S. der Flagge.

Streicher, Johann Andreas, * Stuttgart 13. Dez. 1761, † Wien 25. Mai 1833, dt. Klavierbauer. - Begleitete 1782 seinen Freund F. Schiller auf dessen Flucht von Stuttgart nach Mannheim („Schiller-Biographie", 1974 hg. v. H. Kraft); 1794 heiratete er *Nanette Stein* (* 1769, † 1833), die Tochter des Klavierbauers J. A. Stein, und verlegte die Steinsche Werkstatt nach Wien, die ab 1802 als „Nanette S., née Stein" firmierte. Ihr Sohn *Johann Baptist S.* (* 1796, † 1871) führte die zu Weltgeltung gelangte Firma weiter (1896 aufgelöst).

S., Julius, * Fleinhausen bei Augsburg 12. Febr. 1885, † Nürnberg 16. Okt. 1946 (hingerichtet), dt. Politiker. - Agitierte ab 1919 in Nürnberg für völk. Organisationen, trat mit seinem Anhang 1922 zur NSDAP über und war maßgebl. am Hitlerputsch 1923 beteiligt; 1928–40 NSDAP-Gauleiter in Franken, 1933–45 MdR; einer der fanatischsten und zügellosesten Propagandisten des Antisemitismus (seit 1923 Hg. des Hetzblattes „Der Stürmer"); 1940 von allen Parteiämtern beurlaubt; 1946 vom Internat. Militärgerichtshof zum Tode verurteilt.

Streichgarn, aus kurzem, ungleichmäßigem Fasermaterial (Wolle u. a. feine Tierhaare, Baumwolle, synthet. Fasern) hergestelltes, schwach gedrehtes Garn, das wegen der geringeren Drehung fülliger als Kammgarn ist und meist eine rauhere Oberfläche zeigt.

Streichholz, svw. ↑Zündholz.

Streichinstrumente, Musikinstrumente, die mit einem ↑Bogen angestrichen werden. Sie stammen wahrscheinl. aus M-Asien und breiteten sich ab dem 10. Jh. zunehmend in Europa aus. Mit der Violinfamilie bilden sie bis heute den Grundbestand des europ. Orchesters. Zu den S. gehören auch ↑Drehleier und ↑Reibtrommel.

Streichquartett, kammermusikal. Ensemble aus zwei Violinen, Viola und Violoncello sowie eine Komposition für diese Besetzung; auch Bez. für die Gesamtheit der Streicher im Orchester. Das S. löste nach der Mitte des 18. Jh, die bislang führende kammermusikal. Gattung, die ↑Triosonate, ab. Vorläufer im vierstimmigen Streicherspiel waren seit Ende des 17. Jh. aufkommende konzertierende Sätze für einfache oder mehrfache Besetzung. Begründer der Gattung war J. Haydn, dessen erste 12 S. op. 1 und 2 (entstanden vor 1759) noch dem fünfsätzigen Divertimento nahestanden, bevor in den nachfolgenden Quartetten und v. a. in den 6 Quartetten op. 33 (1781) mit ihrer individualisierten Satz- und Themencharakteristik, motiv. Arbeit und polyphonen Ausweitung der Homophonie die klass. Ausformung erreicht wurde. Eine Differenzierung des Haydnschen Quartettsatzes erfolgte in den S. W. A. Mozarts und L. van Beethovens. Beethovens späte Quartette op. 127, 130–133 und 135 kennzeichnet eine souveräne Lösung von formalen Bindungen zugunsten eines in seiner Tiefe und Unmittelbarkeit einzigartigen persönl. Ausdrucks.
Die Auseinandersetzung mit dem Vorbild Beethovens kennzeichnet die Werke F. Schuberts, F. Mendelssohn Bartholdys, R. Schumanns, J. Brahms' und M. Regers und vielfach auch der ost- und nordeurop. Komponisten, u. a. P. I. Tschaikowski, B. Smetana, A. Dvořák, L. Janáček. Bei C. Debussy und M. Ravel ist der Sonatensatz mit impressionist. Koloristik erfüllt. Höchste Ausdrucksintensität und ein Wille zu neuer konstruktiver Formgebung kennzeichnet die S. B. Bartóks und A. Schönbergs, A. Weberns und A. Bergs.

Streifenbachling (Rivulus strigatus), bis 3,5 cm langer Eierlegender Zahnkarpfen in den fließenden Süßgewässern Boliviens und N-Brasiliens (bes. im mittleren Amazonasgebiet); ♂ prächtig bunt: Rücken dunkeloliv, Seiten indigoblau mit Längsreihen kleiner, roter Tupfen und karminroten Querbinden, Kehle und Bauch orangefarben; ♀ blasser; Warmwasseraquarienfisch.

Streifenbarbe ↑Meerbarben.

Streifenbuntbarsch (Aequidens portalegrensis), bis 25 cm langer Buntbarsch in langsam fließenden und stehenden Süßgewässern S-Brasiliens und Paraguays; Körper seitl. zusammengedrückt, bläulich-, braun- bis rötlichschimmernd, mit breiter, dunkler Längsbinde an den Körperseiten und dunklem Fleck an der Schwanzwurzel; ♂ und ♀ zur Laichzeit oft ganz schwarz; Warmwasseraquarienfisch.

Streifenfarn (Asplenium), weltweit verbreitete Gatt. der Tüpfelfarngewächse mit rd. 700, teilweise epiphyt. lebenden Arten; Blätter einfach, gefiedert oder geteilt, gabelnervig. Von den elf einheim. Arten sind am bekanntesten der **Braune Streifenfarn** (Asplenium trichomanes) mit schwarzbraunen Blattstielen, der auf Kalkfelsen der Alpen vorkommende **Grüne Streifenfarn** (Asplenium viride) mit grünen Blattstielen, die ↑Mauerraute und der auf Blumen siedelnde **Nestfarn** (Asplenium nidus; von O-Afrika über Asien bis Australien verbreitet; mit lanzenförmigen, pergamentartigen Blättern). Zahlr. Arten werden als Zierpflanzen kultiviert.

Streifenflur ↑Flurformen.

Streifengans ↑Gänse.

Streifengnu ↑Gnus.

Streifenhörnchen, Bez. für längsgestreifte, bes. in Asien, N-Amerika und Afrika beheimatete Nagetiere (Fam. Hörnchen), die häufig vom Menschen gehalten werden; z. B. Burunduk, Chipmunks und **Rotschenkelhörnchen** (Funisciurus); letztere mit rd. 15 Arten (Länge: 15–20 cm) in Afrika, südl. der Sahara.

Streifenhügel (Basalganglien), stammesgeschichtl. alter, basal gelegener Endhirnabschnitt der Säugetiere. Der S. besteht vorwiegend aus grauer Substanz und ist durch zahlr. Nervenfasern mit der Großhirnrinde verbunden. Als wichtiger Teil des extrapyramidalen Systems stellt er neben der Großhirnrinde eine zusätzl. Schaltstelle für Muskeltätigkeit und Bewegungskoordination dar.

Streifenhyäne ↑Hyänen.

Streifenrost, eine v. a. auf Weizen, Gerste, Roggen auftretende Rostkrankheit (↑Gelbrost).

Streifenschakal ↑Schakale.

Streifenskunk (Mephitis mephitis), einschließl. des buschig behaarten Schwanzes bis 70 cm langes, vorwiegend schwarzes Raubtier (Unterfam. Stinktiere), v. a. in buschreichen Landschaften N-Kanadas bis Mexikos; nachtaktives Tier mit breitem, weißem Längsstreif auf dem Nacken, der sich auf dem Vorderrücken in zwei weiße, bis zur Schwanzwurzel ziehende Bänder gabelt.

Streifenwanzen (Graphosoma), Gatt. rot-schwarz längsgestreifter Schildwanzen mit 7 Arten in Eurasien, davon zwei einheim.: **Graphosoma lineatum** (8–12 mm lang; nördl. bis zum Harz) und **Graphosoma semipunctatum** (10–13 mm lang; Binden auf dem Halsschild in Flecken aufgelöst; in Deutschland nur in S-Bayern).

Streik, allg. die zeitweilige Verweigerung eines geschuldeten oder übl. Verhaltens als Mittel zur Durchsetzung einer Forderung oder als Ausdruck eines Protests (z. B. *Hunger-S.* von Gefängnisinsassen; *Sitz-S.* zur Blockade des Verkehrs oder eines Eingangs). I. e. S. des *Arbeitsrechts* ist S. als Form des Arbeitskampfes die vorübergehende kollektive Arbeitsniederlegung (**Ausstand**) durch Arbeitnehmer zur Durchsetzung von Forderungen, die sich auf Entlohnung oder Arbeitsbedingungen beziehen. Polit. S., z. B. ein sog. polit. *Massen-S.* oder die Lähmung des gesamten Wirtschaftslebens durch einen *General-S.*, um bestimmte Entscheidungen staatl. Organe zu erzwingen, sind in der BR Deutschland nur in Ausübung des Widerstandsrechts im Sinne des GG erlaubt.

S. im arbeitsrechtl. Sinne sind gesetzl. nicht näher geregelt; das Bundesarbeitsgericht hat jedoch grundlegende *Regeln* in Entscheidungen entwickelt. Danach ist Voraussetzung für die Zulässigkeit eines S., daß er von einer tariffähigen Vereinigung durchgeführt wird, ein durch Tarifvertrag regelbares Ziel verfolgt, nicht gegen die Friedenspflicht verstößt und den Gegner nicht unangemessen schädigt. Demnach sind ohne Gewerkschaft von Arbeitnehmern unmittelbar durchgeführte Arbeitsniederlegungen (**wilde Streiks**) unzulässig, können jedoch durch die nachträgl. Übernahme durch eine Gewerkschaft rechtens werden. Kein S.recht haben nach vorherrschender, jedoch umstrittener Meinung Richter und Beamte im öffentl. Dienst. Ist Gegenstand des Arbeitskampfes ein Tarifvertrag mit einem Arbeitgeberverband, so ist S.gegner jedes Verbandsmitglied; da nichtorganisierte Arbeitgeber selbst tariffähig sind, sind auch diese bestreikbar. Zur Unterstützung des S. einer anderen Gewerkschaft dürfen auch unbeteiligte Arbeitgeber bestreikt werden (**Sympathiestreik**). Während der Geltungsdauer eines Tarifvertrags besteht für die Vertragspartner ↑Friedenspflicht; das S.verfahren darf deshalb erst nach Ablauf des Vertrages eingeleitet werden. Das Verfahren selbst richtet sich nach der Satzung der jeweiligen Gewerkschaft. Üblicherweise ist zunächst eine **Urabstimmung** der betroffenen Gewerkschaftsmitglieder vorgesehen, zu der erst aufgerufen werden darf, wenn die Wege für eine gütl. Einigung ausgeschöpft und die Verhandlungen für gescheitert erklärt sind. Welche Mehrheiten für die Einleitung und Beendigung des S. erforderl. sind, richtet sich ebenfalls nach der jeweiligen Satzung. Noch während der Laufzeit des Vertrages bzw. während der Verhandlungen zulässig sind kurze (i. d. R. bis zu 2 Stunden) **Warnstreiks.** Der S. selbst kann in allen Betrieben des S.gegners durchgeführt werden oder auch sich nur gegen bes. wichtige Betriebe richten (**Schwerpunktstreiks**). Während des S. ruhen die Arbeitsverhältnisse der S.teilnehmer. Der Streikende hat keinen Anspruch auf Lohn oder Gehalt, auch nicht auf Arbeitslosengeld. Gewerkschafts-Mgl. erhalten S.unterstützung von der Gewerkschaft. Der bestreikte Arbeitgeber ist nach herrschender Meinung zur - nach dem Grundsatzurteil des Bundesarbeitsgerichts vom 10. Juni 1980 generell zulässigen - ↑Aussperrung berechtigt. Mit dem Inkrafttreten eines neuen Tarifvertrags beginnt wiederum die Friedenspflicht; die Arbeitnehmer sind zur Wiederaufnahme der Arbeit, der Arbeitgeber zur Wiederbeschäftigung verpflichtet.

Geschichte: Nach vereinzelten Arbeitsniederlegungen in Manufakturen zu Beginn der Neuzeit führten im 19. Jh. die Arbeitsniederlegungen von Industriearbeitern zur Gründung von Gewerkschaften; umgekehrt wurde der S. zum wichtigsten Mittel, gewerkschaftl. Forderungen Nachdruck zu geben. In Deutschland ist das Wort S. [eingedeutscht aus engl. to strike work „die Arbeit streichen", d.h. niederlegen] zum ersten Mal 1884 belegt, der Ausdruck S.brecher 1896. Waren S. zunächst generell verboten und strafbar, wurde diese Bestimmung im Zuge der Legalisierung der Gewerkschaften selbst mehr und mehr liberalisiert bis hin schließl. zur heutigen Regelung des GG der BR Deutschland, wonach das Recht der Arbeitnehmervereinigungen, zur Verbesserung der Arbeits- und Wirtschaftsbedingungen Arbeitskämpfe durchzuführen, gewährleistet ist.

📖 *Zöllner, W.: Arbeitsrecht. Mchn. ³1983. - Weigand, H./Wohlgemuth, H. H.: Arbeitskampf. S. u. Aussperrung in der BR Deutschland. Köln 1980. - Zweifel, E.: Der wilde S. Bern 1977. - Zur Theorie u. Praxis des S. Hg. v. Dieter Schneider. Ffm. 1971.*

Barbra Streisand (1977)

Streisand, Barbra [engl. 'straɪsənd], eigtl. Barbara Joan S., * New York 24. April 1942, amerikan. Sängerin und Schauspielerin. - Star in den (mit ihr auch verfilmten) Musicals „Funny girl" (1964/1968) und „Hello Dolly" (1967/69); *weitere Filme:* Is' was, Doc? (1972), Bei mir liegst du richtig (1974), Was, du willst nicht? (1979), Yentl, (1984), Zeit der Zärtlichkeit (1984).

Streitanhängigkeit, der Umstand, daß ein Gericht mit einem Rechtsstreit befaßt ist.

Streitaxt, prähistor. Form einer Axt aus Stein oder Metall, die als Waffe gedient haben muß; namengebend für die Streitaxtkulturen als Oberbegriff für eine Reihe vorgeschichtl. europ. Kulturen, die steinerne, z.T. auch kupferne Streitäxte verwendeten.

Streitberg, Wilhelm, * Rüdesheim am Rhein 23. Febr. 1864, † Leipzig 19. Aug. 1925, dt. Indogermanist. - Prof. in Freiburg (Schweiz), Münster, München und Leipzig; grundlegende Arbeiten zum German. und v.a. zum Got., ferner zur Geschichte und Methodik der indogerman. Sprachwissenschaft.

Streitgedicht, Gedicht, in dem verschiedene (meist 2) Personen, personifizierte Gegenstände oder Abstraktionen einen Streit führen: entweder über die eigenen Vorzüge und die Schwächen oder Fehler des Gegners (Rangstreit) oder um eine bestimmte Frage zu entscheiden. Wegen der Dialogform oft auch **Streitgespräch** genannt. In Deutschland im späten MA bes. ausgeprägt.

Streitgegenstand, der im Zivilprozeß geltend gemachte *prozessuale Anspruch,* der sich nach herrschender Auffassung aus dem Klageantrag und dem Klagegrund ergibt. Er ist maßgebend dafür, in welchem Umfang die gerichtl. Entscheidung in Rechtskraft erwächst, ob eine Klageänderung vorliegt, die Klage bereits bei einem anderen Gericht rechtshängig und das angerufene Gericht für die Entscheidung zuständig ist; der S. ist entscheidend für die Höhe des ↑Streitwertes.

Streitgenossenschaft ↑Partei.

streitige Gerichtsbarkeit, Teil der ↑ordentlichen Gerichtsbarkeit; umfaßt die bürgerl.-rechtl. Streitigkeiten unter Einschluß der Zwangsvollstreckung, des Konkursverfahrens und des Vergleichsverfahrens, des Aufgebots- und Enteignungsverfahrens und der durch Gesetz den ordentl. Gerichten übertragenen öffentl.-rechtl. Streitigkeiten sowie die Strafgerichtsbarkeit. Von der s. G. ist die freiwillige Gerichtsbarkeit zu unterscheiden.

Streitschrift (Kampfschrift), Form der publizist. Angriffsliteratur, mit der in aktuelle, meist wiss. Auseinandersetzungen eingegriffen wird. Im Ggs. zum ↑Pamphlet ist die S. meist sachbezogen und vermeidet persönl. Angriffe.

Streitverfahren, svw. ↑Erkenntnisverfahren.

Streitwagen, Wagenform des Altertums für Krieg, Jagd und sportl. Wettkämpfe. - Schwerfällige, vierrädrige und zweirädrige (Scheibenräder) S. wurden bereits von den Sumerern im 3. Jt. v. Chr. verwendet; seit um 1600 v. Chr. gab es den leichten zweirädrigen (Speichenräder) S. bei Churritern, Hethitern,

Kassiten, Hyksos. Die S. wurden von allen Hochkulturen übernommen. Ihr Besitz sicherte militär. Überlegenheit und war Basis der Herrschaft über andere Völker.

Streitwert, im Zivilprozeß und in verwandten Verfahrensarten der in Geld ausgedrückte Wert des Streitgegenstandes. Nach dem S. bemessen sich die sachl. Zuständigkeit der ordentl. Gerichte, die Zulässigkeit von Rechtsmitteln sowie die Höhe der Gerichts- und Anwaltsgebühren.

Strelasund, Meeresstraße der Ostsee zw. der vorpommerschen Küste bei Stralsund und der Insel Rügen.

Strelitzen [russ.], von Zar Iwan IV. Wassiljewitsch von Rußland geschaffene, mit Feuerwaffen ausgerüstete stehende Truppe. Die S. mußten lebenslängl. und erbl. dienen; sie erhielten für ihren Dienst neben dem festen Sold Handelsprivilegien. Peter I. löste die Truppe gewaltsam auf.

Strelitzia, svw. ↑Strelitzie.

Strelitzie (Strelitzia) [nach Charlotte Sophia Prinzessin von Mecklenburg-Strelitz, * 1744, † 1818], Gatt. der Bananengewächse mit vier Arten in S-Afrika; bis 5 m hohe, am Grunde verholzende Gewächse mit sehr großen, ledrigen, längl.-eiförmigen oder lanzenförmigen Blättern; Blüten prächtig, weiß und blau, von einer kahnförmigen, rötl. oder grünen Blütenscheide umgeben; vogelblütig; Frucht eine vielsamige Kapsel. Die bekannteste Art ist die 1–2 m hohe **Paradiesvogelblume** (Papageienblume, Strelitzia reginae), deren Blüten von einer grünen, rot gerandeten Blütenscheide umgeben sind; äußere Blütenhüllblätter orangefarben, die inneren sind zu einem blauen, die Staubblätter und den Griffel einschließenden, pfeilförmigen Organ umgebildet. - Abb. S. 182.

strenge Implikation, in der Logik Bez. für ein Axiomensystem, das die Ableitbarkeit intuitiv unbefriedigender Folgerungen im Bereich der ↑strikten Implikation vermeiden soll.

strepitoso (strepituoso) [italien.], musikal. Vortragbez.: lärmend, geräuschvoll, glänzend, rauschend.

Streptococcus [griech.] ↑Streptokokken.

Streptodermie [griech.], durch eiterbildende Streptokokken hervorgerufene Hauterkrankung, z. B. ↑Impetigo.

Streptokokken [griech.], Bakterien der Gatt. Streptococcus mit rd. 20 Arten aus der Gruppe der Milchsäurebakterien. Einige S. gehören zur normalen Flora der Schleimhäute des Nasen-Rachen-Raums und des Darms (↑Enterokokken). Streptococcus pyogenes und Streptococcus viridans rufen gefährl. Infektionen wie Kindbettfieber, Sepsis, Mittelohrentzündung, Wundeiterung und Entzündung der Herzinnenhaut hervor; toxigene hämolysierende Stämme verursachen Scharlach. Streptococcus lactis, Streptococcus cremoris und Streptococcus thermophilus spielen in der Milchwirtschaft als Säurewecker oder Starterkultur sowie bei der Herstellung von Gärfutter eine wichtige Rolle.

Streptokokkenmastitis, svw. ↑gelber Galt.

Streptolysine [griech.], von krankheitserregenden Streptokokken gebildete Exotoxine. Man unterscheidet zw. *Streptolysin O*, ein sauerstofflabiles Protein mit Antigencharakter, das im menschl. Organismus die Bildung von *Antistreptolysin O* (Infektionsnachweis!) bewirkt und von den Serotypen A, C und G gebildet wird, und *Streptolysin S* ohne Antigencharakter und Sauerstofflabilität, das bei sämtl. Serotypen vorkommt.

Streptomyces [griech.], artenreiche Gatt. der Streptomyzeten, die zahlr. Antibiotikabildner (Chloramphenikol, Streptomyzin u. a.) und zellulose- und chitinzersetzende Arten sowie Knallgasbakterien enthält.

Streptomyzeten (Streptomycetaceae) [griech.], Fam. der Strahlenpilze. Die pilzartigen Kolonien dieser Bakterien bestehen aus einem Substratmyzel und einem Oberflächenmyzel mit Konidienketten. Die S. sind überall verbreitete Bodenbewohner. Aus den rd. 500 Arten der Gatt. ↑Streptomyces und Streptoverticillium wurden Tausende von Antibiotika isoliert.

Streptomyzin (Streptomycin) [griech.], Antibiotikum, das von dem Strahlenpilz Streptomyces griseus gebildet wird und v. a. gegen gramnegative Kokken und Bakterien, daneben bes. gegen Tuberkelbakterien wirksam ist. Therapeut. wird S. wegen seiner Nebenwirkungen (bes. auf den Gleichgewichts- und Gehörnerv) heute prakt. nur noch in Kombination mit anderen Tuberkulostatika bei Tuberkulose verwendet.

Stresafront, inoffizielle Bez. für die in dem italien. Ort Stresa am W-Ufer des Lago Maggiore im April 1935 zw. den Reg.chefs von Frankr., Großbrit. und Italien vereinbarte gemeinsame Abwehr der vermuteten dt. Expansionspolitik. Anlaß war der Bruch des Versailler Vertrages durch die Einführung der allg. Wehrpflicht im Dt. Reich (16. März 1935). Die Unwirksamkeit der S. erwies sich noch im gleichen Jahr.

Stresemann, Erwin, * Dresden 22. Nov. 1889, † Berlin 20. Nov. 1972, dt. Ornithologe. - Prof. in Berlin; Arbeiten zur Tiergeographie, zur Systematik und Ökologie der Vögel und zur Geschichte der Ornithologie.

S., Gustav, * Berlin 10. Mai 1878, † ebd. 3. Okt. 1929, dt. Politiker. - Syndikus des von ihm mitgegründeten Verbandes sächs. Industrieller (1902–18) und führend im Bund der Industriellen tätig; stand erst dem Nationalsozialen Verein Naumanns nahe, schloß sich 1903 der Nationalliberalen Partei an (1907–12 und 1914–18 MdR); übernahm 1917 den

Fraktionsvorsitz; vertrat als Mgl. des Alldt. Verbandes im 1. Weltkrieg eine extensive Annexionspolitik im W und O sowie das Ziel eines „Siegfriedens"; hatte 1917 wesentl. Anteil am Sturz des Kanzlers Bethmann Hollweg; gründete 1918 die Dt. Volkspartei (in Konkurrenz zur linksliberalen DDP); übernahm als Mgl. der Weimarer Nationalversammlung und MdR (1920–29) 1920 den Fraktionsvorsitz und führte seine Partei - obwohl eigtl. Monarchist - aus realpolit. Gründen zur Mitarbeit auf dem Boden der Weimarer Verfassung. Als Reichskanzler und Außenmin. der großen Koalition ab Aug. 1923 erreichte S. eine relative Stabilisierung der Weimarer Republik mit der Niederschlagung der bayr. Staatsstreichpläne und der kommunist. Umsturzversuche in Sachsen und schuf gemeinsam mit Finanzmin. H. Luther die Voraussetzung für die Sanierung der Währung (Rentenmark) und die Überwindung der Ruhrbesetzung. Nach Aufkündigung der großen Koalition durch die SPD (Nov. 1923) blieb S. Außenmin. der folgenden Kabinette. Er verfolgte eine Politik der Wiederherstellung der dt. Großmachtposition. Aus realpolit. Erwägungen schloß er eine militär. Revanche aus, erstrebte jedoch eine Revision der dt. Ostgrenze. Der Abschluß des Dawesplans 1924, der Locarnopakt 1925, die Aufnahme Deutschlands in den Völkerbund 1926, der Berliner Vertrag 1926 und die Vorbereitung des Youngplans markieren die wichtigsten Etappen seiner Erfüllungspolitik, die auf dem Verständigungsweg die Revision des Versailler Vertrags im Rahmen eines kollektiven Sicherheitssystems anstrebte, aber letztl. - trotz der vertrauensvollen Zusammenarbeit mit A. Briand - am frz. Bedürfnis nach Sicherheit auf der Basis des Status quo scheiterte. S. erhielt 1926 zus. mit Briand den Friedensnobelpreis.

📖 *Stresemann, W.: Mein Vater G. S. Mchn. 1979. - Hirsch, F. E.: S. Ein Lebensbild. Gött. 1978. - Maxelon, M.-O.: S. u. Frankr. 1914–1929; dt. Politik der Ost-West-Balance. Düss. 1972. - Thimme, A.: G. S., eine polit. Biogr. zur Gesch. der Weimarer Republik. Hannover u. Ffm. 1957.*

Strelitzie. Paradiesvogelblume

Stresemann, nach G. Stresemann benannter, offizieller Anzug; besteht aus schwarzgrau gestreifter, umschlagloser Hose, schwarzem Sakko und grauer Weste.

Streß [engl., zu distress „Qual, Erschöpfung"], von H. Selye 1936 geprägter Begriff für ein generelles Reaktionsmuster, das Tiere und Menschen als Antwort auf erhöhte Beanspruchung zeigen. Diese Beanspruchungen (**Stressoren**) können z. B. physikal. (Kälte, Hitze, Lärm), chem. (Schadstoffe, Drogen), medizin. (Infektionen) oder psych. Art (Isolation, Prüfungen, Belastungen in der Familie, der Schule oder in der Berufswelt) sein. In allen Fällen treten ähnl. Körperreaktionen auf. Diese umfassen eine über den Hypothalamus im Zwischenhirn ausgelöste Überfunktion der Nebennieren (erhöhter Tonus des sympath. Nervensystems, Ausschüttung von Adrenalin, Vergrößerung der Nebennierenrinde mit erhöhter Kortikosteroidproduktion) und Schrumpfung des Thymus und der Lymphknoten. - Ein gewisses Maß an S. *(Eustreß)* ist lebensnotwendig und ungefährlich. Langdauernder starker S. (**Disstreß**) kann jedoch gesundheitl. Schäden vielfältiger Art verursachen; häufig entstehen Magengeschwüre, Bluthochdruck oder Herzinfarkt.
◆ einseitig wirksamer Druck bei tekton. Vorgängen. Diesem Druck bei ihrem Wachstum nachgebende Minerale werden **Streßminerale** genannt.

Stressoren [engl.] ↑Streß.

Stretchgarn [engl. strɛtʃ „strecken, dehnen"], hochelast. Spezialgarn, das durch starkes Überdrehen der Fäden, Fixieren unter Hitze und anschließendes Zurückdrehen erhalten wird; dient zur Herstellung u. a. von Skihosen, Badeanzügen, Strümpfen.

Stretta (Stretto) [italien.], in der Fuge die ↑Engführung; in Arie, Opernfinale oder Konzertstück der effektvolle, oft auch im Tempo beschleunigte Abschluß.

stretto [italien.], musikal. Vortragsbez.: gedrängt, eilig, lebhaft.

Streu, der gesamte im Wald anfallende Bestandsabfall (Laubstreu, Nadelstreu).
◆ (Einstreu) meist getrocknetes Stroh, das dem Vieh im Stall als Lager dient.

Streufeld ↑Streuung (magnet. Streuung).

Streufrüchte ↑Fruchtformen.

Streulage, svw. ↑Gemengelage.

Streuli, Hans, * Richterswil 13. Juli 1892, † Aarau 23. Mai 1970, schweizer. freisinniger

Politiker. - 1953–59 Bundesrat, schuf als Leiter des Finanz- und Zolldepartements eine moderne Finanzordnung; 1957 Bundespräsident.

Streulicht, das von kleinen Teilchen (Staubpartikeln, Gasmoleküle) aus seiner urspr. Richtung abgelenkte und im allg. auch linear polarisierte Licht. In der instrumentellen Optik wird auch das nicht regulär reflektierte (z. B. an mangelhaft polierten Glasflächen) oder nicht regulär durch ein opt. System hindurchgehende Licht als S. bezeichnet.

Streusalz, gemahlenes Steinsalz, das als Auftaumittel (Tausalz) zum Entfernen von Schnee und Eis v. a. auf Verkehrswegen verwendet wird.

Streuselkuchen, Hefekuchen, dessen Belag aus Fett, Zucker und Mehl geknetet und dann zerbröselt wird.

Streusiedlung, urspr. Bez. für eine räuml. Konzentration von Einzelhöfen, heute auch für lockere Gruppensiedlungen.

Streuspannung ↑Streuung (magnet. Streuung).

Streustrahlung ↑Streuung.

Streuströme, svw. vagabundierende ↑Erdströme.

Streutheorie, die quantenmechan. Theorie der Streuung atomarer Teilchen aneinander. Eine einheitl. umfassende S. existiert [noch] nicht; es werden vielmehr je nach Energiebereich und Art der Wechselwirkung verschiedene [Näherungs]methoden zur Erklärung und Beschreibung der Streuphänomene benutzt.

Streuung, die Ablenkung eines Teils einer [gebündelten] Teilchen- oder Wellenstrahlung aus seiner urspr. Richtung durch kleine, im allg. atomare Teilchen, die sog. **Streuzentren.** Die diffus in die verschiedenen Richtungen gestreute Strahlung (**Streustrahlung**) bzw. die Gesamtheit der von den einzelnen Streuzentren ausgehenden Kugelwellen (**Streuwellen**) geht der primären Strahlung verloren, wodurch diese in ihrer Intensität geschwächt wird. Die Wechselwirkung eines Teilchens oder Quants der Strahlung mit einem einzelnen Streuzentrum wird als **Streuprozeß** (Einzel-S.) bezeichnet; erfährt es in einer dickeren Materieschicht nacheinander an verschiedenen Streuzentren mehrere Einzelstreuungen, so liegt eine *Mehrfach-* bzw. *Vielfach-S.* vor. Bei einer *elast. S.* ist die Summe der kinet. Energien vom gestreuten und streuenden Teilchen vor und nach dem Stoß gleich. Bei einer *inelast. S.* wird von der Strahlung Energie zur Anregung, Ionisation usw. an das Streuzentrum abgegeben (↑auch Mie-Streuung, ↑Rayleigh-Streuung).

◆ *(magnet. S.)* Bez. für die in magnet. Kreisen zu beobachtende Erscheinung, daß der magnet. Induktionsfluß z. B. bei Transformatoren nicht völlig im Eisenkern verläuft, sondern z. T. als sog. **Streufluß** auch in der [Luft]-umgebung. Das zugehörige Magnetfeld wird als **Streufeld,** der durch den Streufluß bedingte Blindspannungsabfall als **Streuspannung** bezeichnet.

◆ in der *Statistik* die durch die ↑Streuungsmaße definierte Abweichung.

◆ in der *Schießlehre* Bez. für die auf einer Schießscheibe feststellbare Abweichung und Verteilung der Treffpunkte mehrerer nacheinander aus einer Feuerwaffe mit fest eingespanntem Lauf abgefeuerter Geschosse vom anvisierten Ziel; hervorgerufen v. a. durch Ungenauigkeiten, Temperaturänderungen u. a. in der Waffe, Ungleichmäßigkeiten der Pulverladung, unterschiedl. Reibung der Geschosse im Lauf sowie durch wechselnde Lufteinflüsse auf die Geschoßbahn.

◆ (Generalisierung) in der *Medizin* die Ausbreitung eines krankhaften Prozesses von einem ↑Herd aus auf andere Teile des Körpers oder auf den ganzen Organismus (z. B. bei Tuberkulose, Syphilis).

Streuungsmaße, statist. Kenngrößen, die ein Maß für die Streuung der Merkmale [um einen Mittelwert] einer Grundgesamtheit bzw. Stichprobe darstellen. Man unterscheidet *lagetyp. S.* wie Spannweite (Differenz zw. höchstem und niedrigstem Wert) und *rechner. S.* wie mittlere lineare und mittlere quadrat. Abweichung (↑Standardabweichung).

Streuvels, Stijn [niederl. 'strø:vəls], eigtl. Frank Lateur, * Heule (= Kortrijk) 3. Okt. 1871, † Ingooigem (= Anzegem) 15. Aug. 1969, fläm. Schriftsteller. - Bedeutendster Erzähler Flanderns; Autodidakt; entwickelte einen eigenen Stil und eine eigene, westfläm. geprägte Sprache. Seine Prosa gibt eine exakte, psycholog. angelegte Beschreibung der Leidenschaften und Handlungsmotive einfacher Menschen im ewigen, meist trag. verlaufenden Kampf mit der Natur; bed. v. a. „Der Flachsacker" (R., 1907), „Die Männer im feurigen Ofen" (Nov., 1926).

Streymoy [färöisch 'strɛːɹmɔːɹ], eine der Hauptinseln der ↑Färöer.

Striae ['ʃtriːæ; lat.], streifenförmig bis fleckenförmig umschriebene, zunächst blaurötl., später weißl. Hautatrophien durch Schädigung der bindegewebigen elast. Fasern der Lederhaut, v. a. im Bereich des Unterbauchs, der Hüften und der Brüste; tritt auf bes. bei Fettsucht und nach Glukokortikoidbehandlung, beim weibl. Geschlecht in der Pubertät und in der Schwangerschaft (Schwangerschaftsnarben).

Strich, Fritz, * Königsberg (Pr) 13. Dez. 1882, † Bern 15. Aug. 1963, schweizer. Literarhistoriker. - 1915 Prof. in München, ab 1929 in Bern. Suchte in seinen zahlr. stilgeschichtlichen Untersuchungen die kunstgeschichtl. „Grundbegriffe" von H. Wölfflin anzuwenden (u. a. „Dichtung und Zivilisation", 1928; „Goethe und die Weltliteratur", 1946).

Strich, (naut. S.) in der *Seefahrt* früher übl. Einheit für den ebenen Winkel, definiert als der 32. Teil eines Vollwinkels (360°), d. h. 1 S. = 11,25°. Heute (z. B. bei Ruderkommandos) meist durch Gradangaben ersetzt.
◆ in der *Mineralogie* ↑Strichprobe.

Strichätzung, nach einer Strichzeichnung oder ähnl. scharf begrenzten Bildvorlage (ohne Halbtöne) hergestellte Hochdruck-Druckplatte, bei der die (zeichnungsfreien) Zwischenräume durch Ätzen vertieft werden.

Strichcode [...ko:t], zum maschinellen „Lesen" (bes. von Kennummern) verwendeter Code, bestehend aus unterschiedl. dicken, parallel verlaufenden Strichen. Das in Europa eingeführte **EAN-System** (Abk. für **E**uropäische **A**rtikel-**N**umerierung) ist ein in allen Bereichen der Konsumgüterindustrie verwendbares System zur Artikelnumerierung. Es besteht aus 13 Stellen, von denen die beiden ersten das Herkunftsland kennzeichnen (für die BR Deutschland die Zahlen 40–43), die nächsten 5 Stellen geben die Betriebsnummer an, die folgenden 5 Stellen können für die eigentl. Artikelnumerierung genutzt werden, die 13. Stelle enthält eine Prüfziffer. Über die Artikelnumerierung besteht der Zugriff zu EDV-Anlagen, in denen u. a. Kaufpreis, Lagerbestand und Lieferant gespeichert sind. Die Veränderung des Kaufpreises z. B. ist so ohne großen Aufwand möglich. Die Darstellung der Ziffern geschieht durch einen Code aus 7 hellen oder dunklen Linien (Modulen), wobei die hellen Module als Zwischenräume zw. den dunklen Linien erscheinen. Unter diesem maschinell lesbaren S. wird die Artikelnummer zusätzl. in der ebenfalls maschinell lesbaren OCR-B-Schrift angegeben.

Strichdünen ↑Dünen.

Strichloden ↑Loden.

Strichprobe, zur Bestimmung von Mineralen verwendete Untersuchungsmethode, bei der durch Reiben des Minerals auf einem unglasierten Porzellantäfelchen eine farblose (weiße) oder farbige strichförmige Reibspur auftritt, deren Farbe *(Strichfarbe)* der Eigenfarbe des Minerals entspricht.

Strichpunkt, svw. ↑Semikolon.

Strichvelours [və'lu:r, ve'lu:r] ↑Velours.

Strichvögel, Bez. für Vögel, die nach der Brutzeit meist schwarmweise in weitem Umkreis umherschweifen (z. B. Bluthänfling, Grünling, Goldammer, Stieglitz).

Strickarbeiten, mit Stricknadeln hergestellte Handarbeit, bei der die Maschen einer Reihe nacheinander entstehen. Das Maschenbild läßt sich durch Wechsel der Maschengrundformen (rechts und links), Umschläge, Hochziehen, Zusammenstricken und Aufnehmen von Maschen variieren, die Fasson wird v. a. durch Auf- und Abnehmen bestimmt. - Moorgräberfunde lassen annehmen, daß die Stricktechnik schon früh bekannt war. Beweise aus dem europ. Raum stammen erst aus dem 13. Jh. (Italien). Maschinen-S. werden mit Flach- oder Rundstrickmaschinen hergestellt (↑auch Maschenwaren).

Stricker, der, † um 1250, mittelhochdt. Dichter und Fahrender aus Franken. - Bürgerl. Herkunft; Verf. des phantast. Artusromans „Daniel vom blühenden Tal" (um 1215) sowie von novellist.-anekdotenähnl. satir., schwankhaften Verserzählungen (Bispeln), die er zu einer selbständigen Literaturgatt. erhob. „Die Schwänke des Pfaffen Amis" (um 1230) waren die erste Schwanksammlung in dt. Sprache.

Stricklava ↑Lava.

Strickleiternervensystem, das bei den Ringelwürmern und Gliederfüßern unterhalb des Darms als Bauchmark verlaufende Zentralnervensystem mit hintereinanderliegenden paarigen Ganglien.

Strickmaschinen, industriell und im Haushalt verwendete Maschinen zur Herstellung von ↑Maschenwaren, v. a. von Ober- und Untertrikotagen, Strümpfen, Schals, Handschuhen usw. Es wird zw. Flach- und Rundstrickmaschinen unterschieden. - Bei der flach gebauten **Flachstrickmaschine** sind die zungenförmigen Nadeln parallel zueinander in einem Nadelbett in geradliniger Reihe angeordnet. Sie werden durch ein Schloß betätigt, das in einem bewegl. Schlitten befestigt ist, der geradlinig über die gesamte Nadelreihe hin- und herbewegt wird. Der Schlittenantrieb kann durch Hand (Schieben, Kurbeln) oder Motor erfolgen. - Die **Rundstrickmaschine** (zur Herstellung v. a. von nahtlosen, schlauchförmigen Gestricken) besitzt mindestens einen Nadelzylinder, an dem die Zungennadeln in Nadelnuten parallel zueinander kreisförmig angeordnet sind. Bei der Maschenbildung werden die Zungennadeln durch den Nadelzylinder umschließende Strickschlösser in ihrer Längsachse auf- und abbewegt. - Bei modernen S. wird die das Strickmuster bestimmende Stellung der Zungennadeln im Nadelbett bzw. am Nadelzylinder meist durch Lochkarten gesteuert.

Stridor [lat.], pfeifendes Atemgeräusch bei Verengung der oberen Luftwege.

Stridulationsorgane [lat./griech.] (Zirporgane), der Lauterzeugung dienende Einrichtungen bei Insekten; funktionieren durch Gegeneinanderstreichen von Kanten, Leisten und dergleichen (*Stridulation;* z. B. bei Grillen und Feldheuschrecken anzutreffen).

Striegel [zu lat. strigilis „Schabeisen"], in der Tierpflege Putzgerät in Form einer Eisenblechplatte mit gezähnten Querrippen und Holzgriff zum Vorreinigen grob verschmutzter Stellen der Haardecke von Pferden und Rindern.

Striezel [östr.], längl. Hefegebäck in Zopfform.

Strigel, Bernhard, * Memmingen 1460 (?), † ebd. vor dem 4. Mai 1528, dt. Maler. - Der südt. Spätgotik im Detailrealismus und in der reliefartigen Figurenanordnung verhaftet. Malte neben zahlr. Altarbildern (Schloß Salem, 1507/08) v.a. Porträts (Konrad Rehlinger, 1517, München, Alte Pinakothek).

S., Ivo, * Memmingen 1430, † ebd. 1516, dt. Bildhauer. - Unterhielt in Memmingen seit den 1480er Jahren eine Werkstatt, die zahlr. Altäre für Graubünden schuf, u.a. für Disentis (1489, heute Pfarrkirche, restauriert 1971–80, Flügelgemälde von seinem Sohn Bernhard).

strikt (strikte) [zu lat. strictus „zusammengeschnürt, dicht"], streng, genau, pünktlich.

strikte Implikation, Bez. für den modallog. Junktor, definiert als: $a \prec b \; : = \neg \nabla (a \wedge \neg b)$ (in Worten: *a* impliziert strikt *b* genau dann, wenn es unmögl. ist, daß *a* wahr, *b* aber falsch ist).

Striktur [lat.], Verengung eines Körperorgans (z.B. der Speiseröhre) nach Entzündung, Verätzung, Geschwürsbildung.

Strindberg, August ['ʃtrɪntbɛrk, schwed. ˌstrindbærj], * Stockholm 22. Jan. 1849, † ebd. 14. Mai 1912, schwed. Dichter und Maler. - Bedeutendster schwed. Dramatiker, der den Naturalismus in Schweden einleitete; beeinflußte als Vorläufer und Wegbereiter des Expressionismus durch sein z.T. surrealist. und episierende Darstellungsweise die moderne Dramatik wie kaum ein anderer. - Sohn eines verarmten Schiffsmaklers und dessen früheren Dienstmädchens; seine harte Kindheit schilderte er in dem Romanzyklus „Der Sohn einer Magd" (1886–1909); war nach abgebrochenem Studium Lehrer, Schauspielschüler, Journalist, Bibliothekar; 1877–91 1. Ehe mit Siri von Essen; 1893–95 ∞ mit Frida Uhl; 1894 in Paris; Anfälle von Verfolgungswahn verursachten eine schwere weltanschaul. Krise („Inferno", Tagebuch, 1897); ab 1899 endgültig in Stockholm; 1901–04 ∞ mit Harriet Bosse; gründete 1907 in Stockholm das „Intime Theater"; starb an Krebs. - Sein erster großer Erfolg war der gesellschaftskrit.-satir. Gegenwartsroman „Das rote Zimmer" (1879) über das frühkapitalist. Schweden. Das Unvermögen zu einer echten menschl. Beziehung, bes. zu Frauen, die nach S. dem Mann intellektuell und moral. unterlegen seien, kennzeichnete sein vom selbstquäler. und selbstzerstörer. Bekenntnisdrang des Skeptikers geprägtes Leben und Werk („Okkultes Tagebuch", hg. 1977), jedoch v.a. in den Ehenovellen „Heiraten" (1884) und im Drama „Fräulein Julie" (1888). Die künstler. reifsten Dramen sind u.a. „Nach Damaskus" (1898–1904), „Totentanz" (1901), „Ein Traumspiel" (1902); seine ausdrucksstarken Kammerspiele, u.a. „Gespenstersonate" (1907) und „Scheiterhaufen" (1907), zeigen bittere Menschenverachtung. Die v.a. gegen die Ästhetik der Neuromantik gerichteten „Reden an die schwed. Nation" (1911 ff.) wurden in der sog. *„Strindbergfehde"* heftig von konservativer Seite bekämpft.

📖 *Enquist, P. O.: S. Ein Leben. Neuwied 1985. - Der andere S. Hg. v. A. Gundlach u.a. Ffm. 1981. - Lagercrantz, O.: S. Dt. Übers. Ffm. 1980. - Paul, F.: A. S. Stg. 1979. - Berendsohn, W. A.: A. S. Amsterdam 1974.*

stringendo [strɪn'dʒɛndo; italien.], Abk. string., musikal. Vortragsbez.: allmähl. schneller werdend.

Stringensemble [engl. 'strɪŋ ã'sã:bəl], ein spezielles elektron. Tasteninstrument, das den Klang von Streichinstrumenten und Streichorchestern nachahmt. Es wird meist in Verbindung mit einer Elektronenorgel oder einem Synthesizer verwendet. - ↑ auch elektronische Musikinstrumente.

stringent [lat.], bündig, streng, zwingend.

Stringenz [lat.], die Beweiskraft (z.B. eines Arguments).

Stringocephalus [lat./griech.], ausgestorbene, nur aus dem Mitteldevon bekannte Gatt. etwa 5–8 cm großer Armfüßer; mit stark gewölbten, dickschaligen Klappen. Bes. *S. burtini* ist ein wichtiges Leitfossil für das obere Mitteldevon.

Stripfilm (Strippingfilm) [engl.], ein in der Reproduktionstechnik verwendeter Spezialfilm, dessen photograph. Schicht sich als feines Häutchen von der Filmunterlage abziehen läßt, so daß unterschiedl. Bildteile durch Aufbringen (**Strippen**) auf transparentes Trägermaterial zusammenmontiert werden können.

Strippen [niederdt.], svw. Abstreifen, Abziehen. - ↑ auch Stripfilm.

Stripping [engl.], ausschälende Opera-

Strichcode. Aufbau des EAN-Systems mit den Ziffern „6" (links) und „0" als Beispielen, wobei jede Ziffer aus sieben Modulen aufgebaut ist (mehrere dunkle Module nebeneinander ergeben eine breite Linie, mehrere helle Module nebeneinander ergeben einen breiten Zwischenraum)

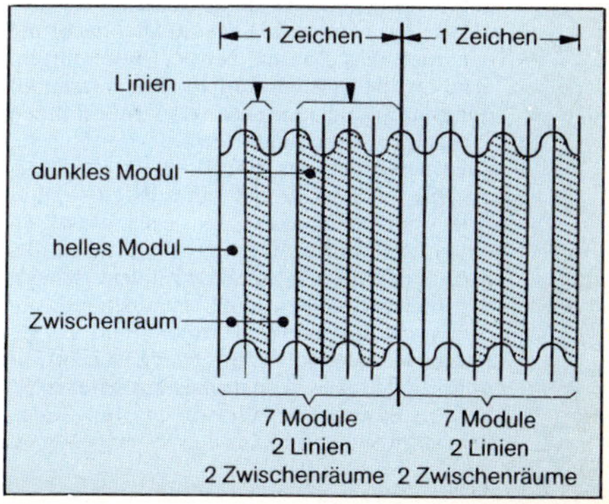

tion mit speziellen Operationsinstrumenten *(Stripper);* z. B. die Entfernung eines Blutpfropfs bei Venenentzündung.

Stripping reaction [engl. 'strɪpɪŋ rɪ'ækʃən], svw. ↑Abstreifreaktion.

Striptease [engl. 'strɪpti:z; zu engl. to strip „ausziehen" und to tease „necken"], erot. stimulierende Entkleidungsvorführung [in Varietés oder Nachtlokalen].

strisciando [strɪ'ʃando; italien.], musikal. Vortragsbez.: schleifend (chromat. ↑glissando).

Strittmatter, Erwin, * Spremberg 14. Aug. 1912, dt. Schriftsteller. - Urspr. Bäcker; seit 1947 Mgl. der SED. Schreibt in bildkräftiger, volkstüml. Sprache aus gründl. Kenntnis und guter Beobachtung des Dorfmilieus, der Proletarier- und Kleinbürgerwelt v. a. Entwicklungsromane wie „Ochsenkutscher" (R., 1950), „Der Wundertäter" (R., 1957–73), „Ole Bienkopp" (R., 1960); auch Dramen und Kurzprosa („Meine Freundin Tina Babe. Drei Nachtigall-Geschichten", 1977; „Grüner Juni", E., 1985).

Strobe [griech.] ↑Kiefer (Baum).

Strobel, Käte, * Nürnberg 23. Juli 1907, dt. Politikerin. - Trat 1925 der SPD bei; 1946–71 Mgl. des Parteivorstands der SPD; 1949–72 MdB; 1958–67 Mgl. des Europ. Parlaments, 1962–64 dessen Vizepräs. und 1964–67 Vors. von dessen sozialist. Fraktion; 1966–69 Bundesmin. für das Gesundheitswesen, 1969–72 für Jugend, Familie und Gesundheit.

Strobilanthes [griech.], Gatt. der Akanthusgewächse mit rd. 200 Arten im trop. Asien und auf Madagaskar; Sträucher oder Halbsträucher mit oft bunten Blättern und violetten, blauen oder weißen Blüten in dichten Ähren. Einige Arten sind Zierpflanzen.

Strobilation [griech.], bei den Scheibenquallen vorkommende Form der ungeschlechtl. Fortpflanzung: Vom oberen Ende des Polypenstadiums werden durch ringförmige Einschnürungen scheibenförmige Vorstufen der späteren Medusengeneration abgegliedert.

Stroboskop [zu griech. stróbos „Wirbel" und skopeĩn „betrachten"], Gerät zur Bestimmung der Frequenz und zur Beobachtung der einzelnen Phasen period. Bewegungen. Das **Lichtblitzstroboskop** ist eine Gasentladungslampe, die in konstanten Zeitabständen Lichtblitze aussendet. Stimmt deren Frequenz mit der des angeblitzten Vorgangs überein (oder ist sie ein ganzzahliges Vielfaches oder ein ganzzahliger Teil davon), so scheint der period. Vorgang stillzustehen. Bei geringfügig niedrigerer Blitzfrequenz scheint der Vorgang verlangsamt abzulaufen (erlaubt die Beobachtung seiner Einzelphasen); bei geringfügig höherer Blitzfrequenz scheint er rückwärts abzulaufen (**stroboskop. Effekt;** bewirkt z. B. das Rückwärtsdrehen von Fahrzeugrädern im Film).

◆ eine mit Schlitzen versehene Hohltrommel, in der sich ein fortlaufender Bildstreifen mit verschiedenen Bewegungsphasen eines Vorgangs befindet; läßt bei Rotation durch die Schlitze einen kontinuierl. Bewegungsvorgang erscheinen (**Bewegungstäuschung**).

Stroessner, Alfredo ['ʃtrœsnər], * Encarnación 3. Nov. 1912, paraguayischer General und Politiker. - 1953 Oberbefehlshaber der Streitkräfte; seit 1954 diktator. regierender Staatspräs. (nach Putsch mit Hilfe der konservativen Partei der Colorados und der Armee).

Stroganow, russ. Händler-, Industriellen- und Großgrundbesitzerfam., als deren Stammvater *Anikita S.* (* 1497, † 1570) gilt. Die von Zar Iwan IV. Wassiljewitsch geförderte Fam. betrieb in großem Umfang Landw., Jagd und Fischerei, Salz- und Erzgewinnung, baute Städte und Festungen und erschloß für Rußland neue Gebiete im Ural und in Sibirien. Ihre Privilegien wurden durch Peter I., d. Gr., 1722 aufgehoben. Mgl. der Fam. waren bed. Mäzene; sie unterhielten u. a. Werkstätten, in denen ein miniaturhafter Ikonenstil, Stil der sog. **Stroganowschule,** entwickelt wurde.

Stroh, Friedrich, * Naunstadt (= Grävenwiesbach, Hochtaunuskreis) 18. März 1898, † Braunfels 25. Mai 1969, dt. Sprachwissenschaftler und Literarhistoriker. - Ab 1938 Prof. in Erlangen. Machte sich verdient um die Grundlagenerschließung auf dem Gebiet der german. Philologie. Widmete sich bes. der Mundartkunde; mit F. Maurer Herausgeber der „Dt. Wortgeschichte" (1943). Als Hauptwerk gilt sein „Handbuch der german. Philologie" (1952).

Stroh, die trockenen Blätter und Stengel von gedroschenem Getreide, Hülsenfrüchtlern oder Öl- und Faserpflanzen.

Strohblume (Helichrysum), Gatt. der Korbblütler mit rd. 500 (außer in Amerika) weltweit verbreiteten Arten; Kräuter, Halbsträucher oder Sträucher mit ganzrandigen Blättern; Blütenköpfchen einzeln oder doldentraubig; Hüllblätter mehrreihig, dachziegelartig angeordnet, trockenhäutig, oft gefärbt. Neben der einheim., auf trockenen, kalkarmen Sandböden wachsenden **Sandstrohblume** (Sonnengold, Helichrysum arenarium; 10–30 cm hoch, weißwollig-filzig behaart; mit kugeligen, 6–7 cm großen Blütenköpfchen in Doldentrauben; zahlr. gold- oder zitronengelbe, trockenhäutige Hüllblätter, Blüten goldgelborange) werden verschiedene Arten, v. a. die in Australien heim. **Gartenstrohblume** (Helichrysum bracteatum; mit bis 8 cm breiten Köpfchen und verschiedenfarbigen Hüllblättern), zur Verwendung als Trockenblumen kultiviert.

Strohblumen, svw. ↑Immortellen.

Stroheim, Erich, Pseud. E. von S., E.S. von Nordenwald, * Wien 22. Sept. 1885, † Maurepas (Dep. Yvelines) 12. Mai 1957, amerikan. Filmschauspieler und -regisseur östr. Herkunft. - Ab 1906 in den USA; Regiearbeit ab 1918; das Unvermögen, seine künstler. Vorstellungen auf kommerzielle Maßstäbe zu übertragen führte [trotz der hervorragenden Gestaltung von Charakteren, sozialen Gefügen und erot. Szenen] zu einer wesentl. Verkürzung seiner [überlangen] gesellschaftskrit.-realist. Stummfilme wie „Blinde Ehemänner" (1918), „Närr. Frauen" (1921), „Karussell/Rummelplatz des Lebens", „Das goldene Wien" (1922), „Gier nach Geld" (1923). Nach 1933 (ab 1936 in Frankr.) nur noch Schauspieler („Boulevard der Dämmerung", 1950).

Strohgäu, zentraler Teil des Neckarbekkens um Ludwigsburg, Leonberg und Vaihingen an der Enz; fruchtbare Ackerbaulandschaft.

Strohgewebe (Strohstoff), v.a. auf Handwebstühlen hergestelltes Gewebe, das in der Kette Viskosegarne, im Schuß Stroh enthält; v.a. als Dekorationsstoff verwendet.

Strohmann, allg. Bez. für jemanden, der unter seinem Namen für jemand anderen handelt. - Beim *Kartenspiel* 1. Ersatz eines fehlenden Spielers; 2. beim Bridge der Partner des Spielers, von dem der Kontrakt zu erfüllen ist; nach dem Ausspiel legt er seine Karten offen.

Strohwitwer, Bez. für einen Mann, dessen Frau verreist ist (eigtl. der „auf dem [Bett]stroh Alleingelassene").

Strohzellstoff ↑Zellstoff.

Strom, (elektr. Strom) der Transport elektr. Ladungen in einer Vorzugsrichtung. Fließen die Ladungen durch einen ruhenden Leiter, dann spricht man von einem **Leitungsstrom.** Befinden sich die Ladungen dagegen auf kleinen Materieteilchen, wie z.B. Staubkörnchen oder Wassertröpfchen, und werden sie mit diesen zus. bewegt, dann liegt ein sog. **Konvektionsstrom** vor. Die Richtung des S. wurde in der Technik willkürl. festgelegt und verläuft dementsprechend im äußeren Kreis einer S.quelle vom Pluspol zum Minuspol (konventionelle S.richtung). In der Physik dagegen wird die tatsächl. Bewegungsrichtung der Ladungsträger beachtet, die für die (durch negativ geladene Elektronen bewirkte) Elektronenleitung entgegengesetzt zur konventionellen S.richtung verläuft. Bewegen sich die Ladungsträger konstant in einer Richtung, dann spricht man von einem ↑Gleichstrom, pendeln sie dagegen hin und her, dann liegt ein ↑Wechselstrom vor. Mit einem elektr. S. ist stets ein Magnetfeld und zumeist auch eine Wärmewirkung (Joulesche Wärme) verbunden. Darüber hinaus kann der S. chem. Prozesse (↑Elektrolyse), sowie Anregungs-, Ionisierungs- und Dissoziationsvorgänge in seinem Leiter bewirken.

◆ Bez. für einen größeren ↑Fluß.

◆ durch Fließ- oder Gleitvorgänge entstandener geolog. Körper, z. B. Lavastrom.

Stroma [griech. „Decke, Lager"], (Grundgewebe) in der *Zoologie* und *Medizin* das die inneren Organe umhüllende und durchziehende, bindegewebige Stützgerüst.

◆ bei einigen *Schlauchpilzen* (z.B. Mutterkornpilz) vorkommender, plektenchymat., harter, artspezif. geformter Myzelkörper, der mehrere Fruchtkörper umschließt.

Stromabnehmer, Vorrichtung zur Stromzufuhr bei elektr. Fahrzeugen; bei Oberleitungszufuhr werden *Rollen-* oder *Schleif-S.*, *Bügel-* oder *Scheren-S.*, bei Stromschienenzufuhr *Gleitschuhe* benutzt.

Stromanker ↑Ankereinrichtung.

Stromanthe [griech.], Gatt. der Marantengewächse mit 13 Arten im trop. S-Amerika; Stauden mit großen, längl.-eiförmigen oder lanzenförmigen, bunten Blättern und großen Blütenständen mit lebhaft gefärbten Tragblättern.

Stromatolithen [griech.], Kalkausscheidungen von Blaualgen, zählen zu den ältesten Lebensspuren der Erde.

Stromatoporen (Stromatoporoidea) [griech.], fossile Ordnung der Nesseltiere vom Kambrium bis zur Kreide; mit kalkigem Skelett, massiv knollig bis ästig, auch Krusten bildend; z. T. riffbildende Hohltiere, die Kolonien bis zu 2 m Durchmesser aufbauten.

Stromberg, Stadt am O-Rand des Soonwaldes, Rhld.-Pf., 234 m ü. d. M., 2 400 E. Nahrungsmittelind., Metallverarbeitung, Fremdenverkehr. - Neben der 1056 erstmals erwähnten Stromburg (heute *Fustenburg* gen.) entstanden; Stadtrechte im 13. Jh., erneut 1857 verliehen. - Ruinen der 1689 zerstörten Burg, ev. spätbarocke Pfarrkirche, kath. neugot. Pfarrkirche (1863).

S., Wallfahrtsort, ↑Oelde.

S., isolierter Keuperhöhenzug nördl. der Enz, zw. Bretten und Besigheim, bis 477 m ü. d. M. Weinbau.

Stromboli, eine der Lipar. Inseln, Italien, 12,2 km^2, 926 m hoch; von einem einzigen, noch aktiven Vulkankegel gebildet.

Stromdichte, das Produkt aus der Dichte einer strömenden Substanz und der Strömungsgeschwindigkeit; die *elektr. S.* in einem Leiter ist gleich dem Quotienten aus Stromstärke und Leiterquerschnitt.

Strömer (Laugen, Friedfisch, Leuciscus agassizi), bis 25 cm langer, gestreckter Karpfenfisch im Oberlauf von Rhein und Donau; silbrig mit schwärzlichgrauem Rücken und (an den Körperseiten) blaurot glänzender Längsbinde.

Stromerzeuger, Anlage, auch Unternehmen, zur Erzeugung elektr. Energie.

Stromkreis, geschlossener Kreis elektr. Leiter, in dem ein durch eine elektromotor. Kraft verursachter elektr. Strom fließt.

Stromlaufplan ↑Netzwerk.

Stromleistung ↑Leistung.

Strömling (Balt. Hering), kleinwüchsige, bis 20 cm lange Rasse des Atlant. Herings in der östl. Ostsee.

Stromlinien, Kurven in einer Strömung, deren Tangenten in jedem Punkt die Richtung der jeweiligen Strömungsgeschwindigkeit haben, wobei diese in reibungsfreier Strömung überall entlang einer Stromlinie den gleichen Betrag hat.

Stromlinienform, eine strömungstechn. günstige Körperform, die den Strömungswiderstand verringert.

Strommesser, Geräte zur Messung der elektr. Stromstärke (z. B. Amperemeter).

Stromquelle, eine Anordnung, die durch eine elektromotor. Kraft Ladungen trennt und damit eine elektr. Spannung *(Spannungsquelle)* bzw. einen elektr. Strom hervorruft. Man unterscheidet je nach dem Prinzip, das die Ladungstrennung bewirkt, *chem.*, *mechan.* bzw. *induktive* (z. B. Generator) und *therm. Stromquellen.*

Stromrichter, Vorrichtung zur Umformung elektr. Energie einer Stromart in Energie einer anderen Stromart unter Verwendung von Ventilen. Man unterscheidet Gleichrichter, die Wechsel- in Gleichstrom, Wechselrichter, die Gleich- in Wechselstrom umwandeln, und Umrichter, die bei Gleichstrom die Spannung bzw. bei Wechselstrom die Frequenz und/oder die Phase verändern.

Stromschiene, svw. ↑Sammelschiene. ◆ unter Spannung stehende Schiene, über die einem elektr. Schienenfahrzeug der Betriebsstrom zugeführt wird.

Stromschnelle (Katarakt), Flußstrecke, in der infolge Verkleinerung des Flußbettquerschnitts oder plötzl. Gefälles das Wasser meist reißend fließt.

Strom-Spannung-Charakteristik (Strom-Spannung[s]-Kennlinie) ↑Charakteristik.

Stromstärke, allg. die in der Zeiteinheit durch einen beliebigen Querschnitt einer Strömung hindurchtretende Menge an strömender Substanz. - *Elektr. S.* (Formelzeichen I): Quotient aus der während der Zeitdauer Δt durch einen Leiterquerschnitt hindurchfließenden elektr. Ladung (Elektrizitätsmenge) ΔQ und dieser Zeitdauer Δt selbst:

$$I = \frac{\Delta Q}{\Delta t}.$$

Ihre SI-Einheit ist das ↑Ampere.

Stromstrich, in einem fließenden Gewässer die Verbindungslinie der Punkte der größten Fließgeschwindigkeit. Der S. schwingt in Flußkrümmungen stark gegen die Außenseite aus.

Strömung, die in zusammenhängender, stetiger Weise erfolgende Bewegung von Flüssigkeiten, Gasen und Plasmen. Bleibt die S.geschwindigkeit zeitl. unverändert, so liegt eine *stationäre*, andernfalls eine *instationäre S.* vor. Als *inkompressibel* bezeichnet man die S. nicht zusammendrückbarer Medien (prakt. alle tropfbaren Flüssigkeiten und die Gase bei kleinen S.geschwindigkeiten); sie werden von der ↑Hydrodynamik behandelt. Dagegen ist die Behandlung der *kompressiblen S.*, d. h. der S. von Medien, deren Dichte sich merkl. mit dem Druck ändert, Aufgabe der ↑Gasdynamik (↑auch Strömungslehre).

Strömungsablösung, svw. ↑Grenzschichtablösung.

Strömungsenergie, die in einem strömenden Medium (Flüssigkeit, Gas oder Plasma) enthaltene, mit der Strömung verknüpfte und durch Strömungsmaschinen in mechan. Leistung umsetzbare kinet. Energie.

Strömungsgetriebe, svw. Flüssigkeitsgetriebe (↑Strömungswandler).

Strömungskupplung im Schnitt mit Darstellung des Strömungskreislaufs

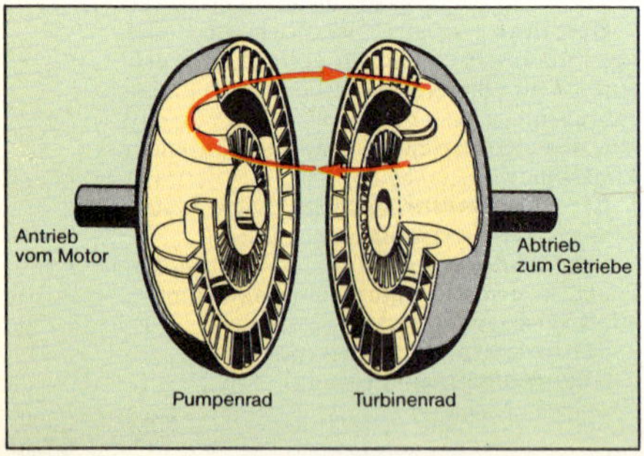

Strömungswandler. Anordnung der Schaufeln des Pumpen- und Turbinenrades mit Darstellung der Ölstromrichtung (schwarze Pfeile; 1). Die Schnittdarstellung (2) verdeutlicht die Richtungsänderung des Ölstroms am Leitrad und die dadurch bewirkte Drehmomentvergrößerung am Turbinenrad

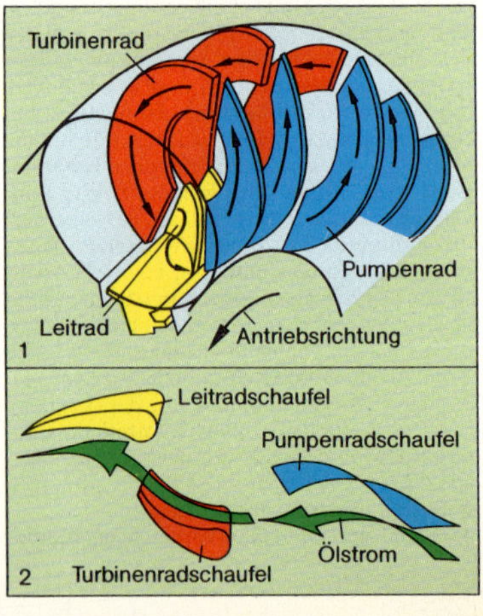

Strömungskupplung (hydraul. Kupplung, hydrodynam. Kupplung, Flüssigkeitskupplung, Turbokupplung, Föttinger-Kupplung), Kupplung, bei der die Strömungsenergie eines flüssigen Mediums (meist Öl) zur Übertragung des Drehmoments von der Antriebs- auf die Abtriebswelle benutzt wird. Die S. besitzt in einem flüssigkeitsgefüllten Gehäuse zwei mit meist radial verlaufenden Schaufeln versehene Räder. Wird das auf der Antriebswelle sitzende *Pumpenrad* angetrieben, so wird die in den von den Schaufeln gebildeten, sektorartigen Kammern befindl. Flüssigkeit auf eine Kreisbahn mitgenommen und durch die wirksamwerdende Fliehkraft nach außen gedrückt. Sie gelangt von außen in das zunächst noch stillstehende Turbinenrad und strömt, da hier noch keine Fliehkräfte wirksam sind, nach innen, wo sie wieder durch das Pumpenrad angesaugt und von neuem nach außen gedrückt wird. Durch die Mitnahme der Flüssigkeit im Pumpenrad wird dieser jedoch auch eine Geschwindigkeit in Drehrichtung erteilt, so daß sie einen Druck auf die in Drehrichtung des Pumpenrads liegenden Kammerwände ausübt, wodurch das auf der Abtriebswelle sitzende *Turbinenrad* mitgenommen wird. Damit werden auch im Turbinenrad Fliehkräfte wirksam. Bei Angleichung der Abtriebs- an die Antriebsdrehzahl kommt wegen gleich großer Fliehkräfte in beiden Rädern der Flüssigkeitsstrom zum Stillstand. Beide Wellen sind dann hydraul. gekuppelt. - ↑auch automatisches Getriebe.

Strömungslehre, die Lehre von der Bewegung und dem Verhalten flüssiger und gasförmiger Medien einschließl. ihrer experimentellen Nachprüfung. Die S. ist eine Kontinuumstheorie, die die Gesetze der Mechanik kontinuierl. Medien und der Thermodynamik verwendet; sie liefert die Erklärung und die Grundlage zur Berechnung zahlr. Naturerscheinungen und techn. Vorgänge. Bei „makroskop." Strömungsvorgängen, deren Abmessungen groß gegen den Durchmesser der Atome und Moleküle sind, lassen sich Flüssigkeiten und nicht zu stark verdünnte Gase als Kontinua auffassen. Die S. beschreibt dann die Strömungen phänomenolog., d. h. nur mit den makroskop. in Erscheinung tretenden und meßbaren physikal. Größen (z. B. Druck, Dichte, Geschwindigkeit); sie kann keine Erklärung der Stoffeigenschaften (Viskosität, Kompressibilität usw.) und auch nicht ihre Herleitung aus den Atom- und Moleküldaten geben. - ↑auch Aerodynamik, ↑Gasdynamik, ↑Hydrodynamik.

Strömungspotential ↑Potentialströmung.

Strömungssinn, die Fähigkeit im Wasser lebender Tiere, mit Hilfe spezif. (Seitenlinienorgane der Fische und Amphibienlarven) oder unspezif. (druckempfindl. Haare bei Wasserinsekten) mechan. Sinnesorgane Strömungen wahrzunehmen und sich in ihnen zu orientieren.

Strömungssonden, Vorrichtungen zur Messung von Druck, Geschwindigkeit, Richtung oder Temperatur in einer Strömung, z. B. ↑Pitot-Rohr, ↑Prandtl-Rohr.

Strömungsumschlag, Übergang von der laminaren zur turbulenten Strömung.

Strömungswandler (Drehmomentenwandler, Föttinger-Getriebe, hydrodynam. Getriebe), Flüssigkeitsgetriebe, bei dem die Drehmomentübertragung von der Antriebs- auf die Abtriebswelle durch die dem flüssigen Medium (meist Öl) von der Antriebsseite her erteilte und auf die Abtriebsseite sich auswirkende Bewegungsenergie bei gleichzeitiger Wandlung der Größe des Drehmoments erfolgt. Für diesen Zweck besitzt der S. zusätzl. zu dem *Pumpenrad* und dem *Turbinenrad* (↑auch Strömungskupplung) noch ein feststehendes *Leitrad*, durch das die Drehmomentenvergrößerung an der Abtriebswelle ermöglicht wird. Bei Antrieb des Pumpenrades entsteht durch die an den mitgenommenen Flüssigkeitsteilchen auftretende Fliehkraft eine Flüssigkeitsströmung, deren Energie im Turbinenrad durch Richtungsumkehr in mechan. Arbeit umgesetzt wird. Durch die Abstützung des Flüssigkeitsstroms am Leitrad tritt eine Rückwirkung auf das Turbinenrad ein, wodurch eine Vergrößerung des an das Turbinenrad abgegebenen Drehmoments bei gleichzeitiger Verringerung der Drehzahl des Turbinenrades bewirkt werden kann. S. geben bei großem Drehzahlunterschied zw. Antriebs- und Abtriebswelle, wie es z. B. beim Anfahren eines Kraftfahrzeugs der Fall ist, ein großes Drehmoment ab. Je mehr sich die Abtriebsdrehzahl der Antriebsdrehzahl angleicht, um so kleiner wird das Abtriebsdrehmoment.

Strömungswiderstand, entgegen der Anströmungsrichtung weisende Kraft, die auf einen umströmten Körper wirkt.

Stromversetzung ↑Versetzung.

Stromversorgung (Elektrizitätsversorgung), Sammelbez. für alle Einrichtungen und Vorgänge der Stark- und Schwachstromtechnik, die der Erzeugung, Übertragung und Verteilung elektr. Energie dienen. - Die von Ind., Gewerbe, Haushalten u. a. benötigte elektr. Energie wird in ↑Kraftwerken erzeugt und über Hoch- und Niederspannungsnetze den Verbrauchern zugeführt (↑Netz, ↑Freileitungen, ↑Kabel). Die in den Generatoren der Kraftwerke techn. mögl. Maschinenspannungen (bis 20 kV) reichen im allg. nur zur Nahversorgung aus. Die Verteilung elektr. Energie erfolgt daher meist nach Höhertransformation in Umspannanlagen über Hoch- und Höchstspannungsleitungen. Die vorwiegend verwendete Stromart ist der ↑Drehstrom (Frequenz in Europa 50 Hz); er läßt sich leicht auf sehr hohe Spannungen (bis 380 kV, z. T.

auch darüber), wie sie für eine möglichst verlustarme Übertragung über größere Strecken erforderl. sind, hinauftransformieren (↑Transformator), andererseits auch auf für den Verbraucher angepaßte niedere Spannungen („Gebrauchsspannungen", in Deutschland 220 V oder 380 V) heruntertransformieren. In den letzten Jahren hat in einigen Ländern auch die ↑Hochspannungsgleichstromübertragung Bed. gewonnen. Erhebl. Bed. kommt auch der Anpassung an den jeweiligen Energiebedarf zu. Um diesem gerecht zu werden, arbeiten Kohle-, Kern- und Laufwasserkraftwerke meist mit gleichbleibender *Grundlast* (**Grundlastwerke**), während Speicherkraftwerke z. B. nur in Spitzenlastzeiten Energie an das Netz abgeben. Hierbei kommt dem **Verbundbetrieb** bes. Bed. zu: Die Kraftwerke mehrerer Versorgungsbetriebe werden über Leitungen miteinander verbunden, so daß in Zeiten der Spitzenlast oder bei Störungen in einem der Kraftwerke die anderen vorübergehend die Versorgung mit übernehmen können.

🕮 *Heuck, K.: Elektr. Energieversorgung. Wsb. 1983. - Flosdorff, R./Hilgarth, G.: Elektr. Energieverteilung. Stg. [4]1982. - Solling, H.: Elektrizität - Ware u. Markt. Ffm. 1981.*

Strontianit [nach dem schott. Ort Strontian], Mineral, farblos oder von weißer, grauer, gelbl. oder grünl. Farbe, nadelig, säulig, auch zu strahligen oder faserigen Aggregaten verwachsen. Chem. $SrCO_3$; Mohshärte 3,5; Dichte 3,7 g/cm³. Vorkommen in hydrothermalen Gängen und als Kluftfüllung in Kalken und Mergeln.

Strontium [nach dem schott. Ort Strontian], chem. Symbol Sr; metall. Element aus der II. Hauptgruppe des Periodensystems der chem. Elemente, Ordnungszahl 38, mittlere Atommasse 87,62, Dichte 2,54 g/cm³, Schmelzpunkt 769 °C, Siedepunkt 1 384 °C. S. ist ein silberweißes bis graues, in seinen Verbindungen zweiwertig vorliegendes Leichtmetall und wie alle Erdalkalimetalle sehr reaktionsfähig. Mit einem Anteil von 0,014 Gewichts-% an der Erdkruste steht S. in der Häufigkeit der chem. Elemente an 23. Stelle; in der Natur kommt es nur gebunden vor. Gewisse techn. Bed. hat S.oxid zur Herstellung von Spezialgläsern und S.nitrat, $Sr(NO_3)_2$, das in der Feuerwerkerei zur Erzielung leuchtend roter Flammen dient. S. wird wegen seiner chem. Ähnlichkeit mit Calcium in geringen Mengen in die Knochensubstanz eingebaut. Wird das bei Kernwaffenexplosionen entstehende betastrahlende S.isotop Sr 90 eingebaut, kommt es auf Grund der langen Halbwertszeit zur Zerstörung des Knochenmarks und damit zur stark verminderten Bildung roter Blutkörpchen. - S. wurde 1793 von M. H. Klaproth entdeckt.

Strontiummethode, svw. ↑Rubidium-Strontium-Methode.

Strophanthine [griech.], Sammelbez. für mehrere, v. a. in Strophanthusarten enthaltene, früher als Pfeilgifte verwendete, bei intravenöser Anwendung herzwirksame Glykoside. Therapeut. wichtig sind v. a. das aus Strophanthus gratus und dem ostafrikan. Ouabaio-Baum gewonnene *g-S.* (**Ouabain**) und die aus Strophanthus kombe gewonnenen Verbindungen *k-S.* und *k-Strophanthosid.*

Strophanthus [griech.], Gatt. der Hundsgiftgewächse mit 50 Arten in den trop. Gebieten Afrikas und Asiens; Lianen mit glockenförmigen Blüten und Balgfrüchten. Die Samen enthalten giftige, herzwirksame Glykoside (↑Strophanthine).

Stropharia [griech.] ↑Träuschling.

Strophe [griech. „Wendung"], Zusammenfassung von Versen oder Langzeilen zu einer metr. Einheit, die themat. selbständig (stroph. Gedicht) sein kann oder mit anderen S. eine themat. mehr oder weniger geschlossene S.reihe, einen Zyklus oder ein Gedicht bilden kann. Konstituierend sind bei antiken S.formen bestimmte quantitierende Versgruppen (alkäische S., sapphische S., asklepiadeische S.) im MA und in der Neuzeit meist bestimmte Reimschemata (Kanzonen-S.). *Freie S.* sind metr. nicht vorgeschriebene, sich nur aus dem Inhalt ergebende Verseinheiten. Die Syntax kann gelegentl. eine S.grenze überspringen (**Strophensprung**). S. finden sich v. a. in der Lyrik, auch in der Epik (z. B. „Nibelungenlied"), selten im Drama.

Strophicus [griech.-lat.], ma. Notenzeichen, ↑Neumen.

Štrosmajer, Josip Juraj (Joseph Georg Strossmayer) [ˈʃtrɔs...], * Osijek 4. Febr. 1815, † Đakovo 8. April 1905, kroat. kath. Theologe. - 1851 Apostol. Administrator für Serbien; kultureller Förderer Kroatiens; ermöglichte 1867 die Gründung der kroat. Akad. der Wiss., 1874 der Univ. Zagreb; 1860–73 Führer der kroat. Volkspartei im ungar. Landtag; Vorkämpfer einer Union v. a. mit der russ.-orth. Kirche, die jedoch nicht zustande kam; widersetzte sich bis 1872 dem Unfehlbarkeitsdogma.

Štrougal, Lubomír [tschech. ˈʃtrɔuɡal], * Veselí nad Lužnicí bei Tábor 19. Okt. 1924, tschechoslowak. Politiker. - Seit 1945 Mgl. der KPČ, 1958 in das ZK berufen; 1961–65 Innenmin., wurde 1968 stellv. Min.präs. und Mgl. des Parteipräsidiums; konsolidierte als Min.präs. seit Jan. 1970 die Lage in der ČSSR im Sinne der sowjet. Besatzungsmacht.

Stroux, Karlheinz [ʃtrʊks], * Hamborn (= Duisburg) 25. Febr. 1908, † Düsseldorf 2. Aug. 1985, dt. Regisseur. - 1928–31 Schauspieler und Regisseur in Berlin und Wien. Nach 1945 in Heidelberg, Darmstadt und Wiesbaden, 1948/49 Oberspielleiter am Hebbeltheater Berlin; 1953/54 am Schiller- und Schloßparktheater in Berlin (West). 1955–72 Generalintendant des Düsseldorfer Schauspielhauses; inszenierte sowohl klass. als auch moderne Stücke (u. a. 1953 dt. Erstaufführung von S. Becketts „Warten auf Godot"; 1965 Uraufführung von E. Ionescos „Hunger und Durst").

Strozzi, seit dem 13. Jh. urkundl. erwähntes florentin. Patriziergeschlecht. Als Bankiers zu großem Reichtum gelangt (der *Palazzo S.* wurde 1489 durch *Filippo S. d. Ä.* [* 1428, † 1491] begonnen), bed. als polit. Gegner der Medici.

Strozzi, Bernardo, * Genua 1581, † Venedig 2. Aug. 1644, italien. Maler. - Seit 1630 in Venedig, wo er in bibl. Szenen, Allegorien und Bildnissen v. a. venezian. und fläm. Einfluß zu einem kolorist. effektvollen maler. Vortrag verband (u. a. „Predigt Johannes' des Täufers"; Wien, Kunsthistor. Museum).

Strubbelkopf (Schwarzer Schuppenröhrling, S.röhrling, Strobilomyces floccopus), seltener Röhrling (Schuppenröhrling), von Sommer bis Herbst in Laubwäldern vorkommend; Hut 8–15 cm breit, grobschuppig, graubraun bis braunschwarz; Röhren grob, blaßgrau bis graubraun; Stiel beringt, unter dem Ring schwarzschuppig, oben glatt und grau; Fleisch blaßgrau, etwas rötl. anlaufend; geringwertiger Speisepilz.

Strubberg, Friedrich Armand, Pseud. Armand, * Kassel 18. März 1806, † Gelnhausen 3. April 1889, dt. Schriftsteller. - 1826–29 und 1837–54 in Texas; später Anwalt Kurfürst Friedrich Wilhelms von Hessen. Schrieb mehr als 40 abenteuerl. Reiseromane.

Struck, Karin, * Schlagtow (= Groß Kiesow bei Greifswald) 14. Mai 1947, dt. Schriftstellerin. - Kam 1953 in die BR Deutschland; Verf. autobiograph. Bekenntnisliteratur wie „Klassenliebe" (R., 1973), wo sie in Tagebuch und Briefform anhand einer Liebesbeziehung ihre soziale Lage reflektiert, „Mutter" (R., 1975), eine Auseinandersetzung über Schwangerschaft, Geburt und Mutterschaft, „Lieben" (R., 1977), eine Beschreibung ihrer intimsten sexuellen Beziehungen. - *Weitere Werke:* Trennung (E., 1978), Finale (R., 1984), Glut und Asche (E., 1985).

Strudel, in die Tiefe ziehender Wasserwirbel.

◆ östr. Spezialität; hauchdünn ausgezogener Teig wird mit einer Füllung (Äpfel, Rosinen oder Nüsse, Mohn, Quark u. a.) gebacken und warm oder kalt serviert.

Strudelpunkt, spezieller Punkt einer Kurvenschar: Jede durch ihn verlaufende Gerade schneidet jede Scharkurve in jeder Umgebung von ihm unendl. oft.

Strudeltopf, Vertiefung in einer Flußbettsohle, an Küsten oder in Gletschern, entstanden durch strudelnd bewegte Gerölle.

Strudelwürmer (Turbellaria), mit rd. 3 000 Arten weltweit v. a. in Meeres-, Brack- und Süßgewässern verbreitete Klasse etwa 0,05 bis maximal 60 cm langer Plattwürmer; vorwiegend freilebende, sich teils von Mikroorganismen, teils räuber. ernährende Tiere mit dichtem, häufig den ganzen Körper be-

Stromversorgung. Verteilungsschema der elektrischen Energie (HH Höchstspannung, H Hochspannung, M Mittelspannung, N Niederspannung)

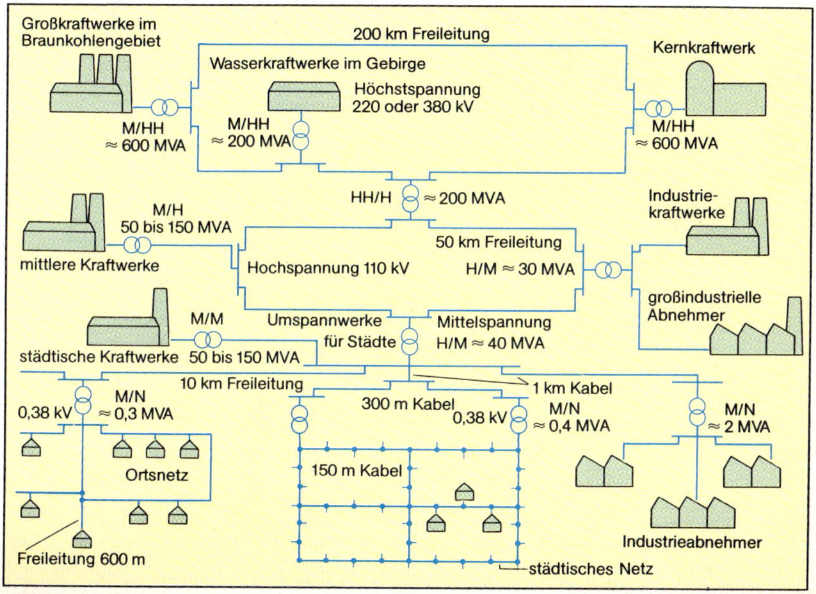

deckendem Wimpernkleid, mit dessen Hilfe sie sich schwimmend fortbewegen; verschiedene Arten können auch kriechen; Körper oft dorsiventral stark abgeflacht. - Zu den S. gehören u.a. die Planarien und Acoela.

Strudengau, 25 km lange Engtalstrecke der Donau in Österreich, zw. Dornach und Ybbs an der Donau.

Strudler, meist festsitzende Tiere, die durch Wimpern- oder Gliedmaßenbewegungen einen Wasserstrom in die Mundöffnung hinein erzeugen und sich damit kleine, im Wasser schwebende Organismen und organ. Substanzen als Nahrung zuführen; z.B. Wimpertierchen, Schwämme, Röhrenwürmer, Rankenfüßer, Muscheln, Manteltiere und Lanzettfischchen.

Struensee, Johann Friedrich Graf von (seit 1771) [ˈʃtruːənzeː, dän. ˈsdruːənsə], * Halle/Saale 5. Aug. 1737, † Kopenhagen 28. April 1772 (hingerichtet), dän. Staatsmann dt. Herkunft. - 1769 Hofarzt des geisteskranken dän. Königs Christian VII.; betrieb die Absetzung des Außenmin. J. H. E. Graf von Bernstorff (1770) und ließ sich zum Geheimen Kabinettsmin. ernennen (1771); führte Reformen im Sinn des aufgeklärten Absolutismus durch; seine absolutist. Herrschaftsmethoden und antidän. Tendenzen führten zu seiner Verhaftung (17. Jan. 1772); wegen seines Verhältnisses mit der Königin hingerichtet. Zu den Dichtungen um S. zählen Dramen, u.a. von H. Laube (1847), H. Franck sowie Romane von R. Neumann und E. Maass.

Strugazki, Arkadi Natanowitsch, * Batumi 28. Aug. 1925, russ.-sowjet. Schriftsteller. - Verfaßte zus. mit seinem Bruder *Boris Natanowitsch S.* (* 1933) Science-fiction in der Tradition der Weltraumphantastik, später auch [satir.] utop. Romane mit gegenwartsbezogener, auch moral.-didakt. Thematik, u.a. „Der ferne Regenbogen" (E., 1964), „Montag beginnt am Samstag" (R., 1965), „Die bewohnte Insel" (R., 1969), „Die zweite Invasion" (En., dt. Auswahl 1973).

Strughold, Hubert, * Westtünnen (= Hamm) 15. Juni 1898, dt.-amerikan. Physiologe. - 1935–45 Direktor des Luftfahrtmedizin. Forschungsinst. in Berlin; ab 1962 Prof. für Luftfahrtmedizin in Brooks Air Force Base (Tex.); bed. Arbeiten über die humanphysiolog. bzw. medizin. Bedingungen und Probleme bei der Luft- und Raumfahrt.

Struktur [zu lat. structura „ordentl. Zusammenfügung, Ordnung"], wissenschafts- und bildungssprachl. Begriff, allg. gebraucht für Aufbau, Gefüge, v.a. im Rahmen eines als geordnet aufgefaßten Ganzen. *Philosoph.* bestimmt Kant S. als „Lage und Verbindung der Teile eines nach einheitl. Zweck sich bildenden Organismus". Dieser S.begriff gewann, vermittelt v.a. über W. Dilthey und E. Spranger, grundsätzl. Bed. für die Methodendiskussion in den Kulturwiss., indem sie stets die Berücksichtigung des Ganzen fordern. Den als *Strukturalismus* bezeichneten verschiedenen wiss. Richtungen, für die S. grundlegender, programmat. Leitbegriff ist, ist trotz aller Unterschiede gemeinsam, daß sie die Funktionen eines geordneten Ganzen nicht mittels Einzelanalysen von Teilen, sondern aus seinem Gesamtaufbau bestimmen.
◆ grundlegender Begriff der modernen *Mathematik;* man erhält ihn durch Abstraktion, indem man verschiedene Gegenstandsbereiche nur im Hinblick auf ihre allg. mathemat. Eigenschaften untersucht und dabei von der Bezugnahme auf die zugrundeliegenden konkreten mathemat. Objekte absieht. Betrachtet man z.B. die Menge G der ganzen Zahlen bezügl. der Addition (Verknüpfungszeichen $+$) und die Menge D der Drehungen bezügl. ihrer Hintereinanderausführung (α), so stellt man fest, daß in beiden Fällen die Gruppenaxiome erfüllt werden: G und D, genauer die Gebilde $(G, +)$ und (D, α), sind Beispiele (Modelle) einer ↑Gruppe. Sieht man von der Verschiedenartigkeit der Elemente der Mengen G und D und den speziellen Verknüpfungen ab, so sind die beiden Gebilde auf Grund der Existenz einer Verknüpfung und deren Eigenschaften nicht zu unterscheiden; man sagt, sie tragen dieselbe *Gruppenstruktur.* - Die sich mit den S. befassende *abstrahierende Axiomatik* sucht mit Hilfe der mathemat. Logik aus dem Axiomensystem, das eine S. beschreibt, mathemat. Sätze herzuleiten. Diese gelten dann in jedem Modell des Axiomensystems. In der modernen Mathematik herrscht die Tendenz, die Mathematik als die *Lehre von den S.* zu betrachten, d.h., man ordnet und baut die Mathematik unter dem allg. Begriff der S. auf, der die Grenzen der traditionellen mathemat. Gebiete sprengt.
◆ in *Naturwiss.* und *Technik* der auf Grund bestimmter Gesetzmäßigkeiten gegebene räuml. Aufbau eines Materials, z.B. die S. der Materie, der Atomkerne usw.
◆ in der *Petrographie* ↑Gefüge.

Strukturalismus [lat.-frz.], Sprachtheorie, die die moderne Linguistik als autonome Wiss. begründet, indem sie Sprachen als strukturierte Systeme von Zeichen auffaßt und exakte Methoden zu ihrer Beschreibung entwickelt. - Die *europ. Richtung des S.* geht auf F. de Saussure zurück, der den Gegenstandsbereich der Linguistik mittels Dichotomien (Gegensatzpaare) neu definierte: Sprache wird nicht mehr als Ergebnis histor. Entwicklung (Diachronie) gesehen, sondern als Zusammenwirken gleichzeitiger Einheiten (Synchronie). Sie ist nicht zu fassen im konkreten individuellen Sprechen (Parole), sondern als überindividuelles System von Werten, das als soziale Institution in einer Sprachgemeinschaft gilt (Langue). Die Struktur der Langue wird bestimmt durch die willkürl. und konventionelle Beziehung zw. Ausdruck

(Bezeichnendes) und Inhalt (Bezeichnetes), die das sprachl. Zeichen konstituiert, durch paradigmat. Beziehungen zw. Zeichen, die gegeneinander austauschbar sind, und durch syntagmat. Beziehungen zw. Zeichen, die nebeneinander vorkommen. Der Ansatz Saussures wurde v.a. von der Prager Schule und von der Kopenhagener Schule (↑Glossematik) aufgegriffen und von beiden weiterentwickelt. Auch der von L. Bloomfield in den 1920er Jahren begründete *amerikan. S.* beschreibt Sprache als synchrones System. Sein Gegenstand ist jedoch nicht die Langue, sondern die beobachtbare gesprochene Sprache, v.a. die noch unerforschten Sprachen der Indianer und anderer Völker ohne schriftl. Überlieferung. Er entwickelt exakte Analysemethoden, um aus einem Korpus (begrenzte Beispielsammlung) von Äußerungen ohne Rückgriff auf die Bedeutung dieser Äußerungen die Grammatik einer Sprache zu ermitteln. Diese Methoden haben zum Ziel, Äußerungen in sich wiederholende gleiche Teile zu segmentieren, die Teile nach ihrer Distribution, d.h. ihren mögl. Umgebungen zu klassifizieren. Segmentierung und Klassifikation haben eine Grammatik zum Ergebnis, die die Formen strukturell, d.h. nach ihrer Klassenzugehörigkeit und ihrer Distribution, beschreibt, ihre Bedeutung jedoch als nicht beobachtbar unberücksichtigt läßt. In der ↑generativen Grammatik wird der amerikan. S. überwunden.

Die Verdienste des S. liegen v.a. in der Erkenntnis der Systemhaftigkeit der Sprachen und in der Entwicklung theoret. fundierter Analysemethoden. Er vernachlässigt jedoch den sprechenden Menschen, seine Sprachfähigkeit und sein kommunikatives Handeln.

📖 *Nethöfel, W.: Strukturen existentialer Interpretation. Gött. 1982. - Fietz, L.: S. Tüb. 1982.*

◆ Methode der *Ethnologie*, die versucht, die Sprachsysteme, die sozialen Ordnungen, Religionen und Mythologien aller Völker auf kleinste Einheiten, d.h. ihre zu allen Zeiten gleiche Struktur, zurückzuführen. Der S. wurde v.a. von C. Lévi-Strauss ausgearbeitet und zielt letztl. auf den Nachweis einer Fundamentalstruktur, die allen Hervorbringungen des menschl. Geistes zugrundeliegt.

◆ *Architektur:* Gestützt auf die Theorien von C. Lévi-Strauss und auf die Kenntnis früher Kulturen erklären die Vertreter des S. (P. Blom, H. Hertzberger, F. van Klingeren) den Raster im konstruktiv-kleinteiligen wie im städtebaul. Maßstab zum Grundmuster aller Bautätigkeit.

📖 *Lüchinger, A.: S. in Architektur u. Städtebau. Stg. 1981.*

Strukturböden ↑Solifluktion.

strukturell-funktionale Theorie, eine der soziolog. Theorien über Struktur und Funktion sozialer Systeme, von T. Parsons entwickelt und dem Funktionalismus verpflichtet; versucht die Funktionsbedingungen des sozialen Gesamtsystems zu erkennen und zu erfüllen, um dieses im Gleichgewichtszustand zu halten und zu erhalten. Nach Auffassung der s.-f. T. hat ein System 4 Grundprobleme zu bewältigen: 1. Verwirklichung seiner Ziele; 2. Anpassung an seine Umwelt; 3. Wahrung seiner Grundstruktur; 4. Lösung innerer Spannungen (v.a. durch Integration). Alles, was dem Bestand eines Systems schädl. ist, wird *Dysfunktion* genannt. Jede soziale Handlung wird von der Position des Handelnden im und ihrer Funktion für das Gesamtsystem bestimmt. Die Orientierung für sein Verhalten gewinnt der Handelnde aus dem im Sozialisationsprozeß verinnerlichten „kulturellen System" der Wertsymbole und -maßstäbe. Die individuellen Handlungen sind dabei durch institutionalisierte Verhaltens- und Beziehungsmuster verknüpft, die das „soziale System" darstellen. - Kritisiert wird die s.-f. T., weil ihre Kategorien des Gleichgewichts, der Integration, der Konfliktvermeidung und Stabilisierung v.a. die Probleme des sozialen Wandels und der Ausübung von Herrschaft höchst unzureichend erfassen.

Strukturfaktor, die Intensität eines an einer Elementarzelle eines Kristallgitters gebeugten Röntgen- oder Teilchenstrahls.

Strukturformel ↑chemische Formeln.

Strukturgene, Abschnitte auf der DNS, die entsprechend ihrem genet. Informationsgehalt in Proteine (meist Enzyme) „übersetzt" werden. Daneben gibt es in den Chromosomen DNS-Abschnitte, deren Funktion allein in der Regulation der zu ihnen gehörenden S. besteht.

Strukturgeschichte, Forschungsrichtung in der Geschichtswiss., die Ereignisse, Verlaufstypen und Prozesse von den polit.-sozialen Bauformen her zu erklären sucht.

Strukturgewebe, zusammenfassende Bez. für Textilgewebe mit erhabenem Oberflächenmuster.

Strukturisomerie, svw. Konstitutionsisomerie (↑Isomerie).

Strukturkrise, Rückgang der Produktion in einem bestimmten Produktionszweig über einen längeren Zeitraum hinweg, der durch eine nachhaltige Verlagerung der Nachfrage auf andere (substitutive) Güter verursacht ist. Beispiel für eine S. in der BR Deutschland war die durch den wachsenden Anteil des Erdöls am Energieverbrauch hervorgerufene Krise des Kohlenbergbaus in den 1960er Jahren.

Strukturkrisenkartell, rechtl. zulässiger Sonderfall der Bildung eines Kartells durch von einer Strukturkrise betroffene Unternehmen, durch das die Kapazitäten in dem betreffenden Produktionszweig unter Berücksichtigung der Gesamtwirtschaft und des Gemeinwohls an die reduzierte Nachfrage angepaßt werden sollen.

Strukturplan für das Bildungswesen, 1970 vorgelegte Empfehlung der Bildungskommission des Deutschen Bildungsrates zur Neuordnung des Bildungswesens in der BR Deutschland, die v. a. eine strukturelle Neugestaltung des Schulwesens und der Lehrerbildung vorsah. Statt der bisherigen vertikalen Gliederung des Schulwesens wird eine horizontale Gliederung in 4 Bereiche vorgeschlagen: 1. *Elementarbereich* für drei- bis vierjährige Kinder; 2. *Primarbereich* mit der in Eingangsstufe und Grundstufe gegliederten Grundschule bei einer Vorverlegung des Einschulungsalters in das vollendete 5. Lebensjahr und der als Bindeglied zum Sekundarbereich dienenden Orientierungsstufe (5. und 6. Schuljahr); 3. *Sekundarbereich*, unterteilt in die Sekundarstufen I und II; 4. *Bereich der Weiterbildung.* Bis heute kann nur von einer bruchstückhaften Verwirklichung der Empfehlungen des S. f. d. B. bes. im Schulbereich gesprochen werden. Bislang ist nur die Einführung der Orientierungsstufe im Primarbereich bundesweit gesetzl. verankert. Die Empfehlungen zu Zusammenarbeit- und -wirken der verschiedenen Schulformen und der Angleichung der Lehrpläne blieben bis auf die 5. und 6. Jahrgangsstufe nur Entwurf.

Strukturpolitik, Gesamtheit der wirtschaftspolit. Maßnahmen eines Staates zur Gestaltung der Strukturdaten einer Volkswirtschaft, v. a. als *regionale S.*, die durch steuerl. Vergünstigungen und andere Maßnahmen der Investitionsförderung die Ansiedlung von Industrien in bestimmten Gebieten fördert. Da zu den Strukturdaten auch Stand des techn. Wissens, rechtl. Ordnung, Einkommens- und Vermögensverteilung gehören, haben nahezu alle wirtschafts-, bildungs- und sozialpolit. Maßnahmen auch strukturpolit. Effekte.

Strukturresonanz, svw. ↑Mesomerie.

Strukturtauben, durch charakterist. Gefiederstrukturen ausgezeichnete Haustaubenrassen, z. B. **Perückentaube** (mit mächtigem, kugeligem Federbausch [Perücke], der den Kopf und den Hals bis zur Brust umschließt, läßt Stirn und Gesicht frei) und **Pfautaube** (beim Imponiergehabe bilden die gespreizten Schwanzfedern ein senkrecht getragenes [pfauenartiges] Federrad).

Struma, Zufluß des Ägäischen Meeres, entspringt in der Witoscha (Bulgarien), mündet nö. der Chalkidike in den Strymon. Golf (Griechenland); 408 km lang, davon 118 km in Griechenland.

Struma [lat.], svw. ↑Kropf.

◆ ältere Bez. für eine krankhafte Vergrößerung von Organen, z. B. Eierstock, Vorsteherdrüse, Nebenniere oder Hypophyse.

Strumektomie [lat./griech.], die operative Entfernung von größeren Anteilen der erkrankten (vergrößerten) Schilddrüse.

Strumica [makedon. 'strumitsa], jugoslaw. Stadt an der S., einem Nebenfluß der Struma, 262 m ü. d. M., 23 000 E. Tabak- und Baumwollverarbeitung. - Ruinen einer Siedlung mit Nekropole aus röm. Zeit; Reste einer ma. Befestigung; Stephanskirche (14. Jh.?).

Strümpell, Adolf von (seit 1893), * Gut Neu-Autz (Kurland) 26. Jan. 1853, † Leipzig 10. Jan. 1925, dt. Neurologe. - Prof. in Leipzig, Erlangen, Breslau und Wien; Arbeiten bes. zur Neuropathologie, daneben zur Anästhesie und zur Physiologie des Schlafs. S. gilt als einer der Begründer der Neurologie als medizin. Lehrfach in Deutschland.

Strumpfbandfisch (Lepidopus caudatus), bis etwa 2 m langer Knochenfisch im Mittelmeer und östl. Atlantik; Körper bandförmig, mit sehr langer Rücken- und kleiner Schwanzflosse.

Strumpfbandnattern (Thamnophis), Gatt. der Echten Nattern mit zahlr., 50–150 cm langen Arten, verbreitet von S-Kanada bis Mexiko; schlank, viele Arten mit drei hellen Längsstreifen; lebendgebärende Schlangen, die sich v. a. in der Nähe von Gewässern aufhalten.

Strümpfe, handgestrickte oder maschinell hergestellte Fuß- und Beinbekleidung; *Söckchen* und *Socken* reichen über die Knöchel, *Waden-* und *Knie-S.* reichen bis zu den Waden bzw. Kniekehlen, *lange S.* bedekken auch die Oberschenkel; *Strumpfhosen* reichen bis zur Taille (in den 1960er Jahren in der Damenmode aufgekommen). - In früher Zeit dienten Bein- und Fußbinden als Schutz, in der Spätantike kamen bis an die Knie reichende, genähte S. auf, die in die geistl. Tracht übernommen wurden. In der abendländ. Mode tauchten im 12. Jh. strumpfähnl. Beinlinge auf (↑auch Hose). Mit der Kniehose kamen kürzere S. auf, die in der 2. Hälfte des 16. Jh. auch aus Seide gestrickt wurden. Nachdem 1589 der Engländer W. Lee eine Strickmaschine erfunden hatte, wurden S. mehr und mehr maschinell hergestellt, ab 1870 auch nahtlos. Die S. waren früher meist weiß. In der 2. Hälfte des 19. Jh. kamen in der Damenmode schwarze S. auf, seit den 1920er Jahren meist in hellen bräunl. Farbtönen, hauchdünn dank vollsynthet. Kunstfasern. Bei Socken, den seit dem Aufkommen der langen Hose übl. Herren-S., machen heute eingearbeitete Stretchgarne und Gummifäden Sockenhalter überflüssig.

Struve ['ʃtru:və, engl. 'stru:vɪ] (russ. Struwe), Astronomenfamilie; bed. Vertreter:

S., Friedrich Georg Wilhelm von (seit 1862), * Altona (= Hamburg) 15. April 1793, † Petersburg 23. Nov. 1864, russ. Astronom und Geodät dt. Herkunft. - 1817–34 Direktor der Sternwarte in Dorpat und 1834–62 der von ihm aufgebrauten Sternwarte in Pulkowo; widmete sich bes. den Doppel- und Mehrfachsternen; bestimmte 1836/37 den Höhenunterschied zw. Kasp. und Schwarzem Meer.

S., Hermann von, * Pulkowo 3. Okt. 1854, † Bad Herrenalb 12. Aug. 1920, dt. Astronom. - Sohn von Otto Wilhelm von S.; Direktor der Sternwarten in Königsberg (Pr) und ab 1904 in Berlin; schuf die moderne Theorie der Bewegung der Saturnsatelliten.

S., Otto, * Charkow 12. Aug. 1897, † Berkeley (Calif.) 6. April 1963, amerikan. Astronom russ. Herkunft. - Enkel von Otto Wilhelm von S.; wanderte 1921 in die USA aus (1927 eingebürgert); arbeitete an verschiedenen Observatorien in den USA über Radialgeschwindigkeiten und Sternrotationen, über physikal. und kinemat. Verhältnisse in Doppelsternsystemen, über Sternentwicklung, interstellare Materie und Radioquellen; bekannt ist sein Lehrbuch „Astronomie" (1959).

S., Otto Wilhelm von, * Dorpat 7. Mai 1819, † Karlsruhe 16. April 1905, balt. Astronom und Geodät. - Sohn von Friedrich Georg Wilhelm von S.; als Nachfolger seines Vaters 1862–69 Direktor der Sternwarte in Pulkowo; untersuchte insbes. die Bewegung des Sonnensystems sowie Sternparallaxen.

Struve, Gleb [engl. 'stru:vɪ], * Petersburg 1. Mai 1898, amerikan. Slawist russ. Herkunft. - Emigrierte nach der Oktoberrevolution; seit 1947 Prof. in Berkeley; gab u. a. die Werke von O. E. Mandelschtam, N. S. Gumiljow und A. A. Achmatowa heraus; verfaßte eine „Geschichte der Sowjetliteratur" (1951) und eine Geschichte der russ. Literatur in der Emigration (1956).

S., Gustav von ['ʃtru:və], * München 11. Okt. 1805, † Wien 21. Aug. 1870, dt. Politiker. - Rechtsanwalt und Publizist; entwickelte sich im Vormärz zum radikalen Demokraten (Leitung der Offenburger Versammlung). Im Vorparlament 1848 scheiterte er mit seinem föderativen republikan. Verfassungsentwurf. Am Aprilaufstand F. F. K. Heckers (1848) führend beteiligt; im Maiaufstand 1849 aus der Haft befreit; 1851–63 im Exil in den USA.

Struwe ↑Struve.

Strychnin [griech.], giftiges, farblose, schwer wasserlösl. Kristalle bildendes Alkaloid aus den Samen des Brechnußbaumes; lähmt bei Säugetieren und beim Menschen hemmende Synapsen, so daß es schon bei geringen Reizen zu heftigen Krämpfen kommt; der Tod tritt durch Atemlähmung ein (tödl. Dosis für einen Erwachsenen: 100–300 mg). Chem. Strukturformel:

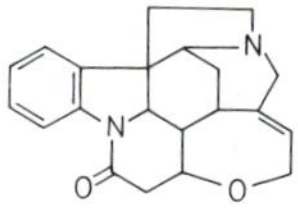

Strychnos [griech.], Gatt. der Loganiengewächse mit rd. 150 Arten in den Tropen; Bäume, Sträucher oder Lianen mit häutigen oder ledrigen, drei- bis fünfnervigen Blättern; Blüten radiär, in Trugdolden oder Trauben stehend; Beerenfrüchte. Zur Gatt. S. gehören zahlr. durch Alkaloide giftige Arten, z. B. der Brechnußbaum, aus dessen Samen Strychnin gewonnen wird. Mehrere in S-Amerika heim. Arten liefern Kurare. Aus der Rinde afrikan. Arten werden Pfeilgifte hergestellt.

Stuart ['ʃtu:art, 'stu:..., engl. stjʊət] (Steuart, Stewart), schott. Geschlecht, dessen Anfänge bis ins 11. Jh. zurückzuführen sind und das sich nach dem Amt des Steward („Seneschall") benannte. Nachdem *W. Fitzalan* († 1177) um 1136 in die Dienste des schott. Königs getreten war, wurde seiner Fam. 1157 das Amt des Steward von Schottland fest übertragen. 1371 erlangte Robert S., der Neffe des letzten schott. Königs aus dem Hause Bruce, als Robert II. († 1390) den schott. Thron. Jakob IV. begründete durch seine Ehe mit M. Tudor den Erbanspruch der S. auf die engl. Krone. Die direkte königl. Linie endete mit Jakob V., dessen Tochter aus 2. Ehe, Maria S. († 1587), die Reg. 1567 an ihren Sohn aus 2. Ehe, Jakob VI., abgab. Dieser wurde als Jakob I. 1603 auch König von England. 1688/89 wurde die Dyn. gestürzt, die kath. Linie der S. 1701 endgültig von der Reg. ausgeschlossen. Die prot. Tochter Jakobs II., Anna (♔ 1702–1714), war die letzte S. auf dem Thron. Die männl. Linie der S. erlosch 1807, die weibl. und weitere Nebenlinien bestehen bis heute fort. - ↑auch Tudor.

Stuart [engl. stjʊət], Francis, * in Queensland (Australien) 29. April 1902, ir. Schriftsteller. - 1939–44 Lektor für Englisch an der Univ. Berlin. Behandelt in seinen Romanen zeitgenöss. Existenzprobleme, oft unter religiösen Aspekten, auch aktuelle polit. und ökonom. Fragen; u. a. „Der weiße Hase" (1936), „Karfreitag nach Ostern" (1951), „Memorial" (1973), „Faillandia" (1985).

S., Ian, schott. Schriftsteller, ↑MacLean, Alistair.

Stuartkragen, nach der schott. Königin Maria Stuart benannter großer, hochstehender Kragen; oft aus Spitze.

Stubaier Alpen, stark vergletscherter Teil der Zentralalpen zw. Ötztal und Wipptal (Österreich und Italien), im Zuckerhütl 3 507 m hoch.

Stubben [niederdt.] ↑Stock.

Stubbenkammer, Steilküste im NO der Insel Rügen, im Königsstuhl 119 m hoch.

Stubenfliege, (Große S., Gemeine S., Musca domestica) v. a. in menschl. Siedlungen weltweit verbreitete, etwa 1 cm lange Echte Fliege; Körper vorwiegend grau mit vier dunklen Längsstreifen auf der Rückenseite des Thorax; sehr lästiges, als Krankheitsüberträger gefährl. Insekt, dessen ♀ jährl. bis zu 2 000 Eier an zerfallenden organ. Substanzen ablegt, wo sich auch die Larven entwickeln. Die Nahrung wird durch Speichel verflüssigt

und mit Hilfe des polsterförmigen Rüsselendabschnitts aufgenommen.
◆ (Kleine S., Hundstagsfliege, Fannia canicularis) 4–6 mm lange ↑Blumenfliege; unterscheidet sich von der Großen S., außer durch die geringere Größe u. a. durch gelbl. Flecken am Hinterleib.

Stüber, Groschenmünzen, Ableitungen des niederl. Stüvers: 1. ostfries. Silbermünze, geprägt 1561–1823; 2. niederrhein. Silbermünze, seit 1821 außer Kurs.

Stuccolustro [italien.], Technik zur Herstellung glänzender Fresken. Auf den übl. Freskogrund wird ein Gemisch von Kalk, Marmormehl und ölhaltiger Seife aufgetragen, die Farben (Kalkseifenlösung und kalkechte Pimente) werden auf den feuchten Grund aufgetragen; sobald sie angetrocknet sind, bügelt man das Gemälde mit einem Spezialbügeleisen sehr heiß.

Stuck, Franz von (seit 1906), * Tettenweis (Landkr. Passau) 23. Febr. 1863, † München 30. Aug. 1928, dt. Maler. - Mitbegr. der Münchner Sezession und Lehrer an der Akad. (u. a. von Kandinsky und Klee); Vertreter des Münchner Jugendstils; mytholog. und symbolist. Themen („Die Sünde", 1893, München, Bayer. Staatsgemäldesammlungen; „Der Krieg", 1894, ebd.); auch Graphik, Bronzeplastik und Möbel (Stuckvilla, 1898).

S., Hans, * Warschau 27. Dez. 1900, † Garmisch-Partenkrichen 8. Febr. 1978, dt. Automobilsportler. - Seit 1922 Rennfahrer. Erzielte u. a. 14 absolute Weltrekorde, 23 Klassenrekorde; 1934–39 dt. Meister.

Stuck [zu italien. stucco mit gleicher Bed.], Gemisch aus S.gips (↑ Gips), Kalk, Sand und Wasser, das sich feucht leicht formen läßt, bald aber sehr hart wird. Flacher Dekken-S. in Innenräumen kann ausschließl. aus Gips bestehen, der mit Wasser oder Leimwasser angerührt wird; für voluminöse S.arbeiten wird außer Gips auch Kalk und Sand zugesetzt, für Außenwände wird nur Kalk und Sand verarbeitet, denen heute gelegentl. Zement zugesetzt wird. Der S. wird mit der Hand frei modelliert oder in Einzelteilen in Formen gegossen und dann zusammengesetzt.

Stuckarbeiten waren schon im Altertum bekannt. In Ägypten und Kreta, wo man Ziegelwände mit S. überzog, um sie zu verstärken und vor Witterungseinflüssen zu schützen, wurde der S. bemalt. Bei griech. Tempeln, die aus Kalkstein errichtet wurden, diente er der Verbesserung der Detailformen. Die Verzierung der Wände mit Reliefs führten die Römer zu hohem Niveau. In Vorderasien traten die Perser das Erbe der Römer an, ornamentale wie figürl. Reliefs schmückten ihre Paläste (Ktesiphon). Mit der Ausbreitung der islam. Kultur entstanden vorzügl. S.arbeiten (Alhambra in Granada). Im Abendland brachte erst die Renaissance eine Neubelebung des S.reliefs: Zu Beginn des 16. Jh. ahmte man in Rom die altröm. Dekoration nach (Loggien Raffaels im Vatikan). Schüler Raffaels und deren Mitarbeiter verbreiteten diese neue Dekoration in ganz Europa. Im Barock war der S. unentbehrl. für die Gestaltung von Innenräumen: im 17. Jh. schwere, stets weiße Fruchtgehänge, Girlanden, Putten oder Trophäen; im 18. Jh. farbig gefaßt und flacher gearbeitet, zunächst abstraktes Bandelwerk, dann die asymmetr., phantasievolle Rocaille. Der S. beherrschte nicht nur die Wände, auch große Altaraufbauten mit farbigen Säulen

Stuckmarmor. Altarmensa mit Stuckmarmorintarsien von Johann Michael Fischer. Ursprünglich Gaibacher Schloß, heute in der Schloßkapelle von Pommersfelden (1736)

und vollplast. Figuren wurden aus S. gearbeitet. In Süddeutschland erlebte die Stuckierung ihre letzte große Blüte; einfachste Bauformen erhielten durch S. eine unvergleichliche Dynamik (z. B. die ↑Wies). Der Klassizismus lehnte die Vorherrschaft des Ornaments ab, die Bed. der S.arbeiten ging fast ganz zurück.

Beard, G.: S. Die Entwicklung der plast. Dekoration. Herrsching 1983. - Grzimek, W.: Dt. S.plastik, 800–1300. Bln. 1975. - Mielsch, H.: Röm. S.reliefs. Hdbg. 1975.

Stückakkord ↑Akkordarbeit.

Stücke, im *Bankwesen* Bez. für die auf bestimmte Nennbeträge lautenden Wertpapiere.

Stückelung, im *Münzwesen* 1. die Aufteilung der jeweils maßgebl. Gewichtseinheit (Mark, Zollpfund usw.) auf die einzelnen Münzsorten; 2. die Einrichtung des Geldsystems nach Wertstufen (Schaffung von Mehrfach- und Teilwerten der Hauptgeldeinheit).
◆ bei der Ausgabe von *Wertpapieren* die Aufteilung einer Emission auf die Nennbeträge der einzelnen, auf Teilbeträge lautenden Wertpapiere.

Stucken, Eduard, *Moskau 18. März 1865, † Berlin 9. März 1936, dt. Schriftsteller. - Von der Neuromantik beeinflußte Hauptwerke sind ein Dramenzyklus mit Themen aus der Gralssage (7 Dramen, 1902–24) und das von der Sprache des östr. Barock beeinflußte Romanepos „Die weißen Götter" (1918–22), das die Eroberung Mexikos durch die Spanier und die untergehende Kultur der Azteken schildert; auch Gedichte, Erzählungen sowie sprachwiss. Abhandlungen.

Stuckenschmidt, Hans Heinz, *Straßburg 1. Nov. 1901, dt. Musikkritiker und Musikforscher. - 1948–67 Prof. für Musikgeschichte an der TU in Berlin; Schriften v. a. zur Neuen Musik, u. a. „A. Schönberg" (1951), „Schöpfer der Neuen Musik" (1958), „Die großen Komponisten unseres Jh." (Bd. 1, 1971), „Schönberg. Leben, Umwelt, Werk" (1974), „Die Musik eines halben Jh. 1925–75" (1976).

Stückgeldakkordarbeit ↑Akkordarbeit.

Stuckgips ↑Gips.

Stückgut, im *Frachtverkehr* ein Ladungsgut in Einzelverpackung (im Ggs. z. B. zur Wagenladung oder zum Massengut bei Schiffsfracht).

Stückkauf (Spezieskauf), Kauf, bei dem im Vertrag im Unterschied zum ↑Gattungskauf die gekaufte Sache als einzelner Gegenstand individuell bestimmt ist. - ↑auch Stückschuld.

Stückkosten (Einheitskosten), die auf die Leistungseinheit bezogenen durchschnittl. Kosten.

Stücklen, Richard, *Heideck 20. Aug. 1916, dt. Politiker (CSU). - Seit 1949 MdB; 1953–57 und 1967–76 stellv. Vors. der CDU/CSU-Fraktion; 1957–66 Bundesmin. für das Post- und Fernmeldewesen; 1967–76 Vors. der CSU-Landesgruppe im Bundestag; **1976–79 und seit März 1983 Vizepräs., 1979–83 Präs. des Dt. Bundestages.**

Stücklohn, Arbeitsentgelt, das nach der Anzahl der erbrachten Leistungseinheiten bemessen wird.

Stuckmarmor (Scagliola), zur Nachahmung des Marmors v. a. in Barock und Rokoko verwendete gefärbte Stuckmasse; man erhält sie durch Vermengen von Stuckgips, Kalk, Sand (z. T. Marmor oder Alabaster), kalkechten Pigmenten, Lederleim, Wasser; beim Verarbeiten wird sie mit heißer Maurerkelle geglättet und nach dem Abbinden poliert. Bei **Stuckmarmorintarsien** wird die noch feuchte S.schicht ausgeschnitten und mit entsprechenden S.scheiben wieder ausgelegt. - ↑auch Stuccolustro.

Stückmaße ↑Maße (Übersicht).

Stücknotierung, in DM pro Stück an der Börse festgestellter Kurs (seit 1969 in der BR Deutschland offiziell eingeführt).

Stückschuld (Speziesschuld), Verpflichtung, die eine individuell und (anders als die ↑Gattungsschuld) nicht nur nach Artmerkmalen bestimmte Leistung zum Inhalt hat (z. B. die Verpflichtung beim Stückkauf, diese 10 Flaschen Wein und nicht schlechthin 10 Flaschen Wein einer bestimmten Sorte zu liefern).

Stückzeitakkord ↑Akkordarbeit.

stud., Abk. für lat.: **stud**iosus (↑Student); stets mit Bez. der Disziplin verwendet z. B. stud. jur. (Student der Rechtswiss.) oder stud. rer. nat. (der Naturwiss.).

Student [zu lat. studere „sich bemühen"], der zu einer wiss. Ausbildung ordentl. eingeschriebene Besucher einer Hochschule. Mit der Einschreibung (Immatrikulation) wird der S. Mgl. der Hochschule und der ↑Studentenschaft. Er erhält damit die Rechte zum Besuch von Lehrveranstaltungen, zur Nutzung der Hochschuleinrichtungen, zu bes. finanziellen und sozialen Leistungen (↑auch Ausbildungsförderung), zur Mitwirkung in der Hochschulselbstverwaltung, zur Teilnahme am Studentenaustausch, und entsprechend seinem Studium zu Prüfungen, die ihm nach Bestehen einen akadem. Titel oder den Zugang zu weiteren Ausbildungsgängen (z. B. Lehrerreferendariat) ermöglichen. Gleichzeitig ist der S. jedoch auch zur Einhaltung bestimmter Verhaltens- und Ordnungsvorschriften verpflichtet. Mit der Exmatrikulation enden diese Rechte und Pflichten.
Die gegenwärtige *Studiensituation des S.* ist einerseits aus der Geschichte der ↑Hochschule und ihrer Hochschulpolitik sowie dem ↑Hochschulrahmengesetz zu erklären als auch allg. aus den Bemühungen der ↑Studentenbewegung, ohne die die gegenwärtigen Widersprüche der erfüllten und nicht erfüllten Reformbestrebungen undenkbar sind. Die

steigende Zahl der *Studienanfänger* hat die bes. soziale Situation bei fehlenden rechtzeitigen Reformmaßnahmen nur verschärft. So konnte weder die gesetzl. geregelte Ausbildungsförderung noch der Ausbau der Einrichtungen des ↑Studentenwerkes sowie die seit dem Hochschulrahmengesetz in ihren Rechten eingeschränkten Studentenschaften die soziale Lage des S. verbessern.

Studentenausschuß, Exekutivorgan der ↑Studentenschaft; Selbstverwaltungsorgan der student. Interessenvertretung an Hochschulen.

Studentenaustausch, von Staaten, Austauschdiensten oder einzelnen Hochschulen organisierter Auslandsaufenthalt von Studierenden. In der BR Deutschland ist der Deutsche Akademische Austauschdienst e. V. (Abk. DAAD) die wichtigste Organisation.

Studentenbewegung, Sammelbez. für die etwa ab 1960 in verschiedenen Ländern aufgetretenen und Anfang der 1970er Jahre abgeklungenen Unruhen unter Studenten und polit. Aktionen an den Hochschulen, die sich erst meist gegen schlechte Studienbedingungen, bald aber gegen polit. und soziale Verhältnisse schlechthin wandten. In den USA unterstützte die S. die Bürgerrechtsbewegung und wandte sich gegen den Vietnamkrieg, in der BR Deutschland manifestierte sie sich v. a. in der ↑außerparlamentarischen Opposition. Nur selten gelang es einer S. (v. a. in Frankr. während der Maiunruhen 1968), andere Bevölkerungsgruppen zu solidarisieren.

Studentenblume, svw. ↑Sammetblume.

Studentenfutter, Mischung aus verschiedenen Nußsorten und Rosinen.

Studentengemeinden, auf dem Personalprinzip beruhender Zusammenschluß ev. bzw. kath. Studenten an Univ. und Hochschulen zu einer selbständigen Gemeinde mit einem **Studentenpfarrer** als ihrem Leiter; die *ev. S.* sind in der „Ev. S. in der Bundesrepublik und Berlin (West)“, die *kath.* waren bis 1973 in der „Kath. Dt. Studenten-Einigung“ (KDSE) zusammengeschlossen, die wegen ihres Gemeindeverständnisses von der Dt. Bischofskonferenz nicht mehr anerkannt wird; ihre Nachfolgeorganisation „Arbeitsgemeinschaft der kath. Studenten- und Hochschulgemeinden“ ist bisher ebenfalls nicht anerkannt.

Studentenkrankheit, volkstüml. Bez. für die ↑Mononukleose.

Studentenpresse, Teilgebiet des Zeitschriftenwesens, in dem v. a. Studenten ihre gesellschaftl., wiss. und polit. Standorte artikulieren und diskutieren. Ausgangspunkt war die Revolution von 1848; nach 1871 formierte sich mit den student. Verbänden eine vielfältige S., verbreitert durch die Einführung der verfaßten Studentenschaft nach dem 1. Weltkrieg. Trotz scharfen Rechtskurses vieler Blätter (v. a. Antisemitismus) im Dritten Reich Verbot zugunsten der S. der NSDAP. Nach dem 2. Weltkrieg entwickelte sich in der BR Deutschland eine dreigliedrige S.: Publikationen der Allg. Studentenausschüsse, Zeitschriften polit. Gruppen, Korporationszeitschriften. Seit der Studentenbewegung der 1960er Jahre v. a. entstand eine aktuelle Flugblattpublizistik.

Studentenröschen, svw. Sumpfherzblatt (↑Herzblatt).

Studentenschaft, die Gesamtheit der an einer Hochschule immatrikulierten ↑Studenten, die in je nach Landesrecht unterschiedl. Ausprägung die Verwaltung student. Angelegenheiten (z. B. in Studentenwerken und Selbsthilfeeinrichtungen) und die Mitwirkung an der Hochschulselbstverwaltung wahrnimmt. Die bes. Studentenvertretungen (Allgemeiner Studentenausschuß, Studentenparlament) sind z. T. noch als rechtsfähige verfaßte S. erhalten, aber ohne die Wahrnehmung eines allgemeinpolit. Mandats (↑auch Hochschulpolitik), in den Ländern Bayern, Bad.-Württ. und Berlin jedoch durch die Landeshochschulgesetze abgeschafft. Dort können die Interessen der Studenten nur noch in den gesamtuniversitären Gremien wahrgenommen und vertreten werden. In den übrigen Ländern ist der **Allgemeine Studentenausschuß** als Exekutivorgan der S. tätig. Sein vom **Studentenparlament** gewählter Vorstand beruft Referenten für bestimmte Sachgebiete (Sozialfragen, Hochschulfragen, Finanzen, Ausland, Presse, Kultur, Sport u. a.). Das Studentenparlament wirkt als Legislativ- und Kontrollorgan. Auf Fachbereichsebene und Fakultätsebene gibt es die sog. ↑Fachschaften.

Geschichte: Im Gefolge des Freiheitskampfes gegen Napoleon I. schlossen sich liberal.-nat. Studenten in ↑Burschenschaften zusammen, um für polit. Zielsetzungen (Einheit Deutschlands, Presse, Rede- und Versammlungsfreiheit) einzutreten. Um die Jh.wende richteten die S. ihr Interesse bes. auf Facharbeit und Selbsthilfeeinrichtungen und nur vereinzelt auf allg. polit. Belange. 1933 erfolgte die Auflösung der S. und die Gleichschaltung im „Nat.-soz. Dt. Studentenbund“ (NSDStb). Erst 1949, nach Wiedergründung der S. in den einzelnen Besatzungszonen, wurden die S. zum Verband Dt. S. (VDS) zusammengeschlossen. In den 1960er Jahren nahmen die S. im Zuge der außerparlamentar. Opposition dann ein - wegen ihres Status als Zwangskörperschaft - rechtl. umstrittenes allgemeinpolit. ↑Mandat wahr. Durch die nach dem ↑Hochschulrahmengesetz von 1976 gestalteten Landeshochschulgesetze bleibt den S. aber die Wahrnehmung des allgemeinpolit. Mandats verwehrt, was zwar einerseits zeitweise zu heftigen bundesweiten Streikaktionen (1977) führte, andererseits aber eine zunehmende Entpolitisierung der Studenten be-

wirkte. Den S. ist danach nur die Selbstverwaltung bestimmter student. Angelegenheiten im Rahmen enger gesetzl. Bestimmungen unter Rechtsaufsicht des Landes und der Hochschulleitung gestattet. Ledigl. in studentischen Vereinigungen können über hochschulpolit., soziale und kulturelle Themen hinausgehende Aktivitäten erfolgen.
In *Österreich* ist die S. eine Körperschaft des öffentl. Rechts, der alle Studenten mit östr. Staatsbürgerschaft angehören. In der *Schweiz* unterliegen die S. - wie die Hochschulen - der kantonalen Gesetzgebung; zugleich sind sie im Verband der Schweizer S. (VSS) zusammengeschlossen.
🕮 *Bartsch, H.: Die Studentenschaften in der BR Deutschland. Bonn ²1971.*

Studenten-Weltbund (Christl. S.-W.), svw. ↑World's Student Christian Federation.

Studentenwerk, Einrichtung an Hochschulen im Rahmen der ↑Studienförderung die aus student. Selbsthilfeeinrichtungen hervorgegangen ist; heute meist als eingetragener Verein oder Anstalt des öffentl. Rechts geführt. Zuständigkeiten von S. sind Errichtung und Unterhaltung von Studentenwohnheimen und Mensen, die Verwaltung von Stipendienmitteln (↑auch Ausbildungsförderung) und die Interessenwahrung der Studenten im sozialen Bereich.

studentische Verbindungen (Korporationen), Gemeinschaften von (meist männl.) Studenten (und [berufstätigen] Akademikern), deren Grundsätze, Umgangs-, Organisations- und auch Sprachformen bis heute noch von Traditionen v. a. aus dem 18. und 19. Jh. geprägt sind. Feste *Institutionen* sind der Konvent, die Kneipe, Vortragsabende sowie das alljährl. Stiftungsfest mit ↑Kommers, für schlagende Verbindungen außerdem der Pauktag (↑Mensur). Es gibt farbentragende (↑Couleur) und nichtfarbentragende (sog. schwarze) studentische Verbindungen. Die Mgl. sind zuerst *Füchse*, nach 2 Semestern werden sie vollberechtigte *Burschen*, im 5. Semester *Inaktive* und nach dem Examen *Alte Herren.* Den aktiven Bund *(Aktivitas)* leiten gewählte ↑Chargen unter Vorsitz des *Sprechers* oder *Seniors*; ein *Fuchsmajor* erzieht die Füchse. Das Verhalten in der s. V. und in der Öffentlichkeit regelt der ↑Komment.
Geschichte: Aus den Landsmannschaften entstanden im Laufe des 18. Jh. feste Korps, die sich gegen die student. Orden durchsetzten. Aus der nat. Bewegung des 19. Jh. entstanden Burschenschaften und seit 1840 Turner- und Sängerschaften sowie musikal., wiss. und kath. Verbindungen. Nach 1934 erfolgte ihre Auflösung und Gleichschaltung in den Nat.-soz. Dt. Studentenbund (NSDStB), dem aber nur Teile der s. V. folgten. Nach 1950 wurden die s. V. wiedergegründet; sie haben heute an Hochschulen nur noch geringe Bedeutung.

studentische Vereinigungen, Zusammenschlüsse von Studenten zur Wahrung ihrer Interessen, zur Vertretung ihrer sozialen, wirtsch., fachl., kulturellen und polit. Belange und zur Durchführung internat. Beziehungen. Es gibt u. a. den polit. Parteien nahestehende s. V. (Ring Christl.-Demokrat. Studenten, Juso-Hochschulgruppe, Liberaler Hochschulverband, Marxistischer Studentenbund Spartakus) sowie undogmatische sozialist. orientierte Basisgruppen und den Sozialist. Hochschulbund. Religiöse s. V. sind u. a. die Ev. und die Kath. ↑Studentengemeinde.

Studie [lat.], allg. svw. Entwurf, kurze [skizzenhafte] Darstellung, Vorarbeit; Übung[sarbeit].
◆ (Endspiel-S., Kunst-S., Lehr-S.) ↑Schach.

Studienberatung, an Hochschulen eingerichtete Beratung von Studenten, die den mit den immer stärker differenzierten Studiengängen und der Vielfalt der verwendeten Unterrichtsmethoden und -medien konfrontierten Studierenden erste Orientierungshilfen *(Eingangsberatung)*, aber auch ständige Unterstützung während des Studiums *(Begleitberatung)* und bei (drohendem) Versagen *(Krisenberatung)* anbieten.

Studienförderung, die finanziell-materielle Unterstützung von Studenten v. a. durch Stipendien und Darlehen, bes. unter Aspekten des sozialen Ausgleichs, der Sicherung der Chancengleichheit und der Begabtenförderung. S. wird nach unterschiedl. Kriterien von Bund und Ländern, Hochschulen, bes. Stiftungen, einzelnen Ind.betrieben, kirchl. Stellen u. a. gewährt. In der BR Deutschland wird v. a. unterschieden zw. einer S. nach dem Bundesausbildungsförderungsgesetz (↑Ausbildungsförderung) und einer Studien- bzw. Promotionsförderung durch Begabtenförderungswerke, die vom Bundesministerium für Bildung und Wiss. finanziell unterstützt werden (z. B. die ↑Studienstiftung des deutschen Volkes e. V.).

Studienkolleg, seit 1959 Einrichtung an den meisten Hochschulen der BR Deutschland, die ausländ. Studenten in einem einjährigen Vorbereitungskurs zur sprachl. und fachl. Hochschulreife führen soll.

Studienkongregation ↑Kurienkongregationen.

Studienplatz, Bez. für den Ausbildungsplatz an Hochschulen. Die Hochschulkapazitäten werden mit der Zahl der vorhandenen Studienplätze angegeben, die sich jedoch i. d. R. nur schätzen lassen (Ausnahmen: Laborplätze in naturwiss. Fächern).

Studienprofessor ↑Professor.

Studienrat, Amtsbez. für den Inhaber eines Lehramtes (Beamter auf Lebenszeit) an weiterführenden Schulen (v. a. Gymnasien und berufsbildenden Schulen). Nach Abschluß des 2. Staatsexamens wird der **Studienreferendar** zum **Studienrat zur Anstellung** ernannt, bevor er als S. bestätigt wird. Der S. an berufsbildenden Schulen (Gewerbe-, Fachober-, Berufsfachschule) muß vor dem 1. Staatsexamen zusätzl. ein 1½jähriges Praktikum absolvieren. Beförderungsstellen sind der Ober-S., der **Studiendirektor** und der **Oberstudiendirektor** (Schulleiter). - ↑auch Lehrer.

Studienreform ↑Hochschulpolitik (Hochschulreform).

Studienstiftung des deutschen Volkes e. V., 1925 gegr., 1934 aufgelöste und 1948 wiedererrichtete Einrichtung der ↑Ausbildungsförderung mit dem Zweck, das Studium überdurchschnittl. Begabter zu fördern; Sitz Bonn. Die Fördermittel stammen vom Bund, von den Ländern, vom ↑Stifterverband für die deutsche Wissenschaft und von Einzelpersonen. Vorschlagsrecht zur Aufnahme haben Lehrer und Hochschullehrer; die endgültige Aufnahme wird in einem Auswahlverfahren mittels Tests und Interviews festgestellt.

Studienstufe ↑Kollegstufe.

Studio [lat.-italien.], 1. Künstlerwerkstatt, Atelier; 2. Aufnahmeraum (Film, Fernsehen, Rundfunk, Schallplatten); 3. Versuchsbühne (modernes Theater); 4. Übungsraum (u. a. für Tänzer); 5. abgeschlossene Einzimmerwohnung.

Studion-Kloster, berühmtes, Johannes dem Täufer geweihtes Kloster, 463 im Südwestzipfel Konstantinopels durch den Konsul Studios gegr.; 1204 von den Kreuzfahrern zerstört und 1290 wieder aufgebaut, ging nach dem Zusammenbruch des Byzantin. Reiches (1453) endgültig unter.

Studiten, Name für 1. die Mönche des ↑Studion-Klosters; 2. die nach dem Vorbild des Studion-Klosters 1900 in der ehem. Erzdiözese Lemberg gegr. ukrain.-unierte Mönchsgemeinschaft; nach dem 2. Weltkrieg nach Kanada (Woodstock [Ontario]) verlegt; der seit 1921 bestehende weibl. Zweig hat eine Niederlassung in Krefeld-Traar.

Studium [lat.], allg. das wiss. Erforschen eines Sachverhaltes; i. e. S. die Ausbildung an einer ↑Hochschule. Das Hochschulrahmengesetz definiert S. als Vorbereitung auf ein berufl. Tätigkeitsfeld mit dem Ziel, den Studenten Kenntnisse, Fähigkeiten und Methoden so zu vermitteln, daß sie zu wiss. Arbeit, wiss. krit. Denken und zu verantwortl. Handeln befähigt werden. Voraussetzung für das S. ist die Hochschulreife. Das S. wird durch die Studienordnung (direkt) und die Prüfungsordnungen (indirekt) geregelt. Die zunehmende Zahl von Studienbewerbern führte für viele Fächer zu Zulassungsbeschränkungen und zur zentralen Vergabe von Studienplätzen (↑auch Numerus clausus).

Studium generale (Generalstudium) [lat.], im MA Bez. für die Univ. als die mit Privilegien (u. a. Promotionsrecht, Gerichtsbarkeit) ausgestattete, allen Nationen zugängl. Hochschule, im Ggs. zum **Studium particulare** als der Hochschule mit regionaler Bedeutung und ohne bes. Vorrechte; daraus entstand die Bez. S. g. auch für die Ordenshochschulen einer Provinz oder des gesamten Ordens; an den heutigen Hochschulen versteht man unter S. g. Vorlesungen und Seminare zur Einführung in Disziplinen, die nicht zum eigtl. Fachgebiet des Studierenden gehören.

Study, Eduard [...di], * Coburg 23. März 1862, † Bonn 6. Jan. 1930, dt. Mathematiker. - Prof. in Marburg, Greifswald und Bonn; grundlegende Arbeiten insbes. zur projektiven Geometrie (Studysche Strahlengeometrie, Theorie der geometr. Invarianten).

Stufe, Abschnitt einer ↑Treppe; auch Bez. für einen Abschnitt oder Teil u. a. eines Vorgangs oder einer [techn.] Vorrichtung.

◆ Gelände-S. der Erdoberfläche, z. B. Bruchstufe, Schichtstufe.

◆ in der *Musik* Bez. für den Tonort der Töne einer diaton. Tonleiter; z. B. gehören c und cis derselben Stufe, c und des dagegen verschiedenen Stufen an.

Stufenabitur, Form des Abiturs in einigen Bundesländern der BR Deutschland, bei der ein oder mehrere Fächer ein Jahr zuvor durch Prüfung abgeschlossen werden.

Stufenausbildung, Bez. des ↑Berufsbildungsgesetzes von 1969 für ein neues Gliederungsprinzip der Ausbildungsberufe, das dem Auszubildenden die Wahl des seinen Fähigkeiten angemessenen Berufs und spätere Tätigkeitswechsel erleichtern soll. In der ersten Stufe *(berufl. Grundbildung)* sollen Grundfertigkeiten und -kenntnisse vermittelt werden; in der darauf aufbauenden Stufe *(allg. berufl. Fachbildung)* soll die Ausbildung für mehrere Fachrichtungen gemeinsam fortgeführt werden. Am Ende dieser Stufe - etwa nach 2 Jahren - steht der erste berufsqualifizierende Abschluß, an den sich in der 3. Stufe eine spezielle Fachausbildung für einen Beruf anschließt, i. d. R. 9–12 Monate.

◆ Bez. für ein horizontal gegliedertes Bildungssystem, in dem am Ende jeder Stufe nicht nur ein Abschluß möglich ist, sondern sich vielfältige Übergänge in andere Schul- und Ausbildungswege bieten und somit der „Einbahnstraßeneffekt" eines vertikal gegliederten Bildungssystems aufgehoben wird.

Stufenbarren ↑Barren.

Stufenbezeichnung, in der Musik die Symbolisierung der Akkorde auf den einzelnen Stufen der Tonleiter durch röm. Ziffern, auch mit Zusatzziffern für Umkehrungen, Septakkorde, Alterationen usw.

Stufenflexibilität ↑Wechselkurs.

Stufenfunktion, svw. ↑Sprungfunktion.

Stufengebet (Staffelgebet), in der lat. Liturgie das an den Altarstufen gesprochene Gebet; 1969 durch die Liturgiereform abgeschafft.

Stufenlehrer, Lehrer, die in Berlin, Bremen, Hamburg, Hessen und NRW mit stufenbezogenen Schwerpunkten ausgebildet werden. So wird zw. Lehrämtern für die Grundstufe, Mittelstufe oder Mittelstufe und Oberstufe unterschieden. In Bremen und NRW gibt es das einheitl. Lehramt an öffentl. Schulen, das nach Stufenschwerpunkten (Primarstufe, Sekundarstufe I und Sekundarstufe II) gegliedert ist.

Stufenlinse, svw. ↑Fresnel-Linse.

Stufenrakete, svw. Mehrstufenrakete (↑Rakete).

Stufentheorie, die vom Bundesverfassungsgericht (BVG) im Rahmen des sog. Apothekenurteils entwickelte Theorie, die besagt: Der Gesetzgeber darf sowohl die Freiheit der Berufsausübung *(1. Stufe)* als auch die Freiheit der Berufswahl *(2. Stufe)* einschränken, letztere jedoch nur dann, wenn mit hoher Wahrscheinlichkeit dargetan werden kann, daß die befürchteten Gefahren durch eine Beschränkung nur der Berufsausübung nicht wirksam bekämpft werden können.

Stufenwinkel, Winkel an parallelen Geraden, die von einer weiteren Geraden geschnitten werden: S. liegen auf gleichen Seiten der Parallelen und auf derselben Seite der schneidenden Geraden und sind gleich groß.

Stuhl, Einzelsitz, dessen Sitzfläche auf einem Rahmen auf vier Stützen ruht, das hintere Stützenpaar ist zur Lehne verlängert, teilweise sind Armstützen angebracht. Moderne Stahlrohr- oder Formholz-S. haben statt der 4 Stützen Kufen. - Vorläufer sind der ↑Faltstuhl und speziell der Kastensitz. Der eigtl. S. entstand in Italien im 16. Jh. dank der Entwicklung der Zapfenverbindung. Der einfache Brett-S. (Brettschemel, Stabelle) hat leicht nach außen gestellte gedrechselte, eingepflockte Beine und meist eine Lehne oft mit Greifloch und blieb bis ins 18. Jh. typ. Bauernmöbel. Seit der Renaissance gibt es Prunk-S. auch im profanen Bereich (früher nur als Thronsitze). Polsterung oder Rohrgeflecht verlangten eine Rahmenkonstruktion. Häufig sind waagerechte Verstrebungen. Seit dem 18. Jh. sind die Beine nicht mehr gedrechselt, sondern schmal, oftmals geschweift. Neben den noch heute gebräuchl. Variationen von Polster-S., Armlehn-S., Polstersessel entstanden zahlr. Spezialstühle, heute werden neue Designs dank der neuen Materialien möglich.

◆ svw. ↑Kot.

Stuhlentleerung (Stuhlgang, Defäkation), die Ausscheidung von v. a. unverdaul., nicht aus dem Darm resorbierten, unlösl. Stoffen (Ballaststoffe, ↑auch Kot) durch die Afteröffnung nach außen. Die unverdaul. Reste der intrazellulären Verdauung werden ebenfalls über den Darmtrakt ausgeschieden. Die S. ist ein reflektor., willkürl. kontrollierbarer Vorgang, der nach sog. großen Dickdarmbewegungen durch die Füllung des Mastdarms eingeleitet wird. Der dadurch ausgelöste Stuhldrang wird von Dehnungsrezeptoren in der Darmwand über afferente Nerven zum Sakralmark vermittelt, dessen Reflexzentrum vom zweiten Lebensjahr an unter der Kontrolle des Großhirns steht. Zur S. wird der innere (glatte) Afterschließmuskel reflektor., der äußere (quergestreifte) zusätzl. willkürl. entspannt und außerdem die Bauchpresse zur Unterstützung der aktivierten Darmmuskulatur in Tätigkeit gesetzt. - **Stuhlverstopfung** kann sich entwickeln, wenn der Defäkationsreflex öfter willkürl. unterdrückt wird.

Stühlingen, Stadt an der Wutach, an der dt.-schweizer. Grenze, Bad.-Württ., 430–720 m ü. d. M., 4 800 E. Nahrungsmittel-, Textilind., Schrauben- und Polstermöbelfabrik. Luftkurort. - Dorf S. (heute „Unterstadt") 1093 erstmals erwähnt, 1262 die neben der Burg angelegte Stadt (Verlust des Stadtrechts 1935, Wiederverleihung 1950). - Spätbarocke Pfarrkirche (1785 ff.) mit klassizist. Ausstattung, barocke Kapuzinerklosterkirche (1667 und 1738); Schloß Hohenlupfen (Neubau 1620–33).

Stuhlmann, Franz, * Hamburg 29. Okt. 1863, † ebd. 19. Nov. 1928, dt. Zoologe und Forschungsreisender. - 1893 als Kartograph und landwirtsch. Berater in Dt.-Ostafrika; 1921 Direktor des Hamburg. Weltwirtschaftsarchivs; Hg. der Tagebücher von Emin Pascha (1916–27).

Stuhlweißenburg ↑Székesfehérvár.

Stuhlzäpfchen ↑Suppositorien.

Stuka ['ʃtu:ka, 'ʃtʊka], Kurzbez. für Sturzkampfflugzeug (insbes. vom Typ Junkers Ju 87).

Stukkator [italien.], der Künstler, der künstler. Stuckarbeiten *(Stukkatur)* herstellt (↑auch Stuck).

Stüler, Friedrich August, * Mühlhausen 28. Jan. 1800, † Berlin 18. März 1865, dt. Architekt. - Ausgehend vom Klassizismus Schinkels waren seine öffentl. Bauten (Neues Museum in Berlin, 1843–56 [zerstört]; Nationalgalerie in Berlin, 1866–76 von H. Strack ausgeführt) klassizist. streng strukturiert; als Vertreter des Historismus verwandte er dabei v. a. Renaissancedekor; baute die Burg Hohenzollern (1850–67) wieder auf.

Stulp [niederdt.], Stirnblech eines Schlosses (mit den Öffnungen für Falle und Riegel).

Stulpe, breiter Aufschlag an der Kleidung, auch bei Stiefeln (Stulpenstiefel).

Stülpnagel, Karl-Heinrich von, * Darmstadt 2. Jan. 1886, † Berlin-Plötzensee 30. Aug. 1944 (hingerichtet), dt. General. - Ab 1938 Oberquartiermeister I im Heeresgeneralstab; leitete 1940 die dt.-frz. Waffenstillstandskommission; führte 1940/41 im Ostfeldzug die 17. Armee; ab 1942 Militärbefehlshaber in Frankr.; ab 1938 im Widerstandskreis um L. Beck, organisierte für den 20. Juli 1944 den Umsturzversuch in Paris; zum Tode verurteilt.

Stülpnasenotter (Vipera latasti), bis 60 cm lange Viper in trockenen, von Felsen durchsetzten Gebieten SW-Europas und NW-Afrikas; Schnauzenspitze nach oben gebogen; Rücken grau (♂), braun oder rötlichbraun (♀), mit wellenförmigem Band aus dunkelbraunen, schwarz gerandeten Rauten; Flanken jederseits mit einer Reihe dunkler Flecken; Unterseite grau oder gelbl., dunkel gesprenkelt; Giftschlange, die sich v. a. von Mäusen und Eidechsen ernährt.

Stumm, Karl Ferdinand, Freiherr von S.-Halberg (seit 1888), * Saarbrücken 30. März 1836, † Schloß Halberg bei Saarbrücken 8. März 1901, dt. Unternehmer und Politiker. - Begründer des S.-Konzerns; 1867–81 und ab 1889 MdR; hatte großen Einfluß auf die gegen die Arbeiterschaft, insbes. gegen die Gewerkschaften und die SPD gerichtete Innenpolitik Wilhelms II. („Ära Stumm").

Stummabstimmung (Stillabstimmung, Muting), bei Rundfunkempfängern z. T. vorhandene Abstimmöglichkeit für den UKW-Bereich; durch Tastendruck wird das Rauschen unterdrückt, das normalerweise beim Einstellen bzw. Suchen eines Senders zw. den einzelnen Stationen auftritt; hierbei werden aber auch sehr schwach einfallende Sender nicht mehr hörbar.

Stummelaffen (Colobus), Gatt. der Schlankaffen mit drei Arten in den Wäldern des trop. Afrika (darunter die als *Guerezas* bezeichneten zwei Arten Colobus abyssinicus und Colobus polykomos), Länge 50–80 cm, mit etwa ebensolangem Schwanz; Daumen rückgebildet; baumbewohnende, gut kletternde und springende Blattfresser.

Stummelfüßer (Onychophora), seit dem Kambrium bekannter, heute mit rd. 70 Arten in feuchten Biotopen der Tropen und südl. gemäßigten Regionen verbreiteter Stamm der Gliedertiere; Körper 1,5–15 cm lang, wurmförmig, eng geringelt, entweder dunkelgrau bis braunrot (Fam. *Peripatidae*) oder blaugrün gefärbt (Fam. *Peripatopsidae*); mit einem Paar Fühler an dem kaum abgesetzten Kopf und 14–43 Paar Stummelfüßen (verkürzte und kaum gegliederte Anhänge mit Extremitätenfunktion) mit chitinigen Klauen; nachtaktive Tiere mit Wehrdrüse, die ein schleimiges, an der Luft sofort klebrig werdendes Sekret (kann bis 50 cm weit gespritzt werden) absondert.

Stummelfußfrösche (Stummelfußkröten, Atelopodidae), Fam. sehr kleiner bis mittelgroßer Froschlurche mit über 30 Arten in Gebirgswäldern und in Gewässernähe; sehr auffällig gelb, rot und schwarz gefärbt; Gliedmaßen meist lang und dünn, innere oder die beiden innersten Zehen teilweise oder völlig rückgebildet. Zu den S. gehört u. a. die in SO-Brasilien vorkommende, leuchtend gelbe, etwa 2 cm große **Sattelkröte** (Brachycephalus ephippium), mit kreuzförmiger Knochenplatte in der Rückenhaut.

Stummelschwanzagutis (Dasyprocta), Gatt. vorwiegend tagaktiver Nagetiere (Fam. Agutis) mit sieben Arten in M- und S-Amerika (mit Ausnahme des S); Länge 40 bis 60 cm; Schwanz stummelförmig; graben Erdbaue; am bekanntesten der ↑Guti.

Stummelschwänzigkeit, durch mutationsbedingte Verringerung der Schwanzwirbelzahl bei Haussäugetieren auftretende Schwanzverkürzung. Durch Weiterverwendung der Mutanten zur Zucht entstanden stummelschwänzige Rassen, z. B. beim Haushund der Rottweiler (mit *Stummelrute*).

Stummfilm, erste Entwicklungsstufe des ↑Films.

Stumpen, eine an beiden Enden stumpf abgeschnittene, gleichmäßig dicke, runde oder viereckig gepreßte Zigarre.

Stumpf, Carl, * Wiesentheid (Landkr. Kitzingen) 21. April 1848, † Berlin 25. Dez. 1936, dt. Philosoph und Psychologe. - Prof. in Würzburg, Prag, Halle, München, ab 1894 in Berlin; 1898–1924 Hg. der „Beiträge zur Akustik und Musikwiss.". Analysierte in seinem Hauptwerk „Tonpsychologie" (1883–90) das hörpsycholog. Phänomen der Verschmelzung simultan erklingender Intervalle.

S., Johannes, * Mülheim (= Köln) 6. April 1862, † Berlin 18. Nov. 1936, dt. Maschinenbauingenieur. - Ab 1896 Prof. in Berlin; entwickelte u. a. 1908 die Gleichstrom-Dampfmaschine.

Stumpf, 1. Rest einer Pflanze, insbes. eines Baumes; 2. das nach Amputation von Gliedmaßen oder Organteilen verbleibende Reststück (Amputationsstumpf).

Stumpfdeckelmoose (Amblystegiaceae), Fam. der Laubmoose mit 15 Gatt. und rd. 240 Arten in den gemäßigten Zonen der N- und S-Halbkugel und in trop. Hochgebirgen; auf Grund der überwiegend zweizeiligen Verzweigung und Beblätterung fiederblattähnliches Aussehen; Sporenkapsel mit stumpfkegelförmigem Deckel. Bekannte heim. Gatt. sind das mit vier Arten vertretene **Stumpfdeckelmoos** (Amblystegium) und das in Sümpfen und auf feuchten Wiesen vorkommende **Spießmoos** (Acrocladium) mit zugespitzten Stämmchen.

stumpfer Winkel, ein Winkel, der größer als 90° und kleiner als 180° ist.

Stumpfnasenaffen (Rhinopithecus), Gatt. der Schlankaffen mit vier Arten, v. a. in Bergwäldern und Bambusdickichten SO-Asiens; Länge rd. 50–80 cm, Schwanz über körperlang; Färbung auffallend kontrastreich; Nase aufgebogen.

Stumpfsinn, gefühlsmäßige oder geistige Einstellung bzw. Haltung, die durch weitgehende Interesse- und Teilnahmslosigkeit charakterisiert ist.

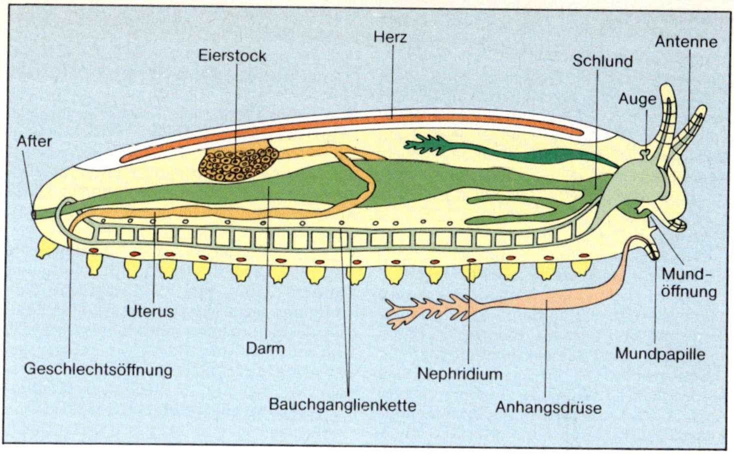

Stummelfüßer. Längsschnitt

Stunde, Zeiteinheit, Einheitenzeichen h, bei Angabe des Zeitpunktes (Uhrzeit) hochgesetzt, ^{h}; das 60fache einer Minute (min) bzw. 3600fache einer Sekunde (s): 1 h = 60 min = 3600 s.

Stundenbücher (Livres d'heures), Bez. für die seit dem MA vorkommenden Gebetbücher für Laien mit Texten für die einzelnen Stundengebete (Horen). Für die Kunstgeschichte wurden v. a. die niederl.-frz. S. des 14./15. Jh. wichtig, mit Miniaturen ausgestattet v. a. von den Brüdern von ↑Limburg.

Stundengebet, in der kath. Kirche dem Klerus für bestimmte Stunden vorgeschriebenes (Offizium) privates bzw. liturg. Gebet der ganzen Kirche, zusammengestellt im Brevier. Das S. gilt als Erfüllung des bibl. Gebots vom „immerwährenden Beten". - Der *Inhalt* des S. sind Psalmen, Schriftlesung und Gesänge (z. B. Hymnen). Das S. setzt sich zusammen aus den (meist nach den Tagesstunden benannten) Horen: Matutin („Mette", Morgengebet um Mitternacht), Laudes (Lobgebet), Prim (Gebet zur 1. Stunde [Arbeitsbeginn]), Terz (zur 3. Stunde), Sext (zur 6. Stunde), Non (zur 9. Stunde), Vesper (Abendgebet zum Abschluß des Arbeitstages), Komplet („Vollendung", das eigtl. Nachtgebet). - Aus der jüd. Frömmigkeit übernahm das frühe Christentum zunächst eine morgendl. (Matutin) und eine abendl. (das „lucernarium", die spätere Vesper) Gebetszeit. Das Mönchtum, das die weitere Entwicklung des S. trug, führte die anderen Horen hinzu. Mit der Benediktregel (6. Jh.) war die Entwicklung abgeschlossen. Da Mönche vielfach auch an Stadtkirchen angesiedelt waren, wurde ihre Form des S. zur allg. kirchl. Form und zur Verpflichtung für alle Kleriker. Eine Vereinheitlichung strebte das Tridentinum an. Am stärksten griff bisher das 2. Vatikan. Konzil in die geschichtl. gewachsene Gestalt des S. ein, indem es seine Struktur vereinfachte, die Landessprachen zuließ und die Gebetsverpflichtung erleichterte.

Stundenglas ↑Sanduhr.

Stundenkreis, jeder auf der Himmelkugel von Pol zu Pol verlaufende größte Kreis, der auf dem Himmelsäquator senkrecht steht; der **Stundenwinkel** ist der Winkel zw. dem Meridian und dem S. eines Gestirns, gemessen auf dem Himmelsäquator in Stunden, Minuten und Sekunden. - ↑auch astronomische Koordinatensysteme.

Stundung, Vereinbarung, durch die der Gläubiger dem Schuldner einen späteren Zeitpunkt für die Erbringung der Leistung einräumt als den vertragl. oder gesetzl. vorgesehenen.

Stuntman [engl. 'stʌntmən; engl.-amerikan., zu stunt „Kunststück, Trick"], Schauspieler, der sich [in Film und Fernsehen] auf gefährl., akrobat. Leistungen spezialisiert hat und anstelle des eigtl. Darstellers [als Double] bei riskanten Szenen eingesetzt wird.

Stupa [Sanskrit „Hügel, oberer Teil des Kopfes"], buddhist. Sakralbau zur Aufbewahrung von Reliquien eines Buddhas oder Heiligen. In der Spätzeit entstanden auch Votiv-S. ohne Reliquien in allen Größen. Der S. besteht aus einer vom Grabhügel abgeleiteten massiven Halbkugel mit Reliquienkammer, die von einer Balustrade mit zentralem Mast und mehreren übereinanderliegenden Ehrenschirmen bekrönt wird. Ein Zaun mit vier Toren nach den vier Himmelsrichtungen umschließt das auf einer Terrasse liegende Heiligtum. Die Bestandteile des S. symbolisieren das Weltei mit Weltberg und Weltachse und die Götterwelten. Die ältesten erhaltenen

S. aus dem 5. und 3. Jh. v. Chr. (Bauten König Aschokas in Sarnath und Sanchi) wurden später mehrfach ummantelt. Mit dem Buddhismus kam der S.bau frühzeitig nach Ceylon (hier als „Dagoba" bezeichnet; Wallfahrtsort Anuradhapura), SO-Asien (u. a. Birma, Indonesien) und O-Asien („Pagode"). Jedes Land entwickelte eigene S.formen bis zu hohen, mehrstöckigen Türmen. S. finden sich ferner in Nepal und Tibet („Tschorten"). - Abb. S. 206.

stupend [lat.], erstaunlich.

stupid (stupide) [lat.], stumpfsinnig, geistlos, beschränkt; **Stupidität,** Geistlosigkeit.

Stupor [lat.], völlige körperl. und geistige Regungslosigkeit. S. kommt u. a. bei endogener Depression oder als abnorme Reaktion im Rahmen einer Schrecksituation vor.

Stuppach, Ort in der Gemeinde Bad Mergentheim, Bad.-Württ.; in einer eigenen Kapelle der kath. Pfarrkirche die berühmte Altartafel „Maria mit Kind" von M. Grünewald (um 1519).

Štúr, L'udovít [slowak. ʃtu:r], * Uhrovec (bei Trenčín) 29. Okt. 1815, † Modern (bei Preßburg) 12. Jan. 1856, slowak. Schriftsteller und Philologe. - 1848 Führer des slowak. Aufstandes; seine philolog. Bemühungen galten der Erhebung des mittelslowak. Dialekts zur Schriftsprache; verfaßte v. a. romant.-patriot. Gedichte und zeitkrit. Schriften.

Sturges, John [engl. 'stə:dʒɪs], * Oak Park (Ill.) 3. Jan. 1910, amerikan. Filmregisseur. - Drehte spannungsgeladene Western wie „Verrat im Fort Bravo" (1954), „Zwei rechnen ab" (1957), „Der letzte Zug von Gun Hill" (1958), „Die glorreichen Sieben" (1960), sowie Kriegsfilme („Gesprengte Ketten", 1962; „Der Adler ist gelandet", 1976; „Das Boot", 1980).

Stürgkh, Karl Graf, * Graz 30. Okt. 1859, † Wien 21. Okt. 1916 (erschossen), östr. Politiker. - Jurist; ab 1890 Abg. im Reichsrat und im steir. Landtag. 1908 Unterrichtsmin., 1911–16 östr. Min.präs.; regierte autoritär mit Notverordnungen; wurde von F. Adler erschossen.

Sturlunga saga, Name eines umfangreichen Sammelwerkes, das die isländ. Geschichte von etwa 1120–1264 behandelt, ben. nach dem führenden Geschlecht des isländ. Freistaates im 13. Jh., den Sturlungar. Die einzelnen Teile der S. s. sind unterschiedl. Alters und nur notdürftig zusammengefügt. Die endgültige Redaktion, die die Teile in eine chronolog. Ordnung zu bringen suchte, wird um 1300 anzusetzen sein; wichtige Quelle für die Geschichte Islands im MA.

Sturluson, Snorri † Snorri Sturluson.

Sturm, hl. † Sturmi, hl.

Sturm, Anton, * bei Landeck 1690, † Füssen 25. Okt. 1757, Tiroler Bildhauer. - Seit 1717 in Füssen nachweisbar; schuf u. a. die Marmorfiguren des Hochaltars in Sankt Mang in Füssen, die vergoldeten Schnitzfiguren der habsburg. Kaiser im Kaisersaal der Benediktinerabtei Ottobeuren (1724–27) und der vier Kirchenväter in der Wallfahrtskirche in der Wies (um 1753/54).

S., Charles [frz. styrm], * Genf 29. Sept. 1803, † Paris 18. Dez. 1855, frz. Mathematiker schweizer. Herkunft. - Prof. in Paris; Arbeiten zur Algebra (u. a. über die Nullstellen algebraischer Gleichungen; † Sturmscher Satz), Analysis sowie zur Mechanik und geometr. Optik.

S., (S. von Sturmeck) Jakob, * Straßburg 10. Aug. 1489, † ebd. 30. Okt. 1553, dt. reformator. Ratsherr. - 1524 Mgl. des Magistrats von Straßburg; setzte sich stark für die Durchführung der Reformation in Straßburg ein; 1529 Teilnehmer an den Marburger Religionsgesprächen; Mitverfasser der „Confessio tetrapolitana" und der „Wittenberger Konkordie"; gründete mit Johannes S. 1538 das prot. Gymnasium in Straßburg (seit 1621 Univ.).

S., Johannes, * Schleiden 1. Okt. 1507, † Straßburg 3. März 1589, dt. ev. Theologe und Pädagoge. - 1529 Magister am Collège de France in Paris, 1537 von Jakob S. nach Straßburg berufen und Rektor des dortigen Gymnasiums; versuchte in seiner humanist. Haltung zw. den Konfessionen zu vermitteln, auch anläßl. der Religionsgespräche von 1540/41; seine pädagog. Arbeit am Gymnasium war bis ins 17. Jh. für viele Schulen Vorbild.

S., Julius, Pseud. Julius Stern, * Bad Köstritz 21. Juli 1816, † Leipzig 2. Mai 1896, dt. Dichter. - Mit vaterländ. Gedichten, Märchen und Fabeln populärer, religiöser Lyriker der Spätromantik.

Sturm, starker Wind (nach der Beaufort-Skala der Stärke 9–11 mit Geschwindigkeiten von 20,8–32,6 m/s), der Schäden und Zerstörungen anrichtet.

◆ (magnet. S.) † Erdmagnetismus.

Sturm, Der, von H. Walden 1910–32 hg. Wochenschrift für Kultur und Künste. - † auch Sturmkreis.

Sturmabteilung, Abk. SA, die uniformierte polit. Kampf- und Propagandatruppe, nach der eigtl. Parteiorganisation zahlenmäßig stärkste Gliederung der NSDAP. 1920 als Versammlungsschutz der Partei gegr., seit 1921 von ehem. Freikorpsoffizieren zur paramilitär. Kampforganisation nach dem Vorbild der Wehrverbände umgeformt, nach dem Hitlerputsch verboten; 1925 Neuaufbau als Saalschutz- und Propagandaorganisation auf lokaler Ebene. 1926 organisierte Hitler eine Oberste SA-Führung (OSAF), deren Chef, Franz von Pfeffer (bis 1930), die SA zu einem von der Parteiorganisation unabhängigen, zentral geführten Instrument umzubilden versuchte. Die SA wurde als Massenheer (1933 rd. 700 000 v. a. jugendl. Mgl.) in Straßenkampf und Propaganda zur Terrorisierung polit. Gegner und der Staatsgewalt eingesetzt, ab 1933 z. T. als „Hilfspolizei" zur Ausschaltung des polit. Widerstands gegen die Machtergreifung. SA-Stabschef E. Röhm (1931–34) verfolgte militär. und [gesellschafts]polit. weitergehende Ziele: die Bildung eines Milizheeres aus der SA, in dem die Reichswehr aufgehen sollte, letztl. den „SA-Staat". Diese Bedrohung löste Hitler im sog. Röhm-Putsch (1934) und nahm der SA ihre polit. Bedeutung. Unter Stabschef V. Lutze (seit 1943 W. Schepmann [* 1894]) führte sie v. a. paramilitär. Übungen durch.

Sturmboot, flaches [Leichtmetall]boot mit starkem Außenbordmotor zum schnellen Übersetzen von Soldaten über Flüsse und Seen.

Sturm-Bühne, dem Expressionismus verpflichtetes, nach der Zeitschrift „Der Sturm" ben. Theater in Berlin; 1917 von H. Walden und L. Schreyer gegr.; bestand bis 1921. - ↑auch Sturmkreis.

Stürmer, Der, 1923–45 von J. Streicher in Nürnberg hg. antisemit. NS-Wochenschrift pornograph. Charakters; diente der propagandist. Vorbereitung und Begründung der Vernichtung der Juden.

Sturmflut, ungewöhnl. hohes Ansteigen des Wassers an Meeresküsten und Tidenflüssen, bedingt durch Zusammenwirken von Flut und landwärts gerichtetem (auflandigem) Sturm, zuweilen durch eine Springtide verstärkt.

Sturmgeschütz, im 2. Weltkrieg in der dt. Wehrmacht urspr. Bez. für bespannte oder von Zugmaschinen gezogene schwere Infanteriegeschütze, später für selbstfahrende, auf gepanzerten Fahrgestellen montierte Kanonen und Haubitzen, v. a. zur Panzerabwehr eingesetzt.

Sturmgewehr ↑Gewehr.

Sturmhaube ↑Helm.

Sturmhauben (Cassidae), Fam. oft bunt gefärbter Meeresschnecken, deren Schalen durch die letzte umfangreiche Windung helm- oder „sturmhaubenförmig" aussehen; z. B. **Große Sturmhaube** (Cassis cornuta) im Ind. und Pazif. Ozean, mit bis 25 cm langer, bunter Schale.

Sturmhut, svw. ↑Eisenhut.

Sturmi (Sturm, Sturmius), hl., * in Oberösterreich um 715, † Fulda 17. Dez. 779, erster Abt von Fulda. - Benediktiner; schloß sich um 733 (735?) Bonifatius an; gründete 744 das Kloster Fulda, das er zum wirtsch. und geistig bedeutendsten Kloster Ostfrankens machte; wegen der Feindschaft des Erzbischofs Lullus von Mainz 763 nach Jumièges verbannt, 765 von Pippin III. rehabilitiert.

Sturmkreis, Berliner Künstler-, speziell Dichterkreis um die von H. Walden herausgegebene Zeitschrift „Der Sturm". Beeinflußt vom italien. Futurismus, dessen Malerei Walden zum ersten Mal in Deutschland in seiner „Sturm-Galerie" (ab 1910) vorstellte. 1914 wurde ein eigener Verlag und 1917 die Sturm-Bühne (von H. Walden und L. Schreyer) begründet.

Sturmmöwe ↑Möwen.

Sturmpanzer ↑Panzer.

Sturmscher Satz [nach C. Sturm], eine Aussage über die Anzahl $N(a, b)$ der in einem Intervall $[a, b]$ der reellen Zahlengerade auftretenden Nullstellen eines Polynoms bzw. der zugehörigen algebraischen Gleichung: $N(a, b) = W(a) - W(b)$, wobei $W(a)$ bzw. $W(b)$ die Anzahl der Vorzeichenwechsel in der sog. *Sturmschen Kette* an der Stelle a bzw. b ist.

Sturmschwalben (Hydrobatidae), Fam. sperlings- bis amselgroßer, meist schwärzlicher oder braunschwarzer (teilweise weißlicher) ↑Sturmvögel (Röhrennasen) mit fast 20 Arten im Bereich aller Weltmeere. Zu den S. gehören u. a. der **Wellenläufer** (Oceanodroma leucorrhoa), über 20 cm lang, v. a. über dem N-Atlantik und N-Pazifik; unterscheidet sich von der gewöhnl. S. durch den tief gegabelten Schwanz; die **Gewöhnl. Sturmschwalbe** (Hydrobates pelagicus; über dem östl. N-Atlantik und Mittelmeer; mit schwärzl. Gefieder und weißem Bürzel).

Sturmsignale, svw. ↑Sturmwarnungszeichen.

Sturmtaucher (Procellariinae), Unterfam. etwa 25–50 cm langer, vorwiegend braun bis grau gefärbter Sturmvögel mit mehr als 40 Arten über allen Meeren; häufig nach Fischen und Kopffüßern tauchende Vögel, die bevorzugt auf Inseln warmer und gemäßigter Regionen brüten. - Zu den S. gehört u. a. der etwa krähengroße, oberseits graubraune, unterseits weiße **Gelbschnabelsturmtaucher** (Puffinus diomedea); mit gelbem Schnabel; über dem N-Atlantik und Mittelmeer.

Sturmtief (Sturmwirbel), bes. stark ausgeprägtes Tiefdruckgebiet (Luftdruck häufig unter 975 mbar) mit Luftströmungen hoher Geschwindigkeit (bis Orkanstärke).

Sturm und Drang (Geniezeit, Genieperiode), Bez. für eine geistige Bewegung in Deutschland etwa vor der Mitte der 1760er bis Ende der 1780er Jahre. Der Name wurde nach dem Titel des Schauspiels „S. u. D." (1776, urspr. Titel „Wirrwarr", von F. M. Klinger) auf die ganze Bewegung übertragen. Ihr Ausgangspunkt ist eine jugendl. Revolte gegen Rationalismus, Regelgläubigkeit und das verflachte Menschenbild der Aufklärung sowie gegen die „unnatürl." Gesellschaftsordnung mit ihren Ständeschranken, erstarrten Konventionen und ihrer lebensfeindl. Moral. Während er im polit. Bereich völlig wirkungslos blieb, gab er dem geistigen Leben Impulse, die noch auf Klassik und Romantik, Naturalismus und Expressionismus bis hin zu Brecht nachwirkten. Leitideen sind Selbsterfahrung und Befreiung des Individuums als leib-seel.

Stupa in Bodnath (Nepal; 6./5. Jh.; oben) und Dagoba in Anuradhapura (Sri Lanka)

Ganzheit; betont wird Wert des Gefühls, der Sinnlichkeit und Spontaneität. Naturerfahrung ist für den S. u. D. der Urquell alles Lebendigen und Schöpferischen, auch im Menschen selbst; höchste Steigerung des Individuellen wie des Naturhaften ist das Genie, in dem sich die schöpfer. Kraft einmalig und unmittelbar offenbart; der Künstler ist als *Originalgenie* schlechthin unvergleichlich; Prototyp war Shakespeare, als Ideal der Epoche schwärmer. verehrt. Aus der Erfahrung des Individuellen wurde eine neue Geschichtsauffassung entwickelt, die die einzelnen Völker, Kulturen und Sprachen in ihrer einzigartigen Erscheinung vom Ursprung her erfaßte; bes. Bed. erhielten frühe Dichtung und Volksdichtung.

Anregungen erfuhr der S. u. D. durch die Kulturkritik J.-J. Rousseaus und das Genieverständnis E. Youngs sowie durch die pietist. und empfindsame Tradition; unmittelbarer Wegbereiter der antirationalen und religiösen Komponente war J. G. Hamann. Die eigtl. Grundideen entwickelte J. G. Herder. Der literar. S. u. D. begann mit der Begegnung zw. Herder und Goethe 1770 in Straßburg. Von Herders ästhet. Ideen beeinflußt, verfaßte Goethe im lyr., dramat. und ep. Bereich die initiierenden Werke: Sesenheimer Lieder (1771), „Götz von Berlichingen" (1773), „Die Leiden des jungen Werthers" (1774). Bevorzugte Gatt. wurde das Drama, bes. Tragödie und Tragikomödie, die dem leidenschaftl. und spannungsgeladenen Lebensgefühl der Epoche am meisten entsprachen. Die Form ist der klassizist. verstandenen aristotel. Tragödie diametral entgegengesetzt, Regeln wurden abgelehnt, die drei Einheiten aufgelöst zugunsten eines beliebig häufigen Ortswechsels, eines vielfältigen, höchstens im Helden zentrierten Handlungsgefüges und einer freien Verfügung über die Zeit. Fast alle Dramen sind in Prosa, in einer alltagsnahen Sprache geschrieben. Charakterist. Themen und Motive der Dichter (v. a. Goethe, Schiller, F. M. Klinger, J. A. Leisewitz, H. L. Wagner, J. M. R. Lenz) sind die Selbstverwirklichung des genialen Menschen, der trag. Zusammenstoß des einzelnen mit der Geschichte, dem „notwendigen Gang des Ganzen", Bruderzwist bis zum Brudermord, Konflikt zw. Moralkodex und Leidenschaft, soziale Anklage gegen die Korruption der herrschenden Stände und gegen Ständeschranken überhaupt. In der Epik spiegelte sich die Neigung zum Autobiographischen, die dem Interesse des S. u. D. am individuellen Leben entgegenkam, beispielhaft J. J. W. Heinses „Ardinghello und die glückseligen Inseln" (R., 1787). Die Lyrik, von Herder als *Urpoesie* aus ihrer gattungstheoret. untergeordneten Stellung herausgehoben, löste sich zum ersten Mal aus ihrem gesellschaftl. Bezug und wurde [in Ballade, Hymne und Lied] Ausdruck persönl. Erlebens (G. A. Bürger, C. F. D. Schubart, M. Claudius), gelegentl. (wie bei den Dichtern des Göttinger Hains), auch einer gesellschaftskrit. Einstellung.

📖 *Huyssen, A.: Drama des S. u. D. Mchn. 1980. - S. u. D. Hg. v. W. Hink. Königstein/Ts. 1978. - Pascal, R.: Der S. u. D. Dt. Übers. Stg. ²1977. - Quabius, R.: Generationsverhältnisse im S. u. D. Köln 1976. - Mattenklott, G.: Melancholie in der Dramatik des S. u. D. Stg. 1968.*

Sturmvögel, (Röhrennasen, Procellariiformes) Ordnung etwa 15–130 cm langer, meist sehr gewandt fliegender Vögel mit rd.

90 Arten über allen Meeren von der Arktis bis zur Antarktis; Schnabel aus mehreren schmalen, längs verlaufenden Hornstücken zusammengesetzt; Füße mit Schwimmhäuten; ernähren sich vorwiegend von Fischen, Kopffüßern und Quallen. Die meisten Arten können eine von den Drüsenmagenzellen sezernierte ölige Flüssigkeit Angreifern meterweit entgegenspritzen. Man unterscheidet vier Fam.: Albatrosse, S. im engeren Sinne, Sturmschwalben und Tauchersturmvögel.
◆ (S. im engeren Sinne, Möwen-S., Procellariidae) Fam. möwenähnl. aussehender Hochseevögel mit rd. 50 Arten über allen Meeren; bis 85 cm lang. Hierher gehören u. a. ↑Sturmtaucher und die etwa 36 cm große **Kaptaube** (Kap-S., Daption capensis); mit schwarzem Kopf, schwarzweiß gescheckter Oberseite und weißer Unterseite; über den Südmeeren.

Sturm von Sturmeck, Jakob ↑Sturm, Jakob.

Sturmwarnungszeichen (Sturmsignale), opt. Zeichen, die die Schiffahrt auf einen bevorstehenden Sturm aufmerksam machen sollen.

Sturz, Träger über einer Maueröffnung.
◆ (Rad-S.) ↑Fahrwerk.

Sturzbügel, v. a. an leistungsstarken Motorrädern seitl. angebrachter Stahlbügel insbes. zum Schutz des Motors bei einem Sturz.

Stürze, Bez. für den Schalltrichter von Blechblasinstrumenten, im Ggs. zum Becher der Holzblasinstrumente.

Sturzgeburt, 1. Geburt, bei der das Kind nach normal verlaufender Eröffnungsperiode innerhalb weniger Minuten aus der Gebärmutter ausgestoßen wird; 2. Geburt, bei der alle Phasen des Geburtsvorgangs stark verkürzt sind und das Kind bereits nach einigen Wehen und innerhalb weniger Minuten geboren wird.

Sturzhelm (Schutzhelm), gepolsterter Kopfschutzhelm, aus Leichtmetall oder Kunststoff; das Tragen eines S. ist im Motor- und im Flugsport sowie im Bob- und Rennschlittensport obligator., beim Ski-Abfahrtslauf gestattet. Seit 1978 müssen auch die Führer von Krafträdern (ausgenommen Fahrräder mit Hilfsmotor, die nicht schneller als 25 km/h fahren können) und ihre Beifahrer im Straßenverkehr einen S. tragen. - Neben sog. **Jethelmen** (die den Kopf von der Stirn bis zum Nacken umschließen, mit offenem Gesichtsteil) haben sich v. a. **Integralhelme** durchgesetzt, die auch die Kinnpartie umgreifen und das Gesicht durch ein herunterklappbares durchsichtiges Visier schützen.

Sturzkampfflugzeug, im 2. Weltkrieg v. a. von der dt. Luftwaffe verwendetes Kampfflugzeug, das - meist in größerer Höhe anfliegend - Punktziele wie Brücken, Panzer, Schiffe u. a., in steilem, gezieltem Sturzflug angriff und seine Bomben unmittelbar vor dem Abfangen in etwa 600 m Höhe ausklinkte; am bekanntesten war der dt. „Stuka" Junkers Ju 87.

Sturzo, Luigi, * Caltagirone 26. Nov. 1871, † Rom 8. Aug. 1959, italien. Theologe, Sozialtheoretiker und Politiker. - Ab 1894 Priester; gründete 1919 die Partito Popolare Italiano (PPI); mußte im Juli 1923 als Generalsekretär der PPI zurücktreten; als Antifaschist 1924–46 im Exil in Paris, London und den USA; übte großen Einfluß auf die Programmatik der DC aus; 1952 Senator auf Lebenszeit.

Sturzsee, svw. ↑Brecher.

Stute, Bez. für ein geschlechtsreifes ♀ Tier der Fam. Pferde und der Kamele.

Stutenbrot (Hippomanes), Bez. für im Altertum (auch bei Pferden) verwendete Aphrodisiaka verschiedener Art, u. a. die rudimentäre Allantois der Nachgeburt gebärender Stuten oder das Scheidensekret rossiger Stuten.

Stutte, Hermann, * Weidenau (Sieg) 1. Aug. 1909, † Marburg 22. April 1982, dt. Psychiater. - Prof. in Marburg und Direktor der dortigen Klinik für Kinder- und Jugendpsychiatrie sowie des Inst. für ärztl.-pädagog. Jugendhilfe; einer der führenden dt. Kinder- und Jugendpsychiater (u. a. „Grenzen der Sozialpädagogik", 1958); 1967/1968 Präs. der Union Europäischer Pädopsychiater.

Stuttgart, Hauptstadt von Bad.-Württ., in einer kesselartigen Weitung des Nesenbachs gegen das Neckartal, 207–549 m ü. d. M., 561 200 E. Stadtkr., Sitz der Landesreg., des Landtages von Bad.-Württ. und des Reg.präsidiums des Reg.-Bez. S., zahlr. Landesämter; staatl. Münzprägeanstalt; Wertpapier- und Warenbörse, Oberkommando der amerikan. Truppen in Europa, Max-Planck-Inst. für Festkörperforschung und für Metallforschung, Univ. (gegr. 1876 als Polytechnikum), Univ. Hohenheim (gegr. 1817/18 als Lehranstalt für Land- und Forstwirtschaft), Staatl. Hochschule für Musik und darstellende Kunst, Staatl. Akademie der bildenden Künste, Fachhochschulen für Technik, für Druck, für Bibliothekswesen und für Verwaltung; zahlreiche Museen (u. a. Württ. Landesmuseum, Linden-Museum, Daimler-Benz-Museum, Weinmuseum), Staatsgalerie, Hauptstaatsarchiv; Sitz des Süddt. Rundfunks; Württ. Staatstheater, Kammertheater, Marionettentheater, Konzerthaus (Liederhalle); Sternwarte und Planetarium; botan.-zoolog. Garten (Wilhelma). Mineralquellen in den Stadtteilen Bad Cannstatt und Berg. Als Wirtschafts- und Handelszentrum besitzt S. eine Mischung von Klein- und Mittelbetrieben vielseitig orientierter Ind. mit wenigen, aber bed. Großbetrieben. Führend ist die elektrotechn. und elektron. Ind., gefolgt von Fahrzeug- und Maschinenbau, feinmechan. und opt., Nahrungsmittel-, Textil-, Beklei-

dungs-, Leder-, Schuhind., Papier- und Holzverarbeitung; Druckereien und Verlage; Weinbau; Messe- und Ausstellungsgelände im Höhenpark Killesberg. Neckarhafen mit 4,7 km Kailänge; internat. ✈ in Echterdingen.
Geschichte: S. entwickelte sich aus einem in der 1. Hälfte des 10. Jh. angelegten Gestüt (**Stuotgarte**), zu dessen Schutz um 950 eine Wasserburg errichtet wurde (Kern des heutigen Alten Schlosses). Um 1160 wird die Siedlung S. erstmals urkundl. bezeugt, die bald nach 1250 zur Stadt erhoben wurde (1286 erstmals als Stadt bezeugt). S. wurde im 14. Jh. Sitz des Hofes und Mittelpunkt der sich ausweitenden Gft. Württemberg; seit dem Münsinger Vertrag (1482) galt es als Haupt- und Residenzstadt (Verleihung eines geschriebenen Stadtrechts 1492). Seit 1374 Münzstätte. Im 15.–17. Jh. Erweiterung der Stadt; die modernisierte ma. Ummauerung des Altstadtkerns wurde durch eine Umwallung ergänzt (bis Mitte des 19. Jh. abgebrochen). 1718/24–34 Verlegung der Residenz nach Ludwigsburg. S. war 1945–52 Hauptstadt des von den Besatzungsmächten gebildeten Landes Württemberg-Baden, seitdem Hauptstadt von Bad.-Württ. - Im jetzigen Ortsteil **Bad Cannstatt** wurde als Nachfolger eines Erdkastells etwa 85–90 ein Reiterkastell zur Sicherung des Neckarlimes errichtet; Cannstatt wurde um 708 zuerst erwähnt, es erhielt 1330 Stadtrecht; 1905 in S. eingemeindet, seit 1933 Bad Cannstatt.
Bauten: Nach schweren Zerstörungen (1944) bestimmen zahlr. moderne Hochhäuser das Stadtbild, ältere Bauten sind wiederhergestellt; ev. got. Stiftskirche zum Hl. Kreuz (14.–15. Jh., W-Turm 1490–1531), spätgot. Leonhardskirche (15. Jh.), spätgot. Spitalkirche (1471 ff.), Altes Schloß (im Kern um 1320, v. a. 1553 ff. mit späteren Ecktürmen, mit Renaissancebinnenhof), barockes Neues Schloß (1746 ff.; Innenräume bis 1963 modern wiederhergestellt). Hauptbahnhof (1914–27, von P. Bonatz); Weißenhofsiedlung (1926/27, u. a. von Mies van der Rohe, Le Corbusier und W. Gropius); Liederhalle (1955/56); Fernsehturm (1956); Landtag von Bad.-Württ. (1960/61). Nahebei Schloß Solitude (1763–1767).
📖 *Markelin, A./Müller, R.: Stadtbaugesch. S. Stg. 1985. - Freudenberger, H.: S. Ein Führer durch Stadt und Landschaft. Stg. ²1983. - Werner, F.: Alte Stadt mit neuem Leben. Architekturkrit. Gänge durch S. Stg. 1976. - Borst, O.: S. Die Gesch. der Stadt. Stg. u. Aalen ²1974.*
S., Reg.-Bez. in Baden-Württemberg.

Stuttgarter Hundeseuche (Kanikolafieber), auf den Menschen übertragbare Leptospirose (↑Leptospiren) des Haushunds, v. a. älterer ♂ Tiere; Symptome: gesteigertes Durstgefühl, schnelle Abmagerung und Eiweiß im Urin; Nierenentzündung; langanhaltender Darm- und Blasenkatarrh (auch blutiger Durchfall); Gelbfärbung der Mund- und Augenschleimhäute.

Stuttgarter Liederhandschrift ↑Weingartner Liederhandschrift.

Stuttgarter Schuldbekenntnis, am 19. Okt. 1945 vom Rat der EKD vor Vertretern des Ökumen. Rates abgegebene Erklärung, in der die Schuld der ev. Christenheit Deutschlands im Zusammenhang mit den Vorgängen im Dritten Reich eingestanden und öffentl. bekannt wird; vielfach als Bekenntnis der Kollektivschuld mißverstanden.

Stuttgarter Zeitung, dt. Zeitung, ↑Zeitungen (Übersicht).

Stutthof, nat.-soz. KZ bei dem poln. Ort Sztutowo (rd. 1 400 E) östl. von Danzig. - Seit Sept. 1939 war S. ein SS-Sonderlager v. a. für Polen, seit März 1942 KZ; von den hier insgesamt rd. 120 000 Inhaftierten wurden bis Mai 1945 rd. 85 000 ermordet.

Stutz, Ulrich, * Zürich 5. Mai 1868, † Berlin 6. Juli 1938, schweizer. Rechtshistoriker und Kirchenrechtler. - Prof. in Basel (1895), Freiburg (ab 1896), Bonn (ab 1904), Berlin (ab 1917); einer der bedeutendsten prot. Kirchenrechtsforscher.

Stütz, Grundhaltung im Geräteturnen; der Körper wird entweder mit gestreckten *(Streck-S.)* oder gebeugten Armen *(Beuge-S.)* auf dem Gerät abgestützt.

Stützblatt, svw. ↑Braktee.

Stutzen, kurzes einläufiges Jagdgewehr für Kugelschuß.
◆ Ansatzrohrstück.
◆ kurzer Wadenstrumpf (ohne Füßling) der alpenländ. Gebirgstracht.

Stützenwechsel, rhythm. wechselnde Abfolge verschiedener Stützen, z. B. Säule/Pfeiler oder zwei Säulen/ein Pfeiler; v. a. in der roman. kirchl. Baukunst.

Stutzer, Bez. für einen etwa knielangen, zweireihigen Herrenmantel, der erstmals in den 1920er Jahren getragen wurde.
◆ Modegeck.

Stützgewebe, pflanzl., tier. und menschl. Gewebe, das dem Organismus Festigkeit und Stütze gibt. Bei den Pflanzen wird das S. i. d. R. ↑Festigungsgewebe genannt. Bei den Tieren und beim Menschen ist es das ↑Bindegewebe, das die Aufgabe eines S. hat, v. a. (bei den Wirbeltieren) in Form des Knorpel- und Knochengewebes.

Stutzkäfer (Histeridae), weltweit verbreitete Käferfam. mit über 3 500 Arten, davon rd. 80 einheim.; Körper meist gedrungen, 1–10 mm lang, sehr hart gepanzert, glänzend schwarz, mit hinten abgestutzten, oft rot gefleckten Flügeldecken.

Stützmauer ↑Mauer.

Stützungskäufe, allg. alle Käufe, die darauf abzielen, durch vermehrte Nachfrage den Preis eines Gutes zu halten bzw. sein Sinken aufzuhalten. S. erfolgen v. a. auf dem Devisenmarkt durch die Zentralbank, um den

Kurs einer Währung zu halten.

Stützweite ↑Spannweite.

Stützwurzeln, svw. ↑Stelzwurzeln.

Stüver (niederl. stuiver), urspr. fläm. Silbermünze (Doppelgroschen), geprägt von etwa 1450–1791 (Seeland) und schnell über die ganzen Niederlande verbreitet.

Stuyvesant, Petrus ['ʃtɔyvəzant, niederl. 'stœÿvəzɑnt], * Scherpenzeel (Prov. Geldern) 1592, † New York (N. Y.) im Febr. 1672, niederl. Kolonialpolitiker. - 1642 Gouverneur von Curaçao; konnte als Gouverneur der Neuniederlande (seit 1645) 1655 Neuschweden angliedern; kapitulierte 1664 vor den Engländern.

Styfel, Michael ['ʃti:fəl] ↑Stifel, Michael.

Stygal [griech.], in der Ökologie Bez. für ein mit Sauerstoff und organ. Zerfallsprodukten versorgtes Grundwasser im Hohlraumsystem wasserführender Bodenschichten (Sand, Kies, Schotter) als Lebensraum angepaßter Organismen, der Stygobionten (u. a. Ruderfußkrebse, Ringel- und Fadenwürmer, Brunnenkrebse, Höhlenasseln).

Stygobionten [griech.] ↑Stygal.

Styli, Mrz. von ↑Stylus.

Styling [engl. 'staılıŋ; zu lat. stilus „Stiel; Schreibart"], Formgebung, Formgestaltung, insbes. im Hinblick auf das funktionsgerechte und den Käufer ansprechende mod. Äußere.

Styliten (Säulenheilige), Säulenasketen, die ihr Leben auf einer hohen Säule (griech. stȳlos) verbrachten, deren Kapitell eine Plattform trug (von einem Geländer umgeben); Schutz gegen Kälte und schlechtes Wetter fehlte. Der Verkehr mit der umgebenden Welt erfolgte über eine Leiter, die der Stylit an die Säule legen ließ. Diese extreme Form der Askese, deren Ausgangspunkt und Zentrum Syrien war, fand im ganzen Byzantin. Reich bis in die Spätzeit zahlr. Anhänger.

Stylobat [griech.], oberste Stufe des meist dreistufigen Unterbaus des griech. Tempels.

Stylolithen [griech.] ↑Drucksuturen.

Stylopisierung [griech.], Befall von Insekten, v. a. Bienen, Wespen, Zikaden, durch die endoparasit. lebenden Stadien der Fächerflügler.

Stylus (Mrz. Styli) [lat.], in der Zoologie griffelartiges Rudiment von Gliedmaßen am Hinterleib mancher Insekten.

◆ in der *Botanik* ↑Griffel.

Stymphalischer See, Karstsee auf der Peloponnes, am S-Fuß der Killini, 3,8 km² groß.

Stymphalische Vögel (Stymphaliden), nach der griech. Sage am Stymphal. See hausende menschenfressende Vögel, die ihre Opfer zuvor mit pfeilspitzen, eisenharten Federn durchbohren. Herakles überwindet sie in seiner 5. „Arbeit".

Stypsis [griech.], svw. ↑Blutstillung.

Styptika [griech.], (Hämostyptika) blutstillende Mittel.

◆ svw. ↑Antidiarrhoika.

Styracosaurus [griech.], ausgestorbene, nur aus der Oberkreide (bes. N-Amerika) bekannte Gatt. etwa 3–4 m langer Dinosaurier; pflanzenfressende, auf ihren vier Beinen sich fortbewegende Reptilien, die gegen Angriffe räuber. Dinosaurier mit horn- und stachelförmigen Auswüchsen am Kopf (v. a. am Nackenschild) ausgerüstet waren.

Styrax [griech.], svw. ↑Styraxbaum.

◆ svw. ↑Storax.

Styraxbaum (Storaxbaum, Styrax), Gatt. der S.gewächse mit rd. 100 Arten in den Tropen und Subtropen (mit Ausnahme Afrikas); immergrüne oder laubabwerfende Sträucher oder Bäume, deren Zweige und Blätter mit sternförmigen Haaren besetzt sind; Blüten weiß, einzeln, achselständig oder in endständigen Trauben. Bekannte Arten sind der ↑Benzoebaum und der **Echte Styraxbaum** (Styrax officinalis), ein in S-Europa und Kleinasien beheimateter kleiner Baum; aus ihm wurde früher durch Einschneiden der Rinde das Balsamharz ↑Storax gewonnen.

Styrol [griech./arab.] (Vinylbenzol, Phenyläthylen), ungesättigter, aliphat.-aromat.

Stuttgart. Neues Schloß (1746 ff.)

Kohlenwasserstoff; farblose, wasserunlösl. Flüssigkeit, die leicht polymerisiert. S. wird in großem Umfang zur Herstellung von Kunststoffen (↑Polystyrol) verwendet. Es wird durch katalyt. Anlagerung von Äthylen an Benzol und anschließende Dehydrierung hergestellt.

Styron, William [engl. 'staɪərən], * Newport News (Va.) 11. Juni 1925, amerikan. Schriftsteller und Journalist. - Von J. Joyce, T. Wolfe und W. Faulkner beeinflußter Erzähler. „Geborgen im Schoße der Nacht" (R., 1951) schildert den sozialen Verfall einer Südstaatenfamilie, „Die Bekenntnisse des Nat Turner" (R., 1967) den ersten Negeraufstand im Aug. 1831 aus der Sicht des Anführers.

Styropor ® [Kw.], Handelsbez. für Schaumstoffe aus Polystyrol und Styrolmischpolymerisaten.

Styx, in der griech.-röm. Mythologie ein Fluß der Unterwelt, bei dem die Götter zu schwören pflegen.

s. u., Abk. für: siehe unten!

Suada (Suade) [lat.], Redefluß, Beredsamkeit.

Suaheli, svw. ↑Swahili.

Süanhwa (Xuanhua [chin. ɕyænxu̯a]), chin. Stadt 110 km nw. von Peking, 114 000 E. Bildet mit ↑Changkiakow eine Agglomeration. Um S. werden Kohle und Eisenerze abgebaut; Hüttenwerke.

Suarès, André [frz. sɥa'rɛs], eigtl. Isaac Félix S., Pseud. Yves Scantrel, Caërdal u. a., * Marseille 12. Juni 1868, † Saint-Maur-des-Fossés 7. Sept. 1948, frz. Schriftsteller. - 1940–44 im Exil in S-Frankr.; schrieb in kunstvoller, z. T. rhetor. überspitzter Sprache von pessimist. Lebensauffassung bestimmte Essays, Gedichte, Aphorismen, Reiseberichte und Dramen; seine Porträts großer Männer verherrlichen moral. Größe und Heroismus.

Suárez, Francisco [span. 'su̯arɛθ], * Granada 5. Jan. 1548, † Lissabon 25. Sept. 1617, span. Philosoph und Theologe. - Aus vornehmer Familie; seit 1564 Jesuit. 1571–80 Lehrer der Philosophie an Jesuitenkollegien, 1580–85 der Theologie am röm. Ordenskolleg; 1585–93 Prof. der Theologie in Alcalá de Henares, 1597 auf ausdrückl. Wunsch Philipps II. Berufung auf den ersten Lehrstuhl für Theologie der Univ. Coimbra; bedeutendster Vertreter der span. Barockscholastik; philosoph. Hauptwerk: „Disputationes metaphysicae" (1597). - Ordenspolit. bed. ist der *Kongruismus* (das angepaßte „Zusammentreffen" von göttl. Gnade und individuellem Handeln), den der Jesuitengeneral C. Acquaviva 1613 zur verbindl. Ordensdoktrin erhob. In „De legibus ac Deo legislatore" (1612) entwikkelte S. seine Rechts- und Staatsphilosophie. S. hatte großen Einfluß insbes. auf die dt., und hier v. a. auf die prot. Schulmetaphysik.

Suárez González, Adolfo [span. 'su̯arɛð ɣon'θalɛθ], * Cebreros (Prov. Ávila) 25. Sept. 1932, span. Politiker. - 1968/69 Zivilgouverneur der Prov. Segovia; 1969–73 Generaldirektor des staatl. Hörfunks und Fernsehens; 1973–75 Präs. der nat. Tourismusorganisation; 1975/76 Min. und Generalsekretär der Einheitspartei; seit Juli 1976 Min.präs., leitete die Demokratisierung Spaniens ein; unter seiner Führung wurde die Union des Demokrat. Zentrums (UCD) 1977 stärkste polit. Kraft in Spanien; trat am 29. Jan. 1981 freiwillig von seinem Amt als Min.präs. zurück; trat im Juli 1982 aus der UCD aus und gründete das Demokratisch-Soziale Zentrum (CDS).

Suarezismus, Bez. für Lehre und Anhängerschaft des F. ↑Suárez.

suave [italien.], musikal. Vortragsbez.: lieblich, angenehm.

sub..., Sub... (auch suf..., sug..., suk..., sup..., sur...) [lat.], Vorsilbe mit der Bed. „unter, unterhalb; von unten heran; nahebei".

subaerisch [sʊp''ɛːrɪʃ; lat./griech.], an der Erdoberfläche, unter freier Luftzufuhr gebildet.

subakut, nicht akut, weniger heftig verlaufend; von krankhaften Prozessen gesagt.

subalpine Stufe ↑Vegetationsstufen.

subaltern [lat.], unterwürfig, untertänig; untergeordnet, unselbständig; **Subalternität,** Abhängigkeit, Unterwürfigkeit.

Subandrio, * Kepandjen (Java) 15. Sept. 1914, indones. Politiker. - 1957–66 Außenmin. und ab 1962 als stellv. Reg.chef zweiter Mann nach Sukarno (ab 1964 Geheimdienstchef), verantwortl. für die prochin. Außenpolitik; nach dem Putschversuch von 1965 zum Tode verurteilt, 1970 zu lebenslanger Haft begnadigt.

subaquatisch [lat.], unter Wasserbedeckung erfolgt bzw. entstanden, z. B. Rutschungen und Ablagerungen.

subarktische Zone ↑subpolares Klima.

Šubašić, Ivan [serbokroat. ˌʃubaʃitɕ], * Vukova Gorica (Kroatien) 27. Mai 1892, † Zagreb 23. März 1955, jugoslaw. Politiker. - 1939–41 Ban von Kroatien; 1941–44 im Exil in den USA; 1944/45 Min.präs. der Londoner Exilreg.; ab März 1945 Außenmin., Rücktritt aus Protest gegen die innenpolit. Entwicklung (Okt. 1945).

Subatlantikum ↑Holozän (Übersicht).

subatomar, unterhalb der Dimensionen eines Atoms gelegen, auf die Atomkerne oder die Elementarteilchen bezogen.

Subbaß, Orgelregister, meist mit gedackten Pfeifen zu 32- oder 16-Fuß, vom Pedal aus zu spielen, mit dunklem, grundtönigem Klang.

Subboreal ↑Holozän (Übersicht).

Subcutis, svw. Unterhaut (↑Haut).

subdermal, in Biologie und Medizin für: unter der Haut gelegen.

Subdiakonat, Weihestufe vor bzw. unter dem Diakonat; 1973 in der kath. Kirche abgeschafft.

Subdominante (Unterdominante), in der *Musik* einerseits die 4. Stufe einer Dur- oder Molltonleiter, andererseits der über diesem Ton errichtete Dur- bzw. Molldreiklang.

subdural, in der Medizin für: unter der harten Gehirnhaut gelegen (z. B. von Blutergüssen oder Abszessen gesagt).

Suberine [lat.] (Korkstoffe), hochmolekulare Ester verschiedener Carbonsäuren, die in den Zellwänden des korkbildenden Gewebes abgelagert werden und dieses flüssigkeits- und gasdicht machen.

subfebril, leicht, jedoch nicht fieberhaft erhöht; auf die Körpertemperatur bezogen. Die s. Temperatur liegt beim Menschen zw. 37,4 und 38 °C.

subglazial, unter dem Gletschereis stattfindend.

subharmonische Schwingungen (Unterschwingungen), in nichtlinearen Systemen auftretende Schwingungen, deren Frequenzen im Ggs. zu den harmon. Schwingungen nicht ganzzahlige Vielfache der Anregungsfrequenz sind. Die Fähigkeit zu s. S. wird zur Frequenzreduktion in Quarzuhren, Steuersendern und elektron. Taktgebern häufig angewendet.

subherzynische Phase [lat./griech.] ↑Faltungsphasen (Übersicht).

Subiaco [italien. su'bja:ko], italien. Stadt in Latium, 70 km östl. von Rom, 408 m ü. d. M., 8 900 E. Kath. Bischofssitz; Papier- und Baustoffind., Fremdenverkehr. - In der Römerzeit **Sublaqueum**; seit der Wende zum 6. Jh. durch den hl. Benedikt von Nursia berühmt, der sich in eine in der Nähe gelegene Höhle zurückzog, seine Ordensregel festlegte und in der Umgebung 12 Klöster gründete. S. wurde im 11. Jh. Stadt. - Burg (11. Jh.); am Ortsausgang Triumphbogen für Pius VI. (1789); erhalten die ma. Aniobrücke; nahebei Kloster Santa Scolastica (Kirche von 1764, roman. Kampanile [1053], 3 Kreuzgänge).

Subikterus, leichteste Form der Gelbsucht mit schwacher Gelbfärbung der Augenlederhaut und leichter Bilirubinämie.

Subitaneier [lat./dt.] (Sommereier), in Anpassung an die klimat. Umweltbedingungen von manchen (zweierlei Arten von Eiern produzierenden) niederen Tieren (z. B. Rädertiere, Strudelwürmer, Wasserflöhe, Blattläuse) in der wärmeren Jahreszeit meist in größerer Anzahl abgelegte dünnschalige, schnell (oft parthenogenet.) sich entwickelnde, dotterarme und daher kleinere Eier im Unterschied zu den fürs Überwintern bestimmten ↑Dauereiern; dienen der raschen Ausbreitung der Art im Frühjahr und Sommer.

subito [italien.], musikal. Spielanweisung: schnell, plötzlich, sofort anschließend.

Subjekt [zu lat. subiectum „das (der Aussage) Unterworfene, Zugrundeliegende"], (Satzgegenstand) in der *Sprachwiss.* Bez. für denjenigen Teil eines Satzes, der den Träger der Aussage, den Ausgangspunkt der Äußerung bezeichnet und meist durch ein Nomen oder Pronomen (immer im Nominativ), aber z. B. auch durch einen Nebensatz (sog. *S.satz*) ausgedrückt wird; das S. wird obligator. durch das Prädikat und gegebenenfalls durch ein Objekt zum Satz ergänzt. Zu unterscheiden sind *grammat. S.* und *log. S.*, die nur in aktiv. Sätzen zusammenfallen (*Der Hund* beißt den Mann), während in passiv. Sätzen das log. S. (Agens) grammat. als [Präpositional]objekt erscheint (Der Mann wird *von dem Hund* gebissen). Sätze, die kein grammat. S. aufweisen, bezeichnet man als *subjektlos* (lat. *pluit* „es regnet").

◆ in der *Philosophie*, v. a. in der an Aristoteles orientierten Tradition, Bez. für den substantiellen Träger (das Substrat) von Zuständen, Eigenschaften und Wirkungen. Seit Descartes gilt S. allg. als das denkende, seiner selbst bewußte Ich als letzte Einheit und Träger seiner Akte.

◆ in der *Musik* Bez. für das Thema einer kontrapunkt. Komposition, z. B. einer Fuge. - ↑auch Kontrasubjekt.

subjektiv [lat.], von persönl. Wertungen (Vorurteilen) bestimmt, nicht allgemeinverbindlich.

subjektiv-dingliche Rechte, Rechte, die mit dem Eigentum an einem bestimmten Grundstück verbunden sind und auf einem bestimmten anderen Grundstück lasten, d. h. dem jeweiligen Eigentümer des einen Grundstücks gegen den jeweiligen Eigentümer des anderen zustehen (z. B. ↑Grunddienstbarkeit).

subjektive öffentliche Rechte, die dem einzelnen gegenüber dem Staat eingeräumte Rechtsmacht, ein bestimmtes Tun, Dulden oder Unterlassen vom Staat zu verlangen oder auf die staatl. Rechtssphäre gestaltend einwirken zu können (z. B. Wahlrecht). Dazu gehören v. a. die ↑Grundrechte und die Ansprüche auf Sozialleistungen.

subjektive Photographie, bedeutendste, von O. Steinert initiierte photograph. Strömung nach 1945 in der BR Deutschland. - ↑auch Photographie.

subjektiver Geist, bei Hegel der Geist als individuelle Konkretion des Absoluten im (individuellen) Fühlen, Denken und Wollen des Menschen (im dialekt. Ggs. zum ↑absoluten Geist und ↑objektiven Geist).

subjektives Recht ↑Recht.

Subjektivismus [lat.], in der Philosophie die Auffassung, nach der die Gegenstände des Erkennens und Wollens durch das Subjekt erzeugt („konstruiert") werden und/ oder die Erkenntnis von Sachverhalten als wirkl. und von Zwecken oder Taten durch das Subjekt als gut bestimmt wird. Die Erklärung des Erkenntnissubjekts wird zum Garanten verläßl. und verbindl. Erkenntnis und zur Bedingung eigenständiger Wissenschaft. Erst in Kants „Kritik der reinen Vernunft" (1781) wird das Erkenntnissubjekt in seiner Einheit von Sinnlichkeit und Verstand erfaßt und eine Theorie über die Erzeugung (Konstituierung) des wiss. Gegenstands durch das Subjekt vorgelegt. Demgegenüber bildet sich nach Hegel das Erkenntnissubjekt im Rahmen der Geschichte des Geistes, weswegen Hegel eine übersubjektive Gesetzmäßigkeit bei der Bildung von Begriffen und Ideen postulieren muß. Im Anschluß hieran wird bei K. Marx der S. „objektiv": Nicht mehr die Individuen können die Verläßlichkeit von Erkenntnis garantieren, sondern die durch ihre gemeinsame soziale Situation und Position im histor. Prozeß definierten Gruppen („Klassen").

Subjektivität [lat.], 1. eine Eigenschaft von Aussagen, Urteilen, Haltungen oder Wert- und Handlungsorientierungen, die durch ihre Abhängigkeit von dem erkennenden, aussagenden, urteilenden Subjekt bestimmt ist; 2. die (daraus resultierende) Gültigkeit für das Subjekt einschließl. der Nichtüberprüfbarkeit; 3. das Subjektsein im Rahmen des Subjektivismus.

Subjekt-Objekt-Problem, zentrales Problem der Erkenntnistheorie und des abendländ. Denkens überhaupt, das in der Frage besteht, wie die prinzipiell zweigliedrige Relation zw. (erkennendem) Subjekt und (zu erkennendem bzw. erkanntem) Objekt (Gegenstand) zu bestimmen ist sowie ob und gegebenenfalls inwieweit das Subjekt die Erkenntnis des Objekts beeinflußt. Descartes verschärft das Problem mit seinem Zweisubstanzendualismus von *Res cogitans* und *Res extensa* sowie mit der Bestimmung der Res cogitans als philosoph. Selbstbewußtsein, als Subjekt (im modernen Sinn). Damit ist die Wirklichkeit in die beiden unvermittelten Bereiche von Subjekt und Objekt geschieden. Dies führt zur Unterscheidung zw. (erkenntnistheoret., epistomolog.) Idealismus und Realismus, je nachdem, ob das Objekt als abhängig oder als unabhängig von dem erkennenden Subjekt angesehen wird. Durch die Entwicklung der modernen Naturwiss., insbes. der Quantenphysik, wird nur noch ein method. Dualismus von Subjekt und Objekt angenommen.

Subnormale $\overline{P'P''}$ und Subtangente $\overline{TP''}$ zum Punkt P der Tangente t an die Kurve k (n Normale)

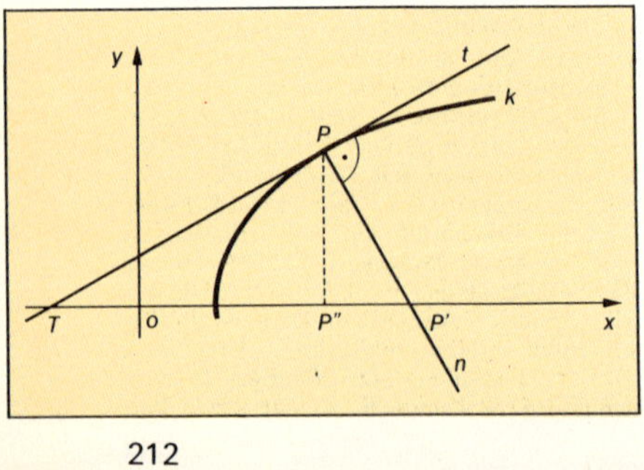

Subjektsatz ↑Subjekt.

Subjunktion [lat.], (objektsprachl.) Verknüpfung von Aussagen zu einer neuen Aussage derselben Grundstufe mit der log. Partikel (Junktor) der Bedingung (**Subjunktor**) „wenn – dann" (Zeichen →, ⇒); streng zu unterscheiden von der Implikation.

Subkontinent, randl. Teil eines Kontinents, der auf Grund seiner bes. Größe und halbinselartigen Abgliederung als quasiselbständige Einheit betrachtet werden kann, z. B. Vorderindien.

Subkontraoktave, Bez. für den Tonraum $_2C-_2H$. - ↑Tonsystem.

subkortikal, in der Biologie und Medizin für: unter der [Hirn]rinde gelegen (z. B. von Sinneszentren gesagt).

subkrustal [lat.], unterhalb der Erdkruste entstanden.

Subkultur, die von der Gesamtkultur einer Gesellschaft unterscheidbare Teil- oder Eigenkultur einer relativ kleinen und geschlossenen [Sonder]gruppe, die sich durch erhöhte Gruppensolidarität auszeichnet und durch Normen- und Wertsystem, Schichtzugehörigkeit, Berufs-, Alters-, Rassen-, Geschlechtsstruktur, regionale Verteilung sowie bes. Lebens- und Verhaltensweisen geprägt ist. Subkulturen gibt es v. a. in hochdifferenzierten, pluralist. Gesellschaften; sie sind häufig soziale, ethn. oder religiöse Minderheiten.

subkutan [lat.], in der Medizin für: 1. unter die Haut bzw. in das unter der Haut liegende Zellgewebe appliziert (gesagt z. B. von Injektionen, Infusionen; Abk. s. c.); 2. unter der Haut liegend bzw. sich unter ihr vollziehend.

Subletalfaktor (Semiletalfaktor), durch Mutation entstandene krankhafte Erbanlage, die (im Unterschied zum ↑Letalfaktor) nicht alle betroffenen Individuen, aber doch mehr als 50% vorzeitig absterben läßt.

sublim [lat.], verfeinert, fein, feinempfindend; nur einem feineren Verständnis oder Empfinden zugänglich.

Sublimat [lat.], Bez. für die bei einer ↑Sublimation in den gasförmigen Aggregatzustand übergegangene und an kühleren Stellen wieder in fester Form niedergeschlagene Substanz.

◆ veraltete Bez. für Quecksilber(II)-chlorid (↑Quecksilberchloride).

Sublimation [lat.], der direkte Übergang eines Stoffes vom festen Aggregatzustand in den gasförmigen [oder umgekehrt], ohne daß der normalerweise dazwischenliegende flüssige Zustand angenommen wird.

◆ svw. ↑Sublimierung.

Sublimationskerne, in der Atmosphäre befindl. ↑Kondensationskerne, an denen bei tiefen Lufttemperaturen und sehr hoher relativer Feuchtigkeit der Luft der Wasserdampf direkt in die Eisphase übertritt.

Sublimationswärme, diejenige Wärmemenge, die nötig ist, um einen Körper ohne Temperaturerhöhung durch Sublimation vom festen Aggregatzustand in den gasförmigen zu überführen. Die S. ist gleich der Summe aus Schmelzwärme und Verdampfungswärme. Der Quotient aus S. und Masse des betrachteten Körpers wird als spezif. S. bezeichnet; sie ist eine Materialkonstante.

Sublimierung (Sublimation) [lat.], in der psychoanalyt. Theorie das Verhalten, durch das nach S. Freud diejenigen menschl. Handlungen zu erklären sind, die scheinbar keine Beziehung zur Sexualität haben, denen jedoch der Sexualtrieb als psych. Antrieb zugrunde liegt. Als S. sah Freud v.a. intellektuelle Arbeit und künstler. Betätigung an.

subliminal [lat.], unterschwellig, unter der Wahrnehmungs- oder Bewußtseinsschwelle liegend; von Reizen, die nicht bewußt aufgenommen werden oder aufgenommen werden können, gesagt.

submarin, unter dem Meeresspiegel befindl., lebend bzw. entstanden.

submers [lat.], untergetaucht; unterhalb der Wasseroberfläche befindl. oder lebend. - Ggs. ↑emers.

Submersion [lat.], in der *Geologie* Bez. für das Untertauchen des Festlandes unter den Meeresspiegel.

Subminiaturtechnik ↑Miniaturisierung.

subnival, unterhalb der orograph. Schneegrenze liegender Bereich des Frostwechselklimas.

◆ unter dem Schnee gelegen bzw. unter Einwirkung von Schnee entstanden.

Subnormale, die Projektion des Normalenabschnitts (zw. dem Punkt einer ebenen Kurve, in dem die Normale errichtet ist, und ihrem Schnittpunkt mit der Abszissenachse) auf die Abszissenachse. Entsprechend wird die Projektion des Tangentenabschnitts auf die Abszissenachse als **Subtangente** bezeichnet.

Subnuklearphysik, svw. Elementarteilchenphysik (↑Elementarteilchen).

Subordinatianismus [lat.], eine Denkform in der frühchristl. Theologie, die das Verhältnis zw. Gott-Vater und Gott-Sohn als Unterordnung (lat. subordinatio) des Sohnes bestimmen möchte. Obwohl bereits im 3. Jh. von Papst Dionysius verurteilt, wurde der S. erst durch das Glaubensbekenntnis von Nizäa (325) überwunden.

Subordination, allg. svw. Unterordnung, Unterordnen. In der *formalen Logik* die „Unterordnung" von Prädikatoren unter andere Prädikatoren, z. B. des Artbegriffs unter den Gattungsbegriff.

Subotica [serbokroat. ˌsubɔtitsa], jugoslaw. Stadt nahe der ungar. Grenze, 114 m ü. d. M., 100 200 E. Zentraler Ort der nördl. Batschka; Museum, Theater, PH; Elektro- und chem. Ind., Motorradfabrik, Möbel-, Teppich- und Lederwarenherstellung. - Rathaus (1913) im ungar. historisierenden Stil mit keram. Schmuckelementen.

subpolares Klima, zw. dem gemäßigten Klima der mittleren Breiten und dem Polarklima befindl. Klima. Es ist auf der Nordhalbkugel (**subarkt. Zone**) stärker ausgebildet als auf der Südhalbkugel (**subantarkt. Zone**).

Subprior, im kath. Ordenswesen Stellvertreter des Priors.

Subrahmanya Bharati, * Ettaiyapuram bei Tirunelveli 11. Dez. 1882, † Madras 12. Sept. 1921, ind. Schriftsteller. - Gab der Tamilliteratur durch die Einführung westl. Elemente, deren Verschmelzung mit der einheim. Tradition er erfolgreich verwirklichte, neue Impulse.

Subregion, Teilgebiet einer ↑tiergeographischen Region.

subrezent, unmittelbar vor der (erdgeschichtl.) Gegenwart geschehen bzw. entstanden.

Subrogation [lat.], im *schweizer.* Obligationenrecht die Ablösung einer Schuld durch einen Dritten (S. zahlungshalber) bzw. die Abtretung einer Forderung durch den Gläubiger an einen Dritten (S. an Zahlungs Statt).

Subrosion [lat.], unterird. Auslaugung und Lösung von Salz oder Gips durch das Grundwasser. Die dadurch bei Salzstöcken oberhalb des Salzspiegels entstehenden Rückstandsbildungen nennt man **Residualgebirge.**

Subsidiarität [lat.], das Zurücktreten einer von mehreren an sich anwendbarer Rechtsnormen *(subsidiäre Rechtsnorm)* kraft ausdrücklicher oder durch Auslegung zu ermittelnder gesetzl. Anordnung.

Subsidiaritätsprinzip, der kath. Sozialphilosophie entnommenes Prinzip, wonach jede gesellschaftl. und staatl. Tätigkeit ihrem Wesen nach „subsidiär" (unterstützend und ersatzweise eintretend) sei, die höhere staatl. oder gesellschaftl. Einheit also nur dann helfend tätig werden und Funktionen der niederen Einheiten an sich ziehen darf, wenn deren Kräfte nicht ausreichen, diese Funktionen wahrzunehmen. Von fundamentaler Bed. wurde das S. für die kath. Sozial- und Staatslehre. Nach 1945 hat das S. in der Programmatik christl. Parteien v.a. auf dem Gebiet der Sozial- und Bildungspolitik eine wichtige Rolle gespielt, sich aber nicht als allg. gültiges rechtl. Prinzip durchgesetzt.

sub sigillo [lat.], in der lat. Kirche Kurzform für: s.s. confessionis „unter dem Siegel [der Verschwiegenheit] der Beichte".

Subsistenz [lat.], in der Philosophie das

Substanzsein, das Bestehen der Substanz in sich und für sich selbst.

Subsistenzwirtschaft, idealtyp. Begriff zur Kennzeichnung einer selbstgenügsamen Wirtschaftsform, die im Ggs. zur Verkehrswirtschaft nicht in systemat. Kontakt mit anderen Wirtschaftseinheiten steht. Die subsistenzwirtschaftl. Einheit produziert alle Güter, die sie verbraucht, selbst. S. ist kein bestimmter histor. Typus von Produktion, sie kann am Rande fast jeder Produktions- bzw. Gesellschaftsformation existieren.

Subskription [zu lat. subscriptio „Unterschrift"], die Vorbestellung eines noch nicht gedruckten oder erst in einigen Bänden erschienenen (meist kostspieligen und mehrbändigen) Werkes. Die Aufforderung zur S. muß Auskunft geben über Inhalt, Umfang, Ausstattung, Erscheinungstermin und voraussichtl. Preis. Der S.preis liegt meist etwa 10–20% unter dem Ladenpreis. Von der Verpflichtung zur Abnahme des Werkes entbindet nur Tod oder Zahlungsunfähigkeit.

subsp., Abk. für: **Subspecies** (↑ Unterart).

sub specie aeternitatis ['spe:tsi-e ε...; lat.], unter dem Gesichtspunkt der Ewigkeit (vermutl. nach Spinozas „Ethik" 5, 29–31).

Subspezies, svw. ↑ Unterart.

Substantia [lat.], in der *Anatomie:* Stoff (Substanz), Material, Struktur, woraus ein Organ bzw. Organteil oder ein Gewebe besteht, z. B. *S. alba*, *S. grisea* (die weiße Substanz bzw. graue Substanz im Zentralnervensystem).

Substantialität [lat.], Wesenhaftigkeit, Selbständigkeit.

Substantialitätstheorie, von der Scholastik und der späteren rationalen Psychologie vertretene Lehre, nach der die Seele eine unkörperl. Substanz ist, deren Manifestationen die seel. Vorgänge sind. - Ggs. ↑ Aktualitätstheorie.

substantiell (substantial) [lat.], substanzartig, wesentlich; stofflich, materiell.

Substantiv [zu lat. substantia „Existenz, Sein"] (Hauptwort, Dingwort, Nennwort, Namenwort, Gegenstandswort), eine Wortart, die v. a. zur Bezeichnung von stoffl. vorhandenen und daher wahrnehmbaren Dingen oder Lebewesen, aber auch von nichtgegenständl., gedachten Eigenschaften, Zuständen usw. dient; man unterscheidet danach Konkreta (Eigennamen für Einzeldinge bzw. -wesen, Gattungsnamen, Sammelnamen) und Abstrakta. Das S., der Häufigkeit nach die wichtigste Wortart, gehört zu der Kategorie ↑ Nomen, ist also deklinierbar; nur das S. kann mit dem Artikel verbunden werden. Syntakt. kann es als Subjekt, Objekt, Attribut, Apposition, Prädikat[ivum] und Adverbiale fungieren.

substantive Farbstoffe (Direktfarbstoffe) ↑ Farbstoffe.

Substantivierung [lat.] (Nominalisierung), Bez. für die Verwendung eines Wortes, das nicht zu den Substantiven gehört, als Substantiv: z. B. eines Adjektivs *(die Schöne)*, eines Infinitivs *(das Gehen)*, eines Partizips *(der Reisende)*, eines Pronomens *(das Ich)* usw.; diese bes. Art der Wortbildung erfolgt ohne formale Änderung des Wortes, die aber grammat. verdeutlicht wird durch den Gebrauch des Artikels.

Substanz [lat.], allg. svw. 1. Materie, Material, Stoff; 2. das Wesentliche, der Kern der Sache.

◆ in der *Philosophie* das, was ein jedes in sich und für sich selbst ist (in der ma. Philosophie auch Monade gen.), das unabhängig Seiende im Ggs. zum Akzidens, dem unselbständig Seienden. Descartes kennzeichnet die S. als das, was zu seinem Sein (bzw. seiner Existenz) keines anderen Seienden bedarf. Für Kant ist S., als das Beharrliche in den Erscheinungen definiert, ledigl. ein dem menschl. Subjekt a priori zukommender Verstandesbegriff. In Weiterentwicklung dieses Ansatzes im dt. Idealismus ist die S. für Fichte das die gesamte Realität als seine Setzung umfassende Ich, für Hegel der Name für die unmittelbare Seinsweise des Absoluten.

◆ (Stoff) in der *Chemie* ein festes, flüssiges oder gasförmiges Material (Element oder Verbindung).

Substituent [lat.] ↑ Substitution.

Substitut [lat.], allg. svw. Vertreter, Ersatzmann.

◆ Berufsbez. im Einzelhandel für den Assistenten oder Vertreter des Abteilungsleiters.

◆ svw. ↑ Surrogat.

Substitution [lat.], die Ersetzung von bestimmten Gütern oder Produktionsfaktoren durch andere. Die S. kann *vollständig* sein, d. h., sie birgt keine Nachteile in sich, oder *unvollständig* sein, d. h., sie ist mit Nachteilen verbunden. Bei Gütern ergibt sie sich v. a. durch Preisverschiebungen oder auch durch Änderungen der Lebensgewohnheiten (z. B. die Ersetzung von Margarine durch Butter in Folge relativ gesunkener Butterpreise).

◆ in der *Chemie* der Ersatz eines Atoms oder einer Atomgruppe in einem Molekül durch ein anderes Atom bzw. eine andere Atomgruppe *(Substituenten)*. Die S. spielt v. a. in der organ. Chemie eine Rolle und verläuft nach bestimmten Reaktionsmechanismen. Eine *elektrophile S.* tritt v. a. bei der Halogenierung, Sulfonierung und Nitrierung aromat. Verbindungen auf, wobei ein positiv geladenes Reagenz (z. B. NO_2^+) mit dem Pielektronensystem der Kohlenstoffverbindung einen instabilen sog. *Pikomplex* bildet, der sich nach Abspaltung eines Protons und Rückbildung des aromat. Systems stabilisiert. Bei gesättigten aliphat. Kohlenstoffverbindungen tritt die *nukleophile S.* auf, bei der ein negativ geladenes Reagenz (z. B. NO_3^-, Cl^-) einwirkt. *Radikalische S.*, bei denen das angreifende Reagenz

ein Radikal ist und eine Kettenreaktion auslöst, treten v. a. in der Gasphase auf.
◆ in der *Logik* und *Wissenschaftstheorie* die Ersetzung schemat. Symbole durch konkrete Aussagen. Diese unterliegen dann den log. Zusammenhängen, die mittels der schemat. Symbole und der log. Partikel in formaler Allgemeinheit ausgedrückt waren.
◆ in der *Sprachwiss.* Bez. für den Austausch oder Ersatz von sprachl. Elementen innerhalb gleicher Umgebung; sprachwiss. Grundoperation, die der Identifizierung, Segmentierung und Klassifizierung von sprachl. Einheiten dient (Ersatzprobe). Voraussetzung dabei ist, daß der Text nach der S. grammat. akzeptabel bleibt, gleichgültig, ob es sich um die Ersetzung völlig verschiedener Einheiten *(Der Mann fährt mit dem Auto/Fahrrad)* oder um Weglassen (Reduktion) bzw. Hinzufügen (Expansion) bestimmter Einheiten handelt *(Der Mann fährt Auto/Der nette junge Mann fährt Auto).*
◆ in der *Psychoanalyse* einer der ↑Abwehrmechanismen: Ein Objekt, auf das urspr. die psych. Antriebsenergie gerichtet war, wird durch ein anderes ersetzt.
◆ bei der *Konditionierung* der Ersatz des unbedingten Reizes durch einen bedingten Reiz (↑bedingter Reflex).
◆ in der *Neuro[physio]logie* die Übernahme von Funktionen durch unbeschädigte Hirnareale bei gehirnorgan. Ausfällen.
◆ in der *Medizin* ↑Substitutionstherapie.

Substitutionsleitung, Art der elektr. Leitung (Ionenleitung) in Festkörpern; Ionen treten in Gitterlücken, die neu entstehenden Lücken werden von anderen Ionen besetzt und so weiter.

Substitutionsrecht, Recht des Schuldners, die Erbringung der geschuldeten Leistung einem Dritten, dem sog. *Substituten,* zu übertragen.

Substitutionstherapie, medikamentöser Ersatz *(Substitution)* eines dem Körper fehlenden, eventuell lebensnotwendigen Stoffes (z. B. von Insulin bei Diabetes mellitus).

Substrat [zu lat. substratus „das Unterstreuen, Unterlegen"], allg. svw. Unterlage, Grundlage.
◆ in der *Philosophie* die eigenschaftslose Substanz eines Dinges als Träger seiner Eigenschaften.
◆ in der *Sprachwiss.* Bez. für eine (zu einer bodenständigen Bev. gehörende) sprachl. Schicht, die von anderssprachigen Eroberern überlagert und verdrängt wird, aber ihrerseits auf die Sprache der Sieger in gewisser Weise einwirkt oder in Relikten erhalten bleibt. - Ggs. ↑Superstrat.
◆ in der *Chemie* 1. eine chem. Verbindung, die von einem Enzym umgesetzt wird; 2. ein unlösl., meist unbunter Stoff, der am Aufbau bestimmter Farblacke beteiligt ist.
◆ in der *Mikrobiologie* svw. ↑Nährboden.

Substrattheorie, in der Sprachwiss. Bez. für die zuerst auf dem Gebiet der Romanistik entwickelte Anschauung, daß sprachl. Veränderungen durch Sprachaustausch bzw. Sprachübertragung (↑Substrat) zu erklären sind; die S. geht zurück auf G. I. Ascoli, der für die Auseinanderentwicklung der roman. Sprachen die Verschiedenheit der im Röm. Reich vor der röm. Kolonisation gesprochenen (und vom Lat. nicht vollständig verdrängten) Sprachen verantwortl. machte.

subsumieren [lat.], einordnen, unterordnen.

Subsumtion (Subsumption) [lat.], in der *formalen Logik* die „Unterordnung" eines Individuums unter einen Prädikator („Artbegriff").
◆ in der *Rechtsanwendung* die Unterordnung eines konkreten Lebenssachverhalts unter den Tatbestand einer Rechtsnorm.

subterran [lat.], unterirdisch, unter der Erdoberfläche gelegen bzw. entstanden; z. B. die Erscheinungsform des Karstes.

subtil [lat.], zart, fein; sorgsam; schwierig; **Subtilität,** Zartheit; Spitzfindigkeit.

Subtrahend [lat.], die Zahl, die von einer anderen Zahl (dem Minuenden) abgezogen werden soll.

subtrahieren [lat.], svw. abziehen, eine ↑Subtraktion ausführen.

Subtraktion [lat.] (Abziehen), eine der vier Grundrechenarten, die Umkehrung der Addition, symbolisiert durch das Zeichen − (minus). Bei einer S.: $a - b = c$ gelten folgende Bez.: a: Minuend, b: Subtrahend, $a - b$: Differenz, c: Wert der Differenz.

subtraktive Farbmischung [lat./dt.] ↑Farblehre.

Subtropen, Übergangszone zw. den Tropen und der gemäßigten Zone der mittleren Breiten.

Subungulata [lat.] (Paenungulata), seit dem Paläozän bekannte Überordnung massiger, etwa nashorn- bis elefantengroßer Säugetiere, aus denen sich möglicherweise die rezenten Rüsseltiere, Schliefer und Seekühe entwikkelt haben; mit hufähnl. Nägeln an den mehrzehigen Gliedmaßen.

Subventionen [lat.], zweckgebundene Unterstützungszahlungen öffentl. Finanzwirtschaften an bestimmte Wirtschaftszweige, Wirtschaftsgebiete oder auch an einzelne Unternehmen ohne Gegenleistung. In der BR Deutschland erhöhten sich die vom Staat an Unternehmen geleisteten S. von (1969) 7,85 Mrd. DM auf (1985) 36,35 Mrd. DM.

Subversion [lat.], (polit.) Umsturz, **subversiv,** umstürzlerisch; zerstörend.

subvulkanisch, von Erscheinungsformen des Vulkanismus gesagt, die in geringer Krustentiefe erstarrt, aber nicht bis an die Erdoberfläche vorgedrungen sind.

Subway [engl. 'sʌbweɪ], svw. Tunnel, Unterführung, Untergrundbahn.

Succinate [zuki...; lat.], die Salze und Ester der Bernsteinsäure. Techn. Bed. haben einige mit Polyalkoholen hergestellte Ester als Lösungsmittel und Weichmacher für Kunststoffe und Wachse.

Succinimid [zʊˈkiːn...; Kw.] (Bernsteinsäureimid, 2,5-Dioxopyrrolidin), durch Umsetzen von Bernsteinsäureanhydrid mit Ammoniak entstehende farblose, kristalline Verbindung, die für organ. Synthesen verwendet wird; einige mit organ. Resten substituierte Derivate sind Arzneimittel gegen Epilepsie.

Succubus ↑Sukkubus.

Succus (Sucus) [ˈzʊkʊs; lat.], in der Pharmazie Bez. für Pflanzensaft; flüssiger, auch eingedickter Extrakt aus Pflanzenstoffen, z. B. *S. liquiritiae* (svw. Lakritze).

Suceava [rumän. suˈtʃe̯ava], rumän. Stadt in der Moldau, 85 300 E. Verwaltungssitz des Verw.-Geb. S.; wirtsch. und kulturelles Zentrum der rumän. Bukowina; Museen, Theater; Holzind., Zellstoff-, Papierkombinat, Maschinenbau, Schuh-, Textil-, Nahrungsmittelindustrie. - Entstand an der Stelle einer dak. Siedlung des 2./3. Jh., 1388 erstmals urkundl. erwähnt, als Marktflecken befestigt und zur Hauptstadt der Moldau (bis 1565) erhoben; die Festungsanlagen wurden im späten 17. Jh. geschleift. - Zahlr. Kirchen, u. a. Mirăuţikirche (1380–90), Eliaskirche (1488 ff.), Gheorghekirche (1514–22), Dumitrukirche (1534/35) mit 30 m hohem Glockenturm (1561), befestigte Klosterkirche Zamca (1606); Fürstenherberge (17. Jh.).

Suchenwirt, Peter, fahrender Dichter des 14. Jh. aus Österreich. - Wirkte zw. 1353 und 1395 an den Höfen Ludwigs I. von Ungarn, des Burggrafen Albrecht von Nürnberg und Herzog Albrechts III. von Österreich. Hauptvertreter der Heroldsdichtung; schuf polit. Gelegenheitsgedichte, Minneallegorien, weltl. und religiöse Lehrgedichte, Scherz- und Lügengedichte.

Suchersystem ↑photographische Apparate (Suchereinrichtungen).

Suchkopf, in der Spitze von Flugkörpern, Raketen, Torpedos, gelenkten Geschossen oder Bomben eingebautes, meist mit Infrarotstrahlen, Laserstrahlen oder Radar arbeitendes Peilgerät zur automat. Ausrichtung der Flugbahn auf das Ziel.

Suchlaufautomatik, vorwiegend bei Autoradios und HiFi-Empfängern angewandte Technik, bei der eine eingebaute Automatik auf einen Knopfdruck hin den jeweils auf der Skala benachbarten Funksender sucht und exakt einstellt, der gerade mit ausreichender Lautstärke empfangen werden kann.

Suchoň, Eugen [slowak. ˈsuxɔnj], * Pezinok (Westslowak. Gebiet) 25. Sept. 1908, slowak. Komponist. - Bed. Vertreter der zeitgenöss. slowak. Musik, komponierte Orchester-, Kammer- und Klaviermusik, Chorwerke und Lieder; wurde v. a. mit den Opern „Krútňava“ (1949) und „Svätopluk“ (1960) bekannt.

Suchona, linker Quellfluß der Nördl. Dwina, Abfluß des Kubenasees, 562 km lang.

Suchos, svw. ↑Sobek.

Suchowo-Kobylin, Alexandr Wassiljewitsch [russ. suxaˈvɔ kaˈbɨlin], * Moskau 29. Sept. 1817, † Beaulieu-sur-Mer 24. März 1903, russ. Dramatiker. - Unter dem Eindruck seines Prozesses (1850 wurde er wegen Verdacht des Mordes an seiner Geliebten verhaftet und erst 1857 freigesprochen) entstand die Dramen-Trilogie „Bilder der Vergangenheit“ (1856–69), eine ankläger. Darstellung der zarist. Gerichtsbarkeit und der trag. Abhängigkeit des Individuums von der Macht der Beamten und Polizei in Rußland. Dt. erschienen „Kretschinskis Hochzeit“ (1856), „Tarelkins Tod“ (1869).

Sucht, die durch den Mißbrauch von Rauschgiften und bestimmten Arzneimitteln zustande kommende zwanghafte psych. und phys. Abhängigkeit, die zu schweren gesundheitl. Schäden führen kann. - Anstelle S. wird heute vielfach der von der Weltgesundheitsorganisation vorgeschlagene und definierte Begriff ↑Drogenabhängigkeit verwendet.

Suchumi, Hauptstadt der Abchas. ASSR innerhalb der Grusin. SSR, Schwarzmeerkurort, 126 000 E. Hochschule für subtrop. Landw., PH, Forschungsinst. der Akad. der Wiss. der Grusin. SSR für abchas. Sprache, Literatur und Geschichte, Forschungsinst. für Tee und subtrop. Kulturen, Inst. für experimentelle Pathologie und Therapie, botan. Garten; Theater; Obstkonserven-, Tabak- und Schuhind., Schiffsreparatur; Hafen. - In der Nähe von S. lag der wohl schon im 7. Jh. v. Chr. gegr. griech. Handelsplatz **Dioskurias,** in den ersten Jh. n. Chr. befand sich hier die röm. Festung **Sebastopolis.** Mitte 15.–Anfang 19. Jh. unter osman. Herrschaft (grusin. **Zchumi**); seit 1829 russisch.

Suchumische Heerstraße, Paßstraße über den westl. Großen Kaukasus, zw. Suchumi und Tscherkessk, UdSSR.

Suckert, Kurt Erich, italien. Schriftsteller, ↑Malaparte, Curzio.

Sucre [span. ˈsukre], Hauptstadt Boliviens und Dep.hauptstadt, 420 km sö. von La Paz, 2 800 m ü. d. M., 79 900 E. Kath. Erzbischofssitz; Univ. (gegr. 1624), medizin., soziolog. Seruminst., Museen, Nationalbibliothek und -archiv. Handelszentrum; Erdölraffinerie, Zementfabrik, u. a. Ind. - Gegr. 1538 an der Stelle eines indian. Dorfes, **Ciudad de la Plata de la Nueva Toledo** gen., hieß aber während der Kolonialzeit meist indian. **Chuquisaca** („goldenes Tor“); seit 1559 Sitz der Audiencia de los Charcas (daher auch z. T. **Charcas** gen.); wurde 1776 Sitz einer Intendencia des Vize-Kgr. La Plata; 1809 offizielle Umbenennung in Chuquisaca; wurde 1826 vorläufige, 1839 offizielle Hauptstadt

Boliviens - zugleich zu Ehren des Generals A. J. de Sucre y de Alcalá umbenannt -, verlor aber nach und nach seine Hauptstadtfunktionen an La Paz. - Im Schachbrettgrundriß angelegtes, kolonialzeitl. Stadtbild.

S., kolumbian. Dep. am Karib. Meer, 10917 km², 523500 E (1985), Hauptstadt Sincelejo. Rinderzucht, Anbau von Reis, Maniok, Bananen, Tabak, Mais und Zuckerrohr.

S., venezolan. Staat am Karib. Meer, 11800 km², 585700 E, Hauptstadt Cumaná. S. liegt im Bereich der östl. Ausläufer der Küstenkordillere. Angebaut werden u. a. Kakao, Zuckerrohr, Kaffee, Mais, trop. Früchte.

Sucre y de Alcalá, Antonio José de [span. 'sukre i ðe alka'la], * Cumaná (Venezuela) 3. Febr. 1795, † Berruecos (bei Pasto) 4. Juni 1830, südamerikan. General und Politiker. - Bedeutendster militär. Mitstreiter S. Bolívars; sicherte 1822 die Eroberung von Quito und errang 1824 den entscheidenden Sieg über die Royalisten bei Ayacucho; 1826–28 erster verfassungsmäßiger Präsident Boliviens.

Sucrose (Sukrose) [zu frz. sucre „Zukker"], svw. ↑Saccharose.

Suctoria [lat.], svw. ↑Flöhe.

Sucus ↑Succus.

Suda, byzantin. enzyklopäd. Lexikon in griech. Sprache. Die etwa 30000 Stichwörter enthalten glossograph. und biograph. Artikel sowie auch größere Sachartikel; die S. ist eine Kompilation aus sehr vielfältigem und reichhaltigem literar. Material und daher von größtem Wert als Quelle für Geschichte und Literatur des Altertums.

Südafrika

(amtl.: Republic of South Africa, Republiek van Suid-Afrika), Republik im äußersten S des afrikan. Kontinents, zw. 22° und 34° 52' s. Br. (Kap Agulhas) sowie zw. 17° und 33° ö. L. (ohne Walfischbai). **Staatsgebiet:** S. grenzt im W, S und O an den Atlant. bzw. Ind. Ozean (Küstenlinie 2709 km), im N an Namibia, Simbabwe und Botswana, im NO an Moçambique und Swasiland. Innerhalb des Staatsgebietes von S. liegen Lesotho sowie die nur von S. anerkannten Republiken Bophuthatswana, Ciskei, Transkei und Venda. Außerdem gehört als Exklave das Geb. von Walfischbai als Teil der Kapprov. zu S.; weiterhin gehören die Prince Edward Islands (310 km²) im Ind. Ozean seit 1947 zu S. **Fläche:** etwa 1123226 km². **Bevölkerung:** 23,43 Mill. E (1985), 20,9 E/km². **Hauptstadt:** Pretoria; Sitz des Parlaments: Kapstadt. **Verwaltungsgliederung:** 4 Prov. **Amtssprachen:** Afrikaans und Englisch. **Nationalfeiertag:** 31. Mai (Tag der Republik). **Währung:** Rand (R) = 100 Cents (c). **Internationale Mitgliedschaften:** UN, GATT, Zollunion mit Swasiland und Lesotho. **Zeitzone:** MEZ + 1 Std.

Landesnatur: S. gliedert sich in die stark gegliederte Flächentreppe in den Küstenzonen, den gewaltigen Steilanstieg der Großen Randstufe zu den Randschwellen des Binnenhochlandes und die weitflächige, sanfte Abdachung der Hochfläche von diesen Randschwellen gegen das tieferliegende Kalaharibecken. Die höchste Erhebung in S. ist der Grenzberg Champagne Castle mit 3375 m (Drakensberge).

Klima: S. hat weitgehend randtrop. Klima, das durch die Höhenlage einerseits, durch den kalten Benguelastrom an der W- und den warmen Moçambiquestrom an der O-Küste andererseits beeinflußt wird; der äußerste S ist Winterregengebiet (hat also ein dem mediterranen Klima entsprechendes Klima). Die Mitteltemperaturen des kühlsten Monats liegen an der O- und W-Küste zw. 12 und 18 °C, am Fuß der Großen Randstufe bei 10 °C und im Binnenland zw. 7 und 10 °C, in der Kalahari dagegen um 12 °C. Die höheren Lagen (Highveld) haben jährl. 150, die Drakensberge 200 Frosttage; die Küstenzone ist frostfrei. Die Mitteltemperaturen des wärmsten Monats liegen in der Kalahari, am unteren Oranje und im Lowveld Transvaals mit über 25 °C am höchsten (mittlere Maxima 32–35 °C; absolute Maxima über 40 °C). Die Niederschläge nehmen schnell von O nach W sowie von S nach N ab, sie fallen (außer im äußersten SW) im Sommer. Die Jahressumme der Niederschläge ist gering und liegt zw. 625 mm und 250 mm. Die höchste Niederschlagsmenge fällt an der Ostseite der Großen Randstufe mit 2000–3000 mm, die geringste im äußersten W am unteren Oranje mit 50 mm. Die Niederschlagsmengen schwanken von Jahr zu Jahr sehr. Die Abweichungen der einzelnen Jahresmengen vom langjährigen Durchschnitt betragen im NW über 50%.

Vegetation: Entsprechend den Niederschlagsverhältnissen entwickelten sich immergrüne Wälder, Feuchtsavannen, offene Grasländer, Trockenwälder oder Dornstrauchsavannen. Das Winterregengebiet des SW bildet ein eigenes Florenreich (↑kapländisches Florenreich).

Tierwelt: S. hatte urspr. eine reiche und vielfältige Tierwelt, in der sämtl. Tierarten der afrikan. Savannen vertreten waren. Durch die starke Bevölkerungszunahme und die weiträumige Landnahme ist sie stark reduziert worden. Der Springbock, das Nationaltier von S., ist im Bestand stark bedroht. Zum Schutz und zur Erhaltung der verbliebenen Tiere wurden Tierreservate eingerichtet, von denen der Krüger-Nationalpark, in dem fast alle afrikan. Tiere vertreten sind, der größte und bekannteste ist.

Bevölkerung: Die Zusammensetzung der Bev. ist gemischtrassig. S. propagiert - vorgebl. zur Erhaltung der Struktur der Rassenvielfalt, tatsächlich aber zur Erhaltung der Vormachtstellung der weißen Minderheit - die Politik der Apartheid, d. h. gesetzl. streng getrennte Entwicklung der 4 Volksgruppen. Die ethn. Gruppierung ist folgende (1985): 64,9% Bantu (Zulu, Xhosa, Tswana, Nord-Sotho [Pedi], Süd-Sotho, Tsonga, Swasi, Ndebele und Venda), 19,7% Weiße, 12% Mischlinge (Coloureds) und 3,4% Asiaten. Für jede „Bantunation" wurde ein „Heimatland" geschaffen, wobei die Heimatländer der Xhosa in der Kapprovinz, die Transkei und die Ciskei, das Heimatland der Tswana, Bophuthatswana, und das Heimatland der Venda, Venda, inzwischen unabhängig geworden und damit nach Auffassung der Reg. von S. und der Heimatländer nicht mehr Bestandteil von S. sind (weder die UN noch ein Staat außer S. haben ihre Selbständigkeit diplomat. anerkannt). Der überwiegende Teil der Weißen (92%) und der Bantu (74%) bekennen sich zum Christentum, der der Asiaten (62%) zum Hinduismus. Neben den übl. Bildungseinrichtungen bestehen 10 Univ. für [v. a.] Weiße, 3 für Bantu und je eine für Mischlinge und Asiaten (teils auch für andere Bev.gruppen zugängl.). Darüber hinaus gibt es die Univ. von S., die eine reine Korrespondenz- und Prüfungsuniv. ist und allen Gruppen zur Verfügung steht. Außerdem besteht je 1 Univ. in Bophuthatswana, in der Ciskei und in der Transkei.

Wirtschaft: Die Landw. kann die für die Ernährung der Bev. notwendigen Grundnahrungsmittel selbst erzeugen; die Bantu treiben in ihren Heimatländern weitgehend Selbstversorgungswirtschaft, während die Weißen marktorientiert wirtschaften. Für den Export wichtigstes Anbauprodukt ist das Zuckerrohr im Küstengebiet von Natal; S. ist der fünftgrößte Zuckerexporteur der Erde. In normalen Erntejahren ist S. nach den USA der zweitgrößte Maisexporteur der Erde. An zweiter Stelle steht die Schafzucht (Wollgewinnung) in der Großen Karru und nördl. davon um den Oranje; S. steht mit einem Anteil von 5,8% an fünfter Stelle unter den Wollproduzenten der Erde. Bed. ist außerdem die Angoraziegenzucht (Mohairwolle). Die Bed. der Rinderzucht nimmt stetig zu. Die südafrikan. Landw. liefert außerdem Bana-

Südafrika. Wirtschaftskarte

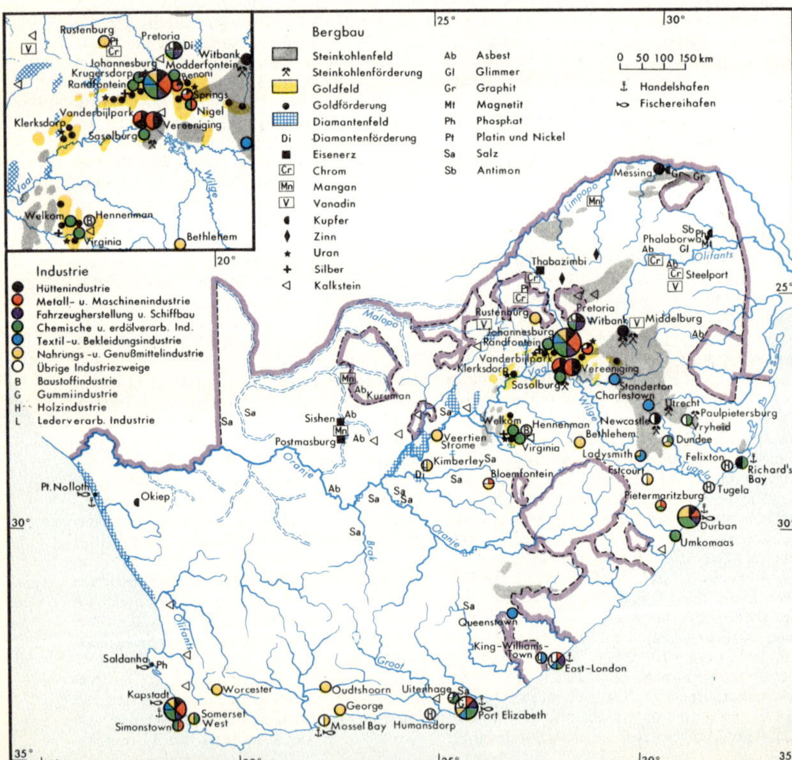

nen, Ananas, Mangos, Guajaven, Zitrusfrüchte, Wein und europ. Obstsorten. Die Fischind. ist exportorientiert, da 90% der Anlandungen (zu 80% Sardinen) für die Ausfuhr verarbeitet werden (Fischmehl und Fischöl); Verarbeitungszentrum ist Walfischbai, eines der bed. Fischkonservierungszentren der Erde. Industrielles Wirtschaftszentrum ist das Bergbaugebiet am Witwatersrand mit dem Mittelpunkt Johannesburg. Hier befinden sich die Zentren der Eisen- und Stahlind. sowie das Chemiezentrum Sasolburg. Weitere Ind.zentren (Nahrungsmittel-, Textil- und Bekleidungsind., Metallverarbeitung, Kfz.montage, Elektro- und Papierind.) liegen an der Küste: Kapstadt, Durban, Port Elizabeth, East London. Der Bergbau ist wichtigster und ertragreichster Wirtschaftszweig des Landes. Insgesamt werden 65 verschiedene Minerale abgebaut. Für Chrom, Gold, Antimon und Vanadium ist S. der wichtigste, für Platin, Mangan, Diamanten und Lithium der jeweils zweitwichtigste Lieferant am Weltmarkt. Diese Vorrangstellung dürfte auch in Zukunft bestehen bleiben, denn die Vorräte des Landes belaufen sich auf 66% der Weltvorräte an Chromerz, auf knapp 75% bei Gold, auf 70% bei Platin, auf 60% bei Diamanten. Ebenso beachtl. sind die abbauwürdigen Kohlevorräte, weshalb nur wenig Elektrizität aus Wasserkraft gewonnen wird; im Rahmen des Orange River Project entstanden auch einige Wasserkraftwerke. S. bezieht auch Strom aus dem Kraftwerk am Cabora-Bassa-Staudamm in Moçambique. Die Kraftwerke arbeiten zu $^9/_{10}$ auf Kohlebasis. 1984 wurde ein Kernkraftwerk bei Kapstadt gebaut, ein Forschungsreaktor besteht seit 1970 in Pelindaba bei Pretoria.

Außenhandel: Die wichtigsten Handelspartner sind die USA, Japan, Großbrit., die BR Deutschland, die Schweiz, Frankreich und Italien. Exportiert werden Edelmetalle, Edelsteine, Wolle, Tierhaare, Eisen und Stahl, Kupfer, Erze, Zucker und Getreide. Importiert werden Maschinen und Apparate, Kfz., elektrotechn. Erzeugnisse, Eisen und Stahl, Kunststoffe, künstl. Spinnfasern, Papier und chem. Erzeugnisse.

Verkehr: S. besitzt ein sehr gut ausgebautes Verkehrsnetz. Die Länge des Eisenbahnnetzes beträgt insgesamt 23644 km (einschl. 285 km in der Transkei, 128 km in der Ciskei und 86 km in Bophuthatswana), davon sind 7275 km elektrifiziert. Das Straßennetz umfaßt insgesamt 184802 km, davon sind 48855 km asphaltiert. Wichtigster Hafen ist Durban. Über ihn wird der gesamte Außenhandel über See von Lesotho abgewickelt. 1976 wurden die neuen Massenguthäfen Richards Bay und Saldanha Bay in Betrieb genommen. Die staatl. Fluggesellschaft South African Airways bedient den Inlandsverkehr und fliegt einige Nachbarstaaten an (für viele afrikan. Länder besitzt sie seit 1963 keine Anflug- und keine Überflugrechte mehr); außerdem werden alle wichtigen europ. Großstädte sowie New York, Rio de Janeiro, Buenos Aires, Perth, Sydney, Taipeh, Tel Aviv, Las Palmas, Simbabwe, Namibia, Mauritius und Hongkong angeflogen. Internat. ✈ sind der Jan Smuts Airport bei Johannesburg und die ✈ von Durban und Kapstadt.

Geschichte: Um 1500 waren der N, die Mitte und der O Südafrikas seit mehreren Jh. von schwarzafrikan. Bantuvölkern besiedelt, der W war von Hottentotten bewohnt; in Rückzugszonen hielten sich Buschmänner. Aus der 1652 im Auftrag der (niederl.) Vereinigten Ostind. Kompanie in der Tafelbucht gegr. Wasser- und Verpflegungsstation und den 1679 bzw. 1687 gegr. Binnenlandsiedlungen Stellenbosch und Drakenstein entstand die Niederl. Kapkolonie. 1707 war mit den 4 Bezirken Kapstadt, Stellenbosch, Drakenstein und Land Waveren (später der Distrikt Tulbagh) der größte Teil des für Landw. geeigneten Landes direkt am Kap von weißen europ., meist niederl. Siedlerfamilien besiedelt. Die als Viehzüchter große Teile des Jahres nomad. lebenden sog. „Treck-Buren“ und auch die seßhaften Weißen (die sich seit etwa 1800 „Afrikaander“ nennen) lebten als Herrenschicht in einer gemeinsamen Gesellschaft mit den Mischlingen (Coloureds) zusammen, die sie mit schwarzafrikan. Frauen zeugten. Die Hottentotten wurden in unwirtl. Randgebiete abgedrängt, die Buschmänner dezimiert. Um 1770 erreichten weiße Afrikaner das Land der Xhosa, um deren Weideland 1779 erstmals Krieg ausbrach: der letzte (9.) „Kaffernkrieg“ endete 100 Jahre später. 1795 kam es zur Rebellion der Siedler gegen die Kompanie: Die Weißen einiger Distrikte erklärten sich für unabhängig und riefen Republiken aus. In dieser Zeit zeigte Großbrit. wachsendes Interesse am Kapland. Brit. Truppen landeten 1795 und eroberten das Land, das den Status einer Kronkolonie erhielt. Die brit. Verwaltung unterdrückte sofort alle republikan. Regungen. Zwar gab 1803 Großbrit. vorübergehend die Kapkolonie an die Batav. Republik zurück, doch zeigten sich die Briten nach der endgültigen Besetzung (1806) entschlossen, die Kapkolonie ihrem Weltreich einzufügen; brit. Siedler wurden ins Land geholt, v.a. an die Xhosa-Grenze; 1833 erzwang die Reg. die Freilassung der Sklaven. Obwohl die Weißen 1832 beschränkte Selbstreg. erhielten, zogen ab 1835 14000 Buren ($^1/_6$ aller Weißen) außer Landes, um der brit. Herrschaft zu entgehen, und stießen dabei mit den Ndebele und den Zulu zusammen. Sie brachen in grausamen und für beide Seiten verlustreichen Kämpfen die Macht der Zulu und verdrängten die Ndebele über den Limpopo. Seit 1838 ließen sich die weißen „Vortrekker“ in Natal, dem Oranjege-

biet und Transvaal nieder und gründeten mehrere Republiken. Südl. von 25° s. Br. machte Großbrit. seinen Souveränitätsanspruch geltend; in Natal konnte es sich voll durchsetzen (1846), im Oranjegebiet und in Transvaal behaupteten sich jedoch die Buren. Zw. 1852 und 1860 anerkannten Großbrit. den Oranjefreistaat und die Südafrikan. Republik (das heutige Transvaal); beide Staaten mußten jedoch die brit. Suzeränität hinnehmen. 1856 wurde Natal Kronkolonie mit begrenzter Selbstreg. für die meist brit. Weißen. Da die Zulu Lohnarbeit verweigerten, wurden ab 1860 für die Zuckerrohrplantagen ind. Arbeiter angeworben. Mit der Entdeckung der Diamanten bei Kimberley (1866) begann für die Burenrepubliken eine neue Zeit polit. Verwicklungen. Die Kapbehörden annektierten das auch vom Oranjefreistaat beanspruchte Gebiet. 1877 intervenierte Großbrit. nach inneren Wirren in der Südafrikan. Republik und annektierte das Land als Transvaal Territory; nach dem Sieg der Buren (1881) über brit. Truppen mußte Großbrit. jedoch erneut die Unabhängigkeit der Burenrepublik anerkennen. Die Burenrepubliken anerkannten dagegen die brit. Rechte auf Betschuanaland, das C. Rhodes erworben hatte. Nach einem gescheiterten brit. Versuch, 1895 im sog. Jameson Raid die Süafrikan. Republik zu annektieren, brach 1899 der ↑Burenkrieg aus, der 1902 mit der Kapitulation der Buren endete; ihre Republiken wurden brit. Kolonien. 1907 hatten beide Kolonien volle Selbstreg., die die Kapkolonie und Natal schon seit 1872 bzw. 1893 besaßen; am 31. Mai 1910 konstituierte sich als Vereinigung der brit. Kolonien in S. das Dominion Südafrikan. Union. Zum ersten Premiermin. wurde der ehem. Burengeneral Botha ernannt. Die polit. Rechte in der Union waren urspr. nicht völlig auf Weiße beschränkt. Gebildete und begüterte Mischlinge oder Schwarze konnten im Kapland das Wahlrecht erwerben. Schon seit 1887 wurde die Zahl schwarzer Wähler jedoch systemat. eingeschränkt (auf etwa 7% der Wähler, dazu 12% Mischlinge); in den früheren Burenstaaten blieb das Wahlrecht 1910 Privileg der Weißen. Schwarze Intellektuelle protestierten vergebl., v. a. durch Gründung des „Afrikan. Nat.kongresses" (ANC) 1912.
Antibrit. Weißafrikaner gründeten 1913 unter Führung J. B. M. Hertzogs die „Nat. Partei", die für S. die Loslösung von Großbrit. anstrebte. 1924 gewann die Nat. Partei mit der verbündeten Arbeiterpartei die Parlamentsmehrheit, Hertzog bildete die Reg.; Afrikaans wurde als 2. Amtssprache eingeführt. Angeführt von der Südafrikan. Union, forderten und erhielten die Dominien auf den Commonwealth-Konferenzen 1926 und 1931 die völlige Unabhängigkeit von Großbritannien. Nachdem die Nat. Partei mit der oppositionellen Südafrikan. Partei fusioniert hatte, spaltete sich ihr radikaler Flügel ab und ging unter D. F. Malan als „gereinigte" Nat. Partei in Opposition. 1948 gewann diese v. a. in Rassenfragen radikale Partei die Parlamentswahlen; Malan bildete die Reg. und begann die Politik der Apartheid.
Grundgedanke dieser Politik ist die „getrennte Entwicklung" der Rassen Südafrikas. Dabei gelten alle Weißen als eine einheitl. „Nation", während die Schwarzen in 9 verschiedenen „Bantunationen" (nach Sprache und vorkolonialer Geschichte) unterteilt werden. Aus den 1913 abgegrenzten „Eingeborenenreservaten", die 1936 auf insgesamt 13% der Fläche der Republik S. erweitert wurden, wird jeder schwarzen „Nation" ein sog. ↑Bantuheimatland zugewiesen; alle im weißen Gebiet lebenden Schwarzen müssen Bürger eines Heimatlandes werden. Die Mischlinge und Asiaten (v. a. Inder) werden zu je einer weiteren „Nation" erklärt, ohne daß die Vertreter der Apartheidpolitik ihnen ein eigenes Gebiet zubilligen.
Die Schwarzen leisteten unter Führung des ANC bis 1959 gewaltfreien Widerstand, den die Reg. mit immer härteren Staatsschutzgesetzen beantwortete. 1959 spaltete sich der militante „Panafrikan. Kongreß" (PAC) vom ANC ab. Demonstrationen von Schwarzen führten 1960 zum Massaker von Sharpeville (67 Tote); ANC und PAC wurden verboten. Seitdem versuchen beide Kongresse, aus dem Untergrund und aus dem Exil einen bewaffneten Kampf gegen die Reg. vorzubereiten, wobei sich ihre Zusammenarbeit in den letzten Jahren deutl. verstärkte. Die Organization of African Unity (OAU) erkannte 1963 ANC und PAC als Befreiungsbewegungen an, beide wurden 1972 als Beobachter bei den UN zugelassen. 1961 trat S. aus dem Commonwealth aus und wurde Republik. 1963 beschloß der UN-Sicherheitsrat ein Waffenembargo (1977 verschärft); wirtsch. Sanktionen lehnten Reg., Unternehmer und Gewerkschaften in der westl. Welt ab. Unter Premiermin. B. J. Vorster, der 1966 auf den ermordeten H. F. Verwoerd folgte, begann S. mit der Entlassung der Bantuheimatländer in die staatl. Unabhängigkeit. Die Führer von Transkei (1976), Bophuthatswana (1977) sowie Venda (1979) und Ciskei, dessen Wahlbevölkerung sich im Dez. 1980 für die Unabhängigkeit ihres Heimatlandes von S. aussprach, gingen auf diese Politik ein, während andere schwarze Politiker sie ablehnten, v. a. G. Buthelezi von Kwazulu, dessen Partei, die Nat. Kultur-Befreiungsbewegung, im „Heimatland" Reg.partei, in den schwarzen Städten außerhalb Kwazulu als demokrat. Massenbewegung allen Schwarzen offensteht. Unter den städt. Schwarzafrikanern und Mischlingen sammelte sich neuer Widerstand in der Bewegung „Schwarzes Bewußtsein". Unruhen unter der schwarzen Jugend, die im Juni 1976 in Soweto

ausbrachen, wurden durch die Polizei blutig unterdrückt (mindestens 250 Tote). Im Okt. 1977 verbot die Reg. die Organisationen (und Presseorgane) der Schwarzen (deren Führer z. T. verhaftet, z. T. ins Exil getrieben wurden) sowie weiße Antiapartheidgruppen. Zwar bietet ein neuer Verfassungsentwurf der Reg. den Mischlingen und Indern begrenzte polit. Mitsprache an, doch wurden die Unterdrükkungsmaßnahmen nach den Wahlen vom Nov. 1977, die der regierenden Nat. Partei weiteren Zuwachs brachten, nicht gelockert. Die Unzufriedenheit der nicht weißen Bev. mit den polit. Verhältnissen dauert an; 1980 manifestierte sie sich u. a. in einem dreimonatigen Schülerstreik der Coloureds Mitte April bis Mitte Juli wegen der unzureichenden Ausstattung ihrer Schulen, in schweren Unruhen in der westl. Kapprov. Mitte Juni mit zw. 32 und 60 Toten.

Premiermin. B. J. Vorster übernahm nach dem Tode des Staatspräs. N. Diederichs dessen Amt im Aug. 1978; neuer Premiermin. wurde im Sept. 1978 P. W. Botha (* 1916). Nach einem innenpolit. Skandal mußte Staatspräs. Vorster sein Amt im Juni 1979 niederlegen, da er in die Angelegenheit verwickelt war. Neuer Staatspräs. wurde der bisherige Senatsvors. M. Viljoen (* 1915).

Außenpolit. hielt S. daran fest, in ↑Namibia eine „interne Lösung" auf dem Weg zur Unabhängigkeit dieses Landes durchzusetzen, d. h., die im Exil tätige Befreiungsbewegung SWAPO von der polit. Macht auszuschließen. Die internat. Position der Republik S., die in Afrika selbst polit. isoliert ist, obwohl zu verschiedenen afrikan. Staaten wirtsch. Beziehungen bestehen, ist seit 1975 durch die Unabhängigkeit Moçambiques und Angolas sowie (seit 1980) Simbabwes Veränderungen unterworfen. Die Politik der westl. Ind.staaten gegenüber S. ist zwiespältig. Einerseits arbeiten sie mit den Reg. von S. zusammen, um die bed. wirtsch. Interessen des Westens in S. zu sichern, andererseits bemühen sie sich um die Durchsetzung von Menschen- und Bürgerrechten in Südafrika. Der UN-Sicherheitsrat verurteilte S. 1979/80 mehrfach wegen von Namibia gegen Angola durchgeführter Militäraktionen und Verletzungen der Luft- und Gebietshoheit Sambias, im Juni 1980 wegen der Apartheidspolitik.

Angesichts der weltpolit. Situation, der Lage in Afrika und der Unruhen in S. selbst bemüht sich Premiermin. Botha um eine Modifizierung und Liberalisierung der Apartheid. Auf Grund der Vorschläge einer Kommission zur geplanten Verfassungsreform wurde zum Ende des Jahres 1980 die 2. Kammer des Parlaments, der Senat, abgeschafft, an seiner Stelle ein Präsidentschaftsrat mit 60 Experten errichtet, in dem alle Bev.gruppen außer den Schwarzen repräsentiert sind und der den Präs. in Fragen der Verfassung, Wirtschaft und der Rassenbeziehungen beraten soll. Weltweite Verurteilung trug S. die im Aug. 1981 unternommene, wenige Tage dauernde Invasion in Angola ein, die nach südafrikan. Angaben der Vernichtung von SWAPO-Stützpunkten dienen sollte, und bei der südafrikan. Truppen bis 200 km tief auf angolan. Gebiet vordrangen. In Zusammenhang mit der Verfassungsreform, die zum 1. Sept. 1984 in Kraft trat, fanden im Aug. Wahlen zu den eigenständigen Parlamenten der Coloureds und der Inder statt. Beide Wahlen wurden von den Betroffenen im wesentl. boykottiert (Wahlbeteiligung von 29,5% bzw. 20%). Die Einführung der Verfassung war begleitet von Unruhen, Streiks und Versammlungsverboten. Die Verleihung des Friedensnobelpreises an den schwarzen anglikan. Bischof D. Tutu (jetzt Erzbischof) für seinen Kampf gegen die Apartheid führte zur Verstärkung des in- und ausländ. Drucks auf die Reg., die Apartheid aufzuheben und die Gleichberechtigung einzuführen. Um der sich ausbreitenden Gewaltwelle Herr zu werden, wurde von Juli 1985 bis März 1986 der Ausnahmezustand zunächst über 36 Bezirke, dann im Juni 1986 über ganz S. verhängt mit zusätzl. einschränkenden Maßnahmen wie verschärfter Pressezensur. Internat. wurden deshalb wirtsch. Boykottmaßnahmen gegen S. verhängt, u. a. auch von den USA und den EG.

Politisches System: S. ist nach der Verfassung von 1984 eine parlamentar. Republik. Die polit. und gesellschaftl. Struktur ist derzeit geprägt vom Grundsatz der Apartheid, die durch Verfassung und Gesetze auf allen Lebensgebieten durchgesetzt wird. Die von der Reg. propagierte „getrennte Entwicklung" der Rassen soll die Vorherrschaft der weißen Rasse sichern und wird organisator. bewältigt durch ein System von repräsentativen Institutionen zur Vertretung der Mischlinge und Inder sowie in der prakt. doppelten Territorialgliederung des Staates, indem neben der Prov.einteilung - die Verwaltungsgliederung überlagernd - eine Differenzierung in „weißes" und „schwarzes" Staatsgebiet durch die Schaffung der Bantuheimatländer erfolgte. Der doppelten Territorialgliederung entspricht die rechtl. Trennung der Bev. in (weiße) Staatsbürger der Republik S. und (schwarze) Staatsbürger der Bantuheimatländer, die ihre Rechte jeweils nur im Rahmen ihres staatl. Systems wahrnehmen können.

Staatsoberhaupt und Inhaber der *Exekutivgewalt* ist der Staatspräs., der von 50 Abg. des House of Assembly, 25 Mgl. des House of Representatives und 13 Mgl. des House of Delegates gemeinsam gewählt wird. Seine Amtszeit entspricht der Wahlperiode des Parlaments, das ihn gewählt hat. Er ist Reg.chef, Oberbefehlshaber der Streitkräfte, hat u. a. das Recht der Parlamentsauflösung, ernennt und entläßt die Min., entscheidet über Krieg und Frieden und repräsentiert den Staat nach außen. Für

jede Bevölkerungsgruppe existiert ein eigener Min.-Rat. Die *Legislative* liegt beim Staatspräs. und einem aus drei Kammern bestehenden Parlament, das die verschiedenen ethn. Gruppen repräsentiert. Die 185 Sitze des House of Assembly werden von Weißen eingenommen (darunter 20 vom Staatspräs. ernannte Abg.); für die Coloureds gibt es das House of Representatives mit 85 Sitzen (darunter 2 vom Staatspräs. benannte Abg., 3 weitere werden vom House of Representatives gewählt; die Inder schließl. wählen 40 Abg. zum House of Delegates (hinzu treten 2 vom Staatspräs. benannte Abg. und 3 vom House of Delegates gewählte Mgl.).
In S. gibt es nahezu unübersehbar viele *Parteien* bzw. parteiartige Gruppierungen. Polit. entscheidend sind nur die Parteien der Weißen. Die 1940 gegr., seit 1948 als Reg.partei führende National Party ist fast ausschließl. eine Partei der Buren (1985: 127 Sitze); sie betreibt eine strenge Apartheidpolitik. Im März spaltete sich der rechte Flügel der National Party ab (18 Abg.), da ihm selbst die vorsichtigen Reformversuche Bothas zu weit gingen; er bildete mit einigen kleineren Rechtsparteien die Conservative Party. Die Oppositionsparteien vertreten im wesentl. den englisch-sprachigen Bev.teil: Die New Republic Party (8 Sitze) ging 1977 aus der 1934 gegr. United Party hervor. Von der United Party hatten sich seit 1961 mehrfach liberalere Reformflügel abgespalten, die 1975 zur Progressive Reform Party fusionierten (seit 1977 Progressive Federal Party; 26 Sitze). Infolge des Mehrheitswahlrechts und des bes. Systems der Wahlkreisfestlegung ist es den Oppositionsparteien, die eine vorsichtige Auflockerung der Apartheid und eine mehr oder minder abgestufte Beteiligung aller Rassen an der Reg.verantwortung vertreten, so gut wie unmögl., die Reg.partei abzulösen. Kommunist. Parteien sind verboten. Für die farbigen Bev.teile innerhalb und außerhalb ihrer Territorien besteht eine Vielzahl von legalen Parteien, die sich in Programm und Praxis oft nur wenig unterscheiden. In den meisten Bantuheimatländern stehen sich ebenfalls apartheidakzeptierende und -ablehnende Parteien gegenüber. Von bes. Bed. für die zukünftige polit. Entwicklung dürften folgende halblegale und illegale Befreiungsbewegungen der schwarzen Mehrheit sein: die Black United Front (BUF), gegr. 1976 unter Leitung G. Buthelezis (* 1929; Chefmin. in Kwazulu seit 1972) sowie die seit 1960 verbotenen Organisationen (ihre Führer befinden sich zum größten Teil in Haft) African National Congress of South Africa (ANC), gegr. 1912, und der von diesem 1959 abgespaltene Pan-Africanist Congress of Azania (PAC). Die formal noch legalen schwarzafrikan. Organisationen wie die Black People's Convention (BPC), die South African Students' Organization (SASO) und die Black Parents' Association (BPA) haben in neuerer Zeit, bes. bei den Schüler- und Studentendemonstrationen 1976, eine große Rolle gespielt. Sie wurden von der Sicherheitspolizei überwacht und 1977 verboten. Die *Gewerkschaften* spielen nur eine untergeordnete Rolle. Von den offiziell anerkannten (1981: 195) sind 12 (nur weiße Mgl.) in der South African Confederation of Labour (SACOL) zusammengeschlossen, im Trade Union Council of South Africa (TUCSA) 61 von denen einige nur für Weiße, einige nur für Coloureds offen sind und ein Teil gemischtrassig ist. Gewerkschaften für Schwarzafrikaner sind offiziell nicht anerkannt, aber nicht verboten.
*Verwaltungs*mäßig ist S. in 4 Prov. aufgegliedert (Kapprov., Oranjefreistaat, Natal, Transvaal), diese in rd. 450 kommunale Körperschaften. An der Spitze jeder Prov. steht ein vom Staatspräs. für 5 Jahre ernannter Gouverneur (Administrator). Als Legislative besteht der Provinzrat, dessen Mgl. in je nach Größe der Prov. unterschiedl. Anzahl alle 5 Jahre von der weißen Bev. gewählt werden. Aus seiner Mitte wird ein vierköpfiges Executive Committee gewählt, das gemeinsam mit dem Gouverneur die Exekutive ausübt. Die Selbstverwaltung der Bantuheimatländer reicht weiter und verläuft in einer stufenweisen Entwicklung bis zur Einsetzung eigener Legislativorgane (mit ernannten Stammesführern und gewählten Mgl.) und Exekutivorgane (seit 1971). Die über 50% der in den Bantuheimatländern registrierten Schwarzafrikaner, die ständig in den „weißen" Ind.gebieten leben, haben ein kaum wahrnehmbares Wahlrecht in ihrem Heimatland.
Die *Rechts*ordnung basiert auf röm.-niederl. Recht, ist jedoch stark vom angelsächs. Recht beeinflußt; z. T. ist überliefertes Banturecht anerkannt. Das Gerichtssystem besteht aus dem Obersten Gerichtshof (Supreme Court) mit einem Berufungsgericht als höchster Instanz und mit nach Prov. gegliederten Gerichtshöfen 2. Instanz. Auf der unteren Ebene gibt es Distriktgerichte (Magistrates Courts) 1. Instanz für Zivil- und Strafsachen.
Die *Streitkräfte* umfassen rd. 106 400 Mann (Heer 76 400, Luftwaffe 13 000, Marine 9 000, Medizin. Korps 8 000), die Bürgermiliz ist rd. 150 000 Mann stark. Daneben bestehen rd. 130 000 Mann starke paramilitär. Kräfte.

🕮 *Thompson, L.: The political mythology of apartheid. New Haven (Conn.) 1985. - Schneider, Karl-Günther/Wiese, B.: Die Städte des südl. Afrika. Bln. u. Stg. 1983. - Christopher, A. J.: South Africa. London u. New York 1982. - Steinberg, H. G.: Die sozio-ökonom. Entwicklung der Republik S. Tl. 1: Die Entwicklung bis 1914. Düss. 1982. - Jaenecke, H.: Die weißen Herren. Hamb. ²1981. - S. im Umbruch? Hg. v. H. Ortlieb u. D. Lösch. Hamb. 1980. - Frauen gegen Apartheid. Hg. v. R. Weiss. Rbk. 1980. - Morast, B.: Die südafrikan. Rassenpolitik. Ffm. 1979. - Gillessen, G.: Rassenstaat - Ständestaat - Gottesstaat? Stg. 1978. - Hanf, T., u. a.: S., friedl. Wandel? Mchn.; Mainz 1978. - Brotz, H.: The politics of South Africa. Democracy and racial diversity. London 1977. - Davenport, T. R. H.: South Africa. A modern history. Toronto 1977.*

südafrikanische Literatur, zusammenfassende Bez. für die Literatur Südafrikas in engl. Sprache (↑neoafrikanische Literatur) und in Afrikaans. Die **engl. Literatur** fußt auf der Tradition der engl. und amerikan. Literatur, besitzt ihr gegenüber jedoch Eigenständigkeit (Stoff, Vorstellungswelt, Problematik). Bed. Lyriker: R. Campbell (* 1901, † 1957). Am Anfang der Prosa steht O. Schreiner (* 1855, † 1920), gefolgt von u. a. L. van der Post (* 1906), St. Cloete, S. G. Millin (* 1889 [?], † 1968). Seit der Mitte des 20. Jh. wird die Rassensituation Hauptgegenstand der Literatur (A. Paton [* 1903], W. Plomer [* 1903, † 1973], N. Gordimer, A. Fugard [* 1932]). Die **afrikaanse Literatur** entstand erst nach dem Burenkrieg um 1905. Themen der Lyrik sind Kriegserleben, Natur, Landschaft, häusl. Leben, Themen der realist. Prosa v. a. die Proletarisierung von Stadt und Land. Exponent einer extrem individualist. Bekenntnislyrik war Mitte der 1930er Jahre N. P. van Wyk Louw (* 1906, † 1970). In den 1960er Jahren erfolgte eine radikale Wende in Lyrik, Drama und Prosa: In absurdem Theater und surrealist. Prosa wurden die überkommenen Werte auf allen Gebieten in Frage gestellt, Tabus mißachtet, jedoch auch polit. Stellungnahmen abgegeben (v. a. gegen die Apartheidspolitik). Diese sozial- und gesellschaftskrit. Tendenz ist bis in die Gegenwart dominierend, v. a. bei J. D. Miles (* 1938).

🕮 *Chapman, M./Danger, A.: A century of South African poetry. Johannesburg 1981. - Gray, S. R.: Southern African literature. New York 1979. - Reichel, D. T.: Schriftsteller gegen Apartheid. Studien zur südafrikan. Gegenwartslit. Bln. 1977.*

Südamerika, der südl. Teil des amerikan. Doppelkontinents umfaßt 17,83 Mill. km² und ist damit der viertgrößte Erdteil. S. wird im W vom Pazifik, im S von der Drakestraße, im O und NO vom Atlantik und im N vom Karib. Meer begrenzt. Ledigl. im NW besitzt S. über die Landbrücke von Panama Festlandverbindung nach Mittelamerika. Der Kontinent hat eine N–S-Erstreckung (zw. Punta Gallinas und Kap Hoorn) von 7 600 km und eine W–O-Erstreckung (zw. Kap Branco und Punta Pariñas) von über 5 000 km. Der schwach gegliederten Küste, ausgenommen das südchilen. Küstengeb., sind wenige bed. Inseln vorgelagert; im N Trinidad, im S die Falklandinseln, der Feuerlandarchipel und die chilen. Inseln.

Gliederung: Im W von S., entlang der Küste steil aufsteigend, durchzieht das Faltengebirge der Anden als Hochgebirge den gesamten Kontinent. Schmale Küstenebenen sind dem Gebirgssystem nur in Kolumbien, Ecuador und in Mittelchile vorgelagert. Bei über 7 000 km Länge beträgt die größte Breite im zentralen Teil etwa 700 km. Die höchsten Gipfel steigen in den N-Anden über 5 000 m, in den Z-Anden über 6 000 m, im Aconcagua zu 6 958 m auf. Erst an der S-Spitze des Kontinents sinken die Gipfelhöhen unter 3 000 m ab. Der Gebirgszug der Anden ist aus Gesteinen aller Formationen zusammengesetzt, die seit der Oberen Kreide gefaltet wurden. Im O und NO liegen die alten, ausgedehnten, Mittelgebirgshöhen erreichenden Bergländer, das Brasilian. Bergland und das Bergland von Guayana. Der kristalline Sockel dieser Bergländer ist zum Teil von paläozoischen und mesozoischen Sedimenten und vulkan. Ergüssen überdeckt. Zw. den Bergländern im O und den Anden im W erstreckt sich eine weite Senkungszone, die durch niedrige Schwellen in das Orinokobecken, das Amazonastiefland und das La-Plata-Becken (Gran Chaco, Pampas) gegliedert wird. Der südl. Teil von S., Patagonien, zeigt eine allmähl. Abdachung der Anden nach O. Die Anden sind die Wasserscheide zw. Pazifik und Atlantik. Es werden rd. 7% zum Pazifik und 85% zum Atlantik entwässert. 1,5 Mill. km² sind abflußlos, ein Teil der innerandinen Hochbecken und des östl. Andenvorlandes (Gran Chaco und Pampas). Die größten Stromsysteme sind die des Amazonas (7,05 Mill. km²), des Paraguay-Paraná-Río de la Plata (3,10 Mill. km²) und des Orinoko (0,95 Mill. km² Einzugsgebiet). Die Flüsse der westl. Andenabdachung sind nur kurz. An Binnenseen ist S. arm; die größten liegen im zentralen Andenhochland (Titicaca- und Poopósee).

Klima: Der größte Teil von S. gehört den dauernd bis period. feuchten Tropen an. Im N reicht es in die trockene Passatzone, im äußersten S in die kühlgemäßigte Zone. Das Amazonastiefland liegt in den immerfeuchten Tropen. Nördl. und südl. davon schließen sich wechselfeuchte Tropenklimate an. Weiter südl. folgen subtrop. Klimate mit warmen, regenreichen Sommern und mäßig warmen, regenarmen Wintern; ständig feucht ist das Gebiet am unteren Paraná und am Uruguay, westl. davon nehmen die Niederschläge ab (im Andenvorland Halbwüste bis Wüste). Im trop. Hochgebirge der Anden folgen die Höhenstufen der Tierra caliente, Tierra templada, Tierra fría und Tierra helada aufeinander. Während der peruan.-nordchilen. Teil der Küstenebene unter dem Einfluß des kalten Humboldtstromes Wüstenklima hat, ist der kolumbian. Teil trop.-immerfeucht; das übrige Chile reicht vom Mittelmeerklima bis in die kühl-gemäßigte ozean. Zone. Die höch-

SÜDAMERIKA
0 250 500 750km
Geographisch-Kartographisches Institut M
KARIBISCHES MEER
Kleine Antillen
PAZIFISCHER OZEAN
ATLANTISCHER OZEAN
VENEZUELA
KOLUMBIEN
ECUADOR
PERU
BOLIVIEN
BRASILIEN
GUYANA
SURINAM
Franz. Guayana
PARAGUAY
URUGUAY
ARGENTINIEN
CHILE
CARACAS
BOGOTA
Quito
LIMA
La Paz
Sucre
Asunción
MONTEVIDEO
BUENOS AIRES
SANTIAGO DE CHILE
SAO PAULO
RIO DE JANEIRO
Brasília
Georgetown
Paramaribo
Cayenne
Port of Spain
TRINIDAD U TOBAGO
BARBADOS
Bridgetown
GRENADA
ST. LUCIA
DOMINICA
Roseau
Fort - de - France
Basse-Terre
Amazonas
Mato Grosso
Minas Gerais
Bahia
Pará
Rondônia
Amapá
Falklandinseln (brit)
Stanley
Westfalkland
Ostfalkland
Feuerland
Ushuaia
K. Hoorn
Südgeorgien (brit.)
Grytviken
Südl. Wendekreis
Äquator
Juan-Fernandez-I.n (chil.)
Desventuradosinseln (chil.)
15°
10°
5°
20°
30°
35°
45°
50°
80°
75°
70°
65°
60°
55°
50°
45°
40°
35°
30°
25°
20°
85°
90°
95°

STAATLICHE GLIEDERUNG

Land	km²	E in 1000 (Schätzung 1984)	E/km²	Hauptstadt
Argentinien	2776889	30097	10,8	Bucnos Aires
Bolivien	1098581	6252	5,7	Sucre/La Paz
Brasilien	8511965	132580	15,6	Brasilia
Chile	756945	11878	15,7	Santiago de Chile
Ecuador	283561	8600	30,3	Quito
Guyana	214969	936	4,4	Georgetown
Kolumbien	1138914	28217	24,8	Bogotá
Paraguay	406752	3278	8,1	Asunción
Peru	1285216	19198	14,9	Lima
Surinam	163265	370	2,3	Paramaribo
Uruguay	177508	2990	16,8	Montevideo
Venezuela	912050	15400	16,9	Caracas
abhängige Gebiete				
von Frankreich				
Französisch-Guayana	91000	78	0,9	Cayenne
von Großbrit.				
Falklandinseln	12000	2	0,2	Stanley

sten Niederschlagswerte/Jahr werden an der Ostabdachung der Anden im Bereich der immerfeuchten Tropen mit durchschnittl. 4000 mm (Maximum bei 7000 mm) gemessen. Ganzjährig hohe Niederschläge fallen im Amazonastiefland (2000–3000 mm); sie sinken im Brasilian. Bergland auf durchschnittl. 1500 mm/Jahr. In den pazif. Küstenwüsten südl. des Äquators bleiben die Niederschläge oft jahrelang aus, nur Tau- und Nebelniederschläge bringen etwas Feuchtigkeit. In den Hochregionen der Anden herrscht ein Trokkenklima mit gelegentl. Sommerniederschlägen. Ab 4500 m stellen sich regelmäßige Nachtfröste ein.

Vegetation: S. gehört zum neotrop. Florenreich. Den klimat. Bedingungen entsprechend, herrscht der trop. Regenwald (Hyläa) im Amazonastiefland und in Guayana vor, im O wird er von Feuchtsavannen (Campinas) durchsetzt. Der trop. Regenwald zeichnet sich durch außergewöhnl. Artenreichtum aus (Aronstabgewächse, Ananasgewächse, Kakteen, Orchideen, Palmen); er ist die Heimat des Kautschukbaumes. Neben etwa zwei Dutzend wertvollen Nutzhölzern liefert der Regenwald noch Produkte der Sammelwirtschaft wie Paranüsse, fettliefernde Samen, Rosenholzöl, Farb- und Gerbstoffe. Im N und S der Hyläa schließen sich im Bereich der Llanos am Orinoko und im Brasilian. Bergland Savannen (Campos) an. In SO-Brasilien folgen subtrop. Regenwälder, in NO-Brasilien prägen kakteenreiche Dornbuschgebiete (Caatinga) das Landschaftsbild. Die Trockenwälder des Gran Chaco leiten zu den Steppen der Pampas und Ostpatagoniens über. Westl. der Pampa, stellenweise mit ihr verzahnt, schließt sich eine Dornbuschformation an, das Montegebiet. Die trop. Anden zeigen in ihrer Vegetationsabfolge eine vertikale Gliederung: auf den trop. Regenwald folgt trop. Bergwald (Nebelwald), daran schließt sich, v.a. auf den trockeneren Hochflächen zw. den einzelnen Gebirgszügen, die Grassteppe (Páramoformation mit Horstgräsern, Polsterpflanzen, stammbildenden Espeletien, Rosengewächsen) an. Darüber folgen Wüstensteppen und Wüsten. Südl. 15° s. Br. besitzen die intramontanen Hochländer ausgesprochenen Wüstencharakter (Puna) mit polsterbildenden Pflanzen, die südwärts allmähl. ausbleiben und zur vegetationslosen Andenzone überleiten. Erst ab 30° s. Br. treten wieder Hartlaubgehölze auf, die letztl. in einen immer- bis sommergrünen Mischwald (Araukarien, Scheinbuchen, Magnolien, Baumfarne) übergehen.

Tierwelt: Tiergeograph. gehört S. der neotrop. Region an. Mehrfache, teilweise langandauernde Perioden der Isolation in früheren Erdepochen gaben der Tierwelt dieser Region ein eigenständiges Gepräge. Eine Reihe einst vorherrschender Tiergruppen sind heute weitgehend oder ganz ausgestorben. Eine Folge der mehrfachen Unterbrechung der Landverbindung zw. S- und N-Amerika ist eine große Zahl endem. Tiergruppen. Unter den Säugetieren sind z. B. Ameisenbären, Faultier, Guanako, Vikunja, Jaguar, unter den Vögeln Hokkohühner, Kondore, Nandus und viele Kolibris auf S. beschränkt. Von den Reptilien sind die Krokodile mit mehreren Arten vertreten, von denen die Kaimane auf die neotrop. Region beschränkt sind. Eine große Artenfülle bringen die Echsen hervor, bes. die Leguane. An Schlangen sind v.a. die Riesenschlangen, u.a. die Anakonda, zu nennen. Die buntgefärbten Korallenschlangen zählen zu den Giftnattern. Zu den Besonderheiten bei den Süßwasserfischen zählen u.a. die Raubfische (Pirayas).

Bevölkerung: Die indian. Urbev., die auf sehr unterschiedl. kultureller und techn.-zivilisator. Entwicklungsstufe stand, wurde von Weißen und Schwarzen stark zurückgedrängt. Nur in den Anden Boliviens, Perus und Ecuadors, dem Bereich der altamerikan. Kulturen, haben sie sich ebenso behaupten können wie in den Rückzugsbereichen des Amazonastieflandes, wo sie noch heute als Naturvölker leben. Durch Eroberung und Kolonisation haben die Spanier und Portugiesen S. zu einem Gebiet der roman. Sprachen und Kulturen (Lateinamerika) sowie der kath. Religion gemacht, wenn auch unter Indianern und Schwarzen vielfach alte Sitten und Glaubensvorstellungen geblieben und zum Teil mit dem Christentum eine Verbindung eingegangen sind. Nur in Guayana wurde die Entwicklung des Landes durch andere europ. Mächte geprägt. Durch die Sklaven, die mit dem Aufschwung der Plantagenwirtschaft nach S. gebracht wurden, erhielt Brasilien einen bed. Anteil von Schwarzen an der Gesamtbevölkerung. Seit dem 19. Jh. erfolgte v.a. eine starke europ. Einwanderung (1850–1950 rd. 9 Mill.); die Einwandererströme gingen v.a. nach Argentinien, Uruguay, Brasilien und Chile, die dadurch zu Siedlungs- und Wirtschaftszentren von S. wurden, während in der vorkolumb. Epoche die Anden der Hauptsiedlungsraum waren. So wurde das heutige Bev.bild im wesentl. durch die neuzeitl. Einwanderung geprägt. Die Ureinwohner, die Indianer, machen heute – ohne Berücksichtigung der Mischlinge – etwa 4–5% der Gesamtbev. aus. Mit zunehmender Zivilisierung und Akkulturierung nimmt der statist. Anteil der Indianer immer mehr ab; hinzu kommt, daß sich die in Rückzugsgeb. lebenden Indianer weitgehend der statist. Erfassung entziehen.

Geschichte: Zur Vor- und Frühgeschichte †die einzelnen Länder.

Zu den präkolumbischen Hochkulturen †altamerikanische Kulturen.

Entdeckung und Eroberung: Die Bestrebungen Heinrichs des Seefahrers aufgreifend, verfolgte Portugal seit etwa 1470 den Plan, in der Umsegelung Afrikas den Seeweg nach Indien zu finden, von dem das christl. Europa durch die Ausbreitung des Osman. Reiches abgeschnitten worden war. C. Kolumbus versuchte dabei im Auftrag der span. Krone, Asien in westl. Fahrt zu erreichen. Am 12. Okt. 1492 landete er auf seiner 1. Fahrt (1492/93) auf der Insel Guanahani, die er San Salvador nannte. Die weitere Reise führte ihn bis Kuba und Hispaniola (Haiti), die 2. Fahrt (1493–96) über die Kleinen Antillen und Puerto Rico bis nach Jamaika. Auf seiner 3. Fahrt (1498–1500) gelangte er nach Trinidad und berührte im Golf von Paria auch erstmals das amerikan. Festland; seine 4. Fahrt (1502–04) führte ihn bis zum zentralamerikan. Festland.

Als Kolumbus von seiner 1. Reise zurückkehrte, flammte sogleich der portugies.-span. Streit um das Recht auf Entdeckungen im Atlantik wieder auf. Portugal und Spanien einigten sich schließl. im Staatsvertrag von Tordesillas (1494) auf eine Demarkationslinie 370 span. Meilen (Leguas) westl. der Kapverd. Inseln, die die Interessensphären in Übersee abgrenzen sollte. Portugal, dem die Inseln und Länder östl. dieser Linie zufielen, erwarb sich damit Besitzansprüche auf Brasilien. Die anderen europ. Mächte erkannten diesen span.-portugies. Monopolanspruch nicht an. Noch zu Kolumbus' Lebzeiten setzten span. Seefahrer sowie Portugiesen und andere Ausländer im Dienste der span. oder portugies. Krone die Erforschung der Neuen Welt fort. Vespucci befuhr auf 4 Reisen (von denen 2 umstritten sind) im Dienste Spaniens und Portugals (1497–1504) die südamerikan. N- und O-Küste. Der Portugiese P. A. Cabral landete 1500 in Brasilien. 1516 war die amerikan. Ostküste von Florida bis zum Río de la Plata erkundet. Den Pazif. Ozean hatte V. Núñez de Balboa 1513 über den Isthmus von Panama erreicht, die Großen Antillen waren schon weitgehend kolonisiert. F. de Magalhães gelang es 1519–21, an der O-Küste Südamerikas entlangzusegeln und die nach ihm benannte Meeresstraße zu durchfahren (erste Weltumsegelung).

Bei der Eroberung des straff zentralisierten Inkareiches wurden die Spanier unter Führung von F. Pizarro durch einen Bruderkrieg begünstigt, der unter den Angehörigen der Herrscherdynastie ausgebrochen war. Pizarro zog am 15. Nov. 1533 in Cuzco, der Residenz der Inka ein. Mit der Gründung Limas (span. Ciudad de los Reyes) im Jan. 1535 war die Eroberung Perus im wesentl. abgeschlossen. Weitere Konquistadoren waren G. J. de Quesada, der 1536–39 die Chibchareiche (3. indian. Hochkultur) dem span. Imperium einverleibte, P. de Mendoza (* 1487 [?], † 1537), der den La-Plata-Raum der span. Besiedlung öffnete (1535–37), und P. de Valdivia, der die Siedlungsgrenze im S Chiles gegen den Widerstand der Araukaner bis in Höhe der nach ihm benannten Stadt vorschieben konnte. Die span. Krone machte der Profitgier der einzelnen Konquistadoren in ihren „capitulaciones" weitgehende Zugeständnisse, begab sich aber nicht ihrer Rechte während der einzelnen Eroberungsunternehmen und unterstellte die eroberten Gebiete sogleich ihrer Verwaltung.

Die Kolonialreiche in Süd- und Mittelamerika:

Die span. Herrschaft: Die überseeischen Besitzungen in Amerika wurden der Krone von

Kastilien einverleibt und galten als integrale Bestandteile der span. Monarchie. Die Kampfhandlungen während der Conquista und die Auswirkungen der Versklavung unterworfener Stämme führten zu einer demograph. Katastrophe für die indian. Bev. (bis zum Untergang v.a. der nicht seßhaften Indianerstämme), nicht zuletzt infolge fehlender Infektionsimmunität und des Zusammenbruchs der überlieferten indian. Lebensordnung. Seit der Mitte des 17. Jh. läßt sich jedoch insgesamt ein Wiederanstieg der indian. Bev. in Span.-Amerika beobachten. Schon mit den ersten Eroberern kamen auch schwarze Sklaven in die Neue Welt. Als sich herausstellte, daß Indianer den körperl. Anstrengungen der Plantagenwirtschaft und des Bergbaus im trop. Tiefland nicht gewachsen waren, wurden immer mehr schwarze Sklaven nach Amerika verschifft. Um 1570 gab es etwa 40000, um 1650 etwa 850000 und am Ende der Kolonialzeit etwa 2350000 Schwarze im span. Amerika. Mestizen, Mulatten, Zambos sowie die Abkömmlinge aus Mischungen einer der 3 Grundrassen mit einer der Mischlingsgruppen ergaben ein vielfarbiges, von sozialen Abstufungen verschiedenster Art geprägtes Völkergemisch. Gegen Ende der Kolonialzeit machten die Mischlingsgruppen etwa 25–50% der Gesamtbev. aus. Schon früh vermehrte sich die weiße Bev. stärker durch in Amerika geborene Nachkommen (Kreolen) als durch Einwanderung aus dem Mutterland. Der Ggs. zw. Kreolen und Europa-Spaniern, der in der Unabhängigkeitsbewegung zu Beginn des 19. Jh. voll aufbrach, zeichnete sich schon bald ab. 1524 wurde der Consejo real y supremo de las Indias (Indienrat), oberste Verwaltungs- und Gerichtsbehörde für das span. Amerika, errichtet, der erst unter den Bourbonen gegenüber dem 1714 eingerichteten Amt des Staatssekretärs für Marine- und Amerikaangelegenheiten an Bed. verlor. Neben diesen Ämtern wurden mit den Audiencias (kollegialen Gerichts- und Verwaltungsbehörden, die sich im MA in Spanien herausgebildet hatten) Aufsichtsbehörden geschaffen, die dem Machtstreben einzelner Personen vorbeugen konnten. 1535 entsandte Karl V. einen Vizekönig nach Neuspanien (mit der Hauptstadt Mexiko), das neben großen Teilen N-Amerikas auch M-Amerika (ohne Panama) und Venezuela umfaßte. 1543 wurde das Vize-Kgr. Peru gegründet mit der Hauptstadt Lima und ganz Span.-Südamerika außer Venezuela als Herrschaftsbereich. Im 18. Jh. wurden 2 weitere Vize-Kgr. neu gebildet: Neugranada (1717/39) mit Sitz in Bogotá umfaßte die heutigen Länder Ecuador, Kolumbien, Panama und Venezuela; Río de la Plata (1776) mit Sitz in Buenos Aires verwaltete die heutigen Länder Argentinien, Uruguay, Paraguay und Bolivien. Die Audiencias standen unter und neben den Vizekönigen. Schrittweise gelang es der span. Krone, sich bis zur Bulle Papst Julius' II. vom 28. Juli 1508 das Universalpatronat für die überseeischen Reiche zu sichern. Der Indienrat entwickelte sich dementsprechend auch zur obersten staatl. Behörde für die geistl. Angelegenheiten in Amerika. Auf seine Veranlassung kam es 1547 zur Errichtung der Erzbistümer Santo Domingo, Mexiko und Lima; Santa Fe de Bogotá folgte 1565. Auch die Missionsorden, die im wesentl. die Bekehrungsarbeit leisteten, und die sog. Missionsstaaten, von denen der „Jesuitenstaat" von Paraguay der bekannteste wurde, konnten sich der Aufsicht durch die Kolonialverwaltung nicht entziehen.

Spanien konnte sein überseeisches Imperium über 3 Jh. im wesentl. ungeschmälert behaupten. Erst unter dem Eindruck des vielfachen Versagens der Kronbehörden in Übersee, als Spanien durch den Einmarsch der Franzosen unter Napoleon I. und die folgenden inneren Wirren in eine Krise geriet, entschlossen sich die Kreolen – das Beispiel der Loslösung der Vereinigten Staaten von N-Amerika von Großbrit. vor Augen – zum Abfall vom Mutterland. Kuba und Puerto Rico konnte Spanien noch bis 1898 behaupten. - ↑ auch spanische Kolonien.

Die portugies. Herrschaft: Nicht Landeroberung und Imperiumsgründung, sondern Seeherrschaft und Organisation von Handelsfaktoreien waren zunächst Ziele der portugies. Politik. Doch König Johann III. (♔ 1521–57) erkannte, daß der einzige Weg zur Erhaltung Brasiliens in der Besiedlung bestand. Zwar wurde erst in der Zeit der Personalunion der iber. Reiche (1580–1640) nach span. Vorbild ein Conselho das Índias (1604) errichtet. In Brasilien selbst begann jedoch der Aufbau einer staatl. Territorialverwaltung schon 1549: dem Generalgouverneur unterstanden die Prov.gouverneure des in Kapitanate geteilten Landes. Mit dem Estado do Maranhão wurde 1622 eine bes., nicht dem in Bahia residierenden Generalgouverneur unterstellte Verwaltungseinheit geschaffen, die die entlegenen nordbrasilian. Gebiete zusammenfaßte. Versklavung und Zwangsarbeit erhielten sich lange und in großem Umfang. Die Jesuiten, denen in Brasilien die Missionierung der Eingeborenen oblag, haben nur wenig gegen den Widerstand der Kolonisten ausrichten können. Erst aus wirtsch. Erwägungen wurden schließl. die indian. Arbeitskräfte durch afrikan. Sklaven ersetzt. Insgesamt kamen etwa 4 Mill. Schwarze in das Land. Die Portugiesen in der Neuen Welt standen einer Rassenmischung noch weniger ablehnend gegenüber als die Spanier. Die Erkundung und Besiedlung des brasilian. Hinterlandes geschah insbes. im Gefolge der Streifzüge der Paulistaner „Bandeirantes" im 17. Jh., die weit über die im Vertrag von Tordesillas vereinbarte Linie nach W vorstießen und riesige Gebiete für

Brasilien besetzten. - ↑auch Brasilien (Geschichte).

Die Staaten Süd- und Mittelamerikas:

Entstehung: Erste Erhebungsversuche der Kolonien blieben erfolglos: die Aufstände in Minas Gerais gegen Portugal (1789), in Kolumbien und Venezuela (Nariño und Miranda, ab 1796) konnten mühelos niedergeworfen werden, weil die Strukturen der iber. Kolonialreiche noch intakt waren; erst die Zerstörung dieser Strukturen durch die frz. Eroberung der Mutterländer gab der Unabhängigkeitsbewegung unter der lateinamerikan. Bev. den notwendigen Rückhalt. - Brasilien erlangte 1822/25 seine Unabhängigkeit von Portugal fast ohne Kampf. Der Aufstand der span. Kolonien in S. richtete sich vorgebl. zunächst nicht gegen das Mutterland. Die revolutionären Junten in den Hauptstädten der Kolonialgebiete erklärten vielmehr, daß sie die Rechte des von Napoleon I. 1808 abgesetzten Herrscherhauses wahren wollten; erst 1811/12 forderten sie die volle Unabhängigkeit. 1817 gelang S. Bolívars 3. Aufstandsversuch; bis 1824 befreite er nacheinander die heutigen Länder Venezuela, Kolumbien, Ecuador und Peru. Auch im S des Kontinents brachten diese Jahre die Wende: Unter der Führung von J. de San Martín befreite das Heer der Vereinigten Prov. von Río de La Plata (später Argentinien), die 1816 die Unabhängigkeit errungen hatten, 1817 N-Chile; der S wurde 1818 erobert. Die letzte span. Garnison kapitulierte 1826 auf der Insel Chiloé.

Z-Amerika (die heutigen Staaten Costa Rica, Honduras, Nicaragua und El Salvador) folgte am 15. Sept. 1821 der Unabhängigkeitserklärung Mexikos; 1822 schlossen sich die Prov. des Generalkapitanats Guatemala dem Kaiserreich Mexiko unter Itúrbide an. Mit dem Sturz Itúrbides (1823) gewannen die Prov. als Zentralamerikan. Föderation die volle Unabhängigkeit. Die span. Antillen (Kuba, Santo Domingo, Puerto Rico) blieben bis 1822 ruhig, obwohl mit Haiti 1804 der erste unabhängige Staat in S- und M-Amerika entstanden war.

Bei der regionalen Gliederung des bisher span. S. setzte Bolívar alle Kraft und seine ganze Autorität für die Schaffung möglichst großer Staaten ein. Die von ihm 1819 durchgesetzte Bildung Groß-Kolumbiens hatte nur vorübergehend Bestand. Im S des Kontinents war die Bildung der Einzelstaaten Argentinien, Chile und Paraguay schon abgeschlossen, als im N noch die letzten Unabhängigkeitskämpfe tobten. Paraguay erklärte 1811 seine Unabhängigkeit vom Mutterland und von Buenos Aires. Uruguay, die Banda Oriental, schloß sich zwar 1814 der Föderation der La-Plata-Provinzen an; 1816 machte Brasilien jedoch alte Ansprüche auf dieses Gebiet geltend und eroberte es. Das Generalkapitanat Chile hatte schon seit seiner Errichtung ein Eigenleben geführt; niemand unternahm auch nur den Versuch, dieses Land einem größeren Verband einzugliedern. Oberperu (Bolivien) hatte ab 1776 zum Vize-Kgr. Río de La Plata gehört. Als General A. J. de Sucre y de Alcalá dieses Land 1825 prakt. ohne Kampf von den Spaniern befreite, schloß er es dem von Bolívar geführten Groß-Kolumbien an; noch 1825 machte sich jedoch Bolivien unter Sucre von Groß-Kolumbien frei. Auch Peru verließ 1825 die Großrepublik, 1829/30 spalteten sich Venezuela und Ecuador ab. Schließl. gelang es 1828 der Bev. der Banda Oriental, sich mit argentin. Hilfe von der brasilian. Herrschaft zu befreien; mit der Befreiung Perus von der Herrschaft (1836–39) des bolivian. Präs. A. de Santa Cruz durch Chile und Argentinien zerfiel S. in die heute noch bestehenden Staaten iber. Provenienz. Zur gleichen Zeit zerbrach die Zentralamerikan. Föderation. Den letzten Sieg im Rahmen des großen Freiheitskampfes gewann 1844 die kreol. Bev. von Santo Domingo gegen die haitian. Fremdherrschaft (Gründung der Dominikan. Republik).

Die Grenzen der neuen lateinamerikan. Republiken lagen zunächst nur in groben Zügen fest. Im 19. und 20. Jh. führten die Staaten eine Reihe von Kriegen um umstrittene Gebiete: Die Niederlage im Krieg gegen Argentinien, Uruguay und Brasilien (1864–70) kostete Paraguay einen beträchtl. Teil seines Territoriums. 1879–83 eroberte Chile im Pazif. Krieg (Salpeterkrieg) die wegen ihrer Salpeterlager wirtsch. wertvolle Atacama von Bolivien und Peru. Bolivien verlor 1903 das Acregebiet an Brasilien, 1932/38 den größten Teil des Gran Chaco an Paraguay. Die letzte größere territoriale Veränderung gab es 1941/42, als Peru das östl. Tieflandgebiet Ecuadors gewann.

Innere Entwicklung im 19. Jh.: Seit dem Beginn des Unabhängigkeitskampfes wurden die innerpolit. Verhältnisse in Lateinamerika weitgehend durch den sog. Caudillismus geprägt. Der Caudillo, polit. oder militär. Führer, errang mit Demagogie oder durch einen Putsch die Alleinherrschaft und versuchte, sich an der Macht zu halten; dazu hatte er die breite Masse gefühlsbetont anzusprechen und zu begeistern und nach Erringung der Macht seine Anhänger durch einträgl. Posten zufriedenzustellen. Diese typ. lateinamerikan. Herrschaftsform ist weitgehend für viele Mißstände und Schwächen der heutigen Staaten verantwortlich. Zwei politische Gruppen bekämpften sich in Lateinamerika während des 19. Jh., z. T. noch heute: Konservative und Liberale. Die Konservativen suchten ihre Anhänger v. a. unter den Großgrundbesitzern, sie befürworteten den föderalist. Staatsaufbau und die Schutzzollpolitik und unterstützten die Kirche. Die Liberalen rekrutierten ihre

Gefolgschaft in den Städten, forderten den unitar. Staat und den Freihandel und gaben sich meist antiklerikal.
Nach der Erringung der Unabhängigkeit öffnete sich Lateinamerika dem europ. und nordamerikan. Handel. Billige Importwaren verhinderten den Aufbau einer bodenständigen Ind. für Konsumgüter. Die südamerikan. Staaten konnten ihre Handelsbilanzen nur durch den Export von Rohstoffen ausgleichen. Mit dem Handel drang auch fremdes Kapital ein. Die erwirtschafteten Gewinne wurden meist ins Ausland transferiert und dort konsumiert, auch von inländ. Kapitalgebern; diese Mittel inländ. Kapitalgeber fehlten bei Investitionen für eine eigene Ind. in den südamerikan. Ländern. Generell gesehen verpaßte Lateinamerika im 19. Jh. den Anschluß an die Industrialisierung, die Einbeziehung in den Weltmarkt als Rohstofflieferant machte den Kontinent von den Konjunkturschwankungen in Europa und N-Amerika abhängig. Nur die Staaten mit starker europ. Einwanderung konnten schon im 19. Jh. beachtl. Fortschritte erzielen. V. a. Argentinien und Chile konnten ihre Besiedlungsgrenzen beträchtl. ausweiten, in Uruguay und S-Brasilien erschloß die innere Kolonisation das Hinterland. Die beträchtl. Erweiterung des Bev.- und Wirtschaftspotentials dieser Staaten hatte zur Folge, daß sich das wirtschaftspolit. Schwergewicht in S. von den während der gesamten Kolonialzeit führenden Andenländern in die Tieflandstaaten verlagerte. Ähnl. Schwerpunktverlagerungen ergaben sich auch in einigen Staaten ohne größere Einwanderung (Peru, Ecuador), in denen die neue Plantagenwirtschaft der küstennahen Tiefländer den Städten wirtsch. Auftrieb gab. Durch den neuen Mittelstand gewannen die Liberalen an Macht; mehrere lateinamerikan. Staaten erhielten unter ihrem Einfluß in der 2. Hälfte des 19. Jh. die z. T. heute noch gültigen Verfassungen, womit die Phase des Ringens um Staatsform und Staatsaufbau (Übergewicht des Unitarismus) zu Ende ging. Etwa um 1880 stabilisierten sich die innenpolit. Verhältnisse der Staaten mit moderner Wirtschaftsentwicklung. Der Mittelstand führte gleichzeitig einen Kampf um eine stärkere Demokratisierung, v. a. um verfassungsmäßige Garantien der Grundrechte. Zur Durchsetzung dieser Forderungen entstanden neue polit. Parteien. In den großen Städten erweiterte sich das polit. Spektrum um die Jh.wende durch das Entstehen sozialist. orientierter Parteien.
Verhältnis zu den USA: Die Unabhängigkeitsbewegung wurde von den USA unterstützt. Die Monroedoktrin von 1823 war ein entscheidender diplomat. Beitrag zur Verhinderung europ., speziell span. Intervention in Lateinamerika. Das größte Interesse zeigten die USA naturgemäß für den karib. Raum mit Z-Amerika. Dort gewannen die transisthm. Verkehrswege für die Besiedlung des westl. N-Amerika große Bed.; 1850 gelang den USA mit dem Abschluß des Clayton-Bulwer-Vertrages der erste Schritt zur Verdrängung europ. Ansprüche und Interessen in Lateinamerika, als Großbrit., das seit 2 Jh. in diesem Raum Fuß gefaßt hatte, dem Neuling USA die Gleichberechtigung beim Bau eines interozean. Kanals zugestand. Das wirtsch. Engagement der USA setzte Mitte der 1870er Jahre ein, als amerikan. Kapital die Plantagenkulturen, zunächst auf den Großen Antillen, bald darauf auch in Z-Amerika und im nw. S. belebte. Der 1. panamerikan. Kongreß in Washington (1889) hatte 2 institutionelle Ergebnisse: die Schaffung der Internat. Union Amerikan. Republiken, 1910 in Panamerikan. Union umbenannt, und des Handelsbüros Amerikan. Republiken. Die USA benutzten beide Institutionen zur Durchsetzung ihrer einseitigen, dem urspr. Sinn zuwiderlaufenden Auslegung der Monroedoktrin, von der die USA einen wirtsch. und polit. Hegemonieanspruch über das gesamte Amerika ableiteten. Unter Anwendung der Monroedoktrin griffen die USA zugunsten der Kubaner in deren Aufstand gegen Spanien ein (1898). Mit ihrer Interventionspolitik wurden die USA für die lateinamerikan. Staaten und Völker die imperialist. Macht schlechthin. Einen bes. Rang unter diesen Einmischungen nimmt die von den USA offen unterstützte Abspaltung Panamas von Kolumbien ein (1903), die den USA die Panamakanalzone sicherte. Von der wirtsch. Beherrschung M-Amerikas leiteten die USA das Recht ab, in die Innenpolitik der Staaten M-Amerikas einzugreifen. Bis 1927 intervenierten sie in Panama, Nicaragua, der Dominikan. Republik und Haiti. Aus wirtsch. Gründen unterstützten die USA diejenigen Reg., die die besten Aussichten für die Aufrechterhaltung von Ruhe und Ordnung boten und mit denen sich schnell und geschäftsmäßig verhandeln ließ.
Die Krise der lateinamerikan. Staaten und die neuen Revolutionen: Der 1. Weltkrieg wirkte sich in S- und M-Amerika prakt. nur auf wirtsch. Gebiet aus; er bewirkte insgesamt einen wirtsch. Aufstieg, der innenpolit. Stabilisierung mit sich brachte, bis er durch die Weltwirtschaftskrise unterbrochen wurde. Die tiefe strukturelle Schwäche der lateinamerikan. Staaten wurde offenbar. Infolge mangelnder Nachfrage brachen Exporte und Produktion von Rohstoffen, Nahrungs- und Genußmitteln in vielen lateinamerikan. Staaten zusammen, es kam zu Massenarbeitslosigkeit. Wegen der vorherrschenden Monokulturen waren die Staaten vielfach nicht in der Lage, ihre Bev. ausreichend mit Nahrungsmitteln zu versorgen. Die Weltwirtschaftskrise förderte durch das Überhandnehmen ziviler und militär. Autokratien und Diktaturen die kon-

servativen Tendenzen; sie machte aber auch deutl., daß in Lateinamerika neue polit. Kräfte entstanden, deren Ziel umfassende wirtsch., soziale und polit. Reformen sein sollten.
Die lateinamerikan. Staaten erhielten jedoch in den schwierigen 1930er Jahren auch Hilfe von den USA, die mit dem Amtsantritt von Präs. F. D. Roosevelt (1933) verstärkt ihre Lateinamerikapolitik zu revidieren und auf gutnachbarl. Beziehungen umzustellen begannen. Im Rahmen der Blockbildung nach dem 2. Weltkrieg scharten die USA die lateinamerikan. Staaten um sich. Über den (nur von Kanada nicht unterzeichneten) Interamerikan. Pakt für gegenseitigen Beistand (Rio-Pakt, 30. Aug. 1947) kam es 1948 in Bogotá zur Bildung der Organization of American States (OAS) mit dem Ziel der Solidarität, Gleichberechtigung und Nichteinmischung, der friedl. Regelung aller Streitigkeiten, der gemeinsamen Abwehr eines Angriffs auf eines der Mgl. und der wirtsch., sozialen und kulturellen Zusammenarbeit. Die antikommunist. Tendenz dieses Zusammenschlusses wurde auf der Konferenz von Caracas (1954) durch eine Resolution bestätigt. Das weltweite Engagement der USA bedingte ein gewisses Desinteresse an den Problemen Lateinamerikas; so kam die vorgesehene wirtsch., soziale und kulturelle Zusammenarbeit erst Ende der 1950er Jahre richtig in Gang.
Während und v.a. nach dem 2. Weltkrieg hatten die Exporte der lateinamerikan. Staaten einen großen Aufschwung genommen; die angesammelten Devisenreserven benutzten einige Staaten zum Aufbau einer eigenen Ind., bes. Argentinien, Brasilien und Chile. In den wirtsch. rückständigsten, völlig von Monokulturen abhängigen Staaten wurden die Gewinne aus der Zeit der wirtsch. Prosperität jedoch weitgehend ins Ausland transferiert; es kam nicht zu neuen Investitionen, die neue Arbeitsplätze für die rasch ansteigende Bevölkerung geschaffen hätten. Schon in den 1940er Jahren hatten sich die aufgestauten Spannungen in Bolivien (1943) und Guatemala (1944) durch Revolutionen Luft gemacht. In beiden Staaten unterlagen jedoch die revolutionären Kräfte, in Guatemala (1954) waren die USA am Sturz der Reg. des Präs. Arbenz Guzmán beteiligt. - Seit den 1930er Jahren waren in den lateinamerikan. Staaten neue Parteien entstanden, die sich nat. und sozialen Zielen zuwandten; dabei bedeutete Nationalismus meist eine gegen die USA gerichtete Tendenz, ihr Sozialismus richtete sich gegen die in Politik und Wirtschaft herrschenden Oligarchien und sah Maßnahmen wie eine umfassende Bodenreform und die Verstaatlichung wichtiger Produktionszweige vor. Diese Parteien gewannen mit der gegen Ende der 1950er Jahre sich verschärfenden Strukturkrise - sinkende Exporterlöse, steigende Bev.zahlen - immer mehr an Zulauf, konnten in dieser Zeit in einer Reihe von Staaten die Reg.gewalt erlangen und ihre Programme teilweise realisieren. Dies wurde mögl., weil die USA unter Präs. John F. Kennedy ihre Lateinamerikapolitik nach dem Sieg der kuban. Revolution unter F. Castro, der offen die Revolutionierung Lateinamerikas propagierte und förderte, grundlegend revidierten. Die neue Politik der USA sah die Unterstützung demokrat. Reg., die Verbesserung der wirtsch. und sozialen Strukturen Lateinamerikas durch großzügige Entwicklungshilfe und die Schaffung lateinamerikan. Handels- und Wirtschaftsvereinigungen vor. Für die Organisation zur Entwicklung Lateinamerikas, die 1961 gegr. Allianz für den Fortschritt, verpflichteten sich die USA, 11 Mrd. $ aufzubringen. Zur Koordinierung der eigenen Bemühungen und zur Verbesserung ihres inneren Warenaustausches gründeten die lateinamerikan. Staaten 1960 zwei Wirtschaftsgemeinschaften, die Lateinamerikan. Freihandelszone (ALALC) und den Mercado Común Centroamericano (MCCA). Die Allianz für den Fortschritt konnte die erhoffte Wirkung bisher allerdings nicht erreichen, weil die USA sich wegen innerer Probleme und des Engagements in Vietnam außerstande sahen, die versprochenen Mittel bereitzustellen; private amerikan. Geldgeber scheuten Investitionen in Lateinamerika, weil in mehreren Ländern eine Reihe von US-Gesellschaften entschädigungslos enteignet worden waren. An der wirtsch. und sozialen Krise, die sich weiter verschärft hat, sind in den 1960/70er Jahren die meisten demokrat. Reg. in Lateinamerika gescheitert; in Brasilien, Argentinien, Bolivien und Peru übernahm das Militär die Macht, in Chile folgten nach der gewaltsamen Beendigung des Versuchs des Sozialisten S. Allende Gossens, die wirtsch. und soziale Lage zu verbessern, im Sept. 1973 die Militärs. Die Unzufriedenheit mit dem polit.-wirtsch. Einfluß der herrschenden Familien und der meist rechtsgerichteten Militärreg. in zahlr. Staaten S- und M-Amerikas wurde in jüngster Zeit erneut offenbar beim Sturz des Regimes Somoza Debayle in Nicaragua im Juli 1979 und im Bürgerkrieg in El Salvador seit Frühjahr 1980. In Bolivien fanden die Demokratisierungsbestrebungen jedoch durch einen Militärputsch am 17./18. Juli 1980 ein gewaltsames Ende; inzwischen haben hier die Militärs die Macht wieder an eine Zivil-Reg. abgegeben. In Argentinien scheiterte die Militärjunta an dem von ihr ausgelösten Konflikt mit Großbrit. um die Falklandinseln.
Neue Staaten entstanden und entstehen in S- und M-Amerika im Zuge der Auflösung der europ. Kolonialreiche nach dem 2. Weltkrieg. Frankr. gliederte seine Kolonien 1946 als Überseedepartements (Frz.-Guayana, Guadeloupe, Martinique) ein, die Niederlande

gaben ihren Gebieten den Status von mit dem Mutterland gleichberechtigten Konstituierenden Reichsteilen (↑auch Niederländische Antillen). Surinam wurde 1975 unabhängig. Großbrit. entließ seine größeren Kolonien in die Unabhängigkeit und bemüht sich, für die allein nicht lebensfähigen kleineren Kolonien neue Regelungen zu finden, v.a. seit sich zeigte, daß es wegen dieser Gebiete (Falklandinseln 1982) zu krieger. Verwicklungen kommen kann (↑auch Britisches Reich und Commonwealth). 1977 unterzeichneten die USA und Panama einen neuen Kanalvertrag, der 1979 in Kraft trat und u.a. den Übergang der Hoheitsrechte in der Panamakanalzone regelt. Der Amtsantritt von R. Reagan als Präs. der USA bedeutete jedoch die Rückkehr zur alten Politik der Einmischung. Ausgedehnte Manöver der amerikan. Streitkräfte vor und in Honduras, Verminung von Häfen Nicaraguas durch die CIA, die militär. Intervention in Grenada 1983 und die massive Unterstützung der antisandinist. Rebellen in Nicaragua belegen die Änderung der amerikan. Politik. - ↑auch Panama (Geschichte), ↑Puerto Rico (Geschichte).

📖 *Wilhelmy, H./Borsdorf, A.: Die Städte Südamerikas. Bln. u. Stg. 1984–85. 2 Bde. - Lateinamerika. Hg. v. H. G. Wehling. Stg. 1982. - Lateinamerika. Herrschaft, Gewalt u. internat. Entwicklung. Hg. v. K. Lindenberg. Bonn 1982. - Lateinamerika. Hg. v. G. Sandner u. H.-A. Steger. Ffm. [7]1981. - Lateinamerika-Ploetz. Die ibero-amerikan. Welt. Hg. v. H. Gresmann. Freib. 1978. - Lateinamerika-Studien. Hg. v. H. Kellenbenz u.a. Mainz 1976ff. Auf mehrere Bde. berechnet. - Climates of Central and South America. Hg. v. W. Schwerdtfeger. Amsterdam u. New York 1976. - Morrison, R. P.: Geological structure of South America. New York 1976. - Die Situation der Indios in S. Dt. Übers. Hg. v. W. Dostal. Wuppertal 1975–76. 3 Bde. - Hueck, K./Seibert, P.: Vegetationskarte v. S. Stg. 1972.*

Sudan

[zu'da:n, 'zu:dan] (amtl.: Al Gumhurijja Ad Dimukratijja As Sudan; Democratic Republic of the Sudan), Republik in NO-Afrika, zw. 4° und 23° n. Br. sowie 22° und 38° ö. L. **Staatsgebiet:** S. grenzt im NO an das Rote Meer, im O an Äthiopien, im S an Kenia, Uganda und Zaïre, im SW an die Zentralafrikan. Republik, im W an Tschad, im NW an Libyen und im N an Ägypten. **Fläche:** 2505813 km² (größter Staat Afrikas). **Bevölkerung:** 20,56 Mill. E (1983), 8,2 E/km. **Hauptstadt:** Khartum. **Verwaltungsgliederung:** 18 Prov. (einschl. des Gebiets der Landeshauptstadt). **Amtssprache:** Arabisch; Englisch ist Verwaltungssprache in der Südregion. **Nationalfeiertag:** 1. Jan. (Unabhängigkeitstag). **Währung:** Sudanes. Pfund (sud £) = 100 Piastres (PT). **Internationale Mitgliedschaften:** UN, OAU, Arab. Liga; der EWG assoziiert. **Zeitzone:** MEZ + 1 Std.

Landesnatur: S. ist weitgehend ein Flachland, das vom Nil, dem Weißen Nil und dem Bahr Al Gabal durchflossen wird. Das Land wird im NO, S und W von Bergländern umrahmt, und zwar von den Red Hills am Roten Meer, den Imatong Mountains an der Grenze gegen Uganda mit der höchsten Erhebung des Landes, dem Kinyeti (3187 m), und dem Basaltstock des Gabal Marra. Das zentrale Bergland von Kordofan erreicht in den Nubabergen bis 1450 m ü. d. M. Im zentralen S bilden Bahr Al Gabal und Bahr Al Ghasal die Überschwemmungs- und Sumpflandschaft des Sudd.

Klima: S. hat trop. und randtrop. Klima mit einer nach N schnell kürzer werdenden Regenzeit. Die Jahressumme der Niederschläge nimmt von 1000 mm im S auf 160 mm in Khartum und 75 mm in Atbara ab. Die mittleren Januartemperaturen liegen zw. 16 °C im N und 29 °C im S, die mittleren Julitemperaturen zw. 25 °C im S und 35 °C im N.

Vegetation: Entsprechend den Niederschlagsverhältnissen reicht die Spanne der Vegetation von Regenwald im S über Feucht-, Trokken- und Dornstrauchsavanne bis zur Wüste im N. Im Sudd bestimmen Schilf, Ambatsch (ein strauchförmiger Schmetterlingsblütler), Papyrus und schwimmende Wasserhyazinthen das Vegetationsbild.

Bevölkerung: Das Bev.problem des Landes ist der Gegensatz zw. den Arabern der nördl. und zentralen Landesteile und den weitgehend animist. Niloten, Nilotohamiten und schwarzafrikan. Stämmen (Sudanide) der Südprovinzen. Araber und Arabermischlinge haben an der Gesamtbev. einen Anteil von 40%, Südsudanesen 30%, Fur, Asande u.a. 13%, Nubier 10%, Kuschiten (Hadendoa, Beni Amer, Amarar, Bischarin) 5%, sonstige 2%. Trotz umfassender staatl. Förderung von Schulwesen und Erwachsenenbildung sind noch etwa 68% der Bev. Analphabeten. Es besteht keine allg. Schulpflicht. Neben den allgemeinbildenden Schulen gibt es 9 Fachhochschulen und 5 Universitäten.

Wirtschaft: Die Landw., in der 80% der Erwerbstätigen beschäftigt sind, bildet die Grundlage der Wirtschaft und ist am Bruttosozialprodukt mit etwa 35% beteiligt. Hauptanbauprodukt und wichtigstes Exportgut ist Baumwolle, außerdem u.a. Hülsenfrüchte, Erdnüsse, Zuckerrohr und Mais. Weltwirtsch. von Wichtigkeit ist außerdem die Gewinnung von Gummiarabikum, von dem S. etwa 80% der Weltproduktion liefert. Das wichtigste Landw.geb. ist Al Gasira, das Dreieck zw. Blauem und Weißem Nil südl. von Khartum, das größtenteils künstl. bewässert wird. Weitere Bewässerungsgeb. liegen längs des Nils in Nord-S. Viehweidewirtschaft (Rinder, Kamele) wird von Nomaden und Halbnomaden in den Trocken- und Dornstrauchsavannen betrieben. Die Ind. ist noch wenig entwickelt. Vorherrschend ist die Verarbeitung landw. Produkte. Ind.zentrum ist die Region von Khartum. Eine Erdölraffinerie steht in Port Sudan, eine Zementfabrik in Atbara. Erdölvorkommen wurden auf dem Festland und vor der Küste im Roten Meer entdeckt.

Außenhandel: Die wichtigsten Handelspartner sind Saudi-Arabien, Großbrit., die USA, Frankr., die BR Deutschland, Ägypten, China u. a. Exportiert werden Baumwolle, Ölsaaten, Ölfrüchte, Erdnüsse, pflanzl. Rohstoffe, Lebendvieh, Häute und Felle. Importiert werden: Baumwollgewebe, Zucker, Weizen, Erdölderivate, Kfz., Maschinen, Metalle, chem. Erzeugnisse.

Verkehr: Wichtigstes Verkehrsmittel ist die Eisenbahn. Die Länge des Streckennetzes beträgt 4786 km. Das Straßennetz (über 45000 km Pisten gelten als befahrbar) ist während der Regenzeit vielfach nicht befahrbar, da nur rd. 3000 km Asphaltstraßen existieren.

Sudan. Wirtschaftskarte

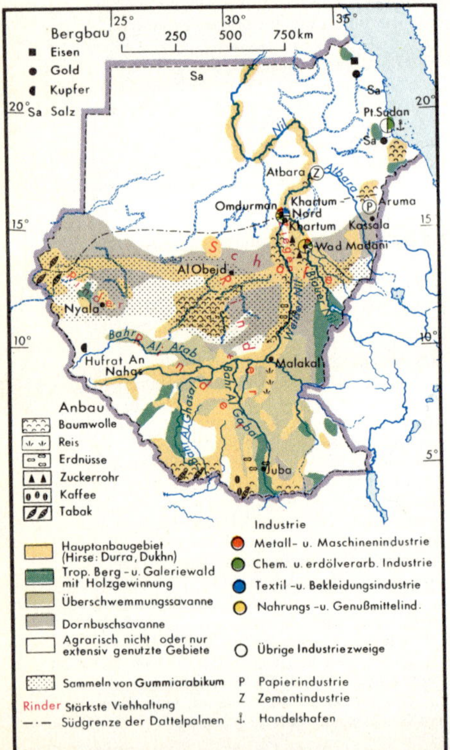

Wichtigster Hafen ist Port Sudan. Die nat. Fluggesellschaft Sudan Airways bedient den In- und Auslandsverkehr. Internat. ✈ ist der von Khartum.

Geschichte: 1820 begann unter Mehmet Ali die ägypt. Eroberung des S.; die ägypt. Beamten und Soldaten betätigten sich v. a. als Sklavenhändler und -jäger und beuteten das Land aus, unterstützt von den nordsudanes. Arabern. 1877 setzte Großbrit. bei der ägypt. Reg. durch, daß die Prov.gouverneure im S. von Europäern in ägypt. Diensten abgelöst wurden, um so den Sklavenhandel zu unterbinden. Gegen die Europäer und die ägypt. Reg. erhoben sich 1881 die Araber im Mahdi-Aufstand. Nach dem brit. Sieg über die Mahdisten und der Beilegung der Faschodakrise wurde 1899 das anglo-ägypt. Kondominium S. proklamiert, das bis 1956 bestand. Nach zunächst erfolglosen brit.-ägypt. Verhandlungen über die von sudanes. Politikern geforderte Unabhängigkeit sah der brit.-ägypt. Vertrag von 1953 für 1955 eine Volksabstimmung über Unabhängigkeit oder Anschluß an Ägypten vor. Die Südprov. baten aus rass. und religiösen Gründen um Autonomie und erhoben sich 1955. Trotz der drohenden Spaltung erklärte sich S. 1956 für unabhängig, was die Ausweitung des Aufstands zum blutigen Bürgerkrieg zur Folge hatte. Auch die Armee, die 1958–64 unter Ausschaltung von Parlament und Parteien die Macht ausübte, konnte trotz überaus harten Vorgehens den Süden nicht unterwerfen. 1966 proklamierte eine von Exilpolitikern des Südens gebildete Reg. eine autonome Republik. Ein Putsch brachte 1969 Oberst D. M. An ↑Numairi an die Macht, der alle polit. Institutionen und Parteien auflöste und mit einem Revolutionären Kommandorat regierte. Seit 1971 erfolgte die allmähl. Umwandlung des Reg.systems durch Bildung einer Kabinettsreg., Gründung der Einheitspartei und Ausarbeitung einer Verfassung. 1972 gewährte An Numairi den 3 rebell. Südprov. nach einem 17jährigen, fast ununterbrochenen Kampf weitgehende innere Autonomie und löste damit die Sudanfrage. 1974 fanden die ersten Wahlen zur Volksversammlung statt. Im Febr. 1980 wurde im Zusammenhang mit einer Verwaltungsneugliederung zur weiteren Dezentralisierung das Parlament aufgelöst. Außenpolit. steuerte S. einen Kurs der engen Anlehnung an Ägypten (mit dem mögl. Ziel einer Unionsbildung), von dem er jedoch seit den israel.-ägypt. Friedensverhandlungen im Blick auf die finanziellen Hilfen durch ölreiche arab. Staaten eine gewisse Distanzierung suchen mußte. 1980 gestalteten sich die nach der äthiop. Revolution verschlechterten Beziehungen zw. S. und Äthiopien wieder freundschaftl.; parallel dazu vollzog sich der Positionswechsel S. in der eritreischen Frage: In Erwartung ihrer Lösung durch einen Autonomiestatus für Eritrea wurde die 1977 begonnene Unterstützung der eritreischen Befreiungsbewegung eingestellt. Im März 1981 bot An Numairi den USA die Benutzung militär. Einrichtungen in S. an. Enge Beziehungen zu Ägypten führten im Juni 1981 zum Abbruch der diplomat. Beziehungen durch Libyen. Im Innern scheiterte im März 1981 ein Putschversuch von Offizieren; im Okt. löste An Numairi das Parlament auf und ernannte im Nov. eine neue Reg. Bei den Neuwahlen zum Parlament im Dez. reduzierte der Staatspräs. die Zahl der Abg. von 366 auf 151; am 1. Febr. 1982 ernannte er eine neue Volksvertretung mit 144 Mgl., die alle polit. Richtungen (außer der kommunist.) repräsentieren sollten. Innere Unruhen veranlaßten An Numairi 1983 den S des Landes unter militär. Kontrolle zu stellen und schließl. in 3 kleinere Regionen zu unterteilen. Die polit. Krise spitzte sich jedoch zu, als im Jan. 1985 ein Führer der religiösen Opposition hingerichtet wurde und An Numairi auch mit den islam. Fundamentalisten brach. Die Islamisierung des heidn. und christl. S hatte die Einstellung amerikan. Hilfen zur Folge. In Streiks entlud sich der Unmut über Lebensmittelpreiserhöhungen. Im April 1985 beendete das Militär die Unruhen und stürzte Präs. An Numairi. Die Reg.geschäfte übernahm General Al Dahab, der die Bildung einer Zivilreg. ankündigte. In demokrat. Wahlen im April 1986 wurde eine verfassunggebende Versammlung gewählt, im Mai 1986 eine zivile Reg. unter Min.präs. S. Al Mahdi gebildet. Neuer Präs. des Obersten Rates und damit Staatsoberhaupt wurde A. Al Mirghani.

Politisches System: Nach der Verfassung von 1973, die nach dem Putsch vom April 1985 suspendiert wurde, war S. eine demokrat. sozialist. Rep. mit präsidialem Reg.system. *Staatsoberhaupt* und Inhaber der *Exekutive* war der Staatspräs., der nach der Nominierung durch die Staatspartei für 6 Jahre vom Volk gewählt wurde. Er konnte das Amt des Min.präs. (und Kabinettsposten seiner Wahl) selbst einnehmen oder eine ihm verantwortl. Reg. ernennen. Die *Legislative* übten der Präs. und das Parlament (seit Febr. 1982 144 Mgl.) gemeinsam aus. Alle Verfassungsänderungen bedurften der Zustimmung des Staatspräs. Die 1972 als Staats*partei* gegr. Sudanese Socialist Union (Abk. SSU) mit einem Zentralkomitee, einem Politbüro und einem Generalsekretaritat an der Spitze war die polit. Dachorganisation für sämtl. Interessenverbände. *Gewerkschafts*verband ist die Sudan Workers' Trade Unions Federation (Abk. SWTUF) mit rd. 480000 Mgl. *Verwaltungs*mäßig ist S. in 18 Prov. (einschl. des Gebiets der Hauptstadt) untergliedert. Auf Grund eines Plans zur Dezentralisierung sind Regionalregierungen in den nördlichen Provinzen vorgesehen. Den 6 Südprovinzen wird die inneren Autonomie zugestanden. Die 60köpfige regionale Volksversammlung hat ein Vetorecht gegen solche Gesetze, die den Interesen der Südregion zuwiderlaufen. Der Staatspräs. ernennt und entläßt auf Empfehlung der regionalen Volksversammlung den Vors. des High Executive Council, der seinerseits dem Staatspräs. die Mgl. der regionalen Reg. zur Ernennung vorschlägt. Der Präs. des High Executive Council ist gleichzeitig Vizepräs. des S. Das *Rechts*wesen basiert auf brit. Recht, in Familien- und in Erbangelegenheiten gilt islam. Recht (mit einem eigenen Instanzenzug der Gerichte); daneben gilt auch Stammesrecht. Der Gerichtsaufbau ist 3stufig mit einem Obersten Gerichtshof als letzter Appellationsinstanz und dem Verfassungsgericht an der Spitze. Die *Streitkräfte* sind rd. 56600 Mann stark (Heer 53000, Luftwaffe 3000, Marine 6000). Die paramilitär. Kräfte umfassen rd. 3000 Mann.

📖 *Iten, O.: Le Soudan. Zürich 1983. - The development perspectives of the Democratic Republic of S. Hg. v. P. Oesterdiekhoff u. K. Wohlmuth. Mchn. 1983. - Streck, B.: S. Steinerne Gräber u. lebendige Kulturen am Nil. Köln 1982. - Republik S. Staat, Politik, Wirtschaft. Hg. v. K. Eitner u. M. D. Ahmed. Hamb. 1980. - Holt, P. M./ Daly, M. W.: The history of the S. London [3]1979. - Whiteman, A. J.: The geology of the S. Republic. Oxford 1971.*

Sudan [zu'da:n, 'zu:dan], Großlandschaft in den wechselfeuchten Tropen N-Afrikas, die sich als breiter Gürtel fast über den gesamten Kontinent zw. Sahara im N und Regenwald im S erstreckt; im O endet der S. am W-Fuß des Abessin. Hochlands. Entsprechend den nach S zunehmenden Niederschlägen zeigt die Vegetation eine Abfolge von Trockensavannen mit Kurzgras und regengrünen Bäumen und Trockenwäldern im N zu Feuchtsavannen mit hohen Gräsern und regengrünen Feuchtwäldern im Süden.

Sudanide, negrider Menschenrassentyp; mittelgroß, dunkelbraun, langschädelig; mit dichtem, braunschwarzem Kraushaar und breiter, flacher Nase; in offenen Savannengebieten des Sudans und an der Guineaküste.

Südantillenmeer, Meeresteil des sw. Atlantik, zw. Südantillenrücken mit Südgeorgien (im N), Süd-Sandwich-Inseln und Süd-Orkney-Inseln; die W-Grenze, die zw. Antarkt. Halbinsel und Feuerland bei 67° 16′ w. L. verläuft, ist zugleich die Grenze zw. Atlantik und Pazifik, die durch die ↑Drakestraße verbunden sind.

Südarabische Föderation, ehem. Bund von Sultanaten, Emiraten und Scheichtümern im W des ehem. brit. Protektorats Südarabien, 1967 in der VR Südjemen aufgegangen. - ↑auch Jemen (Demokratische Volksrepublik), Geschichte.

Südasien, südl. der innerasiat. Hochregion zw. dem Arab. Meer und dem Golf von Bengalen gelegener Teil Asiens, umfaßt den ind. Subkontinent einschließl. der vorgelagerten Insel Ceylon.

Südatlantischer Rücken, südl. Teil des Mittelatlant. Rückens, erstreckt sich vom Äquator bis 55° s. Br.; im nördl. Abschnitt bis 84 m u. d. M. aufragend.

Südaustralien (amtl. South Australia), Bundesland des Austral. Bundes im zentralen S des Kontinents, 984 377 km², 1,347 Mill. E (1984), Hauptstadt Adelaide. Im westl. Teil liegen ausgedehnte Rumpfflächen mit der Großen Victoriawüste und der Nullarborebene; im NW erreichen die Musgrave Ranges 1 440 m ü. d. M. Im SO erstrecken sich die Mount Lofty Ranges und die Flinders Ranges. Um diesen Hauptgebirgsrücken legt sich halbkreisförmig ein Gebiet flacher Senken mit großen Salzpfannen (u. a. Eyreseee, Lake Torrens). - Die überwiegend brit.-stämmige Bev. lebt v. a. im SO, allein 73 % im Ballungsraum Adelaide. Die Grundlagen der Landw. bilden Schafzucht, Getreide-, Obst- und Weinbau. Gefördert werden neben Eisenerzen Kupfer- und Uranerze, Gold und Silber, Opale, Erdöl und Erdgas, Steinkohle, Salz und Gips.
Geschichte: 1802 Erforschung der Küste durch M. Flinders; ab 1836 brit. Kolonie; erhielt 1856 Selbstverwaltung; schloß sich 1901 dem Austral. Bund an.

Südaustralisches Becken, Tiefseebecken im sö. Ind. Ozean, bis 6019 m tief.

Südbairisch, oberdt. Mundart, ↑deutsche Mundarten.

Sudbury [engl. ˈsʌdbərɪ], kanad. Stadt 330 km nnw. von Toronto, 91 400 E. Univ. (gegr. 1960), Bergbauschule; Hüttenind., Holzverarbeitung. - Gegr. 1883; seit 1893 Town, seit 1930 City. - Größte Nickelmagnetkieslagerstätte der Erde (Abbau seit 1886).

Südchinesisches Meer, Randmeer des westl. Pazifik, im N begrenzt vom chin. Festland und Taiwan, im W von Vietnam und der Halbinsel Malakka, im SW von Sumatra, im SO und O von Borneo, Palawan und Luzon, bis 4 374 m tief.

Sudd, ausgedehntes Überschwemmungsgebiet des Weißen Nils, in der Rep. Sudan, erstreckt sich vom Bergland der Asandeschwelle bis zum Bahr As Saraf im O und bis an den Bahr Al Ghasal im NW; seit 1978 ist der ↑Jongleikanal im Bau.

Süddeutscher Rundfunk ↑Rundfunkanstalten (Übersicht).

Süddeutsche Zeitung, dt. Zeitung, ↑Zeitungen (Übersicht).

Südeifel, Teil des dt.-luxemburg. Naturparks in der sw. Eifel.

Süden, Himmelsrichtung. - ↑auch Südpunkt.

Süderbergland, zusammenfassende Bez. für Berg. Land und Sauerland.

Sudermann, Hermann, * Matziken i. Ostpr. 30. Sept. 1857, † Berlin 21. Nov. 1928, dt. Schriftsteller. - Vor dem 1. Weltkrieg erfolgreicher Dramatiker; polemisierte gegen den „Sittenverfall“ eines unsozialen Bürgertums, u. a. in „Heimat“ (Schsp., 1893). Verfaßte auch realist. Romane und Erzählungen über das Leben der litauischen Bevölkerung wie „Frau Sorge“ (R., 1887), „Die Reise nach Tilsit“ (E., 1917).

Sudeten, in eine Reihe von Schollen zerlegtes Mittelgebirge in Polen▾, in der ČSSR und der DDR, erstreckt sich zw. der Elbtalzone im NW und der Mähr. Pforte im SO, rd. 150 km lang, bis 60 km breit, bis 1 602 m hoch (Schneekoppe im Riesengebirge). Die West-S. setzen mit dem Lausitzer Gebirge ein, an das im NO das Görlitzer Schiefergebirge, am SW-Rand der Jeschken anschließen. Nach SO folgen Iser- und Riesengebirge; sie umschließen im W und S den **Hirschberger Kessel,** den nach N das Bober-Katzbach-Gebirge, nach O der Landeshuter Kamm abschließen. Die Umrandung der folgenden Innersudet. Mulde und des Glatzer Kessels bilden außer dem Riesengebirge das Eulengebirge sowie das Glatzer Schneegebirge, das Adlergebirge mit dem vorgelagerten Habelschwerdter Gebirge und das Reichensteiner Gebirge. Letztere werden einschließl. der Muldenzone mit Heuscheuer und Waldenburger Bergland auch Mittel-S. genannt. Beherrschendes Hochgebiet der Ost-S. ist das Hohe Gesenke. Zur Mähr. Pforte dachen sich die Ost-S. über die relativ niedrig gelegene Rumpffläche des Niederen Gesenkes ab. Der Bergmischwald wird oberhalb von 650 m durch den starken Bestand an Fichten, auch Tannen, bestimmt. Oberhalb der Waldgrenze bei 1 200 m ü. d. M. treten almwirtschaftl. genutzte Matten, in Kammlagen auch vereinzelt Hochmoore auf. - Die bäuerl. Besiedlung war im wesentl. schon Ende des 13. Jh. abgeschlossen. Mit der Einwanderung dt. Bergleute im 13. Jh. setzte die Entstehung von Bergbaustädten ein. Lange Tradition haben Weberei, Glas-, Papier-, Porzellan- und Leinenind.; außerdem bed. Fremdenverkehr (Heilbäder, Luftkurorte, Wintersport).

📖 *Urban, R.: Die sudetendt. Gebiete nach 1945. Ffm. 1964. - Werdecker, J.: Die S.länder. Abriß einer Landeskunde. Würzburg 1957.*

Sudetendeutsche, seit 1919 allg. Bez. für die dt. Volksgruppe in der Tschechoslowakei (rd. 3,5 Mill.), die größtenteils am Rande des böhm. Beckens in einem geschlossenen Sprachgebiet lebte; wurde nach dem 2. Weltkrieg fast vollzählig vertrieben. - ↑auch Sudetenland.

Sudetendeutsche Partei, Abk. SdP, polit. Partei in der ČSR, ging 1935 aus der 1933 von K. Henlein gegr. **Sudetendeutschen Heimatfront** (SHF) hervor; stützte sich wie diese auf die Massenbasis des Dt. Turnverbandes und der zahlr. nat. Vereinigungen; vom Dt. Reich finanziert, konnte die von Henlein geführte SdP bei den Wahlen 1935 44 der 66 von Deutschen gewonnenen Mandate erringen; gab unter dem Einfluß des nat.-soz. „Aufbruchkreises“ um K. H. Frank die urspr. erhobene Autonomieforderungen auf und betrieb unter offenem Bekenntnis zum NS seit 1937/38 die Eingliederung in das Dt. Reich. Von Hitler in der Sudetenkrise vordergründig für die Zerschlagung der ČSR eingesetzt; 1938 in die NSDAP eingegliedert.

Sudetenland, eine vor 1938 nur sporad. für das geschlossene, etwa 26 000 km² umfassende, von Aš im W bis Opava im O reichende dt. Siedlungsgebiet in der ČSR gebrauchte Bez.; 1938–45 offizielle Bez. für einen im Anschluß an das Münchner Abkommen eingerichteten Reichsgau S. mit rd. 3 Mill. E und dem Verwaltungssitz Reichenberg. - Nach der Ausrufung der ČSR 1918 versuchten die sudetendt. Abg. des Wiener Reichsrates vergebl., 4 mehrheitl. von Deutschen bewohnte Distrikte als „eigenberechtigte Prov.“ in der Hoffnung auf einen dt.-östr. Zusammenschluß zu konstituieren. Der Vertrag von Saint-Germain-en-Laye (1919) bildete die Rechtsgrundlage für die Inkorporation des dt. Siedlungsgebietes in die ČSR. Die angebl. nat. Unterdrückung der Sudetendeutschen diente Hitler 1938 als Vorwand, um in der nach dt. Kriegsdrohungen gegen die ČSR entstandenen krit. Situation in Europa (**Sudetenkrise**) im Münchner Abkommen (ohne tschechoslowak. Beteiligung) die Abtrennung des S. von der ČSR zu erzwingen.

Sudetische Phase ↑Faltungsphasen (Übersicht).

Südfeld, Max Simon, Schriftsteller, ↑Nordau, Max.

Südflevoland [niederl. ...fle:vo:lɑnt], Polder im südl. IJsselmeer, 430 km², bildet zus. mit Ostflevoland die niederländ. Provinz Flevoland.

Südfränkisch (Südrheinfränkisch), oberdt. Mundart, ↑deutsche Mundarten.

Südfrösche (Leptodactylidae), sehr artenreiche Fam. etwa 1–20 cm langer Froschlurche in Amerika (S-Amerika bis südl. N-Amerika), S-Afrika, Australien und Neuguinea; Eier werden in Schaumnestern im Wasser, häufig aber auch an Land abgelegt. - Zu den S. gehören u.a. Pfeiffrösche, Nasenfrösche, Gespenstfrösche.

Südgeorgien, seit 3. Okt. 1985 nicht mehr abhängiges Gebiet der brit. Kronkolonie Falkland Islands and Dependencies. Bildet zus. mit den Süd-Sandwich-Inseln das brit. Territorium **South Georgia and South Sandwich Islands.**

Sudhaus, Brauereigebäude, in dem die Bierwürze bereitet wird; mit Schrotmühlen, Maischpfannen, Läuterbottich, Würzpfannen, Kochbottichen und Kühlanlagen ausgestattet. - ↑auch Bier.

Südholland, Prov. in den westl. Niederlanden, 3 359 km² (davon 451 km² Wasserfläche), 3,17 Mill. E (1986), Verwaltungssitz Den Haag. Mit Ausnahme der Küstendünenzone und des anschließenden z.T. aufgeforsteten Geeststreifens besteht S. weitgehend aus einer künstl. angelegten Polderlandschaft. Ein ausgedehntes Kanalnetz sowie die Flüsse Schie, Alter Rhein und Hollandsche IJssel entwässern das Land zum Rhein-Maas-Delta bzw. zur Nordsee. Den wirtsch. Schwerpunkt bildet die Ind.- und Hafenagglomeration Rotterdam-Europoort. Im Delfland, Schieland und Westland liegen die größten Gewächshauskomplexe der Niederlande, das Gebiet um Lisse ist das Zentrum der niederl. Blumenzwiebelzucht.

Südjemen (amtl. Volksrepublik S.), 1967–70 Name von ↑Jemen (Demokratische Volksrepublik).

Südkalotte, Bez. für den südlich des südl. Polarkreises gelegenen Teil der Erde.

Südkaper ↑Glattwale.

Südkarpaten ↑Karpaten.

Süd-Korea (Republik Korea) ↑Korea.

Südkvark, Meerenge der Ostsee zw. dem schwed. Festland und den Ålandinseln.

Südliche Hungersteppe ↑Kysylkum.

Südliche Kalkalpen ↑Alpen.

Südliche Krone ↑Sternbilder (Übersicht).

Südlicher Bug, Fluß in der Ukrain. SSR, entspringt auf der Wolyn.-Podol. Platte, mündet in den Dnjepr-Bug-Liman, 806 km lang; schiffbar ab Wosnessensk.

Südlicher Fisch ↑Sternbilder (Übersicht).

Südlicher Landrücken, durch das Norddt. Tiefland ziehender Höhenzug (Endmoräne), der mit den Harburger Bergen einsetzt und über Lüneburger Heide, Altmark, Fläming, Niederschles.-Lausitzer Landrükken bis zum Katzengebirge (bis 257 m ü. d. M., höchster Punkt des S. L.) in Polen verläuft.

Südliches Dreieck ↑Sternbilder (Übersicht).

Südliches Eismeer, svw. ↑Südpolarmeer.

Südliches Kreuz ↑Sternbilder (Übersicht).

Südliche Weinstraße, Landkr. in Rheinland-Pfalz.

Südlicht ↑Polarlicht.

Südmeseta, Hochfläche zw. dem Kastil. Scheidegebirge, der Serranía de Cuenca, dem Bergland von Alcoy und der Sierra Morena, besteht aus der Mancha und dem Tajobecken.

Süd-Molukken, am 25. April 1950 von den Ambonesen ausgerufene Republik (↑Molukken, Geschichte). Im Okt. 1950 erfolgten nach der indones. Eroberung der Anschluß an Indonesien und die Unterdrückung der separatist. Bewegung.

Sudor [lat.] ↑Schweiß.

Sudorifera [lat.], svw. ↑schweißtreibende Mittel.

Süd-Orkney-Inseln [engl. 'ɔ:knɪ], Inselgruppe im sw. Atlantik, nö. der Antarkt. Halbinsel, 622 km²; auf Laurie Island besteht die argentin. meteorolog. und Rundfunkstation Orcadas, auf Signy Island die brit. Forschungsstation Base H; sonst unbewohnt. - 1821 entdeckt und für Großbrit. in Besitz genommen; gehörte bis 1962 zur Kolonie Falkland Islands and Dependencies, seither zur Kolonie British Antarctic Territory; von Argentinien beansprucht.

Südosseten, Autonomes Gebiet der, sowjet. autonomes Geb. innerhalb der Grusin. SSR, am S-Hang des Großen Kaukasus, 3 900 km², 99 000 E (1985), Hauptstadt Zchinwali. Das bis 3 938 m hohe Gebirgsland ist zu 40% bewaldet. Bergbau auf Erze, Talk, Baryt; Holzverarbeitung, Nahrungsmittelind.; wirtsch. Zentrum ist Zchinwali. - Gegr. 1922.

Südostanatolien, sö. Teil der Türkei, Vorland des Äußeren Osttaurus, 500–600 m ü. d. M., durch das Vulkanmassiv des Karacalı dağ geteilt; geht im S in die Syr. Wüste über. Kontinentales, trockenes Klima mit sehr hohen Sommertemperaturen. S. ist dünn besiedelt, auf den Hochflächen ist nur Regenfeldbau mögl., in Tälern, deren Flüsse im Sommer nicht völlig trocken fallen, Anbau von Reis, Gemüse, Weintrauben, Obst, Maulbeerbaumkulturen, in den Randgebieten Weizen und Gerste.

Südostasien, südl. des zentralasiat. Hochlandes gelegener Teil Asiens östl. des Ind. Ozeans, umfaßt die Halbinsel Hinterindien und den Malaiischen Archipel.

Südostasienpakt ↑SEATO.

Südosteuropa, geograph. Bez. für das Gebiet der Balkanhalbinsel, histor. und kulturhistor. Bez. für das Gebiet der Balkanhalbinsel, der Donauländer und Jugoslawiens.

Südostindisches Becken, Tiefseebekken im östl. Ind. Ozean, sw. von Australien, bis 6 857 m tief.

Südostkap, südlichster Punkt Tasmaniens und damit Australiens, 43° 38′ s. Br., 146° 48′ ö. L.

Südpazifischer Rücken, untermeer. Schwelle im südl. Pazifik, trennt das Südpazif. vom Pazif.-Antarkt. Becken; bis 878 m u. d. M. aufragend.

Südpazifisches Becken, Tiefseebekken im sw. Pazifik, zw. Polynesien, Tonga- und Kermadecgraben und dem Südpazif. Rücken, bis 6 600 m tief.

Südpol ↑Pol, ↑Antarktis.

Südpolargebiet, Land- und Meeresgebiete um den Südpol, ↑Antarktis.

Südpolarmeer (Südl. Eismeer), zusammenfassende Bez. für die antarkt. Bereiche des Atlant., Ind. und Pazif. Ozeans.

Südpunkt (Mittagspunkt), derjenige der beiden Schnittpunkte des Meridians mit dem Horizont, der vom Nordpol des Himmels die größere Distanz hat; der andere Schnittpunkt wird als Nordpunkt bezeichnet.

Südrhodesien, bis Okt. 1964 Name für Rhodesien, ↑Simbabwe.

Südrobben (Lobodontinae), Unterfam. etwa 2–4 m langer Robben mit vier Arten in antarkt. Meeren; häufig in großen Meerestiefen schwimmende Tiere, die sich nach dem Echolotprinzip (ähnl. wie die Fledermäuse) orientieren und mit dem Treibeis nach N wandern; Krallen an den Hinterflossen rückgebildet. - Zu den S. gehört u. a. der Seeleopard (↑Robben).

Sudsalz ↑Kochsalz.

Süd-Sandwich-Graben [engl. 'sænwɪtʃ], Tiefseegraben im sw. Atlantik, umzieht bogenförmig die Süd-Sandwich-Inseln, in der Meteortiefe 8 264 m tief.

Süd-Sandwich-Inseln [engl. 'sænwɪtʃ] ↑Südgeorgien.

Südschleswigscher Wählerverband, Abk. SSW, aus der Südschleswigschen Vereinigung (SSV) 1948 hervorgegangene polit. Vertretung der dän. Minderheit in Schleswig-Holstein, für die seit 1955 die Fünfprozentklausel keine Anwendung mehr findet; erreichte bei den Landtagswahlen 1947 6 Sitze, bei der Bundestagswahl 1949 1 Mandat; seit 1962 mit 1 Abg. im Landtag vertreten.

Südsee, älteste Benennung des Pazif. Ozeans; heute Bez. für den Teil des Pazifiks, der die Inseln Ozeaniens umfaßt.

Südseekunst ↑ozeanische Kunst.

Süd-Shetland-Inseln [engl. 'ʃɛtlənd], gebirgige, vergletscherte Inselkette nördl. der Antarkt. Halbinsel, 4 460 km². - 1819 entdeckt und für Großbrit. in Anspruch genommen; gehörten bis 1962 zur Kolonie Falkland Islands and Dependencies, seither zur Kolonie British Antarctic Territory; von Argentinien und Chile beansprucht.

Südslawen ↑Slawen.

Süd-Sotho ↑Sotho.

Südsternwarte (Europ. S., European Southern Observatory, Europ. Südl. Observatorium, Abk. ESO), die von der BR Deutschland, Belgien, Dänemark, Frankr., Schweden und den Niederlanden unterhaltene, in N-Chile auf dem Berg La Silla am Südende der Atacama in 2 400 m Höhe errichtete Sternwarte (3,6-Meter-Spiegelteleskop).

Südtirol (italien. Alto Adige, 1948–72 amtliche dt. Bez. Tiroler Etschland), südl. des Brenners gelegener Teil von Tirol; entspricht der italien. autonomen Prov. Bozen innerhalb der autonomen Region ↑Trentino-Südtirol; auch Bez. für das Gebiet der gesamten Region Trentino-S. - Das aus der Teilung Tirols nach dem 1. Weltkrieg und der Angliederung von S., dessen Bev. vorwiegend deutschsprachig war (mit einer ladin. Minderheit), an Italien entstandene Nationalitätenproblem, die sog. **Südtirolfrage,** wurde verschärft durch die Italienisierungswelle während des Faschismus, die halbherzige Umsiedlungspolitik, nach 1945 durch die mangelhafte Ausführung des **Gruber-De-Gasperi-Abkommens,** durch das der deutschsprachigen Bev. Gleichberechtigung, kulturelle und administrative Autonomie und wirtsch. Förderung gewährt werden sollten, so daß die jahrelangen östr.-italien. Spannungen erst 1969 durch Annahme des S.pakets (weitgehende, auch sprachl. Autonomie u. a.) gelöst wurden.

Südtiroler Volkspartei, Abk. SVP, christl. geprägte Sammlungsbewegung der dt. und ladin. Bev. in Südtirol, gegr. 1945; forderte zunächst das Selbstbestimmungsrecht für Südtirol; hatte wesentl. Anteil an den Autonomieverhandlungen und der Ausarbeitung des Südtirolpakets; seit 1957 geführt von S. Magnago; hat im Bozener Provinzparlament die Mehrheit; in der italien. Abg.kammer seit den Wahlen vom Juni 1983 mit 3, im Senat mit 3 Abg. vertreten.

Südtirolpaket ↑Trentino-Südtirol (Geschichte).

Suðuroy [färöisch 'su:ɰʊrɔːɹ], eine der Hauptinseln der ↑Färöer.

Süd-Vietnam ↑Vietnam (Geschichte).

Südwestafrika ↑Namibia.

südwestdeutsche Schule ↑Neukantianismus.

Südwester, wasserdichter Seemannshut, dessen Krempe vorn hochgeschlagen wird und die hinten über den Kragen reicht.

Südwestfunk ↑Rundfunkanstalten (Übersicht).

Südwestindisches Becken, Tiefseebecken im sw. Ind. Ozean, im NW bis 5 603 m tief.

Südweststaat, 1950–52 übl., nichtamtl. Bez. für das 1952 gebildete Bundesland im SW der BR Deutschland (↑Baden-Württemberg, Geschichte).

Sue, Eugène [frz. sy], eigtl. Marie-Joseph S., * Paris 10. Dez. 1804, † Annecy 3. Aug. 1857, frz. Schriftsteller. - Urspr. Schiffsarzt; Sozialrevolutionär; schrieb die ersten frz. Seeromane, u. a. „Der Salamander" (1832), dann histor. Schauerromane und Zeitungsromane mit sozialer Tendenz wie „Die Geheimnisse von Paris" (1842/43).

Sueben ↑Sweben.

Suebicum Mare [lat. „sweb. Meer"], antiker Name der Ostsee.

Suenens, Leo Jozef [niederl. 'sy:nəns], * Ixelles 16. Juli 1904, belg. kath. Theologe und Kardinal (seit 1962). - 1961–79 Erzbischof von Mecheln-Brüssel und Primas von Belgien; auf dem 2. Vatikan. Konzil als Moderator führender Vertreter der reformer. Konzilstheologen; kritisierte 1969 in einem Aufsehen erregenden Interview die restaurative innerkirchl. Entwicklung nach dem Konzil.

Sues (Suez), ägypt. Hafenstadt am N-Ende des Golfs von S., 194 000 E. Erdölinst.; Düngemittelfabrik, Aluminiumwerk, Erdölraffinerien, petrochem. Ind.; Eisenbahnendpunkt. - Schwere Zerstörungen im 3. und 4. Israel.-Arab. Krieg.

Sues, Golf von, nw. Arm des Roten Meeres, zw. Afrika und der Halbinsel Sinai, Ägypten; Teil des Ostafrikan. Grabensystems, rd. 300 km lang, bis zu 45 km breit, durchschnittl. 20, maximal 80 m tief; über den Sueskanal mit dem Mittelmeer verbunden.

Sueskanal, Großschiffahrtskanal zw. dem Mittelmeer und dem Golf von Sues, Ägypten; durchschneidet unter Benutzung des Timsah- sowie des Großen und des Kleinen Bittersees die *Landenge von Sues.* Der S. ist 195 km lang, an der Oberfläche wurde er von 52 m auf 365 m verbreitert und seit 1980 von 12 auf 20 m Tiefe ausgebaggert; er hat keine Schleusen. Die Durchfahrt erfolgt im Konvoi mit Lotsen und dauert 15 Std. 1984 passierten 21 362 Schiffe den S., die Einnahmen an Kanalbenutzungsgebühren beliefen sich auf 980 Mill. US-$. Im Okt. 1980 wurde der *Sueskanaltunnel* eröffnet, der in 37 m Tiefe das Ost- und Westufer der Wasserstraße verbindet (5,6 km lang).

Geschichte und Völkerrecht: Vorläufer des S.

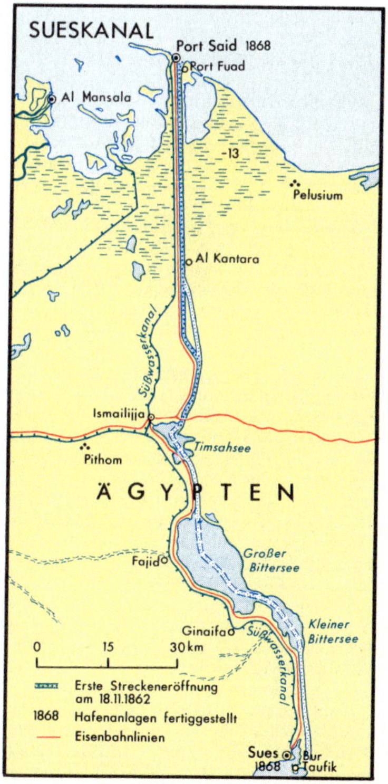

(z. B. der unter Necho II. 610 v. Chr. begonnene Nechokanal [767 n. Chr. zugeschüttet]) verbanden für den nach S orientierten Handel das Nildelta mit dem Timsahsee, bzw. dem Roten Meer. - Zum Bau und Betrieb eines Schiffahrtskanals zw. Mittelmeer und Rotem Meer erhielt F. M. Vicomte de Lesseps 1854 vom ägypt. Vizekönig Said Pascha eine vorläufige Konzession für 99 Jahre (ab Inbetriebnahme des Kanals). Mit frz. Kapital gründete Lesseps die „Compagnie universelle du Canal de Suez", die 1856 gegen den Widerstand des Osman. Reiches und Großbrit. autorisiert wurde. Am 17. Nov. 1869 wurde der S. eingeweiht. 1882 besetzte Großbrit. die Kanalzone. Die von 9 Staaten unterzeichnete völkerrechtl. Regelung (Konvention von Konstantinopel, 29. Okt. 1888) garantiert die freie Durchfahrt durch den S. für Handels- und Kriegsschiffe aller Flaggen in Kriegs- und Friedenszeiten und verbietet jede Kriegshandlung gegen den S. und seine Nebenanlagen. Bei Ausbruch des 3. Israel.-Arab. Krieges (1967) kam es zur Blockade des S., der erst am 5. Juni 1975 wiedereröffnet wurde.

🕮 *Köhler, W.: Die Wiedereröffnung des Suez-Kanals. Mchn. 1977. - Konzelmann, G.: Suez. Mchn. 1975. - Farnie, D. A.: East and west of Suez. The Suez Canal in history, 1854–1956. Oxford 1969.*

Sueskonferenzen, 3 Londoner Konferenzen zur Beilegung der Sueskrise (16.–25. Aug., 19.–21. Sept., 1.–5. Okt. 1956). Beschlossen wurde die Konstituierung einer internat. Vereinigung der Sueskanalbenutzer (von Ägypten abgelehnt).

Sueskrise, polit.-militär. Nahostkrise (die die Gefahr eines Weltkriegs heraufbeschwor), die nach dem Abzug der brit. Truppen aus der Sueskanalzone (Juni 1956) durch die Verstaatlichung der Sueskanalgesellschaft durch Ägypten (Juli 1956) ausgelöst wurde. Die Proteste Großbrit. (das über 44% der Kanalaktien verfügte), Frankr. und der USA wie den Beschluß der Sueskonferenzen wies Ägypten zurück. Auf Grund einer geheimen Absprache mit Israel, das am 29. Okt. 1956 den 2. Israel.-Arab. Krieg begann, und unter Ausnutzung der sowjet. Bindung durch den ungar. Volksaufstand intervenierten Großbrit. und Frankr. militärisch (Bombardement der Kanalzone und Landung von Truppen bei Port Said), mußten jedoch am 6. Nov. unter dem Druck der USA und der Sowjetunion der Forderung der UN nach einem Waffenstillstand nachgeben (Dez. 1956 Abzug der letzten brit.-frz. Truppen, die durch UN-Truppen ersetzt wurden). Die S. wurde durch den Abzug Israels (März 1957) beendet.

Sueß, Eduard [zy:s], * London 20. Aug. 1831, † Wien 26. April 1914, östr. Geologe. - Prof. in Wien. Mit seinem Hauptwerk „Das Antlitz der Erde" (3 Bde., 1885–1909) zeichnete er erstmals ein globales geolog. Gesamtbild.

Sueton [swe...] (Gajus Suetonius Tranquillus), * Hippo Regius (= Annaba) (?) um 70, † um 140, röm. Schriftsteller. - Freund Plinius' d. J.; im kaiserl. Dienst u. a. Bibliothekar und Vorsteher der Kanzlei (bis 121). Von 11 namentl. bekannten Werken sind erhalten: Kaiserbiographien von Cäsar bis Domitian (dem Aufbau nach Vorbild für spätere Herrscherbiographien, u. a. für Einhard) sowie Kurzbiographien namhafter Persönlichkeiten der röm. Literatur.

suf..., Suf... ↑sub..., Sub...

Sufar (Dhofar), südl. Landesteil des Sultanats Oman auf der Arab. Halbinsel, Hauptort Salala.

süffisant [frz., zu lat. sufficere „genügen"], spöttisch, selbstgefällig; **Süffisance,** Spott, Selbstgefälligkeit.

Suffix [lat.] (Nachsilbe), gebundenes Morphem, das an ein Grundmorphem oder eine Morphemkonstruktion zur Bildung eines neuen Wortes (Ableitungssilbe, z. B. Frucht–frucht*bar*) oder einer Flexionsform (Flexionsendung, z. B. Held–Held*en*) angehängt wird.

Suffolk [engl. 'sʌfək], ostengl. Gft.

Suffraganbistum [mittellat./dt.], im kath. Kirchenrecht Bez. für ein zu einer Kirchenprovinz gehörendes Bistum.

Suffragetten [frz.-engl., zu lat. suffragium „Stimmrecht"], i. e. S. die radikalen Mgl. der Frauenbewegung in Großbrit., die vor 1914 für die polit. Gleichberechtigung der Frauen mit Hungerstreiks, Demonstrationen, aber auch gewaltsamen Aktionen kämpften; bekannteste S. war E. Pankhurst. I. w. S. auch Bez. für andere aktivist. Gruppen der Frauenbewegung.

Suffusion, größerer, flächenhafter, unscharf begrenzter Bluterguß unter der Haut.

Sufi, muslim. Mystiker (↑Sufismus); die Bez. soll auf die von den S. getragenen Gewänder aus Wolle (arab. suf) zurückgehen.

Sufismus, die myst. Frömmigkeit im Islam, die in Anknüpfung an hellenist. Vorbilder neben der Gesetzesreligion entstand mit dem Ziel, die Kluft zw. Mensch und Gott zu überwinden. Der Sufi begibt sich auf den Weg, alles zu überwinden, was ihn von Gott trennt; die Liebe zu Gott muß die Selbstsucht in ihm verdrängen, so daß er durch absolutes Gottvertrauen im Augenblick der Ekstase oder der myst. Selbstentäußerung sein Ziel erreicht. Weil der S. wenig Wert auf Werkfrömmigkeit und Erfüllung der religiösen Gesetzespflichten legte, stand ihm die offizielle Theologie ablehnend gegenüber. Erst dem Theologen Al ↑Ghassali gelang es, den S. mit der offiziellen Theologie zu versöhnen. Seitdem drang er in alle Bereiche des Islams ein. Trotz des Widerstands der orth. Theologen und Rechtsgelehrten wurden hervorragende Sufis als wundertätige Heilige verehrt; ihre Grabstätten wurden zu Wallfahrtsorten

(Marbut), wo man um Hilfe gegen Krankheit und Kinderlosigkeit bat. Ibn Al Arabi baute das sufist. Gedankengut zu einem theosoph. System aus, das in der Folgezeit die weltanschaul. Grundlage des S. blieb. Vom 12. Jh. an bildeten sich aus den Schülerkreisen der bed. Sufimeister ordensartige Vereinigungen, die späteren Derwischorden (↑Derwisch). Im modernen Islam wird der S. von vielen als Exponent einer vergangenen Epoche abgelehnt, andere suchen sein Erbe für die Erneuerung des Islams nutzbar zu machen.

🕮 *Andrae, T.: Islam. Mystik. Dt. Übers. Stg. ²1980. - Shah, I.: Die Sufis. Dt. Übers. Düss. Neuausg. 1980. - Stoddart, W.: Das Sufitum. Dt. Übers. Freib. 1979.*

sug..., Sug... ↑sub..., Sub...

Suger von Saint-Denis ['zu:gər, frz. sy'ʒə], * Saint-Denis oder Argenteuil um 1080, † Saint-Denis 13. Jan. 1151, frz. Staatsmann und Geschichtsschreiber. - 1122 Abt von Saint-Denis, begann 1137 mit dem Bau der Klosterkirche, die für die Entwicklung der Gotik entscheidende Bed. erlangte; Ratgeber Ludwigs VI. und Ludwigs VII.; 1147–49 Reichsverweser.

suggerieren [lat.], (seel.) beeinflussen, jemandem etwas einreden.

suggestibel [lat.], beeinflußbar; **Suggestibilität,** Empfänglichkeit für Beeinflussung.

Suggestion [lat.], starke Beeinflussung des Denkens, Fühlens, Wollens oder Handelns eines Menschen unter Umgehung der rationalen Persönlichkeitsanteile (zumindest des Beeinflußten). Die Suggestibilität ist erhöht bei willensschwachen, unselbständigen und leichtgläubigen Menschen. Außerdem hängt sie von Alter und Geschlecht und von der aktuellen Situation (wie Erregtheit, Angst, Müdigkeit, Drogeneinwirkung, hypnot. Zustand, Massenbeeinflussung) ab. Die *Suggestivität* des Beeinflussenden *(Suggerierenden)* steigt, sobald er als der Stärkere, Informiertere, Selbstsicherere, im sozialen Status Höherstehende gilt. - Es wird zw. *Hetero-S.* (Fremd-S.) und ↑Autosuggestion unterschieden. Die Hetero-S. spielt eine bes. Rolle bei Werbung, Propaganda, Erziehung und verbaler Manipulation. Sie wird bewußt oder unbewußt eingesetzt, etwa in der Arzt-Patient-Beziehung *(Prestigesuggestion).*

suggestiv [lat.], beeinflussend, bestimmend; verfänglich.

Suggestivfrage, Frage, die so formuliert ist, daß eine Aussage in ganz bestimmter Richtung naheliegend ist bzw. nahegelegt wird.
Im *Recht* sind S. in Ermittlungsverfahren und Strafprozeß nicht ausdrückl. untersagt. Der Vernehmende darf einen Irrtum des Beschuldigten ausnutzen, nicht aber selbst erzeugen. S. können statthaft sein zur Prüfung, ob ein Zeuge beeinflußbar und glaubwürdig ist. Ansonsten sind sie i. d. R. zur Wahrheitsfindung ungeeignet und können im Strafprozeß vom Vors. des Gerichts zurückgewiesen werden.

Suffragetten (1910)

Suhard, Emmanuel Célestin [frz. sy'a:r], * Brains-sur-les-Marches (Mayenne) 5. April 1874, † Paris 30. Mai 1949, frz. kath. Theologe und Kardinal (seit 1935). - 1898–1928 Prof. für Dogmatik am Priesterseminar in Laval; seit 1940 Erzbischof von Paris; Förderer des ökumen. Gedankens im frz. Katholizismus und Protektor der Arbeiterpriester.

Suharto, * Kemusu (Z-Java) 8. Juni 1921, indones. General und Politiker. - Wurde nach 1945 zum bedeutendsten Partisanenführer Z-Javas; 1962 Kommandant der Truppen zur Befreiung W-Neuguineas; schlug 1965 einen kommunist. Putschversuch nieder, wurde Verteidigungsmin. und entmachtete allmähl. A. Sukarno (1966 Reg.chef, seit 1968 Staatspräs.; 1968–73 Oberbefehlshaber der Streitkräfte).

Suhe Bator, Stadt im N der Mongol. VR, 260 km nnw. von Ulan Bator, 14 300 E. Verwaltungssitz des Verw.-Geb. Selenga; Umschlagplatz an der Selenga und der Transmongol. Eisenbahn; Nahrungsmittel-, Textil-, Holz- und Baustoffindustrie.

Suhl, Hauptstadt des Bez. S., DDR, im Thüringer Wald, 429–676 m ü. d. M., 54 400 E. Heimat- und Waffenmuseum; Freilichttheater. Werkzeugherstellung, Fahrzeugbau, Jagd- und Sportwaffenproduktion; Solequelle. - Um 1232 erstmals erwähnt; erhielt 1527 Stadtrecht; wurde 1952 Bezirkshauptstadt. - Spätgot. Hauptkirche (15. und 18. Jh.); modernes Stadtzentrum um den Ernst-Thälmann-Platz. Im Stadtteil Heinrichs zahlr. Fachwerkhäuser, u.a. Rathaus (16. und 17. Jh.).

S., Landkr. im Bez. Suhl, DDR.

S., Bez. im SW der DDR, 3856 km², 549600 (1985), Hauptstadt Suhl.
Der NO des Bez. wird von dem 800–900 m Höhe erreichenden Thüringer Wald eingenommen; von seiner Kammlinie (Rennsteig) ziehen Täler ins Vorland und gliedern es. Nach SO schließt das Thüringer Schiefergebirge an. Im SW hat der Bez. Anteil an der Vorderrhön, Hohen Rhön und am Grabfeld. Wichtigster Fluß ist die Werra. Thüringer Wald und Rhön haben ein niederschlagsreiches und kühles Klima, die südl. Teile des Bez. sind verhältnismäßig trocken und warm. Die wichtigsten Bodenschätze sind Kali, Fluß- und Schwerspat, außerdem wird Porphyr, Basalt, Kalk- und Sandstein sowie Schiefer gebrochen. - Die Landw. tritt gegenüber der bed. Forst- und Holzwirtschaft zurück. Die Wirtschaft des Bez. wird v.a. von der Ind. bestimmt. Metallverarbeitende und elektrotechn. Ind. sowie Maschinen- und Fahrzeugbau stehen an der Spitze, es folgen Glas- und keram., Holz-, Spielwaren- und Kaliindustrie. Außer den Luftkurorten im Thüringer Wald spielen Heilbäder, z.B. Bad Salzungen, Bad Liebenstein, Kneippbad Stützerbach eine bed. Rolle für den Fremdenverkehr. - Mehrere Bahnlinien queren den Thüringer Wald, die Werrabahn Sonneberg–Eisenach verbindet diese Linien miteinander. Den Bereich von Rhön und Grabfeld zerschneidet die Grenze gegen die BR Deutschland, hier ist der Verkehr ganz auf die Straße angewiesen.

Suhle (Gelach, Siele), wm. Bez. für einen Wassertümpel oder eine sumpfige Stelle, wo sich Rot- und Schwarzwild im Schlamm wälzen *(suhlen)*.

Sühne, in der Religionswiss. Bez. für den menschl. Versuch der Wiederherstellung des durch Sünde, bewußte oder unbewußte Übertretung sittl. oder kult. Vorschriften gestörten Verhältnisses zw. Mensch und Gottheit; die S. kann durch mag. Praktiken. kult. Reinigungen, asket. Übungen, Opfer u.a., aber auch durch einen Stellvertreter geleistet werden.

Sühneversuch, förml. Versuch des Gerichts oder eines anderen Rechtspflegeorgans zur gütl. Beilegung einer Rechtsstreitigkeit. Im Zivilprozeßrecht soll das Gericht in jeder Lage des Verfahrens auf einen S. bedacht sein, was bei Erfolg in der Regel zu einem ↑Prozeßvergleich führt. Im Strafprozeß ist der S. vor Erhebung der ↑Privatklage zwingend vorgeschrieben, ebenso im Arbeitsgerichtsprozeß (↑Güteverfahren).
In *Österreich* ist der S. für das Ehescheidungsverfahren sowie in Ehrenbeleidigungssachen gesetzl. vorgeschrieben.
In der *Schweiz* ist ein S. nur für zivilrechtl. Streitigkeiten bekannt und kantonal gesetzl. geregelt.

Suhr, Otto, * Oldenburg (Oldenburg) 17. Aug. 1894, † Berlin (West) 30. Aug. 1957, dt. Nationalökonom und Politiker. - 1945 Mitbegr. des DGB in Berlin, wirkte in der Zentralverwaltung der Ind. der SBZ und widersetzte sich dem Zusammenschluß von SPD und KPD; 1946–48 Stadtverordnetenvorsteher von Groß-Berlin, 1948–50 von Berlin (West), 1951–55 Präs. des Westberliner Abg.-hauses, ab 1955 Regierender Bürgermeister von Berlin (West); 1948/49 Mgl. des Parlamentar. Rats, 1949–51 MdB. 1949–55 Direktor der Dt. Hochschule für Politik (seit 1958 Otto-Suhr-Inst. der Freien Univ. Berlin).

Suhrkamp, Peter, eigtl. Johann Heinrich S., * Kirchhatten (= Hatten bei Oldenburg [Oldenburg]) 28. März 1891, † Frankfurt am Main 31. März 1959, dt. Verleger. - Seit 1933 Hg. der im S. Fischer Verlag erscheinenden „Neuen Rundschau" und seit 1936 Leiter dieses Verlages (1942 umbenannt in S. Verlag vorm. S. Fischer). 1950 gründete S. in Frankfurt am Main den *S. Verlag* (ab 1951 KG), der sich zu einem führenden belletrist. Verlag (zeitgenöss. Autoren) entwickelte. Nach seinem Tod übernahm S. Unseld (* 1924) die Leitung.

Suiboku (Sumi-E) [jap.], jap. Maltechnik mit schwarzer Tusche (aus zerriebenen Holzkohlestangen) auf Papier, deren Möglichkeiten von der präzisen Linie bis zu weich abgestuften Tonwerten reichen. Bevorzugte Gatt. der jap. Zenkunst. Hauptvertreter ist Sesschu.

Suidae [lat.], svw. ↑Schweine.

Suidbert ['zu:ɪtbɛrt, zu'i:tbɛrt], hl. ↑Suitbert, hl.

sui generis [lat. „seiner Art"], (nur) durch sich selbst eine Klasse bildend, einzig, besonders.

Suitbert ['zu:ɪtbɛrt, zu'i:tbɛrt] (Suidbert, Swidbert), hl., † Kaiserswerth (= Düsseldorf) im März 713, Missionsbischof aus Northumbria. - In Begleitung ↑Willibrords Missionar bei den Friesen; 693 (692?) vom hl. Wilfrith zum Bischof geweiht; begann dann die Mission bei den Brukterern, die jedoch infolge der sächs. Expansion wieder zusammenbrach; S. floh nach Kaiserswerth und gründete dort um 695 ein Kloster. - Kostbarer S.schrein (13./14. Jh.) in der Stiftskirche.

Suite ['svi:tə; frz.; zu lat. sequi „folgen"], mehrteilige Komposition aus einer Folge von in sich geschlossenen, nur lose, etwa durch gleiche Tonart oder motiv. Verwandtschaft verbundenen Tänzen, tanzartigen oder sonstigen Sätzen. Die S. entstand aus dem seit dem MA geübten Brauch, einen langsamen Schreittanz und einen schnellen Springtanz miteinander zu kombinieren. In der Lautenmusik des 16. Jh. kam die Bez. S. auf für eine Zusammenstellung mehrerer gleichartiger Einzeltänze oder durch Umrhythmisierung und Variation geschaffener Tanzpaare wie Pavane–Gaillarde, Pavane–Saltarello u. a. - In Oper und Ballett entfaltete sich im 17. Jh. die **Orchestersuite.** Die beliebig veränderbare Reihung von Einzeltänzen und tanzfreien Stücken stand neben der in der Abfolge der Tänze feststehenden, durch gleiche Thematik verknüpften **Variationensuite.** Die kammermusikal. besetzte S. entwickelte sich im Rahmen der Kammersonate v. a. in Italien und Frankr., wo auch die **Lautensuite** und die neugeschaffene **Klaviersuite** beliebt waren. Seit Chambonnières gehören Allemande, Courante, Sarabande und Gigue zum Kernbestand, den die Nachfolger um weitere Tanztypen und tanzfreie, oft programmat. betitelte Stücke vermehrten. Dasselbe, im Einzelfall erweiterte Grundgerüst (z. B. durch Menuett, Bourrée, Gavotte, Passepied, Loure, Rigaudon) findet sich in der dt. Klavier-S. (J. J. Froberger, J. Pachelbel, J. Kuhnau) bis hin zu J. S. Bach (neben den Klavier-S. auch Cello- und Violin-S. oder -partiten). - In der 2. Hälfte des 18. Jh. wurde die S. von anderen Formen, wie Divertimento, Kassation, Serenade abgelöst. Sie lebte erst wieder in 19./20. Jh. in barockisierenden Nachahmungen (M. Reger) auf, in programmusikal. Zyklen (M. P. Mussorgski) und in Zusammenstellungen von Schauspiel- oder Ballettmusiken (P. I. Tschaikowski) oder von losen Tanzfolgen (B. Bartók).

◆ Folge von Zusammengehörendem, z. B. von Zimmern in Hotels, von Graphiken.

◆ Gefolge. - ↑auch à la suite.

Suitner, Otmar, * Innsbruck 16. Mai 1922, östr. Dirigent. - Schüler von C. Krauss; war 1960–64 Chefdirigent der Dresdner Staatskapelle und der Staatsoper sowie 1964–71 und ab 1974 Generalmusikdirektor der Dt. Staatsoper Berlin (Ost).

Suits, Gustav, * Võnnu (Kreis Dorpat) 30. Nov. 1883, † Stockholm 23. Mai 1956, estn. Lyriker. - Führer der revolutionär-romant. literar. Bewegung „Noor-Eesti" („Jung-Estland"); übte auf die polit. und geistige Haltung Estlands wie auch auf die estn. Dichtung großen Einfluß aus.

Suizid [lat.], svw. ↑Selbsttötung.

Sujet [frz. sy'ʒɛ; zu lat. subiectum „das Zugrundeliegende"], Gegenstand, Stoff, künstler. Thema.

Suk, Josef, * Křečovice bei Benešov 4. Jan. 1874, † Benešov 29. Mai 1935, tschech. Komponist. - Schüler und Schwiegersohn (1898) von A. Dvořák, von dem er in seinem Schaffen ausging, entwickelte aber einen eigenen Stil mit neuzeitl. Harmonik; komponierte u. a. Sinfonien (z. B. „Asrael", 1906), sinfon. Dichtungen, eine Fantasie für Violine und Orchester, Kammer- und Klaviermusik sowie Chorwerke.

S., Josef, * Prag 8. Aug. 1929, tschech. Violinist. - Enkel des Komponisten Josef S.; unternahm Konzertreisen als Solist und als Kammermusiker (1951–68 als Mgl. des von ihm gegr. S.-Trios, dann des mit J. Katchen gebildeten Duos).

Suk, nilotohamit. Stamm im mittleren W-Kenia und in O-Uganda.

Suk (Souk) [arab.], svw. ↑Basar.

suk..., Suk... ↑sub..., Sub...

Suka, Dschabal, höchster Berg Saudi-Arabiens, nahe dem Roten Meer, 3133 m hoch.

Sukarno, Achmed, * Surabaja 6. Juni 1901, † Jakarta 21. Juni 1970, indones. Politiker. - Übernahm 1932 nach vorübergehender Inhaftierung durch die niederl. Kolonialmacht (1929–32) den Vorsitz in der Indones. Partei; 1933 verbannt, arbeitete seit 1942 mit den Japanern zusammen; maßgebl. Führer der indones. Unabhängigkeitsbewegung; seit 1945 Staatspräs. der u. a. von ihm proklamierten Republik Indonesien; setzte 1949 die Anerkennung der Souveränität durch die ehem. Kolonialmacht durch; 1949 im Amt des Staatspräs. bestätigt, forcierte gegen regionale Widerstände die zentralist. staatl. Integration; übernahm 1959 auch die Leitung der Reg.; seit 1963 Staatspräs. auf Lebenszeit; urspr. Anhänger einer neutralist. Außenpolitik der Dritten Welt, näherte sich seit 1959 der VR China; wegen seiner zweideutigen Haltung bei einem kommunist. Putschversuch 1965 schrittweise (fakt. bis Febr. 1967) von der Armee unter General Suharto entmachtet.

Sukhawati [Sanskrit „glückl. Land"], nach der Vorstellung des Mahajana-Buddhismus das im Westen gelegene, in ewigem Licht erstrahlende Paradies des Buddha Amitabha.

Sukhothai, Stadt in N-Thailand, am Yom, 22 800 E. - Nahebei wurden die Reste der Hauptstadt des S.reichs freigelegt mit zahlr. buddhist. Klöstern, u. a. das Wat Mahadat, das relativ gut erhaltene Hauptheiligtum mit reicher Bauskulptur (v. a. 13./14. Jh.).

Sukkade [roman.], svw. ↑Zitronat.

Sukkertoppen [dän. 'sɔgərtɔbən] (Manitsoq), Stadt in W-Grönland, Hafen an der der Hauptinsel vorgelagerten Insel S., 4 100 E. Radio- und meteorolog. Station, ganzjährige Fischerei. - Gegr. 1755.

Sukkot (Sukkoth) [hebr.], svw. ↑Laubhüttenfest.

Sukkubus (Succubus) [mittellat.], im Dämonenglauben des MA Bez. für einen weibl. Teufel, der angebl. mit Menschen sexuell verkehrte.

Sukkulenten [lat.] (Fettpflanzen, Saftpflanzen), v. a. in Trockengebieten verbreitete Pflanzen (↑Xerophyten), die Wasser über lange Dürreperioden hinweg in bes. großzelligem Grundgewebe speichern können. Je nach Lage des wasserspeichernden Gewebes im Pflanzenkörper unterscheidet man: *Blatt-S.*

mit fleischig verdickten Blättern (z. B. Aloe, Agave, Fetthenne), *Stamm-S.*, deren mehr oder weniger verdickte Sproßachsen wegen fehlender oder reduzierter Blätter auch der Assimilation dienen (v. a. Kakteen- und Wolfsmilchgewächse) und *Wurzel-S.* (einige Arten der Pelargonie).

Sukkulenz [lat.], fleischig-saftige Beschaffenheit pflanzl. Organe durch reichl. Ausbildung wasserspeichernden Grundgewebes.

Sukkur, pakistan Stadt am unteren Indus, 159 000 E. College; Textil- und Nahrungsmittelind., Heimgewerbe (Lederarbeiten, Straßen- und Eisenbahnbrücke über den Indus.

Sukzession [lat.], im *Staatsrecht* svw. ↑Thronfolge; im *Zivilrecht* svw. ↑Rechtsnachfolge.

◆ in der *Ökologie* die zeitl. Abfolge (Aufeinanderfolge) der an einem Standort einander ablösenden Pflanzen- oder/und Tiergesellschaften, indem diese auf eine Folge einseitig gerichteter (irreversibler) Vorgänge (Umweltveränderungen) reagieren. S. finden sich z. B. anläßl. der Verlandung eines Sees oder in der Folge eines Waldbrandes.

Sukzessionskrieg, svw. ↑Erbfolgekrieg.

sukzessiv [lat.], allmählich, nach und nach.

Sulaiman (türk. Süleyman) (Suleiman, Soliman), Name osman. Sultane. Bed. v. a.: **S. II., der Große** oder **der Prächtige** (nach türk. Zählung S. I.), *6. Nov. 1494 (April 1495?), † vor Szigetvár 6. Sept. 1566, Sultan (seit 1520). - Sohn von Salim I.; einer der bedeutendsten Herrscher seiner Zeit, der sowohl als Feldherr wie auch als Förderer der Literatur und der Architektur hervortrat. Seine Gesetzgebung gab der osman. Gesellschaft bis ins 19. Jh. die charakterist. Prägung (Beiname auch „der Gesetzgeber").1521 eroberte er Belgrad, siegte 1526 über die Ungarn bei Mohács, stieß 1529 bis Wien vor und unterstützte Johann I. Zápolya gegen König Ferdinand I.; 1541 wurde Ungarn zum größten Teil dem Osman. Reich einverleibt; Algier wurde 1519/29, Tripolitanien 1551 der osman. Herrschaft unterstellt. Im O dämmte S. das gegen das Osman. Reich gerichtete Vordringen der Safawiden ein, wobei er Teile Kaukasiens, den Irak und (vorübergehend) Aserbaidschan eroberte. Mit dieser Expansion hatte das Osman. Reich die Grenzen seiner militär. Kraft erreicht. S. suchte Frankr. als Bundesgenossen zu gewinnen und räumte ihm Handelsprivilegien ein, die später den Ansatzpunkt der Einmischung europ. Mächte in die inneren Angelegenheiten des Osman. Reiches bildeten.

🕮 *Matuz, J.: Süleyman der Prächtige. In: Die Großen der Weltgesch. Hg. v. K. Fassmann. Bd. 4. Zürich 1974.*

Sulaimanijja, As, irak. Stadt im Bergland von Kurdistan, 98 000 E. Hauptstadt des Verw.-Geb. S.; chaldäischer Bischofssitz; kurd. Universität (gegr. 1968), Handelszentrum eines Geb. mit Tabak- und Obstbau.

Sulaiman Range [engl. sʊˈlaɪmɑːn ˈrɛɪndʒ], Gebirgskette in der pakistan. Prov. Belutschistan, bis 3 441 m hoch.

Sulainseln, Inselgruppe der N-Molukken, Indonesien, östl. von Celebes und den Banggaiinseln, 4 851 km²; Hauptort Sanana auf der gleichnamigen Insel.

Sula Mountains [engl. ˈmaʊntɪnz], Gebirgszug im nördl. Zentrum von Sierra Leone, bis 612 m hoch; reiche Hämatitlagerstätten.

Sulawesi, indones. für ↑Celebes.

Sulcus (Mrz. Sulci) [lat.], in der Biologie und Anatomie Bez. für eine Rinne oder Furche auf Organoberflächen, auch auf der Haut.

Suleiman ↑Sulaiman.

Sulfaminsäure [Kw.] (Sulfamidsäure, Amidosulfonsäure, Amidoschwefelsäure), H_2N-SO_2-OH, das Monoamid der Schwefelsäure; farblose, kristalline, wasserlösl., stark saure Substanz, die in der Textil- und Seifenind. sowie in der Galvanotechnik verwendet wird.

Sulfane [lat.] ↑Sulfide.

Sulfanilsäure [Kw.] (p-Aminobenzolsulfonsäure), farblose, kristalline Substanz, dient als Ausgangsstoff für die Synthese von Azofarbstoffen sowie (über das Zwischenprodukt *Sulfanilamid*) von Sulfonamiden.

Sulfate [lat.], 1. die Salze der ↑Schwefelsäure; 2. die Ester der Schwefelsäure; techn. Bed. haben die S. längerkettiger ↑Fettalkohole, deren Alkalisalze wichtige Waschrohstoffe sind.

Sulfatide [lat.] ↑Zerebroside.

Sulfatierung [lat.], Veresterung von Alkoholen mit Schwefelsäure; im Ggs. zur ↑Sulfonierung wird die Sulfogruppe, $-SO_3H$, hier über ein Sauerstoffatom an den organ. Rest gebunden. Die S. hat techn. Bed. für die Gewinnung der Fettalkoholsulfate.

sulfatisierendes Rösten [lat./dt.] ↑Rösten.

Sulfatminerale, natürl. vorkommende, meist kristallisierte Salze der Schwefelsäure. Zu den *kristallwasserfreien S.* gehören u. a. die Minerale ↑Baryt, ↑Zölestin, ↑Anhydrit, allg. Formel $Me_2^ISO_4$; zusätzl. OH-Gruppen im Molekül enthalten ↑Brochantit und ↑Alunit. Die *kristallwasserhaltigen S.* finden sich als Verwitterungsbildungen, Bodenausblühungen, Abscheidungen in Binnenseen unter trockenem Klima sowie in Salzlagerstätten; hierzu gehören v. a. ↑Gips, ↑Kieserit, ↑Alaune, ↑Bittersalz und Kupfervitriol (↑Kupfersulfate). - Viele S. werden bergmänn. abgebaut, um sie in der Bauind. (Gips) und für die Düngemittelherstellung (Kainit u. a.) zu verwenden; weitere S. dienen als Rohstoffe zur Gewinnung der in ihnen enthaltenen Metalle.

Sulfatverfahren ↑Zellstoff.

Sulfide [lat.], 1. Salze des ↑Schwefelwasserstoffs; die Alkali-S. gehen durch Kochen mit Schwefel in *Poly-S.* über, aus denen durch Ansäuern *Polyschwefelwasserstoffe (Sulfane)* freigesetzt werden; Schwermetall-S. bilden in der Natur wichtige Erzlagerstätten; 2. die Ester des Schwefelwasserstoffs; bei den Halbestern (↑Mercaptane) ist nur ein Wasserstoffatom durch einen organ. Rest, bei den neutralen Estern sind beide Wasserstoffatome durch organ. Reste ersetzt.

Sulfidminerale, Sammelbez. für die natürl. vorkommenden, sauerstofffreien Verbindungen von Metallen (auch anderen Elementen) v. a. mit Schwefel, auch mit Arsen, Antimon, Wismut, Selen und Tellur. S. haben techn. große Bed. als Rohstoffe zur Gewinnung vieler Metalle. Die S. werden vielfach nach ihrem äußeren Erscheinungsbild unterteilt in die Gruppen der *Kiese* (hellfarbene S. mit metall. Glanz und meist großer Härte, z. B. ↑Pyrit [Eisenkies], FeS_2), *Glanze* (dunkelgraue, meist gut spaltbare S. mit ebenfalls metall. Aussehen, jedoch geringerer Härte, z. B. ↑Bleiglanz, PbS), *Fahle* (graue, spröde, meist nicht spaltbare S. mit wenig metall. Glanz, v. a. die Fahlerze) und *Blenden* (nicht metall. erscheinende, z. T. durchsichtige oder durchscheinende, meist kräftig gefärbte Minerale, z. B. ↑Zinkblende, ZnS).

Sulfinsäuren [lat./dt.], organ. Verbindungen mit der allg. Formel $R-SO-OH$; die Salze *(Sulfinate)* werden als Reduktionsmittel beim Färben und Ätzen sowie als Initiatoren bei Redoxpolymerisationen verwendet.

Sulfite [lat.], die Salze der ↑schwefligen Säure; auch die Ester der schwefligen Säure werden S. genannt.

Sulfitverfahren ↑Zellstoff.

Sulfo- [zu lat. sulfur „Schwefel"], Bez. der chem. Nomenklatur für die Gruppe $-SO_3H$.

Sulfochloride, svw. ↑Sulfonylchloride.

Sulfochlorierung (Chlorsulfonierung), Verfahren u. a. zur Herstellung von Sulfonylchloriden, wobei Schwefeldioxid und Chlor unter UV-Licht auf geradkettige oder cycl. Kohlenwasserstoffe einwirkt.

Sulfonamide [Kw.], die Amidderivate der Sulfonsäuren, v. a. der Sulfanilsäure (allg. Formel $R-SO_2-NR'R''$; R aliphat. oder aromat. Rest, R′ R″ Wasserstoff oder organ. Reste). Das einfachste S. ist das von der Sulfanilsäure abgeleitete Sulfanilamid, von dem sich (meist durch Substitution mit heterocycl. Resten, z. B. Pyrimidin) weitere, gegen grampositive und gramnegative Bakterien sowie gegen einige Chlamydien- und Protozoenarten wirksame, oral verabreichte S. ableiten. Nach der Halbwertszeit ihres Abbaus im Körper unterscheidet man Kurzzeit-, Mittelzeit- und Langzeit-S. Die antibakterielle Wirkung der S. beruht auf einer Konkurrenzreaktion mit der den Bakterien als Wuchsstoff dienenden p-Aminobenzoesäure. Durch Entstehung sulfonamidresistenter Erregerstämme und Entwicklung wirksamerer und besser verträgl. Antibiotika haben die S. heute an Bed. verloren. Die Heilwirkung der S. wurde 1935 von G. Domagk entdeckt.

Sulfone [lat.], organ. Verbindungen mit der allg. Formel $R-SO_2-R'$ (R, R′ aliphat. oder aromat. Reste); farblose, kristalline Substanzen, die u. a. als Zwischenprodukte bei der Herstellung von Farbstoffen verwendet werden.

Sulfonierung [lat.], Einführung einer Sulfongruppe, $-SO_3H$, direkt an ein Kohlenstoffatom einer organ. Verbindung (Ggs. ↑Sulfatierung), wobei Sulfonsäuren entstehen. Zur S. aromat. Verbindungen dienen Schwefelsäure, Oleum, Schwefeltrioxid und Chlorsulfonsäure; aliphat. Sulfonsäuren werden durch ↑Sulfochlorierung (mit anschließender Abspaltung des Chlors) und durch Addition von Sulfiten an ungesättigte Kohlenwasserstoffe hergestellt *(Sulfitierung).*

Sulfonsäurechloride, svw. ↑Sulfonylchloride.

Sulfonsäuren (Sulfosäuren), organ. Verbindungen mit der allg. Formel $R-SO_3H$ (R Alkyl- oder Arylrest); feste, in Wasser mit stark saurer Reaktion lösl. Substanzen, die wichtige Zwischenprodukte insbes. bei der Herstellung von Farbstoffen und Waschmitteln sind.

Sulfonylchloride (Sulfochloride, Sulfonsäurechloride), organ. Verbindungen der allg. Formel $R-SO_2Cl$ (R aliphat. oder aromat. Rest); feste oder flüssige Substanzen, die z. B. mit Aminen zu Sulfonamiden reagieren.

Sulfonylharnstoffe, als Antidiabetika verwendete organ. Verbindungen; allg. Formel $R-SO_2-NH-CO-NH-R'$ (R meist aromat., R′ aliphat., aromat. oder heterocycl. Rest).

Sulfosalze, in der Mineralogie Bez. für gemischte Metallarsenid- bzw. Metallantimonidsulfide.

Sulfosäuren, svw. ↑Sulfonsäuren.

Sulfoxide [lat./griech.], Verbindungen mit der charakterist. Gruppierung R–SO–R′ (R, R′ aliphat. oder aromat. Reste); wichtigster Vertreter ist das ↑Dimethylsulfoxid.

Sulfurylchlorid [lat./griech.], Säurechlorid der Schwefelsäure, $Cl-SO_2-Cl$; unbeständige, erstickend riechende Flüssigkeit, die in der organ. Chemie für Chlorierungen und zur Sulfochlorierung verwendet wird.

Sulina, rumän. Hafenstadt an der Mündung des *S.arms* der Donau ins Schwarze Meer, 4 900 E. Fischfang und -verarbeitung. - 950 byzantin. Umschlagplatz, um 1318 genues. Handelsniederlassung, im 16. Jh. osman. Kontrollpunkt für den Donauverkehr.

Sulioten, nach der Gebirgslandschaft Suli in Epirus, Griechenland, ben. Volksgruppe gräzisierter christl. Albaner, die seit etwa 1790 die osman. Herrschaft bekämpfte.

Suliotis, Elena [neugriech. sul'jɔtis], * Athen 28. Mai 1943, griech. Sängerin (Sopran). - Singt an den internat. renommierten Opernhäusern; ihr Repertoire umfaßt v. a. italien. Opernpartien.

Sulitjelma (schwed. Sulitälma), Gebirgsmassiv in N-Skandinavien, östl. von Bodø, durch das die schwed.-norweg. Grenze verläuft, bis 1 913 m ü. d. M.

Sulky ['zʊlki, engl. 'sʌlki], leichter, zweirädriger, gummibereifter Wagen mit Spezialsitz, für Trabrennen.

Süll [niederdt. „Schwelle"], senkrechte, feste Einfassung von Decksöffnungen (Luken-S.) bzw. hohe Schwelle in Öffnungen von Schiffswänden (Schott-S.), um das Durch- oder Einfließen von Wasser zu verhindern.

Sulla, Lucius Cornelius, * 138, † bei Puteoli (= Pozzuoli) 78 v. Chr., röm. Politiker. - Aus altem Patriziergeschlecht; zeichnete sich u. a. im Jugurthin. Krieg, in den Kämpfen gegen Kimbern und Teutonen sowie im Bundesgenossenkrieg aus. 88 und 80 Konsul; erhielt den Oberbefehl im Krieg gegen Mithridates VI.; als dieses Kommando durch Volksbeschluß Gajus Marius übertragen wurde, kam es zum Bürgerkrieg. 87 zog S. gegen Mithridates und brachte bis Ende 86 Griechenland in seine Gewalt (u. a. Plünderung der Tempel von Delphi, Epidauros und Olympia; Einnahme und Plünderung Athens). Angesichts der Herrschaft seiner Gegner Marius und Lucius Cornelius Cinna in Rom schloß S. 85 Frieden mit Mithridates. Er reorganisierte die Prov. Asia, landete im Frühjahr 83 in Italien und besiegte 83/82 die mit den Samniten verbündeten Marianer. S. schaltete seine Gegner durch Proskriptionen aus, wurde zum Diktator „für Gesetzgebung und Ordnung des Staates" ernannt und stellte die Senatsherrschaft wieder her; 79 verzichtete S. freiwillig auf die Diktatur. - Biographie von Plutarch.

sulla tastiera [italien.], Spielanweisung für Streicher, die Saiten nahe am Griffbrett zu streichen. - † auch flautando.

Sullivan [engl. 'sʌlɪvən], Sir (seit 1883) Arthur Seymour, * London 13. Juni 1842, † ebd. 22. Nov. 1900, engl. Komponist. - Komponierte Opern, Bühnenmusiken, Orchester-, Kammer- und Chorwerke. Wurde v. a. bekannt durch seine Operetten, u. a. „H. M. S. Pinafore" (1878), „The pirates of Penzance" (1879), „The Mikado" (1885).

S., Louis Henry, * Boston 3. Sept. 1856, † Chicago 14. April 1924, amerikan. Architekt. - Arbeitete seit 1879 im Büro von D. Adler (seit 1881 „Adler & S."). Das Auditorium Building in Chicago (1886–90), ein Backsteinbau, ist in seinem stufenartigen Aufbau nicht so stark vom Funktionalismus bestimmt wie die folgenden Hochhäuser (Wainwright Building in Saint Louis, 1890, Guaranty Trust Building in Buffalo, 1894/95), bei denen die Skelettbauweise, Vertikalität bzw. durchgehende Fensterfassaden wichtiger werden als die Jugendstil-Ornamentik. Durch seine Devise „Form folgt Funktion", seine Schriften und seinen Schüler F. L. Wright hatte er bed. Einfluß auf die Architektur des 20. Jahrhunderts.

Sully, Maximilien de Béthune, Hzg. (seit 1606) von [frz. syl'li], * Rosny-sur-Seine (Yvelines) 13. Dez. 1560, † Villebon (Eure-et-Loir) 22. Dez. 1641, frz. Staatsmann. - Hugenotte; nahm an den Feldzügen Heinrichs von Navarra (des späteren Königs Heinrich IV. von Frankr.) teil; Min. des Königs (ab 1597), reformierte und vereinfachte das Steuer- und Zollwesen, tilgte die bed. Staatsschulden, förderte Gewerbe und Landw. und ließ Straßen und Wasserwege ausbauen. Auf die auswärtige Politik hatte er nur geringen Einfluß. Nach der Ermordung des Königs (1610) wurde er durch Maria von Medici vom Hof entfernt; 1634 zum Marschall ernannt.

S., Thomas [engl. 'sʌlɪ], * Horncastle (Lincolnshire) 19. Juni 1783, † Philadelphia 5. Nov. 1872, amerikan. Maler engl. Herkunft. - Kam 1792 in die USA; schuf romant. Porträts, Genre- und Historienbilder („Washington überquert den Delaware", 1851; Boston, Museum of Fine Arts).

Sully Prudhomme [frz. syllipry'dɔm],

Louis Henry Sullivan und Dankmar Adler, Guaranty Trust Building (1894/95). Buffalo

eigtl. René François Armand P., * Paris 16. März 1839, † Châtenay-Malabry (Hauts-de-Seine) 7. Sept. 1907, frz. Dichter. - Behandelt in seinen [melanchol. gestimmten] philosoph. Gedichten wissenschaftl., philosoph., soziale und moral. Grundfragen in einer präzisen, oft auch dunklen und abstrakten Sprache. 1881 Mgl. der Académie française; erster Nobelpreisträger für Literatur (1901).

Sulpicia, röm. Dichterin an der Wende des 1. Jh. v. Chr. zum 1. Jh. n. Chr. - Ihre Liebesgedichte, die sich durch den Ausdruck echter, unmittelbarer Gefühle auszeichnen, sind das einzige erhaltene poet. Werk der röm. Literatur, das von einer Frau stammt.

Sulpicius Severus, * in Aquitanien um 360, † in S-Gallien um 420, lat. Geschichtsschreiber. - Vollendete wohl 403 zwei Bücher „Chronica", einen unter christl. Aspekt abgefaßten Abriß der Weltgeschichte bis in seine Zeit; seine übrigen Schriften, v. a. die Biographie des hl. Martin („Vita Sancti Martini"), sind wertvolle Zeugnisse altkirchl. Hagiographie.

Sulpizianer (lat. Societas Presbyterorum a Sancto Sulpitio, Societas Sulpitiensis, Abk. SS., frz. Compagnie [des Prêtres] de Saint-Sulpice), 1642 im Rahmen der École Française gegründete Weltpriesterkongregation (ohne Gelübde) für die Erziehung von Weltpriestern in Seminaren; 1979: 567 Mgl. in 49 Häusern.

sul ponticello [...'tʃɛlo; italien.] ↑ Ponticello.

Sultan [arab. „Macht, Herrschaft"], 1. Herrschertitel in islam. Ländern seit dem 11. Jh.; 2. Ehrenbez. für die Ordensmeister der Derwische.

Sultan [arab.], türk. Nomadenteppich aus glänzender Schafwolle (Kette und Schuß auch aus Ziegenhaar).

Sultaninen [arab.-italien.], getrocknete, kernlose, hellgelbe Beeren der sog. *Sultanatraube*, v. a. aus der Türkei.

Suluinseln, Inselgruppe der Philippinen, zw. der Zamboanga Peninsula Mindanaos und Borneo, umfaßt neben den beiden gebirgigen Hauptinseln **Jolo** und **Tawitawi** 956 kleinere Inseln, Felsen und Riffe, 2 688 km², Verwaltungssitz Jolo. Trop. Regenwald ist heute nur noch auf Tawitawi in größerem Umfang erhalten. Die Bewohner sind muslim. Moros, die z. T. in Pfahldörfern leben und v. a. Fischerei und Handel betreiben.

Sulusee, Teil des Australasiat. Mittelmeers zw. Borneo im SW und den zu den Philippinen gehörenden Inseln Palawan, Mindoro, Panay, Negros, Mindanao sowie den Suluinseln; bis 5 094 m tief.

Sulzbach, ehem. Adelsgeschlecht im bayr. Nordgau, das sich auf die babenberg. Hzg. von Schwaben zurückführen läßt; Stammvater ist Berengar (1003 Graf im sw. Nordgau); 1188 erloschen.

Sulzbach-Rosenberg, Stadt am O-Rand der Fränk. Alb, Bay., 428 m ü. d. M., 17 700 E. Heimatmuseum; Stahlwerk, Sportmunitions-, Malzfabrik, Textil- und Elektroind. - **Sulzbach** entstand früh um die Burg der Grafen von Sulzbach; in der 2. Hälfte des 13. Jh. zur Stadt erhoben; wurde 1614 Sitz des Ft. Pfalz-Sulzbach. **Rosenberg** wurde 1934 mit Sulzbach vereinigt. - Spätgot. Stadtpfarrkirche Mariä Himmelfahrt (14., 15. Jh. und 17. Jh.); Schloß (15., 16. und 18. Jh.); spätgot. Rathaus (um 1400); Stadtmauer (14. Jh.) z. T. erhalten.

Sulzburg, Stadt am W-Rand des Schwarzwalds, Bad.-Württ., 360 m ü. d. M., 2 200 E. Weinbau und -handel. - Eine Siedlung ist 840 erstmals erwähnt; um 1250 Stadtgründung. - Ehem. Klosterkirche Sankt Cyriacus, otton. Bau (Weihe 993) mit roman. Krypta (11. Jh.) und späteren Umbauten; bed. alter jüd. Friedhof (um 1550).

Sulze, svw. ↑ Salzlecke.

Sülze [zu althochdt. sulza „Salzwasser"], Fleisch- oder Fischstücke, auch Gemüse in Aspik.

Sulzer, Johann Georg, * Winterthur 16. Okt. 1720, † Berlin 27. Febr. 1779, schweizer. Philosoph und Pädagoge. - 1747 Mathematiklehrer in Berlin, 1765 dort Prof. an der Ritterakad., seit 1775 Direktor der philosoph. Klasse der Akad. der Wiss.; Hauptvertreter der Popularphilosophie der dt. Aufklärung. In seinem enzyklopäd. Hauptwerk „Allg. Theorie der schönen Künste" (6 Bde., 1771–74) betont S. die Sinnlichkeit als eigenständiges Erkenntnisvermögen. Grundkategorie seiner Ästhetik ist das „Gefühl", das zw. Erkennen und Wollen steht.

Sulzer-Steiner, Heinrich, * Winterthur 19. März 1837, † Bern 11. Mai 1906, schweizer. Ingenieur und Unternehmer. - Leitete ab 1872 die von seinem Vater J. J. Sulzer (* 1782, † 1853) begr. Firma Gebrüder Sulzer; befaßte sich bes. mit der konstruktiven Durchbildung der Dampfmaschine und der Zentralheizung (u. a. verbesserte er ab 1865 mit C. Brown wesentl. die Ventildampfmaschine).

Sumac, Yma, eigtl. Emperatrız Chavarri, * Ichocan (Peru) 10. Sept. 1927, amerikan. Sängerin indian.-span. Abstammung. - Unternahm seit 1941 Konzertreisen in aller Welt, auf denen sie durch ihren Stimmumfang von vier Oktaven Aufsehen erregte.

Sumach [arab.] (Rhus), Gatt. der Anakardiengewächse mit rd. 60 Arten im gemäßigten Asien, im Mittelmeergebiet und in N-Amerika; sommer- oder immergrüne Bäume oder Sträucher, z. T. kletternd; Blätter dreizählig oder unpaarig gefiedert; Blüten meist unscheinbar, in Rispen; mit kleiner, trockener Steinfrucht. Viele Arten sind giftig, v. a. der Giftsumach (↑ Giftpflanzen, Übersicht). Als Ziergehölz wird u. a. der **Hirschkolbensumach** (Rhus typhina, *Essigbaum*) angepflanzt; 5–

12 m hoher Baum mit samtig behaarten Zweigen und gefiederten Blättern; Herbstfärbung orange bis scharlachrot; Blüten grünl., in 15–20 cm langen, dichten Rispen; Früchte rot, in kolbenartigen Ständen. Der **Sizilian. Sumach** wurde seit der Antike vielfach verwendet: Die Blätter dienten zum Gerben von Leder und als Haarfärbemittel, die Rinde zum Färben von Wolle; die Früchte wurden als Gewürze verwendet. Die Blätter und jungen Triebe dienen noch heute zum Gerben.

Šumadija [serbokroat. ʃu,madija], jugoslaw. Berg- und Hügelland zw. Save und Donau im N., Morava im O, Westl. Morava im S und Kolubara im W; im Rudnik 1 132 m ü. d. M.; zentraler Ort Kragujevac.

Sumakweberei, oriental. Weberei, bei der der Schußfaden stets vier Kettfäden, jeweils um zwei Kettfäden versetzt, umfaßt; nachgeahmt durch die ↑ Kelimstickerei.

Sumarokow, Alexandr Petrowitsch [russ. suma'rɔkɐf], * Petersburg 25. Nov. 1717, † Moskau 12. Okt. 1777, russ. Dramatiker. - Gilt als erster russ. Berufsliterat; verfaßte klassizist. Tragödien, volkssprachl. satir. Komödien, Lyrik und Fabeln.

Sumatra [zu'ma:tra, 'zu:matra], zweitgrößte der Großen Sundainseln, Indonesien, durch die Sundastraße von Java und die Malakkastraße von der Halbinsel Malakka getrennt. 1 770 km lang, bis 400 km breit, mit benachbarten kleineren Inseln 473 606 km², 28 Mill. E (1981) in 8 Provinzen. Das die Insel im W in ihrer Gesamtlänge durchziehende, bis über 3 000 m hohe Barisangebirge wird durch tekton. Längstalzonen in mehrere Ketten gegliedert. Die Bruchlinien werden von zahlr., zum Teil tätigen Vulkanen (Kerinci, 3 805 m ü. d. M., höchster Berg von S.) begleitet. Zum Ind. Ozean fallen die Gebirgsketten z. T. steil ab, z. T. sind schmale, oft versumpfte Küstenebenen ausgebildet. Im O schließt sich Berg- und Hügelland an, das nach O in eine von Sümpfen und Seen durchsetzte Tieflandzone übergeht, die sich von 30 km im N auf 200 km im S verbreitert. Der größte Teil zählt zum Bereich der äquatorialen Regenklimate mit hohen, gleichmäßigen Temperaturen, hoher Luftfeuchtigkeit und ganzjährigen Niederschlägen mit zwei Maxima zw. April/Mai und Okt./Dez. Durch menschl. Eingriffe wurden die trop. Tiefland- und montanen Regenwälder vielfach von Sekundärformationen verdrängt. Die Küsten werden v. a. im O von Mangrove-, Moor- und Süßwassersumpfwäldern gesäumt. - Unter den stark differenzierten Volksgruppen bilden die Minangkabau in Mittel-S. die vorherrschende jungmalai. Gruppe. Lebensraum der altmalai. Batak sind das Gebirgsland um den Tobasee in Nord-S. und Teile der relativ dichtbesiedelten NO-Küste. Die Aceher, eine jungmalai. Mischbev., bewohnen den nördl. Küstenraum. Kleine, rasch aussterbende Restgruppen leben als Wildbeuter im östl. Regenwaldtiefland. Der überwiegende Teil der Bev. bekennt sich zum Islam. Christl. Missionen waren v. a. bei den Batak erfolgreich. Im 19. Jh. erfolgte, nach Errichtung von Tabakplantagen, ein starker Zustrom auswärtiger Kontraktarbeiter aus Java, China, Singapur und Penang. Seit 1905 staatl. organisierte Ansiedlungen von Javanern und Balinesen, v. a. in S-Sumatra. Ziele der Binnenwanderung auf S. sind v. a. die Küstenstädte und die Erdölgebiete. Die Landw. erzeugt neben Grundnahrungsmitteln Tabak, Kaffee, Kakao, Tee, Pfeffer, Gewürznelken, Sisal, Kautschuk, Palmöl und Kopra. Die Viehhaltung ist v. a. auf den period. gebrannten Grasflächen des Gayo-, Alas- und Bataklandes sowie in Süd-S. verbreitet. Schweinezucht wird bes. von der nichtislam. Bev. betrieben. Eine wichtige Rolle spielt der Bergbau. Mehr als 80 % der indones. Erdölförderung stammen aus den drei Fördergebieten N-, M- und S-Sumatras. Der Abbau tertiärer Braunkohle in Süd-S. soll wieder verstärkt werden. Vorkommen von Gold und Silber, Eisen- und Uranerzen sowie Schwefel, sind z. T. noch nicht erschlossen bzw. ihr Abbau wurde wieder eingestellt. Das verarbeitende Gewerbe umfaßt fast ausschließl. die Aufbereitung und Weiterverarbeitung heim. Rohstoffe; Erdölraffinerien, Kunstdünger-, Polypropylen-, Zement-, Palmölfabrik, Holz- und Kautschukverarbeitung. Die einzige, fast 3 000 km messende Längsstraße von Aceh im N nach Lampung im S ist ungenügend ausgebaut; mehrere Eisenbahnlinien (insgesamt 2 000 km). Die wichtigsten Häfen sind Dumai, Palembang, Belawan, Panjang und Jambi. Neben ✈ für den Inlandverkehr besteht bei Medan ein internat. ✈. - Zur *Geschichte* ↑ Indonesien.

📖 *Cultures and societies of North S. Hg. v. R. Carle. Bln. 1983. - Agthe, J.: S. - Arm durch Reichtum: Eine Insel am Äquator. Ausstellungskat. Ffm. 1981. - Verstappen, H. T.: A geomorphological reconnaissance of S. and adjacent islands (Indonesia). Groningen 1973.*

Sumatranashorn [zu'ma:tra, 'zu:matra] ↑ Nashörner.

Sumatrabarbe [zu'ma:tra, 'zu:matra] (Viergürtelbarbe, Puntius tetrazona tetrazona), bis 6 cm lange Gürtelbarbe in den Süßgewässern Sumatras und Borneos; Körper hochrückig, seitl. zusammengedrückt, gelb, mit vier breiten, schwarzen Querstreifen und roten Zeichnungen auf Bauch- und Rückenflosse; gegenüber anderen Arten aggressiver Warmwasseraquarienfisch.

Sumatraelefant [zu'ma:tra, 'zu:matra] ↑ Elefanten.

Sumatratiger [zu'ma:tra, 'zu:matra] ↑ Tiger.

Sumba, eine der Kleinen Sundainseln, Indonesien, 40 km südl. der Insel Flores, 11 031 km², bis 1 225 m hoch, Hauptort Waingapu. - Seit dem 17./18. Jh. in der Interessensphäre der niederl. Vereinigten Ostind. Kompanie; offiziell erst in der Mitte des 19. Jh. Niederl.-Indien angegliedert.

Sumbawa, eine der Kleinen Sundainseln, Indonesien, östl. der Insel Lombok, 227 km lang und 95 km breit, bis 2851 m ü. d. M., Hauptort Raba. Grasflächen und Monsumwälder bedecken große Teile der Insel. Gegenüber der z. T. verkaufsorientierten Viehhaltung wird der Ackerbau fast ausschließl. für den Eigenbedarf betrieben (Naß- und Trokkenreis, Mais und Hirse); Tabak- und Kaffeekulturen treten stellenweise hinzu, daneben Forstwirtschaft und Hausweberei. S. Besar an der N-Küste ist der wichtigste Hafen; ✈. - 1978 wurden auf S. 20000 bzw. 30000 Jahre alte Steinsärge gefunden. - S. gehörte nach Kontakten mit Portugiesen (1545) seit 1673/74 offiziell zu Niederl.-Ostindien; die urspr. bestehenden 6 Sultanate (Bima, Dompo, Papikat, Sanggar, Sumbawa, Tambora), von denen Anfang des 19. Jh. Tambora und Papikat erloschen, erlangten durch Verträge von 1765, 1875–86 und 1905 weitgehende Selbständigkeit.

Sumed-Pipeline [engl. 'sju:mɛd,paɪplaɪn], 330 km lange ägypt. Erdölfernleitung vom Golf von Sues zum Mittelmeer, die den Sueskanal, der von Supertankern nicht benutzt werden kann, für diese überbrücken soll.

Sumer [zu akkad. Schumeru „sumerisch"], Bez. für M- und S-Babylonien als Land der Sumerer. Der sumer. Landesname *Kengir* meinte zunächst nur das Gebiet um Nippur. Seit dem Ende des 3. Jt. wurde in der Königstitulatur ganz Babylonien als „S. und Akkad" bezeichnet.

Sumerer, die Bewohner von Sumer, die mit ihrer Sprache mindestens seit Ende des 4. Jt. im südl. und mittleren Babylonien nachweisbar sind; Herkunft und Einwanderungsfrage sind ungeklärt. Als Volk sind die S. schwer gegen ältere Bevölkerungsteile der vorgeschichtl. Zeit (älteste Stadt in sumer. Überlieferung Eridu) abzugrenzen. Sicher waren die S. entscheidend an der Schaffung der altoriental. Hochkultur, einer altoriental. Kunst und der Entwicklung der babylon. Keilschrift beteiligt. An der Spitze ihrer weitgehend selbständigen Stadtstaaten im 3. Jt. standen Stadtfürsten, die sich v. a. als ird. Stellvertreter des Stadtgottes verstanden. Der größte Teil des Grundeigentums gehörte den Heiligtümern (sog. sumer. Tempelstadt) und dem Palast, in denen Priester und Beamte als Funktionäre wachsende Macht gewannen und sich der Schrift zunächst nur als Verwaltungshilfsmittel bedienten. Handelsbeziehungen reichten bis zu den Trägern der Harappakultur. Seit etwa dem 27./26. Jh. bildeten sich um die Städte Uruk, Kisch, Ur, Lagasch wechselnde größere Staaten; die Errichtung einer Herrschaft der S. über ein einheitl. Reich in ganz Babylonien gelang erst unter der 3. Dyn. von Ur (2070–1950). Danach übernahmen semit. Babylonier und Assyrer endgültig die polit. Führung.

📖 *Uhlig, H.: Die S. Mchn. 1981. - Schmökel, H.: Das Land Sumer. Stg. u. a. [4]1974. - Kramer, S. N.: The Sumerians. Their history, culture, and character. Chicago (Ill.) Neuaufl. 1971.*

Sumerisch, Sprache der Sumerer, die in Keilschrifttexten des 3.–1. Jt. überliefert ist; als lebende Sprache wurde sie spätestens im 19./18. Jh. vom Akkadischen verdrängt. Die Erforschung des S. hat bisher nicht zum Nachweis einer Verwandtschaft mit einer anderen bekannten Sprache geführt.

sumerisch-akkadische Kunst, altmesopotam. Kunst des späten 4. und des 3. Jt. v. Chr. Die beiden Abschnitte der *frühgeschichtl. Periode*, die sog. (späte) Urukzeit und die Dschamdat-Nasr-Zeit brachten im Tempelbau größere Dimensionen mit Wanddekorationen (farbige Ziegelstiftmosaike). Die Plastik ist charakterisiert durch kräftige Körperlichkeit der Figuren bei Statuen und Hochreliefs. Flachreliefs und Einlegearbeiten zeigen Bildstreifen wie die neu erscheinenden Rollsiegel, die die Stempelsiegel völlig verdrängten. Neben Kultszenen mit menschengestaltig oder als Symbol dargestellten Göttern wurden auch Tiermotive, der Kampf eines Helden gegen Raubtiere und wappenartige Kompositionen abgebildet. Der künstler. Stil der folgenden *frühdynast. Zeit* (seit etwa 2600 v. Chr.) war stark abstrahierend. Die Beterstatuetten sind zergliedert, haben expressive Gesichter, die Rollsiegel tragen schmale, entkörperlichte Figuren oder das sog. Figurenband mit stilisierten, verflochtenen Tier- und Menschengestalten. Die letzte (dritte) Phase der frühdynast. Zeit (seit etwa 2550 v. Chr.) knüpfte wieder stärker an die ältere Kunst an. Kennzeichnend war eine neue Belebtheit bewegter Oberflächen, bes. bei den Statuen vergöttlichter Könige der *Akkadzeit* (seit etwa 2340 v. Chr.), deren Kunst in den Reliefs Naramsins (♔ etwa 2260–2223) einen Höhepunkt erreichte. Bes. berühmt ist seine Stele (heute Paris, Louvre). In der Glyptik tauchten mytholog. Motive und die seither beliebte sog. Einführungsszene eines Fürsten durch eine Schutzgottheit vor dem thronenden Hauptgott auf; auch Großplastik. Die *neusumer.-akkad. Kunst* (seit etwa 2100 v. Chr.), bekannt v. a. aus Telloh zur Zeit Gudeas von Lagasch, griff wohl bewußt auf die frühgeschichtl. und die letzte Phase der frühdynast. Kunst zurück mit massigen, oft schemat. erstarrten Darstellungen. Sie erhielt erst in der ↑babylonischen Kunst neue Impulse. - Abb. S. 248.

📖 *Universum der Kunst. Hg. v. A. Malraux u. A. Parrot. Bd. 1: Parrot: Vorderasien I: Sumer. Die mesopotam. Kunst v. den Anfängen bis zum 12. vorchristl. Jh. Mchn. [4]1983.*

Sumerisch-akkadische Kunst.
Links: Alabasterfigur aus Mari (frühdynastisch um 2600/2500 v. Chr.). Paris, Louvre; rechts: Kopf einer männlichen Figur aus Ninive (akkadisch; um 2250 v. Chr.). Bagdad, Iraq Museum

sumerische Literatur, die Literatur der Sumerer in sumerischer Sprache; ↑babylonische Literatur.

sumerische Religion, die Religion der alten Sumerer, die auch stark die babylon. und die babylon.-assyr. Religion prägte. Die Zahl ihrer *Götter* war außerordentl. groß, da urspr. jeder Stadtstaat eigene Gottheiten verehrte. Eine Systematisierung, die die Götter nach unterschiedl. Funktionen differenzierte, stellte die Dreiheit des Himmelgottes An, des Sturmgottes Enlil und des Grundwassergottes Enki an die Spitze des Pantheons. Hervorragende Bed. besaßen ferner die Liebesgöttin Inanna, der Sonnengott Utu, der Mondgott Nanna und Ereschkigal, die Herrin der Unterwelt. - Das sumer. Denken kannte keine eigtl. weltl. Sphäre. An der Spitze jedes Stadtstaates stand daher ein *Priesterfürst*, dessen vornehmste Aufgabe es war, im *Kult* den Göttern zu dienen; es war sumer. Auffassung, daß die Menschen zum Dienst für die Götter erschaffen seien. Bemerkenswert ist ein starkes Zurücktreten *eth. Verpflichtungen.* Der *Jenseitsglaube* ist nachweisbar; er war mit der Vorstellung eines freudlosen Totenreiches verbunden.

🕮 *Dijk, J. van: S. R. In: Hdb. der Religionsgesch. Hg. v. J. P. Asmussen u. J. Læssøe. Dt. Übers. Bd. 1. Gött. 1971.*

Sumgait, sowjet. Stadt an der N-Küste der Halbinsel Apscheron, Aserbaidschan. SSR, 223 000 E. Röhrenwalzwerk, Aluminiumhütte, chem. Ind.; ⚓. - Gegr. 1949.

Sumi-E [jap.] ↑Suiboku.

Summa [lat.], Abk. Sa., svw. Summe (veraltet).

◆ (Summa theologica; Summe) die aus dem scholast. Unterricht des Hoch-MA erwachsene Zusammenfassung der Theologie in begriffl. Durchdringung und systemat. Bewältigung; Höhepunkt der Summen ist die „S. theologica" des Thomas von Aquin.

summa cum laude [lat. „mit höchstem Lob"], bestes Prädikat bei der Doktorprüfung.

Summanden [lat.], diejenigen Zahlen bei einer Addition, die zusammengezählt werden sollen.

summarisch [lat.], zusammengefaßt, ganz allgemein, vereinfachend.

summarische Arbeitsbewertung ↑Arbeitsbewertung.

Summarium [lat.], kurzgefaßte Inhaltsangabe einer Schrift.

summa summarum [lat. „die Summe der Summen"], alles in allem.

Summation (Summierung) [lat.], Zusammenfügung, Häufung; Bildung einer Summe.

Summationstöne, ↑Kombinationstöne, deren Frequenzen sich als Summe der Ausgangstonfrequenzen ergeben.

Summe [lat.], Ergebnis einer Addition; Gesamtzahl; mathemat. Ausdruck der Form a + b. Die S.bildung aus n Summanden x_1, x_2, ..., x_n wird mit Hilfe des *S.zeichens* Σ symbolisiert; es ist

$$\sum_{i=1}^{n} x_i = x_1 + x_2 + \cdots + x_n.$$

◆ in der Theologiegeschichte svw. ↑Summa.

Summenformel, svw. Bruttoformel, ↑chemische Formeln.

Summenzeichen ↑Summe.

Summepiskopat [lat./griech.], die im Rahmen des Episkopalsystems seit Ende des 17. Jh. (jedoch schon bei Luther grundgelegt) dem ev. Landesherrn (*summus episcopus* „oberster Bischof") zugeschriebene oberste Kirchengewalt; im Zeitalter des Absolutismus auch staatsrechtl. fixiert; in Deutschland nach 1918 abgeschafft; besteht heute noch in England.

Summer, Generatoren für tonfrequente Wechselströme bzw. -spannungen, die als Spannungserzeuger für Wechselstrommeßbrücken sowie bei der Überwachung von Anlagen und Geräten der Nachrichtentechnik verwendet werden. Der *Magnet-S.* funktioniert wie der Wagnersche Hammer nach dem Unterbrecherprinzip, der *Stimmgabel-S.* wie der Stimmgabelunterbrecher. Beim sog. *Schwebungs-S.* wird die Tonfrequenz durch Schwebungen zweier Hochfrequenzschwingungen erzeugt.

Summerhill [engl. 'sʌməhɪl], engl. Internatsschule in Leiston (Suffolk), gegr. 1924 von A. S. ↑Neill.

Summum bonum [lat.] ↑höchstes Gut.

Sumner, James [engl. 'sʌmnə], * Canton (Mass.) 19. Nov. 1887, † Buffalo (N.Y.) 12. Aug. 1955, amerikan. Biochemiker. - Prof. an der Cornell University in Ithaca (N.Y.); isolierte 1926 die Urease als erstes Enzym in kristalliner Form, wofür er 1946 (zus. mit J. H. Northrop und W. M. Stanley) den Nobelpreis für Chemie erhielt.

Sumo [jap.], traditioneller jap. Ringkampf; mit 48 verschiedenen Griffen kann der Gegner zu Boden geworfen oder aus dem Ring, einem durch runde, mit Erde gefüllte Säcke begrenzten Kreis, geworfen oder gedrängt werden.

Sumpf, ständig feuchtes Gelände, vorwiegend in Flußniederungen, an Seeufern, Quellen, in Versickerungsgebieten von Flüssen, an Meeresküsten, mit einer angepaßten typ. Pflanzengesellschaft (S.flora; ↑Sumpfpflanzen).

◆ Bez. für die [als Sammelbecken dienende] tiefste Stelle einer techn. Anlage, an der sich eine Flüssigkeit ansammelt, z. B. Grubenwasser in Bergwerksschächten; auch Bez. für den sich am Boden eines [Absetz]beckens ablagernden Dickschlamm.

Sumpfbiber, svw. ↑Biberratte.

Sumpfbinse, svw. ↑Sumpfried.

Sumpfblume (Limnanthes), Gatt. der Sumpfblumengewächse (Limnanthaceae; acht Arten in zwei Gatt.) mit sieben Arten im westl. N-Amerika; einjährige, niederliegende Kräuter mit wechselständigen, fiederteiligen Blättern; Blüten einzeln, achselständig, fünfzählig. Die Art *Limnanthes douglasii* (S. im engeren Sinn) aus Kalifornien mit zahlr. gelben, duftenden Blüten wird als Sommerblume und gelegentl. auch als Salatpflanze kultiviert.

Sumpfdeckelschnecken (Viviparidae), Fam. im Süßwasser lebender Schnecken (Unterklasse Vorderkiemer) mit zwei einheim. Arten: die **Gemeine Sumpfdeckelschnecke** (Viviparus contectus) in stehenden Gewässern und die **Stumpfe Sumpfdeckelschnecke** (Viviparus viviparus) in fließenden Gewässern; beide Arten lebendgebärend; Gehäuse bauchig gewunden (bei der Stumpfen S. mit abgerundeter Spitze); bis 4 cm hoch, grünlichbraun mit dunkleren Bändern; Dekkel hornartig.

Sumpfdotterblume ↑Dotterblume.

Sumpfeibe, svw. ↑Sumpfzypresse.

Sumpfenzian ↑Tarant.

Sumpferz (Sumpfeisenerz), svw. ↑Raseneisenerz.

Sumpffieber, svw. ↑Malaria.

Sumpffliegen (Ephydridae), mit rd. 1 000 Arten (in Europa über 200) weltweit verbreitete Fam. meist kleiner bis sehr kleiner, unscheinbar grauer oder brauner Fliegen, v. a. in der Nähe von Gewässern oder Sümpfen, wo die Imagines vorwiegend räuber. von kleinen Insekten leben. Die Larven minieren meist in Wasser- oder Landpflanzen.

Sumpffreund (Limnophila), Gatt. der Rachenblütler mit rd. 40 Arten in O-Afrika, S-Asien und Australien; teilweise untergetaucht lebende Wasserpflanzen; Aquarienpflanzen.

Sumpfgas, bei Fäulnisprozessen in Sümpfen entstehendes, v. a. aus Methan bestehendes Gasgemisch.

Sumpfherzblatt ↑Herzblatt.

Sumpfhühner (Sumpfhühnchen, Porzana), weltweit verbreitete Gatt. etwa 15–25 cm langer Rallen mit 13 Arten in vegetationsreichen Sümpfen und Sumpfgewässern; Oberseite vorwiegend bräunl. bis schwarzbraun, oft weiß getüpfelt; Unterseite hell, mit schwarz und weiß gestreiftem Bauch. - Zu den S. gehört u. a. das kaum starengroße **Zwergsumpfhuhn** (Porzana pusilla); Oberseite braun, Unterseite (mit Ausnahme des schwarz-weiß gestreiften Bauchs) blaugrau;

in manchen Gegenden des gemäßigten und südl. Europas und Asiens, ferner in Australien, Neuseeland sowie in O- und S-Afrika.

Sumpfklee, svw. ↑Fieberklee.

Sumpfkrebs (Galiz. Krebs, Stachelkrebs, Astacus leptodactylus), 11–14 cm langer Flußkrebs in Flüssen O-Europas; dunkeloliv- bis rotbraun; Kopfbruststück und Scheren schmaler als beim Edelkrebs; Panzer nur schwach verkalkt.

Sumpfkresse (Rorippa), Gatt. der Kreuzblütler mit fünf einheim. Arten; Kräuter oder Stauden mit fiederteiligen oder einfachen Blättern und gelben Blüten; auf feuchten Wiesen.

Sumpfkrokodil ↑Krokodile.

Sumpflilien (Helobiae), Unterklasse der Einkeimblättrigen mit über 400 weltweit verbreiteten Arten in neun Fam.; ausschließl. Wasser- und Sumpfpflanzen. - Zu den S. gehören u. a. die Froschlöffel-, Schwanenblumen-, Froschbiß-, Blumenbinsen-, Wasserähren-, Laichkraut- und Nixenkrautgewächse.

Sumpfmeise ↑Meisen.

Sumpfmücken, svw. ↑Stelzmücken.

Sumpfohreule (Asio flammeus), annähernd 40 cm lange, braune Art der Ordnung ↑Eulenvögel.

Sumpfpflanzen (Helophyten, pelogene Pflanzen), Pflanzen, deren Wurzeln und untere Sproßteile sich meist ständig im Wasser bzw. in wasserdurchtränkter Erde befinden.

Sumpfquendel (Peplis), Gatt. der Weiderichgewächse mit drei Arten in den gemäßigten Gebieten der Nordhalbkugel. Die einzige einheim. Art ist der einjährige **Gewöhnl. Sumpfquendel** (Peplis portula) mit niederliegenden, 5–30 cm langen, roten Stengeln, gegenständigen, eiförmigen Blättern und rötlichweißen, kleinen Blüten; auf feuchten Böden an Ufern und auf Äckern.

Sumpfreis ↑Reis.

Sumpfried (Sumpfsimse, Sumpfbinse, Eleocharis), weltweit verbreitete Gatt. der Riedgräser mit über 100 Arten; meist ausdauernde Pflanzen mit gefurchten Stengeln und endständigen, mehrblütigen Ährchen. Eine bekannte Art ist die 8–60 cm hohe **Gemeine Sumpfbinse** (Eleocharis palustris; mit nur einem einzigen, 5–20 mm langen, braunen Ährchen; in Verlandungszonen und Flachmooren).

Sumpfschildkröten (Emydidae), mit rd. 80 Arten umfangreichste Fam. der Schildkröten (Unterordnung ↑Halsberger), v. a. in den wärmeren Zonen der nördl. Erdhalbkugel; überwiegend wasserbewohnende Reptilien mit meist flach gewölbtem, ovalem Panzer. - Neben den ↑Schmuckschildkröten und der ↑Scharnierschildkröte gehört hierher die **Europ. Sumpfschildkröte** (Emys orbicularis): urspr. an vegetationsreichen stehenden und langsam fließenden Süßgewässern großer Teile Europas, NW-Afrikas und W-Asiens (in M-Europa heute nur noch in der Mark Brandenburg, im Oder-Weichsel-Gebiet und an einigen Stellen W-Deutschlands); Panzerlänge bis 30 cm; Rückenpanzer fast schwarz, gelb getüpfelt oder mit strahlenförmiger Zeichnung; Bauchpanzer bräunl., mit verwaschenen gelbl. Flecken; Kopf und Hals dunkel, ebenfalls gelb gefleckt; ernährt sich v. a. von Wirbellosen, Amphibien und kleinen Fischen; steht in Deutschland unter Naturschutz.

Sumpfschnepfen (Gallinago), Gatt. etwa 30–40 cm langer Schnepfenvögel mit zwölf Arten, deren äußere Schwanzfedern durch beiderseitige Verengung harte Federschäfte besitzen, mit deren Hilfe die Tiere während des Balzflugs durch die Anströmung artspezif. schrille bis meckernde Töne hervorbringen. - Zu den S. gehören in M-Europa ↑Bekassine, ↑Doppelschnepfe und Zwergschnepfe.

Sumpfschrecke (Mecostethus grossus), 1,6–3,5 cm große, von M-, N- und O-Europa bis Sibirien verbreitete Feldheuschrecke auf nassen Wiesen, an Teich- und Seeufern; grünl. bis grünlichgelb, manchmal zart weinrot, Hinterschenkel teilweise leuchtend rot, innen schwarz gefleckt, Hinterschienen gelblich.

Sumpfwurz, (Stendelwurz, Epipactis) Orchideengatt. mit rd. 20 Arten in den gemäßigten Gebieten der Nordhalbkugel; Blüten mit ungespornter Lippe und rötl. oder grünl. Blütenhüllblättern. Die bekannteste einheim. Art ist die auf Sumpfwiesen vorkommende, 20–50 cm hohe **Echte Sumpfwurz** (Weiße S., Epipactis palustris): Blüten mit rötlichbraunen Hüllblättern und weißer, rot geäderter Lippe in lockerer, nach einer Seite gewendeter Traube.

◆ svw. ↑Drachenwurz.

Sumpfzypresse (Sumpfeibe, Sumpfzeder, Taxodium), Gatt. der S.gewächse mit drei Arten im südl. N-Amerika einschl. Mexiko; hohe Bäume mit nadelförmigen Blättern, die zus. mit den Kurztrieben im Herbst, bei der halbimmergrünen **Mexikan. Sumpfzypresse** (Taxodium mucronatum) erst nach mehreren Jahren, abgeworfen werden; Blüten einhäusig. Die wichtigste Art ist *Taxodium distichum*, ein Charakterbaum der Sümpfe und Flußufer des sö. N-Amerika: 30–50 m hoch, mit schmal-kegelförmiger Krone; Äste waagerecht abstehend; Nadeln 10–17 mm lang, hellgrün; Stamm mit knieförmigen Atemwurzeln. - Die Gatt. S. war im Tertiär auch in M-Europa verbreitet und bildet einen wichtigen Bestandteil der Braunkohle.

Sumpfzypressengewächse (Taxodiaceae), Fam. der Nadelhölzer mit nur 15 Arten in acht Gatt. im südl. N-Amerika einschließl. Mexiko, O-Asien sowie auf Tasmanien; meist große Bäume mit schuppen-, nadel- oder sichelförmigen Blättern. Die heutigen S. sind die Reste einer in der Kreidezeit und im Tertiär formenreich vertretenen und weit verbreiteten Gruppe. Die wichtigsten Gatt. sind Mammutbaum, Metasequoia, Japanzeder, Spießtanne, Schirmtanne und Sumpfzypresse.

Sumy, sowjet. Geb.hauptstadt am Psjol, Ukrain. SSR, 256 000 E. PH, Museen; Theater, Philharmonie; Maschinenbau, Superphosphatwerk, Werk für Elektronenmikroskope und Elektrotechnik. - In den 1650er Jahren von Ukrain. Kosaken gegr.; mehrfach von den Krimtataren überfallen; seit 1780 Kreisstadt.

Sun, The [engl. ðə 'sʌn „Die Sonne"], brit. Zeitung, ↑Zeitungen (Übersicht).

Sund, svw. ↑Meerenge.

S. (Öresund), Meerenge zw. der dän. Insel Seeland und der südschwed. Küste, östlichster Ostseeausgang zum Kattegat; 118 km lang, zw. Helsingør und Helsingborg 4 km, bei Køge 50 km breit; stark befahrene Schiffahrtsstraße.

Sundagraben, Tiefseegraben im Ind. Ozean, erstreckt sich über rd. 2 000 km südl. der Inseln Sumatra und Java, in der ↑Planettiefe 7 455 m tief.

Sundainseln, Teil des Malaiischen Archipels, umfaßt die ↑Großen Sundainseln und die ↑Kleinen Sundainseln.

Sundanesen, jungmalaiisches Kulturvolk auf W-Java.

Sundastraße, Meeresstraße zw. Sumatra und Java; in ihr liegen mehrere Vulkane, u. a. der ↑Krakatau.

Sunday Mirror [engl. 'sʌndɪ 'mɪrə „Sonntags-Spiegel"], brit. Sonntagszeitung, ↑Zeitungen (Übersicht).

Sundby, Carl Olof Werner [schwed. 'sөndby:], * Karlskoga 6. Dez. 1917, schwed. ev.-luth. Theologe. - 1959–61 Prof. für theolog. Ethik in Lund; 1972–83 als Erzbischof von Uppsala Haupt der luth. Kirche Schwedens; 1975–83 Mgl. des Präsidiums des Ökumen. Rats der Kirchen.

Sünde, in der *Religionsgeschichte* Bez. für das Tun eines Menschen, mit dem er die Verbindung zum Heiligen oder zur Gottheit unterbricht, und zwar durch Übertretung göttl. Gebote auf kult.-religiösem, sittl. oder sozialem Gebiet *(aktuelle S.)* oder durch die ichbezogene Existenz als eine Art kollektiven S.gefühls *(existentielle S.)*. Im volkstüml. Denken setzte sich die Vorstellung von der Verunreinigung (Befleckung) durch, die auch religiös indifferente Vorgänge (z. B. Berühren von Leichen oder Wöchnerinnen) als Ursache sündiger Befleckung wertete und so den Umfang sühnepflichtiger Handlungen erweiterte (↑auch Entsühnung). In allen Religionen versucht der Mensch, sich von der aktuellen S. durch Waschungen, Bußgesinnung, Opfer, Gebet, Askese oder Sühne zu befreien, sich mit der Gottheit zu versöhnen und die existentielle S. durch Erkenntnis oder Erleuchtung, durch Einswerden mit der Gottheit aufzuheben, oder er wird durch einen Bund, den Gott mit den Menschen schließt, also durch ein gnadenhaftes Eingreifen, von der S. befreit. - Das *A. T.* kennt eine Reihe von Begriffen, mit denen S. als Verfehlung gegen die Norm und das Gesetz im zwischenmenschl. Bereich, gegen die Grundstrukturen der Schöpfung wie v. a. Gott gegenüber als Bruch des Bundes zw. Jahwe und Israel gekennzeichnet wird. Der Ursprung der S. liegt im Sündenfall; seitdem ist kein Mensch ohne Sünde. Die alttestamentl. Lehre von der menschl. Willensfreiheit, ohne die es keine S., d. h. keine schuldhafte Übertretung eines Gebotes der Thora als Ungehorsam gegen Gott gibt, lebt im *Judentum* fort. Jeder einzelne ist für seine eigenen Taten verantwortlich. - Nach der Lehre Jesu im *N. T.* sind alle Menschen Sünder und brauchen die göttl. Vergebung, die durch die Erlösungstat Jesu gewährleistet ist. Die S. ist als Verlust der Gemeinschaft mit Gott und durch ihre Folge, die ewige Verwerfung (Hölle), das einzige wirkl. Übel des Menschen. Die apostol. Predigt des N. T. fordert die völlige Hinwendung zu Christus (↑Metanoia), damit in der Taufe die S. vergeben werden. Der Sünder kann nach der Taufe durch die Vollmacht, die Christus den Aposteln gab, Vergebung von seinen S. in der Lossprechung erlangen (↑Buße, ↑Bußsakrament). Die ganze Menschheit ist aber mit Adam in der ↑Erbsünde verbunden und braucht Gottes Gnade. Im Anschluß an die Lehre der Kirchenväter mit ihrer Unterscheidung zw. schwerer und läßl. S. sieht die *kath. Lehre* das Wesen der *schweren S.* („Todsünde") als freie Übertretung des göttl. Gesetzes, d. h. als freiwillige Abkehr von Gott; ihre Wirkungen sind der Verlust der übernatürl. Gnade und der ewigen Seligkeit. Dagegen schließt die *läßl. S.* als Verstoß gegen Gottes Willen in einem nicht entscheidenden Moment der Schöpfungs- und Werteordnung nicht von der Gnade aus. Die *ev. Lehre* von der S. geht von der bleibenden Sündhaftigkeit des Menschen aus, die jeder einzelnen Tat-S. zugrunde liegt. Nur der Hl. Geist kann den Sünder aus Gnade allein zum Glauben bekehren. Die Sündhaftigkeit des Menschen wird dadurch allerdings nicht aufgehoben (↑simul iustus et peccator).

📖 *Klimke, C.: Der Sünder. Bln. 1985. - Pieper, J.: S. - nur eine Fehlleistung? Mchn. ²1985. - Beisser, F./Peters, A.: S. u. S.vergebung. Hannover 1983. - Oraison, M.: Was ist S.? Dt. Übers. Freib. 1982.*

Sündenbekenntnis, als persönl. Schuldgeständnis Bestandteil des kath. Bußsakraments, als allg. Schuldgeständnis Bestandteil des ev. Abendmahlsgottesdienstes und der kath. Messe.

Sündenbock, Bez. für den Bock, dem der jüd. Hohepriester am Jom Kippur als Zeichen der Übertragung der Sünden des Volkes die Hände auflegte und der dann zu ↑Asasel in die Wüste gejagt wurde. In anderen Religionen übernahmen oft Menschen die Funktion eines S., z. B. der „Ersatzkönig" in Babylonien, auf den Strafen, die den König stellvertretend für das Volk betrafen, abgewälzt wurden. - In *übertragener* Bed. ist S. Bez. für eine Person, die für die Schuld anderer büßen muß.

Sündenfall, Bez. für die im A. T. (1. Mos. 2, 8–3, 24) beschriebene Ursünde der Stammeltern Adam und Eva: Dem Essen von der verbotenen Frucht auf Grund der Verführung durch die Schlange, womit der Bruch zw. Gott und dem Menschen vollzogen ist, folgen als Strafe der Ausschluß aus dem Paradies und die Elendssituation der Menschheit, die mit der Sünde der Stammeltern belastet wird; erst bei Paulus findet sich die Lehre vom Erbtod und von der Erbsünde. - In den außerbibl. Quellen der Religionsgeschichte gibt es eine Reihe von Parallelen zum Bericht über den S., die in mytholog. Denkformen das Leid der Menschheit erklären wollen.

Sündenstrafen, nach kath. Lehre Hauptfolgen der Sünde; man unterscheidet zw. *ewigen S.* (Hölle) und *zeitl. S.*, die während des ird. Lebens auftreten (Leid, Krankheit u. a.) oder in der Verzögerung des Eintritts in die unmittelbare Gottnähe bestehen (Fegefeuer).

Sunderland [engl. 'sʌndələnd], engl. Stadt an der Mündung des Wear in die Nordsee, 196 200 E. Verwaltungssitz der Metropolitan County Tyne and Wear; polytechn. Hochschule; Museum, Kunstgalerie, Theater. Wichtigster Kohlenexporthafen des Reviers von Durham; bed. Werften, Zuliefer- u. a. Ind.; Fährverkehr mit Göteborg und Rotterdam. - Am N-Ufer der Wearmündung entstand 674 das Kloster **Wearmouth** (später **Monkwearmouth**). Das durch den Fluß vom Kloster getrennte Land, wo sich später eine Stadt entwickelte, hieß Sunderland. Das westl. davon liegende **Bishopswearmouth** wurde im 16. Jh. mit S. vereinigt; im 12. Jh. erhielt S. Stadtrecht.

Sündflut, svw. ↑Sintflut.

Sundgau, Hügelland im Oberelsaß, zw. den südl. Vogesenausläufern, dem Schweizer Jura und dem Oberrhein. Tiefland; wichtige Verkehrsdurchgangsfunktion (Oberrhein–Burgund). - Als polit. Einheit erscheint der S. („Südgau") erstmals in der Karolingerzeit; kam 1135/1324 an die Habsburger; 1469–74 an Burgund verpfändet; kam 1648 an Frankr.; 1790 dem Dep. Haut-Rhin eingegliedert; gehörte 1871–1918/19 (ausgenommen Belfort) zu Elsaß-Lothringen.

Sundman, Per Olof, * Vaxholm 4. Sept. 1922, schwed. Schriftsteller. - Als Zentrums-Abg. seit 1968 Mgl. des Reichstags, seit 1969 des Nord. Rats. Bed. Vertreter der Gatt. „Dokumentarroman", dessen Technik auf einer eigenartigen Vermischung von Historizität und Fiktion beruht, u. a. „Die Untersuchung" (1958), „Ingenieur Andrées Luftfahrt" (1967), „Bericht über Samur" (1977); auch Erzählungen und Reportagen.

Sundsvall, schwed. Hafenstadt südl. der Mündung des Indalsälv in die Bottensee, 93 600 E. Zentrum der histor. Prov. Medelpad; Garnison; bedeutendster Standort der Zellulose- und Papierind. Nordeuropas. - Erhielt 1621 Stadtrecht; 1762–78 Hauptstadt von Västernorrland.

Sung (Song [chin. sʊŋ]), Name chin. Dynastien, ↑chinesische Geschichte.

Sungari (Songhua Jiang [chin. sʊŋxuadzjan]), rechter und größter Nebenfluß des Amur, in der Mandschurei, entfließt dem Kratersee des Paitow Shan, tritt bei Kirin aus dem ostmandschur. Bergland in das zentrale Tiefland der Mandschurei ein, mündet bei Tungkiang an der chin.-sowjet. Grenze, 1 865 km lang; 1 300 km sind von April bis Okt. schiffbar; im Oberlauf gestaut.

Sungatscha ↑Chankasee.

Sungir [russ. sun'girj], Fundstelle (bei Wladimir, Sowjetunion) des beginnenden Jungpaläolithikums Osteuropas mit Überresten einer Freilandstation, unter der in einer Ockerschicht 4 mit reichen Schmuckbeigaben versehene Körperbestattungen lagen; Ausgrabungen 1956–75.

Suni [afrikan.], svw. ↑Moschusböckchen.

Sunion, Kap, Kap an der SO-Spitze der Halbinsel Attika, 50 km sö. von Athen, mit Ruinen u. a. des dor. Poseidontempels (um 450/440).

Sunna [arab. „überkommene Handlungsweise"], die Gesamtheit der von Mohammed überlieferten Aussprüche, Entscheidungen und Verhaltensweisen, die im Islam als Richtschnur des Handelns im persönl., gesellschaftl. und staatl. Bereich betrachtet werden. Im 8. Jh. entstanden die ersten umfassenden Sammlungen, in denen die Traditionen von der S. des Propheten aufgezeichnet wurden. Neben dem Koran bildeten sie die Hauptquelle für die Glaubens- und Pflichtenlehre des Islams.

Sunniten, die größere der beiden Hauptgruppen des Islams, die heute etwa 90% der Muslime umfaßt. Im Ggs. zu den ↑Schiiten erkennen sie die Nachfolger des Propheten Mohammed, die nicht dessen Nachkommenschaft entstammen, als rechtmäßig an (↑Kalif). Ihre Glaubens- und Pflichtenlehre beruht auf der „Sunna" des Propheten.

Sun Ra [engl. 'sʌn 'rɛɪ], eigtl. Herman „Sonny" Blount, * Birmingham (Ala.) zw. 1910 und 1915, amerikan. Jazzmusiker (Pianist, Komponist und Orchesterleiter). - Gründete um 1955 in Chicago ein eigenes Orchester, das sich in der Folgezeit zur stilbildenden Big Band des Free Jazz entwickelte.

Süntel, Bergzug im Weserbergland,

nördl. von Hameln, in der Hohen Egge 440 m hoch.

Sunusi, As, Muhammad Ibn Ali (Senussi), gen. „der Großsenussi", * bei Mostaganem (Algerien) um 1790, † Al Dschaghbub 7. Sept. 1859, islam. Theologe. - Gründete 1837 in Mekka eine eigene Bruderschaft, den Senussi-Orden, der seit 1853 in Libyen Fuß faßte und sich in der Oase Al Dschaghbub ein Missionszentrum schuf.

Sunyani [engl. su:n'ja:ni:], Stadt im westl. Ghana, 98 500 E. Verwaltungssitz der Region Brong-Ahafo; Sitz eines kath. Bischofs; Handelszentrum in einem Kakaoanbaugebiet.

Sun Yat-sen (Sun Yixian [chin. suənicjæn], Sun Wen, Sun Chungshan), * Siangshan (Kwangtung) 12. Nov. 1866, † Peking 12. März 1925, chin. Politiker. - Sohn eines Bauern, besuchte ab 1879 in Honolulu eine Missionsschule; wurde nach seiner Rückkehr nach China (1883) Christ und studierte 1886–92 Medizin; gründete 1894 in Honolulu die „Vereinigung zur Erneuerung Chinas", die 1905 in dem von ihm in Tokio gegr. „Chin. Revolutionsbund" aufging; ging nach gescheitertem Aufstandsversuch in Kanton 1895 für 16 Jahre ins Exil, unterbrochen von konspirativen Aufenthalten in China; versuchte in der Emigration die Auslandschinesen für die Revolution zu gewinnen. Nach der Revolution von 1911 und dem Sturz des Kaisertums wurde Sun am 1. Jan. 1912 Präs. der neuen Republik China; trat im Febr. 1912 zurück und bereitete eine „2. Revolution" vor, die 1913 scheiterte. Im jap. Exil gründete Sun die „Chin. Revolutionspartei". 1917/18 stand er an der Spitze einer Gegenreg. in Kanton, erneut seit April 1921. Seine Partei benannte er 1919 endgültig in Kuomintang („Nat. Volkspartei") um. Im Juni 1922 von einem regionalen Militärmachthaber aus Kanton vertrieben, nahm Sun im Jan. 1923 ein Bündnisangebot der Sowjetunion an. Nach seiner Rückkehr nach Kanton und der erneuten Bildung einer Gegenregierung im Frühjahr 1923 leitete er mit Hilfe sowjet. Berater die Reorganisation der Kuomintang und ihre Umwandlung in eine Kaderpartei sowie den Aufbau einer parteieigenen Armee ein. 1924 fanden seine „3 Grundlehren vom Volk" (Nationalismus, Demokratie, Wohlfahrt des Volkes) ihre endgültige Form, auf die sich heute Kuomintang wie KPCh beziehen. Ende 1924 begab er sich nach Peking, um über die Wiedervereinigung Chinas Verhandlungen zu führen, starb dort jedoch vor deren eigtl. Beginn. Den chin. Kommunisten gilt Sun als „Pionier der Revolution".

🕮 *S. Y.-s.: Founder and symbol of China's revolutionary nation-building. Hg. v. G.-K. Kindermann. Mchn. 1982.*

Suomalaiset, Eigenbez. der Finnen.

Suomi, finn. für: Finnland.

sup, Abk. für: **Sup**remum (↑ Grenze).

super..., Super... [lat.], Vorsilbe mit der Bed. „über, über–hinaus; zu sehr".

Super-acht-Film ↑ Film (Aufnahmeformate und Filmarten).

süperb [lat.-frz.], vorzügl., prächtig.

Superbagnères [frz. sypɛrba'ɲɛr] ↑ Bagnères-de-Luchon.

Superbenzin ↑ Vergaserkraftstoffe.

Supercoil-DNS [...kɔɪl...; zu engl. coil „Rolle, Spirale"], in der Genetik Bez. für ringförmige DNS-Doppelstrangmoleküle mit einer Verdrillung *(Supertwist)*. Alle natürl. vorkommenden ringförmigen DNS-Moleküle liegen als S.-DNS vor.

Supercup [...kʌp], im Fußball und anderen Sportarten Pokalwettbewerb zw. den Europapokalgewinnern der Landesmeister und der Pokalsieger.

Superego, svw. ↑ Über-Ich.

superfizielle Furchung [lat./dt.] ↑ Furchungsteilung.

Superhet, Kurzbez. für Superheterodynempfänger (↑ Überlagerungsempfänger).

Superintendent [lat.], in einigen dt. ev. Landeskirchen Bez. für den aufsichtführenden geistl. Amtsträger eines Kirchenkreises mit Leitungs- und Verwaltungsaufgaben.

Superior [engl. sjʊ'pɪərɪə], Stadt am SW-Ufer des Oberen Sees, Wisconsin, USA, 30 000 E. Kath. Bischofssitz; Univ. (gegr. 1893); histor. Museum. Bed. Getreide- und Eisenerzhafen mit u. a. Schiff- und Maschinenbau. - Gegr. 1852 an der Stelle einer um 1680 von Franzosen errichteten, um 1850 wieder aufgegebenen Pelzhandelsstation.

Superior [lat.], im kath. Ordensrecht der Leiter eines Klosters oder klösterl. Verbandes.

Superior, Lake [engl. 'lɛɪk sjʊ'pɪərɪə] ↑ Oberer See.

superiore Güter ↑ inferiore Güter.

Superiorität [lat.], Überlegenheit, Übergewicht.

Superkargo, bevollmächtigter, im Auftrag des Versenders mitfahrender oder am Bestimmungsort tätiger Schiffs- oder Luftfrachtbegleiter.

Superlativ [lat.] (Meiststufe, Höchststufe) ↑ Komparation.

Superlegierungen, als Hochtemperaturwerkstoffe in der Flugzeug- und Raumfahrttechnik verwendete Nickel-Chrom-Legierungen, z. T. mit Molybdän-, Wolfram-, Vanadium- und Titanbeimengungen.

Superleichtgewicht ↑ Sport (Gewichtsklassen, Übersicht).

Superman [engl. 'sjupəmæn] ↑ Sciencefiction.

Supermärkte, Selbstbedienungsläden mit einer Verkaufsfläche von mindestens 400 m^2, die im Rahmen eines Gemischtwarenhandels vorwiegend Lebensmittel führen.

Supernova, Stern mit plötzl. Helligkeitszunahme von z. T. mehr als einer 10^8-fachen

Leuchtkraftsteigerung; im Helligkeitsmaximum ist die Leuchtkraft einer S. etwa gleich der eines ganzen Sternsystems. Die bei einem S.ausbruch insgesamt ausgestrahlte Energiemenge wird von der Sonne erst in etwa 10 bis 100 Mill. oder noch mehr Jahren ausgesendet. Es wird heute meist angenommen, daß der nach dem S.ausbruch zurückbleibende Sternrest zu einem ↑Neutronenstern bzw. in ein ↑schwarzes Loch kollabiert. - Ein S.ausbruch ist eine weit seltenere Erscheinung als das Auftreten einer ↑Nova (etwa alle 50 bis 100 Jahre). Im Milchstraßensystem sind 3 S. mit Sicherheit bekannt: der ↑Crabnebel (1054), Tychos Nova (1572) und Keplers Nova (1604). 1885 wurde im Andromedanebel die erste S. außerhalb des Milchstraßensystems beobachtet (durch systemat. Überwachung inzwischen über 400). Im Febr. 1987 wurde erstmals eine S. in einem der Milchstraße benachbarten Sternsystem, der Großen Magellanschen Wolke, beobachtet, so daß detaillierte Messungen vorgenommen werden konnten.

Superoxyde, veraltete Bez. für ↑Peroxide und ↑Hyperoxide.

Superphosphat, aus Calciumdihydrogenphosphat, $Ca(H_2PO_4)_2$, und Calciumsulfat, $CaSO_4$, bestehendes Düngemittel.

Superposition, gleichzeitiges Zusammenwirken mehrerer von verschiedenen Ursachen oder Quellen hervorgerufener physikal. Größen gleicher Art (Felder, Kräfte u. a.), insbes. von zeitlich period. Größen, v. a. von Wellen (↑auch Interferenz).

Superschwere Elemente. Protonen(p)-Neutronen(n)-Diagramm mit Atomkernen magischer und doppeltmagischer Zahlen, dem Bereich der Transurane (gelb) sowie dem vermuteten Stabilitätsbereich superschwerer Kerne (blau)

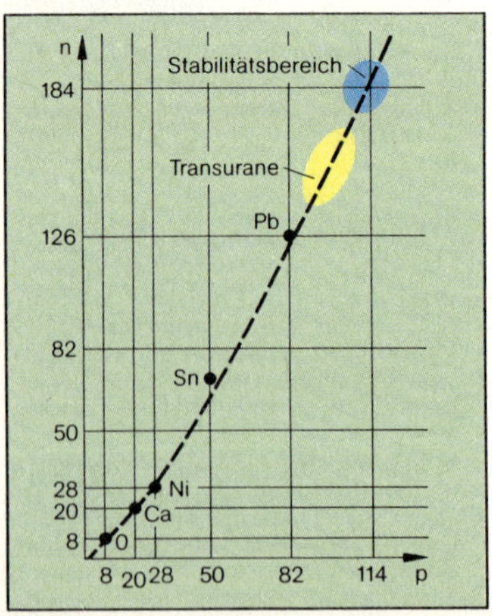

Superpositionsauge ↑Facettenauge.

superschwere Elemente, Elemente mit den Ordnungszahlen um $Z = 114$, deren Kerne theoret. stabiler sein sollen als die Kerne der bisher bekannten, sehr kurzlebigen Transactinoide mit den Ordnungszahlen $Z = 104$ bis $Z = 109$. Die Erzeugung von s. E. mit Schwerionenbeschleunigern ist bisher nicht gelungen.

superstrahlendes Licht, bei Beschuß von bestimmten polykristallinen Halbleiterstoffen (z. B. Cadmiumsulfid) mit schnellen Elektronen kurzzeitig emittierte, sehr intensive monochromat. Lichtstrahlung.

Superstrat [lat.], in der Sprachwiss. Bez. für eine „darübergelegte" sprachl. Schicht von Eroberern (Kolonisatoren), die eine bodenständige Bev. unterwerfen, wobei die Sprache der Unterworfenen aber erhalten bleibt, sich durchsetzt, jedoch in gewisser Weise durch die der Einwanderer verändert wird; z. B. beeinflußte die Sprache der Franken die der (von ihnen beherrschten) Galloromanen, die der arab. Mauren das Spanische. - Ggs. ↑Substrat.

Supervielle, Jules [frz. sypɛr'vjɛl], * Montevideo 16. Jan. 1884, † Paris 17. Mai 1960, frz. Dichter. - Vom Surrealismus beeinflußt; bevorzugt in Lyrik, Romanen („Der Kinderdieb", 1926), Novellen und Komödien („Ritter Blaubarts letzte Liebe", 1932) phantasievoll-heitere Fabel- und Märchenmotive, die in ihrer philosoph. Essenz der poet. Welt Giraudoux' nahestehen.

Supervolttherapie ↑Strahlentherapie.

Superweitwinkelobjektiv ↑photographische Objektive.

Supination [lat.], Auswärtsdrehung einer Extremität, Bewegung einer Extremität um ihre Längsachse nach außen. - Ggs. Pronation.

Supp., Abk. für: **Supp**ositorium (↑Suppositorien).

Suppè, Franz von [italien. sup'pɛ], eigtl. Francesco Ezechiele Ermenegildo Cavaliere Suppè Demelli, meist genannt F. von Suppé [zʊ'pe:], * Split 18. April 1819, † Wien 21. Mai 1895, östr. Komponist. - Begann 1840 seine Laufbahn als Theaterkapellmeister in Wien. S. erlangte Berühmtheit mit seinen Operetten, u. a. „Die schöne Galathee" (1865), „Leichte Kavallerie" (1866), „Fatinitza" (1876), „Boccaccio" (1879). Schrieb auch Musik für über 190 Possen und andere Bühnenwerke, u. a. zu „Dichter und Bauer" (1846).

Suppenschildkröte (Chelonia mydas), mit einer Panzerlänge bis 1,4 m und einem Gewicht bis zu 200 kg größte Meeresschildkröte, bes. in der Tropenzone des Atlantiks sowie im Ind. und Pazif. Ozean; Rükkenpanzer olivgrünl. bis graubraun mit bräunl. oder gebl. Flecken; Kopf zieml. groß;

ernährt sich überwiegend von Seegras, Tangen und Algen. - Während der Brutsaison setzt das ♀ bis zu fünf Gelege mit jeweils bis zu 200 Eiern in Nestgruben außerhalb der Gezeitenzone an Land ab. Die Eier werden als begehrte Delikatesse vom Menschen und von Tieren geraubt, so daß der Bestand der S. trotz ihrer Fruchtbarkeit äußerst gefährdet ist. Außerdem wird die S. ihres Fleisches wegen gejagt.

Suppiluliuma (hethit. Schuppiluliuma), Name hethit. Könige:

S. I., König etwa 1370–35. - Konsolidierte die hethit. Herrschaft in Anatolien und setzte die von Tutchalija II. begonnene Expansionspolitik nach S fort. S. schuf das hethit. Großreich durch militär. Aktionen gegen die Churriter, wobei er weit nach N-Mesopotamien und nach N-Syrien vorstieß.

S. II. (Suppiluliama), König etwa ab 1220 bis um 1200. - Sohn Tutchalijas IV., letzter König des Hethiterreichs.

Supplement [zu lat. supplementum „Ergänzung"], svw. Ergänzung, insbes. für den Ergänzungsband eines [mehrbändigen] Werkes, der Spezialfragen behandelt oder Nachträge enthält, sowie für Beihefte von Zeitschriften.

Supplementwinkel, derjenige Winkel, der einen gegebenen Winkel zu 180° ergänzt.

Suppletivismus [zu lat. supplere „ergänzen, ersetzen"] (Suppletivwesen, Suppletion), in der Sprachwiss. Bez. für den Zusammenschluß von Formen oder Wörtern genet. verschiedenen Stammes zu einem Paradigma, z. B. *gut* : *besser* : *best;* engl. *I go* : *I went.*

Supplik [lat.], allg. für Bittgesuch.

supponieren [lat.], voraussetzen, unterstellen.

Support [lat.-frz.], Teil der ↑Drehbank.

Supposition [lat.], in der scholast. Logik und in der Semantik das Stehen eines Substantivs, dessen Bed. („significatio") eindeutig festliegt, für etwas, das dennoch je nach der konkreten Verwendung dieses Substantivs im Satzzusammenhang ganz Verschiedenes sein kann; so z. B. „der Mensch" für ein bestimmtes Einzelwesen oder auch für die ganze Klasse solcher Einzelwesen.

Suppositorien [lat.] (Zäpfchen), kegel- oder walzenförmige Arzneiform, bei der das Medikament zur rektalen *(Stuhlzäpfchen)* bzw. vaginalen *(Vaginalzäpfchen)* Applikation in eine bei Körpertemperatur schmelzende Grundmasse eingebettet ist. S. wirken entweder örtl. (z. B. bei Hämorrhoiden) oder (bei Stuhlzäpfchen) geben ihren Wirkstoff zur Resorption über den Mastdarm frei, womit eine Entlastung des Magens und die Umgehung von Pfortader und Leber erreicht wird.

supra..., Supra... [lat.], Bestimmungswort von Zusammensetzungen mit der Bed. „über, oberhalb".

Suprafluidität [lat.], eine bisher nur an der als *Helium II* bezeichneten Phase des flüssigen Heliums (^{4}He) beobachtete physikal. Erscheinung, die sich in ihren Eigenschaften grundlegend von denen des gewöhnl. flüssigen *Heliums I* und jeder anderen Flüssigkeit unterscheidet: Bei Abkühlung auf Temperaturen unterhalb des sog. *Lambdapunktes* T_λ = 2,184 K sinkt die Viskosität des Heliums sprunghaft auf sehr kleine Werte, so daß die Gesetze der Hydrodynamik nicht mehr anwendbar sind. In Form eines 10^{-6} cm (50 bis 100 Atomschichten) dicken Films übersteigt He II alle Barrieren (z. B. eine Becherwand) mit einer Geschwindigkeit von 20 bis 100 cm/s (sog. *Onnes-Effekt*) und überzieht alle benachbarten Flächen, wobei gleichzeitig Kälte transportiert wird *(mechanokalor. Effekt)*.

supraleitende Magnete, Bez. für Elektromagnete, deren Wicklung aus Drähten besteht, die nach bes. metallurg. Verfahren aus Supraleitern (↑Supraleitung) hergestellt werden. Bei Kühlung mit flüssigem Helium auf eine Temperatur unterhalb der jeweiligen Sprungtemperatur fließt in ihnen nach Erregung völlig widerstandslos ein Dauerstrom, der das Magnetfeld erzeugt.

Supraleitung (Supraleitfähigkeit), eine nur bei sehr tiefen Temperaturen (nahe dem absoluten Nullpunkt) zu beobachtende, 1911 von H. Kamerlingh Onnes entdeckte, physikal. Erscheinung: Der elektr. Widerstand vieler Metalle (u. a. Quecksilber, Blei, Aluminium, Zinn, Niob, Zirkonium und Titan),

Supraleitung. Diagramm des elektrischen Widerstands von normalen Metallen (blau), einer idealen Metallprobe (gelb) und eines Supraleiters (rot) in Abhängigkeit von der Temperatur

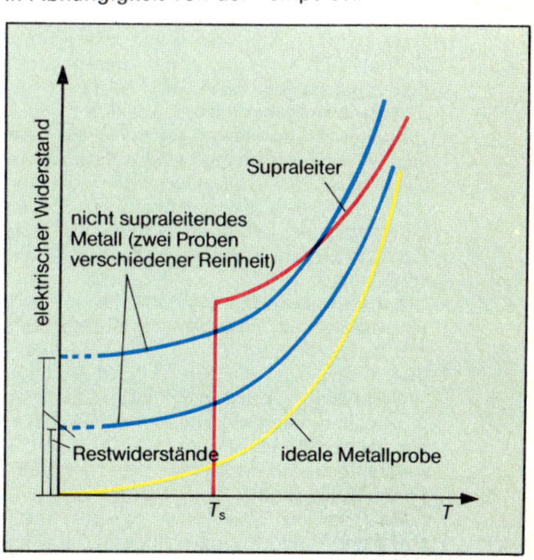

Metallegierungen und intermetall. Verbindungen verschwindet vollkommen bei Abkühlung auf Temperaturen unterhalb einer für das jeweilige Material charakterist. Temperatur, der sog. Sprungtemperatur T_S. Zeigt ein Stoff ein derartiges Verhalten, so befindet er sich im sog. *supraleitenden Zustand* und wird als *Supraleiter* bezeichnet. Das völlige Verschwinden des elektr. Widerstandes hat zur Folge, daß sich in einem Supraleiter beim Stromdurchgang keinerlei Joulesche Wärme entwickelt und sich in ihm infolge sofortigen Ladungsausgleichs keine elektr. Felder ausbilden können. Der ↑Meißner-Ochsenfeld-Effekt zeigt, daß sich ein Supraleiter wie ein diamagnet. Material verhält: Abgesehen von einer dünnen Oberflächenschicht ist sein Inneres frei von Magnetfeldern, da jedes äußere Magnetfeld in ihm Suprasströme (Abschirmströme) induziert, deren Magnetfeld das äußere Magnetfeld im Innern kompensiert.

Supralibros (Superlibris) [lat.], im Buchwesen auf dem Einband angebrachter Besitzervermerk (Wappen, Devise, Monogramm); erstmals um 1450.

supranationale Organisationen, durch einen völkerrechtl. Vertrag begründete Staatenverbindungen, deren Exekutivorgane über selbständige Entscheidungs- und Handlungsbefugnisse verfügen. - Der im Schumanplan (R. ↑Schuman) für die dort vorgesehene Hohe Behörde eingeführte Begriff wird v. a. auf die Europ. Gemeinschaften angewandt.

supranatural [lat.], übernatürlich.

Supraströme, die in Supraleitern bei Temperaturen unterhalb der Sprungtemperatur widerstandslos fließenden elektr. Ströme.

Supremat (Suprematie) [lat.], Oberhoheit; Obergewalt, Vorrang [v. a. des Papstes].

Suprematismus [lat.], russ. Richtung der gegenstandslosen Malerei (Hauptvertreter 1914–18 K. S. Malewitsch); Rechteck und Kreis gelten als Äquivalente der „reinen Empfindung"; 1918 abgelöst durch dreidimensionale Experimente. - Abb. Bd. 1, S. 52.

Suprematsakte (engl. Act of Supremacy), englisches Parlamentsgesetz von 1534, das eine von Rom unabhängige engl. Nationalkirche begründete. König Heinrich VIII. und seine Nachfolger wurden durch die S. zum Oberhaupt der anglikan. Kirche mit dem Recht, in Organisation und Lehre der Kirche einzugreifen.

Suprematseid, seit 1534 jedem engl. Geistlichen und Staatsbeamten abgeforderte eidl. Anerkennung der kirchl. und weltl. Oberhoheit des engl. Königs; 1867 abgeschafft.

Supreme Court [engl. sjʊ'pri:m 'kɔ:t], in einigen Staaten mit angloamerikan. Recht der oberste Gerichtshof (z. B. USA) bzw. zusammenfassende Bez. für die obersten Instanzen (z. B. England).

Supremes, The [engl. ðə sjʊ'pri:mz], amerikan. Vokaltrio, um 1965 gegr., mit den afroamerikan. Sängerinnen Diana Ross, Mary Wilson und Florence Ballard; bis etwa 1974 durch ihre (in wechselnden Besetzungen erhaltene) perfekte Mischung aus Soul, Background-Sound und Showelementen sehr erfolgreich.

Supremum [lat.] ↑Grenze.

sur..., Sur... ↑sub..., Sub...

Surabaya [indones. sura'baja], indones. Stadt im O Javas, 2,03 Mill. E. Verwaltungssitz der Prov. Ostjava; Univ. (gegr. 1954), TU, medizin. Forschungsinst., Marineakad.; wirtsch. Zentrum für den O der Insel und wichtiger Ind.standort. Exporthafen; nahebei die wichtigste Marinebasis Indonesiens; ✈. - Um die Mitte des 15. Jh. gegr., unterstand ab 1743 der Vereinigten Ostind. Kompanie und entwickelte sich unter niederl. Verwaltung zur bedeutendsten Handelsstadt in Indonesien; 1942 von Japanern erobert. - Große Moschee (1868).

Surakarta, indones. Stadt in Z-Java, 90 m ü. d. M., 470 000 E. Zweig der islam. Univ. von Yogyakarta, private Univ. (gegr. 1955), Theater, Museum, Zoo; Maschinenbau, Textil-, Möbel-, Zigaretten-, Nahrungsmittelind., handwerkl. Herstellung von Tonwaren, Holzschnitzereien und Musikinstrumenten. - War bis zur Unabhängigkeit Indonesiens Residenz des Ft. *Surakarta*, das 1755 aus einem älteren Ft. Mataram hervorgegangen war und von dem sich 1757 ein Ft. Mangkunegora absplitterte. - Palast (1745), Hof des Fürsten Mangkunegora (1788), ehem. niederl. Fort (1779).

Suramigebirge ↑Kaukasus.

Surat, Stadt im ind. Bundesstaat Gujarat, an der Mündung der Tapti in den Golf von Cambay, 776 900 E. Univ. (gegr. 1967). Bed. Textilind.; Gold- und Silberstickereien; Hafen (v. a. Küstenhandel). - Wohl im 13. Jh. gegr.; 1612 errichteten die Engländer eine Faktorei; Sitz einer Präsidentschaft der engl. Ostind. Kompanie 1612–87. - Erhalten sind Moscheen (16./17. Jh.), Tempel der Parsen, Hindus und Dschainas.

Surchob ↑Wachsch.

Surcot [frz. syr'ko] (Surkot), ma. Übergewand mit tiefen Ärmelschlitzen; auch eine ärmellose Jacke.

Surdomutitas [lat.], svw. ↑Taubstummheit.

Sure [arab., eigtl. „Reihe"], Kapitel des ↑Korans, der aus 114 S. unterschiedl. Länge besteht, die jeweils in Verse („aja") unterteilt sind.

Sûre [frz. sy:r] ↑Sauer.

Surenbaum (Toona), Gatt. der Zedrachgewächse mit 15 Arten in O- und SO-Asien sowie in Australien; Bäume mit gefiederten Blättern, kleinen, in endständigen Rispen stehenden Blüten und Kapselfrüchten. Der 20–25 m hohe **Chinesische Surenbaum** (Toona sinensis) mit cremeweißen, duftenden Blüten wird als winterharter Parkbaum gepflanzt.

Surfactant [engl. sə:'fæktənt; Kw. aus surface-active agent], allg. svw. grenzflächenaktiver Stoff; in der *Medizin* Bez. für die von den Alveolarepithelien der Lunge gebildete, natürl., grenzflächenaktive Substanz aus Lezithinabkömmlingen und Proteinen (Surfactant factor, Antiatelektasefaktor). Das S. verringert die Oberflächenspannung der Alveolen und verhindert die Bildung von ↑Atelektasen.

Surfen ['sə:fən; zu engl. surf „Brandung"], bes. Segeltechnik, bei der man versucht, das Boot möglichst lange von einem Wellenkamm nach vorn schieben zu lassen. ◆ svw. ↑Surfing.

Surfing [engl. 'sə:fɪŋ] (Surfen, Wellenreiten, Brandungsschwimmen, Brandungsreiten), v. a. an der W-Küste N-Amerikas, an der frz. Atlantikküste, in Australien und in der Südsee ausgeübte Wassersportart polynes. Ursprungs; der **Surfer** läßt sich, auf einem flachen Brett aus Balsaholz oder Kunststoff (etwa 2,50–2,80 m lang, etwa $^1/_2$ m breit) stehend, mit den Brandungswellen ans Ufer tragen. Eine Kombination aus S., Segeln und Wasserskilaufen ist **Windsurfing:** Der Windsurfer steht auf einem Kunststoffbrett (rd. 3,65 m lang und 0,50 m breit, Gewicht 27 kg) und steuert mit dem Gabelbaum des um 360° schwenkbaren, 4,20 m hohen Mastes, an dem ein 5,2 m^2 großes Segel angebracht ist.

Surgut, sowjet. Stadt am mittleren Ob, im Nat. Kreis der Chanten und Mansen, RSFSR, 40 m ü. d. M., 203 000 E. Erdöltechnikum; Erdölförderung (Drittes Baku); Hafen, Obbrücke, Eisenbahnverbindung mit Tjumen. - Gegr. 1594, seit 1965 Stadt.

Suriano, Francesco ↑Soriano, Francesco.

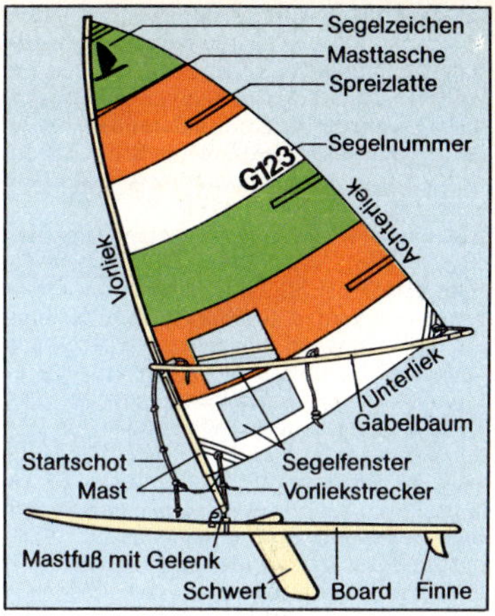

Windsurfing. Windsurfer (schematisch)

Surinam

(amtl. Republiek van Suriname), Staat im nö. Südamerika zw. 1° 50′ und 6° 7′ n. Br. sowie 53° 59′ und 58° 2′ w. L. **Staatsgebiet:** S. grenzt im N an den Atlantik, im W an Guyana, im S an Brasilien und im O an Frz.-Guayana. **Fläche:** 163 265 km^2. **Bevölkerung:** 388 000 E (1984), 2,4 E/km^2. **Hauptstadt:** Paramaribo. **Verwaltungsgliederung:** 9 Distrikte. **Nationalfeiertag:** 25. Nov. (Unabhängigkeitstag). **Amtssprache:** Niederländisch. **Währung:** Suriname-Gulden (Sf) = 100 Cents. **Internationale Mitgliedschaften:** UN, OAS, GATT, der EWG assoziiert. **Zeitzone:** MEZ $-4^1/_2$ Stunden.

Landesnatur: S. liegt im Bereich der N-Abdachung des Berglandes von Guayana, das seine größte Höhe im Zentrum des Landes im Wilhelminagebirge erreicht (1 280 m), während die die Wasserscheide gegen das Amazonasbecken (und die Grenze gegen Brasilien) bildende Serra Tumucumaque unter 900 m ü. d. M. bleibt. Das im N anschließende Hügelland zw. 50 und 400 m ü. d. M. leitet zur mit Sümpfen und Strandwällen durchsetzten Küstenebene über, die sich von O nach W von 20 auf 100 km verbreitert. Sie wurde durch Anwendung des niederl. Poldersystems zum Hauptagrargebiet des Landes.

Klima: Es ist trop. mit geringen jahreszeitl. Temperaturunterschieden um 26°–28° C sowie einer großen Regenzeit im Sommer und einer kürzeren im Winter. Die jährl. Niederschlagsmenge nimmt von 1 500 mm an der Küste auf 2 500 mm im Landesinneren zu.

Vegetation: Im Landesinneren trop. Regenwald, an der Küste Mangrovevegetation, dahinter ein schmaler Streifen natürl. Savanne, die sich auch im S im Regenschatten der Gebirge findet.

Bevölkerung: Sie konzentriert sich auf die Küstenebene und hier wiederum auf die Hauptstadt und deren Umgebung. Die ethn. Zusammensetzung ist sehr unterschiedlich. Neben den Nachkommen der urspr. indian. Bewohner (Aruak, Kariben) finden sich Kreolen, Schwarze (↑Buschneger), Chinesen, Javaner und Inder. Es besteht Schulpflicht vom 6.–12. Lebensjahr. Außer der Univ. von S. mit den Fachrichtungen Medizin, Wirtschaft und Jura gibt es ein Lehrerseminar.

Wirtschaft: Obwohl der Bergbau die Haupteinnahmen erbringt, ist die Wirtschaft weitgehend agrar. bestimmt. Der Anteil der Landw. am Bruttoinlandprodukt liegt bei nur 8%. Die Agrarflächen sind fast ganz auf die Küstenebene beschränkt. Hauptanbaupflanzen sind heute Reis, Bananen und Zitrusfrüchte. Die Holzwirtschaft kann auf reiche Vorräte zurückgreifen, da 70–80% des Landes bewaldet sind. Im östl. Hügelland wird seit 1916 Bauxit abgebaut; mit seinen Nebenprodukten ist er wertmäßig zu 85% am Export beteiligt. S. liefert 4,3% der Weltbauxitförderung und steht somit an 5. Stelle der Förderländer. Die Weiterverarbeitung des Bauxits zu Tonerde und diese wiederum zu Rohaluminium erfolgt seit 1966 (nach Errichtung des Brokopondodamms) in einem Aluminiumwerk am Suriname.

Außenhandel: Wichtigste Handelspartner sind die USA, Niederlande, Trinidad und Tobago, BR Deutschland, Japan und Norwegen. Exportiert werden Tonerde, Bauxit, Aluminium, Reis, Bananen. Importiert werden Erdölderivate, Maschinen und Geräte, chem. Grundstoffe, Kfz., Metallwaren u. a.

Verkehr: Das Straßennetz wurde in den letzten Jahren stark ausgebaut; seine Länge beträgt rd. 2500 km. Eine einspurige, 86 km lange Bahnlinie gibt es von Onverwacht nach Brownsweg am Brokopondostausee. Wichtigster Hafen ist Paramaribo. Internat. ✈ ist Zanderij, 50 km südl. der Hauptstadt, der von 5 Fluggesellschaften angeflogen wird. Nat. Fluggesellschaft ist die S. Airways Ltd.

Geschichte: Nach Entdeckung der Küste des zu Guayana gehörenden S. (wohl 1499) nahm Spanien das Gebiet 1593 in Besitz. 1630 siedelten sich als erste Europäer Engländer an, die 1650 das gesamte Guayana in Besitz nahmen; doch im 2. engl.-niederl. Seekrieg eroberten Niederländer die engl. Kolonie (bestätigt durch den Frieden von Breda 1667). Das gesamte Guayana blieb im 18. Jh. zw. Briten, Franzosen und Niederländern umstritten; dabei konnten die Niederlande die Souveränität über S. durchweg behaupten. Im Verlauf der frz. Revolutionskriege eroberten Franzosen S.; sie wurden 1799 von den Briten vertrieben. Erst der Wiener Kongreß sprach S. (das in Deutschland bis 1975 Niederländisch-Guayana gen. wurde) endgültig den Niederlanden zu. Nach Abschaffung der Sklaverei (1863) sank der Wohlstand der Kolonien durch Mangel an Arbeitskräften, dem man durch Einwanderung von Indern und Javanern zu begegnen suchte. Die Kolonie erhielt 1866 ein gewisses Maß an Selbstverwaltung: Neben dem Gouverneur wurde die Volksvertretung („Staten van Suriname") eingerichtet, in die die europ. Einwohner Vertreter wählen konnten. 1954 erhielt S. den Status eines autonomen, gleichberechtigten Reichsteils des Kgr. der Niederlande. Seit 1969 wurde die Reg. von der (ind.) Vereinigten Reformpartei gebildet; sie trat 1973 zurück, die Reg. übernahm H. A. E. Arron (* 1936), der, unterstützt durch die kreol. Parteienkoalition, die völlige Unabhängigkeit für S. forderte, die das Land am 25. Nov. 1975 erhielt. Bis dahin emigrierten etwa 140000 Surinamer, um die niederl. Staatsbürgerschaft zu behalten. Die ersten allg. Wahlen seit Erlangen der Unabhängigkeit (für 1976 vorgesehen, aber wegen der auf Grund des parlamentar. Patts seit 1974 bestehenden Reg.krise verschoben) im Okt. 1977 brachten einen Sieg der Reg.koalition, worauf Premiermin. Arron ein neues Koalitionskabinett bildete. Aus ethn. und sozialen Gründen kam es am 25. Febr. 1980 zu einem Militärputsch; Arron wurde abgesetzt, das Parlament aufgelöst. Die polit. Macht liegt seitdem bei einem Nat. Militärrat unter der Führung von D. Bouterse, der den Arzt H. Chin-A. Sen als neuen Reg.chef, im Aug. 1980 auch als Staatspräs. einsetzte. Der Nat. Militärrat propagierte eine linksnationalist. Politik. Im Febr. 1982 wurde Chin-A. Sen „wegen Unfähigkeit" von seinen Ämtern abgelöst. Als neuer Staatspräs. wurde F. F. Misier, als Min.präs. H. Neyhorst vom Militärrat eingesetzt. Nach mehreren gescheiterten Putschversuchen verhängte der Militärrat im März 1982 das Kriegsrecht. Am 8. Dez. 1982 begann eine Verfolgungswelle gegen die Opposition, bei der zahlr. führende Regimegegner getötet wurden. Aus Protest gegen dieses Vorgehen traten der Min.präs. und die zivilen Min. der Reg. zurück. Nach inneren Unruhen und Streiks kündigte der Militärrat für 1986 eine neue Verfassung an. Zur Ausarbeitung wurde eine Nationalversammlung aus 14 Vertretern der Bewegung des 25. Februar (Streitkräfte), 11 der Gewerkschaften und 6 der Wirtschaft berufen.

Politisches System: Die Verfassung vom 20. Nov. 1975, die die Staatsform einer parlamentar. Republik vorsah, wurde im Aug. 1980 aufgehoben. Die oberste Gewalt im Staat liegt beim Nat. Militärrat unter der Führung von Oberst D. Bouterse. Formelles *Staatsoberhaupt* ist der amtierende Staatspräs. F. R. Misier, der im Febr. 1982 vom Nat. Militärrat in sein Amt eingesetzt wurde. Auch die *Regierung* unter dem Min.präs. (seit März 1983 E. Alibux), die sich teils aus Zivilisten, teils aus Militärs zusammensetzt, wurde vom Nat. Militärrat berufen. Die *Legislative* bildete bis zu seiner Auflösung 1980 das Parlament („Staten van Suriname") mit 39 vom Volk auf 4 Jahre gewählten Abgeordneten. Der Nat. Militärrat hat unterdessen damit begonnen, auf örtl. Ebene sog. Volkskomitees zu errichten. *Parteien* und *Gewerkschaften* sind verboten. Bis zum Militärputsch 1980 war die kreol. Nationale Partij Suriname die führende Kraft im Reg.bündnis, das in der National Partij Kombinatie zusammengeschlossen war. Die parlamentar. Oppositionsparteien hatten den Zusammenschluß Verenigde Democratische Partijen gebildet, innerhalb dessen die ind. Vooruitstrevende Hervormings Partij die bedeutendste Einzelpartei war. *Verwaltungs*mäßig ist S. in 9 Distrikte gegliedert. Es gilt niederl. *Recht.* Die *Streitkräfte* haben eine Stärke von über 2000 männl. und weibl. Soldaten.

📖 *Mitrasing, F. E. M.: Suriname. Land of seven peoples. Social mobility in a plural society. Paramaribo 1980. - Goslinga, C. Ch.: A short history of the Netherlands Antilles and Suriname. Den Haag 1979.*

Suriname [niederl. sy:ri:'na:mə], Fluß in Surinam, entspringt im Bergland von Guayana, mündet in einem breiten Trichter bei Paramaribo in den Atlantik, rd. 500 km lang; für Ozeanschiffe bis Paramaribo zugänglich.

Surinamkirsche (Pitanga), weinrote, kirschgroße, süßsauer schmeckende Beerenfrucht der im trop. S-Amerika heim., in allen trop. Ländern kultivierten Kirschmyrtenart Eugenia uniflora; Verwendung als Obst, zur Getränke- und Marmeladeherstellung.

Süring, Reinhard [Joachim], * Hamburg 15. Mai 1866, † Potsdam 29. Dez. 1950, dt. Meteorologe. - Ab 1909 Prof. und Direktor des Meteorolog. Observatoriums in Potsdam; Arbeiten zur Aerologie, über Wolken, Sonnenstrahlung und zur Gewitterforschung. S. erreichte bei einer Ballonfahrt (1901) eine Höhe von 10 800 m.

Surja [Sanskrit „Sonne"], der ind. Sonnengott, der als Auge des Gottes Mitra gilt.

surjektive Abbildung [lat./dt.] ↑ Abbildung (Mathematik).

Surkot [frz. syr'ko] ↑ Surcot.

Surkow, Alexei Alexandrowitsch, * Serednewo (Gouv. Jaroslawl) 13. Okt. 1899, † Moskau 14. Juni 1983, russ.-sowjet. Lyriker. - Bauernsohn; 1953-59 1. Sekretär des sowjet. Schriftstellerverbandes. Seine patriot. Dichtungen wurden vielfach vertont („Der Welt den Frieden", 1950).

Surman, John [engl. 'sə:mən], * Tavistock (Devonshire) 30. Aug. 1944, brit. Jazzmusiker (Klarinettist, Saxophonist). - Gründete 1967 ein eigenes Quartett, 1970 ein Trio; bed. Baritonsaxophonist des Free Jazz.

Surra [Marathi], durch den im Blut parasitierenden Flagellaten Trypanosoma evansi hervorgerufene fieberhafte, meist tödl. verlaufende Erkrankung von Säugetieren; verbreitet von N-Afrika über S-Asien bis Australien.

Surrealismus [zʊ..., sy...], Bez. für eine nach 1918 in Paris entstandene avantgardist. Bewegung in Literatur, bildender Kunst, Photographie und Film, die [insbes. beeinflußt von der Psychoanalyse S. Freuds] die eigtl. Wirklichkeit und letztendl. Einheit allen menschl. Seins in einem mit traditionellen Erkenntnismitteln nicht zu begreifenden, nichtrationalen Unbewußten suchte; Ausgangsbasis künstler. Produktion waren daher Träume, wahnhafte Visionen, spontane Assoziationen, somnambule und hypnot. Mechanismen, Bewußtseinszustände nach Genuß von Drogen. Haupttheoretiker und Sprecher der frz. Surrealisten war A. Breton, der in seinem „Ersten Manifest des S." (1924) eine theoret. Begründung der neuen Kunstrichtung lieferte. Gewisse Tendenzen zur Auflösung der immer schon sehr heterogenen surrealist. Gruppe wurden v. a. in polit. Streitigkeiten (Verhältnis zur KP) nach 1928 bzw. 1929 deutlich. Die Résistance 1940-44 brachte nochmals eine gewisse Neubelebung surrealist. Kunst und Literatur. Nach 1945 kann jedoch von einer surrealist. Bewegung kaum noch gesprochen werden.

Die surrealist. *Literatur* (bed. Vertreter: L. Aragon, A. Artaud, G. Bataille, R. Desnos, P. Éluard, J. Prévert, P. Reverdy, P. Soupault, R. Vitrac) wollte unter totalem oder teilweisem Verzicht auf Logik, Syntax und ästhet. Gestaltung nur „passiv" die von psych. Mechanismen gesteuerten Bildsequenzen aus vorrationalen Tiefenschichten festhalten. Unter Berufung auf verborgene Inspirationsquellen stellte sie eine feste Grenze zw. Traum und Realität in Frage. Als anarchist.-revolutionäre Kunst- und Weltauffassung nahm sie Elemente barocker Mystik, dt. Romantik und oriental. Kultur auf und lehnte jede log.-rationale „bürgerl." Konzeption von Kunst ab. In Zusammenhang mit dem S. in Frankr. entstanden bes. in Spanien (F. García Lorca), Lateinamerika (P. Neruda) und in den USA (H. Miller), aber auch im dt. Sprachraum (A. Döblin, H. Hesse, H. H. Jahnn, H. Kasack, E. Kreuder, A. Kubin, E. Langgässer, H. E. Nossack) literar. Texte mit surrealist. Gepräge.

In der *bildenden Kunst* formierten sich Anfang der 1920er Jahre in Paris Künstler der internat. Dada-Bewegung: H. Arp, M. Ernst, M. Duchamp, M. Ray, F. Picabia u. a., denen sich bald J. Miró, Y. Tanguy, R. Magritte, S. Dalí u. a. anschlossen. Gemeinsame Ausgangsbasis der *surrealist. Malerei* war neben Dada die in der „Pittura metafisica" von G. de Chirico entwickelte verfremdete, illusionist. Bildbühne, in der die Surrealisten Gegenstände und Situationen in scheinbar widersprüchl. Kombinationen zusammenstellten, um durch traumhafte Vieldeutigkeiten die herkömml. Erfahrungs-, Denk- und Sehgewohnheiten zu erschüttern. Während S. Dalí sich einer illusionist. Formelsprache bedient, versucht Miró in einer flächigen, abstrakten Formensprache den Entwicklungsprozeß vom Träumen auf die Herstellung von Bildern zu übertragen, M. Ernst und R. Magritte zeigen eine starke Kontrolle des assoziativen Vorgehens zugunsten einer symbolist. Überhöhung. M. Duchamp und M. Ray erweitern die surrealist. Malerei zur *surrealist. Objektkunst.*

Als *Photographie* bekamen die surrealist. Bilder Authentizitätsanspruch; Vertreter eines photograph. orientierten S. waren u. a. E. Mesens (* 1903, † 1971), H. Bellmer, H. List (↑ auch Photographie). Surrealist. Darstellungsweisen boten sich bes. für den *Film* an, dessen photograph. Basis den ausgefallensten Phantasien den Anschein des Wahrscheinlichen geben konnte, wobei durch bes. Schnittfolgen und Montage [schockhafte]

Surrealismus. Max Ernst, Die Einkleidung der Braut (1940; Ausschnitt). Venedig, Peggy Guggenheim Foundation

Zusammenstellungen unvereinbarer Materialien oder Situationen als real erschienen; z. B. bei M. Ray, H. Richter, L. Buñuel, J. Cocteau, A. Resnais und G. Rocha.

🕮 *S. Hg. v. P. Bürger. Darmst. 1982. - Picon, G.: Der S. in Wort u. Bild.: 1919–1939. Dt. Übers. Stg. 1979. - Rubin, W. S.: S. Dt. Übers. Stg. 1979. - Dupuis, J. F. (d. i. Vaneigem, R.): Der radioaktive Kadaver. Eine Gesch. des S. Dt. Übers. Hamb. 1979.*

Surrey, Henry Howard, Earl of [engl. 'sʌrɪ], * Kenning-Hall (Norfolk) 1517 (?), † London 21. Jan. 1547, engl. Dichter. - Bed. Sonettdichter, der durch Abwandlungen das starre Reimschema petrarkist. Sonette den Bedingungen der reimärmeren engl. Sprache anpaßte; führte den Blankvers in die engl. Literatur ein.

Surrey [engl. 'sʌrɪ], Gft. in SO-England.

Surrogat [lat.] (Substitut), allgemein svw. Ersatz, Ersatzstoff, Behelf. - Im *Zivilrecht* sind S. Ersatzmittel bei der Erfüllung von Schuldverhältnissen; im bes. sind S. die an die Stelle eines Vermögensgegenstandes (des Gesellschaftsvermögens) tretenden Ersatzstücke; sie gehören ebenfalls zum Gesellschaftsvermögen.

Surrogation [lat.], Ersetzung eines ganz oder teilweise weggefallenen Vermögenswertes durch einen anderen. Gegenstand der S. ist regelmäßig alles, was auf Grund eines Rechtes oder als Ersatz für die Zerstörung, Beschädigung oder Entziehung eines Gegenstandes erworben wird, z. B. der Leistungsgegenstand bei der Einziehung einer Forderung, Schadenersatzansprüche, Versicherungsansprüche bzw. das zur Befriedigung solcher Ansprüche Geleistete. Die sog. *dingl. S.* (v. a. bei ↑Sondervermögen) bewirkt, daß sich die Rechte an dem in Wegfall geratenen Gegenstand unmittelbar kraft Gesetzes an den Surrogaten fortsetzen. Bei der *obligator. S.* erhält der Berechtigte dagegen nur einen schuldrechtl. Anspruch auf Herausgabe des als Ersatz Empfangenen bzw. des Ersatzanspruchs, wenn der Schuldner infolge eines Umstandes, der die von ihm geschuldete Leistung z. B. unmögl. gemacht hat, für den geschuldeten Gegenstand einen Ersatz bzw. Ersatzanspruch erlangt hat.

Sursee, Bez.hauptort im schweizer. Kt. Luzern, am Ausfluß der Sure aus dem Sempacher See, 502 m ü. d. M., 7 500 E. Maschinen-, Fahrzeug- und Elektrogerätebau, Nahrungsmittelindustrie. - 1036 erstmals erwähnt. - Spätrenaissancekirche Sankt Georg (1639/40); spätgot. Friedhofskapelle (1495–97); Kapuzinerkloster (1704 umgebaut); barocke Wallfahrtskapelle Mariazell (1657); spätgot. Rathaus (1538–46).

Surt (Surtr) [altnord. „der Schwarze"], in der nordgerman. Mythologie der Herr über Muspelheim, der bei der Götterdämmerung (Ragnarök) den Weltbrand entzündet.

Surtout [frz. syr'tu] ↑Mantel.

Surtsey [isländ. 'sʏrtsɛɪ̯], 1963–66 entstandene Vulkaninsel 33 km südl. von Island, 2,8 km², bis 174 m ü. d. M.; Leuchtturm.

Surveyor [engl. sə'vɛɪə; lat.-engl.], Name einer Serie amerikan. Mondsonden, die 1966–68 mit Meßinstrumenten und Fernsehkameras auf der Mondoberfläche abgesetzt wurden; Fortsetzung der Serie Ranger.

Survivals [engl. sə'vaɪvəlz; lat.-engl.], Bez. der Völkerkunde und Volkskunde für [unverstandene] Reste untergegangener Kulturformen in heutigen [Volks- und Kinder]-bräuchen sowie in Vorstellungen des Volksglaubens.

Sus [lat.], svw. ↑Wildschweine.

Susa, italien. Stadt im westl. Piemont, an der Dora Riparia, 503 m ü. d. M., 7 100 E. Kath. Bischofssitz; metallverarbeitende und Textilind. - In der Römerzeit **Segusio;** wegen seiner strateg. wichtigen Lage oftmals umkämpft, gehörte seit der Mitte des 11. Jh. zu Savoyen. - Röm. Augustusbogen (9 v. Chr.), roman. Dom (11. Jh. ff.).

Susa. Reliefs mit Göttin und Stiermenschen (11. Jh. v. Chr.). Paris, Louvre

S., altoriental. Stadt, Ruinenstätte südwestl. von Desful, in der iran. Provinz Chusestan, am Karche; ehem. Hauptstadt von Elam. Ausgrabungen seit 1884 (u. a. J. J. M. de Morgan, R. Ghirsham). Ältester Teil ist die sog. Akropolis mit Grabfunden aus der Zeit ab etwa 4000 v. Chr., bes. der dünnwandigen, bemalten, sog. Susa-I-Keramik. Parallel zu Mesopotamien entwickelte sich in S. um 3000 v. Chr. eine Stadtkultur, u. a. Funde von Rollsiegeln und Tontafeln mit protoelam. Strichinschriften. Aus dem 12. Jh. v. Chr. stammt eine reliefierte Backsteinfassade des Inschuschinaktempels. In S. fanden sich wertvolle Plastiken der altbabylon. Zeit aus Babylon und Eschnunna (↑Tall Al Asmar), offenbar Beutestücke, u. a. der sog. Kodex Hammurapi. Unter den Achämeniden wurde S. Residenzstadt; Ruinen des großen Palasts Darius' I. und Artaxerxes' II. mit glasierten farbigen Ziegelreliefs mit Reihen von Flügelstieren, Löwen, Drachen, Sphinxen und königl. Garden, Steinreliefs, Stierkapitellen u. a. Viele Funde aus S. befinden sich heute in Paris (Louvre).

Susan [engl. su:zn], engl. Form des weibl. Vornamens Susanne.

Susann, Jacqueline [engl. su:'zæn], * Philadelphia 20. Aug. 1921, † New York 21. Sept. 1974, amerikan. Schriftstellerin. - Weltweit bekannt wurden ihre Schlüsselromane über die Welt des amerikan. Showgeschäfts: „Tal der Puppen" (1966), „Die Liebesmaschine" (1969), „Einmal ist nicht genug" (1973).

Susanna [hebr. „Lilie"], Hauptfigur eines apokryphen Zusatztextes zum alttestamentl. Buch Daniel. Die Jüdin S. in Babylon wird von zwei jüd. Ältesten, die sie im Bade belauscht hatten, des Ehebruchs bezichtigt und zum Tode verurteilt. Ihre Unschuld wird durch ein neues Verhör des jungen Daniel bewiesen. Die Badeszene war ein beliebtes Motiv in der ma. und späteren bildenden Kunst; Bearbeitungen der Legende auch in Literatur und Musik.

Susanne (Susanna), aus der Bibel übernommener weibl. Vorname hebr. Ursprungs, eigtl. „Lilie".

Susdal [russ. 'suzdɐlj], sowjet. Stadt 30 km nördl. von Wladimir, RSFSR, etwa 10 000 E. Landwirtschaftstechnikum; Fremdenverkehr. - Eine der ältesten russ. Städte (erstmals 1024 erwähnt). Wurde Mitte des 12. Jh. bed. polit. und kulturelles Zentrum; seit dem 13. Jh. Hauptstadt des Ft. S. (bis 1350); 1238 von den Tataren erobert und niedergebrannt; im 15. Jh. Anschluß an das Groß-Ft. Moskau; im 17. Jh. mehrfach zerstört; seit 1778 Kreisstadt. - Die drei alten Ortsteile (Kremlsiedlung, im 14. Jh. entstandene Vorstadt, Siedlungen des 16. Jh. um die im 14. Jh. gegr. Klöster am Kamenkaufer) sind noch heute klar erkennbar. Mit der Erhebung der Stadt zum Sitz eines Erzbischofs im späten 14. Jh. setzte eine starke kirchl. Bautätigkeit ein. Noch heute bestimmen zehn Klöster und weitere 25 Kirchen das Stadtbild. Im Kern des Kreml die Roschdestwenski-Kathedrale (im Kern 1101–20, zweiter Bau 1222–25), am S- und W-Portal Bildtüren (etwa 1227–37). Am Kamenkaufer Rispoloschenski-Kloster (Heiliges Tor 1688, Kathedrale 16. Jh.), Pokrowski-Kloster (Heiliges Tor um 1518, Kathedrale um 1518), Spasso-Jewfimi-Kloster (Grabkirche und Refektoriumskirche [16. Jh.]; Glockenturm [16./17. Jh.]; Befestigungen [17. Jh.] mit zwölf Rundtürmen; über dem inneren Tor die Blagoweschtschenski-Kirche [16. Jh.]). Neben dem Pokrowski-Kloster liegt die große Peter- und Pauls-Kirche (1694). Um den Markt, den Hauptplatz, erheben sich eine Reihe Kreuzkuppelkirchen des 18. Jh.

Suser ↑Federweißer.

Süskind, Patrick, * Ambach (heute zu Münsing) 26. März 1949, dt. Schriftsteller. - Sohn von Wilhelm E. S. Hatte großen Erfolg mit seinem ersten Roman „Das Parfum" (1985). Schrieb auch „Die Taube" (1987).

S., Wilhelm Emanuel, * Weilheim i. OB 10. Juni 1901, † Tutzing 17. April 1970, dt. Schriftsteller und Journalist. - 1933-42 Hg. der Zeitschrift „Die Literatur"; Hg. (zus. mit D. Sternberger und E. Storz) von „Aus dem Wörterbuch des Unmenschen" (1957).

Suslow, Michail Andrejewitsch [russ. 'suslɐf], * Schachowskoje (Gouv. Saratow) 21. Nov. 1902, † Moskau 25. Jan. 1982, sowjet. Politiker. - Seit 1921 Mgl. der KPdSU, seit 1941 des ZK, seit 1955 des Präsidiums und seit 1966 des Politbüros des ZK; verurteilte als maßgebl. Sprecher in ideolog. Fragen 1956 den Stalinkult, unterstützte N. S. Chruschtschow 1957 in der Auseinandersetzung gegen die von Molotow angeführte „Antiparteigruppe" und formulierte die sowjet. Positionen in der Auseinandersetzung mit der KP Chinas; gehörte seit seiner Teilnahme am Sturz N.S. Chruschtschows im Okt. 1964 dem inneren Führungskreis der KPdSU an.

Suso, Heinrich ↑Seuse, Heinrich.

suspekt [lat.], verdächtig.

suspendieren [lat.], [einstweilen] des Dienstes entheben; zeitweilig aufheben.

Suspendierung ↑vorläufige Dienstenthebung.

Suspension [lat.], im kath. Kirchenrecht Amts- oder Dienstenthebung, nach Exkommunikation und Interdikt die drittschwerste Strafe.

◆ (Aufschwemmung) die disperse Verteilung kleiner Teilchen eines Feststoffs (Teilchendurchmesser größer als 0,0001 mm in einer Flüssigkeit, die dadurch getrübt wird.

Suspensionsströme, an den Hängen von Meeres- und Seebecken sich rasch abwärts bewegende Gemische aus Wasser und festen Gesteinsbestandteilen.

suspensiv [lat.], aufhebend, aufschiebend.

Suspensorium [lat.], tragbeutelartige Verbandsform zur Anhebung und Ruhigstellung herabhängender Körperteile, z. B. der Hoden, der Brüste.

Süss, Wilhelm, * Frankfurt am Main 7. März 1895, † Freiburg im Breisgau 21. Mai 1958, dt. Mathematiker. - 1922 Prof. in Kagoschima, 1928 in Greifswald, ab 1934 in Freiburg; arbeitete über Differentialgeometrie, konvexe Bereiche und Grundlagenprobleme der Mathematik; gründete 1944 das Mathemat. Forschungsinst. Oberwolfach.

Süßdolde (Myrrhis), Gatt. der Doldengewächse mit der einzigen Art *Myrrhis odorata* in den Gebirgen Europas; bis 1,2 m hohe, behaarte, nach Anis duftende Staude mit zwei- bis dreifach gefiederten Blättern und weißen Blüten; als Gewürz- und Gemüsepflanze angebaut.

süßer neuer Stil ↑Dolce stil nuovo.

Sussex [engl. 'sʌsɪks], eines der angelsächs. Kgr. in SO-England. - Nach 477 von dem Sachsenfürsten Ella gegründet, ab 681 christianisiert, fiel im 9. Jh. an Wessex. Seit dem 11. Jh. Grafschaft.

Süßgras, svw. ↑Schwaden.

Süßgräser, systemat. Bez. für die in der Umgangssprache Gräser gen. Fam. Gramineae der Einkeimblättrigen.

Süßholz (Lakritzenwurzel, Radix Liquiritiae), Bez. für die gelben, bes. durch den Gehalt an Glycyrrhizinsäure, Glucose und Rohrzucker süß schmeckenden Wurzeln v. a. der Süßholzstrauchart *Glycyrrhiza glabra;* dient zur Gewinnung von Lakritze.

Süßholzstrauch (Glycyrrhiza), Gatt. der Schmetterlingsblütler mit rd. 15 Arten im Mittelmeergebiet, im gemäßigten und subtrop. Asien sowie vereinzelt im gemäßigten N- und S-Amerika und in Australien; oft drüsenhaarige Kräuter oder Halbsträucher mit unpaarig gefiederten Blättern und weißen, gelben, blauen oder violetten Blüten in achselständigen Trauben oder Ähren. - Die mediterrane Art *Glycyrrhiza glabra,* eine Ausläufer treibende Staude mit bis 1,50 m hohen Stengeln und lilafarbenen Blüten, liefert Süßholz; wird in S-Europa und S-Rußland angebaut.

Süßkartoffel, svw. ↑Batate.

Süßkind von Trimberg, mittelhochdt. Sangspruchdichter des späten 13. Jh. - Von dem urkundl. nicht bezeugten fahrenden Berufsdichter (wohl aus Trimberg bei Bad Kissingen) sind 12 Sangsprüche in 5 Tönen erhalten. Die Darstellung als Jude in der Großen Heidelberger Liederhandschrift ist umstritten.

Süßkirsche, Bez. für die zahlr. Sorten der ↑Vogelkirsche, die in die Kulturformen Herz- und Knorpelkirsche untergliedert werden. Die **Herzkirsche** (Prunus avium var. juliana) hat größere Blätter und größere Früchte als die Wildform. Das Fruchtfleisch ist weich, saftig und meist schwärzlich. Die **Knorpelkirsche** hat schwarzrote, bunte oder gelbe Früchte mit festem, hartem Fruchtfleisch.
Geschichte: Durch Ausgrabungen ist die Verwendung der S. seit der Jungsteinzeit in fast ganz Europa nachgewiesen. Kultiviert wurde sie wahrscheinl. schon im 4. Jh. v. Chr. in Kleinasien. Diese veredelte Sorte wurde von den Römern nach M-Europa gebracht.

◆ svw. ↑Vogelkirsche.

Süßklee (Hedysarum), Gatt. der Schmetterlingsblütler mit über 150 Arten in der nördl. gemäßigten Zone, v. a. im Mittelmeergebiet und in Z-Asien; meist Stauden oder Halbsträucher mit kahlen oder behaarten Sprossen; Blätter unpaarig gefiedert; Blüten purpurfarben weiß oder gelb, in achselständigen Trauben. Wichtige Futterpflanzen sind ↑Alpensüßklee und ↑Hahnenkamm.

Süßlippen (Pomadasyidae), Fam. der Barschfische mit über 250 meist mittelgroßen Arten in trop. und subtrop. Meeren; oft bunt gefärbt; können durch Aufeinanderreiben der Zähne Laute hervorbringen; Speise- und Aquarienfische.

Süßmayr, Franz Xaver [...maıər], * Schwanenstadt (Oberösterreich) 1766, † Wien 17. Sept. 1803, östr. Komponist. - Schüler von W. A. Mozart und A. Salieri, ab 1794 Hofkapellmeister in Wien; komponierte Opern, Instrumentalwerke und Kirchenmusik und vollendete Mozarts „Requiem".

Süßmilch, Johann Peter, * Berlin 2. Sept. 1707, † ebd. 22. März 1767, dt. Statistiker und Nationalökonom. - Feldprediger, später Pastor; stellte statist. Modelle der allg. Bevölkerungsentwicklung auf, die er in seinem Werk „Die göttl. Ordnung in den Veränderungen des menschl. Geschlechts, ..." (1741) als Ausdruck einer teleolog. Progression der Menschheit darstellte. Entwickelte in Zusammenarbeit mit L. Euler eigene Methoden der Bevölkerungsstatistik.

Süßmost, svw. ↑Most.

Süssmuth, Rita, * Wuppertal 17. Febr. 1937, dt. Politikerin (CDU). - Hochschullehrerin; seit Juni 1986 Bundesmin. für Jugend, Familie, Frauen und Gesundheit.

Süß-Oppenheimer, Joseph, eigtl. Joseph Süß Oppenheimer, gen. Jud Süß, * Heidelberg 1692 oder 1698 (1699?), † Stuttgart 4. Febr. 1738 (hingerichtet), jüd. Finanzmann. - Erwirtschaftete sich v. a. als pfälz., hess. und kurköln. Hofagent ein riesiges Vermögen. Führte als Geheimer Finanzrat (1736) Hzg. Karl Alexanders von Württemberg (1733–37) nach merkantilist. Prinzipien zahlr. Steuern und Abgaben ohne ständ. Zustimmung ein; Verfassungsbruch, persönl. Bereicherung im Amt und Luxus führten zu seiner Verhaftung und Hinrichtung wegen Hochverrats sofort nach dem Tode des Herzogs. - Auf Dichtungen von W. Hauff (1828) und L. Feuchtwanger (1929) basiert der nationalsozialist. Tendenzfilm „Jud Süß" von V. Harlan (1940).

Süßreserve, dem fertigen Wein kurz vor der Flaschenabfüllung zugesetzter Anteil (4–10 %) unvergorenen oder leicht angegorenen, steril gemachten Mostes von Trauben gleicher Sorte, Qualität und Lage. - ↑auch Restsüße.

Süßstoffe, synthet. und natürl. Verbindungen mit stärkerer Süßkraft als Saccharose (Rohr- oder Rübenzucker; seine Süßkraft wird gleich 1 gesetzt), die aber keinen entsprechenden Nährwert besitzen. Der älteste S. ist das ↑Saccharin und dessen leichtes wasserlösl. Natriumsalz, dessen Süßkraft 418 beträgt. Weitere S. sind die *Cyclamate,* die Salze der N-Cyclohexylsulfaminsäure, z. B. das Natriumcyclamat mit einem Süßwert von 30. Der früher verwendete p-Äthoxyphenylharnstoff *(Dulcin)* ist wegen seiner tox. Nebenwirkungen nicht mehr zugelassen. Da das Saccharin und die Cyclamate durch Untersuchungen in den USA in den Verdacht gerieten, Krebs auszulösen (allerdings erst nach extremer Überdosierung), ist man bemüht, natürl., v. a. in trop. Früchten enthaltene Proteine (z. B. Monellin und Thaumatin; Süßwert ca. 3 000) und Glykoproteide als S. zu nutzen. - In der BR Deutschland wird die Anwendung von S. u. a. durch das Süßstoffgesetz i. d. F. vom 2. 3. 1974 geregelt.

Süßwasser ↑Wasser.

Süßwasserbiologie, svw. ↑Limnologie.

Süßwasserdelphine, svw. ↑Flußdelphine.

Süßwassergarnelen (Atyidae), Fam. fast ausschließl. im Süßwasser lebender, überwiegend trop. Garnelen mit rd. 140 Arten. Die etwa 3 cm lange, durchsichtige Art *Atyaephyra desmaresti* ist in jüngster Zeit aus den Mittelmeerländer vermutl. in den Oberrhein eingeschleppt worden und hat sich von hier aus über zahlreiche Flüsse und Kanäle verbreitet.

Süßwassergewinnung ↑Meerwasserentsalzung.

Süßwassermilben (Hydrachnellae), Bez. für eine Gruppe von rd. 40 Fam. mit zus. rd. 2 400 Arten 1–8 mm großer, meist auffallend bunt gefärbter Milben in fließenden und stehenden Süßgewässern; entweder am Grund von Fließgewässern (wo sie sich mit langen Krallen festhalten) oder schwimmend (mit langen Haaren an den Ruderbeinen) in stehenden Gewässern.

Süßwasserpolypen (Hydridae), Fam. süßwasserbewohnender Nesseltiere (Klasse Hydrozoen) mit etwa 1–30 mm langen einheim. Arten (ausgestreckt, ohne die etwa 1–25 cm langen Tentakeln); ohne Medusengeneration, einzelnlebend; Fortpflanzung überwiegend ungeschlechtl. durch Knospung; sehr verbreitet ist die Gatt. *Hydra* mit den einheim. Arten **Braune Hydra** (Hydra vulgaris), **Graue Hydra** (Hydra oligactis) und **Grüne Hydra** (Grüner S., Hydra viridissima; etwa 1,5 cm lang, mit 6–12 kurzen Tentakeln; durch grüne einzellige Algen grün gefärbt). - Abb. Bd. 15, S. 207.

Süßwasserschwämme (Spongillidae), Fam. der Kieselschwämme mit mehreren einheim. Arten; bilden meist krustenförmige Kolonien auf Wasserpflanzen oder Steinen in Flüssen und Seen; meist unscheinbar bräunl., manchmal durch symbiont. Algen grün gefärbt.

Süßweichsel ↑Sauerkirsche.

Susten ↑Alpenpässe (Übersicht).

Süsterhenn, Adolf, * Köln 31. Mai 1905, † Koblenz 24. Nov. 1974, dt. Jurist und Politiker (CDU). - Nach 1945 maßgebl. an der Ausarbeitung der Verfassung von Rheinland-Pfalz beteiligt; dort 1946–51 MdL sowie Justiz- und Kultusmin.; 1951–61 Präs. des Oberverwaltungsgerichts und Vors. des Verfassungsgerichtshofs von Rheinland-Pfalz; 1961–69 MdB; entschiedener Vertreter kirchl. Forderungen in der Kulturpolitik („Aktion saubere Leinwand“).

Suszeptanz [lat.] ↑Admittanz.

Suszeptibilität [lat.], ([di]elektr. S.) Formelzeichen χ_e, physikal. Größe, die den Zusammenhang zw. der dielektr. Polarisation und der elektr. Feldstärke vermittelt (elektr. Feldkonstante).

◆ (magnet. S., Magnetisierungskoeffizient) Formelzeichen χ, physikal. Größe, die den Zusammenhang zw. der Magnetisierung und der magnet. Feldstärke vermittelt (magnet. Feldkonstante).

Suter, Johann August ↑Sutter, John Augustus.

Sutermeister, Heinrich, * Feuerthalen (Zürich) 12. Aug. 1910, schweizer. Komponist. - Einer der bedeutendsten schweizer. Komponisten der Gegenwart; seine Werke bleiben der Tonalität verbunden. Er schrieb u. a. die Opern „Romeo und Julia“ (1940), „Die Zauberinsel“ (1942), „Raskolnikoff“ (1948), „Titus Feuerfuchs“ (1958), „Madame Bovary“ (1967), das Monodrama „Niobe“ für Sopran, Chor, Ballett und Orchester (1946), die dramat. Szene „Consolatio philosophiae“ (1978), Messen, Psalmen, Kammermusik, Klavierstücke und Lieder.

Sutherland [engl. 'sʌðələnd], Donald, * Saint John 17. Juli 1934, kanad. Schauspieler. - Seit 1964 beim Film; Darsteller kom.-hintergründiger oder auch verklemmt-psychopath. Typen wie in „Das dreckige Dutzend“ (1967), „M*A*S*H“ (1970), „Klute“ (1971), „Der Tag der Heuschrecke“ (1975), „Casanova“ (1977), „Die Körperfresser kommen“ (1979), „Crackers“ (1984).

S., Earl, * Burlingame (Kans.) 29. Nov. 1915, † Miami (Fla.) 9. März 1974, amerikan. Physiologe. - Prof. in Cleveland (Ohio), Nashville (Tenn.). Arbeitete ab etwa 1950 auf dem Gebiet der Hormonforschung. Er entdeckte das ↑Cyclo-AMP, dessen entscheidende Bed. für die Wirksamkeit von Adrenalin u. a. Hormonen er erkannte. Hierfür erhielt er 1971 den Nobelpreis für Physiologie oder Medizin.

S., Graham, * London 24. Aug. 1903, † ebd. 17. Febr. 1980, brit. Maler und Graphiker. - 1940–45 offizieller Kriegsmaler; Auseinandersetzung mit Picasso und dem Surrealismus. Seine Kompositionen verwandeln Formen aus der Welt der Tiere und Pflanzen in neuartige, bedrohl. Metaphern.

S., Dame (seit 1978) Joan, * Sydney 7. Nov. 1926, austral. Sängerin (Koloratursopran). - Singt seit 1959 an allen bed. Opernhäusern der Welt; ihr umfangreiches Repertoire umfaßt Opern von Händel bis Donizetti.

Sutlej [engl. 'sʌtlɪdʒ], größter der fünf Pandschabflüsse, entspringt in Tibet, durchfließt die südtibet. Längstalfurche bis zum Shipkipaß, durchbricht den Hohen Himalaja, erreicht bei Rupar (Indien) den Pandschab, ist für 110 km Grenzfluß zw. Indien und Pakistan, vereinigt sich bei Alipur (Pakistan) mit dem Trinab, rd. 1 370 km lang.

Sutra [Sanskrit „Leitfaden“], in der ind. Tradition knapp formulierter Lehrsatz; auch die aus S. bestehenden wiss. Werke u. a. des Rechts, der Poetik, der Erotik (↑Kamasutra).

Sutri, Synode von, nach Sutri (Prov. Viterbo) 1046 einberufene Synode, die am 20. Dez. unter dem maßgebl. Einfluß König Heinrichs III. die Päpste Gregor VI. und Silvester III. absetzte; am 24. Dez. folgte in Rom die Absetzung Benedikts IX. und die Wahl Klemens' II. Bedeutendste Reformmaßnahme des Königs war die Befreiung des Papsttums aus der Abhängigkeit der röm. Adelsparteien.

Sutschou (Suzhou) [chin. sudʒoʊ̯] (1912–49 Wuhsien), chin. Stadt am Kaiserkanal, 658 000 E. Seidenind., handwerkl. Stickereien, Papierfabrik; Hafen. - Wohl im 6. Jh. v. Chr. gegr.; seit der Mingzeit ein Zentrum des Seidenhandels, ab 1896 dem ausländ. Handel geöffnet. - Pagode des sog. Tempels der Dankbarkeit (10. Jh.).

Sütschou (Xuzhou) [chin. ɕydʒoʊ̯], chin. Stadt 270 km nw. von Nanking, 750 000 E. Eine der wichtigsten Eisenbahnstädte Chinas am Knotenpunkt der Hauptstrecken Tientsin–Schanghai und Lienyunkang–Lantschou; Eisen- und Stahlind. sowie Maschinenbau.

Sutter, John Augustus [engl. 'su:tə], eigtl. Johann August Suter, * Kandern (Baden) 23. Febr. 1803, † Washington (D. C.) 13. Juni 1880, amerikan. Kolonisator schweizer. Herkunft. - Wanderte 1834 nach Amerika aus und erwarb 1839 von den Mexikanern große Ländereien an der Stelle der heutigen Stadt Sacramento (Kolonie Neu-Helvetia). Als nach dem Erwerb Kaliforniens durch die USA 1848 auf seinem Grund Gold gefunden wurde, zerstörten Abenteurer und Goldsucher seinen Besitz.

Sütterlin, Ludwig, * Lahr 23. Juli 1865, † Berlin 20. Nov. 1917, dt. Graphiker. - Schuf die dt. *„Sütterlin-Schrift“*, 1935–41 als „Dt. Schreibschrift“ an den dt. Schulen eingeführt.

Suttner, Bertha Freifrau von, geb. Gräfin Kinsky, Pseud. B. Oulot, * Prag 9. Juni 1843, † Wien 21. Juni 1914, östr. Pazifistin und Schriftstellerin. - Gewann mit den sozialeth.-pazifist. Romanen „Die Waffen nieder!“ (1889) und „Martha's Kinder“ (1893) weite Kreise für die Friedensbewegung. Begründete

1891 die „Östr. Gesellschaft der Friedensfreunde" (seit 1964 „S.-Gesellschaft"); Vizepräs. des „Internat. Friedensbureaus" in Bern; regte die Stiftung des Friedensnobelpreises an, den sie selbst 1905 erhielt. - Abb. S. 271.

Sutton Hoo [engl. 'sʌtn 'huː], Fundort (bei Woodbridge, Suffolk, Großbrit.) eines german. Bootgrabes, mit Visierhelm, Schwert (Spatha), Schild, Eisenstandarte, Steinzepter, Harfe, byzantin. Silberteller, Tauflöffel, einer Börse mit 37 merowing. Goldmünzen (dadurch Datierung des Grabes: nach 625 n. Chr.). - Abb. S. 266.

Su Tung-p'o (Su Dongpo) [chin. sudʊŋpɔ], eigtl. Su Shih, auch Su Tzu-chan gen., * Meishan (Szetschuan) 19. Dez. 1036, † Tschangtschou 28. Juli 1101, chin. Staatsmann, Dichter und Maler. - Wechselvolle polit. Laufbahn als Gouverneur und Min.; mehrfach in Haft; bed. Prosadichter und Lyriker, beeinflußte die gesamte chin. Lyrik, bes. die Landschaftsdichtung; bed. auch als Landschaftsmaler, Kalligraph und Kunsttheoretiker.

Sutur [lat.] (Naht, Sutura), in der *Anatomie* und *Morphologie* Bez. für verschiedene furchen- oder nahtartige Strukturen an der Oberfläche von Organen oder Körperteilen; bei Wirbeltieren und beim Menschen in Form einer ↑ Knochennaht.

Suum cuique [ku'iːkve; lat. „jedem das Seine"], Wahlspruch des preuß. Schwarzen Adlerordens, nach einem angebl. auf Cato d. Ä. zurückgehenden, schon in der Antike geflügelten Wort.

Suva, Hauptstadt von Fidschi, auf Viti Levu, 71 300 E. Sitz eines kath. Erzbischofs und eines anglikan. Bischofs; Univ. (gegr. 1968), medizin. Hochschule; Schiffbau und Schiffsreparaturen, Nahrungsmittel-, Tabak-, Baustoff- und Holzind.; Hafen; ✈.

SUVAL (Suval), Abk. für: **S**chweizerische **U**nfall**v**ersicherungs**a**nstalt **L**uzern, ↑ Schweizerische Unfallversicherungsanstalt.

Suvanna Phuma ['fuːma], * Luang Prabang 7. Okt. 1901, † Vientiane 10. Jan. 1984, laot. Politiker. - Aus der königl. Familie, Halbbruder von Suvannavong; ab 1951 wiederholt laot. Min.präs. (zuletzt 1962–75); geriet als neutralist. Politiker in Ggs. zum prokommunist. Pathet Lao, an den er 1975 die Reg. abgeben mußte.

Suvannavong, * Luang Prabang 12. Juli 1912(?), laot. Politiker. - Aus der königl. Familie, Halbbruder von Suvanna Phuma; ab 1938 aktiver nationalist. Politiker; unter S. entstand 1944 der prokommunist. Pathet Lao, der nach langem Guerillakrieg 1975 die Macht in Laos errang; wurde nach Errichtung der Demokrat. VR Laos im Dez. 1975 Staatspräsident; trat im Okt. 1986 zurück.

Süverkrüp, Dieter, * Düsseldorf 30. Mai 1934, dt. Liedermacher, Sänger und Gitarrist. - Graphiker; verfaßt seit 1960 Songs, Chansons und polit. Lieder v. a. gegen gesellschaftl. und soziale Mißstände in der BR Deutschland, u. a. das Kinderlied „Der Baggerführer Willibald" (1970), oder das Agitationslied „Rote Fahnen sieht man besser" (1972).

Suzeränität [frz., zu lat. sursum „oben"], im Völkerrecht eine Staatenverbindung, bei der ein Staat *(Suzerän)* die auswärtigen Beziehungen eines anderen Staates regelt, der über ↑ Souveränität nur hinsichtlich seiner inneren Verhältnisse verfügt (**Halbsouveränität**).

Suzuki, Zenko, * Präfektur Iwate 11. Jan. 1911, jap. Politiker. - Parlaments-Mgl. seit 1947 zuerst für die Sozialist. Partei, ab 1949 für die konservative Liberal-Demokrat. Partei (LDP); seit 1960 mehrfach Min. (u. a. Postmin. 1960, Min. für Gesundheit und Wohlfahrt 1965–67, für Landw. und Forsten 1976/77); wurde nach dem Tod M. Ohiras 1980–82 Vors. der LDP und war zur gleichen Zeit Ministerpräsident.

Sv, Einheitenzeichen für ↑ Sievert.

s. v., Abk. für lat.: **s**alva **v**enia („mit Erlaubnis"), **s**ub **v**erbo („unter dem Stichwort") und für frz.: **s**ans **v**aleur („ohne Wert").

Svalbard [norweg. ˌsvaːlbar], norweg. Bez. für die zu Norwegen gehörenden Inseln und Inselgruppen im Nördl. Eismeer.

Svarez (entstellt zu: Suarez), Carl Gottlieb, eigtl. C. G. Schwar[e]tz, * Schweidnitz 27. Febr. 1746, † Berlin 14. Mai 1798, dt. Jurist. - War als Mitarbeiter J. H. C. Graf von Carmers an der Neuorganisation der schles. Verwaltung maßgebl. beteiligt; leistete die entscheidenden Vorarbeiten für die großen Kodifikationen der Aufklärung in Preußen,

Ludwig Sütterlin, Deutsche Schreibschrift (Sütterlin-Schrift)

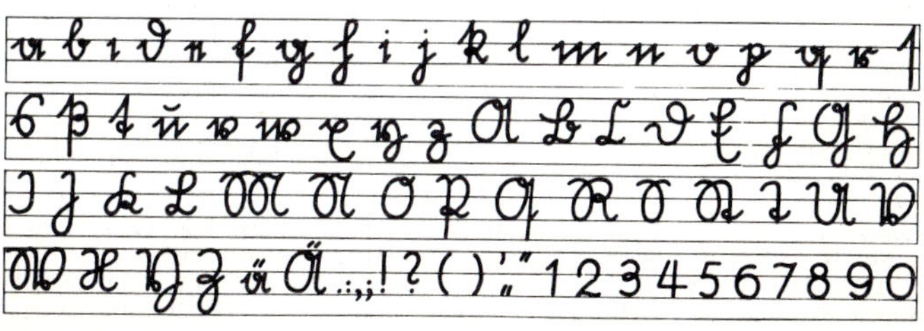

Sutton Hoo. Schließe mit Cloisonné aus Millefioriglas, roten Steinen und Filigran (7. Jh.). London, British Museum

die von einem relativen Naturrecht geprägt waren (z. B. Allg. Landrecht [für die preuß. Staaten]).

SVD, Abk. für lat.: Societas **V**erbi **D**ivini, †Steyler Missionare.

Svealand, histor. Bez. für das nördl. der beiden Kerngeb. Schwedens, umfaßt die histor. Prov. Södermanland, Uppland, Vastmanland, Närke, Värmland und Dalarna.

Svear (lat. Sviones), Kernstamm der Schweden, seit dem 1. Jh. n. Chr. im Gebiet um den Mälarsee nachzuweisen; schloß mit seinem Königsgeschlecht der Ynglingar zw. dem 6. und 10. Jh. die Gauten in S-Schweden sowie die Inseln Öland und Gotland zum Schwedenreich (Svea-Rike = Sverige) zusammen.

Svedberg, The (Theodor) [schwed. ˌsveːdbærj], * Valbo 30. Aug. 1884, † Kopparberg (Örebro) 26. Febr. 1971, schwed. Chemiker. - Prof. für physikal. Chemie in Uppsala; forschte v. a. über Kolloide, wofür er erstmals Ultrazentrifugen konstruierte; erhielt für seine Arbeiten über disperse Systeme 1926 den Nobelpreis für Chemie.

Svedberg-Einheit (Svedberg) [schwed. ˌsveːdbærj; nach T. Svedberg], Einheitenzeichen S; Einheit für die Sedimentationskonstante (= Quotient aus Absinkgeschwindigkeit und Zentrifugalbeschleunigung) von Molekülen oder kleinen Teilchen, z. B. beim Zentrifugieren in einer [analyt.] Ultrazentrifuge. Die S.-E. hat die Dimension bzw. Größenordnung einer Zeit; $1\,S = 10^{-13}\,s$.

svegliato [svɛlˈjaːto; italien.], musikal. Vortragsbez.: munter, frisch, kühn.

Sven, aus den nord. Sprachen übernommener männl. Vorname (norweg. und dän. auch Svend), eigtl. „junger Mann, junger Krieger".

Svend I. Tveskæg (Sven[d] Gabelbart), * um 955, † Gainsborough 3. Febr. 1014, König von Dänemark (seit 986) und England (seit 1013). - Als Anführer zahlr. Wikingerzüge erlangte S. um 1000 die Oberherrschaft über Norwegen und eroberte 1013 mit seinem Sohn Knut II., d. Gr., England und legte so den Grundstein für das Großreich seines Sohnes.

Svenska Dagbladet [schwed. „Das schwed. Tageblatt"] schwed. Zeitung, †Zeitungen (Übersicht).

Svenska Kullagerfabriken AB [schwed. ˌsvɛnska ˌkʉːlagərfabriːkən ɑːˈbeː], Abk. SKF, schwed. Unternehmen der Wälzlagerindustrie, Sitz Göteborg; gegründet 1907. Dt. Tochtergesellschaft: SKF Kugellagerfabriken GmbH, Sitz Schweinfurt.

Svenska Tändsticks AB [schwed. ˌsvɛnska ˌtɛndstiks ɑːˈbeː], Abk. STAB, schwed. Mischkonzern, Sitz Jönköping; gegründet 1917 von I. †Kreuger.

Svensson, Jón, eigtl. J. Stefán Sveinsson, * Möðruvellir 16. Nov. 1857, † Köln 16. Okt. 1944, isländ. Erzähler. - Seine autobiograph. [humorvollen] Kinderbücher über den Jungen Nonni wurden in 30 Sprachen übersetzt.

Sverdrup Islands [engl. ˈsvɛədrʊp ˈaɪləndz], Inselgruppe im N des Kanad.-Arkt. Archipels; größte Insel ist Axel Heiberg Island.

Sveriges riksbank [schwed. ˈsværjəs] †Schwedische Reichsbank.

Sveti Stefan, Hotelsiedlung in einem ehem. Fischerdorf auf einer fast ganz vom Meer umgebenen Halbinsel, Jugoslawien.

Světlá, Karolina [tschech. ˈsvjɛtlaː], eigtl. Johanka Mužáková, geb. Rottová, * Prag 24. Febr. 1830, † ebd. 7. Sept. 1899, tschech. Schriftstellerin. - Verfaßte krit.-realist. Dorferzählungen und -romane mit nat., gesellschaftl., religiöser und moral. Problematik; z. B. „Sylva" (R., 1869). Die Erzählung „Der Kuß" (1871) diente als Vorlage der Oper von B. Smetana.

Svevo, Italo [italien. ˈzvɛːvo], eigtl. Ettore Schmitz, * Triest 19. Dez. 1861, † Motta di Livenza (Treviso) 13. Sept. 1928 (Autounfall), italien. Schriftsteller. - Sohn eines aus dem Rheinland stammenden dt. Kaufmanns. Ab 1904 mit J. Joyce befreundet. Erster und wichtigster Vertreter des psychoanalyt. Romans in Italien. Die [autobiograph.] Werke „Ein Leben" (1892), „Ein Mann wird älter" (1898) und bes. „Zeno Cosini" (1923) sprengen fast die künstler. Grenzen des Romans: Statt einer chronolog. Abfolge werden Erlebniszyklen mit zeitl. Überschneidung zum Ordnungsgefüge. Schrieb auch Bühnenstücke, Novellen und Essays.

Svinhufvud, Pehr Evind [schwed. ˌsviːnhʉːvʉd], * Sääksmäki (= Valkeakoski [Häme]) 15. Dez. 1861, † Luumäki (Kymi) 29. Febr. 1944, finn. Politiker. - Ab 1894 konservativer Abg., mehrfach Parlamentspräs.; 1914–17 in sibir. Verbannung; stand als Senatspräs. im finn. Befreiungskampf an der

Spitze des Staates, Mai–Dez. 1918 als Reichsverweser; unterstützte als Min.präs. (1930/31) die Lapuabewegung; 1931–37 Staatspräsident.

Svoboda, Josef, * Čáslav 10. Mai 1920, tschech. Bühnenbildner. - 1948 Ausstattungsleiter der Prager Staatsbühnen. 1958 Mitbegr. der ↑Laterna magica. Schuf mit Projektionen und Lichtkinetik berühmte raumplast. Szenographien.

S., Ludvík, * Hroznatín (Mähren) 25. Nov. 1895, † Prag 20. Sept. 1979, tschechoslowak. Offizier und Politiker. - Förderte als Verteidigungsmin. und Oberbefehlshaber der Armee (1945–51) die Machtübernahme durch die KPČ 1948, die ihn 1950 in das ZK und 1951 in ihr Präsidium berief; Ende 1951 aller polit. Funktionen enthoben; ab 1956 Kommandeur der Militärakademie; im März 1968 von den Prager Reformern zum Staatspräs. gewählt, stellte sich anfangs gegen die sowjet. Intervention, paßte sich aber rasch den neuen Gegebenheiten an; Rücktritt im Mai 1975.

SVP, Abk. für: ↑Südtiroler **V**olks**p**artei.

s.v.v., Abk. für: ↑**s**it **v**enia **v**erbo.

SvZ, Abk. für: ↑**S**ysteme **v**orbestimmter **Z**eiten.

Swaanswijk, Lubertus Jacobus [niederl. 'swa:nswɛi̯k], Pseud. Lucebert, * Amsterdam 15. Sept. 1924, niederl. Lyriker und Maler. - Hauptvertreter der „Vijftigers", die um 1950 die niederl. Lyrik erneuerten. Als Maler bed. Vertreter des abstrakten Expressionismus.

Swahili (ki-Swahili, Suaheli, Kisuaheli), Bantusprache, die urspr. nur an der O-Küste Afrikas zw. Kismayu im N und Ibo (Insel nördl. von Pemba, Moçambique) im S gesprochen wurde. Die Bez. S. soll auf arab. sawāḥil („Küsten") zurückgehen. Heute ist S. Amtssprache in Tansania, Uganda und Kenia und Verkehrssprache in weiten Teilen O-Afrikas. Es gibt eine Reihe von Dialekten, von denen das ki-Unguja, das auf Grund der wirtsch. Stellung Sansibars schon im 19. Jh. entlang den alten Karawanenwegen ins Landesinnere als Lingua franca Verbreitung gefunden hatte, von dem 1930 gegründeten „Inter-Territorial Language Committee" (später „East African Swahili Committee") als Standardsprache bestimmt wurde; das S. wird heute in lat. Schrift geschrieben.

Die literar. Tradition des S., urspr. nur in den nördl. Dialekten ki-Mvita und ki-Amu vorhanden, wird auch heute noch gepflegt. Die nach bestimmten Regeln verfaßten alten Versdichtungen (z. B. „Utendi", „Shairi", „Ukawafi", „Kisarambe") sind in Manuskripten mit arab. Schrift überliefert; das älteste erhaltene Manuskript stammt aus dem Jahr 1728.

Swammerdam, Jan, * Amsterdam 12. Febr. 1637, † ebd. 15. Febr. 1680, niederl. Naturforscher. - War kurze Zeit Arzt, widmete sich dann jedoch fast ausschließl. seinen anatom. und entomolog. Studien, zu denen er selbstgefertigte opt. Instrumente benutzte. S. entwickelte u. a. die Injektionsmethode zur Präparierung von Blutgefäßen. Bedeutende Arbeiten zur Systematik der Insekten. Schrieb „Biblia naturae ..." (hg. 1737/38).

Swan, Sir (seit 1904) Joseph Wilson [engl. swɔn], * Sunderland 31. Okt. 1828, † Warlingham (Surrey) 27. Mai 1914, brit. Erfinder. - Pionier auf dem Gebiet der Photographie; entwickelte verschiedene photograph. Kopierverfahren; 1879 Patent für das Bromsilberpapier; produzierte ab 1880 Kohlefadenlampen; erfand 1883 die Herstellung von Kunstseide durch Pressen von Nitrozellulose durch feine Löcher.

Swan River [engl. 'swɔn 'rɪvə], Fluß in Westaustralien, entspringt im zentralen Swanland, mündet bei Fremantle in den Ind. Ozean, etwa 400 km lang.

Swansea [engl. 'swɔnzɪ], Stadt in S-Wales, an der Mündung des Tawe in die S. Bay, 167 800 E. Verwaltungssitz der Gft. West Glamorgan; anglikan. Bischofssitz; College; Theater; Museum. Bed. Hafen; Stahlwerke, Motoren- und Schiffbau u. a. Ind.zweige. - Entstand um eine normann. Burg des 12. Jh.; erhielt 1184 Stadtrecht; seit 1888 Stadtgrafschaft. - Pfarrkirche Saint Mary mit got. Chor.

Swanson, Gloria [engl. swɔnsn], * Chicago 27. März 1899, † New York 4. April 1983, amerikan. Schauspielerin und Filmproduzentin. - Wurde in den 1920er Jahren als Darstellerin extravaganter Frauen in einer von Luxus bestimmten Welt zum internat. Stummfilmstar und herausragenden Symbol für Hollywoodglamour („Königin Kelly", 1928). - *Weitere Filme:* Boulevard der Dämmerung (1950), Airport (1974).

Swapgeschäft [engl. swɔp], im internat. Devisentermingeschäft zeitweise sehr häufige Art der Kurssicherung, der kurzfristigen Geldanlage oder Kursspekulation, bei der eine Differenz zw. Devisentermin- und Devisenkassakurs (Swap) ausgenutzt wird; die Differenz wird dabei als Swapsatz auf den Devisenkassakurs bezogen. Ist der Terminkurs höher als der Kassakurs, spricht man von Report (Agio, Aufschlag), im umgekehrten Fall von Deport (Disagio, Abschlag). Zur *Kurssicherung* wird ein Devisenkassakauf zugleich mit einem Devisenterminverkauf (oder umgekehrt) durchgeführt. Beide Kurse werden beim Abschluß des ersten Geschäftes festgelegt. Zur *kurzfristigen Geldanlage* wird entweder ein vorhandenes Zinsgefälle in verschiedenen Ländern ausgenutzt, oder es wird ein Devisenleihgeschäft abgeschlossen, um vorhandene, aber momentan nicht benötigte Devisen nutzbringend für die gewünschte Zeit anzulegen. Der *Kursspekulation* dient ebenfalls ein Devisentermingeschäft, allerdings ohne zugrundeliegende Warenlieferung.

SWAPO, Abk. für engl.: South West African People's Organization, 1958 gegr. Widerstandsbewegung in ↑ Namibia.

Swarabhakti (Svarabhakti) [Sanskrit „Vokalteil"], bei den ind. Grammatikern übl. und von der europ. Sprachwiss. des 19. Jh. übernommene Bez. für einen sekundären (in der Klangfarbe variierenden) *Sproßvokal*, der, meist zur Erleichterung der Aussprache, in eine Konsonantengruppe eingeschoben wird, z. B. lat. *saeculum* aus *saeclum* („Zeitalter").

Swarog, slaw. Gott des ird., urspr. wohl auch des himml. Feuers, der Sonne.

Swasi, Bantuvolk in Swasiland und in der Republik Südafrika, bilden in ↑ Swasiland das Staatsvolk. Von den S. in Südafrika leben nur rd. 22% in ihrem Heimatland Kangwane.

Swasiland

(amtl.: Umbuso we Swatini, engl. Kingdom of Swaziland; auch Ngwane), Monarchie im südl. Afrika, zw. 25° 45′ und 27° 20′ s. Br. sowie 30° 45′ und 32° 10′ ö. L. **Staatsgebiet:** S. ist im N, W, S und südl. O von Südafrika (Transvaal) umgeben, im nördl. O grenzt es an Moçambique. **Fläche:** 17 364 km². **Bevölkerung:** 630 000 E (1984), 36,3 E/km². **Hauptstadt:** Mbabane. **Verwaltungsgliederung:** 4 Distr. **Amtssprachen:** isi-Swazi und Englisch. **Währung:** Lilangeni (E; Plural: Emalangeni) = 100 Cents (c). **Internationale Mitgliedschaften:** UN, OAU, Commonwealth, Zollunion mit Südafrika und Lesotho, der EWG assoziiert. **Zeitzone:** MEZ + 1 Stunde.

Landesnatur: Die Landschaft von S. ist charakterisiert durch 4 Landschaftszonen: das Highveld (900–1 800 m), das Middleveld (350–1 050 m), das Lowveld (60–700 m) und die Lebombo Range (270–810 m).
Klima: S. hat dank der Höhenlage gemäßigtes Klima. Die mittleren Sommertemperaturen (Jan.) liegen je nach Höhenlage zw. 26 °C und 18 °C, die entsprechenden Wintertemperaturen zw. 16 °C und 12 °C. Die Niederschläge (zu 80% im Sommer) erreichen Jahressummen zw. 500 mm im SO und 1 250 mm im W.
Vegetation: Das Highveld hat Grasfluren mit Waldresten, das Middleveld Kulturland und Weideareale, das Lowveld Trockensavanne (natürl. Weidegebiet).
Bevölkerung: Über 90% der Bev. gehören dem Volk der Swasi an; daneben gibt es Zulu und Tsonga sowie andere Bantu. Am dichtesten besiedelt ist das Middleveld, am dünnsten das Lowveld. Neben zwei Lehrerseminaren besitzt S. eine Universität.
Wirtschaft: 72 % der landw. Nutzfläche werden von Swasi in Selbstversorgungswirtschaft genutzt. Für sie ist Viehzucht wichtiger als Ackerbau. Wichtigstes Anbauprodukt ist Zuckerrohr. Der Holzeinschlag ist nicht unbed.; die Bed. des Bergbaus wächst ständig; die wichtigsten Bergbauprodukte sind Asbest (fünftgrößter Produzent der Erde), Eisenerz und Steinkohle. Die Ind. beschränkt sich im wesentl. auf die Veredelung der heim. Land- und Forstwirtschaftsprodukte.
Außenhandel: Die wichtigsten Handelspartner sind die Republik Südafrika, Großbrit., die USA und Italien. Exportiert werden Zukker, Zellstoff, Eisenerz, Asbest, Zitrusfrüchte, Fleisch und Fleischwaren, Baumwolle.
Verkehr: Eisenbahnlänge: 323 km, das ist die Bahn vom Eisenerzbergwerk nach Moçambique, zum Hafen Maputo, den S. als Freihafen benutzen darf. Länge des Straßennetzes 2 723 km, davon 520 km asphaltiert. Internat. ✈ bei Manzini.
Geschichte: Die Swasi wanderten erst Anfang des 19. Jh. in ihr heutiges Land ein. Unter Sobhusa I. († 1836) erfolgte der Zusammenschluß im Abwehrkampf gegen die Zulu. Nach der Besiedlung des Transvaal-Gebietes durch die Buren gerieten die Swasi in Abhängigkeit von Südafrika. 1894 übernahm Südafrika die Verwaltung des Landes. Nach dem Burenkrieg verwalteten die Briten S., das 1907 eigenes brit. Protektorat wurde. 1967 erhielt S. die innere Autonomie, am 6. Sept. 1968 die volle Unabhängigkeit, verblieb jedoch bis heute im militär. und polit. Einflußbereich von Südafrika. König Sobhusa II. regierte unter den Briten seit 1921 das Land, seit 1967 ist er offizielles Staatsoberhaupt. 1973 setzte er die Verfassung von 1968 außer Kraft und löste das Parlament auf; im Okt. 1978 wurde eine neue Verfassung in Kraft gesetzt, die die absolute Position des Königs bestätigt. Die gleichfalls für Okt. 1978 ausgeschriebenen Parlamentswahlen fanden nach einem Verfahren statt, das im wesentl. durch den König bestimmt ist. Anfang 1979 nahm das Parlament nach 6jähriger Unterbrechung seine Beratungen wieder auf. Premiermin. blieb Generalmajor Maphevu Dlamini (seit 1976 im Amt); er starb jedoch schon im Okt. 1979. Sein Nachfolger wurde Prinz Mabandla N. F. Dlamini im Nov. 1979, der im März 1983 von Prinz Bhekimit Dlamini abgelöst wurde. Im Aug. 1982 verstarb König Sobhusa II., am 25. April 1986 wurde Prinz Makhosetive als Mswati III. zum neuen König gekrönt.
Politisches System: S. ist eine unabhängige absolute Monarchie im Rahmen des Commonwealth. *Staatsoberhaupt* und oberster Inhaber der *Exekutive* und *Legislative* ist der König (seit 1982 Prinz Makhosetive, zunächst unter Regentschaft seiner Mutter, seit 1986 Mswati III.). Er regiert als Alleinherrscher, unterstützt von einem Kabinett, dessen Premiermin. (Mgl. der königl. Familie) u. Min. er ernennt. Darüber hinaus verfügt er über die noch funktionierenden Stammesinstitutionen Liqoqo (Swazi National Council; bestehend aus dem König und allen erwachsenen männl. Swasi) und Tinkhundla (Stam-

mesversammlungen), die ihm beratend und exekutiv zur Seite stehen. Das Zweikammerparlament besteht aus Nat.versammlung (40 von einem Wahlkollegium bestimmte und 10 vom König ernannte Mgl.) und Senat (10 von einem Wahlkollegium bestimmte u. 10 vom König ernannte Mgl.). Seit 1973 ist den *Parteien* jegl. polit. Aktivität untersagt; die wichtigsten sind die royalist. Imbokodvo National Movement (gegr. 1964) und die 1978 gegr. oppositionelle Swaziland Liberation Movement (SWALIMO). *Verwaltungs*mäßig ist S. in 4 Distrikte gegliedert, die Kommissaren der Reg. unterstehen. Das *Recht* basiert auf niederl., in Handelsfragen auf brit. Recht; daneben existiert überliefertes Stammesrecht. Die *Streitkräfte* umfassen 2657 Mann, daneben gibt es paramilitär. Polizeikräfte. 1983 wurde eine zweijährige Wehrpflicht eingeführt.

🕮 *Polit. Lexikon Afrika. Hg. v. R. Hofmeier u. M. Schönborn. Mchn. ³1987. - Kuper, H.: Sobhuza II. Ngwenyama and king of Swaziland. New York 1978. - Grotpeter, J. J.: Historical dictionary of Swaziland. Metuchen (N. J.) 1975.*

Swạstika [Sanskrit], seit der ↑Harappakultur in Indien nachweisbares Glückssymbol. - ↑auch Hakenkreuz.

Swat, bis 1970 selbständiges Fürstentum, heute Teil der pakistan. North-West Frontier Province, am Fuß des Hindukusch.

Sweater ['sveːtər, engl. 'swɛtə], Sportpullover, der meist auf der Schulter geknöpft wird.

Sweben (Sueben, Schwaben, lat. Suebi, Suevi), Gruppe westgerman. Völker, zu der u. a. Semnonen, Markomannen, Quaden, Hermunduren, Vangionen, Nemeter, Alemannen gerechnet werden. Urspr. wohl im Gebiet Brandenburg ansässig, breiteten sich über die Niederlausitz, Sachsen, Thüringen aus und stießen bis nach Hessen, ins Maingebiet sowie nach S-Deutschland vor. Teile der S. unter Ariovist wurden 58 v. Chr. in Gallien von Cäsar besiegt. Markomannen (als zurückgebliebene Teile werden die **Nekkarsweben** [Hauptort Lopodunum (= Ladenburg)] angesehen) und Quaden wanderten 9/8 v. Chr. nach Böhmen und Mähren aus.

Swedenborg, Emanuel ['sveːdənbɔrk, schwed. ˌsveːdənbɔrj], eigtl. E. Svedberg, * Stockholm 29. Jan. 1688, † London 29. März 1772, schwed. Naturforscher und Theosoph. - 1716–47 Mgl. der Verwaltung der obersten Bergbaubehörde; Schwerpunkte seiner wiss. Tätigkeit lagen bei techn. Konstruktionen (u. a. eines Tauchbootes), Studien zur Kristallographie und Kosmogonie (stellte 21 Jahre vor Kant und Laplace die Nebularhypothese auf); daneben astronom., geolog., paläontolog. und anatom.-physiolog. Arbeiten (z. B. Entdeckung der Lokalisation der Gehirnfunktionen). Im Anschluß an Leibniz und Wolff beschäftigte er sich mit Problemen des Aufbaus einer Universalwissenschaft. Diese Bemühungen standen bereits unter dem Einfluß religiöser Spekulationen (seit den 1730er Jahren), die ihren wiss. Niederschlag z. B. in einer theolog. Physiologie fanden („Oeconomia regni animalis", 1740/41; „Regnum animale", 1744/45). Die religiöse Wende bei S. gipfelte 1744/45 in Christusvisionen und der ausschließl. Hinwendung zu einer visionären Theorie der spirituellen Welt. Umfangreiche Bibelkommentare (u. a. zu Genesis und Exodus: „Arcana coelestia", 8 Bde. 1749–56) dienten dem Entwurf einer universalen Religion, der ab 1782 zur Bildung zahlr. Gemeinden der „Neuen Kirche" (u. a. in England, Deutschland, in den USA; **Swedenborgianer**) führte. In seiner religiösen Lehre weicht S. in vielen Punkten von der kath. und ev. Theologie ab: So leugnet S. die leibl. Auferstehung des Menschen, lehnt dessen Passivität im Erlösungsgeschehen ab und versteht die Trinität nicht als drei Personen Gottes, sondern drei Wesensseiten der Gottheit. - *Weitere Werke:* Opera philosophica et mineralia (1734), Die wahre christl. Religion (1771).

🕮 *Jonsson, I.: E. S. Engl. Übers. New York 1971. - Benz, E.: E. S. Naturforscher u. Seher. Mchn. 1948.*

Sweelinck, Jan Pieterszoon, * Deventer im Mai 1562, † Amsterdam 16. Okt. 1621, niederl. Komponist und Organist. - 1580–1621 Organist der Oude Kerk in Amsterdam; seine Vokalwerke (Psalmen, Madrigale, Chansons, lat. geistl. Gesänge und Kanons) sind noch im älteren kontrapunkt. Stil der niederl. Schule geschrieben. Mit seinen Werken für Tasteninstrumente (Fantasien, Ricercare, Tokkaten, Choral- und Liedvariationen) beeinflußte er die norddt. Orgelschule.

Sweep [engl. swiːp], Zusatzeinrichtung an elektron. Musikinstrumenten und Synthesizern, mit der ein Glissando hervorgerufen werden kann; z. B. ein stufenlos verstellbarer Schwebungssummer oder stetig veränderbare Filter.

Swerdlọwsk (bis 1924 Jekaterinburg), sowjet. Geb.hauptstadt am Isset, RSFSR, 1,3 Mill. E. Univ. (gegr. 1920), 12 Hochschulen, Ural-Zweigstelle der Akad. der Wiss. der UdSSR, 50 Forschungsinst.; Gemäldegalerie, Museen und Theater, Philharmonie. Bed. Maschinenbau, ferner Hütten-, chem., Baustoff- und Konsumgüterind.; eine der beiden Ausgangsstationen der Transsib; ✈. - Als eine der ersten planmäßig (quadrat.) angelegten Fabrikstädte 1721 gegr., von Wällen und Bastionen geschützt.

Swẹrtia [nach dem niederl. Botaniker E. Swert (Sweert), 16./17. Jh.], svw. ↑Tarant.

Swịdbert ↑Suitbert.

Swidérien [svideri'ɛ̃ː; frz.] (Swidrykultur), nach der Gemeinde Świdry Wielkie bei Warschau ben. endpaläolith. Formenkreis mit Verbreitungsschwerpunkt im heutigen

Polen; kennzeichnend sind steinerne Stielspitzen.

Świdnica [poln. ɕfid'nitsa] ↑Schweidnitz.

Świecie [poln. 'ɕfjɛtɕɛ] (dt. Schwetz an der Weichsel), poln. Stadt 40 km nö. von Bromberg, 60 m ü. d. M., 22 000 E. Zellstoff-, Papier- und Nahrungsmittelind. - Seit dem 12. Jh. bekannt; kam 1308/09 mit Pomerellen an den Dt. Orden; erhielt vor 1338 Culmer Stadtrecht. - Ruinen der ehem. Deutschordensburg (1338–48).

Swietenia [nach dem östr. Mediziner G. van Swieten, * 1700, † 1772], Gatt. der Zedrachgewächse mit fünf Arten (ausschließl. Bäume) im trop. Amerika; die wirtsch. bedeutendsten Arten *S. mahagoni* und *S. macrophylla* liefern das echte Mahagoniholz.

Swift, Jonathan, * Dublin 30. Nov. 1667, † ebd. 19. Okt. 1745, ir.-engl. Schriftsteller. - Kam 1688 nach England; 1689–99 Sekretär des Staatsmannes und Schriftstellers Sir W. Temple (* 1628, † 1699); danach in Irland; hielt sich jedoch häufig in London auf, wo er sich in die Politik einschaltete, zuerst auf seiten der Whigs, ab 1710 auf seiten der Tories; 1713 Dekan in Dublin. Starb in geistiger Umnachtung an einem Gehirntumor. Verfaßte zahlr. polit. und polit.-religiöse Schriften. „Ein Märchen von einer Tonne" (1704) ist eine satir. Allegorie auf den Streit der Konfessionen; in den 6 „Tuchhändlerbriefen" (1724) verteidigte er die sozialen und polit. Interessen der ir. Bev. gegen die engl. Unterdrücker. In dem satir.-aggressiven Roman „Gullivers sämtl. Reisen" (4 Tle., 1726) wird im Wechsel der konkret-anschaul. gemachten Perspektive des Erzählers (zuerst bei den Liliputanern, dann bei den Riesen, später bei den Wissenschaftlern und den gelehrten Pferden) und der grotesk-überspitzten Darstellung die Umkehrung aller Verhältnisse und Werte gezeigt, insbes. jedoch das engl. [korrupte] Regierungswesen unbarmherzig verspottet. Gekürzt und inhaltl. entschärft, wurden die beiden 1. Teile zu einem der beliebtesten Kinderbücher der Welt. Sein „Tagebuch in Briefen an Stella" (1710–13) ist eine Meisterleistung der Briefliteratur.

📖 *Wood, N.: S. Brighton 1986. - Downie, J. A.: J. S., political writer. London 1984. - Schuhmann, K./Möller, J.: J. S. Darmst. 1981. - Real, H. J.: J. S. Bln. 1978. - Schmidt, Johann N.: Satire: S. u. Pope. Stg. 1977. - Wittkop, J. F.: J. S. Rbk. 1976.*

Swimming-pool [engl. 'swɪmɪŋ 'pu:l], Schwimmbecken [auf Privatgrundstücken].

Swinburne, Algernon Charles [engl. 'swɪnbə:n], * London 5. April 1837, † Putney (= London) 10. April 1909, engl. Dichter. - Aus alter, wohlhabender Familie; schloß sich 1860 den Präraffaeliten an; lebte seit 1879 zurückgezogen bei dem Kunstkritiker T. Watts-Dunton (* 1832, † 1914). Auf das viktorian. Publikum schockierend wirkten seine „Gesänge und Balladen" (1866 [Bd. 1], 1878 [Bd. 2], 1889 [Bd. 3]), deren Sinnlichkeit und erot. Deutlichkeiten v. a. von F. Villon, C. Baudelaire und T. Gautier beeinflußt waren. Seine Dichtung „Atalanta in Calydon" (1865) behandelt ein griech. Thema in fließenden Versen und melod. Wortgestaltung. Griech. Vorbilder hatten auch die Dramen, in denen er meist Themen der engl. Geschichte gestaltete. Die polit. Dichtung, v. a. „Lieder vor Sonnenaufgang" (1871), verherrlicht unter dem Einfluß G. Mazzinis demokrat. und republikan. Ideale; auch krit. Arbeiten über die elisabethan. Dichtung.

Swindon [engl. 'swɪndən], engl. Stadt 40 km sw. von Oxford, Gft. Wiltshire, 91 100 E. Royal Military College of Science; Eisenbahnmuseum, Kunstgalerie. Eisenbahnzentrum mit Eisenbahnreparaturwerkstätten und Waggonbau. - Bis 1841 unbed. Marktstädtchen (heute Old Swindon).

Swinemünde (poln. Świnoujście), Stadt auf Usedom und Wollin, Polen▾, 20 m ü. d. M., 47 000 E. Vorhafen Stettins, Marinebasis, Fischereihafen; Werftind., fischverarbeitende Betriebe; Solequellen; Fährverbindungen nach Ystad (Schweden), Kopenhagen und Travemünde. - Das Dorf **Swine,** seit dem 9. Jh. als slaw. Siedlung bekannt, im 12. Jh. wichtige Zollstation, kam 1648 an Schweden, 1720 an Preußen; Ausbau des versandeten Hafens 1738–80, erhielt 1765 eine förml. Stadtverwaltung; kam 1945 an Polen. - Im 2. Weltkrieg wurde S. stark zerstört.

Swing [engl., eigtl. „das Schwingen"], 1. Bez. für eine rhythm. Qualität des Jazz, die durch die Spannung zwischen dem Fundamentalrhythmus (↑Beat) und den gegen diesen gerichteten melod.-rhythm. Akzenten (↑Off-Beat) sowie durch Überlagerungen verschiedener Rhythmen (Polyrhythmik) entsteht. Seit dem Free Jazz wird der Begriff zunehmend durch den der Energie abgelöst. - 2. Bez. für einen Stilbereich des Jazz, der zu Anfang der 1930er Jahre parallel zur Ausbreitung der Musikindustrie entstand. Während der S.epoche, die bis Mitte der 1940er Jahre anhielt, wurden die afroamerikan. Elemente des Jazz zunehmend in den Hintergrund gedrängt und europ. Klangvorstellungen dominierend. An die Stelle von improvisator. Freiheit, die nur noch wenigen Starsolisten vorbehalten blieb, trat die straffe Orchesterdisziplin. Zu den bedeutendsten Orchestern der S.epoche gehörten die von F. Henderson, D. Ellington, J. Lunceford, C. Basie, B. Goodman und A. Shaw. - Heute wird S. v. a. von Tanzorchestern gespielt.

◆ (techn. Kredit) das Toleranzvolumen, innerhalb dessen bei zweiseitigen Handelsverträgen, bei denen der Zahlungsausgleich auf dem Verrechnungswege erfolgt, der Ausgleich von beiden Vertragsparteien nicht durch Devisenzahlung verlangt werden kann.

Swing-by-Technik [engl. 'swɪŋ 'baɪ] ↑ Raumflugbahnen.

Swischtow, bulgar. Stadt an der Donau, 70 m ü. d. M., 32 000 E. Wirtschaftshochschule; Museum; chem. und Nahrungsmittelind.; Hafen. - Im 8. Jh. gegr.; in osman. Zeit (1396–1878) bed. Handelszentrum. - Der **Friede von Sistowa** (4. Aug. 1791) im Rahmen des Türkenkriegs 1787–92 zw. Österreich und dem Osman. Reich stellte die Grenzen vor dem östr. Kriegseintritt (1788) wieder her.

Swissair Schweizerische Luftverkehr AG ['svɪsɛ:r] ↑ Luftverkehrsgesellschaften (Übersicht).

Šwjela, Bogumil [sorb. 'ʃvjɛla] (dt. Gottlieb Schwela), * Schorbus (Landkr. Cottbus) 5. Sept. 1873, † bei Naumburg/Saale 20. Mai 1948, niedersorb. Philologe. - Begründer der modernen niedersorb. Orthographie; verfaßte ein Lehrbuch des Niedersorb. (1905–11) und eine vergleichende Grammatik der ober- und der niedersorb. Sprache (1926).

sy..., Sy... ↑ syn..., Syn...

Sybaris, berühmte griech. (Achäer, Troizen) Kolonie am Golf von Tarent (Gründung um 720 v. Chr.; seit 1969 etwa 3 km landeinwärts von der Mündung des Crati lokalisiert); sprichwörtl. reich, weil es ein großes Gebiet im Hinterland beherrschte; Mutterstadt u. a. von Poseidonia (↑ Paestum); 510 v. Chr. durch Kroton (= Crotone) vernichtet; mehrere versuchte Neugründungen, darunter Thurii.

Sybel, Heinrich von, * Düsseldorf 2. Dez. 1817, † Marburg 1. Aug. 1895, dt. Historiker. - Schüler L. von Rankes, Prof. in Bonn, Marburg, München; 1875 Direktor der preuß. Staatsarchive; Gründer der Histor. Zeitschrift (1859); 1862–64 und 1874–80 Mgl. des preuß. Abg.hauses. Als einer der Hauptvertreter der kleindt. Geschichtsschreibung bewertete S. im Streit mit der großdt. Richtung die universalist. Politik der ma. Kaiser negativ. Mit H. von Treitschke wurde er zu einem der einflußreichsten Prediger des Erfolgs als letztem Maßstab für Politik und Geschichte. - *Werke:* Geschichte des ersten Kreuzzugs (1841), Entstehung des dt. Königthums (1844), Geschichte der Revolutionszeit von 1789–1795 (5 Bde. 1853–79), Die Begründung des Dt. Reiches durch Wilhelm I. (7 Bde. 1890–94).

Syberberg, Hans-Jürgen, * Nossendorf bei Demmin 8. Dez. 1935, dt. Filmregisseur und -produzent. - Vorliebe für poet. Träumereien, romant. Hintergründigkeit, stimmungsvolle Phantasien; vermag Atmosphäre und Assoziationen in ästhet. Filmbilder umzusetzen. - *Filme:* Scarabea (1968), Ludwig - Requiem für einen jungfräul. König (1972), Karl May (1974), Winifred Wagner - Die Geschichte des Hauses Wahnfried von 1914–1975 (1975), Hitler - Ein Film aus Deutschland (1977), Die Nacht (1985).

Sydenham, Thomas [engl. 'sɪdnəm], * Wynford Eagle (Dorset) 10. Sept. 1624, † London 29. Dez. 1689, engl. Mediziner. - Arzt in London; Vertreter und Erneuerer der hippokrat. Medizin; stützte seine medizin. Studien auf Erfahrung und exakte Beobachtung und lieferte klass. Beschreibung der Gicht, von Infektions- und Geschlechtskrankheiten sowie des Veitstanzes.

Sydney [engl. 'sɪdnɪ], Hauptstadt des austral. Bundeslandes Neusüdwales, an der SO-Küste des Kontinents, als Metropolitan Area, die außer der Stadt S. (52 000 E) 36 weitere Städte umfaßt, 3,33 Mill. E. Sitz eines anglikan. und eines kath. Erzbischofs, des Exarchen für Australien und Neuseeland des ökumen. Patriarchen von Konstantinopel; 3 Univ. (gegr. 1850, 1948 bzw. 1964), Konservatorium, Kunstakad., mehrere Forschungsinst., astronom. Observatorium, mehrere Museen, Theater, Oper; botan. Garten, Zoo. S. ist das führende Wirtschaftszentrum des Landes, bed. u. a. Maschinen-, Flugzeug- und Schiffbau, Zinkschmelze, Holz- und Papierind., Elektro-, Nahrungs- und Genußmittel-, Textil-, Baustoff-, Glas- und chem. Ind.; Erdölraf-

Bertha Freifrau von Suttner (um 1905)

Hans-Jürgen Syberberg (1978)

Max von Sydow

finerien; bedeutendster Hafen Australiens; Fährverkehr zw. S- und N-Ufer der Bucht Port Jackson sowie nach George Town und Hobart auf Tasmanien; östl. Endpunkt der transkontinentalen Bahnlinie von Perth; internat. ✈ an der Botany Bay.

Geschichte: Älteste Siedlung Australiens. 1788 als Sträflingskolonie gegr. (**Sydney Cove**), wurde im Zuge der Industrialisierung und des Hafenverkehrs 1911 zum größten Ballungsgebiet Australiens.

Bauten: Restauriert wurden der alte Stadtteil The Rocks und Lagerhäuser an der Bucht S. Cove. Zahlr. Hochhäuser (Centrepoint Tower; 305 m hoch) bestimmen das Bild der City. Berühmt ist das Opernhaus 1959–73) in Form riesiger Muschelschalen (oder Segel), das als Wahrzeichen der Stadt die nahegelegene Hafenbrücke abgelöst hat.

S., kanad. Hafenstadt auf Cape Breton Island, 29 400 E. Stahl- und chem. Ind., Schiffbau, Fischfang und -verarbeitung. - Gegr. 1783; 1784–1820 Hauptstadt der damaligen Prov. Cape Breton Island. - Kirche Saint George (1786).

Sydow, Emil von ['zy:do], * Freiberg 15. Juli 1812, † Berlin 13. Okt. 1873, dt. Offizier und Kartograph. - Seit 1867 Leiter der geograph.-statist. Abteilung des preuß. Großen Generalstabs; schuf zahlr. vorbildl. Landkarten und Atlanten.

S., Max von [schwed. 'sy:dɔv], * Lund 10. April 1929, schwed. Schauspieler. - Darsteller nuancenreicher, psycholog. komplexer Charaktere; seit 1949 beim Film, v. a. unter der Regie von I. Bergman („Das siebente Siegel", 1956; „Die Jungfrauenquelle", 1959; „Wie in einem Spiegel", 1961; „The touch", 1971). - *Weitere Filme:* Die größte Geschichte aller Zeiten (1964), Der Exorzist (1973), Die drei Tage des Condor (1975), Verstecktes Ziel (1978), Hannah und ihre Schwestern (1986). - Abb. S. 271.

Syene ↑ Assuan.

Syenit [nach Syene], helles, grau bis rötl. Tiefengestein mit hohem Feldspat- und geringem Quarzgehalt.

Syfer, Hans ['zi:fər] ↑ Seyfer, Hans.

Sykomore [griech.], svw. ↑ Maulbeerfeigenbaum.

Sykonschwamm [griech./dt.], Bauplantyp der Schwämme, bei dem die Kragengeißelzellen seitl. Ausstülpungen des zentralen Hohlraums auskleiden; steht in der Organisationshöhe zw. Askonschwamm und Leukonschwamm; tritt nur bei Kalkschwämmen auf.

Sykose [griech.], svw. ↑ Bartflechte.

Syktywkar [russ. sɨktɨf'kar], Hauptstadt der ASSR der Komi innerhalb der RSFSR, an der Mündung der Syssola in die Wytschegda, 101 m ü. d. M., 213 000 E. Zweigstelle der Akad. der Wiss. der UdSSR, Univ. (gegr. 1972), PH, 2 Theater. Bed. holzverarbeitende Ind., Schiffbau und Schiffsreparatur, Hafen. - Ende des 16./Anfang des 17. Jh. befand sich hier die Siedlung Syssolskoje, 1780 wurde S. Kreisstadt; Verbannungsort, bes. für Rußlanddeutsche.

syl..., Syl... ↑ syn..., Syn...

syllaba anceps [griech./lat.] ↑ anzeps.

Syllabus [griech.-lat.], der von Papst Pius IX. am 8. Dez. 1864 mit der Enzyklika „Quanta cura" veröffentlichte Katalog von 80 „Zeitirrtümern" hinsichtl. der Säkularisierung des geistigen, sittl. und polit. Lebens; gilt nicht als unfehlbare Lehrentscheidung. In vielen Punkten ist der S. durch die Aussagen des 2. Vatikan. Konzils überholt.

Syllogismus [griech.], in der Syllogistik ein gültiger log. ↑ Schluß, der von zwei Prämissen mittels des syllogist. Verfahrens herbeigeführt wird. Dabei dürfen in den Prämissen nur drei voneinander verschiedene Prädikatoren auftreten; einer davon, der *Mittelbegriff*, muß und darf nur in beiden Prämissen vorkommen. Im allg. werden 19 „gültige" syllogist. Schlußschemata für die *assertor. Syllogismen* aufgeführt. Ein verkürzter S., bei dem eine Prämisse oder die Konklusion als bekannt vorausgesetzt ist, wird als *Enthymem* bezeichnet. Die *bedingten Syllogismen* gehören in den Bereich der Aussagenlogik, wo sie für den Aussagekalkül als *Characteristica universalis* (↑ Leibniz) fungieren. Die Sätze der *modalen Syllogismen* enthalten Modaloperatoren wie „mögl." oder „notwendig". Die Schlußform heißt *Modus*.

Syllogistik [griech.], die Theorie der gültigen Schlußsätze (Konklusionen) aus zwei Vordersätzen (↑ Syllogismus). Die Syllogismen werden je nach der Stellung der in den Prämissen auftretenden Prädikatoren in vier *Schlußfiguren* untersucht. Die S. ist das auf Aristoteles zurückgehende Kernstück der traditionellen Logik. Moderne Darstellungen der S. machen deutl., daß die S. keine log. Basisdisziplin ist, da ihre korrekte formallog. Behandlung zumindest die Junktorenlogik bereits voraussetzt.

Sylt, nördlichste und größte der Nordfries. Inseln, Schl.-H., 99,1 km², bis 52 m ü. d. M., mit Dünen und Kliffbildungen (u. a. Rotes Kliff an der W-Küste). Umfangreiche Küstenschutzmaßnahmen; bed. Fremdenverkehr in den Badeorten Westerland, Wennigstedt, Kampen, List, Hörnum, S.-Ost u. a.; Bahnverbindung über den ↑ Hindenburgdamm. - Ab 1386 teilten sich der dän. König und der Herzog von Schleswig den Besitz von S., das 1435 (außer dem Gebiet um List) an das Hzgt. Schleswig kam.

Sylvanus, Erwin, * Soest 3. Okt. 1917, ebd. 27. Nov. 1985, dt. Schriftsteller und Regisseur. - Dramatiker, Hörspiel- und Fernsehspielautor; internat. Beachtung fand „Korczak und die Kinder" (Schsp., 1959), eine erschütternde Darstellung der Vernichtung jüd. Waisenkinder und ihres sie in das Todeslager begleitenden Lehrers und Arztes. - *Weitere Schauspiele:* Die Treppe (1965), Jan Palach (1972), Victor Jara (1977).

Sylvensteinsee ['zɪlvən...] ↑Stauseen (Übersicht).

Sylvester, James Joseph [engl. sɪl'vɛstə], * London 3. Sept. 1814, † ebd. 15. März 1897, brit. Mathematiker. - Mgl. der Royal Society; Prof. in Woolwich, Baltimore und Oxford. Leistete Bedeutendes in der Theorie der algebraischen Gleichungen und der quadrat. und höheren Formen (mit A. Cayley Begründer der Invariantentheorie), in der Determinanten- und Matritzenrechnung sowie in der Zahlentheorie.

Sylvester ↑Silvester.

Sylvin [nach F. Sylvius] (Kaliumchlorid, Chlorkalium), Salzmineral, farblos oder verschieden gefärbt, glasglänzend; Geschmack bittersalzig; Kristalle oft würfelförmig mit Oktaedern; chem. Zusammensetzung KCl; Mohshärte 2; Dichte 1,9–2 g/cm^3; am meisten geschätztes Kalisalz in sedimentären Salzlagerstätten; Verwendung als Düngemittel.

Sylvius ['zyl..., 'zɪl...], Franciscus, eigtl. François (Frans) Deleboe (de le Boë), * Hanau am Main 15. März 1614, † Leiden 14. Nov. 1672, niederl. Mediziner. - Prof. in Leiden; einer der Hauptvertreter der ↑Iatrochemie; beschrieb als erster die tuberkulösen Herde in der Lunge. Bei seinen Untersuchungen der Körpersäfte entwickelte er die Lehrmeinung, daß die vitalen Vorgänge auf Gärung, Säuerung und Alkalisierung beruhten.

S., Jacobus, eigtl. Jacques Dubois, * Louvilly bei Amiens 1478, † Paris 13. Jan. 1555, frz. Anatom. - Prof. am Collège Royal in Paris; sezierte als einer der ersten menschl. Leichen zum Studium der Anatomie und entdeckte u. a. die Venenklappen.

sym..., Sym... ↑syn..., Syn...

Symbionten [griech.], in ↑Symbiose lebende Organismen.

Symbiose [griech.], das Zusammenleben artverschiedener, aneinander angepaßter Organismen zu gegenseitigem Nutzen. Die bekanntesten Beispiele für *pflanzl. S.* bieten die Flechten (S. zw. Algen und Pilzen), die Knöllchenbakterien in den Wurzeln von Hülsenfrüchtlern und die Mykorrhiza (S. zw. Pilzen und zahlr. Baum- bzw. Orchideenwurzeln). - Die Gemeinschaft von Ameisenpflanzen und Ameisen, die Pilzgärten der Blattschneiderameisen und die S. zw. einzelligen Grünalgen und Hohl-, bzw. Weichtieren stellen *S. zw. Pflanzen und Tieren* dar. - Beispiele für *tier. S.* sind das Zusammenleben des Einsiedlerkrebses Eupagurus bernhardus mit der Seerose Calliactis parasitica und der Putzerfische mit Raubfischen. Nahrungsspezialisten, z. B. Pflanzenfresser und blutsaugende Tiere, leben in S. mit Mikroorganismen, die entscheidend bei der Verdauung mitwirken (Bakterien im Pansen der Wiederkäuer). - Die S. ist manchmal schwer von ↑Kommensalismus und ↑Parasitismus abzugrenzen.

◆ Bez. für das Zusammenleben von Bevölkerungsgruppen unterschiedl. Lebensweise mit gegenseitiger Abhängigkeit, v. a. für das Verhältnis zw. den Wildbeutervölkern des trop. Regenwaldes und ihren feldbautreibenden Nachbarvölkern.

Symblepharon [griech.], Verwachsung des Augenlids mit dem Augapfel; bes. nach Verbrennungen, Verätzungen.

Symbol [zu griech. sýmbolon „Kennzeichen, Zeichen"], *allg.* ein wahrnehmbares Zeichen bzw. Sinnbild (Gegenstand, Handlung, Vorgang), das stellvertretend für etwas nicht Wahrnehmbares (auch Gedachtes bzw. Geglaubtes) steht. So wird z. B. in der *Religionsgeschichte* eine profane Erscheinung durch das Zusammentreffen mit der Sphäre des Göttl. zu einem S. und erhält dadurch selbst einen religiösen Sinn und vermittelt die Gegenwart des Heiligen. - *I. e. S.* ist S. jedes Schrift- oder Bildzeichen mit verabredeter oder unmittelbar einsichtiger Bed., das zur verkürzten oder bildhaften Kennzeichnung und Darstellung eines Begriffs, Objekts, Verfahrens, Sachverhalts u. a. verwendet wird. In diesem Sinne spielen S. nicht nur in *Religion, Kunst* und *Literatur* (↑auch Symbolismus) eine wichtige Rolle, sondern auch in den *Naturwiss.* (z. B. chem. und mathemat. S., Zeichen für physikal. Größen), in der neueren *Logik* und *Sprachphilosophie*, in der *Technik* (z. B. Schaltzeichen) sowie im *tägl. Leben* (z. B. Piktogramme, Verkehrszeichen u. a.).

Symbolik [griech.], Sinnbildgehalt einer Darstellung; durch Symbole dargestellter Sinngehalt; Wiss. von den Symbolen und ihrer Verwendung.

◆ in der christl. Theologie urspr. die Erklärung des Glaubensbekenntnisses, dann seit der Reformation Bez. für die Einleitung in die Bekenntnisschriften bzw. für die konfessionellen Unterscheidungslehren in der theolog. Kontroverse.

symbolisch, sinnbildlich; zeichenhaft für etwas anderes stehend, auf es hindeutend (↑Symbol); **symbolisieren,** sinnbildl. darstellen.

Symbolisierung [griech.], in der Logik und anderen Wiss. das Verfahren der Ersetzung sprachl. Ausdrücke durch eigene, eindeutig in ihrer Rolle festgelegte Zeichen.

Symbolismus [griech.], etwa 1860 in Frankr. entstandene uneinheitl. Richtung in Literatur und Kunst in Europa; gekennzeichnet v. a. durch subjektivist.-idealist., irrationalist. und myst. Tendenzen. Stand im Ggs. zu den realist. und naturalist. Strömungen der Zeit. In der *Literatur* (insbes. der Lyrik) bis in die Gegenwart wirkende Ausprägung des europ. Manierismus; gilt als letzte große eu-

rop. Stilepoche. Vorbild war C. Baudelaire und dessen an der dt. Romantik und den engl. Präraffaeliten orientierte Dichtungstheorie; hinzu kamen Elemente des Platonismus, der Philosophie Schopenhauers, Nietzsches und H. Bergsons, ferner die Musik R. Wagners. Der symbolist. Dichter lehnt die gesellschaftsbezogene Wirklichkeit ab; er verzichtet prinzipiell auf Zweckhaftigkeit in polit.-moral., weltanschaul. oder sozialer Hinsicht. Seine dichter. Phantasie zerlegt vielmehr die Elemente der realen Welt in Bildzeichen, Symbole und erzeugt so eine autonome Welt der Schönheit. Die Verwendung der Realitätsbruchstücke führt zu traumhaften Bildern, verrätselten Metaphern, zu Vertauschungen realer und imaginierter Sinneseindrücke, zu bewußt dunkler, hermet. Aussage. Sprachmagie, die bewußt alle klangl. und rhythm. Mittel einsetzt, verleiht der Lyrik des S. eine Musikalität von außerordentl. Suggestivkraft, deren Sinn dem Sprachklang untergeordnet erscheint. Dennoch gibt es „Inhalte", ist die Sprache noch Bedeutungsträger. Bed. Vertreter: S. Mallarmé, P. Verlaine, A. Rimbaud. Der S. beeinflußte die gesamte europ. Lyrik. In Deutschland wurde S. George zu seinem Wegbereiter; symbolist. Schreibweisen bedienten sich auch H. von Hofmannsthal, R. M. Rilke, R. Dehmel, jedoch ohne eine einheitl. Schule zu bilden. Die Dichtungstheorie des S. beeinflußte z.T. auch einzelne Vertreter der Neuromantik und des literar. Jugendstils sowie G. Trakl und G. Benn.
In der *bildenden Kunst* wird S. als Gegenbegriff zum Realismus gebraucht. Seine ästhet. Opposition richtet sich v.a. gegen die Leere des gründerzeitl.-viktorian. Protzes, gegen die in wiss. Positivismus und Kommerzialisierung des Lebens wahrgenommene Entwertung aller Werte. Zu seinen Vorläufern zählen u.a. Puvis de Chavannes, die Präraffaeliten, A. Böcklin, H. von Marées, X. Mellery und G. Moreau. Seine bedeutendsten Vertreter sind auch Wegbereiter der Moderne: E. Carrière, M. Denis, J. Ensor, P. Gauguin, F. Hodler, A. Kubin, J. Lacombe, E. Munch, P. Sérusier, J. F. Willumsen haben dem Expressionismus vorgearbeitet; G. de Chirico, W. Degouve de Nuncques, J. Ensor, F. Khnopff, M. Klinger, A. Kubin, O. Redon, L. Spilliaert, B. Wojtkewiecz stehen in der Entwicklungslinie des Surrealismus, G. Previati in der des Futurismus, während C. R. Mackintosh und F. Kupka die Tendenz zur Abstraktion vorantreiben. Die große Affinität des Jugendstils zu symbolist. Kunstauffassung dokumentiert sich in Werken von G. de Feure, F. Hodler, L. von Hofmann, G. Klimt, E. Munch, G. Segantini, F. von Stuck, J. Toorop, F. Vallotton. M. Klinger, A. Maillol, G. Minne schufen bed. symbolist. Plastiken.

📖 *Müller, Margarete: Musik u. Sprache. Zu ihrem Verhältnis im frz. S. Ffm. 1983. - Gorceix, P.: Le Symbolisme en Belgique. Hdbg. 1982. - Lex. des S. Hg. v. J. Cassou. Dt. Übers. Köln 1979. - Fin de Siècle. Zu Lit. u. Kunst der Jh.wende. Hg. v. R. Bauer. Ffm. 1977. - Gerhardus, M./Gerhardus, D.: S. u. Jugendstil. Freib. u. a. 1977. - Jullian, P.: Der S. Dt. Übers. Köln 1974. - Hofstätter, H. H.: Idealismus u. S. Mchn. 1972. - Mercier, A.: Les sources ésotériques et occultes de la poésie symboliste. Paris 1969–74. 2 Bde.*

Symbolum [griech.-lat.], v.a. in der frühen Kirche Bez. für das den reinen Glauben widerspiegelnde Glaubensbekenntnis.

Symbolum Nicaeno-Constantinopolitanum [ni'tsɛ:...], svw. ↑Nizänokonstantinopolitanum.

Symeon Stylites der Ältere, hl., *Sis (= Kozan, Verw.-Geb. Adana, Türkei) um 390, †Kalat Siman bei Aleppo 459, syr. Asket. - Kam als Kind in ein Kloster, lebte dann als Einsiedler; steigerte die das syr. Mönchtum kennzeichnende Strenge, indem er sich auf eine Säule (anfangs 3, zuletzt 20 m hoch) stellte (↑auch Styliten); wurde als Wundertäter und Ratgeber viel besucht. Fest: 5. Jan., in der Ostkirche 1. September.

Symeon Stylites der Jüngere, hl., *Antiochia (= Antakya) um 521, †ebd. 24. Mai 592, syr. Asket. - Bestieg bereits in jungen Jahren seine erste Säule, lebte zuletzt 45 Jahre auf der gleichen Säule auf dem „Wunderberg" bei Antiochia; sammelte eine Mönchsgemeinde um sich.

Symmachie [griech.], Bez. für zwischenstaatl. Bündnisse in der Antike im Hinblick auf einen Kriegsfall, oft unter der Hegemonie einer Führungsmacht (z.B. Att.-Del. Seebund).

Symmachos (Symmachus), jüd. Übersetzer der 2. Hälfte des 2. Jh. n. Chr. - Aus dem Kreis der Ebioniten; verfaßte um 170 eine Übersetzung des A.T. ins Griech., die für die Erforschung der Septuaginta wichtig ist.

Symmachus, Quintus Aurelius, *um 340, †nach 402, röm. Redner. - Aus der heidn. Aristokratie; 373 Prokonsul von Africa, 384/85 Stadtpräfekt, 391 Konsul; feinstilisierte Reden, Briefe, Relationes („amtl. Eingaben"). Setzte sich v.a. zus. mit seinem Schwager, dem Prätorianerpräfekten (390–93) und Konsul (394) **Nicomachus Flavianus** (*um 334, †394), für die Erhaltung des heidn. klass. Erbes ein.

S., hl., *Sardinien, †Rom 19. Juli 514, Papst (seit 22. Nov. 498). - S. wurde in einer Doppelwahl von der Mehrheit gewählt, während die byzantinerfreundl. Minderheit einen Gegenpapst (Laurentius [†506]) wählte. Die daraus entstandenen Wirren wurden durch die Entscheidung Theoderichs d. Gr. für S. vorübergehend beigelegt. Synoden (499 und 501) sollten künftige Papstwahlen sichern. In diesem Zusammenhang entstanden erfundene Papstprozesse (**Symmachianische Fälschungen**), um die Doktrin zu stützen, der Papst könne von niemandem gerichtet werden. Die Unruhen endeten erst, als Theoderich 506 Laurentius endgültig fallen ließ.

Symmetrie [griech.], allg. svw. Gleich- oder Regelmäßigkeit, Ebenmaß; die harmon. Anordnung mehrerer Teile eines Ganzen zueinander; Spiegelungsgleichheit. - Ggs. Asymmetrie.

◆ in der *Geometrie* Bez. für die Eigenschaft eines ebenen oder räuml. (allgemeiner: *n*-dimensionalen), gegebenenfalls aus mehreren Figuren oder Körpern zusammengesetzten Gebildes, so geformt zu sein, daß es durch eine bestimmte geometr. Bewegung in sich selbst übergeht. Bei der S. in bezug auf eine Gerade g in einer Ebene (**Achsensymmetrie, Axialsymmetrie, Klappsymmetrie**) erhält man das symmetr. Bild P' irgendeines Punktes P einer Strecke oder Figur, indem man von P das Lot auf g fällt (Fußpunkt Q), dieses auf die andere Seite von g hin verlängert und darauf die Strecke $\overline{PQ}$ abträgt; der Endpunkt P' dieser Strecke ist das Bild der senkrechten Spiegelung von P an g; die Gerade g ist die sog. **Symmetrieachse,** P und P' nennt man *symmetr. in bezug auf g.* Allg. sind 2 zu einer Geraden g symmetr. Figuren immer kongruent (deckungsgleich), jedoch ist die Orientierung (Umlaufsinn) umgekehrt. Hat eine Figur F mit der S.achse einen Teil gemeinsam und fällt ihr Bild F' mit F zusammen, so nennt man sie symmetrisch [bezügl. dieser S.achse].
Das räuml. Analogon zur Achsen-S. ist die **Ebenensymmetrie** oder **Spiegelsymmetrie** bei der das symmetr. Bild P' eines Punktes P bezügl. einer Ebene E (**Symmetrieebene, Spiegelebene**) durch senkrechte Spiegelung an E hervorgeht. Hat ein Körper K mit der S.ebene einen Teil gemeinsam und fällt sein Bild K' mit K zusammen, so nennt man ihn symmetr. [bezügl. dieser Ebene]. Die **Punktsymmetrie (zentrale Symmetrie, zentrische Symmetrie)** kann sowohl in der Ebene als auch im Raum auftreten. Man erhält das in bezug auf einen Punkt Z symmetr. Bild P' eines Punktes P, indem man P mit Z verbindet, die Verbindungsstrecke über Z hinaus verlängert und auf dieser Verlängerung von Z aus die Strecke $\overline{PZ}$ abträgt. Entsprechend erhält man das symmetr. Bild einer ebenen oder räuml. Figur durch punktweise Abbildung. Den Punkt Z nennt man das **Symmetriezentrum** oder den **Zentralpunkt.** In bezug auf Z symmetr. ebene Figuren sind gleichsinnig kongruent. Figuren, die das S.zentrum selbst enthalten und mit ihrem symmetr. Bild übereinstimmen, heißen *zentralsymmetrisch.* Z. B. sind Parallelogramme und Ellipsen jeweils in bezug auf ihre Mittelpunkte zentralsymmetr. Figuren. Ebene zentralsymmetr. Gebilde sind ein Spezialfall ($n = 2$) der *n-strahligsymmetr. Figuren,* das sind solche, die nach einer Drehung um $360°/n$

Symbolismus. Von oben:
Pierre Puvis de Chavannes, Die Hoffnung (um 1871). Paris, Louvre; Paul Gauguin, Der Verlust der Jungfräulichkeit (1890/91). Privatbesitz; Edvard Munch, Sterbezimmer (1894/95). Oslo, Nasjonal Galleriet

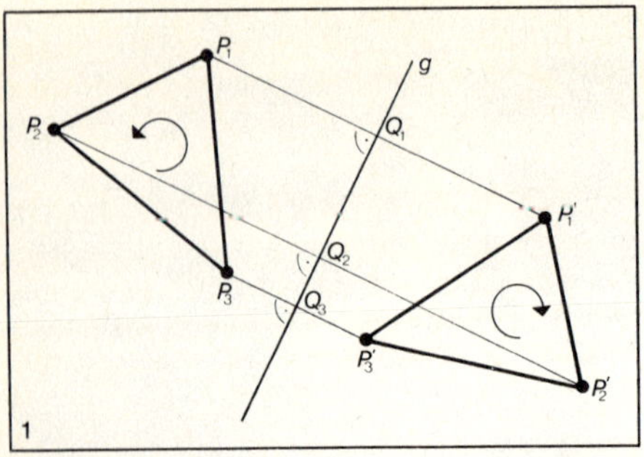

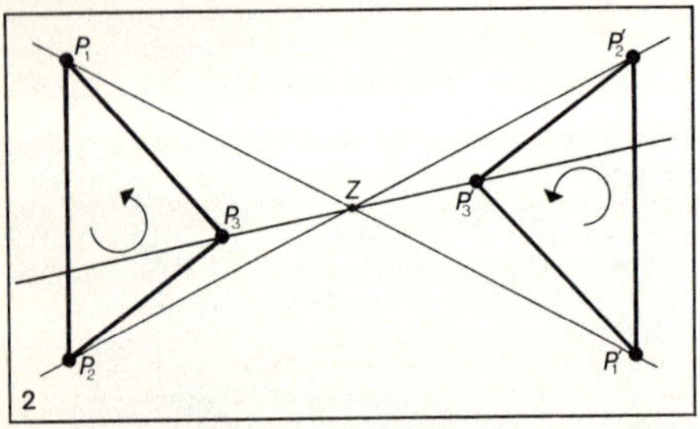

Symmetrie. Achsen- (1) und Punktsymmetrie in der Ebene (2)

um das S.zentrum mit sich selbst zur Deckung kommen (*n* natürl. Zahl). Beispiele für $n > 2$ sind das gleichseitige Dreieck ($n = 3$) in bezug auf den Höhenschnittpunkt, das Quadrat ($n = 4$) und allg. das regelmäßige *n*-Eck in bezug auf den Mittelpunkt. Manchmal bezeichnet man solche Figuren auch als *radialsymmetrisch.*

◆ in der *Physik* das Vorliegen von Regelmäßigkeiten einer bestimmten räuml.-geometr. oder mathemat. Struktur in solcher Weise, daß diese bei Ausführen einer bestimmten Transformation unverändert bleiben bzw. wieder in sich übergehen. Beispiele hierfür sind die Regelmäßigkeit v.a. von kristallinen Formen der Materie und die im Verhalten der zugehörigen quantenmechan. Wellenfunktion (↑Psifunktion) gegenüber [Koordinaten]transformationen zum Ausdruck kommende Regelmäßigkeit der Struktur von mikrophysikal. Systemen.

Symmetriegruppe, die Gruppe sämtl. [Koordinaten]transformationen (Symmetrieoperationen) *T*, die ein geometr. Gebilde, ein physikal. System oder ein Kristallgitter in sich überführen bzw. gegenüber denen die Gesetze und Observablen eines mikrophysikal. Systems invariant sind.

Symmetrieklasse, svw. ↑Kristallklassen.

Symmetrieoperation (Deckoperation), jede geometr. Bewegung, die ein [symmetr.] Gebilde, speziell bei einer *kristallograph. Symmetrie-* oder *Deckoperation* ein Kristallgitter, in sich selbst überführt, d.h. mit sich selbst zur Deckung bringt. *Einfache S.* sind die Parallelverschiebungen (Translationen) um bestimmte Strecken (bei Kristallgittern um Gittervektoren), die Drehungen um Symmetrieachsen (jeweils um bestimmte Winkel) und die Spiegelungen an Symmetrieebenen bzw. an einem Symmetriezentrum (Inversionen); *zusammengesetzte S.* sind die *Drehspiegelungen*, die nach Drehung und Spiegelung zur Deckung führen, die *Drehinversionen* aus Drehung und Inversion, die *Gleitspiegelungen* aus Translation und Spiegelung sowie die Schraubungen. Die bei S. nicht ihre Lage ändernden geometr. Gebilde (Punkte, Geraden, Ebenen) - die Symmetriezentren, Symmetrieachsen (Gyre, Helikogyre) oder Symmetrieebenen der S. - bezeichnet man als ihre *Symmetrieelemente.* I. w. S. wird in der Mikrophysik jede [Koordinaten]transformation einer Symmetriegruppe als S. bezeichnet.

Symmetriezentrum ↑Symmetrie.

symmetrische Matrix, eine quadrat. ↑Matrix.

sympathetisch [griech.], auf Sympathie beruhend; geheimnisvolle Wirkung ausübend.

sympathetische Tinten, svw. Geheimtinten (↑Tinten).

Sympathie [griech.], Zuneigung, schnell oder langsam aufkommende positive Gefühlsreaktion.

Sympathikolytika (Sympatholytika) [griech.], Arzneimittel, die auf Grund ihrer chem. Ähnlichkeit mit Noradrenalin und Adrenalin, den natürl. Überträgerstoffen des Sympathikus, in der Lage sind, die Wirkung einer sympath. Erregung (oder Sympathikusreizung) und auch diejenige von ↑Sympathikomimetika auf das Erfolgsorgan zu verhindern oder aufzuheben. Die *α-Sympathikolytika (α-Blocker)*, z.B. hydrierte Mutterkornalkaloide und Phentolamin, verdrängen α-Sympathikomimetika vom α-Rezeptor; die *β-Sympathikolytika (β-Blocker)*, z.B. Propranolol, verdrängen β-Sympathikomimetika vom β-Rezeptor. - Neben den eigtl. S. mit „postsynapt." Angriffspunkt gibt es auch *Antisympathikotonika*, die „präsynapt." entweder die Synthese, die Speicherung oder die Freisetzung des Überträgerstoffs Noradrenalin hemmen und damit den Sympathikotonus senken; dazu gehört z.B. Reserpin. In der Therapie haben die Beta-S. eine große Bed. erlangt; Anwendung bei Herzkranzgefäßinsuffizienz und Herzarrhythmien.

Sympathikomimetika (Sympathomimetika) [griech.], Arzneimittel, deren Wirkung einer Erregung des Sympathikus gleicht. *Direkt wirkende S.* können die adrenergen Rezeptoren im Erfolgsorgan (auf Grund ihrer chem. Ähnlichkeit mit den natürl. Überträgerstoffen Noradrenalin und Adrenalin) direkt beeinflussen und somit die Erregung sympath. Neurone bzw. die des Nebennierenmarks imitieren. Dabei sind sog. *α-Wirkungen* (über α-Rezeptoren; meist die Kontraktion glatter Muskeln; Gefäßverengung) von sog. *β-Wirkungen* (über β-Rezeptoren; im allg. die Erschlaffung glatter Muskeln wie Gefäßerweiterung, Bronchodilatation und Herzerregung) zu unterscheiden. Ein nahezu reines natürl. *α-Sympath[ik]omimetikum* ist Noradrenalin, das α- und β-Wirkungen vermittelt. α- und β-Wirkungen können durch α- und β-Blocker vermindert bzw. ausgeschaltet werden (↑Sympathikolytika). - Die indirekt wirkenden S. greifen nicht „postsynapt." am Rezeptor, sondern „präsynapt." im Bereich der synapt. Nervenendigungen an und setzen dort auf Grund struktureller Ähnlichkeit Noradrenalin aus den Speicherorten (Vesikeln) noradrenerger Neuronen frei; sie wirken folgl. indirekt durch Freisetzung des natürl. Übergangsstoffs.

sympathikomimetisch (sympathomimetisch) [griech.], nach Art und Weise des Sympathikus, seiner Überträgerstoffe und der Sympathikomimetika wirkend; die Sympathikuserregung imitierend; z. B. enthalten Appetitzügler und pupillenerweiternde Mittel s. wirkende Substanzen.

Sympathikus [griech.] (sympath. Nervensystem), (S. im weiteren Sinne) svw. vegetatives (autonomes) Nervensystem (Eingeweidenervensystem), das sich aus dem Ortho-S. (S. im engeren Sinne) und dem ↑Parasympathikus zusammensetzt.

◆ (S. im engeren Sinne, Ortho-S. [im Unterschied zum Para-S.]) der efferente (viszeromotor.) Anteil des vegetativen Nervensystems (S. im weiteren Sinne) der Wirbeltiere (einschl. Mensch), der meist als Antagonist zum Parasympathikus wirkt. Der S. nimmt seinen Ursprung von den Ganglienzellen in den Seitenhörnern der grauen Substanz des Rükkenmarks im Bereich der Brust- und Lendensegmente, deren Neuriten als *präganglionäre sympath. Fasern* die ventralen (vorderen) Wurzeln der Spinalnerven bilden und als „weißer Verbindungsstrang" (markhaltiger Spinalnervenast) zu den Ganglien des ↑Grenzstrangs *(paravertebrale Ganglien)* oder, diese durchziehend, zu peripherer liegenden *prävertebralen Ganglien* (Bauchganglien) weiterleiten. Von diesen Umschaltstellen des S. aus stellen *postganglionäre sympath. Fasern* als (meist relativ langer) „grauer Verbindungsstrang" (marklose Fasern) die eigentl. Verbindung (über Adrenalin bzw. Noradrenalin ausscheidende [adrenerge] Synapsen) zu den Erfolgsorganen (die glatte Muskulatur, das Herz, die Drüsen) her. - Der S. befindet sich auf Grund ständiger Impulse, die von bestimmten übergeordneten Regionen des Zentralnervensystems (v. a. vom Hypothalamus sowie von Bezirken des Mittelhirns und des verlängerten Marks) ausgehen, in einem variablen Zustand der Erregung *(Sympathikotonus)* und kann allein oder (meist) im Wechselspiel mit dem Para-S. zahlr. Organfunktionen beeinflussen. Dabei bewirkt der S. allg. eine Leistungssteigerung (augenblickl. Höchstleistung) des Gesamtorganismus (ergotrope Wirkung, im Unterschied zur trophotropen des Para-S.), die sich in erhöhter Aktivität, Kampfbereitschaft, Bewältigung von Streßsituationen oder auch in einer gesteigerten Lebensfreude auswirkt. Im einzelnen bewirkt der gesteigerte Sympathikotonus v. a.: Pupillenerweiterung, die (schwache) Ausscheidung von schleimigem Speicheldrüsen- und von klebrigem Schweißdrüsensekret (Angstschweiß), die Erweiterung der Bronchien, eine Steigerung der Herztätigkeit, die Erweiterung der Herzkranzgefäße, eine Hemmung der Aktivität der Drüsen des Magen-Darm-Trakts und seiner Peristaltik, eine Mobilisierung des Leberglykogens, die Kontraktion des Afterschließmuskels, das Erschlaffen der Wandmuskulatur und die Kontraktion des inneren Schließmuskels der Harnblase, die Kontraktion des Samenleiters und der Samenblase (führt zur Ejakulation) sowie allg. eine Verengung der Blutgefäße, wodurch zusätzl. die Blutzirkulation beschleunigt wird.

Sympathisant [griech.], jemand, der einer Angelegenheit, einer Anschauung u. a. wohlwollend gegenübersteht; heute, in der Bed. eingeengt, vorwiegend Bez. für denjenigen, der einer [extremen] polit. oder gesellschaftl. Gruppe oder Anschauung Sympathie entgegenbringt [und sie unterstützt].

sympathisch, anziehend, ansprechend, angenehm.

◆ zum vegetativen Nervensystem bzw. zum Sympathikus gehörend, diese betreffend.

Sympatholytika ↑Sympathikolytika.

Sympathomimetika ↑Sympathikomimetika.

Sympatrie [griech.], das Nebeneinandervorkommen nahe miteinander verwandter Tier- oder Pflanzenarten (oder Unterarten bzw. Sorten) im selben geograph. Gebiet (Ggs. Allopatrie). - ↑auch Artbildung.

sympatrische Speziation ↑Artbildung.

Sympetalae [griech.] (Metachlamydeae), in der älteren Pflanzensystematik Bez. für eine Unterklasse der Zweikeimblättrigen mit meist doppelter Blütenhülle und meist, zumindest am Grunde verwachsenen Kronblättern, die vorwiegend Teller-, Glocken- oder Röhrenformen bilden.

Symphonic Jazz [engl. sɪmˈfɔnɪk ˈdʒæz] (sinfonischer Jazz), Bez. für eine mit Jazzelementen durchsetzte Stilform der amerikan. Unterhaltungsmusik der 1920er und 1930er Jahre. Zu den bekanntesten Interpreten des S. J. gehörte P. Whiteman.

Symphonie [griech.], dt.-frz. Kommunikationssatelliten zur Übertragung von Hörfunk- und Fernsehsendungen, Telefongesprächen und Fernschreiben, die auf eine geostationäre Position über dem Äquator gebracht wurden; *S. 1* wurde am 19. Dez. 1974, *S. 2* am 27. Aug. 1975 gestartet.

Symphonie ↑Sinfonie.

Symphonie concertante [frz. sɛ̃fɔnikõsɛr'tã:t] ↑Sinfonia concertante.

Symphyse (Symphysis) [griech.], in der Anatomie allg. Bez. für feste, faserig-knorpelige Verbindungen (Verwachsungen) zweier Knochenstücke (v.a. zweier Knochenflächen); i.e.S. svw. Schambeinfuge (Symphysis pubica).

Symphyta [griech.], svw. ↑Pflanzenwespen.

sympodiale Verzweigung [griech./dt.] (zymöse Verzweigung), Verzweigungsform pflanzl. Sproßsysteme, die im Ggs. zur ↑monopodialen Verzweigung auf der Förderung der Seitenachsen gegenüber der (gehemmten) Hauptachse beruht. Die Endknospen stellen jährl. ihre Weiterentwicklung ein, sterben ab oder bilden Blüten, während die Fortsetzung des Systems durch spitzennahe Seitenachsen erfolgt. Je nach Anzahl der Fortsetzungssprosse entsteht ein **Monochasium** (pro Verzweigung ist nur eine Seitenachse entwickelt), ein **Dichasium** (jeweils zwei sich gegenüberstehende Seitenzweige setzen die Verzweigung fort) oder ein (v.a. in Blütenständen) **Pleiochasium** (der Blütenstand schließt mit einer Blüte die Hauptachse ab und bildet mehr als zwei Seitenachsen aus, z.B. Holunder).

Sympodie [griech.], bei Menschen angeborene Mißbildung mit Verschmelzung beider Beine zu einem fischschwanzartigen Gebilde.

Symposion (Symposium) [griech.], 1. das auf eine festl. Mahlzeit folgende Trinkgelage im alten Griechenland, bei dem das [philosoph.] Gespräch im Vordergrund stand; 2. eine [wiss.] Tagung, auf der in Vorträgen und Diskussionen bestimmte Fragen erörtert werden.

Symptom [griech.] ↑Krankheitszeichen.

symptomatisch [griech.], anzeigend; warnend, alarmierend; bezeichnend.

◆ in der *Medizin:* die Symptome betreffend; nur auf die Symptome, nicht auf die Krankheitsursache einwirkend; nur als Symptom einer Grundkrankheit einzustufen.

symptomatische Behandlung (symptomat. Therapie), die Behandlung einer Krankheit, die nur die Beseitigung bestimmter Krankheitserscheinungen (Symptome) zum Ziel hat, wenn die ursächl. Behebung der Krankheit nicht oder vorläufig nicht durchführbar ist.

Symptomatologie [griech.] (Phänomenologie, Semasiologie, Semiologie, Semiotik), die Lehre von den Krankheitszeichen und Krankheitserscheinungen.

Symptomenkomplex, svw. Syndrom (↑Krankheitszeichen).

Sympus [griech.] (Sirene), Mißgeburt mit zusammengewachsenen unteren Extremitäten.

syn..., Syn... (sym..., Sym..., syl..., Syl..., sy..., Sy...) [griech.], Vorsilbe mit der Bed. „mit, zusammen, gleichzeitig mit; gleichartig".

Synagoge [griech. „Versammlung"] (hebr. bet ha-knesset „Haus der Versammlung, der Zusammenkunft"), nach dem Tempel in Jerusalem die wichtigste kult. Institution der jüd. Religion (↑auch Judentum [Institutionen]). Die S. als Versammlungsstätte für den jüd. Gebets- und Lesegottesdienst entstand in der Zeit des Babylon. Exils, als den Juden der Tempel (587 v. Chr. zerstört) nicht mehr zur Verfügung stand. Sie behielt ihre Bed. auch nach der Rückkehr der Juden aus dem Exil und dem Wiederaufbau des Tempels. Nach der Zerstörung des 2. Tempels (70 n. Chr.) wurde die S. endgültig zur alleinigen Kultstätte des Judentums und in allen Ländern der Diaspora zum örtl. Zentrum des religiösen und sozialen Lebens. - Zur Architektur der S. ↑jüdische Kunst.

Synchrotron. Grundriß des 28-GeV-Protonen-Synchrotrons von CERN. L 50 MeV-Linearbeschleuniger, R Ringtunnel, RT Radialtunnel, P kreisförmige Protonenbahn (Durchmesser 200 m) innerhalb eines evakuierten Edelstahlrohres mit insgesamt 100 Ablenkmagneten, E Experimentierhalle, K Kontrollraum, EV Energieversorgung mit Generator, LG Laborgebäude

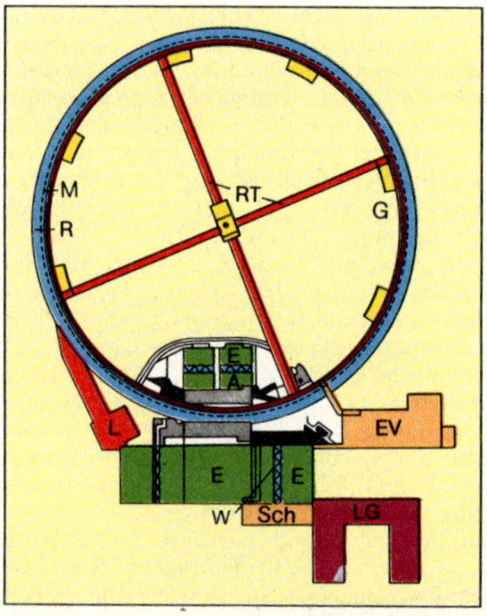

◆ in veraltetem christl. Sprachgebrauch Bez. für das Volk Israel und das Judentum; in der Kunst des MA oft zus. mit der Kirche dargestellt. - ↑auch Ecclesia und Synagoge.

Synalgie [griech.], Mitempfinden von Schmerzen in einem nicht erkrankten Körperteil.

Synalöphe [griech. „Verschmelzung"], in gebundener, insbes. metr. Sprache im ↑Hiatus Verschleifung eines auslautenden Vokals mit dem anlautenden des Folgewortes zu einem (metr. einsilb. gewerteten) Diphthong.

Synapse [zu griech. sýnapsis „Verbindung"], Struktur, über die eine Nervenzelle oder (primäre) Sinneszelle mit einer anderen Nervenzelle oder einem Erfolgsorgan (z. B. Muskel, Drüse) einen Kontakt für die Erregungsübertragung bildet. Die S. setzt sich demnach aus zwei Zellanteilen zusammen: der *Prä-S.* als dem Endbläschen der Nervenfaser, das mit der folgenden Zellstruktur, der *Post-S.*, in Verbindung tritt. Im menschl. Gehirn bildet im Durchschnitt jede Nervenzelle mehrere hundert synapt. Kontakte aus. Die Erregungsübertragung erfolgt auf chem. Weg durch Freisetzung von ↑Neurotransmittern aus den in der Prä-S. eingeschlossenen synapt. Vesikeln. Die Transmitter werden von spezif. Rezeptoren der *subsynapt. Membran* (der Anteil der Post-S., der mit der Prä-S. den eigtl. Kontakt bildet) gebunden und verursachen eine Änderung der Membranströme (↑Ionentheorie der Erregung). Viele Medikamente (v. a. Psychopharmaka, Blutdruckmittel, Rauschmittel), chem. Kampfstoffe, Insektizide und Pfeilgifte entfalten ihre Wirkung durch Beeinflussung der S.funktion.

Synärese [griech.], 1. svw. ↑Kontraktion; 2. svw. ↑Synizese.

Synarthrose, relativ unbewegl. Knochen-Knochen-Verbindung durch Knorpel oder Bindegewebe ohne Gelenkspalt.

Synästhesie [griech.] (Mitempfindung), die [Mit]erregung eines Sinnesorgans durch einen nichtspezif. Reiz; z. B. subjektives Wahrnehmen opt. Erscheinungen (Farben) bei akust. und mechan. Reizeinwirkung. - In der *Literatur* wird die psych. Fähigkeit der Reizverschmelzung zur metaphor. Beschreibung („duftige Farben", „farbige Klänge") herangezogen; v. a. in der Dichtung von Renaissance, Barock, Romantik, Symbolismus; Stilprinzip bei C. Baudelaire, A. Rimbaud, P. Verlaine, J. Weinheber, E. Jünger.

synästhetisch, die Synästhesie betreffend; durch einen nichtspezif. Reiz erzeugt; z. B. von Sinneswahrnehmungen gesagt.

synchron [...'kro:n; griech.], gleichzeitig, zeitgleich [verlaufend]; mit gleicher Frequenz wie ein gegebener Schwingungs- oder Rotationsvorgang ablaufend.

Synchrongenerator [...'kro:n...] ↑Wechselstrommaschinen.

Synchrongetriebe [...'kro:n...], mit einer Gleichlaufschaltung (Synchronisierung) ausgestattetes ↑Getriebe.

Synchronie [...kro:...; griech.], Zustand einer Sprache in einem bestimmten Zeitraum im Ggs. zu ihrer geschichtl. Entwicklung, die als Folge von S. betrachtet werden kann. Die Trennung von S. und ↑Diachronie ist eine sprachwiss. Idealisierung, da sich Sprachen ständig verändern und jederzeit diachrone Unterschiede vorhanden sind.

Synchronisierung (Synchronisation) [...kro:...; griech.], allg. die Herstellung des Gleichlaufs zw. 2 Vorgängen, Maschinen oder Geräten bzw. -teilen; u. a. beim Photographieren mit Blitzlicht durch die ↑Blitzlichtsynchronisation, beim Fernsehen (für Bildzerlegung und -zusammensetzung) durch Synchronsignale bzw. -impulse (↑Fernsehen [Grundprinzip, Fernsehempfänger]), beim Tonfilm durch verschiedene Mittel (↑Film [Tonfilm]), beim ↑Getriebe durch besondere Synchronkörper.

Synchronismus [...kro:...] (Gleichlauf), Bez. für den Zustand eines techn. Systems, in dem sich mechan. voneinander unabhängige Teile synchron bewegen.

◆ in der *Geschichte* das zeitl. Zusammentreffen von Ereignissen.

Synchronmotor [...'kro:n...] ↑Wechselstrommaschinen.

Synchronorbit [...'kro:n...], Bez. für diejenige Umlaufbahn um eine Zentralmasse (z. B. ein Planet), auf der die Umlaufzeit mit der Rotationsperiode der Zentralmasse übereinstimmt, der umlaufende Körper (Satellit) also ständig die gleiche Position über einem bestimmten Punkt der Zentralmasse beibehält. Beim Umlauf eines Satelliten auf einem S. um die Erde spricht man meist von einer **geostationären Bahn.**

Synchronschwimmen [...'kro:n...] ↑Schwimmen.

Synchronsignal [...'kro:n...] ↑Fernsehen (Grundprinzip, Fernsehempfänger).

Synchronuhr [...'kro:n...] ↑Uhr.

Synchrotron ['zynkrotro:n, --'-; griech.], ein im Impulsbetrieb arbeitender ↑Teilchenbeschleuniger, der zur Erreichung sehr hoher Energien (> 100 MeV) das Prinzip des Betatrons mit dem des Zyklotrons vereinigt. Synchrotrons sind bisher zur Beschleunigung von Elektronen (z. B. das von DESY gebaute Elektronen-S.) und von Protonen (z. B. die von CERN gebauten Protonen-S.) gebaut worden.

Synchrotronstrahlung ['zynkrotro:n, --'-], erstmals in Synchrotrons beobachtete elektromagnet. Stahlung, die von energiereichen geladenen Teilchen (v. a. Elektronen) emittiert wird, wenn sie durch ein Magnetfeld auf gekrümmte Bahnen gezwungen werden.

Synchrozyklotron [zynkro'tsy:klotro:n; griech.] ↑Teilchenbeschleuniger.

Syndaktylie [griech.], angeborene Mißbildung mit Verwachsung einzelner oder aller Finger bzw. Zehen; Auftreten als Hautbrükken *(Schwimmhäute)*, als bindegewebige oder als knöcherne Verwachsungen. Eine extreme Form der Verwachsung ist die Löffelhand.

syndetisch [zu griech. sýndetos „zusammengebunden"], Bez. für durch Konjunktionen verbundene Reihungen gleichgeordneter Wörter, Wortgruppen oder Sätze. - Ggs. asyndetisch (↑Asyndeton).

Syndets [Kw. aus engl. **syn**thetic und **det**ergen**ts**], aus dem Engl. übernommene Bez. für: 1. synthet. waschaktive Substanzen (Detergentien, Tenside); 2. stückige Zubereitungen mit synthet. waschaktiven Substanzen, die anstelle von [Toiletten]seifen für die Hautreinigung verwendet werden.

Syndikalismus [griech.-frz.], Bez. für eine in der Arbeiterbewegung gegen Ende des 19. Jh. entstandene Richtung, die in den gewerkschaftl. Zusammenschlüssen der Lohnarbeiter (Syndikate) und nicht in einer polit. Partei den Träger revolutionärer Bestrebungen sah. Der S. lehnt den polit. [parlamentar.] Kampf, wie er von den sozialdemokrat. Parteien geführt wurde, als Umweg ab; der Klassenkampf müsse vielmehr in dem die Klassengegensätze verursachenden ökonom. Bereich, im einzelnen Betrieb durch die direkte Aktion geführt werden. In Theorie und Praxis eng mit dem Anarchismus verflochten, ist das Ziel des S. eine Gesellschaft ohne [staatl.] Zentralgewalt.
Der S. entwickelte sich zuerst in Frankr. unter dem maßgebl. Einfluß von F. Pelloutier. Seine Hauptwirkungszeit reichte von der Jh.wende bis zum 1. Weltkrieg. Über längere Zeit blieb der S. von Bed. in den [weniger industrialisierten] Ländern Südamerikas und in Spanien (bes. 1931–39). Als organisierte Bewegung zerfiel der S. größtenteils in den 1920er Jahren zugunsten des Anschlusses teils an die Sozialdemokratie, teils an kommunist. Parteien. Ende der 1960er Jahre wurden syndikalist. Auffassungen in der neuen Linken wieder rezipiert.

syndikalistische Gewerkschaften ↑Gewerkschaften.

Syndikat [griech.-frz.] ↑Kartell.
◆ Bez. für eine geschäftl. getarnte Verbrecherorganisation in den USA.

Syndikus [griech.], ständiger Rechtsbeistand bei großen Unternehmen, Handelskammern und Verbänden. Der *S.anwalt* (Rechtsanwalt) ist auf Grund eines Dienstvertrages mit festem Entgelt angestellt. Zur Vertretung seines Arbeitgebers in Anwaltsprozessen ist er deshalb nicht befugt; anders, wenn der S.anwalt die erforderl. rechtl. Unabhängigkeit besitzt, z. B. Tätigkeit als freier Mitarbeiter.

Syndrom [zu griech. sýndromos „zusammenlaufend"], eine Gruppe von Merkmalen oder Faktoren (Symptome), deren gemeinsames Auftreten einen bestimmten Zusammenhang oder Zustand anzeigt, z. B. in der Medizin (auch „Symptomenkomplex") oder im soziolog. Sprachgebrauch (etwa Autoritarismus-S.: „Merkmale des autoritären Charakters").

Synedrium [griech.-lat. „Sitzung, Versammlung, Rat"], (Synedrion, Hoher Rat, hebr. Sanhedrin) oberste religiöse, gerichtl. und polit. Behörde des Judentums in röm. Zeit vor und nach der Zerstörung des Tempels 70 n. Chr.; ständige Einrichtung, deren 71 Mgl. zur letztverbindl. Entscheidung von Rechtsfragen tägl. in der Quaderhalle des Tempels zusammentraten. Nach der Zerstörung des Tempels hatte die Nachfolgeinstitution zunächst ihren Sitz in Jabne (Jamnia), später in verschiedenen Städten Galiläas und wurde nun zur entscheidenden polit. Instanz des Judentums des gesamten Röm. Reiches. Sie bestand bis zur Auflösung des Patriarchats im Jahre 425.

Synergetik [zu griech. synergeĩn „zusammenarbeiten"], neues, interdisziplinäres Forschungsgebiet, das sich mit der Aufdeckung von Entsprechungen und gemeinsamen Wesenszügen von Phänomenen völlig verschiederner Wissensgebiete (z. B. Thermodynamik, Laserphysik, Reaktionskinetik, Biologie, Ökologie und Soziologie) befaßt. Die S. analysiert und vergleicht das Verhalten von unterschiedl. Systemen, die aus vielen miteinander kooperierenden Untersystemen bestehen, und sucht das Entstehen und die Änderung von Bewegungsformen und Strukturen in ihnen zu verstehen und quantitativ zu erfassen.

synergetischer Streit ↑synergistischer Streit.

Synergie [griech.], in der *Gruppenpsychologie* die Energie, die für den Zusammenhalt und die gemeinsame Aufgabenerfüllung zur Verfügung steht.
◆ (Synergismus) eine Form des Zusammenwirkens von Substanzen oder Faktoren, die sich gegenseitig fördern.

Synergiekurve ↑Raumflugbahnen.

Synergismus [griech.], in der Theologiegeschichte ↑synergistischer Streit.

Synergist [griech.] (Agonist), in der *Physiologie* im Ggs. zum ↑Antagonisten ein Muskel, der einen anderen Muskel bei einem Bewegungsvorgang unterstützt.
◆ in der *Chemie* und *Pharmakologie* Bez. für eine Substanz, die die Wirkung einer anderen additiv oder verstärkend ergänzt (z. B. verstärkt Alkohol die Wirkung zahlr. Arzneimittel); in der Schädlingsbekämpfung können auch sonst unwirksame Substanzen die Wirkung von Insektiziden verstärken.

synergistischer Streit (synergetischer Streit), theolog. Lehrauseinandersetzung der Reformationszeit um die Mitwirkung des menschl. Willens bei der Rechtfertigung; Luther führte (gegen Erasmus von Rotterdam) die Bekehrung ausschließl. auf das Gnadenwirken Gottes zurück, während Melanchthon das Ja des menschl. Willens zum Anfruf Gottes für notwendig hielt (**Synergismus**). In der Konkordienformel wurde schließl. gegen den Synergismus entschieden.

Synge [engl. sɪŋ], John Millington, * Rathfarnham bei Dublin 16. April 1871, † Dublin 24. März 1909, ir. Schriftsteller. - Trieb 1899 auf Veranlassung von W. B. Yeats auf den Aran Islands folklorist. Studien; ab 1904 Direktor des Abbey Theatre in Dublin. Bedeutendster Dramatiker der kelt. Renaissance, der den angloir. Dialekt bühnenfähig machte. Seine mit Realismus und Phantastik verbundenen Stücke behandeln Stoffe aus der Welt der ir. Bauern und Fischer („Kesselflickers Hochzeit", Kom., 1907; „Ein wahrer Held", 1907); auch Prosaschriften („Die Aran-Inseln", Skizzen, 1907).

S., Richard Laurence Millington, * Liverpool 28. Okt. 1914, brit. Biochemiker. - Ab 1939 an verschiedenen Forschungsinstituten tätig; entwickelte zus. mit A. J. P. Martin die Verteilungschromatographie, wofür er (mit A. J. P. Martin) 1952 den Nobelpreis für Chemie erhielt.

Syngman Rhee [engl. ˈsɪŋmən ˈriː] ↑ Rhee, Syngman.

Synizese [griech.] (Synärese, Vokalverschleifung), in griech. und röm. Metrik Verschmelzung zweier meist im Wortinnern nebeneinanderliegender, zu verschiedenen Silben gehörender Vokale zu einer einzigen diphthong. Silbe. - ↑ auch Synalöphe.

Synklinale [griech.], svw. geolog. Mulde (↑ Falte).

Synkope [griech.], [ˈzʏnkope] in der griech.-röm. *Verskunst* die verstechn. bedingte Verkürzung eines drei- oder mehrsilbigen Wortes durch Ausstoßung des [kurzen] Vokals einer Mittelsilbe; die *germanist. Terminologie* hat den Begriff S. zur Bez. vergleichbarer prosod. Erscheinungen in der dt. Verskunst übernommen (z. B. ew'ger für ewiger).

◆ [zʏnˈkoːpə] in der *Musik* eine rhythm. Verschiebung gegenüber der regulären Taktordnung, d. h. die Bindung eines unbetonten an den folgenden betonten Taktwert über die Taktgrenze hinweg (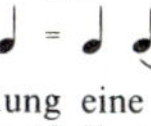) oder innerhalb des Taktes (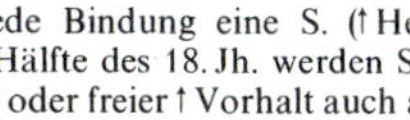); doch ist nicht jede Bindung eine S. (↑ Hemiole). Seit der 2. Hälfte des 18. Jh. werden S. außer als strenger oder freier ↑ Vorhalt auch als freie Taktverschiebung und Vorwegnahme der schweren durch eine leichte Zeit angewendet, z. B. 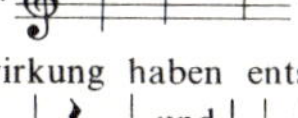 statt 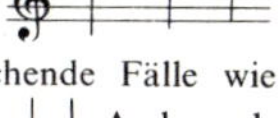

S.wirkung haben entsprechende Fälle wie 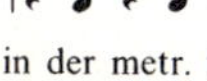 und 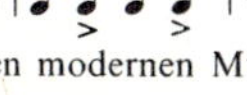. Anders als in der metr. freien modernen Musik spielen S. und S.phänomene im Jazz eine vielseitige Rolle (u. a. als Off-Beat; ↑ auch Ragtime); Jazz ist mit synkopierter Musik jedoch nicht gleichzusetzen.

◆ [ˈzʏnkope] in der *Medizin:* 1. svw. ↑ Kollaps; 2. kurzdauernde und deshalb als solche weitgehend harmlose, mit plötzl. Bewußtseinsverlust verbundene Störung der Gehirndurchblutung.

Synkretismus [griech.], in der *Religionswiss.* Bez. für eine Vermischung verschiedener Religionen bzw. einzelner ihrer Phänomene. Indem der S. Bestandteile aus verschiedenen Religionen unter einem bestimmten Prinzip der Auswahl zusammenfaßt, zeigt er Intentionen zur religiösen Harmonisierung (z. B. die Identifizierung kath. Heiliger mit indian. Numina in der neuen brasilian. Religion Makumba).

◆ in der *Sprachwiss.* svw. ↑ Kasussynkretismus.

Synod [griech.] (Heiliger Synod, offiziell: Allerheiligster Dirigierender Synod), heute nur noch neben dem Patriarchat bestehendes, von 1721–1917 jedoch oberstes Organ der russ.-orth. Kirche. Peter I., d. Gr., setzte aus Gründen der Staatsomnipotenz an die Stelle des Moskauer Patriarchen den „Allerheiligsten Dirigierenden S.", eine Nachahmung des luth. Konsistoriums. Die Einführung des S. als eines staatl. Instruments in der Hand des Zaren bedeutete die Versklavung der russ. Kirche. Nach der Wiederherstellung des Patriarchats (1918) übernahm der Moskauer Patriarch als Primus inter pares den Vorsitz im Synod.

Synodale [griech.], Mgl. einer ↑ Synode.

Synodalverfassung, auf Apg. 15 zurückgeführte Form der ev. kirchl. Verfassung auf der Grundlage gleichberechtigter Repräsentanz der (an sich autonomen) Kirchengemeinden. Die S. betont die durch Kollegialorgane kirchl. Rechts gebildete Vertretung und Mitsprache der Gemeinden an den kirchl. Leitungsaufgaben.

Synode [zu griech. sýnodos „Zusammenkunft"], in der *alten Kirche* in Anlehnung an apostol. Praxis (Apg. 15) die Versammlung von Bischöfen und Gemeindevorstehern zu Beratung, Beschlußfassung und Gesetzgebung unter der Leitung des Bischofs von Rom (des Papstes). Neben dieser allg. („ökumen.") S. (Konzil) gab es auch regional begrenzte S. (Partikularkonzil). - Während bis zum 2. Vatikan. Konzil in der *kath. Kirche* unter S. v. a. das allg. Konzil verstanden wurde, nimmt seither die Bed. von Regional-S. (z. B. Diözesan-S., National-S.) und themat. S. (z. B. Pastoral-S.) zu. - Die Verfassung der einzelnen, selbständigen (autokephalen) *orth. Kirchen* ist synodal wie auch die der gesamten orth. Kirche. Verbindl. Entscheidungen in Fragen des Glaubens, Kultes und des Kirchenrechts trifft allein die ökumen. S., die nach orth. Verständnis zuletzt 787 (2. Konzil von Nizäa) stattfand. Seit einigen Jahren ist eine neue panorth. S. in Vorbereitung, die in absehbarer Zukunft zusammentreten soll. Die ständigen S. (früher „synodos endemusa“), die aus einer bestimmten Anzahl turnusmäßig wechselnder Mgl. oder aus Inhabern fester Sitze bestehen, sind die höchsten Verwaltungsorgane der einzelnen orth. Kirchen. - In den *ev. Kirchen* ist S. das regelmäßige, durch Kirchengesetz landeskirchl. geregelte Zusammentreten (mit auch gottesdienstl. Charakter) von Gemeinde- bzw. Kirchenkreisbeauftragten (**Synodalen**) zu gegenseitiger Beratung und Entscheidung. Entsprechend der landeskirchl. Gliederung unterscheidet das ev. Kirchenrecht Kreis- und Landes-S. sowie S. übergeordneter Kirchenverbände (EKD, EKU), die jedoch keine direkte Leitungsbefugnis besitzen. Die Leitung der S. liegt bei dem personalen Amtsträger des Kreises bzw. der Landeskirche (Bischof, Präs., Präses).

synodischer Monat ↑Monat.

synodische Umlaufzeit ↑Umlaufzeit.

Synoikismos [griech. „Zusammensiedeln“], Zusammenlegen mehrerer Siedlungen in der griech. Antike zur Schaffung neuer oder zur Stärkung bestehender Siedlungen.

Synökie (Synözie) [griech.], das Zusammenleben zweier oder mehrerer Arten von Organismen in der gleichen Behausung, ohne daß die Gemeinschaft (im Ggs. zu Symbiose und Parasitismus) den Wirtstieren nützt oder schadet.

Synökologie ↑Ökologie.

Synonym [griech.], Wort, das mit einem anderen Wort oder einer Folge von Wörtern derselben Sprache bedeutungsgleich ist, also **Synonymie** aufweist, z. B. *Samstag–Sonnabend, Junggeselle–unverheirateter Mann, selten–nicht oft.* Bedeutungsgleichheit besteht i. d. R. nur hinsichtlich des begrifflichen Kerns. Je nach Gesichtspunkt wird Synonymie strenger oder lockerer gefaßt. Strenge Synonymie liegt vor, wenn ein Ausdruck in jedem Kontext (z. B. innerhalb eines Satzes) durch einen anderen ersetzt werden kann, ohne daß sich die Bedeutung ändert. Wenn nicht nur der begriffl. Kern, sondern auch stilist., regionale, pragmat. Bedeutungskomponenten berücksichtigt werden, ist die strenge S. kaum je gegeben. - ↑auch Homonyme, ↑Homöonyme.

Synophrys ['zy:nofrys, zy'no:frys; griech.], Zusammenwachsen der Augenbrauen.

Synopse (Synopsis) [griech.], allg. svw. Zusammenschau, Überblick; in der Literatur die Anordnung von verwandten Texten (oder Textteilen) im Druck in (fortlaufenden) parallelen Spalten v. a. zu wiss. Zwecken, um Textparallelen, -abhängigkeiten und -unterschiede zu bestimmen; speziell ist unter S. die entsprechende Anordnung der deshalb so gen. **synoptischen Evangelien**, des Matthäusevangeliums des Markusevangeliums und des Lukasevangeliums, zu verstehen.

Synoptik [griech.], Teilgebiet der Meteorologie, das in einer großräumigen Zusammenschau *(Synopsis)* mit Hilfe zahlr. Wetterkarten der verschiedensten Art die Wetterzustände zu einem gegebenen Zeitpunkt untersucht und daraus die folgende Wetterentwicklung zu erkennen bemüht ist, die sie in Form einer Wettervorhersage formuliert.

Synoptiker [griech.], die Verfasser des Matthäus-, Markus- und des Lukasevangeliums, so benannt, weil ihre Evangelien in einer ↑Synopse angeordnet werden können.

synoptische Evangelien ↑Synopse.

synoptische Frage, wichtigstes, seit G. E. Lessing, J. J. Griesbach, J. G. von Herder diskutiertes Problem der neutestamentl. Text- und Literarkritik und Exegese, bei der es um das Verhältnis der Texte der drei synopt. Evangelien zueinander geht sowie um die Erklärung von Parallelen, Übereinstimmungen wie auch Unterschiede in der je spezif. Auswahl und Anordnung des Stoffes, der Darstellungsart, der Wortwahl und Aussagen.

Synözie [griech.], svw. ↑Synökie.
◆ svw. Einhäusigkeit (↑Monözie).

Synsemantikon [griech.], Wort oder Morphem, das nur in Kombination mit Voll- oder Begriffswörtern (↑Autosemantikon) vorkommt und zur Gesamtbedeutung der Kombination beiträgt, z. B. Präfixe, Suffixe (*ver-* in *versinken*; *-er* in *Lehrer*) oder *sein* und *werden* als Kopula und Hilfsverben.

Syntagma [griech.] ↑Paradigma.

syntagmatisch [griech.], im linguist. Strukturalismus Bez. für Beziehungen zw. sprachl. Einheiten, die in der Redekette aufeinander folgen, die ein Syntagma bilden (z. B. *Das + Kleid + ist + blau*), im Ggs. zu den paradigmat. Beziehungen zw. sprachl. Einheiten, die im Sprachsystem zusammengehören, sich in der Redekette aber wechselseitig ausschließen (↑Paradigma).

Syntaktik [griech.], Teilgebiet der ↑Semiotik, das die formalen Beziehungen zw. Zeichen zum Gegenstand hat und von den Beziehungen der Zeichen zu dem, wofür sie stehen (↑Semantik), und zu denen, die sie verwenden (↑Pragmatik), abstrahiert.

syntaktische Definition ↑Definition.

syntaktisches Feld ↑Feld.

Syntax [griech.], Lehre vom Bau des Satzes. Als Teilgebiet der *Grammatik* erforscht die S. die in einer Sprache zulässigen Verbingen von Wörtern zu Wortgruppen und Sätzen hinsichtl. ihrer äußeren Form, ihrer inneren Struktur und ihrer Funktion bzw. Bedeutung. - Die *traditionelle S.* war bis ins 19. Jh. stoffl. heterogene „Mischsyntax“. Sie beschrieb einerseits Bedeutung und Gebrauch der Wortarten und Wortformen (Kasus, Tempora u.a.), andererseits fragte sie nach der Funktion des Satzes und seiner Hauptteile Subjekt und Prädikat. Die neuere „funktionale S." grenzt die Satzlehre von der Wortlehre ab und beschreibt Form und Funktion v.a. der Satzarten, Satzglieder, Satzgefüge, Wort- und Satzreihen.

Die im amerikan. Strukturalismus entwickelte *Konstituentenstruktur-S.* ermittelt den beobachtbaren Aufbau des Satzes aus Teilen, indem sie Äußerungen nach bestimmten Kriterien stufenweise in kleinere und kleinste Konstituenten segmentiert und diese nach ihrer Distribution klassifiziert. Sie stellt die Satzstruktur in einem Stammbaum dar, dessen Äste Teil-Ganzes-Beziehungen ausdrükken und dessen Knoten Konstituentenklassen repräsentieren, die auf die lineare Anordnung des Satzes projizierbar sind. Die *generativtransformationelle S.* N. Chomskys hat zum Ziel, alle grammat. korrekten Sätze einer Sprache mittels eines Regelsystems zu generieren (deduktiv abzuleiten). - Die Diskussion um die angemessene Form der S.theorie ist zw. den einzelnen Richtungen und innerhalb der Richtungen noch im Fluß; das Verhältnis der S. zu ↑Semantik und ↑Pragmatik tritt dabei immer stärker in den Vordergrund.

Der Duden in 10 Bden. Bd. 4: Die Gramm. der dt. Gegenwartssprache. Mhm. u.a. ⁴1984. - Edmondson, J. A.: Einf. in die Transformations-S. des Deutschen. Tüb. 1982. - Engel, U.: S. der dt. Gegenwartssprache. Bln. ²1982. - Heringer, H.-J., u.a.: S. Mchn. 1980. - Tesnière, L.: Grundzüge der strukturalen S. Dt. Übers. Stg. 1980. - Duk Ho Lee: Aspekte der dt. S. Mchn. 1979. - Lange, K. P.: S. u. natürl. Semantik im Dt. Tüb. 1978.

◆ (log. S.) in der *mathemat. Logik* die Theorie der Erzeugung formaler Sprachen durch Kalküle bzw. Kalkülregeln.

Synteresis (Synderesis) [griech.], auf den hl. Hieronymus zurückgehender, v.a. in der Scholastik im Zusammenhang mit der myst. Lehre vom „göttl. Funken" („scintilla animae") entfalteter moraltheolog. Begriff zur Bez. der durch die Sünde nicht zerstörbaren, im Verstand bzw. im Geist oder im Willen angelegten Fähigkeit zur Erkenntnis des Guten, die sich im Gewissen zur sittl. Entscheidung und zum Handeln konkretisiert oder den Willen affektiv prädisponiert.

Synthese [griech.], allg. svw. Zusammenfügung [einzelner Teile zu einem Ganzen].

◆ in der *Philosophie* das der ↑Analyse entgegengesetzte Verfahren, von elementaren Sätzen (Begriffen) zu komplexen Sätzen (Begriffen) zu gelangen.

◆ in der *Psychologie* die Verknüpfung verschiedener Teile der Wahrnehmung im Denken zu einem Ganzen. Im Unterschied zur Verschmelzung bleiben hierbei die einzelnen Gegebenheiten erhalten.

◆ in der *Chemie* die Herstellung von Verbindungen; bei der Total-S. geht man von den Elementen oder einfach gebauten Verbindungen aus, die in mehr oder weniger zahlr. Reaktionsstufen umgesetzt werden; bei der Partial-S. geht man von Verbindungen aus, in denen das Molekülgerüst des herzustellenden Stoffs bereits vorgebildet ist.

Synthesegas, aus Stickstoff und Wasserstoff bzw. Kohlenmonoxid und Wasserstoff bestehende Gasgemische, die zur Ammoniaksynthese dienen bzw. zus. mit Erdgas, vergaster Kohle, vergastem Koks oder Erdöl zu Kohlenwasserstoffen, Aldehyden oder Alkoholen umgesetzt werden. Als Ausgangsstoff zur Herstellung dienen z.B. Kohle, Koks, Erdöl, die in Generatoren (Gasgeneratoren) vergast werden.

Synthesekautschuk (Kunstkautschuk), künstl. hergestellte Elastomere, die sich gegenüber dem Naturkautschuk durch größere Abriebfestigkeit, Beständigkeit gegen Chemikalien und Wärme oder geringere Gasdurchlässigkeit auszeichnen. Bes. wichtige S. werden aus Butadien bzw. Butadien und Styrol oder Acrylnitril durch [Misch]polymerisation hergestellt. *Butadienkautschuk* (Abk. BR; von engl. butadiene rubber) wurde früher mit feinverteiltem Natrium als Katalysator hergestellt (sog. Buna); heute ermöglichen Ziegler-Natta-Katalysatoren die Herstellung von isotakt. Butadienkautschuk *(Stereokautschuk)*, der gegenüber Naturkautschuk eine höhere Abriebfestigkeit und Elastizität besitzt. Der meistproduzierte S., der *Styrol-Butadienkautschuk* (Abk. SBR; Buna-S.), wird entweder mit Peroxiden als Katalysator bei erhöhter Temperatur oder mit Hilfe von mit Metalloxiden versetzten Peroxiden bei tiefen Temperaturen *(Cold Rubber, Tieftemperaturkautschuk, Kaltkautschuk)* gewonnen. SBR ist abriebfester und wärmebeständiger und kann ohne Beeinträchtigung seiner techn. Eigenschaften mit Weichmachern (aromat. oder cycl. Kohlenwasserstoffen) gestreckt werden. Der aus Butadien und Acrylnitril erhaltene *Nitril-Butadien-Kautschuk* (Abk. NBR; Buna-N) hat eine hohe Öl- und Benzinfestigkeit, jedoch geringere Elastizität als Naturkautschuk. Weitere S. sind der aus Chloropren (2-Chlorbutadien) gewonnene, bes. alterungs- und chemikalienbeständige *Chloroprenkautschuk* (Abk. CR), der durch Mischpolymerisation von Isobutylen und Isopren erhaltene gasundurchlässige, alterungs- und wärmebeständige *Butylkautschuk* (Abk. IIR), der ihm ähnl. *Chlorbutylkautschuk* und der bes. verschleißfeste, aus Acrylsäureestern hergestellte *Acrylkautschuk.*

Geschichte: 1909 erkannte F. Hofmann, daß sich zweifach ungesättigte Alkene, z.B. Isopren, durch Wärme zu elast. Massen polymerisieren lassen. 1916 stellte er aus 2,3-Dimethylbutadien den ersten techn. brauchbaren Ersatz für Naturkautschuk her. Die Erzeugung von Butadienkautschuk mit Natrium als Katalysator wurde nach Entwicklung der Ziegler-Natta-Katalysatoren Mitte der 1950er Jahre techn. verbessert.

Synthesisteleskop [griech.] ↑Radioteleskop.

Synthesizer ['syntesaızər; engl. 'sınθısaızə; griech.-engl.], v. a. zu Meßzwecken verwendetes Gerät zur Erzeugung sehr reiner, sinusförmiger Wechselspannungen einer in sehr kleinen Schritten über einen größeren Bereich (von 0,01 Hz bis zu einigen GHz) veränderbaren Frequenz.

◆ elektron. Musikinstrument, das aus einer Kombination aufeinander abgestimmter elektron. Bauelemente und Geräte (Module) besteht, mit der sich auf rein elektron. Wege Töne und Klänge, Tongemische und Geräusche jegl. Art erzeugen und [halbautomat.] zu musikal. Abläufen oder synthet.-sprachl. Abfolgen zusammenfügen bzw. verändern lassen. Als wesentl. Bausteine sind im S. enthalten: 1. Generatoren (Ton-, Rausch- und Impulsgeneratoren); 2. Klangformer und -modulatoren (Envelope-Generator, Filter, Hall-Generator, Ringmodulator); 3. Zusatzeinrichtungen (Zufallsgenerator, Manual, Speicher). Jedes Modul kann von Hand oder durch die von einem anderen Modul abgegebene Spannung (sog. *Spannungssteuerung;* engl. voltage control) gesteuert werden; außerdem können die Steuerspannungen von außen (z. B. über Mikrophon oder Tonbandgerät) zugeführt werden. Durch die Spannungssteuerung wird erreicht, daß musikal. ↑Parameter aufeinander einwirken können. Dabei kann es durch mehrfache Rückkoppelung zu schwer überschaubaren Klangabläufen kommen, die nicht selten der Kontrolle des Spielers entgleiten. Da die meisten Module period. Abläufe erzeugen, überwiegen beim S.spiel ostinate Klangfolgen. S. bilden heute die zentrale Einheit elektron. Studios, werden aber auch im Bereich der Popmusik verwendet (hier oft mit vorprogrammierten Kombinationen von Modulen).

Der erste funktionstüchtige [Voll]synthesizer wurde nach seinem Erbauer R. A. Moog benannt. Danach ist Moog heute die Markenbezeichnung für bestimmte S., wird aber umgangssprachl. auch oft als Synonym für S. verwendet. Charakterist. für Moog-Studio-S. ist das Modul-System. Als *Mini-Moog* kommen heute kleine S. auf den Markt, die wie E-Orgeln gespielt werden können. Diese S. heißen *Poly-Moog*, wenn auf ihnen zwei- oder mehrstimmig gespielt werden kann.

Synthetasen [griech.], svw. ↑Ligasen.

Synthetics (Synthetiks) [zyn'te:tıks; griech.-engl.], zusammenfassende Bez. für die auf chem. Wege gewonnenen Textilfasern (Chemiefasern) und die aus diesen hergestellten Erzeugnisse.

synthetisch [griech.], allg. svw. zusammengesetzt, künstl. hergestellt. In der *Philosophie* werden im Anschluß an Kant Sätze s. genannt, die nicht allein auf Grund log. und definitor. Vereinbarungen gelten. Die Frage, in welcher Weise die Wahrheit und damit die Begründung s. Sätze einen Rückgriff auf Erfahrung erfordert, ist in der neueren Wissenschaftstheorie umstritten.

synthetische Definition ↑Definition.

synthetische Methode, wiss. Verfah-

Syphilis. Krankheitsverlauf

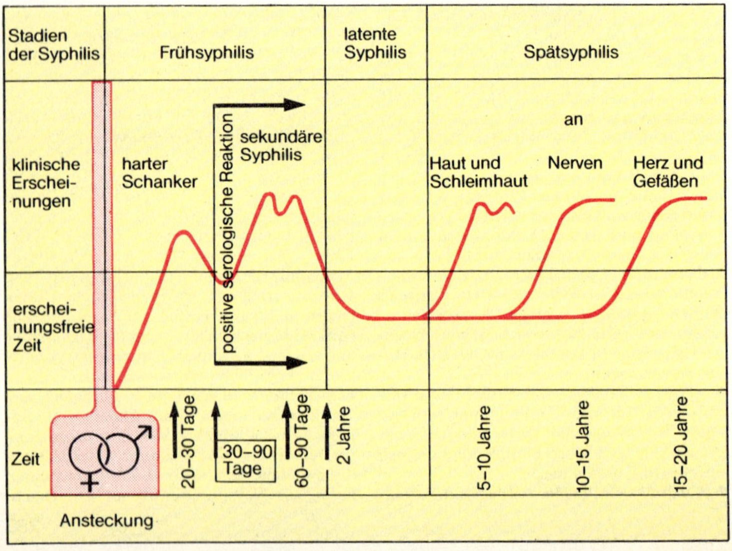

ren, das auf der log. geregelten Zusammensetzung wiss. Theoreme aus einfachen und als begründet, evident oder unbegründbar geltenden Elementen (Grundbegriffe, Prinzipien, Axiome) beruht. - Ggs. analytische Methode.
◆ Methode des Schreiben- und Lesenlernens, bei der zunächst Einzelbestandteile der Schrift - i. d. R. die Buchstaben, Buchstabenteile oder Buchstabengruppen - geübt und dann erst zu größeren Einheiten (Wörtern) zusammengesetzt werden; den Ggs. dazu bildet die ↑Ganzheitsmethode.

synthetischer Kubismus, von J. Gris 1912 begründete Richtung des ↑Kubismus.

synthetische Sprachen, Sprachen, in denen grammat.-syntakt. Beziehungen vorzugsweise innerhalb des Wortes oder am Wort markiert werden, und zwar durch innere Flexion, Affigierung, Reduplikation; lexikal. und grammat. Bedeutung werden synthetisiert, z. B. verweist lat. *filias* auf einen Inhalt „Tochter", zugleich werden aber auch die Merkmale Substantiv, feminin, Plural, Akkusativ und direktes Objekt ausgedrückt.
◆ einer menschl. Sprache physikalisch und linguistisch ähnl. Abfolgen von Schallereignissen, die mit Hilfe eines Sprachgenerators erzeugt werden. S. S. sind u. a. bedeutungsvoll bei der akust. Ausgabe der von Datenverarbeitungsanlagen u. a. gelieferten Informationen. Eine v. a. in der phonet. und linguist. Grundlagenforschung verwendete s. Sprache *(Visible speech)* erhält man, wenn Sprachvorgänge in vereinfachter Form zeichner. oder als Rechnerprogramm dargestellt und mit Hilfe eines geeigneten Umwandlungsgeräts hörbar gemacht werden.

synthetische Urteile, nach Kant diejenigen Urteile, bei denen das Prädikat nicht schon im Subjekt enthalten ist, die also eine zusätzl. Erkenntnis über das Subjekt liefern.

Synzytium (Syncytium) [griech.], mehrkerniger Zellkörper, der im Unterschied zum ↑Plasmodium durch Verschmelzung (Fusion) mehrerer Zellen entsteht; z. B. die quergestreifte Muskelfaser.

Syphilid [griech.], syphilit. Hautausschlag. - ↑auch Syphilis.

Syphilis [nach dem Lehrgedicht „Syphilis sive de morbo gallico" von G. ↑Fracastoro, in dem die Geschichte eines an dieser Krankheit leidenden Hirten namens Syphilus erzählt wird] (Lues, harter Schanker, Franzosenkrankheit), als chron. Infektionskrankheit verlaufende, wegen ihrer Spätfolgen gefährlichste Geschlechtskrankheit. Erreger der S. ist das Bakterium Treponema pallidum. Die erworbene S. wird am häufigsten durch den Geschlechtsverkehr übertragen. Eintrittspforte in den Körper sind gewöhnl. kleine Verletzungen der Schleimhaut im Genitalbereich bzw. der Haut.
Die S. verläuft in drei Stadien. Für das *Primärstadium* (S. 1; zus. mit dem Sekundärstadium auch unter der Bez. *Früh-S.* zusammengefaßt) ist der *Primäraffekt* vom Beginn der 3. bis 6. Woche nach der Infektion an kennzeichnend. Er tritt meist als einzelnes kleines, hartes, gerötetes Knötchen im Bereich der Infektionsstelle auf: Bei Männern sind meist die Eichelkranzfurche oder die Eichel, das Vorhautbändchen, die Vorhaut, die Harnröhrenmündung, der Penisschaft oder die Gliedwurzel, bei der Frau bes. die Schamlippen und der Muttermund betroffen; Schamberg und After können bei beiden Geschlechtern befallen sein. Der Primäraffekt wird gewöhnl. schnell zu einer erodierten (oberflächl. geschädigten) Stelle bzw. einem schmerzlosen oberflächl. Geschwür mit hartem Rand, das sich in der Haut durch Abtasten abgrenzen läßt (*harter Schanker* oder Initialsklerose). Von etwa der 5. Woche an kommt es zur schmerzlosen Anschwellung der regionalen Lymphknoten. Der Primäraffekt heilt schließl. auch unbehandelt innerhalb einiger Wochen ab. - Das zweite oder *Sekundärstadium* der S. wird durch Hautausschläge *(Syphilide)* eingeleitet, die 9–10 Wochen nach der Ansteckung (oder etwa 45 Tage nach Erscheinen des harten Schankers) auftreten. Der Hautausschlag besteht in plötzl. auftretenden (eruptiven) rundl., roten, nicht juckenden und auch nicht schuppenden Flecken, die nach drei bis vier Tagen voll entwickelt sind, oder in wochenlang bestehenbleibenden kleinen, roten, auf Druck gelbl. Knötchen, den *syphilit. Papeln.* In den Papeln finden sich außerordentl. viele Erreger; die austretende Papelflüssigkeit ist daher hochinfektiös. Syphilit. Papeln bilden sich bes. dicht auf den Schleimhäuten von Mund, Mandeln, Nase, Genitale und After; sie gehen dort sehr bald in nässende Papeln über. Auch für die syphilit. Papeln ist das Fehlen des Juckreizes kennzeichnend. Nach 10–12 Wochen zerfallen diese gewöhnl. Schleimhautpapeln, doch entstehen nach 12–14 Wochen oft bes. breite, wuchernde Papeln an After und Genitale, die sog. *breiten Kondylome.* Nach etwa 20 Wochen klingen die Hautausschläge ab. Nach 28–32 Wochen kommt es zum Haarausfall (meist am Hinterkopf und an den Augenbrauen) und zu weißen Flecken an der Stelle abgeheilter Papeln *(Leukoderm).* - Nach einer zweiten Latenzzeit von drei bis fünf Jahren folgt das dritte oder *Tertiärstadium* der Syphilis. In diesem Stadium können große, entzündl. Geschwülste *(Syphilome, Gummen)* auftreten, die schließl. geschwürig zerfallen und das befallene Gewebe, wie z. B. Knochen, Gelenke, Nieren, die Leber oder das Nervensystem *(Neurosyphilis)*, zerstören. In der Gefäßwand führt die tertiäre S. zu entzündl. Veränderungen, die das Bindegewebe schädigen; dadurch kommt es u. a. zur sackartigen Ausweitung der Schlagaderwand. Derartige Ausweitungen können jahrelang an Umfang zunehmen, bis die geschwächte

Syrakus. Amphitheater

Syrakus. Plan

Wand des *syphilit. Aneurysmas* schließl. reißt und es zur inneren Verblutung kommt. Das Nervensystem schließl. kann durch Gehirngefäß- oder Gehirnhautgummen geschädigt werden. - Als *metasyphilit. Erkrankungen (Metasyphilis, 4. Stadium der S.)* bezeichnet man Rückenmarksschwindsucht und progressive ↑Paralyse. Beide beruhen auf einem Schwund des Nervengewebes im Rückenmark bzw. im Gehirn.

Bei der *angeborenen S. (konnatale S., Heredosyphilis)* erfolgt die Ansteckung durch die syphilit. Mutter über den Plazentakreislauf gegen Ende der ersten Schwangerschaftshälfte. Für S. eigentüml. ist daher eine Fehlgeburt in der zweiten Schwangerschaftshälfte. Je leichter die Krankheit der Mutter, um so größer sind die Aussichten auf ein lebendes, normal geborenes Kind. Läßt die Wirkung der von der Mutter übernommenen Abwehrkörper im Blut des Neugeborenen nach, kann auch bei ihm die Erkrankung in Erscheinung treten; dies ist meist in der zweiten bis dritten Lebenswoche der Fall. Scheinbar gesunde, in Wirklichkeit infizierte Kinder weisen später neben Störungen des Knochenwachstums die Erscheinungen der Erwachsenen-S. auf. Als typ. für die angeborene S. gelten die Sattelnase, säbelbeinförmige Verkrümmungen der Schienbeine, entzündliche Veränderungen der Hornhaut des Auges, Taubheit durch Erkrankung des Innenohrs sowie Tonnenform und halbmondförmige Kontur der oberen Schneidezähne.

Zur *Behandlung der S.* werden hohe Dosen von Penicillin gegeben, bei Penicillinallergie auch Tetrazykline oder Erythromyzin.

Geschichte: Die S. wird in Europa erstmals kurz nach der Entdeckung Amerikas beschrieben. Bei der Belagerung Neapels trat die „neue" Krankheit epidem. unter den Soldaten Karls VIII. von Frankr. auf, weshalb sie im 16. Jh. als „Franzosenkrankheit" bezeichnet wurde.

🕮 *Bäumler, E.: Amors vergifteter Pfeil. Kulturgesch. einer verschwiegenen Krankheit. Hamb. 1976. - Heike, H. J./Walther, H.: Gonorrhoe u. S. Gräfelfing 1976.*

Syracuse [engl. 'sɪrəkju:s], Stadt im W des Bundesstaates New York, USA, 120 m ü. d. M., 170 300 E. Kath. Bischofssitz; Univ. (gegr. 1870), Colleges, Kunst- und histor. Museum. Maschinenbau, Stahl-, chem., elektrotechn. u. a. Industrie. - An der Stelle einer Missionsstation entstand 1797 ein Dorf, das 1820 den Namen S. erhielt; 1847 City.

Syrakus, italien. Hafenstadt in SO-Sizilien, auf der Insel Orligia und dem angrenzenden Festland, 17 m ü. d. M., 118 100 E. Hauptstadt der Prov. S.; kath. Erzbischofssitz; literatur- und theaterwiss. Inst.; bed. Museen, Staatsarchiv; Erdölraffinerie, Zementind., Metallverarbeitung, elektrotechn. und Nahrungsmittelind., Fischerei, Meersalzgewinnung, Obst- und Gemüsemarkt; Fremdenverkehr.

Geschichte: Um 733 v. Chr. von Korinth gegründet; bedeutendste griech. Kolonie Siziliens; gründete selbst mehrere Kolonien; errang die Herrschaft über den SO der Insel, unter dem Tyrannen Gelon das ganze griech. Sizilien; 480 v. Chr. Sieg über Karthago; die Herrschaft Hierons I. war eine erste kulturelle

Blütezeit; 466 v. Chr. Einführung einer demokrat. Verfassung. Seine wachsende Macht bewog Athen zu einer Invasion (Sizil. Expedition, 415–413), das athen. Heer wurde jedoch auf dem nördl. Hochplateau **Epipolai** (Teil des antiken S.) mit der Festung Euryalos geschlagen. Unter der Tyrannis von Dionysios I. neue Glanzzeit; 212 v. Chr. von Rom erobert (lat. *Syracusae*), wurde Prov.hauptstadt; in frühchristl. Zeit wichtiges religiöses Zentrum (Katakomben); im MA durch Erdbeben und Seuchen stark in Mitleidenschaft gezogen.

Bauten: Zahlr. antike Bauten, v. a. aus griech. Zeit; dor. Apollontempel (um 565 v. Chr.), Reste des großen Altars Hierons II. (3. Jh. v. Chr.), griech. Theater (nach 238 v. Chr.), röm. Amphitheater (3. Jh. n. Chr.), größtenteils aus dem Fels gehauen. Die großen Steinbrüche dienten als Gefangenenverliese oder wurden in Gärten umgewandelt, u. a. die Latomia del Paradiso mit dem „Ohr des Dionysios", einer künstl. Grotte mit bes. Akustik. S. hat ausgedehnte Gräberfelder aus griech. und röm. Zeit und bed. Katakomben (v. a. 4. Jh.). Der Athenatempel von S. (um 480 v. Chr., an Stelle von Vorgängerbauten) wurde im 7. Jh. zur christl. Basilika umgebaut (Barockfassade des Doms aus dem 18. Jh.). Unter der normann. Kirche Santa Lucia (12. Jh. anstelle eines byzantin. Baus; im 17. Jh. barockisiert) Katakomben. Aus stauf. Zeit mehrere Paläste, u. a. Palazzo Bellomo (1. Hälfte des 13. Jh., oberes Geschoß 15. Jh.), Ruine des stauf. Kastells Maniace (1038, erneuert von Friedrich II., vor 1239).

🕮 *Drögemüller, H.-P.: S. Zur Topographie u. Gesch. einer griech. Stadt. Hdbg. 1969.*

Syrdarja [russ. sirdarj'ja], Zufluß des Aralsees, entsteht durch den Zusammenfluß von ↑Naryn und Karadarja, fließt durch das Ferganabecken und am NO-Rand der Kysylkum entlang; das Delta wächst jährl. um 50 m; 2 212, mit Naryn 3 019 km lang; dient der Bewässerung, Energiegewinnung und Fischerei. - In der Antike wurde der S. **Jaxartes** genannt.

Syria, röm. Prov., ↑Syrien (Geschichte).

Syrien

(amtl.: Al Dschumhurijja Al Arabijja As Surijja; Arab. Republik Syrien), Republik in Vorderasien, zw. 32° 20′ und 37° 20′ n. Br. sowie 35° 35′ und 42° 20′ ö. L. **Staatsgebiet:** S. grenzt im zentralen W an das Mittelländische Meer, im N an die Türkei, im O an Irak, im S an Jordanien, im äußersten SW an Israel und im südl. W an Libanon. **Fläche:** 185 180 km². **Bevölkerung:** 10,6 Mill. E (1986), 57,3 E/km². **Hauptstadt:** Damaskus. **Verwaltungsgliederung:** 13 Muhafasa und das Geb. der Hauptstadt. **Amtssprache:** Arabisch. **Nationalfeiertag:** 17. April. **Währung:** Syrisches Pfund (syr£) = 100 Piastres (PS). **Internationale Mitgliedschaften:** UN, Arabische Liga, OAPEC; Kooperationsabkommen mit EWG und EGKS. **Zeitzone:** MEZ + 1 Stunde.

Landesnatur: S. ist weitgehend ein ebenes Tafelland, das nach O unmerkl. in den mesopotam. Trog übergeht; es wird im NO von einem Hügelland (Dschabal Abd Al Asis, bis 920 m hoch) überragt und im S von einer von erloschenen Vulkanen und Lavafeldern geprägten Landschaft (Hauran, Dschabal Ad Drus; bis 1735 m hoch) begrenzt. Die höchsten Erhebungen finden sich im W, es sind noch zum ostafrikan.-vorderasiat. Grabensystem gehörende gehobene Grabenränder: Hermon (bis 2 814 m) und Antilibanon (bis 2 629 m), über die die Grenze gegen Libanon verläuft.

Klima: S. liegt im Übergangsbereich vom winterfeuchten Mittelmeerklima (im W) zum kontinentalen Trockenklima (im O). Die Niederschläge nehmen von der Küste (800–1 000 mm Niederschlag/Jahr) nach dem Landesinneren und dem O hin ab (um 150 mm Niederschlag/Jahr). Die Jan.temperaturen nehmen von der Küste (um 10,5 °C) zum Landesinneren hin ab (um 7 °C), die Julitemperaturen dagegen zu (von 26 °C auf 35 °C). Das Binnenland hat also große jahreszeitl. Temperaturunterschiede (zw. 7 und 33 °C); im W treten außer an der Küste regelmäßig Fröste auf, die westlichen Gebirge tragen im Winter eine Schneedecke.

Vegetation: Im W mediterrane Pflanzengesellschaften, z. T. mit Restbeständen von Libanonzedern. Das Binnenland ist zum Teil Kulturland, sonst weitgehend Steppe im feuchten Übergangsbereich mit Wolfsmilcharten und Sträuchern, in den Randgebieten mit Dornsträuchern.

Syrien. Übersichtskarte

Bevölkerung: Der überwiegende Teil der Bev. sind Araber (87,8%), der Rest 4,6% Kurden, 3% Armenier und Splittergruppen von Turkmenen und Tscherkessen. 87,4% der Bev. sind Muslime (davon 85% Sunniten), 10% Christen, 2,2% Drusen u. a. Entsprechend den natürl. Gegebenheiten ist die Siedlungsdichte sehr unterschiedl.; am dichtesten ist das Küstengeb. besiedelt (160 E/km²), am dünnsten der zentrale O (8 E/km²). Den Kernraum des Landes bildet die östl. Gebirgsabdachung bis zum Grenzsaum zw. Agrarland und Nomadenland, wo sich die heutige N–S-Achse des Landes Aleppo–Hama–Homs–Damaskus–Dara herausgebildet hat. Derzeit leben etwa 200 000 Palästinaflüchtlinge in S. Es besteht Schulpflicht für alle 6 bis 12jährigen Kinder. Neben 5 Fachhochschulen gibt es Univ. in Damaskus, Aleppo, Al Ladhakijja und Homs.

Wirtschaft: Die Landw. bildet die wirtsch. Grundlage des Staates. Sie erbringt 1/5 des Bruttosozialproduktes. Hauptanbaugebiete sind die Ackerebenen Nord-S. (Al Dschasira) und das Euphratgebiet. Hauptanbauprodukte sind Weizen und dank künstl. Bewässerung Baumwolle, der wichtigste Exportartikel von S. Außerdem werden angebaut: Hülsenfrüchte, Melonen, Zuckerrüben, Tabak, Gemüse, Hirse, Mais, Reis u. a. Unter den Baumkulturen sind v. a. Aprikosen und Feigen zu nennen. Der gesamte zentrale Teil von S. wird durch die Weidewirtschaft der Nomaden genutzt. - Die wichtigsten Bodenschätze sind Erdöl, Erdgas und Phosphat. Seit 1973 werden die Phosphatlager bei Palmyra abgebaut. Die 1966 im NO entdeckten Erdölfelder werden seit 1968 ausgebeutet. Das Rohöl ist stark schwefelhaltig und schwer und daher nicht leicht verkäuflich; z. T. verarbeitet es die Raffinerie von Homs. Weitere wichtige Ind.zweige sind: Nahrungsmittelind., Maschinenbau, Möbel- und Textilind.; außerdem Fahrzeugbau und Tabakwarenverarbeitung. Das Kunsthandwerk hat große Tradition und ist weltbekannt. Wichtigste Ind.standorte sind Aleppo, Damaskus, Hama und Homs.

Außenhandel: Die wichtigsten Handelspartner sind die EG-Länder, Iran, Rumänien und die Sowjetunion. S. exportiert Erdöl, Baumwolle, Garne, Textilwaren, Gemüse und Obst, Phosphat sowie Tabak. Importiert werden: Nahrungsmittel, Maschinen, Eisen und Stahl, Erdöl- und Erdölderivate, Pharmazeutika, Holz und Kraftfahrzeuge. Das Handelsbilanzdefizit wird weitgehend durch die Transitgebühren für irak. und saudi-arab. Erdöl ausgeglichen.

Verkehr: Das Verkehrsnetz ist in dem dichter besiedelten westsyr. Raum relativ gut ausgebaut. Das Eisenbahnnetz wurde bereits in der Zeit vor dem 1. Weltkrieg erbaut (Bagdadbahn, Hedschasbahn). Die Länge des Streckennetzes beträgt 2013 km, davon 1686 km in Normalspur. Das Straßennetz hat eine Länge von 22 632 km, davon 16 338 km asphaltiert und 4682 km gepflastert. Wichtigste Häfen sind Al Ladhakijja und Tartus. Den Luftverkehr besorgt die nat. syr. Fluggesellschaft Syrian Arab Airlines. Internat. ✈ ist Damaskus.

Geschichte: Im Altertum urspr. Bez. für das Gebiet zw. Mittelländ. Meer im W und Arabien im O, etwa dem heutigen Aleppo im N und Palästina im S (die Zuordnung Phönikiens ist unterschiedl.). Im 2./1. Jt. v. Chr. befand sich S. im Überschneidungsbereich der Interessen der altoriental. Mächte Ägypten, Babylonien, der Churriter, Hethiter und Assyriens. Die z. T. schon im 3. Jt. polit. bed. syr. Staaten und Städte (Ibla, Chalap, Karkemisch, Damaskus, Ugarit, Alalach, Amurru) vermochten sich einer festen oder wechselnden Bindung an eine dieser Mächte selten zu entziehen. Nur zeitweilig gelang es bes. den phönik. Küstenstädten (↑Phönikien), eine gewisse Selbständigkeit zu erhalten und im 1. Jt. in den phönik. Kolonien sogar überseeische Handelsmacht zu gewinnen. Unter Kyros II. wurde ↑Palästina Teil des südsyr. Raumes. Das syr. Gebiet wurde 301 v. Chr. unter Ptolemäer und Seleukiden geteilt; S-Syrien wurde jedoch 195 v. Chr. ebenfalls seleukid.; 64/63 richtete Pompejus die Prov. Syria ein (einschl. Phönikien), Hauptstadt Antiochia (= Antakya); 194 n. Chr. Teilung in Syria Coele (Coilesyria) und Syria Phoenice (Phoenicia), unter Diokletian in Syria I (Hauptstadt Antiochia), II (Hauptstadt Apameia), Phoenicia I (Hauptstadt Tyrus [= Sur]) und II (Hauptstadt Damaskus). Ab 395 gehörte S. zum Oström. Reich. Nach der Eroberung durch die muslim. Araber (634–640) machten die Omaijadenkalifen 661 Damaskus zur Hauptstadt ihres Reiches. Nach ihrem Sturz (750) geriet das Land in Abhängigkeit von Ägypten. Im 12./13. Jh. beherrschten die Kreuzfahrer Teile des Landes. 1517 fiel es mit Ägypten an das Osman. Reich. Nachdem zwischenzeitl. 1833–40 die Ägypter das Land besetzt hatten, schlossen sich 1917 die im Untergrund arbeitenden syr. Nationalisten einem von Husain Ibn Ali geführten Aufstand an und proklamierten 1920 S. als unabhängiges Kgr.; Faisal I. wurde zum König von Groß-S., das Palästina, Transjordanien und Libanon einschließen sollte, erklärt. Doch kam das schon 1916 zur frz. Interessensphäre deklarierte S. 1920 endgültig als Völkerbundsmandat unter frz. Herrschaft; Faisal I. wurde vertrieben und S. in der Folge mit mehrfacher Änderung in mehrere polit.-administrative Einheiten aufgeteilt (Libanon, Staat der Nusairier, Staat von Aleppo, Staat von Damaskus, autonome Region der Drusen, Sandschak Alexandrette). Nach der Niederschlagung des Drusenaufstandes 1925/26 wurde Libanon selbständig. In der von Unruhen und wirren polit. Verhältnissen geprägten

Zeit bis zum 2. Weltkrieg verweigerte Frankr. den Zusammenschluß des geteilten Gebiets sowie ein größeres Maß an Selbstregierung. Im 2. Weltkrieg besetzten brit. Truppen S., de Gaulle erklärte S. für unabhängig, doch räumten die brit. und frz. Truppen erst nach wachsenden Unruhen 1946 das Land. Nach der Unabhängigkeit (1945 wurde S. Mgl. der UN und der Arab. Liga) führten mehrere Staatsstreiche von Militärs zur Diktatur A. Schischaklis (* 1901, † 1964) 1951–54. Unter Staatspräs. S. Al Kuwwatli (* 1891, † 1967) suchte S. den v. a. von der Bath-Partei geforderten staatl. Zusammenschluß mit Ägypten: 1958 wurde die Vereinigte Arab. Republik (VAR) gegründet, aus der S. aber bereits 1961 wieder ausschied. Aus den erneut einsetzenden Machtkämpfen ging die sozialist. Bath-Partei 1963 siegreich hervor. Sie blieb auch nach dem 3. Israel.-Arab. Krieg 1967, der den Verlust der Golanhöhen brachte, Reg.-partei. Ihre 1966 zur Herrschaft gekommene orthodox-marxist. Führungsgruppe um Nur Ad Din Al ↑Atasi wurde 1970 durch einen Putsch des Generals H. Asad, Repräsentant des pragmat. Flügels, verdrängt. Der im April 1971 mit Ägypten und Libyen vereinbarte Zusammenschluß zur „Föderation Arab. Republiken" blieb ohne Wirkung (↑ auch ägyptische Geschichte). Nach dem 4. Israel.-Arab. Krieg schloß S. 1974 ein Truppenentflechtungsabkommen für die Golanhöhen mit Israel. Nach dem Ausscheiden Ägyptens aus der gemeinsamen militär. Front gegen Israel (S. lehnte das 2. israel.-ägypt. Sinai-Abkommen von 1975 ab, was heftige Kontroversen mit Ägypten nach sich zog) strebte Asad eine engere Zusammenarbeit mit Jordanien an. Auch die militär. Intervention im Libanon diente dem Ziel, die außenpolit. Position S. zu stärken. Das direkte Eingreifen syr. Streitkräfte im libanes. Bürgerkrieg seit Juni 1976 belastete jedoch zeitweilig die Beziehungen zu fast allen arab. Staaten. Die Reise des ägypt. Präs. Sadat nach Jerusalem vertiefte den Ggs. zu Ägypten und führte im Nov. 1977 zum Abbruch der diplomat. Beziehungen. Der zw. Ägypten und Israel ausgehandelte Friedensvertrag war der unmittelbare Anlaß für die Annäherung an Irak, mit dem S. seit 1966 ideolog. verfeindet war. Nachdem jedoch die zw. S. und Irak im Okt. 1978 vereinbarte „Nat. Aktionscharta" zur Bildung eines gemeinsamen Staats gescheitert war und im Zusammenhang mit dem irak.-iran. Krieg brach die Feindschaft zw. beiden Ländern wieder auf: Im Aug. 1980 kam es zur gegenseitigen Ausweisung des diplomat. Personals, im April 1982 wurde die Grenze geschlossen. Ab Mitte Juni 1979 kam es zu einer innenpolit. Krise durch Unruhen und Morde zw. Gruppen der Sunniten (Mehrheit in S.) und Alawiten (Minderheit), die sich trotz einer Umbildung der Führung der syr. Bath-Partei um die Jahreswende 1979/80 und der Bildung der neuen Reg. unter A. R. Kassem (* 1932) im Jan. 1980 fortsetzten. Im Okt. wurde ein Freundschaftsvertrag mit der Sowjetunion unterzeichnet, der im Juni 1982 zu einer „strateg. Allianz" ausgeweitet wurde. Der irak.-iran. Krieg, in dem S. Iran unterstützt, verschärfte die Spannungen zw. S. und Jordanien, das Irak Unterstützung gewährt: Die im Nov. erfolgte Truppenkonzentration an der syr.-jordan. Grenze wurde im Dez. 1980 wieder abgebaut. Auf schärfsten Protest in S. und den anderen arab. Staaten traf die Annexion der syr. Golanhöhen im Dez. 1981 durch Israel, das dieses Gebiet seit 1967 besetzt hält. Die Parlamentswahlen 1981 und 1986 gewann die Nat. Progressive Front unter Führung der Baath-Partei überlegen. Der israel. Intervention 1982 hatte S. nur wenig entgegenzusetzen, so daß es große Verluste in Kauf nehmen mußte. Ende Febr. 1987 intervenierten syr. Truppen in Beirut, um die Bürgerkriegssituation in der libanes. Hauptstadt zu entspannen; die christl. Wohnviertel der Stadt wurden nicht besetzt.

Politisches System: S. ist nach der Verfassung von 1973 als Teil der arab. Nation eine demokrat., sozialist. VR mit präsidentiellem Reg.system. *Staatsoberhaupt* und Inhaber der *Exekutive* ist der Staatspräs. (seit 1971 H. Asad), der nach Vorschlag der Bath-Partei und Nominierung durch den Volksrat vom Volk auf 7 Jahre gewählt wird. Er bestimmt die Richtlinien der Politik, hat Gesetzgebungsinitiative und -veto, ernennt und entläßt alleinverantwortl. seinen Stellvertreter und die Reg. mit dem Min.präs. (seit Jan. 1980 A. R. Kassem) an der Spitze, die reines Vollzugsorgan ist. Die *Legislative* liegt beim Volksrat (195 vom Volk auf 4 Jahre gewählte Mgl.). Er kann gegen einzelne Min. oder das Kabinett insgesamt ein Mißtrauensvotum aussprechen, mit $^2/_3$-Mehrheit den Staatspräs. wegen Hochverrats anklagen. Von den polit. *Parteien* ist die weitaus mächtigste die syr. ↑Bath-Partei, die die wichtigsten polit. Positionen und fast alle Offiziersstellen besetzt. Sie spielt auch die dominierende Rolle in der Progressiven Nat. Front, die 1972 unter Führung H. Asads gegründet wurde und außerdem die Kommunist. Partei, die Syr. Arab. Sozialist. Union, die Sozialist. Unionisten und die Arab. Sozialist. Partei umfaßt. Außerhalb der Progressiven Nat. Front existieren kleinere polit. Organisationen. Über 160 einzelne *Gewerkschaften* sind im Syr. Allg. Gewerkschaftsbund zusammengeschlossen (260 000 Mgl.). S. ist in 13 *Verwaltungs*gebiete (Muhafasa) und das Gebiet der Hauptstadt gegliedert, die in Bezirke und Kreise unterteilt sind. Hauptquelle des syr. *Rechts* ist die Scharia. Es besteht ein Oberster Verfassungsgerichtshof; das Gerichtswesen gliedert sich in Gerichte 1. Instanz und Schnellgerichte (jeweils

Syrische Kunst. Frauenkopf aus Elfenbein (8. Jh. v. Chr.). London, British Museum

unter einem Friedensrichter); übergeordnet sind Berufungsgerichte und als letzte Instanz der Kassationsgerichtshof in Damaskus. Für die Angehörigen der verschiedenen Religionsgemeinschaften bestehen eigene Personenstandsgerichte. Die Gesamtstärke der *Streitkräfte* beträgt 402 500 Mann (Heer 270 000, Luftwaffe 70 000, Luftverteidigung 60 000, Marine 2 500). Paramilitär. Kräfte umfassen rd. 9 800 Mann.

📖 *Devlin, J. F.: Syria. Modern state in an ancient land. Boulder (Colo.) 1983. - Odenthal, J.: S. Köln 1983. - Klengel, H.: Gesch. u. Kultur Altsyriens. Wien u. Mchn. Neuaufl. 1980.*

Syringa [griech.], svw. ↑Flieder.

Syringomyelie [griech.], auf einer Entwicklungsstörung beruhende Schädigung der zentralen grauen Rückenmarkssubstanz und der Hinterhörner mit tumorartigen Gliawucherungen, durch deren Zerfall es zu mehr oder weniger ausgedehnter Höhlenbildung kommt. Die S. tritt im 20. bis 40. Lebensjahr in Erscheinung und verursacht eine Empfindungslähmung v. a. der oberen Extremitäten, wobei hauptsächl. die Temperatur- und Schmerzempfindung geschädigt wird und Verbrennungen und Verletzungen unbemerkt bleiben können.

Syrinx [griech. „Röhre"], griech. Bez. für ↑Panflöte.

◆ für die Vögel (mit Ausnahme der Störche, Strauße und Neuweltgeier) charakterist. Stimmbildungsorgan, das - neben dem eigentl., hier allenfalls zur Erzeugung von Zischlauten (z. B. bei der Gans) geeigneten, stimmbandlosen Kehlkopf - an der Gabelung der Luftröhre in die beiden Hauptbronchien als sog. *unterer Kehlkopf* ausgebildet ist.

Syrisch ↑Aramäisch.

syrische Kirchen, Bez. für eine Gruppe östl. Kirchen, die dem west- oder ostsyr. Ritus angehören und voneinander unabhängig sind. Ihre Einheit besteht nicht in der gemeinsamen Lehre, sondern in der liturg. Tradition und Sprache, dem Altsyrischen. - ↑auch orientalische Kirchen.

syrische Kunst, im Altertum Teilbereich der altoriental. Kunst im Gebiet etwa von Aleppo bis Palästina. Die früheste kulturell bed. Stadt ist Jericho, mit Befestigungsanlagen vor 7000 und eigenartiger Porträtplastik (Modellierungen über Schädeln). Seit dem 5. Jt. mesopotam. Kultureinflüsse (Tall Halaf); Ibla (Tall Mardich) und Mari sind bed. Städte des sumer.-akad. Kulturbereichs. Die Kunst N-Syriens gehört im 2. und 1. Jt. zur ↑hethitischen Kunst, im 1. Jt. (10.–7. Jh.) spricht man meist von syro-hethit. Kunst. Die Kunst der Küstenstädte, die neben mesopotam. und churrit. v. a. ägypt. Einflüsse verarbeiten, wird als ↑phönikische Kunst zusammengefaßt. Im 4. Jh. v. Chr. begann die Einbeziehung Altsyriens in den hellenist. Kulturkreis. Schließl. wird Syrien Teilbereich der frühchristl. Kunst, gut bezeugt ist der frühchristl. Kirchenbau N-Syriens vom 3.–6./7. Jh. Die älteste christl. Kirche befindet sich in Dura-Europos (3. Jh.), den klass. Typ der nordsyr. Basilika mit 2 S-Eingängen vertritt v. a. Markianos Kyris (um 400).

📖 *Land des Baal: Syrien - Forum der Völker u. Kulturen. Ausstellungskatalog. Hg. v. K. Kohlmeyer u. E. Strommenger. Mainz 1982.*

syrische Literatur ↑aramäische Literatur.

Syrische Wüste, wüstenhaftes Kalkplateau zw. den kultivierten Geb. des Mittelmeerbereichs im W und dem Euphrat im O, in Syrien, Jordanien und Irak.

Syrjänen ↑Komi.

Syrlin ['zyrli:n] (Sürlin, Sirlin), Jörg, d. Ä., * Ulm um 1425, † ebd. 1491, dt. Bildschnitzer. - Schuf 1468 den Dreisitz und 1469–74 das Chorgestühl für das Ulmer Münster, das in seinem klaren Aufbau, seinem umfassenden Programm und seiner differenzierten künstler. Gestaltung das bedeutendste Chorgestühl der dt. Gotik ist; in den Büsten der heidn. Weisen und Sibyllen, der Propheten, Apostel und Märtyrer spiegelt sich die theolog. und humanist. Bildung der Zeit und eine neuartige Erfassung des bürgerl. Menschen wider.

S., Jörg, d. J., * Ulm um 1455, † ebd. nach 1532, dt. Bildschnitzer. - Sohn von Jörg S. d. Ä., dessen Werkstatt er fortführte; schuf zahlr. Chorgestühle (u. a. in der ehem. Benediktinerklosterkirche in Blaubeuren, 1493).

Syromalabaren ↑Thomaschristen.

Syromalankaren ↑Thomaschristen.

SYSTEM DER PFLANZEN UND TIERE

Die systematischen Kategorien

Reich *(Regnum)*
Unterreich *(Subregnum)*
Stamm/Abteilung *(Phylum/Divisio)*
Unterstamm/Unterabteilung *(Subphylum/Subdivisio)*
Überklasse *(Superclassis)*
Klasse *(Classis)*
Unterklasse *(Subclassis)*
Überordnung *(Superordo)*
Ordnung *(Ordo)*
Unterordnung *(Subordo)*
Überfamilie *(Superfamilia)*
Familie *(Familia)*
Unterfamilie *(Subfamilia)*
Gattung *(Genus)*
Art *(Species)*
Unterart (Rasse) *(Subspecies)*

System, Pflanzenreich
(nach Lehrbuch der Botanik, 32. Aufl., 1983)

	Prokaryonten
1. Abteilung	Archebacteria
2. Abteilung	Eubacteria
	Prokaryontische Algen
1. Abteilung	Cyanophyta (Blaualgen, 2000*)
2. Abteilung	Prochlorophyta
	Eukaryontische Algen
1. Abteilung	Euglenophyta (800)
2. Abteilung	Cryptophyta (120)
3. Abteilung	Dinophyta (1000)
4. Abteilung	Haptophyta (250)
5. Abteilung	Chlorophyta (Grünalgen, 7000)
6. Abteilung	Heterokontophyta (Chrysophyta, 9500)
7. Abteilung	Rhodophyta (Rotalgen, 4000)
	Schleimpilze (600)
1. Abteilung	Acrasiomycota
2. Abteilung	Myxomycota (500)
3. Abteilung	Plasmodiophoromycota
	Pilze
1. Abteilung	Oomycota (500)
2. Abteilung	Eumycota
1. Klasse	Chytridiomycetes (500)
2. Klasse	Zygomycetes (500)
3. Klasse	Ascomycetes (Schlauchpilze, 30000)
4. Klasse	Basidiomycetes (Ständerpilze, 30000)
Organisationstyp:	Lichenes (Flechten, 20000)
	Moose und Gefäßpflanzen
1. Abteilung	Bryophyta (Moose, 15000)
2. Abteilung	Pteridophyta (Farnpflanzen)
1. Klasse	Psilophytatae (Urfarne †)
2. Klasse	Psilotatae (Gabelblattgewächse, 4)
3. Klasse	Lycopodiatae (Bärlappgewächse, 1200)
4. Klasse	Equisetatae (Schachtelhalmgewächse, 32)
5. Klasse	Filicatae (Farne, 9200)
3. Abteilung	Spermatophyta (Samenpflanzen)
1. Unterabteilung	Coniferophytina (gabel- und nadelblättrige Nacktsamer, 600)
1. Klasse	Ginkgoatae
2. Klasse	Pinatae
2. Unterabteilung	Cycadophytina (fiederblättrige Nacktsamer, 200)
1. Klasse	Lyginopteridatae (Samenfarne †)
2. Klasse	Cycadatae
3. Klasse	Bennettitatae (†)
4. Klasse	Gnetatae
3. Unterabteilung	Angiospermae (Bedecktsamer)
1. Klasse	Dicotyledonae (Zweikeimblättrige, 170000)
2. Klasse	Monocotyledonae (Einkeimblättrige, 65000)

* alle Zahlen geben nur die ungefähre Anzahl der rezenten Arten an
† ausgestorben

System, Tierreich
(nach A. Remane, V. Storch und U. Welsch, 1976, und E. Steitz und G. Stengel, 1984)

1. Unterreich	PROTOZOA (EINZELLER, 27100*)
1. Klasse	Flagellata (Geißeltierchen, 5890)
2. Klasse	Rhizopoda (Wurzelfüßer, 11100)
3. Klasse	Sporozoa (Sporentierchen)
4. Klasse	Cnidosporidia
5. Klasse	Ciliata (Wimpertierchen, 5500)
2. Unterreich	METAZOA (VIELZELLER)
Stamm	Porifera (Schwämme, 5000)
Stamm	Cnidaria (Nesseltiere, 8900)
1. Klasse	Hydrozoa (2700)
2. Klasse	Scyphozoa (200)
3. Klasse	Anthozoa (Blumentiere, 6000)
Stamm	Ctenophora (Rippenquallen, 80)
	Reihe: Deuterostomia
Stamm	Chaetognatha (Pfeilwürmer, 80)
Stamm	Pogonophora (Bartwürmer, 115)
Stamm	Hemichordata (Kragentiere, 80)
Stamm	Echinodermata (Stachelhäuter, 6000)
Stamm	Chordata (Chordatiere, 48600)
1. Unterstamm	Tunicata (Manteltiere, 2100)
2. Unterstamm	Copelata (60)
3. Unterstamm	Acrania (Schädellose, 30)
4. Unterstamm	Vertebrata (Wirbeltiere, 46500)
1. Überklasse	Agnatha (Kieferlose, 50)
2. Überklasse	Gnathostomata (Kiefermäuler)
1. Klasse	Placodermi (†)
2. Klasse	Acanthodii (†)
3. Klasse	Chondrichthyes (Knorpelfische, 625)
4. Klasse	Osteichthyes (Knochenfische, 24000)
5. Klasse	Amphibia (Lurche, 3140)
6. Klasse	Reptilia (Kriechtiere, 6000)
7. Klasse	Aves (Vögel, 8600)
8. Klasse	Mammalia (Säugetiere, 5000)
	COELOMATA (BILATERIA)
	Reihe: Protostomia
Stamm	Tentaculata (Tentakelträger, 4300)
Stamm	Plathelminthes (Plattwürmer, 15600)
1. Klasse	Turbellaria (Strudelwürmer, 3300)
2. Klasse	Trematoda (Saugwürmer, 6250)
3. Klasse	Cestoda (Bandwürmer, 3400)
4. Klasse	Mesozoa (50)
Stamm	Gnathostomulida (80)
Stamm	Nemertini (Schnurwürmer, 850)
Stamm	Aschelminthes (Schlauchwürmer, 13000)
Stamm	Kamptozoa (Kelchtiere, 100)
Stamm	Mollusca (Weichtiere, 130000)
1. Klasse	Polyplacophora (Käferschnecken, 1000)
2. Klasse	Aplacophora (Wurmmollusken, 240)
3. Klasse	Monoplacophora (Napfschaler, 15)
4. Klasse	Gastropoda (Schnecken, 105000)
5. Klasse	Lamellibranchiata (Muscheln, 20000)
6. Klasse	Scaphopoda (Kahnfüßer, 350)
7. Klasse	Cephalopoda (Kopffüßer, 730)
Stamm	Articulata (Gliedertiere)
1. Unterstamm	Annelida (Ringelwürmer, 17000)
1. Klasse	Polychaeta (Vielborster, 13000)
2. Klasse	Clitellata (Gürtelwürmer, 3400)
3. Klasse	Echiurida (Igelwürmer, 140)
2. Unterstamm	Pentastomida (Zungenwürmer, 70)
3. Unterstamm	Tardigrada (Bärtierchen, 400)
4. Unterstamm	Arthropoda (Gliederfüßer, 960000)
1. Überklasse	Trilobitomorpha (†)
2. Überklasse	Chelicerata (Fühlerlose, 35000)
1. Klasse	Merostomata (5)
2. Klasse	Arachnida (Spinnentiere, 36000)
3. Klasse	Pantopoda (Asselspinnen, 500)
5. Unterstamm	Mandibulata
1. Überklasse	Crustacea (Krebstiere, 35000)
2. Überklasse	Antennata (Tracheentiere)
1. Klasse	Chilopoda (Hundertfüßer, 2800)
2. Klasse	Progoneata (Tausendfüßer, 7680)
3. Klasse	Insecta (Insekten, 854000)

Sysserskit ↑Iridosmium.

System [zu griech. sýstēma, eigtl. „Zusammenstellung"], allg. svw. Gliederung, Aufbau, Ordnungsprinzip; einheitl. geordnetes Ganzes.

◆ wiss. Ordnungsbegriff; seit der griech. Antike in Wiss. und Philosophie Bez. für natürl. oder künstl. Gebilde, die ein Ganzes ausmachen, deren Teile in Abhängigkeit voneinander stehen und so eine bestimmte Ordnung aufweisen.

◆ in *Naturwiss.* und *Technik* jede Gesamtheit von [materiellen] Objekten, die sich in einem ganzheitl. Zusammenhang befinden. Je nach Wissenschaftsbereich werden unterschieden: physikal., biolog., techn. S. (zu kybernet. S. ↑Kybernetik).

In der *Physik* wird ein physikal. S. im Hinblick auf seine Wechselwirkung mit der Umwelt als *offenes* oder *abgeschlossenes* S. bezeichnet, je nachdem, ob das S. mit der Umgebung in Energie- und Materieaustausch steht oder nicht. Auf die Art der das S. bildenden Objekte weist eine Bez. wie z. B. atomares S. hin. *Techn. S.* sind im allg. Zusammenfügungen unterschiedl. Bauelemente, die auf Grund der Eigenschaften ihrer Bestandteile ein bestimmtes Verhalten zeigen und bei Einwirkungen von äußeren Kräften, Zufuhr von Energie, Eingabe von Signalen u. a. mit einer Reaktion gleicher oder ähnl. Art antworten (z. B. Abgabe von Arbeit, Energie, Signalen). Solche techn. S. sind z. B. alle Apparate, Geräte, Maschinen oder techn. Anlagen und als *elektrotechn. S.* alle elektr. Schaltungen und Netzwerke.

Hinweise auf den Zweck eines techn. S. geben Wortverbindungen wie z. B. Betriebs-S., das in der Informatik als Sammelbegriff für verschiedene Betriebsarten bei der Datenverarbeitung dient. *Regel[ungs]-S.* haben die Aufgabe, bestimmte Sollwerte einzuhalten. Regel-S. kennt man auch in den Bereichen des organ. Lebens, wo nach gleichen Prinzipien physiolog. Prozesse ablaufen, die der Aufrechterhaltung gleichmäßiger Arbeitsbelastung im Organismus bzw. seiner Anpassung an umweltbedingte Belastungen dienen. Solche physiolog. S. sind z. B. die Anpassung von Atmung und Herzschlag sowie das S. der Thermoregulation, das für die Einhaltung einer konstanten Körpertemperatur sorgt.

📖 *Föllinger, O./Franke, D.: Einf. in die Zustandsbeschreibung dynam. Systeme. Mchn. 1982. - Profos, P.: Einf. in die S.dynamik. Stg. 1981. - Klaus, G./Liebscher, H.: Systeme, Informationen, Strategien. Bln. 1974.*

◆ in der *zoolog.* und *botan. Systematik* die übersichtl., hierarchisch nach dem Grad der (natürl.) verwandtschaftl. Zusammengehörigkeit geordnete und dementsprechend in verschiedene systemat. Kategorien (↑auch Taxonomie) gegliederte Zusammenstellung der verschiedenartigen Tiere bzw. Pflanzen, die deren stammesgeschichtl. Entwicklung widerspiegeln soll. Die systemat. Grundeinheit ist die ↑Art. In einer *Art* werden diejenigen Organismen zusammengefaßt, die in allen wesentlichen Merkmalen übereinstimmen. Die nächsthöhere Einheit ist die *Gattung*, in der mehrere Arten zusammengefaßt werden. Mehrere Gattungen bilden eine *Familie*, mehrere Familien eine *Ordnung*, mehrere Ordnungen eine *Klasse* und mehrere Klassen eine *Abteilung. Die zoolog. Systematik kennt* die Kategorie Abteilung nicht oder verwendet diesen Begriff im Sinne von *Stamm.*

Reichen die systemat. Kategorien *(Taxa)* nicht aus, werden Zwischenkategorien (z. B. Unterfamilie, Unterart) eingeschoben. Innerhalb einer Art können geograph. Unterarten unterschieden werden.

Nach dem verwendeten Ordnungsprinzip unterscheidet man *künstliche Systeme* mit der Anordnung nach Ähnlichkeit und *natürliche Systeme* mit der Anordnung nach Verwandtschaft.

Die wiss. Systematik arbeitet mit der vergleichenden Morphologie. Sie erlaubt es, die auf gemeinsamer Abstammung beruhenden Ähnlichkeiten (Homologien) von Konvergenzen (Analogien) zu unterscheiden. Zur Aufklärung der verwandtschaftl. Beziehungen werden außerdem noch die Zytologie, Anatomie, Embryologie, Biochemie und Genetik herangezogen. - Übersicht S. 291.

◆ (soziales S.) ein Grundbegriff der *Soziologie*, der das zwischenmenschl. Handeln innerhalb eines bestimmten Rahmens sozialer Verhaltens- und Orientierungsmuster analyt. erfaßt. Konstitutive Wesensmerkmale eines sozialen S. sind die wechselseitige Abhängigkeit (Interdependenz) aller seiner Elemente (z. B. Personen, Institutionen), die Ordnung, Geschlossenheit, Regelmäßigkeit in den Beziehungen der Teile untereinander (Struktur, Integration, Kontinuität) sowie eine deutl. Abgrenzung von der Umwelt, woraus sich geregelte Umweltbeziehungen und die Identität des S. ergeben. Das umfassendste soziale S. ist die Gesellschaft. Die für das Überleben des S. notwendige permanente Anpassung an sich ändernde Umweltbedingungen bzw. deren Steuerung führt zur Ausdifferenzierung von Teil- oder Sub-S. (z. B. Politik, Wiss., Wirtschaft u. a.), die Forschungsgegenstand unterschiedl. wiss. Disziplinen sind. Ihre Wechselbeziehungen werden von der allg. S.theorie analysiert.

📖 *Geser, H.: Strukturformen u. Funktionsleistungen sozialer Systeme. Wsb. 1982.*

◆ abwertende, verallgemeinernde Bez. für eine jeweils vorgegebene, aber abgelehnte polit.-soziale und/oder wirtsch. Ordnung (z. B. von den Nationalsozialisten zur Kennzeichnung der Weimarer Republik benutzt, Parlamentarismus, Parteienstaat, „Erfüllungspolitik" u. a. umfassend; in APO-Kreisen zur Bez.

der BR Deutschland und des kapitalist. Westens gebraucht).

Systemanalyse, allg. die Untersuchung der Funktion, der Struktur, des zeitl. Verhaltens und der Beeinflussung kybernet. (insbes. techn. oder ökonom.) Systeme unter Zuhilfenahme von Modellsystemen und -methoden sowie Blockschaltbildern. Sie liefert einen Gesamtüberblick und ermöglicht es, die Wechselbeziehungen der betrachteten Systeme sowie die dadurch bewirkten [Entwicklungs]prozesse quantitativ zu erfassen und einer mathemat. Beschreibung zugängl. zu machen. - I.e.S. versteht man unter S. in der Datenverarbeitung die vor der Programmierung vorzunehmende Untersuchung eines vorgelegten Problems und die Schaffung einer Konzeption für einen datenverarbeitungsgerechten Informationsfluß.

Systematik [griech.], allg. svw. planmäßige Darstellung, Gestaltung.

◆ in der *Zoologie* (*Tier-S., systemat. Zoologie;* als Teilgebiet der speziellen Zoologie) und *Botanik* (*Pflanzen-S., systemat. Botanik;* als Teilgebiet der speziellen Botanik) umfassender Begriff für die Wiss. und Lehre von der Vielfalt der Organismen mit der übersichtl. Erfassung dieser Vielfalt in einem hierarch., der Abstammungslehre gerecht werdenden Ordnungsgefüge (↑System). Ausgehend von der ↑Taxonomie wird auf Grund abgestufter Ähnlichkeiten in den Merkmalen bzw. einer abgestuften stammesgeschichtl. Verwandtschaft eine wiss. begründete Hierarchie von Taxa ermittelt, die als (systemat.) Kategorien in das Ordnungsschema der Klassifikation umgesetzt werden. Zur Benennung der Tiere und Pflanzen bedient sich die S. der ↑Nomenklatur. - Begründer der S. ist C. von Linné.

systematisch, planmäßig, folgerichtig, in ein System gebracht.

systematische Kategorie (systemat. Einheit, Taxon [Mrz. Taxa]), Ordnungseinheit (z. B. Art, Gatt., Fam., Ordnung usw.) der botan. bzw. zoolog. ↑Taxonomie, die einen bestimmten Verwandtschaftsgrad innerhalb einer Gruppe von Organismen angibt.

systematischer Fehler ↑Fehlerrechnung.

systematische Theologie, in der Begriffsgeschichte v. a. der prot. Theologie Bez. für die theolog. Kerndisziplinen (Dogmatik, Apologetik, theolog. Ethik); ihre Quelle sind die histor. Fächer, ihr Ziel ist die systemat. Aufbereitung theolog. Erkenntnisse für die prakt. Theologie.

Systemerkrankung, Krankheit, die ein ganzes System eines Organismus befällt (z. B. das blutbildende System).

Systeme vorbestimmter Zeiten, Abk. SvZ, auf Bewegungen bei der Arbeit basierende und diesen zugeordnete Verfahren zur Rationalisierung von Arbeitsmethoden und zur Ermittlung von Vorgabezeiten. Sie sind auf Zeitwerten aufgebaut und werden durch Bewegungsstudien gewonnen. Dabei berücksichtigen die Zeitwerte Einflußfaktoren des Bewegungsablaufs, wie z. B. Bewegungslänge, Genauigkeitsanforderungen, Kraftaufwand. Die Verfahren lassen sich nur für manuelle Tätigkeiten verwenden.

Systemforschung, Wissenschaftszweig, der sich mit dem Gesamtverhalten und dem inneren Aufbau z. B. von sozioökonom. oder techn.-naturwissenschaftl. Systemen sowie dem Verhalten ihrer einzelnen Elemente im Rahmen kurz-, mittel- oder langfristiger Entwicklungen beschäftigt.

systemische Mittel (innertherapeutische Mittel), Pflanzenschutzmittel, die über Blätter und Stengel oder über die Wurzel von der Pflanze aufgenommen und mit dem Saftstrom im Gefäßsystem und durch Diffusion von Zelle zu Zelle transportiert werden. Sie dienen, ohne die Pflanze selbst zu schädigen, zur Vernichtung saugender und fressender Schaderreger, v. a. Insekten und Milben, oder auch der Abwehr von Schadpilzen und Bakterien.

Systemkamera, photograph. Apparat, dessen Ausrüstung nach dem Baukastenprinzip erweitert und abgewandelt werden kann (insbes. durch Objektivwechsel).

Systemkritiker, meist publizist. verwendete Bez. für Personen, die - häufig ohne Rückhalt durch eine Organisation - Kritik an der (wirtsch.-sozialen und/oder polit.) Ordnung („System") in ihrem Land üben.

Systemtheorie, allg. als Teilgebiet der theoret. Kybernetik die formale Theorie der Beziehungen zw. untereinander gekoppelten Systemen (bzw. zw. ihnen und ihrer Umgebung) sowie des Zusammenhanges zw. Struktur und Funktionsweise (bzw. Verhalten) von Systemen; i. e. S. eine Theorie über die Beeinflußbarkeit der Ausgangsgrößen bestimmter [kybernet.] Systeme bei gegebenen Eingangsgrößen durch Verändern der Systemeigenschaften.

Systole [ˈzʏstole, zʏsˈtoːlə; griech.], in der *Physiologie* die mit der ↑Diastole (als Ruhephase) rhythm. wechselnde Kontraktionsphase des Herzmuskels (i. e. S. die der Herzkammer) vom Beginn der Anspannungszeit bis zum Ende der Austreibungszeit. Die Dauer der S. beträgt beim Menschen je nach Herzfrequenz zw. 0,25 und 0,45 Sekunden.

systolischer Blutdruck ↑Blutdruck.

Syzygium [griech.], Gatt. der Myrtengewächse mit rd. 100 Arten im trop. Afrika, Asien, in Australien und auf Hawaii; immergrüne Bäume oder Sträucher mit längl.-eiförmigen Blättern und weißen oder roten, in Trugdolden stehenden Blüten. Die wichtigste Art ist der ↑Gewürznelkenbaum. Einige andere Arten liefern Obst (↑Jambuse).

Szabó [ungar. ˈsɔboː], Ervin, * Szlanicza (heute im Árvastausee, ČSSR) 22. Aug. 1877,

† Budapest 30. Sept. 1918, ungar. Politiker. - Ab 1911 Direktor der Hauptstädt. Bibliothek; übersetzte die Werke von K. Marx und F. Engels und verfaßte zahlr. Schriften zur marxist. Theorie.

S., István, * Budapest 18. Febr. 1938, ungar. Filmregisseur. - Filme: Die Zeit der Träumereien (1964), Vater (1967), Liebesfilm (1970), Budapester Mädchen (1977), Mephisto (1980; nach K. Mann), Hanussen - Der Hellseher (1986).

S., Laslo, * Debrecen 8. Sept. 1917, frz. Bildhauer ungar. Herkunft. - Internat. hoch geschätzte Steinbildwerke, die den myth. Bereich berühren, u.a. Sonnengott (mehrere Fassungen), Fruchtbarkeitssymbole, Urtiere („Fliegende Fische" im Münchner Olympiastadion).

S., Magda, * Debrecen 5. Okt. 1917, ungar. Schriftstellerin. - Schildert in psycholog. motivierten Romanen die Auflösung und Wandlung des ungar. Mittelstandes in der Provinz; u. a. „Das Fresko" (1958), „Die andere Esther" (1959), „1. Moses 22" (1967), „Katharinenstraße" (1969). Probleme junger Frauen behandeln die Romane „Erika" (1961), „Geburtstag" (1966), „Megmaradt Szobotkának" (= Er ist Szobotka geblieben, Biogr., 1983).

Szakasits, Árpád [ungar. 'sɔkɔʃitʃ], * Budapest 6. Dez. 1888, † ebd. 3. Mai 1965, ungar. Politiker. - Seit 1938 Generalsekretär der Sozialdemokrat. Partei; vollzog 1948 die

Laslo Szabó, Sonnengott II (1968–73; Mannheim, Luisenpark)

Verschmelzung mit der KP zur Vereinigten Ungar. Arbeiterpartei, deren Vorsitz er übernahm; 1945–48 stellv. Min.präs., 1948 Staatspräs., 1950 abgesetzt und inhaftiert, 1956 rehabilitiert.

Szálasi, Ferenc [ungar. 'sa:lɔʃi], * Košice 6. Jan. 1897, † Budapest 12. März 1946 (hingerichtet), ungar. Politiker. - Gründete 1935 die rechtsextreme Hungaristenbewegung (später Pfeilkreuzler); zeitweise in Haft. Unter dt. militär. Schutz Okt. 1944–April 1945 Staatschef; setzte mit terrorist. Mitteln die Kriegführung an dt. Seite fort; nach Kriegsende von den USA an Ungarn ausgeliefert und zum Tode verurteilt.

Szamos [ungar. 'sɔmɔʃ] (dt. Samosch), linker Nebenfluß der Theiß, entsteht in Siebenbürgen (2 Quellflüsse), mündet nahe Vásárosnamény, etwa 410 km lang (in Rumänien 360, in Ungarn 50 km).

Szaniawski, Jerzy [poln. ʃa'njafski], * Zegrzynek bei Warschau 10. Febr. 1886, † Warschau 16. März 1970, poln. Schriftsteller. - Vielgespielter Theaterautor, u. a. „Der Vogel" (Dr., 1923) und Verf. von Erzählungen („Prof. Tutkas Geschichten", 1954), in denen sich Fiktion und Wirklichkeit mischen.

Szczecin [poln. 'ʃtʃɛtɕin] ↑Stettin.

Szczesny, Gerhard ['tʃɛsni], * Sallewen bei Osterode i. Ostpr. 31. Juli 1918, dt. Verleger und Schriftsteller. - Gründete 1963 den bis 1969 bestehenden S.-Verlag in München; 1969–74 Hg. im Rowohlt Taschenbuch Verlag. 1961 begr. S. die ↑Humanistische Union e. V. (bis 1969 deren Vorsitzender).

Széchenyi, István (Stephan) Graf [ungar. 'se:tʃe:nji, 'se:tʃenji], * Wien 21. Sept. 1791, † Döbling (= Wien) 8. April 1860, ungar. Politiker. - Versuchte seit 1825 seine von liberalen Vorstellungen geprägten polit. Pläne zu verwirklichen und sein Land aus der Rückständigkeit ständ. Traditionen herauszuführen. 1827–34 Führer der konservativen Opposition, setzte sich für Reformen ein (u. a. Beseitigung der Steuerprivilegien des Adels, der Hörigkeit und des Zunftzwangs), förderte die nat. Kultur durch seine Mitwirkung bei der Errichtung der Akad. der Wissenschaften.

Szeged [ungar. 'sɛgɛd] (dt. Szegedin), ungar. Stadt an der Mündung der Maros in die Theiß, 181 000 E. Verwaltungssitz eines Bez.; kath. Bischofssitz; Univ. (Neugründung 1921), medizin. Hochschule, pädagog. Akad., Fachhochschulen für Eisenbahningenieure und Nahrungsmitteltechnologie; Getreideforschungsinst., Konservatorium, Museum, Theater, Oper; Sommerfestspiele (auf dem Domplatz). Herstellung von Gewürzpaprika, Salamifabriken, Textil-, Bekleidungs-, Holz-, Gummiind. sowie Maschinenbau. - Verdankt seine Entstehung einem schon seit der Antike bestehenden Übergang über die Theiß; wurde 1498 königl.-ungar. Freistadt; fiel 1542 an die Osmanen; kam 1686 zum habsburg. Teil

Ungarns; 1879 durch Hochwasser größtenteils zerstört, danach planmäßig wiederaufgebaut. - Roman. Demetriusturm (12./13. Jh.); spätgot. Marienkirche (15. Jh.) mit barocker Einrichtung, neuroman. Dom (20. Jh.); Rathaus (1883).

Szegedin ['sɛgɛdi:n], dt. Name für ↑Szeged.

Székely, Zoltán [ungar. 'se:kɛj], * Kocs 8. Dez. 1903, amerikan. Violinist ungar. Herkunft. - V. a. bekannt als Leiter des Hungarian String Quartet.

Székesfehérvár [ungar. 'se:kɛʃfɛhe:rva:r] (dt. Stuhlweißenburg), ungar. Stadt zw. Platten- und Velencer See, 110 000 E. Verwaltungssitz eines Bez., kath. Bischofssitz; Technikum für Vermessungskunde; Museum; Aluminiumwalzwerk, Omnibuswerk, Maschinen-, Fernseh- und Rundfunkgerätebau; Eisenbahnknotenpunkt. - Erhielt unter König Stephan I., dem Heiligen, Stadtrecht (**Alba regia**); seit dieser Zeit eine der Residenzen und (bis 1526) Krönungsstadt sowie (bis 1540) Begräbnisstätte der ungar. Könige; ab Mitte des 15. Jh. bis zur osman. Eroberung (1543) königl. Freistadt, erneut nach der Rückeroberung durch die Habsburger (1688); 1777 wurde das Bistum S. errichtet. - Im Ruinengarten u. a. Reste der roman. Basilika und Mausoleum Stephans I. (beide 11. Jh.); spätgot. Annakapelle (um 1470). Zahlr. Barockbauten, u. a. Dom, Franziskanerkirche mit ehem. Ordenshaus, Seminarkirche, Rathaus und Bischofspalast.

Szekler ['se:...], ungar. sprechende ethn. Minderheit in SO-Siebenbürgen.

Szekszárd [ungar. 'sɛksa:rd], ungar. Stadt am W-Rand der Donauniederung, 38 000 E. Verwaltungssitz eines Bez.; archäolog.-volkskundl. Museum; Zentrum eines Weinbaugebiets.

Szell, George (György) [engl. sɛl], * Budapest 7. Juni 1897, † Cleveland (Ohio) 30. Juli 1970, amerikan. Dirigent tschech.-ungar. Abkunft. - Schüler von M. Reger; war Dirigent u. a. in Berlin und Prag, emigrierte 1939 in die USA und leitete 1946–70 das ↑Cleveland Orchestra.

Szenarium [griech.-lat.] (Szenar, Szenario), Szenenfolge eines Dramas; v. a. im Stegreifspiel eine der Überblicksorientierung dienende Skizze des Handlungsablaufs. Seit dem 18. Jh. im Theater der Übersichtsplan für die Regie und das techn. Personal, in dem Angaben über die Szenenfolge, auftretende Personen, Requisiten, techn. Vorgänge, Verwandlungen des Bühnenbildes usw. enthalten sind. - Auch Bez. für den Rohentwurf eines Dramas, z. B. Lessings Berliner Szenarium zum „Faust". Beim Film eine Entwicklungsstufe zw. Exposé und Drehbuch.

Szenczi Molnár, Albert [ungar. 'sɛntsi 'molna:r], * Szenc (= Senec, Westslowak. Gebiet) 30. Aug. 1574, † Klausenburg 17. (?) Jan. 1639 (?), ungar. Schriftsteller. - Geistiger Führer des ungar. Protestantismus seiner Zeit; bearbeitete die ungar. Bibel und fügte ihr ein Gesangbuch bei; verfaßte ein lat.-ungar. und ein ungar.-lat. Wörterbuch (1604). Am bedeutendsten ist seine Übersetzung der „Genfer Psalmen" von C. Marot und T. Beza (1607).

Szene [griech.], im Theaterwesen svw. Bühne als Schauplatz einer Handlung. Im altgriech. Theater i. w. S. das ganze [hölzerne] Bühnenhaus (mit Ankleideräumen), i. e. S. die Bühnenwand, vor der die Schauspieler auftraten.

◆ 1. Gliederungseinheit des Dramas. Urspr. sind S. die an verschiedenen Orten spielenden Teile eines Dramas bzw. Aktes *(Bild)*, dann die durch das Auf- bzw. Abtreten einer oder mehrerer Personen begrenzte kleinste Untereinheit des Dramas oder Aktes *(Auftritt)*; 2. ep. Kompositionselement; konzentrierte, meist eine „dramat." Krise, Wendung oder Entscheidung des Geschehens wiedergebende Erzähleinheit, in der Bericht oder Beschreibung zugunsten des Dialogs stark zurücktreten.

◆ meist in Zusammensetzungen verwendet für ein charakterist. Milieu, z. B. Pop-S., Drogenszene.

Szenerie [griech.], Landschaftsbild, Schauplatz; Bühnenbild.

Szenessy, Mario [ungar. 'sɛnɛʃi], * Zrenjanin 14. Sept. 1930, † Pinneberg 11. Okt. 1976, ungar. Schriftsteller dt. Sprache. - 1942 Übersiedlung nach Ungarn, 1963 in die BR Deutschland. Eigene Erfahrung verarbeitender Autor, dessen Prosa sich zw. genauem Beschreiben und iron.-skurrilem, oft parodierendem Sprachspiel bewegt, u. a. „Verwandlungskünste" (R., 1967), „Otto, der Akrobat" (En., 1969), „In Paris mit Jim" (En., hg. 1977).

Szentendre [ungar. 'sɛntɛndrɛ], ungar. Stadt 20 km nördl. von Budapest, 17 000 E. Serb.-orth. Bischofssitz; Museen; Papierfabrik, Baustoff-, Holz- und Nahrungsmittelind.; Künstlerkolonie, Sommerfestspiele. - Von serb. Flüchtlingen geprägt, die im Laufe der Türkenkriege in mehreren Wellen (1389, 1448, 1690) die Stadt besiedelten, kultureller Mittelpunkt der im nördl. Ungarn lebenden Serben. - Barock- und Rokokohäuser; orth. Kathedrale (18. Jh.).

Szentgotthárd [ungar. 'sɛndgotha:rd], ungar. Ort im Kleinen Ungar. Tiefland, 6 500 E. Seidenweberei. - Schauplatz (1664) eines habsburg. Sieges über die Osmanen. - Zisterzienserabtei (gegr. 1183) mit Kirche von 1748/49 (darin Fresko der Schlacht von S.).

Szent-Györgyi von Nagyrapolt, Albert [ungar. 'sɛndjørdji, 'nɔtj...; engl. sɛnt'dʒə:dʒɪ], * Budapest 16. Sept. 1893, † Woods Hole (Mass.) 22. Okt. 1986, amerikan. Biochemiker ungar. Herkunft. - Prof. u. a. in Budapest und Waltham (Mass.); Arbeiten über den Mecha-

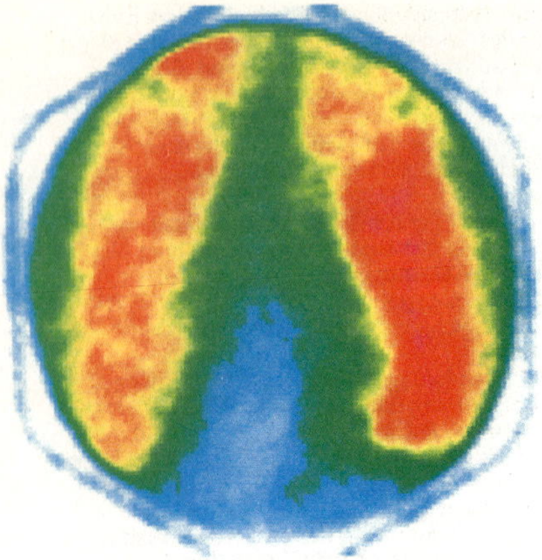

Szintigraphie. Szintigramm einer Lunge

nismus der biolog. Oxidation, über Zellatmung, zur Muskelforschung und zur Erforschung von Vitaminen, speziell von Vitamin P und Vitamin C (letzeres wurde von ihm erstmals in kristallisierter Form isoliert); erhielt 1937 den Nobelpreis für Physiologie oder Medizin.

Szepter ↑Zepter.

Szeryng, Henryk [poln. 'ʃɛrɨŋk], * Żelazowa-Wola bei Warschau 22. Sept. 1918, mex. Violinist poln. Herkunft. - Schüler u.a. von C. Flesch, J. Thibaud und N. Boulanger; seit 1948 an der Univ. von Mexiko.

Szetschuan ['zɛtʃuan] (Sichuan) [chin. sɨtʃu̯an], Prov. im zentralen China, 569 000 km^2, 101 Mill. E (1983), Hauptstadt Tschengtu. S. umfaßt im wesentl. zwei Landschaftsgroßräume, das ausgedehnte, vom Jangtsekiang durchflossene Becken von S. mit seiner Gebirgsumrandung und das Gebirgsland im W. Im Becken von S. werden Reis und Weizen kultiviert, ferner Kauliang, Hirse, Mais, Bataten, Raps, Sojabohnen, Erdnüsse, Zuckerrohr, Tee, Tabak, Zitrusfrüchte, Baumwolle und Jute; Seidenraupenzucht; Kohle, Erdöl-, Erdgas-, Eisenerz-, Kupfererz-, Asbest- und Salzvorkommen.

Szetschuan, Becken von ['zɛtʃuan], vom mittleren Jangtsekiang durchflossenes intramontanes, in ein Hügelland zergliedertes Becken in der chin. Prov. Szetschuan, im zentralen Teil 300–600 m ü.d.M., allseits von Gebirgen umrahmt. Das Klima ist subtrop. mit milden Wintern und heißen, regenreichen Sommern.

szientifisch [lat.], wissenschaftlich.

Szientismus (Scientismus) [lat.], Bez. für ein wissenschaftstheoret. Programm, nach dem die Ideale und Methoden der sog. exakten Wiss., speziell der empir. Naturwiss., auf die Theoriebildung in den Geistes- und Sozialwiss. übertragen werden sollen.

Szigeti, Joseph (József) [ungar. 'sigɛti], * Budapest 5. Sept. 1892, † Luzern 20. Febr. 1973, amerikan. Violinist ungar. Herkunft. - Schüler von J. Hubay; setzte sich bes. für zeitgenöss. Werke ein.

Szilard, Leo [engl. sɪ'lɑ:d], * Budapest 11. Febr. 1898, † San Diego 30. Mai 1964, amerikan. Physiker ungar. Herkunft. - 1925–32 Dozent in Berlin, emigrierte 1933 nach Großbrit., 1938 in die USA; ab 1946 Prof. in Chicago. S. arbeitete v.a. auf dem Gebiet der Kernphysik; ab 1939 war er maßgebl. am Anlaufen des amerikan. Atombombenprojekts, sodann auch an der Reaktorentwicklung beteiligt (gehörte der Arbeitsgruppe E. Fermis an, die 1942 die 1. Kernenergieanlage der Welt in Betrieb setzte).

Szilla [griech.] (Blaustern, Scilla), Gatt. der Liliengewächse mit rd. 100 Arten in Europa, im gemäßigten Asien und in den trop. Gebirgen Asiens und Afrikas; bis 30 cm hohe Stauden mit grundständigen, lineal- oder längl.-eiförmigen Blättern und stern- oder glockenförmigen, blauen, rosa- oder purpurfarbenen, in Trauben stehenden Blüten. Bekannte Arten: **Hasenglöckchen** (Scilla nonscripta), in Laubwäldern v.a. W-Europas; mit zahlr. blauen, weißen, roten oder rosafarbenen Blütenglöckchen in überhängender Traube; wird häufig in Gärten kultiviert. An sandi-

Szintillationskamera (Längsschnitt) mit Lochblende (B), großflächigem Szintillatorkristall (K), optischer Ölkopplung (O), Sekundärelektronenvervielfachern (S) und Impulsausgang mit Vorverstärker (A); γ Gammastrahlen

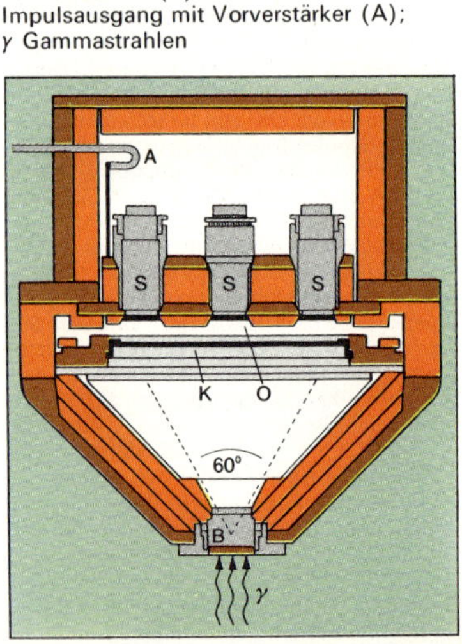

gen Küsten des Mittelmeergebietes wächst die **Meerzwiebel** (Mäusezwiebel, Scilla maritima), mit bis kopfgroßer, roter oder weißer Zwiebel, die zum Vergiften von Mäusen und Ratten verwendet wird.

Szintigraphie [lat./griech.], Untersuchungsmethode der Nuklearmedizin: Nach oraler oder parenteraler Applikation werden radioaktive Stoffe innerhalb kürzerer, organspezif. Zeit in bestimmten Organen des Körpers selektiv angereichert. Die abgegebene radioaktive Strahlung (meist Gammastrahlung) wird mit Hilfe eines sich zeilenförmig über das zu untersuchende Organ bewegenden ↑Szintillationszählers zweidimensional erfaßt (Scanning) und proportional zur Strahlungsintensität graph. dargestellt (**Szintigramm**) oder mit einer Szintillationskamera aufgenommen. Das zu untersuchende Organ kann somit nach Größe und Lokalisation erfaßt, krankhafte Speicherungsdefekte können sichtbar gemacht werden. Die S. findet Anwendung zur Lokalisations- und Funktionsdiagnostik von inneren Organen, v. a. zur Untersuchung der Schilddrüse und der Lunge, der Knochen und des Gehirns.

Szintillation [lat.], das Glitzern und Funkeln der Sterne auf Grund der Luftunruhe (Luftströmungen und -turbulenzen, die Luftschlieren mit unterschiedl. Brechungsindex verursachen).

◆ das scharf lokalisierte Aufblitzen eines Szintillators an der Stelle, an der ein energiereiches Teilchen oder Gammaquant in ihn eindringt.

Szintillationskamera (Gammakamera), Gerät zur Abbildung und Aufnahme der Verteilung gammastrahlender Radionuklide im menschl. Organismus. Die durch eine [Parallel]lochblende kollimierten Gammastrahlen rufen Szintillationen hervor, die von dahinterliegenden, opt. [durch Lichtleiter] angekoppelten ↑Photomultipliern lokalisiert und registriert werden; deren Ausgangsimpulse ergeben auf dem Leuchtschirm einer Braunschen Röhre Lichtpunkte, die photograph. zum **Szintiphoto** aufsummiert werden.

Szintillationszähler (Leuchtstoffzähler), Gerät zur Zählung oder Bestimmung der Energie schneller Elementarteilchen und Gammaquanten. Die in einem Szintillator durch Teilchen oder Quanten ausgelösten Lichtblitze werden mit einer Photozelle bzw. mit einem Photomultiplier elektrisch registriert.

Szintillator [lat.], in Szintillationszählern verwendeter durchsichtiger fluoreszierender Leuchtstoff (z. B. mit Thallium aktivierter Natrium- oder Caesiumjodidkristall), in dem energiereiche geladene Teilchen (Alpha-, Betateilchen, Protonen, Mesonen) oder Gammaquanten Szintillationen hervorrufen.

Szintilloskop [lat./griech.], Gerät zur Beobachtung von Produkten des Kernzerfalls, insbes. von Alphateilchen; besteht aus einem Leuchtschirm und einer Lupe; bei vollkommen adaptiertem Auge beobachtet man das Auftreten von Lichtblitzen, die dort erscheinen, wo ein Alphateilchen den Leuchtschirm trifft.

Szintiphoto [lat./griech.] ↑Szintillationskamera.

Szirrhus [griech.], svw. ↑Faserkrebs.

Szolnok [ungar. 'solnok], ungar. Stadt an der Theiß, 80 000 E. Verwaltungssitz eines Bez.; Museum, Theater; Künstlerkolonie. Metall-, Papier-, Zellstoff- u. a. Ind.; Thermalquelle. - Funde aus Neolithikum und Bronzezeit (1978); vom MA bis ins 19. Jh. wichtiger Salzumschlagplatz. - Barocke Franziskanerkirche (1724–57); klassizist. Rathaus.

Szombathely [ungar. 'sombɔthɛj] (dt. Steinamanger), ungar. Stadt am W-Rand des Kleinen Ungar. Tieflands, 86 000 E. Verwaltungssitz eines Bez., kath. Bischofssitz; prähistor.-volkskundl. Museum, Freilichtmuseum. Metallverarbeitende, Schuh-, Holz- und Nahrungsmittelind. - Entstand im MA an der Stelle des röm. **Savaria** (Colonia unter Claudius), das ein Verwaltungszentrum Pannoniens war (445 n. Chr. von den Hunnen zerstört); fiel im 11. Jh. an Ungarn. - Röm. Isistempel; Ruine einer frühchristl. Basilika (4. Jh.). Dom (1781 ff.), ehem. Bischofspalast (18. Jh.).

Szondi, Peter [ungar. 'sondi], * Budapest 27. Mai 1929, † Berlin 18. (?) Okt. 1971 (Selbstmord), dt. Literarhistoriker ungar. Herkunft. - Widmete sich in zahlr. richtungweisenden Arbeiten v. a. der dt. Literatur des 20. Jh. und Gattungsproblemen.

Szymanowski, Karol [poln. ʃɨma'nɔfski], * Timoschewka (Ukraine) 6. Okt. 1882, † Lausanne 29. März 1937, poln. Komponist. - Ausgehend von der Spätromantik nahm er später Anregungen des frz. Impressionismus bis hin zur Atonalität auf; u. a. Opern („Hagith", 1922; „König Roger", 1926), Ballette („Harnasie", 1935), 4 Sinfonien, Konzerte, Kammer- und Klaviermusik, Chorwerke (u. a. „Stabat mater", 1928) und Lieder.

T

T, 20. Buchstabe des dt. Alphabets (im lat. der 19.), im Griech. τ (Tau; T, Υ, Τ), im Nordwestsemit. ×, + (Tāw); diese Bez. ist jedoch erst aus dem Hebr. überliefert; Zahlwert im Semit. 400, im Griech. 300. Bezeichnet im Semit., Griech., Lat. usw. den stimmlosen dentalen Verschlußlaut [t]. - In der für das Isländ. gebräuchl. Form der Lateinschrift dient das aus dem Runenalphabet entnommene Zeichen Þ, þ („Þorn") zur Wiedergabe des stimmlosen dentalen Reibelauts [θ].
◆ (Münzbuchstabe) ↑Münzstätten.

T, Abk.:
◆ für **T**axkurs.
◆ für ↑**T**iefdruckgebiet (in Wetterkarten).
◆ für ↑**T**itus.

T, Kurzzeichen:
◆ für die Schwingungsdauer einer ↑Schwingung.
◆ (chem. Symbol) für ↑Tritium.
◆ (Einheitenzeichen) für ↑Tesla.
◆ (*T*) (Formelzeichen) für die ↑absolute Temperatur.
◆ (Vorsatzzeichen) für ↑Tera.

t, Kurzzeichen:
◆ für die ↑Zeit.
◆ (Einheitenzeichen) für die Massen- bzw. Gewichtseinheit ↑Tonne.
◆ (physikal. Symbol) für das ↑Triton.
◆ (*t*) (physikal. Zeichen) für die ↑Temperatur [in °C].

Ta, chem. Symbol für ↑Tantal.

Taaffe, Eduard Graf, * Wien 24. Febr. 1833, † Schloß Ellischau (= Nalžovské Hory, Westböhm. Gebiet) 29. Nov. 1895, östr. Politiker. - Jugendgefährte Kaiser Franz Josephs I.; ab 1867 mehrfach Min. (Inneres und Landesverteidigung) und östr. Min.präs. (1868–70, 1879–93); unter seiner verdeckt absolutist. Reg. gelang weder eine dauerhafte Lösung des Nationalitätenproblems noch die Integration der sozialdemokrat. Bewegung in den Staat.

Tabak [zu indian. tobako (span. tabaco) „Rauchrohr"] (Nicotiana), Gatt. der Nachtschattengewächse mit rd. 100 Arten, v. a. im trop. und subtrop. Amerika, wenige Arten auch auf den Sundainseln, den Pazif. Inseln und in Australien; meist Kräuter mit großen, einfachen, oft drüsig behaarten Blättern und in endständigen Trauben oder Rispen stehenden, weißen, gelben, roten oder rosafarbenen, oft stark duftenden Blüten mit langröhriger oder glockiger Krone. Die beiden wirtsch. bedeutendsten Arten sind der *Virgin. T.* (Nicotiana tabacum), ein bis 3 m hohes Kraut mit lanzettförmigen, zugespitzten Blättern und rosafarbenen Blüten, und der bis 1,2 m hohe *Bauern-T.* (Machorka, Nicotiana rustica) mit rundl.-eiförmigen Blättern und grünlichgelben Blüten. Einige Arten werden als Zierpflanzen kultiviert. Alle T.arten enthalten in allen Teilen (mit Ausnahme der reifen Samen) das Alkaloid ↑Nikotin. Zur *T.gewinnung* (für Rauch-T., ↑Schnupftabak, ↑Kautabak) wird der Virgin. T. heute in zahlr., nach Klima- und Bodenansprüchen sehr unterschiedl. Sorten (z. B. Virginia-, Orient-, Burley-, Kentucky-, Havanna-, Sumatra-, Brasil-T., die jeweils zur Herstellung bestimmter T.erzeugnisse verwendet werden) von den Tropen bis in die gemäßigten Zonen (38° südl. Breite bis 56° nördl. Breite) angebaut. In der BR Deutschland findet sich T.anbau v. a. in der Vorderpfalz, im Hess. Ried, im Kraichgau, in der Ortenau sowie in Franken. Bauern-T. wird in der UdSSR und in Polen (sowie in den USA zur Nikotingewinnung) kultiviert. Zur **Gewinnung von Rauchtabak** werden die Pflanzen sechs bis acht Wochen nach der Aussaat ausgepflanzt. Die Blatternte findet zeitl. gestaffelt in Abständen von 10–20 Tagen (4–5 Tagen bei Zigarren-T.) für die einzelnen Blattqualitäten statt, die man an der Pflanze (von unten nach oben) als *Grumpen*, *Sandblatt*, *Mittelgut*, *Hauptgut* (Bestgut) und *Obergut* bezeichnet. Als *Nachgut* (Nach-T.) werden die im Sept. geernteten Blätter der zwei oder drei stehengelassenen Seitentriebe bezeichnet. Die Blätter werden für *Zigarren-T.* in grünem bis hellgrünem Zustand, für *Zigaretten-T.* in hellgrünem bis gelbem Zustand gebrochen. Nach der Ernte werden die Blätter nach Länge, Farbe und Schadbild sortiert, auf Fäden aufgezogen (sog. *Bandolieren*) und getrocknet. Man unterscheidet die *natürl. Trocknung* (bei Orient-T. v. a. als Sonnentrocknung im Freien, sonst als Unterdachtrocknung in T.speichern) und *künstl. Trocknung*, die nach verschiedenen Verfahren in T.trocknungsanlagen erfolgt. Die fertig getrockneten Blätter werden nachsortiert und in Büscheln zusammengelegt; diese werden zu Ballen gepreßt und mit Jute umhüllt als *Rohtabak* zur Weiterverarbeitung der T.ind. zugeführt. - Krank-

Tabak. Links: Blüten des Virginischen Tabaks; rechts: Tabakblätter während der Trocknung

heiten der T.pflanze sind verschiedene Virosen (v. a. ↑Tabakmosaik) und Pilzkrankheiten (v. a. ↑Blauschimmel).

Die **Welternte** betrug 1984 6,18 Mill. t. Davon entfielen auf die Hauptanbauländer (in 1 000 t): VR China 1 526, USA 783, Indien 497 Brasilien 415, UdSSR, 371, Türkei 194. In der BR Deutschland betrug die Ernte 7 000 t.

Bei der **Tabakverarbeitung** werden die T.blätter zunächst einer mehrere Wochen bis Monate dauernden Fermentation unterworfen, durch die unerwünschte Substanzen (v. a. proteinhaltige Stoffe) abgebaut und gleichzeitig Aromastoffe sowie braune Pigmente gebildet werden. Anschließend werden die T.blätter von den stärkeren Blattrippen befreit, danach häufig mit Lösungen aromagebender Substanzen, wie Zucker, Lakritze, Kakao u. a., besprüht („soßiert", „gesoßt") und in Schneidmaschinen auf die gewünschte Schnittbreite geschnitten. Zuletzt wird das Schneidgut in Trockenanlagen bei etwa 70 bis 90 °C bzw. (bei sog. schwarzen T.) bei etwa 100 °C „geröstet". Je nach den verwendeten T.sorten und der Art der Verarbeitung werden sehr unterschiedl. Endprodukte als *Rauch-T.* erhalten (z. B. der fein geschnittene, speziell gesoßte *Shag*). Zur Herstellung von Zigaretten nimmt man meist schwach gesoßte helle, z. T. auch ungesoßte schwarze Virginia-, Orient- oder Burley-T.; als Pfeifen-T. werden meist stark gesoßte, häufig einer zweiten Fermentation unterworfene Kentucky- oder Orient-T. verwendet. Zigarren, Zigarillos und Stumpen bestehen aus einer Einlage aus grobgeschnittenen oder gerissenen, stark fermentierten T., die in ein Umblatt und ein Deckblatt, heute vielfach in eine aus T.staub oder aus gemahlenem T. mit Hilfe von Bindemitteln hergestellte *T.folie (Band-T.)* gewickelt ist. - ↑auch Rauchen.

Geschichte: Nach Europa gelangten die ersten Nachrichten über den T. durch Begleiter des Kolumbus, nachdem sie T. rauchende Indianer gesehen hatten. Von den nordamerikan. Indianern wurde der T. in der Pfeife geraucht, von den südamerikan. Indianern auch geschnupft und gekaut. Der T.genuß diente v. a. kult. Zwecken. - Der Bauern-T. wurde zuerst durch F. Hernández de Toledo, den Leibarzt König Philipps II., nach Spanien gebracht, wo der T. v. a. als Zierpflanze kultiviert wurde. Der frz. Gesandte in Portugal, Jean Nicot, schickte 1560 T.samen nach Paris, wo in der Folgezeit am Hof das Schnupfen in Mode kam. - T.rauchen wurde um 1570 bei niederl. Seeleuten übl., 1586 machte es Sir W. Raleigh in England bekannt. Im Dreißigjährigen Krieg verbreiteten schwed. Soldaten das Rauchen in Europa. Obwohl viele Ärzte T. als Arzneimittel für verschiedene Krankheiten empfahlen, wurden Anbau und Genuß von T. in vielen Ländern verboten, im Osman. Reich sogar mit dem Tode bestraft. Das Pfeiferauchen, Schnupfen und T.kauen breitete sich im 18. Jh. trotzdem weiter aus. Rauchen auf der Straße blieb allerdings in Deutschland bis 1848 verboten.

📖 *Hallier, B.: Organisation u. Marktstrategie im T.warenfachgroßhandel. Gött. 1983. - Maronde, C.: Rund um den T. Ffm. 1977. - Hdb. der Landwirtschaft u. Ernährung in den Entwicklungsländern. Hg. v. P. v. Blanckenburg u. H. D. Cremer. Bd. 2. Stg. 1971. - Furton, P. P.: T. Gütersloh 1968. - Kloos, W.: T.-Kollegium. Ein kulturgeschichtl. Almanach. Bremen 1967. - Endemann, W.: Die T.pflanze. Wittenberg 1954.*

Tabakmonopol, ↑Finanzmonopol auf Tabak, meist als Monopol auf die Verarbeitung des Tabaks.

Tabakmosaik, mit erhebl. Qualitäts- und Ertragsminderung verbundene Virose (↑Mosaikkrankheiten) der Tabakpflanze; äußert sich in Aufhellung der Blattnerven, mosaikartiger, hell- und dunkelgrüner Fleckung der Blattspreiten und in Blattdeformationen. Das T. wird v. a. durch Berührung der Pflanzen untereinander übertragen. Erreger ist das 300 nm lange *Tabakmosaikvirus (TM-Virus)*, dessen stäbchenförmige Proteinkapsel aus über 2000 um einen RNS-Faden gewendelt (in Form einer Wendel) angeordneten Untereinheiten besteht.

Tabakmotte, svw. ↑Kakaomotte.

Tabakspfeife, Gerät zum Rauchen von Tabak. Vorläufer sind Rauchgeräte mit Pfeifenkopf in fast aller Welt, in Europa sollen Kelten, Germanen u. a. Riedgras geraucht haben, die Skythen Hanf. In N-Amerika war die Pfeife ein kult. Gerät, sie fand zw. 1558–65 in W-Europa Verbreitung; der Pfeifenkopf wurde erhebl. verkleinert. Im 17. Jh. waren die langen Tonpfeifen der Holländer weit verbreitet. Daneben entfaltete sich v. a. seit dem 18. Jh. die aus Stiel(teilen) und Kopf zusammengesetzte T. in zahlr. Varianten aus Meerschaum, Holz, Porzellan oder Steingut, z. T. mit sehr langem Rohr. Etwa seit 1852 fand zunächst in Großbrit. und in den USA die kurze Shagpfeife aus dem Holz der Baumheidewurzel (Bruyèreholz) Verbreitung.
◆ ↑Pfeifenfische.

Tabaksteuer, Verbrauchsteuer auf Tabakwaren, nach Verbraucherpreisen gestaffelt. Das Aufkommen aus der T. betrug in der BR Deutschland 1985 14452 Mill. DM.

Tabarka, tunes. Ort, Seebad am Mittelmeer, nahe der alger. Grenze; Fischereihafen mit Fischkonservenind.; in der Umgebung Korkeichen- und Baumheidebestände; Eisenbahnendpunkt. - Von Phönikern im 5. oder 4. Jh. v. Chr. als **Thabraca** gegr.; in der Römerzeit, unter arab. (seit dem 7. Jh.) und genues. Herrschaft (1540–1741) bed. Hafen.

Tabasará, Serranía de, Gebirgszug im westl. Panama, Wasserscheide zw. Pazifik und Atlantik, bis 2826 m hoch.

Tabaschir [Hindi], Heilmittel und Aphrodisiakum der Asiaten, das aus den Kieselsäureansammlungen in den Internodienhöhlungen des Bambusgewächses *Bambusa arundinacea* gewonnen wird.

Tabasco [span. ta'βasko], mex. Staat am Golf von Campeche, 25267 km², 1,23 Mill. E (1982), Hauptstadt Villahermosa. Der Staat erstreckt sich in der weithin versumpften Golfküstenebene. Die Küste ist von Mangrove gesäumt. T. liegt im Bereich des immerfeuchten trop. Klimas; die Vegetation besteht aus trop. Regenwald und Grasland. Die Bev. betreibt Ackerbau, Viehzucht, Fischerei. Von großer Bed. sind Erdöl- und Erdgasvorkommen. - Der W war in der präkolumb. Zeit von Olmeken bewohnt, der O gehörte zum Bereich der Mayakultur. Erste Europäer waren ab 1518 Spanier in diesem Gebiet, das nach 1530 unterworfen, ab Ende des 16. Jh. besiedelt wurde; gehörte in der Kolonialzeit zu Yucatán; 1824 zum Staat erhoben.

Tabascoschildkröten (Dermatemydidae), Fam. pflanzenfressender Schildkröten (Unterordnung ↑Halsberger) mit der einzigen Art *Dermatemys mawii*, v. a. in oder an größeren Flüssen des östl. Mexiko bis Guatemala und Honduras. Zw. dem mäßig gewölbten, bräunl., bis 40 cm langen Rückenpanzer und dem etwas helleren Bauchpanzer liegt eine Reihe kleiner Schilde.

Tabascosoße, nach ↑Tabasco benannte sehr scharfe Würzsoße aus roten Chilischoten, Essig, Salz u. a.

Tabassaranisch ↑kaukasische Sprachen.

Tabatiere [indian.-frz.], östr., sonst veraltete Bez. für (Schnupf)tabakdose.
◆ in der menschl. *Anatomie* Trivialbez. für eine Vertiefung, die sich beim seitl. Abspreizen des Daumens zw. den beiden Sehnen seiner Extensormuskeln an der Innenseite des Handgelenkrückens ausbildet und zum Schnupfen mit Schnupftabak beschickt wird.

Tabelle [zu lat. tabella „Brettchen, (Merk)täfelchen"], nach bestimmten Gesichtspunkten angeordnete, übersichtl. [in Zeilen und Spalten] gegliederte Zusammenstellung von Zahlenmaterial und anderem. Im *Sport* die Rangfolge in den Mannschafts- (Punkt- und/oder Torverhältnis) und meßbaren Sportarten (Leistungen).

Tabelliermaschine, Gerät der konventionellen Lochkartentechnik (rein elektromechan. arbeitend), das die Karten eines (sortierten) Kartenstapels liest und die darin enthaltenen Daten in Tabellenform ausdruckt.

Tabernae ↑Rheinzabern.

Tabernakel [lat.], seit dem 12. Jh. übl. Bez. für Behälter zur Aufbewahrung des Allerheiligsten, der auf dem Hauptaltar aufgestellt wurde, v. a. turmartige Gehäuse, daneben verschließbare Wand-T., in der Spätgotik v. a. frei vor der Wand stehende reichgeschmückte steinerne Sakramentshäuser und bes. seit dem 16./17. Jh. (aber auch schon 13./14. Jh.) mit dem Altar fest verbundene Tabernakel.

Tabes [lat.], in der Medizin übl. Kurzbez. für Tabes dorsalis (↑Rückenmarkserkrankungen).

Tabes dorsalis [lat.], svw. Rückenmarksschwindsucht (↑Rückenmarkserkrankungen).

Tabgatsch ↑Toba.

Tabgha, Fundstelle von Überresten einer Kirche aus byzantin. Zeit am NW-Ufer des Sees von Genezareth; erhalten sind Teile des Fußbodenmosaiks (4./5. Jh.) mit pflanzl. und tier. Motiven. Unweit von T. finden sich die Überreste der antiken Synagoge von Kapernaum.

Tablas, philippin. Insel nördl. von Panay, 686 km^2, Hauptort Looc.

Tableau [ta'blo:; lat.-frz.], in der *Literaturwiss.* ein Kompositionselement, gekennzeichnet durch breit ausgeführte, personenreiche Schilderung, die durch Symbolhaftigkeit dem ep. Bild, durch Bewegtheit und Dialoge der ep. Szene verwandt ist. 1935 in die Romantheorie eingeführt.

Tableau économique [frz. tabloekɔnɔ'mik] F. ↑Quesnay.

Tablette (Tabuletta) [frz., eigtl. „kleines Täfelchen" (zu lat. tabula „Tisch, Tafel")], unter hohem mechan. Druck aus pulverförmiger Substanz in gewöhnl. flach-zylindr. Form gepreßte Arzneizubereitung.

Tabor, kegelförmiger Berg in Israel, östl. von Nazareth, 588 m hoch. Auf dem Gipfel orth. Sankt-Elias-Kirche mit Bauteilen einer Kreuzfahrerkirche; Franziskanerkloster.

Tabor [tatar.-slaw.], befestigtes Feldlager der Hussiten; z. Z. der Türkenkriege in Österreich und auf dem Balkan Bez. u. a. für Fliehburgen, befestigte Kirchen, Friedhöfe.

Tábor, Stadt an der Lužnitz, ČSSR, 442 m ü. d. M., 34 400 E. Museum; Nahrungsmittelind., Werkzeugmaschinenbau, chem. Ind. - Entstand 1420 um eine seit dem 13. Jh. bekannte Burg als befestigtes Lager von Hussiten. - Ehem. spätgot. Rathaus (15./16. Jh.; heute Hussit. Museum); Häuser aus Spätgotik und Renaissance; Rundturm der Burg Kotnov (14. Jh.). Die Altstadt ist von Befestigungsanlagen (15. Jh.) umgeben.

Tabora, Regionshauptstadt in NW-Tansania, 1 188 m ü. d. M., 67 400 E. Kath. Erzbischofssitz; Schulzentrum; Garnison; Verarbeitung landw. Erzeugnisse; Bahnknotenpunkt; ✈. - Im 19. Jh. ein Zentrum arab. Sklavenjäger.

Tabori, George, * Budapest 24. Mai 1914, engl. Dramatiker ungar. Herkunft. - Emigrierte Ende der 1930er Jahre über Paris nach London; 1946–70 in New York, seit 1971 in Berlin (West), leitet seit 1987 das Wiener Schauspielhaus. Schildert v. a. zeittyp. Entmenschungsprozesse, so in dem Auschwitzdrama „Die Kannibalen" (1968), dem gruppendynam. Therapiestück „Sigmunds Freude" (1975) und „Talk Show" (1976); schrieb auch „Unterammergau oder Die guten Deutschen (Essays, dt. 1981), Peepshow (Dr., dt. 1984), M (= Medea, Dr., dt. 1985). Auch Romane und Drehbücher.

Taboriten ↑Hussiten.

Taborlicht, das „unerschaffene Licht Gottes", in dem Christus bei seiner Verklärung auf dem Berg Tabor erstrahlte und dessen Schau von den Mönchen des Hesychasmus erstrebt wurde.

Täbris ['tɛ:brɪs, tɛ'bri:s], Stadt in NW-Iran, 1 367 m ü. d. M., 853 300 E. Hauptstadt des Verw.-Geb. Aserbaidschan-Ost; Univ. (gegr. 1947); Aserbaidschan-Museum, Theater; großer Basar; Diesel- und Elektromotorenwerke, Werkzeugmaschinenbau, Kugellagerfabrik, Lkw-, Traktorenwerk, Holz-, Papier-, Textil- u. a. Ind., ✈. - Entwickelte sich an der Stelle einer schon unter den Sassaniden (224–651) existierenden Siedlung zum Zentrum Aserbaidschans; 1265–1304 offizielle Hauptstadt Irans; wurde zur glanzvollsten Metropole Vorderasiens; blieb auch für die nachmongol. Zeit meist Hauptstadt des Landes. Nach Verlegung der Residenz ins Innere des Landes Ende des 16. Jh. galt T. als zweitwichtigste Stadt; im 19. Jh. offizielle Residenz des pers. Thronerben, einige Zeit auch Sitz der brit. und russ. Gesandtschaften; 1945/46 Hauptstadt einer autonomen Republik Aserbaidschan. - Ruinen der Zitadelle (14. Jh.); sog. Blaue Moschee (1465–66).

Täbris ↑Orientteppiche (Übersicht).

Tabu [ta'bu:, 'ta:bu; polynes. „intensiv gemerkt"], Bez. für v. a. bei Naturvölkern zu beobachtendes, religiös, mag. oder rituell begr. und allg. respektiertes Meidungsgebot oder Verbot, bestimmte Gegenstände (z. B. staatl. oder religiöse Symbole, Tiere oder Pflanzen) oder Personen (z. B. Herrscher, Priester, Mütter) anzurühren oder zu verletzen, gewisse Handlungen (z. B. sexueller Art) vorzunehmen, bestimmte Örtlichkeiten zu betreten, über bestimmte Dinge zu reden oder gewisse Namen (z. B. von Göttern, Königen) auszusprechen, um durch übernatürl. Macht bewirktes Unheil zu vermeiden (Ggs. ↑Noa). Die Funktion von T. ist es, das soziale Handeln den jeweiligen gesellschaftl. Verhältnissen entsprechend zu regulieren. T. beziehen sich daher immer auf zentrale Werte einer Gesellschaft und werden mit der Zeit zu Selbstverständlichkeiten. - Der Begriff T. wird heute v. a. in verallgemeinerter Bed. als Bez. für all jene „verbotenen" Themen, Bereiche, Dinge benutzt, über die „man" nicht spricht und die „man" nicht tut, deren „Verbot" *(Tabuierung, Tabuisierung)* aber im allg. weder rational legitimiert noch funktional begründet ist. Dadurch wird die *Enttabuisierung* erleichtert.

📖 *Freud, S.: Totem u. T. Ffm. [20]1983. - Douglas, M.: Ritual, T. u. Körpersymbolik. Dt. Übers. Ffm. 1981. - Speicher, G.: Die großen T. Düss. u. Wien 1969.*

Tabula rasa [lat. „abgeschabte Tafel"], in der Antike Bez. für eine wachsüberzogene Schreibtafel, deren Schrift vollständig gelöscht werden konnte; übertragen **tabula rasa machen** für: rücksichtslos Ordnung schaffen, reinen Tisch machen.

Tabulator [lat.] ↑Schreibmaschine.

Tabulatur [zu lat. tabula „Tafel"], vom 14. bis 18. Jh. die Notierung von Musik für mehrstimmige solist. Instrumente (Orgel, Cembalo, Laute; gelegentl. auch Harfe und

Tabulatur. Ältere deutsche Orgeltabulatur aus Arnold Schlicks „Tabulaturen etlicher lobgesang und lidlein ..." (Mainz 1512)

Viola) primär mit Buchstaben, Ziffern u. a. Zeichen. Für Holzblasinstrumente benutzte man vom 16. bis zum 18. Jh. T. in der Art heutiger Grifftabellen. Daneben bezeichnet T. bis ins 18. Jh. auch die Übertragung von mensural notierter, mehrstimmiger Musik in ein Klavier- oder Partitursystem (Intavolieren). Hauptformen der T. i. e. S. sind die *Orgel-* oder *Klavier-T.*, in der Mensuralnoten, Buchstaben und Ziffern verwendet werden, und die *Lauten-T.*, die mit Ziffern bzw. Buchstaben die Kreuzungsstellen von Saiten und Bünden bezeichnet. - Für volkstüml. Instrumente (Gitarre, Zither, Akkordeon, Ukulele) sind T. noch heute gebräuchlich.

◆ seit dem Ende des 15. Jh. satzungsmäßig festgelegte Regeln des ↑Meistersangs.

Tabun [Kw.], im 2. Weltkrieg als Kampfstoff entwickelter, jedoch nicht verwendeter organ. Phosphorsäureester, der als starker Hemmstoff des in den Synapsen gebildeten Enzyms Cholinesterase wirkt.

Tacaná [span. taka'na], Vulkan in W-Guatemala, mit 4 064 m der zweithöchste Berg Zentralamerikas.

Tacca [malai.], Gatt. der einkeimblättrigen Pflanzenfam. Taccagewächse (Taccaceae) mit rd. 30 Arten in der males. Florenregion, im trop. Afrika und in S-Amerika; Stauden mit großen, gestielten Blättern und in Scheindolden stehenden Blüten. Die 100–350 g schweren, rd. 30% Stärke enthaltenden Sproßknollen der in den Tropen vielfach angebauten Art **Tacca pinnatifida** mit ihren langgestielten, fingerartig geteilten Blättern liefern *T.stärke* oder werden gekocht gegessen.

tacet [lat. „(es) schweigt"], Abk. tac., Hinweis in Instrumental- oder Vokalstimmen: die Stimme pausiert in diesem Satz bzw. für den Rest.

Tacheles reden [zu jidd. tachlis „Ende, Ziel"], offen miteinander reden; jemandem seine Meinung sagen.

Tacheometer [griech.], svw. ↑Tachymeter.

Taches [frz. taʃ], in der Medizin svw. Flecken; z. B. **Taches bleues:** blaue Flecken, die an Stichstellen von Filzläusen auftreten.

Taching, größtes Erdölfeld Chinas, in der Prov. Heilungkiang, Mandschurei, etwa 15 000 km², Jahresförderung rd. 30 Mill. t. In 60 Zentraldörfern und 164 Wohnsiedlungen leben mehr als 500 000 Menschen; neben der Erdölförderung und -verarbeitung wird Landw. zur Selbstversorgung betrieben.

Táchira [span. 'tatʃira], venezolan. Staat an der Grenze gegen Kolumbien, 11 100 km², 660 200 E (1981), Hauptstadt San Cristóbal. T. liegt im äußersten W der Cordillera de Mérida und reicht beiderseits nur wenig in das Tiefland hinab. Die Bev. konzentriert sich in den Gebirgsbecken. Wichtigstes Anbauprodukt ist Kaffee; Kohlevorkommen.

Tachismus [ta'ʃɪsmus; frz.] ↑abstrakter Expressionismus.

Tachistoskop [griech.], Apparatur zur Kurzdarbietung opt. Reize unterschiedl. Komplexität (Reize in Form von Buchstaben oder Ziffern, Bildern bzw. Situationen usw.) zur Untersuchung von Aufmerksamkeitsumfang und Auffassungsbreite. Das T. hat genau kontrollierbare Darbietungszeiten, die meist sehr kurz sind (0,05–0,20 s).

Tacho, Kw. für ↑Tachometer.

tacho..., Tacho... (tachy..., Tachy...) [zu griech. tachýs „schnell"], Bestimmungswort von Zusammensetzungen mit der Bed. „schnell, Geschwindigkeit".

Tachograph, svw. ↑Fahrtschreiber.

Tachometer (Geschwindigkeitsmesser), als Drehzahlmesser gebautes Gerät zur Anzeige der Geschwindigkeit von Fahrzeugen (bei Kfz. meist mit Kilometerzähler verbunden) bzw. der Umdrehungsgeschwindigkeit von Generatoren, Zentrifugen u. a.; *Fliehkraft-T.* arbeiten mechan. (mit Hilfe eines Zentrifugalpendels), *Wirbelstrom-T.* nutzen das Drehmoment, das ein rotierender Magnet durch Erzeugung von Wirbelströmen in einem Metallring hervorruft.

Tacht e Solaiman [pers. 'tæxtesoleɪ'mɑːn „Thron des Salomo"], Ruinenstätte in NW-Iran, 110 km westl. von Sandschan; eine befestigte Anlage um einen natürl. Kegelstumpf (Kalktuffablagerungen mit zentralem See) mit 38 Wachtürmen, Feuerheiligtum und Palastbauten aus sassanid., auch mongol. Zeit; seit 1959 Ausgrabungen des Dt. Archäolog. Instituts.

Tachtigers [niederl. 'tɑxtəxərs „Achtziger"], Name einer Gruppe von Dichtern und Schriftstellern, die ab 1880 die ↑niederländische Literatur von Grund auf erneuerten.

tachy..., Tachy... ↑tacho..., Tacho...

Tachygraphie, Kurzschrift für die griech. Sprache. Die ältesten Systeme entstanden im 2. Jh. n. Chr. in Anlehnung an die lat. Tiron. Noten. Es gab mehrere T.systeme, die im griech. Sprachgebiet das ganze MA hindurch in Gebrauch blieben.

Tachykardie [griech.] (Herzbeschleunigung, Herzjagen), Zunahme der Herzfrequenz auf Werte über 100 Schläge pro Minute (im Ggs. zur ↑Bradykardie).

Tachymeter (Tacheometer), zur geodät. Schnellmessung verwendete Geräte, Kombinationen von Winkel- und Streckenmeßgeräten. Das vermessungstechn. Aufnahmeverfahren der **Tachymetrie** (Schnellmessung), bei dem jeder Geländepunkt gleichzeitig nach Lage und Höhe in bezug auf den jeweiligen Standpunkt des T. durch Messung seiner Entfernung, seines Azimuts und seines Höhenwinkels festgelegt wird, wird v. a. bei topograph. Aufnahmen und bei der Herstellung von Höhenplänen herangezogen.

Tachyonen [griech.], hypothet. Teilchen, die sich mit Überlichtgeschwindigkeit bewegen.

tachytroph [griech.], gut mit Blutgefäßen versorgt, mit hohem Stoffwechsel und raschen Stoffaustauschvorgängen; von Geweben gesagt. Zu den *t. Geweben* gehört z. B. die Muskulatur. - ↑auch bradytroph.

Tacitus, Publius (?) Cornelius, * um 55, † nach 115, röm. Geschichtsschreiber. - Befreundet mit Plinius d. J.; 88 Prätor, 97 Konsul, um 112 Prokonsul der Prov. Asia. T. begann mit der Veröffentlichung seiner Werke erst nach der Gewaltherrschaft Domitians: u. a. „De vita et moribus Iulii Agricolae" (98), eine Biographie seines Schwiegervaters Gnaeus Julius Agricola mit einem bed. Exkurs über Britannien; „De origine et situ Germanorum" („Germania"; wohl 98), eine geograph.-ethnograph. Schrift (z. T. mit idealisiertem Germanenbild, das der Dekadenz der Sitten bei den Römern entgegengesetzt wird); seine „Annales" (wohl 16 Bücher; verfaßt unter Trajan und vermutl. Hadrian) und „Historiae" (wohl 14 Bücher; abgeschlossen etwa 109; fortgesetzt durch Ammianus Marcellinus) umfaßten die Zeit vom Tod des Augustus (14 n. Chr.) bis zum Ende Domitians (96), sie sind nicht vollständig erhalten. Das Werk des T. interpretiert den polit. und moral. Verfallsprozeß unter der Monarchie, dargestellt an einzelnen Kaisern und der durch sie bestimmten Zeitsituation. Seiner tief pessimist. Grundanschauung entsprechen eigenwillige Akzentuierung und Stoffauswahl. T., ein Meister faszinierender Charakteristiken, düsterer Schilderungen und der dramat. Komposition, schreibt eine Kunstprosa, deren gehobener Stil bewußt unübl. Formen verwendet und in der prägnante Aussagen neben vagen Andeutungen stehen.

🕮 *T. Hg. v. V. Pöschl. Darmst. ²1986. - Wille, G.: Der Aufbau der Werke des T. Amsterdam 1983. - Voss, B. R.: Der pointierte Stil des T. Münster ²1981.*

Tacloban, philippin. Hafenstadt an der NO-Küste von Leyte, 102 500 E. Verwaltungssitz der Prov. Leyte; Univ. (gegr. 1946); technolog. Inst.; Fischerei; Eisenerzbergbau, Nahrungsmittelindustrie.

Tacna, Dep.hauptstadt in S-Peru, 570 m ü. d. M., 67 000 E. Kath. Bischofssitz; Weinkellereien, Herstellung von Spirituosen und Obstkonserven.

T., südlichstes Dep. Perus, 15 232 km², 143 100 E (1981), Hauptstadt Tacna. Erstreckt sich von der Küstenebene bis in die Anden. Angebaut werden Wein, Baumwolle, Zuckerrohr, Luzerne, in höheren Lagen Weizen, Gerste und Kartoffeln; Viehzucht. Unter den Bergbaubetrieben ist der Kupfererzbergbau bei **Toquepala** in 3 500 m Höhe am bedeutendsten.

Tacoma [engl. tə'koʊmə], Stadt im Bundesstaat Washington, USA, an der SO-Küste des Puget Sound, etwa 90 m ü. d. M., 158 100 E. Zwei Univ. (gegr. 1888 und 1890); Holz- und Papierind., Erdölraffinerie, Kupfer- und Aluminiumschmelze, Schiffbau, chem. Ind.; Hafen. - Entstand 1852 nahe dem 1833 errichteten Fort Nisqually; 1884 City.

Tacuarembó, Hauptstadt des uruguay. Dep. T., am Ostfuß der Cuchilla de Haedo, 34 200 E. Kath. Bischofssitz; Museum; Handelszentrum eines Landw.gebiets. - Gegr. 1831 als **San Fructuoso.**

T., Dep. in N-Uruguay, 15 438 km², 85 000 E (1975), Hauptstadt Tacuarembó. Überwiegend Tafelland; Anbau von Weizen, Mais und Gemüse; Rinder- und Schafzucht; am Río-Negro-Stausee das größte Wasserkraftwerk Uruguays.

Taddeo di Bartolo, * Siena vermutl. 1362 oder 1363, † ebd. zw. dem 26. Aug. 1422 und dem 13. Mai 1423, italien. Maler. - Arbeitete, geschult an Simone Martini und in der Tradition der sienes. Malerei stehend, nach 1405 v. a. in Siena (Fresken und Tafelbilder). - Abb. S. 304.

Tadelantrag, in parlamentar. Reg.systemen ein Antrag, durch den bestimmte Maßnahmen der Reg. oder einzelner Min. mißbilligt werden; zielt häufig auf den Rücktritt des Getadelten, ohne ihn erzwingen zu können; Früh- bzw. Nebenform des Mißtrauensvotums.

Tadla, fruchtbare Ebene mit Bewässerungskulturen nördl. des Mittleren Atlas, Marokko.

Tadschiken, Volk der Iranier, rd. 70% in N-Afghanistan (v. a. Hindukusch), rd. 30% in der UdSSR, v. a. in der Tadschik., Usbek. und Kirgis. SSR. Außer Tadschikisch (↑iranische Sprachen) werden Pamirdialekte gesprochen. Die T. sind Ackerbauern, Viehzüchter und Handwerker. Als Anhänger des Islams

Taddeo di Bartolo, Heilige Agnes (undatiert). Vaduz, Fürst Liechtensteinische Gemäldegalerie

sind sie v. a. Sunniten, z. T. Schiiten, im Pamir Ismailiten.

Tadschikische SSR (Tadschikistan), Unionsrepublik der UdSSR in Mittelasien, 143 100 km², 4,499 Mill. E (1985), Hauptstadt Duschanbe.

Landesnatur: Die T. SSR ist im wesentl. ein stark zertaltes, z. T. schwer zugängl. Hochgebirgsland: Den SO und O nimmt der Pamir ein, in dem der 7 483 m hohe Pik Kommunismus liegt. Im mittleren Teil liegen Turkestankette und Serawschankette sowie Gissar- und Alaigebirge. Im N hat die T. SSR Anteil an den sw. Ausläufern des Tienschan, am Ferganabecken und an der Südl. Hungersteppe. Der S wird von breiten, dichtbesiedelten Tälern und niedrigen Gebirgszügen eingenommen. Das Klima ist trocken kontinental, doch sehr uneinheitl.: subtrop. in tiefen Tälern, gemäßigt warm in mittleren Höhen und kalt im Hochgebirge. Bis in Höhen von 600 m reicht die Wüsten- und Halbwüstenzone, darüber bis 1 800–2 000 m der Steppengürtel, auf den bis 2 700–3 500 m der sog. Waldgürtel folgt. Hochgebirgswiesen und -wiesensteppen haben ihre obere Grenze bei 4 000–4 800 m (Pamir).

Bevölkerung, Wirtschaft, Verkehr: Die Bev. setzt sich zusammen aus Tadschiken, Usbeken, Russen, Tataren, Deutschen, Kirgisen, Ukrainern, Juden, Turkmenen und Kasachen. Über 85% der Bev. leben in Höhen bis zu 1 600 m, 38% in Städten. Russ. und Tadschik. sind gleichberechtigte Amtssprachen. Die traditionelle Religion der Tadschiken ist der Islam sunnit. Richtung. Die T. SSR verfügt über eine Univ. in Duschanbe und 8 weitere Hochschulen. Die Akad. der Wiss. der T. SSR unterhält 18 Institute. Wichtigstes Anbauprodukt ist Baumwolle, gefolgt von Getreide, Futterpflanzen, Obst und Wein. Bed. Viehhaltung (Schafe, Rinder, Ziegen, Schweine, Geflügel); traditionelle Seidenraupenzucht. An Bodenschätzen werden Blei, Zink, Wismut, Antimon, Wolfram, Molybdän, Gold, Erdöl, Erdgas und Braunkohle gefördert. Führend ist die Textilind., gefolgt von Nahrungsmittelind.; außerdem bestehen eine Aluminiumhütte und ein Stickstoffdüngerwerk. Große Teile der T. SSR sind ohne Bahnverbindung. Von den 19 800 km Straßen haben 16 000 km eine feste Decke. Zunehmende Bed. hat der Luftverkehr.

Geschichte: Zur älteren Geschichte des Gebietes der Tadschik. SSR ↑Turkestan. Aus der Turkestan. SSR wurde Tadschikistan 1924 ausgegliedert und als Tadschik. ASSR der Usbek. SSR zugeordnet, 1929 selbst in eine SSR umgewandelt.

Tadschikistan ↑Tadschikische SSR.

Tadsch Mahal ↑Agra.

Taebaekgebirge [korean. tɛbɛk], Gebirge an der O-Küste Koreas, erstreckt sich von der Bucht von Wonsan über rd. 260 km bis nördl. von Pohang, bis 1 708 m hoch.

Taegu [korean. tɛgu], Prov.hauptstadt im sö. Süd-Korea, im Zentrum des Naktongbekkens, 1,61 Mill. E. Kath. Erzbischofssitz, 2 Univ. (gegr. 1952 und 1967). Standort der Textilind.; Verkehrsknotenpunkt an der Autobahn Seoul–Pusan.

Taejon [korean. tɛdʒʌn], Prov.hauptstadt im westl. Süd-Korea, 651 600 E. Kath. Bischofssitz, Univ. (gegr. 1952), College; Maschinen- und Fahrzeugbau, Textil- und Nahrungsmittelindustrie.

Taekwondo [tɛ...; korean.], korean. Zweikampfsportart auf der Basis von Fuß- (Tae) und Handtechniken (Kwon); im Ggs. zum Karate liegt der Schwerpunkt auf den vielseitigen und im Kampf bevorzugten Fußtechniken. Alle gegen bestimmte Körperstellen gerichtete Angriffe werden vor dem Ziel gestoppt.

Tael [tɛ:l, te:l; malai.] (malaiisch Tail, Tahil), frühere ostasiat. Gewichtseinheit für Edelmetall (um 1833: etwa 170 Arten zw. 9,60 und 68,36 g); in China z. T. auch der Geldrechnung zugrundegelegt.

Taenia [griech.-lat.], Gatt. der Bandwürmer mit zahlr. Arten, darunter Rinderbandwurm, Schweinebandwurm, Quesenbandwurm.

Taeuber-Arp, Sophie ['tɔʏbər], * Davos 19. Jan. 1889, † Zürich 13. Jan. 1943, schweizer. Malerin und Kunsthandwerkerin. - Seit 1921 ∞ mit Hans Arp; gehörte zum Kreis der Dadaisten. Sie schuf strenge geometr. Wandbilder, Ölgemälde, Gouachen, Zeichnungen u.a. - Abb. Bd. 20, S. 41.

Tafel [zu lat. tabula „Brett, Tafel"], traditionelles Unterrichtsmittel aus unterschiedl. Material (Kunststoffolien, Schiefer, Holzpreßstoff oder sandstrahlmattierten Glasflächen) zur Beschriftung oder zur Befestigung von Bekanntmachungen; v.a. in Bildungsinstitutionen, aber auch in Verwaltungs- und Industriebereichen verwendet. Die bislang gebräuchl. Form im Schulbereich ist die dreiteilige **Wandtafel** *(Schiebeklapp-T.)* und die unlinierte *Langwand-T.* (meist 1 m hoch, 3 m lang). Sie ist mit Kreide (*Schul-* bzw. *Schreibkreide*), die in Blockform gegossen und geschnitten wird, zu beschriften. Aus didakt. Gründen finden in den letzten Jahren andere T.arten Verwendung: *Glas-T.* mit Einschubflügeln, *Magnet-T.* mit der Möglichkeit, etwas anzuheften (oft können sie zusätzl. mit Kreide oder Filzstiften beschriftet werden), sowie fahrbare *Gestelltafeln.* Zunehmend wird aber die Funktion der T. durch ↑audiovisuelle Medien, z.B. den Overheadprojektor (↑Projektionsapparate) ersetzt. - Bis heute wird bes. im Grundschulbereich die Schreib- und Maltafel in der Größe DIN A4 beim Schreibenlernen benutzt, die jedoch nicht mehr aus Schiefermaterial, sondern aus unzerbrechl. Kunststoff hergestellt wird.

◆ in der *Geologie* ein Teil der Erdkruste aus ungefalteten, überwiegend flach liegenden Schichten.

Tafelaufsatz, v.a. aus Porzellan gefertigte Dekoration der festl. Tafel (v.a. 16.–19. Jh.), einzelne Figuren (Schäfer, Straßenhändler, Komödienfiguren), kleinere oder auch vielfigurige Gruppen (J. M. Dinglinger schuf z.B. für August III., den Starken, den „Hofstaat zu Delhi ...").

Tafelberg ↑Sternbilder (Übersicht).

Tafelberg, Berg mit großem Gipfelplateau, unmittelbar südl. der Tafelbucht, Republik Südafrika, 1 086 m; Seilbahn. Der Gipfel ist oft in Wolken gehüllt („Tafeltuch").

Tafelberg (Mesa), Bez. für eine isolierte, plateauartige Bergform, deren meist tischebene Oberfläche durch eine widerständige Gesteinsschicht gebildet wird; häufig in trockenen Klimagebieten.

Tafelbild ↑Malerei.

Tafelbucht, Bucht des Atlantiks an der südafrikan. Küste, Hafenbucht von Kapstadt. - Um 1500 von Portugiesen entdeckt.

Tafelgebirge ↑Gebirge.

Tafelglas ↑Glas.

Tafeljura ↑Jura.

Tafelklavier, ein Hammerklavier (↑Klavier) in Tischform, mit waagerechtem Resonanzboden und quer zu den Tastenhebeln verlaufenden Saiten; gebaut 1750–1850.

Tafelland, aus horizontal gelagerten Gesteinsschichten aufgebautes Gebiet mit annähernd ebener Oberfläche.

Tafelleim ↑Leime.

Tafelmalerei ↑Malerei.

Tafelmusik, die während der Mahlzeit aufgeführte Musik sowie das sie vortragende Ensemble. Das Mahl, bes. das festl. an Höfen, war bis ins 18. Jh. einer der Hauptanlässe des Musizierens. Verwendet wurden instrumentale (z.B. Suiten, Divertimenti, Ouvertüren, Sonaten) oder vokale Gattungen (z.B. Lieder, Quodlibets, Kantaten).

Tafelparkett ↑Parkett.

Tafelsalz ↑Kochsalz.

Tafelschiefer ↑Tonschiefer.

Tafeltrauben, Bez. für die im Unterschied zu Keltertrauben zum Frischverzehr bestimmten Weintrauben.

Täfelung, Verkleidung von Wänden und Decken eines Innenraums mit Holzplatten.

Tafelwein ↑Wein.

Taff [engl. tæf], Zufluß des Bristolkanals in S-Wales, entsteht aus 2 Quellflüssen, mündet bei Cardiff, 64 km lang. Das T.tal ist eines der bedeutendsten Ind.täler des Südwales-Kohlenfeldes.

Taffet ↑Taft.

Tafilalet, größte nordafrikan. Flußoase außerhalb Ägyptens, in Marokko, südl. des Hohen Atlas, am Oued Ziz und Oued Gheris, Hauptort Erfoud. - Bei Rissani die Ruinen von Sijilmassa (im 8. Jh. Hauptstadt eines Berberreiches, im 17. Jh. Residenz der Hassaniden).

Taft [engl. tæft, tɑ:ft], Robert Alphonso, * Cincinnati (Ohio) 8. Sept. 1889, † New York 31. Juli 1953, amerikan. Politiker. - Sohn von William Howard T.; ab 1939 republikan. Senator für Ohio; 1940, 1948 und 1952 als Führer des konservativen Flügels erfolglos um die republikan. Präsidentschaftskandidatur bemüht; brachte das ↑Taft-Hartley-Gesetz (1947) ein.

T., William Howard, * Cincinnati (Ohio) 15. Sept. 1857, † Washington D. C. 8. März 1930, 27. Präs. der USA (1909–13). 1901 erster Zivilgouverneur der Philippinen; 1904–08 Kriegsmin., gehörte zum konservativen Flügel der Republikaner; verfolgte als Präs. außenpolit. den Kurs der Dollar-Diplomatie, verbunden mit Prohibitivzöllen; der Verzicht auf innenpolit. Reformen führte zur Abspaltung der Progressive Party und zur Niederlage Tafts beim Präsidentschaftswahlkampf 1912 gegen Wilson; 1913–21 Prof. für Recht an der Yale University; verfolgte 1921–30 als Oberster Bundesrichter einen liberal-konservativen Kurs.

Taft (Taffet) [pers., eigtl. „gewebt"], leinwandbindiges, früher aus Seidengarnen, heute auch aus Chemiefasergarnen hergestelltes Gewebe mit feinen Querrippen, die durch dichte Ketteinstellung und weniger dichte

Schußeinstellung entstehen. T. wird meist zieml. steif ausgerüstet (Seiden-T. beschwert).

Taftbindung, in der Seidenweberei gebräuchl. Bez. für die Leinwandbindung (↑ auch Bindungslehre).

Taft-Hartley-Gesetz [engl. 'tæft 'hɑ:tlɪ, 'tɑ:ft...] (amtl. Labor-Management Relations Act), nach seinen Initiatoren, dem Senator R. A. Taft und dem Abg. F. A. Hartley ben. Gesetz, das den rechtl. Rahmen der Beziehungen zw. Unternehmern und Arbeitnehmern in den USA neu bestimmte; 1947 gegen das Veto von Präs. Truman als Novellierung des National Labor Relations Act von 1935 verabschiedet; es bedeutet eine bed. Verschlechterung der Position der Gewerkschaften gegenüber den Unternehmensleitungen. Das Gesetz bestimmt u. a.: „Abkühlungsfrist" von 60 Tagen zw. Ausrufung und Beginn eines Streiks; Verbot der Koppelung von Arbeitsvertrag und Gewerkschaftsmitgliedschaft; Beschlagnahme von Gewerkschaftsfonds, wenn sie zu polit. Zwecken verwendet werden; Gewerkschaftsfunktionäre müssen eidesstattl. erklären, nicht der KP anzugehören.

Tag, 1. durch die Rotation der Erde um ihre Achse gegebener natürl. Zeitabschnitt: der Zeitraum zw. 2 aufeinanderfolgenden unteren Kulminationen der Sonne *(Sonnen-T.)* bzw. 2 aufeinanderfolgenden oberen Kulminationen des Frühlingspunktes *(Stern-T.)*. Der mittlere Sonnen-T. (Zeichen: d), der die Grundlage der bürgerl. Zeitrechnung bildet (1 d = 24 h), ist um 3 min 56,6 s länger als der Sterntag. Sein Wert nimmt allmähl. infolge Gezeitenreibung um 1 ms pro Jh. zu. 2. die Zeit zw. Sonnenaufgang und -untergang. Die T.länge hängt von der Jahreszeit und der geograph. Breite des Beobachtungsortes ab. Nur am Erdäquator ist der T. immer 12 Stunden lang, an allen anderen Orten der Erde beträgt seine Dauer nur zum Zeitpunkt der Äquinoktien genau 12 Stunden.

Tagalen, jungmalaiisches Volk, v. a. auf der Insel Luzon, kleinere Gruppen auf den Marianen, den Hawaii-Inseln und in Kalifornien.

Tagalog, zur nordwestl. Gruppe der indones.-malaiischen Sprachen gehörende Sprache der Tagalen, als Muttersprache von etwa 8 Mill. Menschen auf der philippin. Insel Luzon gesprochen. Während der span. Kolonialzeit durch Übernahme vieler Lehnwörter aus dem Span., später aus dem Engl. und den philippin. Dialekten bereichert; seit dem 4. Juli 1946 ist das T. die als „Pilipino" (Filipino) bezeichnete und von 75% der Bevölkerung gesprochene und verstandene Staatssprache der Philippinen.

Taganrog, sowjet. Stadt an der Bucht von T., RSFSR, 289 000 E. Funktechn. Hochschule; PH; Tschechow-, Heimatmuseum, Gemäldegalerie; Theater; Schiffsreparatur, Hüttenwerk, Kessel-, Mähdrescherbau, Leder- u. a. Ind.; Hafen. - 1698 von Peter I., d. Gr., als Festung und Hafen gegr.; 1712 nach Vertrag mit den Osmanen geschleift; kam 1774 endgültig an Rußland.

Taganrog, Bucht von, NO-Teil des Asowschen Meers, Dez.–März eisbedeckt; Haupthäfen sind Schdanow und Taganrog.

Tagbilaran [span. taɣβi'laran], philippin. Hafenstadt auf Bohol, 42 700 E. Verwaltungssitz einer Prov., kath. Bischofssitz; zentraler Ort der Insel.

Tagblindheit, svw. ↑ Nachtsichtigkeit.

Tagblüher, Pflanzen, deren am Tag geöffnete Blüten v. a. durch opt. Reize (Farbe, Form) tagaktive Tiere (viele Insekten, Vögel) anlocken und von ihnen bestäubt werden. - Ggs. ↑ Nachtblüher.

Tagbogen ↑ Nachtbogen.

Tag der deutschen Einheit, Gedenktag des ↑ Siebzehnten Juni 1953, gesetzl. Feiertag in der BR Deutschland seit 1954.

Tagebau, Gewinnung von nutzbaren Mineralen oder Gesteinen von der Erdoberfläche aus (↑ Abbau). Neben Steinen und Erden werden in dieser Art des ↑ Bergbaus v. a. Eisen- und Kupfererze sowie Braunkohlen gewonnen (98% der gesamten Braunkohlenförderung und etwa 80% der Erzförderung der Welt stammen aus Tagebauen).

Tagebuch, in regelmäßigen Abständen, meist tägl. verfaßte und chronolog. aneinandergereihte Aufzeichnungen, in denen der Autor Erfahrungen mit sich und seiner Umwelt aus subjektiver Sicht unmittelbar festhält. Als relativ autonome literar. Texte können T. betrachtet werden, die schon im Hinblick auf eine spätere Veröffentlichung konzipiert (und damit oft stilisiert) sind; in ihnen ist das rein Private zurückgedrängt, oft stehen bestimmte Themen im Vordergrund (Kriegs-, Reise-T., philosoph. oder kunstkrit. Reflexionen, zeitkrit. Analysen u. a.). Insbes. das literar. T. mit Gedanken und Materialien zu geplanten Arbeiten gibt wichtige Aufschlüsse über künstler. Schaffensprozesse. - Tagebuchähnl. Formen sind seit der Antike bekannt. Das seit dem späten 17. Jh. bes. in bürgerl. Schichten zunehmend beliebte T. (Diarium) wurde seit Mitte des 18. Jh. wichtiger Bestandteil des literar. und kulturellen Lebens. Neben den „authent." Tagebüchern treten in verschiedenen Variationen auch „fingierte" T. als Strukturelemente erzählender Texte oder auch als bestimmendes Kompositionselement *(T.roman)* auf.

◆ ↑ Schiffstagebuch.

◆ im *Recht* ↑ Grundbuch.

Tagelied, in der mittelhochdt. Lyrik ein meist dreistrophiges Lied, das den Abschied zweier Liebenden - einer Dame und eines Ritters - am Morgen nach einer Liebesnacht schildert. Vorläufer war die Alba der Troubadourlyrik. Bed. Dichter: Heinrich von Morungen, Wolfram von Eschenbach, Walther von der Vogelweide, Ulrich von Liechtenstein, Ulrich von Winterstetten, Steinmar und in späterer Zeit Oswald von Wolkenstein.

Tages-Anzeiger, schweizer. Zeitung, ↑Zeitungen (Übersicht).

Tagesbefehl, Anweisung, die allg. militär. Angelegenheiten regelt, wie Diensteinteilung, Anerkennung und Vertretungen.

Tagesheimschule (Tagesschule), Schulform, bei der die pädagog. Betreuung der Schüler über die eigtl. Schularbeit und die Aufsicht beim Mittagessen hinaus auf die Freizeit ausgedehnt wird. Neben der für alle Kinder wichtigen familienergänzenden Erziehung soll mit der T. Kindern aus soziokulturell benachteiligten Schichten eine angstfreie Bewältigung der Schulanforderungen ermöglicht werden. Als Argumente gegen die Einrichtung der T. werden v. a. eine zu starke Eingriffsmöglichkeit des Staates in die Privatsphäre genannt.

Tageslicht, das auf Grund der Sonnenstrahlung am Tage vorhandene Licht mit je nach Sonnenstand, Wolkenbedeckung des Himmels, Dunst u. a. unterschiedl. *Farbtemperatur:* rd. 5 500 K für reines Sonnenlicht, 10 000–25 000 K für das Licht des blauen Himmels, rd. 7 000 K für bedeckten Himmel, im Unterschied zum Licht künstl. Lichtquellen (sog. *Kunstlicht;* Farbtemperatur 2 800–3 800 K). Da mit steigender Temperatur einer Lichtquelle und damit zunehmender Farbtemperatur sich die spektrale Intensitätsverteilung zu kürzeren Wellenlängen, d. h. von Rot nach Blau verschiebt, bedeutet umgekehrt ein hoher Blauanteil (z. B. beim blauen Himmel) bei gleichzeitig geringem Rotanteil eine hohe Farbtemperatur.

Tageslichtlampe, Lichtquelle mit bestimmter, dem mittleren Tageslicht (Farbtemperatur 6 500 K) gleichender spektraler Strahlungsverteilung.

Tageslichtprojektoren ↑Projektionsapparate.

Tagesmütter, Frauen, die wochentags halb- oder ganztägig bis zu 3 Pflegekindern in ihrer Wohnung gegen geringes Entgelt betreuen. Die Ergebnisse des 1974–79 vom Bundesministerium für Jugend, Familie und Gesundheit angeregten und finanzierten Modellprojekts, das in 5 Bundesländern an 11 Modellorten von 420 Pflegekindern, 400 Eltern, 220 Tagesmüttern und 22 pädagog. Berater(innen) durchgeführt wurde, zeigte: 1. die Entwicklung von Pflegekindern, die von T. betreut werden, unterscheidet sich nicht von der Entwicklung anderer Kinder (gleiches Sozialverhalten); 2. die Pflegekinder sind durchaus in der Lage, eine enge Beziehung zu ihrer Mutter aufzubauen; 3. die Kinder alleinerziehender Väter oder Mütter zeigen in ihrer Entwicklung keine Nachteile gegenüber Kindern aus vollständigen Familien. - Die Fortsetzung der Arbeit ist in den bisherigen „Modellorten" durch Gründung von gemeinnützigen Vereinen gesichert. Erkenntnisse aus dem T.-Projekt haben ihren Niederschlag im Entwurf eines neuen Jugendhilfegesetzes gefunden: In § 38 wird Hilfe zur Erziehung in Tagespflege als eine Möglichkeit familienergänzender Erziehung hervorgehoben.

Tagesordnung, Zusammenstellung der Beratungspunkte einer Sitzung oder Tagung (meist in der Geschäftsordnung geregelt).

Tagesrhythmik, rhythm. Zustandsänderungen von Organen und Organfunktionen mit einer 24-Stunden-Periodik (↑physiologische Uhr).

Tagessatzsystem, bei der Strafzumessung einer ↑Geldstrafe die Festsetzung der Zahl der Tagessätze nach der Schwere der Tat (mindestens 5, höchstens 360 volle Tagessätze) und die Bestimmung der Höhe der Tagessätze nach den persönl. und wirtsch. Verhältnissen des Täters (mindestens 2 und höchstens 10 000 DM), wobei das durchschnittl. tägl. Nettoeinkommen des Täters Ausgangspunkt ist. - ↑auch Ersatzfreiheitsstrafe.

Tagesschule, svw. ↑Tagesheimschule.

Tagessehen (photopisches Sehen), die Fähigkeit des menschl. Auges bzw. jedes Wirbeltierauges, bei Tageslicht von bestimmten Lichtintensitäten bzw. Leuchtdichten ab (Mensch: 0,006 cd/m^2) den Sehvorgang zu vollziehen. - ↑auch Dämmerungssehen.

Tagesspiegel, Der, dt. Zeitung, ↑Zeitungen (Übersicht).

Tageswert (Tagespreis, Marktwert), Börsen-, Markt- oder Wiederbeschaffungspreis eines Vermögensgegenstandes zu einem bestimmten Zeitpunkt.

Tageszeitenklima, Klima, bei dem die Unterschiede der Klimafaktoren (v. a. die Temperatur) innerhalb des Tages größer sind als die entsprechenden Unterschiede des Jahres; in den Tropen. - Ggs. Jahreszeitenklima.

Tageszeitung ↑Zeitung.

Tagetes [lat.; nach dem etrusk. Gott Tages, der einer Furche entstieg], svw. ↑Sammetblume.

Tagewerk (Tagwerk), alte dt. Flächeneinheit unterschiedl. Größe, meist ident. mit Morgen oder Joch; entsprach 25–36 Ar.

Taggeckos ↑Geckos.

Tagger, Theodor, östr.-dt. Dramatiker, ↑Bruckner, Ferdinand.

Taghafte (Hemerobiidae), weltweit verbreitete Fam. der Insekten mit rd. 750 meist kleinen, florfliegenähnl. Arten (davon etwa 40 Arten in M-Europa); Vorderflügel glasig hell, grau oder braun, mit leicht vorgezogener Spitze, bei rezenten Arten bis 30 mm spannend; dämmerungsaktive Tiere. - Zu den T. gehören u. a. die ↑Florfliegen.

Tagliamento [italien. taʎʎa'mento], Fluß in Italien, entspringt in den östl. Dolomiten, mündet bei Bibione in den Golf von Venedig, 172 km lang.

Maria und Paolo Taglioni (aquarellierte Kohlezeichnung von Franz Krüger; 1840)

Tagliata [tal'ja:ta; italien.] (Schnittstoß), im Fechtsport Bez. für den Stoß, bei dem im Handgelenk abgewinkelt wird, um unter bzw. hinter der gegner. Deckung zu treffen.

Tagliatelle [talja'tɛlə; italien.], sehr dünne und breite italien. Bandnudeln.

Taglichtnelke ↑Nachtnelke.

Taglilie (Hemerocallis), Gatt. der Liliengewächse mit 16 Arten in S-Europa und im gemäßigten Asien; Stauden mit grundständigen, linealförmigen Blättern und großen, trichterförmigen, gelben oder orangefarbenen, nur einen Tag lang geöffneten Blüten. Zahlr. Arten sind Gartenzierpflanzen.

Taglioni [italien. taʎ'ʎo:ni], Filippo, * Mailand 5. Nov. 1777, † Como 11. Febr. 1871, italien. Tänzer und Choreograph. - Wirkte v. a. in Wien, Stuttgart und Paris, wo seine bedeutendsten Ballette herauskamen, u. a. „La Sylphide" (1832), das einen ersten Höhepunkt romant. Ballettstils darstellt.

T., Maria, * Stockholm 23. April 1804, † Marseille 22. April 1884, italien. Tänzerin. - Tochter von Filippo T.; kreierte zahlr. Rollen in dessen Balletten. Eine der bedeutendsten Ballerinen der Romantik und der Ballettgeschichte überhaupt, die den Spitzentanz mit vollendeter Grazie beherrschte.

T., Paolo, * Wien 12. Jan. 1808, † Berlin 6. Jan. 1884, italien. Tänzer und Choreograph. - Sohn von Filippo T.; wirkte 1856–83 als Ballettmeister an der Berliner Hofoper. Ließ 1849 erstmals Tänzer auf Rollschuhen auftreten.

Tagore, Rabindranath, * Kalkutta 6. Mai 1861, † Santiniketan (Bengalen) 7. Aug. 1941, ind. Dichter und Philosoph. - Aus begüterter bengal. Brahmanenfamilie; gründete 1901 in Santiniketan eine Schule, um ind. und europ. Erziehungsmethoden zu verschmelzen; lehnte das Kastensystem ab; spielte als Nationalist und gemäßigter Gegner der brit. Indienpolitik eine führende Rolle im Widerstand gegen die Teilung Bengalens 1905; leistete mit seinem dichter. Werk, v. a. neuromant. Lyrik („Der Gärtner", dt. Auswahl 1914) sowie expresssionist. Erzählungen und Dramen („Das Postamt", 1912) einen bed. Beitrag zur bengal. Literatursprache; 1913 Nobelpreis für Literatur. - *Weitere Werke:* Das Heim und die Welt (R., engl. 1910, bengal. 1916), Meine Lebenserinnerungen (1912).

Tagpfauenauge (Inachis io), etwa 5–6 cm spannender, von W-Europa bis Japan verbreiteter Tagschmetterling; Flügel oberseits rotbraun mit je einem großen, blau, gelb und schwarz gezeichneten Augenfleck, unterseits schwärzlich; ♀ etwas größer als ♂.

Tagsatzung, seit dem 14. Jh. bis 1848, außer z. Z. der Helvet. Republik (1798–1803), das zentrale Bundesorgan der schweizer. Eidgenossenschaft. Aus den unregelmäßigen Zusammenkünften der Bündnispartner (Orte bzw. Kantone) entwickelte sich seit dem 15. Jh. ein System regelmäßiger Treffen von Gesandten zur Erledigung der gemeinsamen Geschäfte.

Tagschläfer (Nyctibiidae), Fam. bis bussardgroßer ↑Nachtschwalben mit fünf Arten in Z- und S-Amerika; nachtaktive Vögel, die tagsüber unbewegl. auf Ästen sitzen. Am bekanntesten ist der durch seine melod., an Menschenrufe erinnernde Stimme auffallende **Urutau** (Grauer T., Nyctibius griseus; von Mexiko bis Argentinien verbreitet; bis 35 cm lang).

Tagschmetterlinge (Tagfalter, Diurna), zusammenfassende Bez. für die am Tage fliegenden Schmetterlinge: 1. *Echte Tagfalter* (Rhopalocera) mit den wichtigsten einheim. Fam. Ritterfalter, Weißlinge, Augenfalter, Edelfalter und Bläulinge; 2. *Unechte Tagfalter* (Grypocera) mit der Fam. Dickkopffalter. - Ggs. ↑Nachtschmetterlinge.

Tagtraum, svw. ↑Wachtraum.

Taguan [indones.] ↑Flughörnchen.

Tagundnachtgleiche ↑Äquinoktium.

Tagwerk ↑Tagewerk.

Taha Husain ↑Husain, Taha.

Tahan, mit 2 190 m höchste Erhebung der Halbinsel Malakka, im Taman Negara National Park (Westmalaysia).

Tahiriden (arab. Tahirijjun), erste selbständige, vom Kalifat nur noch nominell abhängige arab. Dyn. in Iran, begr. durch Tahir Ibn Al Husain, einen Statthalter des Kalifen Al Mamun, der sich um 821 für unabhängig erklärte. Die T. beherrschten v. a. Chorasan; um 872 brach ihre Herrschaft zusammen.

Tahiti, größte der Gesellschaftsinseln, Frz.-Polynesien, mit dessen Hauptstadt Papeete an der NW-Küste, 1 042 km². T. besteht aus zwei Teilen, deren Kerne Vulkane (2 237 bzw. 1 332 m hoch) bilden und die durch den Isthmus von Taravao miteinander verbunden sind. In den Küstenebenen werden Kokospalmen, Bananen, Zuckerrohr und Vanille kultiviert; Fremdenverkehr. - 1767 von S. Wallis entdeckt; ab 1842 frz. Protektorat (1880 Kolonie).

Tahoua [frz. ta'wa], Dep.hauptstadt im S der Republik Niger, 415 m ü. d. M., 41 900 E. Handelszentrum, bes. für den Gütertausch zw. Nomaden und Ackerbauern.

Tahre [Nepali] (Thare, Halbziegen, Hemitragus), Gatt. der Horntiere mit drei Arten in Gebirgen S- und SW-Asiens; Körperlänge 1,3–1,7 m, Schulterhöhe 0,6–1,0 m; Hörner kurz, stark zurückgebogen, mit auffallend stark gekielter Vorderkante; stehen verwandtschaftl. zw. Schafen und Ziegen; größte Art: **Nilgiri-Tahr** (Hemitragus hylocrius); mit kurzhaarigem, dunkelbraunem Fell; bedrohte Restbestände.

Tai, Volk in Südostasien, ↑Thai.

Taïba [frz. tai'ba], Ort in W-Senegal. Phosphatabbau und -anreicherung; Abtransport per Bahn nach Dakar.

Taichung (Taizhong) [chin. taidʒʊŋ], Stadt im westl. Taiwan, 636 000 E. Zwei Univ. (gegr. 1955 bzw. 1961), mehrere Fachhochschulen. Marktzentrum eines Landw.gebiets. T. wird im Zusammenhang mit dem Bau des Seehafens Wuchi zum zweitgrößten Ind.standort Taiwans ausgebaut.

Taif, At [a'ta:ɪf], Oasenstadt 50 km osö. von Mekka, Saudi-Arabien, 1 630 m ü. d. M., 205 000 E. Landw., Gewinnung von Rosenöl und Honig; Weberei.

Taifun [gebildet aus chin. tai fung „großer Wind" und engl. typhoon „Wirbelwind" (zu griech. typhṓn)], Wirbelsturm.

Taiga, Ikeno, * bei Kioto 10. Juni 1723, † Kioto 30. Mai 1776, jap. Maler und Kalligraph. - Vertreter der Literatenmalerei des 18. Jh.; gilt als Begründer der modernen jap. Malerei; u. a. „Fischen im Frühling" (Rolle; Cleveland [Ohio], Museum of Art).

Taiga [russ., aus Turksprachen entlehnt], borealer Nadelwald Sibiriens und des europ. Teils der Sowjetunion.

Taihangschan (Taihang Shan) [chin. taixaŋʃan], rd. 350 km langer, annähernd S–N verlaufender Gebirgszug in China, nördl. des Hwangho; erreicht Höhen von über 2 000 m.

Taiho-Kodex [jap. da'iho:] (Taihoryo), ältestes Gesetzbuch Japans, 701 von Fudschiwara no Fuhito u. a. nach chin. Vorbild kompiliert, bis 1232 in Kraft; liegt nur aus späteren Quellen rekonstruiert vor. Die im T.-K. fixierte *Taika-Reform* von 645/46 umfaßte u. a. die Überführung privaten Grundbesitzes in kaiserl. Eigentum, Zentralisierung der Verwaltung und Steuerreform.

Tai Hu (Taihu) [chin. taixu], See westl. von Schanghai, rd. 2 200 km², natürl. Rückhaltebecken für die Wasser des Jangtsekiang.

Taika-Reform ↑Taiho-Kodex.

Tail [tɛ:l, te:l] ↑Tael.

Tailfingen ↑Albstadt.

Taille ['taljə; frz.], zw. Brust und Hüfte gelegener schmalster Abschnitt des Rumpfes, dessen Weite *(T.weite)* auch als *Gürtelweite* bezeichnet wird.

◆ enganliegendes [auf Stäbchen gearbeitetes] Kleidungsoberteil, als *Unter-T.* unter dem Kleid getragen.

Taille [frz. tɑ:j], vom 16. bis 18. Jh. frz. Bez. für den ↑Tenor in der Vokal- und Instrumentalmusik.

◆ im ma. Frankr. 1. eine urspr. willkürl. erhobene Abgabe der Unfreien an ihren Grundherrn *(T. servile)*; 2. eine vom Lehnsherrn erhobene Einkommensteuer *(T. seigneuriale)*; 3. eine seit Karl VII. (bis zur Frz. Revolution) allg. und regelmäßige Abgabe *(T. royale)*, die vom Vermögen oder Einkommen der nicht privilegierten Stände erhoben wurde.

Tailleferre, Germaine [frz. taj'fɛ:r], * Le Parc-de-Saint-Maur (= Saint-Maur-des-Fossés) 14. April 1892, † Paris 7. Nov. 1983, frz. Komponistin. - Als Mgl. der Gruppe der ↑Six war sie an der Komposition des Balletts „Les mariés de la tour Eiffel" (1921) beteiligt; daneben Opern, Orchesterwerke, Kammer- und Klaviermusik, Lieder sowie Bühnen- und Filmmusiken.

Taillenwespen ['taljən] (Apocrita), weltweit verbreitete Unterordnung der Hautflügler, von den Pflanzenwespen äußerl. unterschieden v. a. durch die deutl. Abschnürung des Hinterleibs vom Vorderkörper („Wespentaille") unter Bildung eines bes. Mittelsegments; Larven madenähnl., fußlos, oft parasit. lebend. - Zu den T. gehören die Legwespen und die Stechimmen.

Tailleur [ta'jør; frz.], v. a. schweizer. Bez. für: enganliegendes Schneiderkostüm, tailliertes Jackenkleid.

Taimyr, Halbinsel [russ. taj'mɨr], nordsibir. Halbinsel zw. Jenissei- und Chatangabucht, vom Byrrangagebirge durchzogen; Tundrenvegetation.

Taimyr, Autonomer Kreis [russ. taj'mɨr] (A. K. T. der Dolganen und Nenzen), sowjet. autonomer Kreis innerhalb der Region Krasnojarsk, RSFSR, erstreckt sich von der Halbinsel Taimyr in das Mittelsibir. Bergland, 862 100 km², 53 000 E (1985), Hauptstadt Dudinka.

Taimyra [russ. taj'mɨrɐ], Fluß auf der

Halbinsel Taimyr, entspringt im Byrrangagebirge, mündet in die Karasee, 638 km lang.

Taimyrsee [russ. taj'mɨr], 250 km langer See auf der Halbinsel Taimyr, 4 560 km^2, bis 26 m tief, 6 m ü. d. M.

Tainan, Stadt auf Taiwan, im SW, 622 000 E. Univ. (gegr. 1927 als techn. Schule) mit angeschlossenen Forschungsinst.; Nahrungsmittel-, Textil-, chem. Ind. und Maschinenbau. - Seit 1590 von Chinesen besiedelt; älteste Stadt der Insel Taiwan, von 1684 bis ins 19. Jh. deren Verwaltungszentrum.

Taine, Hippolyte [frz. tɛn], * Vouziers (Ardennes) 21. April 1828, † Paris 5. März 1893, frz. Kulturkritiker, Philosoph und Historiker. - 1864–84 Prof. für Ästhetik und Kunstgeschichte an der Pariser École des Beaux-Arts. Unter dem Einfluß von A. Comte und J. S. Mill entwickelte sich T. zum einflußreichen Begründer des literarhistor. Positivismus (bed. v. a. seine „Geschichte der engl. Literatur", 1863). „Rasse, Milieu und Moment" bestimmen nach der von ihm entwikkelten Milieutheorie jedes soziale Phänomen und jede geistige Gestaltung; wandte sich nach der frz. Niederlage 1870/71 einem kulturkrit. Pessimismus zu; seit 1878 Mgl. der Académie française.

Taipa [portugies. 'taipɐ], Insel vor der chin. S-Küste, ↑ Macau.

Taipai Shan (Taibai Shan) [chin. taibaiʃan], mit 4 107 m höchste Erhebung des Tsinlingschan, China.

Taipan [austral.] (Oxyuranus scutellatus), bis 4 m lange, braune bis schwarzbraune Giftnatter in NO-Australien und Neuguinea; gefährlichste austral. Giftschlange.

Taipeh ['taɪpe, taɪ'pe:] (Taibei [chin. taibɛi]), Hauptstadt von Taiwan, nahe der N-Küste der Insel Taiwan, am Tanshui, 2,45 Mill. E. Sitz der Regierung, kulturelles und wirtsch. Zentrum; 6 Univ., u. a. die Nationaluniv. (gegr. 1928), Kunstakad., zahlr. Fachhochschulen und Forschungsinst.; Sitz der Academia Sinica, der Academia Historica, der Atomenergiebehörde. Bed. Museen, u. a. Nat. Palastmuseum (größte Sammlung chin. Kunstschätze der Erde), Nationalgalerie und Nationalbibliothek; traditionelle Pekingoper; botan. Garten, Zoo. Die Wirtschaftsstruktur zeigt ein deutl. Übergewicht des Dienstleistungsgewerbes; bed. Textil-, pharmazeut. und chem. sowie Papierind., Kfz.montage, Maschinenbau, Elektro- u. a. Ind. Presse- und Verlagszentrum des Landes. Nördl. von T. zahlr. Schwefelthermen (Kurorte); internat. ✈. - Wuchs im Laufe der Zeit aus 3 chin. Siedlungen zusammen, deren älteste 1720 zum Handel mit den Ureinwohnern der Insel angelegt worden war; wurde Verwaltungszentrum der 1875 gebildeten Präfektur Taiwan, dann Hauptstadt der 1885 gebildeten Prov. Taiwan (1895–1945 unter jap. Herrschaft); seit 1950 Hauptstadt von Taiwan. - Buddhist. Lungshan-(„Drachenberg"-)Tempel (1739–41), T.-Moschee (1960; in arab. Stil).

Taiping [indones. 'taipɪŋ], Stadt 70 km sö. von George Town, Malaysia, 55 000 E. Perak-Museum; Zentrum eines Zinnerzbergbau- und Agrargebiets. - Früher führendes Zinnerzbergbauzentrum Westmalaysias und Hauptstadt von Perak.

Taiping [chin. „friedlich"], in China Bez. für den seit der Chouzeit (1122–249) wieder anzustrebenden Idealzustand, in dem die Kräfte des Universums sowie alle Schichten der Gesellschaft in vollendeter Weise zusammenwirken; danach die Losung des chin. Bauernaufstands 1850–64 (**Taipingbewegung**), der v. a. agrarkommunist. Ziele verfolgte.

Tairow, Alexandr Jakowlewitsch [russ. ta'irɐf], * Romny 6. Juli 1885, † Moskau 25. Sept. 1950, sowjet. Regisseur. - 1905 Schauspieler, 1908 Regisseur; mit seiner Frau, der Schauspielerin Alissa G. Koonen (* 1889, † 1974), 1914 Begründer des Moskauer Kammertheaters und dessen Leiter. Als Repräsentant einer der drei Hauptströmungen des russ. Theaters, des „reinen" Theaters, das psycholog. Realismus und Naturalismus ablehnte, beeinflußte T. das Theaterleben im In- und Ausland.

Taiss, Stadt im S der Arab. Republik Jemen, 1370 m ü. d. M., 119 600 E. Museum im ehem. Imampalast; handwerkl. Herstellung von Gebrauchsgütern. - Festung aus dem 12. Jh.; zwei Moscheen (13. bzw. 14. Jh.), mächtiges Stadttor Bab Musa. Das Stadtbild wird bestimmt durch die mit weißen geometr. Mustern bemalten Häuserfassaden.

Taiwan

['taɪvan, taɪ'va(:)n] (amtl.: Ta Chung-Hua Min-kuo; Republik China; Formosa), Republik in Ostasien, zw. 21° 45′ und 25° 56′ n. Br. sowie 119° 18′ und 124° 34′ ö. L. **Staatsgebiet:** Umfaßt die vom chin. Festland durch die Formosastraße getrennte Hauptinsel Taiwan, die in der Formosastraße gelegenen Pescadoresinseln, mehrere kleine Inseln sowie die der Ostküste der VR China unmittelbar vorgelagerten Inseln Quemoy und Matsu; T. erhebt Ansprüche auf die Spratleyinseln. **Fläche:** 36 000 km^2. **Bevölkerung:** 19,1 Mill. E (1985), 531,5 E/km^2. **Hauptstadt:** Taipeh. **Verwaltungsgliederung:** 7 kreisfreie Städte, 16 Kreise. **Amtssprache:** Chinesisch (Mandarin). **Nationalfeiertag:** 10. Okt. **Währung:** Neuer Taiwan-Dollar (NT$) = 100 Cents (c). **Internationale Mitgliedschaften:** Weltbank, Weltwährungsfonds, ASPAC, GATT-Beobachter; 1971 aus den UN ausgeschlossen. **Zeitzone:** MEZ + 7 Std.

Landesnatur: T. wird im zentralen Teil von N–S-verlaufenden Faltengebirgszügen eingenommen (im Mount Morrison 3 997 m hoch). Gegen O bricht das Gebirge zum Taitunggraben ab; den östl. Abschluß bildet ein schmales Küstengebirge. Die W-Abdachung des zentralen Gebirges erfolgt allmähl. über ein Berg- und Hügelland zu einer 8–40 km breiten Küstenebene. Die Pescadoresinseln sind vulkan. Ursprungs.

Klima: T. liegt im trop. Klimabereich. Der N erhält Niederschläge zu allen Jahreszeiten, der S weist während des Winters eine Trokkenperiode auf. Taifune sind im Sommer häufig. Größere Temperaturschwankungen zeigen sich zw. wärmsten Monat Juli (mittlere Temperatur 28 °C) und kältestem Monat Febr. (mittlere Temperatur 15 °C).

Vegetation: 63,8 % der Insel T. sind waldbedeckt. Bei jeweils im S höher ansteigenden Vegetationsstufen finden sich bis 500/800 m Mangroven, Palmen, Bambus und Akazien; bis 1 500/2 000 m immergrüne subtrop. Wälder mit Japanzeder, Kampferbaum, Palme und Eiche; bis 2 600 m Mischwald mit Eiche, Ulme, Ahorn, Buche, Kiefer, Fichte, Rottanne, Zedern; bis 3 600 m reiner Nadelwald, darüber eine Stufe mit Knieholz, Grasland und Polsterpflanzen.

Bevölkerung: Von der chin. Bev. bekennen sich etwa 60 % zum Buddhismus, der Rest zum Konfuzianismus, Taoismus, Islam und Christentum. Der Trend in der Bev.verteilung der v. a. im westl. Teil dicht besiedelten und wirtsch. höher entwickelten Insel T. geht eindeutig zu den Städten. Allg. Schulpflicht besteht von 6–15 Jahren. T. verfügt über zahlr. Colleges und 14 Universitäten.

Wirtschaft: Einer landw. Nutzung stehen wegen des Gebirgscharakters nur 25 % der Landfläche zur Verfügung. Eine ganzjährige Vegetationszeit ermöglicht mehrere Ernten im Jahr. Die durchschnittl. Betriebsgröße liegt bei 1,02 ha. Angebaut werden Reis, Champignons, Spargel, Tee, Zuckerrohr, Bananen und Ananas. 90 % des Waldes sind Staatsbesitz. Holzexport gewinnt zunehmend an Bed. In der Fischerei erfolgt eine zunehmende Verlagerung zur Hochseefischerei. Neben Japan ist T. heute die wichtigste Ind.nation im Fernen Osten. T. ist allerdings rohstoffarm. Nennenswert sind Kohle, Erdöl, Erdgas und Gold. Die verarbeitende Ind. hat einen großen Anteil (etwa 40 %) am Bruttosozialprodukt. Zu den führenden Branchen zählen Nahrungsmittel-, Textil- und Bekleidungsind., ferner elektron., petrochem. und metallurg. Ind. sowie Schiff- und Maschinenbau.

Außenhandel: Die wichtigsten Handelspartner sind die USA, Japan, Saudi-Arabien, Hongkong, die BR Deutschland, Australien, Kanada u. a. Exportiert werden Fernseh- und Rundfunkgeräte, Garne, Bekleidung, Büro-

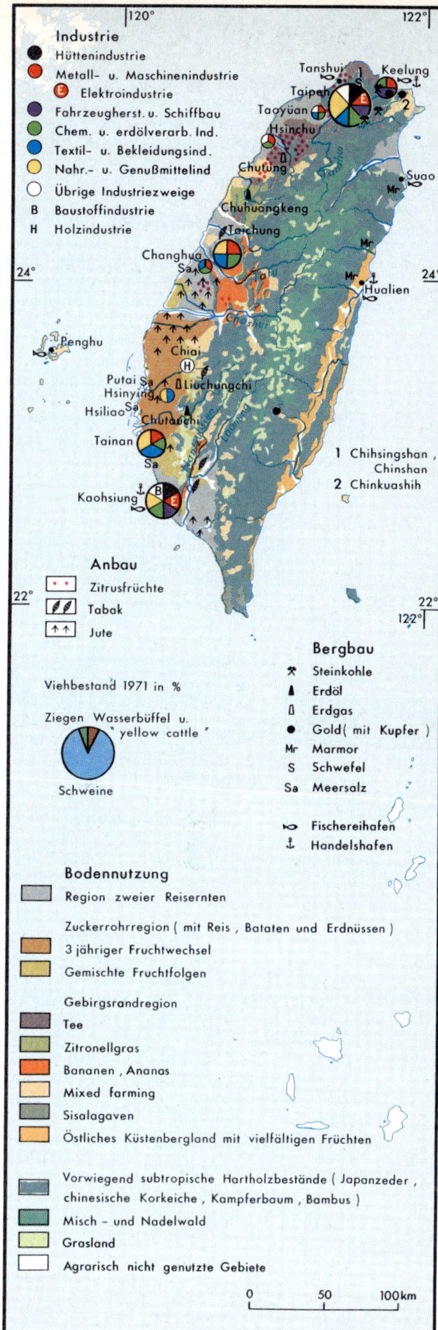

Taiwan. Wirtschaftskarte

maschinen, Schuhe, Rohzucker, Spargel, Pilze und Bananen. Importiert werden Stammholz, Sojabohnen, Rohbaumwolle, chem. Erzeugnisse, Erdöl, Breitflachstahl, Bleche und Getreide.

Verkehr: Eisenbahn- und Straßennetz sind im W der Insel konzentriert. 1978 wurde die Nord-Süd-Autobahn fertiggestellt. Die Länge des Eisenbahnnetzes beträgt 2979 km, davon dienen 1100 km dem öffentl. Personen- und Güterverkehr, die restlichen werden hauptsächl. von Zucker- und Holzgesellschaften betrieben. Das Straßennetz ist 18891 km lang (überwiegend mit fester Decke). Die wichtigsten Häfen des Landes sind: Kaohsiung, Keelung und Hualien. Neue Überseehäfen entstehen in Taitung, Suao und Wuchi. Im Luftverkehr bedient die nat. Fluggesellschaft China Air Lines In- und Auslandsstrecken; internat. ✈ in Taipeh (Taoyuan) und Kaohsiung.

Geschichte: Seit dem Beginn des 7. Jh. in der chin. Geschichte bekannt, gelangte T. v. a. Anfang des 17. Jh. durch mehrere große Einwanderungswellen aus den chin. S-Prov. unter den Einfluß Chinas. Dieser Sinisierung, die die malaiisch-polynes. Urbev. in das bergige Innere der Insel zurückdrängte, ging eine kurze europ. Periode voraus: Nachdem T. 1590 von den Portugiesen entdeckt und „[Ilha] Formosa" (portugies. „schöne Insel") benannt worden war, wurde 1624 der SW von den Niederländern besetzt, die ab 1642 (nach der Vertreibung der seit 1626 im N ansässigen Spanier) bis 1662 ihre Alleinherrschaft errichteten. Nachdem der Ming-General Koxinga 1662 die Niederländer von der Insel vertrieben hatte, um diese zum Stützpunkt für die Wiedereroberung des Festlandes auszubauen, wurde T. 1683 von den Ch'ing erobert. Nach dem chin.-jap. Krieg (1894/95) mußte China T. an Japan abtreten, das nach der Zerschlagung der von den Inselbewohnern errichteten „Demokrat. Republik Formosa" (gilt als erste Republik in Asien) T. für 50 Jahre beherrschte. 1945, nach der Kapitulation Japans, sprachen die Alliierten in der Deklaration von Kairo und im Frieden von San Francisco (1951) u. a. auch T. wieder China zu, ohne eine Volksabstimmung auf der Insel durchgeführt zu haben. Nachdem die Kuomintang-Reg. von den Kommunisten vom chin. Festland vertrieben worden und nach T. geflohen war, wurde auf der Insel am 1. März 1950 durch den Staatspräs. (1948–75) Chiang Kai-shek die Republik China ausgerufen. Auf Grund massiver wirtsch. und polit. Unterstützung durch die USA sowie einer erfolgreichen Bodenreform (1949–64) wurde T. zu einem bed. wirtsch. Faktor in Asien. Hauptprobleme sind die stete innenpolit. Spannung zw. der festlandchin. herrschenden Minderheit und der um ihre Unabhängigkeit ringenden, weitgehend machtlosen taiwan. Mehrheit (März 1947 Niederwerfung eines Aufstands der Inselbewohner und Hinrichtung von über 1700 Aufständischen), die Auseinandersetzung mit der VR China, die in den beiden „Quemoykrisen" 1955 und 1958 (Bombardierung der Insel Quemoy durch chin. Truppen) ihren Höhepunkt fand, und die sich abzeichnende außenpolit. Isolierung (1971: Ausschluß aus den UN und Abbruch der diplomat. Beziehungen zu Staaten, die die VR China anerkennen). Nach dem Tod Chiang Kai-sheks 1975 wurde zunächst Vizepräs. Yen Chia-kan (* 1905) Staatsoberhaupt. Der stärkste polit. Führer auf T. ist Chiangs Sohn Chiang Ching-kuo, der 1972 Reg.chef und 1975 Parteivors. der Kuomintang wurde, seit März 1978 Staatspräs. Im Laufe des Jahres 1976 verstärkten sich zunächst die repressiven Züge des polit. Systems, 1977 zeigten sich dann jedoch deutl. Auflockerungserscheinungen. Für die am 23. Dez. 1978 geplanten Ergänzungswahlen zu den zentralen Parlamenten wurden erste Anzeichen zur Herausbildung eines Zweiparteiensystems erkennbar. Der Abbruch der diplomat. Beziehungen durch die USA am 16. Dez. 1978 hat diese Entwicklung jedoch vorläufig unterbrochen: Die repressiven Züge des Systems verstärkten sich wieder, die Wahlen wurden auf unbestimmte Zeit verschoben. Im Febr. 1979 schuf T. einen „Koordinierungsrat für Nordamerikan. Angelegenheiten", der mit der Regelung und Koordinierung der Beziehungen zw. T. und den USA beauftragt ist, die USA im März 1979 ein „Amerika-Institut" in T., das die zuvor von der US-Botschaft wahrgenommenen Aufgaben übernahm. Beide Institutionen unterzeichneten im Okt. 1980 ein Abkommen zur Regelung ihrer Beziehungen, was die VR China als offene Verletzung des chin.-amerikan. Abkommens über die Normalisierung der diplomat. Beziehungen bezeichnete.

Politisches System: T., das selbst unter dem Namen „Republik China" auftritt (häufig auch Nationalchina gen.) hat ein kombiniertes Präsidial- und Kabinettssystem. Es erhebt den Anspruch auf Alleinvertretung aller Chinesen und betrachtet sein Staatsgebiet als eine Prov. Gesamtchinas. Daher existiert in T. ein doppeltes Reg.system: National-Reg. und Provinz-Reg. mit den entsprechenden parlamentar. Körperschaften. Es gilt die z. T. suspendierte nationalchin. Verfassung von 1946. Die polit. Macht des Volkes soll die Nationalversammlung verkörpern, die ausschließl. über Verfassungsänderungen zu entscheiden sowie den Staatspräs. zu wählen hat. *Staatsoberhaupt* ist der Staatspräs. (seit 1978 Chiang Ching-kuo). Er ist Oberbefehlshaber der Armee, verkündet die Gesetze, kann Anweisungen mit Billigung des Min.präs. erteilen und das Kriegsrecht verhängen. Die verbleibenden Kompetenzen der Staatsgewalt werden nach der Verfassung von 5 Organen (Yüan) wahrgenommen. Der Reg.chef als Vors. des

Exekutiv-Yüan wird vom Präs. im Einvernehmen mit dem *Legislativ*-Yüan ernannt, der seinerseits vom Volk gewählt wird. Der Kontroll- und der Prüfungs-Yüan nehmen die Funktionen der gesellschaftl. Überwachung bzw. der Beamtenauswahl wahr. Dem Justiz-Yüan untersteht das Gerichtswesen. Die nat. Institutionen in T. sind noch vor der Teilung Chinas auf dem Festland gewählt worden, was zu einer beträchtl. Verringerung der Zahl ihrer Mgl. führte, nur z. T. durch Nachwahlen in T. ergänzt. Die Provinz-Reg. von T. steht unter der Führung eines von der National-Reg. ernannten Gouverneurs. Das für 4 Jahre vom Volk gewählte Provinzparlament besteht aus 77 Abg., v. a. einheim. Taiwanesen. Die Hauptstadt Taipeh ist direkt der Nationalregierung unterstellt. Die im Besitz von T. befindl. Inseln Quemoy und Matsu, histor. Teil der chin. Prov. Fukien, unterstehen einem eigens ernannten Gouverneur. Dominierende *Partei* ist die ↑Kuomintang, die eine überwältigende Mehrheit in den verfassungsmäßigen Gremien hat. Unbedeutend sind die Jungchina-Partei und die Demokrat.-Sozialist. Partei Chinas, die nicht in Opposition zur Kuomintang stehen. Eine geringe Rolle spielen auch die *Gewerkschaften*. Streiks sind verboten. *Verwaltung*smäßig ist die Prov. T. in 16 Landkreise und 4 kreisfreie Städte gegliedert, die wiederum in Gemeinden und Kreisstädte bzw. Stadtbezirke unterteilt sind. Die *Gerichtsbarkeit* umfaßt den Obersten Gerichtshof, den Verwaltungsgerichtshof, das Disziplinarkomitee für Beamte und den „Rat der Großen Richter“ mit verfassungsgerichtl. Kompetenzen; nachgeordnet sind die Bezirksgerichte. Die *Streitkräfte* haben eine Gesamtstärke von rd. 444 000 Mann (Heer 290 000, Luftwaffe 77 000, Marine 38 000, Marineinfanterie 39 000); daneben besteht als paramilitär. Potential die rd. 100 000 Mann starke Miliz. Es besteht allg. Wehrpflicht bei einer Dienstzeit von 2 Jahren.

📖 *Hsieh, C. C.: Strategy for survival. The foreign policy and external relations of the Republic of China on T. 1949–1978. London 1985. - Kuo, S. W.: The T. economy in transition. Boulder (Colo.) 1983. - Liu, Chien-Zer: Bäuerl. Landwirtschaft in T. Saarbrücken 1982. - Gälli, A.: T. Ökonom. Fakten u. Trends. Mchn. 1980. - Kindermann, G.-K.: Pekings chin. Gegenspieler. Theorie u. Praxis nationalchin. Widerstandes auf T. Düss. 1977. - China and the question of T. Hg. v. Hungdah Chiu. New York 1973.*

Taiyüan (Taiyuan) [chin. taiỹæn], Hauptstadt der chin. Prov. Schansi, am Fenho, 1,75 Mill. E. Fachhochschule für Ackerbau; Zentrum der Maschinenbauind., ferner chem., Textil-, Zement-, Elektro- und Genußmittelind. - Bereits im 5. Jh. v. Chr. umwallt; im 6. Jh. unter der Nördl. Ch'idynastie zur zweiten Metropole bestimmt und als buddhist. Zentrum ausgebaut; die Stadt erreichte in der Tangzeit (618–907) ihre größte Blüte; 979 vollständig zerstört; seit der Ming- bzw. Ch'ingdynastie Hauptstadt der Prov. Schansi.

Taizé [frz. tɛ'ze] (Communauté de T.), eine der bedeutendsten und einflußreichsten, urspr. ausschließl. ev. Kommunitäten, ben. nach ihrem Sitz in Taizé (Saône-et-Loire); von ihrem Initiator Roger ↑Schutz seit 1949 als Prior geleitet. Die „Brüder“ haben sich durch „Engagements“ zu Ehelosigkeit, Gütergemeinschaft und Anerkennung einer Autorität verpflichtet und leben vom Ertrag ihrer eigenen Arbeit. Inzwischen gehören auch Angehörige anderer Konfessionen zur dadurch „ökumen.“ Kommunität (mehr als 70 Mgl.).

Tajín, El [span. ɛlta'xin], seit 1934 freigelegte Ruinenstätte im mex. Staat Veracruz, 500–900 bed. Kultzentrum im Gebiet der wohl später dort siedelnden Totonaken, weiterbenutzt bis ins 13. Jh.; berühmt ist die 7stufige „Nischenpyramide“ mit 364 quadrat. Nischen. Der T.stil ist durch Spiralen (Mäander) und Voluten sowie Reliefplatten mit Ballspielern gekennzeichnet. Häufige Motive der Keramik sind Schlangen, Kröten, Vögel. Grabfiguren aus Stein (Palmas); Steinringe (Yugos).

Tajo [span. 'taxo] (portugies. Tejo), längster Fluß der Iber. Halbinsel, entspringt in der span. Sierra de Albarracín; bei seinem Austritt aus dem Gebirge ist am Ende von Engtalstrecken des T. und seines linken Nebenflusses Guadiela ein System von Stauseen mit Kraftwerken angelegt worden. Nach dem T.becken bildet der Fluß ein Engtal, das 60 km lang die span.-portugies. Grenze ist. Unterhalb von Abrantes durchfließt er den Ribatejo, in dessen südl. Teil er seenartig zum Mar da Palha erweitert ist. Bei Lissabon durchbricht der T. eine tekton. Aufwölbung und mündet in den Atlantik; 1 008 km lang. Vom Oberlauf wird Wasser mittels 6 Tunnels und 7 Aquädukten ins trockene SO-Spanien umgeleitet.

Tajobecken [span. 'taxo], Tallandschaft in Z-Spanien und Portugal, erstreckt sich am S-Fuß des Kastil. Scheidegebirges entlang nach W bis Portugal, etwa 480 km lang und bis 115 km breit. Das trichterförmig nach W geöffnete T. fällt von 1 200 m im NO auf 200–300 m ü. d. M. im SW ab. Die natürl. Vegetation ist weitgehend zu Macchie und Garigue degradiert. Riesige Weinfelder dehnen sich in Verbindung mit Feigen-, Kirsch- und Edelkastanienbäumen aus. Südl. von Toledo finden sich zunehmend Ölbaumpflanzungen mit Wintergetreide als Unterkultur sowie Obstbaumpflanzungen.

Tajumulco [span. taxu'mulko], Vulkan in SW-Guatemala, mit 4 210 m höchster Berg Z-Amerikas.

Taka, Abk. Tk., Währungseinheit in Bangladesch; 1 Tk. = 100 Poisha (ps.).

Takamatsu, jap. Hafenstadt an der NO-

Küste von Schikoku, 327 000 E. Verwaltungssitz der Präfektur Kagawa; kath. Bischofssitz; Univ. (gegr. 1950). Kultur- und Handelszentrum von Schikoku; Herstellung von Möbeln, Papier, Regenschirmen, Lacken, Arzneimitteln u. a.; Fährverbindung nach Tamano auf Hondo. - Ende des 16. Jh. Burgbau und Stadtentwicklung. Seit 1871 Hauptstadt der Präfektur Kagawa. - Wandmalereien (7. Jh.) in einer Grabkammer; Schloß (1588), modernes Verwaltungsgebäude (1958).

Take [engl. tɛɪk „(auf)nehmen"], in Film und Fernsehen 1. Szenenausschnitt; 2. Filmabschnitt für die Synchronisation (für wiederholte Projektion zum Endlosband zusammengeklebter kurzer Filmstreifen, der ein konzentriertes Synchronsprechen ermöglicht).

Takel [niederdt.] ↑Talje.

Takelage [...'la:ʒə; niederdt.] (Takelwerk), seemänn. Bez. für die Gesamtheit der Masten, Rahen, Bäume, Stengen und Segel eines Schiffes und ihres stehenden und laufenden Gutes.

takeln [niederdt.], seemänn. 1. die Takelage eines Schiffes betriebsbereit machen (auftakeln); 2. einen ↑Takling herstellen.

Takelung (Taklung) [niederdt.], Art der Takelage eines Schiffes; man unterscheidet: *Rah-T.* (Anordnung der Segel quer zum Schiff), *Gaffel-* bzw. *Schoner-T.* (Anordnung der Segel längs zum Schiff), bei Segelbooten die *Hoch-T.* bzw. *Bermuda-T.* mit Hochsegeln und die *Steilgaffel-T.* mit einem Spitzsegel an senkrechter Gaffel.

Takelwerk, svw. ↑Takelage.

Takin [tibet.] (Rindergemse, Budorcas), Gatt. der Horntiere mit der einzigen Art *Budorcas taxicolor* in Gebirgen S- und O-Asiens; Länge 1,7–2,2 m, Schulterhöhe 1,0–1,3 m; Körper massig, rinderähnl., mit kurzen, stark zurückgebogenen Hörnern; Beine sehr kräftig; Fell kurz und dicht, goldgelb bis graubraun; geschickte Kletterer.

Takla Makan (Talimupendi), Sandwüste in der Autonomen Region Sinkiang, China; nimmt mit rd. 400 000 km^2 den zentralen Teil des Tarimbeckens ein. Die Jahresniederschläge liegen z. T. weit unter 100 mm. Entlang dem N-Rand fließt der Tarim.

Takling [niederdt.], das durch Umwickeln mit dünnem Tauwerk gegen Aufdrehen gesicherte Ende eines Seiles, Taues oder einer Leine.

takonische Phase [nach den Taconic Mountains, USA] ↑Faltungsphasen (Übersicht).

Takoradi, ghanaische Hafenstadt, seit 1946 Stadtteil von ↑Sekondi-Takoradi.

Takt [zu lat. tactus „das Berühren, der Gefühlssinn, der Schlag"], musikal. Maß- und Bezugssystem, das (etwa seit dem Frühbarock) die Betonungsabstufung und zeitl. Ordnung der Töne regelt und insofern nicht nur den ↑Rhythmus grundlegend bestimmt, sondern auch mit dem melod. und harmon. Geschehen in engstem Wechselverhältnis steht. Der T. schließt Zählzeiten oder Schläge beim Dirigieren zu übergeordneten Einheiten zusammen, indem er gleich lange Maßwerte (z. B. ♩♩♩♩) unterschiedlich gewichtet oder akzentuiert (♩♩♩♩). Das Hauptgewicht fällt stets auf den Taktanfang, d. h. auf die erste Zählzeit; der **Taktstrich** (ein senkrechter Strich, der das Liniensystem oder die Akkolade durchzieht) ist insofern ein Betonungszeichen. Mehr als dreizeitige T. bilden außerdem Nebenakzente. Die T.art wird am Beginn eines Stücks durch einen Bruch angegeben. Der Nenner gibt die Einheiten an, in denen gezählt werden soll (Achtel, Viertel, Halbe usw.), der Zähler die Anzahl solcher Einheiten in einem Takt. Von den zahlr. mögl. T.arten sind nur wenige gebräuchlich. Man unterscheidet gerade T.arten:

($\frac{2}{8}$, $\frac{2}{4}$, $\frac{4}{4}$ (= C), $\frac{2}{2}$ (= ¢; ↑alla breve),

ungerade T.arten:

($\frac{3}{8}$, $\frac{3}{4}$, $\frac{3}{2}$, $\frac{9}{8}$)

und zusammengesetzte T.arten,

z. B. $\frac{6}{8}$ (♪♪♪ ♪♪♪)

Bei sehr raschem Tempo wird häufig nur noch die Eins jeden T. als Schlagwert empfunden (und auch dirigiert). Mehrere T. können dann zu übergeordneten metr. Einheiten zusammengefaßt sein (↑Metrum). Umgekehrt werden in sehr langsamem Tempo die Zählschläge oft noch unterteilt. Unregelmäßige Bildungen wie Fünfer- oder Siebenertakte bestehen meist aus einer Kombination ungerader und gerader T.; sie kommen in klass. romant. Musik selten vor, sind jedoch seit dem Ende des 19. Jh. aus der Volksmusik v. a. des slaw. Raums zunehmend in die Kunstmusik gelangt. Die Notierung fremdartiger Rhythmen führt dabei vielfach zu einer Sprengung des herkömml. T.begriffs (z. B. $\frac{4+2+3}{8}$ „Alla bulgarese" in B. Bartóks 5. Streichquartett, 1934).
Geschichte: Antike und MA kannten den T. noch nicht. In der Mensuralmusik des SpätMA und der Renaissance regelt der *Tactus* als zweiteilige Ab- und Aufbewegung der Hand die auf ihn bezogenen Mensuren. Zus. mit der Dur-Moll-Tonalität begann sich um 1600 der Akzentstufen-T. unter dem Einfluß der Betonungsrhythmik damaliger Tänze herauszubilden. Gleichzeitig kam der Begriff ↑Tempo auf. Bei den Wiener Klassikern stellt der T. einen eigenständigen Faktor der Komposition dar. Entsprechend treten Auftakt, Abtakt, Taktmotiv, achttaktige Periode mit Verkürzungen und Erweiterungen in den Vordergrund. Die romant. Musik löste sich wieder stärker von den Bindungen an den

T.; freie Akzentsetzung (H. Berlioz) und T.-wechsel häuften sich (R. Wagner). Schließl. wurde die Notierung in T. zu einer bloßen Konvention. Im 20. Jh. werden flexible Arten der Rhythmusnotierung bevorzugt, z. B. mit sorgfältiger Anpassung der T.vorzeichnung an frei wechselnde, oft prosaähnl. Bewegungsarten (A. Schönberg, A. Webern, I. Strawinski, P. Boulez) oder mit freier T.strichsetzung in traditioneller (C. Ives, O. Messiaen) und graph. Notation (K. Stockhausen).

📖 *Maier, Siegfried: Studien zur Theorie des T. in der ersten Hälfte des 18. Jh. Offenburg 1984. - Apfel, E./Dahlhaus, C.: Studien zur Theorie u. Gesch. der musikal. Rhythmik u. Metrik. Mchn. 1975. - Dahlhaus, C.: Zur Entstehung des modernen T.systems im 17. Jh. In: Arch. f. Musikwiss. 18 (1961).*

◆ kleinste formale Einheit der Lyrik (↑Vers).

◆ bei Verbrennungsmotoren ein einzelner Arbeitsgang während des Kolbenlaufs im Zylinder (z. B. Ansaugen, Verdichten, Verbrennen, Ausstoßen beim Viertakt-Ottomotor).

Takt [frz., zu lat. tactus „das Berühren, der Gefühlssinn"], Form menschl. Verhaltens: Rücksichtnahme und Feinfühligkeit gegenüber dem Mitmenschen.

Taktik [zu griech. taktikḗ (téchnē) „Kunst der Anordnung und Aufstellung"], allg. die planvollen Einzelschritte im Rahmen eines Gesamtkonzepts (Strategie); berechnendes, zweckbestimmtes Vorgehen („taktieren").

Im *militär.* Sinn die Theorie und Praxis des Einsatzes von Truppen in Gefechten (im Rahmen eines Gesamtkonzepts der *Kriegführung*, der Strategie). Dabei hat jede Truppen- bzw. Waffengattung in Angriff und Verteidigung ihre bes. T., die jedoch der T. der jeweiligen Teilstreitkraft untergeordnet bleibt. Wichtige takt. Grundsätze sind u. a. der Einsatz der angemessenen Mittel, Tarnung und Täuschung, Fähigkeit der Anpassung an veränderte Situationen, Bildung von Schwerpunkten, Vermeidung einer Zersplitterung der Kräfte, abgewogene Eigeninitiative für die Unterführer (*Auftrags-T.* im Ggs. zur *Befehls-T.*).

taktil [lat.], das Tasten, den ↑Tastsinn betreffend.

Taktionsproblem [lat./griech.], svw. ↑apollonisches Berührungsproblem.

taktische Waffen, Waffen, die - im Unterschied zu den ↑strategischen Waffen - nicht zur Zerstörung der gegner. [Kriegs]wirtschaft und Infrastruktur bestimmt sind, jedoch auch strateg. eingesetzt werden können (im dichtbesiedelten Europa zwangsläufig). In der atomaren Kriegführung Bez. für 1. nukleare Sprengköpfe unter einer bestimmten Größe (meist 1 Megatonne TNT); 2. Trägersysteme, die mit geringer Reichweite (Kurz- und Mittelstreckenraketen) Nuklearköpfe auf das Gefechtsfeld tragen.

Taktizität [griech.], die Regelmäßigkeit der räuml. Anordnung der Seitenketten bei Polymeren. - ↑auch Polymere.

Taktmesser ↑Metronom.

Taktstrich ↑Takt.

Tal, Josef, urspr. J. Gruenthal, * Pinne (bei Posen) 18. Sept. 1910, israel. Komponist und Pianist. - Ab 1965 Leiter der Abteilung für Musikwiss. und des Inst. für elektron. Musik an der Hebrew University in Jerusalem. Komponierte Werke aller Gattungen, teilweise unter Verwendung elektron. Mittel.

T., Michail Nechemjewitsch [russ. talj] (auch M. Thal), * Riga 9. Nov. 1936, sowjet. Schachspieler. - Weltmeister 1960/61; verbindet ideenreiches Angriffs- mit sicherem Kombinationsspiel.

Tal, langgestreckte, offene Hohlform der Erdoberfläche mit i. d. R. gleichsinnigem Gefälle in der Längsachse, geschaffen von einem fließenden Gewässer. Die T.hänge können von Terrassen begleitet sein; der T.boden wird im Überschwemmungsbereich auch Aue genannt. Man unterscheidet: 1. nach dem *Querschnitt:* ↑Klamm, ↑Schlucht bzw. ↑Cañon, *Kerbtal* oder V-Tal (mit V-förmigem Querschnitt, geradlinigen bis konvexen Hängen, engem T.boden), *Muldental* mit breitem, ohne deutl. Grenze in die flachen T.hänge übergehendem T.boden. Durch Aufschüttung oder Seitenerosion entsteht ein *Sohlen-* oder *Kastental* mit sehr breitem T.boden und scharfem Knick am Fuß der T.hänge. Eine Sonderform ist das glazial überformte *Trogtal* (U-Tal); 2. nach dem *Grundriß:* gestreckte Täler mit geradlinigem Verlauf im Ggs. zu gewundenen Tälern; 3. nach dem *Längsprofil:* Dieses entwickelt sich mit gleichmäßigem Gefälle oder getreppt und gestuft (der Lauf wird von Wasserfällen oder Stromschnellen unterbrochen); 4. nach der *geolog.-tekton. Struktur: Längstäler* folgen den Achsen geolog. Mulden oder Sättel, *Quertäler* queren diese; 5. nach der *Entwicklungsgeschichte:* Gebirge querende *Durchbruchstäler* (↑auch antezendentes Tal); 6. nach der *Wasserführung:* regelmäßig Wasser führende Täler und *Trockentäler.*

Talaing, Volk in Hinterindien, ↑Mon.

Talakmau, tätiger Vulkan auf Sumatra, 2912 m hoch.

Talamanca, Cordillera de [span. kɔrði'jera ðe tala'maŋka], höchstes Gebirge Costa Ricas, Wasserscheide zw. Pazifik und Atlantik, bis 3920 m hoch.

Talar [italien., zu lat. talaris (vestis) „knöchellanges Gewand" (zu talus „Fußknöchel")], knöchellanges, weites Amtskleid von Geistlichen, Gerichtspersonen und von Hochschullehrern.

Talas, sowjet. Gebiet im NW der Kirgis. SSR, 19600 km², 268000 E (1985), Hauptstadt T. (18000 E).

Talat Pascha, Mehmet, * Edirne 1874, † Berlin 15. März 1921 (ermordet), osman. Politiker. - Einer der Führer der Jungtürken;

ab 1909 meist Innenmin., 1917/18 Großwesir; maßgebl. an der Vertreibung der Armenier beteiligt; floh im Nov. 1918 nach Deutschland, wo er dem Attentat eines Armeniers erlag.

Talaudinseln, indones. Inselgruppe nw. von Halmahera, 1282 km². Größte Insel ist **Karakelong** (980 km², bis 680 m hoch; an der W-Küste der Hauptort *Beo*).

Talavera de la Reina [span. tala'βera ðe la 'rrεi̯na], span. Stadt in Estremadura, am Tajo, 371 m ü. d. M., 56000 E. Mittelpunkt eines Bewässerungsfeldbaugebiets. - In der Antike **Ebura;** 1085 durch König Alfons VI. von Kastilien endgültig den Arabern entrissen. - Stiftskirche Santa María (13. Jh.); röm. und ma. Stadttore, Brücke (15. Jh.) mit 35 Bögen.

Talayots [katalan. tələ'jɔts; arab.], Steinbauten auf den Balearen, entsprechen den ↑Nuraghen.

Talbot [engl. 'tɔːlbət], engl. Adelsfamilie, ↑Shrewsbury (Adelstitel).

Talbot, William Henry Fox [engl. 'tɔːlbət], * Melbury House (Dorset) 11. Febr. 1800, † Lacock Abbey (Wiltshire) 17. Sept. 1877, brit. Physiker und Chemiker. - Einer der Erfinder der Photographie; befaßte sich mit Photochemie und Optik und entwickelte ab 1834 das erste photograph. Negativ-Positiv-Verfahren (**Talbotypie**), das er 1839 unter der Bez. *Calotypie* bekanntgab und das erstmals die Vervielfältigung photograph. Bilder erlaubte. Außerdem befaßte sich T. als einer der ersten mit der Entzifferung der babylon.-assyr. Keilschrift.

Talboys, Brian Edward [engl. 'tɔːlbɔɪz], * Wanganui 7. Juni 1921, neuseeländ. Politiker. - Seit 1957 Parlamentsabg. (National Party); 1962–69 Landw.-, 1969–72 Erziehungs- (1964–72 zugleich Wiss.-), seit 1975 Außenmin., stellv. Premiermin., Min. für Überseehandel (1975–77 zugleich Entwicklungsmin.).

Talca, Regionshauptstadt in Z-Chile, 126200 E. Kath. Bischofssitz; Metall-, Leder-, Nahrungsmittel- u. a. Ind.; bed. Weinbau; Verkehrsknotenpunkt. Gegr. 1692; nach Zerstörung durch Erdbeben 1928 modern wiederaufgebaut. - Hier wurde 1818 die Unabhängigkeit Chiles proklamiert.

Talcahuano [span. talka'u̯ano], chilen. Hafenstadt an der Bahía de Concepción, 202700 E. Fischfang und -verarbeitung; Trockendocks; Marinebasis. Unmittelbar westl. von T. das Stahlwerk **Huachipato,** eines der bedeutendsten S-Amerikas.

Taldy-Kurgan [russ. tal'dɨkur'gan], sowjet. Geb.hauptstadt im SO der Kasach. SSR, 106000 E. PH; Akkumulatoren-, Obstkonserven-, Bekleidungs-, Schuh-, Möbelfabrik, Baustoffindustrie. - Seit 1944 Stadt.

Talent [zu griech. tálanton, eigtl. „die Waage, das Gewogene"], antike Gewichtseinheit, bei Homer eine kleine Goldmenge, sonst 39–20 kg schwere Metallbarren, im Alten Orient in 60 Minen zu je 60 oder 50 Schekel unterteilt, in Kreta und Athen zunächst in 30, dann wie im übrigen Hellas in 60 Minen zu je 100 Drachmen, in Sizilien zu 240 Litren; als Recheneinheit auch im Münzwesen verwendet.

Talent [zu mittellat. talentum „Gabe, Begabung" (als von Gott anvertrautes Gut) von lat. talentum „eine bestimmte Geldsumme" (↑Talent)], 1. Anlage zu überdurchschnittl. geistigen oder körperl. Fähigkeiten auf einem bestimmten Gebiet, besondere Begabung; 2. jemand, der auf einem bestimmten Gebiet über eine bes. Begabung verfügt.

Taler, Bez. für zahlr. Silbermünzen und Rechnungswerte. Vorläufer entstanden 1486 in Tirol, um den Gegenwert eines rhein. Goldguldens in Silber darzustellen (**Guldiner** oder **Guldengroschen**). Setzte sich durch, seit Sachsen 1500 die Prägung von „Guldengroschen" = „1 Gulden meißn." = 21 Groschen aufnahm, ab 1520 von den böhm. Grafen Schlik gestützt (**Joachimstaler** [Guldengroschen], der 1518–28 in Sankt Joachimsthal [= Jáchymov] in so großer Zahl geprägt wurde, daß er für Einbürgerung und Benennung des T. entscheidend wurde). Seit 1524 trennten sich schrittweise Silbergulden (↑Gulden; = 60 Kreuzer bzw. 21 „Groschen meißn.") und T. (seit 1534 = 24 Groschen), so daß „T." zum höheren Wertbegriff wurde. 1566 wurde der zunächst bekämpfte T. förml. anerkannt und es kam zur Spaltung in sog. *Guldenländer* (Österreich, Süddeutschland) und *T.länder* (Mitteldeutschland und große Teile Nord- sowie Westdeutschlands); daneben stand noch das *Markgebiet* lüb. Währung, die jedoch die Überschichtung durch den seit 1566 sog. **Reichstaler** (1572 = 2 Mark, 1624 = 3 Mark) hinnehmen mußte. Als Zahlwert galt der T. in allen 3 Währungsgebieten, bürgerte sich als Handelsmünze auch im Ausland weithin ein und wurde schon im 16. Jh. vielfach nachgeahmt, so daß „T." ungenau auch beliebige, große Silbermünzen bezeichnen konnte. *Mehrfach-T.* blieben Ausnahmen; *Doppel-T.* wurden seit 1838 Vereinsmünze im Dt. Zollverein. Die letzten T. wurden in Deutschland 1871 geprägt und 1908 außer Kurs gesetzt. Auswärtige Nachahmungen waren z. B. Albertustaler, Crown, Dollar, Écu, Peso, Piaster, Rubel, Scudo, Yuan.

Talew, Dimitar, * Prilep (Makedonien) 14. Sept. 1898, † Sofia 20. Okt. 1966, bulgar. Schriftsteller. - Seine Erzählungen und Romane schildern meist die Zeit der makedon. Freiheitskämpfe, u. a. der Romanzyklus „Der eiserne Leuchter" (1952), „Der Eliastag" (1953), „Die Glocken von Prespa" (1954); ferner „Der Mönch von Chilendar" (R., 1962).

Talfahrt, in der Flußschiffahrt Bez. für die Fahrt stromabwärts („zu Tal"). - Ggs. Bergfahrt.

Talg, (Hauttalg) ↑Talgdrüsen.
◆ (Unschlitt) körnig-feste, gelbl. Fettmasse, die aus inneren Fettgeweben von Rindern, Schafen u. a. Wiederkäuern ausgeschmolzen und als Speisefett sowie auch zur Herstellung von Seifen, Kerzen, Lederfettungsmitteln u. a. verwendet wird. - In der Pharmazie wird T. als *Sebum* bezeichnet und v. a. zur Herstellung von Salben verwendet.

Talgdrüsen (Glandulae sebaceae), neben den Schweißdrüsen auf dem Körper weit verbreitete, mehrschichtige Hautdrüsen der Säugetiere (einschl. Mensch); holokrine, azinöse ↑Drüsen, die zumindest urspr. immer den Haarbälgen der Haare (als *Haarbalgdrüsen*) zugeordnet sind. Das talgige, v. a. aus Neutralfetten, freien Fettsäuren und zerfallenden Zellen sich zusammensetzende Sekret (*Hauttalg*, Sebum cutaneum) dient zum Geschmeidighalten der Haut und der Haare. Mit Ausnahme der *freien T.* (beim Menschen in der Lippenhaut, an den Nasenflügeln, im Warzenhof der Brustwarzen, am After sowie die T., die das ↑Smegma produzieren, und die ↑Meibom-Drüsen an den Augenlidern) münden die T. in den oberen Haarbalgabschnitt der Haare. Soweit keine freien T. ausgebildet sind, fehlen daher die T. an den haarfreien Körperstellen, wie z. B. an den Handflächen und Fußsohlen. Bei den freien T. können die Ausmündungen als *Poren* trichterförmig eingezogen sein. Ein Verschluß der Mündungsöffnung führt zu einer Sekretstauung in Form von Mitessern.

Talgfluß, svw. ↑Seborrhö.

Talgletscher ↑Gletscher.

Taliabu, größte der Sulainseln, Indonesien, 110 km lang, bis 40 km breit, bis 1 649 m hoch.

Taliesin [engl. tɑːlɪˈɛsɪn], walis. Barde des 6. Jh. - „*The book of T.*", eine um 1275 entstandene Handschrift, enthält zahlr. T. zugeschriebene Preisgedichte, Elegien und religiöse Dichtungen.

Talisch ↑Orientteppiche (Übersicht).

Talisman [roman., zu arab. tilasm „Zauberbild"], religionswiss. Begriff zur Bez. der Funktion des Glücksbringers bzw. des Glücksbringers selbst. Der T. war in der Spätantike weit verbreitet. Nach Mitteleuropa gelangte er im 13. Jh. über Spanien, wo er durch die Araber bekannt geworden war. Als T. gelten verschiedenartige Gegenstände, die vornehml. am menschl. Körper getragen werden.

Talje [niederl.], flaschenzugartiger Teil einer Takelage oder eines Ladegeschirrs, bestehend aus einem Seil bzw. einer Kette, die durch einen oder mehrere Blöcke (Gehäuse mit drehbaren Seilscheiben) laufen. Schwere T. mit mehr als 3 Seilscheiben heißen Gien oder Takel.

Talk [arab.], Mineral von weißer, gelbl. oder grünl. Farbe, auch farblos. Meist blätterige, schalige oder stengelige Aggregate; Schichtsilikat. Chem. Zusammensetzung $Mg_3[(OH)_2|Si_4O_{10}]$; Mohshärte 1; Dichte 2,7–2,8 g/cm^3. T. fühlt sich fettig an und ist infolge sehr guter Spaltbarkeit nach den Basisflächen fein pulverisierbar (**Talkum**). Rohstoff u. a. für Puder, feuerfeste Geräte, Füllstoff für Papier, Weißpigment, Polier- und Gleitmittel.

Tall Ahmar. Zwei Beamte (Ausschnitt; 2. Jh. v. Chr.). Wandmalerei im Palast des assyrischen Statthalters in Til Barsip. Aleppo, Nationalmuseum

Talkmaster [ˈtɔːkmɑːstə; engl.] ↑Show.

Talkose [arab.], Staublungenerkrankung (↑Staublunge) durch langdauerndes Einatmen von Talkstaub.

Talk-Show [engl. ˈtɔːkʃoʊ] ↑Show.

Talkum [arab.] ↑Talk.

Tall, arab. Bez. für [künstl.] Hügel (v. a. in Ortsnamen).

Tallahassee [engl. tæləˈhæsɪ], Hauptstadt des Bundesstaates Florida, USA, nahe der S-Grenze gegen Georgia, 66 m ü. d. M., 113 600 E. Zwei Univ. (gegr. 1857 bzw. 1887); Kunst-, geolog. Museum. Verwaltungszentrum mit nur unbed. Industrie. - Gegr. 1824 als Hauptstadt von Florida, 1825 City. - State Capitol (erbaut 1839–45).

Tall Ahmar [ˈaxmar] (Tell Achmar), Ruinenhügel der altoriental. Stadt Til Barsip am östl. Euphratufer in Syrien, etwa 20 km sö. von Karkamış (Türkei); Siedlungsschichten aus dem 3./2. Jt. (Steinkammergrab), im 1. Jt. Hauptstadt des Aramäerstaats Bit Adini; Mitte des 9. Jh. von Salmanassar III. erobert; im assyr. Statthalterpalast auf der Zitadelle

Wandmalereien des 8 Jh. v. Chr.; Stelen assyr. Könige.

Tall Al Amarna ↑Amarna.

Tall Al Asmar, Ruinenhügel der altoriental. Stadt Eschnunna (Aschnunna) im Osttigrisland, nö. von Bagdad. Amerikan. Ausgrabungen 1930–36 legten einen Tempel des 3. Jt. v. Chr. (Fund von 12 Beterstatuetten) und einen Palast der altbabylon. Dyn. von Eschnunna (etwa 1960 bis 1695) frei. Die Rechtssammlung von Eschnunna (18. Jh. v. Chr.) wurde 1948/49 nahebei in einem Ruinenhügel (Tall Harmal) gefunden.

Tall Al Uhaimir ↑Kisch.

Tall Brak, Ruinenhügel in NO-Syrien, etwa 50 km südl. von Kamischlijja; brit. Ausgrabungen (1937–39) legten eine Kultanlage des frühen 3. Jt. v. Chr. (sog. Augentempel) mit zahlr. Idolen sowie eine Palastfestung mit 10 m dicker Mauer und Karawanserei frei, die Naramsin von Akkad um 2270 v. Chr. erbaut hatte und von Ur-Nammu und Schulgi aus der 3. Dyn. von Ur erneuert worden war.

Tallchief, Maria [engl. 'tɔːltʃiːf], * Fairfax (Okla.) 24. Jan. 1925, amerikan. Tänzerin. - Kreierte zahlr. Rollen in Balletten von G. Balanchine (mit dem sie 1946–52 verheiratet war), u. a. in „Feuervogel" (1948); v. a. wegen ihrer techn. Brillanz eine der gefeiertsten Ballerinen der USA.

Tallemant des Réaux, Gédéon [frz. talmãdere'o], * La Rochelle 2. Okt. 1619, † Paris 10. Nov. 1692, frz. Schriftsteller. - Seine realist. und zyn. „Geschichten" (hg. 1834/35) über Persönlichkeiten der zeitgenöss. Pariser Gesellschaft gelten als kulturhistor. Quelle.

Talleyrand (T.-Périgord) [frz. tal'rã (peri'gɔːr), talɛ'rã], altes frz. Adelsgeschlecht aus dem Seitenzweig der 1435 ausgestorbenen Grafen von Périgord. Bed. Vertreter:

T., Alexandre Angélique de, * Paris 16. Okt. 1736, † ebd. 20. Okt. 1821, kath. Theologe und Kardinal. - Onkel von Charles Maurice Hzg. von T.; 1777 Erzbischof von Reims; verfocht 1789/90 als Deputierter des Klerus in der Nat.versammlung die kirchl. Rechte; 1790–1814 emigriert (Deutschland, Großbrit.); ab 1817 Erzbischof und Kardinal von Paris.

T., Charles Maurice de, Fürst von Benevent (seit 1806), Hzg. von T.-Périgord (seit 1807), Hzg. von Dino (seit 1815), * Paris 2. Febr. 1754, † ebd. 17. Mai 1838, Staatsmann. - Bischof von Autun; reformist. Mgl. der Generalstände von 1789 und der Nat.versammlung; wegen seines Eides auf die Constitution civile du clergé (1790) seit 1791 im Kirchenbann. Wurde royalist. Umtriebe beschuldigt und nutzte 1792 eine diplomat. Mission zur Emigration (1792–96 Großbrit., USA). 1797–1807 Außenmin.; nach anfängl. bedingungsloser Unterstützung Napoleons I. unternahm T. vergebl. Versuche zur Mäßigung des Kaisers und zur Verständigung mit Großbrit. und Österreich. Nach der Niederlage Napoleons I. 1814 nahm er entscheidenden Einfluß auf die Rückkehr der Bourbonen. Dank seiner überragenden diplomat. Fähigkeiten blieb auf dem Wiener Kongreß Frankreichs Rang innerhalb Europas gewahrt. Nach der Unterbrechung durch die „Hundert Tage" war er erneut für kurze Zeit Außenmin. und Präs. des Min.rats; Widerstände v. a. auf der extremen Rechten zwangen ihn im Sept. 1815 zum Rücktritt. T. betrieb 1830 die Thronkandidatur Louis Philippes und förderte als Botschafter in London (1830–34) die frz.-brit. Zusammenarbeit, bes. bei der Entstehung des belg. Staates.

🕮 *Orieux, J.: T. Dt. Übers. Ffm. 1987. - Bernard, F. J.: T. Mchn. 1979. - Cooper, D.: T. Dt. Übers. Ffm. 1979.*

Tall Fara, Ruinenhügel von ↑Schuruppak.

Tall Hadidi, beim heutigen syr. Ort Al Hadidi gelegene Ausgrabungsstätte, am rechten Ufer des Euphrat, östl. von Aleppo. Ausgrabungen 1973–77 entdeckten eine Stadt der Bronzezeit; Zeugnisse v. a. der Zeit zw. 2300 und 1350 v. Chr.; wichtig insbes. die Tontafeln mit Keilschrift, die histor. Daten und den Namen der Stadt „Azu" lieferten.

Tall Halaf, Ruinenhügel in NO-Syrien, bei Ras Al Ain; altmesopotam. Stadt, im 1. Jt. v. Chr. assyrisch (Gusana, Gozan). Ausgrabungen 1911–13 und 1927–29 durch M. von Oppenheim. Die in ganz Mesopotamien verbreitete sog. T.-H.-Keramik (5. Jt.) ist mehrfarbig mit geometr. (Bandkeramik) und figürl. Motiven (Stierkopf oder Doppelaxt). Im 10. Jh. v. Chr. Sitz einer Aramäerdyn., im 9. Jh. assyr. Provinzhauptstadt (Palast des 9./8. Jh.).

Tallin, russ. Name der Stadt ↑Reval.

Tallinn, estn. Name der Stadt ↑Reval.

Tallis, Thomas [engl. 'tælɪs], * um 1505, † Greenwich (= London) 23. Nov. 1585, engl. Komponist, Organist und Musikverleger. - 1540 Organist und Chorist in Canterbury, 1542–85 an der königl. Kapelle in London (ab 1572 mit W. Byrd); vertonte als einer der ersten engl. Texte für den liturg. Gebrauch; daneben komponierte er v. a. lat. Kirchenmusik (Messen, Motetten, u. a. die 40stimmige Mottete „Spem in alium non habui" sowie Psalmen).

Tallit (Tallith) [hebr.], 1. viereckiges mit Quasten (↑Zizit) versehenes Tuch (Gebetsmantel), das die Juden bei religiösen Verrichtungen anlegen *(großer T.)*; 2. kleineres Tuch mit Zizit, das von orth. Juden unter der zivilen Oberkleidung getragen wird *(kleiner T.)*.

Tall Mardich, Ruinenhügel der altoriental. Stadt Ebla (Ibla) in N-Syrien, etwa 70 km sw. von Aleppo. 2400–1600 von polit. Bed.; italien. Ausgrabungen (seit 1964) fanden über Schichten seit dem 4. Jt. v. Chr. die ummauerte Unterstadt (Stadtmauer um 2300 v. Chr., 3 km), auf dem Burgberg einen großen Tempel, reliefierte Wasserbecken, im Palast ein Keilschriftarchiv (bisher etwa 16 000 Tontafeln) mit Texten in sumer. akkad. und einer altsemit. Sprache (Eblaitisch).

Tall Musa, mit 2 629 m höchste Erhebung des Antilibanon; über sie verläuft die Grenze Libanon/Syrien.

Tall Nabi Mand, Ruinenhügel von ↑Kadesch.

Tallöl [schwed./dt.], bei der Zellstoffherstellung nach dem Sulfatverfahren aus der Ablauge gewonnene hellbraune bis schwarze, unangenehm riechende, flüssige bis zähflüssige Substanz aus Harzsäuren, Fettsäuren und Kohlenwasserstoffen; T. wird zur Herstellung von Bohrölen verwendet, die (abdestillierten) Harzsäuren werden zu Lacken und Sikkativen, die Fettsäuren zu Textilhilfsmitteln verarbeitet.

Tall Ubaid (Obeid), Ruinenhügel im südl. Irak, 6 km nw. von Ur; brit. Ausgrabungen (1919–37) fanden in einem Gräberfeld des späten 5. Jt. v. Chr. erstmals die geometr. verzierte sog. *Ubaidkeramik* sowie Terrakottafiguren; Kultzentrum war der Tempel der Göttin Ninchursanga (nach 2500 v. Chr.), u. a. mit Tierfiguren und Kupferrelief des Symboltiers des Gottes von Lagasch.

Talma, François-Joseph, * Paris 15. Jan. 1763, † Paris 19. Okt. 1826, frz. Schauspieler. - Bed. Tragöde, Reformer des Bühnenkostüms und Verfechter einer natürlichen Spielweise innerhalb des Klassizismus der Comédie-Française. Als entschiedener Parteigänger der Frz. Revolution gründete T. 1791 das Théâtre de la République.

Talmi [Kurzform der nach dem frz. Erfinder Tallois ben. Kupfer-Zink-Legierung **Tal**lois-de**mi**-or] ↑Tombak.

Talmud [hebr. „Lehre"], [zusammenfassender] Name der beiden großen, zu den hl. Schriften zählenden Literaturwerke des Judentums, ↑Mischna und deren rabbin. Kommentare (Gemara); beide sind in einem langen Prozeß mündl. und schriftl. Traditionsbildung (seit der Rückkehr der Juden aus dem Babylon. Exil) entstanden. Entsprechend den beiden Zentren jüd. Gelehrsamkeit in Palästina und Babylonien entstanden ein palästin. oder Jerusalemer („Jeruschalmi"; 5. Jh. n. Chr.) und ein babylon T. („Babli"; 7. Jh. n. Chr.). - Inhaltl. unterscheidet man die beiden Gattungen ↑Halacha und ↑Haggada. Charakterist. für den Stil des T. sind die prägnante Kürze und die z. T. scharfe Dialektik, die in den Diskussionen der Lehrhäuser wurzeln. - Seit dem MA war der T. bevorzugtes Objekt antijüd. christl. Polemik (T.verbrennungen); entstellte Zitate aus dem T. und den T.kompendien werden oft im modernen Antisemitismus verwendet.

Talon [ta'lõ:; lat.-frz.], ↑Dividende.

◆ beim *Kartenspiel* der nicht ausgegebene Kartenrest; bei *Glücksspielen* der Kartenstock; beim *Dominospiel* der Kaufstein.

Talpidae [lat.], svw. ↑Maulwürfe.

Talschaft, Bez. für die Gesamtheit eines relativ isolierten und daher eigenständigen Tals (oft mit Nebentälern), v. a. in Hochgebirgen.

Talsperre, Bauwerk, das ein Tal in seiner ganzen Breite abschließt und damit einen Stauraum zur Wasserspeicherung (Stausee) schafft. Jede T. besteht aus dem eigtl. Sperrenbauwerk und den dazugehörigen Betriebsanlagen, zu denen die Betriebsauslässe oder Entnahmebauwerke, die Hochwasserentlastungsanlagen und die Grundablässe gehören. Das Sperrenbauwerk besteht aus der Staumauer oder dem Staudamm und gegebenenfalls einer Dichtungsschürze bis zur wasserundurchlässigen Schicht oder einem Dichtungsteppich auf der Beckensohle im Anschluß an die Dammdichtung. Die Höhe der T. richtet sich nach energie- und/oder wasserwirtsch. Bedürfnissen unter Berücksichtigung der Möglichkeiten der Wasserbereitstellung und der Speichermöglichkeiten.

Staumauern werden aus Bruchstein, Ziegeln, Beton und Stahlbeton gebaut. Nach der stat. Wirkung (vertikale Weiterleitung der Wasserbelastung in die Gründungssohle und horizontale Weiterleitung in die Talflanken) unterscheidet man verschiedene Typen: Die durch ihr Eigengewicht standsichere *Gewichtsstaumauer* überträgt den Wasserdruck auf die Talsohle. Bei der im Grundriß bogenförmigen *Bogengewichtsstaumauer* wirkt ein Teil der auftretenden Kräfte auf die Sohle, der restl. Kräfteanteil durch die Bogenwirkung auf die Talflanken. Die ebenfalls bogenförmigen, aber mit beträchtl. geringerer Mauerfußbreite ausgeführten *Bogenstaumauern* haben eine größere elast. Bogenwirkung und werden v. a. für hohe Sperren verwendet, wenn der Fels die zu übertragenden Kräfte sicher übernehmen kann. *Schalen-* und *Kuppelstaumauern* sind geeignet für den T.bau in Steiltälern und Schluchten, während die in einzelnen Blöcken gebauten *Pfeilerstaumauern* sich für flache Täler eignen. Unter *aufgelösten Staumauern* versteht man Pfeilerplatten-, Pfeilergewölbe-, Pfeilerschalen- und Pfeilerkuppelstaumauern. Durch diese Bauweisen ist es mögl., größere Talbreiten zu überstauen, auch wenn Stellen schlechten Baugrundes vorhanden sind.

Staudämme können im Ggs. zu Staumauern auf jedem Baugrund errichtet werden, wenn mit wirtsch. Maßnahmen in der Talsohle und den Talhängen wasserundurchlässige Schichten erreicht werden können. Baustoffe sind Erde, Kies, Geröll und Steine.

Geschichte: T. zur Wasserversorgung und Bewässerung waren in vielen alten Kulturen (Ägypten, Mesopotamien, Indien, China u. a.)

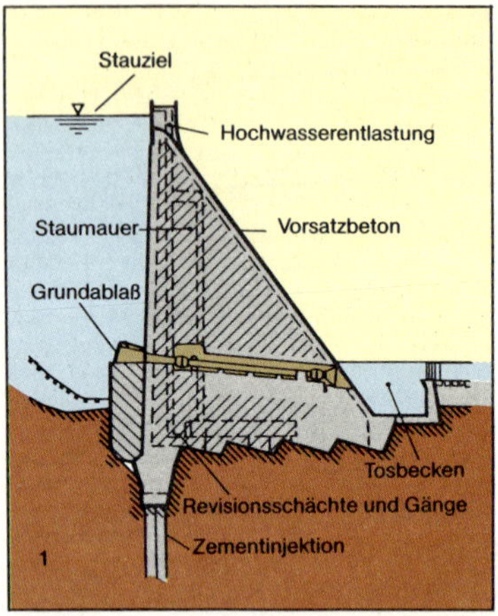

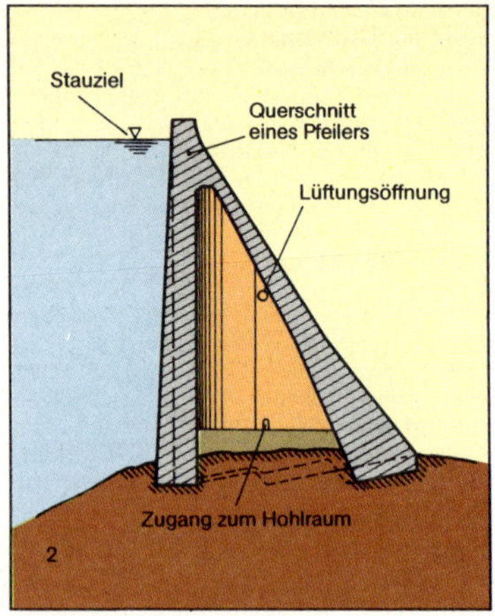

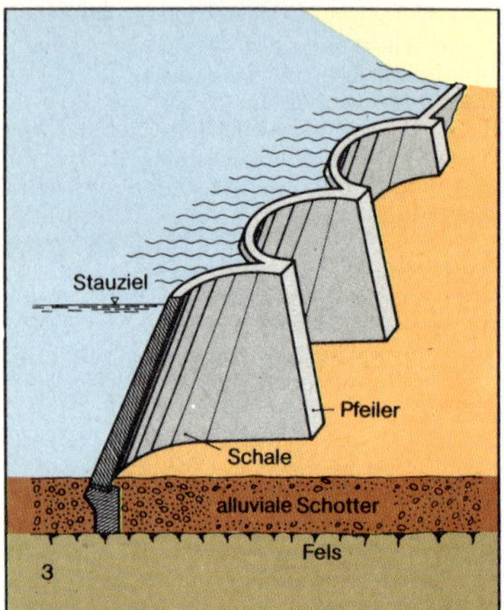

Talsperre. 1 Gewichtsstaumauer; 2 Hohlpfeilerstaumauer; 3 aufgelöste Staumauer (Pfeilerschalenstaumauer)

bekannt. Der älteste noch erhaltene Damm (etwa 6 m hoch) wurde um 1300 v. Chr. in Syrien im Orontes erbaut. Aus der Römerzeit sind die Erddämme von Proserpina (12 m Höhe) und Cornalbo (24 m Höhe, 200 m Kronenlänge) in Spanien erhalten. Byzantin. Ingenieure bauten erstmals 550 n. Chr. einen stromaufwärts konvex gekrümmten Damm bei Dara (an der heutigen türk.-syr. Grenze). In Europa wurden erst wieder in der Neuzeit T. errichtet: um 1580 in SO-Spanien die Alicante-T. (41 m Höhe), 1675 ein 36 m hoher Erddamm bei Saint-Ferréol in der Nähe von Toulouse. Nach wiss. Prinzipien entworfene T. werden seit der 2. Hälfte des 19. Jh. gebaut.

📖 *T.bau u. baul. Probleme der Pumpspeicherwerke. Vortrr. zum Symposium vom 6.–8. Dez. 1978 in München. Hamb. 1980. - Talsperren. Wasserkraft- u. Pumpspeicherwerke in der BR Deutschland. Bln. u. Mchn. 1967.*

TA Luft ↑ Luftreinhaltung.

Talvela, Martti, * Hiitola (Karelien) 4. Febr. 1935, finn. Sänger (Baß). - War 1961/62 Mgl. der Königl. Oper in Stockholm, kam dann an die Dt. Oper Berlin; singt Baßpartien v. a. aus Opern von Mozart, Verdi, Wagner und Mussorgski.

Talvio, Maila, eigtl. Maria Mikkola, geb. Winter, * Hartola 17. Okt. 1871, † Helsinki 6. Jan. 1951, finn. Schriftstellerin. - Einflußreiche Vertreterin der finn. nationalromant. Bewegung Anfang des 20. Jh.; schrieb gesellschaftskrit. und histor. Romane wie „Die Kraniche“ (1919), „Tochter der Ostsee“ (Trilogie, 1929–36).

Talwind (Talaufwind), talaufwärts gerichtete Luftströmung, die sich bei ungestörtem Strahlungswetter tagsüber im Bergland ausbildet.

Talyschgebirge [russ. ta'lɨʃ], NW–SO streichendes Gebirge an der SW-Küste des Kasp. Meeres, Iran und UdSSR, bis 2 477 m hoch.

Tamahak (Tamaschek), svw. Tuareg (↑ Berbersprachen).

Tamale, Stadt im zentralen N Ghanas, 210 m ü. d. M., 196 000 E. Verwaltungssitz der Northern Region; kath. Erzbischofssitz; Tierzuchtstation; Handelszentrum.

Taman, Halbinsel, sowjet. Halbinsel zw. Schwarzem und Asowschem Meer, durch die Straße von Kertsch von der Krim getrennt, rd. 2 000 km².

Tamanduas (Tamandua) [indian.], Gatt. baum- und bodenbewohnender, vorwiegend dämmerungs- und nachtaktiver Ameisenbären mit der einzigen Art *Tamandua* (Caguare, Tamandua tetradactyla) in Z- und S-Amerika; Länge bis knapp 60 cm, mit etwa ebensolangem Greifschwanz; Fell kurz, borstig, Färbung meist gelbl. mit überwiegend kastanienbraunem Rumpf; Schnauze stark verlängert.

Tamanrasset [frz. tamanra'sɛt] (früher Fort-Laperrine), Oasenort im Ahaggar, Algerien, 1420 m ü. d. M., 17800 E. Verwaltungssitz des Wilaja T.; Handelszentrum an der Transsaharastraße; ✈.

Tamara, aus dem Russ. übernommener weibl. Vorname (Bed. und Herkunft ungeklärt).

Tamarack (Amerikan. Lärche, Larix laricina), in N-Amerika heim., bis 20 m hoch werdende Lärchenart mit schmalkegelförmiger Krone; Nadeln zu 12–30 am Kurztrieb, 2–3 cm lang, hellgrün; Zapfen sehr klein.

Tamarinde (Tamarindus) [arab.], Gatt. der Caesalpiniengewächse mit der einzigen, vermutl. im trop. Afrika heim. Art *Tamarindus indica:* bis 25 m hoher und bis 8 m Stammumfang erreichender Baum mit paarig gefiederten, immergrünen Blättern; Blüten gelbl., rot gezeichnet, in endständigen Trauben; Früchte mit breiig-faserigem Fruchtfleisch, das zu Heilzwecken, aber auch als Nahrungsmittel Verwendung findet. Die T. wird heute als Zier- oder Nutzpflanze vielfach in den Tropen und Subtropen kultiviert.

Tamarins [indian.] (Saguinus), Gatt. gesellig lebender Krallenaffen mit rd. 15 Arten, v. a. im trop. Regenwald des Amazonastieflandes; Länge etwa 20–30 cm, Schwanz über körperlang; Färbung oft kontrastreich; Fell dicht und weich, bei manchen Arten Mähnen- oder Bartbildungen; Gesicht größtenteils unbehaart.

Tamariske (Tamarix) [lat.], Gatt. der T.gewächse mit rd. 80 Arten, verbreitet vom Mittelmeergebiet bis O-Asien und in S-Afrika; Sträucher oder Bäume mit schuppenförmigen Blättern und kleinen, rosafarbenen, in Trauben stehenden Blüten. Einige Arten werden als winterharte Ziergehölze kultiviert.

Tamariskengewächse (Tamaricaceae), Fam. der Zweikeimblättrigen mit vier Gatt. und rd. 100 Arten in M- und S-Europa, im gemäßigten Asien und in Afrika; kleine Bäume, Sträucher oder Stauden mit schuppenartigen, häufig mit Salzdrüsen versehenen Blättern; Blüten radiär, einzeln oder in Trauben stehend; v. a. in Steppen- und Wüstengebieten sowie auf salzhaltigen Böden verbreitet. Die wichtigsten Gatt. sind Tamariske und Rispelstrauch.

Tamaschek, svw. Tuareg (↑Berbersprachen).

Tamási, Aron [ungar. 'tɔmaːʃi], * Farkaslaka (= Lupeni, Kr. Harghita) 20. Sept. 1897, † Budapest 26. Mai 1966, ungar. Schriftsteller. - Erzähler und Dramatiker, dessen Stoffe aus der bäuerl. Welt der Szekler stammen, u. a. die „Abel-Trilogie" (1932–34).

Tamatave [frz. tama'taːv] ↑Toamasina.

Tamaulipas, Staat in NO-Mexiko, 79384 km², 2,06 Mill. E (1982), Hauptstadt Ciudad Victoria. Im mittleren Teil wird die von Lagunen gesäumte Küste am Golf von Mexiko von der Sierra de San Carlos, im S von der Sierra de T. (bis 1500 m hoch) überragt. In der Sierra Madre Oriental erreicht T. 4056 m ü. d. M. In der Küstenebene vollzieht sich der Übergang vom subtrop. zum trop. Klima. Die Jahresniederschläge sind gering. Durch die Bewässerungsanlagen hat die Landw. großen Umfang angenommen; bed. ist auch die Rinderzucht; Holzgewinnung ermöglichen die Kiefern-, Eichen- und Zedernbestände der Sierra Madre Oriental. Die bedeutendsten Erdgasfelder Mexikos, nahe dem Rio Grande, liegen fast ganz in T.; im S hat es Anteil an dem ergiebigsten Erdölgeb. des Landes. - Zur Zeit der span. Eroberung war der äußerste S der Küstenebene von Huaxteken besiedelt, im restl. Teil lebten v. a. nomad. Jägerstämme; planmäßige span. Kolonisierung erst seit Mitte des 18. Jh. (**Nuevo Santander**); kam 1786 zur Intendencia San Luis Potosí. Seit 1824 ist T. ein eigener Staat.

Tambour [frz. tã'buːr; pers.-arab.-frz.], frz. Bez. für alle Arten von Trommeln, z. B. *T. de basque*, svw. Schellentrommel; *T. roulant*, svw. Rührtrommel.

◆ meist zylindr. Bauteil (Trommel), auf dem die Kuppel eines Bauwerks aufsitzt. Der T. ist vielfach mit Fenstern zur besseren Belichtung des Kuppelraums ausgestattet.

Tambourin [frz. tãbu'rɛ̃; pers.-arab.], 1. seit dem 15. Jh. bekannte längl. zylindr. Trommel, die mit zwei Fellen bespannt ist; wird v. a. in der Provence zusammen mit der Einhandflöte gespielt. - 2. v. a. im 18. Jh. verbreiteter provenzal. Tanz im lebhaften $^2/_4$-Takt, der von T. und Einhandflöte begleitet wird.

Tambourmajor [...buːr...], Bataillonstrommler, noch bei der dt. Reichswehr im Range eines Portepeeunteroffiziers; heute Leiter eines [uniformierten] Spielmannszuges.

Tambow [russ. tam'bɔf], sowjet. Geb.-hauptstadt in der Oka-Don-Ebene, RSFSR, 296000 E. Hochschule für Chemieanlagenbau, PH, Gemäldegalerie, zwei Theater, Philharmonie. Bed. Maschinenbau, chem., Möbel-, Schuh-, Bekleidungs- und Nahrungsmittelind.; Hafen. - 1636 als Festung gegen die Tataren entstanden; 1796 Gouvernementsstadt.

Tamburin [zu ↑Tambour], dt. Bez. für die ↑Schellentrommel.

Tamburizza [pers.-arab.-serbokroat.] ↑Tanbur.

Tamburo [pers.-arab.-italien.], italien. Bez. für verschiedene Arten der Trommel, z.B. *T. militare*, svw. kleine Trommel, *T. rullante*, svw. Rührtrommel, *T. basco*, svw. Schellentrommel.

Tamerlan ↑Timur-Leng.

Tamerlanpforte, schmale Durchgangsstelle zw. der Turkestankette und dem Nuratau, UdSSR, 120–130 m, z.T. nur 35–40 m breit; durch die T. führt die Transkasp. Eisenbahn.

Tamil, zu den drawid. Sprachen gehörende Literatursprache (v.a. in S-Indien und Sri Lanka) mit über 2000jähriger kontinuierl. Tradition und einer eigenen Schrift; mehr als 30 Mill. Sprecher (↑Tamilen).
Die streng stilisierte **Tamilliteratur** ist die erste unter den ind. Literaturen, die unabhängig vom Vorbild des Sanskrit entstanden ist. Sie umfaßt Kunstepen, Spruchsammlungen, religiöse Dichtung, wiss. Literatur. Ab dem 18. Jh. Genres im Volksgeschmack (Hymnen, Dramen, Texte zu Balletten u.a.). Die Volkssprache wurde von Subramanya Bharati literaturfähig gemacht.

Tamilen, eine drawid. Sprache sprechendes Volk in S-Indien, Sri Lanka, O- und S-Afrika, Mauritius, Malaysia und Fidschi. Die T. gehören verschiedenen Kasten an und sind im wesentl. Hindus, nur zu geringem Teil Christen oder Muslime. In Sri Lanka streben die T. Autonomie an.

Tamil Nadu (früher Madras), Bundesstaat in S-Indien, 130357 km², 48,3 Mill. E (1981), Hauptstadt Madras. T. N. umfaßt den Siedlungsraum der Tamilen auf der O-Abdachung der südl. Dekhanhalbinsel und reicht von den Westghats über die Ostghats bis zur Koromandelküste. Das im Lee der Westghats gelegene T. N. empfängt seine Hauptniederschläge durch den NO-Monsun in den Monaten Okt. bis Dez.; Wälder gibt es fast ausschließl. auf den feuchten Westghats. Die Flußdeltas, v.a. das der Cauvery, stellen die landw. wertvollsten Flächen dar; angebaut werden Reis, Hirse, Tabak und Zuckerrohr, in der Koromandelküstenebene auch Sesam, Erdnüsse und Kokospalmen. Baumwolle wird im Inneren angebaut. In den Westghats werden Kaffee, Tee, Kautschuk und Kakao plantagenmäßig kultiviert. An Bodenschätzen werden Gold, Glimmer, Kupfererz und Gips, an der Küste Seesalz gewonnen. Die Ind. verarbeitet v.a. landw. Erzeugnisse; in der Herstellung von Tannin nimmt T. N. in Indien die erste Stelle ein. - T. N. war das Kernland der Dyn. Tschola (9.–14. Jh.); entstand in seiner heutigen Form 1956 bei der Reorganisation der Bundesstaaten, nachdem Teile des ehem. Bundesstaates Madras an die Staaten Andhra Pradesh und Mysore (= Karnataka) abgetreten worden waren.

Tamisdat-Literatur ↑Samisdat-Literatur.

Tamm, Igor Jewgenjewitsch, * Wladiwostok 8. Juli 1895, † Moskau 12. April 1971, sowjet. Physiker. - Ab 1930 Prof. für theoret. Physik in Moskau, ab 1953 Mgl. der Akad. der Wiss.; bed. Arbeiten zur Quantentheorie und ihren Anwendungen, zur Theorie der Kernkräfte und der Elementarteilchen sowie zur Plasmaphysik. 1937 lieferte T. (zus. mit J. M. Frank) die theoret. Erklärung des Tscherenkow-Effekts; erhielt 1958 (mit Frank und P. A. Tscherenkow) den Nobelpreis für Physik.

Tammann, Gustav, * Jamburg (= Kingisepp) 28. Mai 1861, † Göttingen 17. Dez. 1938, dt. Physikochemiker. - Ab 1892 Prof. in Dorpat, ab 1903 in Göttingen; befaßte sich u.a. mit der therm. Analyse intermetall. Verbindungen und Legierungen sowie mit der Hochdruckphysik. Entwickelte den nach ihm ben. *T.-Ofen*, der durch Widerstandsheizung Temperaturen bis 3000 °C erreicht.

Tammerfors ↑Tampere.

Tammus [hebr.], 10. Monat des jüd. Jahres mit 29 Tagen (Juni/Juli).

Tampa [engl. 'tæmpə], Hafenstadt an der T. Bay, Florida, USA, 275 500 E. Zwei Univ. (gegr. 1931 und 1956), College; Kunst-, städt. Museum; führender Hafen Floridas. - 823 wurde Fort Brooke errichtet; 1831 Gründung der Poststation Tampa Bay, seit 1834 Tampa.

Tampa Bay [engl. 'tæmpə 'bɛɪ], Bucht des Golfs von Mexiko an der W-Küste Floridas.

Tampen [niederl.] ↑Ende.

Tampere (schwed. Tammerfors), Stadt in SW-Finnland, 167 300 E. Luth. Bischofssitz; Univ. (gegr. 1925), TU, mehrere Museen, Theater. Textil-, Gummi-, Schuhind., Maschinenbau u.a. - 1775 von König Gustav III. von Schweden gegründet. - Dom (1902/07), Alte Kirche (1824), Rathaus (1890), Theater (1912), Kalevakirche (1966).

Tampico [span. tam'piko], mex. Stadt in der Golfküstenebene, Hafen am Río Pánuco, 10 km oberhalb seiner Mündung, 268000 E. Kath. Bischofssitz; Univ. (gegr. 1972); Zentrum eines bed. Erdölfördergebiets; chem. u.a. Ind.; bed. Fischerei. - Entstand in der Nähe des 1530 als Missionsniederlassung angelegten San Luis de T.; 1901 wurden die Erdölvorkommen bei T. erschlossen; 1933 zerstörte ein Hurrikan ⅔ der Gebäude (auch sonst mehrfach schwere Schäden durch Naturkatastrophen; 1955 durch Überflutungen 6000 Tote).

Tampon ['tampɔn, tã'põ:; frz.], gepreßter, hochsaugfähiger Wattebausch mit Rückholband, der zur Aufnahme des Menstruationsblutes in die Scheide eingeführt wird. - ↑auch Tamponade.

Tamponade [frz.], Ausstopfung, z.B. von Wunden, Hohlorganen oder Körperhöhlen, mit *Tampons* (Watte- oder Mullbäusche) u. a. zur Blutstillung.

Tamtam [Hindi-frz.], ein aus O-Asien stammender ↑Gong mit unbestimmter Tonhöhe, der auch im europ. Orchester verwendet wird. Das T. besteht aus einer runden, leicht gewölbten Scheibe aus Bronze mit schmalem, umgebogenem Rand (Durchmesser 40–150 cm). Der Klang ist dröhnend und lang anhaltend.

Tamuín, mex. Ort am Fuß der Sierra Madre Oriental, 100 km wsw. von Tampico, rd. 5 000 E. - Nahebei archäolog. Stätte der Huaxteken. Die meist unausgegrabenen Pyramiden sind um Plätze angeordnet. Fresken (an Altären) und Steinskulpturen („huaxtek. Jüngling"). Blütezeit 1000–1250.

tan, Funktionszeichen für Tangens (↑trigonometrische Funktionen).

Tana, größter Fluß Kenias, entspringt am O-Hang der Aberdare Range, mündet in 2 Armen bei Kipini in den Ind. Ozean; rd. 800 km lang. Am Oberlauf Kraftwerke.

Tanafjord [norweg. 'ta:nafju:r], Fjord in N-Norwegen, zw. der Nordkinnhalbinsel und der Varangerhalbinsel, 65 km lang.

Tanagra ['ta:nagra, neugriech. ta'naɣra], griech. Ort in Böotien, 20 km östl. von Theben, Verwaltungsgebiet (Nomos) Böotien, 563 E. - Berühmt die *Tanagrafiguren* aus bemaltem Ton (v. a. 3. Jh. v. Chr.), v. a. Mädchenstatuetten, die in der Nekropole von T. gefunden wurden.

Tanagratheater, eine zu Beginn des 20. Jh. bekannte Form des Miniaturtheaters, bei dem die Schauspieler, die hinter der Bühne agieren, durch Spiegel mehrfach verkleinert auf einer Miniaturbühne abgebildet werden und wie Tanagrafiguren (↑Tanagra) wirken.

Tanais [...na-ɪs], Name des ↑Don im Altertum.

T. ↑Asow.

Tanaka, Kakuei, * in der Präfektur Niigata 4. Mai 1918, jap. Politiker (Liberal-Demokrat. Partei). - Ab 1947 Mgl. des Unterhauses; 1957/58 Post-, 1962–65 Finanz-, 1971/72 Handels- und Ind.min.; 1965/66 und 1968–71 Generalsekretär seiner Partei. 1972–74 Min.-präs.; 1976 wegen Bestechlichkeit angeklagt, 1983 zu 4 Jahren Haft verurteilt.

Tanana River [engl. 'tænənɔ: 'rɪvə], linker Nebenfluß des Yukon River, in Alaska, entspringt im SW des Yukon Territory, mündet nahe Fairbanks; 1 287 km lang.

Tananarivo ↑Antananarivo.

Tänaron, Kap, südlichste Landspitze der Peloponnes, S-Ende der Halbinsel Mani, Griechenland; Leuchtturm.

Tanasee, größter See Äthiopiens, im nördl. Abessin. Hochland, 1 830 m ü. d. M., 3 630 km², bis 72 m tief; vom Blauen Nil durchflossen. Im T. mehrere Klosterinseln.

Tanassi, Mario, * Ururi bei Campobasso 17. März 1916, italien. Politiker (Sozialdemokrat [PSDI]). - 1956–66, 1972 und 1975/76 Sekretär der PSDI; 1966–69 Ko-Generalsekretär der Vereinigten Sozialist. Partei (PSU), 1969–75 Präs. der PSDI; 1968/69 Ind.- und Handelsmin., 1970–74 Verteidigungs-, 1974 Finanzmin.; 1976 wegen des Verdachts der passiven Bestechung als Verteidigungsmin. im sog. Lockheedskandal unter Parlamentsanklage gestellt; im März 1979 nach Prozeß vor dem Verfassungsgericht zu 28 Monaten Haft verurteilt; im Aug. 1979 vorzeitig aus der Haft entlassen.

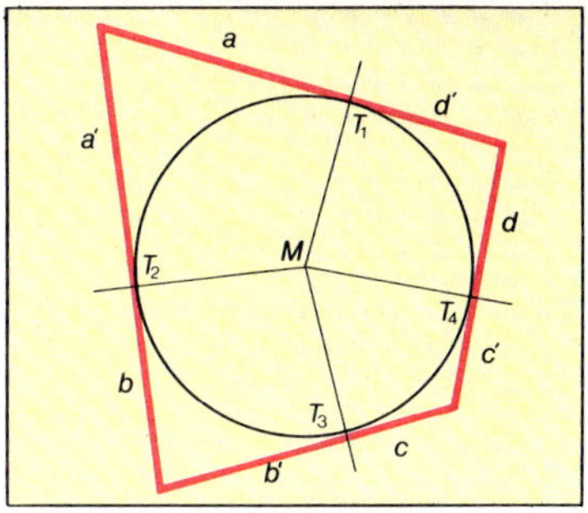

Tangentenviereck mit Berührungspunkten T_1 bis T_4 an den Kreis mit dem Mittelpunkt M (a und a', b und b', c und c' sowie d und d' sind immer streckengleich)

Tanbur ['tanbu:r, tan'bu:r; pers.-arab.] (Tambur, Tambura), oriental Langhalslaute mit kleinem, bauchigem Resonanzkörper, wenigen dünnen Metallsaiten und zahlr. Bünden. Die Wirbel sind frontal und seitl. in den Hals gesteckt. - Langhalslauten sind im Orient seit dem 2. Jt. v. Chr. bekannt. Im antiken Griechenland *(Pandura)* und Rom wurden sie als fremdländ. Instrumente angesehen. Im 13. Jh. tauchte der T. in Europa auf; als Abkömmling des T. ist seit dem 16. Jh. in Italien der *Colascione* belegt. Heute ist der T. v. a. von SO-Europa *(Tanburica, Tamburizza)* bis zum mittleren Orient, in N-Afrika und im Kaukasus verbreitet; in der ind. Musik wird er als Borduninstrument verwendet.

Tandem [engl., zu lat. tandem „endlich, zuletzt"], allg. Vorrichtungen, Geräte u. a., bei denen 2 hintereinander angeordnete *(T.anordnung)* gleiche oder ähnl. Bauteile, Antriebsvorrichtungen u. ä. vorhanden sind; i. e. S. ein Fahrrad mit 2 hintereinander angeordneten Sitzen sowie 2 Tretkurbelpaaren.

Tandemachse, nicht lenkbare Achsenanordnung bei Vierradanhängern, insbes. größeren Wohnwagen, bei der beide Achsen in kleinem Abstand symmetr. zum Wagenschwerpunkt gruppiert sind.

Tandemrennen ↑Radsport.

Tandler, Gerold Eric, * Reichenberg (ČSSR) 12. Aug. 1936, bayr. Politiker. - Mgl. der CSU seit 1956, MdL in Bayern seit 1970; Generalsekretär der CSU 1971–78; initiierte den offensiven Landtagswahlkampf der CSU 1974, der der Partei 62,3% der Stimmen einbrachte; 1978-Okt. 1982 bayr. Innenmin.; seither Fraktionsvors. im Bayr. Landtag.

Tandschur [tibet. „Übersetzung der Lehre"], neben dem ↑„Kandschur" die andere große, im 14. Jh. abgeschlossene Schriftensammlung des Lamaismus. Der größte Teil des „T." wurde aus dem Sanskrit übersetzt.

Tanega, zweitgrößte der ↑Osumiinseln.

Tanejew, Sergei Iwanowitsch [russ. ta'njejɪf], * Wladimir 25. Nov. 1856, † Djudkowo bei Swenigorod 19. Juni 1915, russ. Komponist und Pianist. - Schüler u. a. von N. G. Rubinschtein und P. I. Tschaikowski; komponierte u. a. die Operntrilogie „Oresteja" (1895; nach Aischylos), 4 Sinfonien, 9 Streichquartette, Klavierwerke, Lieder und Chormusik.

Tanezrouft [frz. tanɛ'zruft], ausgedehnte, extrem trockene Fels- und Felsschuttebene in der alger. Sahara, westl. des Ahaggar.

Tang (T'ang) [chin. taŋ], chin. Dyn., ↑chinesische Geschichte.

Tang, svw. ↑Seetang.

Tanga, tansan. Regionshauptstadt am Ind. Ozean, 103 400 E. Kath. Bischofssitz; Nahrungsmittel- und Textilind., Stahlwalzwerk, Düngemittelfabrik u. a.; Eisenbahnendpunkt; zweitwichtigster Hafen des Landes; ✈.

Tanga, Badebekleidung für Frauen, besteht aus 2 durch Bänder miteinander verbundenen schmalen Stoffdreiecken, die knapp Schamberg und Gesäßspalte der Trägerin bedecken, meist mit sehr knappem Oberteil getragen; als Dessous gibt es den ähnl. geschnittenen *T.-Slip.*

Tanganjika, Landesteil von Tansania.

Tanganjikasee, Süßwassersee im Zentralafrikan. Graben, zu Tansania, Sambia, Burundi und Zaïre, 773 m ü. d. M., etwa 660 km lang, 20–80 km breit, 34 000 km², im südl. Teil bis 1 435 m tief.

Tangaren [indian.] (Thraupinae), Unterfam. 10–25 cm langer, häufig farbenprächtiger, finkenähnl. Singvögel mit mehr als 200 Arten, verbreitet in Amerika (im N bis Kanada, im S bis Argentinien). Man unterscheidet neben den *Echten T.* (Thraupini) mit den meist recht bunten *Organisten* (z. B. **Violettblauer Organist** [Euphonia violacea]; mit Ausnahme der orangengelben Stirn und Unterseite violettblau, ♀ grünlich) u. a. den *Schwalben-T.* (Tersina viridis) und den **Türkisvogel** (Cyanerpes cyaneus, ♂ zur Brutzeit türkisfarben [Oberkopf] und blau, ♀ grün).

Tange, Kenso, * Imabari 4. Sept. 1913, jap. Architekt. - Studierte Architektur in Tokio und trat 1938 in das Atelier von K. Maekawa ein; lehrt seit 1946 Städtebau an der Universität Tokio und gilt als einer der bedeutendsten Architekten der Gegenwart. In seinen Werken sucht T. die Strukturen der traditionellen jap. Bauweise mit den Erfordernissen der modernen Gesellschaft in Einklang zu bringen. Baute die Versammlungshalle in Matsujama (1954), Rathäuser u. a. in Tokio (1952–57), Schimisu (1953/54), Imabari (1958), Kagawa-Präfektur in Takamatsu (1958), Kommunikationszentrum in Kofu (1964–1966). Internat. bekannt wurde T. durch das Friedenszentrum in Hiroschima (1949–55), die Kathedrale St. Maria in Tokio (1962–65) aus vier Paraboloiden, das Olympiastadion ebd. (1961–64) mit einem riesigen Hängedach aus Spannbeton. Als Städtebauer schloß sich T. den ↑Metabolisten an, u. a. Projekt der Erweiterung der Stadt Tokio in die Bucht. Übernahm den Wiederaufbau der durch Erdbeben zerstörten jugoslaw. Stadt Skopje (seit 1966) sowie Planung und Ausführung der Weltausstellung in Osaka (1970). - Abb. Bd. 14, S. 325.

Tangens [lat. „berührend"] ↑trigonometrische Funktionen.

Tangens hyperbolicus [lat.] ↑Hyperbelfunktionen.

Tangente [zu lat. tangens „berührend"], eine Gerade, die eine Kurve, z. B. einen Kreis, in einem Punkt berührt: Gerade und Kurve haben in diesem Punkt die gleiche Steigung.
◆ etwa spatenförmiges Metallstück, durch das mit Hilfe einer Tastatur eine Saite abgeteilt (Drehleier) oder angeschlagen (Tangentenflügel) wird bzw. beides zugleich (Klavichord).

Tangentendreieck, ein Dreieck, das von den Tangenten gebildet wird, die von den Eckpunkten eines vorgegebenen Dreiecks an dessen Umkreis gelegt werden.

Tangentenebene, svw. ↑Tangentialebene.

Tangentenvektor, der einem Punkt einer Kurve zugeordnete Vektor, der mit der Richtung der Kurve in diesem Punkt übereinstimmt; oft normiert man den T. auf die Länge 1 und spricht vom *Tangenteneinheitsvektor.*

Tangentenviereck, ein Viereck, dessen Seiten einen Kreis berühren, d. h. Tangenten an den Kreis sind; die Summe zweier gegenüberliegenden Seiten ist gleich der Summe der beiden anderen Gegenseiten. T. sind z. B. das gleichschenklige Drachenviereck, die Raute und das Quadrat. - Abb. S. 323.

tangential [lat.], eine Kurve oder gekrümmte Fläche berührend, in Richtung der Tangente verlaufend.

Tangentialbeschleunigung ↑Beschleunigung.

Tangentialebene (Tangentenebene), eine Ebene, die eine gekrümmte Fläche in einem (nicht singulären) Flächenpunkt *P* berührt.

Tangentialkraft, die in die jeweilige momentane Bewegungsrichtung eines Körpers wirkende Kraft[komponente].

Tangentialschnitt, svw. ↑Meridionalschnitt.

Tanger, marokkan. Hafenstadt an der Straße von Gibraltar, 312 200 E. Verwaltungssitz der Prov. T.; kath. Erzbischofssitz; span. polytechn. Inst., Konservatorium, Inst. Pasteur, Volkskunst- und Altertümermuseum; Schiffbau, Montagewerk für Rundfunk- und Fernsehgeräte, Fischkonserven-, Textil- u. a. Ind.; Fremdenverkehr; Freihafen; Autofähren nach Spanien und Frankr.; Eisenbahnendpunkt, ✈. - Im Altertum **Tingis;** seit dem 5. Jh. v. Chr. pun. Hafen, später Hauptstadt des Reiches von Mauretanien, ab 40 n. Chr. Hauptstadt der röm. Prov. Mauretania Tingitana. 1471–1580 portugies., dann span., 1661–84 engl.; 1912 wurde die internat. Zone T. (1923 entmilitarisiert) gebildet, die die Stadt T. und ihr Umland (Gebiet der heutigen Prov. T.) umfaßte; 1940–45 von Spanien besetzt und an die span. N-Zone angeschlossen. 1945 stellten Großbrit. und Frankr. die internat. Verwaltung unter Ausschluß Spaniens wieder her, bezogen dieses aber 1952 wieder ein; wurde nach internat. Konferenz 1956 der unbeschränkten Souveränität des marokkan. Sultans unterstellt.

Tangerhütte, Krst. in der südl. Altmark, Bez. Magdeburg, DDR, 38 m ü. d. M., 6 900 E. Eisenwerk, Holz- und chem. Industrie. - Entstand aus dem wend. Dorf *Väthen* (T. seit 1928); Stadt seit 1935.

T., Landkr. im Bez. Magdeburg, DDR.

Tangerine Dream [engl. 'tændʒərɪn 'dri:m „Mandarinentraum"], 1967 gegr. dt. Rockmusikgruppe mit wechselnder Besetzung um den Gitarristen und Keyboardspieler E. Froese (* 1944); spielten urspr. Psychedelic Rock, dann elektron. Meditationsmusik, später sog. kosm. Musik, mit der Vorgänge hörbar gemacht werden sollen, „die am Rande der wahrscheinl. Vorstellungskraft des Menschen liegen"; internat. erfolgreichste dt. Rockmusikgruppe, v. a. im Ausland als eine der weltbesten Elektronikbands eingeschätzt.

Tangerinen [nach Tanger] ↑Mandarine.

Tangermünde, Stadt an der Mündung der Tanger in die Elbe, Bez. Magdeburg, DDR, 45 m ü. d. M., 11 700 E. Museum; Süßwaren- und Konservenind., Spanplattenwerk. - Die 1009 erstmals belegte Burg war Ursprung des Ortes, der um 1200 Stadt wurde. - Reste der Burg (11. und 14. Jh.); ma. Stadtmauer (Backstein) mit Wiekhäusern, Toren und Wehrtürmen. Bed. Werke der norddt. Backsteingotik sind die Pfarrkirche Sankt Stephan und das Rathaus; zahlr. Fachwerkhäuser aus dem 17./18. Jh.

Tangfliegen (Coelopidae), Fam. 4–6 mm langer, stark beborsteter, grauer oder tief dunkelbrauner Fliegen, von denen rd. zehn Arten v. a. auf angeschwemmtem Tang an europ. Meeresküsten vorkommen.

tangieren [lat.], eine Kurve oder eine gekrümmte Fläche berühren; übertragen: berühren, betreffen, beeindrucken.

Tanglhakette, Gebirgszug im östl. Hochland von Tibet, verläuft an der Grenze Tibet/Tsinghai, bis 6 096 m hoch.

Tango [span.], aus Argentinien stammender Tanz im $^2/_4$- oder $^4/_8$-Takt, in synkopiertem Rhythmus, mit Kreuz- und Knickschritten und abruptem Stillstand. Der T. wurde etwa 1910 Gesellschaftstanz und zählt heute zu den Standardtänzen.

Tangorezeptoren [lat.], svw. ↑Tastsinnesorgane.

Tangschan (Tangshan) [chin. taŋʃan], chin. Stadt in der Prov. Hopeh, 1,29 Mill. E. Inst. für Eisenbahnbau; Ind.zentrum im Kohlenfeld Kailuan. - Am 28. Juli 1976 durch das seit 400 Jahren schwerste Erdbeben in China zerstört (vermutl. mehr als 655 000 Tote); im Juli 1977 im wesentl. wieder aufgebaut.

Tanguten, nordosttibet. Volk (Nomaden und Feldbauern) um den Koko Nor, das im 10./11. Jh. ein eigenes Reich errichtete (Hsihsia [nach chin. Quellen]), eine eigene Schrift einführte und den Verkehr zw. China und Innerasien kontrollierte.

Tanguy, Yves [frz. tã'gi], * Paris 5. Jan. 1900, † Waterbury (Conn.) 15. Jan. 1955, frz. Maler. - Begann 1924 im Kreis der frz. Surrealisten mit Gemälden in einer figürl.-phantast. Thematik; seit 1927 halluzinator. Landschaften mit imaginären Gebilden, eine eigenständige Bildwelt, die in der Spätzeit durch architekton.-konstruktive Elemente verfestigt wird. - Abb. S. 326.

T'ang Yin (Tang Yin) [chin. taŋ-ɪn], * Sütschou 1470, † ebd. 1524, chin. Maler und Dichter. - Eleganter, von zahlr. Einflüssen bestimmter Stil; bes. berühmt seine Frauendarstellungen. Seine Arbeiten gelangten in Form von Porzellan- und Lackdekorationen auch nach Europa, wo er bes. im 18. Jh. die Vorstellung von „chin. Malerei" prägte.

tanh, Funktionszeichen für Hyperbeltangens (↑Hyperbelfunktionen).

Täniase (Täniose, Taeniasis) [griech.-lat.], Bandwurmleiden; i. e. S. die Erkrankung durch Bandwürmer der Gatt. Taenia.

Tänifuga [griech.-lat.], Mittel gegen Bandwürmer.

Tanigutschi, Buson, jap. Dichter und Maler, ↑Josa, Buson.

Tanimbarinseln, Inselgruppe der S-Molukken, zw. Banda- und Arafurasee, 5 625 km², Hauptort Saumlaki auf Jamdena.

Täniose, svw. ↑Täniase.

Tanis, ägypt. Ruinenstätte im östl. Nildelta, 50 km osö. von Al Mansura. Um die Mitte des 10. Jh. v. Chr. gegr. (nach dem Zusammenbruch des ramessid. Reiches). Viele Bauteile und Statuen wurden aus der ↑Ramsesstadt geholt. Im Tempelbezirk Ausgrabungen unversehrter Bestattungen ägypt. Könige.

Tanisaki, Dschunitschiro, * Tokio 24. Ju-

Yves Tanguy, Nombres imaginaires (1954). Privatbesitz

li 1886, † Jugawara (Kanagawa) 30. Juli 1965, jap. Schriftsteller. - In seinem Werk verbinden sich lyr. Ausdruck und tiefenpsycholog. Aspekte („Die Schwestern Makiola", R., 1946–48), Grausamkeit und Sensibilität („Der Schlüssel", R., 1956), Dekadenz und das Vermögen, der klass. jap. Literatur eine sprachl. angemessene moderne Form zu geben („Tagebuch eines alten Narren", R., 1963).

Tanit ↑ Tinnit.

Tanja, aus dem Russ. übernommener weibl. Vorname, Koseform von ↑ Tatjana.

Tanjug ↑ Nachrichtenagenturen (Übersicht).

Tanjungkarang [indones. tandʒʊŋ'karaŋ] (früher Telukbetung), indones. Stadt in S-Sumatra, 284 300 E. Verwaltungssitz einer Prov.; modern ausgebauter Hafen **Panjang** (8 km sö.); Eisenbahnendpunkt.

Tank, Kurt, * Schwedenhöhe (heute zu Bromberg) 24. Febr. 1898, † München 5. Juni 1983, dt. Flugzeugkonstrukteur. - 1931–45 techn. Leiter und Chefkonstrukteur der Focke-Wulf-Flugzeugbau AG (seit 1937 GmbH) in Bremen; entwickelte u. a. das Langstreckenflugzeug F. W. 200 „Condor" sowie verschiedene Jagdflugzeuge; seine Pläne für den Düsenjäger Ta 183, die bei Kriegsende in sowjet. Hände fielen, waren Vorbild für die MiG 15; arbeitete 1947–56 in Argentinien, 1956–67 in Indien.

T., Maxim, eigtl. Jewgeni Iwanowitsch Skurko, * Pilkowschtschina bei Minsk 17. Sept. 1912, weißruss.-sowjet. Lyriker. - Sohn eines Kleinbauern; gestaltet nach früher [bildhaft-musikal.] Lyrik mit patriot.-polit. Thematik [va. a. gegen das Piłsudskiregime] und nach einer Schaffensperiode im Sinne des sozialist. Realismus (1939–56) v. a. poet.-folklorist., zur Reflexion neigende Dichtungen.

Tank [engl.], Behälter zur Aufnahme und Lagerung bzw. zum Mitführen (Treibstoff-T.) von Flüssigkeiten, Gasen oder pulverförmigen Stoffen. T.anlagen müssen (nach dem Wasserhaushaltsgesetz) so beschaffen sein, daß eine Verunreinigung der Gewässer nicht zu befürchten ist.

◆ im 1. Weltkrieg übl. Bez. (urspr. Deckname) für gepanzerte Kampfwagen (↑ Panzer).

Tanka, ind. Münzen seit dem 11. Jh. n. Chr., in Silber, Gold und Bronze.

Tanka [jap.], jap. Gedichtform; besteht aus 31 Silben, angeordnet in einer dreireihigen Oberstrophe (5, 7, 5 Silben) und einer zweireihigen Unterstrophe (je 7 Silben); entstand etwa im 8. Jahrhundert.

Tanker [engl.], svw. ↑ Tankschiff.

Tankred, männl. Vorname, normann. Form von Dankrad (zu althochdt. danc „Denken, Dank" und rat „Rat[geber]").

Tankred (Tancred), * um 1076, † Antiochia 12. Dez. 1112, süditalien. Normannenfürst. - Enkel von Robert Guiscard; beteiligte sich an der Eroberung Jerusalems am 15. Juli 1099; 1100–03 und ab 1104 Regent für seinen Onkel Bohemund I. im Ft. Antiochia und 1104–08 für den späteren Balduin II. von Jerusalem im Ft. Edessa.

Tankred (Tancred) **von Lecce** [italien. 'lettʃe], * 1130/34, † Palermo 20. Febr. 1194, König von Sizilien (seit 1189). - Enkel Rogers II. von Sizilien; 1189 von einer sizil. Partei zum König erhoben (Krönung am 18. Jan. 1190 in Palermo); verteidigte sein Kgr. erfolgreich gegen den Erbanspruch des Röm. Königs Heinrich VI., den Gatten der rechtmäßigen Erbin Konstanze.

Tankschiff (Tanker), Spezialschiff zum Transport von flüssiger Ladung. Je nach Art der Ladung, die auch über die bes. Bauweise entscheidet, unterscheidet man u. a. Rohöl-, Chemikalien- und Gastankschiff. Das Flüssighalten der Gase beim Transport in **Gastankern** geschieht durch Kühlung, Druck oder durch Kombination von niedriger Temperatur und hohem Druck; wegen der beträchtl. Beanspruchung des Materials können nur aus Sonderstählen hergestellte Tanks (bei Erdgas-T. oft riesige Kugeltanks, die über die Deckslinie herausragen) verwendet werden, die gegen den Schiffskörper gut isoliert sein müssen. Den weitaus größten Teil der T. machen die zum Transport von Erdöl bestimmten Rohöl-T. aus. Bereits der erste moderne Tankdampfer, die 1886 in Dienst gestellte „Glückauf" (Tragfähigkeit 3 000 tdw), besaß viele der für

T. auch heute charakterist. Merkmale: Mittellängsschott, Längsspanten, Querrahmen und -schotte, die den T. in viele wasserdichte Abteilungen unterteilen, Einhüllenschiff ohne Ladeluken mit Rohrleitungen und Pumpen zum be- und entladen, achtern liegende Maschine, durch Kofferdamm von Ladungsbereich abgeschottet, mittschiffs liegendes Brükkenhaus (das allerdings bei modernen T. in den Heckaufbau einbezogen ist). Außerdem sind moderne T. mit Tankwaschanlagen und Inertgasanlagen zur Verhinderung von explosiven Gasanreicherungen, Ballasttanks sowie Anlagen zur Reinigung des Wasch- und Ballastwassers ausgerüstet; sie haben mehrere Längsschotte und sollen neuerdings aus Sicherheitsgründen Doppelböden bekommen. Zw. den Weltkriegen hatten die T. meist 16000 bis 18000t Tragfähigkeit (tdw). Während der 1950er Jahre waren die damaligen „Supertanker" bereits etwa doppelt so groß. Durch die Schließung des Sueskanals und den weltweit wachsenden Erdölverbrauch wurde der Trend zum Bau größerer T. noch verstärkt. 1976 fuhren bereits 48 T. mit über 300000 tdw und vier mit mehr als 500000 tdw. Der größte bisher gebaute Tanker ist die „Seawise Giant" mit 563000 tdw.

📖 *Mostert, N.: Supertanker. Rastatt 1981.*

Tankstelle, Verkaufsstelle (vorwiegend) für Kfz.-Treibstoffe, -Schmiermittel und -Zubehör, meist mit Einrichtungen zur Durchführung von Wartungs- und Pflegearbeiten (Waschanlage u. a.) ausgestattet. Der unterird. gelagerte Kraftstoff wird durch elektr. betriebene Pumpen zu den Zapfsäulen gefördert und von dort über Durchflußmeßeinrichtungen in den Zapfschlauch gedrückt. Die Meßuhren sind mit Preisrechnern kombiniert, die für jede abgegebene Kraftstoffmenge den Preis anzeigen, z. T., insbes. an den Selbstbedienungs-T. *(SB-T.)*, auch selbsttätig die Rechnung bzw. Quittung drucken.

Tannaiten [aram.], die in Mischna und Tosefta zitierten jüd. Gesetzeslehrer bis Jehuda Ha-Nasi.

Tanne, (Abies) Gatt. der Kieferngewächse mit rd. 40 Arten in den außertrop. Gebieten, v. a. in den Gebirgen der N-Halbkugel; immergrüne, meist pyramidenförmig wachsende, bis 80 m hohe Bäume mit nadel- bis schmallinealförmigen, zerstreut oder zweizeilig stehenden Blättern, unterseits meist mit zwei weißl. Wachsstreifen, am Grund verschmälert, dann in ein kreisrundes, dem Langtrieb ansitzendes Polster verbreitert; Zapfen aufrecht, bei der Reife zerfallend, mit oft langen, schmalen Deck- und breiten, holzigen Samenschuppen; Samen einseitig geflügelt. - Wichtige Waldbäume sind u. a.: **Weißtanne** (*Edeltanne*, Silber-T., Abies alba), bis 50 m hoch und bis 500 Jahre alt werdend; Nadeln flach, 15–30 mm lang und bis 2 mm breit, an der Spitze meist eingekerbt, zweizeilig an den Kurztrieben stehend; ♀ Zapfen fast nur in der Wipfelregion, aufrecht, 10–15 cm lang; in den Gebirgen S- und M-Europas. Das Holz ist weich, gelblichweiß bis hellrötl., ohne Harzgänge, der Fichte ähnl., jedoch elast.; Verwendung für Innenausstattungen, Möbel. Die Weiß-T. wird häufig als Weihnachtsbaum verwendet. **Nordmannstanne** (Abies nordmanniana), bis 30 m hoch, mit schwärzlichgrauer Rinde und glänzenden, dichtstehenden Nadeln mit zwei weißl. Streifen auf der Unterseite; Zapfen bis 16 cm lang und stark mit Harz bedeckt; im westl. Kaukasus, heute auch in M-Europa verbreitet. **Himalajatanne** (Abies spectabilis), bis 50 m hoch, mit breiter Krone und weit abstehenden Ästen; Nadeln 2,5–5 cm lang, lederartig, steif, gescheitelt, unterseits mit zwei weißen Bändern; Zapfen 12–15 cm lang, jung violettpurpurn; im Himalaja, in Sikkim und Bhutan.

Tännel (Elatine), weltweit verbreitete Gatt. der zweikeimblättrigen Pflanzenfam. Tännelgewächse (Elatinaceae) mit zwölf Arten, davon vier in Deutschland; meist einjährige Sumpf- und Wasserpflanzen mit quirl- oder gegenständigen Blättern mit Nebenblättern und grünlich- oder rötlichweißen Blüten; Landformen nur wenige Zentimeter hoch, Wasserformen 15–50 cm lang.

Tännelkraut (Kickxia), in Europa und vom Mittelmeergebiet bis NW-Indien verbreitete Gatt. der Rachenblütler mit rd. 30 Arten. Im südl. Deutschland kommt in Getreideunkrautgesellschaften das **Echte Tännelkraut** (Kickxia elatine) vor, eine einjährige Pflanze mit dünnen, niederliegenden Stengeln und hellgelben Blüten.

Tannenbärlapp (Huperzia), Gatt. der Bärlappgewächse mit mehreren Arten; ausdauernde Pflanzen mit gabelig verzweigten Sprossen; Sporangien in der Achsel von Laubblättern, Sporophylle daher keine abgesetzte Ähre bildend. Die einzige Art in Deutschland ist **Huperzia selago** mit 5–20 cm langen, aufsteigenden bis aufrechten, stark verzweigten Sprossen; zerstreut in Nadelwäldern und alpinen Zwergstrauchheiden.

Tannenberg (poln. Stębark), Ort im westl. Masuren, Polen▾. - In der **Schlacht bei Tannenberg** am 15. Juli 1410 schlug König Wladislaw II. (Jagello) von Polen, unterstützt von russ.-tatar. Hilfstruppen, das Heer des Dt. Ordens unter Hochmeister Ulrich von Jungingen vernichtend. - Zu Beginn des 1. Weltkriegs wurde in der **Schlacht bei Tannenberg** (23.–31. Aug. 1914) die 2. russ. Armee unter A. W. Samsonow (* 1859, † 1914) von der dt. 8. Armee unter P. von Hindenburg (Stabschef war E. Ludendorff) durch eine Umfassungstaktik vernichtend geschlagen. - Das 1927 errichtete monumentale **Tannenbergdenkmal** wurde 1945 gesprengt, der dort beigesetzte Sarg P. von Hindenburgs nach Marburg gebracht.

Tannenbergbund, 1925 gegr. Dachorganisation völk. Wehr- und Jugendverbände unter der Schirmherrschaft E. Ludendorffs; seit 1927 unter dem Einfluß seiner 2. Frau Mathilde zunehmend in den Dienst des weltanschaul. Kampfes gegen die „überstaatl. Mächte“ (Freimaurerei, Jesuitismus, Judentum, Marxismus) und für „dt. Gotteserkenntnis“ gestellt; 1933 verboten. - ↑auch deutschgläubige Bewegungen.

Tannenhäher (Nucifraga), Gatt. 30–34 cm langer Rabenvögel mit zwei Arten in den Nadelwäldern großer Teile Eurasiens und N-Amerikas, darunter der auf dunkelbraunem Grund weiß gefleckte **Eurasiat. Tannenhäher** (Nußhäher, Nußknacker, Zirbelkrähe, Nucifraga caryocatactes): bes. in Gebirgen; Flügel sehr breit, schwarz; Schwanz schwarz mit weißem Endsaum; ernährt sich bevorzugt von Samen der Nadelhölzer.

Tannenläuse (Fichtenläuse, Adelgidae), Fam. sehr kleiner, ausschließl. auf Nadelbäumen lebender Blattläuse; Flügel der Sexuparae (↑Blattläuse) in Ruhe dachförmig gehalten; stets mit Wirtswechsel. Auf dem Hauptwirt (Fichte) werden von der Stammuttergeneration zapfenähnl. Gallen erzeugt, in die die Larven einwandern.

Tannenmeise ↑Meisen.

Tannenpfeil (Kiefernschwärmer, Sphinx pinastri), in Eurasien weit verbreitete, 7–8 cm spannende Art der Schwärmer; Vorderflügel aschgrau mit schwarzbrauner Zeichnung, Hinterflügel einfarbig dunkelgrau; am Tage v.a. an Nadelholzstämmen ruhend; Raupen bes. an Kiefern. Nur vereinzelt auftretend und deshalb nicht bes. schädlich.

Tannenwedel (Hippuris), Gatt. der zweikeimblättrigen Pflanzenfam. Tannenwedelgewächse (Hippuridaceae) mit der einzigen, formenreichen Art **Gemeiner Tannenwedel** (Hippuris vulgaris); mit Ausnahme S- und O-Asiens weltweit verbreitete, ausdauernde, meist halb untergetaucht lebende Wasser- oder Sumpfpflanze mit linealförmigen, in Wirteln angeordneten Blättern und sehr kleinen, achselständigen Blüten ohne Kronblätter.

Tanner, Adam (von) ['––], * Innsbruck 14. April 1572, † Unken bei Salzburg 15. Mai 1632, östr. kath. Theologe. - Jesuit; Prof. für Systematik in Wien, Prag, Ingolstadt und München; bedeutendster, auch naturwiss. gebildeter Theologe der Gegenreformation; Vorkämpfer für die Einstellung der Hexenprozesse.

T., Alain [frz. taˈnɛːr], * Genf 6. Dez. 1929, schweizer. Filmregisseur. - Mitbegründer des neuen schweizer. Films, u.a. mit „Charles tot oder lebendig“ (1969), „Der Salamander“ (1971), „Der Mittelpunkt der Welt“ (1974), „Messidor“ (1979), „Niemandsland“ (1985).

T., Väinö Alfred [finn. ˈtɑnɛr], * Helsinki 12. März 1881, † ebd. 19. April 1966, finn. Politiker. - 1919–27, 1930–45 und 1951–54 Mgl. des finn. Reichstags; 1919–26 Vors. der Sozialdemokrat. Partei, 1926/27 erster sozialdemokrat. Min.präs.; 1937–39 und 1942–44 Finanz-, 1939/40 Außen-, 1941/42 Ind.- und Handelsmin.; verfolgte im 2. Weltkrieg einen prodt. Kurs; unterzeichnete 1940 am Ende des Finn.-Sowjet. Winterkriegs den Friedensvertrag mit der Sowjetunion und setzte sich 1941 für die Wiederaufnahme des Krieges gegen die Sowjetunion auf dt. Seite ein; 1944 auf sowjet. Verlangen zu $5^1/_2$ Jahren Gefängnis verurteilt; 1957–63 erneut Parteivorsitzender.

Tannhäuser, der (mittelhochdt. Tan[n]huser), * vermutl. Tannhausen bei Neumarkt i.d. OPf. bald nach 1200, † nach 1266, mittelhochdt. Dichter. - Teilnahme am Kreuzzug 1228/29; ab 1237 am östr. Hof Herzog Friedrichs II., des Streitbaren; nach dessen Tod 1246 an verschiedenen ostdt. Höfen. Seine höf. Tanzlieder und das antiidealist. Kreuzlied sind virtuose Höhepunkte ihrer Gattung. Die betonte Sinnlichkeit seiner parodist. Minnedichtung steht in bewußtem Kontrast zur idealen „hohen Minne“. - Die **Tannhäusersage** wird im späten 14. Jh. greifbar: Der Ritter T. wird von Frau Venus in ihren Zauberberg gelockt. Von seinem Gewissen geplagt, pilgert er nach Rom, wo ihm der Papst (Urban IV.) jedoch keine Vergebung gewährt. Das Zeichen göttl. Verzeihung kommt zu spät: Als das Wunder vom grünenden Wanderstab eintritt, ist der verzweifelte T. bereits wieder in den Venusberg zurückgekehrt. Diese Sage fand Niederschlag im *T.lied* (fixiert um 1515). Neuere Stoffbehandlungen stammen u.a. von L. Tieck, H. Heine, E. Geibel, C. Brentano. R. Wagner verschmolz in seiner Oper „T. und der Sängerkrieg auf Wartburg“ die Gestalt T. mit der Heinrichs von Ofterdingen.

Tannin [frz., zu mittellat. tan(n)um „Gerberlohe“] (Gallusgerbsäure), in Holz, Rinde und Blättern zahlr. Pflanzen (z.B. ↑Quebracho) sowie in Pflanzengallen (z.B. ↑Galläpfel) enthaltene Substanz aus Gemischen von Verbindungen, in denen mehrwertige Alkohole oder Zucker (v.a. Glucose) mit Phenolcarbonsäuren (z.B. Gallussäure) verestert sind. T. denaturiert Proteine und wird in der Lederherstellung als Gerbstoff, in der Medizin als Adstringens sowie bei der Herstellung von Eisengallustinten verwendet.

Tannu-Ola, Gebirgszug im S der Tuwin. ASSR, erstreckt sich mit über 300 km Länge parallel zur Grenze gegen die Mongol. VR, bis 3061 m hoch.

Tano [engl. ˈtɑnoʊ], Sprachfamilie des Uto-Aztek-Tano-Sprachstammes. Die T. sprechenden Indianer (rd. 10000) gehören kulturell zu den Puebloindianern im Tal des Rio Grande, New Mexico, USA.

Tanreks [Malagassi] ↑Borstenigel.

Tansambahn [**Tan**sania-**Sam**bia-**Bahn**], Eisenbahnlinie in O-Afrika, zw. Daressalam in Tansania und Kapiri Mposhi in Sambia; 1857 km lang, mit 320 Brücken und 21 Tunnels; 1970–76 von der VR China erbaut, um Sambia von den Eisenbahnlinien der damals noch portugies. Gebiete Moçambique und Angola unabhängig zu machen.

Tansania

[tan'za:nia, tanza'ni:a] (amtl.: Jamhuri ya Muungano wa Tanzania; The United Republic of Tanzania), BR in O-Afrika, zw. 1° und 12° s. Br. sowie 29° 30′ und 40° 30′ ö. L. **Staatsgebiet:** T. grenzt im S an Moçambique, im SW an Malawi und Sambia, im W an Zaïre (Grenze verläuft durch den Tanganjikasee), im NW an Burundi und Rwanda, im N an Uganda (Grenze verläuft z. T. durch den Victoriasee), im NO an Kenia und im O an den Ind. Ozean. Im Ind. Ozean liegen die Inseln Sansibar und Pemba, die den weitgehend autonomen Teilstaat Sansibar bilden; Mafia Island gehört mit seinen Nebeninseln zum festländ. Tansania. **Fläche:** 945 087 km², davon Landfläche: etwa 885 150 km². **Bevölkerung:** 21,7 Mill. E (1985), 23,0 E/km². **Hauptstadt:** Dodoma (im Aufbau; zahlreiche Regierungsstellen befinden sich noch in der alten Hauptstadt Daressalam). **Verwaltungsgliederung:** 22 Regionen. **Amtssprache:** Swahili; daneben wird auch Englisch amtl. verwendet. **Nationalfeiertag:** 26. April (Tag der Vereinigung). **Währung:** Tansania-Schilling (T. Sh.) = 100 Cents (Ct). **Internationale Mitgliedschaften:** UN, OAU, GATT, Commonwealth. **Zeitzone:** MEZ + 2 Std.

Landesnatur: T. ist weitgehend ein Hochland in 1 000–2 000 m Meereshöhe, das im W vom Zentralafrikan. Graben (Tanganjikasee, Rukwasee, Njassasee) berührt wird und dem im SO eine nach S sich verbreiternde (bis 450 km) Küstenebene mit bis zu 700 m Höhe vorgelagert ist. Das Küstengebiet wird im N von den Usambara Mountains (bis 2 230 m) und im Zentrum von den Uluguru Mountains (bis 2 652 m) überragt. Am Rand der Hochebene liegen meist erloschene Vulkanmassive, unter denen das des Kilimandscharo (an der NO-Grenze) das höchste ist (im Kibo 5 895 m). **Klima:** T. hat weitgehend trop. Hochlandklima mit Temperaturen zw. 14 (mittlere Minima) und 26,5 °C; das Küstengeb. jedoch ist heiß (mittlere Temperaturen zw. 22 und 30 °C). Über 1 800 m ü. d. M. treten Nachtfröste auf; der Gipfel des Kibo ist vergletschert. Dauer und Intensität der Regenzeit hängt von der Lage zum Ind. Ozean ab. 1 500–2 000 mm Niederschlag haben die östl. Bruchränder der Hochebene und die SO-Hänge der Vulkane, 1 000–1 500 mm die Küsten-

Eurasiatischer Tannenhäher

Tansania. Wirtschaftskarte

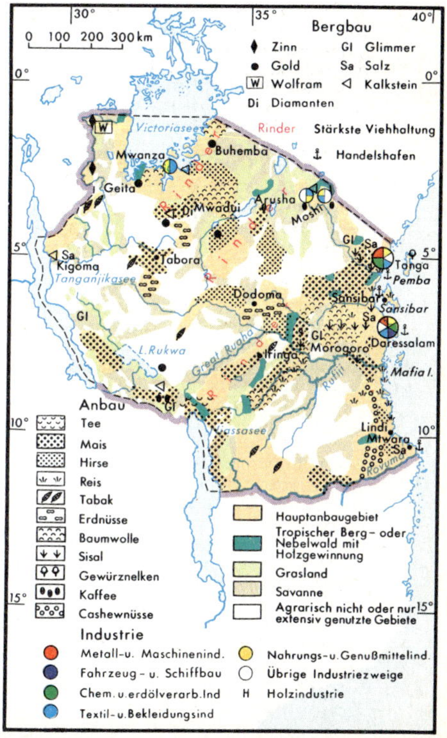

höhen, die Hochländer und die NW-Hänge der Vulkane, 500–1 000 mm die binnenländ. Plateaus und das Küstentiefland, weniger als 500 mm Niederschlag haben die zentralen Senken (z. B. die Massaisteppe).
Vegetation: Den vier Niederschlagsbereichen entsprechend reicht die Breite der Vegetationsformationen vom immergrünen Berg- und Nebelwald über die Feuchtsavanne, den Trockenwald und die Trockensavanne bis hin zur Dornstrauchsavanne.
Tierwelt: T. ist außerordentl. reich an Großwild; in den Waldgebieten leben Elefanten, schwarze Nashörner, Kaffernbüffel, Kudus, Leoparden u. a., in der offenen Savanne Gnus, Antilopen, Gazellen, Löwen, Geparde, Strauße u. a. Zu ihrem Schutz wurden mehrere große Tierreservate und Nationalparks angelegt, unter denen der Serengeti-Nationalpark (12 500 km²) der bekannteste ist.
Bevölkerung: Die Bewohner sind größtenteils Bantu, die sich in etwa 120 Stämme gliedern. Die von N her eingewanderten Niloten und Hamiten (Luo, Massai, Tussi) machen nur 5% der Bev. aus. Der Anteil der Inder, Pakistani, Araber und Europäer ist gering (insgesamt 1,7%). Von den Afrikanern sind etwa 30% Muslime und 30% Christen (davon 70% Katholiken), die übrigen sind Animisten. Die allg. Schulpflicht für Schüler im Grundschulalter soll eingeführt werden. In Daressalam besteht eine Univ., in Morogoro eine landw. Universität.
Wirtschaft: 90% der Bevölkerung sind in der Landw. tätig, die 50% des Bruttosozialproduktes erbringt. Nur etwa 17% der Landfläche sind Ackerland (in Sansibar fast die gesamte nutzbare Inselfläche). Etwa 45% des Landes werden als extensives Weideland (vorwiegend Rinderhaltung) genutzt. Wichtige Exportkulturen sind Baumwolle und Kaffee (15,3% bzw. 22,4% Exportanteil) sowie Gewürznelken und Sisal. Bes. gefördert wird der Anbau von Tee, Tabak und Pyrethrum. Die Holzwirtschaft liefert bei mengenmäßig geringem Einschlag wertvolle Hölzer, u. a. Ebenholz, Mahagoni und Sandelholz. Die Ind. ist in T. noch sehr wenig entwickelt, ihr Anteil am Bruttosozialprodukt beträgt 8%. Führend sind Nahrungsmittel- und Textilindustrie. In Tanga arbeitet seit 1970 ein Stahlwalzwerk. Wichtige Ind.standorte sind Daressalam, Tanga und Arusha. Auf dem Bergbausektor ist nur die Diamantenförderung bei Shinyanga von Bedeutung.
Außenhandel: Die wichtigsten Handelspartner sind die EG-Länder, v. a. Großbrit., die BR Deutschland und Frankreich. Es folgen Japan, Indien, Bahrain, USA, Indonesien. Exportiert werden Kaffee, Baumwolle, Gewürznelken, Sisal, Diamanten, Cashewnüsse, importiert werden u. a. Eisen und Stahl, Erdöl, Kraftfahrzeuge, Apparate, Erdölderivate, Medikamente und Papier.
Verkehr: Die Länge des Eisenbahnnetzes beträgt 3 550 km, davon entfallen 970 km auf die Tansambahn. Das Straßennetz ist rd. 45 200 km lang, davon 980 km auf Sansibar und Pemba. Hauptstraßen in Tanganjika 16 000 km, asphaltierte Straßen auf Pemba und Sansibar 580 km. Die wichtigsten Häfen sind Daressalam, Tanga und Mtwara. Internat. ✈ ist Daressalam, der von 16 ausländ. Fluggesellschaften angeflogen wird. Außerdem besteht seit 1971 der internat. ✈ Kilimandjaro Airport bei Arusha, der v. a. dem Touristenverkehr dient.
Geschichte: Die Küste von T. war seit der Antike in den ostafrikan. Fernhandel mit Arabien und Indien einbezogen (↑ auch Kenia, Geschichte). Eine beherrschende Rolle spielten dabei die vorgelagerten Inseln Sansibar, Pemba, Mafia Island und Kilwa. In der vorportugies. Zeit, d. h. bis zum Ende des 15. Jh., war Kilwa tonangebend; 1503 machten sich die Portugiesen das Sultanat Sansibar tributpflichtig, errichteten jedoch erst Ende des 16. Jh. Handelsniederlassungen. Nach der Vertreibung der Portugiesen (1698) übernahmen die Araber aus Oman von ihrem Hauptstützpunkt Sansibar aus die Führung. Sie betrieben einen lebhaften Sklaven- und Elfenbeinhandel und beherrschten von Sansibar aus weite Teile der ostafrikan. Küste. Nachdem 1840 der Sultan von Oman seinen Sitz nach Sansibar verlegt hatte, das von Oman unabhängig wurde, erreichte der Einflußbereich Sansibars um 1870 den Kongo. Von Sansibar aus drangen im 19. Jh. auch die ersten Europäer ins Festlandinnere vor. 1884 begann C. Peters mit dem Erwerb von Festlandgebieten, er erhielt 1885 für die Dt.-Ostafrikan. Gesellschaft (DOAG) einen kaiserl. Schutzbrief, der die DOAG nach brit. Muster zur Ausübung von Hoheitsrechten befugte. 1888 erwarb die DOAG vom Sultan von Sansibar den Küstenstreifen; 1891 übernahm das Dt. Reich die Verwaltung des Schutzgebiets Dt.-Ostafrika. Im Helgoland-Sansibar-Vertrag 1890 einigten sich Großbrit. und Deutschland über ihre Interessensphären in O-Afrika: Sansibar fiel als Protektorat an die Briten, die schon zuvor dessen Festlandbesitzungen im N eingenommen hatten; damit waren die N-Grenzen von Dt.-Ostafrika abgesteckt. Verträge mit Belgien und Portugal regelten die Grenzen im W und S. Im 1. Weltkrieg konnte sich die dt. Schutztruppe unter dem Kommando des Generals P. von Lettow-Vorbeck bis 1916 gegen belg.-portugies.-brit.-südafrikan. Truppen halten, dann wich sie ins benachbarte Moçambique, später nach N-Rhodesien aus, wo sie im Nov. 1918 die Kampfhandlungen einstellte. Die Sieger teilten sich das Land: Portugal erhielt einen kleinen, südl. des Rovuma gelegenen Gebietsstreifen, der Völkerbund vergab 1919/20 Ruanda-Urundi als Mandat an Belgien, der

größte Teil des vormaligen Dt.-Ostafrika, Tanganjika, wurde Großbrit. übertragen, dem auch 1946 die UN das Gebiet als Treuhandgebiet übertrugen mit der Auflage, das Land in angemessener Frist auf die Unabhängigkeit vorzubereiten. 1954 gründete J. K. Nyerere die Tanganyika African National Union (TANU) und schuf damit ein Sammelbecken für alle polit. Kräfte der Afrikaner; die TANU forderte von Großbrit. und den UN einen Zeitplan, an dessen Ende der Tag der Unabhängigkeit stehen müßte; sie gewann 1958 und 1960 die Wahlen zum Gesetzgebenden Rat, und im Sept. 1960 bildete Nyerere die erste afrikan. Regierung. Am 9. Dez. 1961 entließ Großbrit. Tanganjika in die Unabhängigkeit, zunächst als Monarchie unter der brit. Krone. Ein Jahr später erklärte sich Tanganjika zur Republik mit Nyerere als Staatspräs., blieb aber Mgl. im Commonwealth. Nachdem die Briten schon im Juni 1963 Sansibar die innere Autonomie gewährt hatten, entließen sie es am 10. Dez. 1963 als Sultanat in die Unabhängigkeit; doch schon im Jan. 1964 stürzten linksorientierte afrikan. Nationalisten den Sultan mit der herrschenden Schicht der Araber; Staatspräs. der neugebildeten VR Sansibar und Pemba wurde der Führer der afrikan. Afro-Shirazi Party (ASP), Scheich A. A. Karume (* 1906). Nur mit Hilfe brit. Truppen konnte sich eine Woche später Präs. Nyerere gegen eine Meuterei tanganjikan. Truppen behaupten. Um eine größere Stabilität zu gewährleisten, schlossen sich am 26. April 1964 Tanganjika und Sansibar unter Beibehaltung eigener Legislativ- und Exekutivorgane sowie separater Rechtssysteme zu der Vereinigten Republik von Tanganjika und Sansibar (seit Okt. 1964 T.) zusammen. Nyerere wurde Staatspräs., Karume 1. Vizepräs. (zugleich Präs. des „Revolutionsrates" von Sansibar). Die sozialist. Komponenten des 1967 verkündeten Entwicklungsprogramms für „Sozialismus und Selbstvertrauen" wurden in der Praxis nur z. T. durchgeführt. Entwicklungspolit. arbeitete T. v. a. mit westl. Ländern und Organisationen, aber auch mit der VR China zusammen. Nach der Ermordung von Vizepräs. Karume 1972 folgte ihm M. A. Jumbe (* 1920) im Amt. Die Notwendigkeit der Rücksichtnahme auf den eigenständigen polit. Kurs, den Sansibar auch nach dem Zusammenschluß von TANU und ASP im Febr. 1977 zur Einheitspartei Chama Cha Mapinduzi (Sammlungsbewegung der Revolution [Abk. CCM]) verfolgt, führt immer wieder zu Spannungen zw. beiden Landesteilen. Sansibar erhielt 1979 eine neue Verfassung. Außenpolit. spielte T. eine maßgebl. Rolle unter den afrikan. „Frontstaaten" gegen die weißen Minderheitsregime in Südafrika und Rhodesien. In der internat. Bewegung der blockfreien Staaten trat T. Versuchen entgegen, diese eng an das sowjet. Lager anzulehnen. Nachdem seit Dez. 1976 eine zunehmend stärkere Belastung der Beziehungen zw. T. und Kenia eingesetzt hatte, wobei sich beide gegenseitig beschuldigten, die East African Community (EAC) zu unterminieren, wurde im April 1977 die Grenze nach Kenia gesperrt. Im Nov. 1978 kam es nach Jahren polit. Feindschaft zu einem bewaffneten Konflikt zw. T. und dem von I. Amin Dada regierten Uganda, der im April 1979 den Sturz Amin Dadas bewirkte. T. nahm entscheidenden Einfluß auf die Bildung der neuen ugand. Reg. bis zur Wahl des von Nyerere unterstützten Kandidaten A. M. Obote (er lebte seit seinem Sturz 1971 im Exil in T.) zum ugand. Staatspräs. im Dez. 1980. Ein Putschversuch „antirevolutionärer Kräfte" auf Sansibar wurde im Juli 1980 vereitelt. Die tansan. Präsidentschaftswahlen im Okt. 1980 bestätigten Nyerere als Präs. und Jumbe als Vizepräs.; in den zugleich durchgeführten Parlamentswahlen verlor die Hälfte der bisherigen Abg. ihr Mandat. Am 27. Okt. 1985 wurde A. Hassan Mwinyi zum neuen Präs. gewählt, nachdem J. Nyerere nicht mehr kandidierte.

Politisches System: T. ist nach der Verfassung von 1977 eine föderative präsidiale Republik, die aus den beiden Landesteilen Tanganjika und Sansibar besteht. *Staatsoberhaupt* und oberster Inhaber der *Exekutive* ist der vom Volk auf 5 Jahre gewählte Staatspräs. (seit 1985 A. H. Mwinyi); Wiederwahl ist zulässig; er ist zugleich Oberbefehlshaber der Streitkräfte und Präs. der Einheitspartei, er ernennt den 1. Vizepräs. (immer der Präs. von Sansibar) und den 2. Vizepräs. (zugleich Premiermin.) sowie das Kabinett. Der Präs. besitzt ein Vetorecht bei der Gesetzgebung, das mit $^2/_3$ Mehrheit des Parlaments aufgehoben wird, und das Recht der Parlamentsauflösung. Die *Legislative* liegt beim Einkammerparlament, der Nationalversammlung, deren Legislaturperiode 5 Jahre beträgt: 111 direkt gewählte Mgl. (in Tanganjika und Sansibar); bis zu 10 vom Präs. ernannte Abg. Tanganjikas; 15 Mgl., die die Nationalversammlung auf Vorschlag verschiedener Institutionen wählt; 20 Regionalkommissare; bis zu 32 Mgl. des Revolutionsrates von Sansibar; 20 Abg. aus Sansibar, die der Staatspräs. von T. auf Vorschlag des Präs. von Sansibar ernennt.

Einzige *Partei* in T. ist die Staatspartei Chama Cha Mapinduzi (Abk. CCM) mit dem Ziel eines unabhängigen Sozialismus, 1977 gegr. als Zusammenschluß der bis dahin selbständigen Einheitsparteien Tanganjikas und Sansibars, der 1954 gegr. Tanganyika African National Union (Abk. TANU) und der 1956 gegr. Afro-Shirazi Party (Abk. ASP). Wichtigste Parteigremien sind der vom Parteitag gewählte 172köpfige Exekutivrat (National Executive Commitee, NEC) und das von diesem gewählte ZK (18 Mgl.). Einheits*ge-*

werkschaft ist seit 1978 die Union of Tanzania Workers (Abk. JUWATA) mit (1979) rd. 350 000 Mgl. *Verwaltungs*mäßig ist Tanganjika in 20 Regionen mit 96 Distrikten unterteilt, Sansibar in 5 Regionen; an ihrer Spitze stehen Regional- und Distriktkommissare. Das *Rechts*wesen folgt brit.-ind. Vorbild. Der dreistufige Gerichtsaufbau besteht aus Primary Courts, District Courts und dem High Court als höchster Instanz. In Familien- und Erbangelegenheiten gilt z. T. traditionelles Recht. Sansibar ist im Rechtswesen autonom; 1970 wurden sog. Volksgerichte mit vom Volk gewählten Richtern eingeführt. Die *Streitkräfte* sind rd. 40 350 Mann stark (Heer 38 500, Luftwaffe 1 000, Marine 850. Als paramilitär. Kräfte bestehen 1 400 Mann Police Field Force und 50 000 Mann Bürgermiliz.

📖 *Glaeser, B.: Ecodevelopment in Tanzania. Bln. 1984. - Coulson, A.: Tanzania: a political economy. London 1982. - Lohmeier, J.: Tanzania: eine polit. Ökonomie der Regionalentwicklung. Hamb. 1982. - Entwicklungsmodell T. Sozialismus in Afrika. Hg. v. W. Pfennig u. a. Ffm. 1980. - Iliffe, J.: A modern history of Tanganyika. London 1979. - Kurtz, L.: Historical dictionary of Tanzania. Metuchen (N. J.) 1978. - Meyns, P.: Nat. Unabhängigkeit und ländl. Entwicklung in der 3. Welt: das Beispiel Tanzania. Bln. ²1978. - Boesen, J., u. a.: Ujamaa - Socialism from above. Uppsala; Stockholm 1977.*

Tansanit [nach Tansania] ↑Zoisit.

Tansillo, Luigi, * Venosa (Potenza) 1510, † Teano 1. Dez. 1568, italien. Dichter. - Seine lange lebendig gebliebenen lyr. Gedichte leiteten durch ihren Manierismus zum Barock über; T. führte die Gatt. des religiösen Epos in Italien ein; großer Einfluß auf die frz. und span. Dichtung des 16. und 17. Jahrhunderts.

Tansman, Alexandre (Aleksander) [frz. tãs'man], * Łódź 12. Juni 1897, † Paris 15. Nov. 1986, frz. Komponist poln. Herkunft. - Neoklassizist. orientiert, verbindet T. poln. Folklore und Polytonalität; u. a. Opern, zahlr. Ballette, Orchesterwerke (u. a. 8 Sinfonien), Konzerte, Kammer- und Klaviermusik sowie Filmmusiken.

Tanta, ägypt. Stadt im Zentrum des Nildeltas, 283 200 E. Hauptstadt des Gouv. Al Gharbijja; Univ. (gegr. 1972); größtes Handelszentrum Unterägyptens (v. a. für Baumwolle); Wallfahrtsort.

Tantal [griech., nach Tantalus], chem. Symbol Ta; metall. Element aus der V. Nebengruppe des Periodensystems der chem. Elemente, Ordnungszahl 73, mittlere Atommasse 180,948, Dichte 16,6 g/cm³, Schmelzpunkt 2 996 °C, Siedepunkt 5 425 (± 100) °C. Das grauglänzende Schwermetall ist gegen Säuren (außer Flußsäure) sehr beständig und hat eine hohe Absorptionsfähigkeit für Wasserstoff und Stickstoff. In seinen Verbindungen tritt T. meist fünfwertig auf. In der Natur kommt T. nur gebunden und stets zus. mit Niob vor. Wegen seiner chem. Widerstandsfähigkeit wird es zur Herstellung chirurg. Instrumente und chem. Geräte, ferner für Gleichrichter und Kondensatoren sowie als Getter in der Vakuumtechnik und als Legierungsbestandteil für nichtrostende Stähle verwendet. Früher wurden auch Glühfäden für Glühlampen aus T. hergestellt. - T. wurde 1802 von A. G. Ekeberg im T.mineral Tantalit entdeckt.

Tantalit [griech., wegen des Gehalts an Tantal], schwarzes bis bräunl. Mineral der chem. Zusammensetzung (Fe,Mn) $(TaO_3)_2$; Mohshärte 6, Dichte 8,1 g/cm³.

Tantalus (Tantalos), Gestalt der griech. Mythologie. Ahnherr des frevler. Geschlechts der Tantaliden, neben Ixion und Sisyphus der berühmteste Büßer in der Unterwelt. - T. hat die Götter an seine Tafel geladen und, um ihre Allwissenheit zu prüfen, ihnen das Fleisch seines Sohnes vorgesetzt, wofür er die sprichwörtl. gewordenen ewigen Qualen erleidet: In einem See stehend, über seinem Haupt köstl. Früchte, kann er dennoch Hunger und Durst niemals stillen; Wasser und Früchte weichen bei jedem Versuch, sie zu erreichen, zurück.

Tantieme [tã..., tan...; frz. „der sovielte Teil"], Beteiligung am Gewinn, seltener am Umsatz eines Unternehmens; auch Bez. für Zahlungen an Autoren als Beteiligung am Erlös aus Aufführungen musikal. oder literar. Werke.

Tantra [Sanskrit „Gewebe, System, Lehre"] ↑Tantrismus.

Tantrismus, religiöse Strömung in Indien, die seit dem 5. Jh. großen Einfluß auf Hinduismus und Buddhismus gewann. Die in den Texten des **Tantra** niedergelegten Lehren wenden sich von der Orthodoxie des Weda ab und heben den Unterschied zw. den Kasten und den Geschlechtern auf. Die Erlösung sucht der T. auf dem Weg des Rituals mit Hilfe mag., mitunter auch orgiast. Praktiken. In den Geheimriten, in die ein göttl. Verehrung genießender Lehrer einführt, stehen die Rezitation myst. Silben („Mantra"; im **Mantrajana** galt dies als wichtiges Mittel zur Erlösung) und der Genuß der fünf mit „M" beginnenden Dinge im Mittelpunkt: *Mada* (Wein), *Matsja* (Fisch), *Mamsa* (Fleisch), *Mudra* (geröstete Körner), *Maithuna* (Geschlechtsverkehr).

Tantum ergo sacramentum [lat. „ein so großes Sakrament"], Anfangsworte der 5. Strophe des Thomas von Aquin zugeschriebenen Hymnus „*Pange, lingua, gloriosi corporis mysterium*", die zus. mit der 6. Strophe „*Genitori genitoque*" seit dem 15. Jh. in der kath. Liturgie zur Aussetzung des Allerheiligsten gesungen wird.

Tantung (Antung), chin. Stadt am Jalu, gegenüber der nordkorean. Stadt Sinuiju, etwa 400 000 E. Museum; Papier- u. a. Ind., Seidenweberei; Grenzbahnhof, Hafen.

Tanz, rhythm. geregelte Körperbewegung zu Musik- oder Geräuschbegleitung, im übertragenen Sinne auch die zum T. erklingende Musik oder deren vom T. gelöste Stilisierung in instrumentaler (Instrumental-T.) oder vokaler Form (T.lied). - Urspr. ein rein religiöser Akt, der oft auf überird. Ursprünge zurückgeführt wird. So gilt im Hinduismus der Gott Schiwa als „Tanzkönig", und Krischna vollführt mit der geliebten Gopi einen „ewigen Tanz". Nach Klemens von Alexandria tanzen im Himmel die Seligen mit den Engeln. Dante spricht von einem T. der Sonne und der Sterne, der durch die Liebe bewegt wird. Den Menschen erfüllt der T. mit göttl. Kraft, v. a. im ekstat. T. und im Masken-T., bei dem eine Identität zw. dem Tänzer und dem Getanzten (Tier, Geist oder Gott) hergestellt wird. Neben dem Opfer ist der T. wichtigster Bestandteil des Kultes. Der ind. Tempel-T. ist wesentlichste Aufgabe der Bajaderen. Im A. T. wird von Tänzen aus Dankbarkeit und Freude bei Siegesfeiern berichtet, König David tanzt beim Einholen der Bundeslade. - Der T. verleiht wichtigen Akten des menschl. Lebens eine religiöse Weihe; dabei dient er oft zugleich der Abwehr dämon. Einflüsse, z. B. bei Initiationsriten, beim Hochzeits-T. sowie bei Totentänzen. - Daneben hat der T. oft auch die Bed. einer mag. Analogiehandlung, z. B. Fruchtbarkeitstänze, die den Ertrag der Felder fördern sollen.

Kult. und gesellige Tänze gab es in Altägypten und Mesopotamien. In der griech. Antike wurden der Reigen, der Einzel-T. und der chor. T. (↑Chor) gepflegt. Der T. bildete mit Musik und Dichtung eine Einheit. Judentum und frühes Christentum kannten den sakralen T., den die Kirche im frühen MA wegen seiner Weltlichkeit ebenso ablehnte wie die in kirchl. Sicht entarteten Tänze der Spielleute, Gaukler und des Volkes. Eine ständ. T.kultur entwickelte sich im 13. Jh. an den Höfen. Ihre Formen waren der gruppenweise getanzte Reigen und der ihm oft vorangestellte Einzelpaartanz. Bereits die frühesten Aufzeichnungen von T.musik im 13./14. Jh. belegen die paarweise Verknüpfung eines geradtaktigen mit einem ungeradtaktigen T., die sich dann im Gesellschafts-T. des 15./16. Jh. in der Aufeinanderfolge von langsamem Schreit-T. (Basse danse, Passamezzo, Pavane) und schnellem, gesprungenem Nach-T. (Saltarello, Tourdion, Gaillarde) durchsetzte.

Mit der Scheidung von ↑Volkstanz und höf.-aristokrat. ↑Gesellschaftstanz seit dem 15. Jh. entwickelte letzterer eine Vielfalt von Paartänzen, so neben Pavane, Gaillarde und Passamezzo die Allemande oder den dt. T., die frz. Courante und die span. Sarabande und Chaconne. Ein beliebter Reigen war der frz. Branle. In Italien und Frankreich wirkten im 15. und 16. Jh. berühmte T.lehrer, die den Grund für die Herausbildung einer akadem. T.kunst (↑Ballett) legten. Seit dem 17. Jh. wurden v. a. die Höfe in Versailles und Wien für die Entwicklung von Ballett und Gesellschafts-T. vorbildlich. Im Gesellschafts-T. mußte der Reigen dem in Kolonnen ausgeführten Einzelpaar-T. weichen, der eine Rangabstufung der mitwirkenden T.paare gestattete. Viele der neuen Tänze entstammten dem Volks-T., so Gavotte, Bourrée, Rigaudon, Passepied und Gigue. Zum wichtigsten höf. T. wurde das ungeradtaktige Menuett. Mit dem Aufkommen der bürgerl. Musikkultur im 18. Jh. traten auch neue Tänze in den Vordergrund, so z. B. dt. T. und der Ländler, aus denen sich der Walzer entwickelte, ferner Polka, Mazurka, Rheinländer, Galopp und die Gruppentänze Polonaise, Ecossaise und Française. Weltweite Verbreitung und breite Popularität erlangte der Walzer, der noch heute als schneller Wiener Walzer und langsamer Walzer zu den Standardtänzen zählt. - Charakterist. für den Gesellschafts-T. nach 1900 ist die Vorherrschaft nord- und lateinamerikan. Tänze, das gänzl. Zurückdrängen des Gruppen-T. durch den Einzelpaar-T. und die starke Affinität von T.musik und Jazz. Neben den Standardtänzen, den lateinamerikan. Tänzen (↑Tanzsport) sowie Blues, Jive, Rock 'n' Roll, Boogie-Woogie und Beat entstand eine Vielzahl von meist kurzlebigen Tänzen, wie z. B. Onestep, Charleston, Shimmy, Black-Bottom, Bebop, Mambo, Calypso, Madison, Twist, Bossanova, Letkiss und Shake.

Im 20. Jh. trat auf dem Gebiet des Kunst-T. neben den klass. T. der **Ausdruckstanz** (auch freier T.), der als eigenständiger, von musikal. Bindungen und akadem. Positionslehre befreiter Ausdrucksträger verstanden wurde. Wegweisend wirkten hier I. Duncan, É. Jaques-Dalcroze, R. von Laban, und M. Wigman sowie deren Schüler H. Kreutzberg, G. Palucca und Y. Georgi. In Form des amerikan. Modern dance (u. a. H. Holm, R. Saint Denis, T. Shawn und M. Graham) hat der Ausdrucks-T. das moderne Ballett entscheidend geprägt.

🕮 *Schneider, Otto: T.-Lex. Mainz 1985. - Sorell, W.: Der T. als Spiegel der Zeit. Wilhelmshaven 1985. - Meidig, J.: T.-Ethnologie. Ahrensburg 1984. - Günther, H.: Jazz Dance. Wilhelmshaven [3]1983. - Otterbach, F.: Die Gesch. der europ. T.musik. Wilhelmshaven 1983. - Stüber, W.: Gesch. des Modern Dance. Wilhelmshaven 1983. - Brunner, I.: Jazztanz. Rbk. 1979. - Taubert, K. H.: Höf. Tänze. Ihre Gesch. u. Choreographie. Mainz 1968. - Petermann, K.: Gesellige Tänze u. T.spiele. T.beschreibungen. Lpz. 1968. - Prudhommeau, G.: La danse grecque antique. Paris 1966. 2 Bde.*

tanzende Derwische ↑Mewlewija.

Tanzfliegen (Empididae), mit rd. 3 000

Arten weltweit verbreitete Fam. 1–15 mm langer Fliegen; teils räuber. lebende (mit langem Rüssel), teils blütenbesuchende Insekten, deren ♂♂ in auffallenden Schwärmen bes. über Waldwegen, Gewässern oder Gebüsch tanzen.

Tanzimat [türk. tanzi:'mat „Verordnungen"], Reformgesetze im Osman. Reich, die der Zeit von 1839–76 ihren Namen gegeben haben. Das Reformedikt (1839; durch ein 2. Edikt 1856 bestätigt) sah eine Neuerung der Verwaltung, des Steuerwesens, der Gesetzgebung sowie wirtsch. Maßnahmen und den Aufbau eines staatl. Erziehungswesens nach europ. Vorbildern. Die T.politik endete mit der Verkündung der Verfassung von 1876.

Tanzlied, Gattungsbez. für lyr. oder erzählende Lieder, die im Hoch- und Spät-MA zum Tanz gesungen wurden; dazu gehören [stroph.] Refrainlieder (↑Ballade, ↑Rondeau, ↑Virelai) und auch der [nichtstroph.] ↑Leich (Tanzleich).

Tanzmaus, durch Mutation aus der ostasiat. Hausmaus (Mus musculus wagneri) hervorgegangene, meist schwarzweiß gescheckte Zuchtform, die infolge krankhafter Veränderungen im Labyrinth Zwangsbewegungen ausführt und sich dabei im Kreise dreht („tanzt").

Tanzmeistergeige, svw. ↑Pochette.

Tanzschrift, svw. ↑Choreographie.

Tanzschule ↑Tanzunterricht.

Tanzsport (Turniertanz), die wettkampfmäßig betriebene sportl.-künstler. Variante des ↑Gesellschaftstanzes. Der T. entwickelte sich Anfang des 20. Jh.; es werden Turnierklassen für Junioren und Senioren unterschieden sowie verschiedene Startklassen. Die Wertung erfolgt durch 3 bzw. 5 Wertungsrichter. Bewertet werden fünf verschiedene Gebiete: Takt und Grundrhythmus, Körperlinien, Bewegungsablauf, rhythm. Gestaltung und Fußarbeit. Zu den Turniertänzen gehören die 5 Standardtänze langsamer Walzer, Tango, Slowfox, Wiener Walzer, Quickstep und die 5 lateinamerikan. Tänze Rumba, Samba, Cha-Cha, Paso doble und Jive.

Tanzunterricht, 1. die kursförmige Unterrichtung im Gesellschaftstanz, die in privaten *Tanzschulen* stattfindet; 2. der Unterricht im Kunsttanz an Ballettschulen.

Tao ['ta:o, tau] ↑Taoismus.

Tao Chi (Dao Ji) [chin. daudzi], auch Shi Tao, *Chingkiang 1630, †Yangchow 1714 oder 1717, chin. Maler, Dichter und Gelehrter. - Mgl. der Ming-Dyn., nach deren Sturz er buddhist. Mönch wurde. Bed. Landschaftsmaler mit einem sehr eigenständigen, ernsten Stil, u.a. „Berglandschaft" (1671; Paris, Musée Guimet).

Taoismus, religiös-philosoph. Richtung in China, als deren Begründer traditionell ↑Laotse gilt. - Der philosoph. T., dem es um Harmonie zw. Mensch und Kosmos geht, baut seine Metaphysik und Ethik (zusammengestellt im Taoteking) auf den Begriffen Tao („Weg") und Te („Tugend") auf. **Tao,** die Natur, der Anfang aller Dinge, das Absolute, bringt - obschon „dauernd ohne Handeln" - das Universum, den Himmel und die Erde und diese die Dinge der Welt hervor. **Te** ist das Wirken des Tao in der Welt bei der Hervorbringung, Entfaltung und Erhaltung des Universums in vollkommener Güte. Für den Menschen bedeutet deshalb das Te des Tao die Norm für sein eth. und polit. Verhalten und Handeln. Da das Tao „ohne Handeln" ist, ist die Handlungsnorm (eth. und polit.) das Angleichen an das Nichtstun des Tao.

Taolanaro (früher Fort-Dauphin), Hafenstadt an der SO-Küste Madagaskars, 60 000 E. Kath. Bischofssitz; Sisal- und Holzverarbeitung; Glimmeraufbereitung; ✈.

Taormina, italien. Stadt über der sizilian. O-Küste, 250 m ü. d. M., 10 000 E. Fremdenverkehr; Filmfestspiele. - In der Antike **Tauromenion,** 396 v. Chr. von Sikelern gegr.; wurde durch Einwanderung von Flüchtlingen aus Naxos 358 griech., fiel nach verschiedenen Besitzwechseln um 215 an Rom; nach Verfall der Stadt gründete Kaiser Augustus wohl 21 v. Chr. die Kolonie **Tauromenium;** nach byzantin. Herrschaft ab 902 arab., ab 1079 normannisch. - Bed. griech. Theater (im 1. Jh. n. Chr. röm. erneuert); Reste eines kleinen röm. Theaters und der sog. Naumachia (Badeanlage). Got. Dom (13. und 15. Jh.) mit jüngeren Umbauten; got. ehem. Adelspaläste.

Taos [engl. taus], Stadt 90 km nnö. von Santa Fe, New Mexico, USA, 2 135 m ü. d. M., 2 500 E. Fremdenverkehr. - Um 1620 von Spaniern gegr.; kam Anfang des 20. Jh. als Künstlerkolonie in Mode. - 5 km nö. von T. liegt **Taos Pueblo,** ein autonomes Dorf von Tiwa sprechenden Puebloindianern mit stockwerkartig angelegten Lehmziegelbauten.

Taoteking (Tao-te-king) [tao..., tau...] (Daodejing), eine ↑Laotse zugeschriebene philosoph. Aphorismensammlung („Buch von Tao und Te"), die teilweise auf das 3. Jh. v. Chr. zurückgeht (↑Taoismus).

Tapa [polynes.], in Ozeanien, v. a. in Polynesien, aus dem Bast des Papiermaulbeerbaumes, gelegentl. auch des Feigen- und des Brotfruchtbaumes, hergestellter Stoff. Der abgezogene Bast wird getrocknet, gewässert und mit Schlegeln aus Eisenholz auf einer hölzernen Unterlage breitgeschlagen, schließl. an- und übereinandergeklebt und meist bemalt und ornamentiert.

Tape [engl. tɛɪp], svw. Magnetband, Tonband.

Tapet [zu griech. tápēs „Teppich, Decke"], veraltet für „Decke des Konferenztisches"; **aufs Tapet bringen,** zur Sprache bringen.

Tapete [zu ↑Tapet], Wandverkleidung

Taormina. Griechisches Theater

aus Papier, textilem Material, Kunststoff, die in Bahnen auf den Putz geklebt wird. Diese Art der Verarbeitung kam erst mit dem 19. Jh. auf, vorher (seit dem 15. Jh.) wurden die einzelnen Bahnen auf einem Rahmen und dieser an Sockel und Decke des Zimmers befestigt. Chin. T. aus Papier wurden schon im 16. Jh. eingeführt, europ. T. waren jedoch vor dem 19. Jh. aus Leder oder Stoff; Ledertapeten waren bes. teuer, Stoff-T. waren aus Seide oder Samt, billiger waren Flock- und Velour-T. (auf Leinwand aufgeklebter Wollstaub), bemalter Rupfen, importierte Kattun- und einheim. Zeugdrucke. Das 18. Jh. liebte die mit Ölfarben bemalte Wachstapete, das 19. Jh. die Gemälde imitierenden Bildtapeten, sog. Panoramatapeten. Das engl. Kunstgewerbe brachte in der 2. Hälfte des 19. Jh. eine sehr dekorative T.kunst hervor (W. Morris); geometr.-abstrakte Designes setzten sich mit dem Bauhaus durch. - Heute verwendet man v. a. farbig bedruckte oder auch geprägte Papier-T., daneben auch unter Zusatz von grobem Holzschliff oder durch Aufwalzen von Sägemehl hergestellte Papier-T. mit rauher Oberfläche (sog. *Rauhfaser-T.*), die mehrmals mit Wandfarbe übermalt werden können.

Tapetum [mittellat., zu griech. tápēs „Teppich, Decke"], in der *Zoologie:* lichtreflektierende Struktur in den Augen von Gliederfüßern und manchen Wirbeltieren.

◆ in der *Botanik:* ein ein- oder mehrschichtiges Gewebe aus plasmareichen Zellen an der Innenwand der Sporangien der Farnpflanzen bzw. der Pollensäcke der Samenpflanzen. Das T. dient der Ernährung der Sporen bzw. Pollenkörner.

Tapezierbienen [mittellat.-italien./dt.], svw. ↑Blattschneiderbienen.

Tapezierspinnen [mittellat.-italien./dt.] (Atypidae), v. a. in den Tropen und Subtropen (mit Ausnahme von S-Amerika und Australien) verbreitete, 20 Arten umfassende Fam. bis 3 cm langer Spinnen, davon drei Arten einheim.; ♀♀ zeitlebens in von Spinnfäden austapezierten Erdröhren, die sich in oberird. Fangschläuchen fortsetzen.

Tapiau (russ. Gwardeisk), Stadt in Ostpreußen, an der Deime und am Pregel, UdSSR▼, hatte 1939 9 300 E. Galanteriewaren-, Teigwarenfabrik, Fleischkombinat, Molkerei; Hafen. - Ging aus der Burg Sugurbi hervor, die im Winkel zw. Pregel und dem W-Ufer der Deime lag und 1265 an den Dt. Orden kam (1280–90 an das andere Ufer verlegt); erhielt 1722 Stadtrechte; gehört seit 1945 zur Sowjetunion. - Ehem. Burg des Dt. Ordens (erhaltene Teile meist um 1350–60); spätgot. Pfarrkirche (nach 1502, 1668 und 1694 erneuert).

Tàpies, Antoni [katalan. 'tapiəs], eigtl. A. T. Puig, * Barcelona 23. Dez. 1923, span. Maler. - Nachhaltig vom Surrealismus beeinflußt, schuf T. seit 1953 gegenstandslose Materialbilder mit reliefartigem Farbauftrag.

Tapioka [indian.] ↑Maniok.

Tapiokastrauch, svw. ↑Maniok.

Tapire (Tapiridae) [indian.], seit dem Eozän bekannte, heute nur noch mit vier Arten (Gatt. *Tapirus*) in den Wäldern SO-Asiens, M- und S-Amerikas vertretene Fam. der Unpaarhufer; primitive, fast nashorngroße Säugetiere mit zieml. plumpem, rd. 1,8–2,5 m langem, bis 1,2 m schulterhohem Körper, dessen Kopf einen kurzen Rüssel aufweist; Extremitäten stämmig, am Vorderfuß mit vier, am Hinterfuß mit drei funktionstüchtigen Zehen; ♀ setzt ein Junges mit heller, frischlingsähnl. Zeichnung. - Zu den T. gehört u. a. der **Schabrackentapir** (Tapirus indicus; Fell auffallend kurzhaarig; vorderes Körperdrittel und Hinterbeine schwarz, übriger Körper grauweiß; auf Malakka und Sumatra).

Tapisserie [griech.-frz.], Wandteppich (↑Bildteppich).

Tappa Gaura (Tepe Gawra), Ruinenhügel in Irak bei Chorsabad; amerikan. Ausgrabungen (1930–37). Lückenlose Siedlungsschichten vom späten 6. Jt. bis ins 14. Jh., u. a. Tempelfundamente bes. aus assyr. Zeit; zahlr. Stempelsiegel (3. Jt. v. Chr.) mit Tiermotiven.

Tappe Hesar [pers. tæp'pe he'sɑ:r] (Tepe Hissar), Ruinenhügel in Iran, etwa 80 km südl. der SO-Spitze des Kasp. Meers; amerikan. Ausgrabungen (1931/32) fanden Keramik aus dem 4. Jt. bis etwa 2 000; Gold- und Silbergefäße und -schmuck aus dem 3./2. Jt.; Reste eines sassanid. Palasts mit Stuckornamentik.

Tappert [zu frz. tabar(d) (mit gleicher Bed.)], Anfang des 14. bis Anfang des 16. Jh. getragener mantelartiger Überwurf; auch als Waffenrock und Bekleidung der Herolde bei Turnieren. - Abb. Bd. 9, S. 297.

Tappe Sialk [pers. tæp'pe si'ɑ:lk], Name von zwei vor- und frühgeschichtl. Ruinenhügeln 3 km sw. von Kaschan in Iran. Frz. Ausgrabungen (1933–38) fanden im nördl. **Tappe Sialk A** Stampflehmhäuser des 6. Jt. bzw. Lehmziegelbauten des 5. und 4. Jt. v. Chr.; Hausbestattungen und bemalte Keramik. Vom Anfang des 3. Jt. stammen Schrifttäfelchen (protoelam.), Rollsiegel, monochrome Keramik. **Tappe Sialk B** ist eine künstl. Terrassenanlage des frühen 1. Jt. mit abgesonderten Nekropolen. Charakterist. Beigaben sind bemalte Schnabelkannen, Zaumzeug. - Abb. S. 338.

Tapti, Fluß in Z-Indien, entspringt in der Satpura Range, mündet bei Surat in den Golf von Cambay (Arab. Meer), rd. 720 km lang.

Tar [pers.], pers.-kaukas. Langhalslaute, dem arab. Tanbur ähnlich, mit hölzernem Korpus, Decke aus Haut, breitem Hals mit bewegl. Bünden, seitenständigen Wirbeln und 5–8 Saiten, die mit einem Plektron angeschlagen werden.

Tara [italien., zu arab. tarh „Abzug (für die Verpackung)"], Gewicht der (für den Versand einer Ware benötigten) Verpackung oder die Verpackung selbst.

Tarakan, flache, z. T. versumpfte Insel vor der nördl. O-Küste Borneos, Indonesien, Hauptort T. (Erdölhafen, ✈).

Tarangire-Nationalpark [engl. tɑ:rɑ:ŋ-'gi:rɛɪ], tansan. Wildreservat in der nördl. Massaiebene, 1 360 km².

Tarant [italien.] (Swertia), Gatt. der Enziangewächse mit rd. 90 Arten, v. a. in den Gebirgen Eurasiens, Afrikas und Amerikas; ausdauernde oder einjährige aufrechte Kräuter mit grund- oder gegenständigen Blättern; Blüten blau, seltener gelb, in traubigen oder doldentraubigen Rispen. Die einzige einheim. Art ist der bis 50 cm hohe **Sumpfenzian** (Swertia perennis) mit meist schmutzig violetten Blüten; in Flachmooren und Sumpfwiesen v. a. der Gebirge Eurasiens und N-Amerikas.

Tarantella [italien.], süditalien. Volkstanz, der im schnellen 3/8- oder 6/8-Takt mit sich steigerndem Tempo zur Begleitung von Kastagnetten und Schellentrommel getanzt wird, heute v. a. als Schautanz.

Taranteln [italien., nach Taranto, dem italien. Namen von Tarent], zusammenfassende Bez. für verschiedene trop. und subtrop., z. T. giftige Arten bis 5 cm langer ↑Wolfspinnen; am bekanntesten die **Apulische Tarantel** (Tarantelspinne, Lycosa tarentula): etwa 3–4 cm lang; verbreitet im Mittelmeergebiet; hält sich tagsüber in Erdröhren auf; fängt nachts Insekten; Biß für den Menschen schmerzhaft, aber ungefährlich.

Tarantelskorpione (Tarantula), in M- und S-Amerika verbreitete Gatt. der ↑Geißelspinnen; Länge etwa bis 2 cm; erstes Beinpaar zu riesigen, fadendünnen Geißeln verlängert; Biß ungiftig.

Tarascon [frz. taras'kõ], frz. Ort an der unteren Rhone, Dep. Bouches-du-Rhône, 10 700 E. Marktzentrum für Agrarprodukte, Papier-, Kartonagenind. - Um 74 v. Chr. von Massilia (= Marseille) aus besiedelt; wurde mit der Gft. Provence 1481/86 frz. - Festungsartiges Schloß (14. und 15. Jh.); got. Kirche Sainte-Marthe (12.–15. Jh.); Rathaus (17. Jh.).

Tarasken, sprachl. isolierter Indianerstamm im mex. Staat Michoacán (etwa 45 000 T.). Die T. gründeten (nach der Sage im 15. Jh.) ein bed. Reich, das um 1520 Michoacán und Teile von Guanajuato, Jalisco und Colisma umfaßte; 1522 von den Spaniern ohne Kampf unterworfen. - Kulturell weichen die T. stark von den Azteken ab. Sie errichteten im Grundriß T-förmige Pyramiden mit rechteckigem und rundem Baukörper; hervorragende Bearbeitung von Obsidian und Bergkristall, bes. für Schmuck. Bed. Metallverarbeitung (Kupfer, Gold, Silber).

Tarasp ↑Schuls.

Tarawa [engl. tə'rɑ:wə], Atoll der Gilbertinseln, Kiribati, besteht aus 15 Inseln, zus. 23 km², Hafen, internat. ✈.

Taraxacum [arab.] ↑Löwenzahn.

Tarbagataigebirge, 300 km langer Gebirgszug in der Kasach. SSR, O-Teil an der Grenze gegen China, bis 2 992 m hoch.

Tarbeladamm, größter geschütteter Staudamm der Erde (143 Mill. m³ Fels und Erde), im Indus unterhalb des Ortes Tarbela, 50 km nw. von Islamabad, Pakistan; dient der Abflußregulierung des Induswassers, der Energiegewinnung und Bewässerung.

Tarbes [frz. tarb], frz. Stadt im Pyrenäenvorland, 51 400 E. Verwaltungssitz des Dep. Hautes-Pyrénées; kath. Bischofssitz; Ingenieurhochschule; Gerbereien, lederverarbeitende und Möbelind., Elektromaschinen-, Lokomotiv- und Raketenbau. - Das kelt. **Bigorra**

wurde nach der Eroberung durch die Römer im 1. Jh. v. Chr. **Turba** genannt. Seit dem 5. Jh. Bischofssitz (1801–22 aufgehoben). - Got. Kathedrale (13.–15. und 18. Jh.), got. Kirche Sainte-Thérèse (v. a. 15. Jh.), Garten „Jardin Massey" mit spätgot. Kreuzgang eines ehem. Klosters.

tardando [italien.], musikal. Vortragsbez.: zögernd, langsamer werdend.

Tardenoisien [frz. tardənoazi'ɛ̃:], nach Funden von La Fère-en-Tardenois (Aisne), Frankr., ben. Kulturgruppe des jüngeren Mesolithikums in M-, O- und W-Europa, die u. a. durch sog. geometr. Mikrolithe gekennzeichnet ist.

Tardieu [frz. tar'djø], frz. Kupferstecherfamilie des 17.–19. Jh. Bekannteste Vertreter:
T., Nicolas Henri, * Paris 18. Jan. 1674, † ebd. 27. Jan. 1749. - Kombinierte Kaltnadel- und Grabsticheltechnik v. a. in maler. Stichen nach Watteau.
T., Pierre Alexandre, * Paris 2. März 1756, † ebd. 3. Aug. 1844. - Hervorragender Porträtstecher; meist kleinformatige Stiche nach Vorlagen (u. a. nach Raffael).

Tardieu, André [frz. tar'djø], * Paris 22. Sept. 1876, † Menton 15. Sept. 1945, frz. Politiker. - 1914–24 und 1926–36 Abg., zunächst Radikalsozialist; gründete 1932 das Centre Républicain; als enger Mitarbeiter G. B. Clemenceaus und Verfechter eines harten Friedens an der Ausarbeitung des Versailler Vertrags beteiligt; 1926–28 Min. für öffentl. Arbeiten, 1928–30 Innen-, 1931/32 Landw.-, Jan./Febr. 1932 Kriegs-, Febr.–Mai 1932 Außenmin.; 1934 Staatsmin.; 1929/30 und 1932 zugleich Ministerpräsident.
T., Jean, Pseud. Daniel Trevoux, * Saint-Germain-de-Joux (Ain) 1. Nov. 1903, frz. Schriftsteller. - Verf. surrealist.-absurder Lyrik sowie dem absurden Theater verpflichteter Einakter; versuchte dabei, musikal. Strukturen auf das Drama zu übertragen, u. a. „Faust und Yorick" (1955), „Die Liebenden in der Untergrundbahn" (1960); „L'accent graves et l'accent aigu. Poèmes 1976–1983" (Ged., 1986).

Tardigrada [lat.], svw. † Bärtierchen.

tardo [italien.], musikal. Vortragsbez.: langsam.

Tarent, italien. Hafenstadt in Apulien, am Golf von T., 15 m ü. d. M., 244 500 E. Hauptstadt der Prov. T.; kath. Erzbischofssitz; ozeanograph. Forschungsinst., Observatorium; Museum; Staatsarchiv; Wirtschafts- und Handelszentrum des südl. Apulien, mit Werften, Hütten- und Stahlwerken, chem. Ind.; Miesmuschel- und Austernzucht; Meerwassersalinen; Marinehafen. - Das griech. **Taras** wurde von spartan. Auswanderern um 706 v. Chr. an der Stelle einer Stadt der Japyger gegr., stieg im 5. Jh. zur mächtigsten Stadt Großgriechenlands auf; höchste Blüte Ende 5. Jh./Anfang 4. Jh.; mußte sich 272 den Römern unterwerfen (**Tarentum**), wurde 123 v. Chr. röm. Kolonie (**Colonia Neptunia**); fiel nach häufigem Besitzwechsel im frühen MA 1063 an die Normannen und wurde Teil des Kgr. Sizilien, 1282 des aragones. Kgr. Neapel. - Der Dom (im 18. Jh. barockisiert) besitzt im Innern antike Säulen mit roman. Kapitellen; got. Kirche San Domenico Maggiore (13. Jh.; verändert); Kastell (15. und 16. Jh.).

Tarentaise [frz. tarã'tɛ:z], Talschaft der oberen Isère in den frz. N-Alpen; Kraftwerke, elektrochem. und -metallurg. Ind.; Wintersport.

Targa Florio, schwerstes und längstes Langstreckenrennen für Sportwagen; wird seit 1906 um einen von Graf V. Florio gestifteten Silberschild (italien. targa) auf einem 72 km langen kurvenreichen Straßenkurs auf Sizilien ausgetragen.

Target [engl. 'tɑ:gɪt; eigtl. „(Schieß)scheibe"] (Auffänger), in der Kernphysik Bez. für ein Materiestück (Folie, Flüssigkeits- oder Gasvolumen), das der hochenerget. Teilchen- oder sekundären Quantenstrahlung eines Teilchenbeschleunigers oder einer radioaktiven Quelle ausgesetzt wird.

Targi, Einz. von † Tuareg.

Targowischte, bulgar. Stadt im nördl. Vorland des Ostbalkan, 180 m ü. d. M., 48 000 E. Verwaltungssitz des Verw.-Geb. T.; histor. Museum, Theater; Markt- und Verarbeitungsort für landw. Erzeugnisse.

Targum [hebr. „Übersetzung"] (Mrz. Targumim, dt. auch Targume), allg. svw. Übersetzung (in jede Sprache), meist jedoch die aram. Bibelübersetzung. Die ältesten T. fand man in *Kumran*.

tarieren [arab.-italien.], eine Waage auf den Nullpunkt (Gleichgewicht) einstellen, z. B. mit Hilfe kleiner Metallkugeln oder Metallplättchen (*Tarierschrot*).

Tarierwaage, Feinwaage, deren Anzeige zu Beginn der Wägung auf den Nullpunkt eingestellt wird.

Tarif [italien.-frz., zu arab. tarif „Bekanntmachung"], Verzeichnis für Preis- bzw. Gebührensätze für bestimmte Lieferungen und Leistungen, z. B. Eisenbahn-, Zoll-, Lohntarif.

Tarifa [span. ta'rifa], span. Hafenstadt an der Straße von Gibraltar, 14 000 E. Fischfang und -verarbeitung, Weinbrennereien. - In der Römerzeit **Julia Traducta**; seit etwa 500 in westgot. Hand, 711 von den Arabern besetzt, 1292 von König Sancho IV. von Kastilien zurückerobert. - Maur. Stadtbild mit Alkazar.

Tarifausschlußklausel † Tarifvertrag.

Tarifautonomie, die der zivilrechtl. Vertragsfreiheit entsprechende Freiheit der Tarifvertragsparteien, ohne staatl. Einwirkung Verträge über Arbeitsentgelte und -bedingungen abzuschließen.

Tarifkonkurrenz, Konkurrenz zw. zwei oder mehreren Tarifverträgen in bezug auf ein Arbeitsverhältnis. Die T. setzt voraus, daß ein Arbeitsverhältnis in den Geltungsbereich mehrerer Tarifverträge derselben Tarifparteien fällt. Zur Vermeidung der T. ist zu ermitteln, welcher Tarifvertrag nach dem Vertragswillen Vorrang haben soll.

Tariflohn ↑Tarifvertrag.

Tarifpartner, svw. ↑Tarifvertragsparteien.

Tarifregister, beim Bundesminister für Arbeit und Sozialordnung geführtes Verzeichnis, in das Abschluß, Änderung und Aufhebung von Tarifverträgen sowie Allgemeinverbindlichkeitserklärungen (↑Tarifvertrag) eingetragen werden.

Tarifrente ↑Vorruhestandsregelung.

Tarifvertrag, schriftl. Vertrag zw. Tarifpartnern zur Festlegung von Arbeits- und Wirtschaftsbedingungen, der als *Gesamtvereinbarung* zum kollektiven Arbeitsrecht gehört. Dabei sind Tarifpartner auf Arbeitnehmerseite Gewerkschaften bzw. Zusammenschlüsse von Gewerkschaften, auf Arbeitgeberseite Arbeitgeberverbände oder (beim *Haus-T.*) auch einzelne Arbeitgeber. Voraussetzung für die Tariffähigkeit einer Vereinigung ist, daß sie 1. ein privatrechtl. Verein mit freiwilliger Mitgliedschaft ist; 2. ihre innere Ordnung demokrat. Grundsätzen entspricht; 3. sie vom Staat und vom tarifl. Gegenspieler unabhängig ist; 4. sie zum Hauptzweck hat, die Interessen ihrer Mitglieder im Arbeits- und Wirtschaftsleben zu fördern und hierfür T. abzuschließen und mächtig genug ist, diesen Zweck wirksam zu verfolgen. Ein „Werkverein" aus Arbeitnehmern eines einzigen Unternehmens kann folglich nur tariffähig sein, wenn es sich um ein Groß- oder Monopolunternehmen handelt (z. B. die Bundespost).

Gegenstand von T. ist v. a. die Höhe der Arbeitsentgelte, der sog. Tariflohn, für die verschiedenen Lohngruppen *(Entgelt-T.)*, die Beschreibung dieser Lohngruppen durch abstrakte Tätigkeitsmerkmale und/oder konkrete Tätigkeitsbeispiele, die Regelung sonstiger Arbeitsbedingungen wie Länge der Arbeitszeit, Umfang des Urlaubsanspruchs *(Mantel-T., Rahmen-T.)*. Die Bestimmungen in T., die den Inhalt der einzelnen Arbeitsverhältnisse regeln (**Inhaltsnormen**), sind Mindestregelungen, von denen nur zugunsten der Arbeitnehmer abgewichen werden darf (**Günstigkeitsprinzip**). So darf z. B. der vereinbarte Tariflohn nicht unterschritten werden; der tatsächlich gezahlte Lohn (Effektivlohn) muß mindestens den Tariflohn betragen. Unzulässig sind sog. **Absperrklauseln,** die die Einstellung nicht gewerkschaftl. organisierter Arbeitnehmer verbieten (↑auch Closed shop), **Tarifausschlußklauseln,** die nicht einer Tarifpartei angehörende Beschäftigte von der vollen Gewährung der im T. festgelegten Rechte ausschließen, sowie **Differenzierungsklauseln,** die zusätzl. Leistungen für Organisierte vorsehen.

Der *Geltungsbereich* des T. wird meist in den T. selbst festgestellt. Der räuml. Geltungsbereich kann sich auf das Bundesgebiet oder ein oder mehrere Bundesländer erstrecken (Flächen-T.), aber auch auf einen Ort beschränken. Für welche Arbeitnehmer ein T. gilt, hängt zunächst von der satzungsgemäßen Zuständigkeit der Tarifpartner ab, d. h. meistens entsprechend dem Industrieverbandsprinzip Geltung für einen bestimmten Wirtschaftszweig. Dabei sind jedoch weitere Einschränkungen auf bestimmte Gruppen von Arbeitnehmern möglich. Die zeitl. Geltungsdauer (Laufzeit) wird i. d. R. im T. selbst geregelt. Sie beträgt beim Entgelt-T. meist ein Jahr; bei anderen T. sind längere Laufzeiten üblich, so etwa bei Mantel-T. zw. zwei und sechs Jahren. - T. gelten nur für Arbeitsverhältnisse, die mit einem tarifgebundenen Arbeitgeber abgeschlossen sind. Tarifgebunden ist ein Arbeitgeber, wenn er entweder selbst Partner eines T. oder Mgl. einer T.partei ist. Jedoch können T. auf Antrag einer T.partei durch den Bundesminister für Arbeit auch für nicht tarifgebundene Unternehmen für verbindlich erklärt werden (**Allgemeinverbindlichkeitserklärung),** wenn dies im öffentl. Interesse liegt und die tarifgebundenen Unternehmen mindestens 50% der unter den Geltungsbereich des T. fallenden Arbeitnehmer beschäftigen. Mit einem geltenden T. unabdingbar verbundene Pflichten für die T.parteien sind die Pflicht zur Durchführung des T., zur Einwirkung auf die Mgl. der beteiligten Vereinigungen, sich vertragstreu zu verhalten, und zur Wahrung des Arbeitsfriedens (**Friedenspflicht),** d. h. zum Verzicht auf Arbeitskampfmaßnahmen zu Forderungen, deren Gegenstand in einem gültigen T. geregelt ist.

Geschichte: Die Bestrebungen, kollektive Regelungen über Arbeitsbedingungen zu treffen, resultierten ebenso wie die Gewerkschaften selbst aus den Folgeerscheinungen der industriellen Revolution für die Arbeiter (↑auch

Tappe Sialk B. Gefäß mit Steinbock aus einer Nekropole (10./9. Jh.). Paris, Louvre

Arbeiterbewegung). Diese Bestrebungen scheiterten zunächst am Koalitionsverbot, das zwar von der Frankfurter Nationalversammlung 1848 zugunsten des Koalitionsrechts aufgehoben, in der folgenden Reaktionsperiode jedoch wieder eingeführt wurde. Erst mit der 1869 für unter die Gewerbeordnung fallende Arbeitnehmer eingeräumten Koalitionsfreiheit wurde der Weg zu kollektiven Arbeitsverträgen geöffnet. Der erste und erstmals auch so genannte T. wurde 1873 von den Buchdruckern abgeschlossen. Es bestand jedoch bis 1918 kein eigener rechtl. Rahmen für T.; sie fielen unter das allg. Zivilrecht; erst 1910 wurden T. durch das Reichsgericht rechtlich anerkannt. Dennoch wurden die T. von den Arbeitgebern relativ selten gebrochen. Freilich gelang es den Gewerkschaften nicht, über die Klein- und Mittelindustrie hinaus zum Abschluß von T. auch mit Großunternehmen zu kommen. Dies änderte sich erst mit der Novemberrevolution 1918. Durch das Zentralarbeitsgemeinschaftsabkommen vom 15. Nov. 1918 wurden die Gewerkschaften als legitime Interessenvertreter der lohnabhängig Beschäftigten anerkannt und T. akzeptiert. Bereits am 23. 12. 1918 folgte eine T.verordnung, die u.a. die Tarifnormen als garantierte Mindestbedingungen festsetzte. Diese Verordnung wurde jedoch in der Weimarer Republik durch die Schlichtungsverordnungen von 1923 und die Notverordnungen von 1931 zugunsten der Arbeitgeber eingeschränkt. 1933 wurde sie schließlich völlig aufgehoben. Statt dessen galt ab 1934 während der NS-Diktatur die „Verordnung des Führers und Reichskanzlers über Wesen und Ziel der dt. Arbeitsfront". - Nach dem Zweiten Weltkrieg beschloß (am 9. 4. 1949) der Wirtschaftsrat ein T.gesetz, das 1952 neu gefaßt wurde. Heute gilt in der BR Deutschland das T.gesetz in der Fassung vom 25. 8. 1969.

📖 *T.gesetz. Kommentar für die Praxis. Bearb. v. C. Hagemeier u.a. Köln 1984. - Däubler, W./ Hege, H.: T.recht. Baden-Baden [2]1981. - Zachert, U.: T. Köln 1979. - Dammon, K.: T. u. Arbeitskämpfe. Köln 1977. - T.gesetz. Mit Durchführungs- u. Nebenvorschriften. Kommentar. Neubearb. v. H. Wiedemann u. H. Stumpf. Mchn. [5]1977.*

Tarifvertragsparteien (Tarifpartner), die zum Abschluß eines Tarifvertrags fähigen Zusammenschlüsse von Unternehmern und Arbeitnehmern.

Tarija [span. ta'rixa], Hauptstadt des bolivian. Dep. T., im S des Ostbolivian. Berglandes, 1950 m ü.d.M., 54000 E. Kath. Bischofssitz; Univ. (gegr. 1946); Handelszentrum. - Gegr. 1574 von Spaniern.

T., bolivian. Dep. an der Grenze gegen Argentinien und Paraguay, 37623 km², 246700 (1982), Hauptstadt Tarija. Der W liegt im Ostbolivian. Bergland, der O im Gran Chaco; Ackerbau und Viehzucht; Erdölförderung.

Tarik Ibn Sijad, † um 720, arab. Heerführer berber. Herkunft. - Landete 711 bei dem nach ihm ben. Gibraltar, schlug im Juli 711 den Westgotenkönig Roderich angebl. bei Jerez de la Frontera (oder an der Laguna de la Janda) und eroberte große Teile der Pyrenäenhalbinsel.

Tarim, Oasenstadt in der Demokrat. VR Jemen, 12000 E. Kulturelles Zentrum des Wadi Hadramaut; islam. Akad.; Oasenwirtschaft.

Tarim [ta'rım, ta'ri:m, 'ta:rım], Fluß in NW-China, im T.becken, entsteht durch die Vereinigung von 4 Quellflüssen sö. des Oasenortes Aksu, fließt entlang dem N-Rand der Wüste Takla Makan nach O; sö. von Kucha gabelt er sich: der eigtl. T. fließt nach SO bzw. S und mündet, z.Z. etwa für 10 Monate des Jahres wasserlos, in das Sumpfgebiet des Kara Buran Köl; der zweite Arm fließt in östl. Richtung, vereinigt sich mit dem Konche Darya und endet im Lop Nor. Der T. ist 2179 km lang, das Einzugsgebiet wird unterschiedl. mit 400000 bis 1,2 Mill. km² angegeben.

Tarimbecken [ta'rım, ta'ri:m, 'ta:rım], abflußloses Hochbecken in Sinkiang, China, im W durch die östl. Randketten des Pamir, im N vom Tienschan, im S von Kunlun, Altyn Tagh und Nanschan begrenzt, mit einer Länge von 1500 km und maximal 650 km Breite. Der SW-Rand liegt bei 1300 m ü.d.M., der N-Rand bei rd. 1000 m, die tiefste Stelle im östl. Teil des T. mit 780 m ü.d.M. wird vom Lop Nor eingenommen. Im zentralen Teil liegt die Wüste Takla Makan. Mit jährl. unter 100 mm Niederschlägen gehört das T. zu den trockensten Gebieten der Erde; es herrscht extreme Kontinentalität, die Temperaturschwankungen reichen von −10 °C (Jan.mittel) bis annähernd 50 °C (Junimittel).

Tarkowski, Andrei Arsenjewitsch, * Sawraschje (Geb. Iwanowo) 4. April 1932, † Paris 29. Dez. 1986, sowjet. Filmregisseur und -dramaturg. - *Filme:* Iwans Kindheit (1962), Andrej Rubljow (1969), Solaris (1972), Der Spiegel (1975), Stalker (1979), Nostalgia (1983), Das Opfer (1985).

Tarlatan [frz.], sehr lockeres, meist leinwandbindiges Baumwoll- oder Zellwollgewebe mit stark steifender Appretur, das v.a. für Theater- und Faschingskostüme verwendet wird; häufig durch Metallfäden verziert.

Tarn, rechter Nebenfluß der Garonne, entspringt in den Cevennen, bildet in den Causses cañonartige, 400–600 m tiefe Talabschnitte *(Gorges du T.)*, mündet unterhalb von Moissac, 375 km lang.

T., Dep. in Frankreich.

Tarn-et-Garonne [frz. tarnega'rɔn], Dep. in Frankreich.

Tarnobrzeg [poln. tar'nɔbʒɛk], poln.

Stadt an der Weichsel, 160 m ü. d. M., 41 600 E. Hauptstadt des Verw.-Geb. T.; Maschinenbau; nahebei Abbau und Verarbeitung von Schwefel.

Tarnopol (russ. Ternopol), sowjet. Geb.-hauptstadt am Seret, Ukrain. SSR, 182 000 E. Hochschule für Ökonomie, für Medizin, PH, Fakultät der Lemberger polytechn. Hochschule; Theater, Philharmonie; Nahrungsmittel-, elektrotechn. Ind., Porzellanfabrik. - Entstand Mitte des 16. Jh. als Festung; seit 1919 poln., Woiwodschaftsverwaltungszentrum (bis 1935); 1939 an die Sowjetunion.

Tarnów [poln. 'tarnuf], poln. Stadt an der Mündung der Biała in den Dunajec, 230 m ü. d. M., 113 200 E. Hauptstadt des Verw.-Geb. Tarnów; kath. Bischofssitz; Stadt-, Diözesanmuseum; Elektromotoren-, Maschinenbau, chem., Glas-, Nahrungsmittel- u. a. Ind. - 1105 erstmals erwähnt, erhielt um 1330 Stadtrecht; entwickelte sich im 15./16. Jh. zur bed. Handelsstadt; 1785 Bischofssitz. - Got. Kathedrale (um 1400; mehrfach umgebaut), got. Rathaus (14. und 16. Jh.), ehem. Patrizierhäuser (16.–18. Jh.), z. T. mit Laubengängen.

Tarnowitz ↑Tarnowskie Góry.

Tarnowskie Góry [poln. tar'nɔfskjɛ 'guri] (dt. Tarnowitz), poln. Stadt am N-Rand des oberschles. Ind.gebiets, 280 m ü. d. M., 67 000 E. Bau von Bergbaumaschinen, chem. Fabrik, Zinkhütte. - Seit dem 12. Jh. bekannt, entwickelte sich im 16. Jh. zu einem Zentrum des Blei-Silber-Erzbergbaus (im 19. Jh. aufgegeben). - Am Marktplatz Laubenhäuser aus dem 17./18. Jahrhundert.

Tarnung, in der *Biologie* bei (v. a. wehrlosen) Tieren eine Schutzanpassung gegenüber Feinden in Form von Schutzfärbungen und -zeichnungen des (zuweilen auch bes. gestalteten) Körpers, die bis zur ↑Somatolyse führen können oder eine ↑Mimese oder eine abschreckende ↑Mimikry darstellen. Zusätzl. zu solchen *Tarntrachten* bzw. *Schutztrachten* kann es bei diesen Tieren noch zu einer ↑Akinese kommen.

◆ *militär.* die Gesamtheit der Maßnahmen, die die eigenen Kräfte, Anlagen und Kampftechniken der gegner. Aufklärung entziehen sollen, v. a. durch Anpassung an die Umgebung mit natürl. und künstl. Mitteln.

◆ in *Kristallographie* und *Mineralogie* Bez. für das Vorkommen eines selteneren chem. Elements in einem Mineral eines häufigeren Elements, wobei das seltenere Element fast den gleichen Ionenradius wie das häufigere hat und daher wie dieses in das Kristallgitter eingebaut ist.

Taro [polynes.], (Kolokasie, Blattwurz, Zehrwurz, Colocasia) Gatt. der Aronstabgewächse mit 6 Arten im trop. Asien; große Stauden mit meist knollig verdicktem Rhizom und langgestielten, schild-, herz- oder pfeilförmigen Blättern; Blütenkolben mit großer Blütenscheide. Mehrere Arten sind dekorative Warmhauspflanzen. Die wichtigste Art ist Colocasia esculenta (Taro i. e. S.), eine auf den Sundainseln beheimatete, heute überall in den Tropen angebaute Pflanze mit bis 2 m langen, schildförmigen, langgestielten Blättern. Neben den als Gemüse gekochten Blättern (roh durch hohen Calciumoxalatgehalt giftig) wird v. a. das bis 4 kg schwere, knollige Rhizom als wichtiger Stärkelieferant (Stärkegehalt zw. 15 und 26%) genutzt (Verwendung gekocht oder geröstet bzw. zur Mehlherstellung oder als Futtermittel). Die Hauptanbauländer sind Nigeria, Ghana, Japan, die Elfenbeinküste und Madagaskar.

◆ Bez. für aus den Knollen von Colocasia esculenta gewonnene Nahrungsmittel.

Tarock [italien.], Kartenspiel für 3 Personen mit 78 Karten (52 gewöhnl. Blätter, vier Cavalls [Reiter], 21 T. [Trumpfkarten] und ein Einzelblatt, der *Sküs*).

Tárogató [ungar. 'ta:rogɔto:], ungar. Volksblasinstrument mit doppeltem Rohrblatt, aus dem kurz vor 1900 ein mit dem Sopransaxophon verwandtes Instrument entwickelt wurde.

Taroudannt [frz. taru'dant], marokkan. Stadt in der Küstenebene Sous, 255 m ü. d. M., 35 800 E. Marktort; Kunsthandwerk. - T. ist von einer 5–6 m hohen Lehmmauer mit Türmen umgeben.

Tarpan [kirgis.-russ.], Bez. für zwei ausgerottete Unterarten des ↑Prschewalskipferdes.

Tarpune (Megalopidae), Fam. der Knochenfische mit zwei etwa 1–2,5 m langen Arten im trop. Atlant., Pazif. und Ind. Ozean, auch in die Flüsse aufsteigend; Körper seitl. abgeplattet, langgestreckt, mit gegabelter Schwanzflosse; Mundspalte groß; letzter Rückenflossenstrahl schmal schwertartig verlängert. Der 2–2,5 m lange *Tarpun* (Megalops atlanticus) im Atlant. Ozean ist einer der beliebtesten Sportfische.

Tarquinia, italien. Stadt im nördl. Latium, nahe der tyrrhen. Küste, 133 m ü. d. M., 13 000 E. Kath. Bischofssitz; bed. Museum; Marktort mit Landmaschinenmesse; Fremdenverkehr. - **Tarquinii,** eine kulturell und wirtsch. bed. etrusk. Stadt, lag nö. des heutigen T.; wurde im 3. Jh. v. Chr. von Rom unterworfen; im 5. Jh. als Bischofssitz bezeugt. Nach Zerstörung von Tarquinii durch die Sarazenen im 8. Jh. entstand an der Stelle einer älteren Siedlung **Corneto,** als Stadtrepublik mit Genua, Pisa und Venedig verbündet, seit dem 14. Jh. unter der Herrschaft der Päpste; nannte sich 1872–1922 **Corneto Tarquinia.** - Ma. Stadtbild mit Mauern und 13 Geschlechtertürmen, Kastell mit der roman. Kirche Santa Maria di Castello (1121–1208); im Zentrum Dom (17. Jh., z. T. älter), San Pancrazio (13. Jh.), Altstadtviertel mit Palazzo dei Priori (13. Jh.) und dem Renaissancepalazzo Vitelleschi (15. Jh.; Nationalmuseum, v. a. Funde aus der Nekropole).

Nahebei die bed. etrusk. Nekropole mit über 2000 Gräbern; Grabkammern mit bed. Wandmalereien sind zugängl., u. a. „Grab der Auguren" (2. Hälfte des 6. Jh. v. Chr.), „Grab der Leoparden" (frühes 5. Jh. v. Chr.), „Grab der Stiere" (2. Hälfte des 4. Jh. v. Chr.). Seit 1954 Ausgrabungen der antiken Stadt.

Tarquinier [...i-εr], etrusk. Geschlecht.

Tarquinius Collatinus, Lucius, Herrscher von Collatia (Latium) und zus. mit Lucius Junius Brutus Inhaber des ersten röm. Konsulats (509 v. Chr.; nach traditioneller Datierung).

Tarquinius Priscus, Lucius, nach der Sage der 5. König von Rom. - Soll 616–578 (nach traditioneller Datierung) regiert haben; soll die Cloaca maxima, das Forum Romanum, den Circus maximus angelegt und mit dem Bau des Jupitertempels auf dem Kapitol begonnen haben.

Tarquinius Superbus, Lucius, nach der Sage der 7. König von Rom. - Soll 533–509 (nach traditioneller Datierung) regiert haben; soll willkürl. geherrscht (Superbus „der Hochmütige") und die Latiner unterworfen haben; als sein Sohn † Lucretia entehrt hatte, wurde er vertrieben.

Tarragona, span. Hafenstadt in Katalonien, bis 160 m ü. d. M., 113 100 E. Verwaltungssitz der Prov. T.; kath. Erzbischofssitz; techn. Fachhochschule, Priesterseminar; Museen. Petrochem. Ind., Konserven-, Textil-, Schuh-, Papierind. - **Tarraco,** wohl eine iber. Stadt, fiel 218 v. Chr. an Rom, wurde Hauptstadt der Prov. Hispania citerior (später der Prov. Tarraconensis), unter Cäsar Kolonie (**Colonia Julia Victrix**); 476 von Westgoten, 714 von den Arabern in Besitz genommen; nach der Rückeroberung 1117 Wiedererrichtung des alten Bistums (seit der Mitte des 3. Jh. belegt) und Erhebung zum Erzbistum. - Reste eines röm. Amphitheaters, des Augustuspalastes und der iber.-röm. Stadtmauer; Kathedrale im roman.-got. Übergangsstil mit roman. Kreuzgang. Im W der Stadt röm.-christl. Nekropole; 4 km von T. entfernt zweigeschossiger, 217 m langer röm. Aquädukt.

Tarragonaweine, span., dunkelfarbige, gespritete Süßweine, die überwiegend aus der Stadt Tarragona exportiert werden.

Tarsenspinner [griech./dt.], svw. † Embien.

Tarsicius † Tharsicius, hl.

Tarsier [griech.] (Fußwurzeltiere, Koboldmakiartige, Tarsiiformes), seit dem Tertiär bekannte, weit verbreitete (auch in Europa, N-Amerika), mit Ausnahme der † Koboldmakis ausgestorbene Teilordnung der Halbaffen; sehr gewandt springende Baumbewohner mit stark verlängerten, röhrenknochenähnl. Teilen der Fußwurzelknochen (Fersenbein, Kahnbein) und verwachsenem Schien- und Wadenbein; mit gut entwickeltem Gehör- und Gesichtssinn.

Tarragona. Kathedrale (1171 ff.)

Tarsis, Waleri Jakowlewitsch, * Kiew 23. Sept. 1906, † Bern 3. März 1983, russ.-sowjet. Schriftsteller. - 1962 wegen angebl. antikommunist. Haltung und Kritik an der sozialist. Gesellschaft verhaftet und in eine psychiatr. Klinik eingewiesen („Botschaft aus dem Irrenhaus", 1965); 1963 freigelassen; 1966 ausgebürgert.

Tarsitis [griech.], Entzündung eines Lidknorpels.

Tarski, Alfred, * Warschau 14. Jan. 1901, † Oakland (Calif.) 26. Okt. 1983, poln.-amerikan. Logiker. - 1925–39 Prof. in Warschau, seit 1942 in Berkeley; trat für die Verwendung formaler Sprachen auch für philosoph. Zwecke ein. Mit der bahnbrechenden Untersuchung „Der Wahrheitsbegriff in den formalisierten Sprachen" (1933) ist er der Begründer der formalen, mit syntakt. Hilfsmitteln arbeitenden (log.) Semantik. Unter seiner Führung entwickelte sich die metamathemat. Modelltheorie († Modell).

Tarsus, türk. Stadt im südl. Anatolien, 160 200 E. Handelszentrum im W der Çukurova. - Alte kilik. Siedlung, nach hethit. Herrschaft assyr., danach pers. (Sitz eines Satrapen); 333 v. Chr. von Alexander d. Gr. eingenommen; Hochblüte unter den Seleukiden (griech. **Tarsos**) und anschließend unter den Römern als Prov.hauptstadt; Heimat des Apostels Paulus; seit Mitte des 7. Jh. zw. Byzantinern und Arabern umkämpft; Ende des 11.–Mitte des 14. Jh. unter armen. Herrschaft; seit 1515 beim Osman. Reich.

Tartaglia, Niccolò [italien. tar'taʎʎa], eigtl. N. Fontana, * Brescia um 1500, † Venedig 13. Dez. 1557, italien. Mathematiker. -

Wegen seiner Sprachstörung T. („Stotterer") gen.; Autodidakt, wurde schließl. Prof. in Venedig; verfaßte ein gründl. Werk der Elementarmathematik (1556–60) und übersetzte Euklids „Elemente" ins Italienische. 1535 löste er in einem öffentl. Wettstreit die kub. Gleichung algorithmisch. Die widerrechtl. Publikation dieses Verfahrens durch G. Cardano (1545) führte zu Streitigkeiten mit Cardano und L. Ferrari. T. befaßte sich auch mit Fragen der angewandten Mathematik und gab eine Zusammenstellung spezif. Gewichte.

Tartaglia [tar'talja; italien. „Stotterer"], Figur der Commedia dell'arte; ein dickbäuchiger, überhebl. Tölpel v. a. in der Rolle des Dieners.

Tartan ®, Handelsbez. für einen wetterfesten Belag für Sportbahnen aus Kunstharzen auf Asphaltgrundlage.

Tartaren, fälschl. für ↑Tataren.

Tartarus (Tartaros), bei den Griechen Name für die Unterwelt, v. a. für den Aufenthaltsort von Dämonen und Büßern.

Tartarus (Tartaros) [griech.], pharmazeut. Bez. für verschiedene Salze der Weinsäure (Tartrate); z. B. *T. stibiatus* (Brechweinstein).

Tartessos, Stadt des Altertums an der span. SW-Küste, im Mündungsgebiet des T. (= Guadalquivir), vielleicht ident. mit dem Tarschisch des A. T.; genaue Lage und ethn. Zugehörigkeit der Bewohner sind unbekannt; bed. wegen des Zinnzwischenhandels mit Britannien und der Bretagne sowie durch Silber- und Kupferexporte, beherrschte ein großes Gebiet; etwa 800/700 unter Einfluß von Tyrus, im 7./6. Jh. direkter Handel mit Griechen, kurz nach 550 oder um 500 v. Chr. zerstört.

Tartini, Giuseppe, * Piran 8. April 1692, † Padua 26. Febr. 1770, italien. Violinist und Komponist. - Seit 1721 Konzertmeister an Sant'Antonio in Padua, wo er 1728 eine Musikakademie gründete. Seine Violintechnik (Bogentechnik, Doppelgriffe, Triller) wurde Grundlage für das moderne Violinspiel. 1754 beschrieb er seine Entdeckung der ↑Kombinationstöne. Von seinen Kompositionen sind etwa 125 Violinkonzerte, 50 Triosonaten, 200 Violinsonaten, darunter die „Teufelstrillersonate", Sinfonien und Cellokonzerte erhalten.

Tartrate [frz., zu mittellat. tartarum „Weinstein"] ↑Weinsäure.

Tartus, Hafenstadt an der syr. Mittelmeerküste, 52 600 E. Hauptstadt des Verw.-Geb. T.; Fischerei, Eisenbahn nach Homs; Tanklager, Erdölexport. - In der Antike **Antarados;** lag gegenüber der auf einer kleinen Insel gelegenen altphönik. Stadt **Arwada** (**Armada,** griech. **Arados**), die seit dem 14. Jh. v. Chr. erwähnt wird, eine bed. Handelsstadt war und ab 64/63 an Bed. gegenüber dem festländ. Antarados zurücktrat. 1099 n. Chr. und erneut 1102 n. Chr. wurde die Stadt von den Kreuzfahrern erobert, die sie **Tortosa** nannten; ab 1183 Hauptfestung der Templer, die die Stadt bis 1291, die Insel bis 1303 behaupteten. - Erhalten sind bed. Bauten aus der Kreuzfahrerzeit, u. a. die Kathedrale (jetzt Museum) und die Festung der Templer (beide 12. und 13. Jh.).

Tarzan, Hauptfigur von Abenteuerromanen E. R. Burroughs' und nach diesen gedrehten Filmen sowie der den T.-Stoff verwendenden Comic-strips; ein im Urwald aufgewachsener, stets siegreicher weißer Dschungelheld.

Tas, Zufluß der Karasee, entspringt im Sibir. Landrücken, mündet in den 330 km langen *T.busen,* 1401 km lang; im Unterlauf schiffbar.

Taschau, Hannelies, * Hamburg 26. April 1937, dt. Schriftstellerin. - 1972 Mitbegründerin und bis 1974 Mithg. der AutorenEdition; Verfasserin gegenwartsbezogener, oft Alltagsprobleme behandelnder Gedichte (u. a. „Verworrene Route", 1959; „Luft zum Atmen", 1978; „Doppelleben", 1979; „Wundern entgehen", 1986), von Erzählungen („Strip und andere Erzählungen", 1974) und Romanen („Die Taube auf dem Dach", 1967; „Landfriede", 1978); auch Hörspiele.

Täschelkraut ↑Pfennigkraut.

Taschenbuch, preiswertes, in hohen Auflagen und im allg. in Reihen erscheinendes Buch im handl. Taschenformat, das meist im Rotationsdruck und mit Klebebindung (Lumbeckverfahren) hergestellt wird. Kam nach dem 2. Weltkrieg auf nach dem Vorbild der engl.-amerikan. **Pocket books.**

◆ kleines Handbuch über ein begrenztes Gebiet.

Taschengeige, svw. ↑Pochette.

Taschengeldparagraph ↑Geschäftsfähigkeit.

Taschenkrankheit, svw. ↑Narrenkrankheit.

Taschenkrebs (Cancer pagurus), bis etwa 20 cm breite, rotbraune, teilweise schwärzl. Krabbe an den europ. und nordafrikan. Küsten; Panzer glatt, am Rand leicht gekerbt, Scheren kräftig; wird wegen des sehr schmackhaften Fleisches in großen Mengen gefangen.

Taschenlampe (Taschenleuchte), mit Trockenbatterien, einem kleinen Trockenakkumulator (der an der Steckdose eines Wechselstromnetzes wieder aufgeladen werden kann) oder einem (durch Hebeldruck angetriebenen) Kleindynamo als Stromquelle betriebene handl. Leuchte.

Taschenmäuse (Heteromyidae), Nagetierfam. mit rd. 70 mäuse- bis rattengroßen Arten, verbreitet in ganz Amerika; Fortbewegung häufig hüpfend.

Taschenratten (Geomyidae), Nagetierfam. mit rd. 40 Arten in N- und M-Amerika;

Körper 12–23 cm lang, plump und kurzbeinig, mit sehr kleinen Augen und stark rückgebildeten Ohrmuscheln; Backentaschen groß, innen behaart; obere Schneidezähne sehr stark entwickelt; Lebensweise überwiegend unterird., legen umfangreiche Erdbaue an, sammeln Vorräte.

Taschenrechner, kleine, handl. elektron. Rechengeräte mit mindestens 2 Registern (Anzeige- und Rechenregister), die wegen ihrer kompakten, durch Miniaturisierung erreichten Bauweise leicht mitgeführt werden können. Die Anzeige der mit Hilfe der Tastatur eingegebenen und der errechneten Werte erfolgt meist 8- oder 10stellig in Leuchtdioden- oder Flüssigkristallanzeige (LED- bzw. LCD-Anzeige). Nach der Ausstattung unterscheidet man gewöhnl. T. (4 Grundrechenarten), T. mit Funktionstasten (für die Berechnung von Prozenten, Wurzeln, trigonometr. Funktionen usw.), T. mit Hierarchie oder mit Klammertasten, T. mit saldierenden, rechnenden oder adressierbaren Speichern und programmierbare T. (für eigene Programmerstellung oder Eingabe fertiger Programme; die Ergebnisse lassen sich bei Kopplung mit einem Tischdrucker bzw. bei eingebautem Drucker ausdrucken). Als *Taschencomputer* bezeichnet man Taschenrechner, die über ein geeignetes Interface (Schnittstelle) an Peripheriegeräte (z. B. Plotter, Printer, Kassettenlaufwerk, Datensichtgerät, Fernsehgerät, Terminal), an Datenfernübertragungssysteme und/oder an Meßgeräte angeschlossen werden können.

Taschenspringer (Känguruhratten, Dipodomys), Gatt. nachtaktiver, vorwiegend bräunl. bis dunkelbrauner Taschenmäuse mit rd. 20 Arten in N-Amerika; Länge etwa 10–20 cm; Schwanz mit pinselartigem Ende; Fortbewegung fast ausschließl. hüpfend.

Taschkent [russ. taʃ'kjɛnt], Hauptstadt der Usbek. SSR, UdSSR, und des Geb. T., im westl. Vorland des Tienschan, 440–480 m ü. d. M., 2,03 Mill. E. Akad. der Wiss. der Usbek. SSR, Univ. (gegr. 1918), 18 Hochschulen, Museen und Theater; alle 2 Jahre Filmfestival; botan. Garten; Zoo; bedeutendstes Ind.-zentrum in Mittelasien, v. a. Maschinenbau und Textilkombinat; an der Transkasp. Eisenbahn; ✈.

Geschichte: Bestand archäolog. Funden zufolge bereits im 5./4. Jh. als Stadt; in den ersten Jh. n. Chr. lokales Herrschaftszentrum als **Tschatschkent;** gehörte im 6. Jh. zu den Turkherrschaften; Anfang des 8. Jh. von den Arabern erobert; unterstand im 11./12. Jh. dem Reich der Ilekchane; seitdem heißt die Stadt T. („steinerne Stadt"); nach mehrfachem Besitzwechsel im 12./13. Jh. im 14. Jh. von Timur-Leng erobert; kam 1865 an Rußland, wurde 1867 Hauptstadt des Generalgouvernements Turkestan; seit 1930 Hauptstadt der Usbek. SSR.

Bauten: Die Stadtanlage wird von dem Nebeneinander der oriental. Altstadt und der planmäßig angelegten russ. Kolonialstadt bestimmt; 1966 starke Zerstörungen durch Erdbeben; Wiederaufbau in neooriental. Stil; erhalten blieben die Kukeldasch-Medrese und die Barak-Khana-Medrese (beide 15./16. Jh.).

Tasman, Abel Janszoon, * Lutjegast (Prov. Groningen) um 1603, † Batavia (= Jakarta) vor dem 22. Okt. 1659, niederl. Seefahrer. - Bereiste 1632/33–53 den Ind. Ozean und entdeckte 1642 Van Diemen's Land (= Tasmanien), 1643 die Tongainseln und die Fidschiinseln; kartierte 1644 die Küste des Carpentariagolfs.

Tasman, Mount [engl. 'maʊnt 'tæzmən], mit 3 498 m zweithöchster Berg der Neuseeländ. Alpen.

Tasmanbucht, Bucht der Tasmansee an der N-Küste der Südinsel Neuseelands.

Tasmangletscher ↑Cook, Mount.

Tasmanien, Bundesland des Austral. Bundes, umfaßt die Insel T. sowie die sie umgebenden Inseln, 67 800 km², 437 400 E (1984), 6 E/km², Hauptstadt Hobart. Die Insel T., durch die Bass-Straße vom austral. Kontinent getrennt, ist ein Teil der Ostaustral. Kordilleren, im Mount Ossa 1 617 m hoch. Tieflandregionen finden sich nur an NW- und NO-Küste sowie im N zw. Launceston und Tunbridge. Das Klima ist maritim, warm-gemäßigt. Entsprechend dem Feuchtigkeitsunterschied zw. W- und O-Seite herrschen im östl. T. Hartlaubbaumgehölze mit Eukalypten, im westl. Teil temperierte Regenwälder vor. Die Bev. ist überwiegend brit. Abkunft. Landw. wird v. a. im O-Teil der Insel sowie in den Küstenniederungen betrieben. Bed. ist der Obstbau (zu 90 % Äpfel). Die Viehwirtschaft liefert v. a. Fleisch, Milchprodukte und Wolle. T. verfügt über bed. Bodenschätze, u. a. goldhaltige Kupfererze, Eisen-, Zinn- und Wolframerze sowie Steinkohle. Nahrungs- und Genußmittelind. sowie die Papierind. sind die führenden Zweige, gefolgt von Holz-, Metall-, Textil-, Zement- und chem. Industrie. Durch Eisenbahn (849 km) und Straßen (rd. 22 000 km) sind v. a. die O-Hälfte der Insel und das nördl. Küstentiefland gut erschlossen. Die wichtigsten Seehäfen sind Hobart, Burnie, Devonport, Launceston und Port Latta. ✈ für den inneraustral. Verkehr besitzen Hobart, Launceston und Devonport.

Geschichte: 1642 von A. J. Tasman entdeckt, hieß bis 1853 **Van Diemen's Land** (Van Diemensland); seit 1804 siedelten hier Schafzüchter; T. wurde Sträflingskolonie (bis 1853) und gehörte bis 1825 zu Neusüdwales; trat 1901 dem Austral. Bund bei.

Tasmanier, die bald nach der Besiedlung durch die Europäer ausgestorbene urspr. Bev. Tasmaniens, mit den Palämelanesiden verwandte Wildbeuter.

Tasmansee, Meeresteil des sw. Pazifik,

zw. SO-Australien bzw. Tasmanien und Neuseeland bzw. den Auckland Islands, steht über die Bass-Straße mit dem Ind. Ozean in Verbindung; in der Thomsontiefe bis 5 994 m tief.

TASS ↑Nachrichtenagenturen (Übersicht).

Tassel, Jean, * Langres um 1608 (?), † ebd. 6. April 1667, frz. Maler. - Charakterist. für T. ist die selbständige Aufarbeitung von Stilelementen Caravaggios, gemildert durch venezian. Farbgebung; schuf v. a. bed. Porträts.

Tasselmantel, weiter, mantelartiger Umhang des 13. und frühen 14. Jh., am Hals gehalten durch das Tasselband mit Scheibenfibel (Tassel).

Tassili der Adjer [frz. ad'ʒɛ:r], Teil der zentralen Sahara, nö. des Ahaggar (Algerien), bis 2 554 m hoch; zahlr. bed. Felsmalereien, auch Gravierungen. Die ältesten Felsbilder sind zw. 10 000 und 5 000 zu datieren, bed. Bildwerke stammen bes. aus dem 4.–2. Jt. („Rinderperiode"), es folgte im 1. Jt. v. Chr. (ab 1200) die „Streitwagenperiode".

Tassili des Ahaggar [frz. aa'ga:r] (Tassili du Hoggar), Teil der zentralen Sahara im äußersten S von Algerien.

Tassilo (Thassilo), alter dt. männl. Vorname, Verkleinerungs- oder Koseform des Namens Tasso (Herkunft und Bed. ungeklärt).

Tassilo III., * um 741, † Lorsch 11. Dez. nach 794, Hzg. von Bayern (748/749–788). - Agilolfinger; ab 757 Vasall Pippins III., d. J., errichtete jedoch eine fakt. unabhängige Herrschaft in Bayern; wurde nach einem Aufstand (787) gegen den fränk. Lehnsherrn und einem Bündnis mit den Awaren 788 von Karl d. Gr. zu lebenslanger Klosterhaft verurteilt.

Tassilokelch, von Herzog Tassilo III. von Bayern und dessen Gemahlin dem Benediktinerstift Kremsmünster geschenkter Kelch in kostbarer Goldschmiedearbeit mit niellierten figürl. Darstellungen (um 780).

Tasso, Torquato, * Sorrent 11. März 1544, † Rom 25. April 1595, italien. Dichter. - Lebte als gefeierter Dichter seit 1565 im Dienste der Este in Ferrara (ab 1575 als ihr Historiograph); litt seit 1577 an Verfolgungswahn; wurde wegen Gewalttätigkeiten inhaftiert; danach unstetes Wanderleben; starb kurz vor seiner Dichterkrönung durch Papst Klemens VIII. Sein Versuch, das romant. italien. Ritterepos durch Anlehnung an antike Vorbilder zu erneuern („Rinaldo", 1562), erfuhr durch das Kreuzzugsepos „Das befreite Jerusalem" (1581), dem er eine einheitl., in der Vergangenheit spielende Handlung gab, die für seine Zeit belehrend wirken sollte, eine klass. Vollendung. Das handlungsreiche Werk, das die Eroberung Jerusalems unter Gottfried von Bouillon schildert, diente als Muster für zahlr. Epen der Barockzeit; eine auf Grund ästhet. und religiöser Skrupel vorgenommene Umarbeitung wirkt trocken und pedantisch. Weites Echo fand sein Schäferspiel „Aminta" (Uraufführung 1573, erschienen 1580), das für die

Tassili der Adjer.
Bogenschütze mit Hund
aus der „Rinderperiode"

Tassilokelch.
Sogenannte Christusseite

gesamte europ. Schäferdichtung vorbildl. wurde. Seine zahlr. lyr. Dichtungen leiteten zur Barockdichtung über. - Dichtungen über T. verfaßten insbes. C. Goldoni, Goethe und Byron.

📖 *Perrino, G.: T. T. Neapel 1985. - Basile, B.: Poeta melancolicus. Tradizione classica e follia nell'ultimo T. Pisa 1984. - T. T. Werke u. Briefe. Dt. Übers. u. eingel. v. E. Staiger. Mchn. 1977. - Leo, U.: Ritterepos, Gottesepos. T. Tassos Weg als Dichter. Köln u. Graz 1958.*

Tassoni, Alessandro, * Modena 28. Sept. 1565, † ebd. 25. April 1635, italien. Dichter. - Schuf mit dem ersten modernen kom.-heroischen Epos, „Der geraubte Eimer" (1622), die Literaturgatt. der burlesken Eposparodie, die in allen europ. Literaturen nachgeahmt wurde.

Tastatur [lat.-italien.], die Gesamtheit der Tasten eines techn. Geräts, z. B. einer Büromaschine (bei Musikinstrumenten meist als Klaviatur bezeichnet).

Tastblindheit (Stereoagnosie, Agnosia tactica), Unfähigkeit, Gegenstände mit Hilfe des Tastsinns bei geschlossenen Augen zu identifizieren.

Taste [lat.-roman.], gewöhnlich durch Druck eines einzelnen Fingers zu betätigende Vorrichtung zur Bewegung eines Hebelmechanismus, zur Herstellung eines elektr. Kontakts u. a.

Tasteninstrumente, Gruppe von Musikinstrumenten, deren gemeinsames Merkmal die Auslösung von Tönen durch hebelartig ausgebildete Manual- oder Pedaltasten ist; die Gesamtheit der Tasten eines Tasteninstruments bezeichnet man als Klaviatur (Tastatur).

Taster [lat.-roman.], bei Tieren svw. ↑Palpen.

◆ 1. mit einer Taste (sog. *Geber*) oder einer Tastatur ausgestattetes Gerät (z. B. Setzmaschine), auch Bez. für die ein solches Gerät bedienende Person; 2. svw. Abtastvorrichtung, Meßfühler; 3. zirkelähnl. Gerät (T.zirkel) mit an den Enden spitz zulaufenden, gekrümmten Schenkeln zum Abgreifen (und Übertragen) von Werkstückmaßen.

Tastermotten (Palpenmotten, Gelechiidae), über 4 000 Arten umfassende, weltweit verbreitete Fam. bis etwa 20 mm spannender Kleinschmetterlinge (davon rd. 350 Arten einheim.); Lippentaster meist sehr lang und sichelförmig aufgebogen; Vorderflügel schmal, Hinterflügel breiter; Raupen können durch Minierfraß in Früchten und Samen schädl. werden (z. B. ↑Getreidemotte).

Tasthaare, bei den *Säugetieren* die als Tastsinnesorgane fungierenden ↑Sinushaare (z. B. die ↑Schnurrhaare).

◆ (Fühlhaare) bei *Pflanzen* haarartige Bildungen, die Berührungsreize registrieren (z. B. bei der Venusfliegenfalle).

Tastkörperchen, Tastsinnesorgane in der Haut der höheren Wirbeltiere (einschl. Mensch), v. a. in Form der ↑Meißner-Körperchen und ↑Vater-Pacini-Körperchen.

Tastorgane, svw. ↑Tastsinnesorgane.

tasto solo [italien.], Abk. t. s., in der Generalbaßschrift die Anweisung, die Baßstimme allein, d. h. ohne Akkorde zu spielen. Zeichen 0.

Tastsinn (Fühlsinn), mechan. Sinn, der Organismen (Tier und Mensch) befähigt, Berührungsreize wahrzunehmen (zu tasten, fühlen). Die sensor. Basis des T. kann eine einzige Zelle sein, wenn diese den Körper eines einzelligen Organismus bildet, oder es handelt sich um freie Nervenendigungen der Haut oder innerer Organe und um spezielle Tastsinnesorgane.

Tastsinnesorgane (Tastorgane, Fühlorgane, Tangorezeptoren, Organa tactus), bei *Tieren* und beim *Menschen:* mechan. Einwirkungen auf den Körper in Form von Berührungsempfindungen (Tastempfindungen) registrierende Sinnesorgane; v. a. Hautsinnesorgane, die bevorzugt an Stellen lokalisiert sind, die für die Reizaufnahme entsprechend exponiert liegen, so beim Menschen gehäuft an den Händen bzw. den Fingerspitzen, bei Tieren v. a. am Kopf bzw. an der Schnauze (als Tasthaare), an den Antennen (Fühlern) oder Tentakeln sowie an den Beinen bzw. Pfoten und an den Flügeln (bei Gliederfüßern). Die T. kommen aber auch weit über den Körper verstreut vor, bei niederen Tieren in Form einzelner primärer Sinneszellen. Bei den Vögeln und Säugetieren wird der Feder- bzw. Haarbalg von freien Nervenendigungen umsponnen, so daß die Feder und das einzelne Haar bewegungsempfindl. sind. Die zw. den Zellen der Epidermis vieler Tiere (auch des Menschen) verteilt vorkommenden freien Nervenendigungen sind v. a. Schmerzrezeptoren.

◆ bei manchen *Pflanzen* Berührungsreize (Tastreize) aufnehmende Organe, wie *Fühlhaare* (Tasthaare) bei der Venusfliegenfalle, die Köpfchen der Randtentakel beim Sonnentau.

Tat, Die, 1909 gegr. religiös-philosoph. Monatsschrift; wandelte sich endgültig zum polit. Blatt unter H. Zehrer als Hg. (ab 1929) als Sprachrohr des Tat-Kreises (neben Zehrer v. a. F. F. Zimmermann, E. W. Eschmann, G. Wirsing), der eine antiparlamentar. Staatslehre vertrat und mit seiner Werbung (bei Distanz zur NSDAP) für eine autoritäre Synthese von Nationalismus und Sozialismus ein geistiger Wegbereiter des NS wurde; 1933–39 radikal nat.-soz. ausgerichtet; 1939–44 u. d. T. „Das zwanzigste Jh." fortgeführt.

Tat, Die, in Zürich erscheinendes Organ des Landesrings der Unabhängigen 1935–78; bis 1939 Wochenblatt, danach Tageszeitung.

Tata [ungar. 'tɔtɔ], ungar. Stadt am W-Fuß des Gerecsegebirges, 23 000 E. Museum;

Sommerfrische, warme Quellen; Textil-, Leder-, Möbel-, Nahrungsmittelindustrie. - Im 14. Jh. Errichtung einer Burg (Ende des 19. Jh. erneuert); Flucht der Bev. in den Türkenkriegen des 16. Jh., Ende des 17. Jh. neu besiedelt. - Pfarrkirche, ehem. Schloß Esterházy (beide 18. Jh.).

Tata, marokkan. Oasenort am S-Fuß des Antiatlas; Verwaltungssitz der Prov. Tata.

Tatabánya [ungar. 'tɔtɔba:njɔ], ungar. Stadt am NW-Fuß des Transdanub. Mittelgebirges, 77 000 E. Verwaltungssitz des Bez. Komárom; Zentrum eines Braunkohlenbergbaugebietes. - 1902 gegr.; 1947 mit 3 älteren Nachbargemeinden vereinigt und zur Stadt erhoben.

Tata de Samory [frz. tatadsamɔ'ri], † Kérouané.

Tatar, 1. urspr. Name eines kleinen mongol. Stammes, der von Dschingis-Khan vernichtet wurde; 2. (Tataren) Bez. der Russen für die † Goldene Horde; 3. seit etwa 1419 Bez. für das aus der Goldenen Horde entstandene Mischvolk († Tataren).

Tatar [nach den Tataren], feingehacktes oder geschabtes Rindfleisch (Schabefleisch); mit Gewürzen und Eigelb roh verzehrt.

Tătărăscu, Gheorghe [rumän. tətə'rəsku], * Craiova 22. Dez. 1886, † Bukarest 28. März 1957, rumän. Politiker (Nationalliberale Partei). - 1933 Industriemin.; Min.präs. 1934–37 und 1939/40; 1938 und 1945–47 Außenmin.; 1950–55 in Haft.

Tataren (fälschl. Tartaren), Mischvolk in der Tatar. ASSR, im Wolgageb., auf der Krim und in Sibirien, aus Mongolen, Türken, Resten anderer Turkvölker, Wolgafinnen und Ostslawen entstanden.

Tatarisch (Kasantatarisch), zur Nordwestgruppe (kiptschak. Gruppe) der Turksprachen gehörende Sprache der Tataren mit rd. 5 Mill. Sprechern in der Tatar. ASSR, in einigen angrenzenden Gebieten und in W-Sibirien. Die Volkssprache hat sich von der seit der Zeit der Goldenen Horde und im Khanat Kasan verwendeten Schriftsprache weit entfernt; seit dem Ende des 19. Jh. setzten sich die Bestrebungen durch, den zentralen Dialekt als Schriftsprache zu benutzen. Die Schrift war urspr. die arab., 1927–39 die lat., jetzt wird T. in kyrill. Schrift geschrieben.

Tatarische ASSR, autonome Sowjetrepublik innerhalb der RSFSR, am Kuibyschewer Stausee der Wolga, 68 000 km², 3,51 Mill. E (1985); Hauptstadt Kasan. Schwach hügelige Ebene an Wolga und Kama (im SO bis 380 m ü. d. M.); rd. 70% des Territoriums werden landw. genutzt; bed. Erdöl- und Erdgasvorkommen (zweites Baku).

Geschichte: In das Gebiet wanderten im 7. Jh. turksprachige bulgar. Stämme ein, die im 10. Jh. ein Khanat bildeten; 1236–41 von den Mongolen erobert, kam an die Goldene Horde, im 15. Jh. an das Khanat Kasan; 1552 Anschluß an Rußland; Bildung der T. ASSR 1920.

tatarische Literatur (kasantatarische Literatur), die Anfänge einer regionalen Kunstliteratur (ab dem 15. Jh.) standen unter tschagataischem Einfluß; aufklärer. Strömungen setzten im 19. Jh. ein; literar. Volkserzieher wie K. Nassyri förderten die Entstehung eines tatar. Nationalbewußtseins. Nach der russ. Revolution von 1905 erschienen in Lyrik und Prosa realist. Tendenzen, die zur [frühen] Sowjetliteratur überleiteten.

Tatarischer Sund, Meeresstraße zw. dem asiat. Festland (UdSSR) und der sowjet. Insel Sachalin.

Tatauierung (Tätowierung) [über frz. tatouer von engl. tattoo zu polynes. tatau „Zeichen, Malerei"], Anbringen von Mustern auf der menschl. Haut durch Einstiche, verbunden mit Einführung von Farbstoffen, bes. kunstvoll in Polynesien und Mikronesien; bei dunkelhäutigen Menschen (Afrika, Australien, Melanesien) v. a. durch Narbenbildung.

Tatbestand, im Strafrecht die abstrakte Beschreibung verbotenen Verhaltens in einem Strafgesetz. Der Tatbestand enthält alle Merkmale, die die Strafwürdigkeit einer Handlung, ihren materiellen Unrechtsgehalt sowie den Schuldgehalt einer Straftat ausmachen, umfaßt also alle Voraussetzungen zur Bestimmung einer Handlung als strafbar. Die einzelnen Bestandteile des T. sind die **Tatbestandsmerkmale:** die, die innerhalb des seel. Bereichs des Täters liegen, gehören zu den *subjektiven T.merkmalen* (z. B. Bereicherungsabsicht, Vorsatz). *Objektive T.merkmale* bestimmen das äußere Erscheinungsbild der Tat (z. B. Wegnahme beim Diebstahl). Letztere lassen sich nach *beschreibenden* (*deskriptiven;* z. B. Sache) und *wertausfüllungsbedürftigen* (*normativen;* z. B. Fremdheit der Sache beim Diebstahl) T.merkmalen unterscheiden. Die **Tatbestandsmäßigkeit** einer Handlung ist gegeben, wenn sie alle Merkmale des gesetzl. T. erfüllt. - Im Zivilprozeß wird die Sachverhaltsdarstellung im Urteil als T. bezeichnet.

Tatbestandswirkung (Feststellungswirkung), die für bestimmte Fälle gesetzl. geregelte Bindung einer (anderen) Behörde an die von einem Gericht getroffene Sachverhaltsfeststellung, u. U. auch an die hieraus gezogenen Folgerungen.

Tate, Allen [engl. tɛɪt], * Winchester (Ky.) 19. Nov. 1899, † Nashville (Tenn.) 9. Febr. 1979, amerikan. Schriftsteller und Kulturkritiker. - Mgl. der konservativen Dichtergruppe „Fugitives"; 1951 Prof. für Englisch an der University of Minnesota; Verf. intellektbetonter Lyrik; Vorliebe für die aristokrat. Tradition des amerikan. Südens, v. a. in dem Roman „Die Väter" (1938), in Biographien und Essays.

Tate Gallery [engl. 'tɛɪt 'gæləri] † Museen (Übersicht).

Tateinheit, svw. ↑Idealkonkurrenz.

Täterschaft, die von der Teilnahme (Anstiftung, Beihilfe) zu unterscheidende Mitwirkung bei der Begehung einer Straftat als Täter. Nach §25 Abs. 1 StGB ist **Täter,** wer eine Straftat selbst oder durch einen anderen begeht. Danach ist Täter nicht nur derjenige, der in seiner Person alle Merkmale eines Delikttatbestandes erfüllt *(Alleintäter)*, sondern auch, wer die Tat durch einen (ahnungslosen) Dritten als Werkzeug begehen läßt *(mittelbarer Täter)*. Handeln bei einer Straftat mehrere (gemeinschaftlich) im bewußten und gewollten Zusammenwirken, so sind sie *Mittäter*. Vollenden mehrere durch die Gesamtheit ihrer Handlungen eine Straftat, ohne gemeinschaftl. zu handeln, sind sie *Nebentäter* und werden als Täter bestraft.

Tatform (Tätigkeitsform), svw. ↑Aktiv.

Tati, eigtl. Jacques Tatischeff, * Le Pecq (Yvelines) 9. Okt. 1907, † Paris 4. Nov. 1982, frz. Filmschauspieler und -regisseur. - Übertrug die Stummfilmkomik in den Tonfilm (ab 1932); u.a. „Tempo, Tempo"/„Tatis Schützenfest" (1947), „Die Ferien des Monsieur Hulot" (1951), „Mein Onkel" (1958), „Playtime" (1968), „Trafic" (1970).

Tatian (T. der Syrer), frühchristl. Apologet und Kirchenschriftsteller des 2. Jh. aus Syrien. - In Rom zum Christentum bekehrt, um 172 Bruch mit der röm. Gemeinde, Rückkehr nach Syrien; T. schrieb nach 172 das „Diatessaron", eine Evangelienharmonie; im 6. Jh. ins Lat. übersetzt, auf Anregung des Hrabanus Maurus um 830 von Mönchen des Klosters Fulda ins Althochdt. übertragen; die Übersetzung zählt zu den großen Frühwerken der dt. Literatur.

tätige Reue, strafbefreiender ↑Rücktritt vom vollendeten Versuch, der vom Täter ein Tätigwerden zur Verhinderung des von ihm urspr. gewollten Taterfolges verlangt, nachdem er alles getan hat, was nach seiner Vorstellung zum Taterfolg erforderl. war. In gesetzlich geregelten Ausnahmefällen wirkt die t. R. auch noch nach Eintritt des tatbestandsmäßigen Erfolges strafbefreiend, z.B. bei Brandstiftung durch Löschen des Brandes vor dessen Ausbreitung. Bei einigen ↑Staatsschutzdelikten und gemeingefährl. Straftaten (z.B. Sprengstoff- und Strahlungsverbrechen) eröffnet t. R. hingegen nur die Möglichkeit der Strafmilderung oder des Absehens von Strafe. Bei anderen Staatsschutzdelikten kann t. R. u.U. die Einstellung des Verfahrens begründen.

Tätigkeitsdelikt, ↑Delikt, bei dem sich der Unrechtstatbestand in einer schlichten Handlung des Täters erschöpft, z.B. Meineid, Widerstand gegen Vollstreckungsbeamte, Hausfriedensbruch.

Tätigkeitswort, svw. ↑Verb.

Tatischtschew, Wassili Nikititsch [russ. ta'tiʃtʃɪf], * bei Pskow 19. April 1686, † Boldino (Geb. Moskau) 15. Juli 1750, russ. Historiker und Politiker. - 1741–45 Gouverneur von Astrachan; verfaßte die erste umfassende Geschichte Rußlands (7 Bde., hg. 1768–84) und die erste russ. Enzyklopädie (3 Bde., hg. 1793).

Tatjana, aus dem Russ. übernommener weibl. Vorname (Bed. ungeklärt).

Tat-Kreis ↑Tat, Die (1909–44).

Tatlin, Wladimir Jewgrafowitsch, * Moskau 28. Dez. 1885, † ebd. 31. Mai 1953, russ.-sowjet. Maler und Bildhauer. - Unter dem Eindruck der Bekanntschaft mit Picasso (1913) und dessen Werk gelangte T. zum Konstruktivismus, anfängl. „Reliefs", die aus flächigen immer mehr in räuml. Konstruktionen (aus Draht, Holz, Glas oder Blechen) übergingen, u.a. Eckkonstruktion an der Decke (1915), Modell eines über 400 m hohen Turmes für die Dritte Internationale (1919/20).

Tatmehrheit, Verletzung mehrerer Straftatbestände durch mehrere rechtl. selbständige Handlungen des Täters (↑Realkonkurrenz). Bei gleichzeitiger Aburteilung der Taten wird grundsätzl. nach dem ↑Asperationsprinzip eine Gesamtstrafe gebildet; ausnahmsweise können nach dem ↑Kumulationsprinzip auch mehrere Einzelstrafen gebildet werden.

Tatort, Ort, an dem der Straftäter gehandelt hat *(Tätigkeitsort)* bzw. an dem der strafbare Erfolg eingetreten ist *(Erfolgsort)*. Bei

Tatauierung. Mädchen aus dem Stamm der Kalinga auf Luzon mit Tatauierungen auf Schulter und Arm

Teilnahmehandlungen ist T. sowohl der Ort der Haupttat als auch dort, wo der Teilnehmer gehandelt hat. Der T. ist v.a. hinsichtl. der Anwendbarkeit des dt. Strafrechts und des Gerichtsstands von Bedeutung.

Tätowierung [zu ↑Tatauierung], in der *Völkerkunde* svw. ↑Tatauierung.

Tatra, höchstes Gebirgsmassiv der Westkarpaten zw. Arva und Poprad (ČSSR und Polen), z.T. Nationalpark. Höchster Teil ist die **Hohe Tatra,** die ein durch Vergletscherungen verschärftes Hochgebirgsrelief und zahlr. Gipfel über 2000 m besitzt; die Gerlsdorfer Spitze ist mit 2655 m zugleich die höchste Erhebung der gesamten Karpaten.

Tatstrafrecht, Strafrechtssystem, das bei den Voraussetzungen der Strafbarkeit an die gesetzl. verbotene Tat anknüpft (Tatschuld). Im Ggs. dazu steht das **Täterstrafrecht,** dessen Anknüpfungspunkt für die Voraussetzungen der Strafbarkeit die Gefährlichkeit des Täters ist. Das dt. Strafrecht ist T., berücksichtigt aber die Täterpersönlichkeit bei der Strafzumessung.

Tattersall [nach dem brit. Stallmeister R. Tattersall, * 1724, † 1795], geschäftl. Unternehmen für reitsportl. Veranstaltungen, für Verleihen und Einstellen von Pferden; Reitbahn, Reithalle.

Tatum [engl. 'tɛɪtəm], Art[hur], * Toledo (Ohio) 13. Okt. 1909, † Los Angeles 4. Nov. 1956, amerikan. Jazzmusiker (Pianist). - Wurde v.a. durch sein 1943 gegr. Trio bekannt (mit Gitarre und Baß). T. war der überragende Virtuose der Swing-Epoche.

T., Edward Lawrie, * Boulder (Colo.) 14. Dez. 1909, † New York 5. Nov. 1975, amerikan. Biochemiker und Genetiker. - Prof. an der Yale University, an der Stanford University in Palo Alto und an der Rockefeller University in New York; entdeckte in Zusammenarbeit mit G. W. ↑Beadle, daß bestimmte chem. Vorgänge beim Aufbau der Zelle durch Gene reguliert werden. Hierfür erhielten beide Forscher (zus. mit J. Lederberg) 1958 den Nobelpreis für Physiologie oder Medizin.

Tatung (Datong) [chin. datʊŋ], chin. Stadt in der Prov. Schansi, 300000 E. Ein Zentrum des Kohlenbergbaus und wichtigster Ind.standort von N-Schansi, Eisenbahnknotenpunkt. - Im W der Stadt liegen zwei in der Liaozeit gegr. Tempelklöster. Das Obere Kloster wurde rekonstruiert; die Haupthalle des Tempels ist mit Figuren aus der Mongolenzeit (oder später) reich ausgestattet. Vom Unteren Kloster ist die Klosterbibliothek (erbaut 1038) erhalten. Nahebei die Felsgrotten von Yünkang mit buddhist. Kolossalstatuen und Reliefs (5. Jh. n. Chr.).

Tatverdacht, Vermutung, daß eine bestimmte Person Täter einer strafbaren Handlung ist; *dringender T.* ist Voraussetzung der ↑Untersuchungshaft. Er besteht, wenn nach dem Stand der Ermittlungen die Wahrscheinlichkeit groß ist, daß der Verfolgte sich strafbar gemacht hat; *hinreichender T.* ist erforderl. und ausreichend für die Eröffnung des Hauptverfahrens gegen den Angeschuldigten. Dies setzt die Wahrscheinlichkeit einer späteren Verurteilung voraus.

Tatzelwurm, sagenhaftes schlangen- oder echsenartiges Ungeheuer im Volksglauben einiger Alpengebiete.

Tau, Max, * Beuthen O. S. (Oberschlesien) 19. Jan. 1897, † Oslo 13. März 1976, dt. Schriftsteller. - Förderte als Cheflektor des Verlags von B. Cassirer v.a. dt. und skand. Autoren. Emigrierte 1938 nach Norwegen, 1942 nach Schweden; norweg. Staatsbürger (1943). Ab 1945 Cheflektor in Oslo. Seine Romane („Denn über uns ist der Himmel", 1955), Essays und Autobiographien („Trotz allem", 1973) zeugen von Humanität und krit. Vernunft beim Bemühen um Völkerversöhnung. 1950 erster Preisträger des Friedenspreises des Dt. Buchhandels.

Tau [griech.], 21. Buchstabe des urspr., 19. des klass. griech. Alphabets mit dem Lautwert [t]: Τ, τ.

Tau, Abk. für: **Tau**rus (↑Sternbilder, Übersicht).

Tau, abgesetzter Niederschlag in Form kleiner Tröpfchen; entsteht durch Kondensation von Wasserdampf an der Erdoberfläche oder an Pflanzen und Gegenständen, wenn deren Temperatur unter den ↑Taupunkt der Luft absinkt. T. bildet sich deshalb jedoch gelegentl. auch bei Advektion von warmer, feuchter Luft, die über kalte Flächen [mit einer Temperatur unter dem T.punkt der Luft] strömt („Schwitzen" der Gegenstände). In den Trockenklimaten der Erde spielt der T. eine beachtl. Rolle im gesamten Wasserhaushalt, da seine Menge bis zu 0,8 mm Niederschlagshöhe in einer Nacht betragen kann. In der gemäßigten Zone wird die T.menge auf 3 bis 5% des Jahresniederschlages geschätzt.

Tau [niederdt.], dickes, kräftiges Seil.

Taube, Henry, * Neudorf (Prov. Saskatchewan) 30. Nov. 1915, amerikan. Chemiker kanad. Herkunft. - Erforschte die Mechanismen der Elektronenübertragung bes. bei der Bildung von Metallkomplexen; Nobelpreis für Chemie 1983.

T., Otto Frhr. von, * Reval 21. Juni 1879, † Tutzing 30. Juni 1973, dt. Schriftsteller. - Geprägt vom Konservativismus und von prot. Gläubigkeit; ein großer Teil des erzähler. Werkes („Die Löwenprankes", R., 1921; „Die Metzgerpost", R., 1936) basiert auf histor. Stoffen der balt. Heimat.

Taube ↑Sternbilder (Übersicht).

Tauben (Columbidae), seit dem Miozän bekannte, heute mit rd. 300 Arten v.a. in Wäldern und Baumsteppen nahezu weltweit verbreitete Fam. etwa 15–80 cm langer Taubenvögel; fluggewandte Tiere mit relativ schmalen, spitzen Flügeln und variabel gefärbtem Gefieder (häufig blaugrau oder braun); Schnabel kurz, mit Wachshaut an der Oberschnabelbasis. - T. ernähren sich vorwiegend von Samen und grünen Pflanzenteilen. Sie bauen meist im Gebüsch oder in Bäumen lockere Nester aus feinen Zweigen. Die Jungvögel der T. sind Nesthocker, die als erste Nahrung ↑Kropfmilch erhalten. - Zu den T. gehören u. a.: **Felsentaube** (Columba livia), bis 33 cm lang, v. a. in felsigen Landschaften großer Teile S-Eurasiens sowie N- und M-Afrikas; Gefieder blaugrau, an den Halsseiten metall. grün und/oder blauviolett schillernd, mit weißem Bürzel, zwei schwarzen Flügelbinden und weißer Flügelunterseite; Stammform der ↑Haustaube. **Lachtaube** (Streptopelia roseogrisea), etwa 26 cm lang, in NO-Afrika und SW-Arabien; mit schwarzem Nackenband; Ruf dumpf lachend. **Ringeltaube** (Columba palumbus), rd. 40 cm lang, oberseits grau, unterseits bläulich- bis rötlichgrau; in Wäldern und Parkanlagen Europas, NW-Afrikas sowie SW-Asiens; mit breiter, weißer Querbinde auf den Flügeln, je einem weißen Fleck an den rot und grün schillernden Halsseiten und breiter, dunkelgrauer Endbinde am Schwanz. **Türkentaube** (Streptopelia decaocto), fast 30 cm lang, in Gärten und Parkanlagen Europas, des Sudans und S-Asiens; oberseits graubraun, unterseits heller. **Turteltaube** (Streptopelia turtur), fast 30 cm lang, v. a. in lichten Wäldern, Gärten und Parkanlagen NW-Afrikas und Eurasiens bis Turkestan; mit grauem Oberkopf, braunem, dunkel geflecktem Rücken, rötl. Vorderhals, ebensolcher Brust und je einem großen, schwarzweiß gestreiften Fleck an den Halsseiten.

Geschichte: In der Religions- und Kulturgeschichte gilt die T. schon sehr früh - die ältesten Darstellungen von T. stammen aus dem Irak (4. Jt. v. Chr.) - als Seelentier und hat viele symbol. Bed.: als Prinzip des Weiblichen, Symbol der Liebe. Im N. T. wird sie zum Sinnbild des Hl. Geistes, während die christl. Kirche sie zudem als Symbol für die Kirche selbst, für Maria und für die Eucharistie kennt. In der Dichtung sind T. Zeichen der Treue, des Friedens und der Trauer.

Taubenbaum (Davidia), einzige Gatt. der zweikeimblättrigen Pflanzenfam. Taubenbaumgewächse (Davidiaceae) mit der einzigen, in O-Tibet und W-China heim. Art *Davidia involucrata;* in der Heimat bis 25 m, in M-Europa kaum 10 m hoher Baum mit breiteiförmigen Blättern und roten Blattstielen; Blüten in Köpfchen aus ♂ und meist nur einer einzigen ♀ Blüte, umgeben von zwei ungleich großen, hängenden, gelblichweißen Hochblättern; Park- und Gartenbaum für wärmere Lagen.

Taubenkropf, (Beerennelke, Hühnerbiß, Cucubalus) Gatt. der Nelkengewächse mit der einzigen Art *Cucubalus baccifer* in Auenwäldern des gemäßigten Eurasiens; bis 2,5 m hohe, kletternde Staude mit länglich-eiförmigen Blättern, grünlichweißen Blüten mit bauchigem Kelch und schwarzen Beerenfrüchten. ◆ ↑Leimkraut.

Taubenrassen, durch Züchtung gewonnene Rassen der ↑Haustaube. Zur Erleichterung der Übersicht hat man die über 800 weltweit existierenden Rassen in einer Anzahl Rassengruppen zusammengefaßt: u. a. Feldtauben, Formentauben (u. a. Brieftauben), Kropftauben, Strukturtauben, Tümmler und Warzentauben (Bagdetten).

Taubenschwänzchen (Taubenschwanz, Macroglossum stellatarum), bis 4,5 cm spannender, in Eurasien weit verbreiteter Schmetterling (Fam. Schwärmer) mit fächerartig ausbreitbarem, dunklem Haarbusch am Hinterleibsende; tagaktiver, pfeilschnell fliegender Schmetterling, der unvermittelt vor Blüten im Rüttelflug „steht", um mit Hilfe seines langen Saugrüssels an den Nektar zu gelangen; Raupen grün oder rötlichbraun, hell längsgestreift.

Taubenskabiose ↑Skabiose.

Taubenvögel (Columbiformes), mit über 300 Arten weltweit verbreitete (Polargebiete ausgenommen) Ordnung bis 80 cm langer Vögel mit großem Kropf, relativ kleinem Kopf und nackter oder fehlender Bürzeldrüse. Man unterscheidet drei Familien: ↑Flughühner, ↑Tauben und ↑Dronten.

Taubenzecke (Argas reflexus), derbhäutige, in vollgesogenem Zustand bis etwa 9 mm große (♀), braune Lederzecke; saugt Blut vorwiegend an Tauben und Hausgeflügel, geht bei Nahrungsmangel auch auf den Menschen über, bei dem sie oft schwer heilende Hautentzündungen hervorruft. T. sterben jedoch nach dem Genuß von Menschenblut meist innerhalb von 9 Tagen ab.

Tauber, Richard, * Linz 16. Mai 1891, † London 8. Jan. 1948, brit. Sänger (lyr. Tenor) östr. Herkunft. - Zunächst gefeierter Mozartinterpret, wurde internat. durch sein Auftreten in Operetten (bes. von F. Lehár) und Filmen bekannt.

Tauber, linker Nebenfluß des Mains, entspringt am SW-Fuß der Frankenhöhe, hat sich im **Taubergrund** zw. Rothenburg ob der Tauber und Tauberbischofsheim tief in die unterfränk. Muschelkalkplatte eingeschnitten, mündet bei Wertheim, 120 km lang.

Tauber, männl. Taube.

Täuber-Arp, Sophie ↑Taeuber-Arp, Sophie.

Tauberbischofsheim, Krst. an der Tauber, Bad.-Württ., 176 m ü. d. M., 12 200 E. Verwaltungssitz des Main-Tauber-Kr.; Bundesleistungszentrum des Fechtsports. Holz- und metallverarbeitende Ind., Textilind., Brauerei; Garnison. - Hervorgegangen aus 2 alemann. Siedlungen, 978 erstmals erwähnt,

Tauberbischofsheim.
Ehemaliges Schloß (15./16. Jh.)

erhielt vermutl. zw. 1265 und 1285 Stadtrecht. - Ehem. kurmainz. Schloß (15. und 16. Jh.; heute Museum) mit Teilen eines ehem. Stadtturms; zahlr. Wohnbauten v. a. des Barock (17. und 18. Jh.).

Taubergrund ↑Tauber.

taubes Gestein ↑Erz.

Taubheit (Gehörlosigkeit), angeborener oder erworbener, völliger oder teilweiser Verlust des Hörvermögens. *Absolute T.* (Kophosis) besteht bei einem Hörverlust für alle Schallreize, *prakt. T.* bei Einschränkung des Hörvermögens auf sehr laute Geräusche von mehr als 70 dB. Bei *angeborener T.* bleibt die normale Sprachentwicklung aus, und es kommt ebenso wie bei Verlust des Hörvermögens vor dem achten Lebensjahr zur ↑Taubstummheit. Man unterscheidet zwei Formen der erbl. T.: die sporad. T., die rezessiv vererbt wird und bereits bei der Geburt vorhanden ist (bes. häufig bei Verwandtenehen), und die progressive Form, die dominant vererbt wird und sich erst nach dem Kindesalter manifestiert. - Weitere angeborene Formen der T. findet man gelegentl. durch Schädigung des Fetus während der Schwangerschaft, z. B. durch Röteln, oder auch durch Geburtstraumen. - Bei den später erworbenen Formen der T. handelt es sich meist um eine Schädigung des Innenohrs oder der Hörbahnen als Folge einer Gehirnentzündung (z. B. durch Poliomyelitis-, Masern-, Mumps-, Diphtherieinfektionen). Seltenere Ursachen sind Erkrankungen des Mittelohrs, Otosklerose oder Verletzungen. - Der Grad der T. kann mit Hilfe eines Audiogramms überprüft werden. Sind noch Hörreste vorhanden, sollten Hörgeräte benutzt werden, ansonsten ist eine bes. Schulung mit Hörtraining und pädoaudiolog. Beratung (Spracherziehung und Ablesen vom Mund) notwendig.

📖 *Bodenheimer, A. R.: T. - Die Barriere als Brücke. Villingen 1978. - Early identification of hearing loss. Hg. v. G. T. Mencher. Basel 1976.*

Taublatt (Drosophyllum), Gatt. der Sonnentaugewächse mit der einzigen Art *Drosophyllum lusitanicum* in Portugal, im sw. Spanien und in N-Marokko; bis 50 cm hoher Halbstrauch mit klebrigen Haaren (zum Insektenfang) an den lineal- bis lanzettförmigen, bis 25 cm langen Blättern; Blüten schwefelgelb, in Doldentrauben.

Täublinge (Russula), mit rd. 250 Arten weltweit verbreitete Gatt. der Ständerpilze. Gemeinsame Merkmale aller T. sind das mürbe, bröckelige, trockene Fleisch ohne Milchsaft und die weißen bis dunkelgelben, spröden, leicht splitternden Lamellen. Die Hutfarbe ist sehr veränderlich. Die meisten der einheim. T. sind eßbar.

Taubnessel (Lamium), Gatt. der Lippenblütler mit rd. 40 Arten in Europa, N-Afrika sowie im gemäßigten und subtrop. Asien; Kräuter oder Stauden mit herzförmigen, gesägten Blättern und purpurroten, gelben oder weißen Blüten in achselständigen Quirlen. Bekannteste von den sechs einheim. Arten sind die 30–60 cm hohe **Weiße Taubnessel** (Lamium album, mit weißen, in Quirlen stehenden Blüten; häufige Ruderalpflanze), und die bis 30 cm hohe, in feuchten Laubwäldern verbreitete **Goldnessel** (Lamium galeobdolon; mit goldgelben Blüten, oft hellgrau gefleckten, eiförmigen Blättern und vierkantigem Stengel).

Taubstummenbildung, Teil der ↑Sonderpädagogik, früher Bez. aller erzieher. Maßnahmen für Personen, die entweder von Ge-

Tauchen. Sporttaucher mit Unterwasserkamera

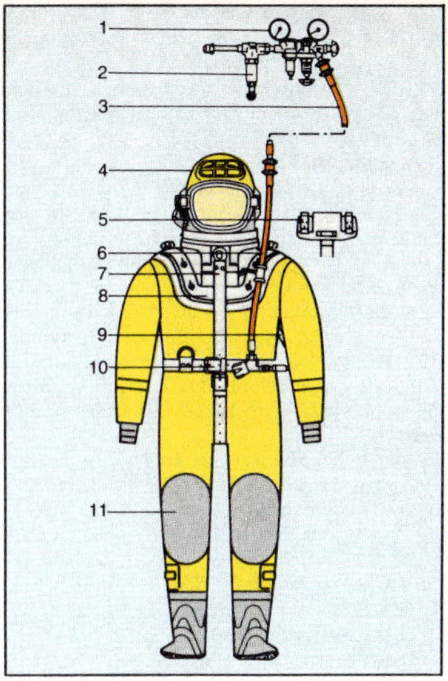

Helmtauchgerät (Schlauchgerät). 1 Druckminderer, 2 Filter, 3 Luftzuführungsschlauch, 4 Taucherhelm, 5 Rückengewicht, 6 Anschlußschlauch, 7 Brustgewicht, 8 Schulterstück, 9 Verbindungsschlauch zum Helm, 10 Leibriemen mit Handregulierventil, 11 Helmtaucheranzug

burt an einen vollständigen Ausfall der Hörfunktion haben oder trotz vorhandener Hörreste ihr Gehör nicht als primären Informationskanal benutzen können, um Sprechen wahrzunehmen und Sprache somit zu entwickeln („Sprachtaub"). Die zur Erlernung der Sprache natürl. Nachahmung beim Menschen ist beim Gehörlosen nicht möglich. Schwerpunkt der Betreuung ist die Sprachbildung (↑Taubstummensprache).
Geschichte: 1770 gründete der Abbé C. M. de l'Epée in Paris die erste Taubstummenschule. 1778 wurde in Leipzig die erste dt. Taubstummenschule von S. Heinicke gegründet. Etwa seit 1860 wird an allen dt. Gehörlosenschulen die Lautsprache gelehrt.

Taubstummensprache, Zeichensystem, mit dessen Hilfe sich Taubstumme untereinander bzw. mit anderen verständigen. Es gibt „künstl. Gebärdensprachen", mit denen man sich durch Hand- und Fingerzeichen verständigen kann, und „Lautsprachmethoden", mit denen durch Absehen vom Munde artikuliertes Sprechen eingeübt wird, um den Taubstummen aus seiner Isolation zu befreien und ihn in die Gesellschaft eingliedern zu können.

Taubstummheit (Surdomutitas), das Ausbleiben der normalen Sprachentwicklung bei intaktem Sprechorgan infolge angeborener Taubheit; auch das Verlernen der artikulierten Sprache bei vor dem 8. Lebensjahr erworbener, sekundärer Taubheit.

Tauchen, *Tauchen ohne Gerät:* Die Ausrüstung besteht aus Flossen, Maske und Schnorchel. Die Tauchzeit - etwa $^1/_2$ bis 3 Min. - ist durch den Sauerstoffvorrat in Blut und Lunge begrenzt; die erreichbare Tauchtiefe beträgt etwa 30–40 m. Durch die Kompressibilität der Luft in der Lunge und den Körperhöhlen und die Inkompressibilität des Körpers entsteht beim Abtauchen in den Körperhöhlen ein relativer Unterdruck, der zu Druckschäden führen kann. - *Tauchen mit Gerät:* Geatmet wird normalerweise Luft, die unter gleichem Druck steht wie der aktuelle Umgebungsdruck. Die Luft wird entweder von der Oberfläche durch Pumpen und Schläuche zugeführt (z. B. Helmtaucher) oder hochkomprimiert in Stahlflaschen auf dem Rücken mitgeführt (↑Tauchgeräte). Faktoren, die die Tauchtiefe begrenzen: Die tox. Wirkung des Sauerstoffs (Nerven- und Kreislaufschäden) ist bei Luft in etwa 70 m, bei reinem Sauerstoff in weniger als 10 m Wassertiefe zu erwarten. - Der Tiefenrausch, dem Alkoholrausch ähnlich, kann in Tiefen ab 40 m auftreten. - Faktoren, die die Tauchzeit begrenzen, sind u. a. der Luftvorrat (mit zunehmender Tiefe steigt bei gleichbleibender Ventilation der Luftverbrauch, da die geatmeten Volumina unter höherem Druck stehen) sowie die Anreicherung des Körpergewebes mit

Stickstoff in Abhängigkeit vom Druck und von der Tauchzeit. Beim Auftauchen muß das gelöste Gas allmähl. über die Lunge ausgeatmet werden, da es sonst zum Ausperlen von Gasbläschen in den Körperflüssigkeiten kommt (↑Druckfallkrankheit). Das Auftauchen muß deshalb in Stufen erfolgen. Im **Tauchsport** (ausgeübt durch Sporttaucher) gibt es verschiedene sportl. Wettbewerbe: In der *Halle* unterscheidet man Flossenkraulen, Flossenstaffel, T. mit Gerät und Streckentauchen ohne Gerät. Im *Freiwasser* gibt es das Orientierungstauchen. Die Ausrüstung bei der **Unterwasserjagd** besteht aus Atemgerät, Flossen und Harpune. Ein Mannschaftsspiel ist **Unterwasserball,** bei dem der Ball in unter Wasser befindl. Tore (Eimer) gebracht werden muß.

Foulon, A.: Sport-T. Für Anfänger u. Fortgeschrittene. Mchn. ²1984. - Freihen, W.: Tauchsport. Niedernhausen Nachdr. 1983. - Müssig, S.: Sport-T. Theorie u. Praxis des Gerätetauchens. Niedernhausen 1983. - Schulz, Erhard: T. u. Schnorcheln. Rbk. 1983.

◆ ↑Kunststoffverarbeitung.

Tauchenten ↑Enten.

Taucherglocke ↑Tauchgeräte.

Taucherkrankheit ↑Druckfallkrankheit.

Tauchersturmvögel (Lummensturmvögel, Pelecanoididae), Fam. bis 25 cm langer, oberseits dunkel, unterseits heller gefärbter Meeresvögel (Ordnung Sturmvögel) mit fünf Arten über kälteren Meeren der Südhalbkugel; niedrig über der Wasseroberfläche fliegende Vögel, die flügelschlagend nach kleinen Meerestieren tauchen.

Tauchgeräte, Vorrichtungen, die ein längeres Verweilen unter Wasser erlauben. **Taucherglocken** sind unten offene Stahlkonstruktionen, in deren (über Schläuche mit Luft versorgten) Räumen mehrere Personen gleichzeitig unter Wasser arbeiten können. **Helmtauchgeräte** bestehen aus einem wasserdichten Spezialanzug mit aufgesetztem, allseits geschlossenem Metallhelm (mit Sichtscheiben) und Metallgewichten; die Zuführung von Atemluft erfolgt über einen Schlauch von der Wasseroberfläche aus *(Schlauchgeräte)* oder mit Hilfe eines Regenerationsgeräts (↑Sauerstoffgeräte). - **Sporttauchgeräte** enthalten die Atemluft in einer oder zwei Druckluftflaschen (Nenndruck meist 200 oder 300 bar), die dem Taucher über den sog. *Lungenautomaten* (eine durch den bei der Atmung entstehenden Unter- und Überdruck automat. gesteuerte Dosiereinrichtung) zugeführt wird. Für Tieftauchversuche und Forschungszwecke werden mit Greifwerkzeugen ausgerüstete, druckfeste **Panzertauchgeräte,** kugelförmige **Tiefseetauchgeräte** und unterseebootähnl. **Unterwasserfahrzeuge** hoher Druckfestigkeit eingesetzt.

Tauchlöten ↑Löten.

Tauchsieder, Heizvorrichtung für Flüssigkeiten, heute meist in Form sog. Rohr-T. hergestellt; diese bestehen aus einem spiralförmig gewickelten Rohr (aus Chrom-Nickel-Legierung), das in zwei geraden Enden, an denen sich die ausreichend geschützten elektr. Anschlüsse befinden, ausläuft. In dem Rohr liegt in der Mittelachse der Heizleiter (Heizwendel), der von der Isoliermasse umgeben ist. Die Leistungsaufnahme eines Haushalt-T. beträgt rd. 800–1 000 Watt.

Tauchsport ↑Tauchen.

Tauchspulenmikrophon ↑Mikrophon.

Tauentzien (Tauenzien), Friedrich Bogislaw von, * Tauenzin bei Lauenburg i. Pom. 18. April 1710, † Breslau 21. März 1791, preuß. General (seit 1758). - Verteidigte im Siebenjährigen Krieg erfolgreich Breslau (1759), dessen Gouverneur er wurde; förderte Lessing, der 1760–65 sein Sekretär war.

Tauern ↑Hohe Tauern, ↑Niedere Tauern.

Tauernautobahn, Teil der kürzesten Straßenverbindung zw. Süddeutschland und dem Raum Triest bzw. Ljubljana. Die insgesamt 146,5 km lange östr. Strecke zw. Salzburg und Spittal wurde 1980 fertiggestellt.

Tauernbahn, östr. Gebirgsbahn von Schwarzach-Sankt Veit nach Spittal an der Drau, verbindet Salzburg mit Kärnten, 83 km lang. Der Kamm der Hohen Tauern wird im **Tauerntunnel** (8 551 m lang, 1 226 m ü. d. M.; 1901–09 erbaut) unterfahren; Kfz.verladung.

Taufbecken (Taufstein), in frühchristl. Zeit und z. T. noch im MA stand das T. (urspr. **Taufbrunnen** zum Untertauchen) im Baptisterium (Taufkirche), v. a. in Italien; nördl. der Alpen steht es im Westwerk oder beim Eingang, in prot. Kirchen nahe dem Altar im Chor. In der roman. Zeit entstehen verschiedene Typen des T.: Kessel, Kufe, Pokal (Schale) oder Becken, groß genug, um den Kopf des Kindes unterzutauchen (bis 15./16. Jh.). Meist mit Deckel; geschmückt mit Reliefs (Tierdämonen, Lebensbaum, Darstellungen aus der Heilsgeschichte, der vier Paradiesflüsse). In der Gotik tritt die architekton.-ornamentale Ausschmückung in den Vordergrund; figürl. Szenen (Reliefs) erneut in der Renaissance (T. in San Giovanni in Siena von Iacopo della Quercia, 1417 ff.). Im Barock werden **Taufschüsseln** aus Edelmetall zum Auffangen des Wassers beim Begießen des Täuflings üblich.

Taufe, das allen christl. Kirchen gemeinsame ↑Sakrament der Initiation und der Rechtfertigung; geht urspr. zurück auf die Taufbewegung des Judentums. Unmittelbarer Vorgänger der christl. Taufpraxis ist Johannes der Täufer, an dessen Tätigkeit Jesus anknüpfte. Der Taufbefehl des auferstandenen Christus (Matth. 28, 19; Mark. 16, 16) wurde in seiner trinitar. Form („im Namen des Vaters und des Sohnes und des Hl. Geistes“)

vom Evangelisten vermutl. nach der ihm bekannten Praxis formuliert. Im Urchristentum wurde die T. wahrscheinl. zunächst durch Untertauchen des Täuflings gespendet *(Immersions-T., Submersions-T.)*; sie war mit einem kurzen Glaubensbekenntnis des Täuflings verbunden. Die Handauflegung bei der T. soll den Geist spenden, gehört aber nicht notwendig zur Taufe. Die Heilsbedeutung wird darin gesehen, daß mit der T. die Sünden vergeben werden (Symbol des Abwaschens), der Geist empfangen und der Täufling in die christl. Heilsgemeinde eingegliedert wird; Voraussetzung ist der Glaube. Vertieft wurde die älteste Tauftheologie durch Paulus: Nicht Wiedergeburt mit ihrer Rückbindung an vorchristl.-heidn. Vorstellungen, sondern Mitbegrabenwerden und Mitauferstehen mit Christus stehen im Vordergrund. In nachapostol. Zeit sieht die Tauftheologie als wesentl. Merkmale das persönl. Tun des erwachsenen Täuflings (doch auch die Kinder-T. ist bezeugt) und die sakramentale Handlung, in der die Gemeinschaft mit Tod und Auferstehung Jesu Christi, die heiligmachende Gnade und der Nachlaß der Erbsünde bzw. aller bisher begangenen Sünden und der Sündenstrafen vermittelt werden, die Salbung und die Herabkunft des Hl. Geistes. Die T. ist unwiederholbar. Nicht die persönl. Heiligkeit des Spenders, sondern die Macht Gottes sichert die Gültigkeit der T., auch die des Schismatikers und Häretikers. Die T. kann von jedem Menschen gültig gespendet werden, wenn er die Absicht dazu hat und die notwendige Form wahrt. Darin gründet die Möglichkeit der **Nottaufe,** der in dringenden Fällen (z. B. zu erwartender Tod des Täuflings) von einem getauften oder ungetauften Laien vollzogenen nichtfeierl. Taufe. Die hierin deutl. werdende Betonung der Heilsnotwendigkeit der T. führte zu der allg. *kath.* Praxis der *Kinder-T.*, wobei die religiösen Voraussetzungen für eine christl. Erziehung des Kindes durch die Eltern oder ↑Paten gewährleistet werden. - Nach *luth.* Lehre durchdringen sich in der T. Gottes Macht, die den Menschen rechtfertige, sakramentale Symbolhandlung und persönl., subjektive Tat des Täuflings. Im *ref.* Verständnis setzt T. als Vergebung der Schuld im Tod Christi gläubige Annahme von seiten des Täuflings voraus; deshalb wird die Erwachsenen-T. bevorzugt. In den christl. Kirchen wird die T. heute gegenseitig anerkannt.

Mit der *Feier* der T. sind im christl. Abendland viele Bräuche verbunden. Der Termin der T. lag bis ins 12./13. Jh. an der Oster- und Pfingstvigil, dann wenige Tage nach der Geburt. Erst seit dem frühen MA ist mit der T. die Verleihung des Vornamens (*Taufname:* ↑auch Personennamen) verknüpft. In einigen Bräuchen zeigt sich eine enge Verbindung von christl. Denken (z. B. Abschwörung) mit

Taufbecken. Granittaufstein mit Löwenkampfszene aus Munkbrarup in Schleswig-Holstein (um 1200)

vorchristl. Dämonenabwehrzauber: Aufheben des Kindes von der Erde durch den Vater, Taufmahl, Pistolenschießen u. a. Seit dem späten MA wurden *Taufkerze* und (meist weißes) *Taufkleid* in die Taufliturgie übernommen. Die Verpflichtung des Paten zu bes. *Patengeschenken* ist etwa seit dem 17./18. Jh. bekannt.

🕮 Ratschow, C. H.: Die eine christl. T. Gütersloh [3]1983. - Nagel, E.: Kindertaufe u. Taufaufschub. Ffm. 1980. - Jilek, A.: Initationsfeier u. Amt. Ffm. 1979. - Baumgartner, J.: Das Sakrament der T. Frib. 1976. - Schlink, E.: Die Lehre v. der T. Kassel 1969.

Taufe Christi (Taufe Jesu), die im N. T. geschilderte Bußtaufe Jesu durch Johannes den Täufer; gilt als histor. sicher; die erwähnten Begleiterscheinungen (Herabschweben der Taube, Stimme vom Himmel) werden vorwiegend als ein Erlebnis Jesu gedeutet. In der bildenden Kunst ist die T. C., v. a. wegen der in ihr symbol. ausgedrückten Annahme Jesu durch den Vater, ein immer wiederkehrendes, bis ins 16. Jh. bevorzugtes Thema, beginnend mit Katakombendarstellungen (3. Jh.), auf Mosaiken, in Handschriften, Elfenbein-, Goldschmiedearbeiten, Altartafeln. Dargestellt wird die Ganztaufe, das Wasser oft als Berg, z. T. eine Personifizierung des

Flusses Jordan, die herabfliegende Taube, die Hand Gottes (seit dem 12. Jh. das Haupt Gottes), in der Ostkirche Engel mit Gewändern und Taufhöhle.

Täufer (Anabaptisten, Wiedertäufer), nach ihrer [strikten] Praxis der Erwachsenentaufe ben. Anhänger einer uneinheitl., bald unterdrückten Nebenbewegung der Reformation mit eigenständigen theolog. Ansätzen v. a. in der polit. Ethik und in der Lehre von der Kirche. Obwohl die T.bewegungen um die Spiritualisten S. Franck und K. von Schwenckfeld oder der Mennoniten gemäßigt-tolerant waren, diskreditierten die radikalen Kreise um T. Müntzer das täufer. Anliegen in der Öffentlichkeit, was zu anhaltender Unterdrückung führte. Das sozialrevolutionäre Element überlagerte deshalb die urspr. Tendenz.

Taufik Pascha, Ahmad (türk. Ahmet Tevfik Paşa), seit 1934 Ahmet Okday, * Konstantinopel 11. Febr. 1845, † ebd. 7. Okt. 1936, osman. Politiker. - 1895–1908 Außenmin.; April/Mai 1909 Großwesir der vom Sultan Abd Al Hamid II. gegen die Jungtürken eingesetzten Reg.; 1918/19 und 1920–22 letzter Großwesir des Osman. Reiches.

Taufkirche, svw. ↑Baptisterium.

Taufliegen (Essigfliegen, Drosophilidae), weltweit verbreitete, rd. 750 Arten umfassende Fam. 1–5 mm langer Fliegen (davon rd. 50 Arten in Europa); Körper meist gelbl. oder rötlichbraun, häufig rotäugig; leben bes. in der Nähe faulender und gärender Stoffe (v. a. von Früchten). Die Larven entwickeln sich überwiegend in gärenden und säuernden Pflanzensäften. Die bekannteste Art ist *Drosophila melanogaster* (Taufliege i. e. S.; etwa 2,5 mm lang) mit (bei der Wildform) roten Augen, rötlichgelbem Thoraxrücken und gelbschwarz gezeichneten Hinterleibssegmenten. Sie wird als Versuchstier für die genet. Forschung genommen.

Taufnamen ↑Personennamen.

Tauler, Johannes, * Straßburg um 1300, † ebd. wahrscheinl. 15. Juni 1361, dt. Mystiker und Prediger. - Dominikaner; Prediger und Seelsorger in Straßburg und Basel. Setzte die Spekulationen Meister Eckharts in Anweisungen zu einem mit Gott vereinten Leben um. Wirkungsgeschichtl. wichtig ist bes. seine Betonung des „inneren Werkes" vor der äußeren Werkgerechtigkeit.

Taumelkäfer (Drehkäfer, Kreiselkäfer, Gyrinidae), weltweit verbreitete, über 800 Arten umfassende Fam. etwa 5–10 mm langer Wasserkäfer (davon zwölf Arten einheim.); Körper längl.-oval mit Doppelaugen und kurzen, flossenartig verbreiterten Mittel- und Hinterbeinen; schwimmen gesellig v. a. auf der Wasseroberfläche von Bächen und Flüssen, tauchen bei Gefahr; Larven asselähnl., im Bodenschlamm der Gewässer.

Taumelkerbel ↑Kälberkropf.

Taumelkrankheit (ansteckende Drehkrankheit), v. a. durch Schiefhalten sowie period. schnelle Kreisbewegungen des Kopfes und Taumeln des betroffenen Tiers gekennzeichnete seuchenhafte, tödl. verlaufende Gehirnerkrankung des Hausgeflügels.

Taumellolch ↑Lolch.

Taumelscheibe, kreisförmige Scheibe, deren Ebene schräg zu der durch die Scheibenmitte laufenden Drehachse liegt und deren Umfang bei der Drehung der Achse period. Auf- und Abbewegungen in Achsenrichtung ausführt; ausgenutzt u. a. zur Steuerung der Rotorblätter in Hubschrauberantrieben sowie als Steuerorgan in Kapsel- und Kolbenpumpen.

Taumesser (Drosometer), Geräte zur Messung der Taumenge, i. d. R. durch Bestimmung des Gewichts der als Tau abgesetzten Flüssigkeit. Als Auffangflächen (Taufänger) werden Teller *(Tauplatten)* oder Haarsiebe *(Tausiebe)* verwendet, deren Gewichtszunahme durch den Tau mittels Wägung festgestellt wird. Bei den *Tauwaagen* ist die Auffangfläche am Waagebalken einer Hebelwaage aufgehängt; nach dem gleichen Prinzip arbeiten auch registrierende T. *(Tauschreiber, Drosographen)*.

Taung, Ort in der nördl. Kapprov., Republik Südafrika, nahe der Grenze zu Transvaal. - 1924 wurden in T. die ersten Schädelreste der ↑Australopithecusgruppe gefunden.

Taunggyi, Stadt im östl. Birma, im Schanhochland, 1 440 m ü. d. M., 90 000 E. Hauptstadt des Schanstaates; kath. Bischofssitz; College; holzverarbeitende Ind., Marktort; bed. Zinkerzlager.

Taunton [engl. 'tɔ:ntən], engl. Stadt auf der Halbinsel Cornwall, 35 300 E. Verwaltungssitz der Gft. Somerset; anglikan. Bischofssitz; Forschungsstelle für Küstensedimentation; Gft.museum. Landmaschinenbau, Leder- und Textilindustrie. - Funde von Bronzegegenstände namengebend für den mittleren Abschnitt der engl. Bronzezeit (13./12. Jh. v. Chr.). Entstand bei einer um 710 gegr. sächs. Königsburg; erhielt 904 Stadtrecht (nach 1660 entzogen, 1877 erneuert). - Pfarrkirchen im Perpendicular style: Saint Mary Magdalene (1508) und Saint James (15. Jh.). Got. Kings's College (Hauptgebäude 1867–69).

Taunus, sö. Teil des Rhein. Schiefergebirges, Mittelgebirge zw. der Lahn im N und dem oberen Mittelrhein im W, nach S gegen das Tiefland an Rhein und Untermain, nach O gegen die Wetterau abfallend. Den weitaus größten Teil des T. umfaßt der von der **Idsteiner Senke** geteilte **Hintertaunus**; er entwässert im wesentl. zur Lahn. Am S-Rand finden sich in der Aufwölbung des **Hochtaunus** (zw. dem Binger Loch und Bad Nauheim) die höchsten Erhebungen des T.: Großer Feldberg (878 m), Kleiner Feldberg (825 m),

Altkönig (798 m). Die urspr. Buchen- und Buchenmischwälder wurden weitgehend von Nadelwäldern abgelöst. Ackerbau v.a. im Limburger und Usinger Becken und in der Idsteiner Senke. - Im Ggs. zu dem bereits im Neolithikum besiedelten südl. Vorland wurden in den Wäldern des T. nur bronze- und frühsteinzeitl. Grabhügel gefunden. Seit der späten Bronzezeit entstanden Ringwälle, z. B. auf dem Altkönig. Der Limes bezog den Hoch-T. am Ende des 1. Jh. n. Chr. in das Röm. Reich ein; Reste sind auf weite Strecken hin sichtbar, rekonstruiert wurde die ↑Saalburg. Seit der Jh.wende entwickelte sich v. a. der Naturpark Hochtaunus im Geb. um den Großen Feldberg zu einem bed. Naherholungsgebiet für die Städte des Rhein-Main-Gebietes. Bekannte Heilbäder sind Wiesbaden, Bad Soden am Taunus, Bad Homburg v. d. H. und Bad Nauheim.

📖 *Leson, W.: Rheingau u. T. Landschaft, Gesch., Kultur. Köln 1978. - Müller, Karl-Heinz: Zur Morphologie des zentralen Hintertaunus u. des Limburger Beckens. Marburg 1973.*

Taunusstein, hess. Stadt im Hintertaunus, 320–480 m ü. d. M., 26 100 E. Herstellung von Maschinen, Musikinstrumenten, Sportgeräten u. a. - Entstand 1971 durch Zusammenschluß von 6 Gemeinden; 1972 wurden 4 weitere eingegliedert. - Im Ortsteil **Bleidenstadt** ehem. Benediktinerkloster (gegr. 788) mit spätgot. Kirche (um 1500 barockisiert). Im Ortsteil **Wehen** (Stadterhebung 1323) klassizist. Pfarrkirche (1810–12) und ehem. Schloß (18. Jh.).

taupe [to:p; lat.-frz.], maulwurfsgrau, braungrau.

Tauplatten ↑Taumesser.

Taupo, Lake [engl. 'lɛɪk] größter See Neuseelands, im Zentrum der Nordinsel, 357 m ü. d. M., 606 km², bis 159 m tief.

Taupunkt, die Temperatur, bei der in einem Gas-Dampf-Gemisch (z. B. Luft und Wasserdampf) das Gas mit der vorhandenen Menge des Dampfes gerade gesättigt ist, also keinen weiteren Wasserdampf mehr aufnehmen kann. Das Gemisch hat am T. demnach seine (temperaturabhängige) maximale ↑Feuchtigkeit erreicht, d. h. seine relative Feuchtigkeit beträgt 100%. Beim Abkühlen unter den T. kondensiert jeweils soviel Wasserdampf in Form kleiner Wassertröpfchen (Nebel, Wolken, Tau), daß die relative Feuchtigkeit stets ihren Wert von 100% beibehält. Der **Reifpunkt** ist die Sättigungstemperatur feuchter Luft über Eis bei gegebenem Dampfdruck.

Taupunkthygrometer ↑Hygrometer.

Tauragė [litauisch taụra'ge:] (dt. Tauroggen), Stadt im W der Litauischen SSR, 22 000 E. Herstellung von Rechenmaschinen, Keramikröhren u. a. - Am 30. Dez. 1812 wurde bei T. die **Konvention von Tauroggen** zw. dem preuß. General J. D. L. Graf Yorck von Wartenburg und dem russ. General J. Graf Diebitsch geschlossen; die Konvention leitete die Trennung des preuß. Hilfskorps von der frz. Armee ein.

Taurien [...i-ɛn], auf den antiken Namen zurückgehende Bez. für die Halbinsel Krim und die angrenzenden Steppengebiete.

Taurin [zu griech. taũros „Stier" (zuerst in Ochsengalle entdeckt)], $H_2N-CH_2-CH_2-SO_3H$, in der Gallenflüssigkeit enthaltene, aus der Aminosäure Cystein entstehende Aminosulfonsäure, die (synthet. hergestellt) zur Herstellung waschaktiver Substanzen dient.

Taurische Chersones [çɛr...] ↑Krim.

Tauroggen ↑Tauragė.

Taurus [griech.-lat.] (Stier) ↑Sternbilder (Übersicht).

Taurus, Gebirgssystem in der südl. und östl. Türkei, gliedert sich in den **Lykischen Taurus** (West-T.) vom Golf von Fethiye bis östl. des Golfes von Antalya (bis 3 086 m hoch), den östl. anschließenden Mittel-T. bis nw. von Adana, dessen O-Teil auch **Kilikischer Taurus** genannt wird (bis 3 585 m hoch), den nach N anschließenden ↑Aladağ, der höchste Teil des gesamten Systems, das sich hier gabelt in den Inneren Ost-T. vom oberen Seyhan nehri bis an den Ararat und den Äußeren Ost-T. vom oberen Ceyhan nehri bis sö. des Vansees. Ein wichtiger Durchlaß nw. von Adana ist die **Kilikische Pforte.** An Bodenschätzen kommen Eisen-, Blei-, Kupfer- und Chromerze vor; am Burdursee wird Schwefel gewonnen.

Taus, Josef, * Wien 8. Febr. 1933, östr. Politiker. - Jurist; 1966/67 Staatssekretär im Bundesministerium für Verkehr; 1968 Generaldirektor der Östr. Sparkassen; seit 1971 stellv. Bundesobmann des Östr. Arbeiter- und Angestelltenbundes (ÖAAB); 1975–79 Bundesobmann und Kanzlerkandidat der ÖVP.

Tausch, den Regeln des Kaufs (↑Kauf) folgender gegenseitiger Vertrag, bei dem die Leistungen in individuellen Werten ohne Festlegung eines in Geld ausgedrückten Kaufpreises erfolgen.

Tauschhandel, direkter Austausch von Waren ohne Vermittlung durch ↑Geld. Der T. entstand als erste Form des Handels durch gelegentl. Austausch von Überschüssen zw. im wesentl. Subsistenzwirtschaft treibenden sozialen Gruppen. - In wirtsch. Krisenzeiten mit - meist wegen galoppierender Inflation - fehlendem Vertrauen in den Wert des Geldes treten dem T. ähnliche Formen auf, indem eine bestimmte Ware als Geld (Tauschmittel) fungiert (z. B. „Zigarettenwährung").

Tauschheirat, Heiratsordnung, bei der das Ausscheiden eines Mädchens durch Heirat aus einer Stammesgruppe durch gleichzeitiges Einheiraten eines anderen Mädchens aus der entsprechenden anderen Gruppe ausgeglichen wird.

Tauschieren [arab.] (Damaszieren), unedle Metalle durch Einlegearbeiten mit Edelmetall verzieren. In Gegenstände (bes. Rüstungen und Waffen) z. B. aus Eisen oder Kupfer gräbt oder ätzt man schmale Rillen zu linearen Mustern, in die Gold- oder Silberstückchen eingehämmert und durch Erhitzen mit dem Untergrund verbunden werden. Das T. war schon im Altertum in ganz Europa bekannt, im MA bes. in Asien gepflegt. In der islam. Kunst war das T. bes. hoch - nicht nur für Waffen - entwickelt, da der Koran den Gebrauch von Gegenständen aus Edelmetall als unerlaubten Luxus verbietet. Über Spanien gelangte die Tauschierung im 16. Jh. wieder nach Europa (v. a. Spanien und Oberitalien).

Tauschmittel, Güter, Leistungen und Geld, die zum Erwerb von Gütern im Wege des Tausches dienen.

Täuschung, vorsätzl. Verhalten mit dem Ziel, bei einem anderen einen Irrtum zu erregen. Die T. ist im Strafrecht Tatbestandsmerkmal z. B. des ↑Betrugs. Im Zivilrecht gibt sie dem Getäuschten ein Recht zur ↑Anfechtung der durch sie beeinflußten rechtsgeschäftl. Handlungen und auf Schadenersatz; im öffentl. Recht gibt sie der Behörde einen Grund zur Rücknahme auf ihr beruhender Verwaltungsakte. - ↑auch Arglist.

Tauschwert, Begriff der ↑Arbeitswertlehre für den im Ggs. zum Gebrauchswert von der stoffl. Gestalt einer Ware unabhängigen Wert, der im Tauschakt hervortritt. Die Größe des T. einer Ware ist durch die zu ihrer Produktion bzw. Reproduktion verausgabte Menge an „gesellschaftl. durchschnittl. notwendiger Arbeit“ bestimmt.

Tauschwirtschaft, Wirtschaftsform, in der die Wirtschaftssubjekte Güter nicht allein durch Eigenproduktion, sondern auch im Tausch mit anderen Wirtschaftssubjekten erwerben können. Zumeist ist mit T. die urspr. Naturalwirtschaft gemeint.

Tausendblatt (Myriophyllum), weltweit verbreitete Gatt. der Meerbeerengewächse mit zahlr. Arten (davon drei einheim.); ausdauernde, mehr oder weniger untergetaucht lebende Wasserpflanzen (auch Landformen) mit in Quirlen angeordneten, gefiederten Wasserblättern; Blätter über dem Wasser meist anders gestaltet; Blüten unscheinbar. Einige Arten sind beliebte Aquarienpflanzen. -

Tausendfüßer (Myriapoda, Myriapoden), seit dem Silur bekannte, heute mit über 10000 Arten v. a. in feuchten Biotopen weltweit verbreitete Klasse landbewohnender Gliederfüßer, deren Chitinkutikula keine vor Verdunstung schützende Wachsschicht enthält; gekennzeichnet durch einen deutl. abgesetzten Kopf, ein Paar Fühler und einen weitgehend gleichförmig gegliederten Körper, dessen Segmente fast alle ausgebildete Laufbeine tragen (bis zu 340 Beinpaare). - Zu den T. gehören ↑Hundertfüßer, ↑Doppelfüßer, ↑Zwergfüßer und ↑Wenigfüßer.

Tausendgüldenkraut (Centaurium), Gatt. der Enziangewächse mit rd. 40 Arten auf der nördl. Halbkugel, in S-Amerika und Australien; meist einjährige Kräuter mit einfachen, ganzrandigen Blättern und rosafarbenen, gelben oder weißen Blüten mit sehr langer Kronröhre. Die bekannteste einheim. Art ist das 10–50 cm hohe **Echte Tausendgüldenkraut** (Centaurium minus, mit hellroten Blüten; auf Wiesen und Waldlichtungen).

tausendjähriges Reich, von den Nationalsozialisten ins Polit. gewendeter, urspr. geschichtstheolog. (↑auch Chiliasmus) Begriff zur propagandist. Überhöhung ihres Staates.

Tausendschön ↑Gänseblümchen.

Tausendundeine Nacht, der oriental. Volksepik zuzurechnende arab. Sammlung von über 300 Erzählungen, die den verschiedensten literar. Gatt. angehören (Märchen, Novellen, Anekdoten, Legenden, Fabeln). Den Kern bilden pers. Bestandteile, die auf einer ind. Vorlage basieren. Um ihn gruppiert sind vorher selbständige Erzählungen arab. und ägypt. Stoffe; ind. Herkunft ist v. a. die Rahmenhandlung, pers. Ursprungs sind bes. die Zaubermärchen; die scherzhaften Erzählungen sind überwiegend ind. und pers. Beiträge; alle Erzählungen sind Episoden der Rahmenhandlung, in der die kluge Scheherazade ihren zukünftigen Gatten, den König von Samarkand, während 1001 Nächten mit ihren spannenden Erzählungen so gut unterhält, daß er seinen Vorsatz, sie töten zu lassen, aufgibt. Die heute vorliegende endgültige Form erhielt das Werk vermutl. im 16. Jh. in Ägypten.

Tausiebe ↑Taumesser.

Taut, Bruno, * Königsberg (Pr) 4. Mai 1880, † Ankara 24. Dez. 1938, dt. Architekt. - Tätig in Magdeburg (1921–24 als Stadtbaurat), Berlin (1930–32 Prof. für Wohnungswesen und Siedlungsbau an der TH), 1932 in Moskau, 1933 in Japan, seit 1936 in Istanbul (Leiter der Architekturabteilung der Kunstakad.). Bekannt wurde T. durch seinen Glaspavillon für die Kölner Werkbundausstellung 1914. Seine Bed. für den modernen Städte- und Siedlungsbau liegt v. a. in den in die Zukunft weisenden Siedlungsbauten mit verschiedenen Wohnblocktypen (Berlin-Britz, 1925–27, „das Hufeisen“).

T., Max, * Königsberg (Pr) 15. Mai 1884, † Berlin (West) 26. Febr. 1967, dt. Architekt. - Bruder von Bruno T.; seit 1911 in Berlin; 1945 bis 1953 Prof. an der dortigen Hochschule für Bildende Künste. Errichtete v. a. die Reutersiedlung in Bonn (1951) und das Ludwig-Georgs-Gymnasium in Darmstadt (1953–55) mit einer neuartigen, dreiteiligen Anlage (Lehrraum, Gruppenraum, Freilichtraum).

Tautazismus [griech.], in der Stilistik als fehlerhaft oder unschön empfundene Häufung gleicher oder ähnl. Laute oder Silben, z. B. „Lotterieziehzeit“.

tauto..., Tauto... [griech.], Bestimmungswort von Zusammensetzungen mit der Bed. „dasselbe, das gleiche“.

Tautogramm, Vers oder Gedicht, bei dem alle Wörter bzw. Verse mit demselben Anfangsbuchstaben beginnen.

Tautologie, Wiedergabe eines Begriffs durch zwei oder mehr Wörter gleicher oder ähnl. Bedeutung, meist in einer ↑Zwillingsformel, z. B.: ganz und gar, recht und billig, angst und bange, Schloß und Riegel; dient der Ausdruckssteigerung. Die zwei- und mehrgliedrige T. wird nicht immer scharf vom eingliedrigen Pleonasmus unterschieden.
◆ in der Philosophie urspr. svw. ↑Circulus vitiosus, i. w. S. das analyt. ↑Urteil; seit L. Wittgenstein in der formalen Logik Terminus für die klass.-log. wahren Aussagen.

Tautomerie [griech.], Form der Strukturisomerie bei bestimmten organ. Verbindungen, die in zwei, meist durch intramolekulare Protonenwanderung ineinander umwandelbaren, miteinander im Gleichgewicht stehenden Molekülformen *(Tautomeren)* vorliegen und auf Grund verschiedener physikal. und chem. Eigenschaften häufig einzeln isolierbar sind. Bei der *Keto-Enol-T.* steht eine Enolverbindung mit einer oder mehreren Hydroxylgruppen an ungesättigten Kohlenstoffatomen im Gleichgewicht mit einem (gesättigten) Keton:

$$-CO-CH_2- \rightleftharpoons -C(OH)=CH-.$$

Die bei Zuckern auftretende *Oxo-Cyclo-T.* beruht auf dem Gleichgewicht zw. der offenen Aldehyd- bzw. Ketoform des Zuckermoleküls mit einer cycl. (durch intramolekulare Halbacetalbildung [↑Acetale] zustandekommenden) Halbacetalform:

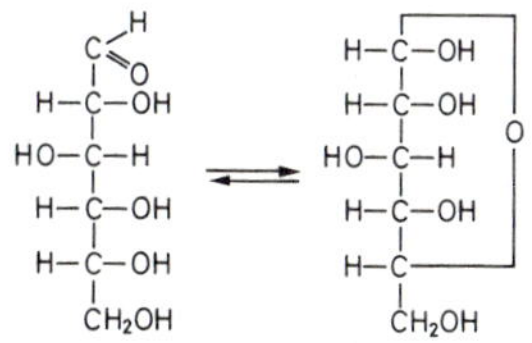

Bei der *Säureamid-Imid-T.* liegt das Gleichgewicht meist überwiegend auf der Amidform:

$$R-CO-NH_2 \rightleftharpoons R-C(OH)=NH.$$

tautomorph (orthomorph), raumrichtig (gesagt von Stereobildern, die dem Objekt in jeder Hinsicht, d. h. auch in der Größe, gleichen).

Tautonymie [griech.], bei Artnamen in der zoolog. Systematik die nach den Nomenklaturregeln zulässige Übereinstimmung des die Art bezeichnenden Teils des (zweigliedrigen) Namens mit der Gattungsbezeichnung; z. B. Capreolus capreolus (wiss. Name für das Reh).

tautosyllabisch [griech.], svw. ↑homosyllabisch.

Tauwaage ↑Taumesser.

Tauwetter, Bez. für die Zeit nach Stalins Tod (1953) in der sowjet. Kulturpolitik (ben. nach I. Ehrenburgs Kurzroman „T.“, 1954–56), die für das Kulturleben der Sowjetunion und anderer sozialist. Staaten eine weniger streng gehandhabte ideolog. Reglementierung brachte.

Tavastland, schwed. für ↑Häme.

Tavaststjerna, Karl August [schwed. ˌtavastʃæːrna], * Annila bei Mikkeli 13. Mai 1860, † Pori 20. März 1898, schwedischsprachiger finn. Schriftsteller. - V. a. mit seinen Romanen (z. B. „Ein Sonderling“, 1887) wichtigster Vertreter der schwed. Literatur Finnlands am Ende des 19. Jahrhunderts.

Tavel, Rudolf von [...vɛl], * Bern 21. Dez. 1866, † ebd. 18. Okt. 1934, schweizer. Schriftsteller. - Seine volkstüml. [patriot.-prot.] Erzählungen und Theaterstücke behandeln v. a. Themen der Berner Geschichte und das Schicksal histor. Gestalten.

Taverne [italien., zu lat. taberna „Hütte“], Weinschenke, Gasthaus.

Taveuni, drittgrößte der ↑Fidschiinseln.

Tavşanlı [türk. tavˈʃanlɨ], türk. Ort im nw. Anatolien, 16 000 E. Zentrum des bedeutendsten türk. Braunkohlenreviers.

Tawney, Richard Henry [engl. ˈtɔːnɪ], * Kalkutta 30. Nov. 1880, † London 16. Jan. 1961, brit. Wirtschaftshistoriker. - Prof. in Glasgow (ab 1906), Oxford (ab 1908) und London (seit 1931); bed. Arbeiten zur Analyse

Bruno Taut, Glaspavillon auf der Werkbundausstellung in Köln (1914)

der Erwerbswirtschaft, zur Frühgeschichte des Kapitalismus und zum Gleichheitsprinzip.

tawny [engl. 'tɔːnɪ „lohfarben"] ↑Portweine.

Taxa ↑Taxon.

Taxaceae [lat.], svw. ↑Eibengewächse.

Taxameter [frz.], in ein Taxi eingebautes Gerät, das den jeweils zu zahlenden Betrag (in Abhängigkeit von der gefahrenen Strecke und der [Warte]zeit) automat. berechnet und anzeigt.

◆ veraltet für ↑Taxi.

Taxator [lat.], Wertsachverständiger, Schätzer.

Taxco de Alarcón [span. 'tasko ðe alar'kɔn], mex. Stadt auf der S-Abdachung der Cordillera Volcánica, 1780 m ü. d. M., 27000 E. Zentrum eines Bergbaugeb., Herstellung von Silberwaren. - 1529 von H. Cortés gegr. Bergbausiedlung. - Die gut erhaltene Kolonialstadt steht unter Denkmalschutz; barokke Pfarrkirche Santa Prisca (1748–58).

Taxe [lat.], ein durch Wertbeurteilung (Taxierung) im Wege der Schätzung festgestellter Preis bzw. Gebühr.

Taxe, svw. ↑Taxi.

Taxi [frz., Kurzform von taximètre; letztl. zu lat. taxare „abschätzen"] (Taxe, Kraftdroschke), zur Beförderung von Personen an ein vom Fahrgast zu bestimmendes Ziel von einem Unternehmer auf öffentl. Straßen oder Plätzen bereitgestellter Personenkraftwagen, der zur Ermittlung des Fahrpreises mit einem Taxameter ausgerüstet ist; steht heute i. d. R. durch Sprechfunk mit der Zentrale in Verbindung *(Funktaxi)* und erhält von dort seine Fahraufträge. Der Verkehr mit Taxen innerhalb einer Gemeinde oder in einem größeren Bezirk ist genehmigungspflichtig; näheres regeln die Droschkenverordnungen (Personenbeförderungsgesetze) der Länder.

Taxie (Taxis, Mrz. Taxien) [griech.], Ortsbewegungen frei beweglicher tier. und pflanzl. Lebewesen, die von der Richtung abhängen, aus der ein Reiz auf den Organismus einwirkt. Bewegt sich das Lebewesen zur Reizquelle hin, spricht man von *positiver Taxie*, bewegt es sich von der Reizquelle fort, von *negativer Taxie*. Wird die Reizquelle auf dem kürzesten Weg angesteuert, handelt es sich um eine *topische Reaktion*. Bei der *phobischen Reaktion* dagegen (*Schreckreaktion*, **Phobotaxis**) wird das Ziel erreicht, indem das Lebewesen beim richtungslosen Umherirren jedes Mal zurückschreckt und eine Wendung macht, wenn es in einen Bereich kommt, der ihm weniger angenehm ist. Man unterscheidet einzelne T. nach der Art des Reizes: Viele Einzeller (z. B. Pantoffeltierchen) und Spermatozoide reagieren mit phobischen oder topischen Orientierungsbewegungen im Wasser auf ein Konzentrationsgefälle der unterschiedlichsten Substanzen (**Chemotaxis**). - Das gleiche gilt für die Einstellung auf einseitig einfallendes Licht (**Phototaxis**). Wird die Beleuchtung zu stark, wandelt sich die positive in eine negative Taxie um. Berührt ein Pantoffeltierchen beim Umherschwimmen ein Hindernis, wendet es sich sofort ab (negative *Thigmotaxis*). - Mit Hilfe kleiner, fester Inhaltskörper im Zytoplasma ist es in der Lage, die Richtung der Schwerkraft festzustellen; unter bestimmten Bedingungen bewegt es sich von ihr fort (negative *Geotaxis*). - Weitere wichtige Reize sind Wärme *(Thermotaxis)* und Feuchtigkeit *(Hydrotaxis)*. Besitzt ein Tier ein Sinnesorgan doppelt, kann sein Weg einen bestimmten Winkel mit der direkten Richtung zur Reizquelle bilden (**Tropotaxis**). - Bei der **Phonotaxie** erfolgt eine Ortsbewegung auf Richtung und Entfernung von Schallwellen, z. B. die Ultraschallorientierung bei Fledermäusen.

Taxis, lombard. Geschlecht (seit 1146 bezeugt); führte einen Dachs (italien. tasso) im Wappen; seit dem 15. Jh. im päpstl. Kurierdienst tätig; gilt als „Erfinder" des Postwesens. - ↑auch Thurn und Taxis. Bed. v. a.:

T., Franz von, * 1459, † zw. dem 30. Nov. und dem 20. Dez. 1517. - Am 1. März 1500 von Philipp I. von Kastilien zum Hauptpostmeister ernannt; verpflichtete sich am 18. Jan. 1505, zw. den Niederlanden, dem Hof Maximilians I., dem frz. und dem span. Hof eine Postverbindung einzurichten (1516 auf Italien ausgedehnt). Sein Neffe Johann Baptist von T. (* um 1470, † 1541) baute die Postfernlinien aus und erhielt die Gft. La Roche.

Taxis, svw. ↑Taxie.

Taxiway [engl. 'tæksɪwɛɪ], svw. ↑Rollbahn.

Taxkurs, geschätzter Kurs eines Wertpapiers, für das im amtl. Handel (mangels Umsatzes) keine Notierung erfolgte; im Kursblatt mit T gekennzeichnet.

Taxodium [lat./griech.], svw. ↑Sumpfzypresse.

Taxon (Mrz. Taxa) [griech.], svw. ↑systematische Kategorie. - ↑auch Taxonomie.

Taxonomie [griech.], in *Zoologie* und *Botanik* als Zweig der ↑Systematik die Wiss. und Lehre von dem prakt. Vorgehen bei der Einordnung der Organismen in systemat. Kategorien (*Taxa*; Einz.: *Taxon*). Die so gebildeten Organismengruppen stellen Einheiten dar, deren Vertreter in stammesgeschichtl. Hinsicht unmittelbar miteinander verwandt sind. Das elementare Taxon ist die ↑Art. Dem stammesgeschichtl. Gefüge entsprechend werden verwandte Arten zu hierarchisch abgestuften höheren Taxa (Gattungen, Familien usw.) zusammengefaßt. - ↑auch System.

◆ (T. von Lernschritten) in der *Pädagogik* Klassifikationsschema, in dem alle für einen Erziehungsprozeß relevanten Lernziele hierarch. geordnet zusammengefaßt sind.

◆ ein linguist. Verfahren, das von einer begrenzten Beispielsammlung sprachl. Äußerungen ausgeht und auf Analysen und Beschreibungen von deren Oberflächenstrukturen abzielt. Bei konsequentem Ausschluß der Bedeutung bzw. bei dem Versuch, nur ihre formalen Signale zu erfassen, werden Einheiten auf Grund gemeinsamer Merkmale identifiziert und segmentiert. Die gewonnenen Segmente ergeben, nach ihrem charakterist. Vorkommen (Gleichheit ihrer Umgebungen) geordnet, grammat. Klassen. Gegen dieses mechanist. Vorgehen wird eingewendet, daß keine Erkenntnisse über die Funktion der gewonnenen Einheiten und ihrer Klassen zu erhalten sind.

Taxus [lat.], svw. ↑Eibe.

Taygetos, Gebirge auf der südl. Peloponnes, z. T. glazial überformt, in höheren Lagen bewaldet, bis 2407 m hoch.

Taylor [engl. 'tɛɪlə], Alan John Percivale, * Birkdale (= Southport) 25. März 1906, brit. Historiker und Publizist. - U. a. 1938–76 Dozent am Magdalen College, Oxford, seitdem Prof. in Bristol. Arbeiten zur Geschichte des 19. und 20. Jh.; verfehlt sind seine Thesen zur Kriegsschuldfrage des 2. Weltkriegs („Die Ursprünge des 2. Weltkriegs", 1962).

T., Bayard, * Kennett Square (Pa.) 11. Jan. 1825, † Berlin 19. Dez. 1878, amerikan. Schriftsteller. - Buchdruckerlehre; zahlr. abenteuerl. Fußwanderungen und Reisen u. a. in Europa, Afrika, im Nahen und Fernen Osten. Hauptwerk ist die auch metr. originalgetreue Übersetzung von Goethes „Faust" (1870/71).

T., Brook, * Edmonton (Middlesex) 18. Aug. 1685, † London 29. Dez. 1731, engl. Mathematiker. - Mgl. der Royal Society. Sein Werk „Methodus incrementorum directa et inversa" (1715) enthält die nach T. ben., aber schon J. Gregory (1670) bekannte Reihe (↑Taylor-Reihe).

T., Cecil, * New York 25. März 1933, amerikan. Jazzmusiker (Pianist, Komponist). - Leitete ab 1956 verschiedene Gruppen, die wegbereitend für die Entstehung des Free Jazz wirkten.

T., Elizabeth, * London 27. Febr. 1932, amerikan. Filmschauspielerin brit. Herkunft. - Seit 1939 in den USA. Ab 1942 erfolgreicher Kinderstar (Darstellerin tierliebender Mädchen), entwickelte sich seit den 1950er Jahren zu einem der größten Filmstars (u. a. „Ein Platz an der Sonne", 1950; „Die Katze auf dem heißen Blechdach", 1958; „Plötzl. im letzten Sommer", 1959). Zus. mit R. Burton (∞ 1964–74 sowie 1975/76) spielte sie in „Cleopatra" (1963), „Wer hat Angst vor Virginia Woolf" (1966). - *Weitere Filme:* Die Rivalin (1973), Mord im Spiegel (1980).

T., Frederick Winslow, * Germantown (= Philadelphia) 20. März 1856, † Philadelphia 21. März 1915, amerikan. Ingenieur. - Entwickelte eine Methode der Rationalisierung, die auf Untersuchungen über Bewegungsabläufe bei einzelnen Arbeitern beruht. Überflüssige Bewegungen und versteckte Pausen sollen dabei durch eine optimale Organisation des Arbeitsprozesses eliminiert werden. Auf die entsprechenden Arbeiten von T. geht das Prinzip des **Taylorismus** zurück.

T., Maxwell D[avenport], * Keytesville (Mo.) 26. Aug. 1901, amerikan. General. - 1949–51 Stadtkommandant in Berlin; 1953–55 Armeebefehlshaber in Korea; 1955–59 Stabschef des Heeres; Militärberater J. F. Kennedys (1961/62) und Vors. der Vereinigten Stabschefs (1962–64); 1964/65 Botschafter in Saigon.

T., Zachary, * Orange County (Va.) 24. Nov. 1784, † Washington 9. Juli 1850, 12. Präs. der USA (1849/50). - General im Mex. Krieg (1846–48); seine kurze Reg.zeit stand im Zeichen der Auseinandersetzungen im Kongreß zw. Nord- und Südstaaten um den Status des neugewonnenen mex. Territoriums.

Elizabeth Taylor (1966)

Taylorismus [te...] ↑Taylor, Frederick Winslow.

Taylor-Reihe (Taylor-Entwicklung) [engl. 'tɛɪlə; nach Brook Taylor], eine Potenzreihe bzw. Reihenentwicklung der Form

$$f(x) = f(a) + \frac{f'(a)}{1!}(x-a) + \frac{f''(a)}{2!}(x-a)^2 + \cdots + \frac{f^{(n)}(a)}{n!}(x-a)^n + \cdots,$$

wobei $f(x)$ eine beliebig oft differenzierbare Funktion ist und $f^{(n)}(a)$ ihre n-te Ableitung an der Stelle a bedeutet. Für den Spezialfall $a = 0$ gewinnt man aus der T.-R. die *Maclaurinsche Reihe* oder *Entwicklung*:

$$f(x) = f(0) + f'(0) \cdot x + \frac{f''(0)}{2!}x^2 + \frac{f'''(0)}{3!}x^3 + \cdots$$

Taylorscher Satz [engl. 'tɛɪlə; nach Brook Taylor], wichtiger mathemat. Lehrsatz; enthält eine Aussage über den Fehler, der auftritt, wenn eine Funktion durch eine ganze rationale Funktion n-ten Grades approximiert wird: Ist $f(x)$ in einem Intervall

$[a,b]$ $(n+1)$mal stetig differenzierbar, so gilt für jedes $x \in [a,b]$

$$f(x) = f(a) + \frac{f'(a)}{1!}(x-a) + \frac{f''(a)}{2!}(x-a)^2 + \cdots + \frac{f^{(n)}(x)}{n!}(x-a)^n + R_n$$

(Taylorsche Formel). - Der T. S. kann auf Funktionen von *n* Veränderlichen verallgemeinert werden.

Taylor-Wulst [engl. 'teɪlə; nach dem amerikan. Admiral D. W. Taylor, * 1864, † 1940], svw. ↑ Bugwulst.

Tây Ninh [vietnames. təj niŋ], vietnames. Prov.hauptstadt in Kotschinchina, 22 000 E. Zentrum des ↑ Caodaismus.

Tayside [engl. 'teɪsaɪd], Region in W-Schottland.

Taza [frz. ta'za], Prov.hauptstadt in N-Marokko, 500–580 m ü. d. M., 77 200 E. Handelszentrum.

Tazẹtte [italien.], Bez. für mehrere Arten der Gatt. Narzisse mit doldenartig angeordneten Blüten. T. sind in M-Europa nicht winterhart, als Topfpflanzen jedoch sehr verbreitet.

Tb, chem. Symbol für ↑ Terbium.

Tb (Tbc, Tbk), Abk. für: ↑ **Tu**berkulose.

Tbilịssi ↑ Tiflis.

Tc, chem. Symbol für ↑ Technetium.

Tchibanga [tʃibaŋ'ga], Regionshauptort im äußersten S von Gabun; 21 000 E. Versuchsstation für Sumpfreisanbau; landw. Handels- und Verarbeitungszentrum, ✈.

Tchicai, John [dän. 'tsji:kaj], * Kopenhagen 28. April 1936, dän. Jazzmusiker (Altsaxophonist, Komponist) afrikan. Abkunft. - Gehört zu den bedeutendsten Saxophonisten der sog. zweiten Generation des Free Jazz.

Tct., Abk. für: **T**in**ct**ura (↑ Tinktur).

Tczew [poln. ttʃɛf] (dt. Dirschau), Stadt an der Weichsel, Polen, 25 m ü. d. M., 54 000 E. Flußhafen; Transportmittel- und Maschinenbau, Nahrungsmittelindustrie. - Seit 1252 Hauptort eines Ft., erhielt 1260 lüb. Recht; 1309 vom Dt. Orden erobert und zerstört, 1364–84 wieder aufgebaut und mit Culmer Recht ausgestattet. - Got. Pfarrkirche (13.–15. Jh.). Häuser aus dem 17./18. Jh.

tdw, Abk. für engl.: **t**ons **d**ead**w**eight (↑ Deadweighttons). - ↑ auch Schiff (Schiffsvermessung).

Te, chem. Symbol für ↑ Tellur.

Teachers College [engl. 'ti:tʃəz 'kɔlɪdʒ] ↑ College (USA).

Teach-in [ti:tʃ''ɪn; engl. 'ti:tʃ-ɪn, zu to teach „lehren"], in der Studenten- und Protestbewegung der 1960er Jahre geprägte Bez. für Informationsveranstaltungen mit demonstrativem Charakter, bei denen gesellschaftl. Mißstände aufgedeckt werden sollen.

Teagarden, Jack [engl. 'ti:gɑ:dn], eigtl. Weldon John T., * Vernon (Tex.) 20. Aug. 1905, † New Orleans 15. Jan. 1964, amerikan. Jazzmusiker indian. Herkunft (Posaunist). - Internat. bekannt durch seine Mitwirkung in verschiedenen Bands von L. Armstrong; gilt als einer der stilbildenden Posaunisten des traditionellen Jazz.

Teakbaum [ti:k; über portugies. teca zu Malajalam tekka] (Tectona), Gatt. der Eisenkrautgewächse mit vier Arten in SO-Asien und auf den pazif. Inseln. Die wirtsch. bedeutendste Art ist *Tectona grandis*, ein heute überall in den Tropen forstl. kultivierter, bis 50 m hoher Baum mit bis 60 cm langen, ellipt. Blättern und weißen, in Rispen stehenden Blüten; sein Holz (**Teakholz**) ist hart und termitenfest (↑ auch Hölzer, Übersicht).

Team [engl. ti:m], Arbeitsgruppe aus verschiedenen Fachkräften, die zur Erfüllung bestimmter Aufgaben im Ggs. zu hierarch. und autoritär strukturierter Arbeitsorganisation mehr modernen Demokratievorstellungen entsprechend zusammenwirken; Kennzeichen der **Teamarbeit** (des **Teamworks**) sind partnerschaftl. Verhalten, gegenseitige Anerkennung und Achtung der fachl. Qualifikation und persönl. Integrität, gleichberechtigte Mitbestimmung aller Mgl. des T. bei der Diskussion von Methoden, Inhalten und Zielen der Arbeit und ihrer Durchführung.

Team teaching [engl. 'ti:m 'ti:tʃɪŋ „Lehren im Team"], Form der Unterrichtsorganisation, bei der 2 oder mehr Lehrende den Unterricht einer Schülergruppe gemeinsam betreuen. T. t. wird v. a. bei einem fächerübergreifenden Unterricht eingesetzt. Ziele des T. t sind eine differenzierte Förderung des einzelnen Schülers, ein interdisziplinäres Vorgehen von Fachlehrern in Kooperation, dadurch bedingt eine Arbeitsentlastung sowie eine gegenseitige Überprüfung des Unterrichts.

Teamwork [engl. 'ti:mwə:k] ↑ Team.
◆ in der *Pädagogik* svw. ↑ Gruppenarbeit.

Te Anau, Lake [engl. 'lɛɪk 'ti: ə'naʊ], größter See der Südinsel Neuseelands, im Fiordland National Park, 209 m ü. d. M., 344 km², bis 276 m tief.

Tebạldi, Renata, * Pesaro 1. Febr. 1922, italien. Sängerin (Sopran). - Sang an den bedeutendsten Opernbühnen der Welt; v. a. Verdi- und Puccini-Interpretin.

Tébessạ, alger. Stadt am NW-Hang der Monts de T. (östl. Ausläufer des Saharaatlas), 900 m ü. d. M., 67 200 E. Hauptstadt des Verw.-Geb. T.; Handels- und Versorgungszentrum eines Bergbaugeb. - Im 7. Jh. v. Chr. von Karthago gegr. (**Theveste**); im 1./2. Jh. röm. Legionslager, unter Trajan Colonia; bed. numid. Stadt; nach Eroberung durch die Vandalen 535 von Byzanz zurückerobert; 597 durch die Berber, 682 durch die Araber erobert; im 16. Jh. osman. Garnison; 1840 frz.; 1851 Gründung der modernen Stadt T. durch die Franzosen. - Ruinen eines Minervatempels (3. Jh.), Caracalla-Triumphbogen (214), Basilika (5. Jh.).